北京建筑大学 2016 年年鉴图片

1月8日　土木学院韩淼教授获得国家科学技术进步奖一等奖

1月8日　土木学院张爱林教授获得国家科学技术进步奖二等奖

1月9日　学校举行城市规划建设与管理论坛暨王建国院士聘任仪式

1月20日　学校举办2015年度大学生创新创业创优表彰座谈会

1月22日　学校与伦敦艺术大学签署培养项目协议

2月1日　团中央书记处书记汪鸿雁慰问我校寒假留校学生

3月4日　市委第五巡视组巡视北京建筑大学工作动员会召开

3月7日　学校召开2016年年度工作会暨党风廉政建设工作会

4月15日　学校隆重举办第三十五届田径运动会暨第十五届教职工运动会（1）

4月15日　学校隆重举办第三十五届田径运动会暨第十五届教职工运动会（2）

4月26日　学校召开"两学一做"学习教育活动部署会

北京市教育委员会

京教函〔2016〕194号

北京市教育委员会关于认定第二批北京高等学校高精尖创新中心的通知

各有关高校：

根据市教委《关于印发北京高等学校高精尖创新中心建设计划的通知》（京教研〔2015〕1号），在事前绩效评估、专家评议的基础上，经市教委主任办公会审议通过，认定北京大学未来基因诊断高精尖创新中心等6个高精尖中心为第二批"北京高等学校高精尖创新中心"（名单附后）。

请按照文件要求和高精尖创新中心建设目标，积极探索高精尖创新中心的运行体制与管理机制，广聚国际国内领军创新人才，切实做好高精尖中心的建设与管理工作。

附件：第二批北京高校高精尖创新中心名单

北京市教育委员会
2016年5月9日

附件

第二批北京高校高精尖创新中心名单

牵头学校	中心名称
北京大学	未来基因诊断高精尖创新中心
北京航空航天大学	生物医学工程高精尖创新中心
北京建筑大学	未来城市设计高精尖创新中心
北京林业大学	林木分子设计育种高精尖创新中心
北京语言大学	语言资源高精尖创新中心
中国音乐学院	中国乐派高精尖创新中心

（注：以上中心以学校代码排序）

（本文主动公开）

5月9日　学校获批北京市"未来城市设计高精尖创新中心"（1）

5月9日　学校获批北京市"未来城市设计高精尖创新中心"（2）

5月14日　学校召开提升人才培养质量工作座谈会

5月30日　校长张爱林在北京市贯彻落实国务院普通高校毕业生就业创业工作电视电话会议工作推进大会上交流发言

6月2日　学校党委全委会审议并原则通过学校事业发展"十三五"规划

6月2日　学校与天津城建大学、河北建筑工程学院签署本科人才培养合作协议携手成立京津冀建筑类高校本科人才培养联盟

6月3日　学校多项海绵城市关键技术成果亮相国家"十二五"科技成就展

6月8日　学校举行城市规划建设与管理高端论坛暨肖绪文院士聘任仪式

6月21日　学校召开两校区办学工作会

7月5日　2016年本科生毕业典礼暨学位授予仪式隆重举行

7月6日　2016年研究生毕业典礼暨学位授予仪式隆重举行

7月10日　教育部高等教育司司长张大良莅临我校调研指导工作

7月11日　学校举行北京建筑大学首届暑期国际学校开班仪式

9月1日　2016级研究生开学典礼隆重举行

9月5日　北京建筑大学教育基金会第一届理事会第一次会议举行

9月5日　2016级本科生开学典礼暨军训开营式隆重举行

9月8日　学校召开庆祝第32个教师节座谈会暨优秀教师表彰会

9月13日　杰出校友李瑞环在京接见母校同志（1）

9月13日　杰出校友李瑞环在京接见母校同志（2）

10月14日　学校"未来城市设计高精尖创新中心"与通州区政府签署全面合作协议

10月14日　中国青年创业社区(北京建筑大学站)暨金点创空间揭牌

10月15日　庆祝北京建筑大学建校八十周年大会在大兴校区隆重举行

12月3日　第十六次学生代表大会、第七次研究生代表大会在大兴校区隆重召开

12月12日　学校召开学习贯彻全国高校思想政治工作会议精神座谈会

12月13日　信息化工作会议在大兴校区图书馆建本报告厅举行

北京建筑大学 2016 年年鉴

北京建筑大学年鉴编委会 编

中国建筑工业出版社

图书在版编目(CIP)数据

北京建筑大学2016年年鉴/北京建筑大学年鉴编委会编.—北京：中国建筑工业出版社，2019.9
ISBN 978-7-112-24124-8

Ⅰ.①北… Ⅱ.①北… Ⅲ.①北京建筑大学-2016-年鉴 Ⅳ.①G649.281-54

中国版本图书馆CIP数据核字(2019)第179902号

责任编辑：蔡华民
责任校对：赵　菲

北京建筑大学2016年年鉴
北京建筑大学年鉴编委会　编

*

中国建筑工业出版社出版、发行(北京海淀三里河路9号)
各地新华书店、建筑书店经销
北京红光制版公司制版
天津翔远印刷有限公司

*

开本：787×1092毫米　1/16　印张：44¾　插页：8　字数：1088千字
2020年2月第一版　2020年2月第一次印刷
定价：118.00元
ISBN 978-7-112-24124-8
(34599)

版权所有　翻印必究
如有印装质量问题，可寄本社退换
(邮政编码 100037)

《北京建筑大学 2016 年年鉴》编纂编委会

主　任：王建中　张爱林

副主任：何志洪　汪　苏　李维平　张启鸿　张大玉　李爱群
　　　　吕晨飞　张素芳

委　员：白　莽　孙景仙　孙冬梅　高春花　黄尚荣　牛　磊
　　　　王德中　朱　静　郝　莹　冯宏岳　陈静勇　戚承志
　　　　邹积亭　李雪华　高　岩　陈红兵　贝裕文　孙文贤
　　　　刘　蔚　周　春　赵晓红　牛志霖　吴海燕　沈　茜
　　　　魏楚元　王锐英　丛小密　刘临安　何立新　李俊奇
　　　　杨　光　姜　军　杜明义　杨建伟　孙希磊　崔景安
　　　　杨慈洲　赵静野

《北京建筑大学 2016 年年鉴》编委会

主　任：张爱林

副主任：张启鸿　白　莽

委　员：沈　茜　吴建国　扈恒畅　王　燕　任　晴　马利光

《北京建筑大学 2016 年年鉴》撰稿人、审稿人名录

撰 稿 人（按姓氏笔画排序）：

丁建峰　马晓轩　卫　巍　王子岳　毛发虎　王东志
王　刚　王　兵　王　彤　王志东　王　美　王恒友
王锐英　王鲜云　王德中　王震远　左一多　司　帅
冯永龙　史永征　许　亮　冯萃敏　刘小红　刘书青
刘文硕　刘　芳　刘志刚　师洪洪　刘艳华　朱晓娜
关海琳　刘　博　孙　强　齐　群　刘　璁　李子墨
李云山　张文成　汪长征　陈亚飞　芦玉海　李　伟
张　伟　佟启巾　杜明义　李学芳　杨洁华　李俊奇
邹　娥　张　莉　杨　倩　杨益东　陈笑彤　陈格非
李海燕　张　曼　张　雷　张群力　陈雍军　陈靖远
陈　韬　何静涵　陈霞妹　武　岚　郑环环　武　烜
周理安　周　霞　郝　迈　姚　远　姜　军　赵江洪
郭茂祖　胡保华　赵冠男　赵翠英　祝　磊　袁伟峰
贾海燕　徐敬明　秦　颖　郭燕平　曹宇曦　曹洪涛
黄庭晚　康　健　黄　琇　黄　鹤　章　瑾　董天义
韩　敏　彭　磊　魏　东　薛东云　谭　明　魏　祎
霍　亮

审 稿 人（按姓氏笔画排序）：

丁　奇　毛发虎　牛志霖　王　昀　王秉楠　王德中
王震远　白　莽　冯宏岳　田　林　孙文贤　汤羽扬

刘国朝	刘艳华	孙绪华	孙　强	孙景仙	刘　蔚
朱　静	何立新	杨　光	陈红兵	沈　茜	肖建杰
李俊奇	张素芳	邹积亭	吴海燕	李雪华	杨慈洲
周　春	姜　军	赵晓红	胡雪松	高　岩	戚承志
高春花	程士珍	韩　淼	彭　磊		

编 辑 说 明

一、《北京建筑大学2016年年鉴》是一部综合性资料工具书,是学校教育全面发展的史料文献;在学校党委领导下,由北京建筑大学年鉴编纂委员会主持编写,由中国建筑工业出版社正式出版。

二、本年鉴汇集了学校各方面工作状况的重要资料,全面反映了北京建筑大学2016年在党建与思想政治工作、教育教学、学科建设、科学研究、人才培养、国际交流与合作等方面的发展状况和取得的主要成绩。

三、本年鉴收录了学校各单位2016年1月1日-12月31日期间的情况。选入的文章、条目和图表均由学校各单位、各部门组织编写和提供,并经单位领导审核确认。统计数据由学校各职能部门提供。学校重要事件、重要活动的主题图片由党委宣传部等提供。

本年鉴的编写和出版得到了学校各级领导的高度重视和各单位的大力支持,在此表示衷心感谢。由于编辑力量和水平有限,经验不足,书中疏漏、错误之处在所难免,恳请广大师生和读者批评指正。

目 录

第一章 北京建筑大学概况	1
第二章 重要讲话	4
一、党委书记王建中在2016年干部培训班开班式上的讲话	4
二、党委书记王建中在北京建筑大学2016年工作会暨党风廉政建设工作会上的讲话	8
三、校长张爱林在2016年学校工作布置会的讲话	19
四、党委书记王建中在北京建筑大学第七届教代会（工代会）第四次会议上的讲话	26
五、校长张爱林在北京建筑大学第七届教代会（工代会）第四次会议上的工作报告	30
六、校长张爱林在北京市2016年高校毕业生就业创业工作推进会上的发言	36
七、党委书记王建中在两校区办学工作会上的讲话	38
八、校长张爱林在2016届本科毕业典礼暨学位授予仪式上的讲话	44
九、校长张爱林在2016届研究生毕业典礼暨学位授予仪式上的讲话	46
十、党委书记王建中在落实巡视整改工作部署会上的讲话	48
十一、校长张爱林在2016级本科新生开学典礼上的讲话	52
十二、党委书记王建中在北京建筑大学2016年秋季学期工作会上的讲话	56
十三、校长张爱林在通州区人民政府与高精尖创新中心参与城市副中心建设全面合作签约仪式的讲话	63
十四、党委书记王建中在北京建筑大学80周年校庆总结表彰大会上的讲话	65
十五、校长张爱林在庆祝北京建筑大学建校80周年大会上的讲话	69
十六、党委书记王建中在京南大学联盟成立大会上的致辞	73
十七、党委书记王建中在学校深入学习贯彻十八届六中全会精神部署会上的讲话	75
第三章 机构设置	82
一、学校党群、行政机构	82
二、学校教学、教辅、附属及产业机构	83
三、学校重要委员会和领导小组	83
第四章 教育教学	97
一、本科生教育	97
二、研究生教育	107
三、继续教育	112
四、体育教育	115
五、工程实践创新中心	126
第五章 科学研究	128
一、概况	128
二、科研项目和经费	128

三、科研成果 131
　　四、成果转化和社会服务 134
　　五、学术活动 134
　　六、内部建设和日常管理 135

第六章　人才队伍建设 138
　　一、基本情况 138
　　二、教师培养 141
　　三、人事管理 145

第七章　对外交流合作 160
　　一、国际交流与合作 160
　　二、港澳台交流与合作 162
　　三、国际友好往来 162
　　四、港澳台友好往来 163
　　五、因公出国 163
　　六、因公出境 164
　　七、学生出国 164
　　八、来华留学 165
　　九、外国专家 166
　　十、港澳台专家 166

第八章　招生就业 167
　　一、本科生招生工作 167
　　二、就业工作（含本科生与研究生） 174

第九章　校友工作 185
　　一、概况 185
　　二、校友会工作 185
　　三、教育基金会工作 186
　　四、校友风采 187
　　五、其他重要工作 187

第十章　管理与服务 188
　　一、党政管理 188
　　二、财务工作 190
　　三、审计监督 196
　　四、资产管理 198
　　五、后勤服务 199
　　六、校园建设 201
　　七、安全稳定 203
　　八、发展规划研究 208
　　九、网络信息化 209

第十一章　党建与群团工作 212

一、组织工作	212
二、宣传思想工作	220
三、统战工作	227
四、纪检监察工作	233
五、工会、教代会工作	236
六、学生工作	240
七、离退休工作	254
八、机关党委工作	257
九、共青团工作	258

第十二章 学院工作 279
一、建筑与城市规划学院	279
二、土木与交通工程学院	317
三、环境与能源工程学院	333
四、电气与信息工程学院	381
五、经济与管理工程学院	388
六、测绘与城市空间信息学院	406
七、机电与车辆工程学院	419
八、文法学院	426
九、理学院	440
十、马克思主义学院	478
十一、创新创业教育学院	489

第十三章 教学辅助工作 502
| 一、图书馆 | 502 |
| 二、学报编辑部 | 508 |

第十四章 科研机构 510
| 一、建筑遗产研究院 | 510 |
| 二、建筑设计艺术（ADA）研究中心 | 515 |

第十五章 社会服务 521
一、概况	521
二、经营型企业	522
三、服务型企业	537

第十六章 校庆工作 540
一、机构设置	540
二、历史贡献	540
三、校庆表彰	540
四、工作总结	541

第十七章 毕业生名单 547
| 一、2016年北京建筑大学硕士毕业名单 | 547 |
| 二、2016年北京建筑大学硕士学位获得者名单 | 561 |

三、2016年本科毕业生名单 ··· 580
　　四、2016年本科结业生名单 ··· 635
　　五、2016年北京建筑大学继续教育学院毕业生名单 ··························· 636
　　六、2016年北京建筑大学继续教育学院本科毕业生获得学士学位名单 ········· 658
第十八章　表彰与奖励 ··· 666
　　一、北京建筑大学2016年所获集体奖励 ······································ 666
　　二、北京建筑大学2016年各级各类科技成果奖 ································ 667
　　三、北京建筑大学2016年教师所获奖励与表彰 ································ 668
　　四、北京建筑大学2016年学生所获奖励与表彰 ································ 671
第十九章　大事记 ·· 682

第一章　北京建筑大学概况

北京建筑大学是北京市与住房和城乡建设部共建高校、教育部"卓越工程师教育培养计划"试点高校和北京市党的建设和思想政治工作先进高校，是一所具有鲜明建筑特色、以工为主的多科性大学，是"北京城市规划、建设、管理的人才培养基地和科技服务基地""北京应对气候变化研究和人才培养基地"和"国家建筑遗产保护研究和人才培养基地"，是北京地区唯一一所建筑类高等学校。

北京建筑大学有着悠久的办学历史。学校的前身是1936年的北平市市立高级工业职业学校，后历经北京市市立工业学校、北京市建筑专科学校、北京市土木建筑工程学校、北京建筑工程学校、北京建筑工程学院、北京建筑大学等发展阶段。学校1977年恢复本科招生，1982年被确定为国家首批学士学位授予高校，1986年获准为硕士学位授予单位。2011年被确定为教育部"卓越工程师教育培养计划"试点高校。2012年"建筑遗产保护理论与技术"获批服务国家特殊需求博士人才培养项目，成为博士人才培养单位。2014年获批设立"建筑学"博士后科研流动站。2015年10月北京市人民政府和住房和城乡建设部签署共建协议，学校正式进入省部共建高校行列。2016年5月，学校"未来城市设计高精尖创新中心"获批"北京高等学校高精尖创新中心"。

学校有西城和大兴两个校区。西城校区占地12.3万平方米，校舍建筑面积20.2万平方米；大兴校区占地50.1万平方米，一、二期工程30万平方米已全部竣工启用，三期工程正在积极推进。学校正按照"大兴校区建成高质量本科人才培养基地，西城校区建成高水平研究生培养、科技协同创新及成果转化基地"的"两高"布局目标加快推进两校区建设。学校图书馆纸质藏书150万册、电子图书185万册，大型电子文献数据库52个，与住房和城乡建设部共建中国建筑图书馆，是全国建筑类图书种类最为齐全的高校。

学校学科专业特色鲜明，人才培养体系完备。学校现有10个学院和1个基础教学单位，另设有继续教育学院、国际教育学院和创新创业教育学院。现有34个本科专业，其中国家级特色专业3个——建筑学、土木工程、建筑环境与能源应用工程；北京市特色专业7个——建筑学、土木工程、建筑环境与设备工程、给水排水工程、工程管理、测绘工程、自动化。学校设有研究生院，有1个服务国家特殊需求博士人才培养项目，1个博士后科研流动站，12个一级学科硕士学位授权点，涵盖55个硕士学位授权二级学科点，有1个硕士学位授权交叉学科点，5个专业学位授权类别点和8个工程专业学位授权领域点。拥有一级学科北京市重点学科3个——建筑学、土木工程、测绘科学与技术，一级学科北京市重点建设学科2个——管理科学与工程、城市规划学。在2012年教育部组织的全国学科评估中，建筑学、测绘科学与技术名列第9名，城乡规划学名列第12名，风景园林学名列第15名。

学校名师荟萃，师资队伍实力雄厚。现有教职工1010人，其中专任教师574名。专任教师中具有硕士学位的教师187人，具有博士学位的教师357人，具有高级专业技术职务的教师331人，教授102人，博士生导师26人。拥有长江学者1人，国家杰出青年科学基金获得者1人，国家级教学名师1人，全国优秀教师1人，百千万人才工程国家级人选2人，北京学者1人，北京市高创计划杰出人才获得者1人，中青年科技领军人才1人，科技北京百名领军人才1人，北京市留学人员创新创业特别贡献奖获得者1人、百千万人才工程市级人才7人，长城学者3人，享受政府特殊津贴专家32人，教育部、住房和城乡建设部专业指导和评估委员会委员9人，教育部新世纪人才、省部级优秀教师、教学名师、优秀青年知识分子、高层次人才、学术创新人才、科技新星、青年拔尖人才等80余人，教育部创新团队、北京市优秀教学团队、学术创新团队、管理创新团队26个。

学校坚持质量立校，教育教学成果丰硕。学校2014年获得国家教学成果一等奖，并在近三届北京市教学成果奖评选中获得教学成果奖21项，其中一等奖9项。学校是首批国家级工程实践教育中心建设高校，拥有国家级实验教学示范中心、国家级土建类人才培养模式创新试验区、国家级虚拟仿真实验教学中心、国家级校外人才培养基地等10个国家级本科教学工程项目。另有4个北京市实验教学示范中心、7个市级校外人才培养基地、2个市级校内创新实践基地、97个校外实践教学基地。近五年来，学生在全国和首都高校"挑战杯"等科技文化活动中，获得省部级以上奖励743项。

学校坚持立德树人，培育精英良才。现有各类在校生12084人，其中全日制本科生7632人，博士、硕士研究生2162人，成人教育学生2180人，留学生110人，已形成从本科生、硕士生到博士生和博士后，从全日制到成人教育、留学生教育全方位、多层次的办学格局和教育体系。多年来，学校遵循"立德树人、开放创新"的办学理念和"团结、勤奋、求实、创新"的校风，秉承"实事求是、精益求精"的校训和"爱国奉献、坚毅笃行、诚信朴实、敢为人先"的北建大精神，为国家培养了6万多名优秀毕业生，他们参与了北京60年来重大城市建设工程，成为国家和首都城市建设系统的骨干力量。校友中涌现出了被称为"当代鲁班"的李瑞环、核工业基地建设的奠基人赵宏、中国工程院院士张在明、全国工程勘察设计大师刘桂生、沈小克、张宇、罗玲、胡越、包琦玮、高士国，在国际上有重要影响的中国建筑师马岩松等一大批优秀人才。学校毕业生全员就业率多年来一直保持在95%以上，2014年进入"全国高校就业50强"行列。

学校坚持科技兴校，科学研究硕果累累。学校始终坚持科技兴校，不断强化面向需求办学的特色，形成了建筑遗产保护、城乡规划与建筑设计、城市交通基础设施及地下工程、海绵城市建设、现代城市测绘、固体废弃物资源化技术、绿色建筑与节能技术为代表的若干在全国具有比较优势的特色学科领域、科研方向和创新团队。学校现有北京"未来城市设计高精尖创新中心"以及城市雨水系统与水环境省部共建教育部重点实验室、代表性建筑与古建筑数据库教育部工程研究中心、现代城市测绘国家测绘地理信息局重点实验室、北京市应对气候变化研究及人才培养基地等22个省部级重点实验室、工程研究中心和社科基地。近五年以来，在研各类科研项目2000余项，其中国家863、国家973计划、国家科技支撑等省部级以上科研项目470余项；获省部级以上科技成果奖励70余项，其中荣获国家科技进步奖、技术发明奖共11项，2010年、2011年、2012年连续三年以第一主持单位获得国家科技进步二等奖，2014年以第一主持单位获得国家技术发明奖。科技服务经费连年超过2亿元。学校重视科技成果转化，不断提高服务社会的能力和水平，建设具有建筑行业特色的大学科技园，是中关村国家自主创新示范区股权激励改革工作首批试点的 2 所高校之一。

学校面向国际，办学形式多样。学校始终坚持开放办学战略，广泛开展国际教育交流与合作。已与美国、法国、英国、德国等 24 个国家和地区的 61 所大学建立了校际交流与合作关系。

学校全面加强党的建设，党建和思想政治工作成效显著。近年来，获评北京市"党的建设和思想政治工作先进高等学校""首都高校平安校园示范校""全国厂务公开民主管理先进单位""北京市厂务公开民主管理示范单位""首都文明单位标兵""北京市文明校园"等荣誉称号。

站在新的历史起点上，学校正按照"提质、转型、升级"的工作方针，围绕立德树人的根本任务，全面推进内涵建设，全面深化综合改革，全面实施依法治校，全面加强党的建设，持续增强学校的办学实力、核心竞争力和社会影响力，以首善标准推动学校各项事业上层次、上水平，向着把学校建设成为国内一流、国际知名、具有鲜明建筑特色的高水平、开放式、创新型大学的宏伟目标奋进。

第二章 重 要 讲 话

一、党委书记王建中在2016年干部培训班开班式上的讲话

同志们：

今天，学校2016年首期干部培训班开班了，这是学校贯彻落实全面从严治党要求，进一步加强干部队伍建设的重要举措，之所以利用刚放寒假这一周举办这个培训班，也是针对学校"十三五"规划确立的新发展目标对干部履职能力的要求以及当前学校干部队伍现状和特点做出的重要安排（去年，学校围绕事业发展和干部队伍建设的需要，加大了干部轮岗交流的力度，35名干部交流到了新的领导岗位，对研究生院、科技处、教务处等单位进行了重组加强，对建筑学院、测绘学院等二级单位进行了换届，在全校开展了部分处级干部岗位竞聘，19名新任干部上岗，基本完成了学校新一轮干部布局调整，为学校"十三五"发展提供了坚实的组织保障）。这次干部培训班的目的，就是深入学习贯彻党的十八大和十八届三中、四中、五中全会精神，以及习近平总书记重要讲话精神，围绕学校"十三五"发展，进一步统一思想，增强干部的使命感和责任感，进一步提升干部领导学校事业发展的能力，进一步明确从严治党对干部的新要求，为做好2016年各项工作打下坚实的组织基础。借此机会，我代表党委为培训班作个动员，也结合中央、市委精神和学校发展实际，结合个人体会为大家讲一次党课。下面，重点围绕"如何胜任领导干部工作"这一主题谈几点认识，请大家批评指正。

一、如何做一名称职、优秀的领导干部

刚才，我和张校长代表学校党政向新任干部颁发了任命书，大家共同签订了担任干部的承诺书，也按上级要求签订了一系列责任书，这一切都表明，大家已不是一名普通的工作人员和教师，而是一名承担一定领导责任的干部，这是一个新岗位、新角色，也是大家人生中的一次新的经历、新的跃升，如何认识这一角色，如何扮演好这一新角色，对大家来说也是一次的新考验和新挑战，这就要求大家十分清醒地认识到自己身份的变化，自己在广大师生面前角色的变化，切实增强干部意识和责任意识，努力按习总书记提出的好干部标准来要求自己，加强学习，增长才干，做一名称职、优秀的领导干部。

1. 深刻认识"干部"的内涵，切实增强干部意识，履行好干部的职责

当干部就要当专业的干部、称职的干部、优秀的干部。什么是干部？顾名思义，就是"骨干"的意思，事实也是如此，"干部"一词来自于日语，本是日语中的一个汉字词，字面意思是"骨干部分"，日语的"干部"一词是日本人根据法语"cadre"一词意译成的，法语"cadre"一词的本义是"骨骼"，引申指在军队、国家机关和公共团体中起骨干作用

的人员。"干部"一词已经被许多国家所采用，20世纪初，"干部"一词被引进中国以后，孙中山、蒋介石、毛泽东等频繁使用。1922年7月，中国共产党第二次全国代表大会制定的党章中，首次使用了"干部"一词。中国共产党十二大党章明确指出："干部是党的事业的骨干，是人民的公仆"。这是对我国干部本质特征所作出的科学概括。所以，大家作为一级干部，要有骨干意识和骨干责任感，不能把自己不当干部，不承担干部职责。

同时，还要强调公仆意识，处理好自己和广大师生的关系。毛泽东《在中国共产党全国代表会议上的讲话》："干部与群众的正确关系是，没有干部也不行，但是，事情是广大群众做的，干部起一种领导作用，不要夸大干部的这种作用。"就是说干部是组织和带领着大家完成任务、实现目标的，能否做好组织带领工作，是衡量干部胜任度的核心指标，这就要求，干部不仅自己做好，更要组织带领大家做好，否则就不能履行好干部的职责。用通俗的话说，这就要求不要不把自己当回事，也不要把自己太当回事，这个度需要大家在领导工作实践中认真仔细揣摩和把握。

2. 进一步加强党性修养，切实按好干部标准要求自己，做以上率下的榜样

修养是做人的基础，党性修养就是当好干部的基础，作风是党性修养的直接表现，也就是像不像一个干部的内在和外在特征。

关于好干部的标准，习总书记在不同场合多次强调：(1)信念坚定、为民服务、勤政务实、敢于担当、清正廉洁。(2)心中有党、心中有民、心中有责、心中有戒。(3)对党忠诚、个人干净、敢于担当。(4)严于修身、严于用权、严于律己，谋事要实、创业要实、为人要实。这里一是强调政治性，党性修养的核心就是做政治上的明白人，做一个干部，首先政治能力要强，思想定力、战略定力、道德定力要特别过硬，要严守政治纪律和政治规矩，要有政治敏锐性和政治鉴别力，要在政治上思想上行动上始终与党中央保持高度一致。二是强调内在动力，思想建党，拧紧总开关。三是强调干部作风，要廉政勤政，像不像个党员干部？关键看作风。习总书记指出，党的作风是党的形象，关系人心向背，关系党的生死存亡。事实上，群众的眼睛是雪亮的，干部作风也关系到干部个人的形象、威信和前途；习总书记指出，正人先正己，己不正，焉能正人？要求别人做到的自己首先做到，要求别人不做的自己绝对不做。四是强调责任，要在其位谋其政，必须有所担当，要用好权，还要务实，要勇于改革创新，要体现自身价值，不能无所作为，要做到"四情"：感情、热情、激情、豪情。

3. 进一步增强学习意识，切实按领导者核心素质要求提升自己，做高水平的领导干部

领导岗位对干部是有职业能力要求的，领导能力不是天生就有的，需要不断地学习和实践才能获得，也不是把一个人提拔到某个领导位置上，他就自然具有了相应的领导能力了，也需要不断地学习和实践才能胜任。大家要树立把自己尽快培养成一个领导干部的意识。

领导干部素质，指领导干部的基本条件和素养，它包括许多方面，主要是政治素质、能力素质、知识业务素质、身体素质等。政治素质指政治觉悟、政策水平、政治责任感、求实精神、进取心、民主作风、宽容程度、纪律性、生活作风等；能力素质指组织管理能力、综合分析能力、决策能力、知人善任能力、创新能力、协调能力、应变能力、交际能力、文字和语言表达能力等；知识业务素质指熟悉掌握业务、熟悉掌握本职工作相关的社

会科学和自然科学，了解有关的政策法令等；身体素质指身体状况、工作经历等。

习总书记指出，我们的干部程度不同地存在"知识恐慌""能力恐慌"问题，要懂得"学者非必为仕，而仕者必如学"的道理，真正把学习作为一种追求、一种爱好、一种健康的生活方式，做到自觉学习、主动学习、终身学习，要坚持干什么学什么、缺什么补什么、用各种科学知识把自己更好地武装起来，不断提高自己的知识化、专业化水平，努力使自己真正成为行家里手、内行领导，把工作做得更好、更加符合规律。

推荐寒假精读：党章，廉洁自律准则，纪律处分条例，习近平治国理政，论共产党员的修养。

二、如何做好领导工作

1. 领导是一门科学，也是一门艺术

领导学是一门研究领导活动各个因素之间的相互联系、相互作用的客观规律其有效运用的综合性科学。领导艺术是领导者个人素质的综合反映，是因人而异的。

2. 领导的思维方法

就是运用马克思主义的原理、立场、观点、方法去分析问题和解决问题。习总书记指出，理论修养是干部综合素质的核心，理论上的成熟是政治上成熟的基础，政治上的坚定源于理论上的清醒。从一定意义上说，掌握马克思主义理论的深度，决定着政治敏感的程度、思维视野的广度、思想境界的高度。所以，作为一名干部，要学习一些经典，学习历史唯物主义、辩证唯物主义、马克思主义政治经济学以及历史学、管理学、领导学、社会学、组织行为学等内容，当前要特别注重树立系统观、创新观、群众观。

3. 领导的工作方法

"四清"：想清楚，说清楚，写清楚，干清楚。

推荐寒假精读：辩证法、矛盾论、实践论、各阶级分析，如何做调查研究，Fred Wilson《CEO该做些什么》等。

强调首席执行官其实只要做好这三件事就算尽心尽职了：一是设定公司综合愿景和战略目标并与所有股东沟通。二是招纳、聘请并留住公司的优秀人才。三是确保公司银行账户资金充足。

三、如何打造强有力的领导班子

1. 领导班子的内涵

我认为，领导班子是我党按民主集中制原则构建的组织领导形态，作为一名干部必须明白党的组织原则，并按照这一原则从事领导工作。从管理学角度也可以说是领导团队，团队（Team）是由基层和管理层人员组成的一个共同体，它合理利用每一个成员的知识和技能协同工作，解决问题，达到共同的目标。

团队的构成要素总结为5P，分别为目标、人、定位、权限、计划。团队的特点：一是团队以目标为导向。二是团队以协作为基础。三是团队需要共同的规范和方法。四是团队成员在技术或技能上形成互补。

班子意识是新任干部最需要树立的意识，分工协作，相互补台，形成合力。

2. 领导班子的政治性和战斗力

领导班子是政治性组织，是党的一级组织，完成党交给的任务，而不是其他组织。这就要求有坚定的政治性，还要有顽强的战斗力。

3. 领导班子的工作方法

制度：党章，基层组织工作条例、议事决策机制。

形式：党政联席会、班子会等。

要求：会下充分酝酿，形成一致意见，集体决策、会上决策等，避免一个人说了算，少数服从多数，执行集体决议等。

核心和基础：班子团结，相互沟通、相互尊重。

事实反复证明，班子不团结，事业受挫、单位受累、个人倒台。

"四明"：明心，无私心；明情，情况明；明断，敢决策；明干：强执行、重督查。

同志们，这次培训班的内容是学校经过精心设计的，对提升大家的领导能力是一次难得的机会，希望大家端正学习态度，严格按培训要求落实学习任务，围绕学校发展和岗位职责要求，认真听课，深入思考，强化研究，全面补充领导干部理论知识，紧密结合工作实际，提出改革创新的新思路、新举措，为实现学校"十三五"发展目标，推进学校"提质转型升级"，做出自己更大的贡献。

先给大家拜个早年，祝大家新的一年身心健康、阖家幸福、工作顺利！

谢谢！

2016 年 1 月 27 日

二、党委书记王建中在北京建筑大学2016年工作会暨党风廉政建设工作会上的讲话

老师们、同志们：

大家好！

全国"两会"刚刚开幕，世界瞩目，举国关注，全国上下共议国是，共商"十三五"发展大计，吹响了实现第一个百年目标决胜战斗的号角，中国特色社会主义事业发展进入了新时期、新阶段、新境界。在这一催人奋进的新形势下，我们今天召开全校年度工作会暨党风廉政建设工作会，总结去年工作，分析当前形势，全面部署学校今年工作，正当其时，意义十分重大。

2016年是全面建成小康社会决胜阶段和"十三五"开局之年，是教育现代化决胜期的第一年，也是学校创建国内一流、国际知名、具有鲜明建筑特色的高水平、开放式、创新型大学"三步走"发展战略的起步之年，做好今年的工作，对推进学校"提质、转型、升级"十分关键，意义深远而重大。学校2016年工作的总体要求是：全面贯彻党的十八大和十八届三中、四中、五中全会精神和中央城市工作会议精神，以邓小平理论、"三个代表"重要思想、科学发展观为指导，深入学习贯彻习近平总书记系列重要讲话精神，贯彻市委十一届七次、八次、九次全会精神，按照"五位一体"总体布局和"四个全面"战略布局，牢固树立和贯彻落实创新、协调、绿色、开放、共享的发展理念，紧紧围绕立德树人根本任务，全面落实从严治党主体责任，深化综合改革，突出创新引领，加强内涵建设，推进依法治校，主动服务国家战略需求和城市发展新方向，主动融入京津冀协同发展和北京"四个中心"建设新格局，主动适应高等教育和建筑业转型升级新要求，着力提高育人质量、强化办学特色、提升创新能力、增强发展效益，努力实现"十三五"良好开局。

回顾2015年，学校处于外部环境复杂变化期、内部体系改革调整期和办学转型关键节点期，战略谋划任务重、统一思想任务重、改革发展任务重、完成疏解任务重。一年来，学校全面贯彻党的十八大和十八届三中、四中、五中全会精神，深入学习贯彻习近平总书记系列重要讲话精神，在市委、市委教育工委、市教委的坚强领导下，认真开展"三严三实"专题教育，以综合改革为主题，以"提质、转型、升级"为工作方针，以总结"十二五"和谋划"十三五"为主线，以"提升学科、提升师资，协同创新、协同育人，改进作风、改进管理"为重点，围绕实施卓越管理行动计划，全面推进了党的建设、人事人才、学科建设、人才培养、科技创新、管理架构、后勤服务、资产管理和经营等一系列体制机制改革，学校办学理念、办学格局和办学实力进一步向更高层次和水平迈进。各级干部和广大师生按照"三严三实"的要求，以高度的责任感和使命感，主动转变观念，积极认识、适应和引领新常态，激情拼搏，勇于创新，敢于担当，经常加班加点，承受了诸多压力，也吃了不少苦，为顺利完成学校2015年各项任务付出了巨大艰辛，做出了突出贡献，在此，我代表学校党政向大家表示崇高的敬意和衷心的感谢！

2016年学校的发展呈现出新的阶段性特征，处于转型升级机遇期、改革举措落地期和重点任务攻坚期，抓改革、抓落实、抓成效任务艰巨。今年学校工作的基本思路是：围

绕学校"十三五"发展目标,坚持"提质、转型、升级"工作方针,坚持"强基层、强队伍,抓落实、抓突破,求实效、求卓越"工作原则,全面推进"六大战略"、"六大工程"和"六大计划",突出创新发展主题,以深化综合改革为主线,以提升人才培养质量为中心,以协同育人、协同创新和科技成果转化为重点,大力推进一流学科建设、高层次人才引育和高端平台建设,统筹推进两校区办学和有序疏解非首都功能,着力提升教育管理信息化水平,着力拓展国际化办学格局,系统构建校园文化和大学精神建设体系,认真开展"两学一做"学习教育,扎实推进从严治党向基层延伸,持续提升学校的办学实力、核心竞争力和社会影响力。概况来讲,今年是学校的"创新年",做好工作的关键词是"优化、执行、绩效",也就是要按照建设创新型大学的要求,以创新的理念、创新的标准、创新的要求重新审视、评价和改进学科建设、人才培养、科学研究、社会服务、文化传承等各方面工作,以创新引领学校提质转型升级。

接下来,爱林校长将全面总结学校2015年工作,全面部署学校2016年工作,何书记将全面部署2016年党风廉政建设与反腐败工作,大家会后要认真学习、传达,结合本部门、本单位实际情况细化工作方案,抓好贯彻落实。下面,结合最近上级会议精神和学习体会,就做好今年的各项工作,我先讲几点意见。

一、提高认识,转变观念,切实把五大发展理念贯彻到学校发展方方面面

习近平总书记指出,发展理念是发展行动的先导,是发展思路、发展方向、发展着力点的集中体现,是战略性、纲领性、引领性的东西,发展理念是否对头,从根本上决定着发展成效乃至成败。做好学校今年和"十三五"时期的工作,首先必须领会好、领会透党的十八届五中全会精神,特别是"创新、协调、绿色、开放、共享"的发展理念,必须学习好、把握好中央城市工作会议、京津冀协同发展规划纲要、北京市发展新定位以及相关教育、科技、建筑领域的最新政策精神,在新的发展理念中把趋势、明方向、抓机遇,以新的发展理念引领和推动学校改革发展。

1. 深入理解发展新理念,主动认识、适应和引领新常态

1月18日,习近平总书记在省部级主要领导干部学习贯彻十八届五中全会精神专题研讨班开班式上,对创新、协调、绿色、开放、共享的发展理念,进一步作了全面、系统、深入的阐释,明确提出了"着力实施创新驱动发展战略,着力增强发展的整体性协调性,着力推进人与自然和谐共生、着力形成对外开放新体制、着力践行以人民为中心的发展思想"五个基本要求,使我们进一步深化了对新发展理念的理解,进一步深刻认识到五大发展理念是全面建成小康社会决胜纲领的灵魂,是在新起点上推动国家科学发展的行动指南,为高等教育创新发展指明了方向,提出了新的要求。全校师生一定要认真学习、深刻领会其精神实质,不断提高在实践中统筹贯彻新发展理念的能力和水平,真正用五大发展理念武装头脑、指导办学实践,真正让五大发展理念在学校落地生根,以创新发展激发活力,以协调发展优化结构,以绿色发展引领风尚,以开放发展拓展资源,以共享发展改善民生,切实提高发展质量和效益,为国家经济社会发展提供更有力的人才智力和科技创新支撑。

2. 准确把握北京、建筑行业和高等教育发展新趋势,牢牢把握发展机遇

一是认清北京发展的阶段性特征。当前，北京发展呈现出几大战略重点：第一，坚持"四个中心"城市战略新定位，加快疏解非首都功能、狠抓"大城市病"攻坚治理，建设国际一流的和谐宜居之都；第二，深入落实京津冀协同发展国家战略，推进京津冀全面创新改革试验区建设，推动区域协调一体化发展，加快建设以首都为核心的世界级城市群；第三，突出创新驱动，加快全国科技创新中心建设步伐，打造引领全国、辐射周边的创新发展战略高地；第四，深化重点领域改革，构建"高精尖"经济结构，加快形成引领经济发展的新常态，打造中国经济发展新的支撑带。学校服务首都经济社会发展，学科专业特点和科研方向正好契合北京发展的战略重点，要自觉将学校发展融入区域发展大局，充分发挥在强化首都核心功能中的重要作用，以高质量科研成果、高质量人才输送、高水平学科辐射主动服务北京建设，提升服务北京的本领。

二是认清未来城市发展的新方向。2015年12月底，中央城市工作会议时隔37年后再次召开，对城市建设和管理工作进行了全面的顶层设计。中共中央、国务院近期又下发了《关于进一步加强城市规划建设管理工作的若干意见》，进一步明确了中国特色城市发展的道路。很显然，我国城市发展进入了一个崭新时期，无论是理念、方向，还是模式、方式，都将发生深刻重大变化，这是我们作为建筑类大学当前所面临的最大形势、最好机遇和最新要求，我们必须深刻认识和主动把握难得的发展机遇，按照习近平总书记提出的"六个统筹"要求，积极主动适应中央城市工作会议提出的"提升规划水平、科学谋划城市的'成长坐标'；提升建设水平、为新型城镇化强健'骨肉之躯'；提升管理水平、有效贯通城市的'血脉之源'"等3个方面12项重点工作任务要求，认真思考谋划，从中寻找机遇，全面优化调整学科、专业、人才培养方案、科研创新方向等，在新一轮城市大发展中，增强办学实力，推进学校提质转型升级，提升在城市设计建设管理领域的贡献力和影响力。

三是认清高等教育发展的新趋势。当前，我国高等教育发展的目标是建设高等教育强国，一个最重要的举措就是"双一流"建设。"双一流"建设呈现出两大主要特征，一个是打破身份壁垒，实行动态管理，鼓励竞争，不论什么高校，只要有学科优势和特色，都有机会获得政府财政支持、提升办学实力。另一个是注重总体规划和内涵发展。过去对"211"和"985"高校主要是提供经费、学科、设备、项目等硬件支持，而新的世界一流大学和一流学科建设总体方案还要从师资队伍、创新人才、文化传承、成果转化等更多方面进行整体规划，包括高校的内部治理结构、社会参与机制等，都要进行深入改革，更注重修练内功。今年的教育部工作要点中，单列了"加快一流大学和一流学科建设"条目，提出将"制订'双一流'实施办法，研究制订资金管理、绩效评价办法，建立信息公示网络平台"，这意味着"双一流"建设进入正式实施阶段。所以，我们要切实增强机遇意识和忧患意识，按照一流大学和一流学科的标准迅速行动起来，把自身建设好。如何建设一流大学，有很多标准，这里我和大家一起学习一下习近平总书记关于建设"一流学府"的思想。习近平总书记指出，建设"一流学府"要体现在一流的教学和科研、一流的人才和队伍、一流的硬件和基础设施、一流的管理和服务、一流的风气和人文环境五个方面。五个"一流"是建设"一流学府"全面的系统工程，缺一不可。我们要对照五个"一流"的标准，进一步突出优势特色，找准补齐短板，以"双一流"建设为契机，在新一轮高等教育结构、政策大调整过程中，大练内功，丰富内涵，着力增强办学实力，扎实推进提质转型升级，奋力向学校发展目标迈进。

四是认清国家关于科技创新的新政策。据统计，最近9次国务院常务会议，科技部负责人至少4次坐上汇报席。2月17日召开的国务院常务会议，又确定了支持科技成果转移转化的政策措施，明确鼓励国家设立的研究开发机构、高等院校通过转让、许可或作价投资等方式，向企业或其他组织转移科技成果，促进科技与经济深度融合。这次通过的科技成果转化系列决定，突出了3个关键词：一是"松绑"，比如科研人员能自主决定转移科技成果，可以到企业兼职从事科技成果转化活动等；二是"激励"，比如提高科技人员转化科技成果的最低奖励力度，将现金和股权奖励最低比例从20%提高到50%；三是"鞭策"，形成对院校机构的倒逼机制。由此可见，国家对充分调动科研人员积极性，推动创新成果转化为现实生产力，促进大众创业、万众创新的决心之大、力度之大，史无前例。抓住这一机遇，大力推进科技成果转化和协同创新，是当前国家实施创新驱动战略的发展和趋势，也是学校今年重点推进的工作，要选好几个试点，率先实现突破。

二、明确目标，凝心聚力，以科学的规划引领学校"十三五"发展

习近平总书记强调，规划科学是最大的效益，规划失误是最大的浪费，规划折腾是最大的忌讳。规划对一个国家、一座城市、一个学校的发展都具有十分重要的引领作用。科学编制学校"十三五"规划，是当前学校的重大任务，其主要任务，就是在新形势下进一步明确我们要办什么样的大学和怎样办好这样的大学，做好顶层设计，凝聚全校共识，引领未来发展。从总体上：一要把握好国家发展的阶段性特征，紧密结合国家、北京的经济社会发展的新形势、新要求，突出贯彻落实五大发展理念，突出服务国家、北京重大战略需求；二要把握好高等教育发展的阶段性特征，推动创新型大学转型、国际化办学转型、信息化大学转型；三要把握好学校发展的阶段性特征，强化建筑行业特色，实现教学研究型大学转型。

经过2015年一年的反复调研、谋划和论证，《北京建筑大学事业发展"十三五"规划》编制工作已进入收官阶段，集全校之智，学校"十三五"时期的发展目标、发展路径、发展战略和重大举措基本确定。

一是提出了"国内一流、国际知名、具有鲜明建筑特色的高水平、开放式、创新型大学"的远景发展目标。

二是提出了"三步走"发展路径，即第一步（2016～2020年）："十三五"期间，一流学科建设大力推进，学校内涵式发展取得显著成效，完成由教学型向教学研究型大学转型，"两高"办学布局基本调整建设到位，学科建设水平、人才培养质量、科技创新能力以及国际化、信息化、大学文化建设和管理服务水平有较大提升。第二步（2021～2025年）：学科生态体系和一流学科方向建设取得显著成效，学校有1～3个高水平学科排名稳居全国高校前10名，有1个高水平学科进入ESI，初步建成现代大学制度，办学实力、核心竞争力和社会影响力显著提升。第三步（2026～2036年）：到2036年建校100周年，初步实现远景发展战略目标，并为到2049年建国100周年全面建成"国内一流、国际知名、具有鲜明建筑特色的高水平、开放式、创新型大学"奠定坚实的基础。通过"三步走"发展步骤，学校的发展路径更加清晰，目标更加明确，将更好指引学校持续快速发展。

三是提出了"六大发展战略"。根据形势发展要求，这次规划在十二五时期"质量立校、人才强校、科技兴校、开放办校"四大战略的基础上，拓展形成了新的"六大发展战略"。人才培养质量是学校办学的生命线，人才是学校第一资源，面向社会办学和国际化办学是时代对现代大学提出的新要求，也是创新型大学发展的必由之路。因此，进入新时期，质量立校"、"人才强校"和"开放办校"战略必须继续长期坚持；作为建筑类大学，要围绕国家城市建设和建筑行业发展的重大需求办学，坚持走特色化办学之路，这是我们的传统，也是我们的优势，所以，要更加突出强调"特色兴校"；创新是引领发展的第一动力，也是五大发展理念之首，是"十三五"整个国家的发展方向，所以，我们强调"创新领校"，就是用创新的理念引领学校"十三五"发展；主动适应信息化发展带来的教育革命的挑战，推动信息化与教育教学、科研创新的深度融合，建设智慧校园，是学校紧跟时代步伐的必然选择，所以，新加了"信息助校"战略。六大战略之间不是孤立的，而是相辅相成、有机统一的关系，共同组成学校"十三五"的发展战略。

四是提出了"六大工程"和"六大计划"。这是根据学校发展目标和现阶段实际提出的重点举措，涵盖了党的建设、人才培养、科学研究、学科建设、人才队伍建设、国际交流与合作、管理体制机制、文化建设等方方面面，突出工作重点和薄弱环节，集中攻关，补齐短板。"六大工程"：一流学科建设工程、高端平台建设工程、创新人才培养工程、卓越管理服务工程、两高校园建设工程、全面从严治党工程。"六大计划"：高端人才引育计划、育人质量提升计划、双协同推进计划、国际化拓展计划、大学文化提升计划、中国梦和社会主义核心价值观引领计划。为什么有的是"工程"，有的是"计划"？主要考虑是，工程更强调系统性、基础性，着力重点突破，指标更具有刚性要求；计划更强调过程性、长期性，着力在点上持续加强，这些都是学校"十三五"时期的工作重点和关键点，相辅相成，是个统一整体，都需要认真规划，细化方案，统筹推进，奋力突破。

按照学校2016年党政工作要点，"十三五"规划4月份将提交教代会讨论，5月份正式报北京市教育委员会审批，当前大家要进一步细化精化，进一步明确"十三五"规划的各项任务指标，以学校未来发展蓝图凝心聚力，推动学校实现更好更快发展。

三、突出重点，强化绩效，全面深化学校综合改革

习近平总书记在中央全面深化改革领导小组第二十一次会议上的讲话中强调，各地区各部门要牢固树立全局意识、责任意识，把抓改革作为一项重大政治责任，坚定改革决心和信心，增强推进改革的思想自觉和行动自觉，既当改革促进派、又当改革实干家，以钉钉子精神抓好改革落实，扭住关键、精准发力，敢于啃硬骨头，盯着抓、反复抓，直到抓出成效。中央今年全面深化改革的重点就是狠抓改革落实，突出成效，巩固成果，这也是学校今年深化综合改革的重点。2015年是学校的"综合改革年"，学校通过全面的谋划、动员、部署，启动了一系列改革，推出了系列改革举措。可以说，改革举措出台的数量之多、力度之大前所未有，抓落实的任务之重、压力之大也前所未有。总的看，通过一年的谋划推进，改革推进落实是好的，已经出台的改革举措大多已进入落实阶段，有的已经产生了成效。2016年，学校改革的主要任务就是集中力量一项一项抓好改革落实，推动各项改革举措和重点工作早落地、见实效。

一是两校区布局调整和规划建设工作。2016年是学校的"两高"发展布局实施之年，主要任务是推进"两高"布局调整落实，确保2017年全部调整到位。关于学校"两高"发展布局，经过去年一年的科学谋划、统一思想，在全校上下基本上达成了共识。这里，我主要强调一下在推进学校两高布局调整过程中如何统筹规划好两校区的建设。经过几轮的设计，西城校区的功能主要是承载研究生院、建筑学院和高精尖创新中心以及大学科技园，按照"整体规划、设计，按区域分期、分步实施"的原则，基本形成了"6+1"的规划思路，即：建筑师花园，对图书馆、学生食堂、网球场区域进行统一规划，打造以建筑学院为核心的楼群；学生公寓中心，对学生宿舍和青年教师公寓之间公共区域进行改造，学生宿舍4号、5号楼抗震加固，打造建大研究生公寓楼群；建大科技花园，对教学四号、五号楼进行抗震加固，并对教学四号、五号楼之间及科研楼前的公共区域进行改造，打造建大科技中心楼群；建大国际城市文化交流中心，改造大学生活动中心区域，打造具有国际水准的学术交流中心；建大科技园，改造办公楼区域，连同疏解后的万容大厦，打造协同创新、科技成果转化基地；建大综合文体中心，对操场进行改造，打造区域性综合文体生活基地；建大城市文化走廊，以东门现有两侧建筑为基础进行环校园公共廊道建设，整合连通西城校区。大兴校区功能主要是承载本科生培养，将借助非首都功能疏解的契机积极争取调整规划指标，进一步拓展学校的发展空间。拟再建设2栋学生宿舍、大学生活动中心、国际文化交流中心、建筑博物馆、科研大厦等建筑，形成更加完善的办学功能布局。

学校今年上半年将召开两校区办学工作会，扎实有序、稳步推进两校区布局调整工作，各学院、各部门要立足大局，按照学科专业发展需要，认真研究制定本单位两校区布局调整方案，要在3月底前提交校长办公会审议，全面启动两校区布局调整工作。

二是学科布局调整和学科生态建设。2016年，国家很有可能放开北京地区博士学位授权单位的申报，投放一两个指标，我们能否抓住机遇，一举拿下，对于实现学校办学层次和办学质量的提升，突破学校高层次人才发展瓶颈，提升学校办学实力、核心竞争力和社会影响力，具有十分重要的意义。我们要结合学校"十三五"规划和国家"双一流"建设方案，进一步梳理学科建设的定位、原则、目标和举措，关键是加强自身学科专业内涵建设，坚决避免等、靠、要的思想。要统筹推进好学校重点学科、支撑学科、特色学科和交叉学科建设，构建学科生态体系，集聚全校力量重点做好学校申请博士授权单位和四个一级学科申请博士授权一级学科点工作。相关学科还要参加全国学科评估，要提前做好准备，尽快补齐短板，充实力量。

三是深化人才培养改革的工作。今年教育领域改革的一个热点词是教育供给侧改革，其核心要义是如何培养社会需要的创新型人才。对于我们来说就是要以创新创业为突破口，全面深化人才培养改革，把创新创业教育体现到人才培养方案、教育教学模式，以及教学的途径和方式方法上，融入人才培养的全过程和各个环节，着力培养学生的社会责任感、创新精神和实践能力，其关键是2016版人才培养方案的制定，要在深入分析研究当前经济社会发展对人才培养的新要求的基础上，主动优化调整学科专业结构、人才培养类型结构，进一步压缩课程、压缩学时，进一步加强核心课程建设和通识课教育，提高课程质量，切实克服人才培养与社会需求结合不紧密的脱节现象。

四是科技体制机制改革工作。深化学校科技体制改革一个是落实好国家关于科技成果转化的政策，出台保障科技成果转化和促进教师积极申报重大重点项目管理规定，逐步调整科研组织模式，进一步加强科技成果推介。一个是扎实推进协同创新工作，倾斜科技资源支持、鼓励校内学科交叉，组建校级学科交叉协同创新研究院。还有一个重点工作是建设好北京未来城市设计"高精尖"创新中心，以创新中心建设为引领，集聚资源，搭建汇智平台，汇聚国内外高端人才，共同推动科技创新。

五是资源配置改革工作。资产和后勤管理改革是学校去年的重要改革工作，后勤改革已经基本到位，今年的主要任务是资产的精细化管理和两校区资源配置改革。《公用房产定额管理办法》年前已通过校长办公会审议，下一步就是以《公用房产定额管理办法》实施为先导，开展两校区房产资源配置调整工作，进一步提升学校资产使用的效益。

六是国际化办学工作。今年学校国际化工作的重点是召开学校国际化办学工作会，建立"学校统筹，分类支持，学院主体"的工作机制，真正落实学院在国际合作与交流中的主体地位，充分调动学院面向国际加速自身发展的积极性。重点工作是做好中法工程师学院筹建、与英国伦敦艺术大学合作办学以及国际学术论坛工作。

七是校园文化建设工作。校园文化是引领学校发展的灵魂，今年的主要任务是落实好校园文化建设"十三五"规划，实施大学文化提升计划，统筹好两校区校园文化布局，体现好传承与创新。大兴校区主要是布局建设好校史馆、艺术馆、中国当代建筑师作品展示馆等系列文化场地，按照"建新家"的标准，推进实施好各学院文化塑院工作。西城校区结合好校园整体升级改造，建设打造高品质的建大文化花园。

八是持续提升治理体系和治理能力现代化。以落实《大学章程》为抓手，进一步落实卓越管理行动计划，深化管理体制机制改革，切实加强学校发展咨询委员会、学术委员会、教学督导委员会建设，切实发挥教代会、工会、共青团的作用，做好统一战线工作。还要进一步推进民生改善，坚持为师生办实事制度，提高服务师生的能力和水平。

九是80周年校庆工作。这项工作在何书记和启鸿书记的带领下，前期各项准备工作正在有条不紊地推进，下一步重点是按照校庆工作方案抓好落实，借助校庆东风推进学校提质转型升级，要转变观念、转变模式、做好结合，围绕学校"十三五"规划，利用80周年校庆的契机，统筹推进各项学术活动和校园文化建设项目的开展。

四、夯实基层，强化责任，全面推进从严治党落到实处

习近平总书记强调，"全面从严治党，核心是加强党的领导，基础在全面，关键在严，要害在治"，并明确指出，"要推动全面从严治党向基层延伸"。这一重要论述进一步深刻阐释了全面从严治党的内涵和要求，为新形势下管党治党指明了方向，明确了重点。按照中央、市委的部署要求，今年高校党建工作的重点是"牢牢把握社会主义办学方向，落实党委领导下的校长负责制，抓好院系基层党组织建设"，学校各级党组织、全体党员干部和广大党员要深入贯彻落实新精神、新要求，牢固树立政治意识、大局意识、核心意识和看齐意识，层层传导压力，压实主体责任，在推动全面从严治党向基层延伸上取得切实成效。

一是认真组织开展"两学一做"学习教育。今年，中央将在全体党员中开展"学党章党规、学系列讲话，做合格党员"学习教育，这是继党的群众路线教育实践活动、"三严三实"专题教育之后,深化党内教育的又一次重要实践,是推动学习教育从"关键少数"向全体党员拓展、从集中性教育活动向经常性教育延伸的重要举措,目的就是进一步强化党章党规党纪意识,明确基本标准,树立行为规范,加强理论武装。目前,中央学习教育方案已经印发,待市委、市委教育工委方案下发后,学校将抓紧研究制定实施方案,各级党组织要提高认识,主动谋划,既注重把学习教育与深化综合改革相结合,在深入学习习近平总书记系列重要讲话、特别是治国理政思想中深化对改革的认同,汇聚推动改革的强大合力;又注重把学习教育与思想建党相结合,与学习型党组织建设相结合,与干部队伍建设相结合,在深入学习中严明党的政治纪律和政治规矩,更好维护党中央权威。各级领导干部、广大党员要争做合格党员、优秀党员,积极发挥党员模范带头作用,全力投身改革,全力推动发展,带动学校各项事业再上新台阶。

二是落实主体责任,推动全面从严治党向基层延伸。中央近期将出台落实全面从严治党的意见,市委、市委教育工委也将出台具体实施意见,主要目的在于进一步明确党建工作的目标任务、重点内容和责任要求,构建主体明晰、责任明确、有机衔接的责任体系,特别是明确基层党建责任清单,健全问责机制,加大问责力度,以强有力的问责机制倒逼各级党组织履行好责任,推动党建责任落到实处,这是新形势,也是新要求。针对学校党建工作梳理出来的问题,学校将按照中央和市委的要求,以推动全面从严治党向基层延伸为重点,突出院系党组织建设,着力从强化责任意识、健全制度体系、严格考核问责方面入手,创新实施一系列举措,带动纵向到底的层级责任体系、横向到边的齐抓共管体系和定向到人的推进落实体系的持续深化。各级领导干部特别是二级单位党组织负责人要增强责任意识、狠抓责任落实,切实推动全面从严治党各项任务在基层落地生根。

三是坚持从严管理监督干部。实践证明,干部队伍建设好了,才能发挥良好的示范、正确的引领、鲜明的导向作用,推动形成良好的政治生态,全面从严治党才能不断扎实推进。严格管理监督干部,就是要以党章、准则、条例和习近平总书记对领导干部的重要要求为标尺,以思想、作风、履职等为内容,以一把手和重要岗位干部为重点,抓早抓小抓经常。中央在干部监督管理上,今年将抓好"完善中国特色领导干部个人有关事项报告制度、用好提醒函询诫勉的组织措施、不断深化专项治理"3件事。学校也将按照这一要求,进一步修订完善从严从实加强领导干部有关事项管理工作的办法,严格执行处级干部因私出国(境)管理办法、处级干部请假规定等制度,着力推进干部考核制度改革,更加突出绩效考核,各级领导干部要坚持严守规矩、严讲纪律,始终保持良好的精神状态,激扬的工作斗志,在学校改革发展中发挥主力军作用。

各级领导班子建设一直是学校党建工作的重点,特别是当前,越是进入改革攻坚阶段,越要强调领导班子建设、强调团队协作,这是我们集思广益谋大事、集中力量办大事的基础。近期,习近平总书记就学习毛泽东同志《党委会的工作方法》做出重要批示,对学校各级领导班子建设具有重要指导意义。大家要认真贯彻落实,把学习《党委会的工作方法》列为理论中心组学习的重要内容,反复学、深入学,切实把其中蕴含的工作思路、工作方法和工作哲理,应用到班子建设中,应用到日常工作中,不断增进班子团结和谐、提升班子战斗力。每一位干部都要树立"班子"意识,拧成一股绳,带领团队把各项工作做好,即在其位,谋其政,切实担负起责任。

四是进一步提高党内生活质量。党内政治生活是党员干部锤炼党性、砥砺品格的重要平台。针对学校存在的领导干部过双重组织生活会的主动性和经常性都不够，批评与自我批评这一利器用得不是很充分等问题，今年学校党委将进一步完善民主生活、"三会一课"等方面的制度，建立经常性提醒和批评制度，使咬耳朵、扯袖子、红红脸、出出汗成为常态，学校各级党员干部要带头示范，使党内政治生活更加健全、更加健康。

五是进一步加强思想政治教育和意识形态工作。学风建设进一步细化实化，最爱学生大学建设进一步拓展深化，意识形态工作落实责任制，安全稳定工作进一步加强专业化和责任制，实施"中国梦和社会主义核心价值观教育计划"。

五、严明纪律，强化问责，深入推进党风廉政建设和反腐败工作

习近平总书记在十八届中央纪委六次全会上强调，党中央坚定不移地反对腐败的决心没有变，坚决遏制腐败现象蔓延势头的目标没有变。并从"尊崇党章、严格执行准则和条例；坚持坚持再坚持，把作风建设抓到底；实现不敢腐，坚决遏制腐败现象滋生蔓延势头；推动全面从严治向基层延伸；标本兼治、净化政治生态"5个方面明确了2016年党风廉政建设的重点。这些部署要求，指出了新形势下加强党风廉政建设的重要着力点，是我们认真贯彻落实的行动纲领。

一是严明政治纪律和政治规矩。抓好党纪党规学习教育，引导党员干部认真学习践行《准则》和《条例》，把纪律规矩挺在前面，切实增强政治意识、大局意识、核心意识、看齐意识，自觉向党中央看齐、向习总书记看齐、向党的理论和路线方针看齐，坚持正确的政治方向，确保在思想上政治上行动上同以习近平为总书记的党中央保持高度一致。

二是健全改进作风常态化制度。紧紧围绕深入贯彻中央八项规定和市委实施意见，既抓住老问题、又盯紧新问题，用具体明确的制度来建立作风建设长效机制，坚持标本兼治，向制度建设要长效。学校今年将进一步健全改进作风建设的各项制度，不断巩固深化"三严三实"专题教育成果，扎实推进10个方面30项措施的整改工作落实，以优良作风和卓越管理巩固作风建设长效机制。

三是要全面落实"一岗双责"。聚焦主责主业，抓住重点环节，进一步健全完善各项制度，深入开展纪律教育，狠抓执纪监督，养成纪律自觉，努力营造风清气正的发展环境。

四是强化党内监督机制建设。坚持从严监督、从严执纪、从严问责，不断深化"三转"成果，强化监督执纪问责，用好监督执纪"四种形态"。要认真学习贯彻中央巡视工作条例和市委实施办法，全力配合支持市委巡视组专项巡视学校各项工作。

六、明确责任，强化执行，确保"十三五"开好局、起好步

习近平总书记强调，再好的文件，没有落实，只会留在纸上；再好的决策，不去执行，只能停在原地。如果不沉下心来抓落实，再好的目标，再好的蓝图，也只是镜中花、水中月。所以，学校把执行作为今年党政工作要点的其中一个关键词，就是要弘扬主动谋、勇于担当、狠抓落实的工作作风，以严的精神、实的作风推进学校各项决策部署落地生根、开花结果。

一是要深入实际,加强工作研究。要坚持深入实际、深入基层、深入师生,全面、系统、深入地研究学校发展实际,不断深化对学校发展规律的认识,把握好学校发展的阶段性特点,把学校的发展方向和主要任务细化成一个个发展项目;要加强工作全局研究,既要注重研究学校的工作全局,又要注重研究本部门本单位的工作全局,做到围绕中心、服务大局;要加强工作比较研究,既要注重纵向的发展进程研究,又要注重横向的竞争态势研究,做到知己知彼、心中有数;要加强对新情况新问题的研究,紧跟新形势,直面新问题,引领新发展,增强工作的前瞻性和预见性。

二是要强化责任,狠抓工作落实。要以统筹兼顾的方法抓落实,学会十个指头弹钢琴,分清轻重缓急,把目标任务分解到部门、落实到岗位、量化到个人,落实到各个项目之中,制定更加具体的实施举措和标准。要以改革创新的精神抓落实,坚持问题导向,以改革的精神和创新的办法,切实破除制约发展的体制机制障碍。要以敢于担当的勇气抓落实,进一步增强事业心和责任感,把工作标准调到最高,把精神状态调到最佳,把工作干劲调到最大。要以严格健全的机制抓落实,注重上下联动,形成落实合力,把工作层层推向深入。抓好督查问效,切实打通决策部署"最先一公里"和政策落实"最后一公里",确保学校各项决策部署畅通。

三是要保持激情,提振工作信心。学校的发展任务很重,面临的困难也很多。但是,只要我们不畏难、不避难,坚定信心、坚持不懈,就一定能取得新进展和新成效。我们的各级干部要带头做好表率,特别是遇到困难和挑战时,要不观望、不畏难、不停步,拿出披荆斩棘的胆气、勇往直前的毅力和雷厉风行的作风,在关键时候站得出来、冲得上去、干得成事。要充分调动全校师生的工作积极性,激发广大师生勇于担当、主动作为的精神和想干事、敢干事的热情,凝聚起攻坚克难、推动发展的强大合力。

最后,和大家分享一下美国著名心理学家罗伯特·西奥迪尼经历的哲理小故事。有一天,西奥迪尼在纽约结束了一天的工作之后,乘地铁去时代广场。当时正值下班乘车的高峰期,人流像往常一样沿着台阶蜂拥而下直奔站台。突然,他看到一个衣衫褴褛的男子躺在台阶中间,闭着眼睛,一动不动。赶地铁的人们都像没看到这个男子一样,匆匆从他身边走过,个别的甚至是从他身上跨过,急着乘坐地铁回家。看到这一情景,罗伯特·西奥迪尼感到非常震惊。于是,他停了下来,想看看到底发生了什么。就在他停下来的时候,耐人寻味的转变出现了:一些人也陆续跟着停了下来。很快,这个男子身边聚集了一小圈关心的人,人们的同情心一下子蔓延开来。有个男人去给他买了食物,有位女士匆匆给他买来了水,还有一个人通知了地铁巡逻员,这个巡逻员又打电话叫来了救护车。几分钟后,这个男子苏醒了,一边吃着食物,一边等待着救护车的到来。为什么起初人们会对这个衣衫褴褛的男子熟视无睹、漠不关心呢?西奥迪尼认为,其中的一个重要原因是:在熙熙攘攘、匆匆忙忙的人流中,人们往往会陷入完全自我状态,在忽视无关信息的同时,也忽视了周围需要帮助的人。在社会学中,这种现象被称为"都市恍惚症"。为什么后来人们对这个衣衫褴褛的男子的态度会有了较大的改变呢?西奥迪尼认为,其中一个最重要的原因是:因为有一个人的关注,致使情况发生了变化。当时,自己停下来,仅仅是要看一下那个处于困境的男子而已。路人却因此从"都市恍惚症"中清醒过来,从而也注意到了这个男子需要帮助。在注意到他的困境后,大家开始用实际行动来帮助他。

这个故事告诉我们,一个人改变了,身边的一些人就可能会跟着改变;身边的一些人改变了，很多人才可能会跟着改变；很多人改变了，世界就可能会改变。学校要建设国内知名、国际一流，具有鲜明建筑特色的高水平、开放式、创新型大学，实现提质转型升级发展，就需要我们每一位干部率先垂范，带头从自身做起、从眼前做起、从落实每一件工作做起，用自己的行动带动身边的人一起变化。北建大的发展变化也需要我们每一位员工从自身的改变做起，一个都不能少，一项都不能拉，一步都不能迟，让我们的北建大因我们每一个人的发展变化而不断发展变化、快速腾飞。

今年，学校将迎来80周年华诞。80年来，伴随着党和国家的阔步向前，我们北建大人代代薪火相传，砥砺前行，推动学校改革发展不断迈上新的台阶，铸就了北建大这块"金字招牌"，这是历代北建大人努力奋斗的结果，凝聚着历代北建大人的辛勤汗水和希冀辉煌，需要每一代北建大人去经常擦拭、经常抹灰、经常贴金。一代人有一代人的使命，一代人有一代人的担当，历史的接力棒把这块"金字招牌"交到了我们手中，如何擦亮这块"金字招牌"，让它更亮、含金量更高，让北建大在"十三五"时期迅速腾飞，这是全体北建大人的共同责任和神圣使命，也是北建大事业发展的内在动力。我们每一位建大人都有责任和义务给它贴金沾彩，把它擦得更亮，让北建大的金字招牌更加熠熠闪光，更好地渗入到我们的血液和灵魂，高度转化为我们的思想自觉和行动行动。

老师们、同志们，北京建筑大学"十三五"发展的大幕已经拉开，新的使命催人奋进，新的征程任重道远。站在建设国内一流、国际知名，具有鲜明建筑特色的高水平、开放式、创新型大学的新起点上，让我们进一步解放思想、坚定信心、开拓奋进、改革创新，为实现"十三五"发展的良好开局努力奋斗，共同创造北建大美好的明天！明天即将迎来三八妇女节，提前向女同胞们送上节日的祝福！谢谢！

2016年3月7日

三、校长张爱林在 2016 年学校工作布置会的讲话

各位老师，同志们：

今天我们召开学校 2016 年度工作会。刚才王建中书记分析了学校面临形势和机遇，对如何做好 2016 年工作提出了明确要求。下面，我主要讲三个内容：一是对 2015 年工作简要总结；二是对 2016 年重点工作进行部署；三是谈几点认识和体会。

一、2015 年工作简要总结

2015 年是我们全面总结、收官"十二五"的一年，更是科学谋划"十三五"的关键一年。根据 2015 年党政工作要点，在全校师生员工的共同努力下，圆满完成年初制定的各项工作任务，学校事业取得了新发展。总的来说：2015 年，心气高，干劲足，成绩很突出。2015 年学校党政工作总结将以学校文件下发，今天简要总结一下取得主要成绩和不足。

1. 加强党建和思想政治工作，为学校事业发展提供有力保障

一是扎实开展"三严三实"专题教育，落实全面从严治党要求。通过集中辅导、专题党课、"主讲主问"、主题党日、在线学习等多种形式开展学习教育培训，举办高水平辅导报告会 13 场，切实加强思想理论建设。全面落实"三严三实"专题教育各项工作，认真推进整改工作落实。全面落实党建责任制，实施二级党组织负责人党建工作述职评议考核工作，加强基层党建工作规范化建设。

二是加强干部队伍建设，队伍结构不断优化。完成 3 个学院领导班子换届、处级干部选拔和轮岗交流工作，19 名同志走上处级领导岗位，其中提任正处 4 名，副处 15 名，35 名处级干部走上新的领导岗位；加大青年人才交流培养力度，选拔挂职副处长 4 名，外派挂职副县长 1 名。举办正处级干部研讨班、副处级干部研修班和科级干部培训班，全面提升干部业务素质和管理能力。

三是宣传思想工作、校园文化建设工作深入开展。加强与主流媒体的沟通与合作，发表外宣稿件 120 余篇。积极拓宽思想政治工作途径，选送 10 名青年教师参加北京高校青年骨干教师理论培训班。实施校园文化建设工程，发布《视觉形象识别系统管理手册》，启动艺术馆、中国当代建筑师作品展示馆、校园主题雕塑等文化景观设计工作以及学院文化建设方案展示评比活动。

四是学生思想政治工作全面加强，共青团工作蓬勃开展。入选教育部社会主义核心价值观教育典型案例 1 项；入选北京市第一批入藏士兵 1 人，赴新疆开展援疆工作 2 人，在北京高校发挥示范作用；获得北京高校红色"1+1"示范活动一等奖、首都大学生思想政治教育工作实效奖二等奖、"北京高校国防教育工作突出贡献奖"等历史性突破；积极营造文化艺术氛围，开展大型文化艺术活动 20 余项，获 2015 北京大学生舞蹈节一等奖 1 项，二等奖 2 项。

五是全面落实党风廉政建设责任制，扎实推进党风廉政建设和反腐败工作。层层签订党风廉政建设责任书，分层次、有重点地开展党性党风党纪和廉洁从政教育，深入推进廉

政体系和文化建设。

2. 抢抓重大机遇，谋划两高布局，科学编制"十三五"规划

一是全面总结"十二五"事业发展。按照"十二五"规划设定目标，加快推进各项任务落实；全面总结分析了"十二五"以来学校事业发展取得的主要成就、好经验、好做法，完成"十二五"学校事业发展总结工作。

二是抢抓机遇，凝聚共识，顶层设计"十三五"蓝图。实现北京市与住房和城乡建设部共建高校的里程碑式突破。通过走访、调研和召开研讨会、座谈会等50余次，查找不足，谋划发展，凝聚共识，科学编制"十三五"事业发展规划和九个专项规划以及学院发展规划，基本确立了质量立校、人才强校、创新领校、特色兴校、信息助校、开放办校的"六大战略"以及两高校园建设、一流学科建设、高端平台建设、创新人才培养、高端人才引育、全面从严治党的"六大工程"，确定了向教学研究型大学转型，努力建设国内一流、国际知名、具有鲜明建筑特色的高水平、开放式、创新型大学的奋斗目标。

三是落实《京津冀协同发展规划纲要》，谋划"两高"布局。确立了大兴校区建成高质量人才培养基地，西城校区建成高层次人才培养和科技成果转化协同创新基地的"两高"布局。成立研究生院，推进未来城市高精尖创新中心建设；按照上级要求，及时制定和适时调整动批疏解方案，克服困难完成疏解任务，得到市政府充分肯定；主动融入京津冀协同发展国家战略，发起成立"京津冀建筑类高校协同创新联盟"。

四是完善体制机制，全面深化改革。实施"卓越管理行动计划"，进一步系统完善体制机制改革，启动人才培养模式、科技管理体制、人事制度改革以及资产与后勤体制等方面改革；积极推动业务流程再造工程，完成督查督办工作体系建设；OA办公系统、数字迎新系统以及爱生网络社区陆续上线投入使用；不断推进现代大学制度建设，完成学校章程制定和报备，梳理修订和制定各项规章制度221个；调整校学术委员会、学位委员会等组织机构，成立学校发展咨询委员会、教学督导委员会；统筹机构设置和职能调整，进一步理顺管理体制。

3. 推进提质、转型、升级，事业发展迈上新台阶

一是扎实推进学科建设、研究生教育和科技创新工作。召开学科与科技工作大会，谋划和部署学科建设和科技创新工作。启动博士授权单位申报工作，组织建筑学、土木工程、环境科学与工程、测绘科学与技术等4个博士学位授权一级学科点申报和博士授予权单位建设工作。

积极开展研究生培养工作，安排博士研究生开展专业实践活动，4名博士生完成赴意大利国外访学特色培养环节；制订完成了博士研究生培养、学位授予、质量保证等规章制度，完成特殊需求博士项目指导委员会换届和博士生开题工作。

围绕深化科技体制改革和科技创新，系统梳理、修订了在研究机构管理、专职科研人员聘用、科技成果转化等方面的文件制度。全年到校科研经费达到1.06亿元，获得省部级以上科技奖励7项，其中国家科技进步一等奖1项，北京市科技进步一等奖1项，华夏科技进步一等奖3项。国家自然科学基金资助项目21项，取得历年最好成绩；新增2个北京市重点实验室。

二是推进教育教学改革，人才培养质量不断提升。召开人才培养工作会，实施本科生人才培养质量提升工程。通过开设实验班、大类招生以及学分制来推进人才培养模式改

革；完成测绘工程专业认证和3个住房和城乡建设部土建类专业复评工作；智慧城市虚拟仿真实验教学中心获批国家级虚拟仿真实验教学中心，获批市级校外人才培养基地2项。入选首批"北京市高层次创新创业人才支持计划"1人，第十一届北京市高等学校教学名师奖1人，第九届北京高校青年教师教学基本功比赛理工B组一等奖1人。

在招生就业工作方面，在全国25个省市自治区均实现本科一批次招生，完成本科招生统招计划1830人，扩招33人，本科生招生录取分数大幅度提升，创历史新高，2015级新生重点率达到78%；扎实推进职业类课程建设、就业教育引导和市场建设，稳步提升就业质量，全员就业率98.99%。

学生综合素质不断提升，取得了英语四级应考年级一次通过率超70%、应届考研率为10.3%的历史好成绩；大学生课外科技活动表现突出，共有658名学生获得市级以上奖项287项，学生取得专利19项，国内外核心期刊上发表论文13篇。

三是加强人才队伍建设，高层次人才队伍建设取得新突破。召开人才工作会，出台《关于进一步加强人才工作的意见》1个总文件和《岗位聘任办法》、《金字塔人才培养工程实施办法》等10个配套文件，全面推进人事制度综合改革。坚持引培并举，启动"双高计划"和"双塔工程"，建立"低职高聘"渠道，加大人才引进和培养力度。引进国家杰出青年基金获得者、国家级教学名师1人，中科院百人计划入选者1人；入选百千万人才国家级人选1人，北京学者1人，北京市"海聚工程"6人，实现引进海外人才工作的新突破。

四是推进开放办学，国际合作取得新进展。与英国西苏格兰大学等3所境外大学签署了合作协议；积极推进中法能源培训中心合作，签署《北京建筑大学中法能源中心合作办学协议书》；参与接待国（境）外24个团组访问，25个国家共88名留学生在我校学习；全年派出44个团组、102名教职员工赴国（境）外参加各类国际会议和学术交流。

积极展开学校80周年校庆筹备工作，举行八十周年校庆倒计时一周年启动仪式，开通校庆专题网站，发布学校80周年校庆标识，扎实推进校庆期间学术活动、文化活动和校友联谊活动的策划准备工作。召开第三届校友理事会第二次会议，积极发挥校友作用。

五是优化全员育人保障体系，营造良好发展环境。两校区规划与建设同步推进，大兴校区学生宿舍8、10号楼、臻园餐厅等全部建成并陆续投入使用，体育馆开工建设。全面推进财务信息化，精简财务报销流程，优化财务管理服务流程；争取疏解和新校区建设等专项资金4亿多元。建立以绩效为导向的资源分配机制，开展公用房定额管理工作，统筹两校区后勤管理工作，做好公寓、物业、宿舍等管理。

六是积极为师生办实事。全面落实机关事业单位养老保险、物业费等普惠政策措施，同步大幅上调学校聘任津贴；教职工自助餐实现了两校区同步，两校区对发班车增加到10个班次，大兴校区摆渡车提高往返频次，西城校区新增40多个停车位，较好地满足了师生交通需求；对西城校区学生公寓、浴室和食堂，教学楼等19个项目进行装修改造，极大改善了师生学生工作生活条件。

此外，校工会、大兴校区管委会、审计处、离退休办公室、统战、体育部、继续教育学院、计算机教学部、学报、图书馆、高等教育研究室、资产公司等各部门取得了新进展，为学校发展做出新贡献。2015年学校各项成绩的取得，凝聚着全校师生员工的智慧、心血和汗水。总之，2015年大家很辛苦，2015年学校很精彩。在此，我代表学校，向为学校发展辛勤工作的同志们及全校师生表示衷心的感谢！

我们也清醒地认识到，面向学校"十三五"和未来长远发展目标，面对学校"提质、转型、升级"的发展要求，还存在一些不足之处：一是发展理念好、目标高，但是落实力度还不够；二是在主动改革和创新推动学校事业发展方面还不够；三是落实依法治校，规范管理方面还需进一步加强；四是服务师生员工还不够；五是开放办学不够，国际化程度偏低。

二、2016年重点工作

2016年是学校"十三五"开局之年，是学校"提质、转型、升级"的关键之年，是学校"两高"发展布局的实施之年，是创建国内一流、国际知名，具有鲜明建筑特色的高水平、开放式、创新型大学"三步走"发展战略的起步之年和学校的创新发展年。

"十三五"时期我校最显著的特征就是进入"提质、转型、升级"攻坚阶段，2016年必须开好头、起好步，把推动学校发展建设聚焦在落实发展理念、抓住重大机遇、把准双一流导向、加快"两高布局"、推进转型提质驱动上。2016年学校党政工作要点将印制下发，内容很全面，很具体，各单位要认真组织学习，做好各项工作落实。下面，我主要就2016年重点推进的工作做一下强调和部署。

1. 细化完成"十三五"规划编制，加快"两高布局"，重在推动落实

学校"十三五"事业发展规划和各专项规划、学院规划的编制修改，都要将事业规划、校园文化建设规划、园林规划、房屋功能规划、资源开放共享等多规合一，绘制一张美丽蓝图。校院两级要强化理念、目标和任务落实，突出重点工作、关键指标、有效举措，细化"六大工程"具体内容，细化创新驱动具体举措。

扎实有序、稳步推进两校区"两高"布局落地。召开两校区办学工作会，确立两校区办学格局，明确各学院办学主体和定位。学校层面上统筹做好西城校区的各项升级改造建设工作，加强研究生院和高精尖创新中心建设，组织好大兴校区振动台实验室、体育馆、教学科研行管楼建设；各学院根据"十三五"规划发展的目标、举措和主要任务，按照两高布局来统筹规划人才培养、科研平台和实验室布局。实现加快本科人才培养向大兴校区转移速度和加快西城校区研究生培养基地建设速度的"两个加快"。

2. 具体落实省部共建和中央城市工作会精神

全面加快推进北京市和住建部共建我校，各单位按照共建协议内容逐项对接、落实、落地。各学院都要从中央城市工作会精神和配套文件中找到落实的切入点、服务点、成果点，比如，在开展城市规划、城市设计、历史名城名镇明村的保护与利用等方面，建筑学院要抓好建筑大师班（城市设计方向）人才培养方案落实和城市设计专业申办等工作，加强与国家文物局合作，进一步发挥在建筑文化遗产保护的优势和特色；土木学院围绕地下工程、装配式建筑、优化城市交通等领域加大科技创新与研发；海绵城市建设、建筑节能、生态环境保护等方面环能学院要持续发力，在巩固已有成果基础上加快整合平台资源、组建科研学术团队和科技项目攻关；智慧城市建设方面明确指出要促进信息技术与城市管理服务融合，加强城市管理数字化平台建设和功能整合，建设综合性城市管理数据库

等，我们测绘学院、电信学院和理学院都更要发挥学科专业优势主动谋划、主动出击，积极从争取校外资源；在轨道交通与建筑安全监测、建筑法规与城市管理与服务等方面机电学院、经管学院和文法学院更是要凝练学科专业特色，以点带面的去突破。

每个部门、学院要结合和依托学校学科专业优势，加大与住房和城乡建设部相关司、处横向沟通联系，加强与北京市及区县科技主管部门的对接，深化与行业企业、研究机构、学会协会的深度协同。同时要加强校内平台资源整合、学科研究领域交叉等方方面面的协同创新，争取牵头或参与各类"十三五"重点研发计划项目，切实服务国家建筑业转型升级，服务首都北京新定位，不断强化我校办学特色和创新实力。

今年，学校要举全校之力推进未来城市设计高精尖创新中心建设，力争获批北京高精尖创新中心。目前初步确定的城市设计理论与方法研究、文化遗产保护与城市有机更新、绿色城市与绿色建筑研究方向、城市地下基础设施与海绵城市建设、城市设计与管理大数据支撑技术等五个方面研究内容，基本覆盖了学校各学科专业。同时，完成实验室管理体系建设，加强实验室日常管理，建立实验室资源开放共享机制，提高资源使用效益；按照"全校实验中心向本科生全开放，本科生进教师科研团队"的工作目标，全面推进科教融合。加大对省部级科技平台和基地等科研机构的分类管理和考核，进一步建立和完善支持高水平重点实验室建设的配套政策。

3. 抓好学科专业建设，引进和培养拔尖人才

一是发挥重点学科引领作用，提升学科建设整体水平。全面实施学科建设引领工程，按照学科专业划分和两高布局来梳理和明确学科重点方向、学科带头人、团队和学科平台建设方案；加强学科建设分类指导，按照博士授权一级学科的水平来深入开展建筑学、土木工程、环境科学与工程、测绘科学与技术等4个一级学科建设和学校博士授予权单位建设，统筹好其他学科的特色发展。稳步推进博士项目建设，启动完成新一轮博士生导师遴选工作，确保2017年通过验收。认真准备第四轮全国学科评估工作，力争建筑学、测绘科学与技术全国排名不低于前10，其他学科排名稳中有升。

二是改革本科人才培养模式，强化专业内涵建设。根据社会经济结构调整和建筑业转型升级对人才质量的要求，在基于人才培养质量数据分析和教学指导委员会、专业指导委员会以及工程教育专业认证标准基础上，按照减总学时总学分、减课程门数、减课程内容"三减"总要求，进一步明确人才培养定位和梳理课程体系，科学合理设置课程模块及学分要求，重点强化实践教学环节，做好2016版人才培养方案制定工作。

完善USPS协同育人实施方案、过程监控和考核评价等工作机制建设，着力推动综合性教学改革，切实培养学生的创新意识、工程素质和工程实践能力。深入推进创新创业教育，整合和引进校内、外资源，打造有显示度的双创高地和线上信息开放共享平台，构筑实体空间。

不断强化专业内涵式发展，做好城市管理和城市设计专业申办工作，完成机械工程、电气工程及自动化、环境工程3个专业的工程教育专业认证申报和土木工程住建部专业复评工作；要加快推进京南开放实验室一期和二期建设，做好各级教学成果奖总结申报。

三是抓人才强校战略落实，引进和培养拔尖人才。根据学科、专业或方向按年度分解和加快推进杰出人才、拔尖人才和新星人才等招聘工作，力争实现"千人计划"入选者零突破。加大师资博士后实施范围和力度，广泛吸纳海内外优秀人才进站工作，新增博士后

人数要达到 8 人以上。

加强人才梯队建设，分层分类加大对中青年教师培养力度，提高教师国际化学术背景比例，拓宽海外研修和引进途径，要派出 10 人以上参加国家留学基金委面上项目和学校青年骨干教师出国项目。

4. 提高校院两级管理水平，推进信息化管理，推进国际化办学

一是深化校院两级管理体制改革，激发学院活力。进一步推动实施招生-培养-就业联动机制，动态调整专业设置；进一步落实改革聘任考核制度，探索建立教师分系列聘用机制，优化薪酬分配制度，绩效工资分配权力下移，激发队伍活力；继续完善预算改革，构建校院两级合理分配事权财权的运行机制，设立院级专项，完善竞争性分配机制；通过实施公用房产定额管理，开展两校区房产资源配置调整，提高房产资源使用效益。

二是全面推进"智慧建大"建设，快速提升信息化建设水平。

召开学校信息化工作大会，全面加强 IT 治理能力建设，以信息化带动管理现代化，把事业管理改革和信息化建设结合起来，重点做好统一信息门户、统一身份认证的建设，启动共享数据中心和"一张表"工程建设，打造服务师生的"网上办事大厅"；全面推进云数据中心和各部门信息化平台建设，重组资源模块，打破信息孤岛，实现互联互通。

三是拓展国际合作广度和深度，提升国际化办学水平。召开学校国际化办学工作会，全面构建国际化办学工作体系建设。重点做好北建大法国工程师学院筹建工作，力争 9 月份进驻中法国际大学城，探索开办分校等联合办学模式；加快推进中法能源培训中心三期合作项目的建设和与英国伦敦艺术大学合作办学工作，打造高水平国际合作项目。

5. 扎实做好校庆工作，突出学术交流与开放办学主题

统筹推进校院两级各项学术活动和校园文化建设项目开展，突出以学术交流为主要载体，组织开展校院两级的师生学术交流会、校友座谈会、校企合作研讨会等系列活动，重点做好系列国际学术论坛和城市规划建设与管理高端学术论坛活动。健全校友工作体制机制，积极挖掘和发挥校友资源重要作用。

6. 营造良好环境，服务师生员工

一是要筹备开好教代会和工代会。围绕"十三五"规划审议积极发挥民主管理在科学发展中作用，加大校院两级工会建家工作的资源保障力度。

二是要加快美丽校园规划和建设，深入开展校园文化建设。统筹做好大兴校区绿化、园林景观和西城区环境美化、功能升级改造，推动实施文化塑院计划，为师生营造良好学习、生活和工作环境。

三是全面推进卓越管理行动计划实施。重点推进管理业务流程优化与再造和"定编、定岗、定责"工作，提高管理服务效率。结合综合管理服务楼建设，打造高品质的面向师生的综合服务中心，提升为师生服务的品质。

四是建立师生身心健康、文化体育活动长效机制。加强对学生日常关心和教育，落实全员全过程育人。

五是持续关注民生。坚持为师生办实事、办好事、解难事。继续提高教职工生活工作待遇，为教职工安居乐业提供坚实保证。

三、谈几点认识和体会

同志们，2016年是学校"十三五"事业发展的开局之年，谋划好、落实好全年各项工作，对学校整个"十三五"发展来讲显得非同寻常，至关重要。为使各项工作富有成效的积极推进，下面我再谈几点体会与认识：

1. 理念导向，目标引领。所有工作都要向目标看齐，理念要落实，否则是空谈，目标要实现，否则是"画饼"。学校事业发展要依靠大家带领和发动广大教师，深入学习领会上级文件理念，把准学校发展目标，一起去思考、共同去谋划，主动创新地开展工作。

2. 抓住牛鼻子，抓住创新，抓住重点。各单位今年以及"十三五"要开展的工作很多，毕竟人力、物力、财力有限，要通过创新来引领各层次、各方面工作，来抓准、抓住、抓好重点，通过重点突破来带动工作的全面展开。

3. 踮踮脚、跳一跳，能力要用"将来进行时"。之前我在不同场合都举过周总理1975年1月提出"四个现代化"的例子。我们事业发展也要敢于踮踮脚、跳一跳，规划时会仰望星空，工作要能脚踏实地，目标要树立精品意识。这里我想举个例子，近期住房和城乡建设部在全国范围内选出100个城市设计做得比较好的案例，结果是大家公认为做得好的难找，说明精品太少。

4. 严以用权，依法规范管理，提高效率。用法治思维和方式提升治理和管理校院能力，更要用法治要求来约束行为，守住底线；落实一岗双责，重大事情上一定要实行集体决策，减少工作失误。比如成立招标采购工作办公室，就是严格程序，规范管理。同时，各单位借助信息化，简化各种工作流程和手续，提高效率和质量；要减少会议次数和控制会议时间，引导、鼓励和保证教师把更多的时间和精力投入到教学和科研上。

5. 细化方案，狠抓落实，绩效考核。各项工作开展必须要制定出行之有效的工作方案，把工作方案变成施工图、横道图，同时要狠抓各项工作的落实、落地，发扬钉钉子精神，做到持续发力的精准性、有效性。校院两级要强化绩效导向，引导和鼓励根据绩效考核进行奖励激励试点，从制度层面上提升干事业的成就感、获得感。

各位老师，同志们，北京建筑大学正站在新的历史起点上，我们要把准建筑业转型升级、京津冀协同发展、北京建设世界一流和谐宜居之都和四个中心新定位以及世界一流大学和一流学科建设等重大机遇，发展任务艰巨，俗话说"百斤加斤易，千斤加两难"。让我们共同肩负起这一代建大人的历史责任和光荣使命，传承历经八十年沉淀的建大精神，围绕学校"十三五"发展蓝图，坚持深化改革，加快创新步伐，加快推进向教学研究型大学转型，为创建国内一流、国际知名，具有鲜明建筑特色的高水平、开放式、创新型大学远景目标而共同谱写新篇章。

2016年3月7日

四、党委书记王建中在北京建筑大学第七届教代会（工代会）第四次会议上的讲话

各位代表、同志们：

大家好！

北京建筑大学第七届教代会（工代会）第四次会议已经圆满完成各项议程。会议期间，各位代表本着对学校发展高度负责的态度，认真审议了《学校工作报告》、《学校工会、教代会工作报告》、《学校 2015 年财务工作报告》以及《北京建筑大学教职工代表大会工作细则》等 4 个文件，对《学校事业发展"十三五"规划（草案）》提出了意见和建议，通过提案对学校发展建言献策，充分履行了教代会职权，彰显了各位代表的主人翁精神和爱校兴校情怀，会议开得很成功！在此，我代表学校党委向大会的成功召开表示热烈的祝贺！

这次会议是在全面贯彻党的十八大和十八届三中、四中、五中全会精神以及中央城市工作会议精神，深入学习习近平总书记系列重要讲话精神，按照"五位一体"总体布局和"四个全面"战略布局，全面推进国内一流、国际知名、具有鲜明建筑特色的高水平、开放式、创新型大学建设关键时期召开的一次重要会议，又恰逢学校"十三五"起步之年，事关学校"提质、转型、升级"，是一次承上启下、继往开来的大会，是一次以新的发展理念引领新发展、以新蓝图开启新征程的大会。刚才爱林校长在报告中全面总结了学校"十二五"时期的发展情况，系统阐述了学校"十三五"时期发展的目标、战略和重点举措，回顾了 2015 年各项工作，对做好今年的工作进行了全面部署。相关部门要按照爱林校长的报告要求，结合各代表团提出的意见和建议，进一步细化工作方案，抓好落实。下面，我就进一步凝聚全校教职工智慧力量，更好推进各项工作落实，谈三点意见。

一、凝心聚力，锐意进取，深入推进"十三五"规划落地生根

"十三五"时期是学校实现建设国内一流、国际知名、具有鲜明建筑特色的高水平、开放式、创新型大学第一阶段目标的关键期，制定和实施好"十三五"规划，涉及未来五年学校发展的战略方向、目标思路和重大举措，事关学校改革发展大局，意义特别重大。经过近一年的反复调研、谋划和论证，集全校之智，学校"十三五"规划基本成熟，接下来的主要任务就是如何推进好"十三五"规划落地生根，切实发挥好规划的引领作用，把蓝图变成现实。

一坚持思想先导，以新发展理念引领学校"十三五"科学发展。党的十八届五中全会提出了五大发展新理念，实现"十三五"发展目标，必须紧密联系学校发展实际，用好新发展理念这个指挥棒。要深刻认识创新是引领发展的第一动力，以创新求活力，聚焦向教学研究型大学转型升级的关键瓶颈，创新发展思路，创新发展举措，全面激发学校转型发展的内生动力；要深刻认识协调是持续健康发展的内在要求，以协调求合力，主动服务国家战略，围绕"双一流"建设，协调处理好学校与学院、学术与行政、教学与科研的关系，形成结构合理、互为支撑的办学体系；要深刻认识绿色是永续发展的必要条件，按照

绿色发展理念完善学科专业设置，人才培养方案，为破解大城市病，建设和谐宜居之都和生态国家贡献我们自己的力量，要深刻认识开放是现代大学崛起的必由之路，以开放求突破，推动校内外协同、行业企业融合和国际交流与合作，以开放、包容的胸怀，争取一切可以争取的资源，找到"弯道超车"的现实路径；要深刻认识共享是中国特色社会主义大学的本质要求，以共享求和谐，把改革发展成果体现在改善师生学习生活条件、拓展成长成才空间上，使师生拥有更多的获得感和成就感。

二坚持目标引领，以"十三五"规划绘制学校未来发展蓝图。规划是行动的指南，凝聚着智慧，承载着希望，更体现了责任与担当。当前，支撑发展的要素条件正发生深刻变化，面对国家经济发展速度变化、方式转变、结构调整、动力转换的新变化，高等学校发展机遇期的内涵变了，发展方式和任务也将随之变化，这就要求我们通过"十三五"规划，自上而下地统一思想认识和行动步伐，描绘好学校未来五年更加清晰的"路线图"和"施工图"。规划的核心在目标，关键在落实，学校总规划、各专项规划、各学院规划的目标是否统一，确立的目标能否激发全体师生的动能，能否指引每一位北建大人今后五年乃至更长时期的行动，是规划是否落地生根的判别标准。学校总规划要体现出对各学院规划的牵动力和对广大师生的指导力，学院规划要体现出对学校总规划的支撑力，广大师生要能够在两个规划中找到目标追求和攻坚方向。所以，推进学校"十三五"规划落地生根，一要确保各级规划的制定与实施环环相扣、层层衔接，使国内一流、国际知名、具有鲜明建筑特色的高水平、开放式、创新型大学建设成为北建大人的一种自觉追求，贯穿于校院发展和师生学习工作全过程；二要抓好重大战略、工程、计划落地，抓紧编制好实施方案，主动对接，综合发力，实现各项发展举措早落地、见成效。

三坚持问题导向，奋力补齐影响学校"十三五"发展的短板。通过实施六大工程、六大计划来提高两校区办学的水平，提升人才培养质量和创新能力，提升师资队伍水平，特别是高端人才的水平，提升我们管理服务的水平和国际化拓展的水平。

四坚持深化改革，激发学校"十三五"发展内生动力和活力。改革是发展的动力，要把深化学校综合改革作为实现"十三五"规划重点工程计划最有力的手段，将一切改革举措聚焦、聚力到未来五年总体目标上来，以制度创新为核心，大力加强现代大学制度建设和学校治理能力建设，构建有利于落实新发展理念的体制机制，形成分工科学、运转顺畅高效的内部管理架构，进一步释放学校的办学活力；要把"十三五"规划作为深化综合改革的根本指引，注重学校发展各核心要素的相互影响，统筹改革力度、发展速度和干部师生的可承受度，让师生在改革发展中看到变化、得到实惠、感到满意，为"十三五"规划落地生根、开花结果凝聚强大动力。

二、依法治校，民主管理，不断提升学校治理体系和治理能力现代化水平

坚持依法治校，推进民主管理，是学校"十三五"时期改革发展的重要保障，是深化综合改革，提高治理能力和治理体系现代化的内在要求，也是提高学校管理水平，维护师生权益，实现教育现代化的重要保障。我们要坚持法治思维和法治方式，按照现代大学制度的要求，进一步提升学校治理体系和治理能力的现代化水平，把学校改革发展与法治建设紧密结合，着力以制度规范学校改革，创造发展优势，提高发展效率，切实为"十三

五"发展提供坚强的保障。

一是优化学校内部治理结构，推进管理重心下移。要全面落实依法治校要求，进一步优化内部治理机构，改革创新组织框架，实施教授治学，推进管理重心下移，有效激发二级单位积极性和创造性，进一步构建和健全现代大学制度。应该说这方面学校一直在稳步向前推进，去年我们成立了新一届的校学术委员会，扩大非行政职务教授的范围，逐步强化了学术权力在学术事务中的决策主导地位，收到了很好的效果。我们也把今年的一部分财政预算经费"下放"到学院，使学院自主推进相关工作。要不断深化校院两级管理体制改革，规范、做强学院基层学术组织，理顺机制，提高效率，明确责任，提高学院自主管理能力。结合"两学一做"以及全覆盖深度基层调研，就是要把从严治党向基层延伸的同时来提升学院的治理能力和治理水平。

二是加强制度建设，为学校改革发展提供制度保障。要贯彻落实好教育部《依法治教实施纲要（2016~2020）》精神，以学校章程为抓手，构建一整套各种规章制度紧密相连、相互协调的制度体系和各种体制机制顺畅运行的治理框架，为学校推进管理体制机制改革提供坚强的制度保障。我们这几年开展了党的群众路线实践教育活动，"三严三实"专题教育，现在要开展"两学一做"，都树立了问题导向，发现了很多问题，制定了很多整改方案，这是加强制度建设的有利契机，对全校各级规章制度进行了全面梳理，新建和修订规章制度221项，废止和宣布失效文件、制度90余件，为建立健全系统配套的管理体制体系打下了坚实基础。下一步，还要继续做实做好制度建设工作。

三是拓宽民主管理渠道，进一步凝聚改革发展力量。民主管理是现代大学制度的内在要求，也是推进学校民主办学进程的重要保障。学校将进一步加强发展咨询委员会、学术委员会、教学工作委员会等各专门委员会建设，切实发挥他们参与学校长远发展、人才培养指导等重大事项决策，并就有关重大问题提出咨询意见和建议的重要作用；切实发挥好学校各领导小组在政策制定、工作决策、组织管理、绩效评估等方面的重要作用，强化议题会前调研和论证机制，及时听取师生的意见和建议；进一步加大教师和学生参与学校民主管理的力度，邀请教授和学生代表列席学校重要会议，鼓励师生参与校院两级管理，进一步加强民主党派、无党派人士参与学校民主管理与民主监督工作机制建设，充分发挥其参政议政与民主监督的作用。

三、奋发有为，实干担当，努力汇聚学校改革发展强大合力

当前，学校正处于转型升级机遇期、改革举措落地期和重点任务攻坚期，抓改革、抓落实、抓成效任务艰巨。工会、教代会作为学校治理体系中的重要组成部分，是教职工依法依规参与学校民主管理的重要组织形式，要充分发挥好在学校办学发展中的重要作用，提高教代会代表履职尽责的能力和水平，努力为学校新时期的改革发展汇聚起强大合力。

一是坚定信心，提振精神，最大程度地调动广大教职员工的积极性、主动性和创造性。六大工程、六大计划任务十分繁重，特别是我们既要人才培养，又要创新改革，这需要我们全校师生员工都动起来，这次通过"两学一做"要充分的调动广大教职工的积极性，使每一个人都有发展的机会，每一个人都有自己的改革计划，能够体现到这个人才培养体系里面，体现到科研体系里面。

二是贯彻落实中央群团工作会议精神，切实发挥工会、教代会在学校民主管理中的重要作用。近年来，工会、教代会坚持促进学校发展与维护教职工合法权益相统一的原则，持续加强工会、教代会制度建设和能力建设，深入实施"员工帮助计划"，形成以维权、教育、服务、发展为主线的"一个系统、一项工程、三个平台"的工作格局，在团结动员广大教职工积极投身学校的改革发展实践中发挥了重要作用，为推动学校科学发展、促进和谐校园建设做出了积极贡献。在"十三五"新征程中，学校将深入贯彻中央群团工作会议精神，按照中央《关于加强和改进党的群团工作的意见》要求和学校的实施方案，进一步增强自觉坚持群众路线、全心全意依靠教职工办学的思想意识，切实加强学校基层民主政治建设，进一步完善教职工代表大会制度和二级教代会制度，完善教代会参与大学治理的体制机制，不断强化工会、教代会职能，尊重并充分发挥广大教职工的民主权利，增强教职工参政议政、民主监督的广度、深度和效度，切实发挥工会、教代会在加强学校民主管理、民主监督方面的重要作用。

三是进一步加强工会、教代会自身建设，切实增强科学履职的能力。工会、教代会要把工作放在学校改革发展的大局中去思考，切实以改革创新的精神谋划和推进自身建设，不断提高在群众中的吸引力、凝聚力和战斗力。经学校党委研究，按照上级要求，工会要不断加强自身建设，我们学校的工会是全国的先进工会，在今后的发展中一定要继续保持。在学校"两高"布局调整中，学校党委强调每个学院包括学校都要保证提高工会保障广大教职工权益的能力。

各位代表，同志们，今天的北京建筑大学正处于学校历史上最好的发展时期，正处在提质、转型、升级的关键时期，继续推进学校事业快速发展、早日把学校建设成国内一流、国际知名、具有鲜明建筑特色的高水平、开放式、创新型大学，是我们这代北建大人责无旁贷的历史使命。希望我们全体北建大人在学校党政的领导之下，按照"十三五"规划的目标，携手奋进、开拓创新、勇于担当，锐意进取，共同为学校"十三五"发展开好局、起好步，为实现百年建大梦做出新的更大的贡献！谢谢！

2016 年 4 月 26 日

五、校长张爱林在北京建筑大学第七届教代会（工代会）第四次会议上的工作报告

各位代表、同志们：

今天，北京建筑大学第七届教代会（工代会）第四次会议隆重召开。首先，我代表学校对大会的召开表示热烈的祝贺！受学校委托，下面我向大会做工作报告，请予以审议，并请列席代表提出建议。

一、2015年工作回顾

2015年是我们全面总结、收官"十二五"的一年，更是科学谋划"十三五"的关键一年。一年来，在学校党委的领导下，实现北京市和住房城乡建设部共建高校的里程碑式突破。根据2015年党政工作要点，在全校师生员工的共同努力下，圆满完成年初制定的各项工作任务，不断推进提质、转型、升级，事业发展迈上了新台阶。

1. 抢抓重大机遇，谋划"两高布局"

落实《京津冀协同发展规划纲要》中"推动在京部分普通高等学校本科教育有序迁出，老校区向研究生培养基地、研发创新基地和重要智库转型"，确立了大兴校区建成高质量人才培养基地，西城校区建成高层次人才培养和科技成果转化协同创新基地的"两高布局"。成立研究生院，推进未来城市高精尖创新中心建设；按照上级要求，及时制定和适时调整动批疏解方案，克服困难完成疏解任务，得到市政府充分肯定；主动融入京津冀协同发展国家战略，发起成立"京津冀建筑类高校协同创新联盟"。

2. 全面总结"十二五"发展，科学编制"十三五"规划

按照"十二五"规划设定目标，加快推进各项任务落实；全面总结分析了"十二五"以来学校事业发展取得的主要成就、好经验、好做法，完成"十二五"学校事业发展总结工作。通过走访、调研和召开研讨会、座谈会等50余次，查找不足，谋划发展，凝聚共识，科学编制"十三五"事业发展规划和九个专项规划以及学院发展规划。

3. 完善体制机制，全面深化改革

实施"卓越管理行动计划"，启动人才培养模式、科技管理体制、人事制度改革以及资产与后勤体制等方面改革；积极推动业务流程再造工程，完成督查督办工作体系建设；OA办公系统、数字迎新系统以及爱生网络社区陆续上线投入使用；不断推进现代大学制度建设，完成学校章程制定和报备，制定、修订和废止各项规章制度234个，其中修订《北京建筑工程学院教职工代表大会工作细则》等文件167个，新制定《北京建筑大学公用房产定额管理办法》等文件44个，废止《北京建筑工程学院学科带头人聘任管理暂行办法》文件13个；调整校学术委员会、学位委员会等组织机构，成立学校发展咨询委员会、教学督导委员会；统筹机构设置和职能调整，进一步理顺管理体制。

4. 扎实推进学科建设、研究生教育

召开学科与科技工作大会，谋划和部署学科建设和科技创新工作。按照博士授权一级学科的水平来深入开展建筑学、土木工程、环境科学与工程、测绘科学与技术等4个一级

学科建设和学校博士授予权单位建设。

积极开展研究生培养工作，开展博士研究生专业实践活动，4名博士生完成赴意大利国外访学特色培养环节；制订完成博士研究生培养、学位授予、质量保证等规章制度，完成服务国家特殊需求建筑遗产保护理论与技术博士人才培养项目指导委员会换届和博士生开题工作。

5. 科技创新实力不断增强

围绕深化科技体制改革和科技创新，重新构建科技处职能，系统梳理、修订在研究机构管理、专职科研人员聘用、科技成果转化等方面的文件制度。全年到校科研经费达到1.06亿元，获得省部级以上科技奖励7项，其中国家科技进步一等奖1项，北京市科技进步一等奖1项，华夏科技进步一等奖3项。国家自然科学基金资助项目21项，取得历年最好成绩；新增2个北京市重点实验室。

6. 加强人才队伍建设，高层次人才队伍建设取得新突破

不断明确人才强校工作改革方向，召开人才工作会，出台《关于进一步加强人才工作的意见》1个总文件和《岗位聘任办法》、《金字塔人才培养工程实施办法》等10个配套文件，全面推进人事制度综合改革。坚持引培并举，启动"双高计划"和"双塔工程"，建立"低职高聘"渠道，加大人才引进和培养力度，积极构建高水平师资队伍，引进国家杰出青年基金获得者、国家级教学名师1人，中科院百人计划入选者1人；入选百千万人才国家级人选1人，北京学者1人，北京市"海聚工程"6人，实现引进海外人才工作的新突破。

7. 推进教育教学改革，人才培养质量不断提升

召开人才培养工作会，明确"十三五"人才培养工作目标、理念、途径和重点工作。实施本科生人才培养质量提升工程。通过开设实验班、大类招生以及学分制来推进人才培养模式改革；完成测绘工程专业认证和3个住房城乡建设部土建类专业复评工作；智慧城市虚拟仿真实验教学中心获批国家级虚拟仿真实验教学中心，获批市级校外人才培养基地2项。入选首批"北京市高层次创新创业人才支持计划"1人，第十一届北京市高等学校教学名师奖1人，第九届北京高校青年教师教学基本功比赛理工B组一等奖1人。

积极应对招生制度改革，及时调整招生政策，在全国25个省市自治区均实现本科一批次招生，完成本科招生统招计划1830人，扩招33人，本科生招生录取分数大幅度提升，创历史新高，2015级新生重点率达到78%；扎实推进职业类课程建设、就业教育引导和市场建设，稳步提升就业质量，全员就业率98.99%。

持续强化学风建设，学生综合素质不断提升，取得了英语四级应考年级一次通过率超70%、应届考研率为10.3%的历史好成绩；大学生课外科技活动表现突出，共有658名学生获得市级以上奖项287项，学生取得专利19项，国内外核心期刊上发表论文13篇。

8. 推进开放办学，国际合作取得新进展

不断加强国际化合作交流，扩大学校学术影响。与英国西苏格兰大学等3所境外大学签署合作协议；积极推进中法能源培训中心合作，签署《北京建筑大学中法能源中心合作办学协议书》（第三期）；参与接待国（境）外24个团组访问，25个国家共88名留学生在我校学习；全年派出44个团组、102名教职员工赴国（境）外参加各类国际会议和学

术交流。

积极展开学校 80 周年校庆筹备工作，举行八十周年校庆倒计时一周年启动仪式，开通校庆专题网站，发布学校 80 周年校庆标识，扎实推进校庆期间学术活动、文化活动和校友联谊活动的策划准备工作。召开第三届校友理事会第二次会议，积极发挥校友作用。

9. 优化全员育人保障体系，营造良好发展环境

两校区规划与建设同步推进，大兴校区学生宿舍 8、10 号楼、臻园餐厅等全部建成并陆续投入使用，体育馆开工建设。全面推进财务信息化，精简财务报销流程，优化财务管理服务流程；建立以绩效为导向的资源分配机制，开展公用房定额管理工作，统筹两校区后勤管理工作，做好公寓、物业、宿舍等管理。

10. 积极为师生办实事

全面落实机关事业单位养老保险、物业费等普惠政策措施，同步大幅上调学校聘任津贴；教职工自助餐实现了两校区同步，两校区对发班车增加到 10 个班次，大兴校区摆渡车提高往返频次，西城校区新增 40 多个停车位，较好地满足了师生交通需求；对西城校区学生公寓、浴室和食堂，教学楼等 19 个项目进行装修改造，极大改善了师生学习工作生活条件。

此外，校工会、大兴校区管委会、审计处、离退休办公室、统战、体育部、继续教育学院、计算机教学部、学报、图书馆、高等教育研究室、资产公司等各部门取得了新进展，为学校发展做出新贡献。2015 年学校各项成绩归功于全校师生员工的共同努力和勤奋工作。2015 年大家很辛苦，2015 年学校很精彩。在此，我代表学校，向同志们表示衷心的感谢！

二、2016 年重点工作

2016 年是学校"十三五"开局之年，是学校"提质、转型、升级"的关键之年，是学校"两高"发展布局的实施之年，是创建国内一流、国际知名，具有鲜明建筑特色的高水平、开放式、创新型大学"三步走"发展战略的起步之年和学校的创新发展年。

"十三五"时期我校最显著的特征就是进入"提质、转型、升级"攻坚阶段，2016 年必须开好头、起好步，把推动学校发展建设聚焦在落实发展理念、抓住重大机遇、把准双一流导向、加快"两高布局"、推进转型提质驱动上。

1. 完成"十三五"规划编制

按照将事业规划、校园文化建设规划、园林规划、房屋功能规划、资源开放共享等多规合一，绘制成一张美丽蓝图的要求，编制修改学校"十三五"事业发展规划和各专项规划、学院规划。强化校院两级发展理念、目标和任务落实，按照年度计划细化"六大工程"具体内容，突出重点工作、关键指标、有效举措，特别是细化创新驱动具体举措。

2. 加快"两高布局"落实

扎实有序、稳步推进两校区"两高"布局落地。学校层面上统筹做好西城校区的各项升级改造建设工作，加强研究生院和高精尖创新中心建设，组织好大兴校区振动台实验室、体育馆、教学科研行管楼建设；召开两校区办学工作会，确立两校区办学格局，明确

各学院办学主体和定位。各学院根据"十三五"规划发展的目标、举措和主要任务，按照两高布局来统筹规划人才培养、科研平台和实验室布局。实现加快本科人才培养向大兴校区转移速度和加快西城校区研究生培养基地建设速度的"两个加快"。

3. 落实省部共建、中央城市工作会和全国文物工作会精神

全面加快推进北京市和住房城乡建设部共建我校，各单位按照共建协议内容逐项对接、落实、落地；各学院都要从中央城市工作会精神和配套文件中找到落实的切入点、服务点、成果点；具体落实全国文物工作会议精神，以国家文物局文博人才培养基地为抓手，全面推进合作。

每个部门、学院依托学科专业优势，加大与住房城乡建设部相关司、处横向沟通联系，加强与北京市及区县科技主管部门的对接，深化与行业企业、研究机构、学会协会的深度协同。同时加强校内平台资源整合、学科研究领域交叉等方方面面的协同创新，争取牵头或参与各类"十三五"重点研发计划项目，切实服务国家建筑业转型升级，服务首都北京新定位，不断强化我校办学特色和创新实力。

4. 发挥学科引领，提升研究生教育质量

全面实施学科建设引领工程，按照学科专业划分和两高布局来梳理和明确学科重点方向、学科带头人、团队和学科平台建设方案；加强学科建设分类指导，按照博士授权一级学科的水平来深入开展建筑学、土木工程、环境科学与工程、测绘科学与技术等4个一级学科建设和学校博士授予权单位建设，统筹好其他学科的特色发展。实施硕士生导师年报制，稳步推进服务国家特殊需求建筑遗产保护理论与技术博士人才培养项目建设，抓好博士项目中期评估，启动完成新一轮博士生导师遴选工作，确保2017年通过验收。认真准备第四轮全国学科评估工作，力争建筑学、测绘科学与技术全国排名不低于前10，其他学科排名稳中有升。

5. 大力推进科技创新工作

举全校之力推进未来城市设计高精尖创新中心建设，中心目前初步确定了城市设计理论与方法研究、文化遗产保护与城市有机更新、绿色城市与绿色建筑研究方向、城市地下基础设施与海绵城市建设、城市设计与管理大数据支撑技术等五个方面研究内容，基本覆盖了学校各学科专业。抓住2022年冬奥会契机，主动对接重大需求，强化科技服务功能。完成实验室管理体系建设，加强实验室日常管理，建立实验室资源开放共享机制，提高资源使用效益；按照"全校实验中心向本科生全开放，本科生进教师科研团队"的工作目标，全面推进科教融合。加大对省部级科技平台和基地等科研机构的分类管理和考核，进一步建立和完善支持高水平重点实验室建设的配套政策。

6. 深化人才培养模式改革，突出专业内涵建设

根据社会经济结构调整和建筑业转型升级对人才质量的要求，在基于人才培养质量数据分析和教学指导委员会、专业指导委员会以及工程教育专业认证标准基础上，按照减总学时总学分、减课程门数、减课程内容"三减"总要求，进一步明确人才培养定位和梳理课程体系，科学合理设置课程模块及学分要求，重点强化实践教学环节，做好2016版人才培养方案制定工作。

完善USPS协同育人实施方案、过程监控和考核评价等工作机制建设，着力推动综合性教学改革，切实培养学生的创新意识、工程素质和工程实践能力。具体落实建筑大师班

等各类实验班的培养方案，深入推进创新创业教育，整合和引进校内、外资源，打造有显示度的双创高地和线上信息开放共享平台，构筑实体空间。

不断强化专业内涵式发展，做好城市管理和城市设计专业申办工作，完成机械工程、电气工程及自动化、环境工程 3 个专业的工程教育专业认证申报和土木工程住房城乡建设部专业复评工作；加快推进京南开放实验室一期和二期建设，做好各级教学成果奖总结申报。

7. 加强高水平人才队伍建设

根据学科、专业或方向按年度分解和加快推进杰出人才、拔尖人才和新星人才等招聘工作，力争实现"千人计划"入选者零突破。加大师资博士后实施范围和力度，广泛吸纳海内外优秀人才进站工作，新增博士后人数要达到 8 人以上。

加强人才梯队建设，分层分类加大对中青年教师培养力度，提高教师国际化学术背景比例，拓宽海外研修和引进途径，要派出 10 人以上参加国家留学基金委面上项目和学校青年骨干教师出国项目。

8. 推进开放办学

召开学校国际化办学工作会，全面构建国际化办学工作体系建设。重点做好北建大法国工程师学院筹建工作，力争 9 月份进驻中法国际大学城，探索开办分校等联合办学模式；加快推进中法能源培训中心三期合作项目的建设和与英国伦敦艺术大学合作办学工作，打造高水平国际合作项目。

统筹推进校院两级各项学术活动和校园文化建设项目开展，突出以学术交流为主要载体，组织开展校院两级的师生学术交流会、校友座谈会、校企合作研讨会等系列活动，重点做好系列国际学术论坛和城市规划建设与管理高端学术论坛活动。健全校友工作体制机制，积极挖掘和发挥校友资源重要作用。

9. 推进信息化管理

全面加强 IT 治理能力建设，以信息化带动管理现代化，把事业管理改革和信息化建设结合起来，召开学校信息化工作会。重点做好统一信息门户、统一身份认证的建设，启动共享数据中心和"一张表"工程建设，打造服务师生的"网上办事大厅"；全面推进云数据中心和各部门信息化平台建设，重组资源模块，打破信息孤岛，实现互联互通。

10. 营造良好环境，服务师生员工

一是集思广益，凝聚全校智慧。围绕"十三五"规划审议积极发挥民主管理在科学发展中作用，加大校院两级工会建家工作的资源保障力度；二是加快美丽校园规划和建设，深入开展校园文化建设。统筹做好大兴校区绿化、园林景观和西城校区环境美化、功能升级改造，推动实施文化塑院计划，为师生营造良好学习、生活和工作环境；三是全面推进卓越管理行动计划实施。重点推进管理业务流程优化与再造和"定编、定岗、定责"工作，提高管理服务效率。结合综合管理服务楼建设，打造高品质的面向师生的综合服务中心，提升为师生服务的品质；四是建立师生身心健康、文化体育活动长效机制。加强对学生日常关心和教育，落实全员全过程育人；五是持续关注民生。坚持为师生办实事、办好事、解难事。继续提高教职工生活工作待遇，为教职工安居乐业提供坚实保证。

各位代表、同志们，北京建筑大学正站在新的历史起点上，任务更加艰巨，责任更加重大，使命更加光荣，希望各位代表积极建言献策，共同把准京津冀协同发展、北京建设世界一流和谐宜居之都和四个中心新定位、世界一流大学和一流学科建设以及建筑业转型升级等重大机遇，坚持深化改革，加快创新步伐，加快推进向教学研究型大学转型，为创建国内一流、国际知名，具有鲜明建筑特色的高水平、开放式、创新型大学远景目标而共同谱写新篇章。

2016 年 4 月 15 日

六、校长张爱林在北京市 2016 年高校毕业生就业创业工作推进会上的发言

尊敬的王宁副市长，各位领导、各位老师，下面我简要地汇报一下北京建筑大学推进就业创业工作。

一、把准办学定位和人才培养定位

北京建筑大学有着悠久的办学历史，始建于 1936 年北平市立高级工业职业学校土木工程科，是北京地区唯一一所建筑类高等学校，是北京市政府与住建部共建高校和教育部"卓越工程师教育培养计划"试点高校，刚刚获批北京市"未来城市设计高精尖创新中心"。

建校以来，为国家培养了 6 万多名优秀毕业生，中华人民共和国成立培养了 10 位全国工程勘察设计大师和建筑大师，占全国五分之一。秉持现代"鲁班"精神，从新中国的人民大会堂等十大建筑，到北京亚运会、奥运会等重大工程，都有北建大的师生和校友参与建设。

我校的办学目标定位就是建设具有鲜明建筑特色的创新型北京建筑大学。

我校的服务定位就是"两大服务"：服务首都北京新定位，即建设世界一流的和谐宜居之都；服务国家建筑业转型升级的。我校 60％的本科生源来自北京，超过 85％的毕业生在京就业，60％以上从事建筑业工作。

我校的人才培养定位就是培养与造就：古都北京的保护者、宜居北京的营造者、现代北京的管理者、未来北京的设计者、创新北京的实践者。

二、创新"三位一体"机制，搭建开放实践平台

1. 创新"通识教育＋专业教育＋双创教育""三位一体"的人才培养机制。通识教育和专业教育只是按照知识分类划分，而就业创业能力却是贯穿人才培养的全过程。

双创教育融入通识教育，设立创新学分，开设创业类系列课程、新生研讨课和职业规划与就业指导课程；公共选修课增加创新创业教育模块。

双创教育融入专业教育，以专业岗位创业为导向，开设专业类创业课程与专业教学过程渗透融合。让创新创业从"开小灶"走向"大众化"，由点及面，点燃同学们创新创业热情，更多同学主动参与，乐于实践，勇于探索。

2. 搭建开放共享平台，强化学校、企业、政府间协作联盟和实践平台建设

建设领域土建类专业卓越工程师教育校企联盟，校企共同制定人才培养方案和质量标准；

建立京津冀建筑类高校协同创新联盟，建设"京津冀互联网＋建筑"慕课平台，开展校际间优质资源共享、学分互认；

建立全国建筑类高校就业联盟，推进全国范围内建筑类行业就业信息共享；

与共青团中央共同建设"中国青年创业社区",建设双创教育实践平台,联合创立创新创业实践训练基地;按照"双创校园"理念将42个双创元素遍布西城、大兴两个校区。

三、"两全"服务,成就学生未来,就业创业成效显著

在推进就业创业工作中,我校有三点体会:

1. 全覆盖和全过程服务学生需求,实现了就业创业指导和服务大学四年(五年)的不断线。多部门全覆盖,搭建就业创业的信息平台、实践平台和实习平台,分年级、分阶段全过程指导平台。校领导带头给本科生当导师。

案例:环能学院王崇臣团队——"以课题组为单元的本科生人才培养模式"连续运行了6年,受益学生多达60余人。团队承担的科研项目16项,获得各类奖项88人次。团队陈希同学说:"通过课题组,让我真正找到了学习的方向、自我的价值,甚至是人生的意义,我懂得了科研的艰辛和团队的力量,是学校这片土壤让我们发芽生长,创新的基因融入我的血液,必将影响我的一生"。

2. 就业创业工作必须把准国家、行业领域和地方区域未来需求,成就学生未来。激发学生潜能,要培养学生毕业后适应未来变化的能力——能力将来时,做到"以不变应万变",不变是学生毕业时所具有的"就业创业能力"。

案例:土木学院赵保庆同学——参与国家大科学工程项目、目前世界上最大的500米口径球面射电望远镜(FAST)工程,主要研究方向为射电望远镜反射面结构,处于未来30年的国际领先地位。

3. 就业创业工作必须要发挥学校学科专业特色优势。科教融合,开展创新训练和培育创新思维,营造创新创业环境。

案例:环能学院赵杨同学——在校期间参与教师科研项目,毕业后创办北京雨人润科生态技术有限责任公司,在国家公布的16个海绵城市试点中,承担了5个试点的海绵城市技术项目等。

近年来,我校创新创业教育活动覆盖面达100%,就业创业成效显著,学生创新创业能力不断提升,每千名在校生拥有专利4项,获得各类创新创业竞赛奖项达3548人次,占全校学生的44.35%。毕业生就业率多年保持在97%以上,签约率保持在90%以上,用人单位满意度达到95%。

我校先后获得"北京地区高校示范性就业中心"、教育部"全国毕业生就业典型经验高校"。

各位领导、各位老师,国家创新驱动发展急需大量创新人才,这也是高校肩负历史使命。北京建筑大学将认真落实国务院高校毕业生就业创业工作电视电话工作会议精神,为北京建成世界一流的和谐宜居之都和国家建筑业向绿色化、工业化、信息化转型培养更多的创新人才,提供更多创新成果支撑。

2016年5月30日

七、党委书记王建中在两校区办学工作会上的讲话

老师们，同志们：

刚才爱林校长、维平校长，还有 4 位同志做了交流发言，说得很到位，讲得很好。这次两校区办学工作会学校高度重视，为了做好充分的准备，三次推迟会期，今天我们终于召开了两校区办学工作会，会议的主要任务就是深入贯彻落实《京津冀协同发展规划纲要》和《北京市疏解非首都功能要求》全面部署和推动两校区办学调整工作，为实现学校"十三五"事业发展规划确立的"两高"办学新格局奠定坚实的基础。

两校区办学调整是学校办学历史上的一次重大变革，不亚于 1907 年建校，是实现我们建成"国内一流，国际知名，具有鲜明建筑特色的高水平、开放式、创新型大学"远景目标的重大基础，如果没有两校区办学，这个目标是不可能实现的，刚才爱林校长进行了充分的论证。两校区办学调整是我们学校"十三五"时期发展的核心目标，我们要实现"十三五"规划确定的目标，有两个硬性条件，一是完成由教学型向教学研究型大学转型，二是实现两校区办学常态化，也就是实现"两高"办学布局调整。同时，两校区办学调整也是学校响应中央和市委号召，落实《京津冀协同发展规划规划纲要》和疏解非首都功能的重大举措。这次两校区办学调整工作关系到学校长远发展，可以说是百年大计，北建大走过了近百年的风雨历程，像这样的重大变革，在历史上能有几次。第一次是 1907 年成立市立高工，第二次是 1952 年我们独立建校，第三次是从什锦花园搬到西城校区，再一次就是现在。我们现在要进行的两校区办学调整不是今天才开始，而是从 2003 年我们征地开始，到 2009 年动工建设，一直到"十二五"期间基本上完成了大兴校区办学的基建主体，现在正在由以基本建设为主要任务向以提升办学水平、办学内涵为主要任务转型，建设目的发生了根本的变化。所以说，这次两校区办学调整关系到我们怎么在大兴校区把学校办好，怎么处理好两校区之间的关系来实现我们的远景办学目标，这关系到学校长远发展的同时也关系到全校师生的切身利益。对于两校区办学调整方案，我们反复征求意见，反复论证，反复考虑各方面因素，就是因为这件事牵动我们每个人的切身利益，对大家生活和工作格局将产生深刻影响，这次两校区办学格局发生变化，其实更是一种办学理念发生的变化以及我们生活工作格局发生的变化。面对这些变化及其给大家带来影响，我们要统一思想，更好的认识、适应、利用这种变化。

这次两校区办学调整也牵动着全体北建大人的情感和心弦，不仅是全校瞩目，甚至在全北京市的高等教育界瞩目，《京津冀协同发展规划纲要》明确指出要"推动在京部分普通高等学校本科教育有序迁出，老校区向研究生培养基地、研发创新基地和重要智库转型"，在一定程度上挽救了北建大，挽救了西城校区，所以这对我们来说是个机遇，一定要抓住这个机遇，利用这个机遇推动两校区办学发展。但是面对《京津冀协同发展规划纲要》提出的要求，西城校区怎么保，现在这种状态能不能保住，符不符合北京四个中心定位，符不符合西城区的核心区定位，从大局来讲如果不符合，我们肯定要搬走。所以现在我们着力推动落实"两高"办学布局，就是要把西城校区打造成符合西城区区域规划，符合北京四个中心定位，在核心区长久发展的定位。所以，两校区办学调整意义重大，影响深远，如何调整对学校来说是一次非常最重的决策，学校党委高度重视，十分慎重，反复

论证研究、反复征求意见，既要符合未来学校发展的目标要求，又要借鉴国内外兄弟学校两校区办学的经验和教训。两校区办学我们不是第一个遇到，2000年扩招以后，很多学校都开始两校区办学，一少部分校区相邻，但是大部分两校区距离很远，纵观全国两校区办学成功的案例也不多。于是我们就面对这样一个课题，如何在两校区办学调整过程中，使办学水平不受影响并且大幅度提升，很多学校进行两校区办学调整制约了学校的发展，降低了学校的发展速度。我们也面临这样的问题和巨大的挑战，所以我们不但要调整，而且要在调整中提升，在调整中优化，在调整中提升实力，这是摆在我们全体北建大各级干部面前的一个重大课题。

做出两校区办学调整重大决策是落实国家、北京市的任务要求的重要举措，学校党委和整个领导班子承受了巨大的压力，这要求我们既要观大势谋大局，又要抓机遇接地气，挑战和风险都十分巨大，面临这样的困难和风险更需要我们全校干部统一思想，形成共识，形成合力，在这样的大局下，谋求学校"十三五"的快速发展，所以，今天的两校区办学工作会既是前期工作的总结会，也是对后续两校区办学调整工作的动员会、部署会。刚才维平校长进行了系统的回顾了，两校区办学调整工作从去年开始启动，我们推动综合改革以公用房产定额管理为先导，提升管理服务的精细化水平，坚持绩效导向，向其他兄弟院校学习，制定《公用房产定额管理办法》，形成了以绩效为导向的资产管理机制，在维平校长的领导下，资产处、党政办、基建处和工会等几个部门充分与各个学院和部门沟通，大家边工作、边论证、边讨论、边统一思想，存在着不同的立场、不同的格局、不同需求的博弈，非常难以平衡。全体班子成员都参与到这项庞大的工作中，我和张校长主持了几次工作会，听取大家的汇报，与大家一起讨论到底该怎么办、有什么困难、有什么问题。经过大半年的努力，这项工作取得了初步成果，我在此代表学校党委向为两校区办学调整做出贡献的各级干部，特别是资产处、党政办、基建处、工会以及各级学院领导班子，表示衷心的感谢。

刚才爱林校长、维平校长已经把两校区办学调整工作的意义、背景、方案以及相关部门落实的情况进行了详细说明，我完全同意，特别是张校长的报告，希望大家能够深刻领会，作为下一步推动两校区办学工作的指导性意见，加以贯彻落实，转化成行动。下面为做好后续工作，我再讲三点意见。

一、深入贯彻《京津冀协同发展规划纲要》精神，深刻认识"两高"办学布局调整的必要性和重要性

这里我提三个问题，让大家思考，来统一大家的思想。第一个问题，如果我们不进一步发挥大兴校区资源优势，不继续推进大兴校区办学水平的提升，行不行？学校领导班子在谋划这件事的时候，各级干部包括很多老师都不理解，但我们反过来想，如果大兴校区的资源我们不利用，西城校区又那么紧张，学校"十三五"规划的远景目标能不能实现，我想是不能的，我们既然建成了美丽的大兴校区，就要有能力把它建成高品质的办学基地，这是大局。第二个问题，我们不进行优化改造，不发挥西城校区的区位优势，不提质转型升级行不行？也不行。2015年10月陈刚副市长来学校为北京市和住建部共建北京建筑大学揭牌时说，改革开放几十年来，西城校区还是这个样子跟大杂院似的，怎么建高水

平大学，面临未来的发展目标，面临北京四个中心定位，面向未来西城校区核心区的要求，我们不进行优化改造，提质转型升级行不行。第三个问题，我们不落实《京津冀协同发展规划纲要》，不落实疏解非首都功能任务，不按照"两高"布局来调整行不行？也是不行的。大家知道京津冀协同发展是中央的战略布局，北京市开了全委会部署了具体实施意见，制定了具体的疏解方案，对北建大也有具体要求，要求我们今年年底之前要完成绝大部分本科生的疏解任务，这是立了军令状的。我们是一级党的组织，我们不落实中央的决策能行吗？我们不落实北京市委的决定能行吗？我们必须要完成而且要落实，以什么样的方式来落实，只能是"两高"办学布局，因为这是《京津冀协同发展规划纲要》里明确要求的，我们不可能改变，而且这样的"两高"办学布局有利于学校未来发展。所以这是科学的决策和定位，到目前为止，关于"两高"办学布局的形成，两校区的新定位，没有任何一级干部，任何一个老师说不同意，大家都认为这是一个科学的决策，既然这样，就需要我们进一步统一思想，各级干部首先统一思想发挥表率作用，坚定意志决心，积极自觉推动两校区办学调整工作落实，实现"两高"办学布局。实现"两高"办学布局的必要性、重要性要从这三个角度反复地问，要进一步强调。所以说，推动"两高"办学布局是贯彻落实《京津冀协同发展规划纲要》和北京疏解非首都功能的内在要求，是学校长远发展的必然选择，是学校"十三五"规划的重要战略目标和任务，是必须落实的，是大局，我们每一个局部，每一个人都要服从这个大局，贡献这个大局，为此学校正在征求大家意见的，即将颁发的《北京建筑大学关于贯彻〈京津冀协同发展规划纲要〉扎实推进两校区布局调整工作的实施意见》中确立了"两高"办学布局的重要指导思想，落脚点还是要围绕为学校创建"国内一流、国际知名、具有鲜明建筑特色的高水平、开放式、创新型大学"奠定坚实基础，围绕提升办学实力，大家一定要提高认识，凝聚共识。

二、全力聚焦学校"十三五"发展战略目标，扎实推进"两高"办学布局取得实效

学校"十三五"规划既是我们的发展蓝图，也是我们的行动指南，实现"两高"办学布局是我们"十三五"规划的两个核心目标之一，规划中制定的六大工程、六大计划有很多是在"两高"办学布局的基础上完成的，在落实"两高"办学布局调整工作中要坚持以下几个原则。一是坚持两区并重、科学规划、协同发展。张校长在讲话中从来没有说过大兴校区是主校区，甚至没有提过以大兴校区为主体办学，这是学校领导班子的一致想法，我们是大兴校区、西城校区两校区办学，只是我们以本科生为主体在大兴校区，研究生为主体在西城校区，第一个原则我们要明确坚持两区并重、科学规划、协同发展。"两高"办学布局既是学校事业发展的"两高"布局，又是"两高"校园建设布局，要坚持两校区并重，既要进一步做好大兴校区的建设工作，又要做好西城校区调整过程中的升级改造工作，既要增强师生对大兴校区的归属感，还要保持好师生对西城校区的归属感，推进两校区协同发展、协调发展、共同发展。二是坚持整体规划、分区建设、分步实施。要根据学校不同发展阶段需求，构建弹性发展的校园空间结构，要在满足现有教学科研需求的基础上，立足学校和学院未来发展目标统筹资源使用，系统规划建设，按照"两高"办学布局确定的不同校区的功能定位推进教学科研实验设施调整。"两高"办学布局调整是一个过程，大家要时刻牢记"两高"办学布局的总体目标和学校未来发展蓝图，我们要能想象得

出来大兴校区和西城校区未来是什么样，应该是什么样，如果大家认可，那就以钢铁般的意志，坚定不移地去推进。虽然由于历史原因和客观问题，在这个过程中也有这样那样的困难，但是我们要逐步实现这个目标，今天是第一步，等综合行管楼和体育馆落成之后，还要再进一步，明年西城校区图书馆优化调整之后还要更进一步，保持不断优化。现在我们第一步按照现有规划进行了调整之后，可能经过半年、一年觉得不合适，那就再调整，是个逐步提升的过程。三是坚持聚焦学科、强化功能、彰显特色。我们进行两校区办学布局调整，费了这么大的精力，人财物投入如此巨大，为了什么，目标是什么，还是要提升办学水平，不是为了调整而调整，两校区调整只是一个手段，目的和实质是要提升两校区办学水平。四是坚持以人为本、学生第一、教师优先。我们要确保在这次调整的过程中充分体现以人为本的原则，越调越好，越调大家越满意，要时刻把握以人为本这个重点与核心。但是在调整过程中，由于各方面条件的限制，不同的需求会有矛盾，当产生矛盾的时候要把学生的利益放在第一位，把保证教学质量放在第一位，在考虑服务条件的时候把老师放在优先。去年决定在西城校区开设自助餐，就是为了让老师们在辛辛苦苦上完最后一堂课之后能舒舒服服地吃到可口的饭菜，就是为了让老师们安心上好最后一堂课。这次两校区调整，我们要一以贯之这种精神，在西城校区和大兴校区都要打造一流的公共服务空间，使老师们不论在大兴校区还是在西城校区都能有一个良好的工作生活环境，大家有什么意见和需求，只要学校能做到的，学校都会全力去做。五是坚持文化引领、做强公共、强化绩效。这次两校区调整要围绕提升做文章，要围绕着建新家做文章，绝不是搬家，搬家是搬不出水平，搬不出实力的，要重新规划，重新整合，充分体现集聚性、集约性、标志性、规模性。为什么西城校区包括大兴校区的校园规划不成体系，这一块那一块，是历史原因造成的，原本我们办学空间比较狭小，只要有地方就行，一个实验室这一摊那一摊，一个团队这一片那一片，这是没有办法。但是现在，既然我们动用这么大的资产，赶上这么大的历史机遇，要进行调整，为什么不改变这个格局调整到位，所以这次调整的时候，我们已经达成了共识，为了提升办学水平，改善办学品质，达到提质转型升级的目标，学校宁愿多花点钱，使学院、学科、实验室、教学团队能有一定程度的品质提升，甚至在局部平台能有高品质提升，彰显我们高水平大学品质。所以在抓实验室布局调整的时候要强调集聚性，要有规模性和标志性，就是这个道理，各个学院领导班子要认清学校的战略目标是什么，要投入足够的精力和时间去做这个事情，因为这些一旦到位之后再调整是很困难的。另一方面要强调我们资源管理的导向，原来是谁占着就是谁的，甚至很多老师不干事，占据着很大的空间，而有些青年教师连办公桌都没有，研究生连工作室的桌子都没有，难道我们北建大就是这样一种现代化管理水平么，我们要构建一个可持续的，公正的绩效导向管理体制，要加强模范效益，各个学院同步实施校园文化建设方案。要进一步推进精细化管理，强调绩效导向，资后处在统计房产资源的时候，有些房屋的锁都生锈了，今天我们在这里开两校区办学工作会，全校是不是能统一思想，一起打造一个高品质大学，必须要有现代化大学制度，必须要做到公平公正，推进精细化管理总该有个开始，我想两校区办学调整就是最佳的开始，我们要有制度、有机制、有说法，使每一个老师都觉得这都是公正的，不是谁抢到就是谁的，我们不能树立这样一种风气和导向。现在，我们虽然有了新校区，感觉地方挺多，但是一分房子发现还不够，是因为我们的利用率太低，这次调整我们特别要强调共享、共用，要建设足够的高品质公共服务空间，这才是一个现代化大学的样子，一个高水平大学的样子。《公用房产定额管理办法》我们不是第一个施行的学校，这套办法和理念是非常成熟有效的，这么好的理念，大家都觉得是对的，但在执行过程中阻力就这么大呢，我觉得这是思想的问题。今天我们召开两校区办学工作会，既然明确了目标和方向，也有了具体的实施办法，就要坚定意志去干，不能说一套做一套，也不能光建立制度却不按制度执行。刚才我讲的这五条原则是经过班子讨论的，现在实施方案在征求大家意见，作为指导我们两校区办学，落实"两高"办学布局的纲领性文件，希望大家多提意见，进一步修改。总而言之，这次"两高"办学布局调整，第一要明确我们是两区并重，我们的理念是"两高"，不是一高。第二要做好三提升，一是要做到学校办学功能布局的优化提升，如果这次调整完了还不如不调整，那就是失败的，要确保调整之后使我们的学院更有学院的样子，学科实力进一步增强，展示得更好，学校办学功能布局有明显的优化提升。二是办学实力水平的提升，调整完之后，校内外都公认我们办学实力有所提升，这不仅要体现在硬件上的提升，还要体现在管理和文化建设品味上的提升。三是保障服务品质的提升，要把"两高"办学布局调整对师生学习工作生活带来的影响降到最低，通过这次调整使我们后勤管理服务各方面的品质和效益有所提升。所以，三提升是检验"两高"办学布局调整是否成功的三个重要条件，在调整过程中，要三头并进，并行推进，我们跟各学院不但要讨论两校区办学要怎么布局，怎么优化，还特别要求要把文化建设放在第一位，把提升管理放在重要的位置。各学院分到房产资源面积之后，内部也要建立一个竞争机制，明确内部如何管理分配。同时，我们还要召开各类座谈会，听听大家有什么意见，保障服务有什么要求。所以，这三条是并行推进的，不是单一的，也不仅仅是面积的问题。所以，通过这次扎实推进"两高"办学布局调整取得实质性进展，使学校事业得到发展，使师生的学习工作生活更加幸福，缺一不可。

三、牢固树立政治意识、大局意识、核心意识和看齐意识，充分发挥各级党组织和广大党员在"两高"办学布局中的中坚作用

两高办学布局调整是重大的变革，影响方方面面，给大家带来很多挑战，工作量很大，很累，但是累是为了什么，是为了更好的发展，我们做什么都值得。为了完成这样艰巨的任务，就需要骨干同志带头去干，勇于拼搏，要强化习总书记提出的四种意识，政治意识、大局意识、核心意识和看齐意识，没有四个意识，我们"两高"办学布局就不可能有效的调整，一些干部同志不那么讲政治，不那么讲大局，不那么维护核心，不那么具有看齐意识，一些同志没有站在学校全局考虑，在调整过程中，不主动，不积极，还有一部分同志在"两高"办学布局调整过程中不是站在学校发展的长远利益出发，而是更多考虑个人生活，生活是要考虑，学校也要考虑，但是仍然要保证学校的长远发展第一，而不是为了个人的一点困难而制衡学校的发展。我们8000本科生即将到大兴学习生活，各个学院老师大多数要到大兴工作生活，我们领导班子不应该过去么？我们领导班子不应该带头过去么？机关部处能够晚于学院和老师们去大兴工作么？领导班子必须要率先到大兴工作，机关部处也必须第一时间跟上。关于两校区办学，学校有充分的考虑，也有相当的布局，大家一定要和老师们讲清楚我们的布局和政策，要提升老师们对两校区的归属感，不是说你到大兴办公、教学了，就不能在西城校区办公、教学、休息了，我们布局了足够的

高品质公共服务、办公空间，各个部门，各个学院要充分考虑到大家的感受，做好调整布置工作。大家面对现在这个大局，面对两校区布局调整的巨大挑战和困难，要进一步强化四个意识，要按照学校的总体部署来推进这项工作。下一步工作开展，首先要通过今天的两校区办学工作会，进一步提高思想，统一认识，大家还有想不明白的，还有什么困难，继续向我们反映，我们进一步优化方案，进一步提高服务品质。但是我们要通过统一思想，提高认识增强责任感、使命感为学校的长远发展。第二要加大力度去执行，各级党组织要加强对这项工作的关注，要学会做深入细致的思想政治工作，结合正在开展的"两学一做"学习教育，把各级党组织和党员的先锋模范作用体现在这次两校区办学布局调整中，争当两校区办学格局建设的推动者。第三要主动作为，全员参与。两校区办学调整工作进行到这个程度，即将进入实际操作的阶段，希望大家能够进一步深度动员，有一些老师、教授想不通，要把学校的意图跟他们讲清楚，要做深入细致的思想政治工作，中间这一层不要出现中梗阻，很多老师跟我聊天的时候表示学校的很多布局和战略他们不了解，我跟他们解释了之后，他们都纷纷表示赞成和支持，所以各部处负责人、各学院领导班子和党的组织，要学会做老师的深入细致的思想政治工作，要主动推进，主动参与，而不是被动的。我们反复调研测绘学院，我认为测绘学院的领导班子就是讲大局，主动，在调整过程中也确实提升了学院的办学实力，为全校做出了表率，也为机关做出了表率，大家都应该向测绘学院学习，大家要一起传递正能量，正导向，正气，这样才能促进我们的北建大进一步上层次上水平。第四要细化方案，狠抓落实。因为这项工作很复杂，难度很高，学校的整体方案要细化，各个部门、学院在落实任务的时候，一定要注意安全，要细化工作方案，要落在纸面上，有序推进，除了现在假期有专项必须要实施的工程以外，其他项目各个学院可以根据学院发展需要，在学校大局之内，好好做，好好部署，把这件事办精致。目前来看，在大家的共同努力下，学校"十三五"开局良好，继去年我们实现市部共建之后，今年又成功获批北京高精尖创新中心，多功能振动台阵实验室也获得立项，人才工作和科研工作也取得了不错的成绩，学校发展得很快。"两高"办学布局调整是学校在"十三五"时期面临的第一场大考，也是对学校各级干部抓改革、谋发展能力的一次集中检验，我们面对如此美好的发展前景和艰巨的任务，使命光荣责任重大。我相信，按照历史反复证明，北建大人是能够打硬仗，更够打胜仗的，只要我们用心，组织得力，全校齐心协力，没有干不成的事儿。希望大家进一步增强思想自觉和行动自觉，按照学校两校区办学调整实施方案和实施意见的要求，勇于担当、扎实工作，汇聚起推动工作落实的强大合力，共同推进两校区布局调整工作，为我们实现远景发展目标，做出历史性贡献，谢谢大家。

2016 年 6 月 30 日

八、校长张爱林在2016届本科毕业典礼暨学位授予仪式上的讲话

亲爱的2016届毕业生同学们：

你们是最后一届见证和经历学校由"北京建筑工程学院"更名为"北京建筑大学"的本科毕业生。今天是你们人生道路上具有里程碑意义的日子，你们没有辜负父母的期望，圆满地完成了学业，你们一定会终生难忘，这就是你们在学生生涯中的成才成功！培养你们是母校最大的成果，今天学校为你们举行隆重的毕业典礼暨学位授予仪式，这是你们的自豪，这是母校的荣耀，我代表学校领导和全体师生员工，向你们和你们的父母表示最热烈的祝贺！

人们把毕业典礼上的校长讲话比作"最后一课"，不能说这是最重要的一课，但是，这是最难讲的一课，因为古今中外著名大学校长毕业典礼讲话数不胜数，包括网红的校长讲话、教师讲话。今天的毕业典礼也是你们成为北建大校友的典礼，我就不给大家讲课了，我只送给你们一句话：坚信"没有最好，只有更好"，大胆创新创业。母校、老师，包括我这位校长用这句话和你们共勉。

没有最好，只有更好，你们的母校北建大还要加快推进提质转型升级，加快建设一流学科和一流大学。你们是由"北京建筑工程学院"更名为"北京建筑大学"的见证者，2014年12月大兴校区图书馆建成开馆；2014年学校获批"建筑学"博士后科研流动站；2015年9月，大兴校区臻园餐厅投入使用，显著改善了你们的就餐条件，2015年10月学校正式成为北京市人民政府和住房城乡建设部共建高校；2016年5月，学校获批北京"未来城市设计高精尖创新中心"。但是，处于"江湖之远"的大兴校区仍然是个半成品，由于经费投入不足，师生工作、学习、生活的基础条件还很不完善，西城校区部分学生宿舍仍然还没装上空调，你们忍受了炎热的煎熬。说爱学生很容易，真爱学生不容易。在座的这么多优秀毕业设计论文获得者、优秀毕业生都不能被推免研究生，我校的优秀硕士学位论文获得者、优秀研究生毕业生都不能在北建大硕博直读。因此，你们的母校北建大仍然需要大胆创新创业，加快推进提质转型升级，加快建设一流学科和一流大学。

没有最好，只有更好，希望你们懂得保守是创新的大敌，要居安思危，敢闯新路，把问题、困难、挑战当作自己的发展机遇。格力集团总裁董明珠女士在中央电视台创新驱动嘉宾访谈上说，她们空调的最好业绩是一天销售额为5亿人民币，但是他们仍然居安思危，创新研发无风空调，已经攻克了技术难题，将适时投放市场，这样超前创新的公司和总裁，在国际竞争大潮中能不傲立潮头吗？

没有最好，只有更好，希望你们在工作实践中把自己变成一个"有两下子"的人。"有两下子"就是有一技之长，有一技之长就是专业人士，就是会应用大学获得的知识、技能来解决问题，这就是你的素质和创新能力。在2015级新生开学典礼上，我给新生留了一道题，在他们第一学期学完高等数学中极限部分后，自己举能一个生活中的通俗例子来说明极限的概念。6月17日晚我在明湖边照相，有两个2015级学生走过来跟我打招呼，给我举例说明极限的概念，证明他们学会了运用知识，也就是他们的科学素质和能力提高了。什么是素质？爱因斯坦说得好，假如在你离开学校的时候，你把老师教给你的知

识都忘了，这是不可能的，留在你身上的东西就是素质。

同学们，你们赶上了国家城乡建筑业向绿色化、工业化、信息化转型升级发展的重大机遇，你们业赶上了首都北京建设国际一流和谐宜居之都的重大机遇。我坚信，在通州按照"千年大计"规划建设北京城市副中心、北京2022年冬奥会场馆建设和赛事管理、北京建设国际一流的和谐宜居之都的过程中，作为北建大人，你们一定能够成为古都北京的保护者、宜居北京的营造者、现代北京的管理者、未来北京的设计者、创新北京的实践者。

同学们，让我们坚信，今天的中国是一个需要创新人才、呼唤创新人才并一定能够产生创新人才的伟大时代。让我们坚信，"没有最好，只有更好"，就一定能够创新创业成功。

同学们，有今天的分手，才有明天的再相聚，母校和老师期待着你们早日回家，共同分享你们成功的喜悦。

祝你们在新的岗位上生活幸福、事业发达、梦想成真！

2017年7月5日

九、校长张爱林在2016届研究生毕业典礼暨学位授予仪式上的讲话

亲爱的2016届毕业生同学们：

今天是你们人生道路上具有里程碑意义的日子，你们没有辜负父母的期望，圆满地完成了学业，你们一定会终生难忘，这就是你们在学生生涯中的成才成功！培养你们成才是母校最大的成果，今天学校为你们举行隆重的毕业典礼暨学位授予仪式，这是你们的自豪，这是母校的荣耀，我代表学校领导和全体师生员工，向你们和你们的父母表示最热烈的祝贺！

人们把毕业典礼上的校长讲话比作"最后一课"，不能说这是最重要的一课，但是，这是最难讲的一课，因为古今中外著名大学校长毕业典礼讲话数不胜数，包括网红的校长讲话、教师讲话。今天的毕业典礼也是你们成为北建大校友的典礼，我就不给大家讲课了，我只送给你们一句话：坚信"没有最好，只有更好"，大胆创新创业。母校、老师，包括我这位校长用这句话和你们共勉。

没有最好，只有更好，你们的母校北建大还要加快推进提质转型升级，加快建设一流学科和一流大学。你们是学校更名"北京建筑大学"后发展的见证者，2014年12月大兴校区图书馆建成开馆；2014年学校获批"建筑学"博士后科研流动站；2015年10月学校正式成为北京市人民政府和住房城乡建设部共建高校；2016年5月，学校获批北京"未来城市设计高精尖创新中心"，这些成绩是辉煌的。但是西城校区部分学生宿舍仍然还没装上空调，你们忍受了炎热的煎熬，说爱学生很容易，真爱学生不容易，还有在座的这么多优秀硕士学位论文获得者、优秀研究生毕业生都不能在北建大硕博直读。因此，你们的母校北建大仍然需要大胆创新创业，加快推进提质转型升级，加快建设一流学科和一流大学。

没有最好，只有更好，作为国民教育最高端的研究生，你们更应该懂得保守是创新的大敌，要居安思危，敢闯新路，把问题、困难、挑战当作自己的发展机遇。格力集团总裁董明珠女士在中央电视台创新驱动嘉宾访谈上说，她们空调的最好业绩是一天销售额为5亿人民币，但是他们仍然居安思危，创新研发无风空调，已经攻克了技术难题，将适时投放市场，这样超前创新的公司和总裁，在国际竞争大潮中能不傲立潮头吗？

"学之道，取之于授，获之于行"。"取之于授"的过程你们已经完成，"获之于行"的过程从今天开始，就是在工作实践中会应用所学知识和技能来解决问题，这就是你的素质和创新能力。什么是素质？爱因斯坦说得好，假如在你离开学校的时候，你把老师教给你的知识都忘了，留在你身上的东西就是素质。

今天，"创新创业"这个词很时髦，我上大学的时候，还没有这个词，但是我读过著名作家柳青的小说《创业史》，他在小说第一页上写道，人生的道路虽然漫长，但紧要处常常只有几步，特别是当人年青的时候。可以说这句话就是对我创新创业的启蒙，其实就是一种为而理想奋斗的昂扬精神。说创新创业，你们不要被比尔盖茨、乔布斯忽悠了，我学不了，你们也学不了。我们能学的是詹天佑、梁思成、茅以升，能学我们的杰出校友、号称"青年鲁班"的李瑞环同志，因为他们更接中国的地气。其实只要你能学到共和国创

业者万分之一的创业精神，你就会永远立于不败之地。

恩师永铭记，师恩永难忘。今天是研究生毕业典礼，触景生情，我想起了22年前，1994年12月，我博士毕业离开哈尔滨的前一天晚上，我导师在家里请我们两位学生吃饭，我导师和师母都已70高龄，亲手做菜。导师跟我们说，你们翅膀硬了，就要远走高飞，敢闯天下。这个场景时常在我的脑海里像电影一样闪现，提醒我牢记导师的教诲，不敢懈怠。

同学们，你们赶上了国家城乡建筑业向绿色化、工业化、信息化转型升级发展的重大机遇，你们也赶上了首都北京建设国际一流和谐宜居之都的重大机遇。我坚信，在通州规划建设北京城市副中心、北京2022年冬奥会场馆建设和赛事管理、北京建设国际一流的和谐宜居之都的过程中，作为北建大人，你们一定大有作为，成为古都北京的保护者、宜居北京的营造者、现代北京的管理者、未来北京的设计者、创新北京的实践者。

同学们，让我们坚信，今天的中国是一个需要创新人才、呼唤创新人才并一定能够产生创新人才的伟大时代。让我们坚信，"没有最好，只有更好"，就一定能够创新创业成功。

同学们，有今天的分手，才有明天的再相聚，母校和老师期待着你们早日回家，共同分享你们成功的喜悦。

祝你们在新的工作岗位上生活幸福、事业发达、梦想成真！

2016年7月6日

十、党委书记王建中在落实巡视整改工作部署会上的讲话

同志们：

我们今天召开落实市委巡视组反馈意见整改工作部署会，主要任务是：进一步落实中央关于党要管党、从严治党的要求，以及习近平总书记关于巡视工作的重要讲话精神，进一步学校市委巡视组对学校党委的反馈意见，全面安排部署市委巡视组反馈意见整改工作，动员全校各级党组织和广大党员干部，立即行动起来，坚定整改决心，按照学校党委下发的《整改工作实施方案》，认领整改任务，狠抓整改落实，确保按时、高质、全面完成整改任务。刚才，启鸿书记对学校《整改工作实施方案》做了说明，对整改工作进行了具体部署，我都同意。这次市委巡视组给学校党委的反馈意见共指出学校存在的四大类八大项共 26 条问题，这 26 条问题是近三年整体情况的反映，有的问题已经得到整改，有的正在整改过程之中，有的是新产生的问题，有的是按照全面从严治党的要求，在高校普遍存在的共性问题。经过这几天的梳理，反馈意见提出的问题，已经整改完成的有 13 项，比如学校加大了对干部的管理监督和问责力度，对 2014 年以来出现的两起党员干部违规违纪事件严肃进行了相应的党纪政纪处理，并进行了全校通报。对反映的"带病提拔"干部进行了免职处理等等；正在整改的有 11 项，各个部门正在加班加点进行整改落实，预计这个暑期就可以完成，比如学校针对落实疏解非首都功能重大战略部署，按照《京津冀协同发展规划纲要》和市委贯彻意见，及时确定了"两高"办学布局，期间召开各类征求意见座谈会 20 余次，制定了《北京建筑大学关于贯彻〈京津冀协同发展规划纲要〉扎实推进两校区布局调整工作的实施意见》，学校领导班子与各学院反复沟通协商，不断修改完善，专门召开两校区办学工作会讨论研究，最大限度地凝聚了共识，统一了思想，目前，学校"两高"办学布局正按照预定计划逐步调整到位。比如针对全面从严治党新要求，学校去年召开党建工作会、"三严三实"整改工作推进会，全面梳理学校规章制度，修订和新建学校规章制度 221 项。还有 2 项是按照全面从严治党新要求新产生的带有普遍共性的问题，学校将通过加强机制和制度建设，坚持长期整改，确保整改到位。下一步，学校就是要按照巡视反馈意见，根据学校制定的《整改工作实施方案》，加大整改工作力度，以此次整改为契机，按照全面从严治党的新要求进一步提升学校的党建工作水平、领导班子和干部队伍建设水平和事业发展水平，为完成学校"十三五"发展目标提供坚强的政治保证和组织保证。下面，就做好学校《整改工作实施方案》落实工作，我再强调三点意见。

一、不折不扣地落实巡视反馈意见，确保条条有整改，件件有着落

巡视是国之利器、党之利器，是全面从严治党的重要手段，是加强党内监督的重要方式。习近平总书记多次强调，被巡视党组织整改不力是失职，不抓整改是渎职。3 月 4 日至 4 月 29 日，市委第五巡视组对我校进行了专项巡视。7 月 12 日，市委第五巡视组向学校党委反馈专项巡视情况，严肃地指出了存在的突出问题，提出了针对性、指导性很强的整改和意见建议。学校党委高度重视这次巡视反馈，在市委巡视组向学校反馈巡视意见

后,第一时间召开整改部署会,7月13日又专门召开常委会,传达学习郭金龙书记在市委书记专题会议上的讲话精神和巡视组反馈意见,研究部署整改落实工作,并成立学校巡视整改工作领导小组,对落实整改工作进行了分工安排。近一周来,领导小组多次召开会议,研究整改落实工作,进一步细化了学校整改工作实施方案。今天上午,学校再次召开常委会,专题研究了学校整改工作实施方案的落实工作。全面、严格地对照市委巡视组反馈意见,严肃、认真地进行整改,对于学校深入开展党风廉政建设和反腐败工作、全面加强党的领导、严格落实全面从严治党主体责任,具有极其重要的意义。我们一定要按照中央和市委关于全面从严治党的要求,把巡视组的反馈意见作为一面镜子,把巡视组的要求作为加强领导班子和干部队伍建设的重要标准,切实以高度的政治自觉,果断的行动举措,全面、扎实、有力地抓好整改工作。

一是统一思想,提高认识,切实把思想和行动统一到市委要求上来。做好市委巡视组反馈意见整改落实工作,是摆在学校面前一项重要而紧迫的政治任务。我们要在思想认识上高度重视,把思想和行动统一到市委巡视组的要求和本次会议的精神上来,切实增强纠正不足、解决问题、查处违纪的责任感、紧迫感。要真正把市委巡视组反馈意见整改落实作为一次整风肃纪、克服积弊、推动工作的难得机遇,作为学校狠抓工作落实的一项重要任务,作为对各级领导班子特别是党政一把手的一次考验和检验,推动整改取得实实在在的成效。

二是要明确责任,细化方案,切实加强整改工作的组织领导。巡视整改工作政治性很强,必须切实强化责任。各牵头领导要对所牵头的整改任务负总责,加强统筹协调,督促落实和完成整改任务,做到亲自研究决策、亲自部署推进、亲自检查验收,确保牵头的整改任务落实到位。各责任单位主要领导要履行好"第一责任人"的职责,敢担当、带好头、作示范。各单位各部门都要对照巡视反馈意见,按照学校整改工作方案要求,对号入座,细化整改措施,做到定人员、定时间、定任务,逐条逐项抓好整改。

三是迅速部署,扎实推进,集中精力把整改工作抓紧抓实抓好。要强化时间观念和效率意识,不等不拖,迅速行动,能利用暑期完成的尽可能利用暑期完成。还有一些确需一定时间才能解决的问题,要抓紧摸底调研,制定好路线图、时间表,在保质保量的前提下,能快改就快改,能早改要早改,确保在规定期限内完成整改任务。要发扬"钉钉子"精神,一个问题一个问题认真抓整改,一个环节一个环节全力推进整改,确保不留尾巴、不出现反弹。要分类推进后续整改工作,标本兼治营造良好政治生态,对已经完成的整改任务,要适时组织开展"回头看",坚决防止问题反弹;对正在推进的整改任务,要按照既定目标和措施,不松劲、不减压,直至见到实效;对需要长期整改的任务,要紧盯不放,打好持久战。要全局统筹、有机结合,把整改落实工作纳入学校各级党组织工作全局,与"三严三实"专题教育的整改落实,与深入推进"两学一做"学习教育,与全面深化学校综合改革结合起来,加快推进,做到有机衔接、相互促进。

二、大力推进卓越管理行动计划,优化工作机制,进一步提高管理服务水平

习近平总书记强调:"要切实运用好巡视成果。更好发挥巡视在党内监督中的重要作用,就是要对巡视成果善加运用。"巡视整改工作是巡视成果运用的重要体现,发现问题

是起点,解决问题是硬道理,市委对学校的巡视诊断是鞭策也是契机,我们既抓好专项巡视整改工作,解决当前存在的突出问题,严肃处理违纪违规行为,又要举一反三,着力从体制、机制、制度、管理和监督上查找原因,以大力推进卓越管理行动计划实施深化学校综合改革,创新体制机制,加强制度建设,夯实管理基础,完善监管手段,加大源头治理力度,不断提升学校管理服务水平,巩固和扩大整改成果。

一是系统梳理学校管理体制机制,科学构架学校管理机构,全面理顺各方面关系,着力构建组织构架合理、运行科学高效、风险有效防控、富有便捷真情的管理服务体系,大力提升管理服务水平,带动学校其他各项改革向前有序推进,达到管理卓越和师生满意的目标。

二是进一步健全学校基层党建治理体系,紧密结合"两学一做"学习教育,推动全面从严治党向基层延伸,强化责任落实,层层传导压力,级级落实责任,形成逐级负责的全方位、多层次责任落实体系。

三是着力构建党风廉政建设和惩治预防腐败体系,切实履行好党委主体责任和纪委监督责任,强化党政同责、一岗双责,坚持以党规党纪落实一案双查,进一步加大监督执纪问责力度,做到在落实"两个责任"上有新提高,不断提高学校党风廉政建设工作水平。

四是规范干部选拔任用工作,建设一支忠诚、干净、担当的干部队伍。严格干部选拔任用工作程序,进一步提高干部选拔任用公信度。完善干部轮岗交流机制,定期对干部特别是敏感岗位的干部进行轮岗交流,多岗位培养锻炼干部。

三、着力构建长效机制,加强制度建设,进一步推进学校治理体系和治理能力现代化

习近平总书记强调,没有健全的制度,权力没有关进制度的笼子里,腐败现象就控制不住。我们狠抓巡视反馈意见整改落实,既要"就事论事",集中精力抓好反馈问题的整改,同时也要突出"严整治、重教育、强规范",做到举一反三,正确处理好整改与建立长效机制的关系、整改与促进学校事业发展的关系,真正把整改工作转化为改进作风、推动工作的具体举措,向市委和全校教职员工交上一份满意的答卷,为顺利实现"十三五"发展规划、加快建设国内一流、国际知名、具有鲜明建筑特色的高水平、开放式、创新型大学,营造风清气正的发展环境。

一是强化制约,保证权力科学配置。运用信息化手段全面优化学校管理业务流程,科学设定各项管理权力的运行程序和工作流程,固化权力运行的环节、步骤和时限,努力使各项管理行为程序合法、流程有序。建立健全"副职分管、正职监管、集体领导、民主决策"的工作机制,科学配置党政部门及内设机构权力和职能,形成各负其责、相互制约的权力结构和运行机制。

二是标本兼治,扎紧制度的笼子。要坚持纠建并举,一边抓整改落实,一边抓建章立制。一方面,继续梳理完善现有制度机制,对实践检验行之有效的,长期坚持;对不适应新形势新任务要求的,抓紧修订完善。另一方面,要根据形势发展变化,不断完善、补充、新建各项制度,研究制定基础性、长期性的政策措施,着力构建有效管用、简便易行的制度体系。尤其是针对巡视意见,加强对校办企业、资产与设备采购等重点领域和关键环节的制度建设,建立完善防范廉政风险的制度体系。狠抓作风建设,建立健全整治"四

风"问题的长效机制。

三是强化规矩，确保制度贯彻执行。要深入学习贯彻习近平总书记系列讲话精神，把政治纪律和政治规矩挺在前面，用严明的制度、严格的执行、严密的监督，维护制度的严肃性和权威性，真正形成用制度管人、管事、管权的良好局面。要加强制度执行监督，加大问责力度，落实好《准则》和《条例》两项法规，实践运用"四种形态"，提高制度约束力，以严明的纪律推进全面从严治党落地生根。

四是强化监督，保证权力正确行使。要紧紧抓住关键领域环节，建立健全监督制度，防止权力滥用。要形成监督合力，把党内监督、行政监察、审计监督和群众监督等监督力量整合起来，努力实现监督内容和监督领域全覆盖。要进一步完善党务公开、校务公开和各领域办事公开制度，大力推进"三公"经费开支和预决算公开、重大建设项目和重要经费使用信息公开，形成决策公开、管理公开、服务公开、结果公开的完整链条，保证权力在阳光下运行。

同志们，当前学校正处于"提质、转型、升级"的关键时期，事业发展的步伐容不得半点耽搁，全校上下要以此次整改落实工作为契机，进一步深入学习贯彻党的十八大和十八届三中、四中、五中全会精神，以及习近平总书记系列重要讲话精神，认真落实中央和市委的决策部署，把落实巡视整改工作和推进学校综合改革、优化调整两校区办学布局、疏解北京非首都功能、提升服务北京"四个中心"建设能力等中心工作更紧密地结合起来，坚定信心、下定决心、上下齐心，盯紧问题不放松、不见成效不罢休，确保如期完成整改任务，以整改工作的实际成效为学校发展营造风清气正的氛围，以良好的精神状态推动学校各项事业进一步上层次上水平，为学校新时期的快速发展做出新的更大的贡献！谢谢！

2016 年 7 月 21 日

十一、校长张爱林在2016级本科新生开学典礼上的讲话

亲爱的2016级同学们：

今天，来自全国的1848名新生满怀对人生的憧憬，满怀对成长成才成功的梦想，成为我们北京建筑大学家庭的一员，我代表北京建筑大学全体领导和万名师生员工，对你们以优异成绩考上大学表示最热烈的祝贺！我们张开双臂，热烈欢迎你们！

同学们上了北建大，就更加关心学校的历史、现在、未来，尽管你们报考时已经查得很详细，但是从昨天家长代表座谈会上部分家长的发言看，你们对学校还不够了解，我再简单地解读一下。

北京建筑大学是一所历史悠久、特色鲜明的建筑大学，是国家住建部和北京市共建大学，是培养工程勘察设计大师的摇篮。

我校起源于1907年9月15日成立的京师初等工业学堂，当时就有木工科，1936年北平市立高级工业职业学校增设土木工程科，作为建校的开始。1947年9月14日北平市立高工成立四十周年校庆，北京大学校长胡适出席并发表讲演，同时为学校题词"教人不厌，诲人不倦"。胡适讲道："刚才我看到学生职业出路表上，出路很好，使我非常羡慕，比北大还好"。他强调年轻人："最为重要，应养成手脑并用，自立自给，能有专门技术，不给国家社会增加负担，而对于社会国家有贡献"。

八十年来，我校为国家培养了6万多名优秀毕业生，包括杰出校友、全国政协前任主席李瑞环、中国工程院院士张在明，包括胡越、沈小克、刘桂生、包琦玮等10多位全国工程勘察设计大师。由国际奥委会命名的北京奥林匹克塔，主建筑设计师、项目负责人就是我校建筑学院2002届校友康凯。我校校友是北京城市规划、设计、建设和管理的主力军。从新中国成立之初的人民大会堂等十大建筑到北京亚运会、奥运会等重大工程，从天安门、故宫修缮到首都总体规划、北京历史文化名城保护，都凝结着我校师生和校友的智慧与汗水。建校80年的历史证明，是培养和造就"古都北京的保护者、宜居北京的营造者、未来北京的设计者、现代北京的管理者"的大学。

今年10月15日是我校建校80周年，我们正在总结建校的历史和经验，1948年曹安礼校长给机械科毕业生的题词"精益求精"，也有老校友在20世纪80年代写回忆录中说中华人民共和国成立前"精益求精"就是校训。现在我们凝练出校训"实事求是，精益求精"，"实事求是"就是尊重客观存在，研究探索科学规律；"精益求精"就是没有最好，只有更好，就是工匠精神。从今天开始，你们已经成为北建大人，北建大人就要秉承校训"实事求是，精益求精"。

北京建筑大学的明天要建成国内一流、国际知名、具有鲜明建筑特色的高水平、开放式、创新型的大学。

同学们满怀对未来的憧憬，满怀对成才成功的梦想来到北京建筑大学，前天在家长座谈会上家长代表都表达了强烈的愿望，希望与学校一道把你们培养成才，使你们有更好的未来。望子成龙是中华民族的传统美德，你们父母的重托，让我们深感责任重大，又深感使命光荣。但是，你们问一问自己，为什么要上大学？甚至问一问为什么要上学？苦孩子出身的奥巴马，有一篇在中学的演讲，就是我们为什么上学，受到美国共和党的批评，我

建议你们读一读。

哈佛大学校长福斯特说："College Helps Students Dreams of More than a Salary"。大学帮助学生实现比挣钱更重要的梦想。在开学典礼上，我给你们提出个问题，在大学生涯中，如何筑你成长成才成功之梦？这个问题，你可以边学习边回答。作为校长、老师，特别是作为已经大学毕业三十三年的老大学生，我想给你们提三点建议：

一、让未来引领你成长成才成功

为什么要未来引领？因为你们是国家为未来培养和储备的人才，教育必须面向未来。今天的老师"教了什么"、你们"学了什么"不是今天就用，而是在未来检验你们"学到了什么"和"会做什么"，你们的"知识、能力、素质"要在你将来工作后才能检验是否真正适应国家、行业、个人职业的未来需求。因此，教育必须超越今天的时空。

一是要认清国家未来引领。我们国家的梦想就是建设繁荣富强的国家，实现中华民族伟大复兴。这一宏伟目标决定未来中国的竞争对手就是现在的欧美、日本等发达国家，归根结底是要培养什么样的人才来支撑实现中国梦，你们准备好了吗？

二是要认清建筑业未来引领。我国建筑业工业化、信息化绿色化程度很低，高耗能、垃圾多、污染重，缺乏城市设计研究，建筑业还处于农民工时代，建筑业向"绿色化、工业化、信息化"转型升级是必然选择。

三是要认清首都北京新定位。你们此刻所在的城市——首都北京确立了建设国际一流的和谐宜居之都的目标，特别是北京城市副中心规划建设，要按照世界眼光、国际标准、中国特色、高点定位，创造历史、追求艺术的精神进行规划设计建设。这对我们城市规划、建设和管理提出前所未有的挑战，对创新型人才提出更高的要求。我相信你们当中一定会有一批同学毕业后参与到北京城市副中心设计、建设和管理。

同学们，为了让未来更好地引领你成长成才成功，从现在开始规划好你们的职业发展方向和目标，这是最重要的事情，这是你们成长、成才、成功的北斗星，有道路的地方要靠它引领你选择道路，没有道路的地方要靠它这将引领你永不迷失方向。

同学们，看清未来并不容易，未来有更多不确定性，未来将是崭新的，如何迎接未来的挑战？

二、让创新驱动你成长成才成功

世界经济低迷，增长乏力，急需创新驱动，创新驱动急需创新人才，创新人才急需创新教育，这就是教育创新的大逻辑，创新要从娃娃抓起，更要加强大学生成长成才全过程培养，强化创新意识、创新能力、工程实践能力的培养。

工程教育国际化是创新人才培养的必然选择。今年6月，我国正式加入《华盛顿协议》，这是国际上最具权威性和影响力的工程教育互认协议之一，是以学生成长成才全过程培养、解决复杂工程问题能力培养为核心。学校对你们要实施创新教育。你们入校之前，学校用了近一年的时间全面制定了2016级培养方案，推进导师制，构建了通识教育、专业教育、创新创业教育"三位一体"的人才培养体系，把创新贯穿于你们大学生成长全过程，培养学生解决复杂工程问题的能力。去年开学典礼上，我给新生留了道作业题，学完高等数学中极限部分，自己举一个生活中的实例说明什么是极限，今年6月我在明湖边遇到两名同学，他们主动跟我说他们举的极限例子，证明他们会运用所学知识，他们都跟我说现在就开始准备考研。

关于工程实践教育，我举一个例子，环能学院赵杨同学在校期间就参加教师的科研项目，毕业后创办北京雨人润科生态技术有限责任公司，在国家公布的16个海绵城市试点中，他们承担了5个海绵城市技术项目。

创新必须"敢想"。敢于创新理念，要敢于质疑，敢于提出问题，敢于批判性思维、颠覆性思维。尽信书不如无书。

去年新生开学典礼，我讲了费马大定理的故事，讲敢于提出问题，有问题是好事，才需要研究。不要相信"不要输在起跑线上"这类看似有道理，实际是忽悠人的无理之言。比如，范曾是范仲淹的第72代孙子，你跟他比，你就永远不要学唐诗宋词了。

2016年2月11日MIT校长L. Rafael Reif就科学家首次测得引力波致信全校，在那个缺乏实验能力、实验工具的时代，也就是说一百年前，爱因斯坦就能够如此超越时代的形成这一今天才得以证实的理论。

我校在今年5月获批北京"未来城市设计高精尖创新中心"，要搭建一流学科创新平台，汇聚国内外一流的专家，培养一流创新的人才。8月14日首届北京城市设计国际联合工作营开营时，哈佛大学Niall Kirkwood教授讲到，"现在大家还有表现得非常害羞、安静，我希望大家能够产生激烈的讨论甚至争论，为了向对方证明自己的理念、方案合理，这就是工作营的精神"。

创新必须"敢干"，保守是创新的大敌，创新必须要克服保守。失败是成功之母，敢于探索不同研究路径，敢为人先。

我校土木学院结构工程专业2005级校友赵保庆，毕业后到中科院国家天文台工作，参加国家大科学工程项目、世界最大的500米口径球面射电望远镜（FAST）工程建设，他以年轻人的"敢干"，提出把钢结构形式改为铝合金螺栓球空间网架形式的反射面单元，可以解决中的反射面的精度问题，得到了专家肯定，由此担任了该工程"FAST挡风墙子系统负责人"，目前该工程结构已经高质量建成，很精美，6月份我去现场见到了赵保庆，才知道他是我校校友。

成功创新取决于人，不取决于装备条件。全球最具影响力的手机摄影奖项IPPA2016，80后的新疆摄影师牛思源用旧手机iPhone 5s拍摄的《老人与鹰》获特等奖，登上《时代周刊》。

三、良好的品德、坚强的意志、健康的心理、强壮的身体是你成长成才成功的保障

非智力因素、非技术因素对你们的成长成才成功同样起到重要作用，郎平总结里约奥运会中国女排赢在了"专业素质+女排精神"。郎平总结，女排精神不是赢得冠军，而是有时候知道不会赢，也竭尽全力。这需要良好的品德、坚强的意志、健康的心理、强壮的身体。

同学们一定要像一日三餐那样，坚持每天锻炼一小时，这是你们成长成才成功的身体

基础。今年6月，国务院印发《全民健身计划（2016—2020年）》，把全民健康上升到国家战略发展高度。北建大体育馆带游泳馆2017年竣工，将会给你们提供更好的锻炼场地。

去年开始学校实施跑步打卡，时间很灵活，看似小事，不是小事，有人吐槽，有人作弊，你能相信作弊的人将来会是个讲诚信的人吗？还有人找领导给我施压，还有媒体跟着炒作，颠倒是非，各种丑恶的嘴脸丝毫不遮掩，丝毫不知羞耻。

最近发生的诈骗案件你们可能都知道，8月19日即将踏入大学的山东临沂女孩被骗走了上大学的费用9900元。8月29日海淀区蓝旗营小区清华大学一老师，被冒充公检法电信诈骗人民币1760万元。同学们觉得这些诈骗离你很远吗？去年9月，我校一学生被传销组织的骗到廊坊，我们几经周折，多方努力才把他救出。

同学们，一个人的成长成才成功很复杂，是个多目标、多因素、多约束的复杂人生优化过程，并不能简单地分解为几个主要因素，也不是校长这么短的三点建议就能帮你们解决，因此，你们要德智体全面发展，缺一不可，这才是良方。

同学们！在当今的现代文明社会里，上学是人生不能空缺的一个重要阶梯，上大学、读硕士、读博士更是通往成才成功的最有效阶梯。

同学们！我校杰出校友李瑞环同志在2000年时就说过，地球越来越小，发展越来越快，慢走一步，差之千里；耽误一时，落后多年。

同学们！你们赶上了一个急需创新人才而且一定能够造就创新人才的伟大时代！

我坚信，只要你们把自己的梦想坐标与中华民族伟大复兴的中国梦坐标一致，你们就一定能够成长成才成功！

2016年9月5日

十二、党委书记王建中在北京建筑大学2016年秋季学期工作会上的讲话

老师们、同志们：

大家好！

金秋时节，我们又共同迎来了新的学年，迎来了两千多名新的建大学子，上周在西城校区举行了研究生开学典礼，今天上午又在大兴校区举行了本科生开学典礼，两校区校园都焕发着激扬向上、催人奋进的气息。按照学校的部署，今天我们召开秋季学期工作会，主要任务是深入学习贯彻习近平总书记"七一"重要讲话精神，进一步分析把握学校面临的机遇和挑战，总结工作经验，查找问题和不足，扎实推进学校下半年工作的落实。刚才，爱林校长全面总结回顾了学校上半年工作，分析了学校发展形势，对本学期的工作进行了全面部署，所讲意见，我完全同意。希望大家会后认真学习、传达，抓好贯彻落实。

2016年是"十三五"开局之年，从国际层面看，G20峰会正在杭州召开，我国的大国地位和世界领导力进一步得到加强，"一带一路"倡议稳步推进；从国家层面看，我国步入了全面建成小康社会的决胜阶段，经济发展进入新常态，调结构、转方式、去产能、去杠杆以及培育新动能取得阶段性成果，创新驱动战略全面深入推进；从教育领域看，我国进入了教育现代化决胜期和高等教育"双一流"建设启动期；从区域层面看，京津冀协同发展、北京"四个中心"新定位、有序疏解非首都功能和城市副中心建设成为引领发展的主题；从行业层面看，我国城市发展进入了新时期，建筑行业步入转型期；从学校层面看，今年是我校提出创建"国内一流、国际知名、具有鲜明建筑特色的高水平、开放式、创新型大学"远景发展战略目标的起步之年，是学校全面推进"提质转型升级"的机遇期、改革举措的落地期和重点任务的攻坚期，主要任务就是抓改革、抓落实、抓成效。上半年，在市委市政府的坚强领导下，在市委教育工委、市教委的直接领导下，学校领导班子全心全意依靠全校师生办学，集全校之智、聚全校之力，抢抓机遇、开拓创新、奋力拼搏，办成了几件大事，取得了一系列新的成效。一是确定了学校"十三五"规划，全校师生员工进一步认清了学校发展的阶段特征、面临的形势、存在的短板和下一阶段的发展目标，统一了全校师生的思想，汇聚了全校力量，为学校未来一段时间的发展描绘了蓝图。二是获批北京"未来城市设计高精尖创新中心"，为学校服务首都北京新定位、服务国家建筑业转型升级搭建了重要平台。学校紧紧抓住北京城市副中心建设的历史机遇，依托高精尖创新中心，加强与通州区的全面合作，全面服务北京城市副中心建设，全面对接通州各委办局，积极推动合作项目落地，围绕北京城市副中心通州旧城更新设计，举办首届北京城市设计国际联合工作营，充分发挥学校的特色和优势，在服务北京城市副中心建设过程中提升学校办学水平。三是获批建设大型多功能振动台阵实验室，一期近7000万元的建设资金已经到位，为学校开展高水平科研搭建了重要平台，进一步扩大了学校的社会影响力。四是疏解非首都功能取得阶段性成果。按照"两高"办学布局目标，召开两校区办学工作会，暑假期间大家又加班加点建设新家，推动"两高"布局各项任务落实，经过前期周密谋划部署，以及整个学期的持续推进，"两高"办学布局基本调整到位，为我们进一步提升办学实力和办学水平提供了坚实基础。同时，在市委、市政府的领导下，我们全

力配合市教委、西城区推进动批疏解工作,取得了积极进展。五是科研创新实力不断提升。获批国家自然科学基金项目24项,连续三年突破20项,同时获批3项国家社科基金,3项教育部人文社会科学基金,社科基金项目取得历史性突破。多项关键技术成果亮相国家"十二五"科技成就展和中国智慧城市国际博览会。六是在人才培养方面,按照建设教学研究型大学的要求,召开了提升人才培养质量座谈会,全面修订了本科人才培养方案,成立了通识教育中心,提出了"通识教育+专业教育+双创教育"三位一体的人才培养新模式。高招录取工作成绩喜人,学生升学率稳步增长,人才培养质量获得社会广泛认可。创新创业教育取得重要进展,获批北京地区高校示范性创业中心,张爱林校长代表学校在北京市就业创业工作推进大会上与清华大学一起作典型发言,建大学子继再夺首都大学生创业大赛"优胜杯",4项作品入围全国大学生创业大赛。七是围绕建校80周年,学校加大了大学精神体系建设力度,进一步总结凝练学校历史,结合学校历史文化传统和新的发展目标,凝练提出学校的办学理念、校训、校风和北建大精神,全面启动了学校校史馆、现代艺术馆和建筑大师馆等文化设施建设。八是全面从严治党取得新成效。扎实开展"两学一做"学习教育,系统构建压力层层传导的全面从严治党责任体系,突出问题导向,深入开展基层组织全覆盖深度调研,全面推动从严治党向基层延伸。配合市委第五巡视组完成专项巡视工作,按照巡视组反馈意见,确定了4大类、8大项、26条整改任务,整个假期,多个部门围绕巡视整改做了大量工作,确定的26条整改任务基本整改到位。

暑假期间,许多干部和老师们放弃休息时间,铆足干劲,加班加点工作,有的在进一步谋划完善六大工程、六大计划实施方案以及"十三五"专项规划和各学院规划。有的在投身"两高"布局调整的各项工作,有的在认真完成巡视整改任务,有的在筹备80周年校庆,有的在为申报北京市重点实验室和各级别科研项目准备材料、撰写文本,有的在忘我的做实验、搞研究、写文章,有的在为新学期的教学计划认真备课,学校各项工作持续推进,又取得一些新的进展,捷报频传,学生在全国大学生机器人创业大赛、大学生测绘技能大赛、混凝土材料设计大赛、全国大学生田径锦标赛等各类课外科技竞赛、创新创业竞赛和体育竞赛中摘金夺银。首届暑期学校圆满结束,学生暑期社会实践全面展开,北京工程管理科学学会第八次会员大会、第八届亚洲医院建设新格局高峰论坛等大型会议在我校顺利召开。基建和后勤部门的同志们,顶烈日、冒酷暑,加班加点抢抓工期,大兴校区体育馆、行管楼,西城校区教一楼改造项目等各项工程顺利推进。全校师生员工确确实实把暑期打造成了全校师生员工的学习充电期、事业发展的谋划提高期和各项成果的总结提升期,大家都在为"北建大"这块金字招牌弹灰增亮、贴金增辉,积极向上的暑期文化蔚然成风。在此,我代表学校向广大干部和教职员工的辛勤努力表示崇高的敬意和衷心的感谢!

总的来看,上半年学校各项事业发展,呈现出新局面和格局。一是党的建设不断加强。党建"主业"意识进一步增强,"党建首问制""廉政首问制"得到进一步强化,全面从严治党责任体系基本建立,通过抓好党建促进事业发展逐渐成为全校上下的思想自觉。二是综合改革持续深入推进。学校综合改革呈系统性、整体性和协同性推进,一项一项改革措施得到落实,一块块难啃的骨头被啃了下来,综合改革取得了阶段性成果。三是发展质量进一步提升。学校持续推进内涵式发展,取得多项标志性成果,综合办学实力、核心竞争力和社会影响力显著增强。四是工作思路、理念、方法、模式逐渐转变。工作模式正在由事件驱动向规划驱动转变，各级干部从想干事、肯干事向干成事转变，管理服务从传统的相对粗放型向精细化、数据驱动型转变。可以说，上半年学校各项任务达到了预期目标，实现了"十三五"的良好开局，为学校向更高水平迈进打下了坚实基础。

面对新的发展形势和要求，全校上下要深刻认识到党的建设已经进入按照新的要求、高的标准推进全面从严治党的新阶段；深刻认识到我国高等教育进入了新一轮调整期，以"双一流"建设为标志，发展理念、运行机制、考核标准都将发生重要变化；深刻认识到学校迎来了新的难得的发展机遇，中央城市工作会议、中央文物工作会议给学校发展带来了重大机遇；深刻认识到学校发展的新阶段要求各个方面的工作标准、品质都必须跃升到一个新的境界；深刻认识到学校目前发展阶段正是广大师生建功立业，实现自身价值追求的最佳时期，每一名干部教师都要适应新的发展要求，转变发展理念，抢抓发展机遇，提升工作标准，按照新的思维方式和工作习惯审视各项工作，提升工作水平，努力为学校新时期的发展贡献力量。下面就学习贯彻好习近平总书记"七一"讲话精神，深入推进全面从严治党，以北建大精神奋力推进学校新时期发展上层次、上水平，我再强调五点意见。

一、牢记"不忘初心、继续前行"要求，深入推进全面从严治党

习近平总书记在庆祝中国共产党成立95周年大会上发表重要讲话时强调，面向未来，面对挑战，全党同志一定要不忘初心、继续前进。我们学习贯彻落实习近平总书记"七一"重要讲话，把"不忘初心、继续前进"要求落到实处，最关键是要把党建设好，深入推进全面从严治党，增强党的创造力凝聚力战斗力，以党的建设新成效推进学校各项事业发展取得新的进步。按照中央和市委的部署要求，学校党委深入实施党建六大行动，系统构建学校党委、二级单位党组织和党支部从严治党三级责任体系，出台系列加强党建工作的制度文件，逐步完善学校党建工作制度体系，实施"党建首问制"和"廉政首问制"，推动养成抓党建抓廉政的思维模式和工作习惯，狠抓基层党组织建设，筑牢全面从严治党的根基，严肃党内生活，加大监督执纪问责力度，广大党员干部的政治意识、大局意识、核心意识、看齐意识进一步增强，学校党的建设得到进一步增强。

当前，学校"十三五"规划全面展开，建设国内一流、国际知名、具有鲜明建筑特色的高水平、开放式、创新型大学的宏伟蓝图刚刚起步，更加需要加强党的建设，推动全面从严治党向基层延伸，把基层党组织打造成坚强领导核心和战斗堡垒。学校各级党组织要扛起主体责任，坚定不移推进全面从严治党，推动各项措施和工作要求落实到基层，以管党治党的实际成效，为推动学校各项事业进一步上层次、上水平提供坚强保障。一是落实好主体责任这个关键。抓党建就是抓发展，抓发展必须抓党建，落实党建工作责任制，各级党组织要把抓好党建作为最大的"政绩"，各级党组织书记要把抓党建作为最大的"主业"，自觉扛起全面从严治党主体责任，要始终坚持党政同责任、一岗双责，自觉把管党治党建设党作为分内之事，确保不留空白、见到实效。二是用好立规与问责两个从严治党的"利器"。党的建设，关键是制度建设，既要拧紧理想信念的"总开关"，也要用制度扎进党规党纪的笼子。要贯彻落实好《廉洁自律准则》、《纪律处分条例》、《问责条例》、《党内监督条例》四部党内重要法规，进一步提升党内生活质量。要进一步加强制度建设，不断建立健全相关制度，切实用制度管权、管事、管人。三是深入推进党风廉政建设和反腐

败工作。要强化监督执纪"四种形态",把从严治党体现在日常监督管理全过程。要把纪律建设摆在更加突出的位置,形成遵从党章、遵守党纪的良好习惯。四是持续推进全面从严治党向基层延伸。要扎实开展"两学一做"学习教育,牢固树立抓基层打基础的鲜明导向,不断增强基层党组织的凝聚力战斗力。要抓好班子、带好队伍,选优配强基层党组织班子和带头人队伍,强化主体责任,履行引领师生、服务师生的基本职责,更好发挥战斗堡垒作用和先锋模范作用。要继续探索总结提升,形成较为成熟的党建工作述职评议考核制度,将抓党建的实效作为考核二级单位党组织负责人的首要指标,形成长效机制。

二、坚持"立德树人,开放创新"办学理念,奋力实现"十三五"规划目标

大学精神文化体系是一所大学的灵魂,是学校文化历史沉淀和优良传统的结晶,是大学落实立德树人根本任务的重要基础,是大学文化软实力的灵魂,是学校办学实力与核心竞争力的重要体现。从根本上说,一所高校的文化软实力,取决于其核心价值观的生命力、凝聚力、感召力。在长期的办学实践中,北建大形成了以"立德树人、开放创新"办学理念,"实事求是、精益求精"校训、"团结、勤奋、求实、创新"校风和"坚毅笃行、诚信朴实、爱国奉献、敢为人先"北建大精神为主要内容的核心价值观。

"立德"强调万事从做人开始(出自《左传·襄公二十四年》)。"树人"强调培养人才是长久之计(出自《管子·权修》)。立德树人是教育的根本任务。学校的前身京师初等工业学堂在创立之初提出的"意在开通风气、振兴实业,为廿二行省之先导"办学宗旨(出自《京师初等工业学堂成绩初集》),体现了学校开创职业教育先河的创新精神。"立德树人开放创新"既是对学校历史办学宗旨的传承和弘扬,又符合学校提出的"国内一流、国际知名、具有鲜明建筑特色的高水平、开放式、创新型大学"远景发展战略目标,是全面推进学校"提质、转型、升级"的内在要求和必由之路。

坚持"立德树人,开放创新"的办学理念,首先要落实好立德树人这一根本任务,坚持把立德树人融入教育教学各环节,融入教风学风建设,融入校园文化建设,形成立德树人的整体合力。要突出理想信念引领和价值观塑造,坚持用中国特色社会主义理论体系武装头脑,用社会主义核心价值观凝聚人心,不断增强青年学生的道路自信、理论自信、制度自信、文化自信,培养具有中华文化底蕴、中国特色社会主义共同理想和国际视野的社会主义建设者和接班人。要牢固树立全员育人思想,加强师德建设,激励广大教师爱岗敬业,以高尚师德、人格魅力、学识风范教育感染学生,在立德树人的事业追求中实现自身价值。其次要围绕学校"十三五"时期实现由教学型向教学研究型大学转型的核心目标,以更加开放的姿态、更加开阔的视野,吸收和借鉴国内外先进办学经验,努力探索出一条协同育人、协同创新之路,进一步提升学校的开放办学水平。要以创新的理念全面审视、评价和改进学科建设、人才培养、科学研究、社会服务、文化传承创新等各方面工作,把创新理念落实到学校事业发展的全过程,奋力推进学校"十三五"目标实现。

三、秉持"实事求是、精益求精"校训,扎实推进学校提质转型升级

"实事求是、精益求精"的校训是学校办学精神理念的核心与集中表述,是办学理念

与特有精神的表征形式。"实事求是"指严谨治学、务求真谛的一种求实求真的治学态度（出自《汉书·河间献王刘德传》，是对读书、做学问的精神、方式的一种表述。"精益求精"指已经很好了，还要更好，力求尽善尽美（出自《大学》）。"实事求是、精益求精"既是一代代北建大人崇尚科学、遵循规律、追求真理、勇于创新、锻造匠心、追求至善的真实写照，又体现了引领北建大未来发展的价值取向和精神追求。

在长期的办学历程中，"实事求是、精益求精"已经成为北建大人共同精神追求和大学文化的最集中体现。据多位老校友回忆，学校始终弘扬"实事求是、精益求精"的校训精神，把其作为对师生提出的训示和要求，在一代代北建大学子心中打下了深深的烙印，具有强大的感召力，激励着一代代北建大人奋勇前进。当前，学校已经进入到了一个崭新的发展阶段，正处于提质转型升级的关键期，"十三五"发展的蓝图刚刚绘就，面对学校发展的新阶段新任务，面对实现由教学型向教学研究型大学转型以及"两高"办学布局目标，不论是全面推进从严治党、深化学校综合改革，还是提升育人质量、创新科技体系、服务国家战略需求等，无不需要我们继续弘扬"实事求是、精益求精"的校训精神，全体北建大人都要牢记校训精神，把其作为锐意进取的敬业精神、严谨治学的科学态度、追求进步的高尚情怀和超越自我的工作激情，从当前做起，从一点一滴的小事做起，在认识和处理任何问题时，都能一丝不苟地践行"实事求是、精益求精"的校训，把其体现在学校发展的方方面面，实现精细化管理、精准化发力，推动学校进一步上层次、上水平。

四、树立"团结、勤奋、求实、创新"校风，全面提升人才培养质量

"团结、勤奋、求实、创新"的校风是学校在长期办学过程中形成的相对稳定的整体精神风貌、行为习惯和校园氛围的集中体现，是学校精神文化的外在表现和素质品位的具体反映。"团结"指培育协同互助的团队精神，营造和合文化氛围。"勤奋"指遵循业精于勤的古训，塑造坚韧不拔的意志品质。"求实"是倡导追求真理的科学态度，弘扬求真务实的科学精神。"创新"指注重创新能力的培养，牢固树立创新发展的科学理念。"团结勤奋求实创新"反映了北建大师生治学执教的优良作风。

团结勤奋倡导的是团结和谐的文化氛围和坚韧不拔的意志品质。长期以来，在建大人的身上，镌刻着同舟共济、团结拼搏的优秀品质，这种品质一直推动着学校快速发展。在历次辗转迁址的岁月里，师生同甘共苦，共同谱写了一曲齐心协力、齐头并进的壮歌。不论是从学校创办之初的艰难起步，还是到增专业、上层次、扩规模，形成鲜明办学特色，筑牢学校的发展根基；不论是20世纪90年代高校合并潮带来的生存危机，还是近年来更名、市部共建、博士项目等的艰难拼搏，靠的都是北建大人团结起来围绕共同的目标不等不靠、务实开拓、艰苦奋斗的精神和自强不息、奋斗不止的品质。求实创新倡导追求真理、求真务实的科学态度和敢于突破、勇于创新的科学精神。历代北建大人秉承求实创新的精神追求，在人才培养、科学研究和社会服务各项工作中，培养创新意识、启迪创新思维、锻造创新精神、历练创新能力，并取得了一系列重大创新成果。从中华人民共和国成立之初的人民大会堂等十大建筑到北京亚运会、奥运会等重大工程，从天安门、故宫修缮到首都总体规划、北京历史文化名城保护，从城市设计建设到城市交通、市政管理、新型城镇化建设，无不彰显着我校师生和校友求真务实、敢于创新的精神。

北建大"团结、勤奋、求实、创新"的校风，也为学校创建高水平大学营造了良好的氛围，为提高人才培养质量塑造了良好的环境，一代代北建大学子在校风的熏陶下成长成才，确立远大的理想抱负，练就担负起未来重任的胸襟和才能。新的发展时期，面对提高育人质量的时代要求，我们要进一步弘扬北建大的优良传统，把发挥传统办学优势、弘扬优良校风与锐意改革进取结合起来，让北建大的和谐氛围、奋斗精神和创新意识更加鲜明，成为学校谋求快速发展中永恒不变的坚守。要进一步营造全员育人、全方位育人、全过程育人的氛围，让同学们在良好的校风、教风、学风中，陶冶性情操守，塑造精神气质，发展完整人格，激发社会责任感，成为国家发展需要的栋梁之材。

五、弘扬"爱国奉献、坚毅笃行、诚信朴实、敢为人先"北建大精神，为实现中国梦和建大梦奋力拼搏、再立新功

"爱国奉献、坚毅笃行、诚信朴实、敢为人先"的北建大精神是对学校优秀历史文化基因的挖掘和精神品格的凝练。欲知大道，必先知史。习近平总书记曾反复强调：历史是最好的教科书，也是最好的老师，更是"最好的清醒剂"。"不忘历史才能开辟未来，善于继承才能善于创新"。一个民族、一个国家尚且要知道自己是谁，从哪里来，要到哪里去，作为一所大学更需要挖掘自身的历史，传承厚重的文脉。

借助学校80周年校庆契机，近一年多来，校史工作组深入挖掘学校的发展历史和特色精神文化体系，努力从学校深厚的文化底蕴中汲取丰富的营养、智慧和开拓前进的力量。纵观学校发展历史，从实业报国为己任、开创职业教育先河至今，学校始终与国家发展和民族进步同呼吸共命运，在各个历史时期都以无私奉献和勇于担当的精神投身国家富强和民族复兴大业；始终以坚毅笃行的奋斗精神和敢为人先的开拓气魄寻求发展；始终以诚信朴实的做人做事品质创造着无数奇迹，孕育了爱国、救国、强国以及科技、实业、实践为特点的优良文化基因，形成了以爱国奉献为核心、以坚毅笃行为品格、以诚信朴实为本色、以敢为人先为追求的北建大精神，充分体现了一代代北建大师生共同的价值追求和精神风貌。

北建大精神不仅是从学校厚重的人文积淀中提炼出来的精神品质，也是面向未来、实现"国内一流、国际知名，具有鲜明建筑特色的高水平、开放式、创新型大学的远景发展目标的精神指南，它蕴含着"大任当前、舍我其谁"的使命责任意识，"只争朝夕、不畏挑战"的抢抓机遇意识，"披荆开路、敢为人先"的改革创新意识，"心往一处想、劲往一处使"的团结向上意识。它体现了北建大人仰望天空，脚踏实地；开拓创新，果敢务实、知行合一的精神品格，也为北建大人指明了治学做人的途径，就是讲实话、干实事，敢作为、勇担当、做在先。

传承历史，继往开来。北建大的辉煌办学历程，既是一部承载着百余年来全体北建大人励精图治、薪火相承的奋斗史，又是一个不断激励当今全体北建大师生追求卓越、勇攀高峰的智慧库。从北建大的历史中，我们真切知道了"北建大是谁，北建大从哪里来，北建大要往哪里去"。深切体悟到了北建大之所以能保持高速发展势头，正因为传承并发扬了北建大精神，始终与国家发展同向同行，在民族振兴中不断做出贡献、成就自我。今天，学校发展站在了新的起点上，向着更高远的目标迈进，北建大精神仍是学校发展的重

要根基和血脉。作为北建大的一员,我们每一个人都要继承与发扬北建大优良的文化精髓,积极投身学校的建设发展,让"爱国奉献 坚毅笃行 诚信朴实 敢为人先"的北建大精神引领着一代代北建大人砥砺前行、勇往直前,为国家的建设发展承担起新一代北建大人应承担的责任,做出新的更大的贡献。

  老师们、同志们,回顾学校的发展历程,品读学校的精神文化内涵,我更加深刻地感受到,北建大有着深厚的历史底蕴和文化底蕴,并持之以恒地推动着学校不断向前发展。我们要树立自豪感、荣誉感,更要强化责任感和使命感,我们要树立自信心和自强心,而不能妄自菲薄,我们要有时不我待的危机感和紧迫感,正像习总书记在B20演讲中所讲的"因循守旧没有出路,畏缩不前坐失良机",北建大正处在快速成长的关键期和转折期,机遇和挑战并存。站在新的发展起点上,面对学校"提质、转型、升级"发展的繁重任务,我们需要积蓄起更加强大的力量,在北建大精神的引领下,以更加奋发有为的状态,投身于学校新时期的改革发展大潮中去,为建成"国内一流、国际知名、具有鲜明建筑特色的高水平、开放式、创新型大学"做出新的更大的贡献!谢谢!

2016年9月5日

十三、校长张爱林在通州区人民政府与高精尖创新中心参与城市副中心建设全面合作签约仪式的讲话

尊敬的仲文书记，尊敬的宇辉主任、杨斌书记，各位领导：

首先我代表北京建筑大学衷心感谢北京市委、市政府、市教委在我校"十三五"事业发展建设开局之年和建设一流学科、一流大学的关键节点，于今年5月批准我校建设北京"未来城市设计高精尖创新中心"，为我校提供了里程碑式的重大发展机遇和创新服务北京的重大机遇。

在我校建设北京"未来城市设计高精尖创新中心"是贯彻落实习近平总书记关于加强城市设计、治理"大城市病"、转变城市发展方式、提升城市规划建设管理水平的系列重要讲话精神、中央城市工作会议精神以及中央政治局部署规划建设北京城市副中心会议精神的重大举措，是落实北京建设全国科技创新中心的重大举措，是落实北京市和住建部共建北京建筑大学的重大举措，更是我校创新服务首都北京新定位、服务北京城市副中心规划建设的重大科技创新平台。

北京城市副中心规划建设，关键是要靠人才支撑，创新驱动。我们中心目前已经汇聚了包括8名两院院士、4名国际著名专家、"千人计划"等百余名拔尖人才，建立9个创新团队，实行首席科学家负责制。

仲文书记于6月22日、7月13日、7月26日三次召开高精尖创新中心服务北京城市副中心建设工作会，要求创新中心落实中央指示精神，充分发挥高端智库作用，切实做好通州规划建设研究方案，在战略、规划、布局、政策、技术等方面为北京城市副中心的建设提供智力支持和决策咨询服务。

7月15日我校领导带队赴通州区实地调研、座谈，通州区委和区政府领导亲自参加，研讨合作内容。市教委积极支持，中心先后与北京市规划和国土资源管理委员会、通州区人民政府、北京市城市规划设计研究院等部门和单位进行了数十次沟通对接，建立了有效的沟通机制，派科研骨干专职全过程参与北京副中心规划建设，推进相关工作落地。

8月14日至27日，我们与通州区联合主办以"北京城市副中心通州旧城区更新设计"为主题的首届北京城市设计国际联合工作营，开展了通州旧城地区城市设计项目、九棵树交通枢纽城市活力中心与污水处理厂景观节点设计项目。

8月29日至9月7日，我们承办了市规委与通州区主办的"北京城市副中心交通规划国际专家研讨会"，四个国际团队参加城市副中心交通规划的研究和初步方案设计；我们还参与编制《通州区海绵城市专项规划》、《北京城市副中心综合管廊规划设计》，构建北京市通州区燃灯佛舍利塔数字档案，建设通州老城区精细化城市管理物联网监测系统等。

在前期工作和充分研讨的基础上，紧密结合北京城市副中心重大需求和高精尖中心五年规划，北京建筑大学将举全校之力，全面服务北京城市副中心的规划设计建设，与通州区人民政府确定了双方合作的主要内容：

一是提供战略咨询和决策服务，北京建筑大学在北京城市副中心建设、新型城镇化建设、城乡规划、建设与管理、生态新城建设、交通一体化建设和水环境综合治理等方面为

通州区人民政府提供相关咨询及技术支持。二是建立科技创新基地，依托北京"未来城市设计高精尖创新中心"，针对通州城市副中心建设发展需求，双方共建"政产学研用"协同创新平台或机构，开展重大课题研究和咨询论证，推动通州绿色、宜居、人文、智慧发展。三是建设成果转化平台，推进研发新技术、新成果、新产品在通州落地。北京建筑大学优先把未来城市设计、文化遗产保护与城市有机更新、绿色城市与绿色建筑、地下基础设施更新优化与海绵城市建设、设计与管理大数据支撑技术等方面最新成果优先落地通州。先期共建"绿色建筑基地"，尤其在绿色公共及居住建筑地方标准编制、装配式建筑及建筑工业化应用、高性能建筑外墙装饰及透水铺装建材研发、建筑遗产数字化保护与修复技术应用、老城区有机更新改造、交通与用地协调等方面先期开展合作。四是加强人才培养与交流，双方采取学历教育与非学历教育相结合等多种方式，加大城市副中心亟须的城市规划建设与管理人才联合培养力度，积极推动城乡规划建设与管理领域人才的引进工作，建立健全人才双向交流和共同培养制度，互派干部交流挂职。五是建立学生实习实践基地。在通州建立北京建筑大学学生教学科研、社会实践基地，定期组织本科生、研究生到基地开展教学实习和社会实践，支持和引导北京建筑大学优秀毕业生就业创业。

各位领导，作为北京市属大学，服务北京重大需求是北京建筑大学义不容辞的责任，北京未来城市设计高精尖创新中心与通州区的合作有着坚实的基础和广阔的前景，在市委市政府领导下，在市教委和通州区的大力支持下，我校一定把准北京"未来城市设计高精尖创新中心"的科学定位，把准服务北京城市副中心的重大需求定位，坚持世界眼光、国际标准、创新驱动，在服务首都北京发展、服务城市副中心建设的过程中，培养创新人才，产出创新成果，为北京城市副中心的规划建设做出应有的贡献。

2016 年 10 月 14 日

十四、党委书记王建中在北京建筑大学80周年校庆总结表彰大会上的讲话

同志们：

　　大家下午好！

　　经过一年多的筹备，全校上下齐心努力，成功举办了80周年校庆，得到了校内外的赞赏，产生了广泛的影响力。今天，我们召开校庆工作领导小组的扩大会，既是最后一次工作会，同时也是校庆工作的总结、表彰会，一起回顾我们走过的筹办历程，总结80周年校庆活动取得的经验与成果，表彰在校庆工作中表现突出的集体和个人，进一步凝心聚力，推进学校快速发展。在此，我代表学校，向受到表彰的集体和个人表示热烈的祝贺！向参与校庆工作的各部门、各单位和全体工作人员、志愿者，向关心支持校庆活动的广大校友表示衷心的感谢，并致以崇高的敬意！

　　校庆80周年是学校发展历史上的一件大事，全校瞩目，广大校友瞩目，也是学校进入"十三五"发展关键节点上的一件大事，是对学校办学历史的又一次全面总结，是对学校近年来事业快速发展和办学成果的一次全面展示，是对学校创建国内一流、国际知名、具有鲜明建筑特色的高水平、开放式、创新型大学新目标、新愿景的一次展望和动员。学校高度重视80周年校庆工作，把其作为学校发展历史的"里程碑"和走向未来的"加油站"，连续两年把校庆工作列入学校党政工作要点，并明确为学校今年重点推进的工作之一，按照中央和市委的有关规定，学校本着"隆重、热烈、节俭、务实"的原则，围绕"情感校庆、学术校庆、文化校庆"主题，系统推进校庆各项活动开展。自2015年6月学校全面启动校庆筹备工作以来，经过一年多的精心筹备，在全校师生员工和广大校友的共同努力下，校庆各项活动圆满成功，结出丰硕成果，校庆纪念大会大气磅礴、振奋人心；校庆晚会以史诗般的厚重和催人奋进的情怀，给人留以强烈的心灵震撼；"未来城市"嘉年华精彩上演，海内外校友欢聚一堂；北京城市设计国际高峰论坛等多场高端学术会议相继举办，国内外专家云集，产生了广泛的社会影响；学校精神文化体系系统构建、承载历代北建大人集体记忆的校史馆正式落成，艺术馆、中国建筑师作品展示馆陆续建成并开馆，梁思成建筑奖作品展、明清官式建筑彩画艺术展、师生校友艺术作品展、文化遗产保护与传承产学研成果展集中开展，各学院文化建设系统推进，学校文化建设结出了丰硕成果，迈上了新台阶；学校基金会正式运行、北京"未来城市设计高精尖创新中心"揭牌成立、金点创空间和未来城市创空间正式运营，双创校园格局初步形成，学校办学成就和精神面貌得到充分展现，真正办成了一届饱含情怀、温馨难忘、学术深厚、文化浓郁、继往开来、团结奋进、再创辉煌的成功校庆，实现了弘扬优良传统、传承建大文化、集聚各方资源、共推建大发展的效果。刚才，启鸿书记作了校庆工作全面总结，各工作组、专项组以及师生代表分别作了很好的发言，有声有色，有情有景，总结十分全面、系统、到位，讲得都很好。特别是获得突出贡献奖的几位教师，大家要向他们学习。在此，我再强调三点意见。

一、总结经验、提振信心，系统梳理校庆成功的宝贵经验

80 周年校庆活动的成功举办，是建立在北建大 80 年发展历程的根基之上的，是学校影响力大幅提升、得到各方面高度认可的体现，是各级领导、社会各界、广大校友关心支持，全校各部门、各单位和全体师生员工团结协作、无私奉献的结果。我们要系统总结校庆活动经验，为进一步汇聚力量、推动发展奠定基础。

一是全面梳理校庆活动成功的关键因素。此次 80 周年校庆的成功举办，可以主要归因于以下四大关键因素：一是方向明确，主题鲜明，定位清晰。校庆启动之初就确定了"情感、聚力、学术、文化、发展"五大主题，立足于把 80 周年校庆办成"情感校庆""学术校庆""文化校庆"，凝聚全体建大人的情感，坚持大学的学术本质，展现新建大、新形象、新文化、新境界。二是统筹谋划，周密部署，组织得力。学校领导亲自抓顶层设计，成立校庆工作领导小组，专门设立校庆工作办公室，组建 7 个专项工作组，确定 31 项重大活动，明确牵头领导和责任部门，工作体系健全。三是全员参与，分工协作，群策群力。很好地发挥了团队精神，各主责部门各司其职、密切配合，全校师生员工心往一处想，劲往一处使，齐心协力共同做好校庆工作。四是广泛发动，凝心聚力，鼓舞士气。近年来，学校除对校庆活动的报道之外，各主要媒体先后系统介绍了学校的办学成果，深入宣传了学校的历史文化和精神体系，全面展示了学校的精神风貌，校内外反响非常热烈。

二是深入挖掘校庆活动中形成的优良作风。校庆活动是对学校综合实力包括组织管理能力的一次大检阅，是对干部队伍能力水平和师生精神面貌的一次大检阅。在整个校庆活动中，全体北建大不负众望、团结协作，圆满出色地完成了校庆各项工作任务，达到了展现北建大崭新形象的效果，师生的大局意识、团队意识、责任意识、奉献精神、工作能力和工作经验都得到了极大的提升，一批干部得到了很好的锻炼。校庆的成功靠的就是广大干部师生形成的一种齐心协力、务实进取、雷厉风行的工作作风，靠的是追求卓越、精益求精的工作品质，正是这种工作作风才使得校庆工作达到了让广大师生员工和校友们满意称赞的效果。

三是要固化校庆成果。学校今天的发展是明天的历史积淀，要对校庆庆祝大会、校庆晚会、校庆嘉年华、校史展览、高峰论坛等材料和素材进行编导、整合、保存，要对校庆期间形成的各类资料进行整理、归档，要注意留存校友返校留下的精彩的场面和瞬间。要保持好校庆期间营造的良好学术氛围、维系好校友之间的联系，保持好校园浓郁的精神文化氛围。在此，进一步强调，这次校庆期间，除了学校校史资料的整理外，各学院也做了大量工作，希望大家在已有的基础上，将学院 80 年的院史及专项工作材料进行整理、梳理，汇编成成果，交给档案馆留存。

二、珍惜成果、传承创新，大力弘扬校庆留下的宝贵精神财富

建校八十周年是校庆中的大庆，又处于学校发展的重要历史时期，意义重大，既是学校更名后的第一次大庆，又是学校"十三五"规划开局之年的大庆，关乎学校"提质、转型、升级"目标的实现，也关乎北建大精神的弘扬和壮大，为进一步增强北建大人的凝聚

力、自豪感和归属感搭建了重要平台。我们要以此次校庆为契机，深入挖掘北建大文化的深邃内涵，营造良好的育人氛围，塑建大之魂，扬建大精神，强建大自信，引建大发展。

一是始终以弘扬北建大精神为主线，推动和繁荣校园文化。本次校庆活动的一个显著特点是文化校庆，不仅三馆正式落成开展、系列高品质展览精彩纷呈，还全面展示了北建大的精神文化体系，校庆工作中彰显出的优良工作作风和精神品质，也是对北建大精神的生动诠释，对校训的深刻体现，这些是北建大百余年办学历程中最为宝贵的"传家宝"。我们一定要将这种精神和传统一以贯之传承下去，坚守和光大。我们凝练的"爱国奉献、坚毅笃行、诚信朴实、敢为人先"的北建大精神在80周年校庆中得到了很好的传承和发展。如果没有坚毅笃行的品格和敢为人先的魄力，我们很多工作是无法成功的。校庆中诸多活动的成功举办，都是坚毅笃行、敢为人先的具体体现。北建大人骨子里有这种劲儿，下一步在学校提质转型升级中必须发扬这种精神。

二是始终以弘扬学术精神为宗旨，保持和发扬近期呈现的浓郁学术氛围和强劲科研发展态势。这次校庆的活动另一个主要特点是学术校庆，不仅举办了北京城市设计国际高峰论坛、未来城市测绘技术国际学术论坛等一系列高端论坛，校庆筹办期间，科学研究、学科建设、双创教育等也喜报频传，北京"未来城市设计高精尖创新中心"获得批准并隆重揭牌、服务城市副中心建设成效初显，中国青年创业就业基金会授权认证的首个高校青年创业社区落户我校、两校区众创空间同时建成运营，首届暑期国际学校开办，首期"国际大师驻场计划"启动，学校逐渐形成了浓郁的科学研究和学术氛围。我们要发挥好这次校庆推动学科发展与学术进步的大好时机，在校内持续营造浓郁的学术氛围，持续凝聚向学思进的人气，持续弘扬敢于创新的学术精神，突出国际化、学术化、文化性，活跃学术交流和学术会议，促进学科发展和科研进步，大力推进学校由教学型向教学研究型大学转型。

三、乘势而上、继往开来，全面推进学校提质转型升级

80周年校庆是北建大历史上的一个重要里程碑，辉煌的校庆庆典已成为珍贵的历史一幕，学校实现高水平、开放式、创新型大学建设的新征程已经开启，但我们还要清楚地认识到，要实现学校"十三五"规划确定的远景目标还有很长的路要走，还需要全校师生继续发扬校庆中迸发出的拼搏精神，坚持不懈的努力奋斗。借此机会，针对今后的发展，我再提三点要求。

一是深入学习贯彻落实党的十八大和十八届三中、四中、五中、六中全会精神，以及习近平总书记系列重要讲话精神，全面加强党建和思想政治工作。要牢固树立政治意识、大局意识、核心意识、看齐意识，坚定不移维护党中央权威和党中央集中统一领导，继续推进全面从严治党，深入推进"两学一做"学习教育，全面加强党的建设，以党的建设的成效为学校各项事业的健康发展提供坚强的保障。

二是全面推进学校"十三五"规划各项任务落实。要按照"五位一体"总体布局和"四个全面"战略布局的要求，落实"创新、协调、绿色、开放、共享"五大发展理念，围绕学校"十三五"规划两大转型发展的核心目标，深入推进"六大工程""六大计划"实施，协同推进各专项规划和学院规划实施，提高执行力，积极投身学校"十三五"改革

发展的大潮，奋力推进学校"十三五"目标实现。

三是深入推进学校综合改革。学校各级干部要当改革的促进派，很好地推进学校综合改革。经过去年至今一年多的改革，人事改革、科技体制改革、大资产大后勤改革等各项改革全面铺开，系统推进，有的已经结出果实。下一步就是要继续深入推进卓越管理行动计划的实施，围绕两校区"两高"布局运行工作模式的改变，推进管理服务体系改革，通过综合服务大厅的建设，真正实现一站式服务；围绕国家推进双一流建设和即将启动的博士点申报，优化强化学科布局，要高度重视，举全校之力，坚决打赢这场长期制约北建大发展瓶颈的攻坚战；按照立德树人的根本要求，根据2016版人才培养方案和专业教育＋通识教育＋双创教育三位一体的本科人才培养新模式，推进人才培养改革，要高度重视此次教风学风建设专项工作，采取具体措施全面提高人才培养质量和教育教学水平。

四是大力推进"两高"校园建设。按照"两高"办学布局确定的两校区的功能定位的思路，统筹谋划大兴校区和西城校区的规划设计和建设管理，同步推进"两高"校园建设。要进一步明确两校区建设的措施，大兴校区如何调规，建成高质量本科人才培养基地，西城校区怎样改造升级，建成高水平研究生培养、科技协同创新及成果转化基地，需要相关部门和各学院统一思想，提高认识，深入思考，以大局为重，以学校未来发展为重，以提质转型升级为重，争取"两高"校园建设在"十三五"时期得以实现。

同志们，80周年校庆的成功，对我校下一阶段更好更快发展具有重要而深远的意义，希望全校师生员工以80周年校庆为新起点，把举办校庆活动的热情、干劲和精神转化为推动学校事业发展的动力和实际行动，以更加昂扬的精神状态，更加优良的工作作风，凝心聚力，扎实苦干，为早日把学校建成国内一流、国际知名、具有鲜明建筑特色的高水平、开放式、创新型大学，为实现"建大梦"和"中国梦"做出北建大人新的更大的贡献！谢谢！

2016年11月2日

十五、校长张爱林在庆祝北京建筑大学建校 80 周年大会上的讲话

各位领导、各位专家、各位来宾、各位校友,老师们、同学们:

金秋十月,硕果累累,建大校园,高朋满座。我们相聚北京,欢聚一堂,怀着无比喜悦的心情,隆重举行庆祝北京建筑大学建校 80 周年大会,共同回顾学校八十年的辉煌历程,共同分享学校八十年的丰硕成果,共同描绘学校未来发展的美好蓝图。首先,我代表北京建筑大学万余名师生员工,向莅临大会的各位领导、各位来宾表示最热烈的欢迎!向全体海内外校友和全校师生员工致以节日的祝贺!

在纪念建校八十周年的过程中,我们进一步梳理了学校的历史发展阶段,挖掘了沉积的深厚文化底蕴,凝练了突出的办学特色。

以史为鉴,读史明志,北京建筑大学是一所具有悠久办学历史、深厚文化底蕴、鲜明建筑特色的高水平大学。我校具有百年办学历史,源于 1907 年清政府京师督学局批准成立的京师初等工业学堂,在积贫积弱的旧中国,开创了我国职业教育的先河,担负起兴学储才、实业救国的重任,当时就有木工科。1933 年 10 月近代著名国学家、教育家、诗人孙松龄作词、北京师范大学音乐教师邵晓琴谱曲的《北平市市立高级职业学校校歌》,表达了当年北建大人远大的理想抱负:将来世界工学,还以我国为大宗。1936 年该校设立了土木工程科,至今已有八十年的历史。1946 年 9 月,中国共产党北平地下党组织在北平市立高级工业职业学校建立了地下党支部,机械科在校生王大明同志任党支部书记,新中国成立后王大明同志曾任北京市政协主席。1947 年 9 月 14 日北平市立高工成立四十周年校庆,时任北京大学校长的胡适教授出席大会并发表演讲,他讲道:"刚才我看到学生职业出路表上,出路很好,使我非常羡慕,比北大还好"。1948 年曹安礼校长为机械科毕业同学题词"精益求精",1949 届校友回忆他们在测绘景山全图时,按照校训"实事求是,精益求精"的精神,一丝不苟,认真操作,精确完成测量。

新中国成立后,首都北京的工业和城市建设百废待兴,急需大批工业和建设领域人才,1949 年学校正式更名为北京工业学校,土木工程专业招生规模逐步扩大,新中国成立之初就开始培养新中国建筑行业的"能工巧匠"。1958 年学校更名为北京建筑工程学院,开始本科教育。1961 年 1 月,北京市委贯彻中央"调整、巩固、充实、提高"方针,调整高等教育布局,将我校大学部 10 个教研组、3 个专业的 29 名教师和 21 个本科班 645 名学生调往北京工业大学,时任副校长吴华庆教授带队,创建北工大土木建筑工程系并任系主任,设置工业与民用建筑、公路与城市道路、给水排水三个专业。1977 年我校跟全国高校一样,恢复高考,恢复了北京建筑工程学院校名,招收本科生。1978 年我校成为国家首批学士学位授予单位,1986 年成为硕士学位授予单位。

校庆前夕,9 月 13 日我校杰出校友李瑞环同志在北京接见我们,他说到,1962 年以后他编写了《木工简易计算法》,后来拍成电影《青年鲁班》,里面的知识就是他在学校学的,母校人才培养注重对基本原理传授,引导应用,基本原理学好了以后,对人的发展终身受益。

春华秋实,桃李芬芳,北京建筑大学是培养国家工程勘察设计大师的摇篮,是培养城市管理精英和城市建设栋梁的摇篮。

我校已培养 6 万多名校友遍布海内外，特别是校友中一大批设计大师、城市管理精英、建筑业栋梁在首都北京乃至全国建功立业，包括被称为"青年鲁班"的李瑞环同志、核工业基地建设奠基人的赵宏同志、中国工程院院士和国家工程勘察设计大师张在明、袁炳麟、赵冬日、罗玲、沈小克、张宇、刘桂生、胡越、包琦玮、高士国。北建大的校友是北京建筑大学最大的成果，是北京建筑大学的最高荣耀！

从新中国成立之初的人民大会堂等十大建筑到北京亚运会、奥运会等重大工程，从天安门、故宫修缮、北京历史文化名城保护到首都总体规划，从四通八达的北京公路交通、城铁地铁到北京热力工程、城市污水处理等重大市政工程，北建大的校友和师生不懈奋斗，用智慧和汗水设计建造了无数享誉世界的建筑杰作，为首都北京建设和国家建设筑起一座座丰碑，谱写了气壮山河的建设者之歌。

北京建筑大学建校八十年来，特别是 2006 年建校 70 周年以来的十年，学校迎难而上、奋力拼搏、抢抓机遇、快速发展，取得了令人瞩目的成就。

十年间，学科层次显著提高，土建类学科专业齐全，我校已成为以工科为主的多学科建筑大学。学校获批服务国家特殊需求博士人才培养项目和博士后科研流动站，一级学科硕士点从 3 个增加到 12 个，二级学科硕士点从 17 个增加到 55 个，本科专业由 20 个增加到 34 个。2012 年在教育部学科评估中，建筑学、测绘科学与技术两个学科在全国排名第 9。

十年间，人才培养质量显著提高。培养 16034 名本科生、3133 名研究生。获批国家级特色专业、国家级实验教学示范中心等国家级本科教学工程项目 22 项，《注重中国优秀文化传承的建筑学专业人才培养体系研究与实践》获 2014 年国家教育教学成果一等奖，学生在各类大赛中获奖近千项，在美国大学生数学建模竞赛中获得一等奖，我校获评全国毕业生就业典型经验高校 50 强。

十年间，科技创新和服务社会能力显著提升。2009 年以来，获得国家级科技奖励 13 项，特别是 2010、2011、2012 连续三年以第一完成单位获得国家科技进步二等奖，2014 年以第一完成单位获得国家技术发明二等奖，2015 年以参加单位获得国家科技进步一等奖。新增省部级科研基地 20 余个。承担了国家"十二五"水专项、"十三五"国家重点研发计划"绿色建筑及建筑工业化"项目，主持完成国家文物局长城保护总体规划、北京中轴线保护规划、故宫博物院数字化重要保护工程，还承担了前门历史街区保护工程、北京新机场工程等多项服务西城区、大兴区和北京市的建筑和文物保护规划、现代测绘、重大工程项目。

十年间，师资队伍的层次大幅提升。专任教师博士比例从 15% 提高到 60%，我校培养长江学者、百千万人才工程国家级人选、北京学者、科技部青年领军人才等 10 余人，引进人才 294 人，其中博士 268 人，包括国家杰出青年科学基金获得者、全国教学名师、中科院百人计划、博士导师等高端人才 50 余人，留学回国的博士 50 余人。我校已经聘任 8 位院士、4 位国际著名专家，一大批中青年创新人才和科技新星正在成为学校事业发展的骨干。

十年间，国际交流与合作迈上新台阶。已与 25 个国家或地区的 59 所大学建立友好合作。派出 294 个团组 742 人次赴境外知名大学进修学习。接受了 30 多个国家的 900 余名留学生，2015 年我校建筑遗产保护理论与技术方向招收了第一个留学博士研究生，来自利比亚。2016年6月30日，在刘延东副总理出席的中法高等教育论坛上，我校与法国马恩河谷大学的合作、中法能源培训中心项目和成果得到高度评价。

十年间，我校的办学空间和条件得到显著的改善。新建了大兴校区，占地50万平方米，建筑30万平方米已全部竣工启用，彻底改变了多年来靠租地、租房办学的局面，显著改善了师生学习和生活的环境，优美的校园已初步建成。图书馆纸质藏书由2006年的60万册增加到现在的150余万册，与住建部共建中国建筑图书馆，是全国建筑类图书种类齐全的高校。

特别需要报告的是，2013年4月教育部批准我校更名为北京建筑大学，2015年10月北京市人民政府和住房城乡建设部共建北京建筑大学，2016年5月我校获批北京"未来城市设计高精尖创新中心"。

八十年坚毅笃行，八十年沧桑巨变。我校80年的历史，就是一部北建大精神的奋斗史，"青年鲁班"精神、"大国工匠"精神是北建大精神的集中代表。我们秉承"实事求是，精益求精"的校训，弘扬"爱国奉献、坚毅笃行、诚信朴实、敢为人先"的北建大精神，取得了令人瞩目的成就。这些成就的取得离不开党和国家英明领导，离不开北京市委市政府、教育部、住建部、国家文物局的领导和大力支持，离不开北京市教委等各委办局、西城区、大兴区等区县的大力支持，离不开国内外兄弟高校，特别是北京市属高校和全国建筑类高校的关心和大力支持，更离不开海内外校友的真情回报，离不开学校历届领导和全体师生员工的艰苦奋斗与奉献。在今天这个历史性时刻，让我们以感恩之心，以热烈的掌声，衷心感谢所有为北建大发展做出贡献的同志们和朋友们！

面向未来，我们要深入学习贯彻党的十八大及十八届三中、四种、五中全会精神，深入学习贯彻习近平总书记系列重要讲话精神，特别是对高等教育工作、对创新人才培养工作、对北京工作、对城市建设工作的重要指示精神，紧紧抓住北京建设国际一流和谐宜居之都和"四个中心"新定位、京津冀协同发展战略、国家建筑业转型升级以及国家实施"一带一路"战略的重大机遇、国家统筹推进一流大学和一流学科建设"五大"发展机遇，全面贯彻落实"创新、协调、绿色、开放、共享"五大发展理念，全面推进学校事业"提质、转型、升级"，坚定不移，砥砺前行。

我校的科学定位之道，就是把准服务首都北京新定位和国家建筑业转型升级"两大服务"定位，"十三五"规划确定了到建校100周年建成国内一流、国际知名、具有鲜明建筑特色的高水平、开放式、创新型大学的奋斗目标，走特色发展之路，走创新发展之路，不贪大，不求全，不攀比。这一目标定位是学校事业发展的高标准内涵要求，是首都北京新定位和国家建筑业转型升级赋予我校的重大责任，更是实现中华民族伟大复兴的中国梦赋予我们的神圣历史使命。在这承前启后的历史节点，我们要自信，北京只有一个北京建筑大学，中国只有一个北京建筑大学，世界也只有一个北京建筑大学。我校的科学定位之道就是具体落实国家《京津冀发展规划纲要》，推进"两高办学布局"建设，两校区发展并重，把西城校区建成高水平研究生培养基地、科技协同创新及成果转化基地，大兴校区建成高质量的本科生培养基地。

我校的创新发展之道，就是深刻认识我校发展面临的严峻挑战，深刻认识创新是我国和世界未来发展的主题，深刻认识创新是我国五大发展理念之首，深刻认识创新不是奢侈品，我国教育创新的大逻辑就是要从娃娃抓起。新形势倒逼我们创新教育观，创新大学观，创新人才观，必须承担起培养创新人才和提供创新成果支撑的重大历史责任。作为北京市属建筑类高校，我们不强调原始发明和发现，我们的优势在于技术创新，推进科技创新成果在北京落地，在建筑行业落地。

我校的一流学科之道，就是把准"一流大学和一流学科"建设导向，紧密结合国家对创新人才的需求，紧密结合建筑业转型升级的要求，紧密结合首都北京新定位的要求，紧密结合北京建筑大学目标要求，打破学科管理壁垒，促进学科交叉融合，深度优化学科结构，凝练学科特色方向，建立开放共享的人才机制，引育学术大师，培养拔尖青年人才，建设一流师资队伍，搭建开放共享的高端学科平台，建设世界一流的北京"未来城市设计高精尖创新中心"，建立中国学派的城市设计概念、理论和方法，应用于北京城市副中心建设。

我校的人才培养之道，就是立德树人，改革创新人才培养模式，前瞻性地用"将来时"创新思考未来大学、未来课堂、未来工程实践的教育模式，以学生成长成才为中心，与工程教育国际认证接轨，培养学生解决复杂工程问题的能力，引领学生提升创新创业能力。北京建筑大学已经并将继续培养和造就"古都北京的保护者、宜居北京的营造者、现代北京的管理者、未来北京的设计者、创新北京的实践者"。

各位领导、各位来宾、各位校友，老师们、同学们：

这是一个呼唤创新人才并且一定能够涌现大批创新人才的伟大时代，这是一个需要创新型大学并且一定能够产生创新型大学的伟大时代！让我们全体北建大人继续唱响"将来世界工学，还以我国为大宗"的校歌，胸怀祖国，放眼世界，点燃激情，大胆创新，用我们的智慧和汗水，为北京建设国际一流和谐宜居之都，为国家建筑业转型升级发展，为实现伟大的中国梦，谱写北京建筑大学更加辉煌的华彩乐章！

2016 年 10 月 15 日

十六、党委书记王建中在京南大学联盟成立大会上的致辞

尊敬的张雪书记、宇辉主任、谈书记、崔区长，尊敬的各位领导、嘉宾，老师们、同学们：

今天，我们相聚在北京印刷学院，隆重举行京南大学联盟成立仪式，共同签署京南大学联盟服务大兴行动计划，这是推进京南高校协同发展，携手服务地方经济社会发展的重要举措。在此，我代表北京建筑大学向出席仪式的各位领导、各位同仁、各位朋友表示热烈欢迎！向为这次签约筹备做出卓越贡献的北京印刷学院表示崇高的敬意！向大兴区长期以来对我校新校区建设等方面提供的大力支持和帮助表示衷心的感谢！向长期以来关心支持北京建筑大学建设发展的各位领导和兄弟高校表示诚挚的谢意！

组建大学联盟，大力推进高校间协同育人、协同创新是提高教育质量和办学水平的重要途径。主动服务区域经济社会发展，是高校的重要使命。京南三校地域相近、渊源深厚，在办学定位、办学目标、人才培养等方面具有各自的特色优势，互补性强。近年来，三校立足各自学科专业优势，相互支持、协同发展、争创一流，结下了深厚的友谊。2011年，在大兴区的支持下，三校携手共建京南大学科技园，共同服务大兴区科技创新和产业发展。依托这一平台，北京建筑大学积极发挥在建筑遗产保护、城乡规划与建筑设计、海绵城市建设、绿色建筑与节能技术、智慧城市建设等领域的比较优势，不断提高服务大兴区经济社会发展的贡献力，承担了新机场航站楼大跨度钢结构设计研究、亦庄博大公园雨水多功能调蓄示范工程、新媒体影视基地等多个项目的规划、建设和监理工作。在大兴区第五中学的基础上，合作共建了北建大附中。建设了京南开放实验室，承接了大兴区域内上千名学生的实验教学任务，取得了一系列合作成果。今天，在以往合作的基础上，京南三校组建大学联盟，并全面启动服务大兴行动计划，集聚三校的创新资源和力量，进一步加大服务区域经济社会发展的力度，为三校通力合作搭建了更为宽广的平台，提供更为广阔的空间。

作为北京地区唯一一所建筑类高校，北京建筑大学肩负着为首都城市发展建设培养人才和提供科技创新支撑的重要使命，是北京城市规划、建设、管理的人才培养基地和科技服务基地。我校将依托北京"未来城市设计高精尖创新中心"以及22个省部级重点实验室，紧紧围绕京津冀协同发展战略和北京"四个中心"城市战略新定位，积极发挥城市设计建设领域的学科专业优势，大力推进与两所兄弟高校的全方位合作，本着"融合、创新、共享"的联盟宗旨，进一步加大工作力度，推动学校京南实验室和课程资源开放，促进资源共享、信息共享和创新成果共享，努力将联盟打造为激发创新活力、孕育创新成果、转化创新价值的重要平台，建设成为京南地区服务科技创新、成果转化和产业发展的高端智库，带动京南三校办学质量提升、发展升级、服务增效。我校也将与联盟高校一起，发挥各自特色，加大服务大兴区域经济社会发展力度，发挥好学校高精尖创新中心等重大科技平台以及众创空间服务区域科技创新的力度，加大国家级和省部级重大科技成果在区域内的转化力度，全面服务大兴区科技创新中心区、高端产业引领区、区域协同前沿

区、国际交往门户区、深化改革先行区建设，为北京建设国际一流的和谐宜居之都和全国科技创新中心，为推动京津冀协同发展做出新的更大的贡献。

　　最后，祝京南大学联盟越办越好！祝京南大学联盟服务大兴行动计划结出更多丰硕的成果！谢谢大家！

2016 年 10 月 23 日

十七、党委书记王建中在学校深入学习贯彻十八届六中全会精神部署会上的讲话

同志们：

　　经学校党委研究决定，今天上午我们召开学校深入学习贯彻党的十八届六中全会精神部署会。今天参加部署会的成员是各二级单位党组织的负责同志、副书记，还邀请了机关职能部处的主要负责同志。这次会议非常重要，主要任务是贯彻落实中央和市委的要求，对全校当前及今后一段时期学习宣传贯彻十八届六中全会精神进行全面动员和部署，切实把思想和行动统一到中央和市委的部署要求上来，迅速掀起学习贯彻十八届六中全会精神的热潮，引导广大干部师生更加紧密地团结在以习近平同志为核心的党中央周围，深入推进全面从严治党，切实加强和规范党内政治生活，全面落实党内监督责任，共同营造风清气正的政治生态，为学校改革发展稳定提供强有力的政治保障、思想保障和组织保障。刚才，我传达了市委十一届十一次全会的相关精神，组织部景仙同志根据常委会的研究决定，部署了学校学习贯彻十八届六中全会的具体安排，通报了"两学一做"学习教育阶段工作总结，云山同志就学校"两学一做"学习教育下一阶段工作安排进行了具体部署，希望各级党组织和各个单位在会后要认真贯彻落实。为了更好地统一思想，提高认识，最近，我也利用各种机会，深入学习十八届六中全会的精神，特别是习总书记在会上的重要讲话精神，有一些认识和体会和大家共享，也是作一次宣讲，进行一次专题党课，目标就是进一步提高认识，把思想和行动统一到六中全会的精神上来，也希望通过这次宣讲，促进大家的学习，同时希望通过这次会议，使主要负责同志把从严治党要求和责任落到实处，带领本单位、本部门迅速掀起学习六中全会精神的热潮，并切实予以落实。下面，我就深入学习贯彻十八届六中全会精神，从四个方面与大家交流一下学习体会和认识。

一、充分认识六中全会的重大意义，坚决贯彻落实六中全会精神

　　刚刚闭幕的十八届六中全会是在中国共产党成立95周年、红军长征胜利80周年的重要历史节点，是在我国进入全面建成小康社会决胜阶段召开的一次十分重要的会议，具有重大里程碑意义。全会听取和讨论了习近平总书记代表中央政治局作的工作报告，充分肯定了中共十八届五中全会以来中央政治局的工作，高度评价全面从严治党取得的成就，并审议通过了《关于新形势下党内政治生活的若干准则》和《中国共产党党内监督条例》，审议通过了《关于召开党的第十九次全国代表大会的决议》，习近平总书记在全会上发表了重要讲话。全会就新形势下加强党的建设做出新的重大部署，充分体现了中共中央坚定不移推进全面从严治党的坚强决心和历史担当，体现了全党的共同心声。全会取得的重大政治成果、思想成果、制度成果，对于深化全面从严治党，解决党内存在的突出矛盾和问题，确保党始终成为中国特色社会主义事业的坚强领导力量，对统筹推进"五位一体"总体布局和协调推进"四个全面"战略布局，更好进行具有许多新的历史条件的伟大斗争、推进党的建设新的伟大工程、推进中国特色社会主义伟大事业，实现中华民族伟大复兴的中国梦，具有重大而深远的历史意义。

学习贯彻六中全会精神,是当前和今后一个时期的重要任务,学校各级党组织要充分认识六中全会的重要意义,推动兴起学习贯彻六中全会精神的热潮,引导广大党员、干部、群众把思想和行动统一到全会精神上来,把力量凝聚到实现全会确定的各项任务上来。

一是要深刻认识六中全会确立习近平总书记为党中央的核心、全党的核心的重大历史贡献。伟大的国家、伟大的民族,需要伟大的党、伟大的领袖人物。拥有坚强有力的领导核心,是中国特色社会主义制度的优势所在。我们党能够战胜一个又一个困难,不断走向胜利,靠的是有一个坚强有力的领导核心。今天,我们党领导和进行着伟大的事业、伟大的工程、伟大的斗争,必须要有一个伟大的领袖作为核心。习近平总书记的核心地位,是在新的伟大斗争实践中形成的。党的十八大以来,习近平总书记带领全党全军全国各族人民开创了中国特色社会主义伟大事业和党的建设新的伟大工程新局面,在改革发展稳定、内政外交国防、治党治国治军等各方面取得了一系列具有重大现实意义和深远历史意义的成就,实现了党和国家事业的继往开来,赢得了全党全军全国各族人民衷心拥护,受到了国际社会的高度赞誉。习近平总书记在新的伟大斗争实践中已经成为党中央的核心,全党的核心。实践充分证明,习近平总书记作为党中央的核心、全党的核心,是众望所归,当之无愧、名副其实。确立和维护习近平总书记的领导核心地位,符合党心军心民心,是历史的选择、全党的选择、人民的选择、事业的选择、实践的选择,是党和国家根本利益所在,是坚持和加强党的领导的根本保证,是进行具有许多新的历史特点的伟大斗争、坚持和发展中国特色社会主义伟大事业的迫切需要,对维护党中央权威、维护党的团结和集中统一领导,对全党全军全国各族人民更好凝聚力量抓住机遇、战胜挑战,对全党团结一心、不忘初心、继续前进,对保证党和国家兴旺发达、长治久安,具有十分重大而深远的意义。

二是要深刻认识六中全会以制定修订《准则》和《条例》为重点,深入推进全面从严治党的重要性。这次六中全会在近年来加强党的制度建设的大好形势下,以推进制度治党、铸就坚强柱石为使命,审议通过了《关于新形势下党内政治生活的若干准则》和《中国共产党党内监督条例》,并以此为重点,研究部署全面从严治党重大问题,是继中共十八届三中、四中、五中全会分别聚焦全面深化改革、全面依法治国、全面建成小康社会之后,协调推进"四个全面"战略布局的逻辑展开,是党中央治国理政方略的深度推进,不仅奠定了全面从严治党的理论基础,补齐了"四个全面"战略布局的关键一环,也进一步丰富和完善了"办好中国的事情,关键在党"、"关键在党要管党、从严治党"这"两个关键"内在的递进逻辑,标志着我们党完成了"四个全面"战略布局的整体部署。从此,"四个全面"从一个理论整体完成了到实践整体的转换,必将进一步增强改革发展的全面性、系统性和协调性,对推进中国特色社会主义建设具有重大战略意义。这两个文件既深刻汲取了党在加强自身建设方面的经验教训,又全面总结了党的十八大以来中央推进全面从严治党的生动实践,并深入分析新形势下党的建设面临的新情况新问题,直面当前党内政治生活和党内监督存在的突出问题,进一步扎紧了制度的笼子,实现了党内政治生活和党内监督制度化、规范化、程序化,为推进全面从严治党、提高党的创造力凝聚力战斗力提供了更加有力的制度保障。

二、深刻领会《准则》和《条例》的深刻内涵，坚决贯彻执行《准则》和《条例》

党的十八大以来，以习近平同志为核心的党中央承前启后，继往开来，为开展具有许多新的历史特点的伟大斗争，应对"四大考验"、克服"四种危险"，提出了全面从严治党的重大命题，开创性地继续推进党的建设新的伟大工程，成就举世瞩目。主要体现在：以补"钙"壮"骨"为重点加强党的思想理论建设；以培养选拔党和人民需要的好干部为重点加强党的组织建设；以"永远在路上"的不懈精神加强作风建设；用制度治党、管权、治吏加强制度建设；以零容忍的态度惩治腐败加强反腐倡廉建设。全面从严治党，净化了党内政治生态，党内政治生活展现新气象，赢得了党心民心，为开创党和国家事业新局面提供了重要保证。在这个新起点上，六中全会提出加强和规范党内政治生活、加强党内监督。这对于推进党的建设新的伟大工程具有十分重要的意义。学习贯彻落实六中全会精神，一个极其重要的方面，就是抓好《准则》和《条例》的贯彻执行，使其成为规范各级党组织和广大党员、干部行为的硬约束，推进全面从严治党不断走向深入。

一是认真学习领会《准则》精神，全面加强和规范党内政治生活。开展严肃认真的党内政治生活，是我们党作为马克思主义政党区别于其他政党的重要特征，是我们党的光荣传统。长期实践证明，严肃认真的党内政治生活是我们党坚持党的性质和宗旨、保持先进性和纯洁性的重要法宝，是解决党内矛盾和问题的"金钥匙"，是广大党员、干部锤炼党性的"大熔炉"，是纯洁党风的"净化器"。我们党从成立之日起，就高度重视党内政治生活，并在长期实践中逐步形成了以实事求是、理论联系实际、密切联系群众、批评和自我批评、民主集中制、严明党的纪律等为主要内容的党内政治生活基本规范。十一届三中全会以后，我们党还认真总结党内政治生活正反两方面经验教训，特别是"文化大革命"的惨痛教训，于1980年专门制定了《关于党内政治生活的若干准则》，对实现拨乱反正和全党工作中心转移，促进党的团结统一、保证改革开放和社会主义现代化建设的顺利进行，都发挥了十分重要的作用。虽然，党内政治生活状况总体是好的，但一个时期以来，也出现了一些亟待解决的突出矛盾和问题，主要是：在一些党员、干部包括高级干部中，理想信念不坚定、对党不忠诚、纪律松弛、脱离群众、独断专行、弄虚作假、慵懒无为，个人主义、分散主义、自由主义、好人主义、宗派主义、山头主义、拜金主义不同程度存在，形式主义、官僚主义、享乐主义和奢靡之风问题突出，任人唯亲、跑官要官、买官卖官、拉票贿选现象屡禁不止，滥用权力、贪污受贿、腐化堕落、违法乱纪等现象滋生蔓延。这些问题，严重侵蚀党的思想道德基础，严重破坏党的团结和集中统一，严重损害党内政治生态和党的形象，严重影响党和人民事业发展。这就使我们认识到，要解决党内存在的一系列突出矛盾和问题，必须把党的思想政治建设摆在首位，迫切需要我们首先从政治上把全面从严治党抓紧抓好，营造风清气正的政治生态。这次全会通过的准则，既是对党章规定和要求的具体化，也是近年来全面从严治党实践形成的一系列规定和举措的系统化，我们要深刻领会其基本精神和基本要求，联系思想和工作实际，贯彻落实到全面从严治党的实践之中。

第一，要抓好思想教育这个根本。加强思想教育和理论武装，是党内政治生活的首要任务，是保证全党步调一致的前提。党内政治生活出现这样那样的问题，根子在于一些党员、干部理想信念发生了动摇，世界观、人生观、价值观这个"总开关"出现了松动。我们要坚持不懈强化理论武装，毫不放松加强党性教育，持之以恒加强道德教育，特别是要突出抓好习近平总书记系列重要讲话和治国理政新理念新思想新战略的学习，教育引导广大党员干部筑牢信仰之基、补足精神之钙、把稳思想之舵。

第二，要抓好严明纪律这个关键。纪律严明是加强和规范党内政治生活的内在要求和重要保证。要不断强化党内制度约束，扎紧制度的笼子，坚持把纪律和规矩挺在前面，坚持有令必行、有禁必止。各级党组织和广大党员要自觉遵守政治纪律和政治规矩，不断增强政治意识、大局意识、核心意识、看齐意识，做到坚守政治信仰、站稳政治立场、把准政治方向。

第三，要用好组织生活这个经常性手段。党的组织生活是党内政治生活的重要内容和载体，是党组织对党员进行教育管理监督的重要形式。要认真落实"三会一课"、民主生活会、领导干部双重组织生活、民主评议党员、谈心谈话等制度，用好批评和自我批评这个锐利武器，开展积极健康的思想斗争，不断提高组织生活质量。

第四，要抓住继承和创新这两个关键环节。严肃的党内政治生活是我们党的光荣传统和红色基因，我们要继承发扬好，同时要立足新的实际，不断从内容、形式、载体、方法、手段等方面进行改进和创新，用新的经验指导新的实践，让党内政治生活严格严肃起来、生动活泼起来。

二是认真学习领会《条例》精神，全面落实党内监督责任。党内监督是党的建设的重要内容，也是全面从严治党的重要保障。长期以来，党中央高度重视党内监督，采取了有力措施，取得了显著成绩。同时，也出现一些突出矛盾和问题，主要是一些地方和部门党的领导弱化、党的建设缺失、全面从严治党不力，一些党员、干部党的观念淡漠、组织涣散、纪律松弛，一些党组织和党员、干部不严格执行党章，漠视政治纪律、无视组织原则。一个时期以来党内发生的种种问题，与管党治党宽松软有密切关系，是主体责任缺失、监督责任缺位、管党治党宽松软的表现，其中存在的一个突出问题，就是不愿监督、不敢监督、抵制监督等现象不同程度存在，监督下级怕丢"选票"，监督同级怕伤"和气"，监督上级怕穿"小鞋"。这次全会通过的党内监督条例，是新形势下加强党内监督的顶层设计，是规范当前和今后一个时期党内监督的基本法规，我们要抓好贯彻执行，把强化党内监督作为党的建设重要基础性工程，使监督的制度优势充分释放出来，成为规范各级党组织和广大党员干部行为的硬约束。

第一，要强化监督意识，使积极开展监督、主动接受监督成为自觉的行动。基层党组织和党员要加强对各级干部的监督，督促其正常参加组织生活，履行党员义务。在党的会议上，党员要勇于对违反党章党规的行为提出意见，有根据地批评党组织和党员，负责地向党组织反映问题。要注意突出监督重点，加强对领导机关和领导干部特别是一把手的监督，使各级干部养成在监督下开展工作的良好习惯。

第二，要落实主体责任。信任不能代替监督，党内监督是全党的任务，《条例》强调，要建立健全党中央统一领导、党委全面监督、纪律检查机关专责监督、党的工作部门职能监督、党的基层组织日常监督、党员民主监督的党内监督体系，并分别对各类监督主体的监督职责以及相应监督制度作了明确规定。学校各级党组织和党员干部一定要把责任扛在肩上，做到知责、尽责、负责，敢抓敢管、勇于监督。要把党内监督体现在时时处处事事上，敦促党员干部按本色做人、按角色办事。

第三，要坚持好民主集中制这个强化党内监督的核心，认真落实民主集中制各项制度，完善各级党组织议事规则和决策程序，把民主基础上的集中和集中指导下的民主有机结合起来，把上级对下级、同级之间以及下级对上级的监督充分调动起来。要自觉接受群众监督，对违规违纪典型问题严肃处理，及时回应人民群众关切。

三、认真落实党建责任制，深入推进全面从严治党

全面从严治党，是党的十八大以来，以习近平同志为核心的党中央治国理政新方略的重要组成部门，是我们党探索党的建设规律的重大成果，是新的历史条件下世情国情党情深刻变化的必然选择。党的十八届六中全会科学分析国内外发展大势和党所处的历史方位，形成了一系列重要判断，深化了我们对全面从严治党极端重要性的认识。学习贯彻落实六中全会精神，必须更加深入地认识和把握全面从严治党，坚定不移地推进全面从严治党。

一是准确把握深入推进全面从严治党的部署要求，全面贯彻从严标准。回顾党的十八大以来全面从严治党的实践，关键就在一个"严"字。习近平总书记把其概括为六个方面的从严。抓思想从严，着力教育引导全党坚定理想、坚定信念，增强"四个自信"。抓管党从严，引导全党增强政治意识、大局意识、核心意识、看齐意识，不断增强各级党组织管党治党意识和能力。抓执纪从严，坚持把纪律挺在前面，严明党的政治纪律和政治规矩，保证全党团结统一、步调一致。抓治吏从严，着力整治用人上的不正之风，优化选人用人环境。抓作风从严，着力解决许多过去被认为解决不了的问题，推动党风政风不断好转。抓反腐从严，坚持"老虎""苍蝇"一起打，着力扎紧制度的笼子。虽然党的十八大以来，全面从严治党取得了重要成果，党风政风发生了全面深刻、影响深远、鼓舞人心的变化，但是我们也要清醒地认识到党内存在的一些深层次问题并没得到根本解决，一些老问题反弹回潮的因素依然存在，还出现了一些新情况新问题。一些党员、干部对全面从严治党认识上不到位、思想上不适应、行动上不自觉。我们要深刻理解、全面把握习近平总书记"六个从严"的丰富内涵，进一步明确全面从严治党的着力重点，把严的要求贯彻落实到学校全面从严治党的全过程，推动管党治党不断取得新的成效。要坚持真管真严，把"严字当头"体现在思想建设、组织建设、作风建设、反腐倡廉建设和制度建设等方方面面，使管党治党在"严实硬"方面不断深化拓展。要坚持敢管敢严，以眼里不揉沙子的认真劲儿，切实解决管党治党失之于宽、失之于松、失之于软问题，对违反党纪的行为及时纠正、严肃处理，敢于较真，敢于碰硬，不怕得罪人，不当老好人。要坚持长管长严，保持永远在路上的坚强定力，咬住"常"、"长"二字，不松劲、不松手、不松气，推进全面从严治党常态化。

二是要认真落实党建责任制，切实担起责任。全面从严治党，核心是加强党的领导，基础在全面，关键在严，要害在治理。深入推进全面从严治党，必须紧紧牵住落实责任这个"牛鼻子"。学校各级党组织要切实增强管党治党意识，牢固树立抓好党建是最大政绩、不管党治党是严重失职的观念，切实担负起管党治党主体责任。各级党组织书记作为主体责任的第一责任人，要把抓好党建作为分内之事、应尽之责，做管党治党的书记，对党负责,以责任担当诠释对党的忠诚。要继续坚持抓好基层党建工作述职评议考核,推动全面从严治党要求在基层落地生根。要认真抓好"两学一做"学习教育,切实激活"神经末梢",使每一个党支部都肩负起管党治党的责任,使每一名党员都充分发挥先锋模范作用。要严格落实问责条例,做到失责必问、问责必严。

四、紧密团结在以习近平同志为核心的党中央周围,奋力推进学校"十三五"发展

党的十八大以来,以习近平同志为核心的党中央从实现"两个一百年"奋斗目标、实现中华民族伟大复兴的中国梦的战略高度,统筹国内国际两个大局,深刻把握我国发展的新形势新特征,创造性地提出了协调推进"四个全面"的战略布局,这是新的时代条件下治国理政的新方略,是推进改革开放和社会主义现代化建设、坚持和发展中国特色社会主义的战略抉择。学习贯彻落实六中全会精神,就要认真贯彻落实中央的大政方针和决策部署,紧密联系实际,精心组织,精心部署,精心推进,把"四个全面"战略布局贯彻好、落实好,形成生动实践,推动学校各方面工作不断取得新进展、新成效。

一是全面加强党的建设,牢固树立政治意识、大局意识、核心意识、看齐意识,特别是核心意识、看齐意识。要更加自觉地同以习近平同志为核心的党中央保持高度一致,在思想上深刻认同、在政治上坚决维护、在行动上自觉服从,更加坚定地维护以习近平同志为核心的党中央权威。要全面加强党的领导,深入开展"两学一做"学习教育,切实发挥好党组织的战斗堡垒作用和党员的先锋模范作用,以党的建设的成效为学校各项事业的健康发展提供坚强的保障。

二是全面推进学校"十三五"规划各项任务落实。要围绕学校"十三五"规划两大转型发展的核心目标,深入推进"六大工程""六大计划"实施,协同推进各专项规划和学院规划实施,提高执行力,积极投身学校"十三五"改革发展的大潮,奋力推进学校"十三五"目标实现。

三是深入推进学校综合改革。学校各级干部要当改革的促进派,树立改革系统思想,推进学校人才培养、人事、科技、大资产大后勤、管理服务等各项改革系统集成。要加大各项改革举措的落地力度,加大已改革机制体制的宣传,推动全校形成想改革、敢改革、善改革的良好风尚。

四是加强教风学风联动。全校师生要积极投身学校育人质量提升和人才培养模式改革,要重视此次教风学风联动专项行动,按照立德树人的根本要求,根据2016版人才培养方案和专业教育+通识教育+双创教育三位一体的本科人才培养新模式,科学严密组织,扎实有序、采取有效措施全方位深层次推进教风学风建设,切实提高人才培养质量和教育教学水平。

五是大力推进"两高"校园建设。要按照"两高"办学布局确定的两校区的功能定位的思路,统筹谋划大兴校区和西城校区的规划设计和建设管理,同步推进"两高"校园建设。各单位、各部门要统一思想,提高认识,深入思考,以大局为重,以学校未来发展和长远发展为重,以提质转型升级为重,争取"两高"校园建设在"十三五"时期得以实现。

同志们,党的十八届六中全会,开启了全面从严治党的新时代,推动党和国家事业发展进入新阶段。让我们紧密团结在以习近平同志为核心的党中央周围，深入学习贯彻党的十八届六中全会精神，按照"五位一体"总体布局和"四个全面"战略布局的要求，落实"创新、协调、绿色、开放、共享"五大发展理念，在市委、市政府的坚强领导下，按照学校党委的决策部署，奋力推动学校党的建设不断取得新成绩，奋力推进学校提质转型升级，确保实现"十三五"良好开局，以优异的成绩迎接党的十九大召开。谢谢！

2016 年 11 月 17 日

第三章 机构设置

一、学校党群、行政机构

（一）学校党群机构
北京建筑大学党政办公室
中共北京建筑大学委员会组织部
中共北京建筑大学委员会党校
中共北京建筑大学委员会宣传部
中共北京建筑大学委员会统战部
中共北京建筑大学纪律检查委员会
中共北京建筑大学机关委员会
中共北京建筑大学委员会保卫部
中共北京建筑大学委员会学生工作部
中共北京建筑大学委员会武装部
中共北京建筑大学委员会研究生工作部
中国教育工会北京建筑大学委员会
共青团北京建筑大学委员会

（二）学校行政机构
党政办公室
发展规划研究中心
监察处
学生处
研究生院
保卫处
离退休工作办公室
大兴校区管理委员会
教务处
招生就业处
科技处
重点实验室工作办公室
未来城市设计高精尖创新中心
校友工作办公室
人事处

财务处
审计处
资产与后勤管理处
规划与基建处
国际合作与交流处
工程实践创新中心
网络信息管理服务中心

二、学校教学、教辅、附属及产业机构

（一）教学机构
建筑与城市规划学院
土木与交通工程学院
环境与能源工程学院
电气与信息工程学院
经济与管理工程学院
测绘与城市空间信息学院
机电与车辆工程学院
文法学院
理学院
马克思主义学院
体育教研部
国际教育学院
继续教育学院
创新创业教育学院
（二）教学辅助、附属及产业机构
图书馆
发展规划研究中心（高等教育研究室）
学报编辑部
建筑遗产研究院
建筑设计艺术（ADA）研究中心
海绵城市研究院
北京建大资产经营管理有限公司

三、学校重要委员会和领导小组

（一）发展规划领导小组
组　长：王建中 张爱林

副组长：张启鸿　张大玉
成　员：何志洪　汪　苏　李维平　李爱群　吕晨飞　张素芳
领导小组下设办公室，办公室设在发展规划研究中心，主任：陈静勇（兼）

（二）干部工作领导小组

组　　长：王建中
成　　员：张爱林　何志洪　李爱群　吕晨飞
秘　　书：组织部部长孙景仙
领导小组下设办公室，办公室设在组织部，主任：孙景仙（兼）

（三）人才工作领导小组

组　　长：王建中　张爱林
成　　员：张启鸿　张大玉　李爱群　吕晨飞
　　　　　党政办公室主任白莽　　人事处处长陈红兵
　　　　　组织部部长孙景仙　　　研究生院院长戚承志
　　　　　教务处处长邹积亭　　　科技处处长高岩
领导小组下设办公室，办公室设在人事处，主任：陈红兵（兼）

（四）党风廉政建设工作领导小组

组　　长：王建中　张爱林
成　　员：何志洪　汪　苏　李维平　张启鸿　张大玉　李爱群　吕晨飞　张素芳
纪委副书记高春花　组织部部长孙景仙　宣传部部长孙冬梅
领导小组下设办公室，办公室设在纪委办公室，主任：高春花（兼）

（五）宣传思想工作领导小组

组　　长：王建中　张爱林
副组长：张启鸿　何志洪　汪　苏　李爱群　吕晨飞
成　　员：党政办公室主任白莽　　　组织部部长孙景仙　　　宣传部部长孙冬梅
　　　　　学工部部长黄尚荣　　　　研工部部长戚承志　　　保卫部部长牛磊
　　　　　工会常务副主席张素芳　　团委书记朱静　　　　　教务处处长邹积亭
　　　　　科技处处长高岩　　　　　人事处处长陈红兵
　　　　　国交处处长（国际学院院长）赵晓红
　　　　　马克思主义学院院长肖建杰　网信中心主任魏楚元
领导小组下设办公室，办公室设在宣传部，主任：孙冬梅（兼）

（六）校园文化建设领导小组

组　　长：王建中　张爱林
副组长：张启鸿　何志洪　汪　苏　李维平　张大玉　李爱群　吕晨飞
成　　员：宣传部部长孙冬梅　　　党政办公室主任白莽　　　组织部部长孙景仙
　　　　　纪委副书记高春花　　　学工部部长黄尚荣　　　　研工部部长戚承志
　　　　　工会常务副主席张素芳　教务处处长邹积亭　　　　科技处处长高岩
　　　　　人事处处长陈红兵　　　图书馆馆长王锐英　　　　宣传部副部长孙强
　　　　　基建处处长周春　　　　财务处处长贝裕文　　　　资后处处长刘蔚
　　　　　团委书记朱静

领导小组下设办公室，办公室设在宣传部，主任：孙冬梅（兼）

（七）师德建设（"三育人"）工作领导小组

组　　长：王建中　张爱林

副组长：张启鸿　何志洪　汪　苏　李维平　张大玉　李爱群　吕晨飞

成　　员：宣传部部长孙冬梅　　　　党政办公室主任白莽

　　　　　组织部部长孙景仙　　　　纪委副书记（监察处处长）高春花

　　　　　学工部部长黄尚荣　　　　研究生院院长（研究生工作部部长）戚承志

　　　　　工会常务副主席张素芳　　团委书记朱静

　　　　　教务处处长邹积亭　　　　科技处处长高岩

　　　　　人事处处长陈红兵　　　　财务处处长贝裕文

　　　　　资后处处长刘蔚

领导小组下设办公室，办公室设在宣传部，主任：孙冬梅（兼）

（八）民族宗教工作领导小组

组　　长：王建中

副组长：张启鸿　吕晨飞

成　　员：统战部部长孙冬梅　　　　学工部部长黄尚荣　　　　党政办公室主任白莽

　　　　　研工部部长戚承志　　　　保卫处处长牛磊　　　　　工会常务副主席张素芳

　　　　　教务处处长邹积亭　　　　人事处处长陈红兵　　　　资后处处长刘蔚

　　　　　团委书记朱静　　　　　　国交处处长（国际教育学院院长）赵晓红

领导小组下设办公室，办公室设在统战部，主任：孙冬梅（兼）

（九）统一战线工作领导小组

组　　长：王建中

副组长：张启鸿　吕晨飞

成　　员：统战部部长、宣传部部长孙冬梅　　组织部部长孙景仙

　　　　　人事处处长陈红兵　　　　党政办公室主任白莽

　　　　　工会常务副主席张素芳　　研究生院常务副院长戚承志

　　　　　科技处处长高岩　　　　　教务处处长邹积亭

　　　　　保卫处处长牛磊　　　　　资后处处长刘蔚

　　　　　国交处处长（国际教育学院院长）赵晓红　各二级学院党委书记

领导小组下设办公室，办公室设在统战部，主任：孙冬梅（兼）

（十）网络安全和信息化工作领导小组

组　　长：王建中　张爱林

副组长：张启鸿　李维平　李爱群　吕晨飞

成　　员：党政办公室主任白莽　　　宣传部部长孙冬梅　　　　学工部部长黄尚荣

　　　　　研究生院院长戚承志　　　财务处处长贝裕文　　　　保卫处处长牛磊

　　　　　教务处处长邹积亭　　　　招就处处长李雪华　　　　科技处处长高岩

　　　　　人事处处长陈红兵　　　　基建处处长周春　　　　　资后处处长刘蔚

　　　　　图书馆馆长王锐英　　　　团委书记朱静　　　　　　网信中心魏楚元

领导小组下设办公室，办公室设在网络信息管理服务中心，主任：魏楚元（兼）

(十一)党务公开工作领导小组、监督小组
领导小组:
组　　长:王建中
副组长:张启鸿　吕晨飞
成　　员:党政办公室主任白莽　　组织部部长孙景仙　　宣传部部长孙冬梅
　　　　　纪委副书记高春花　　　学工部部长黄尚荣　　研工部部长戚承志
　　　　　保卫处处长牛磊　　　　离退办主任王德中　　工会常务副主席张素芳
　　　　　网信中心主任魏楚元
领导小组下设办公室,办公室设在党政办公室,主任:白莽(兼)
监督小组:
组　　长:何志洪
成　　员:高春花　孙希磊　王跃进　张怀静　宫瑞婷　关海琳
监督小组下设办公室,办公室设在纪委办公室,主任:高春花(兼)

(十二)保密委员会
主　　任:张启鸿
副主任:汪　苏　张大玉　李爱群
成　　员:党政办公室主任白莽　　　组织部部长孙景仙
　　　　　纪委副书记高春花　　　　研究生院院长戚承志
　　　　　保卫处处长牛磊　　　　　教务处处长邹积亭
　　　　　科技处处长高岩　　　　　人事处处长陈红兵
　　　　　财务处处长贝裕文　　　　国交处处长(国际教育学院院长)赵晓红
　　　　　继续教育学院院长赵静野　网信中心魏楚元
保密委员会下设办公室,办公室设在党政办公室,主任:白莽(兼)

(十三)信访工作领导小组
组　　长:王建中
副组长:何志洪　张启鸿
成　　员:党政办公室主任白莽　　组织部部长孙景仙　　宣传部部长孙冬梅
　　　　　纪委副书记高春花　　　学工部部长黄尚荣　　研工部部长戚承志
　　　　　保卫处处长牛磊　　　　离退办主任王德中　　教务处处长邹积亭
　　　　　人事处处长陈红兵　　　资后处处长刘蔚
领导小组下设办公室,办公室设在党政办公室,主任:白莽(兼)

(十四)安全稳定工作领导小组
组　　长:王建中　张爱林
副组长:吕晨飞
成　　员:保卫处处长牛磊　　　　党政办公室主任白莽　　宣传部部长孙冬梅
　　　　　学工部部长黄尚荣　　　研工部部长戚承志　　　资后处处长刘蔚
　　　　　保卫处副处长毛发虎　　团委书记朱静
领导小组下设办公室,办公室设在保卫部(处),主任:牛磊(兼)

（十五）国家安全工作领导小组

组　　长：吕晨飞

成　　员：保卫处处长牛磊　　　　　　　党政办公室主任白莽
　　　　　　宣传部部长孙冬梅　　　　　　纪委副书记高春花
　　　　　　学工部部长黄尚荣　　　　　　研工部部长戚承志
　　　　　　科技处处长高岩　　　　　　　人事处处长陈红兵
　　　　　　国交处处长（国际教育学院院长）赵晓红　　团委书记朱静
　　　　　　网信中心魏楚元

领导小组下设办公室，办公室设在保卫部（处），主任：牛磊（兼）

（十六）处理"法轮功"问题领导小组

组　　长：王建中

副组长：张爱林　吕晨飞

成　　员：保卫处处长牛磊　　　　党政办公室主任白莽　　　学工部部长黄尚荣
　　　　　　工会常务副主席张素芳　　研工部部长戚承志
　　　　　　各二级单位党委书记（直属党支部书记）

领导小组下设办公室，办公室设在保卫部（处），主任：牛磊（兼）

（十七）校园治安综合治理委员会

主　　任：吕晨飞

副主任：李维平　张启鸿

委　　员：保卫处处长牛磊　　　党政办公室主任白莽　　学工部部长黄尚荣
　　　　　　研工部部长戚承志　　教务处处长邹积亭　　　科技处处长高岩
　　　　　　资后处处长刘蔚　　　基建处处长周春　　　　资产经营管理公司总经理丛小密

委员会下设办公室，办公室设在保卫部（处），主任：牛磊（兼）

（十八）离退休干部工作领导小组

组　　长：王建中

副组长：张爱林　何志洪

成　　员：离退办主任王德中　　许　秀　　金　舜　　叶书明　　王保东
　　　　　　党政办公室主任白莽　　组织部部长孙景仙　　宣传部部长孙冬梅
　　　　　　人事处处长陈红兵　　　资后处处长刘蔚　　　财务处处长贝裕文

领导小组下设办公室，办公室设在离退休工作办公室，主任：王德中（兼）

（十九）建家工作领导小组

组　　长：王建中

副组长：张爱林　何志洪　张启鸿

成　　员：工会常务副主席张素芳　　　党政办公室主任白莽
　　　　　　组织部部长孙景仙　　　　　宣传部部长孙冬梅
　　　　　　人事处处长陈红兵　　　　　资产与后勤管理处处长刘蔚
　　　　　　工会副主席何立新　　　　　工会副主席聂跃梅
　　　　　　教代会副主席王锐英　　　　教代会副主席秦红岭

领导小组下设办公室，办公室设在校工会，主任：张素芳（兼）

（二十）关心下一代工作委员会

主　任：王建中

常务副主任：彭正林

副主任：许　秀　叶书明　王保东　裴立德　李爱群　吕晨飞

成　员：离退办主任王德中　史湘太　李兆年　张栋才　梁贤英　韩增禄　曾雪华

　　　　党政办公室主任白莽　　　　宣传部部长孙冬梅

　　　　学工部部长黄尚荣　　　　　研工部部长戚承志

　　　　保卫处处长牛磊　　　　　　工会常务副主席张素芳

　　　　教务处处长邹积亭　　　　　科技处处长高岩

　　　　资后处处长刘蔚　　　　　　团委书记朱静

领导小组下设办公室，办公室设在离退休工作办公室，秘书长：王德中（兼），副秘书长：史湘太（兼）、朱静（兼）

（二十一）思想政治理论课工作领导小组

组　长：王建中

副组长：张启鸿　汪　苏　李爱群

成　员：组织部部长孙景仙　　　宣传部部长孙冬梅　　学工部部长黄尚荣

　　　　研工部部长戚承志　　　教务处处长邹积亭　　人事处处长陈红兵

　　　　马克思主义学院院长肖建杰　文法学院院长孙希磊　团委书记朱静

（二十二）学生军训工作领导小组

组　长：吕晨飞

副组长：学工部部长黄尚荣　　　　教务处处长邹积亭

成　员：党政办公室主任白莽　　　保卫处处长牛磊

　　　　资后处处长刘蔚　　　　　团委书记朱静

　　　　学工部副部长蔡思翔　　　建筑学院党委副书记王秉楠

　　　　土木学院党委副书记车晶波　环能学院党委副书记黄琇

　　　　电信学院党委副书记武岚　　经管学院党委副书记魏强

　　　　测绘学院党委副书记冯永龙　机电学院党委副书记

　　　　文法学院党委副书记康健　　理学院党委副书记郝迈

领导小组下设办公室，办公室设在武装部，主任：黄尚荣（兼）

（二十三）经营性资产管理委员会

主　任：王建中　张爱林

常务副主任：李维平

副主任：何志洪　张大玉

委　员：刘　蔚（资产公司党委）　祖维中（资产公司党委）

　　　　纪委副书记高春花　　　科技处处长高岩　人事处处长陈红兵

　　　　财务处处长贝裕文　　　审计处处长冯宏岳

委员会下设办公室，办公室设在财务处，主任：贝裕文（兼）

（二十四）学术委员会

主　任：张爱林

副主任：王建中
委　员：汪　苏　李维平　张大玉　李爱群
　　　　建筑学院教授　刘临安　汤羽扬　张忠国
　　　　土木学院教授　戚承志　齐吉琳　徐世法
　　　　环能学院教授　李俊奇　车　伍　郝晓地　王随林
　　　　电信学院教授　魏　东
　　　　经管学院教授　姜　军　尤　完
　　　　测绘学院教授　杜明义　王晏民
　　　　机电学院教授　杨建伟　张　军
　　　　文法学院教授　孙希磊　秦红岭
　　　　理学院教授　　崔景安　郝　莉
秘　书：高　岩

（二十五）学位评定委员会

主　席：张爱林
副主席：王建中　汪　苏　张大玉　李爱群　吕晨飞
委　员：研究生院常务副院长戚承志　教务处处长邹积亭
　　　　学工部部长黄尚荣　　　　继续教育学院院长赵静野
　　　　国际合作与交流处处长赵晓红　建筑学院党委书记田林
　　　　环能学院院长李俊奇　　　经管学院院长姜军
　　　　测绘学院院长杜明义　　　机电学院院长杨建伟
　　　　文法学院院长孙希磊　　　理学院院长崔景安
　　　　马克思主义学院院长肖建杰　土木学院教授季节
　　　　环能学院教授王瑞祥
秘书长：戚承志（兼）

（二十六）教学工作委员会

主　任：张爱林
副主任：李爱群
委　员：教务处处长邹积亭　　　学工部部长黄尚荣
　　　　研究生院院长戚承志　　招就处处长李雪华
　　　　国际教育学院院长赵晓红　继续教育学院院长赵静野
　　　　体育部主任杨慈洲　　　计算机教学部主任郝莹
　　　　教务处副处长那威　　　教务处副处长王崇臣
　　　　教务处副处长刘志强　　建筑学院副院长胡雪松
　　　　土木学院副院长韩淼　　环能学院副院长冯萃敏
　　　　电信学院副院长魏东　　经管学院副院长周霞
　　　　测绘学院副院长赵江洪　机电学院副院长张军
　　　　文法学院副院长刘国朝　理学院副院长宫瑞婷

（二十七）校务及信息公开工作领导小组、监督及考核评估小组

领导小组

组　　长：张爱林

副组长：何志洪　汪　苏　张启鸿　李爱群

成　　员：党政办公室主任白莽　　　组织部部长孙景仙　　　宣传部部长孙冬梅
　　　　　监察处处长高春花　　　　学工部部长黄尚荣　　　研究生院院长戚承志
　　　　　保卫处处长牛磊　　　　　离退办主任王德中　　　工会常务副主席张素芳
　　　　　教务处处长邹积亭　　　　招就处处长李雪华　　　科技处处长高岩
　　　　　人事处处长陈红兵　　　　基建处处长周春　　　　继续教育学院院长赵静野
　　　　　网信中心主任魏楚元

领导小组下设办公室，办公室设在党政办公室，主任：白莽（兼）

监督及考核评估小组：

组　　长：何志洪

副组长：工会常务副主席张素芳　监察处处长高春花

成　　员：教务处处长邹积亭　　　　　环能学院李俊奇　　　　建筑学院欧阳文
　　　　　工会经费审查委员会主任曾晓玲　工会副主席何立新　　教代会副主席秦红岭
　　　　　团委书记朱静　　　　　　　　学生会主席　　　　　研究生会主席

（二十八）档案工作领导小组

组　　长：王建中　张爱林

副组长：张启鸿　李爱群　吕晨飞

成　　员：党政办公室主任白莽　　　组织部部长孙景仙　　　监察处处长高春花
　　　　　学工部部长黄尚荣　　　　研究生院院长戚承志　　教务处处长邹积亭
　　　　　招就处处长李雪华　　　　科技处处长高岩　　　　人事处处长陈红兵
　　　　　继续教育学院院长赵静野　图书馆馆长王锐英　　　财务处处长贝裕文
　　　　　基建处处长周春　　　　　资后处副处长杨湘东　　网信中心主任魏楚元

领导小组下设办公室，办公室设在党政办公室，主任：白莽（兼）

（二十九）学生申诉处理委员会

主　　任：何志洪

副主任：汪　苏　吕晨飞

成　　员：监察处处长高春花　　　学工部部长黄尚荣　　　研究生院院长戚承志
　　　　　教务处处长邹积亭　　　国际教育学院院长赵晓红　继续教育学院院长赵静野
　　　　　团委书记朱静　　　　　教务处副处长刘志强　　学生会主席　研究生会主席

委员会下设办公室，办公室设在监察处，主任：高春花（兼）

（三十）治理教育乱收费领导小组

组　　长：张爱林

副组长：何志洪

成　　员：审计处处长冯宏岳　　　监察处处长高春花　　　财务处处长贝裕文
　　　　　学工部部长黄尚荣　　　研究生院院长戚承志　　教务处处长邹积亭
　　　　　科技处处长高岩　　　　资后处处长刘蔚　　　　国际教育学院院长赵晓红
　　　　　继续教育学院院长赵静野

领导小组下设办公室，办公室设在审计处，主任：冯宏岳（兼）

（三十一）研究生招生录取工作领导小组

组　　长：张爱林

副组长：何志洪　汪　苏　张启鸿　戚承志

成　　员：党政办公室主任白莽　　监察处处长高春花　　经管学院院长姜军

　　　　　机电学院院长杨建伟　　研究生院副院长李海燕　建筑学院副院长丁奇

　　　　　土木学院副院长龙佩恒　环能学院副院长张群力　测绘学院副院长霍亮

（三十二）研究生奖助学金工作领导小组

组　　长：张爱林

副组长：汪　苏　吕晨飞

成　　员：研工部部长戚承志　　监察处处长高春花　　财务处处长贝裕文

　　　　　建筑学院党委书记田林　土木学院院长戚承志　环能学院院长李俊奇

　　　　　电信学院党委书记杨光　经管学院院长姜军　　测绘学院院长杜明义

　　　　　机电学院院长杨建伟　　文法学院院长孙希磊　理学院院长崔景安

　　　　　研工部副部长李云山

（三十三）服务国家特殊需求"建筑遗产保护理论与技术博士人才培养项目"实施指导委员会

主任委员：国家文物局局长刘玉珠

副主任委员：北京建筑大学校长张爱林

委　　员：国家文物局人事司司长　解冰

　　　　　国家文物局文物保护与考古司（世界文化遗产司）司长　关强

　　　　　国家文物局博物馆与社会文物司（科技司）司长　段勇

　　　　　中国文化遗产研究院总工程师　侯卫东

　　　　　中国城市规划设计研究院总规划师　张兵

　　　　　中国建筑设计研究院建筑历史研究所所长　陈同斌

　　　　　北京建筑大学分管学科和研究生教育工作副校长　汪苏

　　　　　北京建筑大学分管科技工作副校长　张大玉

　　　　　北京建筑大学建筑遗产保护专家3人　姜中光　汤羽扬　刘临安

联络员：国家文物局人事司专家与培训处处长　佟薇

　　　　北京建筑大学研究生院院长　戚承志

（三十四）防火安全委员会

主　　任：王建中　张爱林

副主任：吕晨飞

委　　员：党政办公室主任白莽　　宣传部部长孙冬梅　　学工部部长黄尚荣

　　　　　保卫处处长牛磊　　　　研工部部长戚承志　　工会常务副主席张素芳

　　　　　人事处处长陈红兵　　　资后处处长刘蔚　　　基建处处长周春

　　　　　资产经营管理公司总经理　丛小密

　　　　　委员会下设办公室，办公室设在保卫部（处），主任：牛磊（兼）

(三十五)交通安全委员会

主　任：王建中　张爱林

副主任：吕晨飞

委　员：党政办公室主任白莽　　宣传部部长孙冬梅　　学工部部长黄尚荣
　　　　保卫处处长牛磊　　　　研工部部长戚承志　　工会常务副主席张素芳
　　　　人事处处长陈红兵　　　资后处处长刘蔚　　　基建处处长周春
　　　　资产经营管理公司总经理丛小密

委员会下设办公室，办公室设在保卫部（处），主任：牛磊（兼）

(三十六)科技创安工作领导小组

组　长：吕晨飞

副组长：牛磊（保卫部）

成　员：党政办主任白莽　　　学工部部长黄尚荣　　研工部部长戚承志
　　　　科技处处长高岩　　　基建处处长周春　　　资后处处长刘蔚
　　　　财务处处长贝裕文　　保卫部副部长毛发虎　网信中心主任魏楚元

领导小组下设办公室，办公室设在保卫部（处），主任：牛磊（兼）

(三十七)劳动人事争议调解委员会

主　任：何志洪

副主任：工会常务副主席张素芳

委　员：监察处处长高春花　人事处处长陈红兵　民主管理委员会姜军
　　　　民主管理委员会冯宏岳

(三十八)本科生招生录取工作领导小组

组　长：张爱林　王建中

副组长：李爱群　何志洪

成　员：招就处处长李雪华　　党政办公室主任白莽　监察处处长高春花
　　　　保卫处处长牛磊　　　教务处处长邹积亭　　国际教育学院院长赵晓红
　　　　建筑学院党委书记田林　土木学院院长戚承志　环能学院院长李俊奇
　　　　经管学院院长姜军　　测绘学院院长杜明义　机电学院院长杨建伟
　　　　文法学院院长孙希磊　理学院院长崔景安　　电信学院副院长魏东

(三十九)学生就业工作领导小组

组　长：张爱林　王建中

副组长：李爱群　汪苏　吕晨飞

成　员：招就处处长李雪华　　学工部部长黄尚荣　　研工部部长戚承志
　　　　党政办公室主任白莽　保卫处处长牛磊　　　教务处处长邹积亭
　　　　人事处处长陈红兵　　建筑学院党委书记田林　土木学院院长戚承志
　　　　环能学院院长李俊奇　电信学院党委书记杨光　经管学院院长姜军
　　　　测绘学院院长杜明义　机电学院院长杨建伟　文法学院院长孙希磊
　　　　理学院院长崔景安　　研工部副部长李云山　招就处副处长朱俊玲

(四十)财经工作领导小组

组　长：王建中　张爱林

副组长：张大玉　何志洪　汪　苏　李维平　李爱群
成　员：党政办公室主任白莽　　监察处处长高春花　　学工部部长黄尚荣
　　　　研究生院院长戚承志　　教务处处长邹积亭　　科技处处长高岩
　　　　人事处处长陈红兵　　　基建处处长周春　　　财务处处长贝裕文
　　　　资后处处长刘蔚　　　　审计处处长冯宏岳

领导小组下设办公室，办公室设在财务处，主任：贝裕文（兼）

（四十一）增收节支工作领导小组

组　长：张大玉

副组长：李维平　张启鸿

成　员：党政办公室主任白莽　　财务处处长贝裕文　　学工部部长黄尚荣
　　　　研究生院院长戚承志　　教务处处长邹积亭　　科技处处长高岩
　　　　人事处处长陈红兵　　　资后处处长刘蔚　　　基建处处长周春
　　　　继续教育学院院长赵静野　资产公司总经理丛小密
　　　　网络信息服务中心主任魏楚元　校友办主任沈茜

增收节支工作领导小组办公室设在财务处，由财务处处长（贝裕文）兼任办公室主任

（四十二）公费医疗管理委员会

主　任：李维平

副主任：学工部部长黄尚荣　　资后处副处长杨湘东

委　员：研工部副部长李云山　　财务处副处长李爱琴　　各二级学院办公室主任

委员会下设办公室，办公室设在医务室，主任：贾瑞珍

（四十三）计划生育委员会

主　任：张爱林

副主任：党政办公室主任白莽　　工会常务副主席张素芳　　资后处处长刘蔚

委　员：学工部部长黄尚荣　　　研工部部长戚承志
　　　　机关党委书记王德中　　教务处处长邹积亭
　　　　建筑学院党委书记田林　土木学院党委书记何立新
　　　　环能学院党委书记刘艳华　电信学院党委书记杨光
　　　　经管学院党委书记彭磊　测绘学院党委书记王震远
　　　　机电学院党委书记王跃进　文法学院党委书记孙希磊
　　　　理学院党委书记程士珍　马克思主义学院院长肖建杰
　　　　体育部直属党支部书记康钧　计算机教学部主任郝莹
　　　　图书馆直属党支部书记沈茜　后勤系统总支书记聂跃梅
　　　　团委书记朱静

委员会下设办公室，办公室设在医务室，办公室主任：贾瑞珍

（四十四）红十字会

会　长：何志洪

常务副会长：李维平

副会长：党政办公室主任白莽　　医务室主任贾瑞珍

成　员：宣传部部长孙冬梅　　学工部部长黄尚荣　　研究生院院长戚承志

93

　　　　工会常务副主席张素芳　　　体育部主任杨慈洲　　　团委书记朱静
　　　　资后处副处长杨湘东
秘书长：医务室韩京京
（四十五）爱国卫生运动委员会
主　任：李维平
副主任：党政办公室主任白莽　　资后处处长刘蔚
委　员：学工部部长黄尚荣　　　　研工部部长戚承志
　　　　机关党委书记王德中　　　建筑学院党委书记田林
　　　　土木学院党委书记何立新　　环能学院党委书记刘艳华
　　　　电信学院党委书记杨光　　　经管学院党委书记彭磊
　　　　测绘学院党委书记王震远　　机电学院党委书记王跃进
　　　　文法学院党委书记孙希磊　　理学院党委书记程士珍
　　　　马克思主义学院院长肖建杰　体育部直属党支部书记康钧
　　　　计算机教学部主任郝莹

（四十六）国有（非经营性）资产管理委员会
主　任：王建中　张爱林
副主任：李维平　张大玉　张启鸿　何志洪
委　员：资后处处长刘蔚　　　　财务处处长贝裕文　　　教务处处长邹积亭
　　　　科技处处长高岩　　　　研究生院院长戚承志　　基建处处长周春
　　　　党政办公室主任白莽　　图书馆关注王锐英　　　审计处处长冯宏岳
　　　　网信中心主任魏楚元
　　　　学校国有（非经营性）资产管理委员会办公室（简称校国资办）设在资产与后勤管理处，办公室主任：刘蔚。

（四十七）节约型校园建设领导小组
组　长：张爱林
副组长：李维平　吕晨飞
成　员：资后处处长刘蔚　　　　基建处处长周春　　　　党政办公室主任白莽
　　　　学工部部长黄尚荣　　　教务处处长邹积亭　　　团委书记朱静
　　　　审计处处长冯宏岳

（四十八）基建工作领导小组：
组　长：李维平
副组长：张大玉　何志洪
组　员：基建处处长周春　　　　监察处处长高春花　　　财务处处长贝裕文
　　　　审计处处长冯宏岳　　　资后处处长刘蔚　　　　基建处副处长邵宗义
　　　　基建处副处长申桂英

（四十九）北京建筑大学培训中心理事会、监事会
理事会：
理事长：汪　苏
理　事：继续教育学院院长赵静野　研究生院院长兼土木学院院长戚承志

　　　　　环能学院院长李俊奇　　　经管学院院长姜军
　　　　　继续教育学院宋桂云
理事会下设办公室，办公室设在继续教育学院，主任：赵静野（兼）
监事会：
监事长：审计处处长冯宏岳
监　事：监察处处长高春花　继续教育学院郭瑞林

（五十）体育运动委员会委员
主　任：吕晨飞
副主任：体育教研部主任杨慈洲
成　员：党政办公室主任白莽　　　宣传部部长孙冬梅
　　　　学工部部长黄尚荣　　　　研工部部长戚承志
　　　　保卫处长牛磊　　　　　　工会常务副主席张素芳
　　　　教务处处长邹积亭　　　　基建处处长周春
　　　　体育部直属党支部书记　　资后处处长刘蔚
　　　　团委书记朱静　　　　　　建筑学院党委副书记王秉楠
　　　　土木学院党委副书记车晶波　环能学院党委副书记黄琰
　　　　电信学院党委副书记武岚　　经管学院党委副书记魏强
　　　　测绘学院党委副书记冯永龙　机电学院党委副书记
　　　　文法学院党委副书记康健　　理学院党委副书记郝迈
秘书长：康　钧（兼）
委员会下设办公室，办公室设在体育部

（五十一）北京建筑大学科技园管理委员会
主　任：王建中　张爱林
副主任：李维平　何志洪　张大玉
成　员：资产经营公司丛小密　科技处处长高岩　资产与后勤管理处处长刘蔚
　　　　人事处处长陈红兵　　财务处处长贝裕文　监察处处长高春花
　　　　研究生院院长戚承志　基建处处长周春　　学工部部长黄尚荣
　　　　团委书记朱静

（五十二）学生工作领导小组
组　长：王建中　张爱林
副组长：吕晨飞　汪　苏　李爱群
成　员：学工部部长黄尚荣　　党政办公室主任白莽　　组织部部长孙景仙
　　　　宣传部部长孙冬梅　　研工部部长戚承志　　　保卫部部长牛磊
　　　　工会常务副主席张素芳　教务处处长邹积亭　　招就处处长李雪华
　　　　人事处处长陈红兵　　资后处处长刘蔚　　　　国际教育学院院长赵晓红
　　　　体育部主任杨慈洲　　团委书记朱静
领导小组下设办公室，办公室设在学生工作部（处），主任：黄尚荣（兼）

（五十三）学生资助工作领导小组
组　长：吕晨飞

副组长：学工部部长黄尚荣
成　　员：党政办公室主任白莽　　　宣传部部长孙冬梅
　　　　　研工部部长戚承志　　　　教务处处长邹积亭
　　　　　资后处处长刘蔚　　　　　团委书记朱静
　　　　　财务处副处长李爱琴　　　建筑学院党委副书记王秉楠
　　　　　土木学院党委副书记车晶波　环能学院党委副书记黄琦
　　　　　电信学院党委副书记武岚　　经管学院党委副书记魏强
　　　　　测绘学院党委副书记冯永龙　机电学院党委副书记
　　　　　文法学院党委副书记康健　　理学院党委副书记郝迈
　　　　　学工部副部长李红

领导小组下设办公室，办公室设在学生工作部（处），主任：黄尚荣（兼）

（五十四）学生心理健康教育工作领导小组
组　　长：吕晨飞
副组长：学工部部长黄尚荣
成　　员：党政办公室主任白莽　　　宣传部部长孙冬梅
　　　　　研工部部长戚承志　　　　保卫部部长牛磊
　　　　　教务处处长邹积亭　　　　资后处处长刘蔚
　　　　　团委书记朱静　　　　　　学工部副部长蔡思翔
　　　　　国际教育学院副院长丁帅　建筑学院党委副书记王秉楠
　　　　　土木学院党委副书记车晶波　环能学院党委副书记黄琦
　　　　　电信学院党委副书记武岚　　经管学院党委副书记魏强
　　　　　测绘学院党委副书记冯永龙　机电学院党委副书记
　　　　　文法学院党委副书记康健　　理学院党委副书记郝迈
　　　　　学工部心理咨询中心主任李梅　医务室主任贾瑞珍

领导小组下设办公室，办公室设在学生工作部（处），主任：黄尚荣（兼）

（五十五）《北京建筑大学学报》编委会
主任委员：张爱林
副主任委员：张大玉　李爱群　汪苏
委　　员（以姓氏笔画为序）：
　　　　　王晏民　王随林　尤完　　牛志霖　石永久　朱文一　刘永峰　刘克成
　　　　　刘临安　汤羽扬　孙一民　孙希磊　杜明义　李术才　李俊奇　李爱群
　　　　　李德才　杨建伟　肖建杰　汪苏　　张大玉　张爱林　张继贤　范峰
　　　　　金秋野　郝莉　　郝晓地　姜军　　秦红岭　徐世法　高岩　　高会军
　　　　　席北斗　戚承志　崔景安　魏东
主　　编：张爱林
副主编：牛志霖

第四章 教育教学

一、本科生教育

（一）概况

北京建筑大学以立德树人为根本任务，弘扬"实事求是、精益求精"校训精神，注重知识、能力、素质协调发展，培养具有社会责任感、实践能力、创新精神和国际视野的建设领域高级专业骨干和领军人才。

（二）专业设置

2016年招生专业设置一览表

学院名称	专业名称	学制	学科门类
建筑与城市规划学院	建筑学	五年	工学
	建筑学（城市设计方向）	五年	工学
	建筑学（大师实验班）	五年	工学
	城乡规划	五年	工学
	风景园林	五年	工学
	工业设计	四年	工学
	历史建筑保护工程	四年	工学
土木与交通工程学院	土木工程（建筑工程方向）	四年	工学
	土木工程（城市道路与桥梁工程方向）	四年	工学
	土木工程（城市地下工程方向）	四年	工学
	土木工程（英才实验班）	四年	工学
	无机非金属材料工程（建筑材料方向）	四年	工学
	交通工程	四年	工学
测绘与城市空间信息学院	测绘工程	四年	工学
	地理信息科学	四年	理学
	遥感科学与技术	四年	工学
环境与能源工程学院	给排水科学与工程	四年	工学
	给排水科学与工程（中美合作2＋2）	四年	工学
	建筑环境与能源应用工程	四年	工学
	能源与动力工程	四年	工学
	环境工程	四年	工学
	环境科学	四年	理学

续表

学院名称	专业名称	学制	学科门类
机电与车辆工程学院	机械工程	四年	工学
	机械电子工程	四年	工学
	车辆工程	四年	工学
	工业工程	四年	工学
经济与管理工程学院	工程管理	四年	管理学
	工程造价	四年	管理学
	工商管理	四年	管理学
	公共事业管理城市管理试点班	四年	管理学
电气与信息工程学院	电气工程及其自动化	四年	工学
	自动化	四年	工学
	计算机科学与技术	四年	工学
	建筑电气与智能化	四年	工学
	工科创新实验班	四年	工学
文法学院	法学	四年	法学
	社会工作	四年	法学
理学院	信息与计算科学	四年	理学
	电子信息科学与技术	四年	理学

（三）培养计划

【圆满完成 2016 版本科培养方案修订工作】 为主动适应国家和北京市经济、科技、文化和社会发展对人才需求的变化，紧密围绕建设国内一流、国际知名、具有鲜明建筑特色的高水平、开放式、创新型大学的办学要求，以培养具有工程实践能力、创新创业意识、北京精神和国际视野的高素质复合型建筑行业骨干人才为目标，完善和优化与我校人才培养定位相适应的本科人才培养体系，全面提高我校人才培养质量，2016 年学校对 2016 版本科人才培养方案进行了全面的修订。

2016 版本科人才培养方案修订工作历时一年多，在充分参考与借鉴国内外一流大学的人才培养模式和经验基础上，根据我校人才培养目标定位和专业特色，全面推进育人理念、育人目标、育人计划、课程体系、教学内容、教学实现形式的变革，在全校老师的共同努力下圆满完成，并从 2016 级本科新生入学起开始实施。

2016 版培养方案以先进的教育教学理念为引领，以质量内涵建设为核心，以深化人才培养模式为载体，按照"三减、三增、三优化"，即减总学时、减课程总门数、减核心课程门数、增通识教育、增综合训练、增实践能力、优化计划体系、优化课程模块、优化课程内容的总体要求进行结构优化与品质提升。对通识教育、专业教育、个性教育的组成结构在宏观上进行整合优化。各专业根据学校总的人才培养目标，参照教育部本科专业规范与专业认证标准，及高校审核式评估的要求，认真研究并确定了本专业的培养目标及毕业生应具备的知识、能力与素质要求。按照专业培养目标和培养规格的要求，全面梳理了专业培养方案中专业课程之间的逻辑关系，进一步优化了课程体系设置，为培育出具有深厚的人文底蕴、扎实的专业知识、强烈的创新意识、宽广的国际视野、鲜明个性特色的复合型人才奠定了扎实的基础。

【继续参与并实施北京市教育改革项目"三培"计划】为进一步创新高水平人才培养机制，切实满足高校学生对优质教育资源的需求，2015年北京教委提出了"北京高等学校高水平人才交叉培养计划"。该计划包括"双培计划"、"外培计划"、"实培计划"三个子项目，重点推进高校之间、高校与社会之间的交流合作与资源共享，为北京市属高校学生到在京中央高校和海外境外知名高校进行访学、到科研院所和企事业单位实习实践拓宽了渠道。

双培计划：2016年北京建筑学大学继续招收双培计划，在北京地区本科提前批次B段招生，招生专业涉及建筑学、风景园林、环境科学、机械工程等，共录取133名学生（其中北京生源129名，河北生源4名），实际报到131人。合作央属高校新增北京大学、北京理工大学及北京林业大学，由2015年的4所扩大至7所院校，招生涉及专业由2015年的8个增至13个。

外培计划：2016年北京建筑大学继续招收外培计划学生，通过高招计划共录取21名，均为北京生源。合作海外院校由美国奥本大学一所扩展为伦敦艺术大学、美国华盛顿大学、奥本大学、英国西苏格兰大学4所，涉及专业由4个增至8个。与此同时，通过在校生校内遴选共选拔16名学生赴外校学习，派出海外合作院校为伦敦艺术大学、美国加州大学圣地亚哥分校、奥本大学、英国南威尔士大学4所高校。2016年8月-9月全部完成派出。

实培计划：北京建筑大学积极组织参与北京市教委开展的"实培计划"项目，通过与中国科学院、中国社会科学院、中国建筑设计研究院等知名科研单位共同开展毕业设计（科研类）项目，与校外人才培养基地、工程教育实践基地等行业知名企业共同开展毕业设计（创业类）项目和大学生科研训练计划深化项目，培养学生创新精神和实践能力。2016年，学校实培计划共获批大学生毕业设计（科研类）项目34项，参与学生58人；大学生毕业设计（创业类）项目4项，参与学生12人；大学生科研训练计划深化项目25项，参与学生104人。为了更好地贯彻落实"实培计划"的实施，进一步深化校校、校院、校所、校企深度合作，学校和实培计划合作单位签署合作协议，明确双方的合作方式和职责，并对实培计划项目的培养提出明确要求，包括项目内容、项目管理方式、项目结题等。同时要求校内指导教师签署承诺书，按照学校和学院要求，保质保量完成实培计划具体项目的相关工作，同时要求所在学院以实培计划项目实施为抓手，进一步推进实践教学改革的相关工作，深化所在学院学生创新培养的相关内容。

（四）本科教学工程

2016年10月-12月组织我校2011/2014年教学成果奖评选工作，共评出30个获奖项目，其中特等奖6项、一等奖11项、二等奖13项，同时组织4场教学成果奖全校系列宣讲会。组织学校教学优秀奖评选工作，会同校本科人才工作委员会共同开展并组织对34位候选教师的历时2学期的随堂听课和优秀教案评审工作，组织召开校教学优秀奖公开课评审会，共评出一等奖4名、二等奖5名、三等奖8名、优秀教案奖4名。秋季学期举办第十一届校青年教师教学基本功比赛院、部预赛和选拔阶段，为2017年春季学期的教学基本功公开课比赛打下基础。组织2016年北京市教学名师、"高创计划"教学名师的遴选及校内答辩工作，建筑学院欧阳文入选北京市委组织部"高创计划"教学名师。

2016 年本科教学工程获批项目一览表

序号	项目名称	市级及以上质量工程项目明细	学院名称	主要负责（完成）人
1	高创计划教学名师	北京市委组织部高创计划	建筑学院	欧阳文
2	国家级虚拟仿真实验教学中心	建筑用能虚拟仿真实验教学中心	环能学院	王瑞祥
3	市级校内创新实践基地	建筑类专业设计创新实践基地	建筑学院	张大玉
4	国际工程教育专业认证通过专业	测绘工程	测绘学院	杜明义

（五）教学质量

完善校院两级督导体系，成立校实践教学督导委员会，组织确定工作方案和工作计划，实施全过程督导。校本科人才培养工作督导委员会（校督导组）2015/2016 学年共完成督导听课 96 人次，完成了每学期初、期中的教学检查，完成了新版培养方案的审定、学校各项教学质量工程的评选及申报的相关工作。

2015～2016 学年教学质量评估统计表（评教情况统计表）

项目	覆盖比例（%） 开展学生评教，同行、督导评教，领导评教的课程门次数占学年所有本科课程门次数	优（%）	良好（%）	中（%）	差（%）
学生评教	100	99.06	0.88	0.06	0
同行、督导评教	55.32	92.67	6.62	0.71	0
领导评教	30.43	83.78	11.71	4.51	0

学校大力加强教学质量建设，学生学习效果较好。2016 届本科生毕业率为 97.05%，本科生学位授予率为 95.11%。学校近 5 年毕业生就业率连年保持在 96% 以上，平均签约率保持在 92% 以上。截至 2016 年 7 月，学校 2016 届本科毕业生共计 1964 人，其中 153 人系专升本毕业生，57 人系结业生，就业率为 98.02%。2016 届本科毕业生读研 216 人，读研率为 10.99%，为近三届最高。其中，考取学校研究生 139 人，占读研总数的 64.35%。本届毕业生中，出国 154 人，占毕业生总数的 7.84%，为近三届最高。

组织编写 2015/2016 学年年我校本科教学质量报告，分解指标体系，制定工作方案并上报。

【专业建设与人才培养】 发布《北京建筑大学关于加强专业建设的实施意见》，针对学校三层次专业构成、分别采取三种措施，即实行新办专业、校级建设专业、优势特色阶梯递进式的"三三制"专业建设模式。同时开展对全校 34 个本科专业分层次、分类别的校内专业评估，调研论证、制定方案，深化学校专业评估与分类管理工作，为审核评估工作打下基础。2016 年 5 月，我校土木工程专业通过全国高等学校土木工程专业评估，获有效期 6 年。11 月测绘工程专业通过国际工程教育专业认证，获有效期 3 年。6 月组织全校开展在校大一学生转专业工作，形成全校各学院形成在校大一学生转专业工作方案和机制。配合经管学院开展辅修专业的向教育部、北京市教委申请学历、学位认可等沟通工作，开展辅修专业设置中工作方案研讨、确定、宣传相关工作和工商管理辅修专业的报名和遴选工作。

2016年5月组织召开我校"人才培养质量工作座谈会",会议围绕立德树人根本任务,瞄准"十三五"发展目标,聚焦人才培养质量,进一步深化教育教学改革,扎实推进学校提质转型升级。编写我校"十三五"人才培养工作发展规划、编写我校教育事业发展"十三五"规划(人才培养部分)、研究并制定"十三五"发展规划指标。11月编制和完善"本科教学基本状态数据库",会同全校各职能部门和各学院,组织和协调校内填报和上报,为学校审核评估奠定基础。编撰我校审核评估的工作方案,协同组织各部门开展审核评估宣传、培训工作。

(六)实践教学和基地建设

【实验教学中心建设情况】2016年,北京建筑大学新增国家级虚拟仿实验中心1个(建筑用能虚拟仿真实验中心)。截至2016年底,学校共有国家级实验教学示范中心1个,国家级虚拟仿真实验中心3个,北京市实验教学示范中心4个。

【实践基地建设情况】截至2016年底,北京建筑大学共有校外实践教学基地97个。学校获批国家级工程实践教育中心1个(北京建工集团有限责任公司),国家级大学生校外实践教育基地1个(中国新兴建设开发总公司),北京市高等学校市级校外人才培养基地7个,北京市示范性校内创新实践基地2个。

北京建筑大学校外实践教学基地一览表

序号	基地级别	基地单位名称	所属学院
1	国家级/市级	北京建工集团有限责任公司	土木学院
2	国家级/市级	中国新兴建设开发总公司	环能学院
3	市级	中国城市规划设计研究院	建筑学院
4	市级	北京市市政工程设计研究总院	土木学院
5	市级	中国建筑设计研究院	建筑学院
6	市级	中国城市建设研究院有限公司	建筑学院
7	市级	北京京港地铁有限公司	机电学院
8	校级	北京市建筑材料科学研究总院有限公司	环能学院
9	校级	北京市建筑设计研究院	建筑学院
10	校级	清华大学建筑设计研究院有限公司	建筑学院
11	校级	中国中元国际工程公司	建筑学院
12	校级	北京城市排水集团有限责任公司科技研发中心	环能学院
13	校级	北京市燃气集团研究院	环能学院
14	校级	北京市热力集团有限公司	环能学院
15	校级	苏州浩辰软件股份有限公司	环能学院
16	校级	北京市自来水集团安德投资管理有限责任公司	环能学院
17	校级	北京格瑞那环能技术有限责任公司	环能学院
18	校级	北京国道通公路设计研究院	土木学院
19	校级	北京林业大学	测绘学院
20	校级	北京北大资源地产有限公司	土木学院
21	校级	河北农业大学林场	测绘学院

续表

序号	基地级别	基地单位名称	所属学院
22	校级	中国招标投标协会	经管学院
23	校级	用友新道科技有限公司	机电学院
24	校级	北京住总集团有限责任公司	机电学院
25	院级	北京筑邦建筑装饰工程有限公司	建筑学院
26	院级	北京市建筑设计研究院第八设计所	建筑学院
27	院级	北京红衫林环境艺术工程有限公司	建筑学院
28	院级	中国建筑设计研究院环境艺术设计研究院室内设计所	建筑学院
29	院级	北京住总集团有限责任公司	土木学院
30	院级	北京首都公路发展有限责任公司	土木学院
31	院级	北京市公联公路联络线有限公司	土木学院
32	院级	北京华通公路桥梁监理咨询公司	土木学院
33	院级	北京城建集团有限责任公司土木工程总承包部	土木学院
34	院级	北京城乡建设集团有限责任公司	土木学院
35	院级	北京金隅混凝土有限公司	土木学院
36	院级	北京敬业达新型建材有限公司	土木学院
37	院级	北京市榆树庄构件公司	土木学院
38	院级	北京华联丽合科技公司	土木学院
39	院级	北京市加气混凝土公司	土木学院
40	院级	北院金隅砂浆	土木学院
41	院级	北京宝贵石艺科技有限公司	土木学院
42	院级	北京市成城交大建材有限公司	土木学院
43	院级	北京琉璃河水泥厂	土木学院
44	院级	北京东方雨虹公司	土木学院
45	院级	北京市政路桥控股建材集团	土木学院
46	院级	北京远通水泥制品有限公司	土木学院
47	院级	和创新天（北京）环保科技有限公司	土木学院
48	院级	北京鸿业同行科技有限公司	环能学院
49	院级	北京市自来水集团门头沟分公司	环能学院
50	院级	北京市自来水集团门城污水处理有限公司	环能学院
51	院级	北京泰宁科创科技有限公司	环能学院
52	院级	北京市建筑设计研究院3M1工作室	环能学院
53	院级	中国建筑设计研究院机电专业设计研究院	环能学院
54	院级	北京卢南污水运营有限责任公司	环能学院
55	院级	北京市市政四建设工程有限责任公司	环能学院
56	院级	北京城市排水集团有限责任公司方庄污水处理厂	环能学院
57	院级	北京京城中水有限责任公司再生水水质监测中心	环能学院

续表

序号	基地级别	基地单位名称	所属学院
58	院级	北京自来水集团禹通市政工程有限公司	环能学院
59	院级	同方人工环境有限公司	环能学院
60	院级	北京白石工程技术有限公司	环能学院
61	院级	北京大河环球科技发展有限公司	环能学院
62	院级	北京味知轩食品有限公司	环能学院
63	院级	北京兴杰恒业石油化工技术有限公司	环能学院
64	院级	北京中联志和工程设计有限公司	环能学院
65	院级	北京金源经开污水处理有限责任公司	环能学院
66	院级	北京金迪水务有限公司	环能学院
67	院级	北京启祥凯鑫特科技有限公司	环能学院
68	院级	北京澳作生态仪器有限公司	环能学院
69	院级	北京信德科兴科学器材有限责任公司	环能学院
70	院级	北京石油化工学院	电信学院
71	院级	北京互联立方技术服务有限公司	电信学院
72	院级	中国建筑科学研究院防火研究所	电信学院
73	院级	北京北变微电网技术有限公司	电信学院
74	院级	北京安工科技有限公司	电信学院
75	院级	北京中易云物联网科技有限责任公司	电信学院
76	院级	北京筑讯通机电工程顾问有限公司负责人	电信学院
77	院级	北京伟业联合房地产顾问有限公司	经管学院
78	院级	思泰工程造价咨询有限公司	经管学院
79	院级	北京中原房地产经纪有限公司	经管学院
80	院级	北京居而安装饰有限公司	经管学院
81	院级	北京龙腾房地产开发有限公司	经管学院
82	院级	北京市测绘设计研究院	测绘学院
83	院级	北京鹫峰国家森林公园	测绘学院
84	院级	北京广达汽车维修设备有限公司	机电学院
85	院级	北京永茂建工机械制造有限公司	机电学院
86	院级	参数技术（上海）软件有限公司	机电学院
87	院级	北京市西城区展览馆街道办事处	文法学院
88	院级	北京市洪范广住律师事务所	文法学院
89	院级	北京市西城区悦群社会工作事务所	文法学院
90	院级	北京市顺义区绿港社会工作事务所	文法学院
91	院级	夕阳红老人心理危机救助中心爱心传递热线	文法学院
92	院级	北京市西城区人民法院	文法学院
93	院级	北京市朝阳区安贞社区卫生服务中心	文法学院

续表

序号	基地级别	基地单位名称	所属学院
94	院级	北京厚德社会工作事务所	文法学院
95	院级	北京国网中电自动化技术有限公司	理学院
96	院级	北京道和卓信科技有限公司	理学院
97	院级	北京同美世纪科技有限公司	理学院

（七）教学改革与创新

【加深京津冀三校战略合作，签署本科人才培养合作协议】为深入推进"京津冀建筑类高校协同创新联盟"战略合作，用实际行动具体落实《京津冀协同发展纲要》，2016年6月2日，我校与天津城建大学、河北建筑工程学院共同签署了本科人才培养合作协议，携手成立京津冀建筑类高校本科人才培养联盟。联盟本着"优势互补、资源共享、互惠多赢、共同发展"的原则，就九个方面的协同育人合作事项达成协议，协议内容如下：

（1）探索培养方案共通、学分互认

通过2016年培养方案修改，联盟内高校实现培养方案通用，培养方案内的课程学分互认。

（2）推进联合毕业设计

联盟内高校每年选送优秀学生参与联合毕业设计，加强联盟内高校学生交流，进一步提升学科水平，加强院校间的合作。

（3）教学成果协同申报

联盟内高校联合凝练教学成果，协同申报省部级、国家级教育教学成果。

（4）共同推进卓越工程师计划

卓越工程师计划试点专业加强合作，联盟内高校协同构建卓越工程师培养方案、课程体系。

（5）共建专家库、资源共享

联盟内高校共建建筑类专家库，定期邀请相关专家进校授课，高校间专家资源共享。

（6）探索实践教学基地合作、互通

联盟内高校所签约的实践教学基地共享，在学生实验实习环节联盟内高校学生可申请互通。

（7）试点共编教材、课程共享

为促进联盟间高校培养方案共通、学分互认，联盟高校共同编著教材，进一步打造建筑类院校的精品课程。

（8）共建互联网＋平台

共通打造基于MOOC平台的互联网＋平台。第一年（2016年）平台建设费用由甲方支持；第二年（2017年）平台建设费用由乙方支持；第三年（2018年）平台建设费用由丙方支持。

（9）国际交流推动资源共享

共享国际交流资源，引入国际知名专家学者来校讲学，开拓国外联合培养办学。

（八）学籍管理

本年度，本科学生学籍管理工作逐渐规范化，各类学籍事务工作处理及时有效，加大了信息化办公力度，每名学生涉及学籍变动的情况大多数已在教务系统内予以标注，方便了日后学生信息的查询与管理。2016年度，我校本科生各类学籍事务处理共计444人次（详情见下表）。

处理事项	复学	留降级	退学	未报到	休学	转学	转专业（含工创实验班）
人次	121	35	32	38	146	1	71

（九）转专业

2016年度实际发生转专业的学生数量为71人次，各学院转专业人数情况统计如下：

学院	人次	学院	人次	学院	人次
建筑与城市规划学院	17	环境与能源工程学院	9	电气与信息工程学院	16
土木与交通工程学院	6	机电与车辆工程学院	1	文法学院	3
测绘与城市空间信息学院	2	经济与管理工程学院	17	理学院	0

（十）教学研究与成果

【2016年度校级教育科学研究项目立项】根据《北京建筑工程学院教育科学研究项目管理办法》等文件的要求，教务处于2016年5月组织开展2016年度校级教育科学研究项目立项工作。经过主持人申请、各教学单位和职能部门初审、教务处组织专家评审、教学院长会审议批准以及公示结果等流程，最终2016年度共有34项校级教育科学研究项目获批立项，其中包括11项重点项目和23项一般项目。学校资助经费总额为33.2万元。

【2016年度校级教材建设项目立项】根据《北京建筑工程学院教材建设项目管理办法》等文件的要求，教务处于2016年5月组织开展2016年度校级教材建设项目立项工作。经过主持人申请、各教学单位和职能部门初审、教务处组织专家评审、教学院长会审议批准以及公示结果等流程，最终2016年度共有6项校级教材建设项目获批立项，其中包括3项重点项目和3项一般项目。学校资助经费总额为6.6万元。

【2016年度校级实践教学专项基金项目立项】根据《北京建筑工程学院实践教学改革研究项目管理办法》等文件的要求，教务处于2016年5月组织开展2016年度校级实践教学专项基金项目立项工作。经过主持人申请、各教学单位和职能部门初审、教务处组织专家评审、教学院长会审议批准以及公示结果等流程，最终2016年度共有7项校级实践教学专项基金一般项目获批立项。学校资助经费总额为5.4万元。

（十一）通识教育

【北京建筑大学通识教育中心建设情况】为推进我校人才培养体制改革，构建通识教育、专业教育、创新创业教育"三位一体"的人才培养体系，为广大学生提供更多的优质教育资源，创造更好的成长发展平台，培养学生的社会责任感、创新精神和实践能力，实现学校人才培养质量和学生人文素质的提升，经2016年6月2日党委常委会研究，决定成立北京建筑大学通识教育中心，根据北建大党发〔2016〕63号文件要求，通识教育中心挂靠教务处，在北京建筑大学通识教育指导委员会的领导下开展工作。通识教育中心下设通识教育办公室，为正科级单位，挂靠教务处，编制1个，设办公室主任1人，为正科级岗位。接受通识教育中心和教务处的领导，负责全校通识教育日常运行与管理工作。

【北京建筑大学通识核心课程建设情况】根据《北京建筑大学关于加强通识教育核心课程建设的实施意见》，学校决定在原有全校公共选修课的基础上，整合资源，统筹规划，建设一批本科生通识教育核心课程。形成以通识基础课、通识核心课和通识任选课为主要内容的全校通识教育课程体系。其中，通识核心课程是建设的重点。坚持全面发展和个性发展相结合的原则，以提升人才培养质量为核心，以培养创新型人才为目标，统筹通识教育和专业教育，全面提高课程质量，培养学生成为人格健全、情趣高雅、勇于探索、积极进取的现代公民。通识教育核心课程划分为"经典赏析与文化传承"、"哲学视野与文明对话"、"科技革命与社会发展"、"建筑艺术与审美教育"、"生态文明与未来城市"五个模块。2016~2017学年秋季学期共开设通识教育核心课程25门，其中面授课程20门、网络课程5门。授课团队共由23位教授牵头，其中14位校内教授，9位中外知名学者。从选课情况统计来看教学计划满足学生选课需求。其中面授课选课人数1400人，尔雅课选课人数540人，共计1940人，满足了2016级本科生选课需求。教务处、通识教育中心开创了北京建筑大学通识教育核心课"名师讲坛"系列讲座活动。在2016~2017学年秋季共举办讲座12场。城市历史学2场，哲学思想5场，城市社会学1场，国际文学2场，科学技术1场，心理学1场。其中既包括百家讲坛主讲嘉宾李建平，也包括清华大学哲学系主任黄裕生以及首都师范大学博导蔺桂瑞等国内外著名专家学者。

北京建筑大学通识教育核心课2016~2017学年秋季学期课程清单

课程名称	上课教师	素质课类别
中华诗词之美	叶嘉莹	核心（经典赏析与文化传承）
中国传统文化经典选读	罗安宪、许亮	核心（经典赏析与文化传承）
大学语文	汪龙麟	核心（经典赏析与文化传承）
世界文学概论	陈素红	核心（经典赏析与文化传承）
英美名篇赏析	武烜、Peter	核心（经典赏析与文化传承）
西方文明史话	王晓朝、高春花、靳凤林、郭晓东、石磊	核心（哲学视野与文明对话）
中国历史文明概览	肖建杰、王德中	核心（哲学视野与文明对话）
西方哲学智慧	宋希仁、张溢木	核心（哲学视野与文明对话）
数学大观	李尚志	核心（科技革命与社会发展）
探索万物之理	吕乃基	核心（科技革命与社会发展）
中国社会热点问题透视	常宗耀	核心（科技革命与社会发展）
创业投资与公司法治	李显冬、张明若、李志国	核心（科技革命与社会发展）
科学技术与社会进步	韩增禄	核心（科技革命与社会发展）
城市社会学	朱启臻、高春凤、黄华贞	核心（科技革命与社会发展）
心理发展与人生规划	郑宁、刘颖、王伟、孟莉	核心（科技革命与社会发展）
音乐鉴赏	周海宏	核心（建筑艺术与审美教育）
建筑与伦理	秦红岭	核心（建筑艺术与审美教育）
工程文化与美学	王锐英	核心（建筑艺术与审美教育）
建筑文化遗产保护	汤羽扬、张曼	核心（建筑艺术与审美教育）
中外园林文化与艺术	丁奇、李利	核心（建筑艺术与审美教育）

续表

课程名称	上课教师	素质课类别
探索发现：生命	黄耀江	核心（生态文明与未来城市）
北京历史变迁	李建平、孙希磊	核心（生态文明与未来城市）
现代城市生态环境与海绵城市	李俊奇、张伟、杜晓丽、张明顺、马文林	核心（生态文明与未来城市）
智慧城市	张雷、孙卫红	核心（生态文明与未来城市）
现代城市生态与环境	王思思、李颖	核心（生态文明与未来城市）

（赵林琳　黄　兴　倪　欣　毛　静　刘　杰　刘　猛　刘　伟
　　　　那　威　张　军　李俊奇）

二、研究生教育

（一）概况

2016年，研究生教育规模与质量稳步提升。研究生院施行"培养提质、学科升级、招就对接、动态调整"的研究生教育与招生改革机制，进一步调整、优化各学科在校研究生规模结构。

顺利完成全日制博士、硕士及非全日制工程硕士招生工作，进一步规范和优化博士研究生招生工作流程。加大宣传力度、创新宣传思路，进一步加强考务标准化、规范化管理，严格实施考务工作保密、管理无缝安全机制，实现试题命题、试卷印制、封装、寄送、考试等初试环节零差错。

开展研究生培养机制改革，大力开展创新教育，营造良好创新环境，创新导师考核和培训方式，强化导师的主体地位。实现校内平台资源共享，推进多学科多领域研究生的深度合作交流，加强学科交叉融合。打造一批品牌课程、优秀教学成果及研究生创新成果，加大成果凝练及转化力度。加强学术规范建设，完善论文评价体系，开展各级各类学位点分类指导建设工作，形成高水平学位论文体系，培育高端论文成果。

（二）研究生招生

2016年我校录取全日制硕士研究生505人，比2015年增长3.1%；2015年（2016年春季入学）录取非全日制工程硕士生156人，与2014年持平。

2016年研究生招生录取工作严格执行《2016年全国硕士研究生招生工作管理规定》，坚持"按需招生、德智体全面衡量、择优录取、宁缺毋滥"原则，进一步加强复试考核，规范招录程序，深化信息公开；尤其加强复试阶段监督管理和过程控制，对复试过程全程录音录像，确保研究生招生录取工作科学规范、公平公正。

（三）研究生导师

2016年2月2日，依据《北京建筑大学博士研究生指导教师条例》（学位字〔2013〕8号）相关要求，经博士项目实施指导委员会投票表决，校长办公会审定，新增博士研究生指导教师10人。

为适应学位与研究生教育的发展和学科建设的需要，充分发挥研究生指导教师在学位与研究生教育中的主导作用，明确研究生指导教师的岗位职责与上岗条件，依据中华人民共和国学位与研究生教育有关法规，制定了《北京建筑大学硕士研究生指导教师条例》（北建大研发〔2016〕12号），并于2016年7月13日经校长办公会审议通过。

2016年8月，经学位评定委员会审议、表决，新增硕士研究生指导教师100人，其中校内指导教师16人，校外指导教师84人。

2016年北京建筑大学开始实行研究生导师年报制度，依据《北京建筑大学硕士研究生指导教师条例》（北建大研发〔2016〕12号）中的相关要求，结合导师年报，对上一年度导师的经费和成果等方面进行考核，考核合格后方可聘任为北京建筑大学下一年度硕士研究生指导教师。经考核后，共568人被聘任为2016级硕士研究生指导教师，其中校内指导教师258人，校外指导教师310人。

（四）研究生培养

为贯彻落实深化高等教育综合改革工作中更加注重"内涵、特色、创新、需求"导向的要求，进一步提升硕士研究生培养质量，使我校硕士研究生教育更好地适应发展形势的需要，着眼我校在"提质、转型、升级"中学科建设发展更新更高的目标，进一步优化硕士研究生培养条件，提升硕士研究生培养质量，重点结合2016级硕士研究生培养要求，学校组织对学术学位授权学科点、专业学位授权类别（领域）点培养方案进行修订，并完成相关培养方案纸质版本印制。在培养方案制定中坚持以下六项原则：一是以"宽口径、厚基础"为基本原则；二是突出学科前沿性及行业需求；三是充分体现不同类别学位的特色及差异；四是加强研究生的学术道德与诚信教育；五是全面优化课程设置，提升课程质量；六是考虑研究生特点，体现以学生为本的原则。

组织修订了我校2016版《博士研究生管理文件》、《研究生指导教师手册》、《全日制硕士研究生手册》、《非全日制硕士研究生手册》等研究生教育管理文件，于2016/2017学年第一学期下发使用、上网公布。

持续深入开展服务国家特殊需求"建筑遗产保护理论与技术博士人才培养项目"建设工作，加强对博士生教育质量管理。召开2016年度博士研究生工作总结会，制定《2013级博士生培养及学位授予工作安排》，按计划实施2013级博士生培养及学位授予工作，完成2013级博士研究生论文中期检查和2014级博士研究生论文开题工作，稳步推进博士研究生培养进程。

开展教学期中检查，对研究生课程成绩录入情况、教学运行情况以及硕士学位申请查重情况等进行检查，采取座谈会的形式对我校研究生教育教学情况进行调研，形成研究生教学期中检查情况通报。

设立第一期研究生创新培育项目，79项创新培育项目顺利结题。全校博士、硕士研究生积极响应，在学校形成浓厚科研氛围，学生积极参与科学研究，科研成果丰富。

（五）学位授予

2016年，授予毕业研究生硕士学位568人，比2015年增长19.2%，其中学历教育硕士171人，专业学位硕士生申请学位397人。22名2016届毕业研究生被评为"北京市优秀毕业研究生"，43名毕业研究生被评为"北京建筑大学优秀毕业研究生"，41篇硕士学位论文被评为校优秀硕士学位论文。

为保证学位论文质量，提高研究生的学术水平和科研能力，研究生院修订和完善了对研究生的学术活动要求、优秀学位论文评选办法、学术不端检测要求等相关文件，强化了对新学科、新专业、新导师、历史成绩不佳、申请提前毕业等多种情况下的学位论文双向盲审制度，协助建筑学院、环能学院、经管学院、电信学院、机电学院、测绘学院、理学院依据学科实际制定针对本院研究生学术活动成果特殊要求的实施细则。

2016届毕业研究生继续采用研究生教育信息管理系统的学位管理模块完成论文开题、中期检查、实践环节考核、学术成果采集、论文评审、答辩及学位授予工作。2016届毕业研究生论文评审工作均通过在线评审系统进行，极大提高了工作效率。

（六）专业硕士教育

2016年录取全日制硕士研究生505人，其中专业学位硕士生297人，占录取人数58.8%。2016年录取非全日制（在职）硕士研究生156人，实际入学150人，均为专业学位硕士生。2016年9月在校全日制硕士研究生1454人，其中专业学位硕士研究生836人，占总人数57.5%。组织开展2016版专业学位培养方案修订工作，提出应根据学术学位和专业学位不同类别硕士研究生的培养目标及特点，充分调研行业需求，针对性地进行课程及环节安排的要求。学术型研究生的培养注重科学研究能力的训练和对学科前沿动态的把握；专业学位研究生的培养注重实践与操作能力的养成。进一步优化硕士研究生培养条件，提升硕士研究生培养质量。

（七）学籍管理

完成2016级全日制研究生新生学籍复查、电子注册及研究生在校生学年注册工作。按照《北京市教育委员会办公室转发教育部办公厅关于做好2016年普通高等学校录取新生复查和学籍电子注册工作文件的通知》，在规定时间内完成506名2016级全日制研究生（含501名全日制硕士研究生、5名博士研究生）学籍信息注册。在规定时间内完成1462名全日制在校研究生学年注册。

按照北京市教育委员会学生处《关于做好北京地区2016年春季普通高等教育毕业生学历证书电子注册工作的通知》及《关于做好北京地区2016年暑期普通高等教育毕业生学历证书电子注册工作的通知》，在2016年1月完成2016届春季4名全日制硕士生学历注册，2016年7月完成2016届夏季399名全日制硕士生夏季学历注册。2016年12月完成3名全日制硕士研究生冬季学历注册。完成15人次休学（复学）、1人次退学流程审核及在线操作。

通过参加北京市教育委员会学生处组织的工作培训及政策学习，规范研究生学籍管理相关流程，加强全日制研究生日常学籍维护及管理。

（八）教学质量提升与成果

为贯彻落实深化研究生教育改革实施工作，探讨研究生教育教学规律和发展新趋势，进一步提高研究生教学质量，推动北京建筑大学各学位授权学科点研究生教育教学内容、课程体系的进一步改革，全面加强研究生教育教学研究，出台北京建筑大学《研究生教学质量提升项目管理办法》，组织完成2016年度教学质量提升项目立项工作，"以数学建模竞赛为载体培养研究生创新能力的探索与实践"等12个项目获批立项。

（九）非学历研究生教育

完成2016级非全日制硕士生招生工作，实际入学非全日制硕士生150人，其中建筑与土木工程87人，环境工程14人，项目管理49人。组织修订了我校2016版《非全日制（在职）硕士生手册》于2016/2017学年第一学期下发使用、上网公布。

针对非全日制（在职）硕士生特点，在周末单独安排公共课程。于2016年10月针对距离最长学习年限少于1.5年的非全日制（在职）硕士生下达《学习年限预警告知书》提示其根据自身情况，做好相关学业安排。

（十）学科建设

【概况】圆满完成教育部第四轮学科评估和北京市学科补充评估申报工作，以此为契机推动一流学科建设。启动博士授权单位及博士学位授权一级学科点申报工作，召开学科建设研讨会，力争2017年学科建设工作取得新突破。

【学科规划】认真领会落实十八届五中全会新境界、新理念和国务院发布的《统筹推进世界一流大学和一流学科建设总体方案》精神，坚持推进转型发展，加快推进向教学研究型大学转型。通过优化学科结构，凝练学科特色方向，突出学科建设重点，打造学科高峰，建设一流学科。

【学科建设活动】2016年组织8个工学学科参加教育部第四轮学科评估工作，经学院、学校两级多轮研讨最终确定参评学科成果分配方案，经校学位评定委员会和学术评定委员会审定、把关评估材料，上报教育部学位中心，圆满完成教育部第四轮学科评估及后续工作。积极组织管理科学与工程、工商管理、设计学、数学4个学科参与北京市学科补充评估工作。

深入研究分析新一轮学科评估指标体系，指导学科建设工作，加强分层分类学科建设目标管理与绩效考核。制定完成《学科评估工作管理办法》、《学科建设年检与绩效考核管理暂行办法》、实施《学科建设负责人遴选及管理暂行办法》，强化学科负责人岗位职责，突出学科建设绩效成果。

召开学科建设研讨会，分析12个一级学科硕士学位授权点现状，梳理学科团队，查摆清楚学科建设存在问题，进一步优化了学科队伍，凝练了学科方向，以建设服务国家特殊需求"建筑遗产保护理论与技术博士人才培养项目"和4个申博一级学科为重点，进行学科建设工作。

完成服务国家特殊需求"建筑遗产保护理论与技术博士人才培养项目"实施指导委员会换届工作，新增博士生导师10名，加强该项目师资队伍建设、提升科研项目档次、提高科研成果质量。

2016年启动博士授权单位及博士学位授权一级学科点申报工作，积极推进建筑学、土木工程、环境科学与工程、测绘科学与技术等4个一级学科申报工作。培育建设新的一级学科硕士学位授权点和专业学位类别硕士学位授权点，组织开展了新增一级学科硕士学位授权点及专业学位类别授权点校内论证。

培育产品开发科学与工程、建筑数字媒体技术、建筑与空间环境、可持续建筑能源等四个新的交叉学科点建设。进一步深化各学科交叉渗透。

（姚 远 王子岳 丁建峰 李子墨 李海燕 汪长征 陈 韬 戚承志）

（十一）研究生管理

【研究生思想政治教育工作】2016年研工部认真开展"两学一做"学习教育、认真学习贯彻十八届六中全会、习近平总书记系列重要讲话精神，创新学习形式，利用微信平台开设学习专栏，组织研究生党支部和教师党支部开展学习交流，带动广大入党积极分子共同学习；强化研究生党支部建设，加大对研究生党员的教育和管理，充分发挥研究生党员的榜样引领作用。

组织全校研究生参加2016年"全国研究生创新实践系列活动大赛"，其中参加第十二届全国研究生数学建模竞赛的12支队伍全部获奖，获二等奖一项、三等奖一项、成功参赛奖十项。

知名设计院所（企业）人力资源部部长为主的讲师队伍讲授职业生涯规划和就业指导讲座，介绍优秀校友事例，指导诚信就业，友善待人。结合学位评审工作，做进一步严格学位论文查重和匿名评审工作宣传教育，保障学位论文质量和育人质量。

成功举办首届京津冀地区高校城乡建设与管理领域研究生学术论坛，出版了论文集，树立了我校研究生学术论坛活动品牌，促进了京津冀高校研究生的学术交流。首次设立"北京建筑大学学生公派境外学习奖学金"，资助在籍研究生开展国境外的学习和研究，提升研究生国际化视野。

与组织部、学工部共同制定了《关于进一步加强新形势下学生工作的实施意见》，对研究生党建中的支部设置、党员发展、理论学习、党员教育管理、党建工作创新、支部骨干培训等进行了具体的规定。开展了研究生党员暑假集中培训，建立集中学习、培训的工作模式，建立了党支部书记联谊制度。

【基层党组织建设】2016年研究生工作部在学校党委的正确领导下，深入学习贯彻习近平总书记系列重要讲话精神和治国理政新理念新思想新战略，全面贯彻党的教育方针，认真贯彻落实全国和北京市高校思想政治工作会议精神、北京市第十二次党代会精神，深入推进"两学一做"学习教育，坚持立德树人，构建了研究生大思政工作格局，把培育和践行社会主义核心价值观融入研究生思想政治工作的全过程。

建筑学院聘请青年教师担任党支部理论导师，注重理论学习实效；围绕古都风貌保护、北京副中心建设开展党性实践活动。测绘学院按照科研团队设置研究生党支部，研究生党支部与教师党支部联合，参与通州区燃灯佛舍利塔数字档案系统构建等服务项目；与本科生党支部联合开展红色"1+1"活动，发挥专业优势，助力兰考精准扶贫，该项活动获得2015年北京市红色"1+1"活动一等奖；与考研学生结对帮扶活动，2016届本科生升学率达到24.6%。环能学院建立健全党员实践制度，研究生党员每年均需要完成不少于3次的实践性支部活动，组建赴密云的"青春密语"北京建筑大学筑绿环保实践团；经管学院坚持定期述学制度。

【学生事务管理（奖学金、助学金、档案等）】2016年研工部按照《北京建筑大学研究生奖助学金管理办法（暂行）》，共评选国家奖学金获得者30人，发放金额60万元；获得学业一等、二等、三等奖学金、新生学业奖学金共计1419人，发放金额538.7万元；新生奖学金18人，发放金额3.6万元；优秀研究生干部奖学金30人，发放金额6万元；产学研联合研究生培养基地优秀项目奖学金8人，发放金额1.6万元；优秀毕业研究生43名，发放金额8.6万元。获得国家助学金人数共计1427人次左右/月，全年共发放金额961.17万元。

按照《北京建筑大学研究生档案管理办法（试行）》，2016年共接收2016级新生档案496份，办理毕业生档案共计375余份。正常进行研究生查阅本人档案内党员材料和本科成绩单等、企业查阅研究生档案，保证了档案保存无损毁、查阅无障碍、寄送无差错。

【学生资助与勤工助学】2016年研工部按照《研究生"三助"工作实施办法》，为68

名研究生办理绿色通道入学并为家庭经济困难研究生发放临时困难补贴共计 13600 元；设助管岗位 49 个，累计发放金额 104980 元，为全校 1466 名全日制在校研究生投保人身意外伤害保险；与心理素质教育中心、医务室联合举办了研究生心理讲座，开展个体咨询，帮助研究生建立理性平和的健康心态；建设了研工部"一站式办事服务大厅"，初步实现工作信息化，实现成绩单、奖助证书自主打印，进一步提高了服务师生的水平。

【**专题教育（入学、毕业等）**】2016 年研工部利用入学和毕业两个重要教育节点，以硕士研究生毕业典礼暨学位授予仪式、全日制研究生开学典礼为抓手，对 1000 余名研究生进行系统的思想政治教育，研究生攻读学位期间，各阶段、各环节的有关管理规定和制度，研究生奖助体系相关管理规定。毕业时集中对学生就业问题进行指导。课程阶段穿插心理健康、职业生涯规划、主题班会等相关专题教育活动。

（薛东云　李云山　李雪华）

三、继续教育

（一）概况

继续教育学院是北京建筑大学举办成人高等学历教育和非学历培训的教辅单位。继续教育学院承担着 2000 余名成人高等学历教育的教学和管理工作，承担着年均 1000 余人次的继续教育培训工作，承担着"建筑工程"专业自学考试主考院校工作。

2016 年，根据学校的总体安排，继续教育学院撤销了学历教育科和非学历教育科的机构建制，增加了一个主管非学历教育的副院长干部职数，学院目前领导干部职数 3 人，院长赵静野，副院长孙强，办公室主任王培。在岗在编管理人员 7 人，其中职员 4 人。根据工作需要，继续教育学院返聘管理人员 1 人，外聘管理人员 1 人。

（二）学历教育

北京建筑大学 1956 年成立北京业余城建学院。1981 年成立北京建筑工程学院夜大学。1988 年建立了成人教育部。1997 年成人教育部更名为成人教育学院。1999 年成人教育学院更名为继续教育学院。在业余城建学院时期，开设的专业有工业与民用建筑工程、给水排水工程、道路与桥梁工程 3 个专业。成立夜大学以后，增加了起重运输与工程机械、供热通风与空调工程、城市燃气等专业。后又相继开设了城市规划管理、古建筑保护、建筑经济管理、工程造价管理、房地产经营管理、土木工程专升本、工程管理专升本、建筑环境与设备工程专升本、机械工程及自动化专升本、计算机科学与技术专升本、法学专升本、城市规划专升本、城市燃气工程、装饰艺术设计等专业。学院受北京市规划委员会委托，举办了城市规划专业大专和专升本教学班；受北京市委城建工委和市建设委员会委托，举办了建筑经济管理专业劳模大专班和土木工程专业专升本教学班；受国家文物局委托，举办了古建筑保护专业大专班；受北京市怀柔、密云、顺义、平谷等区县公路局委托，举办了交通土建工程专业大专班；受首钢集团委托，举办了房地产经营管理专业大专班；受通州区建委、密云县人事局、怀柔建筑集团委托，分别举办了土木工程专业专升本、工程管理专业专升本教学班。

目前，学院开设 3 个层次 7 个专业，其中高中起点本科有土木工程专业；高中起点专科（高职）有建筑工程技术、工程造价、供热通风与空调工程技术等专业；专科起点本科有土木工程、工程管理、建筑环境与设备工程、城市规划等专业；在校生2000余人。共计培养了毕业生15000余名。

【日常教学管理工作】 继续教育学院共有21个相关的教学管理规章制度，基本上覆盖了成人高等教育的教学、管理的各个环节，在日常教学管理过程中，可以做到有章可循，确保教育质量。

继续教育学院制订了成人教育教学质量管理手册，严格按照规定执行。如：进行开学前检查，对教师上课情况、教材到课率及学生注册等情况进行检查并通报。期中进行学生对任课教师的网上评教，对任课教师的教学态度、教学方法、教学效果等方面进行评估。任课教师可以通过数字化校园平台，及时了解学生对自己教学工作的评价和提出的建议，及时调整教学方法，为学生提供更好的教学服务。教师对学生进行评学，班主任通过任课教师的评价，针对学风、出勤等情况，及时管理班级，维持良好的学习环境。毕业班级还要进行毕业前的问卷调查，为学校的发展出谋划策。这些意见和建议，对完善规章制度、调整招生计划、修订教学计划、申办新专业提供了第一手资料。

继续教育学院数字化校园平台的使用，将日常的教务管理、学籍管理、考务管理、毕业管理等，全部实现网络化管理，既提高了工作效率，又规范了管理程序。

按照继续教育学院学历教育科工作流程和各岗位职责，认真完成了，包括：聘请任课教师、排课、调课、考试、实践环节、学籍变异、毕业审核、学位初审、毕业生评优、任课教师期中评测和班主任考核等工作。

【招生工作】 2016年，北京建筑大学共录取成人高等教育3个层次（高起本、专升本、专科）、7个专业（土木工程高起本、土木工程专升本、建筑环境与设备工程专升本、城市规划专升本、工程管理专升本、建筑工程技术、工程造价、供热通风与空调工程技术）的2017级新生411人，其中高起本：46人，专升本：322人，专科：43人。

2016年北京建筑大学成人高等教育录取情况一览表

专业代号	专业名称	专业类别	学习形式	录取线	最终录取人数
专业层次：专升本					
05670	土木工程	理工类（专升本）	业余	98	107
05671	城市规划	理工类（专升本）	业余	98	42
05672	建筑环境与设备工程	理工类（专升本）	业余	98	65
05673	工程管理	经济管理类（专升本）	业余	92	108
层次合计					322
专业层次：高起本					
05650	土木工程	理工类（高起本）	业余	110	46
层次合计					46
专业层次：高起专					
05601	建筑工程技术	理工类（高起专）	业余	95	16
05602	工程造价	理工类（高起专）	业余	95	18
05603	供热通风与空调工程技术	理工类（高起专）	业余	95	9
层次合计					43
学校总计					411

【开学典礼】2016年2月27日，2016级492名成人高等教育新生开学典礼举行，进行入学教育，报到、注册、审核新生资格、领取本学期课程表、填写《学生登记表》。其中高起本79人，专科74人，专升本339人。

【毕业典礼】2016年1月24日，2016届春季成人高等教育毕业典礼举行。2016届春季毕业生740人，其中本科毕业生72人，专升本科毕业生578人，专科毕业生90人。授予成人本科毕业生182人学士学位，其中工学学士125人，管理学学士57人。授予高自考本科毕业生6人学士学位。2016届夏季共毕业学生9名，其中高起本毕业生1人，专升本毕业生7人，专科毕业生1人。授予成人本科毕业生19人学士学位，其中工学学士学位5人，管理学学士学位14人。授予高自考本科毕业生6人学士学位。

【学位英语组考工作】根据北京市教委的安排，完成了2016年度的成人学位英语考试的组考工作。上半年考试报名738人，通过68人；下半年考试报名881人，通过118人。

【2015版成人教育培养方案顺利运行】2016年，是继续教育学院贯彻落实我校《2015版成人高等教育人才培养方案》的第一年，2016级成人高等教育学生将按照2015版培养方案进行教学运行。2015版培养方案将建筑工程技术、工程造价和供热通风与空调工程技术三个专科专业的修业年限调整为三年，将各专业的课程进行了优化和调整，将部分考试课修改成考查课，使其更加适应成人教育特点。

【大力加强信息化管理建设】2016年，继续教育学院积极参与由市教委高教处倡导的，由奥鹏公共服务体系公益扶持的"市属高校继续教育信息平台建设及特色专业数字化课程设计制作试点工作"，共有6所市属高校和3所部位高校进入"6+3"试点院校名单。

2016年，继续教育学院申请了北京市教委财政专项，利用市教委的经费支持，建设成人教育的网络课程，根据专项的要求，2017年共批复30万元的经费支持，计划建设2至3门网络课程。

（三）非学历教育

北京建筑大学培训中心（以下简称"培训中心"）成立于2001年6月。培训中心自成立以来，陆续开展了"注册类建筑师、监理工程师、造价工程师、建造师、电气工程师执业资格考前培训"、"建筑行业各类上岗证"、"成人专科升本科考前辅导"、"AutoCAD2005-2010专业资格认证"等培训工作。近年又与政府机关、企业联合，根据政府机关、企业的要求，为他们有针对性的培养专门人才。培训中心多次被主管部门评为"先进培训机构"，2013年荣获"五星级学校"。2011年顺利通过了北京市住房和城乡建设委员会为维护培训市场秩序，促进建设行业培训机构健康发展而进行的"北京市建设类培训机构综合办学水平"评估，2012、2013年通过了北京市住房和城乡建设委员会的常规检查。2011年被住建部、中国建筑业协会批准为"建筑工程专业一级注册建造师继续教育培训单位"。

【非学历教育项目】2016年主要培训项目：

1. 中国地质集团骨干培训班。参加培训人员41人；
2. CAD培训认证班2期。参加培训人员90人；
3. BIM培训认证班1期。参加培训人员48人；
4. 城建地产工程造价培训班。参加培训人员61人；
5. 专升本考前培训。参加培训人员50人；

6. 医管局后勤人员研讨班（公益）。参加培训人员 80 人；
7. 嘉兴市海绵城市培训班。参加培训人员 61 人。

全年培训共 431 人次。

（四）自学考试

北京建筑大学于 1982 年 11 月开考"房屋建筑工程"专科、"建筑工程"本科专业。具体工作由教务处负责。2000 年初，根据北京市教委、北京市自考办的要求，经 2000 年 11 月 1 日校长办公会决定，成立校自学考试办公室，归属继续教育学院，继续教育学院院长牛惠兰兼自学考试办公室主任。主考学校的主要工作是专业课程的调整、部分课程的命题、网上阅卷、实践课考核及登分、毕业环节审核、学位审批及学位证书发放。

自学考试工作克服人员少但科目、种类繁杂的困难，2016 年组织完成了阅卷 417 份；完成了 84 人次课程设计、实验、毕业考核的组织工作和网上登统工作；完成了 12 人的学位审查、授予工作；组织 12 人次命题老师参加命题工作会议，按时参加命题工作，受到市自考办的肯定。

2016 年，根据北京市自考办的要求，在相关专业的大力支持下，新增了能源管理的自考专业。并办理了相关手续，2017 年将开始相关自考工作。

（五）其他

一、截至 2016 年 12 月 31 日成人高等学历教育各专业在校生共 2165 人。

二、截至 2016 年 12 月 31 日成人高等学历教育 1 月和 7 月共毕业 749 人，授予学士学位共 213 人（含自考学生 12 人）。

三、截至 2016 年 12 月 31 日全年共培训 431 人次。

（王　培　赵静野）

四、体育教育

（一）概况

2016 年体育部承担学校体育教学工作。主要职责是：一、二年级的体育必修课教学，三、四年级体育选修课教学；全校本科生的国家学生体质健康标准测试工作；全校课外体育锻炼工作；学生体育社团活动指导；群众性体育活动、运动队训练及竞赛工作。

在体育教学方面，累计完成 108 个体育教学班 3240 节体育必修课、94 门次选修课；在课外群众体育活动方面，继续试行北京建筑大学"大学生阳光体育联赛"优胜评估办法；在运动队训练和竞赛方面，2016 年共参加北京市和中国大学生体育协会举办的各项比赛 46 个；在《国家学生体质健康标准》工作方面，2016 年累计完成 7051 名学生体质健康测试工作。

（二）体育教学

【概述】2016 年体育部全体教职员工坚决贯彻党的教育方针，以教育教学为中心工作，将主要精力投入到教学工作中，修订了 2014 版的《体育教学大纲》和《体育教育教学手册》。坚持至少每两周一次的集体备课制度，主讲主问，教学相长；认真组织全校学生的国家学生体质健康标准的测试工作，全校合格率保持在 90% 以上。

【师资队伍建设】体育部师资队伍结构合理，教师实践经验丰富，2016年体育教研部共有在职教职员工27人，其中专任教师25人、教授1人、副教授11人、硕士18人、博士1人。奇大力晋升为副教授。体育部加强教师的业务培训，除每两周一次的集体备课学习外，全年有13人次的教师参加校外各级各类的业务学习，提升教师整体水平。注重对青年教师的培养，鼓励指导多名青年教师参加学校组织的教学优秀奖的评选活动，在经过体育部内部听课评选，推荐青年骨干教师参加学校的教学优秀奖的评选活动，并取得好成绩。其中，张胜在第十一届（2015/2016学年）校级教学优秀奖评比中获得一等奖，胡德刚、王桂香获得"双塔计划"优秀主讲教师资助。2015-2016年度，孙瑄瑄获得校师德先锋称号，施海波、张胜、孙瑄瑄、董天义、王桂香获得年度考核优秀。

2016年体育部教师参加各类培训一览表

序号	时间	培训名称	地点	参加人员
		体育部2016年培训统计表		
1	2016年5月18～21日	论文写作	蟹岛	董天义
2	2016年5月28日	首都高校体育舞蹈竞赛套路培训	劳动关系学院	王桂香+2名学生
3	2016年6月4～5日	首都高校花样韵律跳绳教学培训	北京交通大学	孙瑄瑄+2名学生
4	2016年6月4日	北京市排舞赛前培训	中华女子学院	王桂香+1名学生
5	2016年6月18～19日	北京市高校教师台球培训	中国传媒大学	张明
6	2016年5月8～9日	健身气功培训	中国人民大学	施海波、付玉楠
7	2016年7月4～5号	北京市高校篮球教练员培训	华北电力大学（保定校区）	张明
8	2016年7月9～10号	排舞国家级教练员裁判员培训考试	杭州	王桂香、李金
9	2016年11月25～27日	国学素质与师德讲座	北京景明园	李金
10	2016年11月24～27日	2016年全国高校田径教练员高级讲习班	三亚	肖洪凡、胡德刚

【教学改革】体育教学始终牢固树立"健康第一"的指导思想，坚决贯彻执行党的教育方针，认真执行党和政府有关学校体育工作的指导文件及精神；结合学校办学要求，坚持特色教学，即：一年级为必修必选课，以田径项目内容为基础，提供全体学生基本运动素质；以太极拳为特色教学，要求全校学生都学会一套太极拳，传承祖国优秀体育文化。二年级开设必修选项课，为学生开设了20多项体育项目，供同学选择，真正做到学生"自主选时间、自主选项目、自主选教师"的三自主教学。

【日常教学管理】体育部加强日常教学管理和教学研究。坚持每两周一次的集体备课制度，加强教学监督，坚持部分项目教考分离制度。严格教学过程管理，严格考勤，始终保持学生出勤率在98%；严格考试管理，统一考试标准，实施教考分离，保证一年两个项目全部实施教考分离，对提高教学质量起到了积极作用。认真贯彻执行《学生健康体质标准》（试行）和《国家学生健康体质标准》，每学年有计划组织全体学生进行体质测试，每班测试任务落实到老师，坚持每学年全校学生测试一次。测试结果良好，达标率在90%以上。其中，优秀率在1.78%，良好率在19.27%。积极参加校教学优秀奖和青年教师基本功比赛活动，张胜老师获得校级教学一等奖。

2016年体育部体质测试成绩统计一览表

优秀	良好	及格	不及格	及格率	总计（人）
126	1359	4888	678	6373	7051
1.76%	19.27%	69.33%	9.62%	90.38%	

（三）科研与学术交流

【科研成果】体育部积极组织和鼓励教师参加教研和科研工作，积极申报各类课题，努力提升教学业务水平。2016年首都高等学校第十八届体育科学论文报告会上，共有6名教师获奖，发表论文20篇，其中核心期刊2篇，其他期刊18篇，国内学术会议论文集6篇，教材2本，编著1本。

2016年体育教研部科研成果一览表

序号	论文题目	第一作者	所有作者	发表/出版时间	发表刊物/论文集	刊物类型
1	我校传统运动会创新发展的目标——体育节	朱静华	朱静华，王桂香	2016-12-17	首都高等学校体育发展的理论与实践	国内学术会议论文集
2	我校篮球教学模式与促进人才发展的时间与探索	杨慈洲	杨慈洲	2016-12-17	首都高等学校体育改革发展的理论与实践	国内学术会议论文集
3	瑜伽砖在瑜伽课堂教学中的应用	王桂香	王桂香	2016-12-17	首都高等学校体育改革发展的理论与实践	国内学术会议论文集
4	探索高等学校以田径为载体的育人模式	胡德刚	胡德刚	2016-12-16	首都高等学校体育改革发展的理论与实践	国内学术会议论文集
5	十面"霾"伏，运动要适度	丛林	丛林（外），朱静华	2016-12-07	田径	权威期刊
6	首都高等学校传统保健体育三十年发展概况与展望	施海波	施海波，李春莲（外），付玉楠	2016-12-01	首都高等学校体育改革发展的理论与实践	国内学术会议论文集
7	浅谈夜跑	朱静华	朱静华	2016-11-02	田径	权威期刊
8	腰背肌筋膜炎的防治	丛林	丛林（外），朱静华	2016-10-03	田径	权威期刊
9	桑拿与运动疲劳消除	朱静华	朱静华	2016-09-02	田径	权威期刊
10	养生保健体育促进学生终身健康的实践研究	施海波	施海波，公民	2016-08-10	北京建筑大学教育教学改革论文集	国内学术会议论文集
11	腰椎间盘突出的康复训练	丛林	丛林（外），朱静华	2016-08-05	田径	权威期刊
12	运动鞋的选购与保养	朱静华	朱静华	2016-07-06	田径	权威期刊
13	浅谈跑步姿势与运动损伤	丛林	丛林（外），朱静华	2016-06-08	田径	权威期刊
14	运用体育游戏发展学生身体素质	朱静华	朱静华	2016-05-11	田径	权威期刊

续表

序号	论文题目	第一作者	所有作者	发表/出版时间	发表刊物/论文集	刊物类型
15	浅谈如何发展高校学生的力量素质	丛林	丛林（外），朱静华	2016-04-05	田径	权威期刊
16	从学科建设角度谈义务教育阶段体育教育的均衡发展	张吾龙	张吾龙（外），胡德刚	2016-03-31	体育文化导刊	核心期刊
17	浅谈如何运用法特莱克训练法提高学生的耐力跑水平	朱静华	朱静华	2016-03-01	田径	权威期刊
18	健身长跑爱好者的力量训练	丛林	丛林（外），朱静华	2016-02-03	田径	权威期刊
19	浅谈马拉松跑的赛后恢复	朱静华	朱静华	2016-01-04	田径	权威期刊
20	《北京市高校篮球选修课现状分析及新模式的调查研究》	张宇	张宇	2016-01-01	山东体育学院学报	核心期刊

2016年体育部著作成果一览表

序号	著作名称	第一作者	所属单位	出版单位	出版时间	著作类别	总字数（万）	ISBN号
1	中职生安全教育	胡德刚	体育部	清华大学出版社	2016-10-31	正式出版教材	33.1	978-7-302-44084-0
2	青少年篮球基础训练	刘琳（朱静华）	体育部	北京体育大学出版社	2016-06-08	正式出版教材	10	978-7-5644-1509-9
3	大成拳入门与实战	李照山（付玉楠）	体育部	北京体育大学出版社	2016-04-30	编著	20	978-7-5644-2182-3

（四）体育竞赛

【竞赛获奖情况】 体育部认真组织各运动队的训练工作，共有3个常训队90余名队员、20个短训队400余名队员，2016年共参加北京市大学生体育协会举办的高校比赛38个、中国大学生体育协会组织的比赛8个，项目涉及乒乓球、棒垒球、羽毛球、网球、橄榄球、藤球、毽球、高尔夫、游泳、热力操、排舞、毽绳、传统体育、体育舞蹈、跆拳道、龙舟、定向越野、拓展等，参赛队员累计达1000余人，获得团体奖前八名累计40余个，个人奖前八名不计其数。

积极承办了首都高校传统体育保健比赛、高校田径精英赛、高校慢投垒球赛、高校校园越野赛等多项首都高校的体育赛事，展现了我校体育的综合实力，扩大了我校在高校体育界的影响。

2016年获得"阳光杯"和"朝阳杯"优胜奖。

2016年体育部竞赛获奖情况一览表

序号	时间	竞赛名称	地点	成绩	指导教师
1	2016年3月29日	全国3V3篮球赛（北建大赛区）篮球活动	北京建筑大学	校内赛	张胜、张哲、张宇、张明

续表

序号	时间	竞赛名称	地点	成绩	指导教师
2	2016年4月10日	首都高等学校第四届徒步大会	鹫峰国家森林公园	最佳组织奖、集体闯关二等奖	康钧、李林云、胡德刚、肖洪凡
3	2016年4月8日～11日	全国跳绳竞赛	山西大学	大学组连续三摇跳绳冠军	孙瑄瑄
4	2016年4月16～17日	2016年首都高校羽毛球团体锦标赛	顺义的佛雷斯羽毛球馆	男子团体乙组（非特招）第三名	张哲
5	2016年4月23日	2016年首都大学生"Star"杯篮球联赛	五棵松体育场	大学组冠军	张胜、张哲、张宇、张明
6	2016年4月26日	北京建筑大学春季环校园长跑赛	北京建筑大学	校内比赛	刘梦飞等
7	2016年5月7日	长跑进校园系列活动三——暨纪念五四青年节团队接力赛	中国青年政治学院	第四名	康钧、李林云、胡德刚、肖洪凡
8	2016年5月7日	首都高等学校毽球比赛	印刷学院与石油化工学院	男子双人赛第七名，女子双人赛第八名，男子平踢第四名，女子平踢第七名，女子毽球第七名	刘文
9	2016年5月7日	建大台球精英赛	北京建筑大学	校内比赛	张明
10	2016年5月7日	2016首都大学生阳光体育体能挑战赛——大学生热力操比赛	北京工商大学	团体一等奖	李金
11	2016年5月12～15日	首都高校第54届学生田径运动会	北京电子科技职业学院	单项7个第一名、6个第二名、6个第三名、5个第四名、5个第五名、3个第六名、4个第七名。团体男团第一名、女团第二名，男女团第一名，精神文明奖。第十一次蝉联此项赛事男女团体第一名和男团第一名	康钧、李林云、胡德刚、肖洪凡
12	2016年5月16日	2016首都高校高尔夫技能赛	昌平	非专业组男子团体第七名、女子团体第八名、男女混合团体第八名	康钧、肖洪凡、胡德纲

续表

序号	时间	竞赛名称	地点	成绩	指导教师
13	2016年5月29日	第十二届首都高等学校跆拳道锦标赛	北京科技高级技术学校	乙组男子竞技74kg亚军，乙组女子竞技46kg季军，乙组女子竞技49kg第5名，乙组女子品势团体第3名，乙组女子品势个人第5名，乙组品势混双第5名，乙组男子品势团体第8名，乙组女子团体总分第8名，并获得"体育道德风尚奖"，教练刘金亮获"优秀教练员"称号，阳先翔获"优秀运动员"称号	刘金亮
14	2016年5月28日	2016年全国铁人三项校园赛（北京站）	中国石油大学（北京）	获得全国团体总分第四名的好成绩，并获得体育道德风尚奖	康钧、李林云、胡德刚、肖洪凡、代浩然
15	2016年5月29日	首都高等学校大学生板球比赛	清华大学	第六名	李焓铷
16	2016年5月29日	首都高等院校大学生第七届轮滑比赛	对外经济贸易大学	单项亚军	刘金亮
17	2016年6月5日	游泳			代浩然
18	2016年6月5日	首都高等学校第二十一届棒垒球锦标赛	清华大学	男棒球队获乙组第五名，女垒球队获乙组第八名	付玉楠
19	2016年5月21日至6月5日	首都高校大学生台球锦标赛暨全国大学生台球邀请赛		1个第四名，1个第八名	张明
20	2016年6月9日	首都高等学校第六届大学生龙舟锦标赛	延庆夏都公园	男团冠军，女团第三名	刘梦飞
21	2016年6月20日	中国大学生跆拳道锦标赛	黑龙江伊春		刘金亮
22	2016年5月	2016首都大学生网球联赛	中国人民大学	男女团第五名	智颖新、孟超

续表

序号	时间	竞赛名称	地点	成绩	指导教师
23	2016年7月16日~22日	第十六届全国大学生田径锦标赛	福建闽南理工学院	体育道德风尚奖、测142班郭帅男子乙组铅球投出13.24m的优异成绩,打破北建大校田径纪录,并在决赛中以13.04m的成绩夺得冠军	胡德刚、肖洪凡
24	2016年9月3日	北京第三十届卢沟桥醒狮越野跑活动	卢沟桥	男团第七名、女团第四名	康钧、李林云、胡德刚、肖洪凡
25	2016年9月24日	第四届首都大学生《迎国庆健身展示主题活动》	奥林匹克体育中心	团体项目中篮球荣获亚军,定向越野获50支队伍的第12名,个人挑战项目中一等奖9人次,二等奖14人次,三等奖四等奖均有不错的成绩	王桂香
26	2016年10月6~7日	首都高校第四届慢垒锦标赛	北京建筑大学	北建大大兴2队勇夺乙组亚军,北建大西城1队荣获乙组季军,还有两名队员获得最佳打击奖和最佳美技奖个人奖项。	付玉楠
27	2016年10月7日	2016"舞动中国-排舞联赛"	北京体育大学	共获得普通院校组小集体团体第一名、多项团体单项一、二、三等奖,单人双人一、二、三等奖以及团体突出贡献奖、体育道德风尚奖、优秀组织奖	朱静华、李金、王桂香
28	2016年10月15~16日	首都高校第八届秋季学生田径运动会	北京信息科技大学	男子团体总分第二名、女子团体总分第七名、体能团体总分第四名、男女团体总分第三名	康钧、李林云、胡德刚、肖洪凡
29	2016年10月12~16日	2016年"舞动中国—排舞联赛"全国总决赛	杭州	获得普通院校组小集体团体二等奖、多项团体单项一、二等奖,单人双人二三等奖,朱彦儒同学荣获体育道德风尚奖,授予"一星级示范学校"称号	李金、王桂香、朱静华

121

续表

序号	时间	竞赛名称	地点	成绩	指导教师
30	2016年10月22日	首都高校网球联赛秋季单项赛	国际关系学院	1人获得男子单打第三名,2人获得并列男子单打第五名	智颖新、孟超
31	2016年10月23日	首都高校第十三届越野攀登赛	鹫峰国家森林公园	团体第三名	康钧、李林云、胡德刚、肖洪凡
32	2016年10月23日	2016北建大迎新杯台球赛	桌炫台球俱乐部		张明
33	2016年10月26日	2016年北京建筑大学跳绳、踢毽比赛	北京建筑大学		孙瑄瑄、公民
34	2016年10月30日	首都大学生第四届"乔波杯"高山滑雪追逐赛	北京顺义区乔波冰雪世界	个人获得女子组双板追逐赛第五名、男子组双板追逐赛第九名	刘金亮
35	2016年10月30日	首都大学生女子五人制足球锦标赛	北京邮电大学	第三名	奇大力、刘文
36	2016年10月30日	首都高等学校第六届拓展运动会	北京大学	取得多个项目的个人好成绩和集体第六名成绩。	王桂香
37	2016年11月6日	2016年首都高等学校跆拳精英赛	北京科技大学	乙组男女团体总分第三名、女子团体总分第四名、男子团体总分第三名;个人4人次第一名、4人次第二名、8人次第三名、1人次第四名、2人次第五名、1人次第六名	刘金亮
38	2016年11月6日	第三届首都高校台球锦标赛团体赛	中国传媒大学	第五名	张明
39	2016年11月19日	首都高等学校第十七届传统养生体育比赛	北京建筑大学	团体总分第三名、集体和胃健脾功 第一名,集体导引养生形体诗韵第二名,学生个人1人次第一名、4人次第二名、2人次第三名、2人次第四名、3人次第五名	施海波、付玉楠、公民
40	2016年11月	第十九届CUBA中国大学生篮球联赛北京预赛	首都体育师范大学	女篮第七名	张明

续表

序号	时间	竞赛名称	地点	成绩	指导教师
41	2016年11月	2016年首都大学生京都念慈菴杯篮球超级联赛	首都体育师范大学	女篮第三名	张胜
42	2016年11月26日	2016首都高校游泳锦标赛	北京外国语大学游泳馆	4个单项第一名	代浩然
43	2016年12月3日	第二十四届首都高校大学生毽绳比赛	北京建筑大学	团体一等奖两项,团体二等奖八项,打破二项个人踢毽比赛纪录,同时获得特殊贡献奖和精神文明奖。	孙瑄瑄、公民
44	2016年12月3日	第八届首都高校体育舞蹈比赛	北京大学	1个单项第六名,1个单人第八名	朱静华、李金、王桂香
45	2016年12月3日	首都大学生男子五人制足球锦标赛	北京大学	第五名	奇大力、刘文
46	2016年12月18日	京市第三十三届田径精英赛	北京建筑大学	单项1个第三名、1个第五名、10个第六名、4个第七名、2个第七名	康钧、李林云、胡德刚、肖洪凡

【学校群体活动】 积极开展校园阳光体育活动,促进学生身体健康发展。体育部每位老师参加"一带三"的群体工作,即每个老师带一个学院的群体活动、带一个体育社团的指导工作、带一个运动队的训练和比赛工作。自2013年9月开始试行北京建筑大学"大学生阳光体育联赛"优胜评估办法(讨论稿),25名专任教师负责指导9个院部和研究生部的阳光体育活动及全校30个体育社团活动,让学生真正走出教室、走出宿舍,走到阳光下,把群体工作做到基层去,努力把校园阳光体育活动开展得轰轰烈烈。体育部与校团委和校学生会组织了校田径运动会、新生田径运动会、新生篮球赛、足球赛、羽毛球、乒乓球、毽绳和长跑接力赛等多项丰富多彩的体育活动,为营造健康校园文化氛围做出实在贡献。

2016年体育部教师指导院部阳光体育活动一览表

序号	学院	指导教师
1	土木学院	张胜、张哲
2	环能学院	代浩然、张明
3	机电学院	智颖新、刘梦飞
4	电信学院	张宇、李林云
5	文法学院	王桂香、刘金亮
6	经管学院	奇大力、刘文
7	测绘学院	胡德刚、付玉楠
8	建筑学院	朱静华、李焓铷
9	理学院	孙瑄瑄、李金
10	研究生	肖洪凡、孟超

（五）党建工作

【概述】 2016年，体育教研部直属党支部在学校党委的正确领导下，坚持以毛泽东思想、邓小平理论、"三个代表"重要思想、科学发展观为指导，认真落实党的十八大和十八大以来历次中央全会精神，认真学习领会习总书记系列讲话精神，贯彻落实全国和北京市高校思想政治工作会议精神。以立德树人为己任全面提高党建工作科学化水平为使命，认真履行"永葆共产党人清正廉洁的政治本色"重大职责，认真做好"两学一做"学习教育活动，把支部工作贯穿到体育教研部中心工作的各个环节，团结一致，锐意进取，扎实工作，取得了一定成效，为建设和谐体育教研部做出了应有的贡献。

【加强组织领导与班子建设】 体育教研部领导班子在各项工作中注重团结协作，工作作风民主，求实效。坚决贯彻执行党的路线、方针和政策。积极为教职工做好服务。努力提高领导干部廉洁从政的自觉性。认真做好党务、部务公开，把涉及群众切身利益的评优评先、职称评聘等热点敏感性问题全面及时公开，加强教职工监督。

健全党政联席会议制度，积极推进学习型党组织建设，支持开展二级中心组学习制度。落实党员干部联系服务群众制度，定期向党员通报党内重要事项，拓宽党员参与民主议事的途径，坚持民主生活会制度。

体育教研部高度重视党建工作，明确书记是党建工作的第一负责人，对体育教研部党建工作负总责，具体负责支部日常工作，各支部委员分工明确，不断完善党建工作责任制。党支部在工作中强化"一岗双责"意识，把党建工作与体育教研部中心工作有机结合起来，做到同研究、同部署、同检查、同考核、同奖惩。体育部主任带头参与并大力支持党建工作，确保支部活动顺利开展。

打铁还需自身硬，党支部始终注重加强班子的思想建设、组织建设、作风建设和反腐倡廉建设，贯彻执行党政联席会议制度，积极推进学习型、服务型、创新型党组织建设。党支部秉承"能文能武"的工作理念，打造体育教研部的政治文化环境，践行党员服务群众的承诺，以敢于争先的精神推动工作创新。党政密切配合，探索实施"一体两翼"工作模式。"一体"即一个工作目标，即以培养学生终身体育观念为目标，"两翼"即体育竞技实现突破，全员健康普遍提高。五年来，党支部围绕上述工作重心，开展了系列支部立项和党员承诺活动，实现了党支部建设与中心工作的"两个结合"，一是将支部的党性实践活动与教学科研工作相结合，二是将党员的党性修养与师德、师能建设相结合。

【加强思想建设】 抓好学习教育，彰显党员模范作用。一名党员一面旗。直属党支部注重抓党员教育，通过党员的"主讲主问"学习、主题党日活动、党员民主评议等活动，激励党员坚定理想信念，提升党性修养，践行党员承诺，工作冲锋在前。支部在日常工作中，认真组织党员进行中国共产党党章、习总书记系列讲话等各种政治理论学习；贯彻落实学校开展的党风廉政宣传教育月活动，组织党员认真学习《中国共产党党内监督条例》、《中国共产党纪律处分条例》和学习教育读本、观看警示教育纪录片；参加《党章党规》知识测试、撰写学习体会等学习教育活动。督促教师党员认真完成在线学习。在潜移默化中提升党员和干部的思想道德修养和廉洁自律意识，提高党员的政治素养，严格要求自己，筑牢思想防线，增强党员干部的防腐拒变能力。

认真组织学习活动。坚持体育教研部学习制度，体育部领导班子自觉进行理论学习。按时完成干部在线学习课时，2016年完成率100%。支部党员教师参加教师党员在线学习，完成率在 100％。在党的群众路线教育实践、"三严三实"、"两学一做"等专题教育活动中，体育教研部党员领导干部认真学习习总书记的讲话精神，全面提高思想认识，认真查摆"四风"和不实不严方面存在的突出问题，撰写对照检查材料，认真落实整改，收到了良好效果。

按照学校党委关于扎实开展"两学一做"学习教育工作的要求，体育教研部直属党支部精心部署，周密安排，制定了"两学一做"学习教育的实施方案，成立了由书记、主任为组长的体育教研部"两学一做"学习教育领导小组。在体育教研部"两学一做"学习教育领导小组的引领下圆满完成了各项规定动作。同时，每位党员都按要求完成"两学一做"学习教育中集体学习和个人自学，每人都撰写心得体会。通过学习，加强了党员对学习的自觉性、主动性，学习教育收到明显效果。

【加强组织建设】制定了体育教研部党政联席会议制度实施细则。坚持和完善党政联席会议制度，认真落实党政共同负责制。坚持体育部党支部例会制度，合理设置党支部委员会。按照要求，规范有序地完成支部各项工作。支部积极组织党员参加学校共产党员献爱心活动。

加强体育部党员干部的作风建设。推动体育教研部干部转精神、改作风、提效能，努力为教职工解决工作中遇到的重点和难点问题。

【加强党建制度建设】为了进一步加强基层党组织建设的全面发展，提高体育部党建工作的科学化水平，体育教研部制定了多项制度，大力推进体育教研部党建工作制度化、规范化、科学化发展。

党支部按照"两不误，两促进"的原则，按年度制定并落实党建工作任务。梳理完善为教职工办实事等制度，加强自身建设；坚持和完善了领导干部民主生活会制度、党员组织生活会制度，有力促进了各项工作的开展。支部活动有议题、有内容、有记录。认真做好支部党费缴纳工作。

【加强党风廉政建设】体育教研部直属党支部严格执行中央八项规定，认真落实《党风廉政建设责任书》要求，把反腐倡廉、师德建设列为领导班子成员、党员学习教育和教职工理论学习的重要内容；领导班子成员坚持收入和重大事项报告制度；体育教研部的重大事项由党政联席会议扩大会议集体讨论决定，有关工作严格按规定程序进行。

为了做好党风廉政建设与反腐倡廉工作，体育教研部主任、书记与学校签订了廉政责任和廉洁自律承诺书。

【重视群团工作】在支部的重视下，重视群团工作，注重发挥体育教研部分工会及教代会代表作用，分工会委员认真行使职责，履行工会组织参与、维护、建设、教育四项职能，做好部门工会工作。我部设立部务公开宣传栏，通过全体教职工大会、教师代表座谈会等多种形式公开部务。分工会在凝聚教职工人心方面发挥了积极的作用，积极配合校工会开展全校教职工的体育锻炼及比赛的组织及裁判工作，组织体育教研部教职工参加文体活动，及时为教职工提供各类信息，办公室有专人负责退休人员工作，能够及时将学校及体育教研部的关心、慰问及时传递给退休人员。在体育教研部平时的工作细节中体现对广大教职工的关心，体育教研部教职工的凝聚力得到了加强。

【扎实推进各项工作】党支部注重发挥战斗堡垒作用，不断推进体育部各项工作创新和顺利开展，首先，竞技体育位于市属高校前列。2016年参加全国大学生田径锦标赛夺得女子三级跳远和男子铅球三项个人项目冠军。2016年获全国大学生男子跳绳个人冠军，2016年我校田径代表队在首都高校第55届学生田径运动会上再次蝉联乙组男女团体冠军、男子团体冠军，在其他项目：游泳、武术、网球、羽毛球、健美、体育舞蹈、龙舟、高尔夫、拓展、定向越野、板球、校园铁人三项等项目上也多次获得优异成绩。其次，终身健康的教育格局已经形成：一是以传授体育基本技术、基本技能和基本知识"三基本"为目标；二是以课内技能学习、课外群体锻炼和校外竞技比赛"三模块"为基础；三是以"三个一带一"的群体工作模式、"以点带面"的竞赛训练模式和以体育育人的素质教育模式"三模式"为工作保障；四是以传播奥运文化、传承民族传统体育文化和科学健身文化的"三文化"为愿景的体育教育教学工作体系。

体育教研部的教师党员在工作实践中，在各自的岗位上能够起到先锋模范作用，2016再次获得北京市教委贯彻学校体育工作条例优秀院校称号。2016年获北京市教委颁发的阳光杯和朝阳杯。2016年组织教师参加北京高校论文报告会取得多个奖项。孙瑄瑄获校级师德先进个人。

【今后工作的努力方向】 一要继续提高直属党支部服务大局的能力。增强中心意识和大局意识，努力寻求体育教研部直属党支部工作与业务工作的最佳结合点，做到支部工作和业务工作的有机融合。二要进一步加强党员队伍建设。尤其是青年教师党员的教育工作。从抓政治理论学习，促思想观念入手，抓好党员干部队伍的思想、作风、能力建设，通过强化教师党员教育、管理和监督，把班子建设、教师队伍建设和体育教研部的整体工作水平提高到一个新的层次。三要创新党建工作形式。积极创新活动方式，丰富活动内容，注重发挥全体党员的主观能动性，增强党支部活动多样化和开放性。

在学校党委的正确领导下，认真贯彻落实党的十八大和十八大以来各届全会以及全国和北京市高校思想政治工作会议精神，紧紧围绕科学发展和"两学一做"学习教育的主题，解放思想，锐意进取，充分发挥党员的先锋模范作用，争当排头兵，精诚团结，勤奋工作，为体育教研部的发展与建设再立新功！为学校提出的创国内一流大学、世界知名大学的目标做出体育教研部的贡献。

（董天义　杨慈洲）

五、工程实践创新中心

（一）校企合作开设第一批选修课

2016年3月，北京建筑大学工程实践创新中心与北京建筑工程设计研究院共同开设的第一批工程软件培训校级选修课正式开课。开设课程共有七个模块，分别是兆龙消防工程软件（基础）、鸿业BIM机电软件（基础）、广联达概预算软件（基础、案例）、盈建科建筑结构计算软件YJK、PKPM结构计算软件、SAP2000入门、MIDAS building入门。学生可以根据自己的实际需要选择模块学习，真正做到学用结合，更多满足人才市场需求。

（二）北京市开放实验室（力学＋结构）正式授牌

2016年10月23日，在北京印刷学院举行了京南大学联盟成立大会，北京建筑大学与北京印刷学院、北京石油化工学院共同签署了《共建京南大学联盟协议》。大会还举行了北京市开放实验室揭牌仪式，北京市教工委副书记、市教委主任刘宇辉和北京建筑大学党委书记王建中共同为北京市开放实验室揭牌。

北京市开放实验室（力学＋结构）以北京建筑大学校内实践基地——工程实践创新中心为平台，综合校内各实验室资源，通过预约的方式，向校内"创新工坊"学生社团以及周边的社区、高校和中小学开放，以提升学生的实践创新能力，同时起到服务区域经济社会发展的作用。

（三）北京市第五届大学生工程训练综合能力竞赛

北京市第五届大学生工程训练综合能力竞赛由北京市教委主办，清华大学以及北京建筑大学联合承办。本届竞赛于2016年12月24日、25日由北京建筑大学工程实践创新中心组织在北京建筑大学大兴校区举行。本届竞赛以"无碳小车越障竞赛"为主题，以"以重力势能驱动的具有方向控制功能的自行小车"为命题，由小车越障，激光切割和3D打印配件以及工程文化知识竞赛多个环节组成。从多个角度考察了学生创新思维、工程知识和动手能力。小车越障比赛分"S"型赛道场地赛、"8"字型赛道场地赛和自控避障赛道场地赛。比赛中要求竞赛小车越过预先设置的障碍物，以绕过障碍物的数量和运行距离进行评分。北京市来自17所高校的87支代表伍，共计300余名师生参加了比赛。北京建筑大学六个队参加比赛，共获3个二等奖、3个三等奖，清华大学、北京化工大学和北京建筑大学获优秀组织奖。

（王鲜云　吴海燕）

第五章 科 学 研 究

一、概况

2016年是"十三五"开局之年，是学校创建国内一流、国际知名、具有鲜明建筑特色的高水平、开放式、创新型大学"三步走"发展战略的起步之年。通过深入学习贯彻党的十八届五中、六中全会精神和全国科技创新大会精神，按照学校党委的统一工作部署，根据学校2016年党政工作要点的安排和王建中书记、张爱林校长调研科技处工作的具体要求，在张大玉副校长的亲自指导下，科技处主动挑担子、加压力，紧紧围绕中心目标，加大推进各项工作的力度，谋划全局，凝练重点，统筹兼顾，狠抓落实，常规工作出精品，重点工作谋创新，业务服务协同发展大见成效。

二、科研项目和经费

（一）国家及省部级科研项目和经费

2016年新增立项项目共计155项，其中国家级项目30项，省部级项目44项，纵向到校科研经费5267万元。

国家自然科学基金项目

序号	项目批准号	负责人	项目名称	项目类别	批准金额
1	11601027	牟唯嫣	多响应计算机试验的设计与分析	青年科学基金项目	18
2	41601150	刘芳	基于双尺度湍流模式的城市建筑形态对点源大气污染物扩散的影响研究	青年科学基金项目	19
3	41601409	赵江洪	建筑物室内点云自动语义分割及三维结构空间模型构建	青年科学基金项目	19
4	51605022	张楠	多电机激振非线性振动系统的谐振同步机理和稳定性控制	青年科学基金项目	20
5	51605023	姚德臣	城轨列车轮对轴箱并发故障解耦与状态辨识研究	青年科学基金项目	20
6	51608021	李煜	基于肥胖症等流行病预防理论的当代城市设计中"易致病空间因素"影响机制及整治设计策略研究	青年科学基金项目	24
7	51608022	刘烨	建筑与农业种植一体化研究——以京津地区城市住宅为例	青年科学基金项目	19
8	51608023	郝晓赛	城市综合医院预防犯罪设计方法研究：以北京地区为例	青年科学基金项目	19

续表

序号	项目批准号	负责人	项目名称	项目类别	批准金额
9	51608024	王韬	北京地区乡村聚落有机更新的机制与方法研究	青年科学基金项目	22
10	51608025	张振威	面向"公共利益选择模型"建构的国家公园调控方法研究	青年科学基金项目	20
11	51608026	张伟	源头径流控制土壤渗透设施水量-水质耦合模型不确定性研究	青年科学基金项目	20
12	51608027	彭有开	箍筋约束再生混凝土受压本构关系及加载应变速率影响规律研究	青年科学基金项目	20
13	51608028	李飞	再生骨料吸水返水特性及其对混凝土收缩性能的影响	青年科学基金项目	20
14	51608029	周理安	建筑垃圾再生微细颗粒材料对可控低强材料流变特性的影响研究	青年科学基金项目	23
15	51678023	张大玉	京津冀地区传统村落空间结构特征及优化整合研究	面上项目	62
16	51678024	高岩	基于太阳能ORC热电联供的生土建筑热湿传递规律及系统特性研究	面上项目	62
17	51678025	李海燕	建筑废砖净化介质透水铺装系统中重金属的强化去除、迁移与转归机制	面上项目	61
18	51678026	冯萃敏	茶多酚作为饮用水辅助消毒剂的作用机制研究	面上项目	60
19	51678027	孙丽华	抗性基因在BPAC-UF再生水处理工艺中的水平转移与去除机制	面上项目	61
20	51678028	徐世法	冷拌沥青混合料界面复合改性剂与沥青交互作用机理的微观研究	面上项目	62
21	51681260295	孙丽华	2016工程与可持续城市发展学术研讨会	国际(地区)合作与交流项目	1.1
22	51681260300	高岩	2016工程与可持续城市发展学术研讨会	国际(地区)合作与交流项目	2.9
23	71601012	赵传林	基于满意准则的有限理性路径选择行为理论和实验研究	青年科学基金项目	18
24	71601013	周小平	面向大型社会网络融合的关联用户挖掘模型与方法	青年科学基金项目	17
25	51641801	潘剑彬	基于负氧舒适度的建筑室外绿地参数化景观设计基础研究	应急管理项目	15
26	51678057	吴莉娜	垃圾渗滤液生物处理系统自养深度脱氮研究	面上项目	74

国家重点研发计划

序号	计划名称	项目名称	校内负责人	类别
1	绿色建筑及建筑工业化	工业化建筑设计关键技术	张爱林	研究任务
2	绿色建筑及建筑工业化	高性能结构体系抗灾性能与设计理论研究	廖维张	研究任务
3	绿色建筑及建筑工业化	大跨空间结构抗风雪关键技术研究	韩森	研究任务
4	绿色建筑及建筑工业化	既有公共建筑综合性能提升与改造关键技术	高岩	研究任务
5	绿色建筑及建筑工业化	基于实际运行效果的绿色建筑性能后评估方法及应用示范	牛润萍	研究任务
6	煤炭清洁高效利用和新型节能技术	高含尘烟气高效深度余热回收设备防腐与结构优化技术	王随林	研究任务
7	绿色建筑及建筑工业化	太阳能光电系统在绿色建筑中的综合应用研究	陈红兵	研究任务
8	支撑碳排放交易的典型共性技术与标准研究及集成应用示范	生猪养殖企业温室气体排放核算标准及农业低碳企业评价研究	马文林	研究任务
9	绿色建筑及建筑工业化	建筑室内材料和物品VOCs、SVOCs污染物散发机理及控制技术	张艳	课题
10	轨道交通系统安全保障技术	城市轨道系统安全保障技术	杨建伟、姚德臣	研究任务
11	公共安全风险防控与应急技术装备	公共安全一体化综合减灾智能服务	霍亮	研究任务
12	地球观测与导航	基于国产遥感卫星的典型要素提取	朱凌、杜明义	研究任务

国家社科项目

项目编号	项目名称	负责人	项目子类
ZH16049	天安门建筑群彩画艺术与国家形象设计研究	李沙	国家社会科学基金艺术项目一般项目
ZH16048	基于非物质文化遗产保护的江南传统建筑营造技艺构成与类型研究	马全宝	国家社会科学基金艺术项目青年项目
ZH16044	城市群城融合视角下国家级城市新区空间布局优化机理与路径研究	周霞	国家社会科学基金项目一般项目
ZH16043	困境·责任·制度：我国农村失独家庭的养老保障及社会支持研究	赵仲杰	国家社会科学基金项目一般项目
ZH16042	我国境外追赃法律制度完善研究	王俊梅	国家社会科学基金项目一般项目

（二）科研平台建设

【加快推进高精尖创新中心建设】由科技处牵头，联合建筑学院、土木学院、环能学院、测绘学院等单位精心组织高精尖创新中心建设方案，多次向市领导、市教委作专题汇报，并顺利通过战略专家论证和领域专家论证，得到领导和专家的高度认可。2016年5月，"未来城市设计高精尖创新中心"正式获得北京市教委认定，我校成为继北京工业大学、首都医科大学、首都师范大学后第 4 个市属高校跻身北京高精尖创新中心计划,为我校"十三五"时期加快向"教学研究型大学"转变、稳步推进"提质、转型、升级"和重点建设"一流大学一流学科"奠定坚实基础。

认定以来,学校高度重视中心建设工作,精心做好顶层设计,细化分解每项重点工作,做到每月都有新进展。截至目前,已先后引进两院院士 9 位、海外领军学者 7 位,学术委员会委员扩充至 12 位,国际咨询委员会委员增加 4 位,组建双 PI 管理的高端创新团队 9 个,起草完成《中心章程》《中心专项经费管理办法》《中心人才聘任与考核评价管理办法》等 10 余个内部管理文件,召开暑期建设咨询研讨会、第一次工作会等多个会议,十年建设发展规划通过市教委论证。贯彻落实市委领导讲话精神,与通州区签订全面合作协议,多领域精准对接北京城市副中心规划建设。

【推进重点平台项目建设】大型多功能振动台阵实验室是学校"十三五"规划中的重点建设项目,于 2015 年 11 月通过市教委论证,标志着该项目成为北京高校土木工程领域首个重大科技基础设施。大型多功能振动台阵实验室已完成招标采购环节,基本完成设计工作。

【完成多个重点科研基地的申报验收评估工作】继续完善校内创新体系建设。以理学院为依托,由李爱群教授牵头申报组建"建筑与环境先进功能材料北京市重点实验室";以测绘学院为依托,由杜明义教授牵头申报组建"建筑遗产精细重构与健康监测北京市重点实验室";以电信学院为依托,由魏东教授牵头申报组建"智能建筑大数据北京市重点实验室",均已通过市科委集中答辩和现场考察两轮论证,获批北京市科委的重点实验室。

"城市雨水系统与水环境省部共建教育部重点实验室"通过教育部科技司组织的验收,正式以"城市雨水系统与水环境教育部重点实验室"开放运行。

完成"绿色建筑与节能技术北京市重点实验室"、"供热、供燃气、通风及空调工程北京市重点实验室"、"北京节能减排关键技术协同创新中心"、"北京市城市交通基础设施建设工程技术研究中心"等 6 个基地的验收、评估、绩效考评和中期检查工作。

【务实推进协同创新理念和实践】组织"臻园沙龙"青年教师科技创新交流活动,为青年教师搭建自由展示科研成果和研究思路的学术交流平台。改革校设科学研究基金项目组织方式,优先资助交叉学科领域,鼓励学科之间相互融合与渗透。以建设高精尖创新中心为契机,组织开展交叉学科的科研攻关,加大力度培育跨学科协同创新体,加紧筹建校级学科交叉协同创新研究院。加强与中国建筑设计院联系,开展高水平、可持续的科技合作,已共建绿色建筑设计实验室,共同申报 2016 年国家重点研发计划项目"目标和效果导向的绿色建筑设计新方法及工具"。加强与故宫博物院沟通,坚持建筑遗产保护领域实质性合作,加快推进协同创新工作。

三、科研成果

(一)论文和著作

2016 年度,北京建筑大学公开发表各类学术论文 1100 余篇,其中 SCI 检索论文 161 篇、EI 检索论文 175 篇、ISTP 检索论文 94 篇、CSSCI 检索论文 30 篇、核心期刊 273 篇、艺术作品 32 篇,高水平论文都较 2015 年有数量的增加。

2016年度,北京建筑大学公开出版各类学术著作152部。

(二)科技奖励

2016年度,北京建筑大学荣获各类省部级以上科技奖励15项,其中省部级科学技术一等奖5项,包括测绘科技进步奖一等奖1项、地理信息科技进步奖一等奖3项、宁夏回族自治区科学技术进步一等奖1项;中国公路学会科学技术1项,中国煤炭工业协会科学技术奖1项。

2016年省部级科研奖励明细

序号	奖励名称	成果名称	获奖完成人	所在学院	获奖级别	获奖等级
1	北京市科学技术奖	基于低影响开发的绿色村镇雨污水生态处理与资源化利用技术及应用	袁冬海、李俊奇、车伍、卞立波、李海燕	环能学院 土木学院	省部级	二等奖
2	北京市科学技术奖	特大型平头塔式起重机研制及运行安全保障关键技术	杨建伟	机电学院	省部级	三等奖
3	测绘科技进步奖	大型复杂文物信息留取与虚拟修复关键技术研究与应用	侯妙乐、胡云岗、赵江洪、黄明、胡春梅、张瑞菊、王国利	测绘学院	省部级	一等奖
4	地理信息科技进步奖	城市运行精细化管理物联网技术与应用	杜明义、霍亮、靖常峰、刘扬、刘建华、沈涛、张健钦、蔡国印、王荣华	测绘学院	省部级	一等奖
5	地理信息科技进步奖	基于多元空间环境探测的危化品事故全过程遥测预警与应急处置平台	吕京国、周命端、刘祥磊	测绘学院	省部级	二等奖
6	地理信息科技进步奖	山西省地理国情普查生产技术体系研究	霍亮	测绘学院	省部级	三等奖
7	精瑞科学技术奖行业发展创新奖	城市更新可持续发展评估体系	刘剑锋	建筑学院	省部级	创新奖
8	宁夏回族自治区科学技术进步奖	高海拔寒冷地区软岩长大隧道安全环保施工关键技术	戚承志	土木学院	省部级	一等奖
9	中国岩石力学与工程学会科学技术奖	高海拔寒冷地区软岩长大隧道安全环保施工关键技术	戚承志	土木学院	省部级	二等奖
10	新疆维吾尔自治区科技进步奖	高品质混凝土骨料及其对混凝土性能影响的研究及应用	宋少民	土木学院	省部级	三等奖
11	中国机械工业科学技术奖	提升钢丝绳运行安全保障技术及装备研究	杨建伟	机电学院	省部级	二等奖
12	河南省科学技术进步	基于长期性能的水泥路面加铺沥青层及拓宽关键技术	徐世法、季节、金珊珊	土木学院	省部级	二等奖

续表

序号	奖励名称	成果名称	获奖完成人	所在学院	获奖级别	获奖等级
13	中国公路学会科学技术	钢桁腹PC组合桥梁设计与建造关键技术及应用	龙佩恒	土木学院	省部级	一等奖
14	北京市科学技术奖	城市轨道交通工程监测技术规范	刘军	土木学院	省部级	三等奖
15	2016年度中国煤炭工业协会科学技术奖	1600米超深立井新型凿井装备与关键技术	侯敬峰	土木学院	省部级	一等奖

（三）知识产权

2016年度，北京建筑大学授权各类专利164项，其中授权发明专利55项、实用新型专利116项、外观设计专利3项；登记软件著作权3项。

4月13日，知识产权电子化申请与科技成果转化培训会北京建筑大学西城校区第三阶梯教室举行。两位专家分别做了题为《知识产权电子申请流程》和《高校知识产权转化之道》的专题培训。

（四）标准规范

2016年度北京建筑大学共主持和参编各类标准规范8部，其中2部由我校主持编制。

2016年度主持或参与制定标准规范情况一览表

序号	标准名称	标准编号	标准主管单位	是否为主编单位	参与编制人员名单	标准发布时间
1	地理信息系统软件测试规范	GB/T 33447—2016	全国标准化委员会	是	霍亮、沈涛、靖常峰、李敏、赵江洪、张学东	2016年12月30日
2	建筑垃圾再生骨料实心砖	JG/T 505—2016	住房和城乡建设部	是	周文娟、陈家珑、李颖、周理安	2016年8月8日
3	装配式混凝土结构设计规程	DB21/T 2572—2016	辽宁省住房和城乡建设厅	否	祝磊	2016年4月
4	游泳池水质标准	CJ/T 244—2016	住房和城乡建设部	否	吴俊奇	2016年6月14日
5	虹膜识别系统环境适应性测试方法	DB 14/T 1332—2017	山西省质量技术监督局	否	田启川	2017年3月30日
6	钢桁架构件	JG/T 8—2016	中华人民共和国建筑工业行业标准	否	程蓓	2016年12月
7	装配式框架及框架-剪力墙设计规程	DB 11/1310—2015	北京市地方标准	否	程蓓	2016年7月
8	国家建筑标准设计图集（海绵城市建设系列）	15MR105	中国建筑标准设计研究院	否	李俊奇、杜晓丽、王建龙、王文亮、徐世法、索智、金珊珊、许鹰	2016年1月

【我校主编的行业标准《燃气锅炉烟气冷凝热能回收装置》通过审查】10月23日，我校王随林教授主编的中国城镇建设行业产品标准《燃气锅炉烟气冷凝热能回收装置》通过了中国城镇建设行业产品标准专家组审查。

【行业标准《碎砖瓦建筑垃圾再生砌墙砖》通过专家审查】11月25日，由住房和城乡建设部批准编制，北京建筑大学土木与交通工程学院周文娟、陈家珑、周理安、李飞等老师主编的行业标准《碎砖瓦建筑垃圾再生砌墙砖》审查会在西城校区举行。审查专家委员会主任委员刘新生带队的专家组，住房和城乡建设部标准定额研究所副所长李铮、副处长展磊，北京建筑大学副校长张大玉及科技处相关负责人出席会议，会议由住房和城乡建设部建筑制品与构配件标准化技术委员会魏素巍主持。

四、成果转化和社会服务

2016年度，北京建筑大学新增各类成果转化和社会服务项目（横向科研项目）195项，服务项目覆盖北京、河北、天津、山东、辽宁、湖南、江西、贵州、安徽、浙江、山西、广东等十余个省、市、自治区，体现了北京建筑大学日益增长的社会服务能力和影响范围。其中，服务于北京市城乡建设和社会发展项目156项，为推动北京建筑业的发展发挥了应有的作用。

2016年度，北京建筑大学成果转化和社会服务项目合同经费5412万元，到校经费3226万元，其中办理免税登记14项，免税合同额402万元。

五、学术活动

【我校召开城市设计高精尖创新中心建设研讨会】1月9日下午，我校召开了北京建筑大学城市设计高精尖创新中心建设研讨会。中国工程院院士王建国、住房城乡建设部城乡规划司城市设计处处长汪科、中国建筑文化中心副主任李吉祥，我校党委书记王建中、校长张爱林、副校长张大玉、李爱群参加了研讨会，城市设计高精尖创新中心研究团队及建筑与城市规划学院部分教师参加了本次会议。

【我校举办崔愷院士、王建国院士学术报告会】1月9日上午，北京建筑大学城市规划建设与管理高端论坛——城市设计分论坛在我校西城校区隆重举行，论坛邀请了中国工程院院士、中国建筑设计研究院崔愷总建筑师和中国工程院院士、东南大学王建国教授分别做了题为《拿什么与城市分享？》、《我国城市设计发展趋势的思考》等学术报告。

【北京城市副中心交通规划国际研讨最终成果汇报会举行】备受关注的北京城市副中心综合交通系统规划，由诸多著名的海内外专家共同出谋划策。9月7日上午，北京城市副中心交通规划国际研讨最终成果汇报会在通州召开。通州区委书记杨斌、副区长刘贵明、北京市城市规划设计研究院院长施卫良，我校校长兼高精尖创新中心执行主任张爱林、副校长兼高精尖创新中心运行委员会主任张大玉，以及来自英国BuroHappold、美国Aecom、法国MVA Systra、德国布来纳四个国际知名设计专家团队出席了成果汇报会，我校高精尖创新中心负责人和建筑与城市规划学院、土木与交通工程学院等联合组成的研究团队共计20余人参加了成果汇报会。会议由北京市规划和国土资源管理委员会总体处处长郑皓主持。

六、内部建设和日常管理

（一）思想作风和党风廉政建设

1. 党建与思想政治工作情况

科技处紧密跟踪学习党和国家重大方针政策，特别是十八届五中、六中全会精神，充分加强对"四个全面"战略布局的理解，强化对习近平总书记在庆祝中国共产党成立95周年大会、纪念长征胜利80周年大会、文联十大和作协九大开幕式、全国科技创新大会、全国高校思想政治工作会议等会议上的重要讲话精神。高标准组织支部生活，落实"学党章党规、学系列讲话、做合格党员"学习教育活动要求，认真组织学习《中国共产党章程》《中国共产党廉洁自律准则》《中国共产党纪律处分条例》《中国共产党问责条例》《关于新形势下党内政治生活的若干准则》《中国共产党党内监督条例》和《习近平总书记系列重要讲话读本（2016年度）》《习近平关于科技创新论述摘编》等文件和书籍，组织参观《读城——追寻历史上的北京城池》《国家"十二五"科技创新成果展》《中国梦正圆——十八大以来党中央治国理政新思想新实践》等专题展览，组织欣赏《纪念长征胜利80周年音乐史诗——长征组歌》《纪念长征胜利80周年大型音乐舞蹈史诗——东方红》《湄公河行动》等专题片材，通过党建工作方法的创新和丰富多彩活动的举办，着力提高支部组织生活质量，进一步增强支部的战斗力和凝聚力，充分发挥共产党员在岗位工作上的先锋模范作用，为持续提升科研服务水平，推动学校提质、转型、升级打下政治基础和组织保障。

2. 党风廉政责任制具体落实情况

科技处深入落实《北京建筑大学2016年党风廉政建设与反腐败工作实施方案》要求，突出中心抓关键，创新载体强服务，扎实推进机关党风廉政建设工作。支部制订党员干部理论学习计划，每月一次集中学习，通过学习读书会等多种形式，引导党员干部全面准确、深刻系统地领会党的最新精神。邀请校内有关专家学者授课，不断提高学习的理论层次和水平。认真落实"三会一课"制度，精心组织民主生活会，有力促进作风转变，通过网站、微信等方式不定期发布文件、通报、公示等，落实党务公开，提高党员对党内事务的参与度，充分发挥党员的主体作用。结合"两学一做"活动，将作风建设重心落在调整职能、转变作风、提高能力上，将精力转移到落实国家政策法规在学校的落地上。在实际工作中，深入调研、反复论证，不断总结提炼经验，召开科研领域管理改革研讨会，做好有组织的科研，扎实推进高精尖创新中心等年度重点工作的实施，修订出台科研系列经费管理办法、成果转移转化管理办法等，优化科研管理服务业务流程，升级科研管理信息服务平台，营造简洁规范的管理服务环境，不断提升学校科研层次和水平。建立党风廉政工作风险防控体系，深入进行理想信念教育和反复倡廉教育，认清落实党风廉政建设责任制的极端重要性，划清是非、荣辱界限，树立正确的世界观、人生观、价值观、利益观和权力观。优化工作流程，重点监控关键环节，在科研经费支出监控、重大节假日的廉洁行动等方面，要求严格遵守落实中央八项规定精神和市委十五条意见及学校的相关规定，不断增强法纪观念，划清是非界限，自觉抵制各种腐朽思想的诱惑。规范科技合同管理，利用

OA系统审核各类公章使用申请，做到用章有据、用后留痕，实现用章的跟踪管理。加强科研采购过程监控，设置实物领取单、支票领取单，杜绝科研经费不规范使用和"小金库"现象发生。进一步修订会议规划，减少会议数量，缩小会议规模，清理不必要的发文和报告；积极下基层、接地气、摸情况，密切干群关系，实现与业务关联部门的互联互通，进一步提升科研管理服务质量。

（二）内部管理及制度建设

全面落实中央和北京的改革部署，推动具有标志性、关联性作用的重大体制机制改革，加强政策引导，调整管理结构，创新管理模式，转变管理职能，增强科技创新的活力和创造力，提升学校科学研究核心竞争力，实现跨越式发展。

1. 全面落实大学章程，优化学校内部治理结构

建立完善现代大学制度，推进依法治校，形成以大学章程为核心的科学规范的科技管理制度体系，根据教育部和北京市出台的最新文件精神，修订《北京建筑大学科研经费管理办法》《北京建筑大学科技成果转化管理办法》等。

进一步发挥校院两级学术委员会的学术管理职能和机制，完善和强化学术委员会在科研布局、资源配置和科技评价等方面的作用。组建第八届校学术委员会，并召开多场次全体会议，审议高精尖创新中心发展规划、校设科学研究基金设置等有关学术工作，各二级学院学术委员会换届推进顺利。

2. 推进市部共建工作，提升学校办学层次

全面推进北京市和住房城乡建设部共建北京建筑大学各项任务落实，建立长效沟通机制，形成我校服务住建部项目清单。全面贯彻落实国家文物工作会议精神，加快推进国家文物局和北京市共建北京建筑大学工作，梳理完成我校服务文化遗产保护行业的科技项目情况。

3. 加快推进创新平台资源共享，规范科研基地管理

加快推进创新平台基础性科技资源共享，会同资产与后勤处完成科研仪器设备开放共享的政策文件编写和网络平台开发，试点在环能学院部分省部级科研平台启动开放共享工作，提高经费使用效益，健全创新主体合作与交流机制，促进学科交叉融合和创新资源优化重组。

进一步建立和完善支持高水平重点实验室建设的规范管理文件，印发《北京建筑大学科研实验室技术安全管理办法（试行）》等文件，开展实验室危化品安全使用管理检查。以学校实施"两高"布局调整为契机，完成省部级科研基地两校区规划和用房调整，出台有关配套政策，进一步完善基地建设管理服务体系。

4. 优化升级科研管理信息平台，提升科研管理信息化水平

配合学校推进云数据中心等系列信息化平台建设，进一步完善科研管理信息化平台，升级线上科研管理服务，优化科研管理信息化服务流程，注重加强科研数据质量管理。实现论文网推功能，自动检索网络最新成果并向科研人员提送。完成科研和人事、财务系统对接，系统梳理并改进业务流程，实现数据共享，稳步推进学校"一张表"工程，加强系统运维保障，校对清洗完善系统基础数据1265条，通过信息化手段实现科研活动全过程精细化管理，切实发挥信息系统对科研管理的支撑作用。

5. 深入参与学校重点工作，加快学校转型发展

按照学校党委统一部署，高质量编写完成《北京建筑大学科技发展"十三五"规划》《北京建筑大学"六大工程"之高端平台建设工程实施方案》《北京建筑大学"六大计划"之双协同推进计划实施方案》。深度组织和参与学校80周年校庆筹备工作，举行"2016北京城市设计国际高峰论坛"、"文化遗产保护与传承产学研成果展"和"高精尖创新中心系列活动"等，策划校庆展板科研模块设计，全员参与校庆主要来宾的接待工作，取得了突出的成绩，高岩同志和周理安同志获得校庆工作先进个人称号。扎实推进科协和科普工作，申报中国建筑学会科普基地，推荐市科协九大代表和科协委员会委员，筹备建立北京建筑大学科学技术协会。

（周理安　刘　芳　高　岩）

第六章 人才队伍建设

一、基本情况

（一）学校整体人员结构

截至 2016 年 12 月 31 日，我校现有教职工 1010 人，其中，专任教师 574 人，正高级职称 102 人，副高级职称 229 人。从年龄结构看，专任教师以中青年教师为主，所占比例为 65.7%；从学历结构看，具有博士学位的教师共有 357 人，所占比例为 62.2%；从性别结构看，男女比例为 1.14：1；从职称结构看，正高级职称 102 人，所占比例为 17.8%，副高级职称 229 人，所占比例为 39.9%，高级职称比例合计为 57.7%。专任教师中，173 人具有海外研修经历，所占比例为 29.8%；346 人毕业于 985 和 211 院校，所占比例为 60.3%；43 人毕业于海外院校，所占比例为 7%。

（二）新增、减少员工一览表

2016 年新增员工一览表

序号	单位名称	姓名	性别	出生日期	学位	技术职务	教职工来源
1	建筑与城市规划学院	李煜	女	1987.12.01	博士	助理研究员	调入
2	建筑与城市规划学院	张振威	男	1981.06.22	博士	助理研究员	调入
3	建筑与城市规划学院	李珊珊	女	1986.04.20	博士	讲师	招聘应届毕业生
4	建筑与城市规划学院	王国亭	男	1985.02.15	硕士	经济师	调入
5	网络信息管理服务中心	刘书青	女	1990.05.10	硕士	助教	招聘应届毕业生
6	网络信息管理服务中心	杨中	男	1987.08.28	硕士	助教	调入
7	团委	陈笑彤	女	1991.08.04	硕士		招聘应届毕业生
8	土木与交通工程学院	屈小磊	男	1981.07.27	博士	讲师	调入
9	环境与能源工程学院	王文亮	男	1984.10.12	博士	讲师	招聘应届毕业生
10	研究生工作部	薛东云	男	1989.04.17	硕士		招聘应届毕业生
11	资产与后勤管理处医务室	张蕾	女	1979.08.27	学士	主治医师	调入
12	经济与管理工程学院	李将军	男	1976.07.07	博士	副研究员	引进人才
13	财务处	李晓倩	女	1980.12.18	硕士	助理经济师	调入
14	土木与交通工程学院	苑泉	男	1990.05.29	硕士		招聘应届毕业生
15	土木与交通工程学院	夏晨	男	1989.07.15	博士	讲师	招聘应届毕业生
16	电气与信息工程学院	高静	女	1992.06.07	硕士		招聘应届毕业生
17	经济与管理工程学院	章瑾	女	1989.11.05	硕士		招聘应届毕业生
18	经济与管理工程学院	王嫣然	女	1990.08.20	硕士	助教	招聘应届毕业生

续表

序号	单位名称	姓名	性别	出生日期	学位	技术职务	教职工来源
19	建筑与城市规划学院	郝石盟	女	1986.01.18	博士		招聘应届毕业生
20	土木与交通工程学院	李鑫	女	1990.10.16	硕士		招聘应届毕业生
21	土木与交通工程学院	赵巍	女	1989.07.28	硕士		招聘应届毕业生
22	马克思主义学院	于红	女	1970.01.07	博士	教授	引进人才
23	教务处	邵杨	女	1990.11.03	硕士	助教	招聘应届毕业生
24	建筑与城市规划学院	尹泽凯	男	1981.05.11	博士	讲师	招聘应届毕业生
25	土木与交通工程学院	解琳琳	男	1986.11.14	博士		招聘应届毕业生
26	环境与能源工程学院	张秋月	女	1989.10.05	硕士		招聘应届毕业生
27	招生就业处	司帅	男	1990.12.05	硕士		招聘应届毕业生
28	土木与交通工程学院	李晓照	男	1987.10.05	博士	讲师	招聘应届毕业生
29	环境与能源工程学院	翟慧星	女	1989.08.12	博士		招聘应届毕业生
30	马克思主义学院	张国	男	1977.07.04	博士	讲师	调入
31	理学院	陈佩佩	男	1987.09.14	博士		招聘应届毕业生
32	土木与交通工程学院	阚帅	男	1989.01.15	硕士		招聘应届毕业生
33	建筑与城市规划学院	程艳春	男	1985.02.26	硕士		招聘应届毕业生
34	建筑与城市规划学院	成慧祯	女	1989.01.02	硕士		招聘应届毕业生
35	环境与能源工程学院	赵晨	男	1990.11.22	硕士		招聘应届毕业生
36	测绘与城市空间信息学院	崔荣臻	男	1989.04.29	硕士		招聘应届毕业生
37	马克思主义学院	张飞雪	女	1987.01.18	博士		招聘应届毕业生
38	建筑与城市规划学院	何静涵	女	1990.12.05	硕士		招聘应届毕业生
39	文法学院	梁萌	女	1981.04.13	博士	助理研究员	调入
40	教务处	毛静	女	1980.09.04	博士	高级工程师	引进人才
41	国际交流与合作处（国际教育学院）	李洋	女	1994.05.12	硕士		招聘应届毕业生
42	环境与能源工程学院	付会芬	女	1988.04.25	博士	讲师	招聘应届毕业生
43	党委宣传部（统战部）	汪洋海容	男	1992.05.06	硕士		招聘应届毕业生
44	经济与管理工程学院	康飞	男	1986.07.20	博士	讲师	调入
45	经济与管理工程学院	张国宗	男	1972.12.13	博士	高级工程师	引进人才
46	团委	魏巍	女	1986.09.20	硕士	讲师	调入
47	财务处	曹鎏	男	1984.08.17	学士		军队转业
48	资产与后勤管理处/餐饮中心	席晓军	男	1982.03.07	无		军队转业
49	经济与管理工程学院	魏祎	女	1992.01.28	硕士		招聘应届毕业生
50	建筑遗产研究院	蔡超	男	1979.07.07	硕士	副研究员	引进人才
51	规划与基建处	李泉池	男	1983.04.03	硕士	建筑师	调入
52	文法学院	任超	男	1986.12.25	博士	未聘专业技术职务	招聘应届毕业生
53	财务处	孟斌	男	1984.05.02	学士		军队转业

续表

序号	单位名称	姓名	性别	出生日期	学位	技术职务	教职工来源
54	土木与交通工程学院	初明进	男	1973.09.01	博士	教授	引进人才
55	工程实践创新中心	孙志娟	女	1979.02.25	硕士	副教授	引进人才
56	保卫部（处）	王宁	男	1989.12.02	硕士	未聘专业技术职务	招聘应届毕业生
57	经济与管理工程学院	陈震	男	1986.10.21	博士	未聘专业技术职务	招聘应届毕业生
58	团委	张永祥	男	1983.04.15	硕士	未聘专业技术职务	调入
59	人事处	曾德民	男	1970.06.26	博士	研究员	引进人才
60	测绘与城市空间信息学院	杨红粉	女	1976.10.07	硕士		调入

2016年减少员工一览表

序号	单位名称	姓名	性别	出生日期	技术职务	减员途径
1	继教学院	宋桂云	女	1961.01.09	助理研究员	退休
2	后勤集团	朱祥玉	男	1956.01.03	未聘专业技术职务	退休
3	北京建大资产经营管理有限公司	徐峰	男	1956.01.08	工程师	退休
4	财务处	李建华	女	1961.01.31	助理会计师	退休
5	机电与车辆工程学院	孙义	男	1956.02.11	高级工程师	退休
6	图书馆	杨洁华	女	1961.02.23	工程师	退休
7	电气与信息工程学院	阴振勇	男	1956.02.18	高级实验师	退休
8	北京建大资产经营管理有限公司	薛旭田	男	1956.02.18	工程师	退休
9	北京建大资产经营管理有限公司	曲秀莉	女	1961.02.03	副教授	退休
10	北京建大资产经营管理有限公司	蔡小刚	男	1956.02.28	高级工程师	退休
11	后勤集团	李玉柱	男	1956.03.03	中级工	退休
12	保卫处	李增彪	男	1956.03.19	政工师	退休
13	图书馆	邹济群	男	1956.03.26	高级工	退休
14	经济与管理工程学院	王维存	男	1956.03.18	工程师	退休
15	测绘与城市空间信息学院	崔宝贵	男	1956.03.16	工程师	退休
16	后勤集团	方志平	男	1956.03.16	高级工	退休
17	理学院	张士杰	男	1956.03.30	高级工程师	退休
18	后勤集团	张文长	男	1956.05.21	高级工	退休
19	机电与车辆工程学院	张惠生	男	1956.06.10	高级实验师	退休
20	电气与信息工程学院	陈志新	男	1956.06.15	教授	退休
21	土木与交通工程学院	郝丁	女	1961.01.11	讲师	退休
22	财务处	李爱琴	女	1961.07.03	会计师	退休
23	北京建大资产经营管理有限公司	赵宝祥	男	1956.07.06	工程师	退休
24	北京建大资产经营管理有限公司	杨德山	男	1956.06.30	未聘专业技术职务	退休
25	保卫处	车胜利	男	1956.08.28	中级工	退休
26	人事处	卜聪敏	女	1961.06.27	助理研究员	退休
27	建筑与城市规划学院	孙克真	男	1956.07.18	副教授	退休

续表

序号	单位名称	姓名	性别	出生日期	技术职务	减员途径
28	机电与车辆工程学院	魏福生	男	1956.08.17	工程师	退休
29	环境与能源工程学院	车伍	男	1955.08.12	教授	退休
30	北京建大资产经营管理有限公司	李凯	男	1956.08.16	教授级高工	退休
31	后勤集团	聂原	男	1956.08.14	未聘专业技术职务	退休
32	教务处	李冰	女	1961.07.25	副教授	退休
33	人事处	张广才	男	1956.09.29	中级工	退休
34	党政办	张振彬	男	1956.10.08	高级工	退休
35	北京建大资产经营管理有限公司	王健	男	1956.11.13	教授	退休
36	环境与能源工程学院	李德英	男	1955.11.16	教授	退休
37	机电与车辆工程学院	陈宝江	男	1956.12.07	教授	退休
38	图书馆	林丽蕊	女	1961.10.31	中专助理讲师	退休
39	工程实践中心	孟梅	女	1961.11.18	教授	退休
40	北京建大资产经营管理有限公司	周甫生	男	1956.10.25	中级工	退休
41	北京建大资产经营管理有限公司	李铁勋	男	1956.11.28	高级工	退休
42	北京建大资产经营管理有限公司	魏文生	男	1956.12.22	中级工	退休
43	图书馆	赵燕湘	男	1956.12.30	副教授	退休
44	团委	磨琪卉	女	1987.07.19	讲师	调离
45	待聘人员	韩伟	男	1958.10.24	讲师	调离
46	土木与交通工程学院	马伯宁	男	1986.01.06	讲师	调离
47	文法学院	裴娜	女	1978.08.11	讲师	调离
48	高教研	全志	男	1979.09.09	未聘专业技术职务	调离
49	基建处	申桂英	女	1971.12.25	高级经济师	调离
50	财务处	李月婷	女	1985.01.28	会计师	调离

(三)从事教育工作满30年的教职工

张爱林　李爱群　陈静勇　王京梅　李　沙　何淅淅　罗　健　龙佩恒　李　锐
张世红　赵春晓　赵世强　郭晋燕　于　健　余丽芳　艾　文　刘美华　郭燕平
杨维承

二、教师培养

(一)人才项目

【北京市百千万人才工程】 侯妙乐、刘永峰、王崇臣成功入选2016年北京市百千万人才工程。

【北京市海聚工程】 充分利用北京市"海聚工程"平台,加大我校人才引进的宣传攻势,持续扩大学校对海外优秀人才的吸引力。继2015年我校"海聚工程"成功实现零的突破后,2016年中我校又成功申报8名优秀海外人才入选"海聚工程"。

序号	申报单位	姓名	性别	国籍	学历学位	现工作单位	从事专业	申报项目
1	理学院	Mikhail Guzev（米哈伊尔·古泽夫）	男	俄罗斯	博士	俄罗斯远东科学院应用数学研究所	应用数学，岩土工程	外专短期
2	环境与能源工程学院	赵东叶	男	美国	博士	奥本大学	环境工程	短期项目
3	环境与能源工程学院	房磊	男	中国	博士	丹麦技术大学	建筑环境与能源应用工程	短期项目
4	环境与能源工程学院	宋莉	女	中国	博士	美国俄克拉荷马大学	建筑环境与能源应用工程	短期项目
5	理学院	王思鉴	男	中国	博士	威斯康辛大学麦迪逊分校	数学与统计	短期项目
6	测绘与城市空间信息学院	李松年	男	加拿大	博士	加拿大瑞尔森大学	地理信息系统	短期项目
7	测绘与城市空间信息学院	高杨	男	加拿大	博士	加拿大卡尔加里大学	测绘科学与技术	短期项目
8	环境与能源工程学院	沈青	女	中国	博士	日本电气通信大学	太阳能电池材料、纳米电池材料	短期项目

【北京市委组织部青年拔尖个人】2016年，经个人申报、专家评议、学校推荐，上级部门遴选，王利萍入选北京市委组织部青年拔尖个人。

【金字塔人才工程培养计划和主讲教师支持计划】积极完善我校人才成长体制，构建分层次、多渠道的人才培养体系。2016年，我校在原有金字塔人才工程培养计划和主讲教师支持计划管理办法的基础上，研讨制定了相应的考核办法，并成功实施启动两批金字塔人才工程培养计划和主讲教师支持计划，通过校内答辩和专家审议等评选过程，共计支持我校各类优秀人才56名。

序号	入选项目	姓名	学院	批次
1	建大领军	季节	土木与交通工程学院	第一批
2	建大领军	杨建伟	机电与车辆工程学院	第一批
3	建大领军	刘永峰	机电与车辆工程学院	第二批
4	建大领军	高岩	环境与能源工程学院	第二批
5	建大领军	侯妙乐	测绘与城市空间信息学院	第二批
6	建大领军	王崇臣	环境与能源工程学院	第二批
7	建大杰青	焦朋朋	土木与交通工程学院	第一批
8	建大杰青	索智	土木与交通工程学院	第一批
9	建大杰青	牛润萍	环境与能源工程学院	第一批
10	建大杰青	刘扬	测绘与城市空间信息学院	第一批

续表

序号	入选项目	姓名	学院	批次
11	建大杰青	廖维张	土木与交通工程学院	第二批
12	建大杰青	祝磊	土木与交通工程学院	第二批
13	建大杰青	宫永伟	环境与能源工程学院	第二批
14	建大杰青	孙方田	环境与能源工程学院	第二批
15	建大杰青	张雷	电气与信息工程学院	第二批
16	建大杰青	赵仲杰	文法学院	第二批
17	建大杰青	王红春	经济与管理工程学院	第二批
18	建大杰青	陈红兵	环境与能源工程学院	第二批
19	建大杰青	陈韬	环境与能源工程学院	第二批
20	建大杰青	张溢木	马克思主义学院	第二批
21	建大英才	王晶	建筑与城市规划学院	第一批
22	建大英才	李飞	土木与交通工程学院	第一批
23	建大英才	焦驰宇	科技处	第一批
24	建大英才	汪长征	研究生院	第一批
25	建大英才	张晓然	环境与能源工程学院	第一批
26	建大英才	刘建华	测绘与城市空间信息学院	第一批
27	建大英才	胡春梅	测绘与城市空间信息学院	第一批
28	建大英才	牟唯嫣	理学院	第一批
29	建大英才	陈蕾	理学院	第一批
30	建大英才	王韬	建筑与城市规划学院	第二批
31	建大英才	马全宝	建筑与城市规划学院	第二批
32	建大英才	李煜	建筑与城市规划学院	第二批
33	建大英才	刘博	建筑与城市规划学院	第二批
34	建大英才	曲秀姝	土木与交通工程学院	第二批
35	建大英才	侯苏伟	土木与交通工程学院	第二批
36	建大英才	张伟	环境与能源工程学院	第二批
37	建大英才	刘祥磊	测绘与城市空间信息学院	第二批
38	建大英才	刘芳	测绘与城市空间信息学院	第二批
39	建大英才	周小平	电气与信息工程学院	第二批
40	建大英才	姚德臣	机电与车辆工程学院	第二批
41	建大英才	王恒友	理学院	第二批
42	高级主讲教师	金秋野	建筑与城市规划学院	第一批
43	高级主讲教师	许鹰	土木与交通工程学院	第一批
44	高级主讲教师	张守连	马克思主义学院	第一批
45	优秀主讲教师	赵江洪	测绘与城市空间信息学院	第一批
46	优秀主讲教师	张蒙	理学院	第一批

续表

序号	入选项目	姓名	学院	批次
47	优秀主讲教师	聂平俊	文法学院	第一批
48	优秀主讲教师	张华	马克思主义学院	第一批
49	优秀主讲教师	俞天琦	建筑与城市规划学院	第二批
50	优秀主讲教师	魏菲宇	建筑与城市规划学院	第二批
51	优秀主讲教师	张昱	电气与信息工程学院	第二批
52	优秀主讲教师	张丽	经济与管理工程学院	第二批
53	优秀主讲教师	张健	理学院	第二批
54	优秀主讲教师	王少钦	理学院	第二批
55	优秀主讲教师	胡德刚	体育教研部	第二批
56	优秀主讲教师	王桂香	体育教研部	第二批

（二）岗前培训

2016年中，共有26人报名参加岗前培训。

序号	姓名	性别	学历	所学专业	职称	所在院系
1	黄庭晚	女	硕士	设计学	助教	建筑与城市规划学院
2	张紫阳	男	博士	环境工程	讲师	环境与能源学院
3	曹宇曦	男	硕士	行政管理	助教	环境与能源工程学院
4	马琳	女	博士	生态学	讲师	图书馆
5	张振威	男	博士	风景园林学	讲师	建筑与城市规划学院
6	王彤	女	硕士	法学	助教	文法学院
7	张伟	男	博士	环境工程	讲师	环境与能源工程学院
8	李珊珊	女	博士	建筑学与建筑设计	助教	建筑与城市规划学院建筑系
9	杨举	男	硕士	市政工程	讲师	文法学院
10	孔令明	男	博士	道路与铁道工程	助教	土木与交通工程学院
11	刘晓然	女	博士	土木工程	讲师	理学院
12	周晨静	男	博士	交通运输规划与管理	讲师	土木与交通工程学院
13	王方	女	博士	动力工程及工程热物理	讲师	机电与车辆工程学院
14	孙喆	男	博士	城市规划	讲师	建筑与城市规划学院
15	李煜	女	博士	建筑学	讲师	建筑与城市规划学院
16	苑泉	男	硕士	应用心理	其他	土木与交通工程学院
17	陈笑彤	女	硕士	遗传学	其他	团委
18	陈靖远	男	硕士	建筑学	其他	图书馆
19	郝石盟	女	博士	建筑学	讲师	建筑与城市规划学院
20	张秋月	女	硕士	建筑与土木工程	其他	环能学院
21	李鑫	女	硕士	交通运输规划与管理	其他	土木与交通工程学院
22	蔡剑红	女	博士	摄影测量与遥感	讲师	测绘与城市空间信息学院

续表

序号	姓名	性别	学历	所学专业	职称	所在院系
23	张飞雪	女	博士	科学社会主义与国际共产主义运动	讲师	马克思主义学院
24	陈佩佩	男	博士	岩土工程	讲师	理学院
25	王国亭	男	硕士	行政管理	讲师	建筑与城市规划学院
26	成慧祯	女	硕士	设计学	助教	建筑与城市规划学院

（三）国外访学及研修

2016年，学校共派出13名教师计划到海外进行研修学习，其中有9人是通过国家留学基金委遴选，有4人是通过学校的培训项目派出。

序号	单位	姓名	性别	培训学校	进修内容	出国时长	备注
1	测绘与城市空间信息学院	吕书强	男	加拿大滑铁卢大学	访问学者	12个月	留基委青骨项目
2	经济与管理工程学院	卢彬彬	女	英国曼彻斯特大学	访问学者	12个月	留基委青骨项目
3	文法学院	聂平俊	男	美国宾州州立大学	访问学者	12个月	留基委青骨项目
4	电气与信息工程学院	张勉	女	美国堪萨斯州威其塔州立大学	访问学者	12个月	留基委青骨项目
5	测绘与城市空间信息学院	张瑞菊	女	加拿大约克大学	访问学者	12个月	留基委青骨项目
6	电气与信息工程学院	胡玉玲	女	美国伊利诺伊理工大学	访问学者	12个月	留基委青骨项目
7	建筑与城市规划学院	郝晓赛	女	美国德州农工大学	访问学者	12个月	留基委青骨项目
8	环境与能源工程学院	熊亚选	男	英国伯明翰大学	访问学者	12个月	留基委青骨项目
9	环境与能源工程学院	胡沅胜	男	爱尔兰国立高威大学	访问学者	12个月	留基委青骨项目
10	文法学院	赵文通	男	南威尔士大学	双语培训	2个月	学校派出
11	文法学院	叶青	女	南威尔士大学	双语培训	2个月	学校派出
12	文法学院	孙华	女	南威尔士大学	双语培训	2个月	学校派出
13	机电与车辆工程学院	周明	男	南威尔士大学	双语培训	2个月	学校派出

三、人事管理

（一）年度考核情况

2015/2016学年共有824位教职工参加考核（含受聘教师岗的处级干部，不含校产系统）；其中：考核优秀156人，考核合格666人，考核基本合格1人，考核不合格1人。13人未参加考核。

（二）享受国务院政府特殊津贴专家

序号	姓名	性别	学位	专业	职称	入选时间
1	李德英	男	博士	供热供燃气通风及空调工程	教授	1992年
2	王晏民	男	博士	摄影测量与遥感	教授	1998年
3	刘临安	男	博士	建筑历史与理论	教授	2000年

续表

序号	姓名	性别	学位	专业	职称	入选时间
4	王瑞祥	男	博士	供热供燃气通风及空调工程	教授	2006年
5	宋国华	男	博士	应用数学	教授	2012年
6	徐世法	男	博士	道路与铁道工程	教授	2012年
7	郝晓地	男	博士	市政工程	教授	2014年
8	李爱群	男	博士	结构工程	教授	1997年
9	张爱林	男	博士	结构力学	教授	2011年
10	朱光	男	硕士	地图制图学与地理信息工程	教授	2014年
11	戚承志	男	博士	岩土工程	教授	2016年
12	季节	女	博士	道路与铁道工程	教授	2016年

（三）长江学者

截至2016年底，我校共戚承志1人入选"长江学者奖励计划"。

序号	姓名	专业	专业技术职称	学历/学位	批准年份
1	戚承志	岩土工程	教授	研究生/博士	2011年

（四）长城学者

截至2015年，根据《北京市教育委员会关于公布2015年度北京市属高等学校高层次人才引进与培养及创新团队建设计划资助名单的通知》（京教函〔2014〕456号），机电与车辆工程学院院长杨建伟教授入选市属高等学校长城学者培养计划。目前学校有长城学者培养计划入选者3人。

序号	单位	项目负责人	项目编号	项目名称	入选年度
1	土木与交通工程学院	季节	CIT&TCD20130318	煤直接液化残渣改性沥青材料开发与性能评价	2013年
2	机电与车辆工程学院	刘永峰	CIT&TCD20140311	工程机械用柴油机富氧燃烧及CO_2固化技术的研究	2014年
3	机电与车辆工程学院	杨建伟	CIT&TCD20150312	时变速载条件下地铁齿轮箱早期故障动力学建模与状态评估	2015年

（五）教学岗位正高级职称名单

序号	单位名称	姓名	出生日期	性别	学历	学位	职称
1	党政办公室	王建中	1964.08.10	男	研究生	博士	研究员
2	党政办公室	张爱林	1961.03.27	男	研究生	博士	教授
3	党政办公室	汪苏	1959.12.14	男	研究生	博士	教授
4	党政办公室	李维平	1963.10.08	男	研究生	硕士	教授级高工
5	党政办公室	李爱群	1962.07.05	男	研究生	博士	教授
6	党政办公室	吕晨飞	1978.03.15	男	研究生	博士	教授
7	机关党委	郝莹	1965.06.23	女	研究生	硕士	教授

续表

序号	单位名称	姓名	出生日期	性别	学历	学位	职称
8	党委组织部	孙景仙	1968.02.01	男	研究生	博士	教授
9	纪委办公室（监察处）	高春花	1964.02.19	女	研究生	博士	教授
10	教务处	邹积亭	1961.03.12	男	研究生	硕士	教授
11	教务处	王崇臣	1974.02.02	男	研究生	博士	教授
12	研究生院	戚承志	1965.03.25	男	研究生	博士	教授
13	研究生院	李海燕	1975.11.27	女	研究生	博士	教授
14	人事处	侯妙乐	1974.09.28	女	研究生	博士	教授
15	继续教育学院	赵静野	1961.08.17	男	研究生	博士	教授
16	发展规划研究中心（高教研）	陈静勇	1963.04.03	男	研究生	硕士	教授
17	建筑与城市规划学院	田林	1968.05.02	男	研究生	博士	教授级高工
18	建筑与城市规划学院	丁奇	1975.06.02	男	研究生	博士	教授
19	建筑与城市规划学院	胡雪松	1963.08.17	男	研究生	硕士	教授
20	建筑与城市规划学院	欧阳文	1969.06.22	女	研究生	硕士	教授
21	建筑与城市规划学院	马英	1972.04.24	男	研究生	博士	教授
22	建筑与城市规划学院	郭晋生	1960.07.27	女	大学本科	学士	教授级高工
23	建筑与城市规划学院	范霄鹏	1964.10.14	男	研究生	博士	教授
24	建筑与城市规划学院	荣玥芳	1972.01.15	女	研究生	博士	教授
25	建筑与城市规划学院	孙明	1960.05.08	男	研究生	博士	教授
26	建筑与城市规划学院	张忠国	1962.11.06	男	研究生	博士	教授
27	建筑与城市规划学院	赵希岗	1965.05.18	男	研究生	硕士	教授
28	建筑与城市规划学院	谭述乐	1960.10.30	男	研究生	博士	教授
29	建筑与城市规划学院	李沙	1959.11.30	男	大学本科	学士	教授
30	建筑与城市规划学院	刘临安	1955.07.16	男	研究生	博士	教授
31	土木与交通工程学院	韩森	1969.10.19	男	研究生	博士	教授
32	土木与交通工程学院	龙佩恒	1964.06.27	男	研究生	博士	教授
33	土木与交通工程学院	何淅淅	1961.05.13	女	研究生	硕士	教授
34	土木与交通工程学院	王孟鸿	1965.04.25	男	研究生	博士	教授
35	土木与交通工程学院	初明进	1973.09.01	男	研究生	博士	教授
36	土木与交通工程学院	刘军	1965.11.11	男	研究生	博士	教授级高工
37	土木与交通工程学院	徐世法	1963.10.10	男	研究生	博士	教授
38	土木与交通工程学院	季节	1972.09.01	女	研究生	博士	教授
39	土木与交通工程学院	张新天	1964.03.15	男	大学本科	学士	教授
40	土木与交通工程学院	焦朋朋	1980.11.11	男	研究生	博士	教授
41	土木与交通工程学院	宋少民	1965.09.11	男	研究生	硕士	教授
42	土木与交通工程学院	李地红	1963.03.18	男	研究生	博士	教授

续表

序号	单位名称	姓名	出生日期	性别	学历	学位	职称
43	土木与交通工程学院	张怀静	1962.02.20	女	研究生	博士	教授
44	土木与交通工程学院	齐吉琳	1969.01.15	男	研究生	博士	研究员
45	土木与交通工程学院	董军	1967.03.14	男	研究生	博士	教授
46	环境与能源工程学院	李俊奇	1967.11.02	男	研究生	博士	教授
47	环境与能源工程学院	李锐	1963.01.10	女	研究生	硕士	教授
48	环境与能源工程学院	张金萍	1966.09.08	女	研究生	博士	教授
49	环境与能源工程学院	郝晓地	1960.04.19	男	研究生	博士	教授
50	环境与能源工程学院	吴俊奇	1960.04.01	男	研究生	硕士	教授
51	环境与能源工程学院	曹秀芹	1965.12.02	女	研究生	硕士	教授
52	环境与能源工程学院	许萍	1971.10.09	女	研究生	博士	教授
53	环境与能源工程学院	张明顺	1964.01.10	男	研究生	博士	教授
54	环境与能源工程学院	王瑞祥	1965.04.02	男	研究生	博士	教授
55	环境与能源工程学院	张世红	1964.04.07	女	研究生	博士	教授
56	环境与能源工程学院	许淑惠	1966.04.03	女	研究生	硕士	教授
57	电气与信息工程学院	魏东	1967.12.06	女	研究生	博士	教授
58	电气与信息工程学院	王佳	1969.05.08	女	研究生	博士	教授
59	电气与信息工程学院	王亚慧	1962.07.07	男	研究生	硕士	教授
60	电气与信息工程学院	李英姿	1966.06.29	女	研究生	硕士	教授
61	电气与信息工程学院	赵春晓	1964.02.06	男	研究生	博士	教授
62	电气与信息工程学院	蒋志坚	1960.07.25	男	研究生	博士	教授
63	经济与管理工程学院	姜军	1964.10.05	男	研究生	硕士	教授
64	经济与管理工程学院	周晓静	1967.02.25	女	研究生	硕士	教授
65	经济与管理工程学院	赵世强	1960.07.01	男	研究生	硕士	教授
66	经济与管理工程学院	何佰洲	1956.06.04	男	大学本科	学士	教授
67	经济与管理工程学院	尤完	1962.11.22	男	研究生	博士	教授级高工
68	经济与管理工程学院	郭立	1966.07.14	女	研究生	硕士	教授
69	经济与管理工程学院	李英子	1963.11.03	女	研究生	博士	教授
70	经济与管理工程学院	张原	1967.01.17	女	研究生	博士	教授
71	经济与管理工程学院	王红春	1976.04.09	女	研究生	博士	教授
72	经济与管理工程学院	秦颖	1968.08.23	女	研究生	博士	教授
73	经济与管理工程学院	王平	1963.07.25	女	大学本科	硕士	教授
74	北京建筑大学	杜明义	1963.06.27	男	研究生	博士	教授
75	测绘与城市空间信息学院	霍亮	1968.10.20	男	研究生	博士	教授
76	测绘与城市空间信息学院	王晏民	1958.04.01	男	研究生	博士	教授
77	测绘与城市空间信息学院	罗德安	1968.05.02	男	研究生	博士	教授
78	测绘与城市空间信息学院	石若明	1960.01.06	男	研究生	博士	教授

续表

序号	单位名称	姓名	出生日期	性别	学历	学位	职称
79	测绘与城市空间信息学院	赵西安	1957.11.19	男	研究生	博士	教授
80	测绘与城市空间信息学院	陈秀忠	1956.06.16	男	研究生	硕士	教授
81	机电与车辆工程学院	杨建伟	1971.04.06	男	研究生	博士	教授
82	机电与车辆工程学院	王跃进	1958.03.19	男	研究生	硕士	教授
83	机电与车辆工程学院	刘永峰	1973.12.15	男	研究生	博士	教授
84	机电与车辆工程学院	张军	1972.06.11	男	研究生	博士	教授
85	机电与车辆工程学院	孙建民	1969.06.14	男	研究生	博士	教授
86	文法学院	孙希磊	1960.07.13	男	研究生	学士	教授
87	马克思主义学院	肖建杰	1965.03.11	女	研究生	博士	教授
88	文法学院	李志国	1970.01.29	男	研究生	硕士	教授
89	文法学院	贾荣香	1961.08.13	女	大学本科	博士	教授
90	马克思主义学院	于红	1970.01.07	女	研究生	博士	教授
91	马克思主义学院	秦红岭	1966.09.26	女	研究生	硕士	教授
92	理学院	崔景安	1963.09.29	男	研究生	博士	教授
93	理学院	程士珍	1964.09.13	女	研究生	硕士	教授
94	理学院	张艳	1972.06.21	女	研究生	博士	教授
95	理学院	黄伟	1963.08.07	男	研究生	硕士	教授
96	理学院	郝莉	1963.11.30	女	研究生	博士	教授
97	理学院	梁昔明	1967.02.12	男	研究生	博士	教授
98	体育部	杨慈洲	1964.10.06	男	研究生	学士	教授
99	图书馆	王锐英	1958.12.02	男	大学本科	学士	研究员
100	教辅单位	吴海燕	1965.08.23	女	研究生	博士	教授
101	北京建大资产经营管理有限公司	格伦	1965.01.17	女	研究生	硕士	教授
102	土木与交通工程学院	曾德民	1970.06.26	男	研究生	博士	教授

（六）教学岗位副高级职称名单

序号	单位名称	姓名	性别	出生日期	学历	学位	职称
1	党政办公室	何志洪	男	1956.10.24	研究生	硕士	副教授
2	党政办公室	张大玉	男	1966.04.12	研究生	博士	副教授
3	党政办公室	谢国斌	男	1956.03.05	研究生	无	副教授
4	离退休工作办公室	王德中	男	1969.11.22	研究生	硕士	副教授
5	工会	张素芳	女	1960.05.01	本科	学士	副教授
6	教务处	那威	男	1979.01.22	研究生	博士	副教授
7	教务处	刘志强	男	1976.09.03	研究生	博士	副教授
8	科技处	高岩	男	1973.12.14	研究生	博士	副教授
9	科技处	陈韬	女	1977.11.14	研究生	博士	副研究员

续表

序号	单位名称	姓名	性别	出生日期	学历	学位	职称
10	科技处	焦驰宇	男	1980.09.17	研究生	博士	副教授
11	科技处	张雷	男	1977.04.12	研究生	博士	副教授
12	人事处	陈红兵	男	1977.07.23	研究生	博士	副教授
13	国际交流与合作处（国际教育学院）	赵晓红	女	1969.08.14	研究生	学士	副教授
14	大兴校区管理委员会	邵宗义	男	1961.05.02	大学本科	学士	副教授
15	建筑与城市规划学院	赵可昕	女	1963.11.18	研究生	硕士	高级工程师
16	建筑与城市规划学院	徐怡芳	女	1963.06.12	研究生	博士	副教授
17	建筑与城市规划学院	晁军	男	1969.01.21	研究生	博士	副教授
18	建筑与城市规划学院	王佐	男	1971.01.16	研究生	博士	副教授
19	建筑与城市规划学院	郝晓赛	女	1977.04.20	研究生	博士	高级工程师
20	建筑与城市规划学院	冯丽	女	1962.04.06	大学本科	学士	副教授
21	建筑与城市规划学院	孙立	男	1974.03.04	研究生	博士	副教授
22	建筑与城市规划学院	陈晓彤	女	1968.02.19	研究生	博士	副教授
23	建筑与城市规划学院	王晶	女	1981.04.15	研究生	博士	副教授
24	建筑与城市规划学院	刘剑锋	男	1978.11.19	研究生	博士	高级城市规划师
25	建筑与城市规划学院	桑秋	男	1978.11.21	研究生	博士	高级工程师
26	建筑与城市规划学院	杨琳	男	1968.07.12	大学本科	学士	副教授
27	建筑与城市规划学院	李春青	女	1974.10.29	研究生	博士	副教授
28	建筑与城市规划学院	靳超	男	1959.01.12	研究生	硕士	副教授
29	建筑与城市规划学院	金秋野	男	1975.12.18	研究生	博士	副教授
30	建筑与城市规划学院	滕学荣	女	1975.06.22	研究生	博士	副教授
31	建筑与城市规划学院	黄莉	女	1963.11.05	研究生	硕士	副教授
32	建筑与城市规划学院	邹越	男	1967.10.27	研究生	硕士	副教授
33	建筑与城市规划学院	房志勇	男	1957.11.20	大学本科	学士	副教授
34	建筑与城市规划学院	李英	女	1962.03.02	研究生	硕士	副教授
35	建筑与城市规划学院	冯萍	女	1975.06.05	研究生	硕士	副教授
36	建筑与城市规划学院	陆翔	男	1958.06.06	研究生	硕士	副教授
37	建筑与城市规划学院	许政	女	1969.04.28	研究生	博士	副教授
38	建筑与城市规划学院	何力	男	1972.06.25	研究生	硕士	副教授
39	建筑与城市规划学院	陈雳	男	1973.04.06	研究生	博士	副教授
40	建筑与城市规划学院	杨晓	男	1973.12.30	研究生	硕士	副教授
41	建筑与城市规划学院	钟铃	男	1960.05.30	大学本科	学士	副教授
42	建筑与城市规划学院	朱军	男	1969.01.24	研究生	硕士	副教授
43	建筑与城市规划学院	段炼	男	1965.05.01	大学本科	硕士	副教授

续表

序号	单位名称	姓名	性别	出生日期	学历	学位	职称
44	建筑与城市规划学院	蒋方	男	1965.05.11	大学本科	学士	副教授
45	北京建筑大学	赵赤云	女	1968.10.19	研究生	博士	副教授
46	土木与交通工程学院	张艳霞	女	1970.09.27	研究生	博士	副教授
47	土木与交通工程学院	邓思华	男	1963.01.24	研究生	博士	副教授
48	土木与交通工程学院	赵东拂	男	1967.07.05	研究生	博士	副教授
49	土木与交通工程学院	祝磊	男	1980.08.25	研究生	博士	副教授
50	土木与交通工程学院	廖维张	男	1978.12.25	研究生	博士	副教授
51	土木与交通工程学院	杨静	女	1972.02.07	研究生	硕士	副教授
52	土木与交通工程学院	王亮	男	1977.12.27	研究生	硕士	副教授
53	土木与交通工程学院	侯敬峰	男	1978.01.21	研究生	博士	副教授
54	土木与交通工程学院	王毅娟	女	1963.11.03	研究生	硕士	副教授
55	土木与交通工程学院	索智	男	1978.10.20	研究生	博士	副教授
56	土木与交通工程学院	许鹰	男	1979.10.14	研究生	博士	副教授
57	土木与交通工程学院	张蕊	女	1971.01.12	研究生	博士	副教授
58	土木与交通工程学院	戴冀峰	女	1966.03.25	研究生	硕士	副教授
59	土木与交通工程学院	李崇智	男	1969.02.17	研究生	博士	副教授
60	土木与交通工程学院	侯云芬	女	1968.01.30	研究生	博士	副教授
61	土木与交通工程学院	刘飞	男	1975.03.28	研究生	博士	副教授
62	土木与交通工程学院	彭丽云	女	1979.06.05	研究生	博士	副教授
63	土木与交通工程学院	罗健	男	1957.10.28	研究生	硕士	副教授
64	土木与交通工程学院	程蓓	女	1977.05.23	研究生	博士	副教授
65	土木与交通工程学院	张国伟	男	1979.04.18	研究生	博士	副教授
66	土木与交通工程学院	李飞	男	1981.10.13	研究生	博士	副教授
67	环境与能源工程学院	冯萃敏	女	1968.09.01	研究生	硕士	副教授
68	环境与能源工程学院	张群力	男	1977.08.13	研究生	博士	副教授
69	环境与能源工程学院	冯圣红	男	1967.11.28	研究生	博士	副教授
70	环境与能源工程学院	詹淑慧	女	1961.12.22	大学本科	学士	副教授
71	环境与能源工程学院	刘蓉	女	1962.11.19	研究生	硕士	副教授
72	环境与能源工程学院	闫全英	女	1970.04.12	研究生	博士	副教授
73	环境与能源工程学院	郝学军	男	1968.10.31	研究生	硕士	副教授
74	环境与能源工程学院	杨晖	女	1970.04.24	研究生	博士	副教授
75	环境与能源工程学院	于丹	女	1974.06.26	研究生	博士	副教授
76	环境与能源工程学院	徐鹏	男	1976.06.25	研究生	硕士	副教授
77	环境与能源工程学院	仇付国	男	1974.10.14	研究生	博士	副教授
78	环境与能源工程学院	王俊岭	男	1973.03.23	研究生	博士	副教授

续表

序号	单位名称	姓名	性别	出生日期	学历	学位	职称
79	环境与能源工程学院	杨海燕	女	1976.03.29	研究生	博士	副教授
80	环境与能源工程学院	马文林	女	1968.05.11	研究生	博士	副教授
81	环境与能源工程学院	李颖	女	1965.07.28	研究生	硕士	副教授
82	环境与能源工程学院	王敏	女	1968.04.25	研究生	博士	副教授
83	环境与能源工程学院	刘建伟	男	1979.03.03	研究生	博士	副教授
84	环境与能源工程学院	王建龙	男	1978.11.13	研究生	博士	副教授
85	环境与能源工程学院	任相浩	男	1974.09.03	研究生	博士	副教授
86	环境与能源工程学院	杜晓丽	女	1980.11.22	研究生	博士	副教授
87	环境与能源工程学院	崔俊奎	男	1974.04.18	研究生	博士	副教授
88	环境与能源工程学院	袁冬海	男	1978.12.15	研究生	博士	副教授
89	环境与能源工程学院	王文海	男	1963.10.13	研究生	硕士	副教授
90	环境与能源工程学院	岳冠华	女	1963.12.19	研究生	硕士	副教授
91	环境与能源工程学院	牛润萍	女	1979.10.01	研究生	博士	副教授
92	环境与能源工程学院	孙方田	男	1977.09.13	研究生	博士	副教授
93	环境与能源工程学院	郭全	男	1959.11.04	大学本科	学士	副教授
94	环境与能源工程学院	宫永伟	男	1982.06.27	研究生	博士	副教授
95	电气与信息工程学院	刘辛国	男	1959.02.01	研究生	硕士	副教授
96	电气与信息工程学院	胡玉玲	女	1975.10.18	研究生	博士	副教授
97	电气与信息工程学院	张立权	男	1969.03.14	研究生	博士	副教授
98	电气与信息工程学院	谭志	男	1970.09.26	研究生	博士	副教授
99	电气与信息工程学院	岳云涛	男	1971.01.24	研究生	博士	副教授
100	电气与信息工程学院	栾茹	女	1967.11.10	研究生	博士	副教授
101	电气与信息工程学院	马鸿雁	女	1971.07.06	研究生	博士	副教授
102	电气与信息工程学院	龚静	女	1975.09.18	研究生	硕士	副教授
103	电气与信息工程学院	孙卫红	女	1969.05.04	大学本科	硕士	高级工程师
104	电气与信息工程学院	田启川	男	1971.03.23	研究生	博士	副教授
105	电气与信息工程学院	王怀秀	女	1966.02.24	研究生	博士	副教授
106	电气与信息工程学院	钱丽萍	女	1971.03.25	研究生	博士	副教授
107	电气与信息工程学院	张琳	女	1975.09.12	研究生	硕士	副教授
108	电气与信息工程学院	衣俊艳	女	1978.08.11	研究生	博士	副教授
109	电气与信息工程学院	郭志强	男	1966.06.20	大学本科	学士	高级工程师
110	电气与信息工程学院	吕橙	男	1969.03.09	研究生	硕士	副教授
111	电气与信息工程学院	李敏杰	女	1971.09.05	研究生	硕士	副教授
112	电气与信息工程学院	曹青	女	1966.05.04	大学本科		副教授
113	电气与信息工程学院	李芳社	男	1963.02.27	研究生	硕士	副教授
114	电气与信息工程学院	邱李华	女	1966.11.06	研究生	硕士	副教授

续表

序号	单位名称	姓名	性别	出生日期	学历	学位	职称
115	电气与信息工程学院	张勉	女	1972.02.29	研究生	硕士	副教授
116	电气与信息工程学院	万珊珊	女	1980.07.15	研究生	硕士	副教授
117	电气与信息工程学院	张昱	男	1979.01.23	研究生	博士	副教授
118	经济与管理工程学院	周霞	女	1975.02.27	研究生	博士	副教授
119	经济与管理工程学院	张俊	男	1972.06.20	研究生	博士	副教授
120	经济与管理工程学院	陶庆	男	1959.10.30	研究生	学士	副教授
121	经济与管理工程学院	戚振强	男	1973.10.02	研究生	硕士	副教授
122	经济与管理工程学院	王炳霞	女	1968.03.12	研究生	硕士	副教授
123	经济与管理工程学院	张宏	女	1974.10.02	研究生	博士	副教授
124	经济与管理工程学院	孙杰	男	1976.04.18	研究生	博士	副教授
125	经济与管理工程学院	万冬君	女	1977.01.09	研究生	博士	副教授
126	经济与管理工程学院	张国宗	男	1972.12.13	研究生	博士	
127	经济与管理工程学院	张卓	女	1972.07.17	研究生	硕士	副教授
128	经济与管理工程学院	张丽	女	1977.11.07	研究生	博士	副教授
129	经济与管理工程学院	刘建利	女	1971.10.22	研究生	博士	副教授
130	经济与管理工程学院	陈雍君	男	1973.10.24	研究生	博士	副教授
131	经济与管理工程学院	邵全	女	1968.02.14	研究生	博士	副教授
132	经济与管理工程学院	刘娜	女	1974.10.28	研究生	博士	副教授
133	经济与管理工程学院	李将军	男	1976.07.07	研究生	博士	副研究员
134	测绘与城市空间信息学院	赵江洪	女	1976.11.12	研究生	博士	副教授
135	测绘与城市空间信息学院	周乐皆	男	1965.03.16	研究生	学士	副教授
136	北京建筑大学	邱冬炜	男	1978.12.14	研究生	博士	高级工程师
137	测绘与城市空间信息学院	刘旭春	男	1969.03.20	研究生	博士	副教授
138	测绘与城市空间信息学院	丁克良	男	1968.07.07	研究生	博士	副教授
139	测绘与城市空间信息学院	胡云岗	男	1975.10.13	研究生	博士	副教授
140	测绘与城市空间信息学院	黄明	男	1971.09.17	研究生	博士	副教授
141	测绘与城市空间信息学院	王文宇	女	1974.03.24	研究生	博士	副教授
142	测绘与城市空间信息学院	危双丰	男	1979.10.24	研究生	博士	副教授
143	测绘与城市空间信息学院	刘扬	男	1979.09.12	研究生	博士	副教授
144	测绘与城市空间信息学院	靖常峰	男	1979.09.07	研究生	博士	副教授
145	测绘与城市空间信息学院	张健钦	男	1977.04.08	研究生	博士	副教授
146	测绘与城市空间信息学院	朱凌	女	1970.12.11	研究生	博士	副教授
147	测绘与城市空间信息学院	吕书强	男	1973.07.01	研究生	博士	副教授
148	测绘与城市空间信息学院	蔡国印	男	1975.11.16	研究生	博士	副教授
149	测绘与城市空间信息学院	庞蕾	女	1971.01.05	研究生	博士	副教授
150	机电与车辆工程学院	朱爱华	女	1977.04.01	研究生	硕士	副教授

续表

序号	单位名称	姓名	性别	出生日期	学历	学位	职称
151	机电与车辆工程学院	唐伯雁	男	1965.08.02	研究生	博士	副教授
152	机电与车辆工程学院	高振莉	女	1963.08.18	研究生	硕士	副教授
153	机电与车辆工程学院	窦蕴萍	女	1964.11.08	研究生	硕士	副教授
154	机电与车辆工程学院	秦建军	男	1979.06.21	研究生	博士	高级实验师
155	机电与车辆工程学院	周明	男	1966.01.01	研究生	博士	副教授
156	机电与车辆工程学院	连香姣	女	1966.08.25	研究生	硕士	副教授
157	机电与车辆工程学院	陈志刚	男	1979.05.14	研究生	博士	副教授
158	机电与车辆工程学院	周庆辉	男	1973.12.28	研究生	博士	副教授
159	机电与车辆工程学院	周素霞	女	1971.09.16	研究生	博士	副教授
160	机电与车辆工程学院	卢宁	男	1976.10.08	研究生	博士	高级工程师
161	机电与车辆工程学院	高嵩峰	男	1972.10.16	研究生	博士	副教授
162	机电与车辆工程学院	尹静	女	1978.07.06	研究生	博士	副教授
163	机电与车辆工程学院	秦华	女	1970.07.12	研究生	博士	副教授
164	机电与车辆工程学院	田洪森	男	1964.05.23	大学本科	学士	高级工程师
165	文法学院	刘国朝	男	1961.10.23	大学本科	学士	副教授
166	马克思主义学院	汪琼枝	女	1974.11.11	研究生	博士	副教授
167	文法学院	张晓霞	女	1972.05.02	研究生	博士	副教授
168	文法学院	刘炳良	男	1972.11.25	研究生	博士	副教授
169	文法学院	左金凤	女	1971.02.17	研究生	硕士	副教授
170	文法学院	王俊梅	女	1974.11.18	研究生	博士	副教授
171	文法学院	晁霞	女	1970.01.24	研究生	学士	副教授
172	文法学院	高春凤	女	1971.05.22	研究生	博士	副教授
173	文法学院	孟莉	女	1967.03.24	研究生	硕士	副教授
174	文法学院	赵仲杰	男	1972.08.04	研究生	博士	副教授
175	文法学院	郭晋燕	女	1963.06.21	研究生	学士	副教授
176	文法学院	董艳玲	女	1963.04.03	研究生	硕士	副教授
177	文法学院	陈品	女	1967.07.30	大学本科	学士	副教授
178	文法学院	陈素红	女	1967.06.25	研究生	学士	副教授
179	文法学院	吴逾倩	女	1967.07.16	研究生	硕士	副教授
180	文法学院	吴彤军	女	1968.08.15	研究生	硕士	副教授
181	文法学院	武烜	男	1974.11.30	研究生	硕士	副教授
182	文法学院	王彩霞	女	1964.06.19	研究生	学士	副教授
183	文法学院	王天禾	女	1968.11.20	大学本科	硕士	副教授
184	文法学院	李宜兰	女	1970.07.09	研究生	硕士	副教授
185	马克思主义学院	郭晓东	男	1963.10.12	研究生	硕士	副教授
186	马克思主义学院	常宗耀	男	1962.01.14	研究生	博士	副教授

续表

序号	单位名称	姓名	性别	出生日期	学历	学位	职称
187	马克思主义学院	陈南雁	女	1975.06.15	研究生	博士	副教授
188	马克思主义学院	张华	女	1976.01.02	研究生	博士	副教授
189	马克思主义学院	金焕玲	女	1978.12.01	研究生	博士	副教授
190	理学院	宫瑞婷	女	1973.09.22	研究生	硕士	副教授
191	理学院	白羽	女	1979.07.07	研究生	博士	副教授
192	理学院	张鸿鹰	女	1967.09.28	大学本科	学士	副教授
193	理学院	吕亚芹	女	1964.10.08	研究生	硕士	副教授
194	理学院	刘长河	男	1966.04.16	研究生	博士	副教授
195	理学院	刘世祥	男	1963.11.02	研究生	硕士	副教授
196	北京建筑大学	王晓静	女	1972.04.15	研究生	博士	副教授
197	理学院	侍爱玲	女	1970.03.02	研究生	硕士	副教授
198	理学院	牟唯嫣	女	1981.10.22	研究生	博士	副教授
199	理学院	许传青	女	1972.02.28	研究生	博士	副教授
200	理学院	何强	男	1977.07.26	研究生	博士	副教授
201	理学院	代西武	男	1963.08.17	研究生	硕士	副教授
202	理学院	聂传辉	女	1966.04.28	研究生	硕士	副教授
203	理学院	魏京花	女	1962.03.26	大学本科	学士	副教授
204	理学院	余丽芳	女	1963.09.26	大学本科	学士	副教授
205	理学院	王俊平	女	1968.09.27	研究生	博士	副教授
206	理学院	马黎君	男	1970.12.14	研究生	硕士	副教授
207	理学院	王秀敏	女	1974.03.28	研究生	硕士	副教授
208	理学院	任洪梅	女	1962.11.04	研究生	硕士	副教授
209	理学院	曹辉耕	男	1960.11.03	大学本科	学士	副教授
210	理学院	石萍	女	1971.01.18	研究生	硕士	副教授
211	理学院	任艳荣	女	1973.02.02	研究生	博士	副教授
212	理学院	俞晓正	男	1972.08.03	研究生	博士	副教授
213	理学院	何凡	男	1979.10.28	研究生	博士	副教授
214	理学院	杨谆	女	1966.01.08	研究生	硕士	副教授
215	理学院	薛颂菊	女	1962.08.18	大学本科	学士	副教授
216	理学院	高雁飞	女	1971.07.01	研究生	硕士	副教授
217	理学院	毕靖	女	1974.10.18	研究生	硕士	副教授
218	体育部	康钧	男	1968.05.13	研究生	学士	副教授
219	体育部	孙瑄瑄	女	1970.03.16	大学本科	学士	副教授
220	体育部	施海波	男	1970.03.20	研究生	硕士	副教授
221	体育部	张胜	男	1974.05.29	大学本科	学士	副教授
222	体育部	刘梦飞	男	1974.01.25	研究生	硕士	副教授

续表

序号	单位名称	姓名	性别	出生日期	学历	学位	职称
223	体育部	智颖新	男	1973.07.27	研究生	硕士	副教授
224	体育部	朱静华	女	1968.04.28	大学本科	学士	副教授
225	体育部	李金	女	1980.11.06	研究生	硕士	副教授
226	体育部	代浩然	男	1975.10.27	研究生	硕士	副教授
227	体育部	胡德刚	男	1979.10.25	研究生	硕士	副教授
228	体育部	张宇	女	1982.10.14	研究生	硕士	副教授
229	图书馆	齐群	女	1964.02.02	大学本科	学士	副教授

(七) 其他专业技术职务正高级职称名单

序号	部门	姓名	性别	出生日期	学历	学位	职称
1	党政办公室	王燕	女	1965.05.24	研究生	学士	研究馆员
2	北京未来城市设计高精尖创新中心	李雪华	女	1972.02.10	研究生	博士	研究员
3	图书馆	郭燕平	女	1964.08.05	本科	学士	研究馆员

(八) 其他专业技术职务副高级职称名单

序号	单位名称	姓名	性别	出生日期	学历	学位	职称
1	党政办公室	白莽	男	1972.02.20	研究生	博士	副研究员
2	党政办公室	李大伟	男	1977.09.16	研究生	硕士	副研究员
3	党政办公室	齐勇	男	1982.09.24	研究生	硕士	副研究员
4	校友工作办公室	沈茜	女	1973.01.12	研究生	硕士	副教授
5	网络信息管理服务中心	魏楚元	男	1977.05.28	研究生	博士	高级实验师
6	网络信息管理服务中心	孙绪华	男	1980.06.15	研究生	硕士	高级工程师
7	网络信息管理服务中心	李敏	女	1970.08.23	本科	学士	高级实验师
8	党委宣传部（统战部）	孙冬梅	女	1968.01.25	研究生	硕士	高级政工师
9	党委宣传部（统战部）	高蕾	女	1978.04.23	研究生	硕士	高级政工师
10	纪委办公室（监察处）	张瑶宁	男	1982.05.25	研究生	硕士	高级政工师
11	审计处	孙文贤	女	1968.10.22	本科	学士	高级会计师
12	审计处	冯宏岳	男	1975.12.16	本科	学士	高级政工师
13	团委	朱静	女	1978.03.04	研究生	硕士	副教授
14	学生工作部（处）	黄尚荣	男	1977.08.20	研究生	硕士	副教授
15	学生工作部（处）	李红	女	1978.08.17	研究生	硕士	副教授
16	离退休工作办公室	王京梅	女	1962.11.03	本科	学士	高级经济师
17	教务处	王启才	男	1970.09.26	本科	无	高级实验师
18	教务处	毛静	女	1980.09.04	研究生	博士	高级工程师
19	教务处	王雅杰	女	1980.09.25	研究生	硕士	高级实验师
20	教务处	朱洁兰	女	1981.12.14	研究生	硕士	高级工程师
21	教务处	张堃	女	1967.10.29	本科	学士	高级工程师

续表

序号	单位名称	姓名	性别	出生日期	学历	学位	职称
22	招生就业处	朱俊玲	女	1978.10.25	研究生	硕士	副教授
23	招生就业处	贾海燕	女	1979.10.29	研究生	硕士	副教授
24	研究生院	汪长征	男	1981.01.11	研究生	博士	副教授
25	研究生院	刘伟	女	1972.08.28	本科	硕士	副研究员
26	科技处	房雨清	女	1964.04.05	本科	学士	副研究员
27	科技处	刘芳	女	1972.06.20	研究生	硕士	高级工程师
28	人事处	张莉	女	1979.01.14	研究生	硕士	高级经济师
29	财务处	贝裕文	男	1977.06.17	研究生	硕士	副研究员
30	财务处	曾晓玲	女	1963.02.08	本科	学士	高级审计师
31	财务处	陈茹	女	1972.01.12	研究生	硕士	高级会计师
32	规划与基建处	周春	女	1963.02.28	研究生	硕士	副教授
33	规划与基建处	何伟良	男	1957.02.14	本科	无	高级实验师
34	规划与基建处	杨倩	女	1979.02.01	本科	硕士	高级工程师
35	资产与后勤管理处	杨湘东	男	1971.01.19	本科	硕士	副研究员
36	学报编辑部	牛志霖	男	1964.05.06	研究生	学士	副编审
37	学报编辑部	佟启巾	女	1965.06.18	本科	学士	副编审
38	资产与后勤管理处/医务室	贾瑞珍	女	1966.02.19	本科	学士	副主任医师
39	招生就业处	何立新	男	1967.12.05	本科	学士	高级政工师
40	土木与交通工程学院	刘小红	女	1966.05.20	本科	学士	高级工程师
41	土木与交通工程学院	周文娟	女	1977.02.18	研究生	硕士	副教授
42	环境与能源工程学院	刘艳华	女	1975.08.29	研究生	硕士	副教授
43	环境与能源工程学院	孙金栋	男	1969.12.28	本科	硕士	高级实验师
44	环境与能源工程学院	侯书新	女	1968.05.11	本科	硕士	高级实验师
45	环境与能源工程学院	周琦	男	1959.11.20	专科	无	高级实验师
46	环境与能源工程学院	董素清	女	1963.12.17	专科	无	高级实验师
47	电气与信息工程学院	杨光	男	1974.08.15	研究生	硕士	副教授
48	电气与信息工程学院	刘静纨	女	1969.07.21	研究生	博士	副教授
49	电气与信息工程学院	陈一民	男	1979.05.14	本科	学士	高级实验师
50	经济与管理工程学院	彭磊	女	1975.01.29	研究生	博士	副研究员
51	测绘与城市空间信息学院	王震远	男	1973.03.25	研究生	硕士	副教授
52	测绘与城市空间信息学院	廖丽琼	女	1969.05.29	本科	学士	副教授
53	机电与车辆工程学院	高瑞静	女	1976.06.15	研究生	硕士	高级政工师
54	机电与车辆工程学院	顾斌	男	1962.09.06	本科	学士	高级工程师
55	机电与车辆工程学院	赫亮	男	1972.02.03	研究生	硕士	副教授
56	机电与车辆工程学院	宋春雨	女	1971.09.19	本科	硕士	高级工程师
57	图书馆	陈靖远	男	1962.03.17	研究生	硕士	高级工程师

续表

序号	单位名称	姓名	性别	出生日期	学历	学位	职称
58	图书馆	朱晓娜	女	1975.05.25	本科	学士	副研究馆员
59	图书馆	刘春梅	女	1963.02.03	本科	学士	副研究馆员
60	图书馆	蔡时连	女	1963.11.26	研究生	硕士	副研究馆员
61	图书馆	何大炜	女	1968.08.05	本科	硕士	副研究馆员
62	图书馆	潘兴华	男	1963.02.15	本科	学士	高级工程师
63	图书馆	张煜	男	1979.11.02	本科	硕士	副研究馆员
64	教辅单位	王鲜云	女	1970.09.18	本科	硕士	中专高级讲师
65	教辅单位	孙志娟	女	1979.02.25	研究生	硕士	副教授
66	教辅单位	张翰韬	男	1967.05.17	本科	学士	高级实验师
67	北京建大资产经营管理有限公司	武全	男	1976.07.15	研究生	硕士	副教授
68	北京建大资产经营管理有限公司	丛小密	男	1965.08.17	本科	硕士	高级工程师
69	北京建大资产经营管理有限公司	田成钢	男	1959.07.12	本科	学士	高级工程师
70	北京建大资产经营管理有限公司	周克勤	男	1962.09.06	研究生	硕士	副教授
71	北京建大资产经营管理有限公司	苏巧云	女	1965.12.30	本科	学士	高级工程师
72	北京建大资产经营管理有限公司	耿秀琴	女	1962.10.08	本科	无	高级工程师
73	北京建大资产经营管理有限公司	赵群	男	1967.01.06	研究生	硕士	高级工程师
74	北京建大资产经营管理有限公司	谢四林	男	1966.03.16	研究生	学士	高级工程师
75	北京建大资产经营管理有限公司	田世文	男	1964.09.29	研究生	硕士	高级工程师
76	北京建大资产经营管理有限公司	边志杰	男	1966.10.24	研究生	硕士	副教授
77	北京建大资产经营管理有限公司	吴学增	男	1972.11.14	研究生	博士	高级工程师
78	北京建大资产经营管理有限公司	崔健航	男	1962.05.25	本科	学士	高级工程师
79	北京建大资产经营管理有限公司	罗辉	男	1969.06.10	本科	学士	高级工程师
80	北京建大资产经营管理有限公司	李放	女	1966.11.04	本科	学士	高级工程师
81	北京建大资产经营管理有限公司	王晓刚	男	1967.01.20	本科	学士	高级工程师
82	北京建大资产经营管理有限公司	张宝忠	男	1960.08.07	本科	学士	高级工程师
83	北京建大资产经营管理有限公司	张宪亭	男	1970.09.01	研究生	硕士	副教授
84	北京建大资产经营管理有限公司	倪中元	男	1965.02.24	本科	学士	高级工程师
85	北京建大资产经营管理有限公司	王华萍	女	1973.04.08	研究生	硕士	高级工程师
86	待聘人员	钱雅丽	女	1964.05.10	本科	学士	副教授
87	待聘人员	周永生	男	1957.01.24	研究生	硕士	高级工程师

（九）学校外聘院士、高级专家

序号	聘任部门	姓名	性别	工作单位	职务/职称	聘任职务
1	环境与能源工程学院	岳光溪	男	煤清洁燃烧国家工程中心常务副主任	院士	学术导师
2	环境与能源工程学院	吴德绳	男	北京设计院原院长	教授级高工	学术导师

续表

序号	聘任部门	姓　名	性别	工作单位	职务/职称	聘任职务
3	环境与能源工程学院	方兴	男	美国奥本大学	教授	海聚人才
4	土木与交通工程学院	柏宇	男	澳大利亚莫纳什大学	讲师	海聚人才
5	土木与交通工程学院	吴伟	男	维也纳农业大学	教授	海聚人才
6	土木与交通工程学院	Elias Aifantis	男	希腊亚里士多德大学	教授	海聚人才
7	建筑与城市规划学院	尼尔·柯克伍德	男	美国哈佛大学	教授	海聚人才
8	理学院	冯芷兰	女	美国普渡大学	教授	海聚人才
9	环境与能源工程学院	潘一玲	女	北京市城市规划设计研究院	教授级高工	客座教授
10	环境与能源工程学院	章林伟	男	住房城乡建设部城建司	副司长	客座教授
11	土木与交通工程学院	张同亿	男	中国中元国际工程有限公司	副总经理	兼职教授
12	土木与交通工程学院	朱忠义	男	北京市建筑设计研究院有限公司	副总工程师/教授级高工	兼职教授
13	测绘与城市空间信息学院	高扬	男	加拿大卡尔加里大学工学院	教授	兼职教授
14	人事处	张焯	男	云冈石窟研究院	院长/研究员	客座教授
15	建筑与城市规划学院	张树贤	男	中国外文局	副总编/高级职称	兼职教授
16	电气与信息工程学院	Ian Allison（伊恩·艾利森）	男	英国西苏格兰大学计算机工程学院	院长/教授	客座教授

（张　莉　赵翠英　刘文硕　陈红兵）

第七章 对外交流合作

一、国际交流与合作

(一)概况

2016年,北京建筑大学继续坚持开放办校战略,积极开展多渠道、多层次、全方位的国际合作与交流。本年度新增校际合作协议13份。

(二)国际合作院校

截至2016年年底,北京建筑大学已经与国外56所高等院校、研究机构建立了合作关系,合作伙伴覆盖24个国家和地区。

国际合作院校一览表(截至2016年年底)

序号	国别	院校或组织	英文名称
1	蒙古国	蒙古科技大学建工学院	Mongolian University of Science and Technology
2	韩国	大田大学	Daejeon University
3	韩国	湖西大学	Hoseo University
4	韩国	京畿科学技术大学	Kyonggi University
5	韩国	光州科学技术院	Gwangju Institute of Science and Technology
6	日本	名城大学	Meijo University
7	日本	东京大学	The University of Tokyo
8	越南	河内建筑大学	Hanoi Architectural University
9	马来西亚	智达教育集团	Legenda Education Group
10	马来西亚	吉隆坡建筑大学	Infrastructure University Kuala Lumpur
11	亚美尼亚	亚美尼亚国立建筑大学	National University of Architecture and Construction of Armenia
12	芬兰	赫尔辛基大学	University of Helsinki
13	瑞典	鲁鲁阿科技大学	Luleå University of Technology
14	俄罗斯	圣彼得堡建筑工程大学	St. Petersburg State University of Architecture and Civil Engineering
15	俄罗斯	圣彼得堡技术大学	Saint Petersburg State Polytechnical University
16	俄罗斯	莫斯科建筑学院	Moscow Architectural Institute
17	俄罗斯	莫斯科国立建筑学院	Moscow Institute of Architecture (State Academy)

续表

序号	国别	院校或组织	英文名称
18	波兰	琴斯特霍夫理工大学	Czestochowa University of Technology
19	德国	柏林工业大学	Technical University of Berlin
20	瑞士	伯恩应用科学大学	Bern University of Applied Sciences
21	英国	萨尔福德大学	University of Salford
22	英国	格拉斯哥卡里多尼亚大学	Glasgow Caledonian University
23	英国	诺丁汉大学	University of Nottingham
24	英国	南岸大学	London South Bank University
25	英国	西苏格兰大学	University of the West of Scotland
26	英国	威斯敏斯特大学	University of Westminster
27	英国	南威尔士大学	University of South Wales
28	英国	伦敦艺术大学	University of the Arts London
29	爱尔兰	高威理工学院	Galway-Mayo Institute of Technology
30	荷兰	鹿特丹伊拉斯姆斯大学国际社会科学研究院	International Institute of Social Studies, Erasmus University Rotterdam
31	荷兰	代尔夫特理工大学	Delft University of Technology
32	法国	马恩河谷大学	University of Marne-la-Vallée
33	法国	昂热大学	University of Angers
34	法国	拉浩石勒大学	University of La Rochelle
35	法国	马克西米利尔·佩雷学院	E. P. L. E. MAXIMILIEN PERRET
36	法国	里尔高级工程师学院（HEI教育集团）	Group HEI-ISA-ISEN
37	法国	奥尔良大学	University of Orleans
38	希腊	塞萨洛尼基亚里士多德大学	Aristotle University of Thessaloniki
39	意大利	意大利罗马·拓·委瑞伽塔大学	University of Rome Tor Vergata
40	意大利	马尔凯工业大学	Marche Polytechnic University
41	意大利	奈普勒斯帕森诺普大学	Parthenope University of Naples
42	意大利、西班牙、巴西	欧洲设计学院	Istituto Europeo di Design
43	意大利	佛罗伦萨大学	University of Florence
44	美国	奥本大学	Auburn University
45	美国	新泽西州立大学	Rutgers, The State University of New Jersey
46	美国	北达科他州立大学	North Dakota State University
47	美国	西南明尼苏达州立大学	Southwest Minnesoda State University
48	美国	科罗拉多大学波尔得分校	University of Colorado Boulder
49	美国	加州大学圣地亚哥分校	University of California, San Diego

续表

序号	国别	院校或组织	英文名称
50	美国	南康涅狄格州立大学	Southern Connecticut State University
51	美国	夏威夷大学	University of Hawai'i
52	加拿大	卡尔加里大学舒立克工学院	Schulich School of Engineering, University of Calgary
53	澳大利亚	南澳大学	University of South Australia
54	澳大利亚	迪肯大学工学院	School of Engineering, Deakin University
55	新西兰	UNITEC理工大学建筑学院	Unitec Institute of Technology
56	新西兰	奥克兰大学	The University of Auckland

二、港澳台交流与合作

截至2016年年底，北京建筑大学已经与港澳台5所大学建立了合作关系。

港澳台合作院校一览表（截至2016年年底）

序号	地区	院校或组织	英文名称
1	中国台湾地区	台湾首府大学	Taiwan Shoufu University
2	中国台湾地区	宜兰大学	Ilan University
3	中国台湾地区	云林科技大学	Yunlin University of Science and Technology
4	中国台湾地区	大叶大学	Da—Yeh University
5	中国香港地区	香港理工大学	The Hong Kong Polytechnic University

三、国际友好往来

（一）概况

2016年度，共负责并参与接待国外12个校级团组的20次访问，分别是：英国伦敦艺术大学、法国HEI－ISA－ISEN教育集团、俄罗斯莫斯科国立建筑学院、美国犹他山谷大学、英国西苏格兰大学、亚美尼亚国立建筑大学、法国马恩河谷大学、美国夏威夷大学、俄罗斯彼得堡建筑大学、意大利那不勒斯大学、意大利萨萨里大学和美国奥本大学。

（二）重要接待活动

1. 10月，学校80周年校庆期间，负责6位外宾的接待工作，包括英国女王钦点皇室雕塑家、英国西苏格兰大学荣誉教授亚历山大·斯托达特、亚美尼亚国立建筑大学校长加吉克·加斯蒂安、副校长瓦尔德格斯·耶多扬、俄罗斯彼得堡建筑大学副校长伊莉娜·卢戈夫斯卡娅、建筑与工程建设院院长斯维特兰娜·戈洛温娜、法国马恩－拉瓦雷大学副校长弗里德里克·杜马泽。

2. 10月，我校"大师驻校计划"正式宣告启动，"驻校大师工作室"正式建立，亚历山大·斯托达特教授成为我校"大师驻校计划"入驻的首位国际驻校大师。

3. 12月，接待意大利驻华使馆科技参赞Plinio Innocenzi教授一行四人来访洽谈合作。

（三）重要对外活动

由北京市人民政府外事办公室和我校联合主办、歌华设计有限公司承办的2016北京国际设计周"中葡设计握手·家具篇"（从北京到帕雷德斯）展览于2016年9月9日在北京歌华大厦举办。

四、港澳台友好往来

2016年度，共负责并参与接待3个校级团组的访问，分别是：台湾科技大学、台湾大叶大学和台湾宜兰大学。

五、因公出国

（一）概况

2016年度，办理教师因公出国共计40个团组、142人次，涉及美国、加拿大、古巴、英国、德国、法国、意大利、比利时、希腊、澳大利亚、捷克、荷兰、亚美尼亚、日本、韩国等15个国家和地区。

各个环节严格按照因公出国规章制度执行，遵守因公证照集中管理制度，收回和保管率达到100%，未出现丢失情况。其中，有效公务普通护照数量为127本。

（二）重要出访活动

1. 5月16日至20日，党委书记王建中率团出访法国，先后访问HEI-ISA-ISEN教育集团、奥尔良大学综合理工学院、首创集团中法国际大学城，会见中国驻法国教育处公使级教育参赞马燕生先生，就学校参与"中法国际大学城"合作办学事宜、进一步拓展学校师生校际交流与海外办学进行了广泛交流和合作洽谈。

2. 6月30日，校长张爱林应邀参加在法国巴黎举行的"中法高等教育论坛：大学与工程教育"。作为受邀参加此次论坛的唯一一所市属高校，国家留学基金委将学校与法方近二十年合作的中法能源培训中心以及近期开展的合作办学成果和经验，以纪录片的形式在中法两国领导人、中法几十所高校校长面前予以展示、宣传，受到好评。中法高等教育论坛在巴黎笛卡尔大学举行，是"中法高级别人文交流机制第三次会议"的重要配套活动。国务院副总理刘延东，法国国民教育、高等教育与科研部部长Najat VALLAUD－BELKACEM以及教育部、国家留学基金委等领导出席论坛。

3. 9月24日至28日，校长张爱林率团访问希腊亚里士多德大学，与亚里士多德大学校长伯里克利进行了亲切会晤。两校签署合作框架协议，切实推动两校师生间交流与互访。

4. 10月25日，校长张爱林率团赴亚美尼亚国立建筑大学协办第八届土木与建筑热点问题国际研讨会，并出席亚美尼亚国立建筑大学95周年校庆活动。亚美尼亚国立建筑大学校长Gagik Galstyan会见了代表团，张爱林校长与Gagik Galstya代表双方签订了新的合作协议。

5. 11月27日至12月1日，党委副书记吕晨飞代表学校赴韩国光州科学技术院、大田大学开展访问，分别与光州科学技术院、大田大学签署师生交流、科研合作、硕博联合培养协议等。

六、因公出境

（一）概况

2016年度，完成教师因公出境7个团组、17人次，涉及香港、澳门及台湾地区。

在因公出境各个环节都严格按照规章制度执行，遵守因公证照集中管理制度，收回和保管率达到100%，未出现丢失情况。其中，有效往来港澳通行证数量为10本，有效大陆居民往来台湾通行证数量为15本。

（二）重要出访活动

7月，纪委书记何志洪率团队赴台湾访问大叶大学、东华大学，与受访高校校长进行会晤并进行深度洽谈、落实合作模式、确定未来学生交流事宜。同时，参加短期专业交流并签署合作协议。

七、学生出国

（一）校际交流

强化和巩固与美国奥本大学、科罗拉多大学、加州大学圣地亚哥分校、南康涅狄格州立大学、英国伦敦艺术大学、南威尔士大学、西苏格兰大学等多所高校的联合培养项目。成功派出伦敦艺术大学交换生项目、奥本大学环境设计专业"3+2"联合培养项目、西苏格兰大学"3+1"联合培养项目的第一届学生。

召开行前教育会暨经验交流会，旨在增强学校学生出国安全防范意识，保障学生在外人身财产安全，提高学生跨文化交流能力，保障学生顺利完成海外学习任务。

举办七场"留学-建大"系列讲座，邀请到了伦敦艺术大学、法国HEI-ISA-ISEN集团、英国西苏格兰大学等，给学生专题报告，合作项目并指导同学们进行留学规划。

2016年通过各类长短期项目共派出98名学生赴国（境）外交流学习。

（二）优本项目

2016年1月底，国家留学基金委批复学校申报的"北京建筑大学与美国科罗拉多波尔得分校土木工程学科本科生交流项目"。6月，学校上报的2名同学王新宇（2013级土木工程专业）和刘可睿（2014级土木工程专业）顺利通过审核，成为国家留学基金委2016年优秀本科生国际交流项目的一员，并于8月成功派出。

11月，申报三个2017年"优本"项目（美国科罗拉多波尔德分校土木工程学科本科生交流项目、伦敦艺术大学建筑学科本科生交流项目、美国加州大学圣地亚哥分校公共管理学科本科生交流项目）。

（三）外培计划

2016年在本科提前批次录取20名北京地区新生，海外合作院校为：

英国伦敦艺术大学，招收建筑学专业5人、环境设计专业4人；

英国西苏格兰大学，招收计算机科学与技术专业3人，自动化专业2人；

美国奥本大学，招收风景园林专业2人、工程管理专业2人；

美国华盛顿大学,招收机械工程专业2人。

此外,2016年通过校内遴选模式选拔16名"外培计划"学生,派出海外合作院校为英国伦敦艺术大学、南威尔士大学、美国奥本大学、加州大学圣地亚哥分校等4所学校,涉及专业为建筑学、城市规划、环境设计、建筑环境与设备工程等4个专业。

（四）合作办学

中外合作办学项目"2+2"班2016年招收第5批26名学生,2016年8月成功派出11名学生到美国奥本大学继续高年级学习,连续3年派出率超过50%。2016年7月第1届"2+2"学生顺利毕业,其中7人被美国高校录取,在美国继续硕士研究生阶段的学习。其中臧子川被全美排名第8的康奈尔大学录取、张宵被全美排名第9的宾夕法尼亚大学录取。其余5位同学继续留在奥本大学,其中的4名同学获得了奥本大学硕士全额免学费的奖学金资助。

2016年1月中旬,国际教育学院继续举办第3届"英美文化周"系列活动,以帮助中美合作办学"2+2"水143班的同学们更好地适应和融入美国本土文化和奥本大学校园生活。

八、来华留学

2016年,学校加快来华留学事业发展,促进与"一带一路"沿线国家教育合作。在学校就读的留学生中,"一带一路"沿线国家学生占80%。2016年在校学生人数达到115人次,其中长期生95人,学历生占66%,短期生20人。分别来自利比亚、伊朗、喀麦隆、坦桑尼亚、加纳、哈萨克斯坦、土库曼斯坦、蒙古国、苏丹、贝宁、伊朗、越南、俄罗斯、安哥拉、赞比亚、老挝、马来西亚、伊拉克、博茨瓦纳、意大利、美国、英国等国家。

1. 学校成为首批北京市"一带一路"奖学金院校,获得资金资助25万元。

2. 以北京市来华留学生政府奖学金为杠杆,各二级学院为抓手,采用多种方式开展留学生学风建设。本学年共有90名学生获得北京市政府奖学金;同经管学院等二级学院召开三次留学生学风座谈会,并开展留学生与国内学生"一帮一"互助活动,收效显著。

3. 组织留学生参加北京市西城区政府组织的"走进马连道体验中国传统文化暨茶调饮展活动",使外国留学生们近距离接触中国茶文化,感受茶文化,充分领略中国文化的博大精深。

4. 7月10日至22日,首届暑期国际学校在大兴校区举行。200余名来自12所国（境）内外院校的师生参加。本次暑期国际学校聘请了来自英国西苏格兰大学、中国台湾大叶大学、意大利那不勒斯大学等海外一流大学的外籍教师和国际著名建筑设计师、中国工程院院士、"长江学者"等国内教师授课。课程设置重点突出建筑类高校专业特色,兼具首都文化和语言交流,内容涵盖建筑学、土木工程学、文化学、传播学等领域。常规课程之余,暑期国际学校还安排了丰富的文化实践活动,学生将亲身了解和体验中国传统建筑与现代建筑文化。

九、外国专家

2016年，共聘请6名长期外国文教专家（分别来自美国、法国、印度、韩国、加拿大）从事教学、合作科研工作，还邀请多名外国文教专家来北京建筑大学进行短期访问、商谈合作、参加国际学术会议等。这些外国文教专家主要承担英语语言、建筑学、环境科学、电气自动化、土木工程等课程的教学和研究，为北建大营造了国际化的学术氛围。

十、港澳台专家

2016年，共聘请2名长期台湾文教专家从事教学、合作研究工作，还邀请多名台湾文教专家来北京建筑大学进行短期访问、商谈合作、参加国际学术会议等。

（赵晓红）

第八章 招 生 就 业

一、本科生招生工作

（一）概况

2016年，北京建筑大学牢固树立"服务人才培养、加大招生宣传、提高生源质量"的工作目标，紧紧围绕高招宣传和高招录取开展工作，积极探索，不断创新。在学校领导和全校教职工的大力支持下，招生办公室积极拓展宣传途径，加大宣传力度，提升了学校在京内、京外地区的知名度和社会认可度；顺利完成了2016年高招录取工作，保持了高招录取工作中"零违规、零失误、零投诉"的良好成绩，使学校高招录取成绩再上一个新的台阶。

（二）招生政策

国家教育部、北京市教育委员会、北京教育考试院等上级部门规定普通高等学校实行"招生学校负责、省市招办监督"的录取管理制度。即：在思想政治品德考核和身体健康状况检查合格、统考成绩达到同批录取控制分数线的考生中，由招生学校确定调阅考生档案的比例（一般在学校招生计划数120%以内），决定考生录取与否及所录取专业，并负责对未录取考生的解释及其他遗留问题的处理。省（直辖市、自治区）招生委员会实行必要的监督，检查学校执行国家招生政策、招生计划的情况。

根据上级部门的有关规定，北京建筑大学招生录取期间成立学校招生工作委员会，由校长担任委员会主任，主管教学的副校长、纪委书记为副主任，招生工作委员会下设录取工作组、监察工作组和技术保障组，招生工作委员会对学校本科招生实行统一组织领导。同时成立由纪委副书记为主任的招生监察办公室，成员由学校纪检监察干部、特邀监察员等相关人员组成。招生监察办公室在学校招生工作委员会的领导下，具体实施对本校招生录取的监督工作。

2016年北京高考志愿填报模式为考后知分知排位大平行填报，每个考生在每个批次均可填报6个院校志愿，每个院校志愿均可填报6个专业志愿。

2016年，北京建筑大学高招录取的录取规则为：

学校在录取考生时，全面贯彻实施高校招生"阳光工程"，本着公平、公正、公开的原则，严格按照市高校招生办公室公布的批次、科类进行录取，专业录取时按照分数优先原则结合考生志愿顺序，全面审核，择优录取，给水排水科学与工程（中美合作2+2项目）只录取填报该专业志愿的考生，给水排水科学与工程（中美合作2+2）要求英语单科成绩在100以上。

在进行录取时遵循以下原则：

1. 所有专业入学前后均无美术加试；

2. 考生提档后无特殊情况均不退档；

3. 认可各地加分政策，加分到分专业；

4. 同一志愿条件下分数优先，遵循志愿，不设专业级差；

5. 总分相同情况下，文综/理综分数高的考生优先录取；如文综/理综分数仍相同，数学分数高的考生优先录取；如数学分数再相同，英语分数高的考生优先录取。

6. 不设男女生比例限制，体育、艺术等特长生在同等情况下优先录取。

2016年学校招生新政包含以下四方面内容：

1. 新增四个文科招生专业

建筑学（大师实验班）北京地区文科一批次计划招生2人，学制5年，授予建筑学学士学位；建筑学（城市设计方向）北京地区文科一批次计划招生2人，学制5年，授予建筑学学士学位；建筑学北京地区文科一批次计划招生4人，学制5年，授予建筑学学士学位；城市管理试点班，学制4年，授予管理学学士学位，该试点班将在文科一批次计划招生10人。

2. 新增三个实验班

城市管理试点班，学制四年，授管理学学士学位。本实验班将以城市建设为依托，专业培养方案结合智慧城市、数字化城市等未来城市发展方向，培养具有较强实践能力的应用型人才；城市设计试点班，学制5年，授建筑学学士学位。本实验班结合了建筑学、风景园林、城乡规划等专业的基本知识，培养复合交叉的专业性人才；城市轨道车辆卓越班，学制四年，授工学学士学位。本实验班与部分省市地铁企业进行"3+1"订单式联合培养，学生入学三年实施宽口径厚基础的通用性教育，第四年可签约后针对地铁行业特点进行专门教育。

3. 新增两个大类招生

城市空间信息类（测绘工程、地理信息科学、遥感科学与技术），机电类（机械工程、机械电子工程、工业工程、车辆工程）。

4. 增设一个辅修专业：工商管理，供非管理类专业在校生辅修。

（三）招生计划

北京市教委2016年下达到我校本科招生计划为2012人，包括统招计划1830人和高职升本科计划182人。统招计划包括北京计划1166人（含双培计划132人，外培计划24人，农村专项计划36人），外省市计划664人（含少数民族预科班计划47人）。按照市教委的统一部署，今年我校共接收北京市10所高职院校的182名优秀毕业生升入我校（其中包括33名推优士兵免试生本科学生）。

2016年我校面向全国27个省市及自治区招生，在北京地区参加本科提前批次、本科一批次和本科二批次招生，京外地区均为本科一批次招生。

（四）录取情况（录取分数、录取新生、新生奖学金等）

【录取分数】2016年我校北京地区理工类本科一批次录取最低分为551分，超一本线3分（理工类一本线548分），录取最高分为642分，超一本线94分；文史类本科一批次录取最低分为596分，超一本线13分（文史类一本线583分），录取最高分为635分，超一本线52分。2016年我校北京地区理工类本科二批次录取最低分为536分，超二本线42分（理工类二本线为494分），录取最高分为577分，超二本线83分；文史类本科二批次录取最低分为563分，超二本线31分（文史类二本线为532分），录取最高分为591分，超二本线59分。2016年我校建筑学（大师实验班）（理工类）录取最低分612分，平均分为624分，高出一本线76分；建筑学（城市设计方向）（理工类）录取最低分582分，平均分为594分，高出一本线46分；土木英才实验班录取最低分585分，平均分为591分，高出一本线43分；环境类创新人才实验班录取最低分555分，平均分为565分，高出一本线17分；工程创新实验班录取最低分546分，平均分为552分，高出二本线58分；建筑学（大师实验班）（文史类）录取最低分631分，平均分为633分，高出一本线50分；建筑学（城市设计方向）（文史类）录取最低分623分，平均分为625分，高出一批线42分；建筑学（文史类）录取最低分609分，平均分为613分，高出一批线30分。在北京市继续推行考后知分大平行志愿填报模式和考生持续减少的双重压力下，非211的市属高校很难吸引到高分学生，2016年市属高校录取分数普遍下滑，我校招生新政的推行充分发挥了吸引优质生源的"龙头"作用，在录取分数扁平化趋势加剧的情况为学校争取到了优质生源。

2016年，我校京外地区均实现本科一批次招生，生源情况良好。在投放普通理科计划的26个京外省市中，我校在河北、辽宁、山东等13个省市录取最低分超过当地一本线50分，在安徽、江西、广西等6个省市录取最低分超过当地一本线40分。在投放普通文科计划的15个京外省市中，我校在5个省市录取最低分超过当地一本线40分。

2016年全国各省市录取分数统计

地区	批次	理工			文史		
		最高分	最低分	批次线	最高分	最低分	批次线
北京	一批	642	551	548	635	596	583
北京	二批	577	536	494	591	563	532
天津	一批	584	538	512	557	556	532
河北	一批	627	599	525	587	585	535
山西	一批	556	542	519	—	—	518
内蒙古	一批	582	547	484	529	514	474
辽宁	一批	588	568	498	—	—	525
吉林	一批	606	530	530	543	540	531
黑龙江	一批	583	559	486	533	525	481
上海	本科	448	420	360	—	—	368
安徽	一批	608	564	518	—	—	521
福建	一批	601	520	465	526	521	501
江西	一批	586	572	529	—	—	523
山东	一批	615	600	537	—	—	530
河南	一批	609	573	523	541	539	517
湖北	一批	583	567	512	544	538	520
广西	一批	591	543	502	—	—	545
海南	一批	702	629	602	699	696	653

续表

地区	批次	理工			文史		
		最高分	最低分	批次线	最高分	最低分	批次线
重庆	一批	590	559	525	550	543	527
四川	一批	631	585	532	—	—	540
贵州	一批	571	520	473	594	559	551
云南	一批	599	547	525	577	571	560
西藏	一批	466	466	425	480	480	440
陕西	一批	568	539	470	—	—	511
甘肃	一批	548	527	490	—	—	504
青海	一批	483	442	416	465	463	457
宁夏	一批	546	519	465	540	533	516
新疆	一批	560	539	464	—	—	487

2016年北京市各专业录取分数统计

批次	科类	学院	专业名称	最高分	全市排名	最低分	全市排名	平均分	全市排名
一批	理工	建筑学院	建筑学（大师实验班）	642	2952	612	6728	624	5129
			建筑学（城市设计方向）	608	7339	582	11266	594	9423
			建筑学	608	7339	588	10306	594	9423
			城乡规划	590	10022	574	12463	582	11266
			风景园林	611	6886	588	10306	600	8533
			历史建筑保护工程	598	8837	581	11430	589	10181
			工业设计	590	10022	574	12463	581	11430
		土木学院	土木英才实验班	602	8200	585	10789	591	9870
			土木工程（建筑工程）	593	9571	560	14607	572	12793
			土木工程（城市道路与桥梁工程）	587	10480	557	15049	570	13139
			土木工程（城市地下工程方向）	597	8979	557	15049	566	13729
			交通工程	581	11430	559	14746	565	13873
			无机非金属材料工程（建筑材料）	580	11597	556	15205	561	14461
		环能学院	建筑环境与能源应用工程	595	9276	561	14461	571	12956
			给水排水科学与工程	591	9870	559	14746	569	13297
			给水排水科学与工程（中美合作2+2）	582	11266	562	14318	571	12956
			环境类创新人才实验班	592	9723	555	15377	565	13873
			能源与动力工程	577	12016	560	14607	567	13577
		测绘学院	城市空间信息类	575	12316	551	15956	557	15049
		经管学院	工程管理	576	12171	559	14746	565	13873
			工程造价	589	10181	571	12956	578	11885

续表

批次	科类	学院	专业名称	最高分	全市排名	最低分	全市排名	平均分	全市排名
一批	文史	建筑学院	建筑学（大师实验班）	635	1074	631	1260	633	1160
			建筑学（城市设计方向）	627	1452	623	1633	625	1539
			建筑学	618	1902	609	2393	613	2183
			城乡规划	610	2342	598	3092	602	2826
			风景园林	610	2342	599	3024	604	2710
			历史建筑保护工程	609	2393	599	3024	604	2710
			工业设计	598	3092	596	3227	597	3178
		经管学院	城市管理试点班	602	2826	597	3178	599	3024
二批	理工	机电学院	机电类	547	16551	536	18174	540	17593
		电信学院	建筑电气与信息类	555	15377	538	17881	542	17310
			工科创新实验班	577	12016	546	16695	552	15818
		理学院	信息与计算科学	550	16103	544	17004	545	16840
			电子信息科学与技术	545	16840	543	17153	544	17004
		经管学院	工商管理	552	15818	544	17004	547	16551
		文法学院	法学	546	16695	542	17310	544	17004
	文史	经管学院	工商管理	591	3539	575	4614	578	4404
		文法学院	法学	585	3927	565	5341	570	4966
			社会工作	578	4404	563	5499	570	4966

注：以上数据仅供参考，最终数据请以北京考试院公布数据为准。

【录取新生】 2016年我校共录取本科新生1848人，其中北京生源1189人（含双培计划130人，外培计划22人，农村专项计划36人），京外生源659人（含少数民族预科班47人）。

此外，2016年我校共接收北京市10所高职院校的182名优秀毕业生升入我校（含33名推优士兵免试生本科学生）。

【新生奖学金】 2016年，北京建筑大学共有17名新生获得新生奖学金9.1万元整。其中，北京地区4名新生获得新生奖学金2元，京外地区11名新生奖学金7.1万元。

2016年北京地区新生奖学金

类别	金额（万元）	人数	合计（万元）
一批理科前三名且高分数线80分	0.5	3	1.5
二批理科前三名且高分数线80分	0.5	1	1
总计		4	2

2016 年外省市新生奖学金

类别	金额（万元）	人数	合计（万元）
理科第一名且高于当地一本线 100 分	0.8	2	1.6
理科第一名且高于当地一本线 80 分	0.5	11	5.5
总计		13	7.1

（五）招生宣传

为进一步扩大学校的社会影响力，提升学校的社会认知度，提高学校的生源质量，招生办公室在全校教职工的大力支持下，开展了一系列招生宣传活动。

1. 成功举办了北京市第四届高招联合咨询会，共邀请到 52 所高校，教育部阳光高考和北京考试报两家媒体的参加；中央电视台、北京电视台、北京青年报、北京日报等多家媒体对咨询会进行报道，万余名考生及家长参加了咨询活动。

2. 2016 年学校共参加北京地区高招咨询活动 36 场。各学院领导、专业负责人、学科带头人等积极参与，为广大考生和家长提供详细、耐心、细致、周到的咨询服务。

2016 年北京建筑大学参加京内招生咨询会汇总表

序号	时间	主办方	举办地点
1	4月10日	北京城市广播教育面对面	北京建筑大学大兴校区
2	4月23日	北京城市广播教育面对面\北京晨报	北京方庄体育中心
3	5月1日	工商嘉华	工商嘉华
4	5月11日	人民网	人民网
5	5月14日	北方工业大学	石景山晋元庄
6	5月18日	腾讯教育	腾讯教育
7	5月19日	新华网	新华网
8	5月20日	北京五中	东城区细管胡同13号
9	5月21日	北京农学院	昌平区回龙观
10	5月21日	北京服装学院	朝阳区樱花园东街甲2号
11	5月26日	新浪网	新浪网
12	5月29日	教育面对面	教育面对面
13	6月10日	教育面对面\北京晨报	方庄体育公园足球场
14	6月11日	北大附中	海淀区黄庄大泥湾路甲82号
15	6月11日	北京城市学院	顺义区木燕路
16	6月11日	延庆五中	延庆区湖南东路8号
17	6月12日	北京五十五中	东城区东直门外新中街12号
18	6月14日	北师大附中	和平门烤鸭店南30米
19	6月15日	首师大育新	西三旗新康校区
20	6月16日	一六六中学	东城区东四六条甲44号
21	6月17日	首都师范大学附属中学	北京市海淀区北洼路33号
22	6月17日	房山良乡中学	房山区南关东路5号

续表

序号	时间	主办方	举办地点
23	6月18日	北京十二中	丰台区益泽路15号
24	6月18日	北京九中	石景山区模式口村临甲16号
25	6月18日	北京一六一中学	北京一六一中学
26	6月18日	北京陈经纶中学	朝阳区朝外大街38号
27	6月19日	工大耿丹	顺义区牛栏山镇
28	6月19日	首都经济贸易大学	校本部体育场
29	6月19日	北京石油化工学院	大兴区黄村镇清源北路19号
30	6月20日	景山中学	景山中学
31	6月23日	人大附中	海淀区人大附中
32	6月23日	八一学校	海淀区苏州街29号
33	6月24日	北京八十中	朝阳区望京北路甲16号
34	6月24日	北京十二中	北京十二中
35	6月24日	北京四中	北京四中
36	6月25日	北京师范大学第二附属中学	西城区新街口外大街12号

3. 大规模参加京外高招咨询。2016年学校共参加京外地区19个省市举办高招咨询活动32场。

2015北京建筑大学参加京外地区招生咨询会汇总表

序号	时间	主办方	举办地点
1	6月23日	内蒙古自治区教育学会	呼和浩特市
2	6月23日	兰州大学	兰州大学
3	6月23日	贵州大学	贵州大学花溪北校区体育馆
4	6月24日	保定市第一中学	保定市第一中学
5	6月24日	武汉招生考试办公室	武汉国际会展中心
6	6月25日	内蒙古大学	内蒙古大学
7	6月25日	安徽农业大学	安徽农业大学
8	6月25日	陕西西安中学招生办	陕西西安中学
9	6月25—26日	河南省招办	河南师范大学新联学院
10	6月25—26日	招生考试院	广西南宁国际会展中心
11	6月26日	哈尔滨工程大学	哈尔滨工程大学体育场
12	6月26日	合肥八中	合肥八中
13	6月26日	驻鲁高校联盟	济南大学主校区
14	6月26日	西安建筑科技大学	雁塔校区北院教学区创新大道
15	6月26—27日	福建省教育考试院	福州海峡国际会展中心
16	6月30日	福建省教育考试院	厦门国际会展中心

续表

序号	时间	主办方	举办地点
17	6月27日	驻鲁高校联盟	青岛理工大学
18	6月26—28日	海南省考试局/海南广播电视总台少儿频道	海南国际会议会展中心
19	6月27日	威海二中	威海二中南校区
20	6月27日	河南新乡一中	河南新乡一中

4. 开展多种形式的招生宣传活动。

建立"请进来"和"走出去"同步推进的工作机制。依托"请进来"继续承办北京市规模最大、参与高校及考生、家长最多的公益性北京市第四届高招联合咨询会；通过"走出去"组织教职工参加了京内举办的20场高招咨询活动，并对部分重点生源中学（2015年学校录取人数超过20人的中学）进行了专门走访和咨询；参与了京外20场高招咨询活动，有力的扩大了学校的社会影响力，提高了社会知名度。

积极参加人民网、新华网、腾讯教育、中国网、《中国教育报》、《北京考试报》、《高校招生》杂志、北京城市广播、教育部阳光高考平台等多种类型主流媒体的宣传活动，拍摄了学校招生宣传微电影《我在北京建筑大学读大一》，同时注意新媒体应用，开通了微博、微信、QQ、贴吧等，加强和考生的互动和交流，吸引了更多的优质生源报考。

成立市属高校首家"缘聚北建大"学生招生协会，吸引学生志愿者投身宣传和推广母校活动，开展了《我在北京建筑大学读大一》征文，完成了《北京建筑大学2015级新生生源情况统计》，举办了寒假期间回母校高中宣传北建大的招生宣传社会实践活动，编辑了《北京建筑大学寒假招生宣传社会实践总结》。

努力推进优质生源基地建设，选取在当地省份排名前十名的京外中学作为学校优质生源基地的重点发展对象；贵州省兴义中学、兴义一中、兴义八中挂牌成为学校"优质生源基地"。

二、就业工作（含本科生与研究生）

（一）概况

北京建筑大学按照就业工作"一把手工程"的要求，严格贯彻落实就业工作目标责任制。积极推动就业工作的科学化、规范化建设，建立"领导主抓、部门统筹、学院为主、全员参与"的四级联动工作机制，形成了"上下联动、齐抓共管、专兼结合、全员参与"的毕业生就业工作格局。

2016年，招生就业处将"高质量就业、高平台发展"作为工作重心，采取有力措施，在社会就业形势严峻的大背景下，保数量、提质量，扎实推进就业工作，圆满完成了工作目标。截至2016年10月31日，学校共有本科毕业生1964人，就业率96.18%，签约率93.08%；共有研究生毕业生401人，就业率99.75%，签约率97.75%；学校合计毕业生2365人，就业率96.79%，签约率93.87%。

（二）毕业生就业情况

【毕业生就业基本数据】

2016 年本科生分专业签约率、就业率一览

序号	学院	专业	总人数	签约率	就业率
1	建筑	建筑学	45	97.78%	97.78%
		城市规划	45	100%	100%
		工业设计	21	100%	100%
		历史建筑保护工程	18	94.44%	94.44%
		合计	129	98.45%	98.45%
2	土木	土木工程	336	95.24%	96.13%
		交通工程	36	94.44%	94.44%
		无机非金属材料	29	89.66%	89.66%
		合计	401	94.76%	95.51%
3	环能	建筑环境与设备工程	82	98.78%	98.78%
		给水排水工程	100	97%	98%
		热能与动力工程	30	100%	100%
		环境工程	27	92.59%	92.59%
		环境科学	26	96.15%	96.15%
		合计	265	97.36%	97.76%
4	电信	自动化	66	92.42%	93.94%
		电气工程及其自动化	79	93.67%	94.95%
		计算机科学与技术	66	93.94%	95.45%
		建筑电气与智能化	32	93.75%	93.75%
		合计	243	93.42%	94.65%
5	经管	工程管理	188	85.64%	96.81%
		工商管理	109	86.24%	90.83%
		公共事业管理	81	88.89%	93.82%
		市场营销	41	65.85%	85.37%
		合计	419	84.49%	93.56%
6	测绘	测绘工程	32	96.88%	96.88%
		地理信息科学	124	95.16%	99.19%
		合计	156	95.51%	98.72%
7	机电	机械工程及自动化	59	89.83%	94.91%
		车辆工程（汽车工程方向）	30	93.33%	93.33%
		车辆工程（城市轨道交通向）	41	92.68%	97.56%
		工业工程	33	93.94%	96.97%
		合计	163	92.02%	95.71%

续表

序号	学院	专业	总人数	签约率	就业率
8	文法	法学	54	98.15%	100%
		社会工作	56	98.21%	100%
		合计	110	98.18%	100%
9	理	电子信息科学与技术	39	94.87%	100%
		信息与计算科学	39	97.44%	100%
		合计	78	96.15%	100%
全校		本科生合计	1964	93.08%	96.18%

2016年研究生分专业签约率、就业率一览

序号	学院	专业	总人数	签约率	就业率
1	建筑	建筑学	68	95.58%	100%
		城乡规划学	17	100%	100%
		风景园林学	9	100%	100%
		设计学	17	100%	100%
		合计	111	97.3%	100%
2	土木	结构工程	13	100%	100%
		桥梁与隧道工程	4	100%	100%
		防灾减灾工程及防护工程	2	100%	100%
		岩土工程	4	100%	100%
		道路与铁道工程	4	100%	100%
		建筑与土木工程	56	100%	100%
		交通运输规划与管理	5	100%	100%
		合计	88	100%	100%
3	环能	供热、供燃气、通风及空调工程	45	100%	100%
		市政工程	29	100%	100%
		环境工程	20	100%	100%
		环境科学	5	100%	100%
		合计	99	100%	100%
4	电信	控制理论与控制工程	8	100%	100%
		检测技术与自动化装置	1	100%	100%
		建筑与土木工程（电气与智能化）	16	100%	100%
		模式识别与智能系统	2	100%	100%
		合计	27	100%	100%
5	经管	物流工程	3	66.67%	100%
		企业管理	2	100%	100%
		技术经济及管理	1	100%	100%
		管理科学与工程	5	80%	100%
		工商管理	7	71.40%	85.71%
		合计	18	77.78%	94.44%

续表

序号	学院	专业	总人数	签约率	就业率
6	测绘	地图制图学与地理信息工程	5	80%	100%
		测绘工程	20	95%	100%
		大地测量学与测量工程	4	100%	100%
		摄影测量与遥感	3	100%	100%
		合计	32	93.75%	100%
7	机电	载运工具运用工程	4	100%	100%
		工业工程	6	100%	100%
		物流工程	6	100%	100%
		检测技术与自动化装置	1	100%	100%
		合计	17	100%	100%
8	文法	设计理论与美学	3	100%	100%
		合计	3	100%	100%
9	理	应用数学	4	100%	100%
		运筹学与控制论	2	100%	100%
		合计	6	100%	100%
全校		研究生合计	401	97.75%	99.75%

（三）就业指导与服务

【拓展延伸课外学时】 2016年，招生与就业处职业生涯教研室对面向全体大一新生的《大学生职业生涯发展与就业指导》课程资源进一步开展梳理，在课内讲授的16学时之外，弥补课程实践、体验部分的不足，拓展设计了"生涯嘉年华"大型生涯探索体验活动，并将之常态化，一学年2次，分别嵌入上下学期针对不同专业开设的职业生涯课程周期中，生均体验1学时。不但增强了职业生涯课程教育的趣味性，同时也是对课程讲授的拓展与延伸。

【师资培训体系初具】 2016年，招就处职涯教研室在原有师资培训、教研活动基础上，认真分析调研职涯课程教育方向广大师资的需求，初步构建了我校职业生涯教育师资培训体系，即：校外培训分层进阶，常规备课化整为零，教研常设主题沙龙。将现有师资按照从业年限、具备技能资格水平分层分类，外部各类职涯教育方向培训也被划分为三个层次（初级、中级和精进）和三个方向（授课技能、科研学术、业务知识），共选派20人次参加职涯教育类专业化培训，其中生涯规划师7人，就业岗前培训3人，业务知识中级培训10人；为保障校内教学研讨的深入与持续，将现有师资按照所属学院划分为三个片组，定期开展课程片组研讨，全年先后开展片组备课9次；结合片组备课反馈的问题，教研室定期开展"乐享生涯"系列主题沙龙，邀请校内外行业资深教师开展深入的主题分享，提升广大师资的认识、技能水平。2016年12月，经学校教务处批准，教研室自行组织了必修课《大学生职业生涯与发展规划》课程的师资试讲，提前对10名年轻教师进行辅导，10名教师顺利通过试讲。

【扎实开展教学研究】 2016年，教研室牵头申请了校内教学实践立项《大学生就业指导类课程实践教学研究与方案设计》，组织5名开课经验丰富的一线就业指导教师，深入研究就业指导课程的组织设计方案。

【加强就业动员和分类指导】 2016年，为满足毕业生不同阶段需求，招就处除了协助各学院大力开展就业动员分类指导，还组织开展面向全校大三（下学期）-大四年级学生的"简历大巡诊"活动6次，受惠学生1000余人次。2016年9-12月，针对毕业生开展"职点未来"系列主题讲座活动40余场。

2016年"职点未来"活动一览表

会议时间	会议	主要议题
5月12日	讲座	简历制作和求职面试技巧大揭秘
5月17日	讲座	名企HR简历指导工作坊（金房暖通）
5月19日	讲座	名企HR简历指导工作坊（英特尔公司）
5月24日	讲座	名企HR简历指导工作坊（北森）
5月30日-6月2日	测评	职业能力测评（7次）
5月30日	现场咨询	简历大巡诊
5月31日	现场咨询	简历大巡诊
6月4日	现场咨询	简历大巡诊
9月14日	现场咨询	简历大巡诊
9月21日	现场咨询	简历大巡诊
10月21日	现场咨询	简历大巡诊
10月23日	讲座	简历制作指导工作坊
10月26日	讲座	简历制作指导工作坊
10月11日	讲座	考研学生总动员
10月12日	讲座	出国学生分享会
11月5日	讲座	京外生源毕业生就业政策
11月12日	讲座	女生群体的就业与求职
10月19日	讲座	公务员招录政策与策略
9月1-25日	讲座	各学院就业动员阶段活动（协办并参与9场）
10月26-11月15日	讲座	各学院分类指导阶段活动（协办并参与12场次）
总计		45场（次）

（四）就业市场

【就业市场建设】 北京建筑大学多年来针对就业工作的严峻形势，提出"高质量就业，高平台发展"的工作目标，积极开拓就业市场。一方面实施请进来战略，将校园招聘活动贯穿全年，2016年学校及各学院精心组织各类招聘活动。全年组织6场大型双选会，累计参会的用人单位共计665家，提供就业岗位近20447个，其中建筑行业单位占比62%，国企事业单位占比32%。其中，针对2016年毕业生举行1场大型双选会；2017届毕业生举办了5场大型双选会，累计参会用人单位共计544家，提供就业岗位近18099个，岗位供需比接近1:8,其中建筑行业单位占比74%,国企事业单位占比32%;召开专场宣讲会75场,其中建筑行业单位占比86.67%,国有企业占比49%;为我校毕业生创造优质丰富的就业机会。

另一方面实施走出去战略,就业工作人员赴各地参加校企见面会,走访用人单位。累计梳理在京重点单位共计352家,并先后走访调研了深圳市城市规划设计研究院、深圳市建筑设计研究总院有限公司、中国建筑西北设计研究院等京外重点用人单位,同时利用全国建筑类高校就业联盟平台,联合山东建筑大学、吉林建筑大学、西安建筑科技大学等多所不同城市的建筑类高校,引进外省就业资源。为京外生源毕业生创造良好的就业资源。

充分利用就业网、校友会平台为学生提供招聘信息,在就业网注册的企业中,大型企业占比32.6%,国企、事业单位占比22.55%;累计现在我校就业网站总访问量(pv)达到80余万,日访问量在1500左右,同时,学校利用微信平台和QQ群等网络信息平台发布有效职位需求8500余个,为我校学生与用人单位搭建了良好的桥梁纽带。同时利用微信、人人网、飞信、QQ群、微博等新媒体技术与电话、海报、书面通知等传统手段相结合,为毕业生提供快捷、高效的多渠道信息服务。

2016年校园大型双选会一览表

序号	时间	地点	服务对象	参会单位
1	3月15日 13:30-17:00	西城校区大学生活动中心	2016届毕业生	北京首华物业管理、北京北辰实业股份有限公司、联想(北京)有限公司等121家
2	6月7日 13:30-17:00	大兴校区大学生活动中心	2017届毕业生	北京住总集团、中国水环境集团、华润置地(北京)股份有限公司等90家
3	9月27日 13:30-17:00	西城校区大学生活动中心	2017届毕业生	北京建工集团、北京城建集团、中国建筑标准设计研究院有限公司等116家
4	10月25日 13:30-17:00	大兴校区大学生活动中心	2017届毕业生	中铁六局、中航建设集团有限公司、北京自来水集团共计114家
5	11月29日 13:30-17:00	西城校区大学生活动中心	2017届毕业生	北京城建集团、北京市首都公路发展集团、中铁第五勘察设计院集团等121家企业
6	12月1日 13:30-17:00	大兴校区大学生活动中心	2017届毕业生	中铁建工集团、北京住总集团、中车置业有限公司等103家企业

2016年校园专场招聘会一览表

序号	宣讲会时间	单位名称	招聘专业/企业简介
1	10月9日15:00-17:00	中铁六局	建筑土木类相关专业
2	10月10日18:00-20:30	中国电建地产集团有限公司	土木工程
3	10月11日13:30-16:00	北京住总集团有限责任公司海外建设工程部	土木相关
4	10月11日19:00-21:00	华夏幸福基业	土木相关

续表

序号	宣讲会时间	单位名称	招聘专业/企业简介
5	10月12日 14：30-16：30	中交机电工程局有限公司	建筑土木、暖通、给水排水、工程管理、电气等专业
6	10月13日 14：00-16：00	北京世能中晶能源科技有限公司	暖通热动、机电、电气、土木等专业
7	10月13日 18：30	中建八局招聘	土建相关专业
8	10月14日 15：00-17：00	中铁城建集团有限公司	土木、道桥、无机非金属材料工程、测绘、城市轨道交通工程、市政工程、建筑学（建筑设计）、机械工程及自动化、建筑电气、电气工程及自动化、工程造价、法律等
9	10月17日 14：00-16：00	南国置业股份有限公司	建筑、房地产相关专业
10	10月17日 15：00-16：30	中建城市建设发展有限公司	土木、暖通、给水排水、环境、电气、工程管理
11	10月18日 13：30-16：00	中国铁建十六局有限公司	土建相关专业
12	10月18日 14：00	北京链家地产经纪公司	经济、市场营销相关专业
13	10月18日 14：00-16：00	北京航天宏图信息技术股份有限公司	遥感、地理信息系统、海洋科学、水文与水资源、大气科学、计算机、测绘工程、市场营销、水利水电工程、数学相关专业。
14	10月18日 14：00-16：00	厦门中物投进出口有限公司	建筑学、建筑环境与设备工程、给水排水工程、热能与动力工程、电气工程及其自动化、计算机科学与技术、建筑电气与智能化、自动化、工程管理、工商管理、公共事业管理（招标采购）、市场营销、法学、电子信息科学与技术、信息与计算科学
15	10月18日 14：00-16：00	北京清华同衡规划设计研究院有限公司	建筑设计、风景园林工程设计、土地规划等相关专业
16	10月19日 18：00-20：30	多维联合集团有限公司	结构专业/土木工程/工民建/建筑工程，机械设计制造及其自动化/机电一体化电气自动化/电气控制、工程造价
17	10月19日 14：00	中原地产	不限
18	10月19日 15：00-17：00	平安保险	不限
19	10月19日 18：30-20：00	中国航空规划设计研究院总院有限公司	建筑类，空间规划类相关专业
20	10月20日 18：30	中铁十七局	土木相关
21	10月20日 16：30	龙湖物业	不限
22	10月20日 15：00-17：00 宣讲 19：00-21：00 面试	中信建筑设计研究总院有限公司	建筑、市政相关专业（道路工程、桥梁工程、城市隧道工程）、风景园林工程设计、工程咨询、工程设计审查等相关专业

续表

序号	宣讲会时间	单位名称	招聘专业/企业简介
23	10月21日14：00-16：00	北京三磊建筑设计有限公司	建筑施工、城乡规划类相关专业
24	10月21日16：30-18：00	市政路桥集团	土木工程，建筑先关专业
25	10月24日13：00-21：00	杭州中联筑境建筑设计有限公司	建筑、室内、景观设计和城市规划相关专业
26	10月24日18：00-20：30	喜利得集团	本科以上学历，土木工程、建筑工程、结构工程、交通土建、桥梁与隧道工程、水利水电工程等专业优先
27	10月24日18：00-20：30	佛吉亚集团	汽车相关专业
28	10月26日13：30-18：00	成都基准方中建筑设计有限公司	城市和规划设计、建筑设计、工程设计、环境景观设计、BIM和绿色设计、概预算等相关专业
29	10月26日14：00-16：00	北京仟亿达科技股份有限公司	电气自动化、机电一体化、机械，热动，环境
30	10月26日17：00-19：30	北京东方雨虹防水技术股份有限公司	土木、电气等
31	10月26日18：00-20：00	中建一局华南区域公司	土木、建筑相关专业
32	10月27日8：30-9：30	上海华测导航技术股份有限公司	通信、电子、计算机、自动化、微波、信号与信息处理、水声工程、软件、测绘、地理信息系统、遥感、数学、测量、土方工程（路桥等）、农业、农机、管理类、理工类、质量管理工程类、国际贸易、英语/法语/西班牙语等相关专业
33	10月27日18：00-20：00	山东同圆设计集团有限公司	建筑设计、智能设计、规划设计、市政设计、房地产开等相关专业
34	10月27日16：30-18：30	中建海峡建设发展有限公司	土建相关专业
35	10月27日17：00-19：30	中交第三公路工程局有限公司	1. 土木工程：公路工程、桥梁工程、隧道工程、铁路工程、城市轨道空间与地下工程等； 2. 工民建：建筑工程、房建工程等； 3. 市政工程：给水排水工程、建筑环境与设备工程（暖通）、建筑电气等； 4. 相关专业：机电一体化、测绘工程、安全工程、机械工程、材料（物流管理、物流工程、无机非金属、物资管理）、试验检测（土木工程类桥梁、隧道、地下方向）、工程管理、工程造价、会计学、财务管理、外语（英语、西班牙语、法语）、人力资源管理、文秘（汉语言文学）、金融投资类等

续表

序号	宣讲会时间	单位名称	招聘专业/企业简介
36	10月31日15：00	北京夏德勤咨询顾问有限责任公司	电气工程及其自动化、计算机科学与技术、建筑电气与智能化、自动化、环境科学
37	10月31日14：00-16：00	大象建筑设计有限公司（GOA）	都市规划、建筑设计、结构工程、给水排水工程、电气设备、暖通设备、室内设计等相关专业
38	10月31日17：00开始	中国建筑装饰有限公司	土木相关
39	11月1日14：00-17：00	中国建筑标准设计研究院	建筑标准设计编制研究与管理、建筑工程设计与咨询、地下人防、城市规划、建筑产品应用研究、建筑产品信息服务、建筑设计软件开发等相关专业
40	11月1日15：00	东易日盛家居装饰集团	不限
41	11月1日13：30	中国中铁航空港建设集团有限公司	土木相关
42	11月2日9：50	国网北京市电力公司	电气工程及其自动化、计算机科学与技术、建筑电气与智能化、自动化
43	11月2日14：00-16：00	北京紫玉山庄房地产开发有限公司	经济管理类相关专业
44	11月2日14：50	太平洋保险（车险）	车辆、保险、机械等相关专业
45	11月2日14：00	北京航空航天飞行院校	不限
46	11月2日17：00-20：30	中建六局	土木相关
47	11月3日14：00	融创地产	招聘职位有研发设计、工程管理、财务管理、成本管理、投资发展、法律事务、人力资源、客户关系、营销管理等职能，涉及我校所有专业
48	11月3日14：00-16：00	东易日盛家居装饰集团股份有限公司	室内设计、市场营销等相关专业
49	11月3日18：30-20：30（宣讲会）	华通设计顾问工程有限公司	城市规划与设计、建筑工程设计、室内设计及景观设计等相关专业
50	11月7日15：00-17：00	北京燃气集团	暖通、热动
51	11月4日13：00-17：00（快题考试）	华通设计顾问工程有限公司	城市规划与设计、建筑工程设计、室内设计及景观设计等相关专业
52	11月4日15：00-17：00	LG北京分公司	暖通、热动
53	11月2日14：30	中持水务股份有限公司	环工、环科、给水排水
54	11月7日13：30-18：00	中国建筑技术集团有限公司	建筑工程施工、数据中心建设、工程设计、勘察、规划、工程监理、工程技术咨询等相关专业
55	11月8日14：00	北京国华置业有限公司	不限

续表

序号	宣讲会时间	单位名称	招聘专业/企业简介
56	11月8日13：00-18：00	笛东规划设计顾问有限公司	建筑类相关专业
57	11月8日13：30	中国土木工程集团	土木相关
58	11月9日15：00	北京建谊集团	不限
59	11月9日13：00-18：00	北京维拓时代建筑设计股份有限公司	建筑，土木类相关专业
60	11月10日14：00-17：00	成都市政工程设计院	市政、桥隧轨道交通、规划、园林设计等相关专业
61	11月10日17：30	安徽省设计院	道桥、交通方向
62	11月14日13：00-18：00	华清安地建筑设计事务所有限公司	建筑、规划设计等相关专业
63	11月15日13：30-15：00	泰伯传媒	地图制图学与地理信息工程，测绘工程，地理信息系统测绘科学与技术，地理学
64	11月15日下午14：30	北京经济技术投资开发总公司	不限
65	11月16日下午1：30	中建铁路建设有限公司	土木工程（道桥、铁路、地下、结构、岩土、建筑），安全工程（铁路、轨道交通方向），土木工程、质量管理，机械设计制造及自动化、电气工程及自动化、材料科学与工程，无机非金属材料工程（试验检测工程）、材料科学与工程，工程测量、测绘工程，工程管理、工程造价，财务管理、会计学、审计学，企业管理、行政管理、人力资源、金融学、投资学、经济学
66	11月17日下午3：00	中国建筑科学研究院建筑设计院	水电暖，建筑
67	11月17日下午14：30	华信（北京）投资担保有限公司	不限
68	11月18日10：00-16：00	中国中元国际工程有限公司	工程咨询、工程设计、工程总承包、项目管理、设备安装、房屋建筑工程等相关专业
69	11月17日15：00	中国中铁建工集团有限公司北京分公司	土木相关专业
70	11月28日13：30-19：00	广州天作建筑规划设计有限公司	规划设计、建筑设计、景观设计、市政工程设计、室内设计、建筑报建、融资运营等相关专业
71	11月29日16：00	中建水务环保有限公司	景观园林设计、土木工程、建筑材料、暖通、给水排水、环境
72	11月30日17：00	尚层装饰（北京）有限公司	土木工程、给排水工程、电气工程等相关专业优先

续表

序号	宣讲会时间	单位名称	招聘专业/企业简介
73	12月6日 15:00	银泰集团	管理类相关专业
74	12月13日 18:30	故宫博物院	安防岗位；安保岗位；建筑工程岗位；电气工程岗位；财务审计岗位；行政管理岗位；文物研究岗位；典籍管理岗位；公共教育管理岗位；展览策划岗位；资料信息管理岗位；文物保护与修复岗位
75	12月15日 15:00	北京学而思培优	不限专业、不限教师资格证

2016年就业市场拓展活动一览

序号	时间	单位	参加人员
1	2016年3月28日	深圳市城市规划设计研究院	汪苏、李雪华、朱俊玲、丁奇
2	2016年3月29日	深圳市建筑设计研究总院有限公司	汪苏、李雪华、朱俊玲、丁奇
3	2016年3月31日	中国建筑西北设计研究院	汪苏、刘临安、李雪华
4	2017年1月13日	同方股份有限公司	朱俊玲、张雷、关海琳、岳云涛、任谭志、翟玮

（徐敬明　贾海燕　杨益东　左一多　司　帅　何立新）

第九章 校友工作

一、概况

校友工作办公室，挂靠学校党政办公室。编制3人，含合同制1人，设主任兼任党政办公室副主任1名（副处级），综合管理科科长1名（正科级），兼校友服务岗，设基金会秘书岗1名。管理北京建筑大学校友会和北京建筑大学教育基金会，下设两个秘书处。

2016年，校友办主要承担学校党政工作要点中的第29项任务："突出学术交流主题，做好80年校庆各项工作组织，开展校友座谈会、成立北京建筑大学教育基金会，健全校友工作体制机制，召开校友理事会，汇聚校友和社会资源"。全部圆满完成。全体同志获得校庆工作先进个人称号，部门获得先进集体称号。

二、校友会工作

【继续健全校友工作体制机制】校友办向学校提交了《北京建筑大学关于加强校友工作的若干意见》。初步建立校院两级校友工作联动机制，成立二级学院校友工作领导小组。目前已经建立校内二级校友分会11个，京外分会12个，活跃的京外分会3个。特别成立青年校友分会，关注青年校友发展。制订校友返校接待流程，定期走访校友制度，开始在各类各层次毕业班级中聘任班级校友联系人。

【规范校友会管理】2016年5月，在财务处、审计处、资产公司大力支持下，顺利解决校友会历史积累的财务归口，下属公司归口问题。下属公司归资产公司管理，校友会账目归财务处代管。

【召开校友理事会】2016年10月15日，成功召开校友会第三届理事会第三次会议。校友会常务副会长张启鸿汇报第二次会议以来工作。张爱林校长致辞，介绍学校发展规划，党委书记王建中做总结讲话。感谢理事们和校友们对学校的关心、帮助、支持，希望各位理事、广大校友能够一如既往的帮助、支持学校的发展。与会理事就学校建设、校友会发展建言献策。

【建立校友工作宣传渠道】校庆前夕，正式出版校友会刊物《北建大人》第一卷。开通"北京建筑大学校友会"微信公众平台，汇集并生成了2000余张校友名片。编制"2016为爱回家—校友会暖心视频"，在腾讯网上点击量突破6000余次；通过手机报、主页等方式，定期推送信息，报道母校新成就，宣传校友共300余条。

【建立定期走访校友机制】确定走访校友的原则：知名校友全覆盖，普通校友面覆盖，高龄校友抢救性全覆盖。

一年来，王建中书记、张爱林校长等校领导带队共看望老中青校友40余名；新挖掘出省部级校友 4 名，正局级校友 6 名，获奖校友 20 余名，各行业翘楚 11 名。为凝练北建大精神，邀请 4 位优秀校友在学校新年团拜会、校庆大会开学典礼上重要活动中作为校友代表发言。

【首创多个校友活动品牌】2016 年 4 月 21 日，首创"校友跟你说"主题交流品牌。第一期邀请建筑学专业 94 级校友，国际著名建筑师马岩松回校交流。后续邀请了爱新觉罗·启骧、潘一玲、张晨校友回校交流。

2016 年 6 月 25 日，举办首次校友杯足球联赛，共有北京建筑设计研究院、市政总院、规划院、热力集团、北京市教委等 17 家单位参加。

2016 年 6 月 28 日—29 日举行首届北京建筑大学校友班级联络人聘任仪式。校党委副书记张启鸿为 2016 届夏季 70 名校友联络员颁发聘书。

2016 年 7 月 5 日，举办首次"花漾年华"校友会欢迎新校友毕业季活动。

2016 年 7 月 9 日，举办首届"校友值年返校"活动，共接待毕业 10 周年、20 周年、30 周年、40 周年、50 周年校友返校百余人次。

2016 年 12 月 31 日，举办首次校友新年团拜会，校长张爱林，校党委副书记、校友会常务副会长张启鸿与校友代表共庆新年。

【挖掘校友业绩筹建校史馆】依托走访校友机制，历时半年时间，广泛收集校友业绩，成功编辑首次校史展览中"校友风采"和"北建大与城乡建设"两部分内容，共 18 块展板。

【开发校友信息查询系统】校庆前夕，成功开发了校友信息查询系统，校友可在校史馆进行单机版查询。

【圆满完成校庆工作任务】筹建校史馆，征集校友业绩，完成"北建大与城乡建设""校友风采"展板设计。发布校庆公告第二号、第三号公告，倒计时 30 日校庆邀请函；设计制作校友纪念品——校园手绘地图；各类人员胸卡、工作证；两校区校友接待处。邀请校友嘉宾、校友会理事会成员出席校庆大会，邀请校友周正宇作为校友代表发言；完成校庆大会中组织校友捐赠，向全国勘察设计大师献花工作。筹建校史馆讲解团队，自校庆日起开始接待参观者。

三、教育基金会工作

【成功注册北京建筑大学教育基金会】2016 年 8 月 19 日北京市民政局核准同意北京建筑大学教育基金会注册成立。

【依法管理教育基金会】2016 年 9 月 5 日，第一届理事会第一次会议召开。在理事会领导，监事监督下，共召开了四次理事会，讨论了基金会章程、人员构成、内部管理规定、筹资项目设计、公益项目资助、申报慈善组织等事宜。编制《北京建筑大学教育基金会内部管理制度汇编》，共 19 个文件。

【教育基金会微信公众号上线】2016 年 10 月 11 日，北京建筑大学教育基金会微信公众号上线。同时，开通了 5 种捐赠方式，包括小额线上微捐方式。

【教育基金会首次发布筹资项目】2016 年 10 月 11 日，教育基金会首次发布 2016 年度筹资项目九项，积极为校庆、校史馆建设、文化建设等学校重点工作筹资。

【教育基金会通过慈善组织认定】2016 年 12 月 6 日，北京建筑大学教育基金会通过了北京市民政局的慈善组织认定。

【教育基金会接受捐赠】 截至年底，到账捐赠 80.28 万元，签订协议金额 302 万元；实物捐赠 129 件。

四、校友风采

2016 年 3 月 30 日，北京建筑大学道 72 顾启英、道 77 包琦玮、燃 78 潘一玲、道 79 秦大航、燃 81 李雅兰、道 81 金奕、道 81 刘勇、道 81 黄陆川、道 83 臧金萍、燃 86 支晓烨十位校友获"2015 中国土木工程詹天佑奖"。

2016 年 5 月 27 日，北京市第十四届人民代表大会常务委员会第二十七次会议通过决定，任命北京建筑大学建筑学专业 1983 级校友魏成林为北京市规划委员会主任。

2016 年 7 月 23 日，北京市人民代表大会常务委员会决定，任命魏成林为北京市规划和国土资源管理委员会主任。

2016 年 9 月 7 日，河南省人民政府发布人事任职通知，任命北京建筑大学公路与城市道路工程专业 1990 级校友吴浩为河南省人民政府副秘书长。

2016 年 12 月 22 日，北京市东城区第十六届人民代表大会第一次会议，北京建筑大学工业与民用建筑专业 1988 级校友金晖当选为北京市东城区人大常委会主任。

五、其他重要工作

【校领导看望我校杰出校友、北京市政协原主席王大明】 2016 年 6 月 6 日，党委书记王建中，纪委书记何志洪前往北京市政协看望我校杰出校友、北京市第八届政协主席王大明。王大明为我校机械科 1944 级校友，学校地下党支部第一任书记。

【校友会受邀参加在京市立高工老校友聚会】 2016 年 7 月 13 日，校友办主任沈茜等应邀参加市立高工在京老校友聚会。机械科 1943 级张广华、1944 级王大明、岳祥（曾用名李森）、1945 级徐德琛，土木科 1944 级崔锟，在京市立高工老校友欢聚一堂，共叙同窗情，共感母校恩，共忆革命路。

【李瑞环在京接见母校北京建筑大学校领导】 2016 年 9 月 13 日，北京建筑大学杰出校友、中共中央政治局原常委、全国政协原主席李瑞环在京亲切接见了我校党委书记王建中、校长张爱林等母校同志。李瑞环认真听取了校领导的汇报，对母校取得的成绩给予了充分肯定。对"实事求是、精益求精"的校训表示高度认可。李瑞环十分关心我校未来的发展，指出学校培养人才要注重传授原理并引导应用，坚持理论和实践相结合、坚持创新，力求精益求精。李瑞环再次向母校赠送了《少讲空话多办实事》、《学哲学用哲学》等哲学著作和书籍。

（杨洁华　沈　茜）

第十章 管理与服务

一、党政管理

(一) 概况

2016年,北京建筑大学着力推进管理与服务优化,坚持以制度立校管校兴校,积极推进依法治校、依法治教,修订完善相关议事规则和重大决策制度。牢固树立大局意识,积极推进文稿创新,探索建立重大文稿集体讨论、会商、研究机制,切实提高文稿质量。进一步转变会风,严格按照制度规定和程序做出重大决策,会议材料保留完善。深入推进学校公文管理工作规范化、标准化,不断提高公文处理的效率和水平。通过信息化优化工作流程,提高信息公开频次和内容,提高工作效率,提升管理和服务水平,信息化建设水平不断提高。坚持领导接待日制度,领导班子联系和服务党员群众制度,多样化提供和畅通信访渠道。全面落实保密工作相关政策、规章、制度,以高度负责任的态度做好保密工作。圆满完成学校大型活动、重要会议和接待的综合协调与保障服务工作,不断提升保障和服务水平。强化督察督办力度,推动学校整体工作落实。严格用印管理与审批,从源头核查与流程管控保障印信管理的科学有效。

(二) 制度建设

推进依法治校、依法治教,构建现代大学制度体系。修订完善党委常委会、校长办公会议事规则和"三重一大"决策机制,加强学校各领导小组在政策制定、工作决策、组织管理、绩效评估等方面的重要作用,完善学校民主决策程序。完成学校章程报备工作,开展规范性文件的审查和清理工作,共梳理各项规章制度221个。

(三) 文秘工作

牢固树立大局意识,极推进文稿创新,探索建立重大文稿集体讨论、会商、研究机制,切实提高文稿质量。深入贯彻上级精神,立足学校发展全局,着力加强对党中央各类理论、政策、文件、会议精神和习近平新时代中国特色社会主义思想理论体系的学习研究,认真研讨分析落实北京市委、市委教育工委、市教委的工作部署安排,密切关注高等教育领域热点和兄弟高校先进经验做法,不断提升文字工作水平。高质高效完成学校各种会议议程、领导讲话、新闻稿等文稿资料的起草撰写工作。将上级理论、政策、文件、精神与学校发展实际紧密结合,不断加强对学校发展形势和发展需求的分析研判,准确把握问题症结,出实招,解难题,切实做好校领导的参谋和助手。高质高效完成上级单位领导视察调研、评估检查、党政工作报告、大型会议、活动等政策文件、领导讲话起草撰写、学校年度综合性工作报告、总结、规划。

(四) 党委常委会、党委全委会、校长办公会、党群部门工作会等会务工作

严格按照《关于规范党委常委会、校长办公会议题申报程序和学校会议审批等有关事

项的通知》、《党委常委会议事规则》、《党委全委会议事规则》、《校长办公会议事规则》要求，进一步转变会风、文风。会前和相关领导做好沟通，议题经沟通酝酿且无重大分歧后提交会议讨论，做好议题的收集与印发、材料的汇总与整理、部门协调、会议记录、纪要整理和印发、决议执行单下发，认真贯彻落实会议决议和督办查办等各环节工作，切实提高会议质量。2016年共召开校长办公会28次，党委常委会30次，党委全委会3次，务虚会2次，党群部门工作会8次。充分发挥党代表和教代表参政议政职能，不断拓宽民主参政议政渠道，全年42人次列席党委常委会和校长办公会。

（五）公文管理

认真贯彻落实中共中央办公厅、国务院办公厅下发的《党政机关公文处理工作条例》和《党政机关公文格式》，根据《北京建筑大学党政公文处理办法》，严守工作程序，全面充分利用OA系统办理校外收文，校内各级各类发文、请示，极大提高了公文管理工作效率和质量，深入推进学校公文管理工作规范化、标准化。以严谨的态度和规范的工作标准完成上级来文和校内发文的流转工作。全年共完成校内发文557件，校内请示40件。完成中央、市委、市政府、市委教育工委、市教委等有关部门文件、函电的公文处理程序，共办结、落实上级来电来文988件。

（六）信息化工作

继续巩固卓越管理行动计划落实成果，持续开展工作流程优化再造，组织开展2次校内办公室业务培训会，分层分类开展公文培训，加强与各部门、各单位间办公室业务交流。协助手机端OA系统上线运行，适时对OA系统的公文办理、印信申请、会议管理、督察督办等情况进行统计反馈，针对统计结果反映的问题，查找原因，分析原因，着力优化OA系统使用，全年优化升级OA系统多次，有效提升了OA系统使用效率和为学校各项工作服务的水平。

（七）信息公开

学校坚持秉承公正、公平、便民的工作原则，按照"十三五"发展目标要求，进一步完善和规范校务公开、信息公开体制机制建设，拓宽公开渠道，丰富公开内容，坚持特色做法，不断提升校务公开、信息公开工作水平。制定并实施《北京建筑大学校务公开实施细则》和《北京建筑大学信息公开实施细则》，推动校务公开、信息公开工作从被动公开向主动公开转型，从结果公开向过程公开转型，坚持以学校改革发展的重大事项、师生员工普遍关注的热点问题为公开重点，通过校园网、宣传橱窗、教代会、情况通报会会议、OA系统、iStudent网络社区、官方微博、微信公众平台等多种形式推进校务、信息公开工作，让全校师生员工知校情、参校事、议校政，进一步调动了广大师生员工主动参与、关心学校改革与发展的积极性，促进了学校重大决策的科学化、民主化。

（八）信访工作

坚持领导接待日制度，领导班子联系和服务党员群众制度，设立并开通校级领导和各部门（单位）党政负责人校内工作邮箱，拓宽了全校师生员工积极反映情况、提出意见和建议、表达心声、交流思想的渠道。坚持以人为本，把切实解决师生员工困难作为信访工作的出发点，热情接待每一位来访者，认真处理每一件信访案件，积极联系主管部门解决问题，将校领导和相关部门处理意见及时反馈给来访人、来信人。坚持按照法律、法规、政策和相关规定，以事实为依据，确保信访事项件件有回音，事事有结果，全年共接待、处理信访案件 15 起，来访、来信人员满意度 100%。及时宣传国家颁布实施的《信访工作责任制实施办法》，完成校内橱窗 3 版宣传展示工作。

（九）保密工作

在学校保密委员会的领导下，信息科严格按照《北京市电子政务内网密码安全保密管理工作规范》等上级文件精神要求，全面落实相关政策、规章、制度，始终以高度的政治责任感、组织纪律性和负责任的精神，做好保密工作。协同相关部门切实加强对国家各类统一考试的保密管理，全年没有泄密事件发生。规范涉密文件管理，建立文件资料收、发、传阅制度，完善国家秘密载体和其他内部文件资料保密、借阅、归档、清退、销毁制度，完成 201 件涉密文件的流转工作。

（十）公务接待与综合事务管理

积极做好学校大型活动、重要会议和接待的综合协调与服务保障工作。一是明确范围，将重要会议、活动与接待的工作范围和分工加以明确，促进整体服务，保障更加高效；二是提高标准，以首善标准和精益求精校训精神做好相关服务协调工作；三是着眼细节，将细节作为提升服务的重要体现，推动管理服务工作不断完善。2016 年，圆满完成了学校 80 周年校庆、两校区办学工作会、提升育人质量工作座谈会、北京城市设计国际高峰论坛等重要会议和活动的总体协调和服务保障任务；积极配合人事、组织、教务、科技、研究生等部门组织召开学校各类工作会等具有改革引领意义的重要会议。

（十一）督察督办

督查督办工作以重要工作 100% 分解落实、重点事项 100% 立项督查、督查事项 100% 办结三个百分之百为工作目标，围绕学校中心工作，推动学校的决策部署落地生根。注重督查督办工作在强化核心工作落实中的作用，分两次对 2016 年党政工作要点完成情况进行督查。根据市委第五巡视组巡视整改意见，对 4 大类、8 大项、25 条整改任务落实情况进行了专项督查，确保核心工作得以全面落实。创新督查督办方式，积极开展督查督办信息化建设工作，在 OA 系统新建督查督办模块，罗列显示工作目标、反馈时间、责任单位、责任人等信息，方便随时了解督查督办工作进展情况，全面实现督办任务"网上发布、网上督查、网上反馈及网上确认完成销号"，实现闭环控制，推动督查督办工作高效有序开展。

（十二）用印管理

坚持审批严格、流程管控、方便快捷原则加强用印管理。加强印章刻制的必要性和所需材料核查，加强与主管部门沟通，保证印章刻制理由充分，程序严谨；加强对刻制后印章使用的核查，保障新刻制印章规范管理和使用。加强对 OA 印信管理及审批的检查，保证印章使用材料内容清楚、前后一致；加强印章 OA 流程管控，将流程作为防范用章风险的有效屏障；严格上传材料审查，对上传材料的不清楚的不予盖章。加强印信接触人员培训，更加高效提供用印服务。2016 年全年共加盖各类印信 38504 份。

二、财务工作

（一）概况

2016 年北京建筑大学财务处在北京建筑大学党委和行政的正确领导下，坚持围绕中心、服务大局,紧紧围绕学校"提质、转型、升级"的发展需要,按照"筹到钱、理好财、把好关、服好务"四项职能,积极争取资源、增收节支保障学校快速发展和教师待遇提高;强化绩效导向、目标导向,推进财务改革,实现财务转型,促进学校规划目标任务落地见效,提高资金使用效能;全面提速财务信息化与全面优化财务管理服务流程并举,进一步提高师生满意度。

北京建筑大学财务处办公人员26人,按照职能岗位设有会计科、预算管理科、财务管理科、项目管理科和综合核算科。会计科负责基本经费、专项经费及公费医疗等学校大帐各种经费的报销。预算管理科负责整体经费预算,增收节支工作,内部控制建设,综合管理,统计工作。财务管理科负责工资、税务、收费、一卡通、公费医疗;承担经营性资产管理委员会办公室的职责,负责校办企业财务监管。项目管理科负责财政专项专费申报、评审、绩效评价管理、科研项目财务管理,基建财务;负责财务信息化工作和流程优化与再造。综合核算科负责后勤(食堂)财务、校友会、教育基金会、工会财务、培训中心财务等独立核算的财务管理。

北京建筑大学财务处财务人员行为规范:爱岗敬业,遵纪守法,待人热情,服务优质,语言文明,答问耐心,举止适当,环境整洁。

(二)年度收支及各项经费使用情况

2016年北京建筑大学总收入为872912528.84元,比2015年的1134995148.91元减少了262082620.07元,减少23.09%,主要是由于上年财政拨付北京建筑大学大兴校区建设二期、三期进度款,今年没有此收入造成收入减少。其中,财政拨款收入723078401.29元,占学校收入的比例为82.84%,事业收入为123577688.21元,占学校收入比例为14.16%,经营收入为7230822.19元,占学校收入比例为2.18%,其他收入19025617.15元,占学校收入比例为0.83%。2016年收入构成情况见图1:

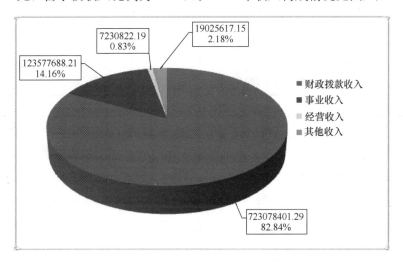

图1 北京建筑大学2016年收入构成图

2016年总支出852655448.43元,其中:基本支出483253715元,占总支出的56.68%;项目支出362820687.62元,占总支出42.55;经营支出6581045.81元,占总支出的0.77%。2016支出构成情况见图2:

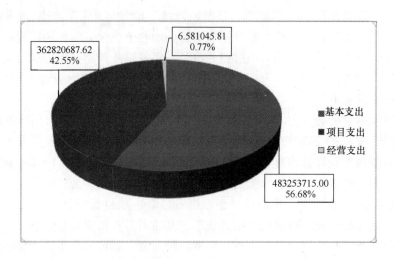

图 2 北京建筑大学 2015 年支出构成图

（三）财务状况

2016 年末北京建筑大学资产总额 4336555994.173 元，比 2015 年增加了 176307171.74 元，增加了 4.24%。2016 年末北京建筑大学负债总额为 304591407.25 元，比 2015 年减少了 10524911.84 元，减少了 3.34%。

2016 年末北京建筑大学净资产总额为 4031964586.92 元，比 2015 年增加了 186832083.58 元，增幅为 4.86%。其中：事业基金年末余额为 476558336.88 元，比 2015 年增加 7954248.79 元，增加 1.70%。非流动资产基金 3302841349.98 元，比 2015 年增加了 273849983.04 元，增幅为 9.04%。专用基金 54671559.92 元，比 2015 年增加 5041756.80 元，增幅为 10.16%；财政补助结转和结余 37613771.63 元，比 2015 年减少 117470163.17 元，减少 75.75%。非财政补助结转 160279568.51 元，比 2015 年增加 17456258.12 元，增幅为 12.22%。资产负债变动情况如下：

北京建筑大学 2015—2016 年资产负债情况表（元）

项目	2015 年末	2016 年末
资产合计	4160248822.43	4336555994.17
负债合计	315116319.09	304591407.25
净资产合计	3845132503.34	4031964586.92
事业基金	468604088.09	476558336.88
非流动资产基金	3028991366.94	3302841349.98
专用基金	49629803.12	54671559.92
财政补助结转	155083934.80	37613771.63
非财政补助结转	142823310.39	160279568.51

（四）财务管理工作

一年来，在学校党委和行政的领导下，财务处结合学习贯彻党的十八大、十八届三中、四中、五中、六中全会精神和习近平总书记系列重要讲话精神，尤其是中央和北京提出的最新发展理念和思路,围绕学校创建"国内一流、国际知名、具有鲜明建筑特色的高水平、开放式、创新型大学"的目标要求,坚持围绕中心、服务大局,紧紧围绕学校"提质、转型、升级"的发展需要,坚持强化目标导向、问题导向、绩效导向,以全面预算改革为重点,以财务信息化为主要抓手,以强化绩效管理为主线,大力构建"科学财务、规范财务、智慧财务、绩效财务、和谐财务、阳光财务"六大财务体系,积极争取资源保障学校快速发展,持续推进财务改革实现财务转型,全面提速财务信息化提升管理服务效率,不断优化财务管理服务流程提高师生满意度。

1. 全力筹集经费,保障学校建设发展和教职工待遇。积极争取财政拨款,2016年获得财政拨款共计7.3382亿元。牵头成功争取我校历史上投资最大的科研重器——大型多功能振动台阵实验室立项建设并获得1期建设资金6034万元。协助申请高精尖项目经费1500万元。经过与北京市财政局、北京市教委多次沟通,成功争取2015年底已上缴市财政的基建专项资金9219万元返还学校,为学校大兴校区基建工作的按期推进提供了资金保障。争取到疏解专项资金1412万元,改善了大兴校区的办学条件,加快了学校本科教育的疏解工作。此外,年底组织申请了财政追加专项约7500万元,为提质转型升级强化了资金保障。

2. 全面改革财务管理体制,提升财务管理科学化水平。一是构建校院两级合理分配事权财权的运行机制,推行强化竞争、保障重点、突出绩效、条块结合的预算模式。建立"强化经费统筹能力、分层分级分类管理"财务预算管理机制。学校层面主要是通过建立和完善"党委常委会——校长办公会——财经工作领导小组——预算编制审核委员会——财务处"五个层级的财务预算管理体系。学校建立8个归口管理的专项工作组,分类管理校内专项和财政专项。学院层面主要依托党政联席会进行预算管理。二是设立院级专项,落实学院办学自主权,提高学院资源配置能力,促进二级学院在学校统一的总体规划下结合自身实际自主谋划特色发展。院级专项可结合自身特点自主申报用于教学、学科、科研、人才综合素质提升、就业创业项目,优先保障教学经费以及专业评估、学科评估等重点工作。通过院级专项的设立,充分调动二级学院办学的积极性、主动性、创造性和责任意识、主体意识。三是完善竞争性分配机制,强化绩效导向。继续倡导各归口部门建立竞争性预算项目,通过打擂台,把钱重点投向想干事、能干事、能干成大事的部门和单位,增强预算对事业发展的引导力和资金配置的效益。项目绩效与次年预算挂钩,促进资源优化配置,强化发展导向。四是强化学校整体统筹经费能力,以集中财力办大事,突出发展重点,打造发展亮点,助推学校"提质、转型、升级"。改变"撒胡椒面"的做法,在保障人员经费和基本运行经费后,集中财力办大事,突出重点,打造亮点。对过去一些绩效不高、对学校提质转型升级支撑力不强的项目,坚决压缩甚至取消。引导各单位、各部门特别是各归口管理部门自觉对标建设国内一流、国际知名、有建筑特色、开放式、高水平、创新型建筑大学的高标准,紧紧围绕"提质、转型、升级"的要求,重新优化设置校内专项。改变培训费、出版费、版面费、公务接待费等部分软性经费的校内经费预算渠道,加强软性经费的全校统筹力度,提高校内软性经费的使用效益。五是启动"专项预算五年滚动项目库"建设。主动适应国家和北京市试点探索三年滚动预算改革,推进财政管理科学化、精细化的新要求,按照学校"提质、转型、升级"的工作思路,增强学校申请市级专项、设立校级专项这两级项目预算的战略性、引导性、规范性,建立了"专项预算五年滚动项目库"制度。六是建立学校增收节支工作领导小组，促进增收节支，强化发展保障。七是强化绩效管理。2016年开展了对2014年财政专项的绩效考评工作，其中参加北京市教委绩效考评的项目"科研基地建设-节能减排协同创新中心（2014年）"获得"优秀"评价。

3. 全面推进财务信息化，提升财务管理服务技术水平。在2015年新建成无现金卡报销系统、网上预约报销系统、财务报销物流系统、薪金并税系统、网上缴费系统、收费管理系统、实时短信通知系统等7个财务管理服务系统的基础上，2016年新建全面预算管理系统、科研财务管理系统、财政预算与执行监管平台系统、移动端财务管理系统等4个财务管理服务系统，进一步构建和完善关注用户体验、响应及时、方便快捷、师生满意、流程可控的"智慧财务"信息化系统，显著提升财务服务效率和水平，赢得了广大师生的高度赞扬。一是通过建设"全面预算管理系统"，实现从部门申报、财务汇总编制到预算下达等全预算过程的软件管理，与核算系统紧密衔接，实现预算控制可按总指标或支出类型灵活控制，支持预算到预算执行的多角度分析，为财务数据分析提供必要的数据来源。二是通过建设"科研财务管理系统"，与科研处的管理系统对接，适应上级强化科研经费管理的要求，实现将科技部门的科研项目申报立项信息的读取，项目经费到款认定、建立核算科目的对应设置、下达经费、进行经费执行情况分析、统计支出进度、完成项目的财务结算和结题结账，满足科研人员、科研管理部门、财务部门的网络使用环境，实现跨部门、跨平台的协同工作。三是通过与资后处一起开发"财政预算与执行监管平台系统"，完成当年财政专项的立项申报、预算批复下达、政府采购合同管理、项目经费执行和支出进度统计、绩效管理一条线的项目全过程管理。四是通过建设"移动端财务管理系统"，让财务系统"动"起来，实现手机、平板电脑等设备和财务系统数据流、业务流的对接，使项目负责人可以在移动状态下对项目进行监控管理，可查询项目经费各明细科目执行情况、支出进度、结余资金，也可进行预约报账，并可查看业务报销流转情况、到账情况。

4. 全面优化财务管理服务，提高师生满意度。为贯彻落实全国和北京市推进简政放权放管结合优化服务改革的有关精神，贯彻落实全国科技创新大会和北京市科技创新大会精神以及《国务院关于改进加强中央财政科研项目和资金管理的若干意见》和《北京市进一步完善财政科研项目和经费管理的若干政策措施》的文件精神，学校财务处经过广泛调研和意见征求，在2015年下发通知《关于规范和优化财务报销流程的通知》对财务报销流程进行规范、优化的基础上，出台了《关于进一步规范和优化财务报销管理的通知》，以"严格管理、规范程序、优化服务、提高效率、明确要求、强化责任"为原则，以强化项目（经费）负责人责任和预算约束为重点，充分用好上级下放的管理自主权，向项目负责人下放权力，强化自我约束，规范和优化财务报销管理，确保上级下放的财务管理自主权接得住、管得好。一是优化科研类会议费管理，解决科研费会议费管理的问题。主要包括取消科研类会议的次数、天数、人数限制；取消科研类会议费的零增长限制；解决利用会议费邀请专家参加科研类会议的差旅费报销问题。二是优化差旅费管理，重点解决科研类差旅费管理中的实际问题。主要包括取消报销机票需附登机牌的规定；据实报销会议或培训举办方统一安排住宿的住宿费，不受标准限制；取消科研类差旅费的零增长限制；解决不收取住宿费或不能取得住宿费发票的差旅费报销问题；由科研项目负责人自主决定学生出差能否乘坐飞机和发放补助标准。三是用好科研项目预算调整的自主权。主要包括按需调整直接费用预算；在总额以内按需调整会议费、差旅费、国际合作与交流费三项支出。四是解决科研活动中无法取得发票或财政性票据等的报销问题。五是解决电子发票报销的难题。六是多渠道解决参会的会务费或会议注册费报销问题。七是优化使用公务卡结算的要求。主要包括学生单独出差无需使用公务卡结算；退休人员执行公务无需使用公务卡结算。八是适应两校区办学的实际优化两校区报销财务签批手续流程。

5. 全面规范财务管理，提升风险防控水平。一是与时俱进地修订和制定有关财务制度，及时按照最新的要求、最新的精神、最新的实际做好财务制度的"废改立"工作。2016年经过广泛调研和深入研讨，制定或修订了《财务管理办法》、《财务支出管理规定》、《财务审批管理办法（试行）》、《财政专项管理办法》、《基本建设财务管理办法》、《会议费管理办法》、《内部牵制制度》、《差旅费管理办法》、《票据管理规定》、《餐饮服务中心财务管理办法》等16个制度，并印制了《北京建筑大学财务管理相关制度汇编》。二是积极配合做好各种审计和监督检查工作，及时整改，完善管理。牵头完成财政局疏解政策绩效检查；完成了北京市教委会计基础工作检查、国库动态监控问题整改等工作；组织完成后勤集团资产清查专项审计；配合完成了2015年预算执行与决算审计、20名离任处级领导干部经济责任审计、2014年预算执行与决算审计后续审计、2014年基建定额专项审计。三是加强财务基础工作，促进管理规范化。根据业务工作的发展、财务信息化的推进和两校区办学格局的调整，及时调整优化科室设置和人员配备。加强基建财务管理，坚持基建项目按单体核算，加快推进基建项目决算工作，完成了新校区2014年底已完工程项目决算编制工作。加强会计核算基础工作，在配合做好2015资产清查及产权登记工作的同时，大力推进往来款挂账清理工作，往来账显著减少，同时出台了新举措防止发生新的长期挂账。加强收费管理工作，进一步完善收费管理工作流程，提高收费管理的水平。进一步完善纳税申报等涉税工作，配合上级完成全面营改增工作的推进。加强学校各会计主体的会计档案的统筹管理，及时归档。及时做好学生公费医疗报销工作，不断提高服务水平。启动并做好食堂的独立核算工作，不断提高食堂的财务管理水平。接收校友会财务工作，配合校友办完成了北京建筑大学教育基金会的申办工作，并承接了教育基金会的财务代管工作。承担好国有经营性资产管理委员会办公室的职责，促进学校校办产业发展。承担好校办企业财务监管工作，促进校办企业财务管理上水平。四是积极贯彻《行政事业单位内部控制规范（试行）》，结合流程再造与优化工作，加强财经风险防控，保障资金安全。五是积极开展财经纪律宣讲活动，主动深入到二级学院，面对面宣讲财经纪律。

6. 全面加强支出进度管理，科学合理加快资金支付进度。一是设立进度考核点，建立支出台账和月报制度。由于财政要求各项经费年底收回，学校设立6月底、9月底、11月底、12月底四个支出进度考核节点，对于支出进度低于学校要求的给以扣减预算等处罚。建立支出台账，明确责任校领导、责任处长和项目负责人。建立支出月报制度，及时通报支出进度。二是强化预算与支出进度挂钩的机制，建立以支出进度作为校内项目安排顺序的制度。各归口部门根据校内项目9月底考核时点的支出进度以及次年9月底的项目承诺支出进度，计算确定次年校内项目安排顺序。三是建立执行中对进度不达标项目收回预算的制度，及时统筹用好资金。应该招投标而7月底前没有完成招投标手续的项目收回预算，由学校统筹。10月底校内专项没有执行完毕的原则上全部收回学校统筹使用。四是实施重点项目全程跟踪制度，及时督促重点项目的预算执行，及时协调预算执行中的问题和困难。

（孙文贤）

三、审计监督

（一）概况

2016年审计处围绕学校中心工作，以党的十八大和十八届三中、四中、五中、六中全会精神为指导，深入贯彻落实习近平总书记系列重要讲话精神，紧紧围绕学校提出的"提质、转型、升级"工作方针和"强基层、强队伍，抓落实、抓突破，求实效、求卓越"工作原则，积极推进内部审计工作的落实，坚持"依法审计、服务大局、求真务实"的工作原则，认真贯彻执行上级法规规定及学校内部审计规定，充分发挥内部审计的"免疫"功能，依法认真履行审计监督职能，履行审计职责，较好地完成了各项工作任务。

（二）制度建设

对现行审计制度进行了全面修改，形成与现行政策、制度相适应的内部审计管理制度体系。印发《北京建筑大学内部审计工作实施办法》（北建大审发〔2016〕1号）、《北京建筑大学建设工程项目全过程跟踪审计实施办法》（北建大审发〔2016〕2号）、《北京建筑大学校办企业负责人经济责任审计实施办法》（北建大审发〔2016〕3号）、《北京建筑大学专项资金审计实施办法》（北建大审发〔2016〕4号）、《北京建筑大学固定资产审计实施办法》（北建大审发〔2016〕5号）、《北京建筑大学关于进一步加强内部审计工作的意见》（北建大校发〔2016〕25号）。

（三）完成2013年及2014年预算执行与决算审计整改

根据审计处及市教委对我校2013年度、2014年度预算执行与决算审计中发现的问题，审计处制定了具体问题整改方案及完善体制机制整改建议，经校长办公会同意后，将审计整改纳入学校"三严三实"整改活动中，与学校监察处（纪委办公室）建立联动工作机制，成立了纪委书记为组长，学校纪委副书记、审计处负责人及财务处长为成员的审计问题谈话小组，与15个职能部门、11个二级学院的党政一把手进行审计问题谈话，下发了整改通知及问题台账，各单位按照审计问题逐一落实整改，对审计中的类似问题进行了自查，根据整改及自查情况上交了整改报告，学校领导专题听取了审计问题整改汇报。

截至2016年12月19日，152个整改条目除当事人已退休及个别往来款项时间较长外，涉及各单位的整改任务均已整改落实。通过整改49人次退回问题资金1384904.20元、70余人次对所经办的经济业务的真实性进行了承诺说明或重新补开了发票、清退了审计报告中涉及的履约保证金24026345.00元、对历年往来款项进行了清理等。同时，注重从体制机制上完善学校制度，审计整改中提出的42条完善财务管理、资产管理、物资采购、合同及招投标、基建项目和校办产业管理等体制机制的问题建议，在学校2016年初制度修订中均被各单位采纳并贯彻落实，切实发挥了审计在学校经济治理中的作用。2016年5月20日启动2015年预算执行与决算审计工作，11月30日审计中介机构出具了审计报告。

（四）完成基本建设项目、基本设施定额项目的全过程跟踪审计

2016年完成了65个定额项目的审计并出具了结算审计报告。完成了7、9号学生宿舍及机电电信楼的结算审计，并对体育馆、行管楼进行全过程跟踪。全年审计跟踪审计资金为32838.729355万元，审减2632.783121万元，审减率为8.02%，有效地为学校节约了建设资金。

（五）初步完成20名离任处级领导干部经济责任审计

按照学校党委的部署，审计处结合机关职能部门及二级单位的经费特点及经济管理职责，结合最新的经济责任管理规定，重新对全校行政处级正职领导干部经济责任进行了梳理，并制定了符合各岗位经济管理特点的经济责任书，明确了干部的经济责任，强化了对干部经济责任的履行管理。制定了经济责任实施方案，于2016年5月6日召开了经济责任审计联席会议，5月20日召开了经济责任审计布置会暨审计进点会，20名处级领导干部的经济责任审计工作已初步完成。在2016年11月启动了北京市建设机械与材料质量监督检查站法定代表人的离任经济责任审计工作，已完成现场审计工作。

（六）完成审计服务公开竞争遴选工作

2016年5月在资产与后勤处的大力支持下，本着公平、公正和公开的原则，组织完成了我校2016—2018年审计服务公开竞争遴选工作，选择了三家中介机构参与审计工作。多家中介机构的引进一方面降低了审计费用，强化了工作中的竞争机制，也提高了跟踪审计的质量。

（七）全程参与我校振动台实验室建设项目管理及学校经济管理活动

振动台实验室建设项目为学校"十三五期间"的重大投入项目。为强化对项目的管理，学校成立了振动台项目工作组，审计处作为成员单位全过程参与了相关的立项、资金筹划、技术论证、招标方式的确定、招标文件的审核修改，为项目组提供了较为专业的管理服务，也充分体现了学校审计在学校经济管理活动中的作用。同时审计处注重参与学校的经济活动，多次参与学校的校内项目议价采购、资产抽查、校办产业经济运行活动及部分重大合同的修改工作，注重从专业及管理角度提出合理化建议，发挥了审计服务学校经济活动的作用。

（八）完成科研项目结题审计

2016年完成了14项科研项目的结题审计，审签金额为133万元。通过对科研项目的结题审计，使项目负责人更多地了解上级及学校科研经费的管理政策，对项目负责人在资金使用、预算管理等方面形成了一定的约束机制。

（九）配合市教委完成对我校的专项审计

市教委先后于2016年6月23日—7月7日、10月18日—11月初对我校2014年基础设施定额项目及2014年预算执行与决算审计后续审计，10月市教委启动了高参小项目的专项审计工作，在审计过程中，审计处注重与教委审计组进行沟通，协调学校财务、资产、基建基校办企业等提供相关的审计资料，注重对提供审计组资料的技术审核和把关。审计报告征求意见出具后，审计处能够站在专业及学校整体利益角度，积极与审计组进行沟通，较好地起到了沟通协调、业务把关作为，维护了学校的利益。

（十）接受市教委对我校内部审计工作评价

作为首批首家试点单位，2016年11月17日至2016年11月18日，接受了市教委对

我校内部审计工作开展情况进行了检查和评价。按照检查要求，审计处精心准备检查资料，通过查阅资料、走访谈话，专家组对我校内部审计工作开展情况给予了高度评价，认为内部审计业务作业有序，学校重视审计结果利用，审计整改要求明确，并得到了较好的落实，基本实现了内部审计目标；发挥了内部审计在学校治理中的作用，为学校事业发展起到防火墙和免疫作用。

（王志东　杨　光）

四、资产管理

（一）概况

深化学校"大资产、大后勤"改革，不断完善制度体系建设，2016年，先后制定修订了《北京建筑大学仪器设备管理办法》、《北京建筑大学家具管理办法》、《北京建筑大学材料、低值品、易耗品管理办法》等管理办法，使资产上账、调拨、报废等日常管理工作更加规范，更便于为师生服务。

（二）设备管理

【学校仪器设备类固定资产情况】 截至2016年12月31日，北京建筑大学仪器设备类固定资产总值9.7524亿元，基本情况如下：

2016年学校仪器设备类固定资产汇总表

	教学使用	科研使用	行政办公使用	生活后勤使用	其他	合计
台套数	29578	13379	5304	5376	62	53699
价值（万元）	52016	34986	7007	3438	76	97524

2016年新增仪器设备资产4320件，资产总值13832万元。学校充分利用各种资源，及时报废处置废旧仪器设备，2016年共交给华星环保集团处置废旧仪器设备共9200件，处置原值1881.75万元。

【设备管理工作】

1. 截止到2016年12月31日，我校共有固定资产305895.5271万元（约30.58亿，含房屋暂估入账约18亿），随着近几年我校新校区一期二期建设的不断推进，随之新增配套的教学、生活配套设施不断完善，我校由基本建设阶段进入内涵式发展阶段。

2. 本年度进行了常态化、不定期的资产盘点工作，针对重点单位、重点项目进行了重点检查，本年度对各单位仪器设备家具进行了盘点，同时配合审计工作对部分单位资产进行了盘点，盘点过程中解决了实际问题，取得较好的实效。

（三）房地产管理

【学校占地及校舍基本情况】 截至2016年12月31日，学校总占地面积624005.04m^2，其中西城校区122685.14m^2，大兴校区501319.9m^2；校舍建筑总面积498901.69m^2，其中西城校区201679.07m^2，大兴校区297222.62m^2；教学科研行政用房建筑面积238619.36m^2，其中西城校区91429.83m^2，大兴校区147189.53m^2。

【出台公用房产定额管理办法】 2016年1月，学校颁布《北京建筑大学公用房产定额管理办法（试行）》，为全面支撑学校两校区办学的"两高"发展布局，服务于学校的"提质、转型、升级"，科学配置房产资源，建立以绩效为导向的资源配置激励与约束机制，切实提高学校公用房产使用效益，提供了强有力的保证。

【召开两校区办学工作会】2016年6月，学校召开两校区办学工作会，党委书记王建中、校长张爱林分别就学校的"两高"布局的重大意义和今后学校发展规划做出了重要指示。副校长李维平根据《两校区布局调整实施方案》对各二级学院的两校区布局规划和调整做了具体的安排部署。

【开展第三期硕博公寓周转房申请审核入住工作】2016年11月，学校重新修订《北京建筑大学大兴校区硕博公寓周转房管理办法》，启动第三期大兴校区硕博公寓周转房申请审核入住工作，解决了大部分教职工的住房困难，特别是无房的青年教师的住房困难，为学校两高布局调整提供了坚强的条件保障。

【推进两高布局调整】截至016年年底，学校完成建筑学院教学5号楼、机关办公楼、实验3号楼等房间的功能和布局调整，组织建筑、土木、测绘、电信、机电等学院和机关职能部门完成搬迁调整。

【常规工作】截至2016年年底，学校为教职工核发采暖费410余万元，物业服务费420余万元；为新入职70位无房、3位住房不达标教职工，完成住房补贴调查、信息公示和上报工作。

（四）招投标管理

【招投标管理工作】2016年全年通过招投标采购完成的涉及货物类的项目96个，项目预算金额为10785万元，中标金额9697万元。

2016年全年签订采购合同1234份，合同金额18131万元，其中签订公开招标合同165份，合同金额11816万元；签订协议采购合同200份，合同金额1491万元；签订自行采购合同869份，合同金额4824万元。

（刘 蔚）

五、后勤服务

（一）党建工作

2015年5月6日成立后勤系统党总支。

2015年6月完成下设4个党支部换届选举工作。

2016年6月完成党总支换届选举工作。

后勤系统党总支配合学校深化后勤保障服务体制机制改革，努力构建"大后勤、大保障"新型后勤服务保障体系，在"大资产、大后勤"改革过程中做好员工思想工作、努力解决员工各种诉求问题，营造和谐、积极的改革氛围，协助配合圆满完成2015年6月北京建筑大学物业管理有限公司成立、2015年7月北京建筑大学餐饮服务中心成立等工作。

后勤系统党总支坚持"围绕中心抓党建，抓好党建促发展"工作原则，2016年认真落实抓基层党建主体责任：做到坚持民主决策，全年召开党政联席会及处务会达20余次；注重班子队伍建设，深入开展基层组织全覆盖深度调研，改进工作作风；带领全体党员开展"两学一做"学习教育活动，深入学习十八大及六中全会精神，开展总支书记讲党课、观看音像教育片、参观纪念红军长征80年展览、知识问卷测试、专家讲座、参观故宫、霞云岭等学习教育活动，增强党员政治意识、大局意识、核心意识、看齐意识，树立宗旨意识、服务意识；努力提高支部组织生活质量，党总支以部门中心工作为核心，坚持"以服务为切入点，凝聚群众共同奋斗"工作理念，调动全体党员发挥工作积极性、主动性，先后完成两高布局房产资源调配、大型仪器设备共享初步方案、能源定额管理草案、医疗HIS系统升级改造、增开班车、安装充电桩及净水器等各项工作，使"学"与"做"落地生根；党总支勇挑从严治党责任担当，结合本单位实际，落实中央八项规定精神，加强和规范党内政治生活，加强党内监督，带领党员深入学习相关法规法纪、听报告、观展览、看警示宣教片等，通过多种形式开展学习教育活动，严明党的政治纪律和政治规矩，从而推动全面从严治党向基层延伸。

党总支做好员工思想政治教育工作，2016年新发展党员1名、党员转正1名，1名积极分子完成学校党课学习，广大党员干部带领全体员工统一思想，勇于开拓，为学校视野科学发展贡献力量。

（二）业务工作

【能源管理】2017年3月17日，完成二氧化碳排放核查报告，我校2016年全年二氧化碳排放量16101.57吨，并于2017年5月25日，完成碳排放网上交易和碳排放配额网上报审工作。2016年12月20日，完成大兴校区能源平台学院楼A和部分绿化水表升级改造项目验收，进一步完善了我校能源计量和管理的基础工作。2016年12月，北京市环保局、财政局、统计局等部门发布北京市在燃锅炉低氮改造补贴标准，根据要求及时启动我校两校区和大柳树家属区锅炉低氮改造工作。

【防汛工作】2016年5月30日，北京建筑大学党政办公室召开了防汛工作部署会议。在原有基础上，根据防汛相关新精神、新要求制定了《北京建筑大学防汛应急预案》和《2016年防汛应急工作手册》，完善了防汛工作应急指挥体系，明确了各部门职责。在2016年6月1日～2016年9月15日防汛期间，北京建筑大学启动了汛情预警和应急相应机制，确保了学校师生员工的人身安全和国有资产的安全。

【控烟检查工作】根据北京建筑大学党政办公室发布《关于调整爱国卫生运动委员会及控烟领导小组成员的通知》，北建大新宇后勤管理服务中心积极响应控烟活动，并召开专题控烟工作会，落实学校关于创建无烟校园的各项要求规定，各楼设立控烟巡视员，并佩戴袖标，发现吸烟及时提醒并记录；楼内张贴禁烟标识，楼门张挂控烟横幅，楼外设置吸烟点，通过引导和劝解规范吸烟；加强与学工部、保卫处联合对学生宿舍吸烟情况进行检查，倡导同学们为了身体健康，为了校园空气的清新，远离烟草，共创文明健康的学习和生活环境。

【餐饮保障工作】2016全年两校区营业额3714万元，投入专项资金156万元用于改善和园创客就餐环境。9月，大兴校区和园创客空间改造完成投入使用。

【公寓管理工作】强化队伍管理，安全方面培训，加强管理人员责任心、爱心、热心、耐心、细心教育，严格学生住宿管理，完成了8800人的住宿任务，其中2016年西城校区2066人，大兴校区6734人。暑假前，大兴短时间内高效率完成1887名毕业生离校（含60名研究生），450余间宿舍清扫工作。暑假大兴校区接待80余新生住宿，大兴校区安排

1553名新生住宿。寒暑假期接待外国留学生住宿1批。完成了300余名学生宿舍调配工作。全年为学生发放信件、包裹、快递5000余件。

【物业管理工作】教室管理工作，除完成正常教学保证任务之外，还承担了大学英语四、六级考试、继续教育学院英语三级考试、研究生入学考试等各项任务，各项保障有力，未出现任何差错。增加会议服务内容，将教一楼、创空间作为管理服务标杆，整体提高物业服务水平。水电气暖各项动力运行保障工作平稳运行。回收供暖费381660元、全校家属水电费435442元（不含工资扣除部分）、房租21052元、经营性水电费409457元，累计金额1247611元。

【车辆运输工作】克服班次多、司务人员少等困难，合理安排车辆，圆满完成各类活动的用车需求。全年运行班车2000余趟次，保障公务用车、实习用车1600余趟次，共计行驶21万公里，无一起交通事故及车辆违章。

【专项工程】教学3号楼三层房间维修改造、体育场周边等维修任务单25次，投入经费26万；西城校区围墙、自行车棚、绿化花箱等零星改造工程5项，投入经费98万元；配合完成实验3号楼、4、5号宿舍楼、校园绿化等基建项目4项。

【校医院工作概述】医务室工作重点是日常医务服务及医疗保障，严防传染病等突发公共卫生事件，满足广大师生员工的基本医疗需求，同时做好健康宣教、医务室自身建设及医技护全面业务的提升等工作。2016年两校区总门诊量共25811人次：大兴12618人次，较去年增加1707人次，西城13193人次，较去年增加2883人次，2016年与2015年相比门诊量增长了21.63%。全年总药品销售（零售价）：两校区共计约110.97万。大兴药品收入42025.32元，西城药品收入1067700.71元。2016年两校区无偿献血共438人，大兴献血336人，西城献血102人，使我校在高校公益事业中一直表现出色。2016年教职工体检共1250余人，总计501382元，通过公开招标由中标单位爱康国宾体检中心完成2366名新生入学体检。2016年传染病防控工作完成本科新生的PPD注射及强阳学生服药工作，大兴筛查1600余人，强阳学生57人，预防性用药34人，西城筛查208人，强阳反应者8人，1人预防性用药；完成12月1日世界艾滋病日、3月24日结核病日宣传工作。医务室配合学校完成各项大型活动医疗保障工作，同时完成两校区本科生校级选修课各40学时，并为附属小学讲授《健康大课堂》。2016年引进了一名心血管内科的大夫，聘用了一名护士、一名药剂师、一名挂号人员，弥补了人员的严重不足，保障了各项医疗工作的开展。

（刘　蔚）

六、校园建设

（一）概况

规划与基建处以两校区办学工作会为契机，以学校"十三五规划纲要"的总体建设目标为指导，根据学校两高布局，科学组织大兴、西城两个校区规划调整，精心组织扎实推进两校区建设工作，圆满完成了学校的基建任务。西城校区结合抗震加固建设，积极提升校区品质，大兴校区有序推进大兴校区体育馆、行管楼、振动台阵实验室等工程建设，在确保学校教育教学有序运转的同时，进一步整体提升了学校基础设施水平，改善优化了校园环境，为学校两校区功能定位的实现提供了有力的硬件环境保障。

（二）工程建设资金情况

【积极利用专项资金】按照满足合理功能需求、严格控制建设成本、统筹提高使用效率原则，积极申报了专项改造资金。2016年年底按时保质完成了教委批复的维修改造专项定额资金使用工作。

【多渠道筹集建设资金】2016年积极申请大兴校区建设资金，全年完成支付1.7亿元。

（三）工程建设进展情况

【组织完成西城校区规划上报方案及大兴校区规划调整初步方案】12月22日，学校校长办公会审议通过西城校区规划方案，西城校区规划方案由中国工程院院士、全国勘察设计大师、中国建筑设计研究院有限公司名誉院长、总建筑师崔愷团队担任设计。根据方案，西城校区将从高水平研究生培养基地、未来城市设计高精尖创新中心、科技协同创新及成果转化中心、大学科技园等方面协同布局，逐步形成建筑师花园、建大科技花园、建大国际交流中心、建大科技园、未来建筑师花园、建大综合文体中心和建大城市文化走廊等"6+1"的基本格局。大兴校区规划调整方案由全国勘察设计大师、北京建筑设计研究院总建筑师、我校优秀校友胡越团队进行设计。

【大兴校区体育馆工程通过"结构长城杯金奖"验收】今年，体育馆工程进入全面施工建设阶段，完成土方工程、桩基工程、混凝土结构施工、钢结构施工和部分设备安装施工。由于体育馆的工艺复杂施工难度较大，规划与基建处协调设计、监理、施工单位针对地基工程、预应力混凝土工程、钢结构工程、幕墙工程、运动场地照明、音响工程、泳池水处理设备和精装修工程进行了二十余次的专项研究。采用不同规模、不同层次，或模拟仿真、或现场实勘、或外请专家、或委托第三方单位等不同形式进行了技术论证和探讨。该工程7月23日通过了"北京市绿色安全工地"验收，9月15日通过了"结构长城杯金奖"验收。

【大兴校区教学科研行管楼开工建设】2月23日，教学科研行管楼开工建设，今年将完成结构封顶、二次结构、墙体、屋顶、外墙保温及的管线安装。该项目占地面积1558.02㎡，总建筑面积16057.52㎡，其中地上建筑面积6535.99㎡，地下建筑面积9521.53㎡，分为A、B、C三段。A、C段地下二层、地上四层，B段地下二层、地上五层，其中地下一层为汽车库和库房等，地下二层为汽车库、消防水池、机房等，首层至四层为办公、管理和功能用房，五层为多功能报告厅。项目建成后将成为学校行政办公中心。

【大兴校区结构实验室工程全面建设】根据学校事业发展需要，结构实验室将提升建设为振动台实验室。规划与基建处组织使用方、设计方、施工方、设备厂家、监理方多次专题会议研究论证，攻克技术难题，制定实验室框架结构工程和反力墙工程建设方案，该项目建成后将成为国际一流的大型结构振动台实验中心。2016进行地下结构反力墙基础施工，同年3月完成；地上部分反力墙施工于2016年6月至年底完成；框架柱施工于2016年11月完成。

【大兴校区清真食堂及创空间改造项目竣工投入使用】为进一步改善大兴校区师生就餐环境，根据学校对两校区功能定位布局，按照学校党政工作计划，规划与基建处利用暑期对大兴校区清真食堂及创空间改造项目进行了装修改造，8月底完成竣工验收交付使用。

【大兴校区二期项目维修维保工作完成】规划与基建处利用暑期组织实施完成了大兴校区图书馆、硕博 3、4 号楼、学生公寓 7、9 号楼、机电电信楼、土交测绘楼、土交地下工程实验楼等 10 栋单体建筑以及和二期工程配套的市政、园林绿化工程的维修维保工作。

【大兴建设二期项目交接工作完成】今年，陆续完成了土交学院楼实验室改造交接、土交材料实验楼改造交接、地下工程实验楼改造交接、和园清真食堂改造交接、创空间的改造建设交接、西侧北侧围墙重建工程交接、基 A 楼教员休息室建设交接、西城教 1 楼改造交接、西城图书馆改造等十余个项目的交接工作。

【确保安全】为贯彻执行学校党政工作要点和学校安全生产的措施要求，确保校区建设工作的顺利开展，防患于未然，学校领导带领规划与基建处在日常管理的基础上先后十余次全面展开工地安全生产的检查和监督工作，积极落实"安全工作首问制"，强化施工安全工作管理，为大兴校区工程建设工作全面复工打下良好的基础。

【其他】

10 月，配合财务处完成 2017 年 4 亿元疏解项目资金预算工作，根据大兴、西城校区建设规划和当前建设任务、未来建设需求，仔细核算项目类型、数量、金额，组织完成 70 余个建设项目的立项工作。

11 月 24 日，学生宿舍 4、5 号楼抗震加固改造工程完成通过结构验收。

12 月 1 日，实验 3 号楼抗震加固改造工程完成通过结构验收。

（祝　磊　杨　倩　王　美　周　春）

七、安全稳定

（一）概况

2016 年，保卫部（处）认真贯彻党的十八大、十八届三中、四中、五中、六中全会精神和习近平总书记系列重要讲话精神，全面落实北京市委教育工委、市教委《2016 年首都高校维护校园安全稳定工作要点》的各项要求，按照《北京建筑大学 2016 年党政工作要点》的相关部署，在学校党委和行政的正确领导下，坚持预防为主、惩防并举的原则，扎实推进"平安校园"建设提升工程，进一步提高校园安全管理能力和服务水平，建立健全校园安全保卫工作制度，以重点工作为带动，精细化推进消防、技防、交通、治安、综合服务、安全教育、学习研究等日常工作，夯实维护校园安全稳定的工作基础，继续加强校园安全文化建设，加强法制教育，提升师生法制观念和安全防范能力，努力化解校园矛盾，确保校园安全稳定，实现了"大事不出、小事减少、管理有效、秩序良好"的目标，为师生员工创建更加安全、稳定、和谐的校园环境，为学校"提质、转型、升级"提供了强有力的保障。

（二）"平安校园"建设提升工程

【概述】学校大力实施"平安校园"建设提升工程，理顺体制机制，夯实工作基础，完善工作体系，形成整体合力，巩固学校党委统一领导、党政齐抓共管、职能部门分工协作、基层单位具体落实、师生员工共同参与的安全稳定工作格局，完善机构人员齐备、责任措施落实、管理服务到位、组织保障有力的安全稳定工作体系，狠抓重点，以点带面，进一步提升安全稳定工作实效和水平。

【完善"平安校园"规章制度体系】 以学校全面修订规章制度为契机，进一步健全校园安全稳定工作制度，建立"平安校园"创建工作长效机制，继续梳理并完善学校安全稳定各项制度和办法措施。根据学校年初工作部署，在认真调研基础上，共修订完善治安管理、交通管理、消防安全、安全教育、校园防恐反恐、安全稳定应急预案等制度措施12项。

【以实验室为试点落实校园安全稳定主体责任制】 为加强实验室及重点部位安全管理，先后出台了《北京建筑大学实验室安全管理办法》、《北京建筑大学关于进一步强化落实重点部位安全责任制的通知》、《北京建筑大学关于落实实验室安全主体责任的通知》、《北京建筑大学关于开展安全生产隐患排查工作的实施方案》，并制定了"北京建筑大学重点部位安全责任落实明细表"。各单位进一步完善并制定安全管理制度、明确职责、明晰责任，并完成了制度上墙工作。完成了实验室安全生产责任制信息牌的制作安装工作，在各单位大力支持下，历经一个月时间，共计完成各级405面各类实验室安全责任信息牌的制作安装工作。

【加强实验室危化品管理工作】 本年度，学校高度重视危化品安全管理工作，党委常委会、党群部门工作会多次研究部署，并到环能学院召开现场会，在危化品管理制度建设、人员配备、空间调整等方面进行全面部署并落实。在相关单位大力配合下，完成了2次上级主管部门的危化品隐患排查工作。2016年10月19日下午党委书记王建中、副书记吕晨飞带领相关职能部门负责人，到环能学院现场调研安全生产工作。王建中强调要强化安全生产责任制，确保学院安全发展。要突出安全生产责任制落实，加强内控制度和工作机制建设，严格规范管理。

（三）科技创安工作

【概述】 按照相关要求加强技防系统建设，技防系统维护、更新及时到位。有效发挥"平安校园"管理服务中心的作用，统筹技防设备设施，将"平安校园"管理服务中心打造成为集安全稳定基础信息管理、综合值班、师生求助、消防报警、视频监控、远程会议、应急指挥等多项功能为一体的综合管理服务平台，实现对校园安全稳定工作信息化管理。

【加强和完善技防设备设施】 在加强已有视频监控、防盗报警、安全门禁、电子巡更、消防中控管理、封闭自行车棚、学生公寓防攀爬等技术防范设施维保基础上，申请并获批技防专项93.99万元。大兴应急指挥中心共接到各类治安求助1700余次，报警354个，处理案件312个，侦破或合理解决的269个，挽回直接经济损失近10万元；受理全年电梯报警2417起，故障147起，被困235人次；消防报警2171起，2171次误报；两校区更换红外、高清数字监控共计679个，新增47个点位，全年维修、调整监控170余次，校园监控覆盖率达到98%；已更换16个部位的门禁，新增门禁36处，全年累计上传数据210000条。同时完成了大兴校区北门闸机安装及大兴校区财务处办事大厅防盗系统、大兴校区宿舍楼监控、研究生部档案室、文法学院资料室、教一楼改造部分的防盗监控设施的建设工作，极大地提升了技防水平。

（四）消防安全工作

【概述】 加强和规范高等学校的消防安全管理，预防和减少火灾危害，保障师生员工生命财产和学校财产安全，加大消防安全的管理力度，严控消防隐患，杜绝消防事故。坚持持续性、全方位、多样式的工作原则，加强消防安全培训工作，加强消防设备设施的维护，通过消防演习与培训、消防安全知识讲座、安全教育课、参观交流等形式，针对重点部位进行重点检查，对重点人员进行专项培训，提升师生防范意识和自救能力。

【加强消防安全培训工作】开展"119"消防宣传周宣传活动，同时在食堂播放安全专题片、在人群密集处发放宣传材料、在公告栏张贴安全案例。在新生军训消防演习基础上，为环能学院师生、物业公司、食堂员工等群体开展消防培训近10次。4月28日，保卫处联合大兴校区图书馆、基建处、新宇物业、医务室等单位，并邀请大兴消防支队警官，在大兴校区图书馆进行了消防安全疏散演练。10月13日，北京电视台联合西城消防支队在我校举办消防安全知识讲座并开展消防演练。在消防安全知识讲座上，西城消防支队张桐警官向我校学生普及了消防安全知识，并亲自示范教授消防自救互救技能。此外，在未通知同学们的情况下，于六号宿舍楼模拟真实火警警情开展消防演练。

【完成消防安全设施改造和检修工作】完成了西城校区科研楼、青年公寓地下一层、学宜宾馆、24号院地下一层等部位消防设施的专项建设，极大地消除了这些部位的消防隐患。同时通过招投标程序，聘请专业机构，对全校各楼宇开展全面开展了雷电消检检测工作。经过为期三个月的检修工作，共检修1000余处烟感报警器，更换欠压、失效灭火器600余个，修复无水、欠压消防栓20余处，极大提高了消防基础设施的安全可靠性。同时我校电路、消防、避雷设施进行全面细致的检修，及时发现并消除了消防安全隐患。

【完成消防安全检查监督工作】定期对消防设施和消防工作进行检查和督办，以定期检查和不定期突击检查为的形式多次开展组织学校大型安全检查，校领导亲自参加、亲自督导，收到了良好的效果。

【完成消防安全宣传工作】利用"消防安全宣传周"等契机组织大型宣传活动，通过发放消防安全手册、播放消防安全视频等形式，利用网络宣传安全知识和季节性防火警示，提高了师生员工的消防安全意识和技能。

（五）治安管理工作

【概述】开展精细管理工作，从管理中要安全，从精细中保稳定，从预防中要安全，确保治安管理工作取得实效，切实保障师生生命财产安全，为学校发展保驾护航。

【加强反恐、防恐工作】一是制定了防控预案，明确了具体工作内容，形成了贯穿到底、横向到边的防控体系；二是组建了防恐反恐队伍并开展相关培训；三是配备了防恐器材。针对国内暴恐案件频发，保卫部增强了重点学生群体的关注力度，在学工部门的配合下，进一步巩固建立了人员明、情况明、责任明的"三明"工作机制。

【完成大型活动安保工作】完成全年90余天的重大节日、敏感日的校园安全管控以及校园开放日、80周年校庆、四六级考试、研究生入学考试、毕业生双选会、学生献血、新生入学报到、毕业生离校等重大活动的安保工作。年度共安排保安员布岗、上勤、出警1300余人次，共计完成130余次大型活动的安保工作、车辆引导工作。

【完成安全管理工作】2016年，大兴校区年度共接警失窃类和遗失物品类案件122起，其中破案62起，失主自行放弃39起，查询未果21起，直接或间接为学生挽回经济损失3万余元；接警打架斗殴类案件11起，得到合理解决11起；接警盗刷校园卡案件8起，破案7起，未破1起，直接为学生挽回经济损失近2000元；接警盗用网络账号案件10起，破案10起，直接为师生挽回经济损失1300余元；接警校园内推销报警17次，解决17次，直接为上当受骗的学生挽回经济损失6000余元。同时在对待在校师生受人身威胁时，能做到第一时间到现场、该出手时绝不退缩。例如芦城村民企图强占我校北门外"绿化代征用地"事件，土交测绘工地"农民工讨薪"事件，校内女学生屡遭"变态男"骚扰事件，学生北门外被当地流氓地痞"欺辱"事件，本校教职工在学校北门外被"碰瓷"事件，北门外原"36"家送餐商家闹事事件。均进行了妥善处置，得到了当事师生的赞誉和好评。西城校区年度接警29起，破案28起，破案率达到97%。办理暂住证120余份。完成六个工地的防火、防盗工作。动批市场商户围堵学校大门50余次，顺利完成相关安保工作。

（六）交通安全工作

【概述】因地制宜，多措并举，以师生满意为目标，加强校园交通安全管理工作，提升广大师生满意度，确保校园交通安全。

【完善交通安全设施】年初，在学校大力支持下，两校区机动车管理系统正式启用，极大地便利了机动车出入校园、并加强了对机动车的管理；同时对机动车管理岗亭进行了升级，既提升了学校形象，又为保安冬暖夏凉地执勤带来了便利。10月份，历经一个月的时间完成了大兴校区所有路口斑马线的增补工作，并对所有路沿线进行了更新。与基建处、大兴校区管委会、资后处等部门一起，完成了大兴校区北门外改造，前期提请大兴区为北门加装的红绿灯、护栏全部到位。

【完成机动车出入证办理】全年办理停车证近1200张。

【妥善处置校内交通相关案事件】接警校内车辆剐蹭案件10起，得到合理解决6起，查询未果3起，因双方纠纷未处理1起，直接为师生员工挽回经济损失2万余元。

（七）安全教育工作

【概述】在维护高校安全稳定工作中，充分挖掘高校的育人手段和文化传承的职能，不断加强安全知识和防范技能的教育和普及，调动师生员工的积极性，主动参与到维护学校安全稳定工作中来，共同预防、打击和控制危害社会的违法活动，是构筑高校安全防范体系的一项系统工程。

【继续完善以安全教育课为核心的安全教育体系】开设大一新生《大学生安全防范知识与技能》，并将中央、北京市及市教工委、市教委对于安全稳定工作的新要求融合到课件中，结合治安、交通、电信诈骗等新案件丰富课程内容，完成了1800余名2016级学生安全教育课的授课任务。同时通过主题宣传、网络、手机短信、职能部门负责人微信群及辅导员微信群等形式多样的安全教育活动，确保师生员工全覆盖。

【构筑以预防为先的安全文化宣传体系】先后开展有"5·12防灾减灾日"、"119"消防宣传周、"安全生产宣传月"、"4·15全民国家安全教育日"等安全宣传活动，同时播放安全专题片、发放宣传材料、张贴安全案例。在宣传手段方面，提升校园广播站、校园电视台、宣传橱窗、宣传条幅、《安保资讯》、《平安建大》等传统平台的作用，同时加强微博、微信等新媒体平台的宣传引导作用，及时发布安全提示信息，加强与师生员工的网络沟通与互动。共组织大型宣传活动6场次。

【加大校园安全文化队伍建设力度】按照全员参与、多方联动、专兼职相结合的原则，组建了包括保卫专职干部、保安队员、学生志愿者及后勤水暖电气热专业工人及食堂管理员、宿舍管理员在内的群防群治队伍。发挥专职保卫干部在校园综合防控的主导作用，发挥保安队员在校园巡逻、出入口管控、公共区域管理、重点部位看护、突发事件处置等工作中的骨干作用，发挥后勤管理人员在水暖电气热等设施的运转、食品安全管理等专业技术方面的作用，发挥学生治安服务队在校园综合防控工作中的组织优势、群众优势和信息优势。

（八）综合服务工作

【概述】紧密围绕学校"卓越管理"计划和流程优化与再造的要求，加强内功建设，完善服务制度，提升服务水平，得到了师生的广泛认可。

【开展综合服务能力提升工作】全年共处理师生求助或外宾来访用车100余次。调查录像监控70余次，800多小时。一卡通门禁授权2000余人次。校内公共设施报警处置30余次。办理暂住证120余份。2016年完成研究生139人的新生落户西城校区，另有2016级本科生新生296人大兴落户正在办理审批中，办理2015届毕业生户口迁出424人，办理2016级新生农转非215人，为校园师生补办户口37个，全年师生户口借用1726次，集中清理校园学生户口中，清除了死户、重复户口、往期驻留户口24个。

（九）学习研究工作

【概述】在"三严三实"教育活动中，全处人员严格按照学校党委的要求，加强自身的学习和建设，不断提高安全管理能力和服务水平。一年来，保卫处以"两学一做"学习教育活动为引领，通过部门例会、党支部会议认真开展理论学习，对十八大以来党中央关于从严治党的工作要求及习近平总书记相关重要讲话精神深入开展学习活动，针对十八届六中全会精神、全国高校思想政治工作会精神等开展专题学习，增加部门同志，尤其是党员同志的政治意识及廉政意识。

【加强党风廉政建设工作】根据校党委和机关党委工作要求，在带领党员认真学习《关于新形势下党内政治生活的若干准则》、《中国共产党党内监督条例》基础上，组织党员完成"'党的十八届六中全会'学习测试"，以此以加强教育。同时，保卫处还就十八大以来党中央、习近平总书记以及市委市政府、市委教育工委市教委关于安全稳定的相关工作精神开展专题学习，并以此指导学校的安全稳定工作主体责任的贯彻落实。通过理论学习，部门同志，尤其是党员同志的政治意识与廉政意识得到了加强。在此背景下，着重开展了以下三方面工作：一是在前期调研北京近20所高校机动车管理办法、召开意见征集座谈会基础上，在学校领导指导下，保卫处经多方研究讨论，完善现有机动车管理实施办法，既注重公开透明，又注重为教职工服务。二是根据教代会工作安排，保卫处通过教代会代表年会点题公开的形式，对全校教代会代表报告机动车管理办法出台的背景依据以及经费的收支情况。三是广泛调研，并充分征求各二级单位意见、教代会代表意见以及学代会代表意见基础上，完成大兴校区北门闸机项目，在一定范围内确保师生民主参与、民主监督保卫处相关管理工作。

【加强安全稳定工作研究及成果外化】在学习的同时，保卫处同志加强理论研究。在2016年北京高教保卫学会第八届理事会换届大会暨第十三届学术年会上，我校共获一等奖2项、二等奖4项、三等奖3项；同时，我校与清华大学、北京大学、北京航空航天大学等8所高校被市委教育工委、北京高教保卫学会评为"2014—2016年度安全管理科学研究优秀组织工作单位"。

八、发展规划研究

（一）"十三五"规划编制工作

本中心按照学校提出的扎实把"十三五"发展蓝图变为现实，把"五大发展理念"和学校"六大战略"、"六大工程"、"六大计划"细化为有抓手、可落地的具体举措，抓好战略重点，抓实项目落地和政策执行，推动学校各项决策部署落地生根的总原则，在分管校领导的组织和指导下，与党政办公室协同组织编制完成了学校"十三五"规划。

完成了向北京市教育委员会报送总规划的工作。协助组织召开了多场次各类子项规划编制研讨审议会。2016年在"十三五"开局之年，坚持规划引领，推动"十三五"规划落地生根。

学校"十三五"规划共包含了两级五类32项规划：

1. 北京建筑大学教育事业发展"十三五"规划（2016—2020年）
2. 北京建筑大学"六大工程"实施方案

包括："两高校园建设"工程（GC01）、"一流学科建设"工程（GC02）、"高端平台建设"工程（GC03）、"创新人才培养"工程（GC04）、"卓越管理服务"工程（GC05）、"全面从严治党"工程（GC06）。

3. 北京建筑大学"六大计划"实施方案

包括："高端人才引育"计划（JH01）、"育人质量提升"计划（JH02）、"双协同推进"计划（JH03）、"国际化拓展"计划（JH04）、"大学文化提升"计划（JH05）、"中国梦和社会主义核心价值观引领"计划（JH06）。

4. 北京建筑大学教育事业发展"十三五"专项规划

包括：学科建设规划（ZX01）、师资队伍建设规划（ZX02）、人才培养规划（ZX03）、科学研究与社会服务规划（ZX04）、对外合作与交流规划（ZX05）、党建与思想政治工作规划（ZX06）、校园"两高布局"建设规划（ZX07）、校园文化建设规划（ZX08）、"智慧北建大"建设规划（ZX09）。

5. 学院"十三五"发展规划

包括：建筑与城市规划学院发展规划（XY01）、土木与交通工程学院发展规划（XY02）、环境与能源工程学院发展规划（XY03）、电气与信息工程学院发展规划（XY04）、经济与管理工程学院发展规划（XY05）、测绘与城市空间信息学院发展规划（XY06）、机电与车辆工程学院发展规划（XY07）、文法学院发展规划（XY08）、理学院发展规划（XY09）、马克思主义学院发展规划（XY10）。

（二）发展咨询委员会建设工作

作为发展咨询委员会秘书处，中心2016年按照学校工作安排，开展了发展咨询委员会建设工作。协同党政办公室重点完成了原住房城乡建设部副部长仇保兴、王建国院士、肖绪文院士、李德仁院士、江亿院士、曲久辉院士、周福霖院士、聂建国院士、孙旭光主任、马岩松国际著名建筑师等10位校外专家，以及汤羽扬、刘栋栋、王随林、秦红岭等4位校内教授等作为北京建筑大学发展咨询委员会委员的聘任工作。加之2015年学校聘任的崔愷院士，目前学校共聘任发展咨询委员会委员15位，其中校外11位，校内4位。

（三）其他工作

1. 配合人事处等完成岗位"定责"编制工作。
2. 配合宣传部、校庆办等完成80周校庆校史馆展览发展规划相关内容编制工作。
3. 完成了上级领导交办的其他工作。

（陈静勇）

九、网络信息化

（一）概况

2015年3月17日，为大力推进信息化建设，加强学校信息化建设与管理，学校进行机构调整，正式成立了网络信息管理服务中心（网信中心），挂靠党政办公室。网络信息管理服务中心下设综合管理办公室、网络技术部、信息系统研发部、一卡通管理部，负责全校校园网、信息平台、一卡通系统的建设、管理、运维和服务。

网络信息管理服务中心在学校党委和行政的领导下，在学校党政办公室的指导下，深入贯彻落实《北京建筑大学2016年党政工作要点》和《北京建筑大学卓越管理行动计划（2015－2016年）》，切实领会学校党委和行政提出的"提质、转型、升级"的发展思路，"以管理信息化建设为抓手，着力推进学校治理体系和治理能力现代化"的IT治理规划。认清形势、找准差距、瞄准一流，小步快跑，以快速提升学校信息化水平、缩小与重点大学信息化建设差距为第一步目标，努力提高学校信息化管理服务水平，全面推动全校信息化建设上层次、上水平，向着既定的目标迈出了坚实的一步。

（二）信息化基础设施建设

【概述】大兴校区2016年新增学院楼E、学院楼F、土交结构实验室、膜体育馆等四个楼宇的有线网络覆盖，现合计点位数12524个，交换机数量426台。西城校区、大兴校区所有单体建筑全部实现网络接入。全年校园网络保持稳定运行。

【大兴校区网络架构的扁平化升级改造】改造后核心层采用高性能并支持BRAS功能的运营商级宽带接入路由器Juniper MX960设备，终端接入控制不会再受接入交换机的品牌或功能上的严重限制。同步完成所有楼宇有线点位DHCP服务从交换机向服务器的转移。单设2台DHCP服务器，实现了对客户端MAC地址、主机名、系统特征码等的识别分析，支持与计费系统协同。

【两校区无线网扩容】2016年共计增加23颗室外AP。补充建设了两校区无线网扩容项目，增加了室外无线的覆盖，及室内无线网的覆盖密度。截至目前，基本实现两校区主要教学、办公、科研、实验、食堂等主要区域无线网覆盖。西城校区1-5号教学楼、1-6号实验楼、行政办公楼、食堂，基本覆盖了西城校区教学办公区域。大兴校区基础楼A、B、C、D、学院楼A、B、C、D、E、F、臻园、和园食堂、图书馆、四合院、大学生活动中心、体育看台等楼宇，基本完成师生教学办公区域的无线网络覆盖。

【完成双活数据中心建设】集中搭建统一的云数据中心，完成了两校区之间数据级双活的云存储中心，并部署统一云计算平台。实现了IT基础设施中计算、存储、网络资源的虚拟化、资源池化管理、资源共享、灵活分配、资源统一管理等功能。该项目被评为"2016

年度校园基础设施建设创新推荐方案",荣获由《中国教育网络》主办的 2016 高校教育信息化创新奖。

【完成智慧建大云盘项目建设】 为每位教师提供云存储服务,云存储支持移动端,建立起学校、各学院、研究所共享资料库。建立按项目的文件共享空间,按需邀请成员加入,实时同步各类资源,文件版本可全部记录;老师可利用文件收集功能高效收集学生作业,简化老师收作业的方式,增加了师生间的互动交流。通过建大云,将散乱存放于各类设备中的教学、科研资料在云端得到集中存储和备份,防止教学科研成果流失,避免重要数据泄露。

（三）信息平台建设

【概述】 实施统一身份认证平台、统一信息门户建设工程。实现了人事系统、研究生系统、教务系统、图书系统、科研系统、财务系统、OA 办公系统、邮件系统、一卡通系统、网络计费系统、网络社区、网上办事大厅、工会系统、WebVpn 系统等业务系统的一套用户名和密码单点登录。实现了与 WebVpn 系统对接,全校师生可以在校外通过 WebVpn 跳转,进入校园信息门户,访问各业务系统。

【初步完成共享数据中心的建设】 制订了《北京建筑大学管理信息标准》,作为学校信息系统建设和数据交换的法规性文件予以执行。建设共享数据中心,共集成了人事系统、研究生系统、教务系统、图书馆系统、科研系统、OA 办公系统、一卡通系统、计费系统等 8 个业务系统的 183 个数据子集。已完成开放视图系统的数据的抽取、清洗、转换、加载、调度和统一监控,根据业务系统的不同需求,可自定义数据的交换频率。

【建立"一站式"网上办事大厅】 建立校园一站式网上办事大厅。为各单位的办事流程提供由"线下"转到"线上"的渠道和接口,师生用户无须东奔西跑,待办事项智能提醒,线上轻松完成,减轻师生办事成本和管理服务人员的工作压力。

【编写《北京建筑大学业务流程优化与再造工程案例汇编》】 涉及党政办公室、教务处、财务处、研究生院、工会、团委、科技处、保卫处、人事处、国交处、学工部、宣传部、资后处以及网信中心,共计 332 项流程。

（四）网络信息安全工作

【概述】 坚持在线运行系统的日常监测与管理,及时提醒各单位进行信息系统的监测、自查,执行按季度进行木马病毒监测服务。增设了,行为审计、WAF、入侵检测、入侵防御等设备,完成了 2016 年全年网络信息安全保障工作,全年未发生网络信息安全事故。

【自主研发服务器监管平台】 自主研发了北京建筑大学服务器监管平台,可随时随地通过手机等移动终端,在 5 秒钟内关闭我校任何一个可能出现问题的信息系统。

（五）信息化对外交流工作

【概述】 网信中心坚持"走出去,引进来"思路,积极扩大对外交流。2016 年接待了北京教育科学研究院教育信息中心、秦皇岛职业学院等单位的来访交流。并到北京中医药大学、南京理工大学等高校进行调研。

【参加 2016 高等教育信息化创新大会并作分论坛报告】 2016 年 4 月 25 日,由教育部科技发展中心主办,西安交通大学、《中国教育网络》杂志联合承办的"2016 年高等教育信息化创新论坛"吸引了来自全国各省市近 300 所高校负责分管信息化工作的校领导、信息化部门负责人及企业代表 600 余人参会。网络信息管理服务中心魏楚元作了"北京建筑大学十三五信息化发展规划"的主题报告。

【党委副书记带队赴南京理工大学调研】 2016年9月党委副书记张启鸿带队赴南京理工大学调研。

【参加高等教育学会信息化分会第三十次学术年会并作大会主题报告】 2016年11月10日上午8点30分，中国高等教育学会教育信息化分会第十三次学术年会在郑州万豪酒店准时开幕，来自全国各地的200余所高校、企业，三百多位老师参与了本次学术盛会。魏楚元应邀在大会作了《大数据时代下高校数据治理及数据价值发现》主题报告。

【承办高校校园网无线网络无感知认证技术沙龙】 2016年12月1日下午，由高等教育学会信息化分会IPv6工作组举办、北京建筑大学网络信息管理服务中心承办了"无线管理－高校校园网无线网络无感知认证暨跨校漫游"技术沙龙。吸引了北京大学、清华大学、中国人民大学等30多所高校信息中心主任、专家近120人参会，并向全国高校信息中心进行了现场直播，共有全国高校信息中心500多名老师收看了技术交流实况。

（六）重要活动

【召开2016年度信息化工作推进会】 2016年6月29日下午，学校召开信息化工作推进会，研究部署下一阶段信息化工作任务，深入推进信息化建设工作，进一步提升学校信息化水平。党委副书记张启鸿出席会议并讲话，党政办、纪委办、学工部、研究生院、保卫处、教务处、招就处、科技处、人事处、财务处、资后处、基建处、国交处、体育部、图书馆、网信中心、校友办等相关负责人参加了会议。

【召开门户方案师生交流会】 为更好地了解师生需求，完善校园门户设计，2016年9月23日上午，网信中心组织召开了学生门户方案交流会。校党委副书记吕晨飞，网信中心主任魏楚元，学工部部长黄尚荣，学生工作处相关负责同志，辅导员及本科生代表共20余人参加了本次会议。

【召开教育教学信息化专题调研会】 为加快推进信息化与教育教学深度融合，提升人才培养质量，2016年11月4日，学校召开教育教学信息化专题调研会。校领导王建中、张启鸿、李爱群、吕晨飞，党政办、教务处、研究生院、学工部、资后处、财务处、网信中心等单位处级干部、部分本科生、研究生代表参加会议。

【校长张爱林到网信中心视察信息化工作】 2016年12月7日，校长张爱林在党政办主任白莽、党政办副主任吴建国的陪同下，到网络信息管理服务中心指导工作。张爱林视察了网信中心核心机房，指示网信中心要做好信息化标准机房的运行保障工作，并在会议室听取了网信中心主任魏楚元对信息化工作的汇报。

【组织召开2016年信息化工作会议】 2016年12月13日下午，于大兴校区图书馆建本报告厅召开信息化工作会议，着力从统一思想、提高认识、理清思路、总结经验、顶层规划、目标路径、体制机制等方面实施"信息助校"战略。全体校领导、全体处级干部、学科带头人、全体科级干部及信息系统管理员等200余人参加会议。

【召开"十三五"信息化发展规划专题研讨会】 12月29日上午，学校"十三五"信息化发展规划专题研讨会在西城校区第一会议室召开。党委书记王建中、校长张爱林出席会议并讲话，全体校领导和各职能部处负责人参加会议。

（刘书青　孙绪华）

第十一章 党建与群团工作

一、组织工作

（一）概况

2016年，北京建筑大学党委组织部认真贯彻党的十八大和十八届三中、四中、五中、六中全会精神和全国高校思想政治工作会议精神，深入学习贯彻习近平总书记系列重要讲话精神和治国理政新理念新思想新战略，增强"四个意识"，扎实开展"两学一做"学习教育，进一步推动全面从严治党向基层延伸，全面加强干部队伍建设和基层党组织建设，为建设国内一流、国际知名、具有鲜明建筑特色的高水平、开放式、创新型大学提供坚实的组织和政治保证。

（二）基层党组织与党员队伍建设

【"两学一做"学习教育】2016年，学校将"两学一做"学习教育开展与深入学习贯彻十八届六中全会和全国高校思想政治工作会议精神相结合，与落实全面从严治党要求、加强基层党组织建设相结合，与推动学校综合改革相结合，召开"两学一做"学习教育推进会4次，突出学习教育实效，指导各支部以自学、交流座谈、讲座报告、案例分析、支部共建活动等多种方式调动党员参与学习研讨的积极性和主动性，推动形成了"书记领学、导师助学、专家促学、个人自学"四位一体学习模式。

【基层组织全覆盖深度调研】2016年，学校配合"两学一做"学习教育的开展，创新开展了基层组织全覆盖深度调研，校领导根据联系二级单位党组织分工，带领调研工作组定期深入学校16个二级单位党组织、130个党支部，通过座谈会、午餐恳谈会、宿舍沙龙、个人访谈等形式开展调研，实现全覆盖，认真查找基层党组织存在的突出问题，精心绘制党员队伍和人才队伍两张状态表，科学绘制党建和事业发展两套路线图，全面绘制党建和发展两张整改任务单。

【二级单位党组织换届】2016年，学校按照相关规定，制定了《北京建筑大学二级单位党组织换届选举工作暂行办法》和《关于做好二级单位党组织换届选举工作的通知》，统筹推进换届工作，顺利完成16个二级单位党组织的按期换届。

【二级单位党组织书记抓党建工作述职评议考核会】为贯彻落实全面从严治党要求，夯实学校基层党建，1月16日，按照市委、市委教育工委的部署和要求，根据学校工作方案，学校在西城校区第二阶梯教室召开2015年度二级单位党组织书记抓基层党建工作述职评议考核会。市委教工委组织处干部张楠，学校领导班子成员，全体处级干部，市区人大代表、政协委员、民主党派和无党派人士代表，教授代表，工会、教代会代表，党代会代表共120余人参加了会议。会议由党委副书记吕晨飞主持。

【学校召开"两学一做"学习教育动员部署会】4月26日下午，学校在大兴校区图书馆建本报告厅召开"两学一做"学习教育动员部署会,对在全体党员中开展"两学一做"学习教育进行动员部署。全体在校校领导,全体处级干部和党支部书记180余人参加会议。校长张爱林主持会议。党委书记王建中作"两学一做"学习教育动员部署讲话,并强调,要重点把握"两学一做"学习教育的目标任务,突出关键重点,推动学习教育各项任务落到实处。党委副书记吕晨飞传达了习近平总书记关于"两学一做"学习教育的重要指示精神,刘云山同志在"两学一做"学习教育工作座谈会上的讲话精神,北京市"两学一做"学习教育工作会议和北京高校"两学一做"学习教育座谈会精神。

【学校召开"两学一做"学习教育工作推进会】5月30日下午,学校召开"两学一做"学习教育工作推进会,传达学习中央和市委最新文件精神,总结学校"两学一做"学习教育前期工作进展情况,交流研讨学院"两学一做"学习教育工作经验,部署深入推进学校"两学一做"学习教育及近期重点工作安排。党委书记王建中出席会议并讲话,校领导何志洪、张启鸿、吕晨飞,各党群部门、二级单位党组织主要负责人出席会议。会议由党委副书记张启鸿主持。王书记就结合"两学一做"学习教育推进学校事业发展作重要讲话,并传达了市委十一届十次全会精神,要求各二级单位党组织将市委十一届十次全会精神传达到每一位党员,以新发展理念和市委全会精神为指引,凝心聚力,勤奋工作,为北京建设国际一流和谐宜居之都做出新的贡献。党委副书记张启鸿传达了市委关于意识形态工作的相关要求,要求各单位切实增强责任意识,明确责任清单,全面落实好意识形态工作责任制。党委副书记吕晨飞传达了市委组织部关于干部因私出国管理的有关通知,并就学校"两学一做"学习教育工作推进、学生毕业教育、安全稳定等工作提出了明确要求。

【北京市委"两学一做"学习教育第五巡回督导组来学校调研】6月7日下午,北京市委"两学一做"学习教育第五巡回督导组成员、北京印刷学院原党委书记崔文志,市委教育工委离退休干部管理处张兴华来校调研学校"两学一做"学习教育开展情况。我校党委书记王建中,党委副书记吕晨飞,党委组织部部长孙景仙等参加会议。党委书记王建中首先对督导组的莅临指导表示热烈欢迎。他指出,学校党委高度重视"两学一做"学习教育,前期按照市委、市委教育工委相关精神要求,系统谋划、精心组织,扎实有序推进学习教育相关工作落实,创新开展了基层组织全覆盖深度调研等一系列举措,取得了阶段成效。他表示,下一步学校党委将进一步贯彻落实上级精神,紧密结合学校中心工作、结合学校基层党建实际问题,在找突破点、找抓手、找载体、建平台上下功夫,在凸显北建大特色上下功夫,切实把这次学习教育覆盖到每一个支部、每一个党员,使全体党员能够提高认识,坚定信念,规范言行,争做表率,同时也希望督导组加强对学校的指导和督促,搭建高校之间沟通交流平台,互相学习提高。党委副书记吕晨飞就"两学一做"学习教育近期工作安排作了简要说明。党委组织部部长孙景仙汇报了学校"两学一做"进展情况。崔文志书记充分肯定了学校"两学一做"学习教育取得的阶段性成果,认为学校党委高度重视、按照市委部署扎实推进,结合学校实际创新载体,注重发挥基层党组织积极性和创造性,特别是在深入调研、分层分类指导等方面特色鲜明,既体现了市委的要求,也反映了基层的特色亮点。他强调,此次北京市委巡回督导组重点督导各单位开展"两学一做"学习教育的方案和计划;专题党课、民主评议和民主生活会的开展情况;有针对性解决问题和领导干部以上率下带头的情况以及创新学习教育的情况等。他希望学校能及时总结,挖掘学校学习教育的经验亮点,做好典型示范,推动"两学一做"学习教育取得明显成效。

【何立新同志荣获"北京市优秀党务工作者"】6月29日上午,北京市庆祝中国共产党成立95周年大会在国家会议中心举行,中共中央政治局委员、北京市委书记郭金龙同志出席会议并作重要讲话,市委副书记、市长王安顺、市委副书记苟仲文等领导出席会议并为受表彰同志颁奖。会议共表彰了53个"北京市先进基层党组织"、103名"北京市优秀共产党员"和103名"北京市优秀党务工作者"。我校土木学院党委书记何立新同志荣获"北京市优秀党务工作者",这是我校首次获得市级党内评优荣誉称号。

【学校召开庆祝建党95周年大会暨"两学一做"学习教育典型案例交流会】6月30日下午,学校隆重召开庆祝建党95周年大会暨"两学一做"学习教育典型案例交流会,重温党的光辉历史,表彰先进集体和个人,推进"两学一做"学习教育,激励全体党员不断创建学校改革发展新业绩。市委教育工委委员、市教委副主任郑登文,北京市委"两学一做"学习教育第五巡回督导组督导员、北京印刷学院原党委书记崔文志,北京市委"两学一做"学习教育第五巡回督导组联络员、市委教育工委离退休干部管理处张兴华,全体在校校领导、部分退休老领导、全体处级干部、共产党员代表、教授代表、民主党派负责人和无党派人士代表等300余人出席大会。会议由党委副书记吕晨飞主持。郑登文关于学校"两学一做"学习教育下一阶段工作提出三点工作要求:一是继续在"学"上下功夫。二是继续在"做"上下功夫。三是继续在"改"上下功夫。北京市委"两学一做"学习教育第五巡回督导组督导员、北京印刷学院原党委书记崔文志对学校近年来取得的发展成绩给予充分肯定。他围绕交流汇报的六个"两学一做"学习教育典型案例,结合自己的切身体会,逐一进行了精彩点评,并希望学校持续巩固深化学习教育成果,树立特色品牌。

【学校召开落实市委专项巡视反馈意见整改工作部署会】7月21日下午,学校在西城校区学宜报告厅召开落实市委专项巡视反馈意见整改工作部署会,全面部署市委巡视组反馈意见整改工作。全体校领导、全体正处级干部和各部门、各单位负责人参加了会议。会议由校长张爱林主持。党委书记王建中作重要讲话,并就做好学校《整改工作方案》落实工作,强调了三点意见。一是不折不扣地落实巡视反馈意见,确保条条要整改,件件有着落,深入推进党风廉政建设和反腐败工作。二是深入推进卓越管理行动计划,优化工作机制,提高管理服务水平,大力推进学校治理体系和治理能力现代化。三是构建长效机制,加强制度建设,强化党建主体责任,着力构建全面从严治党工作体系。党委副书记张启鸿代表党委对学校《整改工作方案》做了说明,对整改工作进行了具体部署。

【学校召开"两学一做"学习教育交流推进会暨基层组织全覆盖深度调研总结会】9月21日下午,学校在大兴校区建本报告厅召开"两学一做"学习教育交流推进会暨基层组织全覆盖深度调研总结会,学习贯彻中央和市委关于抓好"两学一做"学习教育有关精神,总结学校"两学一做"学习教育阶段成效,总结基层组织全覆盖深度调研成果,研究部署下一阶段学习教育工作,推动各项工作落到实处。全体校领导出席会议,学校党委委员、二级单位党组织全体委员、全体处级干部、全体党支部书记以及全体基层组织全覆盖深度调研联络员等近200人参加了会议。会议由党委副书记吕晨飞主持。会上,16个二级单位党组织负责人做了交流发言。各位书记结合前期开展基层组织全覆盖深度调研工作情况,重点围绕"是否摸清基层组织的基本情况"、"是否摸清人才队伍基本情况"和"如何在推进学校'十三五'发展规划和综合改革中更好发挥基层党组织的战斗堡垒作用和党员先锋模范作用"三个问题,用生动的案例和翔实的数据,充分展示了前一阶段取得的调研成果和学习教育阶段成效,并对进一步深化学习教育提出了明确的工作计划和举措。校长张爱林对各单位交流发言进行点评和总结。党委书记王建中作总结讲话,强调,面对当前全面从严治党的新形势、新要求,各级党组织要深刻认识到当前学校学习教育中还存在的一些问题,要进一步强化主体责任,狠抓工作实效,推动学习教育持续深化。一是认真学习习近平总书记"七一"重要讲话精神和视察八一学校重要讲话精神。二是把"学"、"做"、"改"统一起来。三是切实把"两学一做"学习教育推向深入。四是切实解决好薄弱支部和问题党员的工作,以解决问题为动力持续推进学习教育深入开展。

【学校召开"两学一做"学习教育推进会】10月28日下午,学校召开"两学一做"学习教育推进会,深入学习贯彻党的十八届六中全会精神,认真落实中央、市委和市委教育工委关于推进"两学一做"学习教育的系列指示精神,总结交流经验做法,安排部署后续工作,推动学校学习教育扎实深入开展。党委书记王建中、副书记张启鸿,各二级单位党组织书记、副书记,各职能部门负责人,全体党支部书记出席会议。会议由党委副书记吕晨飞主持。王建中指出,自中央、市委部署开展"两学一做"学习教育以来,学校党委高度重视,系统谋划,精心部署,先后召开了三次学习教育推进会,推动学校学习教育取得了阶段成效。这次推进会,主要任务是在前期加力促进、交流深化的基础上,深入学习贯彻中央、市委的最新精神要求,按照市委教育工委的部署安排,紧紧围绕"建强支部,严管党员,切实发挥战斗堡垒和先锋模范作用"主题,进一步强化学习教育,求得真正实效。王建中强调,当前,学习教育正处在关键时期,学校各级党组织要持续用劲、深入推进、务求实效。一是要在"学"上用力,持续打牢"学"的基础。二是要在"做"上发力,突出强化"做"这个关键。三是要在"改"上用力,强力推动解决突出问题。四是要在"督导"上加力,强化氛围,突出典型引路。吕晨飞传达了市委教育工委《关于推进北京高校"两学一做"学习教育下一步有关工作的通知》精神。

【学校召开加强党支部建设专题研讨会】12月8日上午,党委书记王建中在大兴校区四合院会议室主持召开加强党支部建设专题研讨会,聚焦新形势下加强基层党支部建设,加强和规范党内政治生活,强化党内监督,坚定不移推进全面从严治党向基层延伸。他强调,深入学习贯彻党的十八届六中全会精神是学校当前和今后一个时期的重要政治任务,在"两学一做"学习教育活动临近收官之时,各二级单位党组织要按照六中全会对全面从严治党提出的新要求,切实加强和改进党支部建设,切实发挥好基层党组织的战斗堡垒作用和党员的先锋模范作用。党委副书记张启鸿、吕晨飞参加研讨会。

(三)领导班子和干部队伍建设

【学校召开领导班子专题民主生活会】1月15日,学校领导班子召开了"三严三实"专题民主生活会。市委教育工委副书记、市人民政府教育督导室主任唐立军同志,北京高校党建专家、北京物资学院原党委书记刘木春同志出席专题民主生活会。校级领导班子全体成员参加了专题民主生活会,代表班子作对照检查发言。校级领导班子成员随后依次认真查摆不严不实突出问题,深入进行党性分析,深刻剖析思想根源,严肃认真地进行自我批评。其他同志都分别提出意见,坦率明确地开展批评,切实起到了相互教育、相互启发、相互警醒的效果,达到了"团结—批评—团结"的目的。

【学校党委召开校级领导班子"三严三实"专题民主生活会情况通报会】1月16日下午,北京建筑大学召开校级领导班子"三严三实"专题民主生活会情况通报会。学校领导班子成员，全体处级干部，市区人大代表、政协委员、民主党派和无党派人士代表，教授代表，工会、教代会代表，党代会代表参加了通报会。纪委书记何志洪主持会议。党委书记王建中传达了北京市委教育工委副书记、市人民政府教育督导室主任唐立军同志的讲话精神，通报了学校领导班子"三严三实"专题民主生活会的情况。纪委书记何志洪传达了市委书记郭金龙在全市领导干部会议上的讲话精神。

【学校领导班子召开专题会议学习习近平总书记在中央政治局"三严三实"专题民主生活会上的讲话精神】 1月23日，学校领导班子在西城校区第一会议室召开专题集中学习研讨会，全文传达并深入学习习近平总书记在中央政治局"三严三实"专题民主生活会上的重要讲话。学校党委常委张素芳、党委组织部部长孙景仙、纪委副书记高春花列席了学习研讨会。党委书记王建中主持学习研讨会。党委常委会联系专题民主生活会对照检查的情况，联系党风廉政建设和作风建设实际，联系贯彻中央八项规定精神的情况，进行了学习研讨。常委们一致认为，党的十八大以来，以习近平同志为总书记的党中央，面对极其错综复杂的国内国际环境，以前所未有的政治勇气和历史担当，站在关系党和国家生死存亡的高度，以问题为导向，深刻分析、客观判断当前面临的严峻形势，以严和实的态度，从反"四风"入手，抓住思想教育和反腐败斗争两方面持续发力，推动全面从严治党落到实处、见到实效，得到了全党全军全国人民的衷心拥护，在国际上赢得了普遍赞誉，使党在人民群众中的威信和形象进一步提升，党心民心进一步凝聚，形成了推动改革发展的强大正能量。

【学校召开2016年寒假领导班子务虚会】 1月25日，学校召开2016年寒假领导班子务虚会，围绕学校"十三五"规划，集中研讨学校2016年工作思路、重要改革举措和重点工作，为实现学校"十三五"时间的良好开局进行全面部署。全体校领导、党委常委、部分职能部处负责人出席会议。

【学校举办2016年首期干部培训班】 1月27日至28日，学校举办2016年首期干部培训班，对2015年新任和交流的干部进行了集中培训。全校正处级干部也参加了开班仪式。培训班开班仪式由党委副书记吕晨飞主持。党委书记王建中做了开班动员，对新任干部进行了集体任职谈话，同时结合学校发展实际和个人体会，围绕"如何胜任领导干部工作"，为全体干部讲了一堂生动的党课。纪委书记何志洪对新任干部进行了廉政谈话，同时以"做忠诚干净担当的好干部"为题作了廉政辅导报告。培训班还邀请了北京双高人才发展中心、北京海外学人中心袁方主任做了题为《高等学校中层干部领导力与管理方法》的报告，邀请中国音乐学院党委书记闫拓时做了题为《论宏观——高校中层干部执行力提升漫谈》的报告，邀请中央办公厅电子科技学院姬瑞环教授做了题为《公文写作规范与技巧》的报告。

【学校召开校级领导班子和领导干部2015年度考核测评会】 3月1日下午，学校召开校级领导班子和领导干部2015年度考核测评会，学校领导班子成员，全体处级干部，市区人大代表、政协委员，教授代表，工会、教代会、团委代表，民主党派和无党派人士代表，党代会代表等参加了考核测评会。北京市委组织部宣教政法干部处干部刘峥出席会议并就年度考核工作进行说明。校长张爱林主持会议。根据市委组织部的工作要求，学校领导班子述职报告、校级领导干部个人述职述德述廉报告已于会前发至全体参会人员。会上，与会人员就学校领导班子及班子成员年度工作、基层党建工作、学校干部选拔任用工作进行考核测评和民主评议。

【学校举办五大发展理念专题报告会】 3月29日下午，学校在西城校区第二阶梯教室举办党委中心组理论学习扩大会，邀请国家行政学院许正中教授做了题为"五大发展理念引领未来城市发展"的专题报告。报告会由党委副书记张启鸿主持。

【学校召开"领导干部的法治思维"专题辅导报告会】 5月10日下午，学校在西城校区第二阶梯教室举行党委中心组理论学习扩大会，邀请北京市委党校、北京行政学院周悦丽副教授作"领导干部的法治思维"专题报告。报告会由党委副书记吕晨飞主持。

【学校举办"讲党性 重导向 从全局出发把握新闻舆论工作"专题辅导报告会】 5月24日下午，学校在西城校区第三阶梯教室召开党委中心组理论学习扩大会，邀请北京市委讲师团团长贺亚兰作"讲党性 重导向 从全局出发把握新闻舆论工作"专题报告。报告会由校党委副书记张启鸿主持。

【举办2015/2016学年度处级单位和处级干部考核测评会】 7月6日下午，学校在大兴校区建本报告厅举办2015/2016学年度处级单位和处级干部考核测评会，对全体处级单位和处级单位正职进行民主测评。参加大会的评议人员有全体在校校领导，全体处级干部，市人大代表、政协委员，部分党代会代表、教代会（工代会）代表、团委代表、教授代表。大会由党委副书记吕晨飞主持。作为今年考核工作的一个重要环节，本次考核测评会采用现场述职与书面述职相结合，处级单位及个别不能到会的处级单位正职采用书面形式进行述职。同时，测评会首次采用网络方式进行评价，评议人员根据随机抽取的二维码，按照操作说明，使用移动终端的浏览器（或微信）扫描二维码，访问民主测评页面，进行线上匿名评价，既体现了2016年"优化 执行 绩效"的要求，也展示了学校信息化建设的新成果，得到参会人员好评。

【学校举办干部培训班】 7月11日，学校举办干部培训班，全体在校校领导和全校处级干部参加了培训。培训班由党委副书记吕晨飞主持。住建部原副部长、国务院参事、我校发展咨询委员会委员、北京未来城市设计高精尖创新中心学术委员会委员仇保兴做了题为《深度城镇化——未来增强我国经济活力和可持续发展能力的重要策略》的主题报告。校长张爱林以《目标引领，向上看齐，带好队伍，做提质转型升级的表率》为题，从发展目标引领一切工作、什么是领导干部、领导干部的特别重要性、做好领导干部工作的几点认识等四个方面作了一场深刻的辅导报告。党委书记王建中作总结讲话，对全体干部提出三点要求，一是在其位、谋其政，重在责任心，勇担当；二要谋其政、精其业，重在自强心，求卓越；三要精其业、成其事，重在事业心，敢突破。

【学校举办干部专题培训班】 8月17日到20日，学校赴临沂举办干部专题培训班。党委副书记吕晨飞，部分学院书记、院长、机关处部负责人以及新任处级干部参加了培训。在为期2天的学习中，学员们在孟良崮战役烈士墓区、沂蒙红嫂纪念馆、省政府旧址和八路军115师司令部旧址、沂蒙根据地群众工作展馆、曹玉梅纪念馆、刘少奇在山东纪念馆、党章的历程展馆等教学点进行了现场教学，听取了《沂蒙母亲王换于和她的儿女们》的革命事迹报告和《刘少奇1942年山东之行的贡献和启示》专题报告，组织观看了电影《沂蒙六姐妹》、《英雄孟良崮》等教学片。

【学校召开2016年暑期战略发展研讨会】 8月23日至24日，学校在西城校区学宜报告厅召开2016年暑期战略发展研讨会。会议集中研讨学校"十三五"规划"六大工程"、"六大计划"实施方案和各专项规划，进一步统一思想、凝聚共识，狠抓"十三五"规划各项任务落实。全体校领导，各职能部门负责人、各二级单位党政负责人参加了研讨会，会议由纪委书记何志洪主持。

【学校举办2016/2017学年党建与思想政治工作课题立项答辩评审会】9月13日，学校召开2016/2017学年党建与思想政治工作课题立项答辩评审会。本次课题立项答辩评审分为两组，分别由纪委书记何志洪、党委副书记吕晨飞担任评审组组长，学校党建与思想政治工作研究会还邀请马克思主义学院院长肖建杰、离退休工作办公室主任王德中、人事处处长陈红兵、保卫部（处）部（处）长牛磊、机电学院原党委书记王跃进、科技处副处长陈韬担任评审专家。本学年共收到课题申报书36项，根据评议，最终形成2016/2017学年党建和思想政治教育工作25项立项课题。学校党委历来高度重视党建与思想政治工作研究，积极搭建平台鼓励干部教师加强党建研究。今年上半年，学校党委研究决定，将党建与思想政治工作研究课题升格为校级课题，与校级科（教）研课题具有同等效力，将每两年评选一次的党建优秀成果列为校级奖励，与校级科（教）研成果具有同等效力。

【学校召开校外任职、挂职干部座谈会】9月27日上午，学校在西城校区创空间举办校外任职、挂职干部座谈会。党委书记王建中出席座谈会并讲话，党政办、组织部、人事处、校友办负责人，以及6位校外任职、挂职干部参加座谈会。座谈会由组织部部长孙景仙主持。座谈会上，6位校外任职、挂职干部结合自身工作岗位，汇报了工作收获和挂职体会，畅谈了对个人发展和能力提升的感受。党政办公室主任白莽、人事处处长陈红兵结合自己之前的挂职经历，与挂职干部交流体会，分享经验。校友办公室主任沈茜希望，校外任职的校友，保持与母校的联系，常回家看看。党委书记王建中对校外挂职干部提出四点希望：一是要虚心学习，增长能力，抓住挂职的宝贵机遇，多学多看，充实自己；二是要增强责任，多做实事，要树立岗位责任意识，为挂职单位多做贡献，充分展现建大干部的风采和形象；三是要积累经验，推动工作，要把好的工作理念、工作模式、工作作风和工作经验转化为自身的能力，转化为做好学校工作的动力，思考谋划推动本职工作开展；四是要安心挂职，做好协调，要处理好挂职工作和本职工作的关系，做到心中有挂职，心中有学校，挂职工作和本职工作两不误、两促进。

【学校召开机关青年干部座谈交流会】9月27日下午，学校在大兴校区和园创空间召开机关青年干部座谈交流会。党委书记王建中、党委副书记张启鸿，党政办公室、组织部、机关党委、人事处等职能部门负责人以及机关青年干部代表参加了座谈会。会议由党委副书记张启鸿主持。本次座谈会特别邀请了14位来自各个单位的基层组织全覆盖深度调研联络员参加座谈交流。座谈会上，9名青年干部结合参加基层组织全覆盖深度调研的收获和体会，围绕自己的学习和工作，谈认识、谈感受、提建议。大家一致表示，通过参与基层组织全覆盖深度调研，进一步开阔了视野，锤炼了作风，提升了本领，为自己更好地做好本职工作、服务学校改革发展打下了坚实的基础。党委书记王建中作了总结讲话，希望广大青年干部一是树立远大的抱负。要始终保持旺盛的事业心，提高自身要求，提升人生规划和职业规划能力；二是增强使命感和责任感。要不断提升工作本领，能够托得住组织交给的重任，做组织、各级领导和师生群众信得过的干部；三是提升战略谋划力。要"身在兵位，胸为帅谋"，通过深入的学习研究更加领会学校党委的战略布局，以更高的标准、更宽的视野去谋划推动工作；四是提升战略执行力。

【学校传达学习市委十一届十一次全会精神】11月15日下午，学校召开党委常委会，传达学习市委十一届十一次全会精神，研究部署学习贯彻十八届六中全会精神具体安排。党委书记王建中主持会议，学校领导班子成员参加会议，党政办公室、党委组织部、党委宣传部负责人列席会议。会上，党委书记王建中传达了中国共产党北京市第十一届委员会第十一次全体会议决议，以及郭金龙书记在市委十一届十一次全会上的讲话。党委组织部部长孙景仙汇报了学校学习贯彻十八届六中全会的工作安排方案。会议要求，学校各级党组织要把学习宣传贯彻十八届六中全会精神，作为当前和今后一个时期的重要政治任务来抓，精心组织、周密部署、不断把学习宣传贯彻工作引向深入。会议号召全校广大党员干部要更加紧密团结在以习近平同志为核心的党中央周围，迅速掀起学习贯彻六中全会精神的高潮，坚定不移地推进全面从严治党，着力营造风清气正的政治生态，更加扎实地把党中央的各项决策部署落到实处，奋力推进国内一流、国际知名、具有鲜明建筑特色的高水平、开放式、创新型大学建设，为实现中华民族伟大复兴的"中国梦"和"两个一百年"奋斗目标做出新的更大的贡献，以优异成绩迎接党的十九大胜利召开。

【学校召开深入学习贯彻党的十八届六中全会精神部署会——党委书记王建中以专题党课形式宣讲六中全会精神】11月17日上午，学校通过视频会议系统，在大兴校区四合院会议室及西城校区第一会议室，召开深入学习贯彻党的十八届六中全会精神部署会，就学习贯彻六中全会精神，进行深入动员部署。党委书记王建中、纪委书记何志洪、党委副书记吕晨飞，各二级单位党组织书记、副书记，各职能部门负责人等参加会议。党委副书记吕晨飞主持会议。党委书记王建中首先传达了市委十一届十一次全会精神，要求全校各级党组织、广大党员干部进一步提高认识，按照市委全会的部署要求，把思想和行动统一到六中全会的精神上来，把从严治党要求和责任落到实处，带领本单位、本部门迅速掀起学习六中全会精神的热潮。部署会后，党委书记王建中以专题党课的形式，就学习贯彻落实六中全会精神进行了宣讲。

【党委书记王建中与党委机关部门新上岗处级、科级干部座谈交流】12月2日下午，党委书记王建中在大兴校区后勤楼318会议室主持召开党委机关部门新上岗处级、科级干部座谈会并讲话。他强调，深入学习贯彻党的十八届六中全会精神是学校当前和今后一个时期的重要政治任务，党委机关部门干部要带头深入学习、深刻领会，带头按照全会精神严格要求自己，把全面从严治党决策部署变为实际行动，推动学校党的建设不断取得新成效。座谈会上，党政办公室陈娟、高士杰、扈恒畅，组织部李云山、高兰芳、张俊，宣传部（统战部）孙强、高蕾、李守玉，纪委办公室（监察处）武岚、张瑶宁，研究生工作部杨光、黄琇，保卫部李长浩先后发言。大家围绕轮岗交流的收获体会、新岗位的工作思路等方面，谈收获，讲体会，提设想。王建中希望机关单位部门的每一名干部一是坚定理想信念，增强"四个意识"，做忠诚干净担当的好干部；二是树立优良作风，增强履职意识，做勤学深思精研笃行的强有力的干部；三是严格要求自己，增强卓越意识，做"提质转型升级"的表率。

【党委副书记张启鸿调研我校选派第一书记驻村工作】12月29日，党委副书记张启鸿与党政办公室主任白荞一行到延庆区张山营镇后黑龙庙村调研第一书记驻村帮扶工作，并与村两委班子成员进行了交流。"两学一做"专题教育开展以来，学校党委认真开展各项工作，并积极响应党中央和北京市的号召，参与精准帮扶工作。2016年11月，选派党政办公室青年干部谷天硕担任延庆区张山营镇后黑龙庙村第一书记,开展精准帮扶工作。张启鸿希望谷天硕能够尽快适应环境,多向村里的人学习,吃透村情民意,助推后黑龙庙村的发展。张启鸿同时表示,学校作为第一书记工作的坚强后盾,会力所能及地为后黑龙庙村的发展提供各种支持。

【干部选任】2016年,共有5名同志提任为正处级干部,19名同志提任为副处级干部,积极树立从教学科研一线、基层艰苦岗位选拔干部的正确导向;向上级部门、区县和兄弟高校输送干部3人,其中平级调动1人、提任副处级1人、正处级1人;选派15名优秀的管理干部和骨干教师参加校内外挂职锻炼,其中8人赴北京、云南等省市机关挂职,1人根据市委的统一部署到村担任第一书记。处级干部轮岗交流21人,科级干部轮岗交流13人,进一步激发了干部干事创业、服务发展的活力。

【干部监督管理】加强干部日常管理,制定《关于进一步从严管理干部的若干规定》,全年完成处级干部、科级干部档案专项审核工作,安全保密进行个人有关事项抽查核实工作47人次,及时完成领导干部兼职信息统计上报、处级干部因私出入境登记备案工作等各项工作。推动从严管理干部相关规定延伸到科级干部,对拟提任的科级干部征求纪委廉洁自律意见、核查个人档案、进行任前公示,切实把干部审核关前移。

（四）党校工作

【举办入党积极分子培训班】为进一步端正入党积极分子的入党动机、坚定理想信念,增强党性意识,2016年分两学期举办第57期、第58期入党积极分子培训班,共有789名入党积极分子参加培训,并顺利结业。

【举办发展对象培训班】为进一步加强对党员发展对象的培养和教育,确保发展党员质量,按照《中国共产党发展党员工作细则》的有关规定,2016年分两学期举办第四期、第五期发展对象培训班共计64学时,561名发展对象参加培训,并顺利结业。

【举办处级干部专题研讨班】2016年11月9日,学校处级领导干部"学习贯彻党的十八届六中全会精神"专题研讨班在西城校区开班,党委书记王建中作开班动员。本次研讨班为期5天,全体处级干部被分为5组,通过读原文、听报告、看视频、网络学习、写心得、分组研讨、答问卷等形式,深入开展学习。12月6日召开结业式,各小组代表在大会上进行了交流发言,党委副书记吕晨飞作总结报告。

（五）人才工作

【组织教师申报市委组织部优秀人才培养资助项目】2016年,共有17人申报,3人成功获批项目,资助金额共计12万元。

【选派青年教师参加第17批博士服务团】2016年,选派建筑与城市规划学院青年教师吕小勇参加第17批博士服务团,挂职任云南省昆明市滇中新区管委会党组成员、主任助理。

二、宣传思想工作

（一）概况

2016年,学校宣传思想文化工作以围绕中心、服务大局为基本职责,实施"中国梦和社会主义核心价值观引领计划",加强理论武装、强化正面引导。策划组织主题教育活动,继续探索完善社会主义核心价值观"融入"教育模式。加强制度体系建设、阵地建设、队伍建设、外宣能力建设，全面提升新闻宣传工作的整体水平。实施大学文化提升计划，推进学校文化建设。

（二）理论教育工作

深入实施"中国梦和社会主义核心价值观引领计划"，加强理论武装、强化正面引导。依托"建大讲堂"、校院两级理论中心组、网上理论学习栏目等持续深入地学习宣传中央精神，开展中国特色社会主义和"中国梦"宣传教育活动。本年度邀请知名学者专家举办高水平辅导报告会4场。认真履行中心组学习秘书单位职责，结合学校发展实际，围绕传达学习市委十一届十一次全会精神、十八届六中全会、全国高校思想政治工作会议精神、"两学一做"学习教育、习近平总书记系列重要讲话精神等主题，组织开展中心组学习活动17次。协同党委组织部举办处级干部"学习贯彻党的十八届六中全会精神"专题研讨班，邀请市委宣讲团成员作专题报告，围绕十八届六中全会精神、《关于新形势下党内政治生活若干准则》和《中国共产党党内监督条例》学习专题，与北京市委讲师团联系为专题研讨班每个小组刻录拷贝了5个视频报告，为各组学习交流提供了方便，增强了学习效果。为深入推进北京建筑大学网络宣传思想工作，创新理论教育模式，主动联系北京市委讲师团争取更多理论学习资源，依托其宣讲家网站，共建"北京建筑大学理论学习平台"。作为北京建筑大学推进"互联网＋理论教育"的重要举措，该平台于11月上线试运行，理论学习平台打破了时空限制，为师生员工随时随地在线学习提供了方便，同时也为各级党组织加强对党员及师生理论学习过程管理提供了方便。同时在校报和校园网上开设"'两学一做'典型引领"专栏及"学习贯彻十八届六中全会精神"、"两学一做"专题网站。

拓宽青年教师思想政治工作的途径。依托北京高校青年教师社会调研优秀成果申报项目、北京高校青年骨干教师理论培训项目，持续推动青年教师结合专业参加社会实践活动。选送9名教师参加2016年北京市哲学社会科学教学科研骨干研修班，5名青年教师参加2016年北京高校青年骨干教师理论培训班；推荐10名教师的10个项目参加2016年北京高校青年教师社会调研优秀成果评审，获一等奖2项，二等奖7项。

策划组织主题教育活动，继续探索完善社会主义核心价值观"融入"教育模式，启动"服务延庆'秀美乡村 成风化人'行动"，将培育和践行社会主义核心价值观融入专业教学全过程。在"服务延庆'秀美乡村 成风化人'行动"中，会同教务处、建筑学院组织师生多次走进北京市延庆区柳沟村、艾官营村、北地村、三司村等村落开展调研，在了解新农村建设和精神文明建设现状及需求基础上，将人才培养模式改革与服务新农村村容村貌相结合，将设计艺术课程的部分环节直接搬到了新农村现场。活动得到当地政府和村民的好评。"引导学生实践创新设计是教书育人和教学改革的正路"、"艺术创作要服务于人民群众"。活动加深了师生对社会主义核心价值观的深入理解，提升了教师立德树人的自觉意识和学生们学习专业知识的积极性，实现了思想引领和专业教育的"双丰收"。启动"做北京古都风貌保护的践行者"活动，将培育和践行社会主义核心价值观融入实践育人全过程。为加强对中华优秀建筑文化的挖掘和传承，宣传部、统战部策划了"做北京古都风貌保护的践行者"主题活动，以建筑学院为试点单位于2015年底组建"古都风貌保护"志愿者服务团队，以教师带领学生团队的方式，从北京市326个重点文物保护单位中选出最有代表性的24处历史建筑开展历史建筑调研工作。团队调研古建筑20余处，收集历史建筑图片5000余张，编撰文字成果12万字，手绘历史建筑作品20余幅，深入社区开展建筑文化宣讲6场次，教师们在以文化人的过程中，弘扬了优秀传统文化；学生们在古建寻踪的实践中深化了专业认知，树立了文化自信。师生用实际行动践行了社会主义核心价值观，守护着古都北京的文脉。继续开展建大人物访谈活动，将培育和践行社会主义核心价值观融入文化育人全过程。为挖掘凝练学校精神内涵，继续组织开展"寻访建大名师 讲述师生故事 凝练建大精神"和"探寻校友足迹 讲述成长故事 凝练学校精神"两个主题社会实践活动，全年共访谈20余人，编印《建大故事（第一辑）》，并制作访谈视频，通过校园网、官方微信和校报等媒体平台广泛宣传优秀教师和校友的典型事迹。

（三）新闻宣传和舆论引导工作

加强四方面建设，全面提升新闻宣传工作的整体水平。加强制度建设。制定了《中共北京建筑大学委员会关于进一步加强校园文化建设的实施意见》《北京建筑大学网络宣传管理办法》《北京建筑大学建立健全师德建设长效机制的实施细则》《中共北京建筑大学委员会进一步加强意识形态工作责任制实施细则》《北京建筑大学校园媒体管理规定》等，为进一步促进北京建筑大学校园文化建设、加强师德长效机制建设、明确意识形态工作主体责任、规范网络宣传和校园媒体的管理和使用工作流程，提供了制度保障。健全新闻宣传工作机制，优化新闻宣传工作流程，制作《工作手册（2016版）》，编印《党委宣传部党委统战部工作汇编》、《宣传工作流程（2016版）》，相关工作流程在信息门户中发布，方便师生使用。

加强阵地建设。强化传统媒体和"两微一端"等新媒体融合建设，线上线下联合推进。全年共编辑出版校报20期。紧密围绕学校重点工作，策划专栏和专题报道10余个，刊登深度报道30余篇。优化官网功能，制作了"校庆80周年""学习贯彻十八届六中全会精神""两学一做"等专题网站。改进头图设计质量，全年共发布头图新闻信息63条，编辑、审核校园网络新闻信息2600余条，图片8000余张。制作橱窗18期108版，校内电子屏发布文字类信息100余条，图片信息200余张，发布专题视频30余部。全年累计发表原创微博1500条；推送微信171条，其中在首都教育联盟上榜推荐139条，头条5次。官方微信粉丝数为6811，较2015年增长30%，点击量从原有的不到300上升为平均每条1200左右。制作并发送手机报7期38条信息。在以上工作的基础上统筹推进校园媒体融合发展。同时在宣传主旋律的同时，主动回应师生关切的重点问题。借助网络舆情监控系统服务，加强舆情监控。制作《北京建筑大学互联网舆情年报（2016年）》，通过对舆情趋势、媒体发文情况、报道话题内容、转载及传播情况的分析，显示2016年学校在互联网舆论场中的形象积极、正面，为学校发展创造了良好的舆论氛围，并对下一阶段创新对外宣传工作，有效地开发、利用媒体资源提供了参考和借鉴。围绕各项中心工作，还完成学校相关摄影任务360余次，学校大型活动的新闻摄像100余次，重大活动的全程摄影30次，制作专题新闻和视频8次。设计并制作学校新版画册和新版宣传片。组织开展学校2016年度十大新闻评选。

加强队伍建设。开展校内新闻宣传员重新统计登记和校内微信公众号统计工作，进行宣传工作业务培训。对宣传工作制度和工作流程、新闻稿的写作规范、新闻图片拍摄技巧、专题新闻写作、新闻网操作使用方法等内容进行培训。同时，通过不定期选题策划会的形式，与各单位、各部门共同策划新闻报道选题，增强新闻宣传工作的针对性和实效性。进一步加强对学生媒体中心的管理，编写《学生媒体中心操作手册》，在新闻采访、摄影、摄像实践方面对学生记者进行实操技能培训等，指导学生参与学校大型活动新闻采访、摄影摄像30余次，制作完成广播节目160次，640档节目内容。制作视频新闻33期，大部分被校园媒体采纳播出，学生媒体队伍建设得到加强。推荐5名学生记者参加由教育部、国务院港澳办、中央人民政府驻港联络办、中央人民政府驻澳联络办联合主办的"我的祖国——京港澳学生交流营活动"，使学生在活动中学习中华文化、开阔眼界、增长才干。

对外宣传能力建设。继续坚持"外树形象、内聚人心"的目标，围绕学校中心工作和重要事件开展外宣策划，发表外宣稿件200余篇，比2015年增长30%，其中大部分被新华网、人民网、中国日报网、北青网、凤凰网、千龙网、网易、光明网、中青网、搜狐网、新浪网等网络媒体多次转载。全年接待安排媒体来校采访30余次。从容应对突发事件，积极与新闻媒体进行沟通，较好地维护了学校的公众形象。

（四）校园文化工作

实施大学文化提升计划，推进学校文化建设。以文化人以文育人，凸显"文化校庆"。完成校史馆相关工作。协同相关部门，高质量完成了校史展的"领导关怀""校园文化""思想政治教育"等主题内容的统筹、整理和设计工作，并参与校史相关资料的研讨、审定等工作。建成"两馆"。整合校内外资源，完成了北京建筑大学艺术馆以及与中国建筑学会共建的中国建筑师作品展示馆建设工作；在校内外相关单位的协同下，成功举办了"明清官式建筑彩画艺术展""全球化进程中的当代中国建筑——梁思成建筑奖作品展和第二十五届世界建筑师大会中国展""保护建筑遗产，传承优秀文化——北京建筑大学文化遗产保护与传承产学研成果展"、北京建筑大学80周年校庆师生校友艺术作品展、森林画廊"聚落"展等高水平、高品位的文化艺术展览活动。2016年主办、协办和支持举办的各类展览展示活动共计12场次，据不完全统计，接待校内外观众共计10000余人次。中国建筑师作品展示馆成功入选第二批大兴区南海子文化教育基地。

凝练精神体系，注重培育和弘扬。凝练形成北建大精神文化体系。在多年挖掘和凝练成果的基础上，在学校党委的领导、相关部门的密切配合、师生校友的积极参与下，通过专家小组研讨、微信群讨论、QQ群征集、举办专题沙龙、开展建大故事访谈、专家个别咨询、校领导分别牵头凝练推荐、召开大学精神文化体系建设研讨会等多种途径广泛听取意见，并根据校史编写组深度挖掘查证校史资料、校友办走访听取校友意见情况，构建起以"立德树人 开放创新"为办学理念，以"实事求是 精益求精"为校训，以"团结 勤奋 求实 创新"为校风，以"爱国奉献 坚毅笃行 诚信朴实 敢为人先"为北建大精神的学校精神文化体系。在校庆期间通过网络、校报、横幅、灯杆旗、橱窗等形式对学校精神文化体系进行了全面宣传。完善视觉形象识别系统。根据2015版学校视觉形象识别系统管理手册的要求，牵头并与相关职能部门协同，完成了新版录取通知书、学位证书、毕业证书、学生证、校园导识系统等设计工作。推进校园环境文化及学院文化建设。制作"对歌"雕塑并在大兴校区明湖边落成；实施"文化塑院计划"，指导、支持和推进学院楼宇文化建设工作，并初见成效。同时，结合工作完成了北京市教工委宣传思想专项课题《社会主义核心价值观融入学校精神培育实证研究——以北京建筑大学为例》的研究，收到了理论研究与工作实务相互促进的效果。

2016年，获得中国高校校报协会好新闻评选一等奖两项，二等奖一项，三等奖一项；北京高校新闻与文化传播研究会新闻网新闻类一等奖一项，创历史最好水平。推荐电信学院马宁同学入选北京市2016年度"党在百姓心中"百姓宣讲团宣讲员；在"两学一做"学习教育活动中推荐土木学院基层学生党组织建设创新成果《开展"学霸联盟"推进高校党性实践与学风建设的有机融合》，参加高校党建理论与实践工作创新论坛，并获得建党95周年征文三等奖。

（五）揭晓2015年学校十大新闻

2015年是全面落实学校"十二五"规划各项任务的收官年。全校师生员工把"中国梦"与"建大梦"有机结合，坚持"提质、转型、升级"基本策略，迎难而上，顽强拼搏，各项事业取得了辉煌的成果。为了更好地总结经验、展示成果，激励广大师生在"十三五"规划开局之年，不断改革创新、锐意进取，推动学校科学发展，特推出2015年度十大新闻评选活动。本次十大新闻评选经各单位（部门）推荐，新闻中心汇总、整理，评审组会商，推出30条候选新闻。2016年1月4日至10日，师生通过北京建筑大学主页、新闻网、iStudent网络社区和微信公众平台进入"北京建筑大学2015年度十大新闻评选"专题网站进行投票。经对投票结果综合评定，确定以下十大新闻。

1. 北京市与住房城乡建设部共建北京建筑大学，学校发展迈向新高度

10月9日，北京市人民政府与住房和城乡建设部共建北京建筑大学签约仪式在北京建筑大学西城校区举行，学校自此进入省部共建高校行列，事业发展迈向新高度。学校将在北京市和住建部的支持下深入贯彻落实党的十八届三中、四中、五中全会精神，全面落实国家和北京市中长期教育改革和发展规划纲要的战略部署，深入贯彻"创新、协调、绿色、开放、共享"的发展理念，主动服务国家新型城镇化、京津冀协同发展战略、北京"四个中心"建设等一系列重大战略，以发展理念转变引领发展方式转变、以发展方式转变推动发展质量和效益提高，基本形成"建设国内一流、国际知名、具有鲜明建筑特色的高水平开放式创新型大学"中长期规划目标。

2. 开设拔尖创新实验班，全面推进创新创业教育，积极构建人才培养新模式

9月，拔尖创新实验班招生计划新开设的"建筑学大师班"、"土木英才实验班"和"环境类创新人才实验班"共计138名学生正式入学；同时积极参与"北京市高等学校高水平人才交叉培养项目"，着力培养建设领域卓越工程师和拔尖领军人才。学校召开第12次本科人才培养工作会，明确了构建具有鲜明建筑特色的高水平、开放式、创新型大学人才培养体系的目标。成功获批第二个国家级虚拟仿真实验教学中心——智慧城市虚拟仿真实验教学中心，成立创新创业教育学院，出台大学生创新创业教育改革实施方案，与共青团中央发起成立的中国青年创业就业基金会合作，建设全国第一家"中国青年创业社区"，为全面提升本科人才培养质量提供保障。

实践育人成效显著，再次获得全国大中专学生"三下乡"活动全国优秀单位，连续第三次获市教委颁发的《贯彻〈学校体育工作条例〉》先进校，勇夺首都高校学生田径运动会十连冠。

3. 再获两项国家科技奖励，学科建设与科技工作取得新成绩

2015年,韩淼教授参与完成的《建筑结构基于形态的抗震设计理论、方法及应用》荣获国家科学技术进步一等奖,张爱林教授主持完成的《预应力整体张拉结构关键技术创新与应用》荣获国家科学技术进步二等奖,学校近年已累计获得13项国家科技奖励。学校召开学科与科技工作会,推动一流学科建设和科技体制机制改革。坚持学科龙头地位,坚持人才第一资源,坚持突出重点、特色发展,坚持创新驱动发展,坚持资源开放共享,坚持服务建筑业转型升级、服务首都北京新定位。学校提出了"十三五"学科建设、科技工作的六大任务:以"建筑遗产保护"博士人才培养项目为龙头,统领重点学科建设;建设校园创新文化、培育学术土壤;构建学科创新团队;搭建学科开放共享平台、组建未来城市设计高精尖创新中心;凝练学科特色方向、提高科技创新水平;推进成果转化、做好"两个服务"。本年度,学校获国家自然科学基金资助项目21项,创历史新高;新增机器人仿生与功能研究北京市重点实验室、城市轨道交通车辆服役性能保障北京市重点实验室,学科建设与科技工作稳步推进。

4. 构建全面从严治党制度体系,党建与思想政治工作取得新进展

6月,学校召开党建工作会暨建党94周年纪念大会。学校党委按照"四个全面"战略布局要求,落实党委主体责任和纪委监督责任,创新实施"党建首问制"、"廉政首问制"和"安全首问制",探索构建全面从严治党制度体系,提升学校党建工作科学化水平,为学校发展提供坚实的思想和组织保证。深入开展"三严三实"专题教育,把"三严三实"作为领导干部修身做人的基本遵循、为官用权的警示箴言、干事创业的行为准则;成立新闻中心,构建大宣传格局,推动校园媒体融合发展;设置马克思主义学院,成立学生思想政治教育研究中心,充分发挥思想政治理论课的主渠道和主阵地作用;积极构建"最爱学生"工作体系。2015年,学校获"首都文明单位标兵"称号,土木学院获"北京市模范集体"称号,测绘学院学生党支部获2015年北京高校红色"1+1"示范活动评比一等奖。

5. 入选国家百千万人才工程、北京学者,高层次人才队伍建设取得新突破

1月,戚承志教授入选2014年国家百千万人才工程;7月,王随林教授入选北京学者;12月,北京建筑大学组织申报的6名外国专家入选北京市"海聚工程",张怀静教授入选首批北京市高层次创新创业人才支持计划领军人才,高层次人才队伍建设取得新突破。学校召开2015年人才工作会,坚持"人才资源是第一资源"的理念,进一步推进"人才强校"战略,部署人事综合改革,实施"双高计划"和"双塔工程",深化聘任薪酬制度改革,建立校院两级管理体制。许鹰老师获北京市青年教师教学基本功比赛理工类B组一等奖第一名,欧阳文教授荣获第十一届北京市高等学校教学名师奖,师资队伍建设持续加强。

6. 北京市委市政府任命张爱林为北京建筑大学校长

7月14日,北京建筑大学在西城校区第二阶梯教室召开干部大会,宣布北京市委、市政府关于北京建筑大学校长职务任免的决定,任命张爱林同志为北京建筑大学校长。张爱林,曾任北京工业大学副校长、校学术委员会常务副主任,兼任中国高教学会学术委员会委员、教育部高等学校实验室建设指导委员会副主任委员、中国钢结构协会副会长,长期从事现代钢结构教学和科研工作,在工程结构可靠性评定、大跨度预应力钢结构和工业化装配式高层钢结构体系创新及重大工程应用方面取得突出成果,获得国家科技进步二等

奖两项，是国内钢结构领域著名专家。

7. 学校成立研究生院，扎实推进"两高"布局

10月9日，学校研究生院正式挂牌。11月10日，北京建筑大学城市设计高精尖创新中心和海绵城市研究院同时成立。研究生院、城市设计高精尖创新中心和海绵城市研究院的成立是学校贯彻落实《京津冀协同发展规划纲要》，落实市委、市政府疏解非首都功能工作要求，服务北京的"四个中心"功能定位的重大举措，为全面推进两校区办学的"两高"战略布局，把大兴校区建设成高水平本科人才培养基地，把西城校区建设成高层次人才培养基地、高水平科技创新成果转化和产学研协同创新基地奠定了坚实基础。

8. 发布视觉形象识别系统，校园文化建设迈入新阶段

10月15日，学校发布北京建筑大学视觉形象识别系统，对塑造学校的整体品牌形象具有重要意义。举行80周年校庆倒计时一周年启动仪式并发布校庆标志，回顾峥嵘岁月，传承建大精神。2015年，学校还举办了"高校培育和践行社会主义核心价值观艺术作品展"及"国家级抗战纪念设施、遗址社会实践作品展"，得到上级有关部门、社会媒体的广泛关注和好评；形成了"建大讲堂"、"建大故事"、"网上筑实艺术厅"、"臻园沙龙"等建大文化活动品牌；开展名师校友和优秀学生访谈活动，讲好"建大故事"，从中挖掘凝练学校精神；启动文化场馆和人文景观等项目设计工作，人文校园建设有了新进展；校大学生艺术团舞蹈团获得2015北京大学生舞蹈节一等奖，艺术教育取得显著进步；建设并开通iStudent网络社区，加强网络阵地建设，营造清朗网络文化。

9. 臻园落成启用，为师生生活服务与文化交流提供高品质环境

8月底，臻园落成启用，给师生搭建起"探索知识、传播文化、温馨休闲、联谊交友"的平台，体现了学校以人为本的办学理念。同期，大兴校区8号、10号学生宿舍楼建成投入使用，标志着二期建设工程全部竣工，为完成2015年市委、市政府疏解非首都功能任务提供了基本保障。随着体育馆工程的奠基，三期建设工程正式启动。2015年，学校进行财务和后勤管理体制改革，启用财务网上报销系统，成立物业公司和餐饮服务中心，不断提升管理水平和服务质量，为广大师生提供更好的服务。

10. 学校与英俄法多所大学新签署合作协议，国际化合作与交流层次得到提升

6月，与北京市人民政府外事办共同推进"中国青年设计师驻场四季计划"，葡萄牙总统席尔瓦接见北京建筑大学师生参加的"中国青年设计师驻场四季计划"代表团；9月，学校与英俄3所大学新签署合作协议；11月，由北京市人民政府外事办公室主办、北京建筑大学承办的"首都建筑领域外事人才培训班"在大兴校区举行，本次培训对适应新一轮对外开放需求，帮助首都建筑领域提高涉外工作整体水平意义重大；12月，与法国签署《北京建筑大学中法能源中心合作办学协议书》（第三期），国际化合作继续巩固、拓展。2015年学校共组织50个教师团组、110人次出访国境外；来自美国、意大利等25个国家共计88名留学生在学校学习；通过校际交流平台共派出134名学生赴海（境）外交流学习，其中19名获北京市政府"外培计划"奖学金资助，国际交流层次持续提升。

（高　蕾　孙冬梅）

三、统战工作

（一）概况

按照2016年统战部工作计划，统战工作全面贯彻落实习近平总书记系列重要讲话精神、中央统战工作会议精神、《中国共产党统一战线工作条例（试行）》及第二次全国高校统战工作会议精神，围绕学校中心工作，加强民主党派和党外代表人士队伍建设，推进民族宗教工作，发挥统战成员在学校民主管理、科学决策和推动学校"提质、转型、升级"中的重要作用。

（二）党外代表人士工作

加强党外知识分子思想政治教育。依托"高校统战大讲堂"、"建大讲堂"等思想教育和理论学习平台，围绕"全面贯彻中央城市工作会议精神""城市规划设计""学习贯彻教育部《依法治教实施纲要（2016—2020）》""五大发展理念引领未来城市发展""领导干部的法治思维""讲党性 重导向 从全局出发把握新闻舆论工作""学校精神文化建设"以及"学习贯彻党的十八届六中全会精神""学习贯彻全国高校思想政治会议精神"等主题，组织统战人士积极参加研讨班、报告会、座谈会、沙龙，多途径、分层次进行宣传教育，加强思想引领，进一步增进政治共识，巩固共同思想基础。

结合纪念中国共产党成立95周年、中国工农红军长征胜利80周年、挖掘凝练北建大精神文化等重大活动，组织开展爱国主义教育，引导党外知识分子深入了解革命历史传统，弘扬爱校荣校情怀。开展"做北京古都风貌保护的践行者"、参与指导学生制作长征胜利纪念建筑模型等主题实践活动，将思想政治教育有机融入教学科研和社会实践，进一步坚定民主党派人士的理想信念。

采访优秀党外人士，撰写人物故事，并通过官方网站、校报以及社会媒体等平台，广泛宣传他们的先进事迹和突出成果，弘扬他们在立德树人、人才培养、科研创新、治学执教等方面所展现的爱国奉献、坚毅笃行、诚信朴实、敢为人先的北建大精神，以点带面，带动和引领广大统战人士树立理想信念，矢志服务社会。以《厚积薄发 行胜于言》为题报道党外知识分子焦朋朋教授潜心求学、钻研学术的先进事迹；以《寄意剪纸三十载 于无形处出有行》为题报道民盟盟员赵希岗教授倾心教书育人、醉心艺术创作的优秀事迹；以《五月，绽放的"季节"》为题报道民盟盟员季节教授执着科研、服务社会的感人事迹；以《花开莲现（连载）》为题宣传民盟盟员朱仁普教授的成长经历和育人故事；以《数字化测绘让云冈石窟"活"起来》为题，宣传报道党外代表人士侯妙乐教授主持和参与的科研团队攻克科研难题、勇攀科研高峰的事迹。

（三）民主党派基层组织工作

党委加强对民主党派的政治领导，支持民主党派抓好思想、组织、制度建设和领导班子建设。2016年是北京建筑大学民盟支部、九三学社支社的换届年，严格履行换届程序，精心组织换届大会，确保选强配齐民主党派领导班子。3月16日，民盟北京建筑大学支部在西城校区召开换届选举大会，选举产生了新一届委员。4月13日，九三学社支社举行新一届委员换届选举大会，选举产生新一届支社委员。通过换届工作，系统总结经验成果，查找问题不足，谋划未来发展规划。2016年九三学社支社吸收新社员5人。

民盟支部荣获民盟市委"先进基层组织"和民盟西城区委"优秀支部"称号。陆翔、张复兵、季节、秦红岭、常宏达5名盟员获"盟务工作先进个人"荣誉称号。武才娃撰写的《民盟文化传统与基本精神研究》被《盟员抒怀》收录,受到与会盟员的普遍关注。九三学社支社李红和吴彤军2名社员获九三学社市委"优秀社员"荣誉称号。在西城校区为民主党派和侨联新增办公室,为做好新时期统战工作提供条件保障。

九三学社支社申请了共计5项调研项目,积极开展西城区给排水状况、什刹海地区管理、建筑工程项目管理等专题的调研活动。民盟盟员张复兵参与民盟市委组织的义诊活动,并参加《北京市政府工作报告(征求意见稿)》征求专家意见座谈会并提出意见和建议。

(四)民族宗教、港澳台侨工作

举行第三次归侨侨眷代表大会,选举产生新一届侨联委员。侨联联合文兴街街道共同举办道德讲堂活动,为街道人员做了题为《从赵州桥解读中国的古桥历史与文化》和《天人合一与人居生态文化》的报告。组织侨联人员参加中国侨联成立60周年纪念大会。做好民族宗教和侨联工作,加强马克思主义宗教观和民族团结的宣传教育,支持文法学院开展"首届民族风情节",宣传少数民族文化和党的民族政策。与学工部等部门开展少数民族学生成长发展沙龙活动,推进建设"最爱学生"大学工作体系。

(五)大事记

【慰问党外人士】1月23日和28日,党委副书记张启鸿分别慰问了西城区政协委员罗健与民盟北京建筑大学支部主委陆翔。党委统战部部长孙冬梅、副部长孙强一同参加慰问。张启鸿详细询问了两位党外人士的工作和生活情况,并对他们多年辛勤的工作以及取得的成绩表示了感谢和鼓励,并祝他们及家人身体健康、阖家幸福。

【赵希岗剪纸作品获奖】2月4日,由教育部主办的以"遵法·崇廉·明德"为主题的第四届全国高校廉政文化作品征集暨廉洁教育系列活动评选结果揭晓,北京建筑大学民盟盟员、建筑学院赵希岗的剪纸作品《青白图》荣获艺术设计类作品三等奖。

【民盟北京建筑大学支部举办换届选举大会】3月16日,民盟北京建筑大学支部在西城校区民主党派会议室召开换届选举大会。大会采用无记名投票方式选举产生新一届委员:陆翔、秦红玲、张复兵、季节、常宏达。选举结果将上报上级组织审批。

【九三学社北京建筑大学支社举行换届选举大会】4月13日,九三学社北京建筑大学支社举行新一届委员换届选举大会。九三学社西城区委副主委魏建新和北京建筑大学党委统战部副部长孙强列席会议。上一届主委刘临安主持大会。鉴于在职社员的教学或管理工作地点分别位于西城和大兴两个校区,此次选举采取现场投票和网络邮箱投票两种形式。经过现场统计票数,符合市社委《基层组织换届工作的办法》中"参加选举人数占支社社员三分之二,半数以上表决通过"的要求,选举产生了新一届七名支社委员,他们分别是:魏东、吴彤军、汤秋红、戴冀峰、胡玉玲、段炼和蒋方。选举结果将上报上级组织审批。

【召开统战人士情况通报会】3月28日,党委召开统战人士情况通报会,通报学校2016年度重点工作和"十三五"规划编制情况。党委书记王建中、党委副书记张启鸿出席会议,党政办、发展规划研究中心、党委统战部负责人以及民主党派、侨联和党外代表人士等参加了会议。会议由党委副书记张启鸿主持。

王建中从推动"十三五"开局起步、深化学校综合改革、加强党的建设三个方面向统战人士通报了学校2016年重点工作。王建中强调，学校2016年将进一步深化综合改革，集中力量一项一项抓好改革落实，推动各项改革举措和重点工作早落地，见实效。要以创新创业教育为突破口，深化人才培养改革，促进育人质量提升；要以北京未来城市设计高精尖创新中心建设为牵引，推进科技体制机制改革，构建学校科技创新体系；要以提升治理能力现代化水平为目标，进一步加强学校治理体系建设，重点加强校院两级学术委员会建设，加大教授治学力度；要以提高学校办学效益为导向，推进资源配置改革，进一步提高资源配置的效率和水平。王建中指出，学校2016年党建工作的重点是抓好院系基层党组织建设，压实主体责任，推动全面从严治党向基层党组织延伸。要认真组织开展"两学一做"学习教育，夯实党的基层组织建设的基础，切实推动全面从严治党各项任务在基层落地生根。持续改进工作作风，深入推进党风廉政建设，为学校事业科学发展提供坚强的政治保证和组织保证。

张启鸿介绍了学校"十三五"发展规划起草情况及主要内容。他从起草过程、规划稿结构、前言、基本形势、战略思路、主要任务、保障措施等方面做了说明和解读。

与会统战人士围绕学校"十三五"期间战略发展、人才培养、教学管理、人才引进、青年教师培养与师资队伍建设、国际交流、校园文化、学科建设、实验室建设、两校区功能定位与布局等问题畅所欲言，提出了许多有益的意见和建议。

情况通报会上，校领导为中央统战部聘任的党外知识分子建言献策信息员陈靖远、贾荣香颁发了聘书。

【张复兵应邀赴雍和宫作健康讲座】 3月30日，民盟盟员、医务室张复兵副主任医师为雍和宫工作人员和僧侣做了题为《动脉硬化的预防》讲座，分享了健康保健知识。此次活动由民盟北京市委员会组织安排。10余名来自北京医院的民盟医疗专家为寺院的僧人和工作人员进行义诊。张复兵的讲座内容涵盖了动脉硬化的危害、动脉硬化的危险因素、健康的影响因素等内容。同时针对僧人的职业病进行了耐心讲解，并就参加人员提出的问题进行了详细解答。

【侨联人员应邀在展览馆路街道道德讲堂活动中作讲座】 4月25日，西城区展览馆路街道办事处与北京建筑大学侨联共同举办"走进北建大，感受古建筑背后的那些人和事"道德讲堂活动。侨联主席武才娃、侨联委员王健应邀作了讲座。展览馆路街道工作人员、街道居民代表等30余人参与了本次活动。王健和武才娃分别以"从赵州桥解读中国的古桥历史与文化"和"天人合一与人居生态文化"为题进行了精彩讲述。

【民盟北京建筑大学支部参观雍和宫】 5月28日，民盟北京建筑大学支部前往雍和宫学习调研。此次参观邀请雍和宫特级讲解员、民盟盟员刘淑东为大家作了生动形象的讲解，围绕藏传佛教的历史和现状进行了详细解读，她的讲解让支部成员在了解雍和宫的历史发展中，感受中华民族文化的魅力。通过举办参观调研活动，进一步增加盟员之间沟通和交流，同时为做好"古都风貌保护"调研工作奠定基础。

【举办诗歌与城市沙龙暨北京建筑大学精神文化体系研讨会】 6月30日，诗歌与城市沙龙暨北京建筑大学精神文化体系研讨会在大兴校区臻园教授沙龙室举行。北塔（徐伟锋）、冰峰（赵智）等诗人和作家以及北京建筑大学相关部门和学院教师参加了研讨会。党委宣传部（统战部）部长孙冬梅向与会老师和嘉宾表达了感谢和敬意。研讨会由云水音（贾荣香）主持。研讨会在来宾参观感知北京建筑大学校园景观的赞叹声中开始。研讨会围绕"诗歌与城市"深度展开。北塔、冰峰、王锐英、云水音分别作了主题发言。与会人员围绕北建大精神文化建设方面纷纷进行发言交流。诗人武眉凌向图书馆捐赠著作《中国城市散文集》与《云南城市散文集》。此外，诗人屈金星从哈尔滨发来了诗作。在研讨会前，校外嘉宾参观了大兴校区图书馆和工程实践创新中心。

【武才娃参加中国侨联成立60周年大会】中国侨联成立60周年纪念大会于9月26日在北京人民大会堂隆重召开。中共中央政治局常委、全国政协主席俞正声出席大会并发表重要讲话。北京建筑大学侨联主席武才娃教授应邀出席。

【民盟支部获表彰】10月16日，北京市民盟组织成立70周年纪念大会在全国政协礼堂隆重召开。全国政协副主席、民盟中央主席张宝文，北京市委副书记苟仲文、各民主党派代表、北京市各区统战部领导、盟员代表出席了会议。会上，民盟北京市委表彰了优秀区级组织、先进基层组织、先进个人。民盟北京建筑大学支部荣获"先进基层组织"称号。陆翔、武才娃、秦红岭、张复兵、常宏达5位盟员荣获"盟务工作先进个人"荣誉称号。武才娃撰写的《民盟文化传统与基本精神研究》被《盟员抒怀》收录，受到与会盟员的普遍关注。

【召开民盟北京建筑大学支部工作会议】10月25日，民盟北京建筑大学支部工作会议在西城校区第八会议室举行。党委副书记张启鸿，民盟西城区委秘书长温国梅，副校长、民盟北京市委委员汪苏出席会议并讲话。温国梅宣读了民盟北京市委《关于民盟北京建筑大学支部换届及更名结果的批复》。党委统战部、民盟支委及盟员代表、九三学社代表、侨联代表等有关人员参加了会议。

张启鸿代表校党委对新一届民盟北京建筑大学支部领导班子的产生、对新当选的各位委员表示热烈祝贺，对民盟北京市委和民盟西城区委长期以来对学校民盟工作的大力支持、悉心指导表示衷心感谢。他在讲话中充分肯定了民盟北京建筑大学支部近年来的工作，对广大盟员在参政议政、民主监督和服务学校事业发展中做出的积极贡献给予高度评价。他表示，校党委将一如既往地高度重视统战工作，认真贯彻中央统战工作会议精神，充分发挥民主党派和无党派人士的积极作用，共创北京建筑大学美好未来。他希望民盟支部继续加强理论学习，提升思想理论水平；继续发挥优势，增强服务学校和社会的能力；继续发扬优良传统，逐步加强自身建设；各民主党派和党外人士齐心协力，共同把学校建设好，为实现"十三五"规划确定的发展目标奋勇前行。

温国梅代表民盟西城区委对学校长期以来对民盟工作的关心、指导和帮助表示诚挚感谢，对全体盟员表示亲切慰问，对新一届支部委员会表示热烈祝贺。她代表民盟西城区委对新一届支部委员会提出希望，一是围绕学校中心工作，发挥积极作用，为学校教育事业继续奉献力量；二是利用学科专业优势，积极建言献策，出主意、想办法、做实事、做好事，为开创民盟工作新局面努力拼搏。

汪苏在会上说，学校民盟支部依托组织平台，利用专业优势，在建言献策和学校管理等各个方面均做出了突出贡献，得到了学校和民盟各级组织的认可和赞誉。他表示，在民盟北京市委、民盟西城区委和学校党委的领导下，在学校党委统战部的指导下，全体盟员要深入学习中央相关文件精神，传承老一辈盟员的优秀传统，结合工作实际，积极建言献策，为学校发展和首都建设做出新的贡献。

新当选的民盟支部主委陆翔在会上就支部换届工作情况作了简要汇报，副主委张复兵汇报了今年以来开展的工作以及下一步工作计划。新当选的支委纷纷表态，要立足岗位，恪尽职守，竭尽全力服务学校和盟内事业，并向离任支委敬献鲜花，表达对离任支委的感谢和祝福。民盟支部将全国政协常委、民盟中央副主席、北京市政协副主席、民盟北京市委主委葛剑平题写的"薪火相传六十载 助推发展谱新篇"捐赠学校。

【李靖森教授论文荣获2016年全国桥梁学术会议优秀论文奖】盟员李靖森教授长期从事桩基工程的研究。退休后不忘初心，自2006年揭开基桩抗压系统各元素间的内在关系之后，创造性地构建了"基桩抗压刚度结构"模型。多年来，用该模型深度揭示了抗压基桩的工作机理，解读了基桩在压力作用下所发生的种种物理现象，揭示了当今桥梁桩基规范之缺欠，提出了"有效桩长"与"超长桩"的界定方法，提出了基桩计算的"集成刚度法"。在《桥梁》《公路》等学术刊物发表了一系列论文。目前，他用"基桩抗压刚度结构"的原理，揭示了挤扩支盘桩的工作机理，并首次提出了被人们忽视的"有效支盘"与"无效支盘"的理念，为科学地运用支盘桩提供了理论支持，受到业界的重视。先后在南宁公路学会、广州公路学会以及中交公路规划设计院有限公司做了介绍。他与我校毕业生宋春霞合作撰写的《'有效支盘'与'无效支盘'的提出及其实用的现实意义》论文，荣获2016年全国桥梁学术会议优秀论文奖。

【张复兵参加北京市政府工作报告征求意见座谈会】12月11日，民盟市委组织召开《北京市政府工作报告（征求意见稿）》征求专家意见座谈会。民盟市委专职副主委宋慰祖，秘书长赵雅君，参政议政部部长徐荧、副部长刘建等出席会议。来自首都经济、科技、文化、教育、医卫、法制等领域的22名专家学者参加座谈会并提出意见和建议。北京建筑大学民盟支部副主委张复兵应邀在会上做了发言。张复兵从加强疾病预防、强化健康教育、开设《公民健康素养》等方面谈了想法和建议。民盟市委每年针对市政府工作报告召开座谈会，征求盟内专家建议和意见。北建大盟员积极参与服务社会工作，不断提升在各自专业领域的技术水平，为上级部门谏良言献良策，为首都建设贡献力量。

【举行第三次归侨侨眷代表大会】12月27日，北京建筑大学侨联第三次归侨侨眷代表大会在西城校区举行。北京市侨联党组成员、副主席李冬娟、西城区侨联副主席赵娇阳、北京交通大学侨联主席范瑜、展览路街道侨联秘书长王蕾以及我校党委副书记张启鸿、党委统战部部长孙冬梅、第二届侨联委员会主席武才娃出席大会。学校归侨侨眷代表、各学院统战委员和相关部门负责人参加了会议。会议由第二届侨联委员会副主席詹淑慧主持。

赵娇阳、范瑜、王蕾分别代表西城区侨联、兄弟高校侨联和展览路街道侨联在会上致辞。武才娃代表第二届侨联委员会作了工作报告。大会审议通过了《北京建筑大学第三届侨联委员会选举办法》，投票选举产生了第三届侨联委员会委员，并召开第一次全体委员会议推选侨联委员会领导班子。詹淑慧当选为侨联委员会主席，邹越当选为侨联委员会副主席兼秘书长，秦华当选为侨联委员会委员。詹淑慧代表新一届侨联班子郑重表态，将继续团结协作、努力奋斗，关心老侨生活，做好新侨工作，充分发挥侨联的桥梁纽带作用，为服务学校事业做出应有贡献。新当选的委员向离任委员敬献鲜花，表达对离任支委的感谢和祝福。

李冬娟代表北京市侨联向当选的新一届学校侨联委员会领导班子表示祝贺，对学校侨联过去五年的工作给予了充分肯定。她代表市侨联提出三点希望，一是深入学习十八大和十八届三中、四中、五中、六中全会精神，落实中央和市委指示精神，推动学校侨联工作不断发展。二是以本次大会为契机，进一步加强自身建设，不断提升学校侨联工作的水平。三是坚持以人为本、为侨服务的宗旨，努力建好侨胞之家。

张启鸿在会上作了讲话。他代表学校党委对侨联的顺利换届及选举产生的新一届委员会表示热烈的祝贺。他充分肯定了侨联在学校建设和发展中所发挥的积极作用，对上一届侨联委员会为侨务工作付出的辛勤劳动表示感谢，并对新当选的校侨联领导班子提出了希望和要求，要进一步统一思想和认识，明确职责和义务，认真贯彻落实中央对统战工作和侨联工作的有关部署要求以及习近平总书记系列重要讲话精神，加强理论学习，凝聚思想共识，切实推进各项工作；要进一步继承和发扬学校侨联多年来形成的优良作风和先进经验，开拓创新，务实求新，提升侨联工作水平和层次，继续在推进学校"两高"办学布局、加强文化建设、实现"十三五"发展规划目标等方面发挥积极作用；要不断加强自身建设，增进团结协助，维护侨联权益。要不忘初心，砥砺前行，为促进学校"提质、转型、升级"和创建国内一流、国际知名、具有鲜明建筑特色的高水平、开放式、创新性大学做出更大贡献。

【张复兵受邀出席《法学教育大家谈》学术沙龙】12月20日，盟员张复兵受中国政法大学之邀出席《法学教育大家谈》学术沙龙。为配合教育部对中国政法大学进行的"法学教学评估"与"法学教育改革"，中国政法大学民商经济法学院经济法研究所举办跨专业、跨行业，理论与务实相结合的《法学教育改革大家谈》系列沙龙。首次沙龙启动仪式邀请了15位专家学者，分别来自中国政法大学、北京市司法局、北京律师协会、律师事务所等机构，张复兵以医生身份受邀出席了本次学术沙龙。张复兵基于从医学生到医生的职业成长，从医学教育到健康教育的教学转型，做了题为《医生执业的技术与艺术》的主题发言。

【民盟支部召开迎新春座谈会】12月24日，民盟北京建筑大学支部迎新春座谈会在西城校区第一会议室举行。党委统战部副部长孙强向与会人员表达了新春祝福，简要介绍了2017年学校重点工作，对民盟支部提出新的要求与希望。民盟支部主委陆翔传达了民盟北京市委关于开展"不忘合作初心，继续携手前进"专题教育活动的通知。常宏达宣读了《2016年民盟北京建筑大学支部工作总结》。张复兵介绍了2017年支部工作重点。秦红岭作为北京市人大代表，征求了在座盟员对北京市政府的建议与意见。与会人员围绕学校2016年中心工作以及2017年支部工作计划进行了广泛交流，并对学校今后的发展表达了祝愿。大家表示，2017年即将到来，民盟支部将继续发扬优良传统，发挥盟员专业优势，为学校建设和首都发展再立新功。

【召开民主党派、侨联和无党派人士代表座谈会】12月28日，党委统战部召开民盟支部、九三学社支社、侨联和无党派人士代表座谈会。党委宣传部部长、党委统战部部长孙冬梅主持会议。各民主党派负责人分别汇报了2016年工作总结和2017年工作设想。大家围绕学科专业建设、青年教师培养、大学文化建设、学校综合管理以及加强民主党派和侨联工作等方面提出了意见和建议。孙冬梅充分肯定了各民主党派、侨联以及党外代表人士在学校建设与发展中的地位和作用。她代表党委统战部向大家在校内外所做的工作表示感谢。她说，学校将认真研究、统筹考虑大家提出的意见和建议，进一步拓宽沟通渠道，为党外人士更好地参与学校民主管理和发挥作用搭建平台，希望大家继续发挥学科专业优势，围绕中心、服务大局，继续为学校发展建言献策、贡献力量。

（孙　强）

四、纪检监察工作

（一）概况

2016年纪检监察工作认真学习党的十八大、十八届中央历次全会精神以及习近平总书记系列重要讲话精神，认真学习全国教育系统党风廉政建设工作视频会议和市纪委五次会议精神，全面贯彻落实中央、北京市纪委和市教育纪工委党风廉政建设和反腐败斗争各项工作部署，在学校党委和纪委领导下，始终把维护党的政治纪律和政治规矩放在首位，突出监督执纪问责，深入落实党风廉政建设责任制，为学校改革发展稳定提供了坚强政治保证。"结合'两学一做'专题教育开展的党风廉政宣传教育月活动"及"多措并举抓好《中国共产党问责条例》学习贯彻"等工作，分别被市教育纪工委2016年第四期和第六期《纪检监察简报》刊载。

（二）党风廉政建设责任制

【概述】推动实施廉政首问制，进一步健全党风廉政建设责任体系，严格监督检查，推动责任落实。

【签订党风廉政建设责任书】2016年1月27日，在北京建筑大学首期干部培训班上，党委书记王建中、校长张爱林与各二级学院党政负责人签订了《党风廉政建设责任书》。责任书要求各单位（部门）按照"谁主管、谁负责，一级抓一级，层层抓落实"的原则，认真履行好"一岗双责"，为本单位（部门）发展提供坚强政治保证。

【开展党风廉政建设制度专项检查】2016年1月，北京建筑大学开展二级单位党风廉政建设工作制度建设情况检查，各二级单位就党风廉政建设工作制度文件、廉政风险防控流程图及风险点防控情况接受了检查。专项检查进一步促进了二级单位党风廉政建设体制机制的健全和完善，有力推动了管党治党责任向基层延伸。

【召开党风廉政建设工作大会】2016年3月7日，北京建筑大学在西城校区第二阶梯教室召开2016年年度工作会暨党风廉政建设工作会，纪委书记何志洪代表学校党委对2016年党风廉政建设与反腐败工作进行了部署。全体校领导、处级干部参加了会议。

【召开第一次纪委全委会】2016年9月14日，中共北京建筑大学纪律检查委员会在大兴校区四合院25号会议室召开了2016年第一次纪委全委会，学校纪委委员出席会议。会议传达了教育部《关于高等学校践行监督执纪四种形态的指导意见》，讨论了学校纪委"十三五"期间工作规划，举行了2016年第二批党风廉政监督员、特邀监察员聘任仪式。

【检查各单位各部门落实党风廉政建设责任制落实情况】2016年12月5日到31日，北京建筑大学组织12个检查组，对全校处级单位贯彻落实党风廉政建设责任制的情况进行全面检查。学校制定《2016年北京建筑大学党风廉政建设责任制落实情况检查工作方案》，科学设立包括4个一级指标、12个二级指标、24个三级指标、35个评估要点在内的检查指标体系，细化考核要求，推动"以查促建"。检查组通过听取汇报、查阅有关文字资料等方式，重点检查了贯彻落实党中央、北京市委以及学校党委关于党风廉政建设部署要求的情况；严明党的纪律，特别是严守政治纪律和政治规矩的情况；贯彻党委决策部署、推动教风学风建设、"两高"布局等中心工作情况；坚持、巩固和深化中央八项规定精神和市委十五条实施意见，持之以恒纠正"四风"问题的情况；开展廉政风险防控管理以及制度建设情况；加强科研项目、科研经费、科研行为管理和规范的情况；审计发现问题的整改情况。检查组还召开了落实党风廉政建设责任制情况师生座谈会，进行满意度调查，总体满意率为99.67%。通过检查，及时发现突出问题和不足之处，并进行整改和完善，切实加强了反腐倡廉长效机制建设，深入推动了全面从严治党向基层延伸。

【践行监督执纪"四种形态"】中共北京建筑大学纪律检查委员会聚焦主责主业，积极实践监督执纪"四种形态"，聚焦"关键少数"，加强领导干部的教育、管理和监督，帮助领导干部不断增强廉洁从政意识，构筑思想道德防线。2016年纪委负责人在干部培训班上对新任干部进行了2次集体廉政谈话，对7名新任干部进行个别廉政谈话，诫勉约谈5人、警示约谈3人，领导干部述职述廉218人次。

（三）宣传教育

【概述】党委结合"两学一做"学习教育，深入推进廉政文化建设，增强党风廉洁教育的影响力、渗透力和普及性。

【举办廉政辅导报告】2016年1月27日，在北京建筑大学首期干部培训班上，纪委书记何志洪对新任干部进行了廉政谈话，同时以"做忠诚干净担当的好干部"为题作了廉政辅导报告，重点解读了习近平总书记在中纪委十八届六次会议上的重要讲话精神，从三个方面谈了自己关于做忠诚干净担当好干部的体会，并通过介绍分析真实案例，教育处级干部要严守党的政治纪律和政治规矩，真正做到清正廉洁。

【开展党风廉政宣传教育月活动】2016年5月到6月，北京建筑大学开展党风廉政宣传教育月活动，组织观看《失控的"自由人"》、《蜕变的人生》、《鉴史问廉》等音像教育资料，制作党内法规学习宣传橱窗，组织师生员工参加教育部举办的"第五届全国高校廉政文化作品征集暨廉洁教育系列活动"，把廉政文化建设有机融入校园文化建设。

【举办廉政党课】2016年6月22日，北京建筑大学举办"两学一做"专题廉政党课，纪委书记何志洪以"发挥关键作用，做忠诚、干净、担当的好干部"为题，深刻阐述了"两学一做"的重要意义，分析了高校反腐倡廉建设面临的形势和任务，对如何发挥"关键作用"，做忠诚、干净、担当的好干部提出了明确要求。同时也对新任处级干部进行了集体廉政谈话。

【组织开展《中国共产党问责条例》知识问答活动】2016年9月，北京建筑大学纪委办公室组织开展《中国共产党问责条例》知识问答活动，处级及以上领导干部、纪检监察干部120余人参加了知识问答，优秀率为100%。通过知识问答活动，以考促学，推动党员干部开展学习，检验了学习成果，巩固了学习成效。

（四）制度建设

【概述】为进一步构建系统规范的党风廉政建设制度体系，学校制定、修订了多项制度文件。

【制定修订制度文件】2016年，北京建筑大学制定了《北京建筑大学党风廉政监督员特邀监察员工作办法》、《北京建筑大学违纪案件通报工作规定（试行）》、《北京建筑大学深入推进惩治和预防腐败体系建设实施方案》、《北京建筑大学纪检监察信访举报工作实施办法》等4个制度文件；修订了《中共北京建筑大学委员会关于实行领导干部廉政约谈制度的实施办法》、《北京建筑大学领导干部廉洁自律若干规定》、《中共北京建筑大学委员会关于加强党内监督工作的实施办法》、《中共北京建筑大学纪律检查委员会议事规则》、《中共北京建筑大学纪律检查委员会信访工作联席会议制度（试行）》、《中共北京建筑大学纪律检查委员会关于建立"一案两报告"制度的实施意见》等6个制度文件。通过完善工作制度，为进一步推进党风廉政建设和反腐败工作提供了强有力的政策支持和制度保障。

（五）监督工作

【概述】 学校党委建立健全党内监督与党外监督、专门就监督与群众监督相结合的监督机制，将招生、物资采购、基本建设等工作纳入预防腐败体系重要内容，找准关键环节，切实把好源头关，最大限度将腐败现象消灭在萌芽状态。

【举行首批党风廉政监督员 特邀监察员聘任仪式】 2016年1月23日，北京建筑大学在大兴校区四合院25号举行首批党风廉政监督员、特邀监察员聘任仪式，聘任张怀静、周晓静、宫瑞婷、魏东、李志国、王建宾等6人为党风廉政监督员，欧阳文、王瑞祥、赵江洪、朱爱华、张瑶宁、张复兵等6人为特邀监察员。

【招生监察】 2016年7月5日，北京建筑大学成立招生监察办公室，成员由学校纪检监察干部、特邀监察员等相关人员组成。招生监察办公室为非常设机构，在学校招生领导小组的领导下，具体实施对本校招生录取的监督工作。坚持从预防入手，完善监督制度，要求招生工作人员在履行公共权力的过程中执行纪律，并签订《招生工作廉政责任承诺书》。

【举行第二批党风廉政监督员 特邀监察员聘任仪式】 2016年9月14日，北京建筑大学在西城校区第一会议室举行第二批党风廉政监督员、特邀监察员聘任仪式，聘任李小虎、韩志鹏、毛发虎、施海波、武全、邢正等6人为党风廉政监督员，廖维张、汪琼枝、周理安、孙强、赵文兵、李白玉等6人为特邀监察员。

【开展廉政建设情况专项检查】 2016年9月，北京建筑大学对医务室党风廉政建设情况进行专项检查，成立由纪委书记担任组长，纪委副书记、监察处处长担任副组长，人事处、财务处、组织部等部门负责人参加的领导小组，对2010年以来医务室组织架构、党支部设置及活动情况；医务室药品采购、管理等制度建设情况；遵守廉洁纪律、工作纪律、财经纪律等情况。通过检查及时发现存在问题，提出整改建议，督促整改落实。

（六）案件信访工作

【信访工作】 2016年，中共北京建筑大学纪律检查委员会接到（转来）来信来访9件，包括市教育纪工委转办件、西城区反贪局转办件、市委巡视组转办件以及纪委办收到的信访件，其中涉及违反政治纪律1件，违反组织纪律2件，违反廉洁纪律5件，违反群众纪律并涉法行为1件。此外，巡视期间协助市委组织部调查处理干部问题信访件1件。纪委就来信来访反映的问题进行了认真调查与核实，做出实事求是的调查结论。

（武　岚　高春花）

五、工会、教代会工作

（一）概况

2016年，校工会坚持全心全意服务教职工，认真履行职能，发挥工会、教代会在推进依法治校、实现学校发展目标中的重要作用。深入实施"员工帮助计划"，全面落实工会参与、维护、建设、教育四项基本职能。团结动员广大教职工积极投身学校的改革发展实践，在推进学校"提质、转型、升级"中发挥了不可替代的作用，为促进校园和谐做出了积极贡献。2016年6月，校工会在北京市总工会进行的考评中获得优秀等级。2016年12月获得北京市教育工会特色工作奖。

（二）民主管理工作

【召开第七届教代会（工代会）第四次会议暨2016年工会工作会议】2016年4月26日，北京建筑大学第七届教代会（工代会）第四次会议在大兴校区图书馆建本报告厅隆重召开。校领导王建中、张爱林、汪苏、李维平、张启鸿、李爱群、吕晨飞出席大会。第七届教代会（工代会）代表参加会议，副处以上干部列席会议。党委常委、校工会常务副主席张素芳主持会议。大会上，校长张爱林以《创新引领，抓住机遇，转型升级，确保北京建筑大学"十三五"发展建设开好局》为题作了学校2015年工作报告。党委常委、校工会常务副主席张素芳以《发挥职能，凝心聚力，团结动员教职工为实现'十三五'发展目标做贡献》为题作了2015年工会、教代会工作报告。大会听取了财务处处长贝裕文作的《2015年学校财务工作报告》；张素芳作的《工会、教代会修订文件的说明》；图书馆馆长、教代会副主席、提案工作委员会主任王锐英作的《七届四次教代会提案工作报告》。大会还针对教职工关注的热点问题进行了"点题公开"，保卫处牛磊处长就"两校区停车费收支情况"作了公开报告。教代会副主席秦红岭教授宣读了大会决议。王建中书记在会上做重要讲话。他指出，这次大会是一次承上启下、继往开来的大会，是一次以新发展理念引领新发展、以新蓝图开启新征程的大会，事关学校"提质、转型、升级"，意义重大。根据大会议程，会议表决通过了《北京建筑大学教职工代表大会工作细则》等四个工会、教代会修订文件以及大会决议。讨论并审议了学校工作报告、"十三五"发展规划、工会、教代会工作报告、学校财务工作报告、工会财务工作报告、经审委员会工作报告、校务公开工作报告等14个报告。

【召开教代会提案工作沟通见面】为了促进学校七届四次教代会提案落实工作，校工会于2016年12月1日召开教代会提案工作沟通见面会。校党委常委、工会常务副主席张素芳主持见面会。教代会提案工作委员会主任王锐英、提案承办部门：学校党政办公室、人事处、教务处、基建处、资产与后勤管理处负责人和提案代表参加了见面会。提案代表对承办部门办理提案的满意率为100%。

【组织教代会代表履职实践】2016年共有32名教代会代表列席校长办公会。

（三）教师发展工作

【土木学院季节教授喜获"首都劳动奖章"】北京建筑大学土木学院季节教授被北京市总工会、北京市人力资源和社会保障局授予"首都劳动奖章"称号，并于2016年4月28日参加了在人民大会堂举行的庆祝"五一"国际劳动节暨全国五一劳动奖表彰大会。

【召开2016年"师德先锋"评审会】2016年5月11日,学校召开2016年"师德先锋"评审会。校领导王建中、张爱林、何志洪、汪苏、李维平、张启鸿、张大玉、李爱群、吕晨飞、学校师德建设工作领导小组成员及二级单位党组织书记、分工会主席作为评委参会,"师德先锋"候选人、教职工代表也参加了会议。评审会由纪委书记、工会、教代会主席何志洪主持。各党组织书记、分工会主席先后汇报了本单位"师德先锋"候选人在教书育人方面的突出事迹和取得的成果,展现了老师们坚定理想信念,自觉践行社会主义核心价值观的崇高品格;爱岗敬业、严谨笃学的职业态度;刻苦钻研、教学能力过硬的业务素质;为人师表、热爱学生、立德树人的高尚情操,他们的事迹感人至深,具有示范引领作用,展现了建大教师高尚的师德风尚和独特的人格魅力。何书记在总结讲话中指出,评审会是推优的过程,更是对师德事迹宣传和学习的过程,希望广大教职工推崇优秀的师德品质,传承崇高的师德精神,为做一名具有坚定理想信念、高尚道德情操、扎实教学功底、对学生充满爱心的优秀教师而不懈努力。

【王文海、韩淼获评"北京市师德先锋"】9月8日,2016年北京市师德榜样(先锋)推荐结果出炉,全市教育系统共推荐产生彭永臻等20名"北京市师德榜样"和274名"北京市师德先锋"。北京建筑大学土木学院韩淼、环能学院王文海两位教师获得2016年"北京市师德先锋"称号。

【举办"喜迎80周年校庆 为学校发展建言献策"主题沙龙】2016年10月11日中午,校工会以北京建筑大学80周年校庆为契机,举办了"喜迎80周年校庆 为学校发展建言献策"主题沙龙活动。活动由党委常委、工会常务副主席张素芳主持,来自十三个分工会的工会委员代表参加。

【"访学经历共享"——美国奥本大学访学经历交流沙龙】2016年11月29日下午,由校工会主办、经管学院承办的"访学经历共享"——美国奥本大学访学经历交流沙龙活动在学院楼A座316举行,20余名教师参加了此次活动。活动由经管学院分工会副主席邹娥主持。

(四)文化体育工作

【助力冬奥 感受工体——记校工会组织女教职工参加体育文化体验活动】为迎接2022年北京冬奥会,关爱首都女教职工身体健康,庆祝"三八"国际劳动妇女节,2016年3月16日下午,校工会组织女教工代表赴北京工人体育场荣誉殿堂参加了市教育工会"助力冬奥,感受工体"首都女教职工体育文化体验活动。

【召开2016年教职工文体社团工作会】2016年3月22日上午,校工会在西城校区教工之家组织召开了2016年教职工文体社团工作会,纪委书记、工会、教代会主席何志洪出席,各教职工社团负责人及骨干成员参加了会议,会议由党委常委、校工会常务副主席张素芳主持。

【植树造绿 美化校园】2016年3月31日,校工会联合党政办、基建处、大兴校区管委会和资后处等部门在大兴校区举行了"植树造绿 美化校园"活动。校领导王建中、张爱林、何志洪、张启鸿、李爱群、吕晨飞以及来自学校各单位、各部门的近70名教职工共同参加了植树活动。工会主席何志洪做了简短的开场讲话。

【组织教职工及家属赴北京农业嘉年华开展休养活动】2016年4月9日,校工会组织教职工赴昌平参观了第四届北京农业嘉年华。

【举办庆"六一"系列活动】为增进亲子关系，促进家庭和谐，校工会面向14岁以下教职工子女举办建大宝贝照片展，有206位教职工子女的照片在西城和大兴校区同时展出，吸引了广大教职工前来参观，受到了大家的一致好评；在"六一儿童节"当天，校工会携手新型环境修复材料与技术课题组为全校教职工子女组织了一场儿童节科技盛宴。课题组王崇臣和王鹏老师带领12名课题组成员带来了"会变色的紫甘蓝汁"和"古人的智慧——没有钉子用榫卯"两个体验项目。有近80位教职工及子女参与活动。

【组织教职工参加"魅力教师 健康生活"健步走活动】2016年6月15日上午，校工会组织14名教职工来到风景秀美的鹫峰国家森林公园，与来自全市各高校的1000多名教师一道参加了"魅力教师 健康生活"健步走活动。

【举办暑期平谷休养活动】2016年7月17日—21日，校工会组织临近退休教职工和部分教职工30余人赴平谷教工疗养院开展了休养活动。休养期间，老师们游览了周边景区，进行了文体活动，身心得到充分放松，增强了相互间的沟通和交流，感受到了学校和工会对他们的关心。

【学校八十周年校庆师生校友艺术作品展开幕】2016年10月14日下午，北京建筑大学八十周年校庆师生校友艺术作品展开幕式在大兴校区图书馆举行。学校党委书记王建中出席仪式并作讲话，相关部门负责人以及师生代表共同参加了开幕式。开幕式由党委副书记张启鸿主持。本次展览的策展人张庆春向大家简要介绍了艺术展的基本情况。自2015年6月作品征集工作启动以来，共收到了近200件（组）作品。在专家组评审的基础上，遴选出92件（组）作品展出。提交作品的作者既有退休多年、已近垂暮的老教授老干部，也有刚刚入职的年轻教师；既有奋战在城乡建设一线的广大校友，也有朝气蓬勃的在校学子；既有书画摄影名家，又有业余爱好人士。他们怀着对母校的赤诚之心、眷恋情意，或挥毫泼墨、妙手丹青，或镂石剪纸、聚焦光影，或撰文填词、赋诗咏怀，用书法、绘画、摄影、诗歌等多元的艺术展现形式倾诉对母校精心培育的感恩之情，对母校辉煌成就的自豪之情，对母校未来发展的期望之情。

【教职工运动健康年的一次盛会——2016教职工广播体操团体赛】2016年11月8日下午，在大兴校区大学生活动中心举办了2016年教职工第九套广播体操团体赛，这次比赛由校工会牵头，体育部和各分工会配合，是2016年教职工运动健康年的重要活动之一。学校纪委书记何志洪、副校长张大玉、副书记吕晨飞出席活动，活动由学校党委常委、工会副主席张素芳主持。600余名教职工上场参赛。获得一等奖是后勤系统和测绘与城市空间学院；二等奖是文法学院、理学院、马克思主义学院、土木与交通工程学院；三等奖是机关、电气与信息工程学院、环境与能源工程学院、经济与管理工程学院、建筑与城市规划学院、机电与车辆工程学院、图书馆。

【"烘焙技术交流"主题沙龙活动圆满成功】2016年12月13日中午，由校工会主办、土木学院工会承办的"烘焙技术交流"主题沙龙在大兴校区四合院教工之家成功举办。

【"运动健康年"的又一次盛会——北京建筑大学2016年教职工乒乓球比赛圆满结束】2016年12月20日，由校工会主办、体育部和校乒乓球协会协办的2016年教职工乒乓球赛圆满结束。本次赛事共有9个分工会代表队报名参加团体赛，120余名教职工参加个人赛。通过激烈角逐，最终团体比赛冠军由王志东、张文进、吴卓楠组成的机关分工会二队获得，测绘学院分工会和电信学院分工会获得并列第二名；男子组方面，来自土木学院的王亮老师获得冠军,并列第二名是丁剑锋、王国利、刘明;女子组方面,测绘学院的蔡剑红老师获得冠军,并列第二名是彭海燕、李金、廖丽琼。

【"居家健康你我他"沙龙活动圆满成功】2016年12月6日,环能学院分工会在大兴校区四合院教工活动室举办了一场题为《居家健康你和我》的主题沙龙活动。活动邀请到环能学院詹淑慧老师和付昆明老师分别就"家用燃气使用安全"和"家庭生活用水健康"两个主题同与会教职工进行了交流。本次活动属校工会面向全校组织的系列沙龙活动之一。

(五)送温暖工作

【春节前夕看望慰问劳模和先进工作者】2016年1月18日、23日,纪委书记、工会、教代会主席何志洪、党委常委、校工会常务副主席张素芳看望慰问北京建筑大学5位省部级劳模和北京市先进工作者,何书记代表学校感谢他们为学校做出的突出贡献,并送去了北京市总工会和学校的新春祝福。

【办理职工互助保障计划参保续保手续】2016年3月,校工会为全校在编教职工完成了中国职工保险互助会入会手续和职工互助保障计划参保续保手续。

【校工会邀请积水潭医院专家为北京建筑大学教职工义诊】为促进北京建筑大学中老年教职工的身体健康,2016年3月23日下午,校工会邀请积水潭医院干部科专家为北京建筑大学在职和离退休教职工义务进行骨质疏松知识普及、检查及义诊咨询,这也是积水潭医院干部科党支部的一次送医到基层的主题活动。党委常委、校工会常务副主席张素芳主持了义诊咨询活动。

【举办"金猴呈祥瑞 悦赏四季春"主题生肖慰问活动】2016年5月26日下午,校工会举办"金猴呈祥瑞 悦赏四季春"主题生肖慰问活动,组织属猴教职工参观世界月季洲际大会。此次活动由党委常委、工会常务副主席张素芳带队,纪委书记、工会教代会主席何志洪及来自各分工会的三十多位教职工参加。

【组织教职工参加"真情相约 牵手未来"单身交友联谊活动】为帮助单身教师成就美好姻缘,建设幸福家庭。2016年6月25日下午,北京市教育工会与北京市金融工会、北京市互联网行业工会在北京市职工服务中心联合举办"真情相约牵手未来"单身交友联谊活动。校工会组织北京建筑大学7位教职工参加了联谊活动。

【三十年教龄慰问】2016年9月8日,学校在大兴校区图书馆报告厅召开庆祝第32个教师节座谈会暨优秀教师表彰会,共同庆祝教师节。校领导王建中、张爱林、何志洪、李维平、张启鸿、张大玉、李爱群、吕晨飞,师德先锋获得者,在教育战线辛勤工作满30年的教职工,部分职能部门负责人,各院(部、馆)负责人,青年教师代表,学生代表参加了座谈会。副校长李爱群主持会议。

【五一、端午、中秋、国庆、元旦、春节慰问】工会分别于2016年5月、9月、12月,在法定节日慰问全校教职工。

【组织"首都教职工爱心基金"募捐活动】2016年12月,校工会启动了首都教职工爱心基金捐款,全校教职工捐款共计19355元,已交至北京市温暖基金会。

【面向困难教职工开展送温暖活动】2016年,校工会面向患病教职工及家属开展送温暖活动,经过教职工申请,分工会公示上报、校福利工作小组讨论,校务公开栏公示,给予18位教职工送温暖慰问金21300元。

（六）建家工作

【举办"特色建家经验分享"主题沙龙】 2016年5月5日下午，校工会在大兴校区臻园教授沙龙室举办了"特色建家经验分享"主题沙龙，纪委书记、工会、教代会主席何志洪出席，来自14个分工会的主席和骨干参加了活动，沙龙由党委常委、校工会常务副主席张素芳主持。

【召开2015-2016年分工会建家验收评审会】 为进一步加强二级"教工之家"组织建设，全面提升教工建家工作水平，在各分工会自评基础上，12月23日，校工会组织召开2015-2016年分工会建家验收评审会。校领导何志洪、张启鸿、校工会常务副主席、副主席，工会委员代表，分工会主席及各单位行政负责人等30余人参加评审会，会议由党委常委、工会常务副主席张素芳主持。经过评审和实地考察，共评出模范教工之家5个，先进工会小组18个。

【工会系统获奖情况】 校工会在北京市总工会进行的考评中获得优秀等级；工会荣获市教育工会2016年度特色工作奖；理学院分工会获北京教育工会"2015年先进教职工小家"。

（曹洪涛　张素芳）

六、学生工作

（一）概况

2016年，北京建筑大学坚持以立德树人为根本任务，着力提升服务和思想引领能力，协同创新、突出重点、打造品牌、增强实效，服务于学生成长成才，不断提高工作实效性。强化学生党建工作，依托红色"1+1"活动和学生党员先锋工程，推动学生党员先锋模范作用发挥，再次取得红色1+1北京市评比一等奖第一名。以全国高校思想政治工作会议为指引，坚持以大思政格局创建，服务学生成长成才，进一步强化大学生思想政治教育工作效果。强化教风学风联动的建设实施和落实，着力提升国家英语四级考试通过率、学生考研率、及格率等。加强学生宿舍教育管理工作，加强学生文明养成教育，组织"宿舍文化节"开展文明宿舍建设与评比等活动，丰富学生住宿生活。结合职业化和卓越辅导员建设计划，开展系列学生工作队伍研讨活动，组织辅导员参加各类校内外培训，组织参加北京市辅导员技能大赛，取得二等奖。不断提高大学生思想政治教育课题研究水平，加强对工作中热点难点问题的研究，加强课题成果交流和转化，以高水平研究成果推动工作科学发展。在2016年各类学生工作优秀学术成果评选中，多项辅导员论文、研究报告获奖，获得多项思政课题。

（二）学生党建

【概述】 高度重视学生党建工作，召开、召开学生党支部书记述职答辩交流会、毕业生党员大会等，推动学生党员更好发挥先锋模范作用；举办"两学一做"学习教育学生党员主题演讲比赛，推动"两学一做"入脑入心；召开学生党员红色"1+1"校内答辩会，推荐参加北京市红色1+1评比活动，再次荣获北京市评比一等奖第一名；开展学生党员先锋工程，落实了理论学习导师制度、"一对一"帮扶困难学生、朋辈辅导员帮扶等有关活动。

【召开学生党支部书记述职答辩交流会】 4月11日，大兴校区后勤楼一层会议室，北京建筑大学召开学生党支部书记述职答辩交流会。吕晨飞、组织部、宣传部、学工部、研工部、学生党建指导教师代表、各学院党委副书记和全体学生党支部书记参加了此次答辩交流会。会议由学工部部长黄尚荣主持。来自全校9个学院的46个学生党支部进行了答辩交流，每个学生党支部书记全面汇报了一年来学生党支部工作。

【召开2016届毕业生党员大会】6月23日下午，我校在大兴校区基础楼A座报告厅召开2016届毕业生党员大会。吕晨飞、孙景仙、李云山，各二级学院党委副书记、学生党支部书记、学生辅导员代表和全体2016届毕业生党员参加大会。会议由李红主持。会上，由孙景仙同志领誓，全体党员重温入党誓词，使全体毕业生党员的思想再一次得到了升华。环能学院暖121班学生聂茜代表毕业生党员发言。最后，吕晨飞同志以"践行两学一做，争做优秀党员"为题讲授专题党课。

【举办2016年学生党支部红色"1+1"活动答辩评审会】10月27日，北京建筑大学2016年红色"1+1"示范活动交流评审会在大兴校区举行。学校党委组织部、宣传部、学工部负责人及各学院党委副书记参加了本次活动并担任此次活动的评委。各学院团委书记和辅导员代表老师及参赛学生党支部成员参加活动。评审会上，各支部通过PPT、视频等方式展示了各党支部的红色1+1共建成果并回答了评委提问。最终，经过激烈角逐，经管学院本科生第三党支部和测绘学院本科生党支部获得一等奖。理学院本科生党支部、环能学院本科生党支部、建筑学院本科生第一党支部、环能学院本科生第一党支部获得二等奖。文法学院本科生第一党支部、文法学院本科生第二党支部、土木学院建筑工程系本科生第一党支部、机电学院本科生第一党支部、电信学院本科生第一党支部、土木学院建筑工程系本科生第二党支部、环能学院暖通研究生第一党支部获得三等奖。测绘学院获得优秀组织奖。

【举办"两学一做"学习教育学生党员主题演讲比赛】12月13日晚，学校"两学一做"学习教育学生党员主题演讲比赛在大兴校区举行。共有来自全校9个学院14个学生党支部的14名选手（10名本科生，4名研究生）参赛，学校研工部、学工部、组织部、宣传部、团委和各学院相关负责老师参加活动。经过激烈角逐，文法学院本科生第一党支部法151班王妍、建筑学院本科生第二党支部规141班张晓意两位同学获得一等奖，经管学院本科生第三学生党支部公管141班张卉等5名同学获得二等奖，土木学院建筑工程系本科生第一党支部土142班李佳昊等7名同学获得三等奖。

【荣获北京市高校红色"1+1"示范活动一等奖】12月21日下午，2016年北京高校红色"1+1"示范活动展示评选会在北京化工大学举行。北京市委宣传部、市委教育工委、市委农村工委、市委社会工委、首都文明办等领导出席并担任评委，各高校主管部门负责人、学生党支部代表、媒体代表共200多人参加。本次评选会共有从参加评选的北京高校1100多个学生党支部中脱颖而出的25支队伍参赛，分别来自北京大学、清华大学、中国人民大学、北京师范大学等。经过激烈的视频展示和答辩环节，代表北京建筑大学参加的经管学院本科生第三党支部积极准备，卓越表现，以总决赛总分第一名的成绩荣获2016年北京高校红色"1+1"示范活动一等奖。这是北京建筑大学连续第二年在该项评比活动中取得第一名的好成绩，赢得了与会领导和同仁的肯定，为北京建筑大学赢得了荣誉。

（三）学生思想政治教育

【概述】北京建筑大学高度重视大学生思想政治教育工作，结合全国高校思想政治工作会议的召开，加强思政会议精神的传达和研讨，召开多次培训和研讨会；召开多场工作促进会，加强学生思想政治教育；继续开展社会主义核心价值观教育活动；加强新生引航工作，在北京市做典型发言；结合校庆，开展校庆嘉年华，对学生开展校史教育；学校思政工作荣获第四届首都大学生思想政治教育工作实效奖二等奖。

【荣获第四届首都大学生思想政治教育工作实效奖二等奖】1月21日，由北京市委教育工委主办的第四届首都大学生思想政治教育工作实效奖评选中，北京建筑大学申报的题为《聚焦"四点"构建立体化培养体系 促进学生党建工作"建善筑实"》的工作成果首获二等奖。2015年12月，市委教育工委组织开展申报和评审工作，共有来自首都50所高校的100余项工作成果参与申报，经过专家组初评，23项工作成果进入终评环节。由来自教育部思政司、市委宣传部、市教工委、市教委、团市委的领导和人民日报、中国教育报等媒体单位相关领导，以及各高校主管校领导分别组成专家评审组和群众评审组现场打分。

【学生工作领导小组召开2016年重点工作专项推进会】4月14日下午，学校学生工作领导小组在第三会议室召开2016年重点工作推进会，研讨各项重点工作实施方案。王建中、吕晨飞，学生工作领导小组全体成员以及相关部门负责人参加会议，会议黄尚荣主持。王建中作重要讲话，对做好下一阶段的学生工作提出意见。会上，学工部、研工部和团委就学校2016年重点推进的工作进行了专题汇报。与会人员围绕会议主题对下一阶段学生工作重点开展的工作进行了研讨，积极提出进一步改进工作、提升水平的意见和建议。吕晨飞强调，要通过构建完善的学生工作指标体系、建设高标准的e站式服务中心等全面推动学生工作各重点专项的深入和落实。

【在2016年北京高校新生引航工程启动仪式上做典型发言】9月9日下午，由北京市委教育工委、市教委组织实施的2016年北京高校新生引航工程在北京化工大学正式启动，教育部思政司、市委教工委、市教领导出席，北京各高校主管学生工作校领导，学工部长、研工部长，北京高校德育工作先进集体代表，十佳辅导员称号获得者，2016级新生代表，在京媒体代表等参加大会。会议由郑登文主持。北京建筑大学吕晨飞做了经验交流发言。

【举办校庆活动"未来城市"嘉年华】10月15日，在北京建筑大学举校欢庆建校八十周年之际，以"未来城市"为主题的校庆嘉年华活动在北京建筑大学大兴校区精彩上演。特邀领导、校友嘉宾出席，吸引来自全国各地2000余名校友和在校师生4000余人参加，嘉年华"未来城堡"现场成了"学子的节日、创新的乐园"。 上午11：00，北京市教委主任刘宇辉，北京教育考试院党委书记兼院长、校友钱军，王建中，张爱林共同为"未来城市"校庆嘉年华揭幕，并参观了北京建筑大学的校史展览馆、中国建筑师作品展示馆和艺术馆。

【召开学习贯彻全国高校思想政治工作会议精神座谈会】 12月12日上午，北京建筑大学在大兴校区四合院会议室召开学习贯彻全国高校思想政治工作会议精神座谈会，传达学习全国高校思想政治工作会议精神。王建中出席会议并讲话，他指出，学习贯彻落实全国高校思想政治工作会议精神是学校当前和今后一个时期的首要政治任务，要深刻认识做好高校思想政治工作的重大意义、目标任务和基本要求，增强做好工作的责任感和使命感，以实际行动推动学校思想政治工作迈上新台阶。吕晨飞出席座谈会并做了重点发言，学工部、研工部、校团委负责人，各学院党委副书记以及辅导员、班级导师和学生代表参加座谈会。座谈会上，与会教师、辅导员、学生工作相关职能部门以及学生代表踊跃发言，就如何进一步加强学校的思想政治工作畅谈了学习体会和今后的学习工作方向。王建中作了总结讲话。

（四）队伍建设（辅导员、班级导师）

【概述】重视队伍建设，继续组织辅导员参加了多场校内外培训；强化卓越辅导员队伍建设，举办多场辅导员工作研讨会、总结会等，深入研讨如何加强学生思想政治教育；组织辅导员参加北京市辅导员技能大赛，获得二等奖第一名；全面加强与京内外兄弟高校联系交流，举办第一届全国建筑类高校学工部长论坛，到多所高校进行交流。2016年，学生工作系统教师共计6项课题中标度首都大学生思想政治教育课题。

【召开2015年度学生工作总结交流会】1月14日，北京建筑大学2015年度学生工作总结交流会召开。王建中、吕晨飞出席会议，孙景仙、肖建杰、学工部、研工部、招就处、团委等职能部门全体干部、各学院党委副书记、团总支书记、全体学生辅导员参加了会议。会议由黄尚荣主持。会上，各学院党委副书记和学工部、团委、研工部负责人，分别围绕2015年学生工作开展情况、工作特色、取得的成效及2016年工作设想等方面进行了交流汇报。会上授予田奔、陈思源、刘猛、杨举、扈恒畅、韩志鹏、曾祥渭"北京建筑大学2015年度优秀辅导员"荣誉称号；聘任肖建杰为辅导员成长导师，王建中发表重要讲话。

【荣获第四届北京高校辅导员职业能力大赛二等奖第一名】4月6日，由中共北京市委教育工委主办的第四届北京高校辅导员职业能力大赛决赛在北京师范大学举行，北京建筑大学理学院辅导员吴雨桐荣获第四届北京高校辅导员职业能力大赛二等奖第一名，以0.03分之差憾失一等奖。北京建筑大学已连续参加四届北京高校辅导员大赛，共获得一等奖1项，二等奖1项，三等奖2项。

【赴北京工业大学调研交流学生工作】5月5日下午，北京建筑大学黄尚荣带队赴北京工业大学开展调研交流活动。北工大王海燕、李振兴、安哲峰及相关科室负责人参加座谈。北京建筑大学李红、蔡思翔及各科室负责人参加调研。

【举办全国建筑类高校学工部长论坛】5月28日，首届全国建筑类高校学工部长论坛在北京建筑大学大兴校区成功召开。本次论坛共有来自天津大学、东南大学、同济大学、西安建筑科技大学、吉林建筑大学、沈阳建筑大学、山东建筑大学、华南理工大学、安徽建筑大学、苏州科技大学、北京建筑大学等13所国内建筑类相关高校学生工作部门负责同志及北京建筑大学学生工作系统处级干部、辅导员代表参加。北京建筑大学吕晨飞、北京市委教育工委寇红江、中国建设教育协会院校德育工作专业委员会董世军出席，本次论坛由北京建筑大学黄尚荣主持。北京建筑大学张爱林与出席活动的各位领导老师进行了亲切交流，并合影留念。在论坛交流环节，与会高校分别介绍了所在学校学生工作情况，并围绕学生工作理念、组织架构、体制机制、队伍建设、学生党建、学风建设、科技创新、日常管理、文化育人、宿舍管理等方面工作进行广泛深入的交流。本次论坛成立了全国建筑类高校学生工作联盟，并发布《首届全国建筑类高校学工部长论坛北京宣言》，倡议全国建筑类高校努力增进人文交流，扩大学生工作部门、各相关学院、学生英才班、学生组织交往，增进相互了解，在人才培养、辅导员队伍挂职锻炼、日常管理、学生创新创业等诸多领域拓展交往与合作，共同促进建筑类高校人才培养质量的提高。

【北方工业大学来校调研学生工作】7月14日下午，北方工业大学高国伟、陈卫、张加强、王伟宾一行4人到西城校区与北京建筑大学交流学生工作。北京建筑大学黄尚荣、李红、蔡思翔、魏强、郝迈一同参加调研会。

（五）基层组织建设

【概述】加强班级、宿舍等基层组织和建设，将其作为开展学风建设、思政教育的和重要载体和平台，举办"我的班级我的家"优秀班集体答辩评审会、宿舍文化节等活动，荣获北京高校"我的班级我的家"优秀示范班集体。

【宿舍文化节系列活动启动】5月12日中午，2015－2016学年宿舍文化节开幕暨文明宿舍创建签名活动在大兴校区学生宿舍区南侧广场举行。校学生工作部、团委、资后处、新宇物业、各二级学院老师参加了签字活动。本期宿舍文化节以"温馨、文明、创新 和谐"的宿舍文化为主旋律，以丰富多彩的宿舍活动为主要内容，优化宿舍成为学生美化生活、完善人格、健康身心的成长环境。

【举办2016年度"我的班级我的家"优秀班集体答辩评审会】11月8日，2016年度"我的班级我的家"优秀班集体答辩评审会举行。北京建筑大学大学生思政研究中心指导教师、基建处、招就处、学工部、资后处、体育部、教务处、团委的相关领导和老师以及各二级学院党委副书记出席并担任评委，各学院团委书记、辅导员和学生代表参加活动。共有来自全校九个学院的14个优秀班集体参加答辩。经过激烈比拼，给排水131班、管151班获得一等奖，材141班、造价141班、土木实验151班获得二等奖，车142班、环科141班、遥感141班、信151班、法151班获得三等奖，电141班、计141班、建131班、风景园林131班获得优秀奖。环能学院、经管学院获得优秀组织奖。

【荣获2016年北京高校"我的班级我的家"优秀示范班集体】12月20日下午，由中共北京市教育工作委员会主办的2016年北京高校"我的班级我的家"优秀班集体创建评选活动在北京工业大学举行，来自26所高校的优秀班集体代表参加了活动，最终评选出10个"十佳示范班集体"和16个"优秀示范班集体"。经过激烈角逐，代表北京建筑大学参赛的环境与能源工程学院给排水科学与工程131班最终荣获2016年北京高校"我的班级我的家"优秀示范班集体，向与会人员展示了北京建筑大学学子的良好精神风貌。

（六）学风建设

【概述】大力加强学风建设，专门成立学业指导与发展辅导中心，作为学风建设重要载体，召开多次学风建设推进会，多次调研，整体布局。引导学生形成良好的学习、生活习惯；开展早晚自习活动并组织日常检查；开展学生党员与学习困难学生帮扶活动，帮助学困学生跟上班级；进行优良学风班、优良学风宿舍评比活动的动员与宣传，用集体目标带动个人；开展考风专题教育，组织全体学生签署考试诚信承诺书；用"爱生"推进学风建设，举办多场"爱生"沙龙，分层分类帮扶学生学业发展。

【举办大学生科技嘉年华】5月25日，"北京建筑大学第三届科技嘉年华"在大兴校区大学生活动中心隆重举行。活动现场吸引了1200人次前来现场参观科普展览、参与益智竞赛、体验高科技产品。大疆无人机、2016春晚舞蹈机器人、最新VR产品、四驱车改装等项目悉数亮相，奉献给建大学子一场科技盛宴。同学们通过这些项目提升了自己动手动脑的能力，同时也了解了当今科技的发展水平，激发了对科学创新的追求。

【调研文法学院学风建设工作】10月24日下午，张启鸿调研并听取了文法学院学风建设的情况汇报。学院班子成员、系主任、教工支部书记、院团委书记以及辅导员、教务员参加了调研座谈会。刘国朝首先汇报了学院学籍异动、学业预警情况，并提出改善学风的措施。康健从学生工作的角度对学院学风建设情况做了详细的汇报。与会其他老师分别就学生情况及文法学院的学风建设提出了自己的看法。张启鸿听取汇报后总结讲话。

【调研经管学院教风学风建设工作】 11月1日下午，王建中到经管学院专题调研教风学风联动建设工作，经管学院领导班子成员、党委委员、系正副主任、部分教师及学生代表参加了调研活动，党政办公室相关同志陪同调研。周霞汇报了教风建设情况、郝迈关于学风建设情况的汇报。与会师生就学院教学改革、教学管理、学风建设等方面存在的问题开展了深入、广泛的讨论，并提出了有益的建议。王建中总结讲话。

【调研建筑学院教风学风建设】 11月3日下午，张大玉、黄尚荣、那威到建筑学院调研学风建设。建筑学院班子成员、系部中心主任、班级导师代表以及教务员、辅导员参加了座谈会。田林书记代表建筑学院汇报了学院教风学风建设情况，各位老师就教风学风问题、学院学生情况及学风建设提出了自己的看法，围绕青年教师培养、实验室管理、教学督导和学风建设等方面畅所欲言，建言献策。张大玉总结讲话。

【调研电信学院教风学风建设工作】 11月7日下午，汪苏到电信学院专题调研教风学风联动建设工作。电信学院领导班子成员、辅导员、教务员以及学生代表参加了调研活动，教务处相关同志陪同调研。学生代表畅所欲言，建言献策。刘志强针对学生所反映的相关问题进行了解答。汪苏总结讲话。

【调研测绘学院教风学风联动建设工作】 11月8日下午，李维平到测绘学院专题调研教风学风联动建设工作，测绘学院领导班子成员、院长助理、系主任、研究所所长、辅导员、教务员、教师及学生代表参加了调研座谈会。赵江洪做关于教风建设情况、冯永龙做关于学风建设情况及联动方案的汇报。与会师生就学院教学改革、专业学习、课堂管理、学风建设、人才引进、考核聘任等方面存在的问题开展了热烈、深入的讨论。李维平总结讲话。

（七）学生事务管理（先进、奖学金等名单）

【概述】 2015/2016学年，686名学生分别获得综合一、二、三奖学金，156名学生获得学习优秀奖学金，144名学生获得学习进步奖学金，825人次获得学科竞赛奖学金，632人次获得体育优胜奖学金，15名学生获得文艺优胜奖学金，67名学生获得科技成果奖学金，123名学生获得优秀学生干部奖学金，53名学生获得精神文明奖学金，11个团队获得社会实践奖学金，15名学生获得建工-京精大房奖学金，8名学生获得许京骐、方烨奖学金，13名学生获得张若萍奖学金。

2016年北京市普通高等学校优秀毕业生名单

序号	姓名	性别	民族	学历	专业	证书编号
1	李玲	女	汉	本科	自动化	201610016b001
2	杨小梅	女	汉	本科	自动化	201610016b002
3	张旭	女	汉	本科	自动化	201610016b003
4	王鑫	女	汉	本科	电气工程及其自动化	201610016b004
5	庞卓	女	汉	本科	电气工程及其自动化	201610016b005
6	林炎华	女	汉	本科	电气工程及其自动化	201610016b006

续表

序号	姓名	性别	民族	学历	专业	证书编号
7	张慧	女	汉	本科	计算机科学与技术	201610016b007
8	李金	男	汉	本科	建筑电气与智能化	201610016b008
9	毛腾	女	汉	本科	计算机科学与技术	201610016b009
10	王明爽	女	汉	本科	建筑电气与智能化	201610016b010
11	刘荣	男	汉	本科	热能与动力工程	201610016b011
12	林惠阳	女	汉	本科	建筑环境与设备工程	201610016b012
13	杜小磊	男	汉	本科	机械工程及自动化	201610016b013
14	崔保庄	男	汉	本科	车辆工程（汽车工程方向）	201610016b014
15	雷晋鸿	男	汉	本科	车辆工程（城市轨道交通车辆方向）	201610016b015
16	朱家铭	男	汉	本科	工商管理	201610016b016
17	何梦婷	女	汉	本科	市场营销	201610016b017
18	张华	男	汉	本科	工程管理	201610016b018
19	张伊聪	女	汉	本科	工程管理	201610016b019
20	邓宏昌	男	汉	本科	工程管理	201610016b020
21	李智仙	女	汉	本科	工程管理	201610016b021
22	张昆	男	汉	本科	无机非金属材料工程（建筑材料方向）	201610016b022
23	李菡超	女	汉	本科	交通工程	201610016b023
24	张慧	女	汉	本科	交通工程	201610016b024
25	俞轩	男	汉	本科	土木工程（城市道路与桥梁工程方向）	201610016b025
26	邸鹏	男	汉	本科	土木工程（建筑工程方向）	201610016b026
27	邓博文	男	汉	本科	土木工程（建筑工程方向）	201610016b027
28	桂晓珊	女	汉	本科	土木工程（城市道路与桥梁工程方向）	201610016b028
29	钱晨阳	男	汉	本科	土木工程（建筑工程方向）	201610016b029
30	李雨航	男	汉	本科	土木工程（建筑工程方向）	201610016b030
31	李昊	男	汉	本科	土木工程（城市道路与桥梁工程方向）	201610016b031
32	池瑞文	男	汉	本科	土木工程（建筑工程方向）	201610016b032
33	丁伊宁	女	汉	本科	土木工程（建筑工程方向）	201610016b033
34	杨森	女	汉	本科	社会工作	201610016b034
35	李天予	女	汉	本科	社会工作	201610016b035
36	刘婉嫕	女	汉	本科	法学	201610016b036
37	贡天媛	女	汉	本科	社会工作	201610016b037
38	谢泠涛	女	汉	本科	地理信息系统（城市规划GIS方向）	201610016b038
39	张大凤	女	汉	本科	地理信息系统（城市规划GIS方向）	201610016b039
40	程晨	女	汉	本科	信息与计算科学	201610016b040
41	金锋	男	苗	本科	信息与计算科学	201610016b041
42	谭毛红	男	汉	本科	电子信息科学与技术	201610016b042
43	赵文凯	男	汉	本科	电子信息科学与技术	201610016b043

（八）学生资助与勤工助学

【概述】 在学生资助与勤工助学工作中，注重物质支撑和精神引导"两个层面"，给学生成长提供有力支持。一方面，把国家和学校的五项主要资助政策——"奖、贷、助、减、免"进行整合，优化配置资助资源；另一方面，针对家庭经济困难学生的思想发展状况，分别进行"感恩"、"诚信"、"成才"等主题指导，帮助他们在不同的发展阶段接受不同的成长教育。

【学生资助】 学生工作部严格按照教委关于家庭经济困难学生的认定标准，对全校家庭经济困难生进行了登记、审核和认定，确定1068名同学为2016－2017学年家庭经济困难学生。2016年共发放国家助学金共366.2万元，覆盖所有家庭经济困难学生。发放学生临时困难补贴163人次，8.61万余元，发放其他补贴32万余元。协助银行完成助学贷款，共发放2笔，1.6万元。办理生源地贷款390笔。

【勤工助学】 学生工作部坚持资助与能力提升双向发展，全校共设置勤工助学岗位320多个，全年支出费用100万元。

【召开中华环境保护基金会TOTO水环境基金奖学金颁奖大会】 3月25日下午，中华环境保护基金会TOTO水环境基金北京建筑大学学生奖学金颁奖大会在北京建筑大学西城校区第三会议室成功召开。中华环境保护基金会汪亦红女士、东陶（中国）有限公司伊藤真理，北京建筑大学吕晨飞、黄尚荣、李红、车晶波、李月、土木学院、建筑学院、环能学院辅导员老师和全体获奖学生参加会议。会议由黄尚荣主持。中华环境保护基金会汪亦红女士宣布获奖学生名单，吕晨飞、伊藤真理、汪亦红为获奖的25名学生颁发了获奖证书。

（九）国防教育

【概述】 圆满完成2016级本科新生校内军训工作和军事理论课教学工作；加大征兵宣传力度，完成2016年学生征兵任务，完成退伍学生安置工作；举办北京高校国防教育主题报告会等活动，加强国防教育宣传。

【举办北京高校国防教育主题报告会】 4月9日，由北京高校国防教育协会、中国船舶重工集团公司第七一四研究所主办，北京建筑大学承办的北京市高校国防教育主题报告会在北京建筑大学大兴校区基础教学楼A座报告厅成功举行。海军军事学术研究所左立平到会，并做了《海洋安全与海军建设》的主题报告。北京高校国防教育协会的领导、部分高校武装部领导以及清华大学、北京师范大学、北京科技大学、中国农业大学、北京林业大学、北京外国语大学、中国地质大学、中国矿业大学、首都师范大学和北京建筑大学10所高校近500名师生参加了主题报告会。

【举办学生军训结业仪式】 9月16日上午，北京建筑大学2016级学生军训闭营式在大兴校区西操场拉开帷幕。经过了十二天军旅磨炼，2016级新生们整齐地在训练场上按方队依次排列开来等待检阅。王建中、何志洪、汪苏、李维平、张启鸿、张大玉、李爱群、吕晨飞、教官王建军中校以及来自学校有关职能部门、各学院的领导出席了本次活动，闭营式由黄尚荣主持。闭营式上，方阵队列完毕后，军训汇报科目有擒敌拳、匕首操、应急棍术、三声三相，男生的擒敌拳和应急棍术，动作整齐划一，口号坚定有力，尽显男儿本色。王建军做军训工作总结；李爱群宣读《北京建筑大学2016级学生军训团关于表彰先进集体和先进个人的决定》；王建中代表学校向承训部队赠送锦旗；吕晨飞作总结讲话。

（十）大学生心理健康教育

【概述】 2016年，北京建筑大学坚持以教育部、北京市教委下发有关心理素质教育工作文件为指导思想，并以北京建筑大学心理素质教育中心工作章程等文件为依据，在校党委、学工部的领导下紧紧围绕立德树人的根本任务，服务于德智体美全面发展人才的培养，服务于全体学生的健康成长，完成了新生护航、"5.25"心理健康节、学生心理社团管理、日常心理咨询、心理危机预警和干预、心理素质课程、中心建设、队伍建设和人员培训、科学研究等各项工作目标。

【新生护航工作】 9月1日，北京建筑大学结合新生引航工程的安排，开展实施了新生护航计划，主要通过新生交友与新生心理普查两项工作来实施：2016年9月4日晚18：30至20：30，全校范围内开展了新生交友活动，2016级57个班级的1800余名新生参与了本次活动；2016年9月10日启动2016级新生心理健康普查工作，历时半个月，完成了1800余名大一新生的普查工作，此后依次完成了数据的分析、筛查，以及重点人群的访谈工作。

【"5.25"心理健康节】 4月至6月期间，北京建筑大学组织召开了北京建筑大学的第十五届大学生心理健康节。本届心理健康节以"读懂你我，共享青春年华"为主题，开展内容丰富，形式多样的各项活动，在广大学生中间传递了在爱的行为中体现自己的价值，让青春绽放得更加亮丽的正能量。

【加强心理健康教育学生组织建设】 北京建筑大学心理委员联合会一方面继续加强自身素质的培训，坚持例会制度，制定计划并发现问题总结经验，坚持为心理委员有针对性地开展培训课程提升专业素养，聘请专业老师通过舞动治疗的方式熔炼团队，促进骨干成员的自我成长；另一方面积极开展各项心理健康宣教活动，包括"密室逃脱"、"SEA思引自由式演讲"、"沙盘治疗培训"、"双十一单身交友"等暖心的活动。同时紧跟"互联网+"的时代潮流，进一步拓展"北建大心联会"微信平台网络宣传阵地，有针对性的开设相关专栏，提高心理健康教育宣传教育工作提质增效。

【日常心理咨询】 2016年北京建筑大学心理咨询制度运行良好。预约方式采用当面预约、电话预约和短信预约等方式。截至12月30日，累计接待学生咨询374人次。

【心理危机预警和干预】 2016年北京建筑大学的层级上报、快速反应的危机预警、干预制度运行良好，咨询中心与二级学院密切合作，共危机干预22人，共计47人次。在做好危机排查工作的基础上，咨询老师和学院老师陪同就诊8人。

【心理素质课程】 2016年，北京建筑大学大学生心理健康教育中心开设了大学生心理健康、大学生心理健康与自我成长、大学生心理适应与发展等选修课共29门次，共外聘5位教师，2910名学生完成选修，有效普及了心理健康知识。

【中心建设】 2016年，在学工部领导的大力支持下，中心根据北京建筑大学两校区办学的新形势，进一步加强了中心的建设工作。中心的建设和发展为北京建筑大学心理健康教育工作的开展提供了有力的保障。目前，北京建筑大学心理素质教育中心人员配备完整，设施齐全，各项工作运转有序，平稳运行。人员配备方面，目前有3位在岗的心理专职教师，10名兼职教师，基本满足北京建筑大学开设心理健康课程、日常心理咨询等各项工作的需要。硬件设施方面，与北京建筑大学党建评估、更名、平安校园建设工作相结合，加强心理中心硬件建设，为来访者提供更加适宜的咨询环境。

【队伍建设和人员培训】2016年心理素质教育中心共安排16人次参加了23次学术、工作交流会议，包括欧文亚龙人际团体培训、中挪精神分析心理治疗师与督导师连续培训项目等。此外，中心继续隔周的案例督导和专业学习活动，并将其制度化，专业学习则由中心的各位教师轮流分享学习或培训心得。中心的一系列措施有效提高了北京建筑大学心理健康教育工作人员及危机干预系统人员的专业化水平，提高了业务能力。

（十一）专题教育（入学、毕业）

【概述】北京建筑大学紧抓入学和毕业两个重要教育节点，举行2016届毕业生座谈会、毕业党员大会、毕业典礼等，鼓励学生增强母校情感，保持母校精神；信息化迎新，召开新生家长座谈会，入学教育以校史、安全、大学规划为主，帮助新生尽快适应大学生活，合理规划大学学习。

【举行2016届毕业生座谈会】6月23日，北京建筑大学在大兴校区四合院会议室举行2016届毕业生座谈会。吕晨飞，学工部、研工部、教务处、招就处、团委有关部门负责人、来自各学院毕业生代表参加了座谈。座谈会由蔡思翔主持。会上，吕晨飞为电信学院彭裕鸿、机电学院张克昌两位自愿赴南疆地区工作的同学颁发了北京高校毕业生支援西部荣誉证书。各位毕业生代表畅所欲言，他们代表学校全体本科和研究生毕业生对在校期间学校和老师对同学们的教育、管理和服务表达了衷心的感谢，衷心祝愿母校明天更美好。吕晨飞做了总结讲话。

【毕业生集体拍照】6月23日上午，北京建筑大学2016届本科毕业生相聚西城校区教1主楼和大兴校区基础楼A座广场拍摄毕业合影。王建中、张爱林、何志洪、张启鸿、张大玉、李爱群、吕晨飞等校领导以及各学院领导老师、班级导师、辅导员来到现场与毕业生们合影留念，为即将踏上新征途的毕业生们送上祝福。

【2016届本科生毕业典礼隆重举行】7月5日上午，北京建筑大学2016年本科生毕业典礼暨学位授予仪式在大兴校区隆重举行。王建中、张爱林、何志洪、李维平、张启鸿、李爱群、吕晨飞，各院部、职能处室负责人和老师以及部分毕业生家长出席典礼。毕业典礼在雄壮的国歌声中正式开始。吕晨飞宣读《2016届毕业生和学位授予名单》，张启鸿宣读《2016届校级优秀毕业设计（论文）获奖名单》，王建中宣读《2016届北京市优秀毕业生获奖名单》。土木学院燕兆同学作为毕业生代表发言。教师代表环能学院王文海老师发言。黄尚荣向沈茜移交了2016届本科毕业生名册。张爱林做了题为《坚信"没有最好，只有更好"，大胆创新创业》热情洋溢的讲话。王建中、校长张爱林分别为优秀毕业设计（论文）获得者、留学生、支援西部和农村建设和北京市优秀毕业生颁发证书并授予学位。学校领导为毕业生们颁发毕业证书，进行拨穗正冠仪式。

【召开2016级新生家长代表座谈会】9月3日下午，北京建筑大学在2016级本科新生报到之日召开新生家长代表座谈会。王建中、张爱林、李维平、张启鸿、李爱群、吕晨飞，党政办、大兴校区管委会、学工部、教务处、资后处、团委、招就处等部门负责人以及2016级本科新生家长代表参加了座谈会。座谈会由李维平主持。在会上成立了北京建筑大学2016级新生家长委员会，王建中、张爱林向2016级学生家长委员会的委员代表颁发了聘书。张爱林在致辞；王建中讲话。与会人员观看了学校宣传片，同时为了能够让家长进一步了解学校在教学改革和学生管理工作方面的情况，李爱群介绍了北京建筑大学教学改革的创新举措，吕晨飞介绍了学生工作的创新举措。在座的家长代表也纷纷发言，表达自己的感想和建议。

【举行 2016 级本科生开学典礼暨军训开营式】 9 月 5 日上午，北京建筑大学 2016 级本科生开学典礼暨军训开营式在北京建筑大学大兴校区西操场隆重举行。学校领导班子成员、校友代表、生源中学代表、学校有关职能部门负责人以及各二级学院领导、承训部队教官、新生辅导员、教师代表和全校 2016 级本科新生、部分学生家长参加了开学典礼。大会由吕晨飞主持。李爱群教授宣读《关于颁发 2016 级本科新生奖学金的决定》，主席台前排就座领导为获得校长特别奖学金学生颁发了荣誉证书。全国勘察设计大师、北京市测绘院、北京建筑大学优秀校友杨伯钢发言。教师代表、土木学院焦朋朋教授发言。新生代表、环境与能源工程学院田坤同学发言，在校生代表、经济与管理工程学院赵琦同学发言，贵州黔西南州教育局局长、东直门中学校长和北交大附中校长到校参加典礼。军训团政委黄尚荣宣布军训团主要领导成员名单。军训团王建军中校宣布开训命令。军训教官代表发言，表达了将全力投入军训，圆满完成各项训练任务的决心。王建中向军训团授旗。张爱林发表题为"让未来引领你成长成才成功，让创新驱动你成长成才成功"的讲话。

（十二）大事记

1 月 14 日，北京建筑大学 2015 年度学生工作总结交流会召开。校领导、学工部、研工部、招就处、团委等职能部门全体干部、各学院党委副书记、团总支书记、全体学生辅导员参加了会议。会议分别围绕 2015 年学生工作开展情况、工作特色、取得的成效及 2016 年工作设想等方面进行了交流汇报。为"北京建筑大学 2015 年度优秀辅导员"颁奖；党委书记王建中发表重要讲话。

1 月 21 日，由北京市委教育工委主办的第四届首都大学生思想政治教育工作实效奖评选中，北京建筑大学申报的题为《聚焦"四点"构建立体化培养体系 促进学生党建工作"建善筑实"》的工作成果首获二等奖。

3 月 25 日下午，中华环境保护基金会 TOTO 水环境基金北京建筑大学学生奖学金颁奖大会在北京建筑大学西城校区第三会议室成功召开。吕晨飞、伊藤真理、汪亦红为获奖的 25 名学生颁发了获奖证书。

4 月 6 日，由中共北京市委教育工委主办的第四届北京高校辅导员职业能力大赛决赛在北京师范大学举行，北京建筑大学理学院辅导员吴雨桐荣获第四届北京高校辅导员职业能力大赛二等奖第一名。

4 月 11 日，北京建筑大学召开学生党支部书记述职答辩交流会。吕晨飞、组织部、宣传部、学工部、研工部、学生党建指导教师代表、各学院党委副书记和全体学生党支部书记参加了此次答辩交流会，来自全校 9 个学院的 46 个学生党支部进行了答辩交流，每个学生党支部书记全面汇报了一年来学生党支部工作。

4 月 9 日，由北京高校国防教育协会、中国船舶重工集团公司第七一四研究所主办，北京建筑大学承办的北京市高校国防教育主题报告会在北京建筑大学大兴校区基础教学楼 A 座报告厅成功举行。北京高校国防教育协会的领导、部分高校武装部领导以及清华大学、北京师范大学、北京科技大学、中国农业大学、北京林业大学、北京外国语大学、中国地质大学、中国矿业大学、首都师范大学和北京建筑大学 10 所高校近 500 名师生参加了主题报告会。

4 月 14 日下午，学校学生工作领导小组在第三会议室召开 2016 年重点工作推进会，研讨各项重点工作实施方案。王建中作重要讲话，对做好下一阶段的学生工作提出意见。会上，学工部、研工部和团委就学校2016年重点推进的工作进行了专题汇报。与会人员围绕会议主题对下一阶段学生工作重点开展的工作进行了研讨，积极提出进一步改进工作、提升水平的意见和建议。

5月5日下午，北京建筑大学黄尚荣带队赴北京工业大学开展调研交流活动。北工大王海燕、李振兴、安哲峰及相关科室负责人参加座谈。北京建筑大学李红、蔡思翔及各科室负责人参加调研。

5月12日中午，2015—2016学年宿舍文化节开幕暨文明宿舍创建签名活动在大兴校区学生宿舍区南侧广场举行。本期宿舍文化节以"温馨、文明、创新 和谐"的宿舍文化为主旋律，以丰富多彩的宿舍活动为主要内容，优化宿舍成为学生美化生活、完善人格、健康身心的成长环境。

5月25日，"北京建筑大学第三届科技嘉年华"在大兴校区大学生活动中心隆重举行。活动现场吸引了1200人次前来现场参观科普展览、参与益智竞赛、体验高科技产品。

5月28日，首届全国建筑类高校学工部长论坛在北京建筑大学大兴校区成功召开。本次论坛共有来自天津大学、东南大学、同济大学、西安建筑科技大学、吉林建筑大学、沈阳建筑大学、山东建筑大学、华南理工大学、安徽建筑大学、苏州科技大学、北京建筑大学等13所国内建筑类相关高校学生工作部门负责同志及北京建筑大学学生工作系统处级干部、辅导员代表参加。北京建筑大学吕晨飞、北京市委教育工委寇红江、中国建设教育协会院校德育工作专业委员会董世军出席。与会高校分别介绍了所在学校学生工作情况并进行广泛深入的交流。本次论坛成立了全国建筑类高校学生工作联盟，并发布《首届全国建筑类高校学工部长论坛北京宣言》。

6月23日，北京建筑大学在大兴校区四合院会议室举行2016届毕业生座谈会。吕晨飞，学工部、研工部、教务处、招就处、团委有关部门负责人、来自各学院毕业生代表参加了座谈。为电信学院彭裕鸿、机电学院张克昌两位自愿赴南疆地区工作的同学颁发了北京高校毕业生支援西部荣誉证书。各位毕业生代表畅所欲言，他们代表学校全体本科和研究生毕业生对在校期间学校和老师对同学们的教育、管理和服务表达了衷心的感谢，衷心祝愿母校明天更美好。吕晨飞做了总结讲话。

6月23日上午，北京建筑大学2016届本科毕业生相聚西城校区教1主楼和大兴校区基础楼A座广场拍摄毕业合影。王建中、张爱林、何志洪、张启鸿、张大玉、李爱群、吕晨飞等校领导以及各学院领导老师、班级导师、辅导员来到现场与毕业生们合影留念，为即将踏上新征途的毕业生们送上祝福。

6月23日下午，我校在大兴校区基础楼A座报告厅召开2016届毕业生党员大会。会上，由孙景仙同志领誓，全体党员重温入党誓词，使全体毕业生党员的思想再一次得到了升华。环能学院暖121班学生聂茜代表毕业生党员发言。最后，吕晨飞同志以"践行两学一做，争做优秀党员"为题讲授专题党课。

7月5日上午，北京建筑大学2016年本科生毕业典礼暨学位授予仪式在大兴校区隆重举行。王建中、张爱林、何志洪、李维平、张启鸿、李爱群、吕晨飞，各院部、职能处室负责人和老师以及部分毕业生家长出席典礼。毕业典礼在雄壮的国歌声中正式开始。吕晨飞宣读《2016届毕业生和学位授予名单》，张启鸿宣读《2016届校级优秀毕业设计（论文）获奖名单》，王建中宣读《2016届北京市优秀毕业生获奖名单》。土木学院燕兆同学作为毕业生代表发言。教师代表环能学院王文海老师发言。黄尚荣向沈茜移交了2016届本科毕业生名册。张爱林做了题为《坚信"没有最好，只有更好"，大胆创新创业》热情洋溢的讲话。王建中、校长张爱林分别为优秀毕业设计（论文）获得者、留学生、支援西部和农村建设和北京市优秀毕业生颁发证书并授予学位。学校领导为毕业生们颁发毕业证书，进行拨穗正冠仪式。

7月14日下午，北方工业大学一行4人到西城校区与北京建筑大学交流学生工作。北京建筑大学黄尚荣、李红、蔡思翔、魏强、郝迈一同参加调研会。

9月3日下午，北京建筑大学在2016级本科新生报到之日召开新生家长代表座谈会。王建中、张爱林、李维平、张启鸿、李爱群、吕晨飞、党政办、大兴校区管委会、学工部、教务处、资后处、团委、招就处等部门负责人以及2016级本科新生家长代表参加了座谈会。座谈会由李维平主持。在会上成立了北京建筑大学2016级新生家长委员会，王建中、张爱林向2016级学生家长委员会的委员代表颁发了聘书。张爱林在致辞；王建中讲话。与会人员观看了学校宣传片，同时为了能够让家长进一步了解学校在教学改革和学生管理工作方面的情况，李爱群介绍了北京建筑大学教学改革的创新举措，吕晨飞介绍了学生工作的创新举措。在座的家长代表也纷纷发言，表达自己的感想和建议。

9月5日上午，北京建筑大学2016级本科生开学典礼暨军训开营式在北京建筑大学大兴校区西操场隆重举行。学校领导班子成员、校友代表、生源中学代表、学校有关职能部门负责人以及各二级学院领导、承训部队教官、新生辅导员、教师代表和全校2016级本科新生、部分学生家长参加了开学典礼。李爱群教授宣读《关于颁发2016级本科新生奖学金的决定》，主席台前排就座领导为获得校长特别奖学金学生颁发了荣誉证书。全国勘察设计大师、北京市测绘院、北京建筑大学优秀校友杨伯钢发言。教师代表、土木学院焦朋朋教授发言。新生代表、环境与能源工程学院田坤同学发言，在校生代表、经济与管理工程学院赵琦同学发言，贵州黔西南州教育局局长、东直门中学校长和北交大附中校长到校参加典礼。军训团黄尚荣宣布军训团主要领导成员名单。军训团王建军中校宣布开训命令。军训教官代表发言，表达了将全力投入军训，圆满完成各项训练任务的决心。王建中向军训团授旗。张爱林发表题为"让未来引领你成长成才成功，让创新驱动你成长成才成功"的讲话。

9月9日下午，由北京市委教育工委、市教委组织实施的2016年北京高校新生引航工程在北京化工大学正式启动，北京建筑大学吕晨飞在会上做了经验交流发言。

9月16日上午，北京建筑大学2016级学生军训闭营式在大兴校区西操场拉开帷幕。王建中、何志洪、汪苏、李维平、张启鸿、张大玉、李爱群、吕晨飞、教官王建军中校以及来自学校有关职能部门、各学院的领导出席了本次活动。

10月15日，在北京建筑大学举校欢庆建校八十周年之际，以"未来城市"为主题的校庆嘉年华活动在北京建筑大学大兴校区精彩上演。特邀领导、校友嘉宾出席，吸引来自全国各地2000余名校友和在校师生4000余人参加，嘉年华"未来城堡"现场成了"学子的节日、创新的乐园"。

10月24日下午，张启鸿调研并听取了文法学院学风建设的情况汇报。学院班子成员、系主任、教工支部书记、院团委书记以及辅导员、教务员参加了调研座谈会。

10月27日，北京建筑大学2016年红色"1+1"示范活动交流评审会在大兴校区举行。学校党委组织部、宣传部、学工部负责人及各学院党委副书记参加了本次活动并担任此次活动的评委。各学院团委书记和辅导员代表老师及参赛学生党支部成员参加活动。评审会上，各支部通过PPT、视频等方式展示了各党支部的红色1+1共建成果并回答了评委提问。

11月1日下午，王建中到经管学院专题调研教风学风联动建设工作，经管学院领导班子成员、党委委员、系正副主任、部分教师及学生代表参加了调研活动，党政办公室相关同志陪同调研。

11月3日下午，张大玉、黄尚荣、那威到建筑学院调研学风建设。建筑学院班子成员、系部中心主任、班级导师代表以及教务员、辅导员参加了座谈会

11月7日下午，汪苏到电信学院专题调研教风学风联动建设工作。电信学院领导班子成员、辅导员、教务员以及学生代表参加了调研活动，教务处相关同志陪同调研。学生代表畅所欲言，建言献策。

11月8日，李维平到测绘学院专题调研教风学风联动建设工作，测绘学院领导班子成员、院长助理、系主任、研究所所长、辅导员、教务员、教师及学生代表参加了调研座谈会。

11月8日，2016年度"我的班级我的家"优秀班集体答辩评审会举行。北京建筑大学大学生思政研究中心指导教师、基建处、招就处、学工部、资后处、体育部、教务处、团委的相关领导和老师以及各二级学院党委副书记出席并担任评委，各学院团委书记、辅导员和学生代表参加活动。共有来自全校九个学院的14个优秀班集体参加答辩。

12月12日上午，北京建筑大学在大兴校区四合院会议室召开学习贯彻全国高校思想政治工作会议精神座谈会，传达学习全国高校思想政治工作会议精神。王建中出席会议并讲话。吕晨飞出席座谈会并做了重点发言，学工部、研工部、校团委负责人，各学院党委副书记以及辅导员、班级导师和学生代表参加座谈会。座谈会上，与会教师、辅导员、学生工作相关职能部门以及学生代表踊跃发言，就如何进一步加强学校的思想政治工作畅谈了学习体会和今后的学习工作方向。王建中作了总结讲话。

12月13日晚，学校"两学一做"学习教育学生党员主题演讲比赛在大兴校区举行。共有来自全校9个学院14个学生党支部的14名选手（10名本科生，4名研究生）参赛，学校研工部、学工部、组织部、宣传部、团委和各学院相关负责老师参加活动。

12月20日下午，由中共北京市教育工作委员会主办的2016年北京高校"我的班级我的家"优秀班集体创建评选活动在北京工业大学举行，代表北京建筑大学参赛的环境与能源工程学院给排水科学与工程131班最终荣获2016年北京高校"我的班级我的家"优秀示范班集体。

12月21日下午，2016年北京高校红色"1+1"示范活动展示评选会在北京化工大学举行。代表北京建筑大学参加的经管学院本科生第三党支部积极准备，卓越表现，以总决赛总分第一名的成绩荣获2016年北京高校红色"1+1"示范活动一等奖。这是北京建筑大学连续第二年在该项评比活动中取得第一名的好成绩，赢得了与会领导和同仁的肯定，为北京建筑大学赢得了荣誉。

七、离退休工作

(一) 概况

截至 2016 年 12 月 31 日,北京建筑大学共有离休干部 28 人,退休干部 739 人。设有离休干部直属党支部 1 个,退休党支部 14 个。离退休工作办公室共有在职工作人员 3 人,其中主任 1 人,综合管理科科长 1 人。按照离休工作一级管理、退休工作以二级管理为主的原则,离退休工作办公室全面负责学校离退休干部的服务管理工作,落实离休干部政治待遇、生活待遇,配合二级单位党组织做好退休干部的服务管理工作。

(二) 党建和思想政治工作

截至 2016 年 12 月,离休干部 28 人,平均年龄 88.03 岁。离休干部直属党支部坚持每月一次开展活动,2016 年开展了学习全国"两会"精神、学习中办发〔2016〕3 号文件、学习习近平总书记"七一"讲话精神、"两学一做"专题学习、国际国内形势、十八届六中全会精神、参观北京一福寿山福海养老中心等学习实践活动。退休局职中心组 9 人,平均年龄 74 岁,2016 年开展了全国"两会"精神、"纪念建党 95 周年暨两学一做"专题学习、十八届六中全会精神专题学习、参观社会主义新农村玻璃台等学习实践活动。按照《中共北京建筑大学委员会关于做好二级单位党组织换届选举工作的通知》(北建大党发〔2016〕80 号)要求,14 个退休党支部完成了换届工作。在二级管理体制和两校区办学的情况下,加强对退休党支部工作的指导,组织了退休党支部书记学习交流会,对如何进一步做好党支部工作进行交流研讨。彭正林、朱光、宋国华等退休局级干部,参加了北京市老干部党校组织的局级干部读书班;吴家钰、梁延峰、王霞玉等退休党支部书记、委员,参加了北京市离退休干部党支部书记培训班;高长江、史湘太、牛惠兰、郑昭华、梁贤英、田振宽等退休干部,参加了北京市老干部党校组织的老干部大讲堂培训。离休干部王秀桐、退休干部吴家钰、潘雪被评为北京建筑大学优秀共产党员,梁延峰被评为北京建筑大学优秀党务工作者。

(三) 落实两项待遇

北京建筑大学党委落实离退休干部政治待遇,发挥离退休干部在学校改革发展中的作用。坚持向离休干部、退休局职干部和党支部书记通报学校发展情况和上级有关文件精神的制度,坚持重要节日、重点离退休干部的走访慰问制度校级领导联系离退休干部制度。坚持设立专项经费为离退休干部订阅报纸和刊物,2016 年为离退休干部和老年活动室订阅报纸杂志 31 种。落实离退休干部生活待遇,修订了《北京建筑大学退休人员困难补助办法》(北建大校发〔2016〕5 号)、《北京建筑大学退休人员经费分配及使用办法》(北建大校发〔2016〕5 号)。为离休干部 28 人安装了紧急呼叫器。为离休干部发放困难补助、因病补助 27 人次 5.9 万元。为退休教职工发放困难补助 56 人次 2.09 万元;8 人发放大病特困专项补助经费 10 万元。按照北京市相关政策,调整退休人员基本养老金。

(四) 调整退休费发放渠道、退休人员养老金

根据北京市养老保险改革的要求,自 2016 年 11 月起退休费进入社保系统,由社保基金统筹发放;剩余一小部分科目由北京建筑大学继续发放;保持原有退休费水平不变。根

据北京市文件精神，自 2016 年 1 月 1 日起调整退休人员基本养老金。调整范围为 2015 年 12 月 31 日前已退休的人员。调整分为四部分：1. 定额调整（对应工资条"16 定额"科目），每人每月增加 50 元。2. 与工作年限挂钩（对应工资条"16 年限"科目），退休人员工作年限每满 1 年，每月增加 3 元。3. 与职务职级挂钩（对应工资条"16 职级"科目），按本人退休时职务（职级）增加，标准为：局级、正高，260 元；处级、副高，200 元；科级、中级、技师，150 元；科员、初级、高级工及以下，130 元。4. 按年龄增加（对应工资条"16 年龄"科目），年龄计算至 2015 年 12 月 31 日。其中，年满 65 周岁不满 70 周岁的，每人每月增加 50 元；年满 70 周岁不满 75 周岁的，每人每月增加 60 元；年满 75 周岁不满 80 周岁的，每人每月增加 70 元；年满 80 周岁及以上的，每人每月增加 80 元。此次调整自 2016 年 1 月 1 日起执行。

（五）举办庆祝建校 80 周年离退休老同志座谈会

10 月 8 日，庆祝北京建筑大学建校 80 周年离退休老同志座谈会在大兴校区图书馆建本报告厅召开，叶书明、王保东、朱光、彭正林、孔庆平等 50 名离退休老同志代表，与校领导、机关职能部门负责人、各学院党政负责人共聚一堂，共同庆祝学校建校 80 周年。校长张爱林做了题为《承前启后，开拓创新，建设具有鲜明建筑特色的创新型北京建筑大学》报告，从凝练学校的悠久历史文化底蕴和办学特色，学校近期主要工作进展以及"十三五"发展机遇、定位和规划等三个方面对学校工作进行了通报。党委书记王建中作总结讲话，讲到北京建筑大学全面系统梳理了学校的校史，基本上理清了学校的办学历程；凝练了学校精神文化体系，有力推进了大学文化建设；制定了"十三五"发展规划，提出了新的远景发展目标。表示学校将进一步重视加强离退休工作，在"两高"布局中积极为老同志活动创造更加优质的条件和周到热情的服务。王保东、叶书明、朱光等老领导相继发言，围绕学校"十三五"规划、"两高"布局建设、服务国家战略和北京经济社会发展、人才培养、科研创新、师资队伍建设、开放办学、80 周年校庆活动等方面提出了建设性意见。座谈会后，全体与会人员出席了北京建筑大学校史馆开馆仪式，参观了校史展览。

（六）参加校史整理和校史馆建设

收集整理校史、举办校史展是北京建筑大学建校 80 周年的重点项目之一，退休教师赵京明、张庆春、魏智芳作为校史工作组的成员，参与校史资料的寻访、收集、研究和整理，参与编印了上、下两卷《北京建筑大学校史史料汇编》。土木学院退休教师薄遵彦向校庆办捐赠了 1952 年在北京建筑专科学校中技部学习时的教材《立体几何学》和《工程制图》、1959 年印制的《北京建筑工程学院介绍专刊》，提供了薄遵彦编写并铅印的《建筑材料试验讲义》、1955 年毕业证书及老照片等实物和资料。高长江、薄遵彦提供了《北京建大 60 年记事》《我为母校尽作为》等回忆资料。退休教师张汝亮、邢汉丰、郭庆庚等，口述北京建筑大学建校史。

（七）"涉老组织"建设

经北京建筑大学党委批准，老科教工作者协会于 6 月 20 日完成了换届工作，退休干部、原离退办主任赵京明担任理事长，张庆春、牛惠兰担任副理事长，离退办主任王德中兼任副理事长。学校拨专项经费一万元支持关心下一代工作委员会开展工作。在关工委常务副主任、原副校长彭正林、机关退休第二党支部书记吴家钰的组织下，机关退休第二党支部与机电学院学生党支部围绕纪念长征胜利 80 周年，开展了"不忘初心 走好新的长征路"主题党日系列活动,组织了参观军事博物馆"英雄史诗,不朽丰碑"主题展览、重温"入党誓词"、召开师生座谈会、撰写纪念文章、汇编活动成果、制作了主题党日活动光盘。关工委委员、建筑易学专家韩增禄教授,为大兴校区本科生主讲通识教育核心课程"科学技术与社会进步",为建筑学院师生作了"北京故宫建筑的易学理念"等学术报告。老科教工作者协会会员、土木学院退休教师曲天培,为北京建筑大学附属小学师生,开展了4次地震科普知识讲座。

(八)建立退休干部数据库

建立退休干部信息库,准确掌握退休干部的基本情况,是做好退休干部服务管理工作的重要基础。为落实中办、国办《关于进一步加强和改进离退休干部工作的通知》(中办发〔2016〕3号)精神,根据市委组织部、市老干部局《关于建立退休干部信息库的通知》(京组通〔2016〕31号)和市委教育工委的要求,北京建筑大学离退休办公室于6月22日对建立退休干部信息库工作进行专项部署,从6月到9月,在各二级党组织支持和配合下,顺利完成了建库工作,进一步提高了退休干部服务管理的规范化、信息化、科学化水平。信息库建成后,信息库管理员对信息库数据定期维护更新,定期将更新的信息库数据报送市委教育工委和市老干部局,实现全市退休干部信息库同步维护更新。

(九)文体活动

5月组织了退休教职工100人次在平谷教工休养院的健康休养;10月分别组织了离休干部、退休局职中心组在平谷教工休养院的健康休养。5月和10月分别组织了退休教职工春游北京农业嘉年华、秋游廊坊九天休闲谷活动。2016年北京建筑大学共有金秋书画社、金秋摄影协会、老年太极拳、老年钓鱼、老年乒乓球和老年棋牌等社团,定期开展活动。金秋书画社聘请退休干部张庆春担任社长,张庆春、尹麒麟等同志,面向会员开展书画作品讲座、辅导。金秋摄影协会组织会员到大兴校区进行摄影创作。组织了纪念建党95周年建校80周年离退休老同志书画摄影展;选送20多幅书画作品、50多幅摄影作品,参加了北京建筑大学80周年校庆艺术作品展,部分展出作品被北京建筑大学校史馆收藏。参加了市委教育工委、市教委举办的"传承长征精神 赞美伟大时代——北京教育系统老同志书画作品展",退休干部张庆春作品《长征印歌》(篆刻)、黄友邦作品《青山碧血》(书法 行书)、尹麒麟作品《一带一路》(书法 隶书)、高举作品《不忘初心》(书法 行书)、史湘太作品《锦绣河山》(书法 楷书),获优秀作品奖;离退休办公室获组织奖。合唱团参加了北京教育系统纪念建党95周年文艺演出、纪念红军长征胜利80周年文艺演出。太极拳队参加展览路街道办事处举办的"迎'七一'文体大擂台——舞蹈展魅力 太极竞风采"活动,表演了"杨氏36扇"。理学院退休教师田仲奎在北京市老同志围棋赛中获得第六名。资产公司退休干部周海峰的诗歌作品《"四·五"清明节祭奠先烈有感》获西城区"白塔新辉"系列文化活动——第五届清明诗会原创作品优秀奖。

(王德中)

八、机关党委工作

(一) 概况

截至2016年12月31日,机关党委工作范围涵盖30个部门,共有在职员工207人,合同制员工74人。设有20个党支部,党员240人,其中在职党员159人,退休党员81人。机关分工会下设20个工会小组,工会会员276人。2016年机关3个党支部被授予学校"先进基层党组织"称号;4名党员被评为"优秀共产党员";5名党员被评为"优秀党务工作者"。2016年机关党委以全面学习贯彻党的十八大、十八届三中、四中、五中、六中全会精神以及习近平总书记系列重要讲话精神,特别是习近平在全国高校思想政治工作会议的讲话精神为指导,以建设学习型、服务型、创新型机关党委为重点,以推进学校创建国内一流、国际知名、具有鲜明建筑特色的高水平、开放式、创新型大学为目标,以提高机关党建水平为抓手,促进学校又好又快发展。

(二) "管理 服务 育人"党员论坛活动

【概述】 机关党委自2015年12月起开展了党员论坛和"身边榜样"评选活动,通过评选于2016年3月对六名党员授予"身边榜样"荣誉称号。

【举办"管理 服务 育人"党员论坛暨"身边榜样"评选会】 2015年12月24日,机关党委以"管理 服务 育人"为主题开展党员论坛暨"身边榜样"评选活动,19个在职党支部推荐的19名党员代表先后在论坛中发言,围绕主题交流了在改进管理、改进服务中的先进事迹、做法、经验和体会。经现场评审,机关党委会研究决定,于2016年3月18日对于志洋、王子岳、冯永龙、张莉、吴菁、周理安六名党员授予"身边榜样"荣誉称号。党员论坛的举行,对机关党委在"提升学科、提升师资,协同创新、协同育人,改进管理、改进服务",发挥好先进典型的示范引领作用,推动机关管理和服务水平的提高起到了积极促进作用。

(三) 深度调研活动

【概述】 2016年5月至6月机关党委对所辖20个党支部及25个职能部处室进行深度调研。

【基层组织全覆盖深度调研活动】 机关党委于2016年5月9日结合"两学一做"学习教育活动启动基层组织全覆盖深度调研,于6月中旬完成调研,9月形成调研报告。本次调研对机关党委所辖20个党支部及25个职能部处室(中心)逐一进行了深度访谈;召开了"最青春 最担当 求上进 求发展"青年座谈会;就焦点问题进行了问卷调查;开展了数十人次的个别访谈。对于在访谈、座谈和调查问卷中大家集中反映的问题,机关党委积极与相关职能部门沟通,相关部门领导高度重视,所有问题均予以了回复,促进了相关管理制度的修订和完善,进一步推动了机关党委"十三五"时期党建与思想政治工作,贯彻了全面从严治党要求,提升了机关党建科学化水平,为实现"国内一流、国际知名、具有鲜明建筑特色的高水平、开放式、创新型大学"提供坚强的思想和组织保证。

(四) "追求卓越 党员先行"党员论坛活动

【概述】 机关党委于2016年7月开展"追求卓越 党员先行"党员论坛暨"卓越管理"优秀论文评选活动。

【举办"追求卓越 党员先行"党员论坛暨"卓越管理"优秀论文评选活动】 机关党委于2016年7月下达《关于开展"追求卓越 党员先行"党员论坛暨"卓越管理"优秀论文评

选活动的通知》，机关党员利用暑假期间，结合本职工作，围绕人才培养、行政管理、党务工作等方面，开展学习、研究和总结凝练，提交论文32篇。2016年9月召开"追求卓越 党员先行"党员论坛，机关全体党员参会，四名党员代表在大会上进行了交流分享。

（五）机关党委换届

【概述】2016年10月25日，机关党委选举产生新一届机关党委委员。

【机关党委召开党员大会选举产生新一届机关党委委员】10月25日，机关党委在西城校区第二阶梯教室召开党员大会，大会听取机关党委工作报告，并审议通过了《机关党委换届选举办法》、机关党委委员候选人、监票人、总监票人、计票人名单，通过投票选举，牛磊、白莽、孙冬梅、孙景仙、陈红兵、邹积亭、郝莹（以姓氏笔画为序）当选新一届机关党委委员，经学校党委审批通过，郝莹同志当选新一届机关党委书记。

（六）机关分工会换届

【概述】2016年7月7日，机关分工会委员会选举产生第八届分工会委员会委员。

【机关分工会召开工会会员大会选举产生第八届分工会委员】7月7日，机关分工会在西城校区第三阶梯教室、大兴校区基础教学楼A座412教室远程同步召开分工会会员大会，采取无记名投票方式和等额选举办法，选举产生了第八届分工会委员会：王德中、冯宏岳、李大伟、李晶哲、张莉、张瑶宁、周理安、郑环环、郝莹、（以姓氏笔画为序）当选第八届机关分工会委员。分工会委员会召开第一次会议，郝莹同志当选为第八届分工会委员会主席，冯宏岳同志当选为分工会委员会副主席。

（七）分工会建家验收评审

【2015—2016年分工会建家验收评审会中机关获"模范教工之家"称号】12月23日，根据《分工会"建家升级"量化管理考核内容及评分标准》，校工会组织召开了2015—2016年分工会建家验收评审会。根据评审成绩和实地考察情况，评审组对全校15个分工会进行了综合测评。授予机关分工会"模范教工之家"称号，授予机关人事处工会小组、保卫处工会小组、网络中心工会小组、工程中心工会小组"先进工会小组"称号。

（郑环环 孙景仙）

九、共青团工作

（一）概况

2016年是"十三五"规划的开局之年，是共青团深化改革、推出《高校共青团改革实施方案》之年。按照上级团组织和学校党委的工作部署及要求，校团委围绕中心，服务大局，坚持立德树人，落实"质量立校"、"创新领校"战略，实施"创新人才培养"工程，统筹开展"育人质量提升"计划、"双协同推进"计划、"大学文化提升"计划和"中国梦和社会主义核心价值观引领"计划，积极探索、统筹规划、攻坚克难、精准发力、改革创新，力求在思想引领、实践育人、文化育人、组织建设、能力培养和队伍建设等方面取得实效。

（二）思想引领

【概述】校团委坚持以党建带团建、以党风促团风，积极组织专职团干、广大团员深入学习党的十八大和十八届三中、四中、五中、六中全会以及习近平总书记系列重要讲话精神,深入贯彻《高校共青团改革实施方案》,开展宣传贯彻、实践锻炼等活动。

【深刻学习领会党团思想精神】校团委积极组织专职团干、广大团员深入学习党的十八大和十八届三中、四中、五中、六中全会以及习近平总书记系列重要讲话精神,深入贯彻《高校共青团改革实施方案》,开展宣传贯彻、实践锻炼等活动。结合践行"勤学、修德、明辨、笃实"八字真经和"六有大学生"主题,开展丰富的主题活动,利用新生入学、学生入党、主题团日等时机,加强思想政治引领工作。

【深入开展主题教育】深入开展"四进四信"主题活动,推动讲话精神进支部、进社团、进网络、进团课,组织开展有形化、经常化的工作,做到理论武装全覆盖。在建党95周年、长征胜利80周年、"一二·九"运动等重大节点,广泛开展主题团日、红色教育和爱国爱校活动。6月、12月,结合考试季,开展"诚信考试·文明考风"主题团日活动,倡导诚信,杜绝作弊。

【精准掌握青年动态】开展"1+100"团干部联系青年制度,直接开展联系、服务、引导工作,大幅提升青年的获得感。全力做好青年团员的维稳工作,形成校、院、团支部三级团组织应急体系,摸清摸透团学青年的思想状况。积极维护青年权益,通过学生代表大会、学生会权益平台等方式,了解青年诉求,解决青年问题。

(三)组织建设

【专职团干部队伍建设】2016年,北京建筑大学专职团干部16名。加强共青团干部队伍建设,尤其是专职团干部队伍建设,是做好共青团工作的有力保障。2016年,校团组织抓住有利契机,通过三条途径大力推进团干部队伍建设:校内研讨会、总结会、兄弟院校调研交流。

【大学生骨干培养】2016年学校团组织继续深化骨干培训模式,搭建立体化教育平台。3月~5月,举办北京建筑大学骨干培训精品班暨创新创业训练营,采用"3+1模式"(即三次集中理论培训和一次实地考察调研)开展集中培训与实地调研。邀请到壹创投(北京)投资管理有限公司创始CEO、职业创投导师丁浤伟,KAB创业教育(中国)研究所副所长刘帆进行专题授课;邀请2016年度"全国向上向善好青年"获得者中国人民大学特木钦和2015年度"全国五四红旗团支部"水131班团支部代表黄瑞星与培训学员分享工作心得;组织学员赴大兴区国家新媒体产业基地,实地参观创业园区,近距离感受创业文化。11月~12月,举办2016年团校暨学生骨干培训班,培训请到十二届全国政协委员、中国外文局局长周明伟授课,北京开心麻花文化传媒股份有限公司创始人、现任董事长、我校暖通专业85级校友张晨返校分享创业经验。各学院开展的骨干培训工作也进一步开拓了学生干部的视野。

【共青团基础建设】校团委坚持固本强基,将团建工作和评优表彰相结合,切实为我校共青团事业发展提供坚实保障。截至2016年底,我校共有共青团员8037人,其中保留团籍的党员为763人,共有260个团支部。五·四期间,开展全校范围内的"五·四达标创优"竞赛活动和"十佳"评比,共评选出"十佳优秀团支部"、"十佳优秀团员"、"十佳优秀学生干部"共计30人;最佳团日活动23个、优秀共青团员423人、优秀团员标兵46人、优秀学生干部135人。5月3日,学校举行了隆重的达标创优评比表彰大会。水131团支部荣获"全国五四红旗团支部"荣誉称号,这是我校首次获得团中央"全国两红两优"表彰,是具有历史性、突破性的成绩。该团支部也是北京高校唯一获得全国表彰的学生团支部。

在2016年市级评优中，获北京市"先锋杯"优秀团支部10个，北京市"先锋杯"优秀基层团干部10名，北京市"先锋杯"优秀团员10名。在深入开展"创先争优"活动中，北建大团组织充分做好推优入党工作，不断为党组织输送人才，把党建带团建工作与创先争优活动同步谋划、同步开展、同步考评，团的思想建设、组织建设和制度建设稳步推进。

北京建筑大学2016年度共青团情况统计汇总表

团员数据信息							发展新团员	超龄离团数	受纪律处分	流动团员		下辖团组织信息		
现有团员			团员入党情况									团委数	团总支数	团支部数
总数	14周岁至28周岁青年数	团员年度团籍注册数	申请入党团员数	团员入党数	经"推优"入党的团员数	保留团籍的党员数	总数	总数	总数	流入数	流出数	总数	总数	总数
8037	8540	8037	4203	501	577	763	10	10	0	0	0	1	9	260

注：数据统计截止时间为2016年12月31日。

（四）宣传工作

【概述】2016年校团委在宣传工作上主要就宣传阵地建设工作展开，完成期刊、广播、微信、微博、网站等多类媒体工作布局，初步形成学校共青团的全媒体引导格局，形成整体联动的工作声势。充分发挥新媒体的正面作用，和声共振传播主流价值，运用好"北京建筑大学团委"微信、微博、各学生组织微信及 iStudent 网络社区。

【抓好网络新媒体转型】完成期刊、微信、微博、网站等多媒体工作布局，形成全媒体引导格局和整体联动的工作声势。继续用好传统媒体，打造青年爱看、愿说的宣传品，如电信学院院刊、建筑学院院刊《建綦》、环能学院期刊《环能之声》、《环能新视野》、测绘学院期刊《潮汐》以及文法学院月报等。充分发挥新媒体的正面作用，和声共振传播主流价值。"青春榜样震撼来袭"荣获"指尖正能量全国高校移动网络作品传播工程大赛"（由共青团中央学校部、中国青年报社共同主办）二等奖；"北建学霸联盟"获得"指尖正能量——全国青年H5创意传播大赛"（由共青团中央宣传部、中国青年报·中青在线、中国高校传媒联盟共同主办）优秀创意奖。

【融入学校中心工作】北京建筑大学共青团组织坚决拥护并广泛宣传学校关于事业发展、全面深化综合改革的方针政策、决策部署，全面参与学校中心工作。从学校"两高发展格局"的战略出发，引导青年学生理解、支持、参与、推进改革，不断巩固和扩大全面深化综合改革的深厚基础，发动全校青年团员投身改革、建言出力，促进青年学生更多更好地体会学校综合改革的发展成果。

（五）社会实践

【概述】2016年，校团委响应共青团中央、北京团市委号召，结合学校专业特点和学科优势，组织暑期社会实践和寒假社会实践，发扬实践育人的宗旨，创新实践形式，丰富实践内容，深化课外活动内涵，推动社会实践基地化、规范化和品牌化，增强学生的社会责任感、创新精神和实践能力。

【寒假社会实践】2016年寒假期间，校团委联合就业指导中心针对16级学生开展了"学长访谈"、针对15级学生开展了"直击人才市场"寒假社会实践活动，让一年级学生增加对所学专业的认识，增强专业认同感，让二年级学生了解人力资源市场、体验竞争，建立职业规划观念，指导自己的学习与实践。

【暑期社会实践】暑期，以纪念中国共产党成立95周年、红军长征胜利80周年、"两学一做"学习教育系列活动等为契机，组织广大青年学生积极投身到"青年服务国家"暑期社会实践中。其中包括"追寻红色记忆"寻访团、国情社情观察团、科技支农帮扶团、教育关爱服务团、文化艺术服务团、爱心医疗服务团、美丽中国实践团、"彩虹人生"实践服务团等在内的国家级、市级、校院级社会实践团队，深入社会、深入基层开展社会实践活动。最终，共有90支社会实践小分队奔赴京内外，围绕思想政治教育、城乡区域发展、精准扶贫攻坚、科技创新创业、医疗卫生服务、生态环境保护、先进文化传播和对外开放交流等内容开展实践活动，投身于服务国家，不忘初心，砥砺前行，为我校社会实践活动的持续化发展、品牌化发展奠定了良好的基础。

7月5日，举行2016年"青年服务国家"大学生暑期社会实践启动仪式，活动历时3个月，联合校内、校外多种媒体资源，对实践活动进行了及时的宣传报道；同时，充分利用微博、微信等广泛宣传跟进社会实践动态。9月，校团委积极验收成果，上报团市委暑期社会实践优秀团队10支，优秀社会实践成果15项，先进个人5人，先进工作者5人。9月20日，召开2016年大学生课外活动优秀成果展示暨表彰大会，深化课外活动内涵，丰富校园多彩生活，增强学生社会责任感、创新精神、实践能力，全面提升我校人才培养质量。

由中宣部、教育部、团中央、中央文明办、全国学联联合下发通知，我校"守望乡土"传统村落保护志愿者服务团队获评2016年全国大中专学生志愿者暑期"三下乡"社会实践活动优秀团队。迄今为止，我校团委已连续两年获全国优秀团队，获全国优秀单位1次，并连续多年荣获"首都大学生暑期社会实践先进单位"荣誉称号。

2016年暑期社会实践重点团队一览表

学院	京内/京外	项目类别	活动名称	实践人数	实践地区	实践项目简介
测绘学院	京外	京津冀协同发展青年观察行动	创青春服务社会	12	天津市滨海新区；河北省南宫市	本课题围绕京津冀协同发展战略布局，深入京津冀地区，依托专业优势，聚焦创新创业平台，推动京津冀经济发展。 一、培养学生创新精神。实地参观和走访科技创业园区，体验创业者的一天，拟一份创业计划书。 二、了解创业情况。对创新创业过程中政策、资金、项目推广以及成果转化等环节有充分的了解，对学生开展创新创业活动有着积极的推动作用。 三、发挥专业优势，合理规划。利用测绘工程、地理信息科学、遥感技术等相关专业对园区进行科学测量，合理规划，创新园区经济一体化建设，帮助其更好地实现农业生产规模化、区域化、效益化与现代化，形成可行性分析报告。

续表

学院	京内/京外	项目类别	活动名称	实践人数	实践地区	实践项目简介
测绘学院	京外	聚焦农村精准扶贫行动	筑梦青春聚焦兰考	10	河南兰考	一、依托专业平台，助推精准扶贫。利用三维激光扫描技术和工程测量技术进行实地测量，与当地建筑类企业充分对接，为当地企业和地区发展提供技术支持与咨询，就地区特色定位、长远规划发展提出可行性意见和建议。为兰考经济的发展添砖加瓦，助力兰考城镇化建设。 二、爱心回报社会，志愿服务先行。在东岗头村小学进行支教，把专业知识和课程教学相结合，开设传统文化、音乐舞蹈和主题教育等特色课程，提高孩子们的文化修养；看望敬老院老人，深入基层、体验兰考当地村民的生活。做到服务基层，回报社会。 三、开辟"互联网＋"互动专区，强化网络思想教育。结合我校"iStudent社区"的网络教育平台，开展焦裕禄精神宣传教育。
电信学院	京外	创新驱动经济转型体验行动	探索电力行业转型聚焦新能源发展	9	辽宁锦州市	社会实践团队远赴辽宁锦州市，通过参观当地的新能源发电厂、建筑开发企业、新科技园区、建筑设计院等，将社会实践与自身专业相结合，增强同学们对专业学习的乐趣，培养学习中的创新精神，同时培养同学们在实践中增强自己的见闻，将理论知识联系实践，提高综合能力。同时，结合走访调查，以调查问卷的形式了解本学院相关专业的未来发展形势，形成数据分析。
	京外	关注民生志愿公益行动	团结人才、支援贵州	5	贵州省纳雍县老凹坝乡果比小学	"走进贵州·放飞希望"是北京建筑大学电信学院青协部坚持参与的一个大型系列公益活动。参与团队秉承着"团结人才、支援贵州"的宗旨，至此，相继在我院号召了数名电信学子到贵州纳雍参与大型公益活动，活动系列包括：支教授课、考察调研、公益联欢、物资募捐等。
	京内	中国精神学习宣讲活动	探访名人故居，追溯文化精粹	5	李大钊故居鲁迅纪念馆	通过调查北京名人故居，了解名人的辉煌成就与人们对故居的了解程度，进一步感受北京文化的魅力。通过分析北京名人故居的变迁和历史变化，见证像一本教科书一样的故居所代表的文化精粹。
	京外	创新驱动经济转型体验行动	利用行业创新科技成果推动建筑行业转型	2	南京	通过对发展现状的直观感受，认识到科技创新、管理创新、理念创新在经济转型中的重要作用；通过深入分析，得到有关推动经济转型的具体的创新方法，深化对创新驱动的理解。通过实践了解有关地区经济发展现状，认识科技创新、管理创新、理念创新在经济转型中的重要作用深化对创新驱动的理解。

续表

学院	京内/京外	项目类别	活动名称	实践人数	实践地区	实践项目简介
环能学院	京外	创新驱动经济转型体验行动	"博学"服务团	20	贵州省遵义市桐梓县木瓜镇浸水村	根据团中央和团市委对暑期社会实践的相关文件要求,结合实际情况,决定到革命老区遵义市下的一个贫困乡村浸水村开展为期12天的以"大学生科技创新成果服务农村经济建设与发展"为主题的暑期社会实践活动。
机电、环能、测绘学院	京外	海峡两岸暨香港、澳门青年伙伴行动	超级棒海峡两岸暨香港、澳门交流行动组	7	台北市、台中市	为进一步促进海峡两岸大学生交流,搭建一个相互沟通的平台,使更多的台湾学生了解大陆,直观感受大陆青年学生朝气蓬勃的精神风貌。 北京市大学生体育协会和中国台北棒球协会于2016年8月在台湾举办第一届海峡两岸大学生棒球赛。这项赛事已被列入2016年国务院台办重点规划交流项目。我校三名学生被选入北京大学生棒球代表队代表北京高校赴台参加第一届海峡两岸大学生棒球赛和海峡两岸大学生交流活动。
机电学院	京外	"一带一路"国际交流行动	"一带一路"西部红色行	7	银川、固原、兰州	实践团队赴宁夏甘肃,结合专业学科知识,就铁路轨道磨耗问题和维修策略进行实地调研,通过现场调查进行综合分析,旨在调研结束后得出可行性建议,改善铁路运输环境和降低机械疲劳损坏程度。同时,为纪念长征胜利八十周年,在实践途中结合红色主题调研长征纪念馆,进行红色主题教育,加强对理想信念的践行教育。
机电学院	京内	关注民生志愿公益行动	希望之家志愿服务队	9	北京大兴青云店镇希望之家孤儿院	北京建筑大学机电与车辆工程学院志愿服务站早期志愿活动是由北京建筑大学机电学院青协部开展,地点为北京市大兴区青云店镇希望之家,活动主题为"奉献爱心,陪伴孤儿成长",成立志愿者服务站:北京建筑大学机电与车辆工程学院志愿服务站,并成立了志愿项目:爱与希望并存。现在该项目正在"志愿北京"上面向全北京市招募志愿者。
建筑学院	京内	中国精神学习宣讲行动	北京古都风貌保护志愿者服务团	72	北京有代表性的36处历史建筑	为了更好地保护北京的古都文化风貌,建筑学院组建"北京古都建筑调研志愿者团队",在建筑学院古建专家陆翔教授、古建彩画专家李沙教授等专业教师的指导下,以古都北京的建筑历史发展脉络为主线,以不同历史时期的36处代表性历史建筑为重点,开展历时半年的历史建筑调研工作。 调研过程中,志愿者记录代表性历史建筑的历史文化故事,融入建筑文化知识,形成《北京历史建筑故事汇编》一册,并成立"宣讲团",深入街道、社区、中小学、文物保护单位宣讲建筑文化知识,传承北京优秀的建筑文化。

续表

学院	京内/京外	项目类别	活动名称	实践人数	实践地区	实践项目简介
建筑学院	京外	聚焦农村精准扶贫行动	"守望乡土"传统村落保护志愿者服务团	30	河北省怀安县北庄堡村	为开发传统村落的自身资源优势,传承并学习优秀的传统建筑文化,北京建筑大学团委联合建筑学院利用专业优势,成立北京建筑大学"守望乡土"传统村落保护志愿者服务团。以精神扶贫、文化扶贫为主要方向,利用专业优势,挖掘北庄堡村的建筑文化资源,对废弃的窑洞结合现代建筑工艺进行改造,继承与学习北庄堡村传统碹窑工艺。 2015年以来,服务团师生已经先后9次来到河北怀安县北庄堡村,深入当地村民当中。本次实践活动将会延续之前的成果继续加以深入,以对废弃的窑洞进行改造设计为中心,通过对传统碹窑工艺的专业调研、学习与继承,继续开展各种志愿服务活动,并对已经设计建成的幼儿园进行部分细部设计,加强村民对传统村落文化的认同感。
经管学院	京外	聚焦农村精准扶贫行动	北京建筑大学"润苗"扶贫实践团	10	贵州省毕节市织金县阿弓镇化董村	北京建筑大学"润苗"扶贫实践团深入贵州省毕节市织金县阿弓镇化董村这一民族地区、贫困地区,结合"盖间房子找爸妈"项目,致力于帮助杨发权同学营建家园,重点开展关爱帮扶留守儿童、调研推广长角苗族民族服饰文化、助力精准扶贫活动。
理学院	京外	京津冀协同发展青年观察行动	支部信息化对接帮扶	12	河北省宽城县金杖子村	紧密结合京津冀一体化的战略布局,通过暑期社会实践活动,依托专业,发挥学生智力优势,瞄准农村信息化建设,积极开展科技扶贫、教育扶贫活动,为地方解决实际困难,提出改善方案。同时,通过参与社会实践活动,提高党员们的党性修养,在实际中受教育,长才干,做贡献。
土木学院	京外	聚焦农村精准扶贫行动	聚焦农村精准扶贫行动(阜平)	7	保定市阜平县	此次活动以"聚焦农村精准扶贫行动"为主题,以"文化下乡"为载体,发挥学生智力优势,积极开展教育扶贫活动。鉴于当前贫困山区教育资源缺乏,学生信息闭塞,我们把书籍带给当地孩子们,通过书籍将外面的世界带给孩子们。同时,开展支教活动,结合活动主题和所学专业,带领孩子们学习新知识、新事物。
	京内	关注民生志愿公益行动	改善残疾人社区便利性	11	北京市大兴区	近年来,我国的残疾人事业发展迅速,推动肢残人便利生活迫在眉睫。李楠工作室也正好具有相关课题,即改善残疾人社区便利性的课题,与北京残联联合合作,共同完成此课题。响应大学生实践主题:关注民生志愿公益活动,深入社区,关爱了解残疾人的生活,以及现有居住社区所带来的不便,通过调研的方式反馈给更高关注残疾人生活便利性的组织,让更大的组织更加准确的了解残疾人现有的生活状态,并作出相应的改善,以及政策的调整。

续表

学院	京内/京外	项目类别	活动名称	实践人数	实践地区	实践项目简介
文法学院	京外	聚焦农村精准扶贫行动	深度扶贫,守护留守儿童	12	山东济宁汶上	深入山东农村进行专业的社工法律服务,服务对象范围特别是孤寡老人和留守儿童。尽绵薄之力的帮扶,希望他们可以得到物质上和精神上的满足并让感受到社会的温暖希望他们,对未来的生活充满动力和希冀。
文法学院	京内	关注民生志愿公益行动	关爱孤独症儿童活动	10	大兴区孤独症儿童中心	孤独症儿童,又被形象地称为"星星儿",他们主要存在三种典型的症状:社会交往障碍、交流障碍、兴趣狭窄及刻板重复的行为方式。正是因为这三种症状的存在,没有专业知识的外人,甚至是他们的家长都很难与他们沟通。就像是生活在两个世界里的人,他们走不出去,而外人也走不进来。语言沟通却是治疗方法之一。我们会用我们所学的知识,陪伴他们,并用适当的沟通来帮助他们恢复病情,享受正常儿童的童年的快乐。
校青年志愿者协会	京外	京津冀协同发展青年观察行动	聚焦"京津冀协同"——助力廊坊文化旅游产业	14	河北省廊坊市	组织暑期实践团深入廊坊市展开调研,主要着力于廊坊的旅游业优势和地域优势,重点考察其旅游产业,以此为侧重点和突破点,发掘廊坊在本次一体化机遇中的潜力。采取采访、调查问卷、实地考察的形式,实践的原则是以事实为根本出发点,即充分反映实际情况,从而概括总结其问题和提出可行性建议。

（六）志愿服务

【概况】校团委青年志愿者协会始终秉承"奉献、友爱、互助、进步"的志愿精神,持续有序地开展了各类志愿服务活动。同时,积极探索志愿服务特色项目建设,为进一步推进志愿服务品牌项目常态化,加大支持和培养力度,加强项目督导、评审以及成果转化工作,营造"人人为我、我为人人"的良好志愿服务氛围,以取得更好的社会效果。2016年11月,我校"守望孤独症儿童项目"及"推动'一刻钟'社区建设、促进残疾人便利生活"成功入选"大兴区志愿服务品牌项目支持计划",我校也是入围"大兴区志愿服务品牌项目支持计划"的唯一高校,也是志愿服务工作的又一突破。

【"做当代雷锋、树文明新风"主题志愿服务月活动】各级团组织通过主题团日活动、开展志愿服务微话题、微视频学习讨论等形式开展活动近二十余次,覆盖面广,涵盖六大类班团凝聚力建设活动和六大类校外志愿服务项目,形式新颖、内容丰富,充分弘扬"学习雷锋、奉献他人、提升自己"的志愿服务精神,深化志愿服务行动。

【2016年世界月季洲际大会志愿服务活动】2016年世界月季洲际大会暨第14届世界古老月季大会、第七届中国月季展和第八届北京月季文化节在北京大兴区圆满闭幕。来自首都12所高校和社会志愿者共计697人参与大会的志愿服务工作,共281个岗。自志愿者招募启动以来,校团委积极响应大会志愿服务组委会的号召,通过广泛动员、组织青年志愿

者招募工作。经各学院层层申报、审核，最终选拔了100名优秀的大学生志愿者，分布在文明引导、注册服务、语言翻译、现场咨询、秩序维护、园区引导、紧急救护等多个岗位，为千余名国内外参会代表和嘉宾游客提供志愿服务，累计服务时长达到4074个小时。

历时1个月的前期准备，建大百名青年志愿者们通过誓师大会、专题培训、实地驻点、现场勘察、压力测试等活动，最终正式上岗工作。活动期间，北京团市委、市志愿服务联合会、团区委及我校领导老师纷纷赴会场进行亲切慰问，志愿者们尽职尽责的服务表现赢得了大家的一致好评。最终，我校在2016年世界月季洲际大会及相关活动的志愿者保障工作中，表现突出，荣获"优秀组织奖"，11名志愿者在活动期间表现优异，贡献卓越，荣获"2016年世界月季洲际大会优秀志愿者"称号。

【2016年高考招生咨询会志愿服务活动】2016年6月9日上午，2016年校园开放日暨北京市第四届高校高招联合咨询会在北京建筑大学大兴校区拉开帷幕。开放日当天，校区人潮涌动、热闹非凡，但秩序井然、有条不紊。在人流里，有一群统一着装、穿梭忙碌的身影，他们有一个共同的名字叫"志愿者"。经过积极动员、招募，总计200余名来自各学院的志愿者加入到此次校园开放日的服务队伍中。

【北京建筑大学2016年迎新志愿服务活动】2016年9月3日，经过前期的招募和培训工作，学校组织了150余名志愿者在总服务点、摆渡车接站点、公寓服务点、校园巡逻点等9个服务站点为新生服务。为了更好地为同学们服务，志愿者们六点多就在各自的岗位上集合，为接下来的工作准备着。随着迎新工作的正式展开，志愿者们各司其职，不畏烈日，以热情的微笑迎接着每一个新生。

【北京建筑大学80周年校庆志愿工作】10月15日，北京建筑大学建校80周年庆祝活动在两校区隆重举行。在老一辈建大人感谢恩师回馈母校的同时，新一代建大学子也在默默行动。经过前期的组织招募、系统培训、精心辅导、实地演练等环节，最终选拔出808名学生志愿者共同服务校庆，用优质的服务、全心的付出为建大祝福、为校庆献礼。

【大兴区志愿服务品牌项目】11月2日，"大兴区志愿服务品牌项目支持计划"中期培训会暨第三期志愿服务经理人培训班在国家教育行政学院举办。大兴团区委书记邓靖力，市志联专家、区志联专家顾问委员会成员韩润峰参加大会，我校"守望孤独症儿童项目"（文法学院杨举老师指导）及"推动'一刻钟'社区建设、促进残疾人便利生活"（通识教育中心刘猛老师指导）入选该计划并参会，我校也是入围"大兴区志愿服务品牌项目支持计划"的唯一高校。

（七）学生会和研究生会工作

【概述】加强团学工作组织格局建设，以团组织为核心和枢纽，以学生会研究生为主体，切实发挥好学生组织的积极作用。学生会、研究生会、大学生社团联合会、大学生青年志愿者协会、大学生红十字会学生分会、大学生科学技术协会、团务中心、大学生艺术团等学生组织独立运行，全面开展工作。

【激发创新创造活力　扩大学生组织影响力】建立完善"一心双环"架构，切实发挥好学生组织作用。学生会、研究生会、大学生社团联合会、大学生青年志愿者协会、大学生红十字会学生分会、大学生创新创业协会（大学生科学技术协会）、学生新闻中心、大学生艺术团等学生组织独立运行，全面开展工作。

【召开第十六次学生代表大会、第七次研究生代表大会】12月3日，北京建筑大学第十六次学生代表大会、第七次研究生代表大会在大兴校区隆重召开，全校9个学院的263名学代会代表和65名研代会代表参加会议，代表全校本科生、研究生行使民主权利，参与校园民主建设。并在学生会中设置了常代会和执委会。

【学生组织各类活动】

4月27日，第二届彩绘风筝节-"我要上天"圆满举办，鼓励学生们用自己的画笔创作，走出宿舍，走进自然，放飞自己与伙伴们共同创作的风筝，重拾童年的回忆。

5月31日，寻找建大民间厨艺高手——北京建筑大学第四届"厨王争霸"大赛精彩纷呈。

6月3日，举行"拒绝毒品诱惑 防治艾滋 拥抱阳光生活"禁毒宣传活动。

6月7日，举行第三届大学生社团文化节暨十佳社团颁奖晚会。

9月8日，校友李瑞环编剧的经典剧目《韩玉娘》在我校隆重上演。

9月13日，喜迎校庆 共度中秋——2016中秋湖畔音乐会精彩上演。

9月30日，举行"缅怀革命先烈·弘扬长征精神"烈士纪念日主题升旗仪式。

10月15日，"耄耋青春·建大华章"北京建筑大学第四届大学生艺术节开幕式隆重举行。

11月1日，部长、将军、教授跨界演绎名曲——满天星业余交响乐团再次奏响北建大。

11月24日，我校大学生艺术团参加2016年北京大学生音乐节。

11月29日，开心麻花董事长张晨校友回校与学生面对面畅谈创业梦想。

11月30日，北京建筑大学第五届"建大之星"校园歌手大赛圆满举办。

12月1日，"大爱青春 无艾校园"防艾宣讲晚会。

12月6日，举办第十二届"一二·九"合唱展演。

12月27日，北京建筑大学第四届大学生艺术节闭幕式暨艺术团专场演出举行。

（八）学生社团

【概述】 2016年大学生社团联合会在校团委的正确领导下，以及在各学院的积极配合下，认真贯彻团市委关于加强首都高校学生社团建设的相关精神，坚持以丰富北京建筑大学校园文化建设为宗旨；以满足学生兴趣爱好需求，为广大学生提供展示平台为主要工作目标；努力将工作稳步推进，各项工作均取得较好进展。

【注册社团规模化发展】 校学生社团联合会（以下简称社联）作为校团委直属校级团学四大协会之一的学生组织，现有成员64人，下辖共计6大类69个学生社团。社联不仅起到配合团委提高学生综合素质水平、加强校园文化建设、丰富学生课余生活、满足各类学生兴趣爱好、塑造全新的大学形象的重要作用，还着力开展各类主题鲜明、积极向上、参与性强的校园文化活动。

北京建筑大学2015/2016学年学生社团一览表

社团类别	序号	社团名称	负责人	联系方式	所属校区	指导老师	所属部门	级别
艺术类社团	1	建大觅音	张兆睿	15810147431	大兴	李 阳	团委	校级
	2	建大筑笑相声社	屈 贵	18801198339	大兴	田 奔	团委	校级
	3	舞韵社	康 瑞	1521089189	大兴	朱静华 李 金 王桂香	体育部	校级

续表

社团类别	序号	社团名称	负责人	联系方式	所属校区	指导老师	所属部门	级别
艺术类社团	4	校拉丁舞社	高媛媛	15210899926	大兴	朱静华	团委	校级
	5	CV 社	王舒平	18811350710	大兴	曹宇曦	团委	校级
	6	幻萌 ACG Cosplay 社	何馨	18518716298	大兴	刘杰	团委	校级
	7	BNAS 街舞社	朱光宇	13051516537	大兴	李阳	团委	校级
	8	北建大韩舞社	雷紫鬻	13911709746	大兴	磨琪卉	团委	校级
	9	麦格芬电影社	程宇	18311151097	大兴	杜宏宇	团委	校级
文化类社团	10	Hi！Vision 摄影社	史志杰	18701683531	大兴	曹洪涛	党委宣传部	校级
	11	M.W. 漫研社	卞略涛	15210897856	大兴	吴逾倩	团委	校级
	12	柒方梦烛古风社	李若兰	15001326335	大兴	杨举	团委	校级
	13	不如吃茶去	王佳信	13161142097	大兴	王琴	团委	校级
	14	藏文化社	扎西平措	18801044895	大兴	杨举	团委	校级
	15	校园电视台	焦靖伟	18001160656	大兴	王洋	党委宣传部	校级
	16	北建大记者团	尤星玥	18201000215	大兴	王洋	党委宣传部	校级
	17	BoardGame 社	韩卓新	13717717519	大兴	吕亚琴	团委	校级
	18	天黑请闭眼	赖禹杉	13716424831	大兴	章瑾	团委	校级
	19	广播台	刘冰	13691552849	大兴	王洋	党委宣传部	校级
	20	凌云读书会	马崑翔	13161314675	大兴	沈倩	图书馆	校级
	21	赋语辩论社	薛惠鸿	18811508310	大兴	魏强	团委	校级
	22	文学社	钱磊	18811797393	大兴	刘猛	通识教育中心	校级
	23	墨韵书法协会	董沈阳	13683580938	大兴	孙强	学工部	校级
	24	诗云社	沈锦程	13716864226	大兴	刘猛	团委	校级
	25	空山新雨社	喻双	18729852175	大兴	王刚	环能学院	院级
	26	校园文化宣讲团	王莺洁	13681364769	大兴	刘猛	团委	校级
	27	非遗社	杨浩英	18611514301	大兴	磨琪卉	团委	校级
	28	礼仪社	施若瑶	13426245787	大兴	魏强	团委	校级
	29	这儿是桌游社	朴樱子	18911182805	大兴	马驰	团委	校级

续表

社团类别	序号	社团名称	负责人	联系方式	所属校区	指导老师	所属部门	级别
体育类社团	30	台球社	田鑫	13120163300	大兴	张明	团委	校级
	31	棒垒球社	赵建平	18810425425	大兴	付玉楠	体育部	校级
	32	乒乓球社	王振宇	13522185522	大兴	王桂香	团委	校级
	33	轮滑社	曹暄	13552038552	大兴	刘金亮	团委	校级
	34	桥牌社	王思博	13641209172	大兴	何志洪	团委	校级
	35	定向运动协会	陈先昊	18601145877	大兴	李晨	测绘学院	院级
	36	骑炙车协	苏天衣	15001358511	大兴	刘金亮	体育部	校级
	37	网球社	杨志清	13120165500	大兴	孟超 智颖新	体育部	校级
	38	极越户外社	李肖轲	15110134085	大兴	王桂香	团委	校级
	39	瑜伽社	解艳秋	13120192266	大兴	朱静华	团委	校级
	40	跆拳道社	曲鹤	17704383648	大兴	刘金亮	团委	校级
	41	钢筋工橄榄球社	史炜	15201556825	大兴	智颖新	团委	校级
	42	乐享羽毛球社	李佳星	18801102105	大兴	张哲	团委	校级
	43	板球队	薛浩淳	15120070969	大兴	李焓铷	团委	校级
	44	冰雪社	林行健	13552900566	大兴	刘金亮	团委	校级
	45	京飘社	马婕	13717710322	大兴	秦岭	土木学院团总支	院级
	46	传统武术协会	王延磊	18801033416	大兴	付玉楠	体育部	校级
	47	传统保健社	王延磊	18801033416	大兴	施海波	体育部	校级
	48	足球裁判联盟	陈健哲	18701644182	大兴	刘文	体育部	校级
	49	滑板社	付凌宇	18800134673	大兴		团委	校级
实践公益类社团	50	勤工俭学社	张晓媛	13522189292	大兴	章瑾	团委	校级
	51	心扉社	宋佳琪	18810903957	大兴	张婉琪	心理素质教育中心	校级
	52	出国留学社	张雪瑶	18811132569	大兴	黄兴	团委	校级
	53	职业规划协会	焦子钰	18610502299	大兴	司帅 贾海燕 左一多	招生就业处	校级
	54	团校社团	宋德星	18801100382	大兴	魏强	经管学院团总支	院级
	55	阳光互助社	薛景元	13717710511	大兴	秦岭	土木学院	院级
	56	筑光社	孙兆轩	18601111546	大兴	曹小云	经管学院青协志愿者部	校级
	57	北京建筑大学招生协会	徐震	18601908783	大兴	徐敬明	招生办公室	校级
	58	建大天盟	于长平	13120162211	大兴	陆地	团委	校级

续表

社团类别	序号	社团名称	负责人	联系方式	所属校区	指导老师	所属部门	级别
理论类社团	59	人文理论社	周佳欣	13716249684	大兴	杨举	文法学院	院级
	60	理论先锋社	张祎	13810973117	大兴	魏强	经管学院	院级
科技类社团	61	汽车协会	张楠	13581775028	大兴	周庆辉	团委	校级
	62	北建学霸联盟	戴祖豪	13522165550	大兴	秦岭 刘倩	团委	校级
	63	军事协会	吕训邦	15810716950	大兴	黄尚荣	团委 学工部	校级
	64	BIMer图友社	王晨光	18801044168	大兴	杨谆 王少钦	理学院	院级
	65	Robot	张祉明	13965009266	大兴	田奔	电信学院	院级
	66	网络信息协会	任媛媛	15101654593	大兴	任彦龙	网信中心	校级
	67	Diy创意环保社	王楠	18810190677	大兴	张婉琪	团委	校级
	68	创意工坊	雷依林	18811105911	大兴	郑娇	工程实践中心	校级
	69	模型社	陈佳林	13651024554	大兴	郑娇	工程实践中心	校级

【工作的开展情况】

1.2016年3月，社联换届干部竞选并开展学年度下学期社团注册与申请工作；

2.2016年4月，配合学校党委宣传部完成《珍惜韶华 相约建大》形象片拍摄与制作；

3.2016年4月，社联指导教师及社联主席应邀出席北京高校社团工作研讨会；

4.2016年4月，发布北建大团发【2016】13号关于2016/2017学年学生社团申报注册情况通报；

5.2016年5月，进行五四社团评优，经过层层选拔与推荐，评选出北建大最具学生代表性、最有特色以及成绩突出的十佳社团并予以奖励；

6.2016年5月，我校学生社团：DIY创意环保社，柒方梦烛古风爱好社，以北京高校优秀学生社团身份受邀参加由共青团市委主办的玉渊潭北京市大学生优秀社团文化节活动，为宣传北建大学子良好精神风貌做出积极贡献；

7.2016年6月，重点做好社团文化节和"十佳社团"评优工作任务，举办了社团文化节晚会暨十佳社团颁奖典礼；

8.2016年10月，社联"百团大战"成功举办，并得到了全校学生的欢迎和踊跃参与，我校学生社团数量再创新高；

9.2016年10月，参加学工部主办的校庆嘉年华活动；

10.2016年12月，社联指导老师与社联主席共同出席"第八届北京高校社团工作交流会"。

【北京建筑大学社团在各类比赛中取得成绩】

北京建筑大学学生社团在省级层面开展的社团工作交流主要涵盖了社团文化、特色、技能等方面,以参加各类赛事和素质拓展为主要形式。

1. 2016年5月,我校学生社团:DIY创意环保社,柒方梦烛古风爱好社,以北京高校优秀学生社团身份受邀参加由共青团市委主办的玉渊潭北京市大学生优秀社团文化节活动,为宣传北建大学子良好精神风貌做出积极贡献。

2. 2016年10月,社联"百团大战"成功举办,并得到了全校学生的欢迎和踊跃参与,我校学生社团数量再创新高。

3. 我校桥牌社在全国各类桥牌大赛中斩获大小奖项14项,多次参与中国大学生体育协会组织的顶级桥牌赛事并拔得头筹。

4. 柒方梦烛古风爱好社参与北京高校社团文化节和高校动漫文化节。

5. 钢筋工橄榄球社参加"风暴碗"、"零度碗"、"交大碗"等著名橄榄球赛事,先后获大小奖项13项。

6. 北京建筑大学定向运动协会多次参加首都高校学生"对北"杯徒步定向锦标赛及各类定向运动比赛,共获得团体和个人奖22项。

7. 舞韵社参加首都大学生阳光体育体能挑战赛、大学生体能热力操比赛等各类体育赛事,多次包揽前三名,共获得各类奖项8个。

武术协会在全北京各项赛事获得团体和个人奖项128项之多。

(九) 大学生艺术教育

【概述】 2016年,艺术教育中心在团委的正确领导下,积极开展全方位学生艺术教育工作。在学生艺术教育课程、学生文化艺术活动、大学生艺术团建设、重点艺术赛事参与等方面全面铺开,做了较为细致与扎实的工作,力求通过工作开展提高我校学生整体艺术素养与修养,提高我校学生的审美能力,提高我校大学生艺术团的艺术素质与专业水平,努力打造、形成全新的、具有我校特色的校园文化氛围与传统。着力丰富学生学习生活的结构与内容,树立全新的大学文化艺术意识,创造我校特色的高校文化艺术活动。

【开设艺术教育课程】 2015/2016学年第二学期和2016/2017学年第一学期,艺术教育中心在西城校区和大兴校区共开设艺术选修课程18门次,选课人数1600人次;退休教师1人,课程减开2门次。全年课程进行顺利,未发生一例教学事故。艺术教育课程授课教师由我校教师5人、外聘教师1人开展授课工作,课程涵盖艺术理论、艺术赏析与艺术实践三类课程方向,基本能够满足两校区学生选课需求,艺术教育中心定期开展教师调研与课程分析,在课程内容与授课形式方面不断改进,基本能够满足学生学习需求。

北京建筑大学2015/2016学年第二学期和2016/2017学年第一学期艺术选修课程一览表

序号	课程名称	学时	学分	周学时	教室要求	时间要求	是否限制人数	开课校区
1	中国舞蹈赏析1班	24	1.5	3	多媒体	周一	120人	大兴
2	中国舞蹈赏析2班	24	1.5	3	多媒体	周四	120人	大兴
3	篆刻艺术赏析	24	1.5	3	多媒体	周四	120人	大兴
4	篆刻艺术赏析	24	1.5	3	多媒体	周日	120人	西城校区

续表

序号	课程名称	学时	学分	周学时	教室要求	时间要求	是否限制人数	开课校区
5	艺术排练课（器乐合奏-交响）	33	1	3	乐团排练室	周二、日	55人	大兴
6	艺术排练课（器乐合奏-民乐）	33	1	3	乐团排练室	周二、日	55人	大兴
7	艺术排练课（合唱）	33	1	3	乐团排练室	周二、日	70人	大兴
8	艺术排练课（舞蹈）	33	1	3	舞团排练室	周二、日	50人	大兴
9	美术作品赏析	24	1.5	3	多媒体	周一	120	大兴

注：数据统计截止时间为2016年12月31日。

【开展文化艺术活动】我校大学生艺术团目前在册交响乐团、合唱团、舞蹈团、戏剧社、民乐团5个团体近三百人，在近年来的校内外多个艺术活动中，我校大学生艺术团得到了积极锻炼与快速发展。2016年大学生艺术团新增团员86人，其中高水平艺术特长生仅占2%，艺术特长生的分布不平均，生源的质量、数量与2014、2015两年度相比较有所下滑，但仍能够帮助艺术团稳步发展。

2016年北京建筑大学校级文化艺术活动汇总

序号	活动名称	活动时间	活动举办地点	观演人数
1	"冲撞之夜" —街舞与摇滚专场展示与交流	2016.5.24	大兴校区 大学生活动中心	600
2	"暗恋桃花源" —大学生艺术团戏剧社专场	2016.6.6	大兴校区 大学生活动中心	520
3	"指尖的交响" —北建大、北理工键盘专场音乐会	2016.6.14	大兴校区 大学生活动中心	380
4	2016年北京建筑大学 中秋湖畔音乐会	2016.9.13	大兴校区四合院	250
5	2016年北京建筑大学 大学生艺术团迎新专场展示	2016.9.3	大兴校区 和园广场	800
6	"耄耋青春、建大华章" —北建大第四届大学生艺术节开幕式	2016.10.14 2016.10.15	大兴校区 大学生活动中心	2000
7	2016年满天星交响乐团音乐会	2016.11.1	大兴校区 大学生活动中心	700
8	第四届"建大之星" 校园歌手大赛决赛	2016.11.15	大兴校区 大学生活动中心	1000
9	"青春激扬" —建大觅音社建团五周年专场演出	2016.11.22	大兴校区 大学生活动中心	800
10	2016年纪念"一二·九"运动 大合唱展演	2016.12.2	大兴校区 大学生活动中心	1100

【北京市大学生音乐节】北京大学生音乐节由北京市教委主办。自今年2月开幕以来，京内60余所高校近13000名师生参与。在5月举办的声乐比赛中，我校大学生艺术团合唱

团为全部参赛高校中唯一满额参赛高校,参加了混声合唱、重唱与人声乐团共四组赛事,演唱了 8 首高难度曲目。在 10 月举办的器乐比赛中,我校大学生艺术团民乐团、交响乐团参加了民乐大合奏赛事三组,交响乐团参加西洋器乐赛事两组。最终斩获了声乐赛事金奖 3 项,银奖 1 项,斩获器乐类银奖 5 项。与此同时,我校还荣获"最佳组织奖"(20 所高校获奖)、"精神风貌奖"(4 所高校获奖)。

(十)大学生创新创业活动

【概述】校院两级团组织多次承办国家级、市级竞赛,建立了面向不同专业不同年级的竞赛体系,形成全员化、全过程、全方位的科技创新育人环境。2016 年,北建大学生在科技竞赛中屡屡获奖。一年来校院两级组织学生参加各级各类竞赛 70 余项,获得市级以上奖项 298 项,其中国际级奖项 3 项,国家级奖项 184 项,获市级以上奖项 667 人,取得专利 21 项,国内外核心期刊上发表论文 15 篇。竞赛涵盖建筑相关专业,捷报频传,形成了"领导高度关注、部门密切配合、教师大力支持、学生积极投入"的局面。学校获批首批"北京地区高校示范性创业中心"、"全国大学生 KAB 创业俱乐部",建成首个高校中国青年创业社区、未来城市创空间获批大兴区众创空间。

【参加 2016 年"创青春"全国大学生创业大赛】依据"挑战杯"、"创青春"三级赛事机制,2015 年 10 月,我校启动"鲁班杯"大学生创新创业竞赛。历经初赛、复赛、决赛,从 104 支初赛团队选拔出 24 支决赛队伍。在"创青春"首都大学生创业大赛中,12 项作品有 7 项进入金奖答辩,获得突破。有 9 项获奖(其中银奖 7 项、铜奖 2 项),获优胜杯,整体成绩排名跃升至北京地区高校第 11 位。在 2016 年"创青春"全国大学生创业大赛终审决赛中,共有 5 项作品获奖,其中主体赛斩获两银两铜,1 项作品入围 MBA 专项赛决赛并获得优秀奖,从入围数量到获奖数量都创造了我校学生自参加"创青春"全国大赛以来的历史最佳成绩。

2016 创青春首都大学生创业大赛获奖名单

序号	作品名称	奖项	类别	指导教师
1	中国失踪儿童互助系统	银奖	公益创业赛	刘建华(测绘学院)
2	突发事件应对系统	银奖	公益创业赛	李之红(土木学院)
3	北京行者筑梦教育科技有限公司	银奖	创业实践赛	张大玉(建筑学院)
4	智能净化系统——儿童用品的"清洁"专家	银奖	创业计划赛——化工技术、环境科学组	王 鹏、王崇臣(环能学院)
5	可降解的扬尘抑制剂	银奖	创业计划赛——化工技术、环境科学组	杨 宏(理学院)、刘 娜(经管学院)
6	生态宜居城市建设—道路功能性提升系列技术	银奖	创业计划赛——材料组	索 智、金珊珊(土木学院)
7	基于超级雷达的疏堵减排系统	银奖	创业计划赛——服务咨询组	林建新(土木学院)、张 丽(经管学院)
8	批量合成金属-有机骨架材料的新工艺	铜奖	创业计划赛——化工技术、环境科学组	王 鹏、王崇臣(环能学院)
9	可供植物生长的多孔混凝土材料——建筑垃圾生态效益的再发掘	铜奖	创业计划赛——材料组	王 琴、卞立波(土木学院)

2016创青春全国大学生创业大赛获奖名单

项目名称	项目类别	奖项	指导教师	学生
基于位置服务和人脸识别的失踪人员搜寻系统——中国失踪儿童互助系统计划	公益创业赛	银奖	刘建华	姚远、龚晓东、程昊、杨璐、侯继伟
生态宜居城市建设—道路功能性提升系列技术	创业计划赛	银奖	索智、金珊珊	谢聪聪、刘思杨、朱蒙清、周儒刚、刘佳伟、杨茗宇、邓诗依、白博文、张瑞畋
北京行者筑梦教育科技有限公司	创业实践挑战赛	铜奖	张大玉	王泓珺、黄骏、刘闯、郭锦龙
儿童用品污染物去除系统——臭氧氧化与MOFs吸附性能协同作用技术应用	创业计划赛	铜奖	王鹏、王崇臣	刘建国、钟军、邢碧秋、郭婕、崔京蕊、欧佳奇、李玉璇、徐洋
众建孵化器	MBA专项赛	优秀奖	秦颖、刘娜	安志红、王敏、张帆

【两校区打造众创空间】10月,中国青年创业社区(北京建筑大学站)揭牌,这是团中央、中国青年创业就业基金会授权认证的首个在高校建设的青年创业社区;"未来城市创空间"被正式授牌"大兴区众创空间",是大兴区授牌的首个高校大学生众创空间。

西城校区金点创空间占地2200平方米,大兴校区未来城市创空间占地800平方米。空间将创新创业教育和创新创业实践平台有机结合,为有志于创新创业的大学生提供良好的工作、网络、社交和资源共享空间,构建了一个大学生创新创业热土。目前众创空间内活跃着我校各个学院、研究方向的领军型创新创业团队17支,方向主要聚焦于建筑行业,包含城乡规划、建筑设计、电子机械等。

【各学科竞赛捷报】2016年以来,学校、学院组织大学生参加了国际级、国家级、省部级、协会级各类竞赛70余项,竞赛内容涵盖建筑相关专业,包含建筑设计、建筑结构、测量技能、节能减排等大赛,大学生科技创新创业竞赛捷报频传,形成了"领导高度关注、部门密切配合、教师大力支持、学生积极投入"的局面。

其中学校首次参加2016美国大学生数学建模竞赛(MCM/ICM)获得Meritorious Winner(一等奖)和Honorable Mention(二等奖),这是北京建筑大学学生首次参加MCM/ICM并获得奖项。全学年共获得了联合国环境规划署-同济大学环境与可持续发展学院颁发的"绿苗计划"奖学金项目1项、"2016中国机器人大赛"全国一等奖一项,全国二等奖一项,全国三等奖七项;第七届全国中、高等院校学生"斯维尔杯"建筑信息模型(BIM)应用技能决赛中获得全能综合二等奖2项,单项二等奖3项,单项三等奖7项;建筑学本科生在"天作奖"(建筑院校学生设计竞赛)中从荷兰代尔夫特、意大利米兰理工、东南大学、同济大学、南京大学等国内外名校高手的众多方案中脱颖而出,一举摘下唯一的"一等奖"奖项;在第四届全国高校土木工程专业大学生论坛中荣获一等奖3项。

此外,校团委还积极组织参加中国"互联网+"大学生创新创业大赛、ican创业大赛等创新创业竞赛。获得"互联网＋"创新创业大赛（北京赛区）三等奖2项。

第二届"互联网＋"大学生创新创业大赛（北京赛区）获奖名单

项目名称	类别	奖项	指导教师	学生
扬尘抑制剂	创意组	三等奖	杨宏、刘娜	肖隽、杨天天、张祎昕、王丹彤、王丹丹、梁琼琳、王焱辉
可供植物生长的多孔混凝土材料（建筑垃圾生态效应的再发掘）	创意组	三等奖	王琴、卞立波	董贻晨、范雨生、詹达富、王超、郭紫薇
MUNIPAGE（门迹）设计师众包社区	初创组	三等奖	李小虎	王辰、刘恒宇、姚渊、董青青、郭世玉、曾亮、谢玉洁、杨思佳、刘鹤、王滋兰、张晓意、张禹尧、常远、谭云依、张超、刘建欣、宫伯钊、石贞云、王歌、谢北
GUMDOO基于互联网发展的全新租衣体验	初创组	三等奖	刘娜、曹晓云	齐洋洋、郑亚兴、郝弼建、郭昊、郭紫薇、马博洋、王翔宇、郭佳、郑诗依、岳忠恒、杨铭宇、赵琪

【参加大型科技成果展示推介会】 参加第五届首都大学生科技创新作品与专利成果展示推介会，7项作品入围创新奖，共获得创新金奖（一等奖）1项、二等奖5项、三等奖1项。2组作品与企业签订了创新成果转化委托协议意向书，并荣获"最佳组织奖"。

【承办大赛科技成果发挥示范效应】 2016年，学校主办了"苏博特"杯第四届全国大学生混凝土材料设计大赛，该赛事是由教育部无机非金属材料专业教学指导委员会、中国混凝土与水泥制品协会（简称：CCPA）、教育与人力资源委员会、全国高等学校建筑材料学科研究会共同主办，由北京建筑大学、高性能土木工程材料国家重点实验室以及江苏苏博特新材料股份有限公司联合承办。共有来自73所高校125支队伍（其中首次包含台湾高校队伍参与）的共计500余名师生参加，同时外界来宾以及科研单位代表和企业代表共计200余人也前来参加。

北京建筑大学于5月继续承办北京市教委重点学科竞赛——北京市大学生建筑结构大赛。有来自北京建筑大学、北京科技大学、北京航空航天大学等15所北京高校以及沈阳建筑大学、山东建筑大学、山东科技大学、河北工业大学、河北建筑工程学院共5所京外高校，共计20所参赛高校的43件作品入围总决赛。本次大赛还邀请包括北京市八一学校、北京市一〇一中学、北京市海淀实验中学、北京市十一学校和北京市怀柔区第一中学等5所京内知名高中，共计6件作品应邀参加此次大赛。

2016年11～12月，学校组织征集学生作品30余件，参加第五届大学生创新作品展示推介会，入围创新奖的作品有7件，共获得创新金奖（一等奖）1项、二等奖5项、三等奖1项，2组作品与企业签订了创新成果转化委托协议意向书，并荣获"最佳组织奖"。这是我校学生首次获得展示推介会的最高奖；组织师生参加第三届北京市大学生创新创业教育成果展示与经验交流会，共有9项大学生创新创业项目亮相双创展区；1篇大学生论文被选中参加大学生学术论坛；参与了"校企合作"、"开放实验室"、"学科竞赛"等板块的展示。

（十一）共青团文件汇编

北建大团发【2016】1 号关于印发《关于北京建筑大学团费收缴、使用和管理的规定》的通知

北建大团发【2016】2 号关于开展"做当代雷锋 树文明新风"主题团日活动的通知

北建大团发【2016】3 号关于做好 2015—2016 学年第二学期团费收缴及团员情况统计工作的通知

北建大团发【2016】4 号关于共青团系统科级干部的认定

北建大团发【2016】5 号关于报送北京建筑大学首届"鲁班杯"大学生创新创业竞赛复赛作品的通知

北建大团发【2016】6 号关于共青团系统科级干部的认定

北建大团发【2016】7 号关于印发《共青团北京建筑大学委员会 2016 年工作计划》的通知

北建大团发【2016】8 号关于举办"北京建筑大学第八届节能减排社会实践与科技竞赛"的通知

北建大团发【2016】9 号关于开展 2016 年度"五·四达标创优"竞赛活动的通知

北建大团发【2016】10 号关于校团委、学生会学生干部任免的决定

北建大团发【2016】11 号关于校研究生会学生干部任免的公示

北建大团发【2016】12 号关于开展 2016 年"中国电信奖学金"暨"践行社会主义核心价值观先进个人"遴选寻访活动的通知

北建大团发【2016】13 号关于公布 2016 年北京建筑大学"鲁班杯"大学生创新创业竞赛获奖名单的通知

北建大团发【2016】14 号关于校研究生会学生干部任免的决定

北建大团发【2016】15 号关于遴选报送 2016 年北京地区高校大学生优秀创业团队的通知

北建大团发【2016】16 号关于 2016 年"中国电信奖学金"暨"践行社会主义核心价值观先进个人"评选结果的公示

北建大团发【2016】17 号关于举办 2016 年北京建筑大学数学建模竞赛的通知

北建大团发【2016】18 号关于表彰 2016 年度"五·四达标创优"竞赛活动先进集体和个人的公示

北建大团发【2016】19 号北京建筑大学第十二届高等数学竞赛报名工作的通知

北建大团发【2016】20 号关于表彰 2016 年度"五·四达标创优"竞赛活动先进集体和个人的决定

北建大团发【2016】21 号关于开展 2016 年"优团计划"首都高校优秀基层团支部评选工作的通知

北建大团发【2016】22 号关于报送第二届中国"互联网＋"大学生创新创业大赛作品的通知

北建大团发【2016】23 号关于转发团中央学校部开展 2016 年"井冈情·中国梦"全

国大学生暑期实践季专项行动的通知

北建大团发【2016】24号关于"青年服务国家"2016年首都大中专学生暑期社会实践工作的通知

北建大团发【2016】25号关于做好2016年大学生志愿服务西部计划工作的通知

北建大团发【2016】26号关于转发共青团中央开展"印象长白山·筑梦十三五"2016大学生暑期实践专项活动的通知

北建大团发【2016】27号关于转发共青团中央2016年全国大中专学生志愿者暑期文化科技卫生"三下乡"实践活动的通知

北建大团发【2016】28号关于开展"感恩母校情 扬帆新征程"主题团日活动的通知

北建大团发【2016】29号关于开展"文明考风、诚信考试"主题团日活动的通知

北建大团发【2016】30号关于进行2016—2017学年学生社团申报和注册的通知

北建大团发【2016】31号关于做好2016年暑期社会实践活动总结表彰工作的通知

北建大团发【2016】32号关于2016/2017学年学生社团申报注册情况通报

北建大团发【2016】33号关于征集遴选2016年北京高等学校高水平人才交叉培养实培计划项目（科研训练计划深化项目）的通知

北建大团发【2016】34号关于做好2016—2017学年第一学期团费收缴及团员情况统计工作的通知

北建大团发【2016】35号关于做好2016年校庆志愿服务保障工作的通知

北建大团发【2016】36号关于举办北京建筑大学英语演讲比赛的通知

北建大团发【2016】37号关于举办北京市大学生人文知识竞赛（校内选拔赛）的通知

北建大团发【2016】38号关于转发共青团中央学校部、全国学联秘书处开展2016年寻访"中国大学生自强之星"活动的通知

北建大团发【2016】39号关于举办北京建筑大学第十二届"一二·九"合唱展演的通知

北建大团发【2016】40号关于表彰2015—2016学年寒假招生宣传社会实践活动优秀个人的决定

北建大团发【2016】41号关于组织开展"温暖衣冬"活动相关工作的通知

北建大团发【2016】42号关于举办2017"鲁班杯"大学生课外学术科技作品竞赛的通知

北建大团发【2016】43号关于北京建筑大学2016年度"中国大学生自强之星"评选结果的公示

北建大团发【2016】44号关于做好2016年校庆志愿者总结表彰工作的通知

北建大团发【2016】45号关于校团委、学生会学生干部任免的公示

北建大团发【2016】46号关于研究生会学生干部任免的公示

北建大团发【2016】47号关于开展"文明考风 诚信考试"主题团日活动的通知

北建大团发【2016】48号关于校团委、学生会学生干部任免的决定

北建大团发【2016】49号关于研究生会学生干部任免的决定

北建大团发【2016】50号关于做好2016年光荣册信息统计工作的通知
北建大团发【2016】51号关于共青团干部李小虎同志免职的通知
北建大团发【2016】52号关于开展2016—2017学年寒假社会实践活动的通知

（陈笑彤　朱　静）

第十二章 学 院 工 作

一、建筑与城市规划学院

（一）概况

北京建筑大学建筑与城市规划学院具有深厚的基础和完整的本科生教育和研究生教育体系。学院位于北京建筑大学西城校区（北京市西城区展览馆路1号）。建筑学专业做为国家级特色专业，1996年建筑学专业通过国家专业评估，2012年建筑学专业通过国家专业评估复评（7年）；城乡规划设计专业2011年通过国家专业评估；历史建筑保护工程专业为全国同类高校中第二个设置的高校（2012年）；2012年获得历史建筑保护博士项目授权，建立了建筑学专业的博士后流动站。在2013年全国第三轮学科评估中，建筑学院建筑学名列第9名（并列），城乡规划学名列第11名（并列），风景园林学名列第15名。

学院设置有建筑学、建筑学（专业学位）、城乡规划学、城市规划（专业学位）、风景园林学、设计学、工业设计工程和建筑遗产保护交叉学科。同时设置建筑学（5年制）、城乡规划（五年制）（含城市设计方向）、风景园林（五年制）、历史建筑保护工程、工业设计、环境设计6个专业。在校本科生896人（留学生35人）；在校硕士研究生497人，博士生16人（留学生1人）。多年来，建筑学院构建了以建筑学学科专业为核心的"城市规划与设计—建筑设计—空间环境设施与产品设计—公共艺术设计"领域交叉链接的系统性教学与科研平台，强调理论与设计教学和实践教学密切协同。与北京的城市规划与设计、建筑设计、景观规划设计、室内设计、产品设计、文化创意、文物保护、博物馆等多家企事业单位建立有良好的合作关系，依托中国建筑设计集团、中国城市规划设计研究院和中国城市建设研究院分别建立了建筑学专业、城乡规划学专业和风景园林专业的北京市级高等学校校外人才培养基地。

2016年5个本科专业9个班在全国招生233人，其中建筑学2个班、建筑学实验班1个班、建筑学（城市方向）1个班、城乡规划2个班、风景园林1个班、历史建筑保护工程1个班、环境设计1个班；硕士研究生招生共126人；博士招生4人。

（二）师资队伍建设

【概述】建筑学院拥有一批与各级政府、行业协会和各类企业合作密切的专家队伍，张忠国教授担任全国规划专职委员会委员；田琳教授是国家文物局勘察设计、保护规划、三防工程等专家库专家；丁奇教授担任住房城乡建设部村镇建设司乡村规划研究中心主任，中国城市规划学会乡村规划与建设学术委员会委员；范霄鹏教授担任中国勘察设计协会传统建筑分会副会长、住房和城乡建设部传统民居专家委员会委员；赵希岗教授担任中华文化促进会剪纸艺委会副主任中国美术家协会北京协会会员中国书画研究院主任委员；李沙教授担任中国建筑学会室内设计分会理事、中国美术家协会环境设计艺术委员会委员、中国建筑装饰协会设计委员会副主任委员；陈静勇教授将担任中国建筑学会室内设计分会（CIID）副理事长、专家委员会委员。

【教师退休、招聘、调离】李煜从清华大学建筑学院调入；招聘7名教师：李珊珊、郝石盟、张振威、程艳春、何静涵、王国亭、成慧祯入职；博后流动站接收2人：尹泽楷（合作导师田林）、李露（合作导师张大玉）。赵晓梅、王璇、李小虎调离。

【召开教师培训会】2016年1月7日上午，建筑学院在国谊宾馆第四会议室举行"北京建筑大学城市规划建设与管理高端论坛——建筑遗产保护的传承与展望"研讨会。国家文物局文物保护处副处长张凌、建筑学院党委书记田林以及历史建筑保护系全体教师、实验中心部分教师参加了研讨会。会议由历史建筑保护系主任王兵主持。

2016年1月14日在会议室举办了"国家自然科学基金申请经验系列分享会"的第一场。邀请天津大学的张睿、北京林业大学的崔柳做报告，两位老师均是国家自然科学基金的主持人。建筑学院相关教师参加了活动，并与嘉宾展开了热烈讨论，丁奇副院长主持此次会议。

2016年1月21日下午2：00，在会议室举办了"国家自然科学基金申请经验系列分享会"系列活动第二场及院内申请题目研讨初审会。邀请城市规划学会理事，人民大学秦波教授做讲解。秦波教授以申请书中的各个环节为线索，系统而深入地介绍了国家自然科学基金的评审要求，并解答了在座老师的疑惑。建筑学院邀请院内已有国家自然科学基金的老师与秦教授一起，对本院教师提交的基金申报选题、研究内容、创新点等开展了预评审。

2016年3月8日13：00，建筑学院为2014年及以后入职教师举行教学业务培训。学院党委书记田林出席了本次培训，办公室主任刘志刚、教务秘书陈霞妹、常瑾及11名新入职教师参加会议。

2016年11月15日在教4-205，建筑学院组织召开关于国家自然科学基金及国家社会科学基金申请的经验交流会。获得国家自然科学基金课题资助的李煜、王韬、刘烨、李勤、张振威、郝晓赛，以及获得国家社会科学基金资助的马全宝老师为大家分享了申请经验。交流会由主管科研的丁奇副院长主持。

2016年12月6日至7日建筑学院组织青年教师李春青、王韬、王兵、潘剑彬、齐莹、郭龙、许政、王如欣、陈闻喆、杨一帆、杨振10名专业教师参加了由住房与城乡建设部指导、中国建筑文化中心组织、在杭州举办的第三期全国城市设计培训班。

2016年12月10日至11日建筑学院在怀柔红螺园饭店召开了"建筑学院城市设计专题学术交流与人才培养研讨会"。两天的会议围绕未来城市设计高精尖创新中心的发展布局以及建筑学院对应高精尖在团队建设、科学研究、人才培养几个方面，组织召开了青年教师科研能力提升研讨、建筑学院学科建设与科研研讨、专业建设研讨、学风建设工作研讨、"高精尖"课题研讨等系列会议。

【教师职称晋升】2016年12月12日学校人事处（2016年32号文件）公布规划系荣玥芳晋升教授、规划系王晶晋升副教授、建筑系俞天琦晋升副教授。

【培训信息】2016年6月15日至7月14日，第五期文物保护规划编制培训班全国各地共计47名学员参加。

2016年10月12日至11月10日，第六期文物保护工程勘察与方案设计培训班全国各地共计 40 名学员参加。

（三）学科建设

【研究生教育概述】 北京建筑大学建筑与城市规划学院研究生教学围绕学科、招生、培养、学位四个环节开展。学院拥有完整的研究生教育体系，设置有建筑学、建筑学（专业学位）、城乡规划学、城市规划（专业学位）、风景园林学、设计学、工业设计工程和建筑遗产保护交叉学科。2016 年研究生招生共 130 人，其中硕士研究生 126 人，博士研究生 4 人。2016 年毕业硕士研究生 125 人。

【2016 级新生入学教育暨学院领导见面会】 2016 年 9 月 20 日，建筑学院于西城校区第三阶梯教室开展 201 级新生入学教育暨院领导见面会。学院党委书记田林、研究生副院长丁奇、党委副书记出席并做讲话。研究生教学秘书常瑾就硕士研究生培养流程、重点培养环节、选课、师生互选等事项逐一展开说明。

【2016 级硕士研究生设计课程评图及作业展览】 为加强教学过程监控，不断改进研究生教学工作质量，持续提升教学水平，根据学校的研究生培养要求，参照研究生教育评估意见，学院组织各学科研究生导师、校外导师及知名建筑师对 2016 级硕士研究生课程《设计与研究（学科基础）》作业进行评审，并对作业进行展览。由建筑学、城乡规划学、风景园林学、设计学和遗产保护交叉学科五个学科共同参与该课程设计。组织程序包括设计开题（第三周）、中期检查（第十周）和最终评图（第十八周）三个环节。

【2014 级学生论文开题及论文中期答辩】 2016 年 3 月，建筑与城市规划学院研究生办公室组织 2014 级学生开题，共 131 名学生参加论文开题并通过。2016 年 12 月，研究生办公室组织 2014 级学生论文中期答辩，共 120 名学生参加并通过。

【2016 届毕业人数】 2016 年 6 月和 12 月，经校院两级学位评定委员会审议，通过建筑与城市规划学院授予学位名单。2016 届硕士研究生毕业人数共 125 人。

【历史建筑保护交叉学科概述】 学科负责人田林教授。

【历史建筑保护交叉学科建设】 2016 年 1 月 历史建筑保护工程专业与上海同济大学举办两校联合毕业设计，题目为"上海杨浦滨江电站辅机厂保护与再生设计"，我校指导教师为田林、王兵。

2016 年 3 月 我系王兵主任参与苏州大学历史建筑保护工程专业筹建座谈。

2016 年 4 月 建筑遗产保护专业举办硕士研究生复试。

2016 年 7 月 我校首届"历史建筑保护工程"本科专业毕业生毕业。毕业生共计 22 人，其中 6 人进入继续深造：清华大学 1 人、东南大学 1 人、本校 3 人、中国矿业大学（北京）1 人。

2016 年 9 月 国家文物局高级人才培养计划（金鼎计划）顺利实施。

2016 年 9 月 建筑遗产保护专业共招生 6 名硕士研究生。

2016 年 10 月 "建筑遗产保护课程体系研究"获得北京建筑大学教学二等奖。

2016 年 11 月 历史建筑保护系与佛罗伦萨大学举办为期一周的工作营，题目为居庸关南瓮城的城墙的信息获取与解读。

【设计学学科概述】 设计学学科负责人李沙教授。

【设计学先进人物】 2016 年 4 月 5 日在市委统战部、市委教育工委召开的北京高校统战工作会议上，民盟盟员赵希岗教授荣获北京高校"心桥工程"先进党外代表人士称号。

【设计学学科建设】2016年6月28日,北京建筑大学"中国非物质文化遗产传承与研究教学指导委员会"成立仪式在西城校区举行。北京建筑大学副校长张大玉宣读了《北京建筑大学中国非物质文化遗产传承与研究教学指导委员会的通知》;教学指导委员会委员主任、文化部恭王府管理中心主任孙旭光研究员为教学指导会成员颁发聘书。成立仪式由教学指导委员会副秘书长、北京建筑大学发展规划研究中心主任陈静勇教授主持。

【设计学成果展示】2016年9月23日,北京国际设计周"设计之旅"的学术活动之一《明清官式建筑彩画艺术展》在北京建筑大学艺术馆开幕。开幕式由校长张爱林主持,党委书记王建中在致辞。北京国际设计周组委会副主任曾辉、古建保护领域专家及学者、北京市哲学社会科学规划办公室成果处处长尹岩和建筑大学师生代表近200人参观了"明清官式建筑彩画艺术展"。展出了建筑与城市规划学院李沙教授主持的北京市社会科学基金项目《明清官式建筑彩画比较研究》以及故宫博物院主持的中国非物质文化遗产传承研究计划的成果。展览由中国美术家协会环境设计艺委会、故宫博物院、北京建筑大学主办,北京国际设计周组委会协办。

【设计学研究基地】2016年10月16日,由北京建筑大学和文化部恭王府管理中心联合组建,并报经文化部非遗司批准的中国非物质文化遗产研究院正式成立。中国非物质文化遗产传承人群研修培训计划首期传统建筑营造技艺(瓦石作砖雕)普及培训班开班暨"全国砖雕艺术创作与设计大赛"同时启动。工信部产业政策司副巡视员罗俊杰、文化部恭王府管理中心主任孙旭光、国家非物质文化遗产专家委员会副主任委员、中国社科院荣誉学部委员刘魁立、中国建筑材料联合会副会长徐永模等多位领导、专家及首批培训班学员共100余人出席会议,北京建筑大学校长张爱林到会并致辞。会议由副校长张大玉主持。

2016年10月28日至12月30日,由北京建筑大学非物质文化遗产研究院承办的"苏州造物"国家级非物质文化遗产苏作明式家具制作技艺精品展在西城校区创空间展厅展出。

2016年11月14日至2017年12月30日,由北京建筑大学非物质文化遗产研究院承办的"非遗进建大"国家级非物质文化遗产传统建筑营造技艺精品展在西城校区创空间展厅展出。

(四)教学工作

【概述】2016年建筑学院在保证本科教学日常运转正常下,实现教学管理规范化,积极探索人才培养模式,推进教学质量建设。

【中国城市建设研究院举行"市级校外人才培养基地"揭牌仪式】1月18日,副校长张大玉教授带队赴中国城市建设研究院出席市级校外人才培养基地揭牌仪式,并就两单位深入开展科研、实践交流的下一步工作计划等事宜进行交流研讨。北京建筑大学教务处副处长那威、建筑学院副院长胡雪松、丁奇及风景园林系主任魏菲宇、教师潘剑彬等共同参加揭牌仪式。中国城市建设研究院党委书记、副总经理赵洪才,副总经理王磐岩,人力资源部主任蒋黎宾、郭富,园林院副院长林鹰,总工程师白伟岚等出席了会议。

【制定"青年教师导师制度"】制定"青年教师导师制度"使青年教师尽快熟悉各个教学环节,成为一名合格的教师,对新入职的17名青年教师分配了德才兼备的导师。开展新青年教师教务培训,对新近三年的教师进行教学业务培训。

【建筑学院召开人才培养研讨会】1月20日下午,建筑学院在教四-209学院会议室,展开了以"人才培养"为主题的研讨会，并对学院下一步的工作及发展计划做了部署。招就处处长李雪华、建筑学院院长张大玉、党委书记田林、副院长胡雪松、党委副书记王秉楠，以及学院全体系部主任参会。会议中，院长张大玉针对当前建筑类专业就业形式、市场紧缩、以及行业整体形势对学院招生的影响等问题，做了分析并给出了重要意见。人才培养结合重点专业的进一步发展将是学院教学改革工作的重中之重。李雪华结合招生工作中的各专业录取率、考研率、毕业学生满意度调查、工作单位意见反馈、学院各项指标对比以及我院与北京市同一梯度高等院校的各项指标对比等多方面做了详细分析，并总结、反馈了用人单位对学生的综合评价。在学院的下一步人才培养改革方案中，应首先突出我院的核心专业，并进一步丰富我院核心专业的学科建设及教学服务内容，力争使我院城市设计专业成为同类院校中的翘楚。其次，应该优化专业教师的学习环境，增加有意义的社团活动，给我院学生提供展示才艺，表现自我的平台。第三，我院毕业学生满意度偏低、学生基本功扎实度下降、半年离职率升高等问题学院也应加以重视。最后，结合用人单位的反馈意见及一体化设计的发展趋势，对我院下一步的人才培养提出了建议。最后，副院长胡雪松针对提出的问题与意见，对未来三年的人才培养计划做了相应部署，强调人才培养，应围绕提高设计能力、发展核心专业，加强课程建设策划的实施力度，不断推动学科建设，争取为社会建设培养出一批又一批基础扎实、专业过硬的高精尖人才。

【开展专业自评】各专业负责人提交自评报告，对本专业的教学质量情况进行摸底研究。

【建立系部主任联系会会议制度】定期组织开展系部主任联席会会议，建立系部主任责任制及专业负责人责任制，通过系部主任汇报及自查的基础上落实到教学环节的每一个细节，并在每周的系部主任会上予以督促落实。

【我校建筑学院参加2016年建筑学专业"8+"联合毕业设计中期交流】3月25日-27日，2016年建筑学专业"8+"联合毕业设计概念阶段教学成果中期展示与汇报交流在东南大学举行，来自十一所国内著名建筑院校的百余名师生参加了这次教学盛会，其中包括我校建筑学院师生14人。除了我校外，其他院校为：东南大学、深圳大学、清华大学、同济大学、天津大学、重庆大学、浙江大学、中央美术学院、昆明理工大学和沈阳建筑大学（此次仅观摩）。建筑学专业"8+"联合毕业设计是设计教学模式的重大改革，我校与作为建筑学专业"8+"联合毕设的发起校之一，与清华大学、天津大学、同济大学等其他七所院校已经成功举办了九届，参与院校也增至十余所，并形成了示范性模式，带动国内其他建筑院校、其他设计专业形成各种联合教学活动，形成辐射全国的毕业设计教学组织的全新模式。今年的建筑学专业"8+"联合毕设由东南大学命题、深圳大学联合组织，以"后边界：深圳二线关沿线结构织补与空间弥合"为题，聚焦一条曾经的政治经济边界——"二线关"在后城市化时代的地理角色和空间作用。

【我校师生赴同济大学参加CIID"室内设计6+1"2016（第四届）校企联合毕业设计中期检查活动】4月16-17日，中国建筑学会室内设计分会（CIID）"室内设计6+1"2016（第四届）校企联合毕业设计中期汇报活动在同济大学建筑与城市规划学院顺利举行，参加高校有同济大学、华南理工大学、哈尔滨工业大学、西安建筑科技大学、北京建筑大学、南京艺术学院、浙江工业大学。我校建筑学院该课题组指导教师杨琳、朱宁克带领工业设计专业2012级7名应届毕业生参加了本届校企联合毕业设计中期检查活动，与兄弟高校师生和专家开展交流。本届校企联合毕业设计由北京城建设计发展集团股份有限公司建筑院提出"鹤发医养——北京曜阳国际老年公寓环境改造设计"命题，3月5-6日已在我校完成开题活动。该课题切中当下老龄化社会的热点，对位于北京城郊密云水库附近以老年人居住和养生为主题的大型开发楼盘中的三栋康复护理大楼进行重新功能定位和室内外环境改造，以求能真正满足老年群体为主的市场需求。

【学籍处理】环15徐文贤因不及格累计达到24学分，降级到工16；环15汪督因不及格达到23.5学分，降级到环13；建143杨晓宙因不及格累计达到23学分，降级到建153；建143游欣瑞因不及格累计达到26学分，作跟班试读处理；建152董启航因不及格累计达到27学分，作跟班试读处理。

【召开15级和16级双培学生座谈会】9月30日，建筑学专业负责人欧阳文、规划专业负责人荣玥芳、园林专业负责人魏菲宇汇同学工负责人王秉楠、教学主任陈霞妹，召集15级和16级在清华的双培学生，针对学生的学业问题、学分对接、生活等各方面问题进行交流。

【召开2016级培养方案修编研讨会】5月17日，建筑学院在西城校区教4-209召开了"2016级培养方案修编研讨会"，学院党委书记田林、副院长胡雪松教授、副院长丁奇教授、党委副书记王秉楠老师、专业负责人和系部中心主任出席了会议。会议由胡雪松教授主持。田林书记首先就培养方案修编工作指出，教育的目的是提高学生的专业能力，进而提高学生的社会竞争力。科学而系统的培养方案的制定是保证上述目标实现的根本。新的培养方案既要重视其系统性和科学性，也要重视其可操作性和创新性。随后在胡雪松院长的主持下，各专业负责人就本专业培养方案修改进行了讨论，教务处陈霞妹老师就技术细节和最终呈现方式进行了解读。胡雪松院长要求大家在吃透理解学校精神、贯彻学校提质转型升级基本要求的前提下，结合我院情况，综合专业评估等因素，认真完成三个五年制专业的培养方案修编；结合专业人才市场的发展变化，精确定位培养目标，认真完成三个四年制专业的培养方案修编。最后，他要求各系部主任在研讨会结束后积极组织本系部教师进行讨论，认真确定核心课程及其负责人，完善主干课程的运行管理制度，弘扬师德、坚守底线，确保2016版培养方案修编顺利完成。

【举办2016年本科生优秀毕业设计展】6月27日建筑学院2016年本科生优秀毕业设计展在教四楼二层展出。本次展出的14份优秀毕业设计作品从129份毕业设计作品中评选产生，包括7份校级优秀毕设作品和7份院级优秀毕业设作品，内容涉及建筑学、城乡规划、工业设计、历史建筑保护4个专业。

【建筑学院举办15-16学年设计初步课程教学成果展】6月29日"15-16学年《设计初步》课程教学成果展"在建筑学院图书馆地下一层隆重举行，《设计初步》课程是北京建筑大学建筑学院面向本院全体大一新生开设的专业基础课程，现阶段以"关注传统与日常，强化营造技艺和感知经验，重塑工匠精神"为方针，意在形成以建筑学为支撑，平衡各学科特点、实现优势互补的"大建筑学"教学框架。本次展出的课程成果包括：《景框中的城市》、《马赛公寓》、《魏森霍夫13号住宅空间分析》、《雏院系列课题》、《集装箱住宅和新市民之家》，共计展出模型及绘画作品100余件。

【召开教学示范团队成立启动会】为进一步深化教育改革，提升学院本科教育水平与质量，推动国家级教育教学成果奖的深化发展，探索新形势下建筑设计类本科教育的新模式，最终推动一流专业建设，建筑学院成立"建筑学院教学示范团队"，于9月27日下午召开团队成立启动会。建筑学院副院长胡雪松、设计基础部主任金秋野、副主任李春青出席了会议。会上，"建筑学院教学示范团队"负责人金秋野介绍了团队建设内容、建设方法、人员构成、任务分配、建设周期及发展计划和成果呈现方式。建筑学院教学示范团队由专业教师、学工教师、外聘教师、研究生和本科生组成。团队建设中注重青年教师的培养，发展以人为本的、激发教师活力的灵活组织形式。副院长胡雪松提出学院将以经费支持、教师考核和职称评定等方面对"建筑学院教学示范团队"给予支持，肯定并强调了团队成员动态的、多元的组成模式，对团队提出师德、课程建设与教学模式、教师培养与青年教师成长、培养模式创新等方面的期望。

【举办中央城市工作会议背景下建筑教育的前瞻与改革报告会】10月18日下午，结合80周年校庆和教师业务素质培训，建筑学院举办"中央城市工作会议背景下建筑教育的前瞻与改革"报告会。张大玉副校长、建筑学院全体教师、部分学生和外校教师参加了报告会。报告会由建筑学院副院长胡雪松教授主持。清华大学建筑学院朱文一教授（建筑学专业评估委员会主任、国务院学科评议组召集人、清华大学建筑学院前院长）从国家和建筑教育发展战略的层面，做了题为"中国建筑教育的使命"的报告，阐述了当代中国建筑教育发展面临的四大历史使命。西安建筑科技大学建筑学院刘克成教授（建筑学专业指导委员会委员、西安建筑科技大学建筑学院前院长）以精深的教育哲学为基础，结合西建大教改实践，做了题为"自在具足心意呈现"的报告，阐述和示范了独特的"细节入手、回归本体、直指人心、自在具足"的建筑教育理念和实践。天津大学建筑学院副院长许蓁教授，做了题为"'独石'形态的当代语义及其对设计教学的启示"的报告，展示了以阶段培养目标为框架、课程目标为引领、学科研究为基础、学生需求为导向的设计课教学模式。

【副校长张大玉带队调研建筑学院教风学风建设】为进一步营造优良的教风学风，建筑学院于11月3日下午14:30召开教风学风座谈会。副校长张大玉、校学工部部长黄尚荣、校教务处副处长那威、建筑学院班子成员、系部中心主任、班级导师代表以及教务员、辅导员参加了座谈会。此次座谈会加强了广大教师对教风、学风建设重要性的认识和相互之间的沟通交流，对学院进一步加强教风、学风建设，实现以教风带学风、以学风促教风起到了积极的促进作用。

【我院教师赴合肥参加建筑学专业指导委员会年会】10月28日至30日，我院教师在副院长胡雪松教授的带领下赶赴安徽合肥工业大学参加2016建筑教育国际学术研讨会——全国高等学校建筑学专业院长系主任大会暨2016全国高等学校建筑学学科专业指导委员会年会。为了扩大全国同行在建筑学教育领域的交流和增进各个建筑院系之间的了解，建筑学专业指导委员会年会每年举办一次，同期举行建筑学各年级的优秀教案和学生作业评选。今年我院选送的作业有三份获得境内外交流的优秀奖。本次会议的主题是"新常态背景下的建筑教育"。

【与泉州市博物馆签署产学研合作战略协议】11月25日，"闽南海丝文化遗产——产学研合作战略协议"签约仪式在泉州市博物馆举行。北京建筑大学、泉州市博物馆与海麟文博、尚艺古建等两家运营文博、文化遗产保护的企业，共同签署合作战略协议。北京建筑大学副校长张大玉，泉州市文化广电新闻出版局副局长丁毓玲，泉州博物馆馆长陈建中、海麟文博董事长邹飖斌、尚艺古建董事长王伯福、北京建筑大学未来城市高精尖中心主任李雪华、北京建筑大学建筑学院副院长胡雪松、设计学系主任张笑楠、教授赵希岗出席仪式。根据协议，北京建筑大学将利用在教育、培训、科研等方面的经验、优势，尤其是在建筑遗产保护与非物质文化遗产保护等方面的长期积累，结合泉州市博物馆在海峡两岸与世界闽南文化遗产等文博系统的资源，以及海麟文博、尚艺古建在文博与文化遗产保护社会化运营方面的经验，三方共同在人才培养与培训、科技开发和社会服务、国内外交流等方面展开产学研全面合作，以期更好地挖掘闽南海丝文化遗产的内涵，为扩大闽南海丝文化的外延提供良好平台。

【举办建筑学专业成果展】12月1日，建筑学院为了迎接建筑学专业评估的中期督察，在教学4号楼专门举办了近些年的教学成果展览，此次展览展出了图和部分模型。展出的成果共分五部分，分别是全国高等学校建筑学学科专业指导委员会优秀教案及作业获奖成果、全国高等学校建筑学专业教育评估委员会境外交流获奖作业、研究生课程设计竞赛获奖作品、本科生课程设计优秀作业和研究生课程设计中期作业。此次展览展出作品100余项，展板164张。能较好地反映近些年建筑学专业的教学特色和方向。

【建筑学专业委员会对建筑学专业本科和硕士研究生教育评估进行中期督察】12月7日，全国高等学校建筑学专业教育评估委员会的两位督查专家——清华大学建筑设计研究院院长庄惟敏教授和重庆大学建筑学院副院长卢峰教授，对我院建筑学专业本科及硕士研究生教育自2012年以来的建设情况进行了中期督察。督察小组按照督察工作程序，两位督查专家为本次督查活动撰写了督查报告。最后，督查小组就督查工作与学校的主要领导及相关职能部门的领导进行了督查报告反馈，并希望北京建筑大学今后继续支持建筑学专业的教学建设，为北京的建设发展培养更多更好的创新型应用人才。

【启动2016版培养方案核心课程建设工作】以培育一流专业、建设教学研究型大学、提升人才培养质量为目标，以2016版培养方案修编为契机，建筑学院启动新一轮核心课程建设工作。首次课程建设研讨会于2016年12月10日举行。会议由教学院长胡雪松主持，系部中心主任、专业负责人、部分课程负责人参加了会议。张大玉副校长到会并做了重要指示。与会教师结合培养理念、培养机制、培养目标、专业特色等方面，就课程目标、课程内容、课程组织模式、教育技术、教学团队、创新思维与基本职业素质、知识与能力、理论教学与实践环节等问题进行了广泛深入的研讨。

【教学建设】2016年建筑学院教学建设方面，新增教学研究项目4项；新增教学论文7篇，新增教材10项，新增教学获奖4项，新增教学名师1人，新增教学建设项目5项。

建筑学院2016年新增教学研究项目

序号	项目名称	资助单位	主持人	项目时间
1	适应国家形势的建筑学专业培养城市设计人才专业建设深化研究	北京建筑大学	王 佐	2016-07
2	在学科与专业协同背景下基于教师专业发展的教学质量监控研究	北京建筑大学	胡雪松	2016-07
3	"任务式"教学方法研究——以提高学生自主学习能力为目的的二年级建筑设计课程教学过程研究	北京建筑大学	李珊珊	2016-07

续表

序号	项目名称	资助单位	主持人	项目时间
4	建筑学专业"数字化设计"实验教学系列课程体系教学优化研究	北京建筑大学	杨振	2016-07
5	厚基础、精技能、富特色的风景园林专业设计课程体系优化研究与实践	北京建筑大学	潘剑彬	2016-07

建筑学院 2016 年新增教学论文

序号	成果名称	发表刊物或出版社（教材、论文或其他成果）	发表时间	主要作者
1	高效教学服务质量对学生满意度的影响研究	科教导刊	2016-12	陈霞妹
2	初园：《设计初步》课跨专业综合性训练课题初探	建筑学报	2016-06	王韬
3	建筑师职业需求与建筑学专业教育：建筑学本科高年级教学思考	建筑教育国际学术研讨会论文集	2016-09	俞天琦
4	基于国内外实践经验比较的城市设计专题优质课程中教学革新	国建设教育协会普高委员会教育教学改革与研究论文集	2016-06	王佐
5	北京建筑大学历史建筑保护工程本科课程体系构建研究	北京建筑大学教育教学改革论文集	2016-08	田林
6	城市设计专题优质课程教学实践革新	北京建筑大学教育教学改革论文集	2016-08	王佐
7	医疗建筑设计方案如何理性择优：英国医疗建筑设计质量评价工具引介与启示	城市建筑	2016-07	郝晓赛

建筑学院 2016 年新增教材

序号	教材名称	时间	完成人
1	建筑构造原理与设计	2016	樊振和
2	建筑结构与体型	2016	樊振和
3	历史街区保护规划案例教程	2016	李勤
4	建筑结构体系及选型（第二版）修订	2016	樊振和
5	素描基础 新编	2016	靳超
6	规划师业务基础新编	2016	荣玥芳
7	城市社会调查方法与实践新编	2016	吕小勇 赵天宇
8	规划评析学新编	2016	孙立 张忠国
9	室内设计	2006	高丕基
10	城市社会学	2016	荣玥芳

建筑学院 2016 年新增教学获奖

序号	奖励类别	项目名称	获奖时间	获奖等级	完成人
1	校级教学成果奖	以创新思维为引导的虚拟仿真建筑设计教学体系研究与实践	2016-3	一等奖	马 英 刘临安 邹积亭 邹 越 刘 博 欧阳文 陈霞妹
2	校级教学成果奖	格物致知——以营造认知为主线的建筑教学方法研究与实践	2016-3	二等奖	金秋野 胡雪松 李春青 欧阳文 王 韬
3	校级教学成果奖	建筑遗产保护课程体系研究	2016-3	二等奖	田 林 刘临安 陆 翔 王 兵 杨一帆
4	校级教学成果奖	面向高起点国际化的风景园林专业建设探索与实践	2016-3	二等奖	丁 奇 张大玉 马 英 孙 明 Kirwood

建筑学院 2016 年新增教学名师

序号	奖励类别	项目名称	获奖时间	完成人
1	北京市"高创计划"领军人才	领军人才	2016-12	欧阳文
2	第九届北京市高等学校教学名师奖	教学名师	2016-09	欧阳文

建筑学院 2016 年新增教学项目

序号	项目名称	资助单位	主持人	项目经费（万元）	立项时间	合作单位
1	北京市高校校内创新实践中心	北京市	胡雪松	100	2016 年	欧阳文托
2	2016 年"实培计划"大学生毕业设计（科研类）项目-大数据在城市设计方案中的应用研究	北京市	荣玥芳	18	2016 年	北京建工建筑设计研究院
3	2016 年"实培计划"大学生毕业设计（科研类）项目-旧工厂改造与再利用——甘肃省天水市工业博物馆	北京市	王 兵	12	2016 年	中国建筑设计研究院
4	2016 年"实培计划"大学生毕业设计（科研类）项目-首钢工业遗址精品酒店设计项目	北京市	张笑楠	6	2016 年	中国建筑设计研究院
5	2016 年"实培计划"大学生毕业设计（科研类）项目-北京十一学校北安河校区项目	北京市	俞天琦	6	2016 年	北京市建筑设计研究院有限公司

（五）科研工作

【概述】2016年建筑学院科研成果丰硕，学院教师承担各类科研项目40余项，纵向项目获得经费资助达622.594万元，横向项目经费资助达723.5878万元。其中，获得国家自然科学基金资助面上项目1项，青年基金6项，国家社会科学基金艺术项目2项，北京市哲学社会科学规划项目5项，成果喜人！发表核心、一般期刊学术论文100余篇，出版学术专著、译著、编著等30余部，发表艺术类作品30篇。

【科研组织与管理建设】2月23日，建筑学院组织召开关于国家自然科学基金及国家社会科学基金申请的经验交流会。交流会由主管科研的丁奇副院长主持，邀请清华大学两位获得国基金资助的青年教师分享了申请经验。

11月15日，建筑学院组织召开关于国家自然科学基金及国家社会科学基金申请的经验交流会。交流会由主管科研的丁奇副院长主持，近年来获得国家自然科学基金课题资助的李煜、王韬、刘烨、李勤、张振威、郝晓赛等几位老师，以及获得国家社会科学基金资助的马全宝老师为大家分享了申请经验。

【科研成果统计】

2016年建筑学院承担的各类科研项目一览表

序号	项目名称	负责人	项目来源	项目级别	合同经费（万元）	起止时间	项目类别
1	农村住房建设基础性调查研究	王韬	国务院其他部门	省部级	30	2016-08-01 到 2016-12-31	纵向
2	中国传统穿斗式井干式结构民居建造技术解析	徐怡芳	自选课题		10	2016-09-01 到 2016-12-31	纵向
3	《中国传统建筑的智慧》聚落、单体建筑、迁徙、文化传承等方面拍摄大纲研究（A角度研究）	李春青	其他课题	省部级	2.5	2016-09-01 到 2016-12-31	纵向
4	《中国传统建筑的智慧》聚落、单体建筑、迁徙、文化传承等方面拍摄大纲研究（B角度研究）	徐怡芳	国务院其他部门	省部级	2.5	2016-09-01 到 2016-12-31	纵向
5	中国传统石砌居民建造技术解析	范霄鹏	国务院其他部门	省部级	10	2016-09-01 到 2016-12-31	纵向
6	天津、河北、河南小城镇详细调查	荣玥芳	国务院其他部门	省部级	15	2016-07-01 到 2016-12-31	纵向

续表

序号	项目名称	负责人	项目来源	项目级别	合同经费（万元）	起止时间	项目类别
7	"十三五"期间农村危房改造对象经济状况信息核查调研	陈玉龙	国务院其他部门	省部级	30	2016-08-01 到 2016-12-01	纵向
8	新时期城市设计工作实务	孙 立	国际合作项目	省部级	68.34	2016-06-01 到 2017-05-31	纵向
9	天安门建筑群彩画艺术与国家形象设计研究	李 沙	国家社科基金单列学科项目	国家级	18	2016-08-16 到 2019-12-31	纵向
10	基于非物质文化遗产保护的江南传统建筑营造技艺构成与类型研究	马全宝	国家社科基金单列学科项目	国家级	18	2016-08-16 到 2019-12-31	纵向
11	自然态建造思想研究	金秋野	国务院其他部门	省部级	10	到 2019-12-31	纵向
12	近代德国城市运行机制和工程技术对中国城市化影响之研究	陈 霁	国务院其他部门	省部级	10	到 2018-12-31	纵向
13	城市综合医院预防犯罪设计方法研究：以北京地区为例	郝晓赛	国家自然科学基金项目	国家级	22.8	2016-07-01 到 2019-12-31	纵向
14	面向"公共利益选择模型"建构的国家公园调控方法研究	张振威	国家自然科学基金项目	国家级	24	2016-07-01 到 2019-12-31	纵向
15	北京地区乡村聚落有机更新的机制与方法研究	王 韬	国家自然科学基金项目	国家级	25.82	2016-07-01 到 2019-12-31	纵向
16	基于肥胖症等流行病预防理论的当代城市设计中"易致病空间因素"影响机制及整治设计策略研究	李 煜	国家自然科学基金项目	国家级	28.44	2016-07-01 到 2019-12-31	纵向
17	京津冀地区传统村落空间结构特征及优化整合研究	张大玉	国家自然科学基金项目	国家级	74.4	2016-07-01 到 2020-12-31	纵向
18	建筑与农业种植一体化研究——以京津地区城市住宅为例	刘 烨	国家自然科学基金项目	国家级	22.244	2016-07-01 到 2019-12-31	纵向

续表

序号	项目名称	负责人	项目来源	项目级别	合同经费（万元）	起止时间	项目类别
19	城市修补中街道景观协调性量化评价与设计方法研究	张羽	省、市、自治区社科基金项目	省部级	5	2016-07-01 到 2018-06-30	纵向
20	京津冀协调视阈下首都机场空港都市区空间优化研究	吕小勇	省、市、自治区社科基金项目	省部级	8	2016-06-30 到 2018-06-29	纵向
21	建筑遗产保护中的伦理问题研究	王兵	省、市、自治区社科基金项目	省部级	8	2016-06-01 到 2018-05-31	纵向
22	农村危房改造经验总结	丁奇	国务院其他部门	省部级	5	到 2016-12-31	纵向
23	农村危房改造信息调查	胡雪松	国务院其他部门	省部级	40	2016-03-01 到 2016-12-31	纵向
24	合生建筑与城市参数设计技术的研发与教学	胡雪松	自选课题	校级	5	2016-07-01 到 2017-12-31	纵向
25	未来城市设计之当代中国城市设计的理论和方法体系研究	丁奇	自选课题	校级	5	2016-07-01 到 2017-12-31	纵向
26	基于多目标优化的乡村景观智能化设计方法及其教学实践	李利	自选课题	校级	5	2016-07-01 到 2017-12-31	纵向
27	当代中国城市设计的理论和方法体系研究	丁光辉	自选课题	校级	3	2016-07-01 到 2017-12-31	纵向
28	宜居背景下北京保障性住区营建模式研究	李勤	自选课题	校级	3	2016-07-01 到 2017-12-31	纵向
29	欧洲经验借鉴下的北京地区砖木建筑修复策略研究	陈霁	自选课题	校级	3	2016-07-01 到 2017-12-31	纵向
30	面向"公共利益选择模型"建构的国家公园调控方法研究	张振威	自选课题	校级	3	2016-07-01 到 2017-12-31	纵向
31	空港都市区空间发展调控关键技术方法研究	吕小勇	自选课题	校级	3	2016-07-01 到 2017-12-31	纵向

续表

序号	项目名称	负责人	项目来源	项目级别	合同经费（万元）	起止时间	项目类别
32	近现代抗战遗址类文化遗产保护与展示利用研究	张曼	自选课题	校级	3	2016-07-01 到 2017-12-31	纵向
33	当代中国城市设计与肥胖等流行病关系理论研究	李煜	自选课题	校级	3	2016-07-01 到 2017-12-31	纵向
34	产业化背景下的开放住宅研究	李珊珊	自选课题	校级	3	2016-07-01 到 2017-12-31	纵向
35	城市综合医院预防犯罪设计方法研究：以北京地区为例	郝晓赛	自选课题	校级	3	2016-07-01 到 2017-12-31	纵向
36	国家发展战略下的首都核心区域城市设计策略及控制体系研究	张忠国	国务院其他部门	省部级	10	到 2018-12-31	纵向
37	村庄规划编制范本	丁奇	国务院其他部门	省部级	10	2016-01-01 到 2016-09-01	纵向
38	乡村建设规划许可管理办法研究	丁奇	国务院其他部门	省部级	10	2016-03-01 到 2016-12-01	纵向
39	北京现代建筑遗产及其保护与再利用研究	杨一帆	主管部门科技项目	地市级	15	2016-01-01 到 2018-12-31	纵向
40	北京地区历史建筑保护修缮预判阶段操作模式研究	陈雳	主管部门科技项目	地市级	15	2016-01-01 到 2018-12-31	纵向
41	北京市古建筑类全国重点文物保护单位社会文化价值评估策略研究	赵晓梅	主管部门科技项目	地市级	5	2016-01-01 到 2017-12-31	纵向
42	北京传统建筑经验现代应用与文化传承研究	徐怡芳	其他课题	省部级	8	到 2018-12-31	纵向
43	城镇化背景下北京乡村社区公共环境艺术研究	朱军	主管部门科技项目	省部级	8	到 2017-12-31	纵向

续表

序号	项目名称	负责人	项目来源	项目级别	合同经费（万元）	起止时间	项目类别
44	甘肃省妇女儿童医疗综合体项目自信策划	格伦	甘肃省妇幼保健院		75	2016-12-26 到 2017-02-27	横向
45	"三里河-金融街-中南海周边"区域构建和谐宜居示范区调研	刘剑锋	北京市城市规划设计研究院		6	2016-09-30 到 2016-12-31	横向
46	青海省大通县域乡村建设规划	桑秋	北京北达城乡规划设计研究院		10	2016-12-01 到 2019-12-01	横向
47	我爱家园——北京市东城区朝阳门社区竹杆社区居民共建"社区生活馆"	阚玉德	北京东城区朝阳门街道竹杆社区居委会		8.3328	2016-11-23 到 2017-06-30	横向
48	安吉9×9×9试验建筑设计研究	程艳春	北京主题维度城市规划设计院有限公司		5.96	2016-11-18 到 2017-03-18	横向
49	北京西城区区级文物保护单位保护范围及建设控制地带规划项目委托协议	汤羽扬	北京西城区文化委员会		10	2016-11-02 到 2016-12-30	横向
50	湖北邓国故址文物保护规划编制	蔡超	北京建工建筑设计研究院		10	2016-10-15 到 2016-12-16	横向
51	内蒙古自治区长城保护总体规划编制	蔡超	北京建工建筑设计研究院		20	2016-10-15 到 2016-12-16	横向
52	关于历史文化带整体保护，利用的思考-以长城文化带为调研对象	汤羽扬	北京市文物局		3.535	2016-09-30 到 2016-11-15	横向
53	京津冀一体化文化遗产保护和利用（长城，大运河等）	汤羽扬	北京市文物局		8.46	2016-09-30 到 2016-11-15	横向
54	"二孩"新政下房地产需求变化及普通商品房户型开发	郭晋生	北京市住宅建筑设计研究院有限公司		5	2016-09-10 到 2016-10-30	横向
55	绿色建筑项目建设咨询	郭晋生	北京紫石房地产开发有限公司		6	2016-09-01 到 2017-09-01	横向

续表

序号	项目名称	负责人	项目来源	项目级别	合同经费（万元）	起止时间	项目类别
56	江南水乡古镇申报世界文化遗产专题研究	马 英	中国文化遗产研究院		18	2016-09-01 到 2017-09-01	横向
57	北京住宅院能源管理平台监控设备方案设计	杨 琳	北京市住宅建筑设计研究院有限公司		2	2016-08-30 到 2017-05-01	横向
58	"苏州造物：明式家具（苏作）传统制作技艺精品展"策展设计咨询	陈静勇	文化部恭王府管理中心		5	2016-08-10 到 2017-08-10	横向
59	《恭王府府邸古建筑修缮报告》编制研究	陈静勇	文化部恭王府管理中心		48	2016-08-09 到 2017-08-08	横向
60	通州市副中心规划相关资料收集与调研	王 晶	清华大学（土木系）		8	2016-08-04 到 2016-09-05	横向
61	《北京市丰台区棚户区改造模式与策略研究》	陈晓彤	北京市规划委员会丰台分局		40	2016-07-29 到 2016-12-12	横向
62	浙江省申报历史文化名城潜力调查研究	张笑楠	北京清华同衡规划设计研究院有限公司		12	2016-07-28 到 2017-07-28	横向
63	建筑遗产保护人才培养教学体系研究	田 林	国家文物局		8	2016-07-01 到 2017-12-31	横向
64	卓尔小镇.桃花驿项目的VI系统设计	阚玉德	卓尔发展(孝感)有限公司		10	2016-06-27 到 2016-09-30	横向
65	呼和浩特市地下空间开发利用与生态环境保护研究	魏菲宇	北京建工建筑设计研究院		8	2015-12-21 到 2016-07-31	横向
66	衡水市城市绿地系统规划（2016-2030）	孙 喆	中国城市规划设计研究院		25	2016-06-22 到 2017-12-31	横向
67	全国县级城市人居环境调查专题	荣玥芳	中国城市规划设计研究院		29.8	2016-06-15 到 2016-12-31	横向
68	会议室装饰	谭述乐	广东省中山雄鹰通用航空有限公司		3	2016-06-15 到 2016-07-15	横向

续表

序号	项目名称	负责人	项目来源	项目级别	合同经费（万元）	起止时间	项目类别
69	济南轨道 R2 线规划策划项目-建筑质量建筑年代建筑层数土地权属及交通调查	荣玥芳	中国城市规划设计研究院		95	2016-06-13 到 2016-10-31	横向
70	石景山区妇女儿童活动中心建筑外立面的色彩设计与咨询	阚玉德	石景山区妇女儿童活动中心		2	2016-06-12 到 2016-08-10	横向
71	西藏江孜县白居寺建筑保护技术研究	陈雳	中国文化遗产研究院		10	2016-06-01 到 2018-07-10	横向
72	全国重点文物保护单位上古城子墓群文物保护利用设施	马英	辽宁桓仁满族自治县文物管理局		2	2016-05-28 到 2026-05-28	横向
73	世界文化遗产五女山山城文物保护利用设施建设项目	马英	辽宁桓仁满族自治县文物管理局		2	2016-05-28 到 2026-05-28	横向
74	中国-马来西亚钦州产业园区国际医疗服务集聚区项目策划及方案设计	格伦	广西中马钦州产业园区方圆实业有限公司		76	2016-05-04 到 2016-06-23	横向
75	昌平区下苑村现状调查及规划建议	孙立	北京市城市规划设计研究院		8	2016-05-01 到 2017-12-31	横向
76	丝绸之路沿线新疆地区麻扎建筑保护现状调查	田林	中国文化遗产研究院		10	2016-05-01 到 2016-10-20	横向
77	二道井子遗址公园大门的参数化设计技术研究	苏毅	北京建工建筑设计研究院		3.5	2016-04-28 到 2019-04-27	横向
78	通化中心城区滨江景观带建筑色彩规划	张忠国	通化市规划局		20	2017-06-20	横向
79	通化中心城区滨江绿带景观规划	张忠国	通化市规划局		40	2017-06-20	横向
80	西城区道路调研与规划建议	汤羽扬	北京市规划委员会西城分局		25	2016-04-01 到 2016-12-30	横向
81	北京明代长城城堡调查研究委托测绘承包项目	张笑楠	北京市古代建筑研究所		24	2016-03-21 到 2017-06-30	横向

续表

序号	项目名称	负责人	项目来源	项目级别	合同经费（万元）	起止时间	项目类别
82	京津冀科技成果应用转化服务系统建设及运营项目《在京院所年度科技成果推荐目录》	张大玉	北京首科凯奇电气技术有限公司		15	2016-03-10 到 2016-12-10	横向
83	甘肃省武威市皇娘娘台遗址公园景观规划设计	魏菲宇	北京建工建筑设计研究院		6	2016-05-29	横向

2016年建筑学院教师发表的学术成果一览表

序号	成果名称	第一作者	发表时间	发表刊物	刊物类别
1	供给侧结构性改革下的小城镇公共服务设施优化配置研究	张忠国	2016-12-30	小城镇建设	中国人民大学复印报刊资料，一般期刊
2	若即若离	金秋野	2016-12-30	建筑师	一般期刊
3	楠溪江中游苍坡村乡土聚落的田野调查	范霄鹏	2016-12-30	古建园林技术	权威期刊
4	武陵山区团坡民居的田野调查	范霄鹏	2016-12-30	古建园林技术	权威期刊
5	复杂中庭空间热环境研究与分析——以北京冬季某大型商业综合体为例	锡望	2016-12-23	建筑科学	核心期刊
6	高校教学服务质量对学生满意度的影响研究	陈霞妹	2016-12-22	科教导刊	一般期刊
7	"第三空间"与第三种选择	金秋野	2016-12-16	时代建筑	一般期刊
8	我国康恩泽城市形态学理论研究综述	孙立	2016-12-15	建筑与文化	一般期刊
9	台湾地区乡村规划政策的演进研究	蔡宗翰	2016-12-01	国际城市规划	CSSCI，核心期刊
10	疾病预防视角下的当代健康社区设计理论初探	李煜	2016-12-01	住区	权威期刊
11	城市设计中健康影响评估（HIA）方法的应用 —以亚特兰大公园链为例	李煜	2016-12-01	城市设计	权威期刊
12	北京前门地区街道空间保护更新策略研究	王佐	2016-12-01	北京规划建设	一般期刊

续表

序号	成果名称	第一作者	发表时间	发表刊物	刊物类别
13	城市地下管网及地下综合管廊的开发建设浅议	杨 倩	2016-12-01	绿色科技	一般期刊
14	北京地铁设计文化初探	袁 潇	2016-12-01	绿色科技	一般期刊
15	地下空间：寻求城市可持续发展之路	冯 萍	2016-12-01	绿色科技	一般期刊
16	现代教育技术在建筑美术教学教学中的应用研究	朱 军	2016-12-01	中国建设教育	核心期刊
17	中国画与日本画的概念命名比较	仝朝晖	2016-12-01	文艺研究	核心期刊
18	Study of Vernaclement Dwellings and Settlement Renewal	范霄鹏	2016-12-01	Urbanization and Locality	国外期刊
19	豫北堡寨式聚落公共空间的更新策略研究——以小店河传统村落为例	田 林	2016-11-29	遗产与保护研究	一般期刊
20	湿热气候下民居天井空间的气候适应机制研究	郝石盟	2016-11-05	生态城市与绿色建筑	一般期刊
21	人群出行特征对潮汐交通拥堵影响的调查研究	王 佐	2016-11-01	建筑与文化	一般期刊
22	北京旧城历史地段人居环境整治与社区参与研究	孙 立	2016-10-28	规划师	核心期刊
23	建筑遗产保护中"环境"的含义及发展	郭 龙	2016-10-22	会议论文	国际学术会议论文集
24	浅析中国传统手工艺在文化创意产品中的"再设计"	张 月	2016-10-15	艺术与设计	权威期刊
25	新型城镇化与城乡治理现代化	陈晓彤	2016-10-10	国家行政学院学报	CSSCI，权威期刊
26	从社会角度考量医疗建筑	刘 斌	2016-10-01	医养环境与设计	一般期刊
27	灰色空间在胡同改造中的研究与运用	滕学荣	2016-10-01	2016中国室内设计论文集	国内学术会议论文集
28	从二维走向三维的曼荼罗	李 沙	2016-10-01	为中国而设计 第七届全国环境艺术设计大展入选论文集	国内学术会议论文集
29	Research on Natural Ventilation of The Envelope of Green Building	俞天琦	2016-10-01	5th International Conference on Energy and Environmental Protection	EI（期刊论文）
30	雁荡山区合院民居田野调查	范霄鹏	2016-09-30	遗产与保护	权威期刊

续表

序号	成果名称	第一作者	发表时间	发表刊物	刊物类别
31	北京旧城近现代革命人物故居展示利用研究——以李大钊故居为例	田 林	2016-09-29	遗产与保护研究	一般期刊
32	海外高校城市规划学科教育中的城市设计教学与思考	陈闻喆	2016-09-21	2016中国高等学校城乡规划教育年会论文集	国内学术会议论文集
33	不同建筑体系下的建筑气候适应性概念辨析	郝石盟	2016-09-20	建筑学报	核心期刊
34	清代道台衙署建筑及文化意蕴研究——以清河道署为例	田 林	2016-09-17	古建园林技术	权威期刊
35	金溪琉璃曾家古村乡土聚落的田野调查	范霄鹏	2016-09-15	古建园林技术	权威期刊
36	丹巴甲居藏寨石木建构的田野调查	范霄鹏	2016-09-15	古建园林技术	权威期刊
37	浙江省台州市某医院建筑庭院、中庭与建筑热环境影响研究	陈亚童	2016-09-13	中国医院建筑与设备	一般期刊
38	建筑企业内部知识共享影响因素的实证研究	李 勤	2016-09-10	建筑经济	一般期刊
39	文理通识、知行合一的学者艺术家	仝朝晖	2016-09-10	延 河	一般期刊
40	"留住乡愁"语境下的乡村复兴"三要素"	何泰然	2016-09-09	建筑与文化	权威期刊
41	当代健康社区的疾病预防理论初探	李 煜	2016-09-05	第八届健康住宅理论与实践国际论坛论文集	国际学术会议论文集
42	城市住宅小区景观小品设计与思考	朱 军	2016-09-01	建筑 空间 城市 北京市建筑文化研究基地研究论丛2015	国内学术会议论文集
43	北京市既有住宅改造研究	王英春	2016-09-01	城市住宅	一般期刊
44	基于创意设计提升的汽车博物馆建筑设计初探	王 佐	2016-09-01	城市建筑	一般期刊
45	城市设计专题优质课程教学实践革新	王 佐	2016-08-29	北京建筑大学教育教学改革论文集	国内学术会议论文集
46	基于卓越人才培养的高年级建筑学教学革新	王 佐	2016-08-29	北京建筑大学教育教学改革论文集	国内学术会议论文集
47	多年生草本植物混合种植设计模式研究	杨 莹	2016-08-25	艺术与设计(理论)	一般期刊

续表

序号	成果名称	第一作者	发表时间	发表刊物	刊物类别
48	厚土重本，大地文章	金秋野	2016-08-25	建筑学报	核心期刊
49	风景园林场地设计的批判性力量	李利	2016-08-20	风景园林	权威期刊
50	基于改进理想点法的建筑结构加固方案优选	李勤	2016-08-20	工业建筑	核心期刊
51	北京建筑大学历史建筑保护工程本科课程体系构建研究	田林	2016-08-19	北京建筑大学教育教学改革论文集	国内学术会议论文集
52	基于数字技术的草本植物群落设计模式	杨莹	2016-08-01	南方建筑	一般期刊
53	景宁地区大漈畲乡古建田野调查	范霄鹏	2016-07-30	遗产与保护	权威期刊
54	西藏墨脱地区边地聚落田野调查	范霄鹏	2016-07-30	遗产与保护	权威期刊
55	每一座王府的故事，都耐人寻味	高雪梅	2016-07-28	瞭望东方周刊	权威期刊
56	基于国内外比较城市设计专题优质课程教学革新	王佐	2016-07-24	建筑类高校教育教学改革实践研究	国内学术会议论文集
57	当代健康社区的疾病预防理论初探（中国住宅设施）	李煜	2016-07-08	中国住宅设施	一般期刊
58	"听诊医疗建筑"主题沙龙	谷建	2016-07-01	城市建筑	一般期刊
59	医疗建筑设计方案如何理性择优：英国医疗建筑设计质量评价工具引介与启示	郝晓赛	2016-07-01	城市建筑	一般期刊
60	微改造思路下的植入型合院改造实践研究	王佐	2016-07-01	建筑与文化	一般期刊
61	新疆和田地区绿洲乡土聚落田野调查	范霄鹏	2016-06-30	古建园林技术	权威期刊
62	河北太行山区民居建造材料田野调查	范霄鹏	2016-06-30	古建园林技术	权威期刊
63	初园——《设计初步》课跨学科综合训练课题初探	王韬	2016-06-20	建筑学报	核心期刊
64	纸间真意-新剪纸创作实践	赵希岗	2016-06-18	中华剪纸	一般期刊
65	景福宫外檐苏式彩画色彩现状探讨	肖梦薇	2016-06-15	建筑与文化	权威期刊
66	建筑装饰行业工业化道路研究	付甜甜	2016-06-01	《设计》	一般期刊

续表

序号	成果名称	第一作者	发表时间	发表刊物	刊物类别
67	基于国内外实践经验比较的城市设计专题优质课程教学革新	王 佐	2016-06-01	《2015年中国建设教育协会普高委员会教育教学改革与研究论文集》	国内学术会议论文集
68	北京旧城现代大型商业建筑色彩初探	陈静勇	2016-06-01	建筑与文化	权威期刊
69	故宫军机处屋顶形式与大木结构特殊性研究	陈静勇	2016-06-01	建筑与文化	一般期刊
70	基于层次分析法的传统聚落火灾风险评估模型	丁 奇	2016-05-30	建筑与文化	一般期刊
71	异物感	金秋野	2016-05-20	建筑学报	核心期刊，权威期刊
72	基于传统历史街区大型博览建筑的现代化表达——以国家非遗文化博览园B4、C2、C4地块项目为例〔J〕.建筑技艺	阳金辰	2016-05-18	建筑技艺	一般期刊
73	师生互动共推创新创业教育——基于美国斯坦福大学的启示	李守玉	2016-05-16	北京教育高教	中国人民大学复印报刊资料
74	普通高中发展规划及建筑空间模式探索——基于"走班制"教学组织形式的发展趋势	孙 明	2016-05-15	建筑与文化	一般期刊
75	一座王府两代帝王醇亲王府	王夫帅	2016-05-01	建筑与文化	权威期刊
76	童寯：建筑园林，痴爱一生	马全宝	2016-05-01	传记文学	中国人民大学复印报刊资料，CSSCI
77	清代北京郑亲王府建筑沿革与特征研究	李春青	2016-05-01	建筑与文化	权威期刊
78	首钢旧工业建筑绿色改造再利用研究	王超益	2016-05-01	建筑与文化	一般期刊
79	网购文化下的燕郊社区商业设施调研初探	陈闻喆	2016-05-01	建筑与文化	权威期刊
80	BIM技术队绿色医院建筑设计的影响	聂 鑫	2016-05-01	建筑与文化	一般期刊
81	购物中心老年人体验式购物空间设计刍议	李秀珺	2016-04-30	建筑与文化	一般期刊
82	社会组织：乡村规划及乡村建设的基础	范霄鹏	2016-04-30	西部人居环境学刊	权威期刊
83	吾家嫁我兮天一方	朱 军	2016-04-25	中国美术报	中国人民大学复印报刊资料

续表

序号	成果名称	第一作者	发表时间	发表刊物	刊物类别
84	明代小说插画空间语言探析	金秋野	2016-04-22	建筑学报	核心期刊，权威期刊
85	Rigid Boundary of Resilient Landscape：Exploring the Role of Urban Ecological Baseline System towards a Sustainable Development Paradigm in China	张振威	2016-04-20	Tasting the landscape-2016IFLA conference Proceedings	国际学术会议论文集
86	中小学校园建筑人性化设计研究	孙 明	2016-04-15	建筑与文化	一般期刊
87	利用中小学运动场地下空间建设地下停车库建筑设计探索	孙 明	2016-04-15	建筑与文化	一般期刊
88	互联网+背景下构建综合型艺术与设计产业服务探究	王石路	2016-04-10	艺术与设计	一般期刊
89	大舍西岸新工作室侧记	金秋野	2016-04-08	时代建筑	一般期刊，权威期刊
90	北京四合院的现代更新设计	徐怡芳	2016-04-04	城市住宅	一般期刊，权威期刊
91	浅析悉尼歌剧院壳体结构与中国传统建筑渊源	孙轶男	2016-04-01	建筑与文化	一般期刊
92	北京清代豫亲王府建筑规制与传承研究	李春青	2016-04-01	中国文化遗产	权威期刊
93	促进大型综合交通枢纽片去活力策略研究	王 佐	2016-04-01	建筑与文化	一般期刊
94	马坝人-石峡遗址的价值研究与环境风貌整治	田 雨	2016-04-01	建筑与环境	一般期刊
95	鄂西北山区村寨建构类型田野调查	范霄鹏	2016-03-25	古建园林技术	权威期刊
96	河北井陉县大梁江村民居田野调查	范霄鹏	2016-03-25	古建园林技术	权威期刊
97	卫生间精细化设计探索	王广伟	2016-03-20	艺术与设计	一般期刊
98	"十三五"北京流动人口实施社区主导整治建议	孙 立	2016-03-20	北京工作	国外期刊
99	小学教学用房色彩环境设计策略	孙 明	2016-03-15	建筑与文化	一般期刊
100	高职院校标志设计课程教学改革之探索	曹 青	2016-03-15	艺术与设计	一般期刊

续表

序号	成果名称	第一作者	发表时间	发表刊物	刊物类别
101	故宫东角楼屋顶琉璃勾头和滴水样式研究	王一淼	2016-03-15	古建园林技术	权威期刊
102	潭柘寺塔林分类解读	方子琪	2016-03-03	建筑与文化	一般期刊
103	论曼荼罗建筑形态的审美思想	李沙	2016-03-01	中华文化论坛	CSSCI，核心期刊
104	北京故宫古建筑外檐隔扇木雕探讨	陈静勇	2016-03-01	中华传统技艺.5，2015小寒卷："甲午传统木雕技艺传承与创新发展论坛暨首届中华传统木雕技艺精品展"特辑	国内学术会议论文集
105	基于当代文化背景下的现代城市地铁公共空间环境设计特征	杨晓	2016-03-01	设计艺术	一般期刊
106	建筑风环境模拟分析与绿色建筑设计优化	李取奇	2016-02-28	建筑与文化	一般期刊
107	基于VRGIS的校园地下管网信息管理系统建设	陈玉龙	2016-02-25	北京测绘	一般期刊
108	我国古代造纸作坊遗址的展示利用研究——以江西高安市华林造纸作坊遗址为例	赵超	2016-02-23	艺术与设计	权威期刊
109	物联网时代的家具设计探索	邹乐	2016-02-20	艺术与设计	一般期刊
110	中国国家公园与自然保护地立法若干问题探讨	张振威	2016-02-15	中国园林	核心期刊
111	旧工业建筑再生利用安全控制要素ISM-AHP研究	李勤	2016-02-10	工业安全与环保	核心期刊
112	篆壑飞廊-篆刻艺术与沧浪亭园路的空间设计类比研究	李春青	2016-02-01	科技视界	一般期刊
113	河北省遵化市马兰峪镇清王爷府建筑研究	李春青	2016-01-31	城市建筑	一般期刊
114	乔家大院环境整治中院落与建筑的保护更新研究	朱涵瑞	2016-01-24	建筑与文化	一般期刊
115	漫游林木间——理解"林建筑"的十个关键词	金秋野	2016-01-22	建筑学报	核心期刊，权威期刊
116	墓葬遗址中墓室的展示设计探析	田林	2016-01-17	建筑与文化	一般期刊
117	北京市公交首末站站务用房建筑面积指标探索——基于《北京市公共汽电车（首末站）建设标准》的编制	孙明	2016-01-15	建筑与文化	一般期刊

续表

序号	成果名称	第一作者	发表时间	发表刊物	刊物类别
118	古村落保护中的文化再造	张羽	2016-01-14	山西建筑	权威期刊
119	基于文化旅游视角的古村落保护规划——以海口美孝村为例	张羽	2016-01-14	安徽建筑	一般期刊
120	明代建筑旋子彩画类型及演变分析	任军	2016-01-10	古建园林技术	一般期刊
121	论大数据时代下建筑学低年级建筑设计教育中的匠人精神回归	李春青	2016-01-01	新校园	一般期刊
122	清代北京内城亲王府空间分布研究	李春青	2016-01-01	北京建筑大学学报	一般期刊
123	从城市入手的建筑策略研究	翟玉坤	2016-01-01	北京建筑大学学报	一般期刊
124	一级注册建筑师辅导教材2017	曹纬浚	2016-12-20	中国建筑工业出版社	正式出版教材
125	2017一级注册建筑师考试历年真题与解析（建筑声学）	李英	2016-12-05	中国建筑出版社	正式出版教材
126	论现代建筑	杨一帆	2016-12-01	中国建筑工业出版社	译著
127	2017一级注册建筑师考试习题集（11版）	曹纬浚	2016-12-01	中国建筑工业出版社	正式出版教材
128	吉祥中国-美术日记	赵希岗	2016-12-01	人民美术出版社	学术专著
129	2017一级注册建筑师考试教材（建筑声学）	李英	2016-11-07	中国建筑工业出版社	正式出版教材
130	一级注册建筑师考试建筑结构真题解析	钱民刚（我校退休）	2016-11-05	中国建筑工业出版社	正式出版教材
131	绿色设计——21世纪的创造性可持续设计	滕学荣	2016-11-01	中国建筑工业出版社	译著
132	CIID"室内设计6+1"2016（第四届）校企联合毕业设计：鹤发医养卷——北京曜阳国际老年公寓环境改造设计	陈静勇	2016-10-01	中国水利水电出版社	编著
133	梦想小镇	张忠国	2016-09-09	中国建筑工业出版社	编著
134	北京王府建筑	刘临安	2016-09-01	中国建筑工业出版社	学术专著
135	中国传统营造技艺多媒体资源库-香山帮传统营造技艺	马全宝	2016-09-01	中国建筑工业出版社	编著
136	异物感	金秋野	2016-08-18	同济大学出版社	学术专著
137	风景园林竖向的数字化策略	李利	2016-08-10	中国建筑工业出版社	学术专著
138	西部农村基础设施建设	李慧民	2016-08-01	科学出版社	编著
139	历史街区保护规划案例教程	李勤	2016-08-01	冶金工业出版社	正式出版教材
140	高铁客运枢纽接驳规划与设计	王晶	2016-07-13	建工出版社	学术专著
141	见证规划	荣玥芳	2016-07-01	中国建筑工业出版社	编著

续表

序号	成果名称	第一作者	发表时间	发表刊物	刊物类别
142	BIM技术室内设计	张磊	2016-05-01	中国水利水电出版社	编著
143	生活的外壳	金秋野	2016-03-25	同济大学出版社	学术专著
144	红马	赵希岗	2016-03-20	海天出版社	学术专著
145	《中华传统技艺.小寒卷-甲午传统木雕技艺传承与创新发展论坛暨首届中华传统木雕技艺精品展特辑》	孙旭光	2016-03-01	中国社会出版社	编著
146	2016年（首届）京津冀高校城乡建设与管理领域研究生论坛文集	陈静勇	2016-03-01	中国建筑工业出版社	编著
147	中华传统技艺.5，2015小暑卷："甲午传统木雕技艺传承与创新发展论坛暨首届中华传统木雕技艺精品展"特辑	陈静勇	2016-03-01	中国社会出版社	编著
148	城市易致病空间理论	李煜	2016-02-07	中国建筑工业出版社	学术专著
149	2016一级注册建筑师教材说明	曹纬浚	2016-01-29	中国建筑工业出版社	正式出版教材
150	两岸科技常用词典	刘青	2016-01-10	商务印书馆	编著
151	母亲的书	赵希岗	2016-12-30		艺术作品
152	《泳》匠与意——同曦·中国青年雕塑艺术展	李学兵	2016-12-13		美术作品
153	梨木妆台	赵希岗	2016-11-15		艺术作品
154	《如嫣2》北京市美术家协会第15届新人新作展	李学兵	2016-10-03		美术作品
155	明清官式建筑彩画	李沙	2016-09-30		美术作品
156	不调味的美	赵希岗	2016-09-30		艺术作品
157	桑树	赵希岗	2016-08-30		艺术作品
158	猎人们	赵希岗	2016-07-30		艺术作品
159	赵希岗新剪纸7幅	赵希岗	2016-07-15		艺术作品
160	玻璃雕塑"与梦共舞"	李振宁	2016-07-10		艺术作品
161	赵希岗新剪纸15幅	赵希岗	2016-06-24		艺术作品
162	玻璃雕塑作品三件丹麦展览发表	李振宁	2016-06-23		艺术作品
163	鸭和猫	赵希岗	2016-06-10		艺术作品
164	来青花	赵希岗	2016-05-30		艺术作品
165	布鞋	赵希岗	2016-05-10		艺术作品

续表

序号	成果名称	第一作者	发表时间	发表刊物	刊物类别
166	《祈祷》被马耳他总统 Marie-Louise Coleiro Preca 收藏	李学兵	2016-05-02		美术作品
167	母亲的手艺与哲学	赵希岗	2016-04-30		艺术作品
168	东方既白-赵希岗新剪纸6幅	赵希岗	2016-04-22		艺术作品
169	十八里的半夜雪路	赵希岗	2016-04-10		艺术作品
170	年意	赵希岗	2016-03-30		艺术作品
171	故乡于你	赵希岗	2016-03-10		艺术作品
172	稀饭与腌渍苦瓜	赵希岗	2016-02-28		艺术作品
173	海洋	赵希岗	2016-02-20		艺术作品
174	樱桃的滋味	赵希岗	2016-02-10		艺术作品
175	《十五岁的夏天》美术绘画设计	尚 华	2016-02-01		美术作品
176	《谁的眼泪在飞》美术绘画设计	尚 华	2016-02-01		美术作品
177	像一只鹤	赵希岗	2016-01-30		艺术作品
178	金猴献福	赵希岗	2016-01-15		艺术作品
179	猴年献福	赵希岗	2016-01-10		艺术作品
180	薪技艺.燃 画册作品发表	李振宁	2016-01-01		艺术作品

（六）学生工作

【概述】 2016年，建筑学院学生工作领导小组，结合学院专业特色，根据年级和专业的差别，制定了学风建设与校园文化建设计划，有计划、有步骤、有重点地推进各项工作。

【学生党建工作】 城乡规划学系教工党支部获得校级优秀基层党组织称号，金秋野获得校级优秀党务工作者称号，梁延峰获得校级优秀党支部书记称号，李鹏鹏、成慧祯获得校级优秀共产党员称号。结合"两学一做"学习要求，开展系列活动，包括"做古都风貌保护的践行者"、手抄党章强理论、青年导师传真知等主题活动，为了全面响应国家保护文物的相关政策，积极开展有关古都风貌保护的社会实践活动，通过此活动，全面加强学生对于古都风貌的保护意识。

【学生骨干培养】 举办建筑学院专题学生骨干培训班，以学院学生骨干需求出发，结合专业特色，以社会主义核心价值观为引导，以丰富多彩的活动相贯穿，以营造优良学风为目标，先后举办理论培训4次，实践活动3次。活动主要以朋辈帮扶、教师指导、外出走访相结合的方式，为学生骨干们提供了一个沟通的机会和平台，让参与者在活动中经历，在经历中感悟，在感悟中成长。

【社会实践活动】 发起"建行记"寒假社会实践活动，让同学们在寒假走亲访友、参观调研及旅行体验之余，走进建筑、感知建筑；建筑学院团委成立"古都风貌保护"社会实践团队，旨在为了更好地保护北京的古都风貌，传承北京深厚的建筑文化；暑期"守望乡土"与"建筑文化传承创新"实践团共130余名学生参与,其中"守望乡土"社会实践团为全校重点实践团,并获得北京市一等奖。另外,为了全面响应国家保护文物的相关政策,积极开展有关古都风貌保护的社会实践活动,通过此活动,全面加强学生对于古都风貌的保护意识。共调研历史建筑20余处,形成系列报道。

【主题团日活动】结合学校80周年校庆,开展"忆峥嵘岁月,畅往昔北建"校史馆参观活动,通过团日活动加强班级凝聚力,感受学校历史氛围,使同学们都能够积极投身于班级团支部的建设,为学校建设增砖添瓦。

【学风建设与考风建设】为建设和维护优良院风,严肃考纪,端正考风,建筑学院依据《关于重申考风考纪考务工作要求的通知》以及《关于重申考风考纪要求的通知》等相关文件,以"教育、警示、监督"为工作思路,精心谋划,学院于期末考试前夕举办以"诚信考试"为主题的学院全体班长支书例会,扎实推进建设优良考风,树立优良学风。为树立学风标兵,建筑学院团委开展学子榜样宣传活动,采访国奖或多次获得校级奖学金,以及在学科方面有突出表现的学生榜样,讨教学习生活上的经验,以为同学们提供更多的帮助,树立良好的榜样。

【宿舍文化建设】为倡导良好的宿舍文化和环境,充分发挥宿舍作为学生学习生活基本组织单位与思想政治教育重要阵地的作用,提高学生自我管理、自我教育、自我服务的能力,学院开展了"文明宿舍"创建与评比活动,大力推进宿舍建设,丰富宿舍文化,持续构建文明和谐乐学的住宿环境。

【贫困生资助】2016年共评选出励志奖学金12名,贫困生50人,其中获得一等助学金学生16人,二等助学金34人,中华环境保护基金会TOTO奖学金6人。

【维护校园稳定】2016年在学校党委和行政的正确领导下,建筑学院全体教职员工齐心协力,勇于进取,团结奋斗,扎实苦干,继续保持良好的发展势头。

【打造校友文化】围绕80周年校庆打造校友文化,举办校友沙龙及系列主题展览。建90级校友回校捐赠奖学金。

【2016届就业】建筑学院本科签约率和就业率分均为98.45%,其中建筑学签约率和就业率分均为97.78%,城市规划、工业设计签约率和就业率均为100%,历史建筑保护工程签约率和就业率为94.44%;研究生签约率和就业率均为100%。综合成绩排名全校第一。学院2016届本科毕业生考取研究生21人,出国深造25人,毕业生升学率为35.66%。

【国际工作营活动】举办首届北京城市设计国际联合工作营,以"北京城市副中心通州旧城区更新设计"为主题,服务北京城市副中心通州区的规划建设,为北京城市副中心建设做贡献;举办开放建筑国际工作营,采取师生互动交流的教学形式,学生提供良好的学习与了解开放建筑设计理念与实践的平台。

(七)对外交流

【概述】建筑学院举行了包括"首届北京城市设计国际联合工作营"在内4次国际联合工作营,举办了10余次外国专家和学者的学术报告,接待美国规划协会、德国包豪斯大学等9所国外高校和研究机构,协助举办了1次国际级别的展览——"中葡设计握手"家具篇展览和1次国际学术论坛"首届北京城市设计国际高峰论坛"。在学校国交处的指导下,继续与海外外培项目合作院校英国伦敦艺术大学、美国奥本大学保持紧密的师生交流。

【伦敦艺术大学北京办公室主任、海外招生部门负责人赴建筑学院进行宣讲】2016年3月15日,伦敦艺术大学北京办公室主任、海外招生部门负责人赴建筑学院就北京建筑大学与伦敦艺术大学海外外培项目进行专场宣讲会。国交处处长赵晓红、建筑学院部分本科学生参会,会议由国交处王璇主持。在赵晓红老师简明扼要的介绍后,伦敦艺术大学的两位负责老师先后发言。

【教师参加第53届IFLA大会并作口头报告】第53届世界风景师联合会(IFLA)大会于2016年4月20-22日在意大利都灵召开,本届大会主题为Tasting the Landscape(品味景观)。大会授予国际著名景观设计师Peter Latz以国际风景园林领域的最高荣誉——杰里科爵士奖,并邀请Laura Lawson、俞孔坚、Pierre Donadieu、Saskai Sassen、Christian Dobrick(west 8)、Udo Weilacher等国际知名学者、设计师作特邀主旨报告。建筑学院风景园林系讲师张振威在大会上作题为Rigid Boundary of Resilient Landscape:Exploring the Role of Urban Ecological Baseline System towards a Sustainable Development Paradigm in China(弹性景观的刚性边界:城市生态基本控制线在塑造中国城市可持续发展范式中的作用)的口头汇报,其论文被收录分主题Connected Landscapes。

【美国奥本大学建筑、规划与景观学院院长David Hinson等一行来访】5月9日下午,美国奥本大学建筑、规划与景观学院院长David Hinson、景观系教授Charlene LeBleu等一行来访建筑学院,与学校国际交流处、学院主管领导及各系部主任进行会谈。首先,David Hinson教授汇报了奥本大学针对我校建筑学院建筑系、风景园林系2015级"1+2+2"外培项目学生所开设的课程体系,双方肯定了奥本相关课程与我校培养计划的有效对接。其后,与会双方探讨了建筑学"4+2"项目、城市规划双培项目的可行性。最后,David Hinson教授一行对申报建筑学"1+2+2"项目、风景园林"1+2+2"项目、环设"3+2"项目、风景园林"4+2"项目的同学进行了选拔面试。

【国际著名城市设计学者Roy Strickland教授访问建筑学院】6月2日下午,美国著名城市设计学者,密歇根学派代表人物之一,密歇根大学特布雷建筑与规划学院终身教授罗伊·斯特里克兰德先生,在我校优秀毕业生、哈佛大学和密歇根大学双硕士钱睿的陪同下,来我校高精尖创新中心和建筑学院进行访问。建筑学院党委书记田林、副院长丁奇、建筑系、规划系、风景园林系教师孙立、吕晓勇、李煜、张振威、何静涵等参加了座谈。座谈后,罗伊教授在我校三阶举行了一场主题为"电影中的城市"的讲座,并由钱睿进行现场翻译。罗伊教授将他在密歇根大学城市设计研究生项目开设的课程——以电影为教学媒介的设计课,与大家进行了分享和交流。

【哈佛大学Niall Kirkwood教授来建筑学院举办学术讲座】6月30日,美国哈佛大学景观与技术终身教授、北京建筑大学风景园林系荣誉系主任Niall Kirkwood教授应邀来建筑与城市规划学院举办学术讲座。Niall教授做了题为"Teaching and Research at Graduate School of Design, Harvard University/哈佛大学设计研究生院的教学与研究"的学术讲座。他介绍了哈佛大学设计研究生院的概况并分享了他带领哈佛的学生们在印度孟买进行的调研与设计项目——通过城市设计方法和工具绘制人口密度极高的孟买城市地图;以及研究孟买洪涝灾害与城市地下排水系统之间的关系。

【美国规划协会来建筑学院访问】7月4日,美国规划协会(APA)主席Carol Rhea,总裁 Jim Drinan，秘书长 Jeff Soul、驻华代表杨飞、曾嵘一行人来访。校长张爱林和副校长张大玉会见了客人，科技处处长高岩及建筑学院相关人员参加了会议。张爱林校长阐述了现在北京乃至其他大城市亟须解决的问题，张大玉副校长介绍了学校作为牵头单位，在市政府和住建部的共同支持下设立的"未来城市设计高精尖创新中心"的研究方向。美国规划协会主席 Carol Rhea、总裁 Jim Drinan 和秘书长 Jeff Soule 分别对协会的组织架构、使命愿景以及管理运营进行了介绍。Carol Rhea 主席高兴地表示 APA 和北京建筑大学具有广阔的合作前景。

【首届北京城市设计国际联合工作营校开幕】8 月 14 日上午，首届北京城市设计国际联合工作营在西城校区隆重开幕。校长张爱林、副校长张大玉、北京市规划和国土资源管理委员会通州分局副局长郭宝峰、美国哈佛大学 Niall Kirkwood 出席了本次活动，哈佛大学、密歇根大学、AECOM 和我校师生参加了开幕仪式。工作营的主题是"北京城市副中心通州旧城区更新设计"，为期十四天。本次工作营的指导教师团队实力十分雄厚，我校特别邀请到了美国哈佛大学 Niall Kirkwood 教授、密歇根大学 Roy Strickland 教授、以及 AECOM 副总裁刘泓志先生作为外籍指导教师，他们在城市设计、旧城更新等领域具有独到的见解，是城市设计领域国际一流的专家学者。工作营的二十位同学来自我校建筑学、城乡规划、风景园林、环境工程等专业，包括博士和硕士研究生以及本科生。在中外教师团队带领下，他们将前往通州老城区实地调研，展开项目设计，形成研究成果。

【北京城市副中心规划热点问题对话】8 月 27 日上午，作为北京城市设计国际联合工作营的重要内容之一，北京城市副中心规划热点问题对话活动在西城校区举行。活动由副校长张大玉主持。首先举行了未来城市设计高精尖创新中心聘任仪式。聘任刘泓志为未来城市设计高精尖创新中心国际咨询委员会委员，聘任 Niall Kirkwood、Roy Strickland 为未来城市设计高精尖创新中心学术委员会委员。对话环节，副校长张大玉首先介绍了通州区规划问题的背景，校长张爱林、通州区副区长刘贵明、哈佛大学教授 Niall Kirkwood、密歇根大学教授 Roy Strickland、AECOM 亚太区资深副总裁刘泓志这五位嘉宾就"规划定位的不断变化与城市规划设计的调整"、"规划设计从理念到策略再到实施"等问题展开了热烈的讨论。

【德国包豪斯大学教授到访】德国包豪斯大学建筑与城市规划学院院长 Bernd Rudolf 教授及 Sabine Zierold 教授来建筑学院进行访问。座谈会上，包豪斯大学 Bernd Rudolf、Sabine Zierold 与副校长张大玉建筑学院党委书记学院田林进行了亲切交流。德国教授介绍了包豪斯大学的历史及当前的教学科研情况。副校长张大玉代表北京建筑大学欢迎德国教授的访问，并介绍了我校当前的发展状况及"未来高精尖城市设计中心"的建设情况，双方就未来进一步的合作进行了愉快的交流。

【新西兰理工学院来我校建筑学院访问交流】9 月 19 日上午，新西兰理工学院（Unitec Institute of Technology）建筑系宿斌教授和风景园林系高级讲师 Matthew Bradbury 来访我校建筑学院，国际合作与交流处副处长丁帅、建筑学院副院长丁奇和建筑学院科研秘书何静涵进行了接待。此次来访，新西兰理工学院与建筑学院就建筑学、风景园林学研究生联合培养项目进行了磋商。丁院长也向客人介绍了建筑学院研究生的培养方式，并与来宾讨论了联合培养研究生、联合进行国际合作研究的可行性。

【美国卡耐基梅隆大学李中虎博士举办"医疗空间光环境设计"讲座】2016 年 12 月 19

日,由北京建筑大学建筑与城市规划学院与北京建筑大学建筑设计研究院共同主办的"医疗空间光环境设计"学术讲座在西城校区举行,本次讲座由美国卡耐基梅隆大学博士李中虎先生主讲,受到广大师生和设计师的热捧。主讲人李中虎先生以丰富的照明设计案例,包括美国和沙特阿拉伯的高端医疗和康复机构的光环境设计案例,阐述了以人为本与绿色设计的相互关系,令听众大开眼界。他以照明设计师的视角,传达出对节能、低碳、可持续发展的关注。讲座结束后,李中虎先生接受了设计院为其颁发的光环境设计研究所高级顾问聘书,并与建筑学院设计学系达成教学交流意向协议,为今后设计学教学与学术交流开创新的渠道。

【美国迈阿密大学建筑学院院长 Rodolphe el-Khoury 来访】2016 年 12 月 29 日,美国迈阿密大学建筑学院院长 Rodolphe el-Khoury 教授和建筑设计师裴钊老师来访我校,张大玉副校长、高精尖创新中心李雪华主任、建筑学院胡雪松副院长、建筑学院科研秘书何静涵参加了会议。张大玉副校长首先对 el-Khoury 院长的来访表示欢迎,随后他介绍了未来城市设计高精尖创新中心的发展进程、主要研究领域和中心的组织架构。张副校长表示依托高精尖中心,未来我校将会提升在科学研究、人才培养和师资队伍建设方面的能力,也希望和迈阿密大学建筑学院开展合作,在科研领域共同开展科研项目;在人才培养方面举办联合工作营,设立联合培养项目;以及在师资队伍建设上互派访问学者等。

建筑学院对外交流统计表

序号	时间	学术报告	参与人
1	2016.01.09	学术报告—拿什么与城市分享?	中国工程院院士、中国建筑设计研究院崔愷总建筑师
2	2016.01.09	学术报告——我国城市设计发展趋势的思考	中国工程院院士、东南大学王建国教授
3	2016.02.25	学术报告—首次全国乡村规划推进工作电视电话会	建筑学院丁奇老师在住建部应邀做全国乡村规划工作培训报告
4	2016.04.20	学术报告—建筑学院教师参加第 53 届 IFLA 大会并作口头报告	风景园林系讲师张振威在大会上作题为 Rigid Boundary of Resilient Landscape: Exploring the Role of Urban Ecological Baseline System towards a Sustainable Development Paradigm in China(弹性景观的刚性边界:城市生态基本控制线在塑造中国城市可持续发展范式中的作用)的口头汇报
5	2016.10.18	学术报告—中央城市工作会议背景下建筑教育的前瞻与改革报告会	清华大学建筑学院朱文一教授,西安建筑科技大学建筑学院刘克成教授,天津大学建筑学院副院长许蓁教授
6	2016.12.16	学术报告—"再造魅力故乡——美丽乡村建设的规划学途径"	建筑学院丁奇教授在首届亚太乡村复兴论坛上做学术报告
		学术讲座	
1	2016.05.20	学术讲座—"建苑雅集"传统文化系列讲座	建筑学院举办第五届学生学术年会——"人文视角下的城市设计"

续表

序号	时间	学术报告	参与人
2	2016.05.24	学术讲座—中国城市建筑发展（1977—2007）	德国汤若望协会原主席，亚琛大学施鹏嘉教授（H. Sprungala）
3	2016.06.02	学术讲座—电影中的城市	密歇根大学特布雷建筑与规划学院 Roy Strickland 教授
4	2016.06.30	学术讲座—"Teaching and Research at Graduate School of Design, Harvard University/哈佛大学设计研究生院的教学与研究"	美国哈佛大学景观与技术终身教授、北京建筑大学风景园林系荣誉系主任 Niall Kirkwood 教授
5	2016.11.28	学术讲座—洞穴与大海：勒·柯布西耶中年变法	建筑学院金秋野教授赴东南大学举办"洞穴与大海"专题讲座
6	2016.12.19	学术讲座—"医疗空间光环境设计"	美国卡耐基梅隆大学博士李中虎先生
		学术论坛	
1	2016.08.27	学术论坛—北京城市副中心规划热点问题对话	通州区副区长刘贵明、哈佛大学教授 Niall Kirkwood、密歇根大学教授 Roy Strickland、AECOM 亚太区资深副总裁刘泓志、北京未来城市设计高精尖创新中心执行主任我校校长张爱林担任对话嘉宾
2	2016.10.15	学术论坛—建筑文化传承与创新背景下的人才培养"院长论坛	我校建筑学院与北京未来城市设计高精尖创新中心联合举办"建筑文化传承与创新背景下的人才培养"院长论坛。中国工程院院士、东南大学教授王建国、中国工程院院士、西安建筑科技大学建筑学院院长刘加平、住建部人教司原副司长、中国建筑学会副理事长赵琦、清华大学建筑学院党委书记张悦、同济大学建筑学院院长李振宇、天津大学建筑学院院长张颀、东南大学建筑学院副院长葛明、哈尔滨工业大学建筑学院党委书记孙澄、重庆大学建筑学院院长杜春兰、华南理工大学建筑学院副院长肖毅强、沈阳建筑大学建筑学院院长张伶伶、山东建筑大学建筑学院院长仝晖、北京工业大学建筑学院院长戴俭、北方工业大学建筑学院院长贾东、中央美术学院建筑学院副院长程启明出席了本次论坛
		国际联合工作营	
1	2016.08.14-28	国际联合工作营—首届北京城市设计国际联合工作营	美国哈佛大学 Niall Kirkwood 教授、密歇根大学 Roy Strickland 教授、以及 AECOM 副总裁刘泓志先生作为外籍指导教师，指导"北京城市副中心通州旧城区更新设计"
2	2016.11.14-18	国际联合工作营—意大利佛罗伦萨大学建筑与景观遗产保护系与北建大建筑历史建筑保护系联合组建建筑遗产保护工作营	佛罗伦萨大学建筑与景观保护系研究生院院长 Maurizio De Vita 教授，历建保系师生

续表

序号	时间	学术报告	参与人
3	2016.12.03	获奖—我院程艳春老师获得2016"金堂奖"年度新锐设计师殊荣	建筑学院程艳春老师参评的作品——半壁店1号文化创业园8号楼改造,被评为2016年度最佳办公空间设计
4	2016.10.12-24	国际联合工作营—中美开放建筑国际工作营	美国波尔州立大学名誉教授、InfillSysterm US LLC公司董事长史蒂芬·肯德尔、中国建筑标准设计研究院执行总建筑师刘东卫和高级研究员伍止超、中国科学院大学教授张路峰以及建筑学院指导教师
		外培项目	
1	2016.03.15	外培项目—伦敦艺术大学海外外培项目专场宣讲会	伦敦艺术大学北京办公室主任、海外招生部门负责人赴建筑学院就北京建筑大学与伦敦艺术大学海外外培项目进行专场宣讲会
2	2016.05.09	外培项目—美国奥本大学与我校建筑学院建筑系、风景园林系"1+2+2"	美国奥本大学建筑、规划与景观学院院长David Hinson
		国际展览	
1	2016.09.09	国际展览—"中葡设计握手·家具篇"展览	建筑学院师生设计师团队一行10人,参加了在葡萄牙帕雷德斯市为期30天的第二期"中国青年设计师驻场四季计划",主题为"家具设计"
2	2016.07.11	展览—建筑学院青年教师李振宁作品参展国家博物馆"中国当代工艺美术双年展"	建筑学院青年教师李振宁创作的作品《与梦共舞》在本届中国当代工艺美术双年展中展出
		校际互访	
1	2016.04.13	校际互访—辽宁科技大学建筑与艺术设计学院赴我院调研考察	辽宁科技大学建筑与艺术设计学院副院长于欣波副教授带领该校建筑系主任汪江、基础部教学主任冯天、动画系教学主任王建、环境设计系主任陈俊如、视觉传达系主任赵艳一行六人
2	2016.05.18	校际互访—我校赴河北省城乡规划设计研究院走访	河北省城乡规划设计研究院院长杨立文、院党委书记孙建民等8位
3	2016.07.04	校际互访—美国规划协会来我校访问	美国规划协会(APA)主席Carol Rhea,总裁Jim Drinan,秘书长Jeff Soul,驻华代表杨飞、曾嵘一行人来访
4	2016.09.04	校际互访—德国包豪斯大学教授访问我校	德国包豪斯大学建筑与城市规划学院院长Bernd Rudolf教授及SabineZierold教授来我校进行访问
5	2016.10.20-21	校级互访—丁奇副院长带队走访西南交通大学和四川大学	西南交通大学建筑与设计学院院长沈中伟教授、规划系主任赵炜教授等院部领导,四川大学"中国美丽乡村研究中心"蔡尚伟主任

续表

序号	时间	学术报告	参与人
6	2016.09.19	校际互访—新西兰理工学院来我校建筑学院访问交流	新西兰理工学院（Unitec Institute of Technology）建筑系宿斌教授和风景园林系高级讲师 Matthew Bradbury
7	2016.10.10	校际互访—张大玉副校长带队走访清华大学建筑学院	清华大学建筑学院院长庄惟敏、党委书记张悦参加了座谈
8	2016.11.07	校际互访—建筑学院学工团队赴西安建筑科技大学建筑学院交流	建筑学院党委副书记王秉楠带领学院学生工作教师团队
9	2016.11.09	校际互访—广州大学建筑与城市规划学院来访	广州大学建筑与城市规划学院党委书记王琼一行8人
10	2016.12.20	校级互访—山东建筑大学建筑城规学院仝晖院长带队来我院访问交流	山东建筑大学建筑学院院长仝晖教授、建筑设计教研室主任江海涛、城市设计教研室主任孔亚暐、建筑历史教研室副主任慕启鹏、联合毕业设计导师郑恒祥
11	2016.12.21	校际互访—美国规划协会（American Planning Association，APA）	美国规划协会秘书长、国际项目主管 Jeffrey Soule 先生（苏解放），驻华首席代表杨飞博士和中国区高级顾问张国生先生
12	2016.12.29	校际互访—美国迈阿密大学建筑学院院长来访	美国迈阿密大学建筑学院院长 Rodolphe el-Khoury 教授和建筑设计师裴钊老师

（八）党建工作

【党委委员换届】 校党委批复，同意建筑学院党委由丁奇、田林、金秋野、王秉楠、荣玥芳、李沙、俞天琦7名同志组成，田林同志任书记，王秉楠同志任副书记。

【开展教职工主题教育】 本年度共开展教职工主题教育活动8场，包括深入学习十八届六中全会重要精神、开展"学习党章党规、学习系列讲话，做合格共产党员"、"两学一做"里写活动等，并组织全体教工党员赴卢沟桥参观，开展主题实践活动。每个教工支部至少深入展开两次理论学习，学习重点包括《中华人民共和国高等教育法》、中央城市工作会议、习近平总书记"七一"重要讲话精神、十八届六中全会、做"四有好教师"、青年学生成长成才等方面。

【党风廉政建设】 在学校党委的带领下，参加学校党委、组织部、宣传部、纪委组织关于党风廉政建设、从严治党等专题报告会议8次，学院参与人数180人次，在学院党政联席会、系部、各教工党支部组织的专题学习中也将党风廉政建设的学习教育作为重点，特别是把党员领导干部的"一岗双责"和党委的主体责任学习结合，让党员干部深刻认识到加强廉政建设的迫切性和重要性，在廉政建设上不能有丝毫懈怠。依照"八项规定"要求增强广大党员、领导干部和专业教师的廉政和风险防范意识。

【三严三实工作】 根据学院"三严三实"活动开展的主题教育情况向学校进行了详细汇报，包括落实党建责任制的成效与特色、党建工作推动事业发展情况、动员多方力量形成工作合力情况等。

【全面征求教师意见】 领导班级及个人面向全院教师展开"三严三实"作风建设情况征求

意见，并走进各系部、各党支部展开深度调研，其中，共发放征求意见表101份，收回93份。

【教师党员培养】 在原有李春青、李勤、阚玉德、杨晓四位兼职组织员的基础上，吸纳丁光辉、李煜、吕小勇、孙喆、王晶、李利、郝石盟7名青年教工党员作为兼职组织员，配合开展学生党员的理论学习、思想引领工作。

【信息建设工作】 配合学校党委完成2007年至今700余名毕业生党员组织关系核实及学院党员信息库建设工作。配合学校巡视工作进行财务、资产的全面梳理，完善资产和实验中心管理制度。完成西城区第十六届人大代表选举。以"亮明身份、公开承诺、示范带头、接受监督"为主题，统一制作党员桌牌，促进教工、学生党员思想建设。

（九）工会工作

【退休教师活动】 2016年1月14日上午10点，建筑学院在学院会议室召开退休教师团拜会。副校长（兼建筑学院院长）张大玉、党委书记田林、副院长丁奇和副院长胡雪松、部分系部主任和教师与退休教师参加了团拜会。

【教师工会大会换届】 2016年6月28日下午，建筑学院分工会及二级教职工（代表）换届选举大会在教4-205会议室顺利召开。建筑学院七十多位教师参加了本次大会，会议由学院党委副书记王秉楠主持。经过表决，田林当选为分工会委员会主席，王秉楠当选为分工会委员会副主席；胡雪松等29位老师当选为第三届教职工代表大会代表，其中丁奇等7人当选为教代会执行委员会委员，田林当选为执行委员会主任，胡雪松当选为执行委员会副主任，刘志刚当选为执行委员会秘书长。

（十）实验室建设

【实验中心概述】 实验中心一年来实现零安全事故，零教学事故；实验中心新开4门数字化系列课程；有序报废替换十年以上的老旧设备。

建筑物理环境实验室与北京建通科技股份有限公司（原名北京世纪建通环境技术有限公司）签订了共建实验室框架协议；建筑模型试验室在非物质文化遗产司组织的明式家具传统工艺制作方法及示范的教学项目中发挥了主导地位；建筑全过程国家级虚拟仿真实验教学中心依托学院实验中心虚拟仿真实验室，平均每月接待国内高校相关专业考察访问30人次以上，并成功接待了中学生课外科普实习50人次；实验中心教师的玻璃工艺作品成功在国家博物馆展出。

【绿色建筑与节能技术北京市重点实验室概述】 2016年，"绿色建筑与节能技术北京市重点实验室"通过北京市教委验收。重点实验室的主要研究方向：依托建筑学和建筑技术学科，开展建筑与环境、建筑与能源等可持续发展领域的研究，重点开展建筑环境能源效率、室内外舒适性环境、被动式建筑节能技术等方面研究；依托土木学科，开展工程结构节能、抗震及防火新技术、既有工程结构的检测、鉴定与维修加固等方面研究；依托材料学科，开展建筑垃圾资源化、再生环保和可持续性结构材料方面研究；依托供热、供燃气、通风及空调工程学科，开展采暖空调系统和设备在能源转换过程中能源高效利用技术，以及可再生能源利用技术研究；依托环境和市政工程学科，开展从水资源优化配置与节水、水环境综合治理与污染物总量控制、非传统水源高效循环利用等方面研究。2016年没有新增设备；发表论文15篇，其中三大检索和核心刊物发表论文9篇，培养硕士研究生48名。

【绿色建筑与节能技术北京市重点实验室设备】

2016 年设备使用机时

序号	项目名称	16年使用机时	序号	项目名称	16年使用机时
1	虚拟现实系统	112	19	建筑性能分析软件 VE	130
2	常温凝胶色谱系统 Waters GPC	200	20	热舒适度仪	15
3	沉浸式立体同步显示系统	112	21	超细磨机	290
4	高性能图形处理系统	550	22	理学 NEX CG 解析式能量色散 X 荧光分析仪	400
5	高性能混凝土搅拌机	400	23	高性能工作站	561
6	水泥水化热测定仪	600	24	ANSYS 流体高级分析模块	120
7	绝热温升系统	400	25	高性能工作站	1650
8	酸纯化系统	410	26	多功能环境自计测试系统	2200
9	自动电位滴定仪	40	27	环境行为与心理数据同步采集平台	23
10	视觉采集眼动追踪系统	24	28	综合热物性实验平台	200
11	红外热像仪系统	68	29	钢筋保护层测定仪	800
12	分光辐射度计	210	30	四站全自动比表面和孔隙度分析仪	800
13	单边冻融试验机	200	31	高精度生态环境监测站	5
14	全自动化学试验系统	200	32	便携式气相色谱仪	5
15	新拌混凝土单位用水量水灰比测定仪	200	33	风环境与热岛模拟软件	80
16	建筑物表面材料数据收集与处理系统	230	34	室内环境激光测量系统	24
17	建筑精细部件绿色产品逆向设计全信息采集系统	85	35	高性能工作站	1650
18	高性能工作站	550	36	交互式智能教学平板设备	220

合计：13965

【绿色建筑与节能技术北京市重点实验室科研工作】 参与/承担课题 7 项。

2016 年绿色建筑实验室承担的各类科研项目一览表

序号	项目名称	负责人	项目来源	项目级别	合同经费（万元）	起止时间	项目类别
1	公共机构绿色节能关键技术研究与示范	郭晋生	国家"十二五"科技专项	省部级	52.00	2013.6.1-2016.12.31	重点
2	基于参数化方法的建筑表皮气候适应性设计研究	俞天琦	北京市自然科学基金	北京市自然科学基金	8.00	2013.01.01-2016.12.31	一般
3	活性粉末混凝土的抗火性及其改善机理的研究	宋少民	国家自然科学基金	国家自然科学基金	80.00	2013.07-2016.12	一般

续表

序号	项目名称	负责人	项目来源	项目级别	合同经费（万元）	起止时间	项目类别
4	高层建筑室外风致气动噪声特性及影响因子研究	刘博	国家自然科学基金	国家自然科学基金	25.00	2014.01.01-2016.12.31	重点
5	光伏技术应用与建筑表皮设计研究	俞天琦	主管部门科技项目	主管部门科技项目	15.00	2014.01.01-2016.12.31	一般
6	寒冷气候区低能耗公共建筑空间 设计理论和方法	高岩	国家自然科学基金	国家自然科学基金	20.00	2015.01.01-2018.12.31	重点

2016年"绿色建筑与节能技术北京市重点实验室"发表的学术论文一览表

序号	成果名称	第一作者	发表时间	发表刊物	刊物类别
1	带遮热板的热管式真空管集热器中温性能的理论与实验研究	张昕宇	2016-1-28	太阳能学报	EI 核心期刊
2	多维传热传递函数方法及模型不稳定性分析	高岩	2016-2-15	暖通空调	核心期刊
3	三氧化硫含量对生态型胶凝材料性能影响研究	宋少民	2016-4-27	混凝土	核心期刊
4	绿色混凝土技术的研究与应用现状	刘娟红	2016-5-20	混凝土世界	普通期刊
5	太阳能季节蓄热采暖系统模拟分析	段崇文	2016-5-25	应用能源技术	普通期刊
6	铁尾矿微粉矿物掺合料技术性能研究	宋少民	2016-5-27	混凝土	核心期刊
7	增压吸收对土壤源吸收式热泵性能影响的模拟分析	程博	2016-7-8	中国科技论文	核心期刊
8	全玻璃真空管型家用太阳能热水器热性能影响因素试验研究	张昕宇	2016-8-15	建筑科学	核心期刊
9	台州某医院建筑庭院、中庭与建筑热环境影响研究	陈亚童	2016-9-15	中国医院建筑装备	普通期刊
10	多壁碳纳米管水泥基复合材料的压敏性能研究	王琴	2016-9-15	硅酸盐通报	核心期刊
11	降雨入渗作用下土壤含水量时空变化研究	高岩	2016-9-30	北京建筑大学学报	普通期刊
12	侯台公园展示中心绿色建筑技术分析与研究	韩德周	2016-7-26	建筑技术	核心期刊

续表

序号	成果名称	第一作者	发表时间	发表刊物	刊物类别
13	绿色混凝土技术的研究与应用现状	刘娟红	2016-6-17	混凝土世界	普通期刊
14	两种全玻璃真空管型太阳集热器集热系统动态特性比较	高岩	2016-7-27	太阳能学报	EI 核心期刊
15	低碳示范性小建筑设计方法探究	付皙婷	2016-6-16	建筑与文化	普通期刊

【科研工作会议】2016年，"绿色建筑与节能技术北京市重点实验室"召开重要会议17次，主要是课题会议。

2016年"绿色建筑与节能技术北京市重点实验室"主要议题一览表

会议时间	会议地点	主要议题
2016年3月4日	北京建筑大学	实验室验收路线准备
2016年3月14日	北京建筑大学绿建实验室	纵向课题-十二五科技支撑计划课题"公共机构环境能源效率综合提升适宜技术研究与应用示范"工作会议
2016年3月21日	北京建筑大学绿建实验室	纵向课题-十二五科技支撑计划课题"公共机构环境能源效率综合提升适宜技术研究与应用示范"工作会议
2016年3月25日	清华大学建筑设计院 舜德厅	《公共机构环境能源效率综合提升适宜技术研究与应用示范》征求意见稿专家评审会
2016年4月6日	校科研楼302室	纵向课题-十二五科技支撑计划课题"公共机构环境能源效率综合提升适宜技术研究与应用示范"工作会议
2016年4月20日	校科研楼302室	纵向课题-十二五科技支撑计划课题"公共机构环境能源效率综合提升适宜技术 研究与应用示范"工作会议
2016年5月9日	校科研楼302室	纵向课题-十二五科技支撑计划课题"公共机构环境能源效率综合提升适宜技术研究与应用示范"工作会议
2016年5月27日	校科研楼302室	纵向课题-十二五科技支撑计划课题"公共机构环境能源效率综合提升适宜技术研究与应用示范"工作会议
2016年7月1日	中国建筑标准设计研究院5楼标准事业部会议室	横向课题-车库规范编制课题工作会议
2016年7月7日	校科研楼302室	纵向课题-十二五科技支撑计划课题"公共机构环境能源效率综合提升适宜技术研究与应用示范"工作会议
2016年7月29日	西郊宾馆一号楼12会议室	纵向课题-十二五科技支撑计划课题"公共机构环境能源效率综合提升适宜技术 研究与应用示范"工作会议
2016年8月19日	清华大学建筑馆	纵向课题-十二五科技支撑计划课题"公共机构环境能源效率综合提升适宜技术 研究与应用示范"工作会议
2016年9月22日	清华大学建筑学院	纵向课题-十二五科技支撑计划课题"公共机构环境能源效率综合提升适宜技术研究与应用示范"工作会议

续表

会议时间	会议地点	主要议题
2016年9月26日	校科研楼302室	纵向课题-十二五科技支撑计划课题"公共机构环境能源效率综合提升适宜技术研究与应用示范"工作会议
2016年10月11日	校科研楼302室	纵向课题-十二五科技支撑计划课题"公共机构环境能源效率综合提升适宜技术研究与应用示范"工作会议
2016年10月27日	日本东京工艺大学	纵向课题-十二五科技支撑计划课题"公共机构环境能源效率综合提升适宜技术研究与应用示范"工作会议
2016年11月8日	校科研楼302室	纵向课题-十二五科技支撑计划课题"公共机构环境能源效率综合提升适宜技术研究与应用示范"工作会议
2016年11月22日	校科研楼302室	纵向课题-十二五科技支撑计划课题"公共机构环境能源效率综合提升适宜技术研究与应用示范"工作会议

（十一）重大事件

1. 2016年1月8日，受住房和城乡建设部高等教育城乡规划专业评估委员会委派，评估专家中国城市规划设计研究院陈锋教授和山东建筑大学闫整教授进驻建筑学院，对城乡规划专业研究生教育评估进行中期督查工作。经过专家检查、师生座谈、听取汇报，城乡规划专业研究生教育2年来取得的成绩予以了充分肯定。

2. 2016年1月18日，副校长张大玉教授带队赴中国城市建设研究院出席市级校外人才培养基地揭牌仪式，并就两单位深入开展科研、实践交流的下一步工作计划等事宜进行交流研讨。北京建筑大学教务处副处长那威、建筑学院副院长胡雪松、丁奇及风景园林系主任魏菲宇、教师潘剑彬等共同参加揭牌仪式。中国城市建设研究院党委书记、副总经理赵洪才，副总经理王磐岩，人力资源部主任蒋黎宾、郭富，园林院副院长林鹰，总工程师白伟岚等出席了会议。

（刘志刚　刘　博　刘　骢　黄庭晚　何静涵　陈霞妹　王　兵　陈格非
　　　　　　　　　田　林　胡雪松　丁　奇　王秉楠）

二、土木与交通工程学院

（一）概况

土木与交通工程学院的前身是创建于1936年的土木工程专业，是北京历史最悠久的土木工程学科之一，为首都城市建设行业培养了大批技术骨干和高级管理人才，其中包括建筑工程领域的杰出领导人李瑞环同志，九位全国工程勘察设计大师，一位中国工程院院士，为首都建设做出了巨大的贡献。

学院下设五个系、一个部、一个中心、一个研究院、两个工程研究中心、一个国际合作基地、四个创新团队。即：建筑工程系、道路桥梁工程系、交通工程系、地下工程系和材料工程系；专业基础部；实验教学中心；北京市基础设施研究院；下设9个研究所：结构工程研究所、岩土工程研究所、道路工程研究所、桥梁工程研究所、现代施工技术研究所、交通工程研究所、工程力学研究所、建筑材料工程技术研究所、工程安全与防灾减灾研究所；"工程结构与新材料"北京市高校工程研究中心和北京市"城市交通基础设施建设"工程技术研究中心；城市交通基础设施建设北京市国际科技合作基地；大城市地下交通空间资源开发利用教育部创新团队、城市地下空间开发利用北京市学术创新团队、节能型温拌再生沥青混合料应用关键技术研究北京市学术创新团队、工程结构抗震新技术北京市学术创新团队。研究生教育始于1982年，现有土木工程、交通运输工程两个一级学科硕士授予权，六个二级学科硕士点，即：土木工程一级学科下的结构工程，防灾减灾工程及防护工程，岩土工程，桥梁与隧道工程；和交通运输工程一级学科下的道路与铁道工程，交通规划与管理；此外，还有建筑与土木工程工程硕士专业学位授予权和中澳合作办学土木工程硕士项目。土木工程专业2006年通过住建部土木工程专业评估、2011年和2016年两次通过复评，为国家教育部"卓越工程师计划"试点单位。2008年被评为北京市土木工程一级重点学科，并荣获"北京市特色专业"称号。2009年经教育部批准，荣获"国家级特色专业"项目。2011年建筑与土木工程荣获"全国工程硕士研究生教育特色工程领域"荣誉称号。2016年土木工程实验教学中心获批北京市高等学校实验教学示范中心。本学院所有专业在北京地区和全国大部分省份均为一本招生，生源质量不断提高。

学院在七十多年的发展过程中，以行业为依托，与北京市各大设计院、建筑公司、市政路桥公司、地铁建设公司、建设监理公司、房地产开发公司等大型土建企业和研究机构保持着密切的合作关系。学院注重工程实践，20世纪80年代以来创建了北京建工建筑设计研究院、京精大房建设监理公司、致用恒力建材检测公司、远大工程施工公司。拥有工程设计国家甲级资质、建设监理甲级资质以及北京市高校唯一的工程结构与建材检测资质。

学院注重国际学术交流，与美国科罗拉多大学、戴维斯加州大学、佛罗里达州立国际大学、北达科他州立大学、纽约布法罗大学、南澳大利亚大学、日本武藏工业大学、德国Wupptal大学、俄罗斯圣彼得堡建筑大学、波兰琴斯托霍瓦科技大学、亚美尼亚国立建筑大学建立了良好的合作关系，并与部分学校建立了教师、学生的交流计划。学院开设用英语讲授的系列基础与专业课程，与发达国家高等教育迅速接轨。学院具有很高的国际声誉，每年都有一批优秀毕业生经学院推荐，荣获世界名校奖学金，赴美国、英国、澳大利亚、加拿大等发达国家继续深造。同时，学院接受一定数量的外国留学生和外国研究生。

站在新的历史起点上，把学校建设成为国内一流、国际知名、具有鲜明建筑特色的高水平、开放式、创新型大学的宏伟目标奋进中，土木与交通工程学院正以崭新的姿态，建设世界一流的应用型城市建设人才培养基地，为首都北京乃至全国土建行业继续培养优秀人才，并逐步发展成为本学科应用科学技术的研究中心。

（二）师资队伍建设

【概述】截止2016年末，土木学院在编在岗教职员工78人，其中，长江学者特聘教授1名，国家杰出青年科学基金获得者1名，百千万人才工程国家级人选2人，科技北京百名领军人才1名，中科院"百人计划"人选1名，长城学者1名，教授16名、副教授23名，92%的教师具有硕士以上学位，73%以上教师具有博士学位。近半数的教师毕业于世界著名学府，曾在美国、英国、日本、俄罗斯等国长期工作、学习或讲学。学院充分利用首都北京科研院所集中及行业界强大的校友优势，聘请数十位全国知名专家担任研究生导师。针对学校提出的在建校百年之时学校进入到"两个先进行列"的整体战略目标，学院将加大对于青年教师的培养力度和引进高水平师资力量的力度，要进一步扩大规模，促进专业和学科的可持续发展，提升教学和科研水平。

【加强教师队伍建设】2016年土木学院引进与培养并举，加强教师队伍的建设，成效显著。2016年季节获科技部中青年创新领军人才；在第一批金字塔人才培养工程遴选中，季节当选建大领军人才，焦朋朋、索智当选建大杰青，李飞、焦驰宇当选建大英才；在第一批主讲教师支持计划人才遴选中，许鹰当选为高级主讲教师；在第二批金字塔人才培养工程遴选中，廖维张、祝磊当选建大杰青，曲秀姝、侯苏伟当选建大英才。焦朋朋、张艳霞、祝磊晋升为教授；索智、程蓓、许鹰、王琴、庄鹏晋升为副教授；杜红凯晋升为高级实验员。

引进山东烟台大学土木工程专业初明进教授到建筑工程系工作；接收澳大利亚西澳大学土木工程专业博士屈小磊到地下工程系工作、接收清华大学土木工程专业博士解琳琳到建筑工程系工作；录取北京工业大学周晨静师资博士后入站，录取北京交通大学的夏晨、西安建筑科技大学的李晓照为博士后。作为应用型大学师资培养的重要组成部分，学院要求新进青年教师要过"三关"，即：工程关、教学关和科研关。学院派遣新入职的建筑工程系博士解琳琳去中国建筑设计研究院接受全面的工程训练，交通工程系师资博士后赵传林赴法国里昂大学ENTPE进修。

（三）学科建设

【学科发展】2016年土木学院在学科建设上取得了较大的进步。学院积极建设北京市土木工程一级重点建设学科建设，完成了校内学科年检材料的收集上报工作，完成了第四届教育部全国学科评估土木工程一级学科材料的精心准备和提交工作。召开学科和专业负责人会议，明确学科负责人的学科发展任务，以及师资队伍的引进和培养任务；"古建保护国家特殊需求"博士点招生，戚承志教授招收博士生周理安；学院开始申报土木工程一级学科博士点。

【研究生招生】学院采取提前面试举措，招揽较高水平的二志愿学生，2016年招生人数达到104人，本校应届本科毕业生升学率为18.79%，继续保持良好势头，其中51名同学考取国内高校研究生。24名毕业生获得美国、加拿大、英国著名大学的奖学金，留学深造。

【研究生教育管理】为加强研究生教育，学院制定了《关于执行学校硕士研究生指导教师条例的实施细则》《土木与交通工程学院硕士研究生奖助学金评审细则》《土木与交通工程学院研究生优秀论文评选办法》《土木与交通工程学院优秀毕业硕士研究生评审细则》《土木与交通工程学院硕士研究生学术论文要求》等管理制度，各项制度已通过学术委员会讨论并经党政联席会会议批准开始实施。

2016年，通过学生提交材料、导师审核、学院审核、研究生院审核等层层环节审查，土木学院最终确定各项奖学金获奖情况。其中获得国家级奖学金9人，一等奖学金10人，二等奖学金30人，优秀学生干部奖学金6人。

成功举办"京津冀高校土木工程学科发展研究生论坛"参会单位包括北京、河北、天津土木学科相关院校，会议就京津冀高校土木学科协同创新与发展进行了广泛交流，取得了广泛共识、效果显著。

（四）教学工作

【概述】在本科教学日常管理工作中，坚持管理制度的建设与执行，注重教学过程管理与控制，依据校院两级教学督导专家组对各教学环节检查的反馈意见，依靠学院教学工作委员会的决策机制，对各个教学环节实施质量检查与评价，及时解决各教学环节出现的各类问题，通过认真组织、协调和实施各项教学工作，使得我院教学质量逐步提高，教学秩序良好。以学生及格率、毕业率、学位率和四级通过率为考核点，通过与理学院、文法学院的密切配合，搞好学生基础课程及英语课程的学习。通过本学院学风建设、上课考勤及任课教师与班主任工作，提高学生对本专业的认同和学习的主动性。同时，注重学风建设，严抓上课出勤率、及格率、毕业率、学位率和就业率，实现了年初制定的教学目标。2016年，各项科技竞赛及社会实践均紧密结合教学环节开展，邀请各教研室专业教师广泛参与，保证和学生的课程学习步调一致，为培养学生成长成才起到积极作用。加强日常学风建设工作的引导和督察，通过每学期学习委员座谈会，了解我院教风学风现状，并向学院党政班子通报。对四、六级通过的同学进行表彰，提高学生的学习英语的积极性；实行宿舍检查、不定期进课堂巡查登记、学生工作办公室随机抽查等制度，促进学风转变。总结毕业生成长成才经历，组织其中部分优秀毕业生分别对各年级学生进行座谈、采访，形成树典型、宣传典型、学习典型的氛围。

经过全院教师的长期建设和积累，在全院教师的共同努力下，取得"土木工程教育部特色专业"，"国家级工程实践教育中心"，"土木工程市级优秀教学团队"，"北京市高创领军人才"，"北京市教学名师"、"北京市优秀教师"、两个"市级校外人才培养基地"，三个"市级学术创新团队"，以及北京市精品课"土木工程施工"，三本北京市精品教材"土木工程概论"、"土木工程施工"、"土力学"等一批代表我院特色、优质的精品课程、精品教材等质量工程标志性成果。土木学院获得北京市教学成果二等奖、三等奖各一项。同时，根据高等教育质量工程建设的总体工作部署，2016年围绕土木学院专业建设、课程建设、教材建设、教学名师与教学团队建设、校外生产实习基地建设、实验示范中心建设开展工作。土木与交通工程学院下设五个专业方向，既有基础雄厚的土木工程专业，也有年青的无机非金属材料专业和交通工程专业，在充分发挥强势专业龙头作用的基础上，积极开展新办专业的建设工作。

【英语四级通过率】土木学院英语四级通过率实现连续4年持续增长，这两年四级通过率从60％增长到68％，再增长到73.67％。全年参加4级考试共报名658人次，参加6级考试共报名729人次，参考率保持在97％以上。参加6级考试人数超出4级考试人数71人，学风状况提升明显。

【结构承载力大赛】结合我院二年级学生《材料力学》和三年级《结构力学》课程的学习，与我院专业基础部、结构教研室老师共同开展《北京建筑大学结构承载力大赛》、科技活动周等活动。通过此类竞赛的开展，为师生间提供了一个比课堂教学更互动的交流机会。从不同角度增强学生对课程的认识，为学生求学、老师教学都增添了动力。同时，为在整个土木学院内部形成良好的学习、育人、学术交流的氛围起到了促进作用。

【大学生课外科技项目】2016年申报土木学院申报校级大学生课外科技项目12项，共有

15位专业教师指导学生开展科技项目，共有63位学生参与。

【寒假社会实践活动】2016年寒假，土木学院面向14、15级学生开展"学长访谈"和"直击人才市场"寒假社会实践活动，两个年级全体同学全员参与。2016年暑假，面向13级学生，和就业指导中心共学生参加。同时，积极和各专业生产实习进行结合，各教研室在暑假前将生产实习手册发至学生手中，建筑工程系侯敬峰副主任与我校招生就业处朱俊玲副处长共同为学生做暑期社会实践的动员与培训，并有部分同学将暑期就业见习与生产管理实习进行结合。

【科技类竞赛】我院学生课外科技作品荣获2016"创青春"全国大学生创业大赛银奖1项，荣获2016"创青春"首都大学生创业大赛创业计划赛银奖2项、铜奖1项，荣获"中国动力谷"杯第十一届全国大学生交通科技大赛二等奖1项，荣获第七届全国中、高等院校学生"斯维尔杯"建筑信息模型（BIM）应用技能大赛全能二等奖2项、单项二等奖3项、单项三等奖7项，荣获第五届北京市大学生建筑结构设计竞赛A组赛题一等奖1项、B组赛题（结构方向）一等奖1项以及B组赛题（桥梁方向）一等奖1项，第二届全国高校BIM毕业设计大赛现场答辩一等奖1项，"苏博特"杯第四届全国大学生混凝土材料设计大赛特等奖1项、一等奖1项，第四届全国高校土木工程专业大学生论坛论文交流一等奖3项，第二届全国高等院校BIM应用技能网络大赛一等奖1项，第一届全国城市地下专业大学生模型设计大赛三等奖2项，第十届全国大学生结构设计竞赛优秀奖1项，第二届中国"互联网＋"大学生创新创业大赛三等奖1项，第八届节能减排社会实践与科技竞赛三等奖1项，首届"交通·未来"大学生创意作品大赛三等奖1项、优秀奖1项。

【青年教师培养】针对土土木与交通工程学院青年教师较多、工程能力和教学能力不够的情况，继续实行青年教师到工程单位实习一年制度，培养其解决工程问题的能力。有一位新入职青年被派出到工程单位进行工程实践。同时，为加强青年教师教学能力的培养，在为每位青年教师配备导师负责日常教学能力培养的基础上，组织了"第七届青年教师（40岁以下）教学基本功比赛"。从比赛结果看，青年教师在教学基本功方面有了普遍提高，为我院青年教师过教学能力关奠定了基础。

【教学质量长效机制】继续坚持教学质量长效机制建设，在教学过程控制、教学质量检查与评定、教学基础资料的检查与存档、院系两级教学管理工作方面开展工作，特别是对新入职的青年教师，做专门的培训、要求与检查。

【质量工程建设】在继续开展既有各级质量工程项目建设的基础上，重点开展省部级教研项目申报工作，组织申报了中国建设教育协会教研项目5项。

【教学基地建设】实践教学平台是学生工程实践能力培养的保障，学院重视实践教学基地建设。2016年1月，学院实验教学示范中获批土木工程北京高等学校市级实验教学示范中心。

【专业建设成绩】专业建设是学院永恒的中心工作，而本科教学管理工作又是学院的重点工作内容之一，培养合格人才是学院的基本工作任务，也是学院未来发展的基础。学院以土木工程专业迎接2016年土木工程专业评估（认证）为契机，积极开展专业建设工作。学院组建了土木工程专业评估领导小组与工作组，按照"以评促建，以评促改，评建结合，重在建设"的指导思想开展迎评工作。于2016年1月15日撰写完成并提交北京建筑大学《全国高等学校土木工程专业评估（认证）自评报告》（复评），4月19日，接到住房城乡建设部高等教育土木工程专业评估委员会《关于北京建筑大学土木工程专业入校考查安排的通知》，5月18日评估小组入校，19-20日完成考查工作。2016年6月7日，接到评估委员会《关于北京建筑大学土木工程专业评估（认证）结论通知》，通过评估（认证），合格有效期6年，自2016年5月起至2022年5月止。

【教材建设】出版土木工程专业教材13部。其中，中国建筑工业出版社6部，《建筑砂浆一本通》，陈家珑、周文娟主编；《北京地铁基坑工程设计与施工》，刘军主编；《建筑垃圾资源化利用城市管理政策研究》，陈家珑、周文娟、周理安参编；《房屋建筑构造》，常宏达主编；《二级注册结构工程师专业考试复习教程》和《一级注册结构工程师专业考试复习教程》，陈嵘参编；中国电力出版社1部，《废弃资源与低碳混凝土》，宋少民主编；知识产权出版社1部，《预应力FRP筋混凝土结构关键性能研究》，王作虎主编；武汉大学出版社1部，《混凝土结构设计》，何淅淅参编；人民交通出版社2部，《道路与桥梁工程概论（第二版）》，张新天主编；《中国盾构工程科技进展》，刘军参编；机械工业出版社2部，《混凝土结构设计原理》，赵东拂主编；《钢结构学习指导》，赵赤云主编。

【教学改革】在2015级试点招收土木英才实验班基础上，在2016级继续招收土木英才实验班，实行导师制、学分制，为进一步促进土木工程专业人才培养质量，积极开展人才培养模式改革。

【联合培养】积极落实北京市教委"双培计划"、"实培计划"项目。2016级交通工程专业招收16名"双培计划"同学到北京交通大学进行为期三年的学习；学院有多名同学获批"实培计划"项目；2名同学入选"外培计划"项目到美国科罗拉多大学进行为期一年的交流学习。

【校际交流】积极开展校际交流，接受贵州省凯里学院选派10学生进行为期1年的进修与交流学习。

（五）科研工作

【概述】学院始终以教学、科研为中心，以理论联系实际和面向国际大都市建设为特色，全面提高人才培养质量。学院的科研领域涉及建筑结构工程、防灾减灾、现代施工技术、路基路面工程、市政桥梁工程、地铁建设和地下空间开发及利用、现代大都市交通系统和高性能混凝土材料等。

【科研成果】2016年土木学院科研成果丰富，其中发表SCI收录文章8篇、EI收录文章22篇、核心期刊文章34篇、一般期刊文章15篇、会议论文17篇；出版著作10部；授权发明专利9项。

【科研项目】学院组织各类科研基金的申报工作。2016年获得国家自然基金项目4项：徐世法面上项目，李飞、彭友开、周理安获得青年基金项目。

【学术交流】2016年10月12日-13日成功主办了华人岩土地震工程及第二届中俄白地下工程研讨会，参会人员150多名，其中包括3名中外院士、3为俄罗斯科学院研究所的所长、1位俄罗斯大学副校长、5位国内大学土木学院院长、4位长江杰青等，促进了学术交流和我校知名度的提高；2016年12月2日—3日成功主办了第二届北京建材技术交流会暨北京建筑学会建材分会2016年会；2016年12月3日—4日年成功地协办了第三届盾构工程技术研讨会暨地下空间综合管廊施工技术论坛；2016年7月11日—15日张蕊、周晨静参加上海举办的 World Conference on Transport Research Society，WCTRS 学术会议并做学术交流。

2016 年土木与交通工程学院承担的各类科研项目一览表

序号	项目名称	负责人	项目来源	项目级别	合同经费（万元）	起止时间
1	冷拌沥青混合料界面复合改性剂与沥青交互作用机理的微观研究	徐世法	国家自然科学基金项目	国家级	85.2	2016-07-01 到 2020-12-31
2	箍筋约束再生混凝土受压本构关系及加载应变速率影响规律研究	彭有开	国家自然科学基金项目	国家级	24.58	2016-07-01 到 2019-12-31
3	再生骨料吸水返水特性及其对混凝土收缩性能的影响	李 飞	国家自然科学基金项目	国家级	25.08	2016-07-01 到 2019-12-31
4	建筑垃圾再生微细颗粒材料对可控低强材料流变特性的影响研究	周理安	国家自然科学基金项目	国家级	27.6	2016-07-01 到 2019-12-31
5	多年冻土地区路基沉降变形的机理和时空演化规律研究	齐吉琳	国家自然科学基金项目	国家级	62	2016-07-01 到 2019-12-31
6	基于实时 O-D 反推的动态交通网络组合模型与算法	焦朋朋	国家自然科学基金项目	国家级	53	2016-07-01 到 2019-12-31
7	非活性掺合料在低熟料胶凝体系中微结构与稳定性研究	宋少民	国家自然科学基金项目	国家级	63	2016-07-01 到 2019-12-31
8	空间网架构结构在设备激励下的损伤识别失效机制与修复策略的研究	王孟鸿	国家自然科学基金项目	国家级	61	2016-07-01 到 2019-12-31
9	复合材料层合板低能量冲击损伤表征技术研究	李地红	国家自然科学基金项目	国家级	64	2016-07-01 到 2019-12-31
10	既有大跨空间结构抗风雪关键技术研究	韩 淼	国家科技部	国家级	325	2016-07-26 到 2019-12-31
11	北京市城市交通基础设施建设工程技术研究中心 2016 年度科技创新基地培育与发展工程子专项项目	徐世法	省、市、自治区科技项目	省部级	50	2016-12-01 到 2018-01-31

续表

序号	项目名称	负责人	项目来源	项目级别	合同经费（万元）	起止时间
12	建筑垃圾和公路路面废料资源化利用模式研究	周文娟	国家发改委	省部级	10	2016-08-01 到 2016-12-31
13	绿色交通发展下大城市公共自行车推广策略与关键问题研究	林建新	省、市、自治区社科基金项目	省部级	5	2016-07-01 到 2017-06-30
14	北京新机场航站楼大跨度钢结构体系研究	张爱林	省、市、自治区科技项目	省部级	100	2016-01-01 到 2018-12-31
15	道路移动源排放管理控制系统	林建新	国务院其他部门	省部级	8	2016-01-01 到 2017-12-31
16	基于交通枢纽内部疏散"薄弱点"分析的行人运动状态研究	张蕊	国务院其他部门	省部级	30	2016-01-01 到 2017-12-31
17	基于家庭决策的通学出行行为与交通需求预测研究	张蕊	国务院其他部门	省部级	25	2016-01-01 到 2017-12-31
18	固定式建筑垃圾处置技术规程	周理安	其他课题	省部级	自筹	2016-01-01 到 2017-12-31
19	高强钢绞线网—聚合物砂浆加固层与混凝土界面滑移机理研究	廖维张	省、市、自治区科技项目	省部级	18	2016-01-01 到 2018-12-31
20	螺栓钢板连接装配式小高宽比混凝土剪力墙抗震性能研究	程蓓	省、市、自治区科技项目	省部级	20	2016-01-01 到 2018-12-30
21	面向实时路径诱导的动态 O-D 反推与动态交通分配组合模型研究	焦朋朋	省、市、自治区科技项目	省部级	20	2016-01-01 到 2018-12-31
22	小半径曲线桥地震破坏机理的模型试验与数值模拟研究	焦驰宇	省、市、自治区科技项目	省部级	20	2016-01-01 到 2018-12-31
23	城市人群密集场所行人拥挤管理与安全疏散研究	李之红	主管部门科技项目	省部级	5	2016-01-01 到 2017-06-30
24	FRP 加固混凝土结构抗震性能的尺寸效应研究	王作虎	主管部门科技项目	地市级	15	2016-01-01 到 2018-12-31
25	低损伤预制装配式混凝土框剪结构设计施工一体化研究	曲秀姝	主管部门科技项目	地市级	15	2016-01-01 到 2018-12-31

续表

序号	项目名称	负责人	项目来源	项目级别	合同经费（万元）	起止时间
26	小半径曲线桥地震破坏机理的模型试验与数值模拟研究	焦驰宇	自选课题	地市级	15	2016-01-01 到 2017-12-31
27	基于BIM的虚拟仿真施工技术及在土木工程创新型人才培养中的应用	王亮	自选课题	校级	5	2016-07-01 到 2017-12-31
28	未来城市设计之高性能水泥基材料关键技术研究	戚承志	自选课题	校级	5	2016-07-01 到 2017-12-31
29	微观交通仿真模型标定方法研究	周晨静	自选课题	校级	3	2016-07-01 到 2017-12-31
30	土的弹粘塑性本构模型及其应用	孔令明	自选课题	校级	3	2016-07-01 到 2017-12-31
31	有限理性满意准则原理下静态与动态交通分配模型研究	赵传林	自选课题	校级	3	2016-07-01 到 2017-12-31
32	城市与公共停车场工程项目建设标准（修订）	张新天	企事业单位委托科技项目	横向	3	2016-12-28 到 2017-05-01
33	超细矿渣粉在现代混凝土中的应用技术研究	宋少民	企事业单位委托科技项目	横向	10	2016-12-25 到 2017-12-31
34	首发集团2016年度桥梁定期检查五环路3类桥安全性评估	龙佩恒	企事业单位委托科技项目	横向	10	2016-12-15 到 2016-12-31
35	钢混凝土组合扁梁梁柱节点抗震性能测试	张国伟	企事业单位委托科技项目	横向	18	2016-12-08 到 2017-12-08
36	高密度嵌锁式新型路面组合结构研究及应用	索智	企事业单位委托科技项目	横向	15	2016-12-01 到 2017-12-20
37	《抗黏土型聚羧酸系碱水剂及其制备方法》专利转让	李崇智	企事业单位委托科技项目	横向	8	2016-11-30 到 2019-10-15
38	房山区公租自行车日常运维评价研究	周晨静	企事业单位委托科技项目	横向	6.3	2016-11-28 到 2017-12-28
39	隔震结构拉力释放装置实验研究	杜红凯	企事业单位委托科技项目	横向	1	2016-11-25 到 2017-04-30

续表

序号	项目名称	负责人	项目来源	项目级别	合同经费（万元）	起止时间
40	宁夏体育运动学校和宁夏体育运动训练管理中心迁建工程综合训练球类教学馆1800kN防屈曲支撑性能测试	张国伟	企事业单位委托科技项目	横向	1	2016-11-15 到 2016-12-15
41	200kN防屈曲支撑性能测试	张国伟	企事业单位委托科技项目	横向	1	2016-11-15 到 2016-12-15
42	钢结构压杆承受力和稳定性实验	张国伟	企事业单位委托科技项目	横向	3.5	2016-10-30 到 2017-03-31
43	新型支护体系室内力学实验	刘军	企事业单位委托科技项目	横向	18	2016-10-25 到 2017-10-25
44	可伸缩选转型PVC隔振管道软连接实验研究	程蓓	企事业单位委托科技项目	横向	2.5	2016-10-15 到 2017-12-31
45	全尺寸钢框架梁柱节点受力性能实验	廖维张	企事业单位委托科技项目	横向	5.52	2016-10-10 到 2016-12-10
46	高层建筑与老旧建筑密集区的灾害分析与场景渲染	解琳琳	企事业单位委托科技项目	横向	19	2016-09-30 到 2017-03-31
47	南锣鼓巷地区大人流监测系统项目软件开发和技术服务	刘栋栋	企事业单位委托科技项目	横向	30	2016-08-30 到 2016-12-01
48	一种柔性塑料图像传感材料的开发	王琴	企事业单位委托科技项目	横向	20	2016-08-15 到 2017-12-31
49	一种低碱或无碱速凝剂的开发	王琴	企事业单位委托科技项目	横向	10	2016-08-15 到 2017-08-20
50	消能减震产品性能测试	张国伟	企事业单位委托科技项目	横向	6	2016-08-03 到 2016-12-27
51	《固定式建筑垃圾处置技术规程》参编协议	周文娟	企事业单位委托科技项目	横向	21	2016-08-01 到 2017-12-31
52	重组竹的足尺抗压实验	张国伟	企事业单位委托科技项目	横向	2	2016-07-12 到 2017-08-31
53	新型铺装混合料研发及使用性能检测评价	许鹰	企事业单位委托科技项目	横向	8	2016-07-07 到 2016-12-25
54	RPC材料和构件力学性能测试	张国伟	企事业单位委托科技项目	横向	3.2	2016-06-20 到 2016-08-31

续表

序号	项目名称	负责人	项目来源	项目级别	合同经费（万元）	起止时间
55	植生混凝土专用添加剂及其制备方法和使用方法专利转让	卞立波	企事业单位委托科技项目	横向	10	2016-06-01 到 2016-07-02
56	新型冷拌冷铺沥青混合料超薄抗滑层技术开发及应用	徐世法	企事业单位委托科技项目	横向	195.79	2016-06-01 到 2017-12-01
57	低碳胶凝材料开发试验研究项目技术合作	宋少民	企事业单位委托科技项目	横向	63	2016-05-18 到 2018-04-30
58	聚羧酸系高性能减水剂功能化及其工程应用技术	李崇智	企事业单位委托科技项目	横向	20	2016-04-28 到 2018-12-28
59	某网架结构火灾安全评估	刘栋栋	企事业单位委托科技项目	横向	4	2016-04-15 到 2016-05-30
60	银川金凤新华联广场 屈曲约束支撑工程	张国伟	企事业单位委托科技项目	横向	2	2016-04-15 到 2016-04-30
61	纯钢防屈曲耗能支撑性能测试及剪切型金属屈服阻尼器性能测试	张国伟	企事业单位委托科技项目	横向	1.6	2016-04-13 到 2016-05-11
62	节能型木骨架组合墙体材料测试	张国伟	企事业单位委托科技项目	横向	4.824	2016-04-01 到 2016-05-01
63	石景山区典型用地区域停车现状调查分析	戴冀峰	企事业单位委托科技项目	横向	30	2016-03-23 到 2016-05-31
64	变截面吊车梁有限元分析及疲劳实验	赵东拂	企事业单位委托科技项目	横向	10	2016-03-10 到 2016-12-31
65	晋中青少年活动中心，景博中学，唐山龙泉寺防屈曲支撑性能测试	张国伟	企事业单位委托科技项目	横向	2.6	2016-03-10 到 2016-03-31
66	RPC混凝土材性及构件力学性能实验研究	龙佩恒	企事业单位委托科技项目	横向	22	2016-03-01 到 2016-09-30
67	视频抓拍数据与电子收费数据验证测试与分析	焦朋朋	企事业单位委托科技项目	横向	10	2016-02-25 到 2016-12-31
68	地坛庙会密集人群监控与预警技术服务	刘栋栋	企事业单位委托科技项目	横向	6.93	2016-02-02 到 2016-02-28
69	北京建筑大学图书馆消防评估	刘栋栋	企事业单位委托科技项目	横向	4	2016-01-31 到 2016-04-30

续表

序号	项目名称	负责人	项目来源	项目级别	合同经费（万元）	起止时间
70	功能性聚羧酸系外加剂的研发及其工程应用	李崇智	企事业单位委托科技项目	横向	20	2016-01-28 到 2019-01-28
71	新建工程穿越热力管网评估方法研究	刘军	企事业单位委托科技项目	横向	20	2016-01-18 到 2017-05-20
72	一种混凝土增强增韧剂及其制备方法	王琴	企事业单位委托科技项目	横向	20	2016-01-01 到 2017-06-30
	合计：（万元）				1834	

（六）学生工作

【概述】 2016年，院学生工作领导小组，根据不同年级学生的特点制定了学风建设工作计划，有计划、有步骤、有检查地开展学风建设工作。

2016年，院学生工作领导小组，根据不同年级学生的特点制定了学风建设工作计划，有计划、有步骤、有检查地开展学风建设工作，召开学困生家长会、召开学生座谈会等形式促进学风建设。积极配合学校抓英语和数学的行动。同时，邀请了我院校友、行业专家、企业HR等来院介绍学习工作体会、企业对于土木工程专业学生的能力的要求，激发了学生的学习积极性。继续在低年级中推行学生讲堂活动，充分发挥了学习优秀学生的榜样作用讲述课程覆盖学院15级和16级全部20个班级，共开设学生讲堂40余次，每次1-2个小时。召开2015/2016学年学风建设暨表彰大会，用准确的数据展现了不同年级的平均学分绩、重点学科成绩等具体学业情况，用详尽的叙述说明了目前学院所开展的各项学风建设活动，用明确的目标设定了2016年学院围绕学风所要开展的实效工作。坚持从严管理学生学籍问题，进行学困生和家长的单独谈话，签署严格的试读协议书。一年内共单独谈话46人次，召开家长会进行学籍预警的有60人次。土木学院英语四级通过率实现连续五年保持稳定水平，且连续两年四级通过率均保持在70%以上。全年参加四级考试共报名814人次，与去年同期增长150余人次；参加六级考试共报名650人次，参考率保持在98%以上，学风状况提升较为明显。

【学生获奖】 土126班李思童同学荣获2016年中国土木工程学会高校优秀毕业生（全国24位）。学院学生课外科技作品荣获2016"创青春"全国大学生创业大赛银奖1项，荣获2016"创青春"首都大学生创业大赛创业计划赛银奖2项、铜奖1项，荣获"中国动力谷"杯第十一届全国大学生交通科技大赛二等奖1项，荣获第七届全国中、高等院校学生"斯维尔杯"建筑信息模型（BIM）应用技能大赛全能二等奖2项、单项二等奖3项、单项三等奖7项，荣获第五届北京市大学生建筑结构设计竞赛A组赛题一等奖1项、B组赛题（结构方向）一等奖1项以及B组赛题（桥梁方向）一等奖1项，第二届全国高校BIM毕业设计大赛现场答辩一等奖1项，"苏博特"杯第四届全国大学生混凝土材料设计大赛特等奖1项、一等奖1项，第四届全国高校土木工程专业大学生论坛论文交流一等奖3项，第二届全国高等院校BIM应用技能网络大赛一等奖1项，第一届全国城市地下专业大学生模型设计大赛三等奖2项，第十届全国大学生结构设计竞赛优秀奖1项，第二届中国"互联网+"大学生创新创业大赛三等奖1项,第八届节能减排社会实践与科技竞赛三等奖1项,首届"交通·未来"大学生创意作品大赛三等奖1项、优秀奖1项,2016年全国高等学校土木工程专业本科生优秀创新实践成果三等奖3项,2016年全国高校学生钢结构创新竞赛一等奖1项。2016年全国钢结构设计创新竞赛一等奖1项。

【学生骨干培养工程】开展"善友善学,积文化底蕴;敬人敬业,凝土木栋梁"第八届土木学院学生骨干培训活动,以学院学生骨干需求出发,结合专业特色,紧密围绕学院"五维"育人机制,以社会主义核心价值观为主导,以丰富多彩的活动为具体呈现,以关爱每一名学生骨干成长为目标,开展主题系列活动。为学生骨干们提供了一个沟通的机会和平台,让参与者在活动中经历,在经历中感悟,在感悟中成长。

【主题团日活动】以践行习总书记提出的"勤学、修德、明辨、笃实"的重要要求为契机,开展"如何练好习大大传授的'八字真经'"主题团日活动。以贯彻中国梦、学习宣传宣传教育及培育和践行社会主义核心价值观为时代背景,真正理解24字社会主义核心价值观的深刻内涵,内化于心;同时,聚焦行动,努力践行,将社会主义核心价值观外化于行,为践行习总书记提出的"勤学、修德、明辨、笃实"的重要要求,土木学院特于13级、14级、15级各团支部间开展了适合不同年级,主题特色鲜明的主体团日活动,以激励大学生在新学期初认真确立目标,规划梦想,展望未来。

【维护校园稳定】学院负责学生工作教师根据学校安排,通过学生干部及班级导师,在每学期初对学生思想动态进行及时排查工作;并结合本年度学校的党建评估工作、学校更名工程及党的十八大会议期间,由学院领导、班级导师为全体学生做思想动员、在行为举止、文明礼仪,学风方面进行全面动员,以年级会议、班会的形式进行正向引导与规范。

【开展低年级学生的学风建设工作】在低年级中推行学生讲堂活动,充分发挥了学习优秀学生的榜样作用,讲述课程覆盖学院13级和14级全部20个班级,共开设学生讲堂20余次,每次1-2个小时。

【高年级及研究生的学风建设】在强调研究生导师作为研究生培养主要责任体的基础上,针对在校研究生科研投入不够问题,对研究生参加职业资格考试做了相关规定,制定了研究生助教、助岗、助研岗位责任制,并在学期末根据学生工作情况进行考核,目的是通过过程管理加强学生责任意识和整体素质的培养。目前,15级研究生已经按助教、助研和助管的岗位进入岗位,研究生教育开始进入一个良性发展的阶段。明年,我们还要继续下大力做好16级研究生招生工作,同时,要依托北京的城市建设行业,进一步扩大研究生招生规模,力争使研究在较短的时间里,上一个新的台阶。

【学风建设研究】2016年,院学生工作领导小组,根据不同年级学生的特点制定了学风建设工作计划,有计划、有步骤、有检查地开展学风建设工作,从院领导到每一位班级导师多次与学生座谈,促进了学风建设。积极配合学校抓英语和数学的行动。同时,邀请了我院校友、行业专家、企业HR等来院介绍学习工作体会、企业对于土木工程专业学生的能力的要求,激发学生的学习积极性。

【2016届就业】2016年,土木学院本科签约率为94.76%,研究生签约率为100.00%。2016年,土木学院土木工程专业房建方向、土木工程专业道桥方向、土木工程专业地下方向、交通工程专业、无机非金属材料工程专业毕业生签约率分别为93.64%、97.47%、100%、94.44%和89.66%。学院2015届毕业生考取研究生51人,出国深造24人,毕

业生升学率18.70%。

2016届硕士研究生共计88人顺利完成学业,其中1人出国,4人读博,其余学生均顺利走上工作岗位。

【学生奖学金】为鼓励研究生科研方面的投入《土木与交通工程学院研究生国家奖学金评选办法》,各种制度中的评价指标体系突出了研究生科研成果数量及水平所占比例与权重,鼓励研究生将更多的精力投入到科研工作中,为实现学院研究生总体科研水平的提高奠定了基础。

(七)对外交流

【国际学术交流】积极开展国际学术交流。积极组织第八届建筑土木热点问题国际会议的征文和参加工作。征集文章27篇。2016年10月25～28日我校代表团以张爱林校长为团长,戚承志、董军、张国伟为团员的代表团赴亚美尼亚参加了此次会议,增进了学术交流与国外同行的友谊。

2016年9月24～28日张爱林校长带队访问希腊亚里士多德大学,签订合作协议。

焦朋朋2016年1月9～15日参加了在美国华盛顿举行的95th Transportation Research Board (TRB 2016)学术会议,并做报告。

焦朋朋2016年6月30日～7月7日参加了在美国洛杉矶举行的International Workshop on Urban Dynamic Transportation System and Supply Chain Management学术会议,并做报告。

祝磊2016年11月24日参加了东京大学土木系留学生论坛,并做报告。

张国伟2016年06月14～18日;目的地:美国洛杉矶;目的:赴AQX engineering company公司调研装配式结构和再生混凝土在美国的设计和应用,赴SW公司调研振动台情况;

李之红在2016年7月23～28日赴日本横滨参加第31届国际心理学会议(ICP2016)就交通心理学、认知学和决策学与与会学者交流。

廖维张2016年12月6～9日参加澳大利亚珀斯举办的24th Australasian Conference on the Mechanics of Structures and Materials学术会议,并做报告。

(八)党建工作

【概述】2016年9月,根据《中国共产党章程》、《中国共产党基层组织选举工作暂行条例》、《中国共产党普通高等学校基层组织工作条例》和《北京建筑大学二级单位党组织换届选举工作暂行办法》等有关规定,土木学院党委已届满,为进一步健全党的民主集中制,完善党内选举制度,不断推进我校基层党组织建设的规范化、制度化和科学化,土木学院党委进行党委换届选举工作。

2016年9月20日在基础教学楼A座报告厅会召开党员大会,采取无记名投票方式和差额选举办法,选举了新一届党委委员。新一届党委委员共7人,书记(何立新(现在冯宏岳))、副书记兼宣传委员(车晶波)、统战委员(戚承志)、组织委员(韩森)、纪检委员(廖维张)、青年委员(张蕊)、保卫委员(龙佩恒)。同时进行了土木学院党支部的换届选举工作,新一届党支部:结构工程系党支部(支部书记张艳霞)、专业基础部党支部(支部书记董军)、交通工程系党支部(支部书记李之红)、道桥工程系党支部(支部书记金珊珊）、地下工程系党支部（支部书记刘飞）、材料工程系党支部（支部书记周文娟）；建筑工程系本科生第一党支部（支部书记秦岭）、建筑工程系本科生第二党支部（支部书记包旭）、道路桥梁工程系本科生党支部（支部书记刘倩）地下工程系本科生党支部（支部书记陈木森）交通工程系本科生党支部（支部书记阚帅）、材料工程系本科生党支部（支部书记苑泉）、结构工程研究生党支部（支部书记赵阳）、防灾减灾工程研究生党支部（支部书记马京华）、交通与道桥工程研究生党支部（支部书记师航祺）、材料与岩土工程研究生党支部（支部书记闫少杰）。

土木学院党委按照"两学一做"专题教育，通过二级理论中心组、党支部书记培训、党支部会议认真学习贯彻习近平总书记的系列讲话，学习《关于新形势下党内政治生活的若干准则》和《中国共产党党内监督条例》，按照十八届六中全会精神的要求，在从严治党的态势下，提出从严治院的具体举措，主要从四方面着手：即从严治干——党员干部严于律己、率先垂范；从严治教——规范教风、提升教师教学技能；从严治学——加强学风建设，引导学生树立远大理想；从严规矩——凡事遵规守矩，提升执行力、打造优良作风。土木学院教师也有了明显的三个转变：即由过去的一味抱怨、发牢骚转变为现在的能够理性思考；由过去只会提出问题转变为现在能够提出解决问题的方案；由过去强调主管经验转变为现在能够客观正视现实，并积极求变。

【获奖成果】土木学院、建筑工程系教工党支部和建筑工程系本科生第一党支部荣获先进基层党组织，卢嘉茗、许鹰荣获优秀共产党员。围绕长征胜利80周年开展"弘扬长征精神"得到《北京支部生活》杂志报道，模型相继在大兴区第七中学和南锣故乡社区进行展览。《北京建筑大学："学霸联盟"引校风》在《北京支部生活》上刊发，《开展"学霸联盟"推进高校党性实践与学风建设有机融合》获纪念中国共产党建党95周年征文三等奖。学院学生党支部与大兴区第七中学和南锣鼓巷社区党委建立红色1+1共建服务活动，其中南锣鼓巷参加北京市高校红色1+1评比活动。

【党风廉政建设】在学校党委的带领下，积极参加学校党委、组织部、宣传部、纪委组织关于党风廉政建设、从严治党等专题报告会议，在学院党政联席会、二级理论中心组、各系部、各教工党支部组织的专题学习中也将党风廉政建设的学习教育作为重点，特别是把党员领导干部的"一岗双责"和党委的主体责任的学习，让党员干部深刻认识到加强廉政建设的迫切性和重要性，在廉政建设上不能有丝毫懈怠。依照"八项规定"要求增强广大党员、领导干部和专业教师的廉政和风险防范意识。与每位项目负责人签订经济责任承诺书，对项目的规范化管理起到积极的促进作用。

【关爱学生活动】学院扶植阳光互助社，关爱学生，开展中秋节庆祝、元旦团聚等集体活动。

【暑期社会实践成果丰硕】2016年暑假期间，土木学院共组建18支社会实践团队200余名学生，在9名专业教师和全体辅导员的指导下，以"未来城市建设者的青春筑梦路"为题名，围绕"知行相济、学用相成、砥砺品学、服务社会"的品牌主题，按照"中国精神学习"、"京津冀协同发展"、"聚焦农村精准扶贫"、"创新驱动行业发展"以及"关注民生志愿公益"五大板块开展。实践过程累计开展了近400小时的志愿服务，形成专业调研报告10项、实践视频9份、井冈山诗画集1本、实践总结18本。在活动过程中运用新媒体方式，开展线上线下宣传报道，借助学校网站、学院微信平台，继续沿用【土木·社会实践】板块，共推送新闻报道近 50 篇，总访问量达万余次；此外，校外媒体也对活动进行宣传报道，井冈山实践团登上"团中央井冈山教育基地"及"北京市学联"公众号推送，北京电视台也对我院"把爱留给家乡、让爱留在远方"陇南送书支教活动进行专题报道。陇南支教小分队荣获共青团中央举办的"丝路新世界·青春中国梦"2016 年全国大学生"一带一路"暑期社会实践专项行动优秀通讯宣传作品奖，成员土 144 班游佳希同学荣获"丝路新世界·青春中国梦"2016 年全国大学生"一带一路"暑期社会实践专项行动优秀个人。

（九）实验室工作

【实验室建设】学院完成了地下工程实验室建设、功能性改造及设备安装，已开设实验课程；完成新教学楼中专业实验室功能性改造，具备搬迁的年底前完成。

【振动台实验室建设】大型结构工程实验室主体结构已开工建设，振动台建设一期已完成招标工作，建设款已经支付。项目建设将科学研究、人才培养与社会服务有机结合，为学校建设一流学科和高水平大学提供了良好保障；项目经费预算能保证"四台阵地震模拟振动台系统"、"振动台阵配套数据采集系统"、"实验反力架和振动台阵沟槽防护系统"、"实验监测和实时控制系统"和"振动台阵设备基础"等设备的购置。

（十）工会工作

【加强组织建设】土木学院分工会组织机构健全，土木学院教代会代表：戚承志、冯宏岳、龙佩恒、韩淼、张蕊、刘小红、廖维张、刘飞、周文娟、罗健。

2016 年 7 月土木学院分工会召开全体会员大会，选举产生了第八届分工会委员会和第三届教职工大会执行委员会。2016 年 9 月选举产生了土木学院 8 个分工会小组长。

【围绕中心开展工作】针对近几年学院青年教师比例大幅增加的实际，为培养青年教师教学能力，提高教学质量和水平，学院出台《土木与交通工程学院青年教师教学基本功比赛的规定》文件，促进青年教师的成长。学院每年举办一届青年教师基本功比赛，邀请主管校领导、教务处、人事处、工会等部门主要负责人担任评委嘉宾。经学院评比推送优秀的青年教师参加学校、北京市级青年教师基本功大赛。

每位参赛青年教师都要进行精心准备，20 分钟教学演示展示了扎实的教学基本功，得到评委教师肯定，同时评委教师也给出了进一步改进的建议。青年教师教学基本功比赛，对土木学院教学水平的提升起到了极大的促进作用。

【制度建设】土木学院分工会制订一整套工作职责规章制度，土木学院分工会定期召开分工会委员会议和分工会小组长会议，研究分工会的各项工作。结合学校福利费的改革，土木学院分工会启动了新的《土木与交通工程学院在职职工福利费使用办法》。

【增强民主管理】学院实施的重大决定均通过各种形式向教职工征求意见，特别是土木学院设立的院务公开栏、公共邮箱以及微信平台等已成为校、院重要事项公开的重要基地。历年来，土木学院分工会民主评议结果满意度均在 99% 以上。

【开展送温暖活动】三八节、六一节慰问女教工和儿童，并发放慰问金或慰问品；为结婚、生子的教职工及时发放慰问品；为困难和常年生病的教职工办理补助，学院领导亲自探望；配合校工会开展爱心捐款活动。

【获奖情况】2016 年 4 月秦岭荣获北京建筑大学第三十五届田径运动会"青年男子组 100 米"第四名；宋宗耀荣获"青年男子组 100 米"第五名、"青年男子组立定跳远"第六名；

2016年11月土木学院荣获北京建筑大学广播体操比赛团体二等奖。

（十一）重大事件

【国际华人岩土中俄白地下工程研讨会】2016年10月12日至13日举办国际华人岩土工程师协会岩土与地震工程国际研讨会暨第二届中俄白地下工程研讨会。来自中国、美国、俄罗斯、白俄罗斯的华人学者、中国学者、俄罗斯、白俄罗斯学者和研究生共计150人参加了会议。海外华人学者翟恩地千人计划人选、颜利平博士等参加。国内参会学者包括北京科技大学蔡美峰院士、中国矿大何满潮院士、北京交通大学张顶立院长、中国矿大单仁亮院长、天津大学郑刚院长、南京工大陈国兴院长、河海大学高玉峰院长、周小平杰青/长江学者、梅国雄长江学者等著名专家和教授。俄白者包括俄罗斯科学院远东应用数学研究所所长Guzev通讯院士、莫斯科大学力学数学系副主任Smirnov教授、俄罗斯科学院岩石圈动力学研究所所长Turuntaev教授、副所长Kocharyan教授、俄罗斯科学院远东矿业研究所所长Rasskazov教授、远东交通大学副校长Kudryavtcev教授、彼得堡技术大学Freidin教授、彼得堡交通大学Paramonov教授、图拉国立大学Sammal和Anteiferov教授、远东联邦大学Makarov和Kim教授、白俄罗斯国立技术大学Leonovich教授等。

【"苏博特"杯全国大学生混凝土大赛】2016年7月22日至24日举办"苏博特"杯第四届全国大学生混凝土材料设计大赛，以"学以致用、低碳创新"为主题，吸引包括清华大学、东南大学、哈尔滨工业大学、台湾科技大学等全国各省市乃至台湾地区73所高校、125支参赛队、400名参赛学生参加，此外，来自业界的多位知名教授、学者出席竞赛，近60名兄弟院校专业教师以及企业资深工程师担任专业裁判。

【土木学院第七届青年教师教学基本功比赛】2016年12月28日，土木学院在大兴校区举办了2016年度第七届青年教师教学基本功比赛。学院成立了由土木学院领导班子成员、教学督导组成员、教师代表、系部（教研室）主任、特邀学生组成的评审组，根据每位参赛教师的讲课演示，从教学态度、教学内容、教学方法、教学手段、教学效果等方面，结合教案和学院教学督导组随堂听课，对比赛成绩进行综合评定。比赛结果：一等奖：孔令明、秦岭；二等奖：周晨静、彭有开；优秀奖：屈小磊、侯苏伟。

（刘小红　冯宏岳　韩　淼）

三、环境与能源工程学院

（一）概况

北京建筑大学环境与能源工程学院前身为城市建设工程系，成立于1984年，2006年6月正式更名为环境与能源工程学院，是学校设立最早、实力最强、规模最大的学院之一。学院现有建筑环境与能源应用工程（国家级特色专业）、给排水科学与工程（北京市特色专业、教育部"卓越工程师教育培养计划"试点专业、中美合作"2+2"项目专业）、环境工程（创新人才培养试点专业）、环境科学（创新人才培养试点专业）、能源与动力工程（教育部"卓越工程师教育培养计划"试点专业）等5个本科专业，2005、2010、2015年建筑环境与能源应用工程和给排水科学与工程先后三次通过了住建部高等教育专业评估,学院设有6个硕士学位授予点:供热、供燃气、通风及空调工程、市政工程、环境科学和环境工程、建筑科学技术、建筑遗产保护。同时授予建筑与土木工程、环境工程领域专业硕士学位,并招收"建筑遗产保护理论与技术"博士研究生。

学院拥有10个国家级或省部级教学与科研基地:国家级水环境实验教学示范中心、国家级建筑用能虚拟仿真实验教学示范中心、城市雨水系统与水环境教育部重点实验室、供热供燃气通风及空调工程北京市重点实验室、北京市应对气候变化研究及人才培养基地、北京市可持续城市排水系统构建与风险控制工程技术研究中心、北京市建筑能源高效综合利用工程技术研究中心、电子废弃物资源化国际合作基地、绿色建筑北京市重点实验室(共建)、热力过程节能技术北京市重点实验室和具有国际先进水平的"中法能源培训中心"等。拥有包括国家级工程实践教育基地在内的40余个校外实践教学基地。此外还有北京学者工作室、工业余热利用与节能研究所、城市燃气中心、瑞士万通水质分析实验室等研究机构。

近五年先后承担60余项国家重大科技专项、国际合作和国家自然科学基金等项目,科研经费超过亿元。学院积极开展国际学术交流与合作,与美国奥本大学、明尼苏达大学、加拿大阿尔伯特大学、英国南威尔士大学、诺丁汉大学、日本东京大学、韩国湖西大学、新西兰奥克兰大学等建立了师生交流与合作关系,每年均有一批优秀毕业生到海外高等学府深造。学院秉承学风严谨、崇尚实践与创新的优良传统,引导学生积极参加各类科技创新和科技竞赛,全院本科生在学期间,都有参与大学生科技项目创新项目的经历,每年都有数十个项目获得省部级和国家级的各类奖励。

(二)师资队伍建设

【概述】环能学院拥有一支结构合理、兼具学术研究、应用研究和实践经验的师资队伍,截至2016年年底,学院有教职工89人,其中教授12人,副教授28人,讲师23人,助教3人,高级实验师4人,实验师4人,助理实验师1人,博士后6人,职员8人。92%以上的教职工具有硕士学位,60%以上的教职工具有博士学位(博士学位53人,硕士学位29人)。76%的专任教师具有博士学位,33%的专任教师有海外留学、研修、工作、学习经历。

【2016年师资队伍建设情况】2016年度环能学院招聘博士后2人(付会芬、王文亮),招聘专业教师3人(翟慧星、赵晨、武利园)。获批北京市百千万人才称号1人(王崇臣)。本年度有2名教师完成出国访学(徐荣吉、王思思),新增1名出国访学教师(熊亚选)。积极探索研究合同制人员的聘任机制,解决人员不足的问题,2016年聘任合同制人员6人,分别在研究院、实验中心、重点实验室和院办工作。本年度获批海聚工程教授4人。2016年晋升教授2人(许萍、王崇臣);晋升副教授4人(杜晓丽、袁冬海、徐荣吉、胡沅胜)。

【教师队伍培养工作】2016年,环能学院继续加强教师队伍培养工作,提高教学、科研、管理水平。共组织教工参加新教工培训、师德培训、科研能力与师德培训、外语教学与科研培训、政策解读、教学成果奖申报等各类培训12场,参训人员达100余人次。积极组织教师参与金字塔人才工程,千人计划,百千万工程等各级人才称号认定工作,以带动教师总结、凝练、提高。其中,牛润萍、张晓然分别入选我校第一批金字塔人才培养工程的建大杰青、建大英才项目。在我校第二批金字塔人才培养工程中,高岩、王崇臣入选建大领军项目；宫永伟、孙方田、陈红兵、陈韬入选建大杰青项目；张伟入选建大英才项目。

【榜样力量】 2016年5月，王文海、徐荣吉老师荣获北京建筑大学"师德先锋"称号；11月，王随林老师荣获北京建筑大学"功勋教师"称号。三位老师是环能学院教职工的榜样，对于推崇优秀师德品质，传承崇高师德精神具有重要意义。

（三）学科建设

【概述】 2016年，环能学院依托博士点申报工作，积极开展学科专业建设。研究生招生规模稳步发展的同时，加强管理，严格把关，确保培养质量稳步提升。

【积极参与学科评估】 2016年，认真准备环境、土木学科评估工作，按照博士点水平要求进行建设。在全院老师的努力和学校领导及相关院系的支持下，顺利完成了环境科学与工程一级学科和土木两个二级学科的评估准备工作，进一步凝练方向，查找差距，稳定学术方向和学术团队。积极配合城市规划等一级学科评估。

【博士点申报初稿完成】 按照学校的总体部署，认真准备土木工程、环境科学与工程两个一个学科的博士点申报前期准备工作，基本完成初稿，为十三五期间博士点申报奠定基础。

【积极参加建筑遗产保护博士点项目建设】 邀请国内外建筑遗产领域的专家学者来校讲学，将历史文化名城保护与城市科学开发的结合作为重点研究方向，结合行业需求，扩大研究领域，为建筑与历史城镇的保护与文化传承储备技术，为该领域博士点建设提供经验借鉴。

【行业智库】 积极探索研究创新机制，开展跨学科的研究，同时为住建部、发改委提供行业智库，扩大学科影响力。2016年参加住建部组织的《海绵城市建设评价标准》等多部行业规范、标准图集的编制和政策制定，参加发改委组织的应对气候变化政策文件的制定等。

【研究生招生及培养情况】 研究生招生规模稳步发展，2016年共计招生全日制研究生121名，在职研究生40余人。暖燃专业连续5年实现一志愿考生上线人数超过招生计划人数，在业内具有良好的口碑和影响力。市政与环境学科的研究生质量也在有所提高。在研究生课题开题、中期检查、论文查重、参加学术活动和会议、校企联合培养等方面继续加强管理，严格把关。如学院严格坚持学术论文不达标不予答辩、学位委员会不予通过；研究生毕业前在核心期刊发表1篇论文，评优至少要求发表2篇核心期刊论文，学术成果的水平和研究生培养质量稳步提升。9名研究生获得国家奖学金。

（四）教学工作

【概述】 环能学院5个本科专业共招生8个班，招生共264人，实施2015级培养方案。环境工程和环境科学专业实施大类招生，环境类创新实验班首次招生2个班。新生中包括"双培计划"16人，按照"3+1"模式由北京师范大学与北京建筑大学合作培养。环境与能源工程学院新生开始实行学分制。

【积极推进教学改革】 组织对给排水科学与工程、能源与动力工程两个卓越计划专业教学改革进行总结；毕业设计（论文）全面实施查重，并严格执行；对两个卓越计划专业毕业设计（论文）实施校企双导师指导、增加工程设计类选题比重；继续实施环境科学与工程大类招生和创新实验班培养；探索2015级、2016级学生的学分制管理；完成了2016版培养方案的制定，同时把强化过程考核的思路体现在课程教学大纲里，完成了2016版课程教学大纲的编制工作；完成了教学基本数据的收集、整理和录入，做好学校评估的数据积累。

【教学成果稳步提高】环境工程专业的专业认证申请已获批；组织学院青年教师教学基本功比赛，并推荐6名教师参加学校比赛；建筑用能国家级虚拟仿真实验教学示范中心正式获批，成为我校唯一担负两个国家级实验教学示范中心建设重担的学院；我校首个国家级水环境实验教学示范中心通过校内评审；2016届毕业生学位授予率97%，与往届相当；2016届毕业生国家英语四级累计通过率74%，读研率20%，本科升学率（读研+出国）合计30%。

【环境与能源工程学院专业建设研讨会顺利召开】10月14日下午，北京建筑大学环境与能源工程学院专业建设研讨会在西城区银龙苑宾馆第八会议室顺利召开。给排水科学与工程专业、建筑环境与能源应用工程专业的40余位杰出校友受邀参加，为环能学院专业建设建言献策。校纪委书记何志洪、环能学院全体班子成员及部分教师代表出席了研讨会。会议由冯萃敏副院长主持。校纪委书记何志洪代表学校对各位校友的到来表示衷心的欢迎与感谢，简要介绍了学校发展的历史，强调了环能学院在我校发展历程中的重要地位，以及校友对学校历史的发展所发挥的重要推动作用。进一步介绍了学校近年所取得的成果，以及"十三五"期间的奋斗目标及发展战略。希望与会校友继续积极地参与到学校的发展事业中，与学校共同成长，为学校建成"国内一流、国际知名、具有鲜明建筑特色的高水平、开放式、创新型大学"的奋斗目标贡献力量。李俊奇院长从环能学院的发展历程、发展目标、办学条件、学科构成、师资队伍和人才培养现状等方面向与会人员做报告，并邀请各位校友为学院的办学和人才培养提出宝贵意见。听完学校及学院的发展历史及"十三五"期间的发展目标，与会校友都以自己身为"建大人"、"环能人"而感到骄傲与自豪。校友们纷纷发言，为学院的专业建设建言献策，在感恩母校培养，肯定母校办学成果的基础上提出了许多好的建议与想法。此次研讨会进一步密切了校友与学院的联系，相信在各界精英校友的倾情帮助下，在学院各位领导及教师的共同努力下，环能学院的专业和学科建设将会迈上一个崭新的台阶！

【"给水排水科学与工程专业建设指导委员会"成立大会成功举办】10月14日下午，北京建筑大学80周年校庆之际，环境与能源工程学院给排水科学与工程专业建设指导委员会于下午3:00在西城区银龙苑第八会议室举行。学院邀请了给排水科学与工程专业的21位杰出校友代表座谈，环能学院班子成员、教师代表出席了座谈会，座谈会由冯萃敏副院长主持。副院长冯萃敏首先代表学院欢迎各位杰出校友回家，介绍了给水排水科学与工程专业的发展历史，重点介绍了近些年来专业在人才培养目标和方案，培养定位和模式创新，展示了在科研实验条件提升、教学获奖等方面取得的成果，对专业注重水工程施工和建筑给排水工程教育的培养特色进行了重点介绍，并就新版的培养方案进行了解读。随后，校友们结合自身的经历，围绕专业和学科的建设问题积极发言、献言献策，对专业的发展问题也展开了热烈的讨论，提出了很多建设性的意见和建议，并表示十分关注学校和专业的发展，愿意为学校和学院的发展贡献鼎力相助，祝福学校越办越好。"给水排水科学与工程专业建设指导委员会"的成立，有利于学院整合资源，促进专业发展，对于一流专业的打造具有重大意义。

【环境与能源应用工程专业建设指导委员会 2016 年年会顺利召开】 10 月 14 日，环能学院召开环境与能源应用工程专业建设指导委员会 2016 年年会，邀请 12 位暖通、燃气专业杰出校友齐聚一堂，共话专业建设、人才培养，为学院发展出谋划策。学院党委书记刘艳华、副院长张群力、建筑热能系主任李锐、副主任王立鑫、郝学军及教师代表出席了座谈会，座谈会由郝学军教授主持。张群力副院长首先向与会校友介绍了学院发展情况，希望校友为专业建设和人才培养建言献策，表达了学院与校友共同探索人才培养合作模式的热切期盼。建筑热能系主任李锐教授饱含深情回顾了我校建筑环境与能源应用工程专业萌芽、发展和成长的过程，期待与会校友代表分享个人成长与发展的宝贵经验，为建环专业建设、人才培养和科研发展出谋划策、贡献力量。建筑热能系副主任王立鑫老师介绍了 2016 版环境与能源应用工程专业培养方案的变化，表达了征求新版培养方案意见建议、期待在人才培养的实践环节给予指导的愿望。在交流环节，各位参会的校友代表按照学届顺序逐一发言，分别从本科专业培养方案、研究生培养方向、本科生的基础理论知识、研究生的培养与专业新技术的结合、保持好燃气专业特色、加强与企业一线人员的交流与合作、跨学科整合在节能和新能源技术发展中的重要性等方面积极为学院事业发展献计献策。学院党委书记刘艳华作了总结发言，她对参会校友表达了诚挚的谢意，指出本次活动进一步增进了学校与校友之间的情谊，期待校友们与学校之间达成更加紧密的交流与合作。

（五）科研工作

【概述】 2016 年，紧密结合国家、北京市政策开展科研工作，服务城市建设，科研项目、经费、成果丰硕。同时，继续加强团队建设，特别是通过产学研的结合、博士后的引进、合同制人员聘任等方式，对已有的几个优势学科方向如工业余热利用、新型环境修复材料与技术、城市雨水管理与风险防控等的梯队建设等方面给予支持，充实力量，为培育高水平科研团队的形成打基础。

【积极参加"未来城市设计高精尖中心"申报与建设工作】 从绿色建筑与绿色城市、海绵城市与地下空间开发、可持续能源优化、水资源与水环境构建等方面为未来城市设计提供了重要的支撑。第一批组建并获批两个高精尖中心项目团队，聘请清华大学江亿院士、中科院生态环境中心曲久辉院士作为我校高精尖学术团队负责人。

【积极参与城市副中心规划建设】 围绕城市副中心的规划建设，已参与并初步完成城市副中心海绵城市专项规划的相关工作（规划已评审），积极参与城市副中心综合管廊的研究与示范应用。

【成立"中荷未来污水处理中心"】 由北京建筑大学、首创集团、荷兰代尔夫特大学 Mark 教授共同成立"中荷未来污水处理中心"，该中心致力于国际先进污水技术与经验在国内污水处理领域中的合作研发与推广应用。

【科研项目及经费】 完成各类国家级和北京市级和校级科研项目的组织申报工作，重点完成国家自然科学基金、北京市自然科学基金、北京市教委科研项目、校级科研特别资助项目的申报工作。其中申报 2017 年度国家自然科学基金申报 21 项，最终获批 5 项。全年共承担各级各类纵向项目 43 项，横向项目 38 项。2016 年到校经费共计 1200 万元。

【科研成果】 发表 SCI/EI 检索 50 余篇、核心期刊学术论文 110 余篇，申请发明专利 25 项，实用新型专利 42 项。获北京市科技进步奖二等奖 1 项。

2016年环能学院承担的各类科研项目一览表

序号	项目名称	负责人	项目来源	项目级别	合同经费（万元）	起止时间	项目类别
1	低影响开发雨水控制利用规划导则标准前期研究	李俊奇	省、市、自治区科技项目	省部级	20	2016-01-01 到 2016-12-31	应用研究
2	源头径流控制土壤渗透设施水量-水质耦合模型不确定性研究	张伟	国家自然科学基金项目	国家级	20	2017-01-01 到 2019-12-31	应用研究
3	北京市建成区海绵城市关键技术研发及示范	李俊奇	省、市、自治区科技项目	省部级	10	2016-01-01 到 2018-10-31	应用研究
4	既有公共建筑机电系统能效偏离识别及纠偏技术研究	高岩	国家科技部	省部级	250	2016-07-01 到 2019-12-31	应用研究
5	气态危险化学品泄漏事故消防救援战术研究	冯萃敏	其他课题	省部级	18.9	2016-06-01 到 2017-05-31	其他科技服务
6	北京市节能低碳和循环经济标准制修订工作——《碳足迹评估通则》	马文林	省、市、自治区科技项目	地市级	15	2016-09-13 到 2017-08-31	基础研究
7	城市节水评价标准	张雅君	其他课题	地市级	20	2016-09-12 到 2017-11-30	基础研究
8	城市建成区建筑小区及道路雨水控制利用示范	王建龙	省、市、自治区科技项目	省部级	672.50	2016-01-01 到 2018-10-31	应用研究
9	建筑废砖净化介质透水铺装系统中重金属的强化去除、迁移与转归机制	李海燕	国家自然科学基金项目	国家级	85.048	2016-07-01 到 2020-12-31	应用研究
10	基于双尺度湍流模式的城市建筑形态对点源大气污染物扩散的影响研究	刘芳	国家自然科学基金项目	国家级	25.04	2016-07-01 到 2019-12-31	应用研究
11	抗性基因在BPAC-UF再生水处理工艺中的水平转移与去除机制	孙丽华	国家自然科学基金项目	国家级	81.16	2016-07-01 到 2020-12-31	基础研究
12	茶多酚作为饮用水辅助消毒剂的作用机制研究	冯萃敏	国家自然科学基金项目	国家级	83.96	2016-07-01 到 2020-12-31	应用研究
13	农村改厕现状及问题分析	马文林	国务院其他部门	省部级	25	2016-02-01 到 2016-12-31	应用研究

续表

序号	项目名称	负责人	项目来源	项目级别	合同经费（万元）	起止时间	项目类别
14	中小城市推进地下综合管廊建设研究	周 春	国务院其他部门	省部级	5	2016-07-01 到 2016-12-31	应用研究
15	城乡供水一体化现状问题调查	杨海燕	主管部门科技项目	省部级	20	2016-02-01 到 2016-12-31	应用研究
16	生猪养殖企业温室气体排放核算标准及农业低碳企业评价研究	马文林	国家科技部	国家级	20	2016-09-22 到 2019-01-31	基础研究
17	再生水水质对碳钢管网腐蚀的影响机制——国基金国际合作交流项目	孙丽华	国家自然科学基金项目	国家级	1.16	2016-06-20 到 2016-12-31	应用研究
18	寒冷气候区低能耗公共建筑空调系统远程优化运行与管理——国基金国际合作交流项目	高 岩	国家自然科学基金项目	国家级	2.9	2016-06-20 到 2016-12-31	应用研究
19	高含尘烟气高效深度余热回收设备防腐与结构优化技术	王随林	国家科技部	国家级	225	2016-07-07 到 2019-06-30	基础研究
20	海绵城市建设中生物滞留设施强化控制径流污染研究	仇付国	自选课题	校级	5	2016-07-01 到 2017-12-31	基础研究
21	未来城市设计之北京城区低影响开发设施多属性选择决策方法与空间布局多目标优化模拟研究	李俊奇	自选课题	校级	5	2016-07-01 到 2017-12-31	应用研究
22	极端降水条件下北京城市积水情况研究	张君枝	自选课题	校级	5	2016-07-01 到 2017-12-31	应用研究
23	再生水中抗性基因分布特性及超滤膜法去除机制	孙丽华	自选课题	校级	5	2016-07-01 到 2017-12-31	应用研究
24	城市径流雨水污染物特征演化及生物有效性研究	袁冬海	自选课题	校级	5	2016-07-01 到 2017-12-31	应用研究
25	结合室内空气净化功能的固体除湿空调实验研究	聂金哲	自选课题	校级	3	2016-07-01 到 2017-12-31	应用研究
26	低影响开发雨水生物滞留系统强化径流污染控制技术研究	仇付国	国务院其他部门	省部级	8	2016-01-05 到 2018-12-31	基础研究

续表

序号	项目名称	负责人	项目来源	项目级别	合同经费（万元）	起止时间	项目类别
27	海绵城市的分散式源头控制系统对黑臭水体治理的作用研究	宫永伟	国务院其他部门	省部级	8	2016-06-01 到 2018-12-31	基础研究
28	海绵城市建设技术体系及其绩效评价	李俊奇	主管部门科技项目	省部级	23.3939	2016-05-24 到 2018-10-31	基础研究
29	纳米金快速检测水中铅、汞离子的方法及机理研究	寇莹莹	主管部门科技项目	地市级	15	2016-01-01 到 2018-12-31	基础研究
30	雨水中有机污染物特征变化及其在LID设施中迁移研究	袁冬海	主管部门科技项目	地市级	15	2016-05-12 到 2017-12-31	基础研究
31	城市雨水径流溶解性有机物对重金属在生物滞留中的迁移转归影响	杜晓丽	省、市、自治区科技项目	省部级	20	2016-03-09 到 2018-12-31	基础研究
32	不互溶混合工质脉动热管启动运行特性研究	徐荣吉	主管部门科技项目	省部级	20	2016-03-09 到 2018-12-31	基础研究
33	中国西部可持续建筑的推广和主流化	张明顺	国际合作项目	国家级	45.2175	2016-01-01 到 2019-12-31	基础研究
34	贸易中隐含碳流动的不确定性及其对我国温室气体减排的影响研究	李惠民	国家自然科学基金项目	国家级	14	2015-03-06 到 2018-12-31	基础研究
35	径流雨水中溶解氧有机质特征演化及其对典型污染物迁移和生物有效性影响研究	袁冬海	国家自然科学基金项目	国家级	62	2016-01-01 到 2019-12-31	基础研究
36	腐殖质抑制与解抑制厌氧消化水解过程机制控制	郝晓地	国家自然科学基金项目	国家级	62	2016-01-01 到 2019-12-31	基础研究
37	循环冷却水管网微生物协同腐蚀机制及控制方法研究	许萍	国家自然科学基金项目	国家级	62	2016-01-01 到 2019-12-31	基础研究
38	氨基化金属-有机骨架薄膜光催化降解有机污染物性能研究	王崇臣	国家自然科学基金项目	国家级	62	2016-01-01 到 2019-12-31	基础研究
39	水环境中碳纳米管的分散状态对其吸附典型PPCPs的影响机制研究	张晓然	国家自然科学基金项目	国家级	20	2015-03-07 到 2018-12-31	基础研究

续表

序号	项目名称	负责人	项目来源	项目级别	合同经费（万元）	起止时间	项目类别
40	户式蓄能型空气源热泵毛细管辐射供暖系统特性与建筑供暖行为模式适应性研究	胡文举	国家自然科学基金项目	国家级	20	2015-03-03 到 2018-12-31	基础研究
41	复合抛物聚光脉动热管太阳能中温集热器复杂热流边界条件下极限传热机理研究	徐荣吉	国家自然科学基金项目	国家级	21	2015-03-02 到 2018-12-31	基础研究
42	海绵城市建设管理模式创新及制度设计研究	王建龙	主管部门科技项目	省部级	8	2016-01-01 到 2017-12-31	基础研究
43	中国建筑终端能耗模型采暖能耗和中国好建筑平台功能需求分析研究	那威	中国建筑节能协会	横向	12	2016-12-26 到 2017-04-30	应用研究
44	合流制系统污水截流井设计规程	曹秀芹	北京北排科技有限公司	横向	15	2016-12-02 到 2018-07-30	应用研究
45	山东省金乡县污水处理厂污泥处置工程	刘建伟	济宁市中农大化肥业有限公司	横向	9	2016-12-01 到 2017-06-30	应用研究
46	污水处理模拟仿真系统的研发	曹秀芹	中国中兴宇盛科技有限公司	横向	9.6	2016-11-28 到 2017-12-30	应用研究
47	临沂市水污染防治实施方案重点工程筛选与分析	刘建伟	临沂大学	横向	4	2016-11-20 到 2016-12-20	应用研究
48	严寒地区混合面源污染防治技术咨询	曹亚莉	北京中科天信科学仪器有限公司	横向	4	2016-11-08 到 2017-05-07	应用研究
49	山地城市海绵型道路雨水系统设计优化及其模拟研究	王建龙	重庆市市政设计研究院	横向	145	2016-11-01 到 2017-03-30	应用研究
50	污水管道清淤机器人的研制	许淑惠	北京利海舟机械设备有限公司	横向	13	2016-10-28 到 2018-06-30	应用研究
51	浙江阿凡柯达环保科技有限公司委托检测	王崇臣	浙江阿凡柯达环保科技有限公司	横向	2.53	2016-10-26 到 2017-01-01	应用研究
52	"中-荷未来污水处理技术研发中心"运行	郝晓地	北京首创股份有限公司	横向	500	2016-10-15 到 2021-10-14	应用研究
53	室内空气污染物样品分析	王立鑫	清华大学	横向	5.8	2016-10-10 到 2016-12-31	应用研究
54	通化市海绵城市专项规划	杨海燕	中国城市规划设计研究院	横向	30	2016-08-31 到 2017-07-30	应用研究

续表

序号	项目名称	负责人	项目来源	项目级别	合同经费（万元）	起止时间	项目类别
55	北京市节能低碳和循环经济标准制修订工作-《小城镇低碳运行管理通则》	李 颖	北京市工业设计研究院有限公司	横向	15	2016-08-31 到 2017-02-28	应用研究
56	北京市海绵城市建设典型项目监测分析及海绵型建筑小区设计模式研究	李俊奇	北京市城市规划设计研究院	横向	3	2016-08-01 到 2016-12-31	应用研究
57	《福州市海绵城市建设专项规划》及《福州市海绵城市试点区域（鹤林片区）控制性详细规划》	车 伍	福州市城乡规划局	横向	35	2016-08-01 到 2017-12-31	应用研究
58	水体微囊藻毒素的提纯与净化	杨 华	中国水利水电科学研究院	横向	5	2016-08-01 到 2016-12-01	应用研究
59	北京市适应气候变化行动计划研究	马文林	北京市应对气候变化研究中心	横向	20	2016-08-01 到 2016-12-15	应用研究
60	溶液表面张力测定	王 刚	北京工业大学	横向	1	2016-07-15 到 2016-11-30	应用研究
61	大流量虹吸雨水斗排水性能评价	吴俊奇	威文管道系统（佛山）有限公司	横向	1	2016-07-01 到 2017-06-30	应用研究
62	水质检测技术服务	王崇臣	机关总支（教务处）	横向	1.97	2016-07-01 到 2017-12-01	应用研究
63	《一种屋面雨水强制循环过滤回收利用装置及方法》专利转让	李海燕	北京顺景园林有限公司	横向	3	2016-07-01 到 2016-11-01	应用研究
64	北票市建筑垃圾资源化利用可行性报告编制	李 颖	北票市城乡规划局	横向	35	2016-06-15 到 2016-08-30	应用研究
65	车载ANG放散气回收与紧急供气多功能系统技术开发及示范	熊亚选	北京市燃气集团有限责任公司高压管网分公司	横向	8	2016-06-01 到 2016-12-31	应用研究
66	北京农村地区散煤清洁能源改造技术路线及政策研究	张群力	北京市环境保护局	横向	45.5	2016-05-30 到 2017-04-01	应用研究
67	公交车火灾灭火系统性能测试试验	许淑惠	中瑞华特（北京）高新技术开发有限公司	横向	3	2016-05-30 到 2016-06-30	应用研究
68	城镇燃气管网突发事件分析及应急处置标准化研究	詹淑慧	北京市燃气集团有限公司	横向	45	2016-05-15 到 2017-12-30	应用研究

续表

序号	项目名称	负责人	项目来源	项目级别	合同经费（万元）	起止时间	项目类别
69	荆门市海绵城市规划模型搭建及设计模式研究	宫永伟	中国城市规划设计研究院	横向	50	2016-04-15 到 2017-12-15	应用研究
70	北票市建筑垃圾资源化利用专项规划编制	李颖	北票市城乡规划局	横向	40	2016-04-15 到 2016-08-30	应用研究
71	节能环保低碳教育进课堂活动	李颖	北京节能环保中心	横向	12.75	2016-04-01 到 2016-06-30	应用研究
72	广安市地下综合管廊试点实施方案编制	杨海燕	中国城市规划设计研究院	横向	32	2016-03-25 到 2017-03-24	应用研究
73	企业能源审计技术研发2	孙金栋	北京建筑材料科学研究院总院有限公司	横向	3	2016-03-15 到 2016-12-31	应用研究
74	北京市工业污染源风险污染杂物调查	杜晓丽	北京市环境保护科学研究院	横向	25	2016-03-15 到 2016-12-31	应用研究
75	非民用中低压燃气调压器安全预警技术研究（供热锅炉）	郝学军	北京市燃气集团有限责任公司	横向	70	2016-03-01 到 2017-12-31	应用研究
76	煤制气加热炉烟气及催化剂裂化烟气能量回收技术研发	王随林	山东京博石油化工有限公司	横向	80	2016-02-22 到 2018-02-23	应用研究
77	无人机屏显子系统研究	高峰	北京航空航天大学	横向	45	2016-01-30 到 2016-03-31	应用研究
78	温度测试井加工测试	那威	中国建筑设计咨询有限公司	横向	16	2016-01-01 到 2016-03-02	应用研究
79	区域能源规划过程中的关键问题分析	张群力	北京燃气能源发展有限公司	横向	3	2015-12-31 到 2016-02-26	应用研究

2016年环能学院教师发表的学术论文一览表

序号	成果名称	第一作者	发表时间	发表刊物	刊物类别
1	天然气催化燃烧炉窑温度的研究及应用	张世红	2016-12-30	刊物	一般期刊
2	可见火焰传播速度实验装置的改进研究	史永征	2016-12-28	实验室科学	一般期刊

续表

序号	成果名称	第一作者	发表时间	发表刊物	刊物类别
3	Evaluation of chitosan coated nanoscale zero-valent iron for remediation of Cadmium	刘俊峰	2016-12-26	Proceedings of The 4th Academic Conference of Geology Resource Management and Sustainable Development	EI（期刊论文）
4	针对87式雨水斗水力特性的讨论	李琛	2016-12-25	中国建筑学会建水研究分会（第三届）论文集	国内学术会议论文集
5	Influence of gravity-induced brine drainage on seawater ice desalination	杨晖	2016-12-25	Desalination	SCI，权威期刊
6	A review of thermal absorbers and their integration methods for the combined solar photovoltaic-thermal (PV-T) modules	Jinshun Wu	2016-12-22	Renewable and Sustainable Energy Reviews	SCI
7	活性炭纤维净化装置对室内污染气体去除效果的研究	张金萍	2016-12-18	建筑科学	核心期刊
8	Optimizing the Configuration of a Compact Thermal Facade Module for Solar Renovation Concept in Buildings	Jingchun Shen	2016-12-16	Energy Peocedia	EI（期刊论文）
9	Experimental study of a Compact Unglazed Solar Thermal Facade (STF) for Energy-efficient Buildings	Jingchun Shen	2016-12-16	Energy Procedia	EI（期刊论文）
10	源分离生态效应及其资源化技术	郝晓地	2016-12-16	中国给水排水	核心期刊
11	Assessment of the Effectiveness of Investment Strategy in Solar Photovoltaic (PV) Energy Sector-A Case Study	Xingxing Zhang	2016-12-16	Energy Procedia	EI（期刊论文）
12	Design strategy of a compact unglazed solar thermal facade (STF) for building integration based on BIM concept	Jingchun Shen	2016-12-16	Energy Procedia	EI（期刊论文）
13	支架式万向气动锚杆钻机	李博	2016-12-15	建筑机械	一般期刊
14	内回流对厌氧氨氧化UASB反应器脱氮性能的影响	付昆明	2016-12-15	中国环境科学	EI（期刊论文），核心期刊
15	自激流体处理装置阻垢机理研究	吴俊奇	2016-12-08	科学技术与工程	核心期刊

续表

序号	成果名称	第一作者	发表时间	发表刊物	刊物类别
16	过热/过冷对内回热有机朗肯循环影响的热力学分析	徐荣吉	2016-12-05	化工进展	EI（期刊论文），
17	污水处理厂典型节能技术分析	尹朝晖	2016-12-03	建筑科学	核心期刊
18	分布组合式喷射泵供热系统的研究应用简析	张帅	2016-12-01	区域供热	一般期刊
19	定型脂肪酸的配制及热性能的研究	闫全英	2016-12-01	新型建筑材料	核心期刊
20	速冷冷柜设计开发	徐荣吉	2016-12-01	制冷空调	一般期刊
21	基于桨叶安装角度反应器内混合特性的模拟分析	尹伟齐	2016-12-01	北京建筑大学学报	一般期刊
22	典型污水处理工艺对多氯联苯去除效果的分析	曹秀芹	2016-12-01	中国给水排水	核心期刊
23	Effects of Bull Serum Albumin on corrosion of carbon steel under water with different Larson ratio	张雅君	2016-12-01	Bulgarian Chemical Communications	SCI
24	A characteristic study on the start-up performance of molten-salt heat pipes: Experimental investigation	熊亚选	2016-11-29	Experimental Thermal and Fluid Science	EI（期刊论文），SCI，权威期刊
25	High efficient removal of lead from aqueous solution by preparation of novel PPG-nZVI beads as sorbents	李海燕	2016-11-29	Colloids and Sueface A: Physicochemical and Engineering Aspects	SCI
26	太阳能无人机热管理系统设计及优化	高峰	2016-11-28	制冷与空调	一般期刊
27	氨氮和硝酸盐氮对再生水管网腐蚀状况的影响研究	张雅君	2016-11-20	工业水处理	核心期刊
28	人工湿地温室气体释放、影响及其控制	郝晓地	2016-11-16	中国给水排水	核心期刊
29	*Design strategy of a compact unglazed solar thermal facade (STF) for building integration based on BIM concept	Jingchun Shen	2016-11-16	The 8th International Conference on Applied Energy-ICAE2016	EI（会议论文集）
30	Experimental investigation on performance of fabrics for indirect evaporative cooling applications	徐鹏	2016-11-15	Building and Environment	SCI

续表

序号	成果名称	第一作者	发表时间	发表刊物	刊物类别
31	浸没燃烧式LNG气化器水浴气化传热计算	康凤立	2016-11-12	设计与施工	一般期刊
32	普通二类住宅用水特征研究	吴俊奇	2016-11-10	给水排水	核心期刊
33	北京冬季地铁车厢内PM2.5和PM10污染特征研究	庞雪莹	2016-11-08	全国暖通空调制冷学术年会	国内学术会议论文集
34	宿舍环境与大学生过敏性疾病的关系研究	张 微	2016-11-08	第二十届全国暖通空调制冷学术年会	国内学术会议论文集
35	城市适应气候变化行动的国际经验与启示	冯潇雅	2016-11-08	生态经济	CSSCI, 核心期刊
36	巴歇尔槽测量雨水径流流量方法及其改进研究	田 欢	2016-11-07	环境监测管理与技术	一般期刊
37	2016-11-03	田 欢	2016-11-03	环境工程	核心期刊
38	中高雨强下公园传输型植被浅沟径流控制效果	许 萍	2016-11-01	环境科学与技术	核心期刊
39	源分离尿液营养物质回收与处理技术研究进展	仇付国	2016-11-01	环境工程	核心期刊
40	初始pH值对序批式CANON工艺脱氮效果和N_2O释放的影响	付昆明	2016-11-01	环境科学	EI（期刊论文），核心期刊
41	海绵城市建设内涵与多视角解析	张 伟	2016-11-01	水资源保护	一般期刊
42	北京市部分地区降雪中溶解性有机物的光谱性能表征	王朝阳（本科生）	2016-10-29	环境化学	核心期刊
43	High efficient removal of lead from aqueous solution by preparation of novel PPG-nZVI beads as sorbents	李海燕	2016-10-27	Colloids and Surfaces A: Physicochemical and Engineering Aspects	SCI
44	Experimental and numerical study on the air flow in the irregular exchanger channels of a counter-flow indirect evaporative cooler	徐 鹏	2016-10-26	The Belt and Road Initiative' International Conference on Sustainable Refriger	国际学术会议论文集
45	非共沸不互溶混合工质脉动热管启动特性实验研究	张晓晖	2016-10-23	中国工程热物理学会2016年传热传质学术会议论文集	国内学术会议论文集
46	室内外因素对北京居室内PM10污染的影响研究	李晓男	2016-10-21	科学技术与工程	核心期刊

续表

序号	成果名称	第一作者	发表时间	发表刊物	刊物类别
47	Selection and property study of phase change slurry for solar heat collection	陈红兵	2016-10-20	Energy Procedia	EI（期刊论文）
48	国内外绿色数据中心建筑评价体系研究综述	杨茜	2016-10-19	建筑科学	核心期刊
49	Experimental investigation of a regenerative evaporative cooler for buildings	段之殷	2016-10-19	第一届'一带一路'可持续制冷与空调国际研讨会	国际学术会议论文集
50	Conceptual Development of a Compact Unglazed Solar Thermal Facade (STF) For Building Integration	Jingchun Shen	2016-10-18	Energy Procedia	EI（期刊论文）
51	The Early Design Stage of a Novel Solar Thermal Façade (STF) for Building Integration: Energy Performance Simulation and Socioeconomic Analysis	Jingchun Shen	2016-10-18	Energy Procedia	EI（期刊论文）
52	*Assessment of the effectiveness of investment strategy in solar photovoltaic (PV) energy sector: a case study	Xingxing Zhang	2016-10-18	The 8th International Conference on Applied Energy-ICAE2016	EI（会议论文集）
53	北京聚水/排涝策略计算分析	郝晓地	2016-10-17	中国给水排水	核心期刊
54	雨水径流总量控制目标确定与落地的若干问题探讨	王文亮	2016-10-15	中国给水排水	核心期刊
55	基于SPME的室内污染物浓度的快速测定方法	熊建银	2016-10-15	工程热物理学报	核心期刊
56	香港河流水质管理效果研究——以吐露港氨氮变化为例	潘润泽	2016-10-14	中国会议	国内学术会议论文集
57	透水混凝土铺装各层对径流污染物的削减试验研究	王俊岭	2016-10-13	环境工程	国外期刊
58	透水混凝土铺装常用材料对径流污染物的吸附性能试验研究	王俊岭	2016-10-06	混凝土	国外期刊
59	不同处理工艺对再生水化学稳定性的影响研究	许萍	2016-10-03	工业安全与环保	核心期刊
60	从污水/污泥、动物粪尿中回收磷：技术与政策	郝晓地	2016-10-03	北京建筑大学学报	一般期刊

续表

序号	成果名称	第一作者	发表时间	发表刊物	刊物类别
61	Advanced nitrogen removal using bio-refractory organics as carbon source for biological treatment of landfill leachate	吴莉娜	2016-10-01	Separation and Purification Technology	SCI
62	EnergyPlus 在日光温室热环境模拟中的应用验证与分析	刘盼盼	2016-10-01	建筑节能	一般期刊
63	轻薄装配式地面辐射供暖系统传热性能的研究	闫全英	2016-10-01	建筑热能通风空调	一般期刊
64	猪粪干式厌氧消化中试试验研究	盛迎雪	2016-10-01	中国沼气	核心期刊
65	基于污泥流变学的射流搅拌混合特性研究	蒋竹荷	2016-10-01	环境工程学报	核心期刊，权威期刊
66	基于吸收式换热的燃气锅炉烟气余热回收技术的节能效益分析	孙方田	2016-10-01	建筑科学	核心期刊
67	北京地区雨水集蓄用于绿化时供水保证率分析研究	李俊奇	2016-09-30	北京建筑大学学报	一般期刊
68	基于BP神经网络空调负荷预测模型研究	林育贤	2016-09-25	应用能源技术	一般期刊
69	北京市高校典型学生宿舍用水特征和用水定额研究	张婧	2016-09-25	中国建筑学会建水研究分会（第三届）论文集	国内学术会议论文集
70	秦皇岛市冬季某高校宿舍空气质量调查研究	马丽	2016-09-25	建筑节能	一般期刊
71	半导体便携空调设计开发	徐荣吉	2016-09-21	第三届中国制冷空调专业产学研论坛论文集	国内学术会议论文集
72	自然沉降藻菌共生絮凝体研究进展	胡沅胜	2016-09-16	中国给水排水	核心期刊
73	拉森指数对再生水管网腐蚀状况的影响研究	张雅君	2016-09-15	腐蚀科学与防护技术	核心期刊
74	高校学业困难群体社会主义核心价值观教育体系研究	王刚	2016-09-15	产业与科技论坛	一般期刊
75	浅谈给水系统中非结核分枝杆菌与用水安全问题	吴俊奇	2016-09-10	给水排水	核心期刊
76	对于雨水斗气阻现象的研究与讨论	吴俊奇	2016-09-10	科学技术与工程	核心期刊
77	Trend of Metal-Organic Frameworks: A Bibliometric Analysis	王崇臣	2016-09-09	Scientometrics	SCI

续表

序号	成果名称	第一作者	发表时间	发表刊物	刊物类别
78	张家口应用热泵与散热器系统的可行性分析	杨 茜	2016-09-08	建筑热能通风空调	一般期刊
79	Transient Method for Determining Indoor Chemical Concentrations Based on SPME: Model Development and Calibration	Cao Jianping	2016-09-06	Environmental Science & Technology	SCI
80	基于海绵城市建设的低影响开发技术的功能分析	王俊岭	2016-09-02	环境工程	国外期刊
81	Experiment investigation on visualization and operating characteristics of closed loop plate oscillating heat pipe with parallel channels	史维秀	2016-09-01	journal of cetral south university	SCI
82	基于冷冻过程的海水浓缩实验研究	杨 晖	2016-09-01	水处理技术	核心期刊
83	湿地技术在径流雨水调控中的应用	高 参	2016-09-01	湖北农业科学	一般期刊
84	交通出行需求对碳排放的影响及贡献	王宇飞	2016-09-01	生态经济	CSSCI，核心期刊
85	Fractional Characteristics of Heavy Metals Pb, Zn, Cu, and Cd in Sewer Sediment from Areas in Central Beijing, China	李海燕	2016-08-31	Journal of Chemistry	SCI
86	Study on Properties of Glazed Tiles Heated by the Low-carbon Catalytic Combustion Furnace of Natural Gas	Ran Li	2016-08-30	刊物	一般期刊
87	高校实验教学资料管理问题研究	史永征	2016-08-28	实验科学与技术	一般期刊
88	居民住所室内颗粒物浓度水平及影响因素研究	张金萍	2016-08-21	建筑科学	核心期刊
89	Chemical characteristics of chromophoric dissolved organic matter in stormwater runoff of a typical residential area, Beijing	赵 晨	2016-08-18	Desalination and Water Treatment	SCI
90	Modeling of nitrous oxide production from mitritationreactors treating real anaerobic digestion liquor	Wang Q.-L.	2016-08-16	Scientific Reports	SCI

续表

序号	成果名称	第一作者	发表时间	发表刊物	刊物类别
91	An exploratory study on the pathways of Cr（VI）reduction in sulfate-reducing up-flow anaerobic sludge bed (UASB) reacto	Qian J.	2016-08-16	Scientific Reports	SCI
92	Effects of carbon-to-sulfur（C/S）ratio and nitrate（N）dosage on Denitrifying Sulfur cycle-associated Enhanced Biological Phosphorus Removal (DS-EBPR)	Yu M.	2016-08-16	Scientific reports	SCI
93	Promoting the bio-cathode formation of a constructed wetland-microbial fuel cell by using powder activated carbon modified alum sludge in anode chamber	Xu L.	2016-08-16	Scientific Reports	SCI
94	水国荷兰——从围垦排涝到生态治水	郝晓地	2016-08-16	中国给水排水	核心期刊
95	Numerical investigation of the energy performance of a guideless irregular heat and mass exchanger with corrugated heat transfer surface for dew point cooling	徐鹏	2016-08-15	Energy	SCI
96	新常态下给排水科学与工程专业卓越人才培养体系构建	冯萃敏	2016-08-10	北京建筑大学教育教学改革论文集80周年校庆版	国内学术会议论文集
97	居民生活用水舒适度调查研究	吴俊奇	2016-08-10	给水排水	核心期刊
98	茶多酚消毒剂对饮用水色度变化的影响	冯萃敏	2016-08-10	中国科技论文在线	核心期刊
99	生物滞留系统中径流雨水磷的迁移转化规律	冯萃敏	2016-08-10	生态与农村环境学报	核心期刊
100	Study on Influence to The Overglaze colors by Low-carbon CatalyticCombustion Furnace of Natural Gas	Mmeixian Wei	2016-08-08	刊物	一般期刊
101	The impacts of vehicle development on Beijing'sclimate change and relevant countermeasures	岳冠华	2016-08-08	INTERNATIONAL JOURNAL OF GLOBAL WARMING	SCI
102	PAC对再生水中典型有机物吸附动力学和热力学研究*	孙丽华	2016-08-08	环境工程	核心期刊

续表

序号	成果名称	第一作者	发表时间	发表刊物	刊物类别
103	Preparation and investigation on density and surface tension of quaternary bromides for concentrating solar power	熊亚选	2016-08-08	Solar Energy Materials & Solar Cells	SCI，权威期刊
104	气候变化对城市水安全的威胁与我国适应能力建设	张质明	2016-08-05	建设科技	一般期刊
105	废铁屑强化污泥厌氧消化产甲烷可行性分析	郝晓地	2016-08-05	环境科学学报	核心期刊
106	高校教务管理系统在我校的应用现状和问题及对策分析	陈 静	2016-08-05	科学中国人	一般期刊
107	基于SVM的不同故障程度下冷水机组故障诊断	孙楷政	2016-08-01	制冷与空调	一般期刊
108	计量供热系统二次网调控策略与能耗分析	王君可	2016-08-01	建筑热能通风空调	一般期刊
109	汇水区离散程度对雨水径流模拟结果的影响分析	宫永伟	2016-08-01	中国给水排水	核心期刊
110	Selective uptake of organic dyes in a silver-based coordination polymer	张 佳	2016-08-01	RSC Advances	SCI
111	基于PCA法的BP网络对冰蓄冷系统的空调负荷预测	林育贤	2016-07-31	建筑节能	一般期刊
112	某高校大学生焦虑抑郁与空气污染的关系	王立鑫	2016-07-25	中国学校卫生	核心期刊
113	Experimental study on fabrics applied to the wet surface of an indirect evaporative cooler	徐 鹏	2016-07-22	15th International Conference on Sustainable Energy Technologies-World Society of Sustainable Energy Technologies	EI（会议论文集）
114	Silver-based coordination complexes of carboxylate ligands: crystal structures, luminescence and photocatalytic properties	张 佳	2016-07-22	Transition Metal Chemistry	SCI
115	Smart meter and in-home display for energy savings in residential buildings: a pilot investigation in Shanghai, China	Xingxing Zhang	2016-07-20	Intelligent Buildings International	EI（期刊论文）
116	黑臭水治理程序辨析	郝晓地	2016-07-18	中国给水排水	核心期刊

续表

序号	成果名称	第一作者	发表时间	发表刊物	刊物类别
117	PAC-UF 处理含蛋白质类溶液过程中的膜污染研究	孙丽华	2016-07-18	工业水处理	核心期刊
118	基于污泥流变特性对厌氧消化反应器的模拟研究	曹秀芹	2016-07-15	给水排水	核心期刊
119	A surface tension based method for measuring oil dispersant concentration in seawater.	Cai Z.-Q.	2016-07-14	Marine Pollution Bulletin	SCI
120	北京地区空气源热泵供暖系统的分析与改进	张帅	2016-07-12	建筑热能通风空调	一般期刊
121	促进重点行业 VOCs 削减提升制造业绿色化水平	刘洋	2016-07-08	环境与可持续发展	核心期刊
122	天然气低碳催化燃烧炉窑的应用	张世红	2016-07-08	前沿科学	权威期刊
123	Influence of Rainfall Characteristics on Total Suspended Solids in Urban Runoff: A Case Study in Beijing, China	宫永伟	2016-07-07	Water	SCI
124	A robust and cost-effective integrated process for nitrogen and bio-refractory organics removal from landfill leachate via short-cut nitrification, anaerobic ammonium oxidation in tandem with electrochemical oxidation	吴莉娜	2016-07-05	Bioresource Technology	SCI
125	Indoor thermal environment and simulation of energy-saving transformation of residential buildings in winter in Lanzhou, China	张金萍	2016-07-03	Proceedings of The 14th International Conference of Indoor Air Quality and Climate 2016	国际学术会议论文集
126	Runoff pollutant characteristics and first flush analysis in different urban functional areas: a case study in China	许萍	2016-07-03	Fresenius Environmental Bulletin	SCI
127	室内燃烟对儿童呼吸区 PM2.5 沉降规律的研究	于丹	2016-07-01	环境污染与防治	核心期刊
128	UV/H2O2 降解磺胺甲噁唑和环丙沙星的对比研究	杨海燕	2016-07-01	中国给水排水	核心期刊

续表

序号	成果名称	第一作者	发表时间	发表刊物	刊物类别
129	Study on improving thermal environment and energy conservation of quadrangle adobe dwelling	张景	2016-06-30	Energy and Buildings	SCI
130	基于主体功能区划的海绵城市规划设计研究	刘畅	2016-06-29	国际城市低影响开发（LID）学术大会论文集	国际学术会议论文集
131	雨水系统中砂粒的沉降性能研究	崔宇	2016-06-28	科学技术与工程	一般期刊
132	Effects of surface modification on the pool boiling heat transfer of MWNTs/water nanofluids	xing meibo	2016-06-27	International Journal of Heat and Mass Transfer	SCI，权威期刊
133	家具和服装市场室内甲醛和PM2.5污染水平的测试	张金萍	2016-06-26	建筑科学	核心期刊
134	基于冷冻过程的海水脱盐研究	杨晖	2016-06-26	水处理技术	核心期刊
135	室内游泳池空气中NCl3三种现场检测方法对比研究	付龙	2016-06-25	给水排水	核心期刊
136	污水处理碳中和运行需要污泥增量	郝晓地	2016-06-17	中国给水排水	核心期刊
137	某城市商业综合体公共空间热环境数值模拟	李锐	2016-06-15	热科学与技术	核心期刊
138	燃气事故应急处置知识协同系统的构建	见爽	2016-06-15	煤气与热力	一般期刊
139	蛋白质与超滤膜界面作用能对膜污染机制的影响	冯萃敏	2016-06-10	工业水处理	核心期刊
140	强化复氧人工湿地对有机磷去除效果研究	杜晓丽	2016-06-10	水处理技术	核心期刊
141	Analysis and improvement of accuracy, sensitivity, and resolution of the coherent gradient sensing method	Xuelin Dong	2016-06-10	Applied Optics	SCI
142	燃气锅炉烟气余热回收利用技术研究	张群力	2016-06-08	建筑科学	核心期刊
143	规模化养殖场氨排放控制技术研究进展	刘建伟	2016-06-08	中国畜牧杂志	核心期刊
144	基于Fluent数值模拟对PVDF换热器性能的分析	魏晨晨	2016-06-07	建筑节能	一般期刊

续表

序号	成果名称	第一作者	发表时间	发表刊物	刊物类别
145	某低影响开发道路的雨水滞蓄效果模拟与评价	陈世杰	2016-06-06	中国给水排水	核心期刊
146	北京市某车辆段雨洪控制利用方案模拟评估及优化	陈世杰	2016-06-06	给水排水	核心期刊
147	表面张力对自由落体液滴形变的影响	丁思源	2016-06-05	化工学报	EI（期刊论文），核心期刊
148	6种生物滞留填料对磷的吸附特性研究	许萍	2016-06-03	工业安全与环保	核心期刊
149	Experimental investigation and modelling on the thermal conductivity of CNTs based nanofluids	xing meibo	2016-06-01	International Journal of Thermal Sciences	SCI，权威期刊
150	Characterization of Dissolved Organic Matter in Lake Baiyangdian Using Spectroscopic Techniques and Multivariate Statistical Analysis	Jun Cui	2016-06-01	Clean-Soil，Air，Water	SCI
151	Cadmium removal from urban stormwater runoff via bioretention technology and effluent risk assessment for discharge to surface water	王建龙	2016-06-01	Journal of Contaminant Hydrology	SCI
152	Structural uncertainty in watershed phosphorus modeling Toward a stochastic framework	Lei Chen	2016-06-01	Journal of Hydrology	SCI
153	干式厌氧发酵技术及其影响因素分析	盛迎雪	2016-06-01	水工业市场	一般期刊
154	我国中小城镇和农村固废有关政策探讨	曹秀芹	2016-06-01	水工业市场	一般期刊
155	高固体污泥厌氧消化技术特点及存在问题分析	盛迎雪	2016-06-01	北京建筑大学学报	一般期刊
156	持久性有机污染物（POPs）的危害及其研究进展.pdf	曹秀芹	2016-06-01	北京建筑大学学报	一般期刊
157	生物陶吸附隔的性能研究	王海波	2016-06-01	水处理技术	核心期刊
158	燃气放散管流量监测装置研究与测试	李梦媛	2016-06-01	煤气与热力	一般期刊，权威期刊
159	相变蓄能材料在建筑节能方面的应用研究进展	张睿航	2016-05-31	材料导报	核心期刊

续表

序号	成果名称	第一作者	发表时间	发表刊物	刊物类别
160	水平管降膜管间流态的数值模拟	牛润萍	2016-05-30	沈阳建筑大学学报. 自然科学版	核心期刊
161	服装市场室内可吸入颗粒物PM10的污染特征	张金萍	2016-05-28	建筑热能通风空调	一般期刊
162	SDBS对铜-水脉动热管启动及传热性能影响	蔡骥驰	2016-05-28	化工学报	EI（期刊论文），核心期刊
163	国内外用水舒适度研究进展	吴俊奇	2016-05-25	给水排水	核心期刊
164	基于MATLAB软件的蒸汽锅炉连续排污余热回收设计	刘舒佳	2016-05-25	建筑节能	一般期刊
165	表征有机物污染的尿素、耗氧量和TOC三个指标的相关性分析	付 龙	2016-05-24	给水排水	核心期刊
166	水分迁移对地下土壤温湿度场分布的影响研究	陈红兵	2016-05-24	可再生能源	核心期刊
167	Effect of C60 nanofluid on the thermal performance of a flat-plate pulsating heat pipe	Wu Q	2016-05-23	International Journal of Heat and Mass Transfer	EI（期刊论文），SCI
168	CFD and comparative study on the dual-function solar collectors with and without tile-shaped covers in water heating mode	He Wei	2016-05-20	Renewable Energy	EI（期刊论文），SCI
169	Enterprise-level amount of energy saved targets in China: weaknesses	赵小凡	2016-05-20	Journal of Cleaner Production	SCI
170	Multifunctional solar wall for dehumidification, heating and removal of formaldehyde: Part 1. System description, preparation and performance of SiO2/TiO2 adsorbent	Bendong Yu	2016-05-18	Building and Environment	SCI，权威期刊
171	海绵城市建设与城市三线的联系与突破	刘 宇	2016-05-17	中国给水排水	核心期刊
172	城市雨水控制利用标准体系及问题分析	车 伍	2016-05-17	中国给水排水	核心期刊
173	我国城市排水（雨水）防涝综合规划剖析	车 伍	2016-05-17	中国给水排水	核心期刊

续表

序号	成果名称	第一作者	发表时间	发表刊物	刊物类别
174	厌氧消化数学模拟技术发展历程与应用现状	郝晓地	2016-05-16	中国给水排水	核心期刊
175	某汽车厂喷涂车间疏散距离的消防安全评估探析	付龙	2016-05-15	消防技术与产品信息	一般期刊
176	北京某建筑中庭冬夏季空调环境的数值模拟分析	姚旭辉	2016-05-15	流体机械	核心期刊
177	含铝活性炭污泥对磷的吸附特性研究	仇付国	2016-05-15	环境污染与防治	核心期刊
178	间接蒸发冷却器多孔纤维介质的亲水性实验研究	段之殷	2016-05-12	第二十届全国暖通空调制冷学术年会《资料集》	国内学术会议论文集
179	PARAMETRIC STUDY OF A NOVEL GRAVITY ASSISTED LOOP HEAT PIPE（GALHP）WITH COMPOSITE MESH-SCREEN WICK STRUCTURE	x. zhang	2016-05-12	12th International Conference on Heat Transfer, Fluid Mechanics and Thermodynamics	国际学术会议论文集，EI（会议论文集）
180	NUMERICAL STUDY ON THE THERMAL PERFORMANCE OF EARTH-TUBE SYSTEM IN NINGBO, CHINA	徐鹏	2016-05-12	12th International Conference on Heat Transfer, Fluid Mechanics and Thermodynamics	国际学术会议论文集，EI（会议论文集）
181	纳米复合材料中纳米颗粒的释放行为及环境残留	李海燕	2016-05-11	生态环境学报	核心期刊
182	Photocatalytic degradation of methylene blue and methyl orange in a Zn（II）-based Metal - Organic Framework	王崇臣	2016-05-09	Desalination and Water Treatment	SCI
183	The corrosion changes under the influence of the bull serum albumin	张雅君	2016-05-07	basic and clinical pharmacology and toxicology	SCI
184	超声波在麦饭石水制备中的作用分析	冯萃敏	2016-05-05	华侨大学学报·自然科学版	核心期刊
185	中国国际贸易隐含碳文献比较研究	李惠民	2016-05-05	中国人口、资源与环境	CSSCI，核心期刊
186	具有导渗导排管的透水混凝土铺装对径流削减试验研究	王俊岭	2016-05-02	新型建筑材料	核心期刊
187	UV/H2O2 和 UV/TiO2 降解磺胺甲噁唑的研究	杨海燕	2016-05-02	水处理技术	核心期刊

续表

序号	成果名称	第一作者	发表时间	发表刊物	刊物类别
188	植物收割对人工湿地去除多环芳烃的影响	杨海燕	2016-05-02	中国环境科学	核心期刊
189	investigation on the pinch point in heat exchangers	潘利生	2016-05-01	jounal of thermal science	SCI
190	Rheological Properties of Municipal Sewage Sludge Dependency on Solid Concentration and Temperature	曹秀芹	2016-05-01	Procedia Environmental Sciences	一般期刊
191	Evaluation of a transparent analog fluid of digested sludge：Xanthan gum aqueousSolution	曹秀芹	2016-05-01	Procedia Environmental Sciences	一般期刊
192	SDBS 对铜-水脉动热管启动及传热性能影响的实验研究	蔡骥弛	2016-05-01	化工学报	EI（期刊论文），核心期刊
193	微生物胞外聚合物（EPS）对金属耐蚀性的影响	许 萍	2016-05-01	腐蚀与防护	核心期刊
194	再生水管网中碳钢管材腐蚀机理研究	刘 恋	2016-05-01	材料导报	EI（期刊论文），核心期刊
195	Performance analysis on a solar concentrating thermoelectric generator using the micro-channel heat pipe array	Guiqiang Li	2016-05-01	Energy Conversion and Management	SCI，权威期刊
196	热管式太阳能 PVT 热泵系统的性能研究	陈红兵	2016-05-01	可再生能源	核心期刊
197	热管式 PVT 热水系统性能的实验研究	陈红兵	2016-05-01	北京建筑大学学报	一般期刊
198	Fe2O3/TiO2 纳米管光催化降解微环境苯系物的实验研究	王 敏	2016-05-01	材料导报	权威期刊
199	水力停留时间对海绵填料canon 反应器性能的影响	付昆明	2016-04-30	中国给水排水	核心期刊
200	Experimental study of a counter-flow regenerative evaporative cooler	段之殷	2016-04-27	Building and Environment	SCI
201	浸没燃烧式 LNG 气化器水浴气化传热计算	康凤立	2016-04-25	油气储运	核心期刊
202	高校浴室废水热回收池壁三维非稳态换热效果的数值模拟分析	刘舒佳	2016-04-25	区域供热	一般期刊

序号	成果名称	第一作者	发表时间	发表刊物	刊物类别
203	天然气催化燃烧炉窑特性研究及金属热处理加热的应用	张世红	2016-04-25	热加工工艺	核心期刊
204	给水厂铝污泥特性分析及吸附氮磷性能试验	仇付国	2016-04-22	环境工程	核心期刊
205	北京什刹海地区水体富营养化时空演变特征分析	周坤朋	2016-04-22	环境化学	核心期刊
206	径流雨水中不同分子量溶解性有机物分布及其与Cu2+互相作用	赵晨	2016-04-22	环境化学	权威期刊
207	Photocatalytic Cr (VI) Reduction in Metal-Organic Frameworks: A Mini-review	王崇臣	2016-04-22	Applied Catalysis B: Environmental	SCI
208	雨水生物滞留系统控制径流污染物研究进展	仇付国	2016-04-20	环境工程学报	核心期刊
209	上吸式固定床生活垃圾气化炉气化特性研究	王鹏飞	2016-04-20	环境污染与防治	核心期刊
210	水质变化时垢层对铸铁腐蚀的影响作用	张雅君	2016-04-19	水处理技术	核心期刊
211	北京给水水源的历史变迁与终极选择	郝晓地	2016-04-18	中国给水排水	核心期刊
212	Characteristic study of a novel compact Solar Thermal Facade (STF) with internally extruded pin-fin flow channel for building integration	J. Shen	2016-04-18	Applied Energy	SCI, 权威期刊
213	农村住宅低温散热器供暖系统效果研究	杨茜	2016-04-14	煤气与热力	一般期刊
214	城市雨水管网沉积物不同分子量溶解性有机质空间分布	李海燕	2016-04-13	中国环境监测	核心期刊
215	低影响开发雨水系统构建的困惑分析	张毅	2016-04-10	建设科技	一般期刊
216	China's numerical management system for reducing national energy intensity	李惠民	2016-04-08	energy Policy	SSCI, SCI, 权威期刊

续表

序号	成果名称	第一作者	发表时间	发表刊物	刊物类别
217	Hydrothermal syntheses and photocatalytic performance of three Mn-based coordination compounds constructed from 1,10-phenanthroline and polycarboxylic acids	王崇臣	2016-04-07	Transition Metal Chemistry	SCI
218	饮用水消毒中茶多酚抑菌机理的研究进展	冯萃敏	2016-04-05	环境工程	核心期刊
219	MBR工艺可持续性能量化评价	郝晓地	2016-04-04	中国给水排水	核心期刊
220	从新的视角理解生物膜—微生物防腐蚀研究进展	许萍	2016-04-03	腐蚀科学与防护技术	核心期刊
221	Influence of Temperature on the Removal of Extremely High Concentrationp-Nitrophenol Simulated Wastewater by Fe/Cu/H_2O Systems	Bo Lai	2016-04-01	Clean-Soil,Air,Water	SCI
222	水质变化时垢层对铸铁腐蚀的影响作用研究	张雅君	2016-04-01	水处理技术	核心期刊
223	再生水中低浓度磷酸盐对碳钢腐蚀影响研究	张雅君	2016-04-01	工业水处理	核心期刊
224	Effects of bull serum albumin on corrosion of carbon steel under water with different	张雅君	2016-04-01	Bulgarian Chemical Communications	SCI
225	室内PM2.5暴露水平影响研究	于丹	2016-04-01	科学技术与工程	核心期刊
226	室内PM2.5沉降的研究与控制	于丹	2016-04-01	环境污染与防治	核心期刊
227	室内PM2.5静态沉积模型的理论与实验研究	于丹	2016-04-01	建筑科学	核心期刊
228	浅析汽车工业厂房喷涂车间防火措施	付龙	2016-04-01	工程技术	一般期刊
229	Oxidation of Formaldehyde over Birnessite-type Manganese Oxides at	冯利利	2016-04-01	Materials Science Forum	EI（期刊论文）
230	室内环境对学龄前儿童超重影响的Logistic回归分析	姚旭辉	2016-04-01	中国儿童保健杂志	权威期刊

续表

序号	成果名称	第一作者	发表时间	发表刊物	刊物类别
231	地温对天然气中压管道管材选择的影响	赵立春	2016-03-20	北京建筑大学学报	一般期刊
232	初期雨水与径流总量控制的关系及其应用分析	车 伍	2016-03-17	中国给水排水	核心期刊
233	沉砂技术研究及工程进展——雨水系统	崔 宇	2016-03-15	现代工业经济和信息化	一般期刊
234	生物滞留介质类型对径流雨水净化效果的影响	郭婷婷	2016-03-15	环境科学与技术	核心期刊
235	PAC/AC与超滤组合去除水中有机物效果的研究	孙丽华	2016-03-15	工业水处理	核心期刊
236	ENHANCED PHOSPHORUS REMOVAL IN A MODIFIED EXTENDED TIDAL FLOW CONSTRUCTED WETLAND WITH PASSIVE OXYGENATION	杜晓丽	2016-03-15	Fresenius Environmental Bulletin	SCI
237	大型燃气锅炉烟气冷凝余热深度回收技术方案与节能潜力分析	吴佳蕾	2016-03-15	暖通空调	核心期刊
238	北京市某高校冬季宿舍空气质量状况	马 丽	2016-03-15	中国学校卫生	核心期刊
239	Electrocatalytic degradation of ibuprofen in aqueous solution by a cobalt-doped modified lead dioxide electrode：influencing factors and energy demand	王 颖	2016-03-13	RSC Advances	SCI
240	校园建筑采暖系统热力失调测试及改造方案探讨	徐宝萍	2016-03-10	区域供热	一般期刊
241	河砂对径流污染物吸附效果试验研究	王俊岭	2016-03-09	科学技术与工程	核心期刊
242	牛粪和玉米秸秆厌氧消化产甲烷潜力及动力学	孙志岩	2016-03-05	环境工程学报	核心期刊
243	具有导渗导排管的透水混凝土铺装对径流污染物控制实验	王俊岭	2016-03-02	水处理技术	核心期刊
244	Investigating the spectral characteristic and humification degree of dissolved organic matter in saline-alkali soil using spectroscopic techniques	Qiang LI	2016-03-01	Front. Earth Sci.	SCI

续表

序号	成果名称	第一作者	发表时间	发表刊物	刊物类别
245	高温热浪下城市水体典型蓝绿藻生长规律研究	张君枝	2016-03-01	河南师范大学学报 自然科学版	核心期刊
246	Destroying lignocellulosic matters for enhancing methane production from excess sludge	郝晓地	2016-03-01	Environmental Technology	SCI
247	污水源热泵技术应用	张永清	2016-03-01	山西建筑	一般期刊
248	罗伊氏乳杆菌胞外聚合物抑制碳钢腐蚀行为研究	许萍	2016-03-01	表面技术	核心期刊
249	污泥厌氧消化反应器搅拌性能的CFD模拟	曹秀芹	2016-03-01	给水排水	核心期刊
250	Enhancing anaerobic digestion of lignocellulosic materials in excess sludge by bioaugmentation and pre-treatment	胡沅胜	2016-03-01	Waste Management	SCI
251	土壤渗滤系统中植物对地表雨水径流中磷的控制效果与影响分析	冯萃敏	2016-03-01	环境污染与防治	核心期刊
252	北京某酒店空调能耗分析及节能改造措施	郝学军	2016-03-01	北京建筑大学学报	一般期刊
253	透水混凝土路面对径流水量削减试验	王俊岭	2016-03-01	环境工程	核心期刊
254	改性赤泥颗粒吸附剂的性质及机理研究	王春丽	2016-02-28	工业用水与废水	一般期刊
255	影响水平管降膜管间流态因素的实验研究	张睿航	2016-02-28	科学技术与工程	核心期刊
256	冰蓄冷系统蓄冰率的确定方法及对经济性的影响	林育贤	2016-02-25	应用能源技术	一般期刊
257	生物填料厌氧消化工艺与完全混合厌氧消化工艺处理剩余污泥的比较研究	马文林	2016-02-20	中国沼气	核心期刊
258	聚偏氟乙烯换热器与金属换热器换热效果数值模拟对比分析	魏晨晨	2016-02-20	区域供热	一般期刊
259	MBR污水处理工艺升级改造及运行效果分析	仇付国	2016-02-17	中国给水排水	核心期刊
260	大型燃气锅炉排烟余热深度利用改造工程实测分析	石书强	2016-02-15	暖通空调	核心期刊

续表

序号	成果名称	第一作者	发表时间	发表刊物	刊物类别
261	Removal of reactive dyes from wastewater assisted with kaolin clay by magnesium hydroxide coagulation process	李海燕	2016-02-11	Colloids and Surfaces A：Physicochem. Eng. Aspects	SCI
262	基于道路调节的合流制溢流污染控制可行性分析	王建龙	2016-02-10	中国给水排水	核心期刊
263	改性透水混凝土铺装对雨水径流净化研究进展	王俊岭	2016-02-03	混凝土	核心期刊
264	典型有机物与超滤膜界面作用及膜污染机制研究	孙丽华	2016-02-02	环境科学学报	核心期刊
265	Towards energy positive wastewater treatment by sludge treatment using free nitrous acid	王啟林	2016-02-01	Chemosphere	SCI
266	基于SWMM模型的城市道路LID设施设计参数优化研究	许萍	2016-02-01	水电能源科学	核心期刊
267	活性污泥流变特性影响因素及其研究进展	曹秀芹	2016-02-01	工业水处理	核心期刊
268	缓速过滤处理技术在农村饮水工程的应用	杨华	2016-02-01	水处理技术	核心期刊
269	Experimental Research about Termal Capacity Difference Between Domestic and Foregin Plate Exchanger	张睿航	2016-01-29	MATEC Web of science	国际学术会议论文集
270	Buserite型氧化锰催化叔丁基过氧化氢歧化分解反应动力学	卢书培	2016-01-15	无机材料学报	SCI，核心期刊
271	Two 1-D coordination polymers constructed from 3, 3', 4, 4'-biphenyltetra carboxylic acid and 4,4'- bipyridine: hydrothermal syntheses and photocatalytic performance	张艳秋（研究生）	2016-01-15	Transition Metal Chemistry	SCI
272	3种含铁吸附剂对水中磷酸盐的吸附性能	孙丽华	2016-01-11	水处理技术	核心期刊
273	Two Zinc based coordination compounds constructed from two azophenyl ligands: syntheses, crystal structure, and photocatalytic performance	王崇臣	2016-01-11	Journal of Inorganic and Organometallic Polymers and Materials	SCI

续表

序号	成果名称	第一作者	发表时间	发表刊物	刊物类别
274	膨胀机替代天然气调压器方案的模拟研究	王庆余	2016-01-06	煤气与热力	一般期刊
275	加强给水排水专业学生工程实践能力的举措	杨海燕	2016-01-06	教育教学论坛	一般期刊
276	四元溴化盐对碳钢的高温腐蚀实验研究	熊亚选	2016-01-05	化工进展	权威期刊
277	The influence of meteorology and phenology on net ecosystem exchange in an eastern Siberian boreal larch forest	Baolin Xue	2016-01-05	Journal of Plant Ecology	SCI
278	The Greenhouse Gas Footprint of China's Food System: An Analysis of Recent Trends and Future Scenarios	李惠民	2016-01-05	journal of industrial ecology	SCI
279	The consequence of energy policies in China: A case study of the iron and steel sector	王宇飞	2016-01-05	Resources, Conservation and Recycling	SCI
280	Function of homoacetogenesis on the heterotrophic methane production with exogenous H_2/CO_2 involved	Ranbin LIU	2016-01-04	Chemical Engineering Journal	SCI
281	The Integrated processes for wastewater treatment based on the principle of microbial fuel cells (MFCs): A Review.	Xu L.	2016-01-04	Critical Reviews in Environmental Science and Technology	SCI
282	天然气调压器水合物冻堵的数值模拟分析	吴欣雨	2016-01-01	中国科技论文	核心期刊
283	水葫芦多环芳烃含量及其与脂肪含量的关系	杨海燕	2016-01-01	环境工程学报	核心期刊
284	Degradation of ultrahigh concentration pollutant by Fe/Cu bimetallic system	Bo Lai	2016-01-01	Korean Journal of Chemical Engineering	SCI

2016年环能学院教师专利成果一览表

序号	成果名称	第一发明人	授权公告日	专利类型	专利范围
1	金属有机骨架材料的批量电化学合成装置	王崇臣	2017-06-13	实用新型	国内
2	一种防金属腐蚀的复合涂层及其制备方法	许萍	2016-11-15	发明专利	国内
3	具有自动弃流功能的压裂返排液负压蒸馏装置	李琛	2017-04-12	实用新型	国内
4	一种加热环保材料的天然气催化燃烧高温炉窑	张世红	2016-08-24	实用新型	国内
5	一种基于LNG冷能海水淡化的工艺模拟实验装置	杨晖	2017-02-15	实用新型	国内
6	证书封皮	陈静勇	2017-01-11	外观设计	国内
7	一种防止污泥流失的自养脱氮反应装置	付昆明	2016-11-30	实用新型	国内
8	一种利用水厂污泥制备同时脱氮除磷吸附剂的方法	仇付国	2016-06-24	发明专利	国内
9	一种密集式均匀淋水装置	白惠峰	2016-11-23	实用新型	国内
10	气候变化影响下北京市湖泊蓄水量预测软件V1.0	张质明	2016-08-12	其他知识产权	国内
11	河流水环境氨氮负荷削减措施效果预测软件V1.0	张质明	2016-08-12	其他知识产权	国内
12	河流水环境COD负荷削减措施效果预测软件V1.0	张质明	2016-08-12	其他知识产权	国内
13	一种绿色环保的金属防腐涂料、其制备方法及用途	许萍	2016-04-28	发明专利	国内
14	喷淋式制冷装置	刘越	2015-11-18	实用新型	国内
15	一种流体引射装置	王刚	2016-10-12	实用新型	国内
16	Heat Exchanger Apparatus	Xudong Zhao	2016-10-14	发明专利	国外
17	一种基于可再生能源的大温差高效供热系统	孙方田	2016-09-07	实用新型	国内
18	一种全透明冷冻冷藏装置2	徐荣吉	2016-06-03	实用新型	国内
19	一种可移动式土壤淋溶装置	张晓然	2016-06-16	实用新型	国内
20	一种补砂混合式生物慢滤处理系统	黄忠臣	2016-09-14	实用新型	国内
21	一种补砂混合式生物慢滤处理工艺	黄忠臣	2016-09-14	实用新型	国内
22	一种全透明冷冻冷藏装置	徐荣吉	2016-03-01	发明专利	国内
23	一种主动式动态降温控制装置及方法	徐荣吉	2016-03-01	发明专利	国内
24	一种主动式动态降温控制装置	徐荣吉	2016-06-12	实用新型	国内
25	一种空气中NC13的检测装置	吴俊奇	2016-07-06	实用新型	国内

【召开北京市科委重大项目启动会】8月22日下午，2016年北京市科委重大项目"北京市建成区海绵城市关键技术研发及示范应用"启动会在银龙苑宾馆召开。会议邀请了来自中国建设科技集团、北京师范大学、北京市园林局等6名不同专业领域专家进行技术咨询，北京市科委领导和主管工程师出席了会议。该项目负责人为我校环境与能源工程学院院长李俊奇教授，项目下设"海绵城市建设技术体系及其绩效评价"、"城市建成区建筑小区及道路雨水控制利用示范"、"城市建成区绿地雨水蓄渗利用技术集成示范"、"基于海绵城市建设的城市水系洪涝风险防控技术应用"等四项课题，分别由北京建筑大学、北京市园林科学研究院、北京市水科学技术研究院负责，北京市建筑设计研究院、北京市市政设计研究总院、北京市园林古建设计研究院有限公司、中国科学院地理科学与资源研究所等单位共同承担。会议分别进行了项目、课题汇报，与会专家重点讨论了项目的总体研究内容和技术路线、各个课题的研究方案、研究计划的合理性、可实施性、研究目标的可达性，专家一致认为项目和课题总体设置合理，研究内容充实、实施方案可行，同时对项目、课题实施提出了建议。科委领导对项目、课题的实施提出了明确的要求和期望，课题研究要抓住北京市建成区海绵城市推进过程中面临的难点和问题，突出研究创新、理论创新，各个课题要围绕在项目总体目标下开展研究，统筹考虑局部合理性和整体合理性。课题承担和参与单位负责人一致表示将根据专家们的意见和科委对项目的要求，进一步凝练问题、完善研究内容、加强课题间协调沟通，确保按时完成研究任务。

【王崇臣教授再次发表高水平论文】由我校王崇臣课题组（新型环境修复材料与技术课题组）撰写的 Photocatalytic Cr(VI) Reduction in Metal-Organic Frameworks：A Mini-review（《金属-有机骨架用于光催化还原 Cr(VI)：小综述》）被 Applied Catalysis B：Environmental（应用催化 B：环境）接收并在线发表（DOI：10.1016/j.apcatb.2016.04.030）。Applied Catalysis B：Environmental 是荷兰爱思唯尔（Elsevier）出版公司出版发行的国际著名学术期刊。目前，该期刊是催化和环境领域基础及应用基础研究方面的权威性学术刊物，2014年影响因子为 7.435，在全球环境工程及化学工程领域期刊中分别排名第一（1/47）和第四（4/135）。该文综述了金属-有机骨架用于光催化还原六价铬的研究进展，展望了该领域的发展机遇，分析了所面临的挑战和瓶颈问题，并提出了相应的解决方案。这是王崇臣课题组就"金属-有机骨架用于光催化反应"撰写的第三篇高水平综述论文。

【行业标准《燃气锅炉烟气冷凝热能回收装置》通过审查】中国城镇建设行业产品标准《燃气锅炉烟气冷凝热能回收装置（送审稿）》审查会于2016年10月23日在北京举行。会议由住房和城乡建设部供热标准化技术委员会主持。参加会议的有主管部门住房和城乡建设部标准定额司、主编部门北京建筑大学和哈尔滨工业大学的代表、有关单位的专家以及编制组全体成员。审查专家组和代表认真听取了主编人北京建筑大学王随林教授对标准编制过程和内容的介绍，对标准内容进行逐条讨论，一致通过了该标准审查。专家组对编制组给予高度评价，认为该标准的编制对烟气冷凝余热深度利用技术的进步与发展，燃气高效利用率的提高，产品国际竞争力的提升具有重要的意义。该标准技术内容科学合理、可操作性强，与现行相关标准相协调，达到国际领先水平。审查专家组组长为中国建筑学会热能动力分会许文发教授，副组长为北京市市政市容管理委员会郭维圻（原供热办主任），专家组成员为北京科技大学王立教授、西安建筑科技大学李安桂教授、清华大学吕俊复教授、中国标准化研究院成建宏主任、天津市建筑设计院伍小亭总工、沈阳铝镁设计院有限公司万沐总工以及乌鲁木齐建筑设计研究院王旭龙院长。我校环境与能源工程学院党委书记刘艳华出席了会议并致辞。继标准审查会后，我校召开了"北京学者"团队建设暨工业余热深度利用技术专家咨询会。标准审查专家组专家和参编单位专家对我校"北京学者"团队建设与工业余热深度利用技术研究给予了指导。

（六）学生工作

【概述】学生工作是环境与能源工程学院人才培养体系的重要组成部分。学院学生工作遵循"注重思想引领、强化学风建设、搭建发展平台"的基本思路，学生教育管理工作有序推进，深入开展学生主题教育、党团建设、学风建设、科技创新、社会实践、志愿服务、职涯教育等各项工作，硕果累累。

【人才培养】2012级、2013级、2014级学生及格率、学生获得校级以上学术、科技、专业竞赛荣誉比例在校内名列前茅；全国"创青春"创新创业大赛中荣获铜奖1项，在首都第五届科技创新专利推介会上荣获金奖1项。

【思想引领】学院打造了"怀揣学研初心，坚定绿色扶贫"等把握时代脉搏的品牌活动，活动走出北京，将影响力拓展到其他省份，获评校内红色"1+1"二等奖，并报北京市参加评选。学生整体精神风貌良好，思想健康，积极向上，本学年发展学生党员50人，学生党员在学生群体中起到了较好的引领作用，90%的本科生党员获得了各类奖学金；100%的学生党员通过了英语四级，班团建设达新高度，水131团支部作为北京高校唯一团支部获评全国五四红旗团支部。

【学风建设】学院以思想教育引领学风，以身边榜样强化学风，以日常管理培育学风，以多彩活动促进学风，以职涯指导带动学风，以学子文化熏陶学风，以综合指标彰显学风，学风建设取得实效。2016年本科生毕业生的学位率达到97%。据学校学工部统计数据，我院2012级考研率达20%，升学率近30%，实现新突破。2012级、2013级、2014级学生班级及格率、学生获得校级以上学术、科技、专业竞赛荣誉比例均位列学校前茅。

【科技创新】学院形成了以科技活动、科技立项、学科竞赛为梯队的三级大学生科研平台，较好的服务了学生成长成才。在节能减排大赛、大学生制冷空调大赛、化学实验竞赛、全国大学生BIM大赛等科技类大赛中共获奖55项，发明专利5项，本科生科技论文5篇。师生申报的"北京市大气水资源变化特征与演变趋势研究"项目获批2016年度联合国环保署—同济大学环境与可持续发展学院"绿苗计划"奖学金。在2016年首都大学生"创青春"创新创业大赛中，学院有三支团队取得了银奖2项、铜奖1项，在全国"创青春"创新创业大赛中荣获铜奖1项，在首都第五届科技创新专利推介会上荣获金奖1项，二等奖2项的好成绩。

【社会实践】学院以引领青年学生树立和践行社会主义核心价值观，坚持"受教育、长才干、做贡献"的宗旨，坚持社会实践与社会观察、志愿服务、专业学习、就业创业有机结合，按照"目标精准化、工作系统化、实施项目化、传播立体化"的原则，组建33支暑期社会实践团队，涉及人数200余人，赴全国各地开展实践服务活动。最终形成优秀社会实践成果2项，优秀实践团队1个，社会实践先进个人44人，北京市社会实践先进工作者1人，首都大学生绿色创新创业实践优胜奖1项。

【就业工作】瞄准就业、考研、出国三个毕业生主要流向设立工作坊，分层分类扎实推进毕业生就业指导和中低年级职涯教育，环能学院"爱·回家"青年校友联盟持续开展活动,继续聘请了一批校友担任学生生涯导师。将用人单位"请进来",举办校企交流、招聘宣讲,同时"走出去",加大和用人单位走访交流的力度。2016届就业工作,实现本科生就业率99.25%,签约率98.11%;研究生就业率为100%,签约率为100%。

【第八届节能减排社会实践与科技竞赛成功举办】为深入贯彻落实十八届五中全会提出的"创新、协调、绿色、开放、共享"的发展理念,激励学生积极投身到节能减排的实践中去,5月24日,环能学院联合教务处、资后处、校团委、工程实践创新中心共同举办了北京建筑大学第八届节能减排社会实践与科技竞赛。校党委副书记吕晨飞,教务处、学工部、校团委、实践创新中心等相关职能部门领导,环能学院领导班子及教师代表出席大赛开幕式,开幕式由环能学院团委书记王刚主持。节能减排大赛的成功举办,不仅给广大同学提供了一个培养创新思维、提高实践能力的载体,还为全校师生提供了一个科技创新的交流展示平台。

【扬帆起航共襄环能盛举 努力拼搏同创团学辉煌】5月31日,环能学院召开分团委、学生会换届大会,分团委书记王刚,辅导员韩志鹏、曹宇曦,以及80多名团委、学生会成员参加此次会议,会议由李孟真主持。在分团委、学生会的精心策划和准备下,学院为上一届学生干部量身定做了具有环能特色的精美纪念册,以表示对为环能团委、学生会建设与发展做出巨大贡献的学生干部们的认可与谢意。分团委书记王刚代表学院将纪念册赠送给上一届学生干部,并希望离任的学生干部们做到退位不退责,继续为环能学分团委、学生会的发展贡献力量。

环能学院团委、学生会新一届主席团名单

院团委副书记: 马添水

院学生会主席: 李孟真

院学生会副主席:侯天怡

院学生会副主席:房键旭

环能学院团委、学生会新一届部长名单

行政部部长:范志洋

组织部部长:李子燃

学习部部长:杨晓斌

新闻部部长:罗文静

外联部部长:候东伟

文艺部部长:韩 硕

体育部部长:李润植

生活部部长:李 娜

科协理事长:马博洋 郝云峰

青协理事长:陈 曦

环能学院团委、学生会新一届副部长名单

行政部副部长:邹 京 徐 震

组织部副部长:郝 乐 李 倩

学习部副部长:王佳铭 彭柳苇

新闻部副部长:史志杰 谢浩鑫

宣传部副部长：陈诗楚　朱希林
外联部副部长：杨继伟　田　博
文艺部副部长：刘冬晴
体育部副部长：李金韩　刚　鑫
生活部副部长：吴永泽
科协副理事长：张晟睿　孙　聪
青协副理事长：郝思逸
新媒体副部长：魏文通

【Green智能净化系统创新团队参加第五届大学生科技创新作品与专利成果展示推介会金奖访谈】11月28日，我校Green智能净化系统创新团队的邢碧枫等同学应邀参加第五届大学生科技创新作品与专利成果展示推介会金奖访谈，并接受千龙网视频采访。Green智能净化系统创新团队由邢碧枫、刘建国等7名同学组成，该项目成立初衷源于对目前儿童读物所产生的多项有害污染物的调查，同学们基于该问题设计并研发了一款用于去除儿童用品污染物的设备，即Green智能净化系统。Green智能净化系统为国内首创产品，由处理系统、检测系统以及控制系统组成，王崇臣、王鹏老师带领的新型环境材料与技术课题组（nmter.edu.cn）为该系统提供技术支持与指导，并提供其自主研发的MOFs（金属有机骨架材料）。MOFs因具有优于普通吸附剂的性能，在市场上有着广阔的应用前景。该项目曾参加多项竞赛，并荣获"创青春"全国大学生创业大赛铜奖、"创青春"首都大学生创业大赛银奖以及全国大学生节能减排社会实践与科技竞赛三等奖等多个奖项。通过这次访谈，该团队对创业有了一次更为清晰的认识，也将呵护儿童健康这一理念进行了很好宣传，引起了社会的广泛关注。

【因水而聚，以水为名】12月20日下午，2016年北京高校"我的班级我的家"优秀班级创建评选活动在北京工业大学举行。经过了学校推荐、网络展示、专家评审和答辩评比前期四个阶段，从北京大学、清华大学等53所高校的261个推荐班级中脱颖而出的26个优秀班集体入围最后答辩，经过激烈角逐，代表我校参赛的环境与能源工程学院给排水科学与工程131班最终荣获2016年北京高校"我的班级我的家"优秀示范班集体，向与会人员展示了我校学子的良好精神风貌。这是我校首次获得团中央"全国两红两优"表彰，是具有历史性、突破性的成绩。该团支部也是北京高校唯一获得全国表彰的学生团支部。水131班班级成员人人出彩，在自己擅长的领域出类拔萃。班长黄瑞星蕴"瑾色文艺"之才，他的建大明信片热销全校，宣传校园风景的同时也为将来的创新创业播下了种子；校啦啦操队朱彦儒的舞姿韵动着青春活力，与队员一起代表学校赢得了2015年北京高校啦啦操舞比赛的冠军。曾琳创建的"建大筑绿"微信公众号名列中国高校绿色公号TOP10；支部书记覃紫琪的"联合国气候变化大会"巴黎之行为中国青年的环保参与贡献着力量，用青年人的方式记录着全世界为环保做出的共同努力！

（七）对外交流

【对外合作提质升级】组织中法能源培训中心三期高层次合作会谈，完成办学协议的准备与落实。组织并推动与法国马恩河谷大学中法职业本科联合培养计划方案制定与项目申报工作。参加法国巴黎东区马恩拉瓦雷大学组织的中法"可持续城市"科研项目申报工作。为建筑环境与能源应用工程、能源与动力工程专业的中外合作办学与科研交流提供了发展平台与渠道。

积极开展中美奥本大学短期学生交流和第二期中美"2+2"合作办学续约准备工作。完成北京建筑大学与韩国GIST、韩国大田大学的硕士研究生和博士研究生的联合培养协议，开始招生韩国大田联合培养博士1人。

【积极组织国内外学术会议】6月26日-29日，作为主要的承办单位之一，共同组织由中国土木工程学会水工业分会（CCES/CWIS）、美国土木工程学会环境与水资源分会（ASCE/EWRI）、中国工程院土木、水利和建筑工程学部（CAE/DCHAE）主办的"2016国际城市低影响开发（LID）学术大会"。我校副校长张大玉教授担任大会指导委员会委员，车伍教授担任学术委员会共同主席，李俊奇教授担任学术委员会委员和组织委员会副主任，研究生院副院长李海燕教授担任组织委员会委员。来自国内外的专家、学者、政府官员和从业者近千人参会。在技术参观阶段，近百名国内外学者参观了我校雨水团队负责设计的多项雨水项目。

【积极参与国内外学术会议】共同参与组织国内多个学术会议，如作为协办单位，连续第六次与中国给水排水杂志社共同举办城市雨水管理学术会议。教师积极参加国内外学术会议，2016年度，共计30余人次参加国际会议，近百余人次参加国内学术会议。在校内完成50余场学术讲座。

（八）党建工作

【概述】环能学院党委以高度的政治责任感和使命感，把班子建设作为首要任务，充分发挥学院党委"总揽全局、协调各方"的职能，以"解放思想、抢抓机遇、真抓实干、重点突破"为工作方针，不断强化四个意识教育和学习。在上级党委的要求和部署下，坚持以解放思想为先导、以顶层设计为统揽、以突破瓶颈为带动，用发展的思路解历史上的难题，用经得起历史考验的思路去决策现在的问题，努力推动学院跨越发展。2016年，学院党委坚持目标导向和问题导向，结合"学、说、讲、议、思、做、树"七个层面，深入倡导"两学一做"与做合格党员紧密结合，与党支部的日常活动结合，与教师需求、学院事业发展相结合，进而促动党支部、党员边学习边思考、边思考边实践，做到理论武装头脑，实践引领发展，坚持学用结合，通过探索支部书记联席会上教师学生支部书记领学新模式、老党员讲环能故事梳理学院发展史、师德先锋选树、入党积极分子自主采访教师党员树榜样、要求支部活动紧扣中心建立专业指导委员会等提升支部的号召力，倡导师生、研本、老（退休）和少（学生）支部实践活动联合加强凝聚力，相关活动取得了很好的实效。发挥新媒体的优势和条件，搭建"微"平台，凝聚发展正能量。

【党风廉政无禁区护航发展】"严是爱、宽是害"党风廉政面前没有特例，所有党员都是一把尺子。学院党委注重班子成员的党风廉政建设，认真执行学校有关规定。制定了《环能学院关于领导班子执行"三重一大"制度的规定》以及科学民主决策的工作流程图，确定了重点工作环节，制定了相应的防控措施，形成了动态的风险防控运行机制。各自担责，同时互相交叉监督、彼此爱护提醒。确保经费、权力使用阳光透明；从严治党要求党风廉政覆盖到全体党员干部，即"一岗双责"所有岗位上都要"干净、担当"。学院为全体教师党员发放《环能学院党员专用学习经典》、根据学校统一部署开展全体教师2013-2015年度经费自查工作，2016-2017年将继续与有在研项目的教师签订经济安全承诺责任书，预防性机制与爱护提醒、劝诫措施并行。

【召开"三严三实"专题民主生活会】按照学校党委统一部署，环能学院党委分别于2015年12月30日、2016年1月12日分别召开处级干部民主生活会。校长张爱林参加了1月12日的班子民主生活会，会议由环能学院分党委书记刘艳华主持。会前，环能学院处级干部通过"班子同一门课"、党政联席会专题学习、自学《环能学院党员学习经典》、10分钟论坛、二级中心组理论学习等多种形式，认真学习了《党章》、《中国共产党廉洁自律准则》、《中国共产党纪律处分条例》等党内规章。会上，班子成员以习近平总书记系列重要讲话精神为指导，紧扣"三严三实"主题，围绕把"放严在心上，把实体现在行动里"，结合班子和个人自身在"修身做人、用权律己、干事创业等方面存在的不严不实问题及整改措施"深入查摆，逐一开展批评和自我批评，大家开门见山、坦诚直言，内容实在，不谈成绩只讲问题，达到了"团结-批评-团结"的目的。会上，张爱林校长对民主生活会进行了点评，他指出，环能学院班子的民主生活会开得很到位。每个人的自我批评很深刻，相互批评也很中肯。下一步应加强以下几个方面的建设，第一，作风建设永远在路上，班子成员要不断增强践行"三严三实"的思想自觉和行动自觉，不断地进行自我反思，查找不足。第二，结合十三五规划，在学院由教学型学院向教学研究型学院转变的关键期和行业发展新的历史时期，班子成员要认真领会中央精神，尤其是中央城市工作会议精神，进行前瞻性谋划，思考建什么样的学院？第三，加强班子建设，不断提升班子领导力和执行力，带好队伍。第四，面对不同新时期老师们的困难，要切实解决到位。第五，加强人才梯队建设。"为学院事业前进创造平台、为教师职业发展搭建舞台"环能班子将坚定不移地把"三严三实"作为班子成员修身做人的基本遵循、为官用权的警示箴言、干事创业的行为准则。以共同的信念构筑学院和谐，以共同的追求统一群众思想，以共同的事业凝聚大家力量。

【召开2016年度首次党支部书记会　聚焦新一年党建工作谋篇布局】2016年1月18日，环能学院成立党支部书记联席会并召开第一次全体会议。学院党委书记刘艳华、副书记黄琇、学院各党支部书记参加了此次会议，会议由刘艳华书记主持。刘书记针对学校党群工作会关于下一步重点工作进行通报；布置了"三严三实"专题组织生活会工作；带领全体党支部书记学习了中国共产党第八届中央纪律委员会第六次全体会议内容；最后，全体党支部书记就学院如何培优支部书记，党支部书记联席会制度、形式、内容进行热烈研讨。同时，对校庆工作，假期学生、教师、实验室的安全等师生关注的问题进行了深入探讨。本次会议的召开，对于进一步扎实推进学院党建工作，深入学习贯彻学校党群工作会议精神，加强基层党组织建设具有重要意义。

【召开党支部书记联席会开展"支部书记联手学习专题时间"】为进一步加强学院党支部建设，扎实党员思想理论学习，4月8日，环能学院支部书记联席会第一次会议于西城校区召开，环能学院党委书记刘艳华、副书记黄琇、学院全体党支部书记参与此次会议，会议由本科生第一党支部书记王刚主持。本次会议以"全面部署党委工作，深入学习'两学一做'"为主题，旨在通过深刻学习"两学一做"精神实质，引导党员同志将党的思想内核内化于心；同时立足当前，部署下一阶段党委重点工作，在实践中将党的理论精神外化于行。此次支部书记联席会为下一阶段学院党委的工作指明了方向，为各基层党支部的理论学习奠定了基础，"支部书记联手学习专题时间"的集体学习方法更接地气、更重实效。接下来，环能学院党委及各党支部将根据会议精神继续奋进，进一步搞好支部建设，提升思想觉悟。

【党委书记王建中调研环能学院党建和安全生产工作】 10月19日下午，党委书记王建中到环能学院调研党建和安全生产工作，党委副书记吕晨飞，党政办、组织部、科技处、资后处、基建处、保卫处负责人一同参加调研。环能学院领导班子成员，党支部书记代表，实验室中心负责人等参加调研活动。调研会上，环能学院院长李俊奇针对实验室存在的安全隐患、两校区的功能定位、西城校区实验室建设目标、实验室改进计划、实验室安全管理等内容进行了汇报。环能学院党委书记刘艳华对学院党建、"两学一做"重点工作、现阶段需要采取的行动等内容做出汇报。其他班子成员结合分管工作汇报了学院当前发展面临的问题。与会人员针对汇报内容，围绕存在问题、工作对策、下一阶段工作推进计划等内容进行了讨论，并提出了针对性的意见和建议。党委副书记吕晨飞在交流讨论时指出，北建大的发展站在了一个新的起点上，需要大家突破发展范式，树立新的目标定位，明确更高的工作标准和目标，着眼于行业领域、全国领域，以新的思维方式推进工作、规范管理。党委书记王建中作总结讲话。他指出，历经80年的积累和近年来的快速发展，学校目前正处于"提质、转型、升级"的关键期和事业发展的深刻变革期，学校从办学目标、办学格局、办学规格等方面都将经历一次深刻的变革和调整，要求广大干部教师适应学校提质转型升级的发展节奏和工作状态，树立新的工作标准和规格，以新的工作状态投入学校新时期的发展，按照新理念新思想新战略谋划工作、推进发展。王建中说，近两年，学校抓住机遇，集中力量打了三次冲锋，一是2015年推进学校综合改革、科学编制"十三五"规划、实现市部共建；二是2016年获批高精尖创新中心、推进"两高"布局调整、配合完成巡视整改、组织80周年校庆系列活动，全面总结学校办学经验，为"十三五"时期的良好开局打下了坚实的基础。三是80周年校庆之后，学校集中"十三五"规划核心目标攻关、深入推进"两高"布局建设、全面推进教学研究型大学建设，按照全面从严治党的要求，进一步动员广大师生积极参与学校发展建设，不断凝聚智慧和力量，推动学校更好更快发展。王建中对环能学院近年来发展取得的成绩表示肯定。他指出，环能学院领导班子团结，事业心强，发展基础良好。下一步，要继续按照学校的决策部署以及学校和学院的发展规划，精心顶层设计，明确工作举措，勇于担当、勇于开拓，一步一个脚印地推进学校快速发展。针对环能学院的发展，王建中强调三点意见。一是要加强党的建设，深入落实党建责任制，切实增强政治意识、大局意识、核心意识、看齐意识。要不折不扣地贯彻中央、市委的决策部署，坚决维护中央的权威，要服从学校发展的大局，站在学校长远发展的高度谋划发展、推进工作，要加强民主集中制建设，不断完善党政联席会等制度，通过抓好党建推进学院发展。二是要深化"两学一做"学习教育，推动学院科学发展。要在基层全覆盖调研摸清家底的基础上，细化工作举措，明确时间表和路线图，突出工作重点和突破点、狠抓落实、提振信心，集中力量干成几件大事，在见成效上下功夫。要围绕学校和学院发展目标，做好教职工的思想动员工作，把学校的发展意图真正贯彻到师生之中，动员广大党员凝心聚力、推动发展，切实发挥好党支部的战斗堡垒作用和党员的先锋模范作用。三是要强化安全生产责任制，确保学院安全发展。要强化安全生产责任制落实，加强内控制度和工作机制建设，严格规范管理，力争在安全管理责任制、实验室管理规范标准以及制度建设上树立一个标杆。座谈会前，王建中书记一行实地检查了环能学院的燃气调压站和实验室，并对学院实验室建设管理提出明确要求，希望环能学院在实验室安全管理方面加大力度，探索出一条北建大实验室规范管理的新路。本次调研校领导和相关职能部门深入基层、了解二级学院所思、所盼、所需、所求，现场办公、着力解决学院亟待解决的问题，为学院下一阶段发展提供强有力的支持。

【召开环能学院2016年党员大会暨党委换届大会】为继续深入贯彻上级党组织号召，进一步加强学院党组织建设，助力学院党建工作焕发新活力，11月1日，环能学院2016年党员大会暨党委换届大会于西城校区第二阶梯教室召开，环能学院全体师生党员参加本次会议，大会由环能学院党委副书记黄琦主持。王文海、冯萃敏、刘艳华、许淑惠、李俊奇、张群力和黄琦（以姓氏笔画为序）7名同志当选新一届中国共产党北京建筑大学环能学院党委委员，选举结果报学校党委审批。会后，学院新一届党委召开了第一次全体会议，选举产生了党委书记、副书记，并进行了党委委员分工。本次党员大会是在我校"十三五"开局之年召开的一次继往开来的大会，是在我校创建"国内一流、国际知名，具有鲜明建筑特色的高水平、开放式、创新型大学"的起步之年召开的一次团结奋进的大会，也是环能学院党委立足学校"提质、转型、升级"重要发展方针召开的一次凝心定志的大会，旨在为学院党委今后的工作定旋律、明方向、铺道路，持续助力学校、学院新发展。环能学院党委将以本次大会为契机，进一步坚定理想信念，扎实发挥先锋模范作用，开创学院工作新局面，助力学校蓬勃发展。

【环能学院党委组织十八届六中全会精神专题学习】为深入学习贯彻党的十八届六中全会精神，按照学校党委统一部署，环能学院党委分层分类组织会议精神的专题学习，率先在学院班子成员、党委委员、党支部书记层面掀起学习热潮，深入学习领会党的十八届六中全会提出的重要文件精神以及核心理念、精神内涵等要义。11月9日，环能学院党委召开二级理论中心组专题学习会，党委书记刘艳华领学了十八届六中全会公报、《中国共产党党内监督条例》和《关于新形势下党内政治生活的若干准则》等重要文件，围绕高校教师党员在线12学时中的课程《习总书记重温〈党委会的工作方法〉》一文，党委委员进行了深入探讨，对党委委员的责任以及开展工作的方法有了更加深刻的认识与收获。在党支部书记专题学习会上，院长助理、热能与动力工程系党支部书记高峰领学了十八届六中全会公报及相关文件，通过充分讨论，进一步提高了大家的责任与担当意识。本次学习活动，使学院党委各级干部充分认识到从严治党的重要性，促进了支部学习的深入化、系统化、常态化，有助于全面从严治党理念在环能学院的落地、落细、落实，做出实效。

【深入践行"两学一做"切实强化组织建设】为深入践行"两学一做"，扎实推进基层党组织的思想建设、作风建设和组织建设，发挥基层党组织在学校各项事业中的政治核心和战斗堡垒作用，11月10日，环能学院于大兴校区学B210会议室召开以合格党支部建设规范和合格党员行为规范大讨论为主题的"两学一做"学习交流推进会，学院党委书记刘艳华、各基层党支部书记参加了本次推进会，会议由党委副书记黄琦主持。自全面启动"两学一做"主题学习教育工作以来，环能学院党委积极拓宽工作思路，创新工作方法，在理论学习和主题实践方面均取得较为理想的效果，本次主题学习推进会旨在总结成效，反思不足，并在此基础上进一步探索合格基层党支部建设的新思路、新举措，规范支部工作流程，进一步扎实合格党员培育工作，提升支部凝聚力和战斗力。"两学一做"，基础在学，关键在做，通过本次推进会，环能学院党委、基层党支部明确了工作思路，坚定了理想信念，为接下来继续开展合格党支部建设规范和合格党员行为规范大讨论、深入推进"两学一做"学习教育工作奠定了坚实的组织基础和思想基础。

【校长张爱林到环能学院开展党风廉政建设责任制落实情况检查】12月26日下午，按照学校党委的统一部署，校长张爱林带领学校第二检查组，检查了环能学院党风廉政建设责任制落实情况。副校长李维平、副校长李爱群，党委常委、工会常务副主席张素芳、党政办公室主任白莽、土木与交通工程学院党委书记冯宏岳等检查组成员参加检查。通过听取汇报、座谈交流、查阅有关文件资料等方式，就贯彻落实中央、北京市委关于党风廉政建设部署要求的情况、贯彻落实学校党委关于党风廉政建设部署要求，推动教风学风建设、落实两高布局等中心工作的情况等7个方面问题进行了检查。党委书记刘艳华从"有学习"、"有文件"、"有落实"、"可参与的监督"等四个方面汇报了党风廉政建设落实情况。座谈环节，环能学院班子成员、党委委员、系主任、教工党支部书记、教代会代表等围绕科研经费管理、资产管理、实验室布局、专利管理以及发挥审计作用等问题畅所欲言，为环能学院党风廉政建设及中心工作建言献策。校长张爱林作了总结讲话。他讲到，各单位按照学校党风廉政建设责任制落实情况的规定要求分别作了很好的总结汇报，做了大量扎实的工作。党的十八大以来，党中央将全面从严治党不断推向纵深，提到前所未有的高度，十八届六中全会审议通过了《关于新形势下党内政治生活的若干准则》和《中国共产党党内监督条例》，为全面从严治党建立了打基础、立长远的标准规范。学校各级组织的党员干部都要牢固树立"四个意识"，以身作则、以上率下、自上而下做好表率作用。张爱林引述了习近平总书记在全国高校思想政治工作会议上的讲话要点。他讲到，习总书记要求我们坚持把立德树人作为大学的根本任务，牢固树立"只有培养出一流人才的大学，才能够成为世界一流大学"的理念，我们要党风、教风、学风联动，该管严的要管严，该管好的要管好，教师要努力成为学生实践、创新的示范者和指导者。学院要用好现有资源与政策抢抓机遇，抓好实验平台建设，加强文化建设，内涵发展。张爱林说，各部门业务工作繁重，要在人、财、物和管理等方方面面落实党风廉政建设，以建章立制为抓手，建立顺畅的机制，依法治校、依法治教，严格管理同时更要做好服务，提高管理水平和实效。他强调，要以党风廉政建设为抓手促进学院、学校事业发展，我们所有工作都是为了推动学校事业快速健康发展，检验我们工作的唯一标准就是学院、学校能发展得更好，老师能工作得更好，学生能成长得更好。

（九）工会工作

【概述】2016年，学院继续以"党建领导，行政支持"开展教代会、工会、统战工作。依法治院，民主治院。汇聚工会教代会、民主党派、无党派、退休、侨联、校友等多方力量共同参与环能新建设。规范完成了环能学院第八届分工会暨第三届教职工（代表）大会换届工作。在学院倡导"健康工作、精彩事业、幸福生活"的健康氛围。努力创建更加有激发感的氛围与环境，让每个环能人在这个团队中有获得感，为"让环能成为值得每一位教职员工自豪的标志"的目标而努力。青年工作委员会针对青年教师关心关注的问题需求调整工作方案。开办"开心聊"等活动。借力环能教师"心系天下"专业情怀，在工会工作中充分调动普通教师专业智慧生活化的积极性，举办"为工作减压 为生活添彩——环能学院"奥森公园雨水综合控制利用与水质保障系统"知行活动"、用专业智慧服务大家-居家健康你我他、助力职业能力提升举办环能学院教学基本功比赛赛前交流、"冬日温情"呀路古冬游等活动，忙中偷闲让大家寓教于乐，增加了教师之间的专业理解与整合，给各专业教师创建协同机会。充分发挥工会教代会的民主参与、民主监督和桥梁纽带作用，激发广大师生在各自岗位上创先争优。2015-2016年，继续实行教代会代表列席党政联席会，环能学院二级教代会在环能学院十三五规划制定、聘任考核文件修订、两校区发展规划等重要事项上，积极建言献策，党政充分重视教代会代表的意见，认真研究，相关文件几易其稿，代表有参与感同时有助力事业发展的成就感。

【组织教职工参加第三十五届田径运动会暨第十五届教职工运动会】4月15日，环能学院组织25名教职工参加学校第三十五届田径运动会暨第十五届教职工运动会。通过比赛及前期的准备，达到了宣传体育精神，增强健康意识，交流教职工情感，增强师生体质，凝聚学院人心的作用。

【举办"奥森公园雨水综合控制利用与水质保障系统"知行活动】为丰富教职工文化生活，4月19日，环能学院分工会组织开展了"奥森公园雨水综合控制利用与水质保障系统"知行活动。一方面，进行健步走活动——"偷得浮生半日闲，磨刀不误砍柴工"；另一方面，密切联系专业特色，由王建龙老师沿路为大家讲解"奥森公园雨水综合控制利用与水质保障系统"。本次活动获得了老师们的一致好评，都希望以后可以多组织一些户外的知行活动，"读万卷书，行万里路"，在强身健体、领略大自然美景的同时，交流学术，共谋发展。

【"民主治院 共建和谐"环能学院召开教职工大会】2016年6月30日上午，环能学院全院教职工大会在西城校区教1-126召开，进行第八届分工会委员会暨第三届教职工代表大会换届选举工作。

环能学院第八届分工会委员会暨第三届教职工代表大会换届选举会由第七届分工会委员会副主席许淑惠主持，主席刘艳华做了工作报告，回顾了本届分工会、教代会几年来的工作及财务工作情况。随后，依照规定程序选举出第八届分工会委员会委员9人，第三届教代会代表27人。随后召开新一届分工会委员会会议选举刘艳华为主席、史永征为副主席；召开新一届教代会选举产生教代会执委会，并选举李俊奇为执委会主任，许淑惠为副主任、陈亚飞为秘书长。本次换届选举采取了小组差额，大会等额的选举办法，全过程公开公平公正，充分发扬民主，确保新一届工会委员会、教代会代表全院教职工利益，发挥应有的职能和作用。

【环能学院召开干部考核民主测评会】2016年6月30日上午，环能学院召开了2015-2016学年度处级单位和处级干部考核民主测评会，会议由环能学院分党委书记刘艳华主持。学校民主测评工作联络员校工会张瑶宁老师到场组织测评。李俊奇院长代表领导班子做学院述职报告。随后，参与测评的学院领导围绕德、能、勤、绩、廉5个方面的履职情况逐一述职。全体教职工对本单位工作和学院处级干部进行测评。考核工作之后，院长李俊奇向教师们通报了学院近期重点工作的进展，对全体教师的辛勤付出表示感谢，同时勉励大家再接再厉，对近期及假期的工作安排进行了部署。党委书记刘艳华对下一步工作开展做出了进一步的指示和要求。此次会议旨在总结工作，考核干部。同时正值十三五开局的第一个半年，会议的召开进一步统一了全院教职员工思想，为学院凝聚全院教职工的智慧和力量，促进各项事业的发展起到了重要作用。

【开展"我与建大共成长"志愿服务活动】2016年10月15日，环能学院分工会组织会员开展"我与建大共成长"志愿服务活动，全院40余名教师积极参与其中，为当天学校的各项活动提供志愿服务。活动的开展,凝聚了师生情谊,温暖了校友爱校之心,为学院校友工作的进一步开展打下了扎实的基础。

【召开青年教职工经验分享培训会】2016年10月25日,学院分工会青工委员付昆明,根据学院工会委员会会议精神,组织召开青年教职工经验分享培训会。会议邀请王文海、徐荣吉两位老师分别从"教学基本功"和"出国留学经验谈"两个主题同与会青年教师进行了分享、交流。本次活动是我院践行"模范小家"建设工作的具体行动,为青年教工的成长、成才提供了良好的平台。活动中,与会教师就自己感兴趣的问题同王文海、徐荣吉老师热烈交流,互通有无,促进了信息和感情的交流,促成了思想的碰撞,有利于学院的梯队建设、和谐发展。

【组织教职工参加第九套广播体操比赛】11月8日,环能学院组织48名教职工参加学校工会举办的第九套广播体操比赛。学院为本次比赛进行了大量的准备工作,赛前组织老师进行了6次合练。比赛当日,参赛教职工展现了良好的精神风貌。通过本次比赛,加强了交流,增进了感情,提高了学院教职工的精气神,为学院工作的开展打下了良好的人力基础。

【召开硕博公寓申报审核会议】2016年11月15日上午,为落实第三期硕博公寓申报审核工作,学院召开会议进行相关工作。院领导、各系主任、教代会代表参加了本次会议。会议首先讲解了先期已发全院老师的校有关文件精神,请各系领导确保本系教师均已知悉相关文件精神,以防遗漏。接下来,请各系领导审核本系提交申请的老师材料,对教师所提交材料的真实性予以核实,保障公平性。本次会议的召开,确保了第三期硕博公寓申请申报工作做到公开公平公正,确保了在学校规定的条件下,有意愿的老师可以申请到住房,有利于下一步工作的展开和进一步推进。

【组织教职工冬游呀路古热带植物园】为了丰富教职工的文化生活,舒缓教学科研的压力,促进教工之间的团队意识和沟通协作,让教职工在繁忙的工作中得到放松,愉悦身心回归自然,环能学院分工会以自愿报名的形式组织教职工于12月3日前往北京呀路古热带植物园开展冬游活动。本次冬游活动,大家都表示非常满意,意犹未尽,环能分工会也会继续努力,安排更加丰富多彩的春秋游活动,丰富教职工生活,让大家感受到"环能家"的温暖。

(十)退休教职工工作

【概述】2016年,环能学院继续发扬"尊老敬老"优良传统,秉承"热心、耐心、关心、细心、精心"的宗旨为退休教师提供优质服务,组织开展了积极向上、健康文明的学习、文体活动,为退休教师营造了温馨家园。退休教师是环能历史的建设者和见证者,学院对退休教师的"敬"体现行动支持中。对退休老师新岁祝福、集体活动用心,生病、有急需及时探望帮助用情,及时传递学校温暖。根据退休教师党员的需求与特点,倡导退休党员主动关心非党员退休教师,退休教师之间多联络、多聊天、互帮互助。2016年,退休党支部开展活动3项,学院配合学校组织退休教师体检,平谷休养,以及春秋游活动,其中春游18人,秋游25人(含两名家属)。此外,开展学院特色活动4项。

【退休教师新春座谈会】1月15日,环能学院在实验2-311会议室举办以"欢迎老师回家"为主题的退休教师新春座谈会。院长李俊奇向与会老教师介绍了学院的发展情况,老教师对学院发展建言献策,情感交融,思想碰撞,其乐融融。

【启动"老党员讲环能故事"支部主题活动】3月17日,环能学院退休党支部会议于西城校区实验2号楼206会议室召开,学院党委书记刘艳华、办公室主任陈亚飞、学院退休党支部18名老党员同志参加了会议。退休党支部书记梁贤英同志主持会议。刘艳华书记为退休支部党员上党课,传达了北京市、学校等各级党委的文件精神。启动了"老党员讲环能故事"支部主题活动,以此为载体充分发挥老党员余热,让老党员参与到学院建设中,传承环能精神,为80周年校庆活动献礼。此次活动持续至7月份。

【两学一做 信念永驻】5月26日上午,环境与能源工程学院离退休党支部针对"两学一做"的最新指示进行了"两学一做 信念永驻"专题学习活动。环能学院分党委副书记黄琇、办公室主任陈亚飞及离退休党支部14名党员参加了学习活动,离退休党支部书记梁贤英主持学习活动。离退休党支部自行编写了《纪念中国共产党成立95周年"两学一做"的学习问答》试卷。答题过程中,退休老师热烈讨论,积极学习,重温了党章党规,学习了习近平总书记系列讲话精神,提高了党员休养,加强了党的建设。

【大手拉小手 纪念建党95周年】6月25日,为纪念建党95周年,践行"两学一做"学习教育,增进退休党员与学生党员相互交流与学习,环能学院本科生第一党支部联合退休党支部赴奥林匹克国家森林公园开展"大手拉小手"实践活动。环境系车伍教授、18位退休教师、29名学生党员、5名研究生参加此次活动。退休老同志们的"大手"牵着学生党员们的"小手",一路传承对党忠诚的理想信念,一路耐心辅导年轻学生党员成长,老同志用他们对教育事业的"胸怀大局,无私奉献"的崇高品质,教育学生党员们要牢记使命,并将使命内化成为在新征程继续前进、继续拼搏的动力源泉。

【国家大剧院观演活动】为丰富退休教师活动,学院为退休教师购买了7月10、16、31日国家大剧院红色剧目(红色交响乐、四川民歌合唱音乐会、庆八一建军节合唱音乐会)的演出门票,退休教师结伴观看演出,陶冶情操。

【校庆活动2016 为爱回家】10月15日,邀请退休教师回校参加校庆活动,共襄盛举,感受温暖。

【年底观影活动】12月,为退休教师购买电影票,鼓励退休教师结伴观影,互陪互伴,交流情感。

【关心退休教师】环能学院积极关心退休教师生活,细心留意退休教师需求,做好了节日、伤病慰问工作。

2016年环能学院看望退休教师一览表

序号	时间	看望退休教师名单
1	2016年9月	环能学院书记刘艳华、退休支部书记梁贤英看望退休生病教师王澄老师
2	2016年10月	环能学院书记刘艳华、办公室主任陈亚飞慰问傅忠诚、艾效逸、梁贤英老师
3	2016年10月	校长张爱林慰问梁贤英老师,环能学院书记刘艳华、校办副主任吴建国、院办主任陈亚飞陪同慰问
4	2016年11月	环能学院书记刘艳华、办公室主任陈亚飞、退休支部书记梁贤英、支委潘树源慰问蔡君明老师
5	2016年12月	环能学院书记刘艳华、办公室主任陈亚飞、退休支部书记梁贤英、支委潘树源慰问学院80岁以上退休教师

【获奖】 因工作热心负责，5月，环能学院退休教师梁贤英被评为"优秀老科教工作者"。梁贤英老师自退休以来，担任退休党支部书记，发挥余热，工作勤恳，得到了我院退休教师及在职员工的一致好评，是全体环能人学习的榜样！

（十一）实验室建设

【概述】 实验室包括西城校区实验室和大兴校区实验室两部分，西城校区实验室以服务科研和研究生为主，大兴校区实验室以服务本科生培养为主，两校区实验室由学院统一协调管理。总实验面积8300平方米，其中大兴校区4400平方米，西城校区3900平方米，仪器设备总值6千万元，可开设实验项目400项，面向全校6个学院开设实验课。支撑2个国家级实验教学平台和6个省部级科研平台。科研基地建设方面，城市雨水系统与水环境教育部重点实验室顺利通过验收，协助申报建筑与环境先进功能材料北京市重点实验室。完成了供热供燃气通风及空调北京市重点实验室的复评。支持绿色建筑重点实验室验收工作。完成科技处培育和组织科研奖励申报工作。完成科技成果转化项目的选择和申报工作。组织环能学院科研基地2014年科研绩效评估工作。组织完成科研基地危化品清单报送工作。

【城市雨水系统与水环境省部共建教育部重点实验室召开学术委员会扩大会议】 2016年5月15日，城市雨水系统与水环境省部共建教育部重点实验室在西城校区第一会议室召开了学术委员会扩大会议。来自清华大学、中国科学院生态环境研究中心、中国环境科学研究院、北京林业大学、中国地质大学、北京科技大学、北京节水管理中心、北京工业大学等高校和科研院所的学术委员会成员及特邀专家参加了会议。副校长张大玉出席会议并讲话，科技处高岩处长致欢迎辞，并对学校近年来的发展情况进行了介绍。会议由学术委员会主任施汉昌教授主持。实验室主任李俊奇教授首先从实验室近几年在学术研究、硬件建设、人才培养、学术交流、管理模式等方面的发展情况进行了总结，并汇报了实验室中长期工作设想。李俊奇教授、郝晓地教授和许萍教授分别汇报了城市雨洪控制利用与水环境生态修复、污水处理及其资源化和城市节水与水系统优化管理这三个方向的研究进展。与会专家高度评价了实验室建设期间取得的成绩，并针对实验室未来发展提出了宝贵的意见和建议。专家建议进一步梳理三个方向之间的系统关联，结合北京市和国家的重大需求做好社会服务和成果凝炼，巩固优势，为城市水环境领域做出更大的贡献。会议期间，专家们参观了科研楼污水和节水实验室。副校长张大玉对与会专家表示感谢，并要求实验室落实专家们所提的意见和建议，做好实验室建设工作。

【城市雨水系统与水环境教育部重点实验室顺利通过验收】 7月6日，教育部科技司组织专家组对城市雨水系统与水环境省部共建教育部重点实验室（北京建筑大学）的建设进行了验收。验收专家组由7位知名专家组成，中国科学院生态环境研究中心曲久辉院士担任验收专家组组长。教育部科技司基础研究处邹晖处长、北京市教委科研处李善廷副处长、北京建筑大学张爱林校长、张大玉副校长等领导出席了会议。北京建筑大学科技处处长高岩、副处长张雷等职能部门负责人，实验室主任、环能学院院长李俊奇教授及实验室多位教师参加了验收会。实验室依托北京建筑大学环境工程、市政工程、环境科学等学科，通过近年来建设，围绕三大方向在基础研究、技术研发和社会服务等方面成效显著。建设期间实验室承担课题共计150余项，科研服务经费超过1亿元，获得教育部自然科学一等奖和住建部华夏建设科学技术一等奖在内各类科研奖励11项。2015年，实验室被北京市政府授予"首都环境保护先进集体"荣誉称号。经专家论证,专家组认为实验室紧紧围绕城市雨洪控制利用与水环境生态修复、污水处理及资源化、城市节水与水系统优化管理三个主要研究方向,在基础理论、技术研发、工程应用和管理等方面取得了丰硕的研究成果;实验室建设目标定位准确,研究方向明确、特色鲜明,人才队伍结构合理,实验室运行制度完善,措施得力,完成了预期建设目标和考核指标,一致同意通过验收。根据管理办法,实验室通过验收后,城市雨水系统与水环境教育部重点实验室将正式开放运行。今后学校将进一步为实验室的建设和发展创造条件,营造良好的学术氛围和创新环境,重点实验室也将继续实行"开放、流动、联合、竞争"的运行机制,立足北京,面对全国,立足当前,面向未来,聚焦城市雨水与水环境领域国家重大需求、特别是首都乃至京津冀区域发展需求,开展创新性研究,提升创新能力,加大社会服务,推动学科建设发展,以高水平科学研究支撑高质量人才培养。

【全面开展环能学院资产清查工作】做好老旧无用仪器设备的登记报废管理工作,提高实验室的空间利用率。做好固定资产清查与贵重仪器设备的登记上账工作和效益评估考核工作。积极推进科研基地内实验室仪器社会服务清单申报工作。

【细化管理责任到位 确保学研安全稳定】安全稳定工作进一步细化,完善重点部位安全隐患排查台账,向学校申报启动实验1、2号楼涉及安全的燃气、水电改造申请;加强规范、细化管理进程,成立由院班子成员、实验中心负责人、安全专家的工作小组系统梳理实验室管理办法、安全管理细等相关制度;加强师生安全教育,开学第一次全院大会、研究生新生入学必讲安全,学研安全教育活动与支部、工会、团学活动相结合。

【举办实验室消防安全培训】为了增强全院的消防安全意识,进一步提高老师、学生的消防安全知识及灭火技能,2016年5月10日受环能学院和实验中心党支部的邀请,学校保卫处车胜利老师对我校环境与能源工程学院大兴校区的部分实验室老师和进入实验室的学生进行了消防安全培训。培训由环能学院实验中心主任孙金栋老师主持,车胜利老师做了消防安全常识讲座并示范了消防设备的使用方法,还安排了现场实践培训,让参加培训的师生亲自体验了灭火器的使用方法,使师生对消防知识有了更加深刻的认识。培训结束后大家对此次培训感到收获良多,对个人在日常的生活和学习中如何保障人身安全有了理性的认识,并对实验室的规范操作的重要性的认识有了进一步的提高。同时,学院领导班子和实验中心主任对实验室的安全隐患共同商讨了下一步的安全管理规范和流程,由全院师生共同创建安全有序的实验室环境。

【践行"两学一做"营造安全学研氛围】为更好地践行"两学一做",培育和践行社会主义核心价值观,保卫处、环能学院于7月5日联合开展"践行'两学一做',营造良好学研氛围"平安环能主题活动,环能学院党委书记刘艳华、保卫处原处长于志洋、环能学院实验中心主任孙金栋及全体研究生正式党员参加了此次活动,活动由环能学院辅导员韩志鹏主持。"践行'两学一做',营造安全学研氛围"主题活动是"平安环能"系列之一,通过此次活动使同学们认识了实验室安全的重要性,了解了自己所应承担的责任和义务,有安全意识和有安全能力才能有安全保障。随着学院实验室建设速度的加快,重点实验室逐步形成气候,实验室安全问题也日益突出,构建实验室安全体系,确保实验室的安全已成为环能学院建设发展的一项重点工作。

【强化主体意识 确保学研安全】为普及环能学院研究生的安全防范知识,增强安全防范意识，从根本上落实学校关于安全生产工作要求和部署，切实做好岁末年初安全生产工作。环能学院于12月7日下午开展了实验室检查工作并在西城校区开展研究生安全教育培训会。环能学院党委书记刘艳华，副院长张群力，副教授詹淑慧，保卫处周都出席培训会，会议由张群力主持。本次研究生安全培训会再次敲响了安全的警钟，在场研究生充分感受到学校、学院对安全生工作的重视，并意识到安全防范的重要性，同学们表示在今后的学习生活中要提高警惕，自觉开展实验室和宿舍的安全自查工作，杜绝安全隐患。

（十二）重大事件

【创新发展 争创一流】 2016年1月21日，环能学院召开教职工大会，会议在总结2015年工作的基础上，聚焦"创新"与"发展"，共谋学院"十三五"规划开局之年新篇章，环能学院院班子成员及全体教职员工参加此次会议，同时校招就处处长李雪华、科技处副处长陈韬、基建处副处长邵宗义、建筑学院欧阳文教授应邀参加会议。会议还邀请科技部有关人员对近期的科技发展与改革动态进行了交流。本次大会由环能学院分党委书记刘艳华主持。2016年是"十三五"开局之年，也是学校"提质转型升级"的关键年。本次会议的召开，总结过去，展望未来，一系列的学习、讨论和部署有助于全院教师统一思想，凝聚共识，把握好未来的发展脉络。

【部署开局 落实要点】 3月15日下午，环能学院在西城校区教学5号楼202教室召开全院教职工大会。会议由党委书记刘艳华主持。院长李俊奇结合环能学院工作为全院教师讲解《党政工作要点》和传达"2016年年度工作会暨党风廉政建设工作会"会议精神，同时部署环能学院新学期各项工作。李俊奇院长强调指出，中央城市工作会议的召开、京津冀协同发展和北京"四个中心"建设新格局，对学校、学院，以及教师个人的事业发展，都是莫大的机遇，全院教职工一定要把握机遇期，主动转变思维模式，牢固树立和贯彻落实创新、协调、绿色、开放、共享的发展理念，主动服务国家战略需求和城市发展新方向，积极适应高等教育和建筑业转型升级新要求，研究、把握新时期学生特点与需求，做好教育教学工作、科学研究工作的，为学校、学院及个人发展的"十三五"开好局。学院相关领导也从各自分管工作的角度向全院老师做了2016年工作部署。新学期伊始，本次会议的召开，使得全院教职工对学校、学院的发展目标更加明晰，为落实十三五规划良好开局打下了基础。

【党委书记王建中到环能学院调研指导工作】 4月15日下午，党委书记王建中到环能学院调研基层党组织建设以及在学院事业发展中基层党组织发挥作用情况。纪委书记何志洪、党委副书记张启鸿，党政办公室、组织部、宣传部、研究生院、人事处、科技处、资后处、基建处等职能部门负责人陪同调研，环能学院班子成员、系部中心主任、教师党支部书记参加调研。王建中现场察看了环能学院大兴校区布局情况，并召开座谈会听取环能学院负责人相关情况汇报，与大家就基层党组织作用发挥、学校和学院"十三五"发展、两校区布局调整等问题深入交流。王建中对环能学院近年来事业发展和基层党组织建设所取得的成绩表示充分肯定。针对环能学院下一步的发展，王书记强调四点意见。一是以"两学一做"学习教育为契机，充分发挥学院领导班子政治核心作用、基层党支部的战斗堡垒作用和每一个党员的先锋模范作用。要高度重视基层党组织建设，抓好党建促发展，围绕学校中心工作，发挥党员在学科建设、科学研究、人才培养等各方面的作用，做到先学、先想、先做。二是以北京市高精尖创新中心建设为契机,建设高水平团队和高端平台,特别是加大人才引进力度,加强学术梯队的建设。三是以制定 2016 版人才培养方案为契机,大力推进创新型人才培养力度。要以新的理念,以教学研究型大学的要求重新定位人才培养模式、教学手段和课程设置等。四是以学校"两高"布局调整为契机,整体提升学院的办学实力。要通过"两高"布局的调整,进一步整合资源,体现规模性、集约性和标志性。要尽快形成学院两校区布局调整方案,广泛征集学院师生意见,加快推进落实,力争今年 9 月份调整到位。

【李俊奇教授荣获 2015 年度"中国水业人物"教学与科研贡献奖】4 月 16 日-17 日,第六届中国水业院士论坛暨水安全科技创新高峰论坛在北京友谊宾馆举行,同期举行了"2015 年度中国水业人物"颁奖盛典。北京建筑大学环境与能源工程学院院长、城市雨水系统与水环境省部共建教育部重点实验室主任李俊奇教授荣获教学与科研贡献奖。

【多项海绵城市关键技术成果亮相国家"十二五"科技成就展】国家"十二五"科技创新成就展于 2016 年 5 月 31 日-6 月 7 日在北京展览馆举办,展览以"创新驱动发展,科技引领未来"为主题,重点展示"十二五"以来我国科技创新重大科技成果。6 月 3 日上午,中共中央总书记、国家主席、中央军委主席习近平参观了国家"十二五"科技创新成就展。中共中央政治局常委李克强、张德江、俞正声、刘云山、王岐山分别参观展览。"水体污染控制与治理"国家科技重大专项"城市水污染控制"主题成为本届展会的亮点。该主题的海绵城市系统集成模型是由住房城乡建设部牵头负责,我校与中国市政工程华北设计研究院、清华大学等 7 家单位共同参与制作。通过多媒体沙盘、整装成套技术装备及实物模型和展板等手段展示了"十二五"海绵城市建设取得的重大进展和成效。海绵城市系统集成模型以多目标雨水系统构建为切入点,针对城市内涝的缓解和城市生态环境的改善,在雨水源头减量、过程控制和净化利用等方面研发了 20 余项关键技术及配套设备产品,同时大力提升城市排水、污水处理和绿地建设的技术水平和设施功能,形成了城市雨水"渗、滞、蓄、净、用、排"成套技术和污水资源化能源化利用技术,有效支撑了海绵城市建设运行和城市水环境质量改善。环境与能源工程学院院长李俊奇教授牵头负责我校参展工作,土木学院徐世法教授、索智,环境与能源工程学院王文海、宫永伟、王建龙、张伟等多位教师参与了此次参展筹备工作。"十三五"期间,我校将继续发挥海绵城市研究和建设领域的行业优势,深化理论研究、强化技术研发,重点促进重要科研成果的技术转化和产业化应用,为我国海绵城市建设做出新的更大的贡献。

【清华大学教授江亿院士出席我校城市规划建设与管理高端论坛】2016 年 9 月 14 日上午城市规划建设与管理高端论坛在我校学宜宾馆举行,清华大学教授江亿院士及其团队、我校党委书记王建中、校长张爱林、副校长张大玉、副校长李爱群、学校相关部门负责人、环能学院领导班子、相关教师以及研究生代表出席论坛。论坛分为江亿院士聘任和城市规划建设与管理高端论坛两个环节。校长张爱林宣读了江亿院士聘任决定,党委书记王建中、校长张爱林分别为江亿院士颁发了北京建筑大学发展咨询委员会委员、北京"未来城市设计高精尖创新中心"学术委员会委员聘书。我校师生就学科发展、建筑节能研究方向、北京城市副中心建设与江亿院士进行了深度交流,江亿院士对我校暖通空调学科的建议以及关于建筑节能的学术讲座为我校师生开展科研工作拓宽了视野。

江亿院士简介:清华大学教授、中国工程院建筑与土木学部院士,现任清华大学建筑建筑节能研究中心主任，目前主要从事建筑节能领域的研究工作并单任国家能源专家咨询委员会委员，国家气候变化专家委员会委员，住建部科技委委员，北京市政府顾问团顾问；还兼任中国节能学会理事会理事长，全国暖通空调委员会副主任，中国制冷学会副理事长，中国城市研究会副理事长，中美清洁能源联合研究中心建筑节能分中心中方主任；IPCC（国际气候变化研究）评估报告写作组核心作者，IEA（国际能源组织）ECBCS（建筑与社区节能）合作项目理事会成员（中国代表）；连续10年发布中国建筑节能年度发展研究报告；以第一完成人曾获国家技术发明二等奖两项，国家科技进步二等奖两项。

【我校举办城市规划建设与管理高端论坛之曲久辉院士学术报告会】9月20日上午，城市规划建设与管理高端论坛之曲久辉院士学术报告会在我校西城校区举办。中国科学院生态环境研究中心曲久辉院士应邀做了题为《环境问题研究的整体观和系统观——从问题到科学》学术报告。报告会前，我校聘任了曲久辉院士为我校发展咨询委员会委员、北京"未来城市设计高精尖创新中心"学术委员会委员。校领导王建中、张爱林、张大玉、李爱群出席，学校相关部门负责人、环能学院领导班子、教师以及研究生代表参加。党委书记王建中、校长张爱林分别向曲久辉院士颁发北京建筑大学发展咨询委员会委员、北京未来城市设计高精尖创新中心学术委员会委员聘书。曲院士为我校师生奉上了一场精彩纷呈的学术报告会。我校师生就学科建设与发展、村镇污水治理、能源与环境、环境标准体系以及北京城市副中心建设等方面与曲久辉院士进行了深入交流，拓宽了视野。

曲久辉院士简介：中国工程院院士、中国著名环境工程专家，中国科学院生态环境研究中心研究员，国际水协会（IWA）杰出人士，国家杰出青年基金获得者，国家创新研究群体学术带头人，国家973项目首席科学家。曾获得国家科技进步奖、国家技术发明奖、何梁何利科学技术进步奖、国际水协全球及东亚大区创新项目奖等奖项。目前主要从事水质科学与技术研究，特别专注饮用水质安全保障的理论、技术和工程应用，在水中有毒有害物质的产生和转化过程机制、水质风险控制和污染治理等方面，取得多项原理和技术突破。主持完成国家863、973、中科院重大及国际合作等多项项目。在国内外学术期刊上发表学术论文400多篇，获得授权中国和国际发明专利数十项。

【詹淑慧当选侨联委员会主席】2016年12月27日，北京建筑大学侨联第三次归侨侨眷代表大会在西城校区举行。建筑热能系詹淑慧老师当选为新一届侨联委员会主席。

（陈亚飞　张群力　史永征　曹宇曦　王　刚　黄　琇　张　伟　冯萃敏）

四、电气与信息工程学院

（一）概况

北京建筑大学电气与信息工程学院拥有1个"控制科学与工程"一级学科，1个"建筑数字化工程与技术"培育增列交叉学科，4个本科专业：自动化、电气工程及其自动化、计算机科学与技术、建筑电气与智能化，1个北京市优秀教学团队，1个北京市学术创新团队，自动化专业为北京市特色专业建设点，"建筑电气与智能化实验教学中心"为北京市实验教学示范中心，获批1个国家级智慧城市国家级虚拟仿真实验教学中心，1个机器人仿生与功能研究北京市重点实验室，1个建筑大数据智能处理方法研究北京市重点实验室，1个北京市建筑安全监测工程技术研究中心。电气与信息工程学院与美国罗克韦尔公司、德国西门子公司等多个国际国内企业共建了创新实验室，是中国建筑学会建筑防火综合技术分会建筑电气防火专委会挂靠单位。

2016年电信学院全日制学生1052人，其中本科生本科学生969人，硕士研究生83人，在职教职员工64人，退休教师32人。

（二）师资队伍建设

【概述】电气与信息工程学院拥有一支结构合理、兼具学术研究、应用研究和实践经验的师资队伍。现有教职工64人，其中教授7人，博士生导师1人，副教授24人，1名北京市教学名师，1名北京市优秀教师，1名北京市师德标兵，7名北京市优秀青年骨干教师。博士和在读博士教师占专任教师数的61%。2016年底引进高层次人次1人。同时还聘请了多名具有工程实践经验的校外高级工程师为兼职教授。电气与信息工程学院努力搭建青年教师发展帮助平台，营造老中青教师传帮带氛围，积极鼓励青年教师到国内外进修，2016年选派3名教师赴海外深造，出国访学教师2人，出国攻读博士学位1人。积极开展交流研讨和到企业锻炼，促进青年教师的成长成才，在2015/2016学年的本科教学工作中，青年教师学生评教结果全部为优秀。重视教师教学和科研水平的提高，执行教师素质提升计划，按照人均1000元安排教师培训及交流，组织开展讲座、座谈和交流30多场次。积极鼓励教师进修学习、参与实践。

张雷老师获得金字塔建大杰青称号，周小平老师获北京建筑大学青年英才，李敏杰老师在第十一届（2015/2016学年）校级小学优秀奖一等奖和优秀教案奖，王晓辉在2015/2016学年评为十佳班级导师，张昱老师当选中国计算机学会（CCF）高级会员。

【调入/转入人员名册】

电信学院2016年调入/转入人员情况一览表

序号	姓名	性别	学历	类型	时间
1	郭茂祖	男	博士	专任教师/院长	2016.11
2	张雷	男	博士	专任教师/党委书记	2016.12
3	关海琳	女	硕士	党委副书记	2016.11
4	高静	女	硕士	辅导员	2016.7

【调出人员名册】

序号	姓名	性别	学历	类型	时间
1	杨光	男	硕士	党委书记	2016.12
2	武岚	女	硕士	党委副书记	2016.7
3	田芳	女	硕士	办公室主任	2016.11

【举行师生学术报告】5月-12月，电气与信息工程学院建筑电气工程师大讲坛先后举办18场学术报告。先后邀请了美国德州大学圣安东尼奥分校机械工程系助理教授Dr. Bing Dong，北京理工大学教授戴亚平，德雷塞尔大学土木、建筑和环境工程系教授Jin Wen博士，北京市建筑设计研究院有限公司电气副总工程师任红，荷兰BearinPoint公司经理

和技术架构师韦志刚，清华大学副教授张松海，当代杰出工程师、国家注册电气工程师李炳华来校做讲座，同师生交流。

【督导组专家及院领导督导青年教师教学】 电气与信息工程学院贯彻执行督导组专家和学院领导对青年教师进行全覆盖跟踪听课工作，培养和提升青年教师的教学能力。

（三）学科建设

【概述】 电气与信息工程学院2016年从哈尔滨工业大学引进了一名杰出青年基金获得者郭茂祖教授，提升了学科发展水平。控制科学与工程一级学科参加了教育部第四轮学科评估。计划在2018年增设一个学科发展方向，即智能信息处理理论与方法。目前控制科学与工程学科发展方向：智慧城市数字化工程理论与技术、建筑节能与安全监控理论与工程、智能机器人与系统和智能信息处理理论与方法。

【研究生招生及培养情况】 电气与信息工程学院2016年招收研究生37名，其中控制科学与工程一级学科学术型研究生10名，全日制专业学位研究生26名，非全日制研究生1名。完善了硕士研究生毕业标准，建立完善了硕士研究生导师负责制，保证了研究生培养质量。

【获批建筑大数据智能处理方法研究北京市重点实验室】 北京建筑大学电气与信息工程学院获批建筑大数据智能处理方法研究北京市重点实验室，本实验室以北京建筑大学为依托，联合中国建筑科学研究院、北京市气象局和筑讯通机电工程顾问有限公司，共建建筑大数据基础理论与应用关键技术研究的科研基地。

【参与智能机器人与系统北京市高精尖创新中心工作】 电气与信息工程学院推进参与的"北京技术创新行动计划（2014-2017）"重大专项"智能机器人与系统北京市高精尖创新中心"工作。

（四）教学工作

【概述】 加强以社会需求和行业发展需要为重点的教学改革研究，探索人才培养模式多样化的道路。2016年电气与信息工程学院4个本科专业以"建筑电气与信息类"大类招生，实行学分制，开办"工科创新实验班"，加入"北京市高水平人才交叉培养计划"，设置双培和外培计划项目，完成了2016版本科培养方案及教学大纲制定工作。推进和完善本科生导师制，发挥教师在学生培养中的主导作用和学生的主体作用，制定了《电信学院完全学分制下导师选配及考核细则》。加强学生工程实践能力的培养，与山东建筑大学、吉林建筑大学、青岛理工大学、郑州轻工业学院和天津城建大学等大学开展了联合毕业设计。以评促建，精心组织计算机专业参加北京市属高校计算机科学与技术专业评估工作。

【修订2016培养方案】 认真修订人才培养方案，不断创新人才培养模式。电气与信息工程学院贯彻落实学校顶层设计"三减、三增、三优化"，以2016版本科培养方案修订和教学大纲修订为契机，通过对国内外建筑行业电气信息类专业人才培养目标、模式和方案的比较研究，组织了多次次研讨会，邀请知名高校和行业知名企业专家对培养方案修订进行研讨，并针对各专业就业重点单位进行了用人单位调研，结合信息技术快速发展对技能型人才的广泛需求，加强以市场为导向、以社会需求和行业发展需要为重点的教学改革研究，探索人才培养模式多样化的道路。

【参加北京市属高校计算机科学与技术专业评估】 凝心聚力、精益求精，做好计算机专业评估工作。2016年,计算机专业在学院及计算机系精心组织和齐心协力下,历经三个月,顺利完成了专业评估试点工作。在参评的15所北京市属高校计算机专业中排名第四,前三名依次是北京工业大学、首都师范大学、北方工业大学。

【加强教学督导与质量监控】 以课堂教学为抓手,加强教学督导与质量监控。邀请学院督导专家组专家指导计算机科学与技术专业评估、青年教师讲课比赛等活动,开展了教案等教学文件检查和评比活动;组织召开了教风学风联动座谈会、师生座谈会10余场次,组织实践教学检查、听课40余次。

【实行多校联合毕业设计】 电气与信息工程学院与山东建筑大学、吉林建筑大学、青岛理工大学、郑州轻工业学院和天津城建大学6所高校参加2016届建筑电气与智能化专业多校联合毕业设计(北方组)。"建筑电气与智能化专业多校联合毕业设计"在高等学校建筑电气与智能化学科专业教学指导委员会的支持和鼓励下,各高校自愿参加为原则,分南北两个小组进行。目前联合毕业设计取得良好效果。

【教学成果】 李敏杰老师获得第十一届(2015/2016学年)校级教学优秀奖一等奖以及优秀教案奖;汪苏、蒋志坚、魏东、张雷、王佳、马晓轩等教师申报的"智慧城市信息化与智能化人才培养的研究与实践"项目获得校级教学成果奖一等奖;赵春晓、魏东、陈志新、钱丽萍、马晓轩申报的"以'计算思维能力培养'为核心的计算机专业创新型人才培养体系的研究与实践"项目、李敏杰、吕橙、张堃、郝莹、邱李华申报的"'C程序设计基础'课程对本科生实践创新能力的培养"项目、刘亚姝、孙雷、赵保军申报的"拓宽教学内容,融会贯通数据库知识网络"项目分别获得校级教学成果奖二等奖。2016年电气与信息工程学院举办了青年教师教学基本功比赛,推选肖宁、谢雨飞2位老师参加学校青年教师教学基本功比赛。2016年,获得校级优秀毕业设计(论文)12项12人次,2人获校级优秀毕业设计(论文)指导教师称号。组织申报并获批学校教育教学改革项目3项,教材建设项目2项。申报并立项"自动控制原理"、"计算思维导论"两门慕课。

【学生科技竞赛成果】 2016年,电气与信息工程学院近450人次参与各级各类科技竞赛,120人次获奖,其中国家级奖励26项、省部级奖励22项。在2016中国机器人大赛中共取得一项一等奖、一项二等奖、四项三等奖;在第七届全国中、高等院校学生"斯维尔杯"建筑信息模型(BIM)应用技能大赛工程设计中荣获二等奖两项、三等奖两项;在第十一届"飞思卡尔"杯智能汽车竞赛中获得华北赛区比赛中荣获二等奖4项、三等奖2项;在第四届"AB杯"全国大学生自动化系统应用大赛总决赛中荣获二等奖;获华北五省(市、自治区)大学生机器人比赛二等奖1项、三等奖7项;在北京市大学生电子设计大赛中荣获三等奖2项;在第十五届全国大学生机器人大赛机器人创业赛中荣获三等奖;荣获第七届"蓝桥杯"全国软件和信息技术专业人才大赛决赛个人赛二等奖;两位同学获批三项实用新型专利;一位同学发表EI检索论文。

(五)科研工作

【概述】 2016年电气与信息工程学院获批纵向科研项目12项,横向科研项目9项,其中国家自然科学基金青年项目2项,合作面上项目1项,北京市教育委员会科研与发展研究项目计划(智能机器人与系统北京市高精尖中心建筑大学分中心)项目1项,省部级科技计划项目1项。申报北京市自然科学基金5项。

【科研经费情况】 2016年电气与信息工程学院到校科研经费1713.8万元,其中横向项目到校经费86.3万元，纵向项目到校经费1627.5万元。

【实验室和基地建设情况】12月电气与信息工程学院获批建筑大数据智能处理方法研究北京市重点实验室，制定了北京市重点实验室管理制度。实施了大兴校区分布式能源及微电网、电磁兼容等创新实验室的建设工作。

（六）学生工作

【概述】电气与信息工程学院在校全日制学生1055人，其中本科学生972人，硕士研究生83人。学院以建设良好学风为根本，持续深入开展目标引领、基础管理、环境营造、帮扶助困、实践成才、就业促进六大工程。学院通过推行手机收纳袋、举办电气大讲坛、组织科技竞赛、参观专业展览、开展早晚自习评比、结合党员先锋工程开展一对一学业帮扶、朋辈学业辅导团、建立"电力十足"微信平台推送课程复习资料、重点课程开展成绩分析交流会、开展"见贤思齐"电信榜样系列宣传活动树立典型、学生党员联系宿舍共建学风等具体措施积极开展学风建设工作。400余人次参与了各级各类科技竞赛，150人次获奖，其中国家级奖励26项，省部级奖励32项，专利3项。2016届本科生就业率93.42%、签约率94.65%，研究生就业率100%，签约率100%。

【组织2015级研究生、本科生参观"2016中国国际智能建筑展览会"】2016年3月9日-11日，为了更好地了解智能建筑行业，拓宽学生的智慧应用视野，加深对所学专业的认识，受中国建筑业协会智能建筑分会的邀请，电信学院组织2015级研究生、本科生参观"2016中国国际智能建筑展览会"。

【开展"弘扬雷锋精神——践行社会主义核心价值观"主题团日活动】电信学院分团委学生会于2016年3月4日中午在大兴校区组织开展名为"弘扬雷锋精神——践行社会主义核心价值观"的主题团日活动。团委副书记王业成在基A129教室组织同学分成若干小组，分散到学校的各个角落进行清洁活动并发放公益传单，让同学看到了当年雷锋热情为人服务的背影。

【举办生涯大讲堂主题讲座——与职场的一次邂逅】2016年5月17日，电信学院在大兴校区学B-205组织开展了生涯大讲堂系列活动，邀请北森公司人力资源总监郭小霞为学生做了"与职场的一次邂逅"主题讲座。招就处副处长朱俊玲、电信学院党委副书记武岚、辅导员翟玮参加了这次活动。

【举办"求职帮"系列活动——简历帮帮看】2016年5月24日，电信学院在大兴校区学B-205组织开展了"求职帮"系列活动之简历帮帮看。此次活动邀请到了启明星辰信息技术集团股份有限公司资深招聘经理李占女士为大家做简历指导。

【电信学院本科生第一党支部召开"两学一做"学习总结会】为深入开展"两学一做"学习教育活动，总结"两学一做"学习教育成果，2016年10月18日下午，电信学院本科生第一党支部在学院楼D座五层会议室召开"两学一做"学习教育总结会。电信学院党委书记、党支部理论导师杨光出席会议。

【举办"打造智慧城市 聚焦科技力量"校庆嘉年华主题活动】2016年10月18日，电信学院在大兴校区开展了以"打造智慧城市 聚焦科技力量"为主题的校庆嘉年华活动。活动展示了机器人、智能车等，并邀请各届校友参观实验室，并在签名墙上留言。

【电信学院本科生第二党支部开展"纪念红军长征胜利80周年"实践活动】为纪念红军长征胜利八十周年，2016年10月26日电信学院本科生第二党支部组织同学前往湖南省长沙市，游览橘子洲头，探访湖南第一师范旧址，追忆伟大领袖毛泽东主席恰同学少年、风华正茂的青春岁月。

【组织学生代表队参加华北五省（市、自治区）大学生机器人大赛并创佳绩】 2016年11月11日-13日，电信学院组织学生代表队在北京大学生体育馆参加由北京市教委、天津市教委、河北省教育厅、山西省教育厅、内蒙古自治区教育厅共同举办，北京信息科技大学承办的华北五省（市、自治区）大学生机器人大赛。电信学院代表队共斩获29项大奖，其中华北五省（市、自治区）奖13项，北京市级奖16项。

【组织学生代表队参加"2016中国机器人大赛"并荣获全国一等奖】 2016年10月26日-31日，电信学院组织RoboCup代表队参加在湖南长沙举办的"2016中国机器人大赛"。最终获得全国一等奖一项，全国二等奖一项，全国三等奖七项。

【举办"希望之路，助梦同行"主题支教活动】 2016年11月11日、18日、25日，北京建筑大学电信学院学生会青协部的志愿者们在大兴区狼垡希望小学举办了为期三天的"希望之路，助梦同行"主题支教活动。

（七）党建工作

【概述】 电气与信息工程学院党委围绕中心开展党建和思想政治工作，深入改革，攻坚克难，与班子密切配合，进一步明晰了学院在党建、学科、科研、人才培养的发展规划；深入开展了党的群众路线教育实践活动，进一步加强了党的作风建设。在学院发展的重要问题上集中师生智慧，注重工作中的民主公开透明。电气与信息工程学院党委书记为学院师生上党课4次，以践行社会主义核心价值观为引领，组织开展师生思想政治教育活动10场，通过理论学习会深入学习十八届六中全会精神，开展"两学一做"学习总结会，开展"纪念红军长征胜利80周年"实践活动，开展"践行社会主义核心价值观——弘扬雷锋精神"主题团日活动等。营造了进取、安全、稳定、廉洁、和谐的发展氛围。

【党风廉政建设责任制具体落实情况】 电气与信息工程学院坚持执行党务和院务公开。每年向全体教职工述职述廉，公开学院经费使用情况；坚持贯彻民主集中制。在专项经费使用、教育教学改革等重大事项中广泛听取意见；完善落实规章制度。严格落实电气与信息工程学院领导班子执行"三重一大"制度的实施细则、学院实验仪器设备及元器件材料等采购管理办法等文件。把廉洁教育贯穿于师德学风建设之中。

（八）工会工作

【概述】 电气与信息工程学院分工会始终坚持"围绕中心、服务大局、统一思想、凝聚力量"为主题，创造性地开展工作。在党政的领导下，推进二级教代会工作，积极贯彻民主管理民主监督，党政工全力配合，营造团结和谐工作氛围，推进电信学院工作健康稳定发展。在校工会的领导下，积极开展分工会工作，在教职工思想教育、教学基本功比赛、送温暖、文体活动等方面细致梳理，关心丰富教职工生活，全力做好后勤保障。

【充分发挥工会、教代会作用，实施民主管理】 电气与信息工程学院坚持院务公开，及时公开学院经费使用、制度、评优晋级、教职工年度考核、教师奖励性绩效工资分配情况、各种捐款捐物等。实施民主管理，在学院工作中，对各种文件制度制定、教职工评优、职称评定、科研项目申报等均采取公开讨论、广泛争取意见，通过教师代表会、系主任会、学术学位委员会、教学工作委员会等机构，必要时经全体教职工大会民主讨论评定和决策教师参与学院重大工作决策。广泛开展各类文体活动，增强凝聚力，愉悦教职工身心。慰问生病、生小孩教职工；了解教师需求，切实解决子女入学等实际困难，营造学院和谐的氛围。积极支持和协助民主党派加强自身建设，发挥民主党派人士作用。

【召开教职工大会】 1月23日，电气与信息工程学院召开工作年会暨教职工大会，电信学院全体教职工参加了会议，杨光同志就电信学院2015各项经费执行情况向教职工大会做了汇报，并就十二五工作进行了系统总结，特别肯定了电信学院在学科建设、人才培养、基地建设、科研成果、国内国际合作等方面取得的较好成绩，也深入分析了电信学院在学科、科研、师资、研究生培养等方面的不足。之后，由学院领导就分管工作向教职工大会做了汇报。分工会主席就经费使用等做了财务报告。

【举办迎新年健走比赛暨关注健康知识问卷调查活动】 电气与信息工程学院于农历2015年末举办迎新年健走比赛暨健康知识问卷调查活动。教职工于大兴和西城分别组队，相约操场，健走5圈，愉悦了身心。同时，学院搜集了一些健康知识，每位教师参与问卷调查，了解健康方面的知识，并在答题过程中更加深刻了解到健康的重要性。

【举办电信学院第二届师生羽毛球赛】 5月24日在西城校区大学生活动中心举办电信学院第二届师生羽毛球赛。活动丰富了师生的课余生活，加强了老师和同学们间的友谊。

【组织2016"冬日温情"游园活动】 12月10日，组织教职工赴北京呀路古热带植物园冬日游园活动。活动在于拓展视野、了解热带、增进感情、沟通协作，丰富了师生的课余生活。

【关心退休教师生活】 2016年底，电气与信息工程学院班子探望生病及生活不便的退休教师，开展送温暖活动。对每一位退休教师一年保证电话联系至少四次，及时了解他们的生活状况并及时给予帮助。充分发挥退休老师的力量，聘请退休教师教学质量督导，指导青年教师提高教学水平。

（九）实验室建设

【概述】 2016年，电气与信息工程学院依托"建筑电气与智能化"北京市实验教学示范中心、智慧城市国家级虚拟仿真实验中心，进一步提升实验室建设理念，归纳成功经验，凝练成果，组织申报了"建筑大数据智能处理方法研究"北京市重点实验室。积极联合企业共建实验室，建立高校产学联合培养人才的模式和机制，进一步推进实验室建设。

【组织申报建筑大数据智能处理方法研究北京市重点实验室】 2016年12月电气与信息工程学院组织申报了"建筑大数据智能处理方法研究"北京市重点实验室。

（十）重大事件

5月-6月 控制科学与工程一级学科参加教育部第四轮学科评估，服务研究生教育"提高质量、优化结构、鼓励特色、协同创新"的大局；同时通过对学科建设成效和质量的评价，了解学科现状、优势与不足，以促进学科内涵建设，提高研究生培养和学位授予质量。

6月-10月 申请建筑大数据北京市重点实验室，实验室设有4个研究方向，即建筑大数据基础理论研究、基于BIM的建筑数据管理与建模关键技术研究、基于大数据的建筑安全监测与管理关键技术研究和基于大数据的建筑节能关键技术研究。

7月，完成2016版本科培养方案和教学大纲修订。

9月，电气与信息工程学院全部本科专业第二次以"建筑电气与信息类"大类招生，实行学分制。

11月,计算机专业参加北京市属高校计算机科学与技术专业试点评估。在学院及计算机系精心组织和齐心协力下,顺利完成专业评估试点工作并在参评的15所北京市属高校计算机专业中排名第四。

12月,电气与信息工程学院获批建筑大数据智能处理方法研究北京市重点实验室,实验室依托北京建筑大学控制科学与工程一级学科优势和人才培养优势,建设综合中国建筑科学研究院的建筑行业优势和建筑节能、建筑安全领域技术优势,北京市气象局城市气象数据分析,以及筑讯通机电工程顾问有限公司建筑能耗和建筑安全数据分析的优势,通过产学研联合,实现优势互补,研究构建建筑大数据技术体系,为建筑节能与安全服务。

(郭茂祖　师洪洪　魏　东　马晓轩　关海琳　张　雷　郭茂祖　魏　东)

五、经济与管理工程学院

(一)概况

2016年经济与管理工程学院设有3系、3所、4中心,即工程管理系、工商管理系、公共管理系,工程管理研究所、工程法律研究所、经济管理与人居环境研究所、MBA教育中心、经管学院实验中心、经管学院培训中心、创新创业课程中心。学院为北京工程管理科学学会秘书处单位。拥有管理科学与工程、工商管理两个一级学科,涵盖管理科学与工程、工商管理两个学术型硕士学位授权点,项目管理、工商管理两个专业型硕士学位授权点,拥有工程管理、工程造价、工商管理、市场营销、公共事业管理5个本科专业,同时增加了城市管理试点班。工程管理专业为北京市特色专业,管理科学与工程为北京市重点建设学科。

2016年学院有在校本科生1204名,研究生288人(其中MBA43人,普硕53人,工硕192人),专任教师54名,其中教授13人,博士生导师1人,副教授15人。

毕业生定位于为北京地区经济建设和城市建设管理各行业服务,以其知识面广、专业知识扎实、应用能力强,既懂技术又懂管理的特点和优势受到用人单位的欢迎和认可,一大批毕业生成为公司经理、项目经理或总监。

(二)师资队伍建设

【概述】

经济与管理工程学院现有教职员工55人,其中专任教师43名,其他人员12人。学院专任教师中,教授13人(含博士生导师1人)、副教授15人、讲师及其他15人。学院师资队伍结构合理、是一支兼具教育教学、学术研究、应用研究的强大团队。

【调入人员名册】

经济与管理工程学院2016年调入人员情况一览表

序号	姓名	性别	学历	类型	报到时间
1	李将军	男	博士	教师	2016.06.28
2	章瑾	女	硕士	辅导员	2016.07.01

续表

序号	姓名	性别	学历	类型	报到时间
3	王嫣然	女	硕士	辅导员	2016.07.01
4	郝迈	男	硕士	党委副书记	2016.08.30
5	康飞	男	博士	教师	2016.09.14
6	张国宗	男	博士	教师	2016.09.21
7	魏祎	女	硕士	教务员	2016.10.08
8	陈震	男	博士	教师	2016.12.01

【调出人员名册】

经济与管理工程学院 2016 年调出人员情况一览表

序号	姓名	性别	学历	类型	调出时间
1	李雅雯	女	硕士	辅导员	2016.03.29
2	杨明	男	硕士	教务员	2016.5.12
3	左一多	男	硕士	辅导员	2016.05
4	魏强	男	硕士	党委副书记	2016.08.30

【退休人员名册】

经济与管理工程学院 2016 年退休人员情况一览表

序号	姓名	性别	学历	类型	退休时间
1	王维存	男	本科	实验员	2016.3.18

（三）学科建设

【概述】经济与管理工程学院坚持特色发展，不断优化学科专业结构。依托建筑行业，紧跟北京城市建设发展的步伐，拥有管理科学与工程、工商管理两个一级学科，涵盖管理科学与工程、工商管理两个学术型硕士学位授权点，项目管理、工商管理两个专业型硕士学位授权点，拥有工程管理、工程造价、工商管理、市场营销、公共事业管理、城市管理6个本科专业。工程管理专业为北京市特色专业，管理科学与工程为北京市重点建设学科。工程管理专业连续两次通过住建部评估，工商管理硕士专业学位通过教育部评估。

【应对挑战　改革中求发展】2016年按照国家招生要求的调整，将原有的企业管理与技术经济及管理两个二级学科变为工商管理一级学科的研究方向，并增加房地产经济与管理研究方向。

管理科学与工程、工商管理两个一级学科参加北京市评估。

两个一级学科延续2015年的招生指标，完成学院对研究生招生任务，招生人数比去年均有所增加：普硕18人，MBA17人。

项目管理非全日制专业招考条件由原来的GCT考试更改为全日制初试科目。国家对在职研究生招考条件改革，促使学院的学科建设加快变革方向，项目管理在职硕士点面临生源短缺的情况，学院正在准备申报工程管理硕士（MEM）专业硕士学位点的工作。

（四）教学工作

【概述】主动适应卓越化复合型创新性人才培养定位对教学改革和教学管理的新要求，开设工商管理（创新创业）辅修，极大地开拓工商管理学科的发展空间；重新修订培养方案，理顺了课群关系，专业特色更为突出，招生形势有明显改善。

【增减结合调整专业，修改方案提升定位】2016年暂停市场营销和公共事业管理招标采购方向招生，新增公共事业管理城市管理试点班，并正式申报城市管理专业，将原有的2个一本专业、4个二本专业调整为三个一本专业、一个二本专业。制定2016版培养方案和教学大纲，以复合创新型行业骨干管理人才作为人才培养定位。

【梳理课程建设体系，建设系列专业教材】梳理各专业课程体系，初步制定课程建设计划，并初步梳理出课程团队；积极推进《电子商务》慕课建设；申报并着手准备经济学、工程项目管理、管理学三门核心课录制工作；积极申报住建部和各出版社十三五规划教材13部，获批5部；公开出版3部教材。

【面向全校顺利开设工商管理辅修专业教育】为适应社会发展对复合型、应用型人才需要，让学有余力、学业优秀学生充分利用学校教学资源，优化学生知识结构，提高就业竞争力，经济与管理工程学院面向我校传统工科专业，开设工商管理辅修教育，2015级全校首批招生共51人。

【完善虚拟仿真环境，深化实践教学改革】完成145万BIM实训室建设，验收并投入使用，进一步细化实验室使用管理规定；继续深化毕业设计改革，将原有5个毕业设计选题方向增加至7个，工商管理类新增"市场调查报告"和"案例分析"等设计类题目，大胆尝试跨专业毕业设计；加强实践教学过程监管，建立实践教学督察管理办法，组织各系全面审核、修订现有实践实习环节任务书和指导书；新增5个校外实习基地和产学研基地，明确深化合作方案并初步实施；进一步完善"一系一品"学科竞赛，在强化已有大赛的同时，增加"市场调查大赛"和"城市管理大赛"，并取得好成绩。

【成功承办2016年全国高校房地产学者联谊会】依托房地产研讨会，扩大行业影响力。成功承办2016年全国高校房地产学者联谊会暨房地产学术讨论会。全国近百所高校近200位房地产学者共同研讨房地产理论与实践前沿问题。

【教学成果收获颇丰】获校级教学成果一等奖1项；校级教学优秀奖2项；校级ppt大赛三等奖和优秀奖各1项；获批校级教研项目1项；2位教师获中国建设工程造价协会算量大赛一等奖优秀指导教师称号、2位教师获广联达算量大赛二等奖优秀指导教师称号、5位教师获BIM建模大赛二等奖和三等奖优秀指导教师、2位教师获第二届全国BIM毕业设计一等奖和二等奖优秀指导教师、2位教师获全国首届城市管理大赛二等奖优秀指导教师称号。

（五）科研工作

【概述】2016年经济与管理工程学院科研工作在全体教师的共同努力下取得了较好成绩。申请批准的项目共计31项。其中获得国家自然科学基金1项，国家社会科学基金项目1项，省部级项目5项，其他项目24项。到校经费共计332.45万元。共发表学术论文66篇。其中SCI 2篇，EI等检索论文4篇，核心期刊论文6篇，其他论文54篇，著作22篇。

【访学互动 讲座拓视野】学院派教师赴美国奥本大学、英国曼彻斯特大学、中国台湾云林科技大学访学，并接待台湾大叶大学 MBA 暑期访学团，组团赴香港参加 2016 亚太城市建设实务论坛。

成功承办了京津冀地区高校城乡建设与管理领域研究生学术论坛，国际当代管理论坛学术研讨会，北京工程管理科学学会第八次会员大会，第十届中国房地产研讨会暨全国高等院校房地产学者联谊会，北京市法学会不动产法研究会 2016 年年会暨第二届不动产法论坛。依托经管系列论坛，邀请奥本大学 Scott Kramer 教授来院进行交流访问，香港大学吴世学教授讲学等行业内知名专家围绕建筑经济、建筑领域科研、本科生相关教育等专题为师生举办了 20 余场讲座，参观天坛医院施工地、北京城市副中心、地铁 16 号线等大型施工现场，极大地开拓了师生的学术视野。

【承担科研项目数量和质量均有增加】

2016 年经济与管理工程学院承担的各类科研项目一览表

序号	项目名称	负责人	项目来源	项目级别	合同经费（万）	起止时间	项目分类
1	突发灾害事件在线社交网络舆情信息管理体系研究	金占勇	国家自然科学基金项目	国家级	9.9	2016-01-01～2016-12-31	国家自然科学基金资助项目
2	城市群产城融合视角下国家级城市新区空间布局优化机理与路径研究	周霞	其他课题	国家级	20	2016-09-08～2019-06-30	国家社科基金项目
3	促进智慧能源在建筑中应用的经济机理研究	金占勇	国务院其他部门	省部级	5	2016-06-08～2017-12-31	国家其他部委项目
4	京津冀协同发展视角下产业新区产城融合机理与实现路径研究	周霞	省、市、自治区科技项目	省部级	20	2016-03-09～2018-12-31	北京市自然科学基金资助项目
5	城市综合管廊项目 PPP 模式研究	张宏	省、市、自治区科技项目	省部级	20	2016-03-09～2018-12-31	北京市自然科学基金资助项目
6	京津冀一体化流域治理 PPP 项目绩效评价研究	秦颖	省、市、自治区社科基金项目	省部级	8	2016-05-01～2018-12-31	北京市哲学社会科学规划项目
7	国际建筑市场开放度与我国建筑企业"走出去"驱动机制研究	邓世专	其他研究项目	省部级	8	2016-07-01～2018-06-30	北京市哲学社会科学规划项目

续表

序号	项目名称	负责人	项目来源	项目级别	合同经费（万）	起止时间	项目分类
8	全球价值链与中国工厂研究	邓世专	其他课题	地市级	4	2016-06-28~2016-09-15	北京市哲学社会科学规划项目
9	我国创新型房地产经纪行业信息共享模式结构研究	刘建利	主管部门科技项目	地市级	15	2016-01-01~2018-12-31	主管部门科技项目
10	BIM与RFID技术在建筑物流管理中的集成应用研究	张俊	主管部门科技项目	地市级	5	2016-01-01~2018-12-31	主管部门科技项目
11	城市群体产业地价时空演变特征及其影响因素研究	周霞	自选课题	校级	5	2016-07-01~2017-12-31	校设科研基金
12	应用型科研成果的市场化、产业化研究	张有峰	自选课题	校级	3	2016-07-01~2017-12-31	校设科研基金

横向课题

序号	项目名称	负责人	项目来源	项目类别	合同经费（万）	起止时间	项目分类
1	土地细碎化整治监测理论方法与实证分析	丁锐	企事业单位委托科技项目	服务	10	2016-01-01	应用研究
2	2016年度二级建造师执业资格考试试题库建设与研究（建设工程法规及相关知识）	姜军	企事业单位委托科技项目	服务	0.72	2016-01-01	应用研究
3	2016年度二级建造师执业资格考试试题库建设与研究（建设工程施工管理）	尤完	企事业单位委托科技项目	服务	5.7	2016-01-23	应用研究
4	一级建造师考试状况与制度改革研究	尤完	企事业单位委托科技项目	服务	5	2016-02-21~2016-04-22	应用研究
5	"一带一路"与建筑业"走出去"战略研究	尤完	企事业单位委托科技项目	开发	5	2016-02-22~2016-08-22	应用研究

续表

序号	项目名称	负责人	项目来源	项目类别	合同经费（万）	起止时间	项目分类
6	呼和浩特市地下空间开发利用效益评估研究	高唱	企事业单位委托科技项目	咨询	4	2016-03-01~2016-10-31	应用研究
7	呼和浩特市地下空间开发利用投融资体制研究	戚振强	企事业单位委托科技项目	咨询	4	2016-03-01~2016-10-31	应用研究
8	综合执法统计信息平台建设研究	张丽	企事业单位委托科技项目	服务	10	2016-03-01~2016-10-31	应用研究
9	国际土地整治前沿与动态研究	丁锐	企事业单位委托科技项目	服务	15	2016-03-01~2016-12-01	应用研究
10	济宁市 2016 年海绵城市建设试点城市实施方案编制-PPP 模式的设计与应用	秦颖	企事业单位委托科技项目	咨询	20	2016-04-12~2018-04-28	应用研究
11	2016 年度一级建造师执业资格考试试题库建设与研究（建设工程项目管理）	尤完	企事业单位委托科技项目	服务	3	2016-06-01~2016-12-01	应用研究
12	2016 年度一级建造师执业资格考试试题库建设	姜军	企事业单位委托科技项目	服务	1.5	2016-06-01~2016-12-02	应用研究
13	安阳古城复兴建筑管理研究	戚振强	企事业单位委托科技项目	咨询	6.58	2016-06-01~2016-12-31	应用研究
14	房地产投资并购资产标的评估模型研究	周霞	企事业单位委托科技项目	服务	10	2016-06-10~2017-12-31	应用研究
15	中国建筑业转变发展方式态势实证研究	卢彬彬	企事业单位委托科技项目	开发	5.8	2016-07-18~2017-06-18	应用研究
16	修改建筑法	姜军	企事业单位委托科技项目	服务	6	2016-08-25~2016-11-30	应用研究
17	北京市民政公共服务基础设施建设规划落实评价 2	赵金煜	企事业单位委托科技项目	服务	13.25	2016-11-28~2017-05-30	应用研究
18	地下综合管廊施工技术与智慧化管理系统研究	陈雍君	企事业单位委托科技项目	服务	80	2016-11-18~2018-12-31	应用研究
19	中国工程项目管理网站知识管理体系研究	尤完	企事业单位委托科技项目	开发	4	2016-12-20~2017-03-20	应用研究

（六）学生工作

【概述】 2016年经济与管理工程学院学生工作在继承中发展，在实践中创新，各项工作在校、院各级领导的关心、支持和全体师生的配合和参与下，取得了一定的成绩。

【辅导员队伍建设】 学院2016年新进2名辅导员，调离1人，现共有辅导员5人。学院定岗定责，组织辅导员参与校内外培训6人次，助力辅导员快速成长。确保班级导师队伍持续健康发展，通过开展培训，使班级导师及时了解工作内容，尽快进入角色。紧密围绕学院中心工作锻炼辅导员队伍，积极承担房地产学者联谊会、学科评估筹备等学院的核心工作，积极参与校庆的筹备工作，提升了辅导员队伍的意志力和战斗力，辅导员队伍整体精神风貌良好，得到领导好评。

【学生就业】 经济与管理工程学院就业工作秉承"三个结合"的工作思路：一是"共性与个性结合"，针对全体应届毕业生按步骤开展就业动员、帮扶和具体的就业指导，抓住应届生共性和分层分流情况，解决具体问题和困难。二是"学业与就业结合"，将应届毕业生的学业和就业联动把握，发挥专业教师，毕业设计指导教师，班级导师，系主任等老师的引领和帮扶作用，努力营造全员育人，全员参与就业的工作氛围。三是"企业与校园结合"，调动企业和校友的各种资源，利用校庆积累的校友资源，积极搭建校企联合培养的就业工作模式，落实面向社会需要培养学生，促进就业工作的有效开展和就业质量的稳步提高。

具体措施上，首先，完善校企合作机制，加强与重点行业企业联系，面向社会需求，强化校企人才培养互动社会化。其次，坚持就业工作前移，建立学生就业档案，加强学生就业分类指导，将就业工作的动员和推进前置化。再次，创新就业工作模式，加强就业团队建设，树立就业优秀典型，动员学生骨干参与就业帮扶和就业工作推进。此外，注重培训和讲座将就业培训、就业课堂、就业工作坊结合开展，落实就业帮扶，全面协调推进就业步骤，落实就业程序。与此同时，加强就业环境营造，通过宣讲会、就业技能培训等形式的具体工作开展和线上线下宣传动员，提示重要就业时机，营造良好的就业氛围。

截至2016年10月31日，学院本科生就业率93.56%，签约率为84.25%；研究生就业率94.44%，签约率77.78%，基本完成年度就业工作目标。

【学生科技活动】 学院领导高度重视、老中青教师队伍齐上阵、学生参赛项目和规模扩大，学院科技竞赛逐步形成一系一品模式。依托全国大学生房地产策划大赛，搭建创新创业平台。积极承办大赛，促进竞赛交流平台，扩大学校学院影响力。2016年首都大学生创业大赛中，我院学生参与的项目获得银奖三项、铜奖两项、2016年第二届"互联网+"全国大学生创业大赛中获得两项北京赛区三等奖的优异成绩。2016年8月"创青春"全国创业大赛MBA专项赛获得优秀奖。2016年"创青春"全国大学生创业大赛暨第十届"挑战杯"全国大学生创业计划竞赛中，我院杨茗宇、白博文、邓诗依参与的《生态宜居城市建设—道路功能性提升系列技术》项目荣获全国银奖。获得第十五届全国大学生机器人大赛机器人创业赛全国二等奖一项。三人获得"全国大学生数学建模竞赛"北京赛区一等奖、四人获得"美国大学生数学建模"二等奖。

【主题教育】 学院深入开展学习习总书记的系列讲话精神，贯彻落实十八届三中、四中、五中、六中全会精神，来弘扬正能量、传递党团组织的各项方针政策，引领广大团学青年树立远大理想。以学生党员先锋工程为引领，加强学生思想政治教育。并有针对性、分层次开展"社会主义核心价值观"、"我的班级我的家"、"四进四信"等主题团日学习活动，组织策划开展了经管学院首届"青春榜样"评选活动，优中选优，评选出各方面皆有发光点的同学，利用微信微博等宣传平台，及时宣传主题活动和先进个人，树典型，立标杆，在学生群体中传递和弘扬正能量。依托"青年之声"、"1+100"等网络信息技术平台促进思想建设创新发展。同时，通过班徽班训设计、以实际行动让班徽闪光等主题活动，营造正风正气，引领学生奋进，取得良好效果，逐步形成学院班级建设的特色，树立先进典型团支部。造价141班在2016年首都大学、中职院校"先锋杯"竞赛评选活动中获得"优秀团支部"称号和北京市"优秀班集体"荣誉称号，市场营销132班荣获2016年"优团计划"首都高校优秀基层团支部。

【学风建设】 学院注重发挥榜样引领作用，积极开展活动表彰先进个人、集体，开展典型事迹报告和交流，充分动员和号召广大学生向先进榜样学习，传递正能量。在先进榜样的感召下，2016年经济与管理工程学院涌现出一批优秀集体与个人，造价141，造价142，公管141，管151，造价151，商152共六个班级获得"优良学风班"称号，3人获国家奖学金，1人获研究生国家奖学金，18人获一等奖学金，34人获二等奖学金，71人获三等奖学金，55人获励志奖学金。截至2016年12月，全院全国英语四级考试平均通过率为47.15%，六级考试平均通过率为13.95%。

关注学业困难学生，结对子帮扶，助力学业进步。学院下半年认真梳理了不及格课程、不及格学生情况，对于挂科门次多的课程，与教学院长进行沟通，与开课学院教师商讨学习方法，提高课程通过率；对于挂科门次多的学生，所在年级辅导员进行重点谈话，通过给学生发警示通知、通报家长、重点结对子帮扶等形式加强学生教育帮助；学院还为不及格门次超过4门的学生及部分少数民族学生，安排学习优秀学生党员结对子，开展1帮1，助力学业进步。

学院邀请专家开展讲座，培育学生专业思想。学院邀请英国皇家房屋经理人学会第一任爱尔兰主席Paddy教授、英国特许房屋经理学会亚太分会总经理黄显能为2016级学生开展英国皇家房屋经理人学会认证学生会员申请咨询会；邀请到奥本大学Scott Kramer教授来院进行交流访问，本次活动一共举办了4场系列学术讲座，四场讲座分别向师生们介绍了工程管理行业的前沿性问题，经管学院将继续邀请国际知名院校教授来院进行交流访问，不断拓展师生的国际视野和学术视野，推动办学国际化，学生参与积极，在学习中开拓了视野，增强了专业认知，取得了良好效果。

【志愿服务】 积极搭建学生志愿服务平台，为学生提供实践平台。学院与北京万明医院、大兴新秋老年公寓、一砖一瓦文化交流中心坚持长期合作，坚持开展团市委社区青年汇新青年学堂的志愿服务工作并获得团市委的肯定和认可，2016年为我校获得团市委"优秀服务团队奖"。2016年5月组织动员选拔30名志愿者参加2016世界月季洲际大会的志愿服务工作，受到各界好评。2016年9月，我院暑期社会实践"润苗"扶贫实践团和"牵手青年学堂·助力青年成长"志愿服务团队获得校级优秀社会实践团队。依托大兴新秋老年公寓等单位，并在万明医院建立爱心志愿服务基地，结合校院重大事件，开发志愿服务项目，积极开展志愿服务活动，使学生在志愿奉献中锻炼成才。开展"春暖花开献爱心"活动，用实际行动彰显并宣传新时代的雷锋精神。参与北京市"社区青年汇"系列活动、开展"感志愿之风，欢度重阳佳节"、"心系希望 暖暖孤儿"、"冬日关怀——万明医院志愿者主题志愿活动"、"心系希望 暖暖孤儿",服务社会、帮助他人,积极弘扬社会主义核心价值观。

（七）对外交流

【与台湾大学开展交流活动】继续积极开展与台湾云林科技大学和台湾大叶大学的合作交流项目。全年累计派出10名本科学生和1名教授赴台湾云林科技大学进行交流学习。2016年1月23日至24日,经济与管理工程学院为台湾大叶大学MBA学生举办了第三期《产业发展与经营实务》研修班。台湾大叶大学推广教育处处长陈月娥带领15名MBA研究生参加了学习。继我校与台湾大叶大学联合举办《2016国际当代管理论坛学术研讨会》活动后,2016年8月3日至4日在西城教2-508教室,经济与管理工程学院为台湾大叶大学MBA学生举办了第四期《产业发展与经营实务》研修班。台湾大叶大学设计艺术学院院长黄俊熹带领16名MBA研究生参加了学习。

【与美国西南明尼苏达州立大学交流活动】3月17日下午,经济与管理工程学院于基A207召开"北京建筑大学与美国西南明尼苏达州立大学双联学位宣讲会"。美国西南明尼苏达州立大学亚太办公室刘平主任、汪洋教授,经管学院院长姜军、副院长周霞、党委副书记魏强、工商管理系主任秦颖、刘娜老师以及学院部分13、14级学生出席了本次交流会。会议由姜军院长主持。

【与美国奥本大学交流活动】11月8日上午,北京建筑大学经济与管理工程学院与美国奥本大学建筑设计与工程管理学院合作交流座谈会在学院楼A316顺利召开。奥本大学建筑设计与工程管理学院副院长Ben Farrow教授、Anoop Sattineni教授、Tin-Man Lau教授,经济与管理工程学院党委书记彭磊、副院长周霞、国际教育学院丁帅副院长、黄兴老师以及经济与管理工程学院相关教师参加了此次座谈会。2016年12月8日-13日,经济与管理工程学院荣幸邀请到奥本大学Scott Kramer教授来院进行交流访问,分别在西城校区、大兴校区举办了4场系列学术讲座,Scott Kramer教授为我院学生全程英文授课,并在我院师生的陪同下,参观了学院的实验室,与师生们进行了亲切的座谈交流。本次活动一共举办了4场系列学术讲座,四场讲座分别向师生们介绍了工程管理行业的前沿性问题,经管学院将继续邀请国际知名院校教授来院进行交流访问,不断拓展师生的国际视野和学术视野,推动办学国际化。我院共有3名学生参加了奥本大学冬令营。

（八）党建工作

【概述】经济与管理工程学院党委在学校党委的领导下,认真学习十八大及各次全会精神,坚持从严治党,围绕中心抓党建、抓好党建促发展,切实发挥政治核心作用,为学院发展提供了有效的思想、组织保证。

【加强组织建设,顺利完成党委换届工作】11月1日,经济与管理工程学院在大兴校区小鸟巢隆重召开经济与管理工程学院党委换届大会。校党委书记王建中莅临大会并讲话,党委组织部长孙景仙一同参会。经济与管理工程学院党委副书记郝迈主持大会。大会在雄壮的国歌声中拉开帷幕。经济与管理工程学院彭磊书记代表上一届党委班子作题为《继承 创新 发展 为建设特色鲜明的高水平建筑类大学经管学院而努力奋斗》的报告。报告总结了自2011年以来经济与管理工程学院党委在校党委的正确领导下,认真学习贯彻党的十八大以及十八届各次全会精神,紧紧依靠广大师生,围绕建设特色鲜明的高水平建筑类大学经济与管理工程学院的目标,抓大事,谋长远,保稳定,促和谐,各项工作取得的成绩，及学院事业整体呈现的良好发展态势。学院党委领导班子坚持围绕中心，服务大局，大力加强党建与思想政治工作，真正落实各项基础的夯实，着重突出特色，不断提高教育教学质量和办学水平。并从人才培养、学科建设、师资队伍、科学研究、国际合作交流等五个方面提出了今后五年的发展目标和主要任务。着重提出以改革创新精神，全面加强和改进党建与思想政治工作，继承、创新、发展，为建设特色鲜明的高水平建筑类大学经济与管理工程学院而努力奋斗。大会听取并审议通过了《中共北京建筑大学经济与管理工程学院委员会换届选举办法》。大会审议通过了经济与管理工程学院党委委员候选人、监票人、总监票人、计票人名单，并进行投票选举。经管无记名投票并报学校党委审批，杨兴坤、张宏、周霞、郝迈、姜军、秦颖、彭磊（以姓氏笔画为序）当选新一届经济与管理工程学院党委委员，彭磊为书记，郝迈为副书记。

【加强支部书记培训，不断强化基层支部建设】加强支部书记培训，强化基层支部建设。各支部充分发挥了战斗堡垒作用：工程支部结合学生实践能力的培养，发挥教师党员的作用顺利通过工程管理专业建设部中期督查，并指导学生在全国算量大赛、BIM大赛中取得优异成绩；工商支部在工商辅修专业建设、创新创业课程建设中充分发挥了党员的作用；公共支部发挥党员作用，积极推动城市管理专业建设工作。学生党支部开展了以"我为社会主义核心价值观代言"、"中国梦"、"三严三实"为主题的各项活动，切实增强了基层党支部的战斗力和凝聚力。工商管理支部获学校2016年度优秀党支部称号，周霞、杨茗宇（学生）获校级优秀共产党员称号，魏强获优秀党务工作者称号，曹晓云获优秀党支部书记称号；学生第三党支部喜获2016年北京高校红色"1+1"示范活动评比一等奖第一名。

【坚持从严治党，认真开展"两学一做"教育实践活动】一是通过认真参加学校层面组织的"两学一做"专题教育活动动员部署会，听取党委书记专题党课，"十八届六中全会"精神专题学习等，全面把握党委对"两学一做"教育的总体要求。二是紧扣"全覆盖"与"深度"两个关键词，以"发展规划书"作为贯穿调研工作的一条主线，抓住"设计规划书—初步调研—初步分析—深度调研—深度分析—面对面反馈"六个环节，通过"发展规划书＋座谈会＋面对面谈心"的方式开展全覆盖深度调研，共召开座谈会5次、午餐恳谈会12次、宿舍沙龙8次。深度调研教师39人、学生116人，收集师生发展规划书155份，通过调研工作，明确了存在的问题，提高了"两学一做"教育活动的针对性和有效性；三是结合学院实际工作，深入开展"两学一做"教育活动，学院的凝聚力进一步增强，大家把精力都集中到学院的事业发展上来，有力促进了学院的事业发展。

【坚持警钟常鸣，深入推进党风廉政建设工作】一是明确"廉政首问制"，促进班子成员履行"一岗双责"。二是利用全院教职工大会、党政联席会、支部书记会等各类会议加强党风廉政教育，在关键节点比如中秋、国庆、元旦等重要节日，进一步强调提醒。三是针对专项经费负责人、科研项目负责人等，在日常教育提醒外，还邀请财务处进行财经法规和财经纪律的培训。一年来，学院未发现违规行为。

【党员发展工作取得新成绩】截至2016年12月，共发展学生党员73人，其中女生46人，少数民族10人。学院共有党员186人，其中女生97人，少数民族19人。积极分子共有253人，其中女生149人，少数民族25人。申请入党学生914人，其中女生511人，少数民族94人。

（九）工会工作

【概述】经济与管理工程学院分工会共有会员58人，其中在编人员55人。下设三个工会小组，分别是：工程管理系工会小组、工商管理系工会小组、公共管理系工会小组。分工会主席由分党委书记彭磊兼任。

【工会自身建设】工会组织的重大活动或者决策能够及时与联席会沟通征求意见，定期召开工会工作会议，讨论工会工作，在活动中和实践中不断改进自身建设。1月22日，召开2015年度教职工大会，学院全体教职工参加了会议。院长姜军代表学院向大会做2015年党政工作报告。学院分工会副主席邹娥代表工会向大会做2015年度工会工作报告，会议一致通过了三个报告。7月，按照学校规定完成了分工会委员及工会小组长的改选工作，并对新一届委员及工会小组长进行了工作分工及培训工作。分工会不定期召开工会工作会议并组织工会干部参加各类培训会议，提高了分工会委员会的工作水平和管理水平，保证各项工作的贯彻落实。工会结合工作特点，修改和整合原有相关管理规章制度并汇编成册。民主管理、民主参与、院务公开等方面争取做到了更加细致、规范和透明。

【营造和谐氛围】分工会能够配合党组织开展教育活动，组织配合完成师德评选及青年教师基本功比赛推荐活动。学院杨兴坤老师获得2016"师德先锋"荣誉称号，3名教师在学院举办的青年教师基本功比赛中获得一、二等奖并推荐参加学校比赛。工会组织开展了丰富多彩的活动，力争通过这些活动活跃了学院文化，创造了积极向上的精神风貌。在组织参加的教职工运动会上，取得"跳长绳"第二名的优异成绩。积极参加了11月份全校广播操比赛，学院教师广播操队第一个上场，向学校展现了我院的积极向上的精神面貌。1月份，举办了2016年新春团拜活动；4月份，结合学校运动会，我院开展了趣味运动会活动；5月份，为迎接即将到来的"六一"儿童节，组织老师带孩子参观了空竹博物馆；7月份和12月份，分别组织老师到密云爱斐堡庄园及北京海洋馆参观。9月至11月，结合学校校庆80周年纪念活动，我院开展了第二届"我眼中的北建大"摄影比赛活动。11月29日，经管学院在大兴校区学院楼A座四层举行了摄影比赛作品展开幕仪式及现场投票活动。通过举办丰富多彩的活动，丰富学院教师业余文化生活，激发我院教职工爱岗爱校热情，更为大家提供了一个交流感情的平台。

【送温暖到人心】本年度慰问了新生育教师1名，患病教师4名；为家里老人去世的1名老师和家里亲人患重病的1名老师申请学校及学院慰问补助。学院还积极参与首都爱心捐款活动，捐款共计670元。针对单身教职工、女教职工、当年属相过生日及六一儿童节等特定人群，积极配合校工会进行关心慰问并组织相关活动。通过对特定人群的及时关心关怀，让教职工真正感觉到工会是自己的贴心人，将温暖送至人心，解决了大家的后顾之忧，以便更好地为学校及学院服务。

（十）实验室建设

【概述】经济与管理工程学院"经管模拟实验中心"，设有管理模拟实验室、沙盘模拟实验室、工程项目数字化实验室、BIM实验室、物联网实验室、电子招投标实训室、BIM实训室和信息中心八部分组成，建筑面积1039平方米，仪器设备930多台套，设备总值1200余万元。开设实验课程20门，专职教师2人。经管实验中心主要支撑"工程管理"、"工商管理"、"工程造价"、"公共事业管理"等四个专业的本科生教学和部分研究生教学，面向全校本科生、研究生开放，每年承担本科生1300多人实验教学任务，开放时数约

2000 小时，接待国内外参观交流近 400 人次。

【实验室建设】

2016 年经济与管理工程学院实验室建设项目一览表

序号	项目名称	负责人	项目来源	实验设备（套/台）	实验场地（平方米）	合同经费（万元）	起止时间
1	工商管理辅修专业建设与创新创业教育项目	秦颖	北京市财政专项	5	0	89.8	2016.12.26—2017.2.27

（十一）重大事件

2016 年 1 月 21 日

经济与管理工程学院召开处级党员领导干部专题民主生活会，会议由经济与管理工程学院党委书记彭磊主持。学院领导姜军、彭磊、周晓静、周霞、魏强参加了会议。党委书记王建中作为联系校领导出席了经管学院的民主生活会。在民主生活会召开前，王建中书记还全文传达了《习近平总书记在中共中央政治局"三严三实"专题民主生活会上的讲话》，与会人员结合工作对总书记讲话精神进行了深入学习探讨。

2016 年 1 月 22 日

经济与管理工程学院在大兴校区召开 2015 年度教职工大会，回顾过去一年取得的成绩，谋划十三五开局之年的事业发展。学院领导班子成员及全体教职工参加了会议。会议由学院党委书记彭磊主持。2016 年是"十三五"开局之年，也是学校"提质、转型、升级"的关键年，学院的事业发展充满机遇和挑战，学院将带领全体教师抢抓机遇，奋发作为，为事业发展迈上新台阶而努力。

2016 年 1 月 22 日

经济与管理工程学院在大兴校区举办 2016 年教职工新春团拜会，学院领导班子成员及全体教职工参加了此次团拜会。学院号召全体教职工以先进模范为榜样，汲取榜样精神，进一步增强机遇意识，齐心协力干事业，凝神聚力搞建设，开拓创新谋发展。并向全体教职工在过去一年里的辛勤工作表示了衷心的感谢和祝福。

2016 年 1 月 22 日

经济与管理工程学院就开办工商管理（创新创业）辅修专业和增设城市管理专业相关事宜召开了校内讨论会。学院进一步明确了工商管理辅修和城市管理专业建设的时间节点和工作方向，并与相关职能部门做了相应对接、沟通，后续将进一步落实相关工作，力争在十三五开局之年加快本科专业的布局优化和结构调整，为全面提升本科人才培养质量打下良好基础。

2016 年 1 月 23 日-24 日

经济与管理工程学院为台湾大叶大学 MBA 学生举办了第三期《产业发展与经营实务》研修班。台湾大叶大学推广教育处处长陈月娥带领 15 名 MBA 研究生参加了学习。

2016 年 2 月 28 日

经济与管理工程学院城市管理专业论证会在银龙苑宾馆召开。北京大学政府管理学院副院长陆军教授、首都经贸大学城市经济与公共管理学院党委书记王德起教授、青岛理工大学城市管理系主任刘广珠教授、天津城建大学经管学院副院长焦爱英教授、吉林建筑大学经管学院副院长李明照教授作为校外专家参加论证会。北京建筑大学副校长李爱群教授、教务处副处长刘志强、经管学院领导班子以及城市管理专业筹备工作相关人员参加会议，会议由经济与管理工程学院院长姜军教授主持。副校长李爱群对与会专家表示欢迎和感谢，并就学校学科、科研状况和人才培养目标向与会专家进行了简要汇报。公共管理系陈松川老师就城市管理专业筹建工作做了汇报。听取汇报后，与会专家就我校开办城市管理专业的相关问题进行了充分研究和讨论，对我校城市管理专业的筹备工作给予了充分肯定，对城市管理专业人才培养方案提出了很好的意见和建议。城市管理专业是为了适应我国城市管理现代化的迫切需要而设立的，也是学校2016年工作要点。通过此次论证，经管学院进一步明确了城市管理专业的培养定位和培养特色，为申报城市管理专业，做好城市管理专业的建设，全面提升本科人才培养质量打下良好基础。

2016年3月25日

经济与管理工程学院国家奖学金分享交流会在大兴校区举行，来自北京理工大学以及我校3个学院的4位国家奖学金获得者为学院同学们分享学习经验，展示榜样力量。此次国家奖学金分享交流会拉开了经管学院学风建设月的序幕，经管学院将多措并举，加强学生学业分类指导，精准定位学风问题和难题，同时完善学业预警机制，陆续开展主题团日活动、学风座谈会等一系列活动狠抓学风建设，构建学业提升共同体，探索家长、企业导师、专业教师、辅导员、优秀学生五维联动体系。

2016年4月7日

全国MBA培养学校管理学院院长联席会在西安召开，经济与管理工程学院院长姜军应邀参加了此次会议。会议通报了2014年学位授权点专项评估的情况，我校工商管理硕士专业学位授权点顺利通过2014年学位专项评估。工商管理硕士学位授权点评估是教育部学位办及全国MBA指教为提升工商管理硕士专业为竞争力的重要依据，2015年，教育部针对全国75所MBA院校的工商管理硕士学位授权点进行专项评估。

2016年4月25日

经济与管理工程学院退休教师座谈会在西城校区第三会议室召开。经济与管理工程学院退休教师、学院领导班子成员参加了此次座谈会。会议由经管学院党委书记彭磊主持，会议针对学院十三五发展规划及举办经管学院二十周年院庆活动提出了宝贵的意见和建议。

2016年4月27日

经济与管理工程学院在西城校区第二会议室召开基层组织全覆盖深度调研暨"两学一做"学习教育工作动员部署会。学校党政办公室、经济与管理工程学院领导班子成员、学院党委委员、各支部书记以及基层组织全覆盖深度调研组联络员参加会议。彭磊书记首先传达《中共北京建筑大学委员会关于开展基层组织全覆盖深度调研的实施方案》和《中共北京建筑大学委员会关于在学校全体党员中开展"学党章党规、学系列讲话，做合格党员"学习教育的实施方案》精神。她强调基层组织全覆盖深度调研是学校党委贯彻落实习近平总书记关于加强调查研究指示精神的创新举措，是推动党建责任制落实的有效载体，是学校深化干部人事制度改革、提升干部能力素质的探索实践。"两学一做"学习教育是落实党章关于党员教育管理要求、面向全体党员深化党内教育的重要实践，是推动党内教育从"关键少数"向广大党员拓展、从集中性教育向经常性教育延伸的重要举措。她要求各支部把深度调研工作和"两学一做"教育活动有机结合起来，通过深度调研活动为"两学一做"学习教育做好前期准备，通过"两学一做"促进深度调研活动的开展，要通过深度调研工作，全面摸清党支部建设、党员队伍建设、学术组织建设、班子和干部队伍建设、人才队伍建设的情况，总结经验、查找问题、对标整改、明确方向。姜军院长指出要把深度调研和"两学一做"学习教育活动与实施学院的"十三五"发展规划结合起来，通过调查研究、梳理问题、明确对策，真正把各项工作落到实处，进一步推动学院的发展。

2016 年 5 月 13 日

学校党委书记王建中深入他所联系的经济与管理工程学院工程管理系教师党支部和学生第一党支部，以学生宿舍沙龙、教师午餐会的形式开展深度调研工作，进一步摸清学校基层党支部和教师、学生发展情况。经济与管理工程学院基层党组织全覆盖调研小组工作人员、学生党支部书记、辅导员参加了调研。

2016 年 5 月 17 日

受中国建设会计学会的委托，中国会计建设学会"PPP 研究中心"成立大会在我校西城校区顺利举行，各个相关行业的董事长、高级会计师、高级律师、教授、研究员，我校纪委书记何志洪、财务处处长贝裕文、副处长曾晓玲、经管学院院长姜军、教授秦颖及相关老师等 30 余人参加。会议由中国建设会计学会王春龙秘书长主持，薛四敏副会长宣读了《关于组建中国建设会计学会 PPP 研究中心的方案》，秦颖教授等 3 位代表分别介绍了 PPP 方面的研究经验，学会聘请姜军为 PPP 研究中心的副主任，曾晓玲为副秘书长，周霞、赵世强、秦颖、贝裕文为研究员。经管学院 PPP 研究中心编印的《政府与社会资本合作（PPP）——法律法规与政策性通用文件汇编》作为会议的材料之一。中国建设会计学会 PPP 研究中心的成立，为我校师生提供了更好的理论和实现平台，提供了很好的服务平台和研究资源，是对我校相应理论研究与应用的巨大支持。

2016 年 5 月 17 日

经济与管理工程学院 2016 年五四达标创优表彰大会在学院 A101 顺利举行。学工部、校团委、经管学院班子成员、校友代表、学生家长代表、班级导师代表、辅导员老师、获奖学生及学生代表参加活动。

经管学院院长姜军宣读了《关于表彰 2016 年度优良学风创优评比表彰先进集体和先进个人的决定》，经管学院党委副书记魏强老师宣读了《关于表彰 2016 年度"五四达标创优"评比活动先进集体和先进个人的决定》和《经管学院第一届"青春榜样"表彰决定》。与会领导和老师分别为获奖学生颁奖。经管学院第一届"青春榜样"四名代表品学兼优榜样刘佳仪、人文素养榜样邢正、自主创业榜样王丹妮、志愿公益榜样陈育琼同学分别从专业学习、文化传承、创新创业、志愿公益等方面分享了个人成长的故事。最后，经管学院党委书记彭磊做了总结讲话。彭书记引用习近平总书记对广大青年学生的青春寄语来勉励大家"青年朋友们，人的一生只有一次青春，现在青春是用来奋斗的，将来青春是用来回忆的"，希望所有同学珍惜大学四年的美好时光，奋勇拼搏，让大学四年能够在青春中闪光。

2016 年 5 月 28 日

2016 年"创青春"首都大学生创业大赛在首都经济贸易大学举行。我院刘娜老师参与指导的《可降解的扬尘抑制剂》和张丽老师参与指导的《基于超级雷达的疏堵减排系统》获得银奖。岳忠恒、肖隽、王丹彤、王焱辉、梁琼琳等14位同学的作品获得4项银奖2项铜奖。创我院历史最好成绩。

2016年6月3日

下午，在西城校区第六会议室召开了工商管理专业2016版培养方案论证会。论证会邀请八位企业专家参加讨论，此外工商管理优秀毕业生李伦同学、陈雪峰同学也被邀请返校参与论证，学院领导班子成员、工商管理系正副主任和教师代表参加了讨论。与会人员围绕培养目标、课程设置实践和实习等内容展开了热烈讨论。为工商管理专业2016版培养方案中的一些问题提出了有效的解决方案。企业的专家从市场需求方的角度对，培养学生需具备的就业能力提出了非常中肯的建议。

2016年6月8日

城市规划建设与管理高端论坛暨肖绪文院士聘任仪式在西城校区第二阶梯教室隆重举行。中国工程院院士校绪文、校领导王建中、张爱林、何志洪、李爱群出席。党委书记王建中和校长张爱林分别向肖绪文院士颁发了北京建筑大学发展咨询委员会委员，北京建筑大学教授聘书。聘任仪式结束后，肖院士从对绿色施工的认识、推进绿色施工的迫切性、推进绿色施工的重点工作和当前绿色建造热点技术等方面做了题为《绿色施工与热点技术》的学术报告。报告通过大量翔实的工程实践案例和理论指导使得大家对绿色施工、国内外绿色施工发展对比和当前绿色建造热点技术介绍了更深更广的认识，赢得了全场师生的强烈反响。

2016年6月25日-26日

第二届全国高校BIM毕业设计大赛在北京举行。经济与管理工程学院派出由戚振强老师作为指导教师，赵金煜老师作为领队，鹿雪慧、钟文泓、白玮、王莉平、王松涛5位同学组成的代表队参加比赛。经过激烈比赛，我校代表队从全国350所院校、750支参赛队伍中脱颖而出，最终获得"第二届全国高校BIM毕业设计大赛现场答辩"D模块——基于BIM施工过程管理一等奖。

2016年6月28日

2016国际当代管理论坛学术研讨会在我校西城校区教1-101教室顺利举行。此次研讨会由我院及台湾大叶大学管理学院、美国管理与医学协会联合主办。台湾大叶大学管理学院副院长罗世辉、企业管理系主任陈怡萍、美国管理与医学协会主席张佑康、经济与管理工程学院院长姜军、副院长周晓静、院党委副书记魏强等两校教师代表参加了活动。本次研讨会搭建了两岸学者围绕当代管理这一主题的探讨，也促进我院和台湾地区高校在专业建设和学生研讨方面的交流和合作。

2016年7月10日

经济与管理工程学院与北京北建大物业管理有限公司签署框架协议书，共建产学研联合人才培养基地。经济与管理工程学院院长姜军、党委书记彭磊与班子成员、工商管理学科负责人郭立、工商管理系副主任刘娜和部分教师代表等出席签约仪式。北京建大资产经营管理有限公司党委书记祖维中、副书记王建宾，北京北建大物业管理有限公司总经理张宪亭、副总经理武全及部分员工代表出席了签约仪式。姜军院长代表经管学院对北建大资产经营管理有限公司和北京北建大物业管理有限公司，关心人才培养及与学院携手建设基地表示感谢。姜院长指出，此次合作将为学生培养创造新机会和可能，为向社会输送物业资产管理人才提供有力保障，有助于推动英国皇家经理人学会（CIH）"物业资产管理证书"的课程平台；希望通过双方合作，提升北建大物业管理公司品牌，扩大影响力，真正将基地建设落到实处，同时借助基地提高物业管理研究水平，学生实践水平，为学生提供奖励和资助，将合作做到有名有实。祖维中书记表达了愿意与经管学院深度合作的意愿。祖书记指出，公司建立至今一直关注理论与经营实践的结合，希望以基地建设为契机，借助经管学院师资优势，用理论武装北建大物业管理有限公司的队伍，在"互联网+"背景下，提升管理水平和业务水平，希望双方将基地产学研一体化做实，将"基地效益"发挥到最大化，为人才培养和公司发展提供支持和保障，达到共赢。经管学院党委书记彭磊和北京建大资产经营管理有限公司党委书记祖维中为基地揭牌，经管学院副院长周霞和北京北建大物业管理公司总经理张宪亭签署了《产学研联合人才培养基地框架协议》。

2016 年 7 月 24 日

北京工程管理科学学会第八次会员大会在北京建筑大学西城校区召开。北京建筑大学校长张爱林，北京市科协学会部部长李金涛，第七届理事会理事长、北京建工集团副总经理丁传波，第七届理事会副理事长、北京市政集团副总经理李志强，第七届理事会副理事长、中建一局总工吴月华，第七届监事会监事长、北京建工集团党委常委俞振江，北京建筑大学党政办、科技处负责人、经管学院领导班子以及来自北京市 12 所高校、62 家企事业单位的名近 100 名会员出席了大会。大会由第七届理事会秘书长、北京建工集团总承包部副总经理陈翌军主持。会议审议通过了分别由丁传波、李志强和俞振江所做的《第七届理事会工作报告》、《第七届理事会财务情况报告》和《第七届监事会工作报告》。审议通过了修订的《北京工程管理科学学会章程》、《北京工程管理科学学会管理制度》和《北京工程管理科学学会会费管理办法》。采用无记名投票的方式选举出张爱林等 61 位理事、陈翌军等 3 位监事。在随后召开的第八届理事会上，北京建筑大学被推举为秘书处常设单位，张爱林校长被推举为学会第八届理事会理事长，赵世强教授被推举为第八届常务副理事长，清华大学国际工程项目管理研究院副院长王守清教授、北京交通大学刘伊生教授、中国建筑技术集团有限公司党委书记赵伟、北京建工集团有限责任公司技术总监张显来、北京城建集团有限责任公司副总经理王丽萍、北京市政建设集团有限责任公司副总经理冯毅、北京住总集团有限责任司总经理助理宋涛、北京城乡建设集团有限责任公司副总经理闫伟东、北京市工程咨询公司总经理郭俊峰被推举为副理事长，北京建筑大学经管学院院长姜军教授被推举为第八届理事会秘书长。第八届监事会推选北京建工集团总承包部副总经理陈翌军为监事长。

2016 年 9 月 20 日

经济与管理工程学院召开"经济与管理工程学院举行 2017 届毕业生就业工作部署动员暨就业导师及助管聘任大会"。会议由经济与管理工程学院党委副书记郝迈主持，经济与管理工程学院全体领导班子成员、学院各系主任、专业负责人、2017 届毕业生班级导师、教务员、各年级辅导员及毕业班学生骨干到场与会。此次工作会，为新学期经管学院的就业工作添加了一把动力之柴，集全院师生的智慧，营造就业氛围。

2016 年 9 月 25 日

经济与管理工程学院在西城校区第一会议室召开北京城市建设与管理法律研究基地申报研讨会，会议邀请到中国政法大学教授符启林、中国建筑技术集团公司总裁和工程法律专家高印立、北京市城市综合执法管理局副局长王连峰、清华大学法学院党委副书记程啸、北京市应用法学研究中心主任、法学博士白贵秀等五名校外专家。北京城市建设与管理法律研究基地申报工作组全体成员出席研讨会，研讨会由经济与管理工程学院院长姜军教授主持。

2016年10月16日

经济与管理工程学院在西城校区第三会议室召开城市管理专业建设研讨会。会议邀请了住房与城乡建设部稽查办董红梅副主任、住房与城乡建设部政策研究中心翟宝辉处长、首都经贸大学刘欣葵教授、中央财经大学城市管理系邢华教授、北京社会科学院张耘研究员参加。经管学院院长姜军、副院长周霞、党委副书记郝迈以及公共管理系部分老师参加会议。首先，姜军院长对各位专家的到来表示欢迎，并就我院城市管理专业建设的情况作了介绍。公共管理系主任王红春教授向各位专家汇报了2016年城市管理专业培养方案，周霞副院长将城市管理研究院的构想做了汇报。随后与会专家和老师就城市管理的一些前沿问题和共同的困惑进行讨论。专家对我院的城市管理专业的定位和培养方案给予了肯定，同时也提出一些建设性的建设和意见。通过这次会议让我校进一步的明确了城市管理专业的定位和目标，我院将根据专家的意见和建议对城市管理专业培养方案进行调整和优化，为城市管理专业培养高素质的人才打下良好的基础。

2016年10月22日

由中国高等院校房地产学者联谊会、北京建筑大学、中国房地产估价师与房地产经纪人学会联合主办，北京建筑大学经济与管理工程学院承办的第十届中国房地产学术研讨会暨中国高等院校房地产学者联谊会在北京建筑大学隆重举行。120余位参会代表来自全国50所高校、研究机构、行业协会和房地产企业，参加院校包括清华大学、北京大学、中国人民大学、西安交大、四川大学、广州大学、中山大学、上海财经、华东师范、浙江工业大学、沈阳建筑大学等不同层次、不同类型的高校。清华大学刘洪玉教授、华东师范大学崔裴教授、中山大学廖俊平教授、中国指数研究院葛海峰副总裁、首都经济贸易大学赵秀池教授分别以《结构性改革与房地产市场发展》、《关于发展住房租赁市场若干理论与实践问题的思考》、《互联网时代房地产经纪行业的创新与发展》、《大数据在房地产市场分析中的应用》、《北京人口疏解与房地产调控》为主题为参会人员作了精彩的报告。

下午，参与代表围绕建筑与房地产领域相关前沿热点问题展开了分论坛讨论。60余名师生轮流汇报学术论文，发表专业意见，分享自己的独到心得，热情与大家交换看法并进行了激烈的研讨。大会闭幕式由北京大学冯长春教授主持。刘洪玉教授为会议进行总结并举行颁奖仪式。本次研讨联谊会发表了多项基于实调数据的房地产业调查报告，并结合当下国情对房地产业尚存的问题做出分析并提出建议；结合新兴互联网技术并借鉴其他国家经验，为我国房地产业未来发展指明了方向。本次大会进一步促进了各地高校、科研院所、地产企业在房地产领域的合作与创新，师生以科学视角冷静的分析我国房地产业现状，并有效地结合实际对症下药。

2016年11月8日

经济与管理工程学院以"解读十八届六中全会精神，以党建工作引领教风学风建设"为主题召开党建工作培训会。学工部部长黄尚荣、机电学院党委书记赵海云、经济与管理工程学院党建理论导师张守连、经济与管理工程学院党委书记彭磊以及经济与管理工程学院党委委员、全体党支部书记、支委共计20余人参加了此次会议，培训会由经济与管理工程学院党委副书记郝迈主持。会上，郝迈就经济与管理工程学院下一阶段党建工作做出部署。

2016年11月11日-28日

经济与管理工程学院教工党支部、学生党支部分别开展了十八届六中全会精神专题学习活动。此次专题学习活动，经济与管理工程学院党委精心组织，周密部署，将贯彻十八届六中全会精神与开展"两学一做"学习教育活动相结合，分层次构建党支部、党小组、团支部的三级学习模式，做到全院覆盖、全员参与、全方位推进学习活动，在全院掀起学习宣传贯彻全会精神的热潮。

2016年11月29日

由北京团市委主办，中国人民大学承办的2016年"优团计划"首都高校优秀基层团支部评选总结分享会于11月29日下午，在中国人民大学八百人大报告厅召开。我校经济与管理工程学院营132团支部作为我校唯一获奖团支部受邀参加本次活动。经答辩荣获2016年"优团计划"首都高校优秀基层团支部，并被推荐获得团中央"活力团支部"称号。

2016年12月8日-13日

经济与管理工程学院荣幸邀请到奥本大学Scott Kramer教授来院进行交流访问，分别在西城校区、大兴校区举办了4场系列学术讲座，Scott Kramer教授为我院学生全程英文授课，并在我院师生的陪同下，参观了学院的实验室，与师生们进行了亲切的座谈交流。本次活动一共举办了4场系列学术讲座，四场讲座分别向师生们介绍了工程管理行业的前沿性问题，经管学院将继续邀请国际知名院校教授来院进行交流访问，不断拓展师生的国际视野和学术视野，推动办学国际化。

2016年12月13日

住房和城乡建设部评估专家四川大学谭大璐、北京建工集团经理常永春对工程管理专业进行了中期督察，北京建筑大学副校长李爱群、教务处处长邹积亭及经管学院领导班子成员、工程管理专业老师参加了中期评估汇报会，汇报会由经济与管理工程学院姜军院长主持。汇报后，评估专家参观考察了经济与管理工程学院管理模拟实验室、BIM实训室、招投标模拟实验室、资料室。

2016年12月21日

12月21日下午，2016年北京高校红色"1+1"示范活动展示评选会在北京化工大学举行。北京市委宣传部、市委教育工委、市委农村工委、市委社会工委、首都文明办等领导出席并担任评委，各高校主管部门负责人、学生党支部代表、媒体代表共200多人参加。本次评选会共有从参加评选的北京高校1100多个学生党支部中脱颖而出的25支队伍参赛，分别来自北京大学、清华大学、中国人民大学、北京师范大学等。经过激烈的视频展示和答辩环节，代表我校参加的经管学院本科生第三党支部积极准备，卓越表现，以总决赛总分第一名的成绩荣获2016年北京高校红色"1+1"示范活动一等奖。这是我校连续第二年在该项评比活动中取得第一名的好成绩，赢得了与会领导和同仁的肯定，为我校赢得了荣誉。

经管学院本科生第三党支部以"关爱留守儿童，建功美丽乡村"为主题，与贵州省织金县化董村党支部开展结对共建，利用专业优势，精准对接扶贫需求，精准实施分类帮扶，为建功美丽乡村贡献了智慧和力量，形成"七个一"的实际工作成效。一条路：通过公益众筹集资修建了一条长850米的水泥路，为化董村浇筑了一条通往心坎的扶贫路，一条通往知识的心灵之路；一个家：通过公益众筹集资，并成功设计建造一个57平方米的两居室，助力留守儿童小发全圆梦"我想有个家"；一个窗口：为当地组建微机室、开设特色课程，为留守儿童打开一个瞭望世界的窗口；一个基地：双方协定化董村设为北京建筑大学红色1+1实践基地；一支宣讲团：组建"为爱黔行"大学生党员宣讲团，做社会主义核心价值观的坚定信仰者、积极传播者、模范践行者；一个专栏：设立"润苗扶贫"微专栏，号召更多人关注贫困山区留守儿童的现状；一份报告：一份3万余字的调研报告，为推动化董村经济发展建言献策。活动先后得到中国教育报、中国日报网等13家媒体的宣传报道，支部党员覃智昭受到央视十二套《道德观察》节目组的专访，产生了良好的社会反响。

(彭　磊　姜　军　周　霞　秦　颖　郝　迈　王东志
魏　祎　邹　娥　陈雍军　章　瑾)

六、测绘与城市空间信息学院

(一) 概况

北京建筑大学测绘与城市空间信息学院具有深厚的基础和完整的本科生教育和研究生教育体系。学院位于北京建筑大学大兴校区（北京市大兴区黄村镇永源路15号）。测绘科学与技术为北京市重点学科，已发展成为具有3个本科专业、5个硕士授权点（领域）、1个博士人才培养项目、1个博士后科研流动站的本科-硕士-博士-博士后人才培养体系。学院现有"代表性建筑与古建筑数据库教育部工程研究中心"、"现代城市测绘国家测绘地理信息局重点实验室"、"建筑遗产精细重构与健康监测北京市重点实验室"3个省部级科研基地，在2012年教育部组织的学科评估中排名全国第九，2016年入围"未来城市设计"北京市高精尖创新中心。

学院设置有测绘工程、地理信息科学、遥感科学与技术3个城市空间信息类本科专业，其中测绘工程是北京市特色专业，2013年获批教育部"本科教学工程"第一批专业综合改革试点，2015年通过国际工程教育专业认证（华盛顿协议）。在校本科生541人；在校硕士研究生135人。

2016年，学院有教师45人，博士学位教师达92%以上。其中教授10人，享受国务院特殊津贴2人，北京市高层次人才1人，拔尖人才2人、创新团队2个。

学院承担了一系列国家及北京市重大项目，从首都新老十大建筑到北京正负电子对撞机的超精密安装，从航空航天遥感到智慧城市建设。近年来相继申请发明专利50余项，获得国家教学成果奖1项，国家科技进步二等奖1项，获省部级教学科研奖20余项。

学院具有一流的教学、科研、实验环境。拥有高水平实验室24个，配有地面激光雷达、各型无人机、移动测量系统等国际领先的仪器设备，设备总值达8000余万元。

学院率先试行完全学分制和学业导师制试点，注重个性化和多元化培养，每年均有多名学生在全国及北京市各类学科竞赛中获奖。学生知识面宽，动手能力强，深受用人单位欢迎，就业率和签约率连续多年保持在学校前三名。

（二）师资队伍建设

【概述】测绘学院注重引培并举，强化师资队伍建设，拥有一支结构合理、兼具学术研究、应用研究和实践经验的师资队伍。2016年，学院有教职工44人，其中专任教师博士学位率为92.3%，居全校之首。

【人才引进】引进1名高层人次人才、1名青年骨干、2名应届博士毕业生、2名行政工作人员。

【人才培养】1名"2016年北京市百千万人才工程"，1名"建大杰青"，2名"建大英才"，1名"优秀主讲教师"，1名出国研修。

（三）学科建设

【概述】完成了一级学科硕士授权点学科评估材料的收集、整理、编制与报送工作；基本完成了一级学科博士授权点申报书编制工作；结合学科评估和博士点申报，凝练了三个优势二级学科方向、一个特色学科方向、二个培育学科方向。

（四）教学工作

【概述】教风学风联动是2016年学校的重点工作之一。学院强化内涵、提升质量，扎实推进本科教学工作。为提升青年教师讲课水平，组织了全员参与式的院级青年教师讲课比赛。通过教风学风联动座谈会，建立了院领导、教师、辅导员等联动管理机制共抓学风、共促教风。开展本科生进科研团队工作，提高学生学习积极性，培养拔尖人才。改革毕业设计评优模式，采用二次答辩以及优秀论文宣讲方案，以提高毕设成效。2016年在教研立项，教材编写，学科竞赛的指导等方面均取得较好成绩。

【召开专业评估工作研讨会】根据国际工程教育认证要求以及北京市本科审核时评估要求，定期召开专业建设及评估工作研讨会，认真总结各专业办学特点以及存在不足，启动三个专业的自评报告撰写工作。

【专业建设成绩显著】融入工程认证理念，突出培养特色，完成2016版教学计划的制定工作。首次实行大类招生，实现宽口径厚基础的人才培养理念。学生获奖：在全国测绘技能创新大赛中获得了团体特等奖，2项单项特等奖，2项一等奖的历史最好成绩。全国大学生GIS技能大赛中获得了一项一等奖，一项二等奖。通过两项全国大奖的获得表明学生实践能力培养工作进入全国10%。老师获奖：获得第15届全国多媒体课件大赛微课组一等奖1项，全国测绘学科优秀指导教师2人，全国GIS技能应用大赛优秀指导教师4人，北京市高等教育学会第九次优秀高等教育科研成果奖2项，校教学成果一等奖1项，校级教学优秀奖三等奖1项，北京市教研课题结题1项，校核心课题立项3项。公开出版教材4部。1名教师获得校级优秀主讲教师称号。

（五）科研工作

【概述】测绘学院2016年科研工作以发展为主题，以巩固提高为重点，围绕科研任务，调动教师积极开展工作，取得了一定成绩。

【科研项目与经费】承担各类科研项目15项，合同经费330万。其中，获得2项国家自然科学基金资助，2项4人次获得十三五重点研发计划支持。

【科研获奖】获得国家测绘科技进步一等奖1项，中国地理信息科技进步一、二等奖各1

项，实现了省部级奖的历史性突破；

【**实验室与研究所建设**】申报并获批一个"建筑遗产精细重构与健康监测"北京市重点实验室；根据学科现状，对原有六个研究所进行整合，组建了四个研究所，形成了四个既有一定规模、又相对稳定的科研团队。

【**论文、发明专利与著作**】发表论文21篇，授权发明专利17项，出版学术专著9部。制定标准规范1项。

2016年测绘学院承担的各类科研项目一览表

序号	项目名称	负责人	项目来源	项目级别	合同经费（万元）	起止时间	项目类别
1	高速立体视频测量大型建筑物模型振动台试验健康监测关键技术研究	刘祥磊	国家自然科学基金资助项目	国家级	20	2015.3.5～2018.12.31	一般
2	地面激光雷达与设计数据正逆向结合的建筑物三维重建技术	张瑞菊	国家自然科学基金资助项目	国家级	20	2015.3.1～2018.12.31	一般
3	三维精细CSG-Brep模型拓扑关系的研究	黄明	北京市教育委员会一般课题	省部级	15	2016.1.1～2018.12.31	一般
4	融合光学顶部特征的层析SAR城市建筑三维精细重构	庞蕾	北京市教育委员会一般课题	省部级	15	2016.1.1～2018.12.31	一般
5	城市典型地表要素提取及软件平台研制	吕京国	校设科研基金	校级	1	2016.7.1～2017.12.31	一般
6	面向智能交通的公交大数据时空模式挖掘方法	张健钦	校设科研基金	校级	5	2016.7.1～2017.12.31	一般
7	未来城市设计之室内导航定位关键技术研究	杜明义	校设科研基金	校级	5	2016.7.1～2017.12.31	一般
8	无人机倾斜摄像及在教学中的应用研究	赵江洪	校设科研基金	校级	5	2016.7.1～2017.12.31	一般
9	典型资源环境要素识别提取与定量遥感技术——子课题2：典型资源环境要素提取精度验证	杜明义	"十一五"科技支撑计划项目重点项目	国家级	50	2016.7.1～2020.6.30	重点
10	典型资源环境要素识别提取与定量遥感技术——子课题3：典型资源环境要素定量遥感产品特征统计分析与应用研究	胡云岗	"十一五"科技支撑计划项目重点项目	国家级	45	2016.7.1～2020.6.30	重点

续表

序号	项目名称	负责人	项目来源	项目级别	合同经费（万元）	起止时间	项目类别
11	建筑物室内点云自动语义分割及三维结构空间模型构建	赵江洪	国家自然科学基金资助项目	国家级	28.92	2016.7.1～2019.12.31	一般
12	基于双尺度湍流模式的城市建筑形态对点源大气污染物扩散的影响研究	刘芳	国家自然科学基金资助项目	国家级	25.04	2016.7.1～2019.12.31	一般
13	基于物联网技术的贵阳人防大数据融合与管理服务平台建设	吕京国	其他项目	省部级	5	2016.8.1～2018.1.31	一般
14	典型资源环境要素识别提取与定量遥感技术——子课题1：地表覆盖增量更新技术	朱凌	"十一五"科技支撑计划项目重点项目	国家级	90	2016.7.1～2021.6.30	重点

2016年测绘学院教师发表的学术论文一览表

序号	成果名称	第一作者	发表时间	发表刊物	刊物类别
1	Dynamic change and spatial expansion of urban heat sinks in Beijing, China	蔡国印	2016-01-11	International Conference on Geoinformatics	EI（会议论文集）
2	Sensor-based Monitoring and Warning System for Large Billboards	刘扬	2016-01-11	International Conference on Geoinfomatics	EI（会议论文集）
3	Study on Spatial Data Acquisition and Processing Based on Vehicle-Mounted Mobile Measurement System	王晏民	2016-01-13	Geo-Informatics in Resource Management and Sustainable Ecosystem	EI（期刊论文）
4	Research on the Dynamic Evolution of Coal Mining Subsidence Areas Based on Remote Sensing Imaging	黄明	2016-02-02	ICIC Express Letters, Part B: Applications	EI（期刊论文）
5	Rule-based rain gauge network design in urban areas aided by spatial kernel density	靖常峰	2016-03-01	Water Practice and Technology	EI（期刊论文）

409

续表

序号	成果名称	第一作者	发表时间	发表刊物	刊物类别
6	地理信息科学专业创新型人才培养计划的构建与实施	赵江洪	2016-04-01	测绘科学	核心期刊
7	应用开源框架的测绘数据管理系统实现	赵江洪	2016-04-01	测绘科学	核心期刊
8	三维管网自动建模研究	黄明	2016-04-01	地理信息世界	权威期刊
9	科研项目式教学方法与创新能力培养模式研究	刘建华	2016-04-06	大学教育	一般期刊
10	基于图像处理单元的古建筑构建快速绘制	黄明	2016-05-20	测绘科学	核心期刊
11	基于全景影像的测绘控制点寻点系统研发	黄鹤	2016-08-25	测绘通报	核心期刊
12	测绘工程专业大学生实践与创新能力培养体系思考	周命端	2016-08-30	北京建筑大学教育教学改革论文集	一般期刊
13	A topological enabled three-dimensional model based on constructive solid geometry and boundary representation	黄明	2016-09-08	Cluster Computing	EI（期刊论文），SCI
14	一种利用OMAP辅助GNSS控制网布设的方法	周命端	2016-09-20	测绘通报	核心期刊
15	物联网技术在精细化城市管理中的应用	杜明义	2016-09-30	北京建筑大学学报	一般期刊
16	基于平面特征的箱型钢结构点云角点自动提取	王国利	2016-10-01	工程勘察	权威期刊
17	The Design and Cloud Achievement of the Missing Children Mobile GIS Mutual Assistance System of China	刘建华	2016-10-26	2016 International Conference on Cartographic Visualization of Big Data for Early Warning and Disaster/Crisis Management (EW&CM)	国际学术会议论文集
18	Monitoring Mining Subsidence in Huainan Mine Based on Remote Sensing	黄明	2016-12-01	Journal of Computational & Theoretical Nanoscience	EI（期刊论文）
19	专业认证标准下"测绘工程"专业课程体系研究与实践	周命端	2016-12-20	中国建设教育	一般期刊
20	3D SLAM激光影像背包测绘机器人精度验证	黄鹤	2016-12-25	测绘通报	核心期刊
21	多功能课堂教学跟踪管理在线系统开发与应用	丁克良	2016-12-26	测绘通报	权威期刊

（六）学生工作

【概述】 截至2016年底，测绘学院共有学生676人，其中本科生541人，硕士生135人，学院学生管理教育服务等各项工作扎实推进，注重创新，取得了较好成绩。

【学生党建与思想引领】 全面加强学生思想引领，夯实学生党建。学校在测绘学院召开学生党建现场工作会，市委"两学一做"督导员参加学院本科生党支部"两学一做"学习教育专题会，学院"弘扬践行焦裕禄精神"师生宣讲团作为教工委唯一代表参加了北京市百姓宣讲调研汇讲活动，学校将第一个辅导员工作室"学生思想引领"工作室设立在测绘学院。2016年共发展学生党员25名，学生党员占比14.5%，本科生中入党积极分子占比23.8%。一支红色"1+1"团队获得校一等奖。

【学风建设与学业成效】 多措并举推进教风学风联动建设。学生期末考试优良率平均达到44%，2016届毕业生学位率达到98.72%，升学率达到24.6%，创学院历年新高。大力加强奖励激励，本科生中1人获得国家奖学金，16人获得国家励志奖学金，70人获得国家助学金；39人次获得校级综合奖学金，170人次获得校级单项奖学金；88人次获得首次设立的"中海达"企业奖学金。

【科技活动与创新创业】 首次实施优秀本科生进科研团队工作，强化学生创新创业教育。学生获2016年全国大学生测绘技能大赛团体特等奖、全国大学生GIS应用技能大赛一等奖、全国"创青春"决赛银奖等多项北京市、国家级奖励，取得历史最好成绩。

2016年学生课外科技创新获奖情况一览表（省级及以上）

序号	竞赛名称	赛事级别	奖励等级	获奖学生	时间
1	全国大学生创青春公益创业赛	国家级	银奖	姚远等9人	2016
2	第五届全国大学生GIS应用技能大赛	国家级	一等奖	郭小刚等4人	2016
3	第五届全国大学生GIS应用技能大赛	国家级	二等奖	王斯佳等4人	2016
4	第四届全国高校大学生测绘技能大赛	国家级	特等奖	衣鹏军等6人	2016
5	第四届全国高校大学生测绘技能大赛	国家级	特等奖	衣鹏军等4人	2016
6	第四届全国高校大学生测绘技能大赛	国家级	特等奖	衣鹏军等4人	2016
7	第四届全国高校大学生测绘技能大赛	国家级	一等奖	黄莉等2人	2016
8	第四届全国高校大学生测绘技能大赛	国家级	二等奖	衣鹏军等4人	2016
9	第八届北京市大学生测绘技能大赛	省部级	第一名	衣鹏军等4人	2016
10	第八届北京市大学生测绘技能大赛	省部级	第一名	衣鹏军等4人	2016
11	第八届北京市大学生测绘技能大赛	省部级	特等奖	衣鹏军等4人	2016
12	第八届北京市大学生测绘技能大赛	省部级	一等奖	皇甫海风等4人	2016
13	第八届北京市大学生测绘技能大赛	省部级	一等奖	郭聪楠等4人	2016
14	第八届北京市大学生测绘技能大赛	省部级	二等奖	赵天宇等4人	2016
15	第八届北京市大学生测绘技能大赛	省部级	第一名	武丙龙等4人	2016
16	第八届北京市大学生测绘技能大赛	省部级	特等奖	武丙龙等4人	2016
17	第八届北京市大学生测绘技能大赛	省部级	一等奖	郭小刚等4人	2016

【校园文化与社会实践】 全面推进"以文化人"。建设"书香测绘"、"阳光体育"、"定向越野"等品牌活动，开展班级文化节、宿舍文化节，隆重举行八十周年校庆系列活动，打造

积极奋进的假期文化。2016年一个班级被评为北京高校先进基层组织，一个社团被评为北京高校十佳社团，一支团队被评为首都高校社会实践优秀团队。

【学生就业与综合服务】大力加强就业工作。2016届本科生就业率98.72%，签约率95.51%；研究生就业率100%，签约率93.75%，圆满完成就业目标。建设"学生一站式服务厅"，建立"院领导接待"等制度，加大对困难学生的指导和帮助，推进深度辅导工作，不断提升综合服务水平。一名班主任被评为北京高校优秀德育工作者。

（七）对外交流

【概述】测绘学院坚持国际化办学思路，以培养具有全球视野和国际竞争力的人才为中心，着力推进对外交流与合作，取得了一定成效。

【举办国际论坛】2016年10月17日，成功举办"未来城市测绘技术"国际学术论坛。

【参加国际会议】2016年7月，侯妙乐教授在XXIII Congress of International Society for Photogrammetry and Remote Sensing，prague，Czech上做了题为3D Documentation And Data Management In The Dazu Thousand-Hand Bodhisattva Statue In China的分会报告。

朱凌副教授在XXIII Congress of International Society for Photogrammetry and Remote Sensing，prague，Czech做了题为Improving GlobeLand 30 Artificial type extraction accuracy in low-density residents的分会报告。黄鹤、靖常峰老师及研究生一行4人参加国立江原大学校（KNU）和韩国地理空间信息学会（KOGSIS）联合主办的GISUP2016国际学术会议。

【举办技术交流】德国NavVis公司副总裁Andreas带领技术团队到测绘学院进行了室内/地下导航新技术交流。

【邀请国际学者来校】邀请加拿大卡尔加里大学长江学者讲座教授高扬、加拿大瑞尔森大学Ahmed Shaker教授、国际欧亚科学院院士、香港中文大学林珲教授、加拿大卡尔加里大学王瑞胜博士来校进行学术讲座。

（八）党建工作

【概述】测绘学院党委以"围绕中心抓党建，抓好党建促发展"的工作理念，紧紧围绕学院的教学、科研和学科建设与发展，坚持与时俱进的思想观念，求真务实的工作作风，圆满完成了各项工作。

【组织师生学习实践】认真组织师生学习十八届六中全会精神，学习准则条例，落实全面从严治党要求，推进学院党建工作深入开展。开展了基层组织全覆盖深度调研，发现整改问题40余项。精心抓好"两学一做"、"三严三实"学习教育实践活动，组织开展各类主题实践活动、学习活动30余次，加强师生思想政治教育，强化思想引领，基层支部建设、党员精神风貌变化显著。

【完成党委换届选举】召开中国共产党北京建筑大学测绘与城市空间信息学院党员大会，选举王震远、冯永龙、刘祥磊、周乐皆、赵江洪、黄明、霍亮为测绘与城市空间信息学院新一届党委委员。副校长李维平莅临大会并讲话，测绘学院全体党员参会，学院党委副书记冯永龙主持会议。

【制定党风廉政长效机制】制定了切实可行的学院党风廉政建设长效机制，围绕八项规定、六条禁令进行对照检查，严格把好纵横项科研经费报销关口。完成了审计问题的整改工作。配合学校完成了市委巡视工作。

【组织校庆活动】完成建校80周年庆祝活动，组织校友返校活动多次。

【严格学生党员发展】严把党员发展质量关，发展学生党员17名。

【党建成果】2016年度，本科生党支部被评为北京建筑大学优秀党支部，冯永龙被评为北京建筑大学优秀党务工作者，李晨被评为北京建筑大学优秀党支部书记，周乐皆被评为北京建筑大学优秀共产党员。

（九）工会工作

【概述】测绘学院分工会注重发挥工会、教职工大会作用，强化教职工大会工作规范，确保民主管理、民主监督职能得到落实。积极创造和谐氛围，促进教师身心发展。

【开展系列文体活动】2016年测绘学院分工会举办了"师德漫谈"主题沙龙、"月圆中秋、爱在测绘"同庆中秋、"喜迎教师节 缔造快乐生活"教职工趣味运动会、"一起打太极"教职工健身、"书香测绘"读书交流、教职工郊游拓展等一系列活动。

【开展送温暖工作】做好老教授上门送温暖工作，学院班子成员看望了严莘稼、施长衡、聂橐等几位高龄退休教师，表达了学院师生对他们的关心和慰问。

（十）实验室建设

【概述】实验室建设方面，完成了GNSS控制网、数字测图图根导线点布设，GNSS CORS站、仪器设备管理信息系统建设，并重点准备申报北京市实验示范中心工作。

（十一）重大事件

1. 2016年1月8日，北京中海达星科技有限公司秦远新总经理应邀到测绘学院访问，与测绘学院领导班子就设置企业奖学金，合作开展科研立项等工作做深入交流。秦远新总经理全面介绍了公司的业务分布、科研项目和运行机制。双方就企业奖学金设置、学生就业见习等方面明确了合作内容和方式。

2. 2016年1月12日，北京市测绘院基础地理信息工程院冯学兵院长一行应邀到测绘学院访问，与测绘学院领导班子就加强校企合作，推进人才培养等工作做深入交流。双方就学生实习、毕业生招聘，以及在此基础上分步骤推进产学研联合，实现协同创新、增强协同合力达成一致意见。

3. 2016年1月18日，测绘学院在西城校区召开处级党员干部"三严三实"专题民主生活会，张大玉副校长出席会议。

4. 2016年1月24日，测绘学院在西城校区召开2016年度总结大会，主要回顾了学院在教学、科研、学科建设、人才培养以及二级分工会、教代会等方面的工作，并对2017年学院的各项工作提出展望。测绘学院全体教师参加会议。

5. 2016年2月18日-19日，测绘学院黄鹤、靖常峰及研究生一行4人受邀参加了由国立江原大学校（KNU）和韩国地理空间信息学会（KOGSIS）联合主办的GISUP2016国际学术会议。GISUP国际学术会议长期围绕着GIS技术在城市规划、运行及管理中的应用为主要议题进行广泛的学术交流，有美国、韩国、日本、中国台湾等国家和地区的20多个科研院所参与，至已举办18届。2016年开始，我校特邀参与该国际学术团体，测绘学院杜明义院长任组委会副会长。在本次国际学术会议中，智慧城市研究所靖常峰老师和城市测绘研究所研究生常坤（指导老师：黄鹤）分别做了题目为"A Real-time Building Model Generation Approach Supported With Shadow"、"The Study of Particle Filter Localization Algorithm Based on Magnetic Field Data"的学术汇报，并被入选为优秀论文。会议期间，黄鹤老师受聘为韩国地理空间信息学会国外编委会委员。

6. 2016年4月1日，测绘学院学生志愿者与大兴区黄村镇第二中心幼儿园开展讲故事、童书捐赠互动活动。

7. 2016年4月9日，北京建筑大学第九届测绘技能实操大赛在大兴校区举办。本次大赛作为第九届北京市高校测绘大赛的选拔赛，由测绘学院主办，比赛分为专业组和非专业组，测绘工程专业的学生组成专业组，其他专业学生组成非专业组。参赛学生主要来自测绘学院、土木学院。测绘学院副院长赵江洪、党委副书记冯永龙、测绘工程系主任周乐皆、副主任周命端、测绘学院教学督导组组长陈秀忠及部分专业老师对比赛进行全程指导和协助。

8. 2016年4月10日，测绘学院2001级校友为母校捐赠银杏树仪式在大兴校区学院楼F座前举行。基建处处长周春、副处长申桂英、校友办主任沈茜、测绘学院班子成员、师生代表和学院2001级校友代表参加了仪式。

9. 2016年4月12日，测绘学院学风建设2015年总结表彰暨2016年动员部署会在大兴校区学B报告厅举行。本次会议旨在总结学院在2015年学风建设工作中取得的成绩和不足，对2016年的学风建设工作做针对性动员部署。测绘学院党委书记王震远、学工部副部长蔡思翔、测绘学院副院长赵江洪、党委副书记冯永龙、团委书记李晨以及学院14、15级学生和13级学生代表参加会议。会议由冯永龙老师主持。

10. 2016年4月29日，加拿大卡尔加里大学王瑞胜博士应邀来我校西城校区第三阶梯教室做了题为"一种基于图匹配的街景数据自动解析"的学术报告，报告会由测绘学院杜明义院长主持，测绘学院科研副院长霍亮、教学副院长赵江洪及测绘学院全体教师和研究生聆听了此次报告。

11. 2016年5月3日，校园心理定向越野比赛在大兴校区成功举行。本项赛事由心理素质教育中心与测绘学院联合举办，以"魅力校园，运动青春，读懂你我，共享年华"为主题。学工部部长黄尚荣、校团委书记朱静、学工部副部长李红、蔡思翔、测绘学院党委副书记冯永龙、校心理素质教育中心主任李梅出席此次活动。

12. 2016年5月4日，测绘学院党委召开基层组织全覆盖深度调研工作初次汇报会，张大玉副校长听取了汇报。学院调研工作领导小组成员参加汇报。

13. 2016年5月12日，北京建筑大学召开学生党建现场工作会，本次会议以测绘学院本科生第一党支部专题组织生活会的形式召开。现场工作会是校、院和基层组织充分联动的有效形式，本次学生党建现场工作会是学生党建工作的积极创新和有益尝试。校党委副书记吕晨飞，学工部、团委、组织部负责人，各学院党委副书记，测绘学院、马克思主义学院有关人员，以及测绘学院本科生第一党支部全体党员同志参加了会议。组织生活会的主题是"深入推进学生党员先锋工程暨红色"1+1"活动正式启动"，由测绘学院本科生第一党支部书记李晨主持。

14. 2016年5月16日，测绘学院与广州中海达卫星导航技术股份有限公司联合举办的"高精度室内定位、三维激光和移动测量"新技术交流会在北京建筑大学大兴校区学院楼F座召开。来自北京建筑大学、北京交通大学、中国地质大学（北京）、北京工业大学、北京林业大学、北京邮电大学、首都师范大学、华北科技学院、防灾科技学院以及部分测绘单位近50人参加。此次会议对当前热门的室内定位技术、三维激光扫描技术进行了充分的技术交流，并得到参会人员的认可，开启了测绘学院校企联合技术交流和探讨的新模式。

15. 2016年5月19日，现代城市测绘国家测绘地理信息局重点实验室第二届学术委员会第一次会议在北京建筑大学召开。出席会议的领导和专家有：国家测绘地理信息局李维森副局长、中国工程院刘先林院士、中国测绘科学研究院程鹏飞院长、国家基础地理信息中心冯先光主任、北京大学邬伦教授、同济大学测绘与地理信息学院院长童小华教授、住房与城乡建设部城乡规划中心杨柳忠教授、北京市测绘设计研究院杨伯钢副院长、北京市城市勘测设计院有限责任公司马海志董事长、正元地理信息有限责任公司杨玉坤董事长、建设综合勘察研究设计院有限公司王丹副院长、国家测绘地理信息局科技与国际合作司科技处郑作亚处长，我校出席会议的有原校长朱光教授、校党委副书记吕晨飞、科技处处长高岩、测绘学院院长杜明义、党委书记王震远、副院长霍亮以及各研究所所长和部分教师。会议讨论和审议了重点实验室的基本情况、两年来的建设和发展情况以及2016年的工作计划、开放基金评审等工作。

16. 2016年5月25日，北京建筑大学测绘与城市空间信息学院组织研发的"中国失踪儿童互助系统"（MCMAS：The Missing Children Mutual-Assistance System of China）于"国际失踪儿童日"正式上线开始运行。系统于6月1日国际儿童节当天发布1.1版本更新。目前系统运行平稳，已接收并发布全国百余条寻人图文信息。

17. 2016年6月6日，北京建筑大学在西城校区第三阶梯教室举行仪式，聘任教育部"长江学者"讲座教授、加拿大卡尔加里大学教授高扬为我校客座教授。聘任仪式由测绘学院院长杜明义主持。测绘学院班子成员及学院全体教师和研究生参加了聘任仪式。随后，高扬教授做了"PPP＋ and Opportunities"的学术报告。

18. 2016年6月14日，测绘学院与广州中海达卫星导航技术股份有限公司在大兴校区学F楼会议室举行"中海达"奖学金签字仪式。中海达旗下北京中海达星科技有限公司总经理秦远新、测绘学院班子成员出席签字仪式。签字仪式由测绘学院党委副书记冯永龙主持。随后，测绘学院召开2016年"中海达"奖学金颁奖大会。北京中海达公司秦远新总经理、测绘学院班子成员、教师代表、14、15级学生和获奖代表参加此次会议。

19. 2016年6月23日，测绘学院2016届毕业生晚会—"这一天，那些年"在大兴校区大学生活动中心精彩上演。测绘学院院长杜明义、院党委书记王震远、学工部副部长蔡思翔、副院长霍亮、赵江洪、院党委副书记冯永龙、校团委副书记卫巍以及部分班级导师莅临晚会现场，为毕业生们送去祝福。

20. 2016年7月1日，测绘学院党委在学F会议室举办"七一专题党课"。马克思主义学院教师、测绘学院学生党建指导教师汪琼枝担任主讲教师，测绘学院学生党员和教师党员代表参加了专题党课。党课由测绘学院党委副书记冯永龙主持。

21. 2016年7月1日-3日，由北京测绘学会教育委员会主办、北京工业职业技术学院承办的第八届北京市大学生测绘技能大赛开幕式在我校大兴校区顺利举行。大赛吸引了来自清华大学、北京交通大学、北京林业大学、中国地质大学、中国矿业大学、北京工业大学、北京建筑大学、北方工业大学、北京工业职业技术学院、华北科技学院、防灾科技学院共11所院校的40支队伍160名学生参赛。赛会由北京测绘学会教育委员会委员、部分高校教师及部分企业专家担任评委。北京市测绘学会理事长、北京测绘设计研究院副院长杨伯钢，国家测绘地理信息局职业技能鉴定指导中心曾晨曦处长、中国测绘学会教育委员会副主任、解放军信息工程大学翟翊教授、北京市测绘学会测绘教育委员会副主任、北京交通大学杨松林教授，北京市测绘学会测绘教育委员会副主任、中国矿业大学崔希民教授等到会祝贺。本次大赛分为A类（测绘专业）与B类（非测绘专业）两组进行，测绘专业组（A类）由24支参赛队通过抽签分成三大组，每大组参赛队交替进行四等水准测量、导线测量、数字测图三个项目的比赛；非测绘专业组（B类）由16支参赛队通过抽签分成三大组，每大组参赛队交替进行普通水准测量、图根导线测量、施工测设三个项目的比赛。

我校代表队在本次大赛取得优异成绩，共获得专业组两个单项第一名、综合特等奖1个、一等奖2个、二等奖1个；非专业组一个单项第一名、综合特等奖1个、一等奖1个；优秀指导教师1人。

22. 北京建筑大学第四届GIS应用技能大赛暨第五届全国大学生GIS技能应用大赛选拔赛在大兴校区学院楼F座机房举办，测绘学院地理信息科学13级全体学生和14级部分学生近80余人参加比赛。本次大赛重在了解我GIS学子对GIS基本应用技能的掌握程度，推动高水平GIS应用型人才的培养，并为我校参加全国大赛选拔参赛选手。

23. 2016年7月9日，张大玉副校长与测绘学院领导班子一起看望学院76岁的退休教师严莘稼，带去学校和学院对他的关心和慰问。

24. 2016年7月9日，测绘92级、93级毕业20周年回校相聚庆典在西城校区学宜宾馆举行。我校原校长朱光，校党委副书记张启鸿，校友们当年教师代表基建处处长周春、体育部主任杨慈洲、书记康钧，退休老教师金荣耀、陆立、崔宝贵、王维存，校友办主任沈茜、测绘学院领导班子、教师代表和测绘92级、93级的校友们参加庆典。

25. 2016年7月11日，由河南城建学院梁再培副校长带队、测绘学院院长张宏敏教授、测绘工程系主任高宁、张杰等一行5人来测绘学院调研交流。双方就测绘工程专业人才培养方案、实践教学、科研及校企合作经验，以及数字校园、智慧城市、遥感、激光扫描仪等的发展趋势及应用方面进行了交流。

26. 2016年7月29日-31日，2016中国智慧城市国际博览会（http：//www.cscexpo.net）在北京展览馆召开，我校测绘学院智慧城市研究团队代表北京市西城区政府，展示了近年来在智慧城市领域的四项研究和应用成果，包括"城市运行物联网监测平台"、"城市运行实景影像平台"、"城市防汛应急指挥调度系统"、"城市交通运行协调指挥系统"。博览会期间，中央财经领导小组办公室副主任陈锡文、北京市社工委副主任王丽文、西城区委常委陈宁以及国家发改委、宜昌市、西安市、兰州市、信阳市等领导参观了团队成果，靖常峰博士和团队研究生向莅临展台的各位领导和政府、企业代表和市民详细介绍了四项成果的核心技术和应用效果，受到广泛好评。

27. 2016年8月1日-4日，由教育部高等学校测绘类专业教学指导委员会、国家测绘地理信息局职业技能鉴定指导中心和中国测绘地理信息学会联合主办的"天宇杯"第四届全国高等学校大学生测绘技能大赛在内蒙古农业大学成功举办。我校代表队获得团体特等奖，并获得数字测图和一级电磁波测距导线2个单项特等奖，程序设计单项一等奖，二等水准测量单项二等奖；周命端获得优秀指导教师奖。

28. 2016年8月31日，现代城市测绘技术研讨会暨李德仁院士聘任仪式在西城校区学宜宾馆报告厅举行。会议分为两个阶段，第一阶段为"现代城市测绘技术研讨会"，由测绘学院院长杜明义教授主持。杜明义院长从师资队伍、学科建设、科研平台、科学研究四个方面向李院士汇报了我校测绘学科取得的成就、未来的规划、发展的瓶颈和遇到的困难。第二阶段为聘任仪式。学校领导王建中、张爱林、张大玉、李爱群出席活动，党政办、研究生院、科技处、人事处、招就处负责人，测绘学院全体领导班子成员以及部分师生代表参加活动。聘任仪式由副校长李爱群主持。党委书记王建中和校长张爱林分别向李德仁院士颁发了北京建筑大学发展咨询委员会委员、北京未来城市设计高精尖创新中心学术委员会委员聘书。

29. 2016年9月2日，北京建筑大学测绘学院师生团队走进大兴区救助站，为团队研发的"中国失踪儿童互助系统"APP软件进行公益宣传，希望基于专业的爱心行动能够唤起更多人的参与和关注，让爱心温暖整个社会，为失踪儿童点亮回家之路。

30. 2016年9月6日，测绘学院在大兴校区学F楼5层风雨实验场与中海达公司共同举办庆祝教师节教职工趣味运动会。测绘学院班子成员、中海达市场经理彭献亚、销售工程师王瑶涵及测绘学院全体教师、学生代表参加。活动由中海达公司高校专员管东洋主持。

31. 2016年9月20日，由校工会主办、测绘学院承办的"师德漫谈"主题沙龙活动在学院楼F座530举行，近三十名教师参加。活动由测绘学院分工会主席王震远主持。

32. 2016年9月23日，第十三届中国地理信息科学理论与方法学术年会在深圳大学召开，我校测绘学院相关研究团队和教师、学生代表参加了此次会议，并在会议上进行了口头报告和学术交流。

33. 2016年9月26日-28日，中国测绘地理信息学会工程测量分会在贵阳市召开"全国工程测量新技术应用研讨会"暨"中国测绘地理信息学会工程测量分会2016年学术年会"，测绘学院院长杜明义教授受邀参加并做特邀报告，青年教师周命端老师等撰写的学术论文"一种利用OMAP辅助GNSS控制网布设的方法"荣获2016年度"华泰天宇"杯优秀论文二等奖。

34. 2016年9月28日，国际欧亚科学院院士、香港中文大学教授林珲应邀来到我校测绘学院，做了题为《大数据和大地图：走进精细化管理的"新常态"》的学术讲座，测绘学院教师、学生100余人聆听了讲座。

35. 2016年10月9日-13日，加拿大瑞尔森大学Ahmed Shaker副教授应邀来测绘学院进行为期两周的学术交流，围绕Remote Sensing in Engineering Application主题，Ahmed Shaker副教授为测绘学院青年教师和全体研究生进行了四次全英文学术报告，讲座之余，Ahmed Shaker副教授还与测绘学院建筑遗产数字化研究所的师生开展了深入交流。

36. 2016年10月14日，由北京建筑大学和中国地理信息产业协会主办，北京建筑大学测绘与城市空间信息学院、中国地理信息产业协会教育与科普工作委员会和中国地理信息产业协会政务信息工作委员会承办的"未来城市测绘技术"国际学术论坛在大兴校区顺利举办。两院院士李德仁、北京建筑大学副校长李爱群、测绘地信领域知名专家、青年学者、测绘学院全体教师、研究生和本科生代表400余人参加论坛。

论坛由测绘学院院长杜明义教授主持开幕式，副校长李爱群教授致欢迎词。两院院士李德仁院士、武汉大学卫星导航定位技术研究中心主任姜卫平教授（长江学者特聘教授和国家杰出青年获得者）、同济大学测绘与地理信息学院院长童小华教授（长江学者特聘教授和国家杰出青年获得者）、南京师范大学地理科学学院院长汤国安教授、中国测绘科学研究院副院长刘纪平研究员、国家基础地理信息中心副主任赵勇、中国矿业大学环境与测绘学院执行院长汪云甲教授、兰州交通大学测绘与地理信息学院院长闫浩文教授（"长江学者"特聘教授）、清华大学党安荣教授和CanadaRyerson大学Shaker教授等国内外近20名知名专家，以及我校杜明义教授、霍亮教授、侯妙乐教授和部分行业龙头企业的负责人，围绕未来城市测绘技术、测绘创新、产学研协作等主题进行演讲、主题报告，并开展交流。

参加本次论坛的专家学者分别来自于武汉大学、同济大学、北京师范大学、中国矿业大学、兰州交通大学、首都师范大学、山东科技大学、山东建筑大学等近20所高等院校，以及北京市地质工程勘察院、北京城建勘测设计研究院有限责任公司、天津市勘察院、汕头市测绘研究院、厦门市规划信息中心、上海岩土工程勘察设计研究院有限公司等20余家企事业单位。

本次未来城市测绘技术国际论坛的成功举办，有望进一步提升我校在国内外的知名度，推进我校测绘科学与技术学科的一流学科建设目标，助力推进学校"提质、转型、升级"发展策略，努力建设高水平、开放式、创新型建筑大学。

37. 2016年10月15日，值北京建筑大学建校80周年之际，200余位校友齐聚测绘学院同庆。中午，测绘学院在学F会议室召开了校友回校捐赠答谢会。校友代表、测绘学院领导班子成员、学院教师代表、学生代表参加会议。会议由院党委副书记冯永龙主持。下午，测绘学院为测77、测79、测84、测专96以及各届校友举办"为爱回家"主题班会。大家欢聚一堂，重温在建大的美好时光。

38. 2016年11月1日-3日，北京建筑大学测绘学院"弘扬践行焦裕禄精神"师生宣讲团作为教工委唯一代表队参加了在华北宾馆举办的北京市2016年百姓宣讲调研汇讲。北京市2016年百姓宣讲调研汇讲由北京市委宣传部主办，由市百姓宣讲工作领导小组办公室承办，每个区县和各工委分别选派一支队伍，每支队伍六名宣讲员进行主题宣讲，力求主题鲜明、内涵丰富、案例生动、表达鲜活、接上地气，同时播放展示一部5分钟微视频，每个宣讲团宣讲展示时间为一个小时。"弘扬践行焦裕禄精神"师生宣讲团在宣讲展示环节，讲述了建大故事，展现了建大师生风采，顺利完成宣讲任务并带来生动感人的微视频，获得与会领导、专家和其他代表队的好评，市"百姓宣讲"公众号等也对建大师生宣讲团进行了宣传报道。

39. 2016年11月3日-5日，由中国地理信息产业协会、中国地理信息产业协会教育与科普工作委员会、教育部地理科学教学指导委员会、山东省科学技术协会联合主办的第五届全国大学生GIS应用技能大赛在中国石油大学（华东）举行。北京建筑大学测绘学院两支代表队分别获得了一等奖、二等奖和优秀指导教师奖的好成绩。

40. 2016年11月7日，教育部高等教育教学评估中心和中国工程教育专业认证协会联合发文《关于公布清华大学机械工程等131个专业认证结论的通知》（工认协［2016］16号），正式公布了2015年工程教育专业认证结果。北京建筑大学测绘工程专业名列其中，顺利通过国际工程教育专业认证，有效期为3年（2016年1月至2018年12月）。

我国工程教育专业认证始于 2006 年 5 月,并于 2016 年 6 月正式加入《华盛顿协议》。《华盛顿协议》是世界上最具影响力的工程教育本科专业认证的国际互认协议。实施工程教育专业认证,是推进工程师资格国际互认的基础和关键,是工程教育国际化的重要标志。通过工程教育专业认证的专业所培养的学生,可以在相关国家或地区按照职业工程师的要求,取得工程师职业资格。

测绘工程专业顺利通过国际工程教育专业认证,是我校工科教育的新突破,标志着我校工程教育与国际工程教育正式接轨,提高了我校测绘工程专业在国内的核心竞争力及学科声誉,为我校测绘工程专业毕业生准入全球就业市场提供了具有国际互认质量标准的通行资格。

41. 2016 年 12 月 5 日,德国 NavVis 公司副总裁 Andreas 带领技术团队应邀到测绘学院进行室内/地下导航新技术交流,测绘学院杜明义院长、城市测绘研究所所长黄鹤等多位老师和部分研究生参加了此次活动。

42. 2016 年 12 月 8 日,测绘学院与曙光星云信息技术(北京)有限公司在学院楼 F 座会议室举行了"3D 实景城市联合实验室"的合作协议签订仪式。测绘学院院长杜明义、党委书记王震远、副院长霍亮、院长助理、各研究所所长及实验中心负责人参加会议。

43. 2016 年 12 月 8 日,北京市测绘设计研究院副院长陈品祥和下属九州公司总经理隋志坤、信息中心主任刘光、专业一院院长马金荣、航测遥感院院长侯庆明等到测绘学院进行新技术交流,测绘学院院长杜明义、副院长霍亮、院长助理黄鹤、刘祥磊和城市信息研究所靖常峰等多位老师参加了此次技术交流会。

44. 2016 年 12 月 13 日,中国共产党北京建筑大学测绘与城市空间信息学院在学院楼 E 座报告厅召开党员大会,选举王震远、冯永龙、刘祥磊、周乐皆、赵江洪、黄明、霍亮(以姓氏笔画为序)为测绘与城市空间信息学院新一届党委委员。副校长李维平莅临大会并讲话,测绘学院全体党员参会,学院党委副书记冯永龙主持会议。

45. 2016 年 12 月 21 日,"全国最美青工"、测绘学院杰出青年校友刘昌武回母校与测绘学院新生交流,本次交流会采用现场访谈的方式进行,学院党委副书记冯永龙、校友会赵亮、院团委书记李晨、新生辅导员崔荣臻,以及全体大一学生参加了交流会。

(李学芳　杜明义　赵江洪　黄　鹤　冯永龙　霍　亮　王震远)

七、机电与车辆工程学院

(一)概况

机电与车辆工程学院(简称机电学院)设机械工程系、机械电子工程系、车辆工程系、工业工程系、机电实验中心等教学部门及北京市建筑安全监测工程研究中心、城市轨道交通车辆服役性能与保障北京市重点实验室、北京市建设机械与材料质量监督检验站等科研基地。设置有机械工程、机械电子工程、车辆工程(汽车工程方向、城市轨道交通车辆方向)、工业工程共四个本科专业,按机电大类招生,并招收城市轨道交通车辆工程卓越班。机电学院学科涵盖了机械工程一级学科和管理科学与工程学科,招收载运工具运用工程、检测技术与自动化装置、机械工程、车辆工程及工业工程专业全日制研究生。机械工程专业被确定为学校重点建设学科。

通过不断凝练，学院学科团队致力于在工程机械设计理论及应用、城轨车辆与机电装备服役性能保障、新能源车辆、轮轨关系与轨道交通装备、工程机械运行安全、特种加工技术及应用、建筑生产过程管理与安全、机器人技术等方向开展研究，形成特色，服务城乡建设。

学院拥有机械工程及自动化专业北京市优秀教学团队，城轨车辆运行状态监测、故障诊断与自牵引关键技术北京市学术创新团队，国家"千人计划"1人，北京市百千万人才2名，北京市长城学者2名，北京市青年拔尖人才1名，北京市青年学术骨干5人，北京市教学名师1人，北京市高层次创新创业人才支持计划领军人才1名，"首都劳动奖章"、"北京市教育教学创新标兵"及"北京市优秀青年骨干教师"荣誉称号获得者，"建大领军"人才1名。北京市级精品课1门，校级精品课4门，校级优秀课12门，主编教材26部，其中北京市精品教材1部。荣获北京市科学进步一等奖，其他省部级科技奖励8项。

学院注重校企合作，协同育人，与北京地铁运营技术研发中心、住总集团等多家企业设立校外实践教育基地，其中京港地铁荣获市级校外人才培养基地。依托联合培养基地，学院大力开展学生科技创新计划，学生获得国家级奖励10项、省部级奖励70余项、学生申请并授权国家专利50余项，学院连续5次获得北京市机械创新设计大赛优秀组织奖。

学院坚持开放办学，与德国亚琛工大、美国奥本大学、美国华盛顿大学、英国南威尔士、清华大学、北京理工大学、北京交通大学等高校保持着紧密的交流与合作。与英国南威尔士大学采取"3+1"的模式联合培养本科生，被选派的学生可同时获两校毕业证书。学院与北京航空航天大学和北京交通大学进行"双培"计划，与美国华盛顿大学进行"外培"计划，同时，每年选拔优秀学生赴北京航空航天大学访学。

三十年来，学院为首都城乡建设行业、高新技术企业培养了大批专业人才，历届毕业生受到了市场的欢迎，目前他们分布在北京市的各个企事业单位，从事设计、制造、技术开发、应用研究和管理等方面工作，他们中的大部分已成为单位的骨干或各级技术领导，为首都的经济建设做出了突出的贡献。毕业生就业率近年来连续保持在95%以上，在全校名列前茅。

（二）师资队伍建设

【概述】机电学院拥有一支结构合理、兼具学术研究、应用研究和实践经验的师资队伍。2016年，学院有教职工47人，其中专任教师36人，均为硕士以上学历，其中博士及以上学历28人，占专任教师总数77.8%。40岁以下青年教师17人，占总数47.2%，40-50岁教师14人，占38.9%。专任教师中正高职称6人，占总数16.7%，副高16人，占总数44.4%，中级及以下职称14人。学院具有博士生导师资格2人，硕士生导师资格27人，硕士生校外导师34人。

【人才培养资助项目】2016年申报获批北京市百千万人才工程1人。获批建大领军1名，申报建大领军2名，英才2名。

【人才培养】学院重视青年教师培育，鼓励参与各类培训、实践、继续教育、出国交流，年内申报北京海聚计划1人；申请国家留学基金委项目3人，前往美国、英国学习进修；申请英国双语教学进修教师1名；在职读博教职工4人；1人出国进行学术交流。

【学术创新团队建设】优化学术创新团队建设，贯彻落实学校关于人才培养和学科科研工作会议的有关精神，把提质、转型、升级作为基本策略，执行学校科技兴校战略，为加强学院青年教师培养，充分激发和提高教师科研的积极性、主动性，增强竞争力和协作能力，制定了《机电与车辆工程学院学术创新团队建设与管理办法》和《机电与车辆工程学院学术创新培育团队建设管理办法》。根据学校和学院资源状况、城乡建设与城市运营、京津冀一体化战略和北京新的战略定位等工程领域对科技的需求，以及学院科研积累，已形成城轨车辆与机电装备服役性能保障、新能源车辆、轮轨关系与轨道交通装备3个特色研究方向，初步形成工程机械运行安全、特种加工技术及应用、建筑生产过程管理与安全三个培育研究方向。

（三）学科建设

【概述】机电学院学科涵盖了机械工程一级学科和管理科学与工程学科，具有载运工具运用工程、检测技术与自动化装置等二级学科硕士学位授权点，招收载运工具运用工程、检测技术与自动化装置、机械工程、车辆工程及工业工程专业全日制研究生。机械工程专业被确定为学校重点建设学科。通过不断凝练，学院学科团队致力于在城轨车辆与机电装备服役性能保障、新能源车辆、轮轨关系与轨道交通装备、工程机械运行安全、特种加工技术及应用、建筑生产过程管理与安全、机器人技术等方向开展研究，形成特色，服务城乡建设。

【学科点建设与培育工作】完成2016年确定的机电与车辆学院机械工程学科培养方案。配合交通运输工程、控制科学与工程进行学科评估工作。探讨了把车辆工程专业学位点培育建设成新的专业学位增列点或调整点。

（四）教学工作

【概述】学院设置有机械工程、机械电子工程、车辆工程（汽车工程方向、城市轨道交通车辆方向）、工业工程共四个本科专业，按机电大类招生，并招收城市轨道交通车辆工程卓越班。2016年招收6个本科班级，在校本科生共21个班级680人。学院教师承担5个专业方向学科基础课、专业基础课、专业课及其他相关专业的机械类必修课和选修课，拥有机械工程及自动化专业北京市优秀教学团队，北京市级精品课1门，校级精品课4门，校级优秀课12门，主编教材26部，其中北京市精品教材1部，教师中有荣获"首都劳动奖章"、北京市教育教学创新标兵、北京市级和校级教学名师奖、北京市优秀青年骨干教师奖、北京市高层次创新创业人才支持计划领军人才1名，"育人标兵"、"优秀德育工作者"等荣誉称号获得者。学院的办学宗旨是：坚持以本科教学为中心，重视教学过程管理；重视实践教学和创新意识培养；注重在教学环节中根据科技发展情况引入新技术和新方法；坚持以市场为导向调整专业结构，调整教学内容和改进教学方法，保持与学校总体办学指导思想、办学定位、办学特色相一致，使我院的教育体系和结构符合培养国家及首都经济社会发展需要的应用型人才。

【大类招生】根据未来高校招生形势变化，在学院率先实现机械工程、机电工程、车辆工程（城轨方向和汽车方向）、工业工程四个专业五个方向的机电大类招生，为大类招生工作及后续选专业工作做了探索和尝试。

【成立城市轨道车辆卓越班】2016年招收了7个省市的优秀考生成立城市轨道车辆卓越班。并且已经与武汉地铁、成都地铁、郑州地铁、西安地铁开展了研讨，为下一步校企合作培养奠定基础。在卓越班率先实行导师制培养。

【全面修订培养方案和教学大纲】根据学校本科人才培养方案的指导意见，全面修订2016级培养方案。本次修订工作充分参考与借鉴国内外一流大学的人才培养模式和经验，确定了学院各专业的人才培养目标定位和专业特色，按照行业规范、专业认证、学科评估等相关要求和标准，完善了各专业毕业生应具备的知识能力和对应的实现矩阵；充分考虑了学分制管理模式下学生个性化发展的需求，及大类招生条件下学院内自由专业选择的需要，将5个专业方向核心课及选修课按模块化设置，并首次设置了院级公共选修课以满足机电类专业个性化培养的需要。形成了"通识教育课＋大类基础课＋专业方向核心课＋专业选修课＋综合实践课"的课程体系。按照专业认证和注重过程考核的原则，全面修订2016版教学大纲和课程简介。在2016版培养方案基础上，完善优化形成2017版培养方案。2017版培养方案的特色是结合当前国内外的机械行业发展形势，增加智能工程类课程，如智能制造技术、工程机械智能化技术、大数据分析概论等。

【设立创新课及创新课教师团队】自2016级本科生开始，在一年级实践环节中新设置64学时创新课，并成立了由15位优秀教师组成的创新课教学团队。经教学团队调研、反复论证，学院教学工作委员会审议，明确了创新课的教学大纲及创新实验室建设目标。

【青年教师培训】学院注重对青年教师的培训，通过实践锻炼，不断提高教师的教学技能。组织2016年度机电学院青年教师教学基本功比赛，推荐姚德臣、张敏、于淼参加校级青年基本功比赛。通过教学基本功培训和比赛，促进了新、老师教师之间的相互交流，对提高青年教师的业务素质和教学水平有显著的促进作用。

【教学成果】2016年"面向首都建设的融入式协同性多元化机械类本科工程教育模式探索与实践"、"基于众创空间的创新人才培养研究与实践"两个项目获得2011-2014校级教学成果奖一等奖。谢贻东获得第二届全国高等院校工程应用技术教师大赛液压与气压传动技术赛二等奖；周庆辉获得中国建设教育协会微课比赛三等奖；王传涛获得我校第十一届（2015/2016学年）校教学优秀奖之优秀教案奖；周明、刘敬远参加教学优秀奖演讲比赛（即公开课）。

（五）科研工作

【概述】机电学院围绕服务城乡建设开展科研工作，教师申报科研项目的数量、层次和成果质量逐年上升，为企业或建设管理部门提供了大量的科技服务。学院下设北京市建筑安全监测工程研究中心、城市轨道交通车辆服役性能与保障北京市重点实验室、北京市建设机械与材料质量监督检验站等科研基地，为北京市的城市建设管理做出了巨大努力，得到了北京市建设部门的充分肯定。

【科研项目】学院加强科研管理与引导，大力支持教师开展科研活动与学术交流。2016年获得国家自然科学基金2项，北京市科委重点研发项目1项，建设部科技项目2项，中国博士后基金1项，国家重点实验室开放基金1项，北京市属高校创新能力提升计划项目1项，北京市教委科技计划项目3项。2016年纵向到校经费285.2万元，横向到校经费238.9万元，到校经费总计524.1万元。

【科研成果】2016年申报省部级及以上科研奖励2项，获河北省科学技术奖科技进步一等奖1项、中国机械工业科学技术奖二等奖1项、北京市科学技术奖1项。获发明专利授权2项，实用新型专利授权5项。发表学术论文29篇，ISTP收录4篇，SCI收录11篇，

SSCI 1篇，CSSCI 收录 1篇，EI 收录 2篇，核心期刊论文 3篇；专著 7部，编写教材 5部。

【科研基地和科研平台建设】年内，北京市建筑安全监测工程技术研究中心进一步明确研究团队人员，完成学年中心建设计划；完成城市轨道交通车辆服役性能保障北京市重点实验室完成重点实验室研究项目指南发布、申请、评审等工作，完成重点实验室设备采购工作。

【校企合作】与北京地铁运营有限公司运营技术研发中心、京港地铁有限公司、中车二七车辆厂等 7家企事业单位合作进一步深化，联合培养专业学位研究生，聘任校外优秀企业导师 24名。

【研究生参与科研工作】2016年研究生发表科技论文 21篇，其中 3篇为 SCI 源刊，申请发明专利 4项，获得"城乡建设与管理"产学研联合研究生培养基地优秀项目奖学金 1人。

2016届毕业研究生获国家奖学金 2人，优秀硕士论文 2人。

（六）学生工作

【概述】机电学院以培养和提高学生综合素质为主线，以创造良好学风为重点，加强学生的思想政治教育，搭建学习实践平台，丰富课余文化生活，实施学生党员先锋工程，充分发挥了学生教育工作在学院的稳定与发展中的积极作用。

【就业工作】学院高度重视就业工作，形成了全院教师共促就业的良好氛围。2016届毕业本科生全部拿到毕业证与学位证，学位率 100％。截至 2016年 10月 31日，2016届本科毕业生就业率超过 95％，签约率超过 92％；毕业研究生签约率、就业率均为 100％。2016届本科毕业生考取硕士研究生 14人，出国深造 6人，升学率为 12.27％，升学总人数和比例均达到学院历史最高水平；2016届毕业研究生 19人，考取国内博士研究生 4人，出国留学 1人，升学率为 26.3％。其中出国 1人获得国家留学基金委公派出国留学资格，并获得全额资助（含往返机票、每月生活费和医疗保险等），实现零的突破。

【学科竞赛】学院坚持以赛促学，重视学生科技创新能力的培养。获得首都高校第八届机械创新设计大赛一等奖 3项、二等奖 4项和三等奖 3项；获得第十五届全国大学生机器人大赛机器人创业赛二等奖 1项，三等奖 1项；获得第六届北京市大学生交通科技大赛二等奖 1项，三等奖 1项。2名学生获美国大学生数学建模竞赛一等奖；2名学生获第六届全国大学生计算机应用能力与信息素养大赛三等奖；1名学生获第七届蓝桥杯全国软件和信息技术专业人才大赛北京赛区 C/C++程序设计大学 B组三等奖。

【校友工作】学院注重加强与校友的联系，80周年校庆期间邀请两位知名校友——中国铁道科学研究院教授级高工、国家科技进步二等奖获得者陆亦群和中国智慧停车设计研究院总工、教授级高工王纪康为大家作专题报告。

【学风建设】加强学风建设，营造良好学习氛围。开展"学风建设"主题活动，对创建优良学风进行讨论，制定了《机电与车辆工程学院学风建设实施细则（试行）》；针对挂科较多同学开展"一对一"帮扶；严肃考试纪律；对已达退学条件的同学进行处理，警示在校学生；营造良好的英语学习氛围，英语四级一次通过率逐年保持上升，2016年 6月，主考年级 2014级通过率达到 54.2％，比去年上升了 4个百分点，车 142班通过率达到 67.6％，达到历史最高水平。

【学生党员培养与发展】严把学生党员发展质量关，不符合条件的坚决不发展，2016年发展学生党员33人。车131孙田被评为2016年"优秀共产党员"。

【社会实践】学院利用学生所学专业知识与社会需求紧密结合，开展多种多样的社会实践活动——参加学科竞赛、锻炼创新思维，进行热点调研、运用知识服务国家，鼓励学生参加各种公益活动，提高自身修养，体现个人价值。"一带一路西部行"暑期实践团队获得北京市优秀社会实践团队。学院共获得校级优秀社会实践团队4个，校级优秀社会实践成果3项，校优秀社会实践先进个人8人。

（七）对外交流

【学生培养】2016年上半年，选聘企业导师指导毕业设计10人次；选派1名学生赴北京航空航天大学进行为期半年的访学；2016年下半年，与北京交通大学在车辆工程专业上就16名学生实行双培；与北京航空航天大学在机械工程专业上就16名学生实行双培；2016年陈新华申报并获批2项与中科院合作培养本科生毕业设计的实培计划。

【海聚工程】加强学院国际化建设，申报北京海聚计划1人。

（八）党建工作

【概述】机电学院党委共有党员130人，其中在职教职工党员39人、退休教职工党员16人、学生党员75人；正式党员人86人，预备党员44人；设有10个党支部，其中教职工党支部4个、退休教职工党支部1个、本科生党支部3个、研究生党支部1个。

【领导班子建设】学院党委扎实推进全面从严治党向基层延伸，切实履行党委主体责任和党委书记"第一责任人"责任。根据校党委的总体安排，学院班子成员做了较大调整，3月8日，张军担任学院教学副院长、高瑞静担任学院党委副书记，10月20日，赵海云担任学院党委书记。班子成员联系党支部写入工作分工，进一步明确抓党建工作的具体责任，确保党建工作与中心工作同谋划、同部署、同落实。学院在班子建设方面注重做到"提升思想素质、提高两种能力、强化科学决策"。一是把提升理论素养、培养全局视野、坚持道德操守作为对每个班子成员的基本要求，通过理论中心组集体学习、组织生活交流研讨、网络平台灵活自学，提高理论水平。二是提高执行力和创新力，班子成员坚决贯彻学校的决策部署，提高令行禁止的意识，提高执行能力和工作效率；努力适应新形势，保持思维创新活力，创造性地开展工作。三是严格执行党政联席会议制度，充分发挥二级教代会（工会）和学术委员会等各类组织的作用，坚持"党政共同决策，集体议事决策"的原则。

【理论学习】依托学院理论中心组以及党支部"主讲主问制"理论学习模式，持续深入地学习党的十八大、十八届历次全会精神、习近平总书记系列重要讲话精神、社会主义核心价值观和全国高校思想政治工作会议精神等，做到内化于心，外化于行，切实把学习成果转化为推动学院科学发展的精神动力。认真组织党支部和党员对"两准则、四条例"的学习，拓宽"党员学习园地"的使用范围和途径，不断完善学习载体建设。

【组织建设】学院党委认真开展"两学一做"学习教育，严格执行党支部"三会一课"制度，不断提高党支部建设的规范化水平；加强党支部组织建设，对本科生第三党支部和研究生党支部书记进行了调整，开展了党支部建设情况评价，制定党支部建设整改台账；把党章党规学习作为党支部和党员学习培训的重要内容，充分发挥学生党支部理论学习导师的作用，邀请张守连老师为学生党员和入党积极分子分别就党章和十八届六中全会精神进行专题辅导；创新党支部活动载体，围绕中心工作开展内容丰富、形式多样的实践活动，凝练工作品牌，不断提升党支部推动学院改革发展的能力和水平。本科生第二党支部被评为校级先进基层党组织。

【党员教育】学院党委坚持"重教育、慎发展、挑重担、树典型"的党员教育管理工作原则。注重党员教育培训，通过专题党课、集中辅导、参观调研、知识问答、在线学习等多种形式，教育引导党员增强党员意识，提高综合素质；坚持发展党员工作程序，严格执行发展工作制度，确保发展党员质量；在完成重大任务或重要工作中给党员压担子，强化党员的实践锻炼；树立先进典型，大力弘扬学校优秀党员金涛涛、孙田、优秀党务工作者袁美霞的先进事迹，用身边人感染人，用身边事教育人。

【党风廉政建设】全面落实党风廉政建设责任制，明确学院党委党风廉政建设主体责任；根据学校工作部署和目标要求，落实领导班子成员党风廉政建设责任分工；积极推动廉政文化建设，继续认真贯彻中央《八项规定》和市委十五条意见，加强党风廉政建设宣传教育，组织党支部和党员认真学习《中国共产党廉洁自律准则》、《中国共产党纪律处分条例》等党内规定，不断推进廉政风险防范。

【安全稳定工作】以维护平安校园工作成果为重点开展安全稳定工作，加强安全教育，提高安全管理水平，提高师生，特别是少数民族学生的安全稳定意识；抓好节假日及敏感时期的值班安排和安全检查；抓好实验室、研究生工作室防火、防盗措施的落实。

（九）工会工作

【概述】机电学院分工会努力建设团结机电之家，不断完善激励机制，高度重视全体教职工的身心健康发展，关爱教职工、维护教职工合法权益，充分发挥工会组织作用，保障学院稳定、快速发展。

【教代会】充分发挥工会、教代会的作用，落实教代表、纪委委员列席党政联席会制度，定期召开教职工大会，在学院重要工作和重大决策中发扬民主。1月19日，机电学院召开2015年教职工大会。校纪委书记何志洪出席会议。大会向全体教职工汇报了2015年学院党政、分工会、教代会工作，以及学院党政经费、分工会财务情况。

【困难帮扶及离退休工作】学院分工会围绕以增强集体凝聚力为重点，及时慰问、关心教师，及时解决在职及退休教师的实际困难；组织退休教师参加校、院的活动；春节和"七一"前夕慰问老党员、困难党员和退休教师，及时解决教师的实际困难，为他们送去党组织的温暖。

【工会活动】学院分工会以增强凝聚力为重点开展多种形式的教职工活动，组织运动会、高尔夫推杆比赛、念坛公园长走、新年联欢会等活动，丰富教职工业余生活。

（十）实验室建设

【日常实践教学情况】实验中心对2016年度的实践教学资料进行了自查和抽查，实践教学指导书、实验报告齐全，实验设备良好，实验教师指导认真，实验教学效果良好，未有出现实验教学事故现象。

【专项申报】完成2016年专项招标、设备安装调试等工作；组织2016年教学专项申报。

（杨建伟　赵海云）

八、文法学院

（一）概况

文法学院现有教职工69人，专任教师59人，硕士生导师5人；教授2人，副教授19人，讲师36人，助教2人。师资队伍的职称、学历、年龄和学缘结构合理，师德高尚、教学质量好、科研能力强，有北京市社科基地1个；北京市优秀人才培养资助人选1人；北京市"师德先锋"2名；北京市优秀主讲教师1人；校级教学名师2人，校级重点学科1个，校级特色专业1个。

文法学院设有法学和社会工作两个本科专业，同时社会工作专业设有社会工作专业硕士点。法学和社会工作专业在夯实本专业基本理论知识和专业知识的基础上，结合学校办学传统和特色，开设与建筑和城市管理相关的课程，以满足城市化进程中对城市建设、城市管理、城市服务的复合型高级专门人才的需要。文法学院下设法律系、社会工作系、外语系、教学实验中心，拥有北京市建筑文化研究基地、法学实训基地、社会工作实训基地、模拟法庭和图书资料中心等教学科研平台。

（二）师资队伍建设

【概述】文法学院现有专职教师59人，硕士生导师5人；教授2人，副教授19人，讲师36人，助教2人，包括青年英才1名；优秀主讲教师1名，校级"师德先锋"2名。教授人数占专任教师人数的3%，副教授占32.2%，具有博士及以上学位13人，占22.0%，45岁以上教师占27.1%，36岁至45岁教师占54.2%，35岁以下教师占18.7%，已形成一支学历层次较高、学缘结构和年龄合理、师德高尚、教学和科研能力较强的教学与研究团队。

（三）学科建设

【概述】文法学院2016年社会工作专业硕士点招生顺利进行，共招收了7名新生，培养工作正常进行，在专业评估中做好了各项工作。设计学（伦理学与美学方向）招生和培养以及就业工作正常进行，建筑伦理学在北京高校形成了明显特色，以此为基础学校自主设置了设计学（中外设计比较学）做好了招生的各项准备工作，组建了以外语系骨干教师为基础的跨文化研究团队，并积极有效开展了工作。

两个交叉学科点的论证和建设工作取得初步成效，"城市文化空间"交叉学科基础进一步夯实，依托设计学等学科，充分利用北京建筑文化研究基地这一北京哲学社会科学平台，成功申报了5项省部级课题，科研水平的提高促进了团队建设的质量；"国际工程法务"召开了交叉学科建设论证会，通过到东南大学等科研院所考察，进一步明确了建设方向，形成了建筑法律研究团队，以科研为龙头，强化教学，进一步实施资源整合，借助学校提供的团队建设20万元经费，形成以建筑遗产保护为主题的多项科研成果，交叉学科建设的基础进一步夯实。

（四）教学工作

【概述】保障基础教学工作的井然有序，确保外语教学的稳步提升；提高课堂教学效果，强化意识形态责任感，加强课堂政治纪律；继续打牢专业基础知识，强化应用务实能力培养，突出自身特色，找准定位，形成优势专业培养模式。

1. 充分发挥主渠道、主阵地作用，积极推进我校大学生素质教育

文法学院在搞好教学、科研的基础上，着眼于学生的全面发展和健康成长，为推进我校的大学生素质教育，进行了积极的探索和努力。通过教学研究课题和班级试点，力求探索一种思政课实践教学的新模式：即将思政课实践教学与团委、学生处、宣传部等部门组织的学生自我教育活动、社会实践活动有机衔接，从而拓展对大学生进行素质教育的平台。全体教师苦练内功，举行各类行之有效的教学探索活动。通过活动大家达成共识：不仅要在教学的内容和形式两方面下功夫，还需要教师多关注国际前沿学术问题，将课程和学生所学专业相结合。以北京建筑文化研究基地为平台，文法学院成功开设通识课、拓展课、各类校级讲座与"城市文化教育"系列选修课，受到学生欢迎。具体做法：一是加强课堂建设，加强课堂政治纪律的教育和检查。根据中央教育部和北京市教工委的精神，落实责任意识；二是根据学校工作要点，进一步提高教学效果，推进社会主义核心价值观的"进教材、进课堂、进头脑"；三是组织各类科研项目的市级申报和报奖；四是推选课程比赛。五是积极推进大学生社会实践活动和理论文章的征集和报奖。

2. 激发学生学习英语的兴趣，提高四、六级通过率

总结了2015年的成绩，制定2016年的总体工作要点：

（1）2016年的四级教学确定任务目标，按照各方面的基础数据，确定今年要完成的指标。计划指标是2016年主考年级一次通过率达到70%。2016年每次考试前，制定详细的工作方案和实施步骤。首先，细化内部指标的落实，全体教师要以高度负责的态度，认真完成相应的任务，确保今年四级教学任务的完成。其中，党员教师、骨干教师要转帮带，青年教师要发挥积极的作用；其次，做好协同攻关的工作，发挥年级组的指挥部作用，组织落实各个备考环节的落实和跟踪、检查；再次，积极做好与相关职能部门、学工系统、班主任、辅导员以及各个二级学院的配合、协调工作，形成上下联动、各方合作的四级备战工作的体制机制；最后，做好四级考前的分骤应考工作。包括专项练习、课外辅导、早晚自习、模拟考试等。

（2）做好英语教学的统筹协调工作，两个校区的英语教学；本科生与研究生的教学工作；"2+2"国际班以及搭建网络教学平台，使课堂、网络相结合的教学模式。

（3）大学英语教学中的分级教学工作，即A/B的不同教学与备课任务，英语教学后续课程的支持。

（4）做好围绕大学英语教学工作的教研课题申报、教学成果的总结和相关教材的组织编写工作，在建设教学标志性成果和加强课程建设方面的凝练、总结提升工作；申报校级教研课题八项。

3. 开展青年教师讲课大赛评选活动

为巩固本科教学水平评估工作成效，提高教学质量，落实质量工程，根据学校教务处工作部署，我学院按照青年教师比例，将指标分配给各部、系。各部、系采用听课、集中比赛等不同的形式，在35岁青年教师中开展了讲课大赛。我学院推选出六名教师，参加本学期学校专家组对参赛教师进行了资格审定、教案评审以及随堂跟踪听课，我学院的张蕊、石磊入围。在学校举办的青年教师技能大赛决赛中，两位教师分别获得二等奖、三等奖。在下半年，积极组织教师优秀奖的评选，推选出10位教师参加校级活动，争取优异成绩。

4. 国际交流

（1）文法学院社会工作系与南康涅狄格州立大学社会工作系继续合作，推进了教师交流、三种不同类型的学生交流；3＋1＋1协议：在北京建筑大学3年，到南康学习一年，回校获得本科学位，返回南康继续学习一年，获得南康硕士学位。7月份的社会工作两名交换学生（陈子琪、肖雅琪）进入南康大学社会工作系开始了为期一年紧张的学习。

（2）外语系教师叶青、孙华、赵文通由学校委派在2016年10月-12月在英国南威尔士大学进行访学，12月份回国后三位教师把国际先进的教学理念与手段带入了我校的英语教学的课堂。

5. 参加筹备下半年召开本科人才培养教学工作大会

按照学校的要求，2016年下半年召开教学工作大会。通过此次大会，宣传贯彻教育改革发展形势，破解教育教学重点、难点问题，统一思想，充分领会"十八大报告"的要求：学校要把立德树人作为教育的根本任务；全面实施素质教育，深化教育领域综合改革，着力提高教育质量，培养学生社会责任感、创新精神、实践能力。同时完成学校第五次党代会以及"提质、转型、升级"的要求：进入二个先进行列；建设高水平有特色的建筑大学；以学生为本，教学优先，彰显特色为原则；服务北京，服务学校大局，服务教师，服务学生；在思想观念，评价体系，激励机制，培养模式，知识结构上进行转变。孙希磊院长根据张爱林校长在"本科人才培养大会"上的讲话精神，规划出了文法学院在本科人才培养方面的远大前景。

（五）科研工作

【概述】2016年文法学院国家级项目2项，到校经费40万元，北京市项目1项，到校经费5万元，到校经费总计45万元；发表文章42篇，其中核心期刊3篇．出版著作7部。

2016年文法学院承担的各类科研项目一览表

序号	项目名称	负责人	项目来源	项目级别	合同经费（万元）	起止时间	项目类别
1	北京市独生子女伤残、死亡家庭的养老问题研究	赵仲杰	国家社会科学基金	国家	20	2016.9～2018.9	哲学
2	我国境外追赃法律制度完善研究	王俊梅	国家社会科学基金	国家	20	2016.9～2018.9	法学
3	法律文化现代化视野下的北京城市建筑遗产法律保护制度研究	石磊	北京市哲学规划办	北京市	5	2016.12～2017.12	法学

2016年文法学院教师发表的学术论文一览表

序号	成果名称	第一作者	发表时间	发表刊物	刊物类别
1	On Bislama Cultural Identity and Post-Colonial Urban Community Groups in Vanuatu	武烜	2016	The Science	EI

续表

序号	成果名称	第一作者	发表时间	发表刊物	刊物类别
2	INTERPRETING LE CORBUSIER'S FIVE POINTS OF ARCHITECTURE FROM THE ECOFEMINIST PERSPECTIVE	陈素红	2016	ComtemporaryProblemsof Architecture and Construction	EI
3	外国人聚居社区的语言景观考察——以北京"韩国城社区"为例	聂平俊	2016-03-10	语言学研究	CSSCI
4	权力的话语：西弗吉尼亚矿业小镇转型个案研究	陈熙	2016-03-01	前沿	CSSCI
5	资本主义与环境（译）	武烜	2016-01-06	国外理论动态	CSSCI
6	千眼灵石	贾荣香	2017-01-09	中国建设教育	国外期刊
7	纽约州"健康自我管理项目"促进精神疾病患者社区康复的经验	高春凤	2016-12-02	北京建筑大学学报	一般期刊
8	美国创业投资的法律环境研究	王丹	2016-11-01	两岸民商法前沿——民法典编纂与创制发展	国际学术会议论文集
9	大学图书馆：教育空间的显性功能和隐性功能	高春凤	2016-10-26	北京建筑大学	国内学术会议论文集
10	融合共享的小区文化——西方社会实行街区制的经验	宋会存	2016-10-23	"伦理视域下的城市发展"第六届全国学术会议研讨会会议论文集（2016）	国内学术会议论文集
11	爨底下村整体性法律保护现状分析及对策	石磊	2016-10-22	"伦理视域下的城市发展"第六届全国学术研讨会论文集	国内学术会议论文集
12	谈索尔.贝娄小说《洪堡的礼物》中大都市掩蔽下的贫民区	叶青	2016-10-22	基地会议论问题	国内学术会议论文集
13	国外城市公共空间发展案例对我国公共空间发展的启示	刘晓玉	2016-10-22	基地会议论文集	国内学术会议论文集
14	专业社会工作是深化"三社联动"的有力推手	张佳佳	2016-10-13	中国社区报	一般期刊
15	现代建筑设计中女性主义认知的渗透	陈素红	2016-09-30	建筑·空间·城市	国内学术会议论文集
16	探究医院工程建设管理的智能化	黄毅博（李志国）	2016-09-25	工程技术	一般期刊
17	论建筑遗产保护资金筹集方式的完善	王丹	2016-09-01	北京建筑文化研究基地研究论丛（2015）	国内学术会议论文集

续表

序号	成果名称	第一作者	发表时间	发表刊物	刊物类别
18	论殖民建筑的文化杂交性：斐济个案研究	宋会存	2016-09-01	建筑·空间·城市北京建筑文化研究基地研究论丛（2015）	国内学术会议论文集
19	从审美角度看西方建筑文化内涵	张红冰	2016-09-01	建筑空间城市	国内学术会议论文集
20	基于身份认同的城市空间归属——当代新西兰华人移民城市身份认同个案研究	李宜兰	2016-09-01	建筑文化研究基地研究论丛（201）	国内学术会议论文集
21	高校英语学习与社会英语培训的差异性探析	刘宏	2016-07-31	建筑类高校教育教学改革实践研究	一般期刊
22	大学英语"交互讨论式"课堂教学探讨	陈素红	2016-07-30	建筑类高校教育教学改革实践研究	国内学术会议论文集
23	探索真实性评价在大学英语课堂教学中的应用	张红冰	2016-07-01	中国建筑教育协会普通高等教育委员会教育教学改革与研究论文集	国内学术会议论文集
24	中西城市设计文化的诗意	贾荣香	2016-06-29	新华社亚太日报	国外期刊
25	马修.阿诺德视域下的城市菲利士阶层文化价值	武烜	2016-06-26	建筑城市空间论文集	国内学术会议论文集
26	国外文献阐释北京生态建筑文化的视角	孙华	2016-06-26	建筑.空间.城市	一般期刊
27	建筑遗产保护从资格审查到行为审查法律研究-《纽约城市地标法》的启示	左金风	2016-06-20	经济研究导刊	权威期刊
28	慕课背景下大学公共英语教师专业发展研究	窦文娜	2016-06-06	中国建设教育	权威期刊
29	文化创新是实现城市持续发展的有效途径——以798艺术区例	张红冰	2016-06-03	当代城市生态文化多样性解读	国内学术会议论文集
30	"新钱""旧钱"与"美国梦"-《了不起的盖茨比》对中国城市化富裕问题的启示个案研究	李昆鹏	2016-06-01	建筑空间城市北京建筑文化研究基地研究论丛2015	国内学术会议论文集
31	浅谈体裁分析法在大学英语教学中的应用	窦文娜	2016-06-01	2015年中国建设教育协会普高委员会教育教学改革与研究论文集	国内学术会议论文集
32	城市化进程中人们的心理转变-以《麦田里的守望者》霍尔顿为例	李昆鹏	2016-05-24	伦理视域下的城市发展第六届全国学术研讨会会议论文集	国内学术会议论文集

续表

序号	成果名称	第一作者	发表时间	发表刊物	刊物类别
33	工匠精神美学	贾荣香	2016-05-23	新华社亚太日报	国外期刊
34	京津冀协同发展战略下流动人口社会工作的发展路径	黄华贞	2016-04-15	中央社会主义学院学报	一般期刊
35	生态城市的生态女性主义思考	陈素红	2016-03-30	当代城市生态文化多样性解读	国内学术会议论文集
36	生态视角下的当代城市发展	刘晓玉	2016-03-30	当代城市生态文化多样性解读	国内学术会议论文集
37	西方视域下的北京生态建筑文化的变迁	孙华	2016-03-06	当代城市生态文化多样性解读	国内学术会议论文集
38	墨尔本城市空间正义对中国城市生态文明构筑的借鉴意义	武烜	2016-03-06	当代城市生态文化多样性解读	国内学术会议论文集
39	西弗吉尼亚矿业小镇的转型	陈熙	2016-03-01	当代城市生态文化多样性解读	国内学术会议论文集，EI（会议论文集）
40	谈索尔贝娄小说《洪堡的礼物》中的芝加哥摩天楼空间	叶青	2016-03-01	当代城市生态文化多样性解读	国内学术会议论文集
41	美国工程教育的模块化课程体系分析	郭晋燕	2016-03-01	当代城市生态文化多样性解读	国内学术会议论文集
42	《试析北京与巴黎城市建筑色彩的文化内涵比较》	杜苗	2016-9-1	北京建筑研究基地研究论丛	一般期刊

2016年文法学院教师出版学术著作一览表

序号	成果名称	第一作者	出版社	出版时间	性质
1	希波丹姆斯的回眸：澳大利亚城市文化之路	武烜	经济科学出版社	2016-11-28	学术专著
2	正义城市	武烜	社会科学文献出版社	2016-10-16	译著
3	诗是一种修行	贾荣香	世界知识出版社	2016-09-09	学术专著
4	中美城市建筑文化美学	贾荣香	世界知识出版社	2016-05-31	学术专著
5	寻找正义之城	贾荣香	社会科学文献出版社	2016-05-25	译著
6	创业投资模式的制度创新	张明若（王丹、李志国）	法律出版社	2016-02-01	学术专著
7	社区心理学	孟莉	中央广播电视大学出版社	2016-01-31	正式出版教材

【举办学术会议】 2016年北京建筑文化研究基地举办的学术会议

10月21至23日，以五大发展理念与城市发展为主题的"伦理视域下的城市发展"第六届全国学术研讨会暨北京建筑文化研究基地2016年学术年会在北京召开。会议由中国伦理学会、北京伦理学会主办，北京建筑文化研究基地、北京建筑大学文法学院和马克思主义学院、国家社科基金"现代化转型期的价值冲突与社会主义核心价值观建设研究"课题组承办，中国马克思主义研究基金会为支持单位。来自国内外高校和科研机构以及《人民日报》《哲学动态》《理论视野》等报纸杂志的150余名专家学者出席研讨会，北京市哲学社会科学规划办公室主任崔新建教授、北京建筑大学校长张爱林教授、中国伦理学常务副秘书长王海滨研究员、北京伦理学会会长葛晨虹教授到会致辞。会议由北京建筑文化研究基地负责人高春花教授主持。

校长张爱林对各级领导和专家学者莅临会议表示欢迎，对大家长期以来支持我校的发展建设表示感谢。他引用我校杰出校友李瑞环同志的《学哲学用哲学》，高度概括了科学的世界观和方法论对于事业发展的重要性。他说，一个城市乃至一个国家的发展水平，既取决于自然科学发展水平，也取决于哲学社会科学发展水平。我校作为一个以工科为主的学校，不断强化多学科交叉融合、相互促进、共同发展。张爱林结合我校北京"未来城市设计高精尖创新中心"的建设目标任务表示，城市规划、设计、建设、运行和管理中存在的问题不是单一学科所能解决，必须融合哲学、建筑学、规划学、环境学、管理学等学科研究力量，北京建筑文化研究基地要继续发挥好平台作用，进一步提高问题意识，进一步凝练研究方向，进一步推动城市发展的理论和实践研究，参与北京城市副中心建设，服务首都北京新定位，为北京建设国际一流和谐宜居之都做出积极贡献。

（六）学生工作

【概述】2016年文法学院学生工作围绕两路，两节，三赛，一长廊为核心，举办了大量的文化及教育类活动。其中包括重走五四路，重走一二九之路的主题教育活动；社工文化节和少数民族风情节的两节的活动；北京市模拟法庭大赛和北京市人文知识大赛及北京市英语演讲比赛三项大赛；还有文法学院的一条文化长廊的展示。

【举办新学期学生骨干培训会】2016年3月2日下午，文法学院主要学生骨干在基D206举行新学期第一次培训会，院党委副书记康健、院团委书记杨举、辅导员王彤参加培训会。

【召开2015级学生学业分享会】2016年3月7日-10日，文法学院2015级学生分别在基D216召开了学生学业分享会，总结上学期学习情况，明确本学期奋斗目标。学院党委副书记康健、班主任张晓霞、王丹、晁霞、辅导员王彤参加了会议。

【文法学院开展学习雷锋精神微党课】2016年3月17日，文法学院人文理论社在基D210教室组织文法学院本期积极分子以及学生党员们开展雷锋精神宣传周系列活动。文法学院本科生党支部书记杨举、王彤参加了微党课。微党课是文法学院创新的一种党课形式，主要由学生党员针对某一话题进行分析讲解，现场老师和同学可以提问，形式活泼生动。

【人文理论社组织学生集体观看纪录片《西藏》】为增进各民族大团结，学习交流少数民族文化，学校文法学院人文理论社3月29日在大兴校区基础楼D座教室，组织集中观看了为庆祝西藏自治区成立50周年制作的纪录片《西藏》。同学们从影片中都深深地感受到了藏文化的发展过程就像一部波澜壮阔的史诗，此次活动对于维护祖国和平统一、反对民族分裂、增进民族团结等方面具有积极意义。

【"设计美学与艺术哲学"研究生分论坛成功举办】2016年5月15日，我校"建筑伦理学"学术创新团队组织的以"设计美学与艺术哲学"为主题的分享会与首届"京津冀地区高校城乡建设与管理领域研究生学术论坛"——北京建筑大学文法学院分论坛一起在北京裕龙酒店成功举办。出席本次研讨会有中国人民大学教授余开亮，北京建筑大学建筑伦理学科带头人秦红岭教授、天津美术学院硕士研究生、北京建筑大学硕士研究生等30人出席了本次研讨会。

【文法学院举办考研交流会】2016年4月4日，文法学院在基D216举办了一年一度的考研交流会。马克思主义学院院长肖建杰、文法学院党委副书记康健、文法学院团委书记杨举，辅导员王彤莅临此次交流会。肖建杰教授首先介绍考研方案，具体的时间分配以及政治等各科目备考尽可能多方面考虑，从宏观角度看复习方法，不要盲目复习。康健详细地向同学们通报了文法学院近些年考研的情况，并从"我为什么要考研"这一话题展开。她跟同学们分享了很多经验和成功的案例，并针对学生如何备考进行了深入的探讨。

【学风表彰暨四六级动员大会】2016年5月24日下午，文法学院院长孙希磊、校学工部副部长蔡思翔、文法学院副院长刘国朝、分党委副书记康健、团委书记杨举、英语老师束东新，大一、大二年级班级导师、教务员、辅导员老师及大一至大二年级同学参加了会议。会议分为两个篇章，分别为"文法之星"表彰、英语四六级考前动员。

【2013级社会工作专业就业动员暨校企实习双选会】2016年6月3日下午，文法学院社工系在基D一层模拟法庭召开了"文法学院社会工作专业就业动员暨校企实习双选会"。本次会议以"校企对接、知行合一、服务社会"为主题，对社工系2013级全体学生进行实习动员。文法学院副院长刘国朝、党委副书记康健、社会工作系主任赵仲杰、辅导员王彤出席了会议，丰台区、大兴区等8家北京市社会工作事务所负责人受邀参加了此次活动。

【文法学院举办"物权法前沿问题研究"专题讲座】2016年6月11日，文法学院邀请业界著名律师辛正郁在西城校区二阶举办了一场以"物权法前沿问题"为主题的法学专题讲座。各界法律学者、法律从业人员、文法学院师生到场参与讲座活动。此次活动由文法学院、北京天驰君泰律师事务所、北京市律师协会建设工程专业委员会共同主办。讲座由文法学院副院长李志国主持。

【团委学生会召开学年工作总结会】2016年6月21日，法学院团委学生会在基D220举行年度工作总结会。院党委副书记康健，院团委书记杨举，辅导员王彤与全体团委学生会成员出席总结会。年度工作总结会是对上一学年所做工作的总结，是对工作的升华，也是对下一学年工作的规划与期待，为以后的工作打下坚实的基础，让文法学院的学生干部可以更好地为学生服务，成为学院与学生间的坚韧纽带。

【举办2016届本科毕业生欢送会】2016年6月23日，文法学院2016届本科毕业生欢送会在基D模拟法庭精彩上演。文法学院院长孙希磊，副院长刘国朝、李志国，院党委副书记康健，院团委书记杨举，社工系主任赵仲杰，辅导员王彤以及文法学院全体毕业生齐聚，为2016届文法学院本科毕业生献上最诚挚的祝福。

【文法学院社会工作系举办2016届优秀毕业论文宣讲会】2016年6月24日，文法学院社会工作系在基D模拟法庭举办了社会工作系优秀毕业论文宣讲会。社会工作系主任赵仲杰老师出席并发表了相关讲话，之后由校级优秀毕业论文获得者杨森、高爽、李天予、贡天媛四位同学依次进行了宣讲。

【文法学院和大兴区孤独症儿童中心建立长期合作关系】2016年7月15日-27日，7月15日-27日，文法学院志愿者多次来到大兴区孤独症儿童中心进行服务，建立起长期的合作关系。文法学院党委副书记康健、团委书记杨举亲自带队，多次与服务对象进行对接，该项目是大兴区百强志愿者项目并被大兴区媒体报道。

【学习他山之石，助力社工发展——文法学院社工系学生赴香港进行社会实践】2016年7月18日至25日，文法学院社工系师生一行16人赴香港协青社进行了为期一周的社会工作实习和暑期社会实践活动，通过一系列的专业讲座、历奇活动、深宵外展、男女中心和外出参观等学习了香港先进的社会工作理念和技能。

【文法学院召开2016级研究生新生导师双选会】2016年9月2日，文法学院组织了2016级研究生新生导师双选会活动。活动由学院主管研究生工作的副院长李志国老师主持，出席活动的有学院副书记康健、设计学研究生导师组代表高春花老师、秦红玲老师，社会工作研究生导师组代表赵仲杰老师、孟莉老师、郑宁老师、黄华贞老师以及全体2016级设计学和社会工作的新生。

【文法学院召开新生家长会并给新生上入学第一课】为增强学校和家长的沟通，引导新生尽快适应大学生活。9月3日至9月4日，文法学院在大兴校区基础教学楼D座分别召开2016级新生家长会和新生入学第一课。文法学院院长孙希磊、党委书记刘国朝、副院长李志国、党委副书记康健、团委书记杨举、新生辅导员王彤、2016级各班班级导师石磊、林青、刘猛及新生家长和新生参加了两次大会。

【文法学院院长和党委书记慰问大一军训学生】2016年9月8日，文法学院院长孙希磊、党委书记刘国朝、党委副书记康健、新生班主任刘猛、辅导员王彤带领学生会干部来到大兴校区运动场探望大一军训的新生。院领导对新生们进行了慰问，刘国朝做了军训动员并强调了军训的重要性，学生干部发放面包和西瓜作为对新生辛苦训练的奖励。看着他们身上的青春与活力，感受着他们的热血与激情，他们必将成为优秀的大学生。

【文法学院研究生党支部召开支部换届会】2016年9月12日，文法学院研究生党支部在西城校区教2-212召开了支部换届大会。此次会议由研究生党支部书记钟康弘主持，研究生党支部全体成员参加。此次换届会议，不仅对过去一年工作进行了总结也选举产生了新一届党支部领导班子并对未来一年支部工作制定了新的计划与目标。新一届研究生党支部成员们纷纷表示，将不断发扬为广大师生服务的理念，秉承文法学院研究生党支部的优良传统，坚持贯彻"两学一做"精神，不断为广大师生办好事、做实事。

【向残奥英雄致敬，欢迎英雄回家——文法学院师生迎接中国残奥健儿回国】2016年9月21日，我校文法学院的师生代表与北京市残联的领导一道在此等待着中国残奥英雄的归来，文法学院党委副书记康健老师、社16级班级导师刘猛老师与四十位同学参与了此次活动。我校文法学院师生为了迎接披金斩银的中国残奥健儿凯旋归国，在接机口两侧手持鲜花、挥舞着横幅标语，以表达自己对残奥健儿的支持与热爱。

【文法学院2017届法学专业就业推进会】2016年9月26日下午，文法学院2017届法学专业就业推进会成功在基D模拟法庭举办。院长孙希磊、院党委副书记康健老师分别就此次会议阐述了各自的观点，对于大学生就业与发展具有重要意义。班主任王俊梅、左金凤、辅导员王彤参加了会议。此次就业推进会的成功举办，充分展示了学院老师对大学生就业的关心，为大学生就业指明方向，提供经验。

【文法学院举办暑期社会实践宣讲会】2016年9月27日，文法学院在基础D座模拟法庭举办了社工公益项目竞赛暨社工文化节闭幕式。出席闭幕式的领导和评委有文法学院院长孙希磊、社工系主任晁霞、社工系赵仲杰、黄华贞老师、院团委书记杨举。

【明晰政策 精准引导——文法学院2016级新生引航系列讲座】2016年9月28日,文法学院2016级全体新生在基D220召开了一场以"学生事务及学籍管理"为主题的新生引航讲座。讲座共分为两个部分,旨在介绍大学四年的学业、奖惩以及学分学籍制度,让同学们更好地适应大学生活,明确未来的学习方向。文法学院党委副书记康健、辅导员王彤、教务员林青老师出席了此次活动。此次新生引航,对大一新生的价值引领起到了非常重要的作用,使同学们更加了解学校和学院,并且对自己的大学生活做出明确的规划,帮助同学们的成长,使大家在大学学习的道路上充满信心。

【文法播客 观影析业——文法学院2016级新生引航之认知专业活动】2016年9月29日,文法学院在基D212组织2016级社会工作专业新生开展"观影析业"认知专业活动——观看电影《一个都不能少》。社16级班级导师刘猛、辅导员王彤参加了活动。观影之后,具有社会工作专业背景的刘猛老师以社工视角,对这部电影进行了分析与点评。

【文法学院学生工作队伍赴上海调研学习】2016年9月29日至30日,文法学院学生工作队伍一行12人在院党委副书记康健和院团委书记杨举的带领下,前往上海进行为期两天的调研学习。主要考察参观了中国共产党第一次全国代表大会会址,在毕业校友的陪同下前往复旦大学、上海交通大学、上海财经大学等高校学习调研交流。

【文法学院召开学生党员大会验收学生党支部党员"一帮一"成果】2016年10月12日,文法学院学生党支部于基础楼D座220召开全体学生党员大会,学院党委副书记康健、团委书记杨举、辅导员王彤老师参会。学生党支部书记杨举和王彤分别就社工和法学党支部本学期的支部学习和实践活动进行了详细介绍,并对学生党员提出了严格的要求。本科生党支部学生党员王衍丁和霍达分别就"党员一帮一"的情况进行汇报,从帮扶过程及成果等多个方面进行了详细说明,并提出了下一步的工作计划。

【马克思主义学院、文法学院举行"论哲学、人文社会科学的读书方法"讲座】2016年10月11日,马克思主义学院与文法学院在大兴校区基D118室联合举行"论哲学、人文社会科学的读书方法"讲座。此次讲座是马克思主义学院为校庆80周年特别推出的理论大讲堂系列报告的第一场,特邀中国社会科学院哲学研究所"哲学与文化研究室"主任、中国社会科学院文化研究中心高级研究员霍桂桓老师作讲座。讲座由马克思主义学院院长肖建杰教授主持,马克思主义学院全体教师、文法学院部分教师、研究生及人文理论社本科生社员共计200余人聆听了本次讲座。

【文法学院人文理论社团举办"两学一做"微党课】2016年10月19日,文法学院人文理论社在基础教学楼D座212室举办"两学一做"的微党课。学工部副部长蔡思翔、马克思主义学院许亮、文法学院党委副书记康健、文法学院团委书记杨举参加了微党课并参与讨论环节。同时参加活动的还有文法学院入党积极分子及16级的部分同学。

【马克思主义学院、文法学院举行"编辑眼中的'好文章'"学术讲座】2016年10月21日,马克思主义学院和文法学院共同推出校庆80周年"理论大讲堂"第二场学术报告,特邀辽宁省社会科学院研究员、《社会科学辑刊》哲学编辑侯小丰作讲座,题目为"编辑眼中的'好文章'"。讲座由马克思主义学院院长肖建杰主持,马克思主义学院、文法学院教师、文法学院研究生及人文理论社本科生社员共计200余人聆听了本次讲座。

【文法学院学生党支部参观长征胜利80周年主题展并举办研讨会】2016年10月31日,文法学院党员发展对象参观军事博物馆红军长征胜利80周年主题展览,学习长征精神,并于参观后举办了党支部研讨会。党员及发展对象一早就来到了军事博物馆，此时军事博物馆早就排起了长队，都是想借此机会感受长征精神的人们。进入博物馆，同学们就被眼前的景象震撼了，长征的雕像和图片散发着熠熠光辉，仿佛在向我们诉说着那一段故事。熙熙攘攘的人群，有的在驻足观看，有的在默默悼念。同学们一点点仔细观看，认真研读，感受到中国革命胜利来之不易，更需要努力继承长征精神并将其发扬光大。

【文法学院学风建设之多样化晚自习——"这个学长我喜欢"】2016年11月3日，为了加强学院学风建设，构建多样化晚自习形式，10月27日晚，文法学院邀请07级法学毕业生张龙与2016级法学新生进行交流，主题为"这个学长我喜欢"，旨在让同学们通过与学长的沟通，明确大学发展规划。张龙2011年7月毕业于我校法学专业，工作方向为企业管理，并在该领域取得了优异的成绩。

【文法学院召开"教风学风联动"期中座谈会】2016年11月7日，文法学院在基D317召开"教风学风联动"主题座谈会。院党委书记刘国朝、党委副书记康健、团委书记杨举、辅导员王彤参会。大一、大二和大三的年级班长、团支书和学习委员参加座谈会并发言。

【法律人成长引航—文法学院组织2016级学生参观中国法院博物馆】2016年11月22日，为进一步加强新生专业知识认知，提升法学专业建设水平，丰富法学教学方法，帮助同学们对未来职业生涯树立明确的目标、制定发展规划。11月22日，文法学院辅导员王彤带队法学专业16级新生参观中国法院博物馆。此次活动增强了自己对法学专业的认同感，了解到了法学的历史脉络以及案件的审判过程，对未来四年的学习生活有了更好的计划。

【文法学院邀请"一线希望"社工事务所举办禁毒教育主题讲座】2016年11月25日，文法学院邀请一线希望社会工作事务所团队来到我校，为社会工作专业学生带来一场精彩的禁毒教育讲座。文法学院党委副书记康建老师亲临现场，"一线希望"负责人刘雪莉、心理咨询师于蓉、同伴教员刘某以及数位同伴及家属均出席讲座并和我们分享了关于毒品的知识。通过这次讲座，使同学们提高了一些对毒品的防范意识，或者对吸毒人员多了一些理解和包容，同时也开阔了视野，提升了专业知识。

【仰望星空，脚踏实地——法162班组织《我的大学时代》主题班会】2016年11月28日，结合践行社会主义核心价值观主题活动，文法学院法162班在基D104开展了《我的大学时代》主题班会。班会分为主题讨论、期末展望、给未来的自己三个环节。这是法162班班委自主组织的第一次班会。

【文法学院举办校友工作坊之16级社工专业专场】2016年11月30日，文法学院邀请三位社会工作专业校友为16级新生举办工作坊，以"青春·奋斗"为主题，旨在探讨大学生生涯发展规划。演讲嘉宾分别是社06级刘天戈、社08级刘悦以及社11级朱丽玲，他们以考研、出国、直接就业等自己不同的经历与同学们进行分享。文法学院党委书记康健、班级导师刘猛参加了讲座。

【文法学院举办校友工作坊之法16级法学专业专场】2016年11月30日，继11月30日校友工作坊之社会工作专业专场之后，12月2日，为了使法学专业新生高效了解到法学专业未来职业生涯道路，文法学院邀请三位法学专业校友为16级新生举办工作坊。演讲嘉宾是法11级蒋晶鑫、吴董超、周怡彤，她们结合亲身经历，分别从出国、考研、职场等方面为同学们带来了一场别开生面的演讲。文法学院党委副书记康健、辅导员王彤参加了讲座。

【文法学院学生党支部学习十八届六中全会精神】2016年12月1日,文法学院学生党支部在基础楼D座220学习十八届六中全会精神,文法学院党委副书记康健对学生党员进行培训。文法学院学生党支部书记杨举、王彤和全体学生党员参加了培训会。本次培训,让学生党员全面地了解了十八届六中全会精神,加深了对党性、党规的认识,从学习和实践两个方面认清了自己努力的方向。

【文法学院举办少数民族学生党员发展大会】2016年12月3日,文法学院少数民族学生党员发展大会在基础楼D座220室举行。文法学院党委书记刘国朝、党委副书记康健、辅导员王彤参加发展会,发展会由文法学院团委书记兼本科生第一党支部书记杨举主持。文法学院向来重视少数民族学生培养和教育工作,近三年共发展少数民族学生党员十余名,他们在各自的班级起到很好的模范带头作用。文法学院本着为少数民族地区培养干部的高度来培养少数民族学生党员,这些学生毕业后多数到了基层,譬如社工10级蒙古族学生党员安格丽木在新疆地区担任基层公务员工作,法学11级回族学生党员马瑞雪在新疆基层法院工作。

【怀青年热血 继前辈遗志 立中华崛起报国心——文法学院开展纪念"一二·九"活动】12月6日,为纪念一二九运动,文法学院组织开展纪念"一二·九"活动,文法学院40余名师生党员及入党积极分子参与了本次活动。在这场轰轰烈烈的人民抗战中,涌现了成千上万的英雄壮士。他们历经磨难,九死一生用自己的鲜血和生命谱写了一曲曲反侵略的壮歌。当我们置身于历史,回顾当年的时候,心痛的令人窒息。或许今天的我们无法真正感受到那个年代的伤痛,可是历史就是历史!日寇惨绝人寰的侵略不能忘!先烈们曾抛洒的热血不能忘!中华民族的屈辱历史不能忘!

【文法学院师生参加大兴区孤独症儿童中心联欢活动】2016年12月25日,文法学院"关爱孤独症儿童"志愿者服务团在院团委书记杨举老师带领下,来到大兴区孤独症儿童关爱中心参加"2016年'我和你'圣诞联欢会",和68名孤独症儿童及家长一起联欢,并接收了中心颁发的"北京建筑大学文法学院志愿者先锋"的授牌。

(七)党建工作

【概述】2016年文法学院党委围绕校院两级整体工作思路,从思想、组织、作风、制度上,明确责任,精准发力,真抓实干,为推动学院事业发展保驾护航。

【开展"两学一做"学习教育活动】文法学院党委按照学校党委的统一部署,领导班子集体学习了《习近平对开展"两学一做"学习教育做出重要指示》、《习近平总书记重要讲话读本》等文献精神,对"两学一做"学习教育的主要内容、目标任务、重点难点进行了热烈的讨论。在广泛征求师生党员意见的基础上,制定出了"两学一做"教育学习方案。通过组织理论学习、实践活动、召开座谈会等形式,在师生党员中营造了学党章、学习总书记重要讲话的浓厚氛围。深入学习领会党中央、学校党委关于开展"两学一做"学习教育的相关文件精神,总结文法学院开展"两学一做"学习教育情况,学生党员结合自身职业生涯规划,制定自身发展计划;就如何发挥党员的示范作用,在全体党员中,展开深入讨论。

在学生党支部中,开展手抄党章、学习经典著作;组织百余名大学生"重走五四之路,践行五四精神"主题活动、组织全校首届"民族文化风情节",弘扬爱党爱国教育等。

在教工支部中,教师党员结合校院"十三五"发展规划,将自己的教学、科研融入其中。文法学院党委的做法：

1. "学"要聚焦。通过学习党章党规，重在明确基本标准、树立行为规范，引导广大党员和教师守住为人做事的基准底线，更加爱党、忧党、兴党、护党；通过学习习总书记重要讲话，加强理论武装、统一思想行动，重点学习党中央治国理政新理念新思路新战略、学习习总书记对北京工作的重要指示，结合我校"十三五"规划，明确发展思路和工作目标，增强贯彻落实的自觉性和坚定性。

2. "做"要扎实。不玩花架子、不搞假大空。"两学一做"关键在"做"，就是做合格的共产党员。文法学院党委根据自身岗位特点和工作性质，决定从2016年下半年开始，在全体党员师生中开展"亮身份，重承诺，讲奉献"主题实践活动。如：教工党员立足岗位，承诺为学校、为学生"做五件好事"；学生党员承诺"做三件好事"。

3. "行"要端正。为人师表，行为示范。文法学院广大党员要通过"两学一做"，立足于行，重点在"做"，让身边的人知道自己党员的身份，把党员的标尺立好，真正做到"四讲四有"：即讲政治、有信念；讲规矩、有纪律；讲道德、有品行；讲奉献、有作为。在自己的工作岗位上建功立业，成为一名合格的优秀共产党员。

【加强班子建设】认真学习十八届六中全会精神，贯彻习近平总书记系列重要讲话精神，加强理论学习，指导各项工作。建立和完善党建工作责任制，坚持《中国共产党党内监督条例》、《中国共产党纪律处分条例》以及《关于新形势下党内政治生活的若干条例》的学习、理解、贯彻执行，落实"一岗双责"、"主体责任"；加强党内监督，深入推进党风廉政建设；坚持贯彻落实民主集中制；2016年10月，通过文法学院党委的换届选举，确定了新一届的党委成员，在学校党委的领导下，严格执行党政联席会议制度，完善领导班子的议事和决策机制，凡有重大事项均通过党政联席会议研究；落实"集体领导、民主集中、个别酝酿、会议决定"的决策程序和会议制度。坚持每两周一次举行党政联席会议，就重大事项进行集体研究、民主决策。尤其对重大经费的使用、专项经费的申报与管理、行政管理、人才引进、师资培训等，都要上会进行逐项讨论和决策；其次，加强民主监督，发挥工会和二级教代会的监督作用。做好院务公开制度化和规范化的工作，保障广大教职工的知情权、参与权、决策权和监督权，领导班子成员坚持每一学期定期向教代会代表汇报学院全面工作，接受民主评议；规范学习制度，加强党风廉政建设的学习、宣传和教育工作。

【认真做好发展党员工作】根据党章规定和发展党员工作细则，努力做好骨干教师入党工作，为党组织补充新鲜血液奠定坚实基础。完善《文法学院党员发展细则》，进一步加强对预备党员的培养教育和考察，对考察合格的预备党员按时办理转正手续。截至2016年12月，文法学院发展学生党员40名。

【党风廉政工作】首先，班子成员认真学习党中央、北京市委关于加强党风廉政建设的重要文件，武装头脑，统一思想，提高认识。为此，我们采取了以下强化理论学习的具体措施：开展理论中心组（片组）学习、领导干部进行党课宣讲、干部撰写读书报告、集体收看教育警示片等。其次，根据北京市委关于落实党风廉政建设和"一岗双责"的相关部署，文法学院党委结合本单位实际，做好顶层设计，制定工作预案。确定可能发生的隐形风险问题，以"点"突破，带动"面"上的整体党风廉政和反腐败工作。建立健全规章制度。制定相关文件19件、制定风险防范管理流程图、风险点。结合本单位实际，以"经费、项目、政采、差旅"四个关键节点加以防控和管理。

（八）工会工作

【概述】文法学院分工会在校党委的正确领导下，根据校工会的工作部署和要求，紧紧围绕我校的中心工作，认真开展教书育人、娱乐健身等活动。工作中注重发挥分工会的桥梁纽带作用，真正关心和维护会员的利益，充分调动文法学院全体职工的积极性和集体荣誉感，增强教职工爱岗敬业的主人翁意识，为构建和谐社会、和谐校园做出应有贡献。

1. 党政高度重视，建团结型工会。团结诞生希望，凝聚产生力量。

第一，学院党政高度重视、支持分工会工作，分工会紧密配合党政开展工作。

学院一直秉承这样的理念：一个部门的工作就是全院共同的任务。比如：外语四级工作，并不仅仅是外语系在单打独斗，面对学校下达的三年翻翻的指标，全院齐动员，办公室、学工部门、其他系部全力配合和支援，四级通过率已经连续打了三个翻身仗。

第二，学院党政为工会开展工作提供必要的人力、物力支持。在人员上，党政领导在工会中担任重要工作，每个工会配备工会小组长。在重大活动方面，党政领导带头参与工会工作与活动，并安排各系部主任、支部书记协助工会开展工作。

第三，运行机制规定：教代会代表选举和会议表决制度、提案征集和处理制度、民主评议干部制度、党政工负责人以及二级教代会代表组成的联席会议制度、代表培训制度等。

第四，财务工作制度：严格遵守学校财务规章制度，制定分工会财务工作制度，建立流水账本，有专人管理，每年向会员公开福利费、文体费的使用情况。

第五，工会活动工作制度：包括配合党总支开展思想政治教育活动；围绕本单位教学、科研等中心工作，配合党政开展业务培训和基本功比赛等活动；组织教职工自行参加、开展各类教研活动和文体活动等；组织教职工参加校工会社团活动的制度；生活福利等送温暖制度；女工与青年教职工工作制度；参加校工会和其他部门培训的制度。每次记录考勤，作为评优、晋升的参考。

2. 维护职工权益，建民主型工会

我院二级教代会制度是基层民主管理体制的重要组成部分，是在学院党总支领导下，教职工依法行使民主权利，对本单位各项工作实行民主管理、民主监督的基本制度，也是本单位"院务公开"的基本载体和主要形式。文法学院分工会和二级教代会在校工会和学院党总支的领导下，结合学校党政工作要点，积极配合院党政工作，认真开展"院务公开"工作，切实保障教职工的民主权利。文法学院分工会、二级教代会为维护和保障广大教职工的民主权利和切身利益，积极参与学院管理、监督学院行政领导的工作，定期听取学院党政的工作计划和工作总结，保障教职工拥有"知情权"和"建议权"。对本单位的办学指导思想、发展与建设规划、重大改革方案、年度财政报告、师资队伍建设、学科与专业发展等本单位重大问题提出意见和建议。

例：在教师聘期工作中，学院二级教代会发挥了重要作用。首先，在聘期工作领导小组中，都有教代会代表的全程参与和监督；其次，在制定文法学院教师聘期方案、岗位数量设定方案、岗位工作职责、岗位聘任实施细则等重要文件过程中，每一步骤都经过教代会代表的认真谈论，有些文件几易其稿，最终得到绝大多数教职工的认可，为聘期工作的有序进行奠定坚实的基础；再次，在聘期工作的过程之中，发扬民主，落实监督，保障了聘期工作程序的公正、公开。

3. 体现人文关怀，建温馨型工会

第一，开展丰富多彩的文娱活动，丰富教职员工的工作和生活。如校园长走大赛；舞蹈培训以及广播体操展示。

第二，关心生病和困难教职员工。关心青年教师的个人大事，关心老教师的身体健康，有事想在前面、做在前头，在教职工需要关心的时候及时出现，力所能及地主动帮助他们解决工作、生活方面的实际问题，把校工会和院分工会的温暖及时地送到教职工的心中。

第三，关心退休教师。我院退休教师较多，关心他们的生活，身体健康是学院里工作的一部分。根据他们的特殊情况，组织适宜他们的活动，如每学期由学院领导通报学校情况，征求他们对学院工作的意见和建议；组织学习有关文件，及时了解国内外大事，多样的活动丰富了他们的退休生活。文法学院工会也在平时注意与老教师常联系，遇到困难时，在力所能及的范围内予以帮助。

（李 伟 王 彤 武 烜 康 健 刘国朝）

九、理学院

（一）概况

理学院现有2个全日制本科专业：信息与计算科学，电子信息科学与技术；具有数学一级学科硕士授权点，覆盖基础数学、应用数学、计算数学、概率论与数理统计、运筹学与控制论5个二级学科。

学院师资力量雄厚，现有教职工72名，其中教授6名，副教授31名。拥有教育部"海外名师项目"教授1名，北京市"海外人才聚集工程"教授3名。拥有北京市优秀教学团队2个，北京市学术创新团队1个，中央支持地方科研创新团队1个。北京市教育教学成果奖3项，北京市精品课程2门，北京市精品教材立项1项。获国家科技进步奖1项，省部级奖项4项，完成国家自然科学基金项目19项，省部级及省教育厅科研项目24项，发表学术论文570余篇（SCI等三大检索收录220余篇），出版教材著作20余部。学院教师经常参加各种国内外学术会议，并到英国、日本、美国、波兰等国家和地区进行学术交流。

学院坚持与国内外知名高校开展合作办学，自2010年起，与英国南威尔士大学开展了"3+1"联合培养本科生项目，成绩合格的学生可获得两校毕业证书。两个专业均参加北京市高水平人才交叉培养之"双培计划"。每年选拔优秀学生去北京航空航天大学"北京学院"访学交流。学院毕业生就业前景广阔，市场需求供不应求，用人单位对毕业生认可度高，满意度在98％以上。

学院注重学生创新能力培养，组织参加美国大学生数学建模竞赛、全国大学生数学建模竞赛、"蓝桥杯"全国软件专业人才设计与创业大赛等多项赛事，每年获奖70多项，学生科技竞赛成果突出。

理学院始终坚持学校办学指导思想，认真落实学校办学定位，积极开展前沿学术研究，创新教学方法，本着尊重学术人才，以学生为本的宗旨，开拓进取、求实创新，致力于培养服务城市化、具有工程实践能力、创新精神和国际视野的高素质人才。

（二）师资队伍建设

【概述】引进1名博士，1人晋升教授，4人晋升副教授。新增硕士生导师校内3人，校外2人。1人入选2016年度北京市委组织部青年拔尖人才个人（自然科学组），1人获2016年度北京市优秀人才培养资助青年骨干个人项目资助。3名教师入选"建大英才"，2名教师入选校"优秀主讲教师"培育计划。

【海聚人才】2016年北京市海聚人才——美国普渡大学冯芷兰教授已到校工作，举办多场系列讲座，与生物数学科研团队开展合作研究。理学院申报的俄罗斯远东科学院应用数学研究所Mikhail Guzev教授和美国威斯康辛大学麦迪逊分校的王思鉴教授拟入选2017年北京市海聚人才。

【海外名师】澳大利亚昆士兰科技大学刘发旺教授入选中国国家教育部重点项目聘任的北京科技大学和北京建筑大学海外名师（2016年-2021年）。

【校外导师聘任】理学院新增两位校外导师，美国普渡大学冯芷兰教授和中国铁道科学研究院基础设施检测研究所刘金朝研究员。

【延揽名师计划】邀请澳大利亚昆士兰科技大学的刘发旺教授、北京交通大学的岑翼刚教授、华北电力大学的陈德刚教授参与"偏微分方程理论及工程应用"和"智慧城市大数据建模与应用"研究方向的发展研讨，指导青年教师、研究生进行科学研究。

（三）学科建设

【概述】理学院现有数学一级学科硕士授权点，覆盖了基础数学、应用数学、计算数学、概率论与数理统计、运筹学与控制论5个二级学科，硕士生导师12名，校外导师4名，在校研究生23名。

【研究生各项工作顺利实施】进一步规范硕士研究生培养环节，对研究生学位论文开题、中期检查、毕业答辩、参加学术活动和会议等培养环节严格把关。完成了2013级6名研究生论文查重、评审、答辩等工作，1人被评为北京市普通高等学校优秀毕业研究生，1人的学位论文被评为北京建筑大学优秀毕业学位论文，签约率100%。召开了研究生开题报告会，完成了2014级研究生的开题和中期检查工作。按照学校制定2016版硕士研究生培养方案的学分要求，全面修订了硕士研究生培养方案。2016级招收硕士研究生9人，开展了入学教育，举行新生和导师的见面会，确定了新生的导师。

【研究生培养质量见提升】2016年研究生发表论文26篇，其中SCI检索4篇，EI检索2篇，ISTP检索1篇，核心期刊4篇，参加国内学术会议、培训、研讨班31人次。1名学生获研究生国家奖学金，1名学生获一等奖学金，3名学生获二等奖学金，12名学生获三等奖学金。

【研究生招生宣传见成效】研究生导师全体动员，先后赴山东、河南、河北、山西、宁夏等10余所高校进行研究生招生宣传，共有8人第一志愿报考数学专业研究生，报考数量和质量有显著提升。完成2017年入学考试自命题科目答疑、出题等工作。

【研究生数学建模竞赛见成绩】在研工部的大力支持下，理学院举办了第十三届全国研究生数学建模竞赛的宣讲、培训等活动，最终有12队学生参赛，1队获全国二等奖，1队获全国三等奖，10队获成功参赛奖，其中理学院有11人参赛。

【召开学科建设研讨会】 理学院召开了学科建设研讨会,研讨会分为邀请报告、三场分组报告和教师座谈会,听取了北京科技大学、北京工业大学、西安建筑科技大学的数学、力学、物理、图学等学科建设方面的经验介绍,使教师们更加明确了"十三五"期间学科建设的艰巨任务,各系后续要一步一个脚印地落实学科建设的目标规划。

【学科建设成绩显著】 数学硕士学位一级授权点通过了2014年硕士学位授权点的专项评估。数学学科完成了北京市属高校学科评估工作。数学、力学、物理各学科落实"十三五"学科建设规划,通过召开学科建设研讨会,分析具体困难,提出相应举措。

理学院承办了由中国生物数学学会主办的"生物数学前沿问题学术研讨会",来自加拿大、北京、上海、天津、山西、陕西、浙江等国内外著名高校的专家学者、研究生近五十人参加了会议。学术研讨会深刻探讨了生物数学领域最新的研究成果和研究动态,取得了圆满成功,推进了我校生物数学学科的发展,扩大了其在国内外的影响力。

2016年理学院研究生参加的会议、培训、研讨班

序号	姓名	学术会议名称	时间	地点
1	冯鸽	山东大学算术根系讨论班	2016.2.24~2.29	济南
2	冯鸽	第十四届全国代数学学术会议	2016.5.26~5.31	扬州
3	武杰	2016全国试验设计及其应用研讨会	2016.6.2	中国科学院
4	范圣洁	中国麻疹问题研讨会	2016.7.4~7.11	北京CDC
5	纪振伟	中国麻疹问题研讨会	2016.7.4~7.11	北京CDC
6	王丹	中国麻疹问题研讨会	2016.7.4~7.11	北京CDC
7	韦霄霄	中国麻疹问题研讨会	2016.7.4~7.11	北京CDC
8	陈方媛	中国麻疹问题研讨会	2016.7.4~7.11	北京CDC
9	冯鸽	华东师范大学Hopf代数、量子群与量范畴暑期学校与讨论会	2016.8.21~9.3	上海
10	史洋洋	Mathematica符号运算与数值分析核心技术与应用高级培训班	2016.8.20~8.22	北京科技大学
11	纪振伟	Mathematica符号运算与数值分析核心技术与应用高级培训班	2016.8.20~8.22	北京科技大学
12	张敏	Mathematica符号运算与数值分析核心技术与应用高级培训班	2016.8.20~8.22	北京
13	王丹	Mathematica符号运算与数值分析核心技术与应用高级培训班	2016.8.20~8.22	北京科技大学
14	韦霄霄	Mathematica符号运算与数值分析核心技术与应用高级培训班	2016.8.20~8.22	北京科技大学
15	陈方媛	Mathematica符号运算与数值分析核心技术与应用高级培训班	2016.8.20~8.22	北京科技大学
16	庞凯立	第二届IEEE计算机与通信国际会议	2016.10.14	四川成都
17	姜月华	第九届全国流体力学学术会议	2016.10.22~10.23	南京
18	袁博	第九届全国流体力学学术会议	2016.10.22~10.23	南京

续表

序号	姓名	学术会议名称	时间	地点
19	史洋洋	北京-生物数学前沿问题学术研讨会	2016.10.28～10.30	北京
20	范圣洁	北京-生物数学前沿问题学术研讨会	2016.10.28～10.30	北京
21	纪振伟	北京-生物数学前沿问题学术研讨会	2016.10.28～10.30	北京
22	冯业娟	北京-生物数学前沿问题学术研讨会	2016.10.28～10.30	北京
23	高金凤	北京-生物数学前沿问题学术研讨会	2016.10.28～10.30	北京
24	张亚楠	北京-生物数学前沿问题学术研讨会	2016.10.28～10.30	北京
25	陈方媛	北京-生物数学前沿问题学术研讨会	2016.10.28～10.30	北京
26	宁楠	2016 3rd International Conference on Electrical, Computer, Control Engineering	2016.10.29～10.30	长沙
27	史洋洋	山西-生物数学前沿问题学术研讨会	2016.10.31～11.3	山西太原
28	胡蓉	第二十次"统计学论坛"	2016.12.11	中国中医科学院
29	武杰	第二十次"统计学论坛"	2016.12.11	中国中医科学院
30	武杰	北大统计中心学术报告三则	2016.12.15	北京大学
31	武杰	第一届北大-清华统计论坛	2016.12.16	北京大学

（四）教学工作

【概述】 理学院负责全校理工类通识基础课程的教学工作和两个本科专业的人才培养工作。在学校主管领导、教务处领导的精心指导和大力支持下，各兄弟学院和职能部门的积极配合下，理学院教学运行平稳正常，教学效果成绩显著。

【严格质量监控　提升教师能力】 学院非常重视教学质量监控，对于学校督导组专家提出的意见，及时反馈、沟通，并采取了相应的改进措施。学院教学督导组每月召开一次月度总结交流会，做到月月有重点，完成审核评估、教学检查、教研申报项目初评等工作。每学期每位教师至少被督导组专家听课2次。

学院加强对青年教师教学基本功的培养，举办理学院青年教师基本功比赛，有20名青年教师参加，赛后召开青年教师与教学督导组成员参加的教学经验交流座谈会，提升青年教师教学能力。荣获2011～2014年度校级教学优秀奖特等奖1项，一等奖1项，二等奖2项；第十一届校级教学优秀奖二等奖2项，优秀教案奖1项。2016年北京建筑大学ppt课件大赛二等奖1名，三等奖1名；2016年北京市属高校"创想杯多媒体课件制作大奖赛"优秀奖1名；北京市大学生数学竞赛优秀辅导教师1名；获批北京建筑大学优秀主讲教师2人，"建大英才"2人。

【深化高等数学教学改革】 自实施高等数学课程教学改革以来，数学系继续贯彻落实5个"实施"计划，并增加了分层教学、小班授课，强化因材施教、过程化管理，组织月考和分级考试，高等数学教学改革见成效，学生考研数学成绩稳步提升。

【推进教学研究　狠抓课程建设】 教学工作是大学的生命线，学院积极组织教师进行教学教研项目、教材项目、实践教学研究项目等的立项申报，获批4项校内教育科学研究项目，2项校内实践教学专项基金。继续申报3门核心课程《线性代数》、《数值分析》、《数学分析》全程录课；完成4门校级双语课程《材料力学》、《常微分方程》、《工程制图》、

《概率论与数理统计》中期检查工作；慕课课程《理论力学 B》立项 1 项；校级教学成果奖二等奖 1 项，三等奖 1 项。

【加强专业建设　谋划长远发展】开展京内外 985、211、建筑类高水平大学的专业调研活动，学习了好的经验，开阔了思路。两个专业对照学校专业评估标准，积极开展专业自评工作，查找差距，制定具体可行目标，并多次研讨，规划好"十三五"时期的专业发展。

在此基础上，理学院各基础课程群和各专业完成 2016 版中英文对照培养方案的制订和 2016 版教学大纲的编写和反馈修改。

学院定期召开专题专业建设汇报会，听取信计专业、电子专业负责人对专业发展情况介绍，帮助解决专业发展遇到的具体问题。

本年度首届 9 位"双培计划"去北京交通大学就读；2 位优秀学生完成北京航空航天大学北京学院访学项目，顺利返校；继续选派信息与计算科学专业 1 人，配备 1 位本专业优秀指导教师，学生已完成选课，学习状态良好。

进一步规范理学院本科生培养各个环节，明确毕业论文要求，对毕设课题开题、中期检查、查重、评审、答辩等培养环节严格把关。信计和电子两个专业毕业生按期完成毕设任务，顺利毕业。2 名教师被评为优秀毕设指导教师。

根据学校相关规定，配合教务处圆满完成了信计和电子两个专业学生转专业工作，电子专业转出 3 人，信计专业没有学生转出，这也说明了学院的两个专业逐渐被学生所认可。

【加强实验室和基地建设】在学校教学专项资助下，专业实验室建设，实践教学平台已初见成效，能保证学生实践教学和课程设计的需求。物理实验室、力学实验室、信计机房等的设备、环境，目前已过保修期，维修任务量增大，但在实验室教师的艰苦努力下，保证了理学院负责的实践类教学的正常进行。

成功获批"建筑结构与环境修复功能材料北京市重点实验室"1 个。组织完成财政专项设备建设工作，电子专业重点搭建电子专业基础实验室综合实验平台和两个研究型实验平台。力学实验室积极配合学校校内实践创新基地建设，做好市级京南基础力学与结构创新开放实践平台建设。

加强校外实习基地建设，召开专业实践基地建设经验交流会。信息与计算科学专业签约校企合作实践基地企业 1 家，2 家合作企业提供短期实习（中科院计算所）、2 家企业有短期实践培训合作。电子信息科学与技术专业签约校企合作实践基地企业 1 家。

【鼓励本科生积极参与学科竞赛】理学院积极组织学生参加 2016 年大学生数学竞赛、大学生物理竞赛、大学生物理实验、全国大学生数学建模与计算机应用大赛、美国大学生数学建模竞赛、蓝桥杯软件设计大赛等学科和科技竞赛，指导教师付出了大量的时间和心血，成绩显著。

荣获全国大学生数学建模竞赛北京市二等奖 8 项、北京市大学生数学竞赛一等奖 3 人，二等奖 11 人，三等奖 21 人；第 33 届全国大学生物理竞赛北京赛区一等奖 4 人，二等奖 7 人，三等奖 14 人；北京市大学生物理实验竞赛三等奖 1 项；蓝桥杯软件设计大赛：北京赛区一等奖 1 人、二等奖 3 人、三等奖 8 人；美国大学生数学建模竞赛一等奖 3 人，二等奖 3 人。

【加强招生及其宣传工作】配合学校全面部署，根据理学学科、专业优势，修订理学院

2016年的招生简章，制作宣传展板、制作宣传彩页、制作宣传手册；派出专业教师骨干进行校内、校外、京内、京外高招咨询宣传。2016年理学院招生69人，京外生源约占50%，其中信计35人，电子34人。

（五）科研工作

【概述】理学院教师积极开展科学研究工作，2016年在研的各级各类项目39项，项目经费800多万。2016年理学院申报国家自然科学基金16项（青年基金9项，面上项目7项）、国家社会科学基金2项、北京市社科基金2项、北京市自然科学基金8项（预探索项目2项，青年项目3项，面上项目3项）、市教委科技计划面上项目7项。

【项目立项有突破】首次获批"十三五"国家重点研发计划项目的课题1项，获批国际合作项目子课题1项，国家自然科学基金1项，市教委科技计划面上项目3项，校科研基金博士启动基金项目3项、校科研基金一般项目5项、特别委托项目1项。新增项目经费122万元。

【论文数量质量稳中有升】教师共发表科研论文31篇，SCI检索10篇，EI检索9篇，实用新型专利1项；出版专著2部，教材7部。

【科研平台有突破】理学院联合环能学院、土木学院申报的"建筑与环境先进功能材料北京市重点实验室"获批。

2016年理学院承担的各类科研项目一览表

序号	项目名称	负责人	项目来源	项目级别	合同经费（万元）	起止时间	项目类别
1	媒体报道与医疗资源制约的新发传染病模型研究	崔景安	国家自然科学基金项目	国家级	62	2014-01-01至2017-12-31	一般
2	多铁材料中非共线磁性与电极化耦合机制的理论研究	陈蕾	国家自然科学基金项目	国家级	25	2014-01-01至2016-12-31	一般
3	广义低秩矩阵重构算法及其应用研究	王恒友	国家自然科学基金项目	国家级	20	2016-01-01至2018-12-31	一般
4	汽液传质模型建立及在芬顿反应降解复杂混合废气过程分析中的应用	张艳	国家自然科学基金项目	国家级	18	2016-01-01至2019-12-30	一般
5	建筑室外环境舒适度改善模拟与评价	宋国华	其他国家级项目	国家级	128	2014-01-01至2016-12-31	一般
6	爆炸冲击问题的波阵面追踪建模与数值算法	郝莉	国家自然科学基金	国家级	88	2015-01-01至2018-12-31	一般
7	微循环负载对冠状动脉狭窄影响机制的生物力学建模	何凡	国家自然科学基金	国家级	25	2015-01-01至2017-12-31	一般
8	基于多核表示和模糊近似的混合数据分类方法研究	何强	国家自然科学基金	国家级	68	2015-01-01至2018-12-31	一般
9	多响应计算机试验的设计与分析	牟唯嫣	国家自然科学基金项目	国家级	25.1	2016-07-01至2019-12-31	一般

续表

序号	项目名称	负责人	项目来源	项目级别	合同经费（万元）	起止时间	项目类别
10	变量阶常微分方程问题解的研究	侍爱玲	国家自然科学基金	国家级	5.25	2014-01-01 至 2017-12-30	一般
11	社交网络用户行为分析及话题演化趋势预测方法研究	张长伦	国家自然科学基金	国家级	8.5	2015-01-01 至 2017-12-31	一般
12	风雪环境中高速列车-桥梁耦合作用及行李安全控制研究	王少钦	国家自然科学基金项目	国家级	20	2015-03-11 至 2018-12-31	一般
13	基于逸出因子和阻隔因子的污染物微介观散发机理及预测模型研究	张艳	科技部	国家级	165	2016-07-01 至 2020-12-31	一般
14	智能建筑中无线传感器网络的数据隐私保护技术研究	张长伦	建设部科技计划项目	建设部	3	2015-01-01 至 2016-06-30	一般
15	城市轨道交通高架线路乘车舒适性及行车安全性研究	王少钦	主管部门科技项目	地市级	15	2016-01-01 至 2018-12-31	一般
16	鲁棒广义低秩矩阵恢复算法及其在图像处理中的应用研究	王恒友	主管部门科技项目	地市级	15	2016-01-01 至 2018-12-31	一般
17	外商直接投资对城镇化影响的模型构建与量化分析	刘志强	主管部门科技项目	地市级	15	2016-01-01 至 2018-12-31	一般
18	区域制度软环境对房地产业的影响研究	刘志强	国家其他部委项目	省部级	3	2016-01-01 至 2017-04-30	一般
19	计算机代数、吴方法和孤立子方程的混合解	吕大昭	主管部门科技项目	地市级	15	2014-01-01 至 2016-12-31	一般
20	纵向数据中的变量选择和统计推断问题	牟唯嫣	主管部门科技项目	地市级	15	2014-01-01 至 2016-12-31	一般
21	无线传感器网络数据隐私保护技术研究	张长伦	主管部门科技项目	地市级	15	2015-01-01 至 2016-12-31	一般
22	弯曲动脉中波传播的流固耦合模型构造	何凡	主管部门科技项目	地市级	15	2015-01-01 至 2017-12-31	一般
23	特色教育资源库建设项目-建筑与城市规划专题-筑宅	杨谆	主管部门科技项目	地市级	10	2015-04-01 至 2016-04-01	一般
24	单模FP腔半导体激光器的光谱调制特性研究	高卓	校设科研基金	校级	3	2014-07-01 至 2016-06-30	一般
25	基于灰色系统的无线传感网络故障管理机制研究	张健	校设科研基金	校级	0.8	2014-07-01 至 2016-06-30	一般

续表

序号	项目名称	负责人	项目来源	项目级别	合同经费（万元）	起止时间	项目类别
26	基于偏小二乘法的初始地应力场反演及回归分析方法研究	石萍	校设科研基金	校级	0.8	2014-07-01 至 2016-06-30	一般
27	基于"构件-装配体"方式的中国古建筑参数化三维建模设计方法研究	张士杰	校设科研基金	校级	0.8	2014-07-01 至 2016-06-30	一般
28	内源性凝血过程微观机理的动力学研究	许传青	校设科研基金	校级	3	2014-07-01 至 2016-06-30	一般
29	一种测量光速的新方法	宗保春	校设科研基金	校级	0.8	2015-07-01 至 2017-07-31	一般
30	热助推泵浦自拉曼激光器研究	施玉显	校设科研基金	校级	3	2015-07-01 至 2017-06-30	一般
31	基于动态法的古建筑木结构在服役环境中的安全可靠性研究	王秀芳	校设科研基金	校级	5	2016-07-01 至 2016-07-31	一般
32	高维混合效应模型中的稳健推断方法研究	牟唯嫣	校设科研基金	校级	1	2016-07-01 至 2017-12-31	一般
33	超临界二氧化碳压裂裂缝网络扩展模型构建	彭培火	校设科研基金	校级	1	2016-07-01 至 2017-12-31	一般
34	异常涡旋光束的轨道角动量特性研究	黎芳	校设科研基金	校级	1	2016-07-01 至 2017-12-31	一般
35	极限条件下固态物质的热参量研究	聂传辉	校设科研基金	校级	1	2016-07-01 至 2017-12-31	一般
36	Maxwell流体绕楔形体的边界层流动问题研究	白羽	校设科研基金	校级	1	2016-07-01 至 2017-12-31	一般
37	大学生创客工作室运行模式研究	杨宏	校设科研基金	校级	3	2016-07-01 至 2017-12-31	一般
38	新型城镇化进程对当地企业对外贸易决策的影响机制研究	刘志强	校设科研基金	校级	3	2016-07-01 至 2017-12-31	一般
39	震后防灾避难场所利用动态优化评估模型研究	刘晓然	校设科研基金	校级	3	2016-07-01 至 2017-12-31	一般

2016年理学院教师发表的学术论文一览表

序号	成果名称	第一作者	发表时间	发表刊物	刊物类别
1	Durability of Photovoltaic Laminated Glass Modules Affected by Temperature-Humidity Cycles	王秀芳	2016-01-13	Key Engineering Materials	ISTP，EI（期刊论文）
2	Fractional-dimensional approach for excitons in GaAs films on AlxGa1-xAs substrates	陈蕾	2016-01-18	Chinese Physics B	SCI
3	强冲击载荷下多孔钛动态力学性能实验及数值模拟	王婧	2016-02-01	北京理工大学学报	EI（期刊论文），核心期刊
4	劳动力价格扭曲对制造业企业创新的影响——基于微观企业数据的检验	刘志强	2016-02-01	山东财经大学学报	一般期刊
5	一类具有直接和间接传播的SIV传染病模型	王晓静	2016-02-28	数学的实践与认识	核心期刊
6	Effects of wall condition on flow distributions in arterial modeling: comparison of rigid, dynamic, and compliant walls	何凡	2016-03-01	Journal of Mechanical Science and Technology	SCI
7	混合系统可靠性问题中的广义推断	牟唯嫣	2016-03-01	山西大学学报．自然科学版	核心期刊
8	基于Lagrange乘子法的一种新型改进粒子群优化算法	梁昔明	2016-03-07	北京建筑大学学报	一般期刊
9	大口径聚能装药侵彻厚混凝土靶板的数值模拟及实验研究	郝莉	2016-04-01	中国科学．技术科学	EI（期刊论文），核心期刊
10	太阳能电池光谱响应特性实验研究	黄尚永	2016-04-26	大学物理实验	一般期刊
11	A Simple Predator-Prey Population Model with Rich Dynamics	崔景安	2016-05-16	Applied Sciences	SCIE
12	Flow and heat transfer of an Oldroyd-B nanofluid thin film over an	张艳	2016-05-20	Journal of Molecular Liquids	EI（期刊论文），SCI
13	A modified augmented Lagrangian with improved grey wolf optimization to constrained optimization problems	梁昔明	2016-05-28	Neural Computing and Applications	EI（期刊论文），SCI
14	工程制图作业批改方式的探讨与尝试——学生参与作业批改所带来的良性效应	薛颂菊	2016-06-06	2015年中国建设教育协会普高委员会教育教学改革与研究论文集	国内学术会议论文集
15	现代教育技术在本科CAD教学中的应用	王少钦	2016-06-18	中国市场	一般期刊

续表

序号	成果名称	第一作者	发表时间	发表刊物	刊物类别
16	带有外来移入人口的肺结核传染病模型	许传青	2016-06-30	北京建筑大学学报	一般期刊
17	一类关于内蒙古布鲁氏菌病的数学模型分析	王晓静	2016-06-30	北京建筑大学学报	一般期刊
18	Analysis of the impulse Poiseuille flow of generalized second grade fluid	张艳	2016-07-01	工程科学学报	EI（期刊论文）
19	大熊猫主食竹生态系统恢复力研究	张蒙	2016-07-01	数学的实践与认识	核心期刊
20	The effect of diffusion loss on the time-varying giant Panda population	张蒙	2016-07-01	International Journal of Biomathematics	SCI
21	A state feedback impulse model for computer worm control	张蒙	2016-07-10	Nonlinear Dynamics	SCI
22	探索B-learning混合式教学模式，重构高等教育的翻转课堂	石萍	2016-08-01	北京建筑大学教育教学改革论文集	国内学术会议论文集
23	北京建筑大学数学课外活动模式的研究与探索	袁晓娜	2016-08-01	北京建筑大学教育教学改革论文集80周年校庆版	国内学术会议论文集
24	Heat and Mass Transfer in a Thin Liquid Film over an Unsteady Stretching Surface in the Presence of Thermosolutal Capillarity and Variable Magnetic Field	张艳	2016-08-01	Mathematical Problems in Engineering	SCI
25	A Forward-connection Topology Evolution Model in Wireless Sensor Networks	张长伦	2016-08-01	INTERNATIONAL JOURNAL of COMPUTERS COMMUNICATIONS & CONTROL	SCI
26	浅议如何提高教学质量	任艳荣	2016-08-15	北京建筑大学教育教学改革论文集	国内学术会议论文集
27	The Modified Simplex Method of Adjustable Coefficient	梁昔明	2016-09-17	2nd IEEE International Conference on Computer and Communications, Chengdu,	EI（会议论文集）
28	基于认识基本规律的力学课程教学模式探讨	王晓虹	2016-10-01	北京建筑大学教育教学改革论文集	一般期刊

续表

序号	成果名称	第一作者	发表时间	发表刊物	刊物类别
29	Cross-species Epidemic Dynamic Model of Influenza	崔景安	2016-10-10	The 2016 9th International Congress on Image and Signal Processing, BioMedical Engineering and Informatics	国际学术会议论文集，EI（会议论文集）
30	Dynamic model of influenza with age-structured and media coverage	王晓静	2016-10-14	Communications in Mathematical Biology and Neuroscience	权威期刊
31	Numerical Solution of MHD Flow of A Generalized Burgers' Fluid Due to An Accelerating Plate	张艳	2016-10-26	Proceedings of 8th International Conference	国际学术会议论文集
32	THE EFFECT OF THERMOCAPILLARITY AND HEAT TRANSFER ON HYDRODYNAMICS NANO-LIQUID THIN FILM OVER A STRETCHING SHEET	张艳	2016-10-26	Proceedings of 8th International Conference	国际学术会议论文集
33	FLOW OF MHD GENERALIZED BURGERS' FLUID DUE TO A PERIODICALLY OSCILLATED ACCELERATING PLATE	白羽	2016-10-26	Proceedings of 8 International Conference	国际学术会议论文集
34	THE EFFECTS OF MHD ON THE STAGNATION POINT FLOW OF MAXWELL FLUID OVER A STRETCHING SURFACE	白羽	2016-10-26	Proceedings of 8 International Conference Contemporary Problems of Architecture and Construction	国际学术会议论文集
35	Analysis and comparison of lethal factors in valve replacement surgery	许传青	2016-10-30	2016 International conference on mathematical, computa tional and statistical and engineering	EI（期刊论文）
36	基于实验的果蝇伴性遗传的数学模型	王晓静	2016-11-15	实验室研究与探索	核心期刊
37	Stagnation-point heat and mass transfer of MHD Maxwell nanofluids over a stretching surface in the presence of thermophoresis	白羽	2016-12-01	Journal of Molecular Liquids	SCI
38	Virus Dynamics Model with Immune Response and Intracellular Delay	王晓静	2016-12-15	生物数学学报	权威期刊

续表

序号	成果名称	第一作者	发表时间	发表刊物	刊物类别
39	改进的粒子群优化算法在物流配送中的应用	梁昔明	2016-12-17	北京建筑大学学报	一般期刊
40	对较好和较差个体双向更新的混合蛙跳算法	梁昔明	2016-12-17	北京建筑大学学报	一般期刊
41	风-列车-大跨度悬索桥系统非线性耦合振动分析	王少钦	2016-12-20	工程力学	EI（期刊论文），核心期刊

2016年理学院教师出版的教材著作一览表

序号	著作名称	作者	出版社	出版时间	ISBN号
1	注册岩土工程师执业资格考试基础考试复习题集	魏京花	人民交通出版社	2016-04-01	978-7-114-12759-5
2	注册工程师职业资格考试公共基础知识真题解析（第三版）	魏京花	中国电力出版社	2016-04-01	978-7-5123-9031-7
3	注册工程师职业资格考试公共基础知识复习教程（第四版）	魏京花	中国电力出版社	2016-04-01	978-7-5123-9032-4
4	2016注册公用设备工程师考试公共基础课历年真题解析与模拟试卷给水排水暖通空调及动力专业	魏京花	中国电力出版社	2016-03-01	978-7-5123-8829-1
5	制度因素对我国企业国外投资的影响	刘志强	群言出版社	2016-02-01	978-7-80256-957-7
6	复杂流体流动传热问题的解析方法	张艳，白羽	石油工业出版社	2016-01-10	978-7-5183-1138-5
7	注册岩土工程师执业资格考试基础考试复习教程	魏京花	人民交通出版社	2016-01-01	978-7-114-12758-8
8	普通物理教程第二版（下册）	魏京花，余丽芳，陈蕾，宫瑞婷，黄伟	清华大学出版社	2016-01-01	978-7-302-42402-4
9	普通物理教程第二版（上册）	魏京花，苏欣纺，余丽芳，聂传辉，王俊平，马黎君，黄伟	清华大学出版社	2016-01-01	978-7-302-42403-1

（六）学生工作

【概述】理学院设置两个本科专业，一个一级学科硕士授权点，共有本科在校生236人，研究生26人。专职学生工作辅导员2人，兼职本科生班级导师8人，研究生导师12人。理学院学生工作以党建工作为引领，以服务学生成长成才为工作出发点，以队伍建设、平台建设、重点工作为切入点，与教学、科研工作紧密配合，营造良好的学生发展氛围。

【理学院研究生党支部开展入党誓词宣誓活动】2016年4月5日，理学院研究生党支部一行7人前往北京市八宝山革命公墓进行入党誓词宣誓活动，以缅怀革命先烈，学习与发扬革命传统。

【理学院研究生党支部开展"两学一做"理论学习活动】2016年4月19日晚19点，理学院研究生党支部于教3-401教室开展"两学一做"理论学习之"两会"精神学习体会交流会，此次交流会是支部"两学一做"理论学习的重要组成部分，继《党章》学习后，开展的"两会"精神学习，并进行了党章和习总书记讲话精神的学习测验。理学院党委副书记郝迈老师，研究生全体党员参与了学习活动。首先，全体成员共同学习了与"两会"相关的一些基础知识，其次，一起观看了李克强总理答记者问的视频，并展开了"我最想问总理的一个问题"的交流讨论。讨论期间，同学们对此次"两会"所涉及的热点议题发表了自己的见解与感悟。最后进行了党的知识测验，强化党员同志们对于学习内容的印象。活动总结中理学院党委副书记郝迈老师与党员同学共勉，并鼓励大家深入学习两会精神，积极投入到社会实践之中，为即将到来的就业挑战做好充分的准备。

【理学院研究生与本科生共同举办"我们的青春不迷茫"素质拓展活动】为增进本研交流，全面提高本科生和研究生学生干部的综合素质，提升团队协作力，2016年4月24日，理学院团委书记吴雨桐老师及全体研究生和部分本科生学生代表以"我们的青春不迷茫"为主题，在幽谷神潭开展了一次意义非凡的培训——素质拓展活动。本次素质拓展以小组为单位，每个小组的成员都是随机的，老师、研究生、本科生穿插其间，进行更好的交流。同学们在这样一种"体验式学习"的过程中，增进了彼此间信任感、责任感，增强了其自信心、沟通能力、领导能力和团队合作能力，短短的一个上午的时间，研究生与本科生纷纷表示受益匪浅。

【理学院研究生党支部召开"两个方案"的动员部署会】为积极落实关于《中共北京建筑大学委员会关于开展基层组织全覆盖深度调研的实施方案》及《理学院党委关于做好基层组织全覆盖深度调研工作的实施方案》的基本要求，2016年5月3日，理学院研究生党支部召开支部会议，学习与把握该方案的有关精神与举措，以保证基层组织全覆盖深度调研工作顺利展开。会议由支部书记郝迈老师主持，研究生全体党员参会。围绕进一步强化学院党政主要领导党建担当意识，进一步提水平查问题补短板，进一步树立清正务实清廉作风，进一步与其他工作紧密结合等工作目标，理学院党委将工作步骤分为以下四个阶段：第一，宣传动员阶段（5月3日至5月6日）；第二，调研开展阶段（5月6日至20日）；第三，总结汇报阶段（5月10日至5月20日）；第四，整改提高阶段（5月20日至6月15日）。将于5月6日举行党支部调研交流会，5月10日举行"先进典型与反面典型"教育学习活动。

【理学院举办2016年大学生数学建模竞赛宣讲会】5月5日，我校大学生数学建模竞赛宣讲会在基础楼A座207举行。本次活动由理学院主办，由理学院数学系主任何强老师主持,中国地质大学黄光东老师担任本次宣讲会的主讲教师,数学建模竞赛指导小组的代西武、刘志强、吕亚芹、何强、徐志洁老师参加了宣讲会并在会后与学生进行了交流。本次活动旨在增加同学们对于数学建模的认识、提高广大学生对数学建模的兴趣,鼓励学生积极参加大学生数学建模竞赛和科技创新活动。

【理学院举办考研经验交流会】2016年5月9日,理学院在大兴校区基础楼C座会议室举办了考研经验交流会,参加此次交流会的有学院党委副书记郝迈老师,研一及理学院本届成功考研和有考研计划的同学们。首先,本届考研成功的同学们分享了自己新鲜出炉的考研经验和考研过程的感悟,鼓励学弟学妹们为理想不放弃,勇坚持,同时也告诫大家不要高估自己的能力,要脚踏实地;紧接着,研一的同学们分享了自己的研究生一年的学习感想,为处在选择两端的同学们明晰了选择的情景。其次,准备考研的同学们也针对自己在准备过程中上遇到的问题纷纷提问,并得到了不同角度的解答。最后,郝迈老师对同学们提出殷切希望,鼓励同学们在确定目标之后,为之努力拼搏,最终取得理想的结果。研途有你,一路同行。通过师生交流,研本交流,以本次座谈会为契机和开端,理学院将组织一系列考研活动,为致力于考研的学子引航。

【理学院研究生党支部开展先进党员事迹学习讨论会】5月10日晚,理学院研究生党支部在大活-203教室开展了先进党员事迹学习讨论会。此次讨论会旨在学习革命先辈和先进典型,以及从违纪违法案件等反面典型中汲取教训,发挥正面典型的激励作用和反面典型的警示作用。在学习讨论的基础上让党员们思考如何做一名优秀的共产党员。党支部书记郝迈老师,所有支部党员参加了学习讨论会。会议开始,余沾同志讲述了7位优秀党员的先进事迹,他们是焦裕禄、郭明义、邓稼先、李素丽、孔繁森、李向群、史来贺。同时也了解了薄熙来,周佛海,周永康三位反面教材,警示党员们要引以为戒。随后,大家一起观看了"保持党员先进性做合格共产党员"的学习视频,并就如何做好一名优秀党员展开讨论。

【理学院本科生党支部召开"两学一做"讨论会】开展"两学一做"是面向全体党员深化党内教育的重要实践,为推动党内教育向广大党员拓展,5月11日,北京建筑大学理学院本科生党支部在基A会议室召开"两学一做"学习交流讨论会。结合党章与习总书记系列讲话,理学院本科生党支部全体成员参加了此次讨论学习。党员对照党章查找自身存在的问题,明确"学"的方向,增强"做"的动力。使自己真正做到讲政治、有信念,讲规矩、有纪律,讲道德、有品行,讲奉献、有作为。本次学习与交流活动之后,党员们纷纷表示表示,今后要更自觉用党章和党规规范自己的言行,用党的理论创新成果武装头脑。自觉提升思想政治水平,积极投身"两学一做"学习活动中,做一个"忠诚、干净、担当"的合格党员。

【理学院举办2013级毕业生就业动员会】2016年5月18日,理学院在基础楼C座分别召开了2013级两个本科专业的毕业生就业动员会,此次会议由理学院党委副书记郝迈老师主讲。郝老师首先向各位同学介绍了学校就业工作的流程,特别强调了毕业季的时间安排,无论是考研、出国还是就业去向的学生都应该及早确定自己的定位,合理做出规划。分析了两个专业的就业方向,并对主要的技术岗位、非技术岗位的毕业生就业情况进行了数据分析,使同学们了解了具体的就业领域。郝老师展示了近几年我院毕业生去向的数据统计,并讲述了解职业信息的方法以及寻找就业信息的渠道,包括关注一些重要的就业网站,第一时间了解就业动态。同时讲述了近几年来我院考研的录取信息。郝老师鼓励大家,虽然整体就业形势严峻,但大家还是要充满信心,我们应该摆正心态,积极寻找就业机会。最后,郝老师给同学们介绍了简历制作和面试技巧的相关内容和注意事项,介绍了就业政策和流程。

【理学院举办简历指导讲座和职业能力测评活动】2016年5月19日,理学院举办了简历指导讲座和职业测评活动。此次活动面向2013级在校生,邀请职业生涯规划师梅金锁老师主讲,智联招聘公司进行职业能力测评。院党委副书记郝迈老师主持了这两项活动。郝迈老师引出此次活动的主题及意义。梅金锁老师的课程从三个方面展开:如何让你的简历合规则、有个性、找对人。在讲座完成后,智联招聘的人员带领大家完成了职业能力测评。通过此次活动,同学们收获了简历制作及职业规划的宝贵经验,同时拿到了一份完整的职业测评,通过测评更加有助于同学们了解自己的优势和不足,这必将为同学们未来的发展起到良好的推动作用。为即将到来的暑期就业见习提供了必要的保障。

【理学院举办就业指导系列活动之九型人格讲座】2016年5月27日,理学院邀请著名的就业指导专家张进老师给即将面临实习的2013级学生进行九型人格的测评。

【理学院研究生党支部开展第三届读书分享会】我院研究生党支部于2016年5月31日在大活203教室举办了"两学一座"系列活动之理学院第三届读书分享会。理学院党委副书记、研究生党支部书记郝迈参加分享会。活动由支部委员赵豪杰主持。活动中,同学们观看了陈丹青关于读书思考的视频。随后,郝迈老师以"通往成功的阶梯——读《羊皮卷》有感"为题分享了自己的读书体会。并围绕这几点展开讲解,重点讲解了人际交往注意的原则。学生党员张敏分享的书籍为《从不妥协-法拉奇传》,余沾分享《将来的你一定会感谢现在拼命的自己》,范圣洁分享的《毛泽东选集之论持久战》,赵豪杰分享的《其实我们一直活在春秋战国》学生党员陈方媛和大家共同分享重新学习《党章》后的感受,其他党员分享的书目有:《了不起的盖茨比》、《课堂密码》、《平凡的世界》、《方与圆》、《雪域长歌:西藏1949-1960》、《鱼羊野史》。

【理学院举行毕业生红毯秀】平日里的"学霸",变身男神女神,上演了一场精彩的红毯秀,为理学院的毕业典礼画上了圆满的句号。6月23日早晨,北京建筑大学大兴校区基础楼C座理学院人气爆棚,情侣、师生、闺蜜……换上华丽的礼服,理学院学子们用特殊的方式,为美好的求学生活添上绚丽难忘的一笔。"红毯秀"进行中,一对组合刚上场就引来阵阵欢呼。原来,理学院院长崔景安和理学院党委书记程士珍也走上红毯与学生们分享欢乐时刻。理学院院长崔景安表示,希望同学们尽快融入社会,经风雨,见世面。在毕业典礼讲话中,崔景安寄语即将走上社会的学生们,既要甘于奉献又要勇于担当,凭良心做事,用宽容待人。

【理学院本科生党支部与河北宽城金杖子村党支部举行共建仪式】北京建筑大学理学院本科生党支部与河北宽城金杖子村党开展了以"协同发展现代农业·打造京津冀三地共享'菜篮子'"为主题的共建仪式,宽城县委组织部副部长田砚君为理学院本科生党支部实践团成员解说了宽城满族民族自治县的历史沿革以及现状,对金杖子村廉政基地建设情况做了说明。村支部书记金秀贵则从金杖子村的具体需求和困难出发,提出实际问题并希望给出解决方案。理学院本科生党支部书记吴雨桐老师对北京建筑大学基本情况,理学院本科生党支部的构成以及此次社会实践的意义予以汇报。双方党员就支部建设、提升党员质量的具体举措等相关问题进行讨论。最后，金杖子村支部书记金秀贵和理学院本科生党支部书记吴雨桐在共建协议上签字，为此次社会实践启动了开关。

【理学院召开新学期全体研究生大会】2016年9月2日上午，在大兴校区基础楼C-509会议室，理学院召开新学期全体研究生大会暨2016级研究生开学典礼，理学院党委书记程士珍、院长崔景安、党委副书记郝迈、副院长白羽、研究生导师及全体研究生参加了会议，会议由白羽主持。首先崔院长为同学们介绍了理学院的基本情况，讲述了数学学科发展的历程，以及"十三五"期间重点发展的学科方向。他希望同学们能充分利用研究生三年的时间，做到学有所成，学有所用。研究生导师代表张艳教授给同学们提出三点要求：一是树立正确的发展目标，二是创建融洽的师生关系，三是做一个身心健康的人。2015级研究生李君同学作为在校生代表发言，他和大家分享了一年来的学习心得和生活体会，希望和新生一起共同进步。2016级研究生张亚楠同学代表新生发言，表明自己一定会尽快地适应研究生的学习生活，加倍珍惜来之不易的学习深造的机会。最后，每位2016级新生进行了自我介绍。会后研究生与导师见面，并进行了研究生入学教育。

【理学院新生引航之学分学籍专场】为了让新生更快地融入大学生活，2016年9月23日，理学院在基础楼A座举行了2016级新生引航系列活动之学分学籍活动。首先，新生辅导员吴雨桐老师介绍了奖学金评定细则、"五四达标创优"先进集体及个人评选办法以及学生公寓管理办法。其中吴老师强调了学习的重要性和各种违纪现象的处理办法。随后，教务员李洪老师为大家详细解读了《学生手册》和《本科生培养方案》，包括学分制学习的学分学时要求和学籍管理问题，并着重强调了违纪处分管理规定。学分学籍活动是本次新生引航系列活动的第一个篇章。通过本次新生引航之学分学籍活动，使得同学们对学分学籍相关内容有了一个大致的了解，对大学制度有了初步认知。希望在本次会议之后，同学们能够遵守学校规定，积极地完成学习任务，为大学四年的生活奠定良好的基础。

【党委副书记吕晨飞参加理学院教风学风联动座谈会】10月9日下午，理学院召开了教风和学风建设联动座谈会。学校党委副书记吕晨飞、教务处处长邹积亭、学工部部长黄尚荣、理学院领导班子成员、系主任、班导师、教师代表和学生代表等20余人参加会议。会议由理学院党委书记程士珍主持。理学院院长崔景安介绍了理学院教风学风现状和实施方案。通过梳理教风学风方面存在的主要问题，提出了加强师德教育，开展教学观摩与研讨，鼓励教师积极参加培训，提升教师教学基本功，全面重新制定和优化课程大纲等举措。针对学困生，学院采取个性化帮扶措施，形成从领导班子，到各系、任课教师、班级导师、学习导师（专业导师）和辅导员的联动帮扶机制。与会教师代表围绕专业认同度、学分制管理、课程大纲修订、学困生帮扶措施等方面畅所欲言，为促进教风学风转变建言献策；与会学生代表们各抒己见，就端正学习态度、加强课堂管理、发挥榜样力量等发表了自己的看法与建议。此次座谈会，学校和主管部门非常重视，学校党委副书记吕晨风、教务处处长邹积亭和学工部部长黄尚荣认真听取师生意见，并现场解答师生问题，对理学院进一步加强教风学风建设，实现"以教风带学风，以学风促教风"，起到了积极的推进作用。

【理学院召开学风建设工作推进会】为进一步营造优良的教风学风，进一步深入贯彻学校教风学风联动专项工作精神，理学院于11月8日下午3点，召开了系主任、班级导师及班干部座谈会。理学院党委书记程士珍、副院长宫瑞婷、党委副书记田芳、专业系正副主任、班级导师，及各班班长、团支书、学习委员参加了会议，共话学院学风建设。会议由党委副书记田芳主持。会议伊始，副书记田芳首先强调了学风建设是学院学生整体精神风貌的展现，班级干部是学风建设工作中的骨干，要发挥学风建设中的主导作用，引领班级优良学风建设。副院长宫瑞婷传达了校党委一行来院进行教风学风联动工作专题调研的会议精神，特别指出教风学风建设相辅相成，在学风建设中，要加强反馈交流，关注重点学生，抓好学生骨干力量，促进学院学风建设。之后，各系系主任、班级导师及学生干部就班级学风建设情况作了介绍。在交流中展现了如学习小组、学霸讲堂、一帮一等促进班级学风建设好的举措，也提出了在专业课学习方面遇到的问题和困难、在外出实习、就业等方面希望得到老师更多的一对一指导，系主任及班级导师就专业学生师资配备、班级的日常管理等方面提出了意见和建议。会议最后，程书记进行总结，提出理学院学生人数少，更利于我们进行精细化管理。在班级学风建设中，班级导师工作认真负责，班级干部要积极发挥作用，维护班集体的集体荣誉感，引领班级同学共同建设优良学风班；要及早制定个人及班级规划，有系统的开展学习和工作；要加强交流和反馈，向班级导师、辅导员、学生工作办公室及时反映班级情况，掌握学生学习、思想、生活动态。学院要全员动员，做好教风学风联动，积极实现"以教风带学风，以学风促教风"。

【理学院召开第五期党员发展对象研讨交流会】为进一步加强党员发展对象对党的认识，端正入党动机，按照《关于举办北京建筑大学第五期党员发展对象培训班的通知》部署，11月16日下午四点，理学院在基础楼C座107召开党员发展对象研究交流会。会议伊始，党员发展对象学习了《中国共产党党章》、《关于党内政治生活的若干准则》、《共产党宣言》等文献。随后，16名党员发展对象进行自我介绍并结合所学文献分别谈论了此次发展对象培训班的感受和体会，表明了今后会严格要求自己，不断提升自己，时时处处做表率的决心。最后，大家就"如何成为一名合格的党员"这一主题进行了讨论，并展开讨论了如何端正入党动机，如何践行社会主义核心价值观等问题。每位党员发展对象都做了充分的准备，并结合自身学习、工作和思想等方面做专题发言。通过本次研讨会，大家更加坚定了入党的信念，并决心全心全意为人民服务，以实际行动发挥先锋模范带头作用，努力成为社会主义的接班人。

【理学院在毕业班中召开"我的青春不迷茫"主题班会】为推动毕业班就业工作，力争把就业作为每个毕业生的内在需求，理学院在11月24日，以"我的青春不迷茫"为题在毕业班中开展主题班会活动，班会由理学院党委副书记田芳主持，班级导师及全体毕业生参加了班会。田芳以"青春是什么？"及"从大一到现在最有成就感或最自豪的事是什么"两个问题开篇，引起了大家的思考和讨论，让同学们在交流中总结大学生活，分享大学经历。同学们从学习英语谈到减肥成功，从锻炼身体谈到深厚友情，从披星戴月奔波在实习的路上，到起早贪黑的备战考研，经历感动了在场的每位老师和同学。在讨论和分享中引出第三个问题："面对就业我们应该怎么做？"。会上，田芳就简历制作，就业礼仪，就业政策以及求职途径等做了详细介绍，让大家进一步做好就业准备，号召毕业生在就业关键时期，抓住机遇，分秒必争。并从勇于承担到团结合作，乐于分享到锲而不舍等方面分享了工作学习中应具有的精神品质，引起了同学的强烈共鸣。此次主题班会的开展，旨在毕业班中继续营造积极主动的就业氛围，使越来越多的同学面对就业不迷茫、不焦虑，面对未来，有信心、有动力。

【理学院举行信息与计算科学专业校友面对面活动】 2016年12月19日,理学院在基础楼C栋304教室召开信息与计算科学专业校友面对面活动,2009级校友熊思梦迪作为本次交流会的嘉宾与同学们做了沟通交流。校友熊思梦迪在我院毕业后,前往加拿大麦克马斯特大学进修金融数学,获得理学硕士学位。目前在加拿大丰业银行任高级咨询师。她在专业学习上精益求精,工作之余学习不辍,毕业三年学习工作的历程触动了每一位同学。熊思梦迪坦言自己是一个不一样的理工女生,她不仅能熟练运用Office,Bloomberg,FIN-CAD等各样软件,还是Toastmaster正式会员,具有很强的人际交往能力,她擅长钢琴以及各种舞蹈。她讲述了自己的学习和生活经历,鼓励大家要勤思好问。"生活不只有眼前的程序,还有整个世界。"交流活动气氛十分热烈,同学们纷纷表示,这次活动不仅加深了对专业出路的认识,也分享了一种学习态度,生活态度。

（七）对外交流

【概述】 教师参加国内外学术会议、培训近34人次,邀请国内外专家举办学术讲座93次,其中3名教师出国学术交流,22人次国外专家到校进行学术交流。

2016年理学院邀请校外专家学术报告会

序号	专家	主题	时间
1	曹鸿钧	分岔和混沌简介	2016年12月19日
2	田岩	基于多深度图层融合的含雾图像场景复原	2016年12月16日
3	刘发旺	空间分数阶偏微分方程的差分方法	2016年12月16日
4	刘发旺	分数阶计算的进展,挑战和开放性问题	2016年12月15日
5	于永光	Stability analysis and application for a class of nonlinear fractional-order systems	2016年12月15日
6	蒋晓芸	反常扩散建模及其应用	2016年12月15日
7	巩馥洲	生物/医学与数学的交叉研究	2016年12月13日
8	曹文斌	二氧化钛光催化材料:规模化制备和应用研究	2016年12月8日
9	冯芷兰	Identifying Optimal Vaccination Strategies for Eliminating Measles and Controlling Rubella in China via Meta-population Modeling	2016年11月24日
10	朱怀平	A simple model for the dynamics of dissolved oxygen and plankton in shallow lakes	2016年10月30日
11	原三领	Global dynamics of a predator-prey model with defense mechanism for prey	2016年10月30日
12	王玮明	Stochastic Dynamics of FelineImmunod-eficiency Virus within Cat Populations	2016年10月30日
13	李建全	Dynamics of an HBV/HCV infection model with intracellular delay and cell proliferation	2016年10月30日
14	孟新柱	基于脉冲微分方程的进化动力学问题	2016年10月30日
15	陈兰荪	计算机蠕虫病毒传播与防治的状态反馈脉冲动力系统	2016年10月29日
16	靳祯	网络上疾病传播问题	2016年10月29日

续表

序号	专家	主题	时间
17	唐三一	具有抗药性发展下的害虫控制策略模型研究	2016年10月29日
18	马万彪	Repulsion effect on superinfecting virions by infected cells for virus infection dynamic model with absorption effect and chemotaxis	2016年10月29日
19	张兴安	The mutation mechanisms of human breast cancer	2016年10月29日
20	林支桂	传染病数学模型及病毒的扩散特征	2016年10月29日
21	徐瑞	Global dynamics of an age-structured in-host viral infection model with humoral immunity	2016年10月29日
22	邱志鹏	Complex dynamics of a nutrient-plankton syst-em with nonlinear phytoplankton mortality and allelopathy	2016年10月29日
23	张启敏	An asymptotic behavior of a class of resource competition biology species system by fracti-onal Brownian motion	2016年10月29日
24	何泽荣	Control problems for size- and space-structured population models	2016年10月29日
25	雒志学	具有年龄结构及毒素作用的两竞争种群系统的最优收获控制问题	2016年10月29日
26	尚新春	材料和结构中的几个工程力学问题研究	2016年10月25日
27	彭瑞东	岩土材料变形破坏的能量机制	2016年10月12日
28	杨盛谊	高性能量子点红外探测器及太阳电池	2016年10月11日
29	王友德	阿尔法调和映射的能量恒等式	2016年10月11日
30	李想	Mathematica在教育和研究领域的应用综述	2016年10月11日
31	李娜	Inference of Nonparametric Regression Curve Based on Confidence Distribution	2016年10月10日
32	王晓燕	色散光谱仪运动成像退化与复原技术	2016年10月10日
33	王体	浅谈金融数学的发展	2016年9月30日
34	齐海涛	Transient electro-osmotic flow of fractional viscoelastic fluids	2016年9月25日
35	郑连存	分数阶Maxwell流体边界层流动传热分析	2016年9月25日
36	夏德宏	流体流动的物理机制及其方程求解过程的物理内涵	2016年9月25日
37	沈波	大数据技术与应用	2016年9月25日
38	岑翼刚	稀疏特征与表示在图像、视频处理中的应用	2016年9月25日
39	陈德刚	AlphaGo与大数据分析	2016年9月25日
40	巩馥洲	中国数学的发展态势及挑战	2016年9月24日
41	雷光明	如何组织进行多媒体课堂教学	2016年9月24日
42	李晓阳	北京工业大学力学学科建设介绍	2016年9月24日

续表

序号	专家	主题	时间
43	张兴旺	钙钛矿太阳能电池的发展现状与趋势	2016年9月24日
44	陈艳萍	北京科技大学数学学科发展	2016年9月24日
45	李佳	Mathematical Modeling and Dynamics of Interactive Wild and Sterile Mosquito Populations and Release Strategies	2016年9月22日
46	阮士贵	Modeling Transmission Dynamics of Rabies in China	2016年9月22日
47	岑翼刚	Fast Code Construction and Object Matching Based on the VLAD Model	2016年9月8日
48	张晓霞	基于几何投影的非负矩阵分解在协同过滤推荐中的应用	2016年9月8日
49	王恒友	Low-Rank Matrix Theory and Its Application in Image Reconstruction	2016年9月8日
50	陈德刚	从正定矩阵谈起	2016年9月8日
51	Mikhail Guzev	Non-classical solutions of the non-Euclidean continuum model	2016年9月8日
52	王思鉴	Selective Topics in Modern Statistical Epidemiology and Biomedical Statistics	2016年9月6日
53	Yasuhiro Takeuchi（竹内康博）	Maturation delay for the predators can enhance stable coexistence in prey-predator model with Allee effect	2016年8月9日
54	马万彪	Global behavior of delay differential equations model of HIV infection with apoptosis	2016年8月9日
55	王玮明	A stochastic SIRS epidemic model with infectious force under intervention strategies	2016年8月9日
56	赵慧	Regression Analysis of Case K Interval-censored Failure Time Data in the Presence of Informative Censoring	2016年8月3日
57	刘发旺	暑期专题讲座——分数阶微分方程数值解法	2016年7月29日
58	刘发旺	暑期专题讲座——分数阶微分方程数值解法	2016年7月25日
59	John Glasser	Identifying Optimal Interventions Via Meta-population Models with Multi-level Mixing	2016年6月30日
60	李治平	Cavitation Computation in Nonlinear Elasticity	2016年6月29日
61	Priti Kumar Roy	Role of Mathematics and its Application for Biodiesel Production	2016年6月20日
62	刘金朝	高速铁路基础设施检测数据智能采集和分析处理	2016年6月14日
63	王兵团	2016年"华为杯"第十三届全国研究生数学建模竞赛北京建筑大学宣讲会	2016年6月6日
64	陈巩	Modeling and Simulation of Pulverizing Aircraft Crashes	2016年6月1日

续表

序号	专家	主题	时间
65	郑连存	复杂流体流动传热问题的解析算法	2016年6月1日
66	冯兆生	Lie Symmetries to Degenerate Parabolic Systems	2016年6月1日
67	冯芷兰	Mathematical Models of Ebola-consequences of Underlying Assumptions	2016年5月30日
68	冯芷兰	Dynamics of Two-Strain Influenza with Isolation and Partial Cross-Immunity	2016年5月27日
69	高洪俊	Asymptotic behavior of a stochastic mutualism model	2016年5月26日
70	冯芷兰	Effect of Quarantine in Six Endemic Models for Infectious Diseases	2016年5月26日
71	冯芷兰	Social Contacts and Mixing Patterns Relevant to the Spread of Infectious Diseases	2016年5月25日
72	张显	带反应扩散项的时滞基因调控网络的稳定性分析及状态估计	2016年5月25日
73	王金良	Global stability of a time-delayed multi-group SIS epidemic model with nonlinear incidence rates and patch structure	2016年5月25日
74	冯芷兰	Appropriate Models for the Management of Infectious Diseases	2016年5月22日
75	赵洪涌	时空种群动力学分析与控制研究进展	2016年5月20日
76	冯芷兰	Emerging disease dynamics in a model coupling within-host and between-host systems	2016年5月20日
77	李镇清	Coexistence of species with different dispersal across landscapes: a critical role of spatial correlation in disturbance	2016年5月20日
78	刘胜强	Epidemic model with cross-infection and patch dispersal	2016年5月20日
79	张益军	网络化系统同步问题的探讨	2016年5月20日
80	万辉	The impact of resource and temperature on malaria transmission	2016年5月20日
81	严加安	我心目中的科学与艺术	2016年5月10日
82	韩茂安	问题主导的研究式教学模式实践与探讨	2016年4月26日
83	马万彪	Stability of a Mathematical Model of Tumour-induced Angiogenesis	2016年4月23日
84	原三领	Stochastic phytoplankton allelopathy model under environmental fluctuation	2016年4月23日
85	李学志	海洛因传播系统的建模与研究	2016年4月23日
86	齐龙兴	血吸虫方面研究的一些结论	2016年4月23日

续表

序号	专家	主题	时间
87	王熙照	大数据中的不确定性学习	2016年4月13日
88	苑会林	特种聚合物的溶液流延法制膜工艺及其应用	2016年4月12日
89	靳祯	网络结构与传播动力学	2016年4月6日
90	袁荣	Analysis of Differential Equations with State-Dependent Delay and its applications	2016年4月6日
91	张毅	Stability of switched system	2016年4月6日
92	郑作环	随机周期解	2016年4月6日
93	裴永珍	Optimal age and harvesting effort selection policies for a fishery management model with reserved area	2016年3月14日

2016年理学院教师参加学术会议人员情况

序号	参会人	会议名称	主办单位	参会日期
1	崔景安	山西大学"生物数学前沿问题学术研讨会"	山西大学复杂系统研究所	2016-10-31
2	崔景安	中国生物数学学会第八届学术年会	中国生物数学学会	2016-07-18
3	崔景安	生物数学前沿问题学术研讨会	北京建筑大学	2016-10-28
4	崔景安	生物数学前沿问题学术研讨会	山西大学	2016-10-31
5	崔景安	生物数学前沿问题学术研讨会	宁夏大学	2016-09-29
6	崔景安	中意应用数学会议	华北电力大学	2016-06-20
7	崔景安	传染病动力学前沿问题研讨会	安阳工学院	2016-06-15
8	魏京花	2016年全国高等学校光学教学暨学术研讨会	全国高等学校光学教学研究会	2016-07-20
9	王恒友	2016年机器学习与控制论国际会议	IEEE协会SMC分会	2016-07-12
10	梁昔明	全国高校优质教学资源建设与教师专业能力提升及师资队伍建设培训研讨会	中国教育培训发展协会教育委员会	2016-08-14
11	梁昔明	高校教师教学能力、信息技术与专业素养提升暨学生能力发展培养高级研修班	中国教育培训发展协会教育委员会	2016-08-03
12	梁昔明	中国数据挖掘会议（CCDM2016）	中国计算机学会、中国人工智能学会	2016-05-19
13	王俊平	2016年第十七届大学物理教学研讨暨	清华大学新疆大学清华大学出版社	2016-08-01
14	王俊平	第三届北京高校物理基础课青年教师讲课比赛观摩会议	北京市物理教指委，北京大学	2016-05-08
15	石萍	第六届全国基础力学青年教师讲课比赛	教育部高等学校力学基础课程教学指导委员会	2016-07-23
16	石萍	高等学校基础力学课程骨干教师高级研修班	教育部高校力学基础课程教学指导委员会	2016-07-25
17	许传青	青年骨干教师教学能力提升	北京市高等学校师资培训中心	2016-11-10
18	许传青	2016年国学素养与师德培训班	北京市高等学校师资培训中心	2016-11-25

续表

序号	参会人	会议名称	主办单位	参会日期
19	许传青	北京市属高等学校硕士研究生高级研修班	北京市高等学校	2016-06-15
20	许传青	中国生物数学学会第八届学术年会	扬州大学	2016-07-17
21	何强	2016年机器学习与控制论国际会议	IEEE协会SMC分会	2016-07-12
22	何强	第十四届中国机器学习及其应用研讨会	南京大学	2016-11-05
23	何强	CRSSC-CWI-CGrC 2016联合会议	中国人工智能学会	2016-08-17
24	何强	2016年形式概念分析与粒计算学术研讨会	重庆理工大学	2016-07-25
25	何强	2016年大数据与粒计算高峰论坛	宁波理工学院	2016-05-18
26	何强	2016年大数据机器学习学术研讨会	深圳大学	2016-04-02
27	王晓静	生物数学前沿问题学术研讨会	北京建筑大学	2016-10-28
28	王少钦	International Conference on Machine Learning and Cybernetics 2016	IEEE协会SMC分会	2016-07-10
29	王晓静	中国生物数学学会第八届学术年会	中国生物数学学会	2016-07-18
30	梁昔明	R语言数据处理与绘图专题研讨会	上海莫速乎教育投资有限公司	2016-04-21
31	王秀芳	第六届无机材料结构、性能及测试表征技术研讨会	中国硅酸盐学会测试技术分会	2016-04-23
32	马黎君	全国高等学校光学教学暨学术研讨会	广西大学	2016-07-20
33	杨谆	北京图学学会2016年学术年会	北京图学学会	2016-10-15
34	高雁飞	2016年机器学习与控制论国际会议	IEEE协会SMC分会	2016-07-12

（八）党建工作

【概述】理学院党委以"习近平总书记系列重要讲话"为切入点，以"两学一做"教育活动为载体，通过领导班子学习、理论中心组学习、党员培训、专题交流等多种形式，不断深化对习近平总书记系列重要讲话精神的学习教育和贯彻落实，加强对现实问题的理性思考。

深入贯彻领导干部联系党支部制度，共同参与支部建设和工作研讨，加强对支部的引导和指导。把全面从严治党的要求落实到每个党支部、落实到每名党员。在学校两高布局调整、80周年校庆、学院十三五规划制定等重大工作中，把社会主义核心价值观体系融入师生的思想教育中，突出理想信念教育。教师和学生党员纷纷做出承诺，做到心中有党，牢记党员的义务和身份，在工作和学习中作表率。

通过基层组织全覆盖深度调研，摸清学院党组织建设、干部队伍建设、人才队伍建设的实际状况，理清党组织建设的重点难点和薄弱环节，坚持以问题为导向，查找党建工作突出问题，确认影响改革发展稳定的短板，建立问题整改的新机制，最后确定把党支部建设作为重中之重。通过党支部建设情况评价、合格党支部建设规范讨论、薄弱党支部整顿等多种措施，不断提高支部的战斗力。通过加大对支部书记的培训力度，有效提升了支部书记的能力素质，教工党支部书记参与学院的重要事项的讨论与决策，充分发挥党支部的监督保证作用。按时完成了党委换届。

【召开领导班子民主生活会】2016年1月14日，理学院召开了处级领导干部"三严三实"专题民主生活会，院领导程士珍、崔景安、宫瑞婷、郝迈、白羽全部参加了生活会。会议由联系理学院的校领导党委副书记吕晨飞主持。

为开好2015年度学院党员领导干部民主生活会，首先，在1月4日党政联席会上党委书记程士珍就开始部署民主生活会的准备工作，并集中学习习近平总书记关于党员领导干部践行"三严三实"的新思想新观点新要求，学习党章和《中国共产党廉洁自律准则》、《中国共产党纪律处分条例》等规章制度，并完成了《中国共产党纪律处分条例》知识问答题。其次，在要求"三必谈"的基础上，以采取座谈会、面对面谈心等方式，广泛听取各党支部、教授代表、党代会代表、教代会代表、青年教师代表、民主党派、无党派人士代表等对学院领导班子和领导的意见建议。在前面边学边查边整理的基础上，对照"三严三实"要求，对照教育实践活动整改方案，对照本次民主生活会征求到的意见，形成了理学院领导班子民主生活会总结以及党员领导干部民主生活会总结，在民主生活会上，大家发言开门见山，破除思想障碍，逐一进行批评与自我批评，不谈成绩，直奔主题，查找出问题，揪出根源，理清思路，明确目标。

学校党委副书记吕晨飞总结中说，这是一次高质量的民主生活会，促进了理学院领导班子作风建设，确保了在思想上政治上行动上同党中央保持高度一致，同时他也强调理学院要对应学校"十三五"规划，谋划好学院"十三五"规划的各项工作，奋发有为地推进学院改革发展。

【召开党风廉政建设工作会】 2016年3月8日，理学院召开全院教职工大会，党委书记程士珍传达学校年度工作会暨党风廉政建设工作会的重要精神。特别是纪委书记何志洪的讲话，一是要尊崇党章，严格执行《准则》和《条例》；二是要落实整改，坚持把作风建设抓到底；三是要狠抓基层，进一步加强惩防体系建设；四是要强化宣教，树立良好社会风尚。会上程士珍宣读了学校对理学院党委党风廉政建设责任制落实检查工作的反馈意见，并对党风廉政建设与反腐败工作进行了部署。

【召开支部书记工作例会】 2016年3月22日，理学院召开支部书记工作例会，布置各党支部民主生活会工作小结、支部年度工作总结、党员民主评议表等材料提交时间，安排党支部手册检查任务。传达学校党政工作要点，讨论2016年理学院党委工作计划，学习党章党规，明确党建工作重点和要求。

【召开理论中心组扩大会】 2016年3月22日，理学院召开理论中心组扩大会，党政领导、党委委员、支部书记、系主任等参会，研讨理学院2016年党政工作计划，从党建和思想政治工作、党风廉政建设、教学工作、学科建设、学生工作等进行认真研讨。结合学校两高布局调整，重新规划理学院实验室，研讨学科建设和科研团队用房，研究生全部从西城迁移到大兴校区，预留出研究生研讨工作室，从硬件上为十三五发展奠定了基础。会上还布置了学院经费预算金额、内容、要求，并提出继续实施延揽名师计划，做好相应的预算。

【召开理论中心组扩大会】 2016年5月3日，理学院召开理论中心组扩大会，党政领导、党委委员、支部书记等参会。传达《关于在学校全体党员中开展"学党章党规、学系列讲话，做合格党员"学习教育的实施方案的通知》，研讨理学院"两学一做"学习教育的实施方案。会上，理学院党委书记程士珍组织大家学习了《中国共产党廉洁自律准则》、《中国共产党纪律处分条例》、《中国共产党党员权利保障条例》和习近平重要讲话《谈谈调查研究》，并对后续工作进行了安排和部署，最后程士珍通报了党员组织关系排查工作进展情况。

【召开基层组织全覆盖深度调研动员部署会】2016年5月3日,理学院召开基层组织全覆盖深度调研动员部署会。党政领导、党委委员、支部书记、调研工作小组全体成员出席会议。会议由学院党委书记程士珍主持。

党委书记程士珍结合《理学院党委关于做好基层组织全覆盖深度调研工作的实施方案》的要求,阐明了校院党委关于开展基层组织全覆盖深度调研的总体精神,重点强调了工作目标:一是进一步强化学院党政主要领导党建担当意识;二是进一步提水平查问题补短板;三是进一步树立清正务实清廉作风,为实现校院十三五发展规划营造氛围提供动力;四是进一步与其他各项工作紧密结合。

她要求各党支部按照调研时间、调研内容、调研交流等方面妥善安排,把握党组织建设的重点难点和薄弱环节,结合中心工作和学院"十三五"规划,增强"两学一做"学习教育的针对性和实效性,以调研工作成效推动学院各项事业发展。

【召开党支部研讨交流会】2016年5月12日,理学院召开党支部汇报基层党建工作会,党委委员和支部书记参会,会议由党委书记程士珍主持。根据前期基层党组织全覆盖深度调研的要求,在调研的基础上,8个党支部(退休支部除外)结合实际情况逐一汇报支部党建工作,重点是查找存在问题,给出今后努力方向和改进措施。通过支部交流,支部书记相互借鉴,取长补短,提高工作实效,促进党支部建设。

【召开基层组织全覆盖深度调研工作汇报暨先进典型评选会】2016年5月24日,理学院党委召开基层组织全覆盖深度调研工作汇报交流暨先进典型评选会。理学院基层组织调研工作小组成员参加会议。理学院党委副书记郝迈代表学院党委向工作小组做了党委专题工作汇报,他从理学院党委基层组织建设情况、人才队伍建设情况、干部队伍建设情况以及师生关心的热点问题等方面进行了认真的梳理和总结,对工作中取得的成绩、主要经验、存在问题、未来五年工作思路等逐一分析。之后,工作小组的各位成员对汇报内容提出了修改和补充建议。

汇报交流之后,理学院基层组织全覆盖深度调研工作小组对各支部推选的优秀共产党员,党务工作者,先进基层党组织候选人等充分酝酿,提出理学院推荐候选人名单。

此次汇报会是学院基层组织全覆盖调研工作的一个重要组成部分,希望以此为契机,进一步凝练学院的工作特色,形成工作经验,并针对工作中存在的不足,认真分析原因,为下一阶段的整改工作打好坚实基础。

【召开"两学一做"党员专题教育会】2016年6月14日,为贯彻落实"学党章党规,学系列讲话,做合格党员"专题教育的有关精神,按照"两学一做"学习教育实施方案的有关部署,理学院党委召开了"两学一做"党员专题教育大会。理学院党委书记程士珍主持会议,全体教职工党员参加了大会。

首先程士珍做"两学一做"暨基层组织全覆盖深度调研情况汇报。

其次,她传达了《中共北京市委十一届十次全会》精神,集中学习了市委书记郭金龙在会上的重要讲话。并结合学校"两高"布局的整体规划,介绍了理学院两校区功能布局的调整方案,希望广大党员有大局意识,切实转变发展理念,推进学校学院布局优化调整。

最后组织全体党员观看了党风廉政教育警示片《失控的"自由人"》和《蜕变的人生》。从音像中看到理想信念缺失、主体责任缺位、纪律观念淡薄等导致党员干部观念的蜕变过程，给所有党员和领导干部都敲响了警钟。

【理学院召开处级干部述职评议考核会】2016年6月28日，理学院召开2015/2016学年度处级单位和处级干部考核民主测评会，组织部指派经管学院团委书记曹晓云来理学院测评，全体教职工参加会议。会议由理学院党委书记程士珍主持。会上，院长崔景安代表领导班子做学院述职报告，他从学院总体工作、教学工作、科研工作、学科建设、研究生工作、师资队伍建设等6个方面主要指标完成情况进行了述职。之后，5位院领导围绕德、能、勤、绩、廉等5个方面针对履行职责和完成各项任务情况逐一述职。最后由曹晓云向每位到会的教职工分发民主测评表，全体教职工对5位院领导进行匿名评议。院长崔景安部署了教职工学年度考核和评优工作安排，党委书记程士珍强调了暑假安全稳定工作，进一步明确责任和要求。

【召开党员发展工作会】2016年6月30日，召开党员发展工作会，理学院党委委员全部参会。会上，理学院党委副书记郝迈逐一介绍预备党员和转正党员情况，党委委员认真审核党员材料，并详细询问这些同志在思想、学习以及生活中的表现，最后举手表决形成决议。

【开展共产党员献爱心捐献活动】在庆祝中国共产党成立95周年之际，理学院党委组织开展"共产党员献爱心"捐献活动，全院教职工党员积极响应都自愿捐款，2016年7月8日，校党委副书记吕晨飞和理学院党委书记程士珍到困难党员退休教师吴昌泽家中进行慰问，吕晨飞详细询问了吴老师的身体状况和家庭情况，了解存在的具体问题和困难，感谢作为老同志和老支部书记为学校和理学院发展做出的贡献，并送去市委组织部和学校党委的慰问金。受访党员吴昌泽对学校党委的关怀深表感谢，他说学校非常重视退休教职工的工作，对退休教职工反映的问题及时解决，特别是联系理学院吕书记经常参加退休党支部活动，传达学校最新精神，征求老党员意见，让老党员们倍加感受到党组织的关怀和重视。

【召开支部书记工作例会】2016年8月29日，召开支部书记工作例会，理学院党委委员和支部书记参会。会上，党委书记程士珍重点部署了5项工作，一是传达市委第五巡视组对学校巡视反馈意见，并传达了《中共北京建筑大学委员会关于落实市委巡视组巡视反馈意见的整改工作方案》；二是研讨学院文化建设方案，规划学院楼层文化，明确宣传主题和内容；三是部署校庆相关工作；四是说明基层组织全覆盖开展情况，党支部评价和薄弱党支部建设；五是通报党费收支情况。最后，她把本学期重点开展工作做了进一步部署。

【召开教风和学风建设联动座谈会】2016年10月9日，理学院召开了教风和学风建设联动座谈会。学校党委副书记吕晨飞、教务处处长邹积亭、学工部部长黄尚荣、理学院领导班子成员、系主任、班导师、教师代表和学生代表等20余人参加会议。会议由理学院党委书记程士珍主持。

理学院院长崔景安介绍了理学院教风学风现状和实施方案。通过梳理教风学风方面存在的主要问题，提出了加强师德教育，开展教学观摩与研讨，鼓励教师积极参加培训，提升教师教学基本功，全面重新制定和优化课程大纲等举措。针对学困生，学院采取个性化帮扶措施，形成从领导班子，到各系、任课教师、班级导师、学习导师（专业导师）和辅导员的联动帮扶机制。

与会教师代表围绕专业认同度、学分制管理、课程大纲修订、学困生帮扶措施等方面畅所欲言，为促进教风学风转变建言献策；与会学生代表们各抒己见，就端正学习态度、加强课堂管理、发挥榜样力量等发表了自己的看法与建议。

【党委书记王建中调研理学院基层党建和基础课教学工作】 2016年10月31日，党委书记王建中到理学院专题调研基层党建、基础课教学以及教风学风建设工作。党委副书记吕晨飞、研究生院、教务处负责人及党政办、组织部、宣传部相关同志一同参加调研。理学院领导班子成员、党支部书记、系主任、实验室中心负责人及部分师生代表参加调研活动。

调研会上，理学院党委书记程士珍作了"围绕中心 服务大局 助力发展"党建工作汇报，就学院"两学一做"学习教育进展情况、党建工作推进事业发展情况以及下一阶段学院工作思路和改进措施等方面内容进行了全面介绍。院长崔景安就学院学科建设与科研工作、人才培养、师资队伍建设及"十三五"时期重点规划作事业发展汇报。副院长宫瑞婷汇报了学院教风学风联动推进情况。副院长白羽汇报了研究生现状和数学一级学科发展面临的问题。

与会人员围绕教风学风联动、基础课教学改革、专业课建设、师资队伍建设等方面展开了深入交流。党委副书记吕晨飞在交流讨论时指出，理学院承担着全校本科数学、物理、力学、制图学等公共基础课的教学任务，在学校学风建设中，起到了至关重要的作用，希望老师们充分利用慕课、翻转课堂等优质资源提高教学质量，把探讨分层、分类教学作为"两学一做"学习教育党员教师发挥作用的载体，予以重点解决。

王建中在总结讲话中对理学院近年来发展取得的成绩表示了肯定。他指出，理学院发展基础很好，管理运行规范，标准掌握严格，教师敬业，人才培养成效显著。理学院班子团结、事业心强、大局意识强，在学校"两高"布局调整工作中发挥了很好的作用。理学院在学校办学及人才培养全局工作中占据基础性的地位，不仅关系到学院两个专业人才培养，更关系到为全校人才培养打好数理基础的关键作用，针对目前学校存在的公共基础课不及格率偏高等问题，理学院作为基础课教学的主要承担单位，理学院承载的育人责任重大，同时面临着生源层次复杂、教学任务重、教改任务重等巨大压力，需要深入思考，狠抓落实，追求实效，明确举措，结合实际，出狠招，结合2016版培养方案，从学校大局出发，系统研究分析，高度重视公共基础课教学，学校对进一步提升公共基础课教学质量充满信心。

针对理学院的发展，王建中希望理学院班子能够团结全院师生，深入思考两个问题，即北建大要建设什么样的理学院和怎样建设这样的理学院，进一步明确理学院的目标定位以及思路举措，并提出了六点意见。一是要聚焦课程建设，从学校大局出发，不仅要聚焦本学院专业课程建设，更要把学校公共基础课建设当作重大课题，予以重视，认真研究，与各学院做好协同。二是要突出学科特色，继续突出数理基础学科与其他学科交叉融合的特色，争取在学科建设特色上实现点的突破。三是重视专业建设，把专业建设作为提升师资队伍水平的重要载体和平台，打造教师发展的事业领地。四是强化队伍建设，要以建设一支强大优秀的公共基础课师资队伍的为基础，把理学院的师资队伍建强，做到结构合理，素质优秀，名师辈出。五是注重引进优质资源，通过引进校外优质师资力量和优质课程资源，提高学校人才培养质量。六是增进文化建设，营造更好的凝聚人心的氛围和环境，进一步增强学院师生的归属感。调研会前，王建中一行实地检查了理学院的基础教学实验室、教师办公场所及公共文化建设区域。检查中，王建中书记对理学院实验室管理工作给予高度肯定。

【党支部深入学习贯彻十八届六中全会精神】 按照学校党委《关于深入学习宣传贯彻党的十八届六中全会精神的通知》要求，理学院党委把11月份定为专题学习十八届六中全会精神月，各党支部组织了学习研讨活动，在此基础上，分别制定了"合格党支部建设规范"和"合格党员行为规范"。

各党支部以自学、集中学、主讲主问、研讨交流、知识问答等多种形式组织党员学习了《关于新形势下党内政治生活的若干准则》与《中国共产党党内监督条例》，大家一致认为，治国必先治党，治党务必从严。十八届六中全会不仅开创了党的建设新格局和新境界，也将"四个全面"战略布局更加系统地提升到新高度。

党员们纷纷表示一定要按照十八届六中全会的要求，自觉遵守政治纪律和政治规矩，不断增强政治意识、大局意识、核心意识、看齐意识，做到坚守政治信仰、站稳政治立场、把准政治方向，坚决贯彻落实好《准则》和《条例》。同时，要将"两学一做"同业务工作相结合，力争做一名优秀的共产党员，在教学科研工作中做出更大的贡献。

【召开党风廉政建设工作会】 2016年12月20日，为进一步加强党风廉政建设责任制，把反腐倡廉各项任务和措施落到实处，根据党委总体工作安排，党委副书记吕晨飞、组织部部长孙景仙、基建处处长周春、人事处科长张莉组成的检查组到理学院现场检查落实党风廉政建设责任制情况。理学院班子成员、党委委员、系主任、支部书记、党代会代表、教代会代表等参加了检查汇报会。理学院党委书记程士珍从三个方面汇报党风廉政建设情况，一是从严治党责任体系，推进党风廉政建设；二是从严维护党章党纪，加强重点环节监督；三是发挥工会组织作用，营造风清气正氛围。

检查组听取汇报后，查阅有关文件资料，重点检查了贯彻落实上级及学校党委关于党风廉政建设部署情况；党委开展"两学一做"学习教育情况；贯彻执行中央八项规定精神、市委十五条实施意见和持之以恒纠正"四风"情况；对科研项目、科研经费、科研行为加强管理和规范情况；党务公开、院务公开工作情况等五个方面。接着又开展了座谈交流以及填写满意度调查表。组织部部长孙景仙和基建处周春处长对理学院党风廉政建设情况给予肯定，一致认为理学院工作作风扎实，落实党风廉政建设工作制度健全、体系完整、工作规范、资料保存完整，不足之处是需要把资料再细化，分门别类存档。

党委副书记吕晨飞在座谈交流中，认真听取与会教师意见，询问以前教师反映的问题相关部门是否给予解决，现在还有哪些困难需要学校层面协调，与会教师毫无保留地谈了一些想法和看法。最后吕书记针对理学院的现状和目标定位，提出了三点意见。一是着眼于国际化，充分利用资源。二是注重引进优秀人才，加强师资队伍建设。三是合理运用"京南三校联盟"政策，蹚出一条教学互补互认的新途径。

【召开理学院党员大会】 2016年12月27日，中国共产党北京建筑大学理学院党员大会在学院楼D座报告厅隆重开幕，校党委副书记吕晨飞、组织部副部长李云山、理学院院长崔景安出席了会议。大会由理学院党委副书记田芳主持。大会在雄壮的国歌声中拉开帷幕。首先，理学院党委书记程士珍进行了题为《围绕中心　服务大局　夯实基础为事业发展保驾护航》的工作报告，回顾了过去五年以来从"围绕中心，服务大局"加强党建与思想政治工作，到"党政同心，共谋发展，群策群力"党建工作促进事业发展取得的显著成效。其次，汇报了未来五年学院的发展思路、发展目标和发展路径。最后她要求学院全体党员，站在新的历史起点上，为全力推进建设特色鲜明的高水平建筑类大学的理学院携手并进、精诚团结、解放思想、改革创新、抢抓机遇、加快发展，为实现事业跨越式发展而共同努力！

袁晓娜同志宣读大会选举办法，石萍同志介绍党委委员候选人产生过程，李云山同志宣读《关于同意石萍等同志为理学院党委委员候选人预备人选的批复》。大会依次表决通过了《中共北京建筑大学理学院委员会换届选举办法》，中共北京建筑大学理学院新一届党委委员候选人预备人选名单和总监票人、监票人、总计票人、计票人名单。

此次大会，有选举权的到会人数超过应到会人数的五分之四，符合规定，会议有效。在工作人员的引导下，与会党员认真填写选票，并投出自己神圣的一票。

计票期间，校党委副书记吕晨飞发表讲话。他肯定了理学院党委和领导班子在"十二五"期间带领学院师生员工取得了突出的成绩，并对"十三五"工作提出了三点要求：一是在学校由教学型向教学研究型转变的过程中，抢抓转型机遇，在科研和学科建设方面逐渐形成自身的体系，独树一帜，不断发展成为学校一道靓丽的风景线；二是在教风学风建设方面，继续夯实基础教学质量，在教风学风联动建设方面创新思路，多措并举，成为学校教风学风建设的领先者；三是积极拓宽国际化视野，为老师成长引入新路径，为研究生、本科生培养实现国际化创造机会。最终，根据大会选举办法，对照计票结果，产生了中共北京建筑大学理学院委员会委员7人，程士珍、田芳、石萍、白羽、宫瑞婷、袁晓娜、聂传辉当选理学院党委委员。最后，大会在《国际歌》中胜利闭幕。

会后，理学院新一届党委委员召开了第一次党委全体会议，选举出党委书记、副书记，并进行分工，报党委审批。

（九）工会工作

【概述】按照学校2016年党政工作要点，2016年理学院分工会、教代会结合本单位的实际情况，在学校党委、工会的领导下，贯彻落实习近平总书记系列重要讲话精神，围绕中心，服务大局，以创建民主、和谐、健康的"教工之家"为载体，构建党政主导的维权格局，团结动员广大教职工积极投身到学校和学院的改革与发展中。

【举办2016年教职工大会暨2015工作年会】2016年1月12日下午，理学院教职工大会暨2015工作年会在基础楼C座509举行，校党委副书记张启鸿受邀参加了会议。校党委副书记张启鸿同志受邀参加了学院年会，会议由理学院党委书记兼分工会主席程士珍主持。

学院院长崔景安作理学院2015年党政工作总结，学院分工会主席程士珍作理学院2015年分工会、教代会工作总结，学院办公室主任王恒友对理学院2015年分工会的经费使用情况进行说明，并在广泛征求点题公开内容的基础上，对OA系统使用进行了培训。

【举办退休教师新年茶话会】2016年1月21日下午，理学院在教1-102举行了退休教师辞旧迎新新年茶话会，学校党委副书记张启鸿、理学院领导班子崔景安、程士珍、郝迈、白羽出席茶话会，与理学院退休教师座谈交流。理学院党委书记程士珍主持了茶话会。

学校党委副书记张启鸿代表学校党委向各位老同志为学校发展做出的贡献表示感谢与敬意，祝愿他们在新的一年里阖家幸福、万事如意。然后张书记通报了学校2015年主要工作和成绩，介绍了学校"十三五"时期拟开展的工作，明确了把学校建设成为国内一流、国际知名，具有鲜明建筑特色的高水平、开放式、创新型大学的目标。张书记恳请老同志继续关心支持学校发展，学校将加强退休教师条件保障建设，努力把退休工作做得更好。

【召开党政联席会研究工会工作计划】2016年3月8日下午，理学院召开党政联席会，领导班子成员结合分管工作就党建和思想政治工作、工会和教代会、教学和专业建设、学科和师资队伍、学生教育和就业工作等进行认真讨论，制定2016年党政工作计划。明确工会和教代会工作方案。

【分工会委员会工会小组组长研讨工会活动方案】2016年4月19日下午，理学院分工会组织分工会委员工会小组组长会议，研究2016年工会活动工作计划，提出文体活动、青年教师基本功比赛、师德沙龙、春游、文艺会演等工作计划。要求各工会小组组长广泛征求工会会员意见，并把教代会提案反馈给教代会代表。

【理学院教师参与魅力教师 健康生活 健步走活动】6月15日上午，校工会组织14名教职工来到风景秀美的鹫峰国家森林公园，理学院李冰老师参加了此次活动。伴着明媚的阳光，参加活动的教职工健步前行，坚持完成了10公里的健步里程，用自己的行动向全院教职工倡导"每天健步一小时，健康工作五十年，幸福生活一辈子"。

【理学院分工会召开分工会委员暨执委会委员换届选举大会】2016年6月28日下午，理学院分工会在基础C-509会议室召开了分工会委员暨执委会委员换届选举大会，全院有71名工会会员（代表），实到会工会会员（代表）67人，超过了应到会人数三分之二，符合法定人数。大会由理学院党委书记、分工会主席程士珍主持。程士珍代表第七届分工会委员会、第二届教代会执行委员会向大会做工作报告和财务工作报告。她指出学院工会团结动员广大教职工积极投身教科研活动，为推动学院改革发展、促进学院和谐健康发展做出了积极地贡献，学院发展也取得了累累硕果。学院分工会概括为建设"五型"工会：一是党政高度重视，建设团结型教职工之家；二是维护职工权益，建设民主型教职工之家；三是健全规章制度，建设规范型教职工之家；四是搭建发展平台，建设发展型教职工之家；五是加强工会组织建设，建设温馨型教职工之家。之后，会员（代表）大会分别按照会议议程有条不紊地进行换届选举投票工作，分工会副主席魏京花作为总监票人主持正式选举环节，等额选举产生了7名新一届理学院分工会委员会委员和7名教职工代表大会执行委员会委员。当天，新当选工会委员召开第一次会议，选举产生新一届主席、副主席，并讨论确定了其他委员工作分工。执委会第一次会议，选举产生新一届主任、副主任、秘书长，理学院分工会委员暨执委会委员换届选举工作圆满完成。

【理学院召开处级干部述职评议考核会】6月28日下午，理学院召开2015-2016学年度处级单位和处级干部考核民主测评会，组织部指派经管学院团委书记曹晓云来理学院测评，全体教职工参加会议。会议由理学院党委书记程士珍主持。会上，崔景安院长代表领导班子做学院述职报告，他从学院总体工作、教学工作、科研工作、学科建设、研究生工作、师资队伍建设等6个方面主要指标完成情况进行了述职。之后，5位院领导围绕德、能、勤、绩、廉等5个方面针对履行职责和完成各项任务情况逐一述职。最后由曹晓云向每位到会的教职工分发民主测评表，全体教职工对5位院领导进行匿名评议。

【理学院教师参与校工会组织的暑期平谷休养活动】7月17-21日，理学院5名教师参与了校工会组织的暑期休养活动，在活动中放松身心，增进和各部门各同志间的交流，同时也感受到了学校给予的关怀。

【**理学院分工会举办篮球比赛活动**】10月18日下午，雾霾笼罩下的北京，理学院分工会在气膜体育馆里举办了教职工篮球比赛。这次活动有60余人参加。为了迎接校工会即将开展的篮球比赛，理学院分工会本着全员参与的原则，进行了投篮比赛，根据投篮进球个数决定奖项级别。投篮运动虽然简单，但是对于平时从没接触篮球的教职工来说，命中率可是大问题。为了提高投篮的命中率，大家抓紧练习，"你争我夺"，满场篮球跳跃，伴随着惊呼声投球入篮，气氛非常热烈。经过了投篮的热身赛，精彩的篮球比赛徐徐拉开帷幕，10名男教师开始篮球对抗赛，尽管平时很少训练，但是球场上大家配合默契，一传一投中体现了信任和依赖。其余没有比赛任务的教职工，或者观摩篮球赛加油助威，或者练习投篮，或者自发地组织羽毛球比赛。短暂的活动，使得教职工释放了压力，增进了友情。

【**理学院分工会举办"青年教师教科研经验交流"主题沙龙活动**】11月22日中午，由校工会主办、理学院分工会承办的"青年教师教科研经验交流"主题沙龙活动在四合院教工之家举行，理学院青年教师和督导组成员等二十余人参加。理学院分工会主席程士珍主持。

首先督导组成员结合平时听课和讲课比赛情况指出青年教师应注意的问题，在师生互动、音量控制、课件使用、课外辅导等方面分享体会；其次对于如何掌控课堂，怎样合理利用校内外资源，给出了很好的建议。与会教师畅所欲言，相互交流和启发，对青年教师的发展起到了促进作用。

其次，理学院党委书记、分工会主席程士珍表示，希望青年教师充分利用学校资源，合理分配时间，规划好未来发展方向，积极主动向其他老师学习和请教，克服畏难情绪，尽快提高教科研水平。

【**理学院举办2016~2017学年青年教师教学基本功比赛**】2016年11月1日下午，理学院在大兴校区基础楼A座-107教室举行了青年教师教学基本功比赛，近三年新进教师与40岁以下等17名青年教师参赛，副院长宫瑞婷主持。学院评审组由领导班子、系主任、教学督导组等成员组成，评审组依据参赛教师的教学内容、教学方法、教学手段、板书情况等多方面综合评价，推荐王利萍、何强、苏欣纺等10名教师参加学校青年教师基本功比赛。两年一度的青年教师基本功比赛，充分调动了学院全体青年教师的教学积极性，促进青年教师教学基本功训练与提高。理学院将以本次青年教师基本功比赛为契机，打造素质高、业务精、能力强的高素质教师队伍，不断加强教风学风建设，努力提高全院教育教学质量。

【**理学院召开2016年教职工大会**】2016年12月27日下午，理学院年终全体教职工及工会会员大会在学院楼D座报告厅隆重召开，校党委副书记吕晨飞、理学院领导班子成员及全体教职工出席了会议。大会由理学院党委副书记田芳主持。首先，校党委副书记吕晨飞发表讲话。他肯定了理学院党委和领导班子在"十二五"期间带领学院师生员工取得了突出的成绩，并对"十三五"工作提出了三点要求：一是在学校由教学型向教学研究型转变的过程中，抢抓转型机遇，在科研和学科建设方面逐渐形成自身的体系，独树一帜，不断发展成为学校一道靓丽的风景线；二是在教风学风建设方面，继续夯实基础教学质量，在教风学风联动建设方面创新思路，多措并举，成为学校教风学风建设的领先者；三是积极拓宽国际化视野，为老师成长引入新路径，为研究生、本科生培养实现国际化创造机会。随后，由理学院院长崔景安做理学院 2016 年党政工作总结，他分别从教学、科研、学科建设、专业建设以及招生等方面一年来取得的成果进行汇报，并积极的肯定了理学院全体教师一年来对学院各项事业发展所做出的辛勤努力与付出。他强调，2016 年是"十三五"发展规划的开局之年，各项成果的取得对整个五年的发展目标起着关键的作用，相信在 2016 年的基础之上，在理学院全体教师的共同努力下，"十三五"各项工作能够顺利完成。也希望，老师们再接再厉，在新的一年里各项工作取得更多成果。 紧接着，由理学院党委书记程士珍做理学院分工会年终总结报告，她就理学院一年来，在"党政高度重视，建设团结型教职工之家"、"维护职工权益，建设民主型教职工之家"以及"搭建发展平台，建设发展型教职工之家"三个方面所做的工作进行汇报，特别是理学院全体教师积极参与学校及学院组织的各项健身活动方面取得的成绩表示祝贺！她期望老师们在努力工作之余，多注意锻炼身体。在新年到来之际，预祝全体教师：吉祥如意，幸福安康！最后，理学院分工会副主席王恒友就 2016 年分工会经费支出情况进行汇报，同时也向全体教师积极参与并支持分工会的各项活动表示感谢！

（十）大事记

1 月 20 日

上午在大兴校区基础楼 C-509，理学院召开了"2016 年国家自然（社会）科学基金项目申报座谈会"，院长崔景安、党委书记程士珍、已获得国家基金资助的教师、拟申报 2016 年国家基金的教师等三十多人参加了会议，会议由副院长白羽主持。

3 月 14 日

上午在基础楼 C-416，天津工业大学裴永珍教授应邀来理学院进行学术交流，理学院部分教师和研究生参加了此次交流。

3 月 25 日

2016 年 3 月 25 日教育部印发《国务院学位委员会关于下达 2014 年学位授权点专项评估结果及处理意见的通知》（学位〔2016〕5 号），北京建筑大学接受评估的数学硕士学位授权一级学科点评估结果为"合格"。

3 月 31 日

理学院在教学一号楼 423 举行了 2014 级硕士研究生开题报告会，全体硕士研究生导师和研究生参加了此次报告会。2014 级研究生王丹、冯鸽、崔栋利、刘潇丽、韦宵宵、庞凯立、陈方媛、张敏依次汇报论文开题情况。每位同学主要从研究背景与意义、国内外研究现状、研究内容、研究方法及进度安排等几方面进行汇报，研究生导师依次进行点评，从报告的规范用语到论文的整体结构把握都做了切实的指导。

4 月 6 日

理学院在大兴校区基础楼 C-416 召开"微分方程与动力系统研讨会"，来自中科院数学与系统科学研究院、中国石油大学、北京师范大学、山西大学的专家学者和理学院教师、研究生参与了研讨，会议由理学院院长崔景安教授主持。中科院数学与系统科学研究院郑作环研究员、中国石油大学张毅教授、北京师范大学袁荣教授、山西大学复杂系统研究所所长靳祯教授、分别做了题为"随机周期解"、"Stability of switched system"、"Analysis of Differential Equations with State-Dependent Delay and its applications"和"网络结构与传播动力学"的学术报告,参会师生和与会专家进行了热烈的讨论,对研究热点问题进行了广泛的交流。

4月12日

北京化工大学苑会林教授应邀给理学院师生作了一场题为"特种聚合物的溶液流延法制膜工艺及其应用"的学术报告。

4月13日

在大兴校区基础楼C-509,举办了首届京津冀地区高校城乡建设与管理领域研究生学术论坛理学院分论坛"大数据中的不确定性学习"的专题报告会。报告会的主讲人为深圳大学大数据研究所王熙照教授,理学院部分教师和全体研究生近三十人参加了报告会,会议由数学系副主任何强老师主持。

4月16日

2016年美国大学生数学建模竞赛(MCM/ICM)公布比赛结果,北京建筑大学参赛的两支队伍,分别获得Meritorious Winner(一等奖)和Honorable Mention(二等奖),这是北京建筑大学学生首次参加MCM/ICM并获得奖项。

4月23日

理学院在西城校区第三会议室召开"微分方程与动力系统研讨会"系列之二,来自北京科技大学、上海理工大学、安徽大学、安阳工学院的专家学者和理学院部分教师、研究生参与了研讨,会议由理学院院长崔景安教授主持。来自北京科技大学的马万彪教授、上海理工大学的原三领教授、安阳工学院的李学志教授和安徽大学的齐龙兴副教授分别做了题为"Stability of a Mathematical Model of Tumour-induced Angiogenesis"、"Stochastic phytoplankton allelopathy model under environmental fluctuation"、"海洛因传播系统的建模与研究"和"血吸虫方面研究的一些结论"的学术报告。报告内容涉及了微分方程与动力系统方面的最新研究成果,参会师生和各位专家进行了热烈的讨论,对目前的研究热点问题进行了广泛的交流。

4月26日

上海师范大学数学系主任韩茂安教授在大兴校区基础楼C-509,作了"问题主导的研究式教学模式实践与探讨"的专题报告会。理学院教师近五十人参加了报告会,会议由数学系副主任何强老师主持。

5月10日

理学院特邀请中国科学院院士严加安教授做题为《我心目中的科学与艺术》讲座。严加安院士是中国科学院数学与系统科学研究院应用数学研究所研究员、博士生导师。主要从事随机分析和金融数学研究,在概率论、鞅论、随机分析和白噪声分析领域取得多项重要成果。

5月20日

理学院在大兴校区基C-509会议室召开"微分方程与动力系统研讨会"系列之三,北京建筑大学海聚人才、美国普渡大学的冯芷兰教授以"Emerging disease dynamics in a model coupling within-host and between-host systems"为题作了学术报告,同时来自南京航空航天大学、哈尔滨工业大学、南京理工大学、南京师范大学的专家学者和理学院部分教师、研究生参与了研讨,会议由理学院院长崔景安教授主持。南京航空航天大学的赵洪涌教授、哈尔滨工业大学的刘胜强教授、南京理工大学的张益军副教授、南京师范大学的万辉副教授分别做了题为"时空种群动力学分析与控制研究进展"、"Epidemic model with cross-infection and patch dispersal"、"网络化系统同步问题的探讨"和"Impacts of resource and temperature on malaria transmission"的学术报告。

5月25日

理学院在大兴校区基础楼C-416召开"微分方程与动力系统研讨会"系列之四，来自黑龙江大学数学科学学院的张显教授和王金良副教授、海聚人才美国普渡大学冯芷兰教授和理学院部分教师、研究生参与了研讨，会议由理学院院长崔景安教授主持。张显教授做了题为"带反应扩散项的时滞基因调控网络的稳定性分析及状态估计"的报告，对时滞系统稳定性分析和基因调控网络模型做了详细的概括和介绍。王金良副教授做了题为"Global stability of a time-delayed multi-group SIS epidemic model with nonlinear incidence rates and patch structure"的报告，详细地介绍了近年在带有斑块之间相互流动及时滞的传染病模型方面所做的工作。

5月26日

南京师范大学科学技术研究院院长高洪俊教授应邀来理学院做学术报告，报告会由理学院院长崔景安教授主持，理学院部分教师和研究生参加了报告会。高教授做了题为"Asymptotic behavior of a stochastic mutualism model"的学术报告，对一类互惠模型在Gauss和Levy噪声驱动下的渐进性质分别进行了分析，详细介绍了相关结论的证明过程。

6月1日

美国德克萨斯农工大学陈巩教授北京科技大学郑连存教授、美国德克萨斯大学冯兆生教授应邀来理学院做学术讲座，进一步营造了学术氛围，取得了良好的效果。陈巩教授做了题为"Modeling and Simulation of Pulverizing Aircraft Crashes"的学术报告。郑连存教授的报告题目为"复杂流体流动传热问题的解析算法"。同时，作为北京市教学名师，郑教授以"微分中值定理应用"的精彩教学案例，向参会的研究生展示了如何培养发散思维和创新能力。冯兆生教授以"Lie Symmetries to Degenerate Parabolic Systems"为题做了学术报告。

6月14日

理学院在基础楼C-509召开"大数据数据挖掘"研讨会，相关教师参与了讨论，会议由院长崔景安教授主持。会议邀请了铁道科学研究院的刘金朝研究员做了题为"高速铁路基础设施检测数据智能采集和分析处理"的学术报告。与会老师结合自己的研究方向，与刘老师就"大数据数据挖掘"的相关问题进行了热烈的讨论。尤其是对于城市设计与管理中涉及的大数据问题，研讨了一些具体的可操作的案例。

6月20日

印度贾达沃普尔大学Priti Kumar Roy教授应邀来理学院做学术报告，报告会由理学院副院长白羽主持，理学院部分教师和研究生参加了报告会。Roy教授做了题为"Role of Mathematics and its Application for Biodiesel Production"的学术报告。

6月29日

北京大学数学科学学院李治平教授应邀来理学院做学术报告，报告会由理学院副院长白羽主持，理学院部分教师和研究生参加了报告会。李老师做了题为"Cavitation Computation in Nonlinear Elasticity"的学术报告。

6月30日

美国疾病防控中心John Glasser教授应邀来理学院进行学术交流，研讨会由理学院院长崔景安教授主持，海聚人才美国普渡大学冯芷兰教授和理学院部分教师、研究生参与了研讨。John教授首先做了题为"Identifying Optimal Interventions Via Meta-population Models with Multi-level Mixing"的学术报告。John教授耐心详细的解答了与会师生提出的问题，北京建筑大学师生与John教授、冯芷兰教授就相关问题进行了热烈的讨论。John教授的系列报告和双方的合作研讨将持续到7月中旬。

7月5日

2013级6名研究生顺利毕业。理学院整体搬迁至大兴校区。

7月30日

由中国建材检验认证集团股份有限公司（CTC总部）牵头的"十三五"国家重点研发计划项目"建筑室内材料和物品VOCs、SVOCs污染源散发机理及控制技术"获得立项批复。该项目共设7个课题，北京建筑大学为课题1——《基于逸出因子和阻隔因子的污染物微介观散发机理及预测模型研究》的负责单位，负责人为理学院张艳教授，主要任务分工是构建室内材料和物品污染物散发速率预测模型；建立室内材料三维孔隙结构VOCs、SVOCs气体分子扩散通道模型。这是理学院教师首次获得国家重点研发计划课题资助。

7月25日

作为2016年"延揽名师"计划的一项内容，理学院邀请澳大利亚昆士兰科技大学的刘发旺教授于7月25日～29日举办了"暑期专题讲座——分数阶微分方程数值解法"，来自北京建筑大学和北京科技大学的近20名教师、研究生参加了讲座活动。刘发旺教授入选中国国家教育部重点项目聘任的北京科技大学和北京建筑大学海外名师（2016年-2021年）。

8月3日

华中师范大学数学与统计学院赵慧教授来北京建筑大学理学院进行学术交流，部分教师和研究生参与了活动。赵慧教授作了题为"Regression Analysis of Case K Interval-censored Failure Time Data in the Presence of Informative Censoring"的学术报告。

8月9日～10日

理学院在大兴校区召开生物数学暑期研讨会，来自日本静冈大学、中国科学院、北京科技大学、淮阴师范学院的专家学者和理学院部分教师、研究生参与了研讨，会议由理学院院长崔景安教授主持。会议期间，日本静冈大学竹内康博教授、北京科技大学马万彪教授、淮阴师范学院王玮明教授分别作了题为"Maturation delay for the predators can enhance stable coexistence in prey-predator model with Allee effect"、"Global behavior of delay differential equations model of HIV infection with apoptosis"、"A stochastic SIRS epidemic model with infectious force under intervention strategies"的学术报告。

8月29日

国家自然科学基金委员会公布了2016年度国家自然科学基金申请项目评审结果，理学院牟唯嫣老师申请的青年基金项目获得资助，项目经费18万元。

9月2日

理学院召开新学期全体研究生大会暨2016级研究生开学典礼，理学院党委书记程士珍、院长崔景安、党委副书记郝迈、副院长白羽、研究生导师及全体研究生参加了会议，会议由白羽主持。这是理学院研究生搬迁至大兴后的第一次全体大会，新环境、新学期、新起点，希望研究生有更多的新收获。

9月6日

美国威斯康辛大学麦迪逊分校的生物统计领域的知名教授王思鉴来北京建筑大学理学院做学术报告。报告会由牟唯嫣老师主持，崔景安院长、部分教师和研究生20余人参会。王教授做了题为"Selective Topics in Modern Statistical Epidemiology and Biomedical Statistics"的报告。

9月8日

上午，俄罗斯科学院远东应用数学所所长、俄罗斯科学院通讯院士Mikhail Guzev教授来北京建筑大学理学院进行学术交流，理学院数学学科的教师参与了活动。Guzev教授首先介绍了俄罗斯科学院远东应用数学所的科学研究情况，主要包括地球动力学研究团队、统计方法和仿真研究团队、数学物理计算方法研究团队。接着，他做了题为"Non-classical solutions of the non-Euclidean continuum model"的学术报告。最后，理学院崔景安院长、张艳教授、王利萍老师分别介绍了自己的研究内容，与Guzev教授进行了热烈的讨论。

下午，理学院在大兴校区基C-416举办"大数据与数据挖掘研讨会"，来自北京交通大学的博士生导师岑翼刚教授、华北电力大学的博士生导师陈德刚教授与张晓霞博士以及理学院的部分教师、研究生参加了研讨会，会议由理学院副院长白羽主持。研讨会期间，岑翼刚教授、陈德刚教授、张晓霞博士以及理学院王恒友老师分别做了题为："Fast Code Construction and Object Matching Based on the VLAD Model"、"从正定矩阵谈起"、"基于几何投影的非负矩阵分解在协同过滤推荐中的应用"、"Low-Rank Matrix Theory and Its Application in Image Reconstruction"的学术报告。作为理学院2016年"延揽名师"计划的一项内容，研讨会的顺利举办增强了理学院的学术氛围，为理学院"大数据与数据挖掘"研究团队的建设起到了很好的推动作用。

9月22日

美国阿拉巴马大学（汉斯维尔校区）李佳教授和美国迈阿密大学阮士贵教授应邀来理学院进行学术交流，理学院部分教师和研究生参与了交流活动，交流会由院长崔景安教授主持。李佳教授以"Mathematical Modeling and Dynamics of Interactive Wild and Sterile Mosquito Populations and Release Strategies"为题作了学术报告。阮士贵教授做了"Modeling Transmission Dynamics of Rabies in China"的学术报告。

9月24日

24日至25日，理学院召开学科建设研讨会。校党委副书记张启鸿出席了会议，理学院领导班子全体成员、理学院各系（实验中心）正副主任、教授、具有博士学位教师等六十余人参加了会议，会议由理学院崔景安院长主持。研讨会的第一部分为邀请报告，中国科学院数学与系统科学院巩馥洲研究员、北京科技大学陈艳萍教授、北京工业大学李晓阳教授、中国科学院半导体研究所张兴旺研究员、西安建筑科技大学雷光明教授分别了介绍了各自的数学、力学、物理、图学等学科建设方面的成绩和发展历程,他们的建设经验非常值得我们学习和借鉴。

党委副书记张启鸿应邀发表了讲话,他结合学校制定的"十三五"规划,介绍了学校"两高布局"的功能和定位,对应"一流学科"标准提出努力方向,指出建校100年的远景目标。张书记会上传达了教育部长陈宝生在9月21日调研广西大学发表的讲话"高等教育要增强五大办学理念":一是教学决定生存,二是科研决定水平,三是服务决定地位,四是质量决定兴衰,五是制度决定成败。希望理学院结合学院自身特点和具体情况,对教学要常抓不懈,对学科建设要建立自信,与学校发展相融合,实现"十三五"规划目标。

研讨会的第二部分为三场分组报告会。北京科技大学的郑连存教授、夏德宏教授和山东大学威海校区的齐海涛教授应邀参加了"偏微分方程及应用"分组报告会,北京交通大学沈波教授和岑翼刚教授、华北电力大学陈德刚教授应邀参加了"大数据与数据挖掘"分组报告会,西安建筑科技大学雷光明教授应邀参加了"工程图学"分组报告会。各位专家不仅就自己的研究成果作了精彩的学术报告,而且对相应研究方向的发展建设提出了很好的建议。

研讨会的第三部分为教师座谈会,会议由党委书记程士珍主持。程书记首先介绍了理学院"十三五"学科建设目标规划,接着与会教师结合所聆听的邀请报告、分组报告,就学院学科建设规划发表了自己的观点,提出了一些实施措施。

9月30日

理学院邀请加拿大皇家银行资本市场证券投资部主任王体博士来北京建筑大学举办了一场讲座,讲座由信计系主任张长伦老师主持,理学院、经管学院的部分教师、研究生及本科生参会。王博士做了题为"浅谈金融数学的发展"的报告,主要介绍了数学在金融工程中的应用,列举了金融数学应用的实例,并对"期权定价模型的历史演变"进行了深入的介绍。

10月10日

中国科学院大学的李娜老师和北京物资学院的王晓燕老师应邀来北京建筑大学理学院进行学术交流,交流会由数学系副主任何强老师主持,部分教师和研究生参会。李老师做了题为"Inference of Nonparametric Regression Curve Based on Confidence Distribution"的学术报告。王老师以"色散光谱仪运动成像退化与复原技术"为题作了学术报告。

10月11日

理学院邀请Wolfram公司签约技术咨询师和认证培训师李想老师来北京建筑大学举办了一场讲座,讲座由理学院副院长白羽老师主持,部分教师、研究生、本科生参会。李老师以"Mathematica在教育和研究领域的应用综述"为题介绍了如何将Mathematica 11和其他Wolfram技术直接运用于学习探究、研究和教育领域。

中国科学院数学与系统科学研究院王友德研究员应邀来北京建筑大学进行学术交流,交流会由数学系副主任何强老师主持,部分教室、研究生参会。王研究员首先做了题为"阿尔法调和映射的能量恒等式"的学术报告。

北京理工大学杨盛谊教授来北京建筑大学进行学术交流,应用物理系、物理与光电实验中心、电子信息科学与技术专业师生30余人参加会议。会议由物理与光电实验中心主任马黎君主持。杨教授以"高性能量子点红外探测器及太阳电池"为题作了学术报告。

10月12日

中国矿业大学（北京）煤炭资源与安全开采国家重点实验室彭瑞东教授应邀到理学院进行学术交流，理学院部分教师、研究生及本科生参加交流。会议由力学系主任何凡主持，彭教授以"岩土材料破坏的能量机制"为题作了学术报告。

10月25日

北京科技大学尚新春教授应邀来理学院进行学术交流，交流会由力学系主任何凡老师主持，理学院教师、土木学院和环能学院学生近六十人参会。尚教授做了题为"材料和结构中的几个工程力学问题研究"的学术报告。

10月29日

2016年10月29日至30日由中国生物数学学会和北京建筑大学共同举办的"生物数学前沿问题学术研讨会"在北京建筑大学成功召开。来自加拿大、北京、上海、天津、山西、陕西、浙江等国内外著名高校的专家学者、研究生近五十人参加了会议。

开幕式由中国生物数学学会主席陈兰荪教授致辞，16位参会专家作了精彩的学术报告，报告内容涉及四大类：一是半连续动力系统的理论与应用；二是传染病建模及其动力学分析；三是种群进化动力系统分析；四是动力系统的优化问题。与会专家针对其中的热点问题展开了热烈的讨论，参会人员受益匪浅。

本次生物数学前沿问题学术研讨会深刻探讨了生物数学领域最新的研究成果和研究动态，对更好地促进我国及北京建筑大学生物数学的发展起到推动作用，也为国内外生物数学界的专家交流合作提供了一个良好的平台。会后，与会人员参观了北京建筑大学大兴校区，对校园建筑，校区规划管理给予了高度赞扬和评价。

11月24日

海聚人才——美国普渡大学冯芷兰教授在理学院举办学术讲座，美国疾病防控中心John Glasser教授应邀参会，交流会由理学院院长崔景安教授主持，理学院部分教师、研究生参与了研讨。冯教授做了题为"Identifying Optimal Vaccination Strategies for Eliminating Measles and Controlling Rubella in China via Meta-population Modeling"的学术报告，主要介绍了基于种群特征的异质性建立的分层族群模型，并展示了她和John教授在中国各地区消除麻疹和控制风疹等传染病的应用和最新的研究成果。

12月8日

北京科技大学材料学院院长助理、无机非金属材料系主任曹文斌教授应邀来理学院做学术报告，理学院、环能学院、土木学院等二十余位教师和研究生参加，报告会由理学院副院长白羽主持。曹教授首先做了题为"二氧化钛光催化材料：规模化制备和应用研究"的学术报告。

12月11日

全国研究生创新实践系列活动——"华为杯"第十三届全国研究生数学建模竞赛颁奖大会于12月11日上午在重庆大学举行，北京建筑大学有1队获全国二等奖，1队获全国三等奖，10队获成功参赛奖。与去年首次参赛相比，参赛人数和所获奖项均有所提升。2016年全国包括香港、澳门在内的32个省、市、区的432所高校和全国各研究院所在内的8872队研究生成功参赛，评选出一等奖150队（获奖比例1.69%），二等奖1582

(获奖比例17.83%),三等奖1892队(获奖比例21.33%),其他5245队获成功参赛奖。

12月13日

中国科学院数学与系统科学院副院长巩馥洲研究员应邀到理学院进行学术交流,巩研究员做了题为"生物/医学与数学的交叉研究"的学术报告。报告会由理学院院长崔景安教授主持,数学系教师和研究生二十余人参加了报告会。

12月15日

澳大利亚昆士兰科技大学刘发旺教授、北京交通大学于永光教授、山东大学蒋晓芸教授应邀到理学院进行学术交流,他们分别做了题为"分数阶计算的进展、挑战和开放性问题","Stability analysis and application for a class of nonlinear fractional-order systems","反常扩散建模及其应用"的学术报告。报告会由理学院副院长白羽主持,来自北京科技大学、山东大学和北京建筑大学的20余名教师、研究生参加了报告会。

15日至20日,澳大利亚昆士兰科技大学刘发旺教授应邀在北京建筑大学举办"专题讲座——空间分数阶偏微分方程的差分方法",来自山东大学、北京科技大学和北京建筑大学的近20名教师、硕士和博士研究生参加了此次活动。刘教授主要介绍了空间分数阶偏微分方程常用的差分方法,以及其科研团队的最新研究成果。其次,山东大学、北京科技大学和北京建筑大学的十余名研究生汇报了他们在分数阶微分方程方面的一些研究成果,刘教授认真地给予了相应指导。此次讲座延续了暑期讲座的内容,使参与师生更深入地了解了分数阶微分方程及其解析解法和数值解法,对后续开展分数阶微分方程相关研究指明了方向。

12月16日

华中科技大学的田岩教授应邀到理学院进行学术交流,理学院院长崔景安教授主持了报告会,理学院、测绘学院的近二十位教师、研究生参会。田教授做了题为"基于多深度图层融合的含雾图像场景复原"的学术报告。

12月19日

北京交通大学曹鸿钧教授应邀到北京建筑大学进行学术交流,理学院院长崔景安教授主持报告会,部分教师、研究生近二十人参会。曹教授首先做了题为"分岔和混沌简介"的学术报告。

(王恒友 程士珍)

十、马克思主义学院

(一)概况

北京建筑大学马克思主义学院最早可以追溯到成立于1953年的北京市土木建筑工程学校政治教研室,1977年北京建筑工程学院成立时改为马列主义教研室。1986年更名为社会科学部,1998年改为人文社科部,2001年更名为社会科学系,并在此基础上创办了法学和社会工作专业。2006年,社会科学系与外语部合并成立文法学院。2008年12月,成立独立的思想政治理论课教研部。2015年10月,正式成立马克思主义学院。学院主要承担全校本科、硕士研究生思想政治理论课的教学任务,并承担"设计伦理学与城市美学理论"硕士研究生的教学和培养任务。

我校马克思主义学院秉承学校办学特色和优势资源，近几年来，根据首都城市化建设需要，结合学科建设，本着"培养人才、服务首都、面向城市"的发展思路，形成以"马克思主义城市化理论与中国城市发展"为研究方向，以"马克思主义理论"为学科建设重点，以城市发展理论与建筑文化为研究特色，在研究平台、科研团队、项目申报、成果积累等方面，凝聚方向，加强建设。目前，具有北京市哲学社会科学研究基地、北京市大学生素质教育基地等省部级科研、中国特色社会主义理论大众化与国际传播协同创新中心等科研教学平台，形成了以建筑伦理、城市空间文化为核心的科研团队，以承担并主持国家社科基金、教育部人文项目和北京市哲学社会科学重大项目等课题项目为研究载体，形成方向明确、特色鲜明的学科发展领域和科研成果，为北京的现代化城市建设做出贡献。

（二）师资队伍建设

【概述】马克思主义学院目前共有专职在编教师20名，其中，17名具有博士学位，3名博士后；有5名教授，5名副教授，10名讲师。专职在编教师中全部具有哲学人文社会科学知识背景，另有兼职教师11人，教辅人员1人。有全国优秀教师1人，校级教学名师2人，北京市特级教师1人，校杰青1人、高级主讲教师1人、主讲教师1人，北京市高创计划拔尖人才1人，北京市扬帆资助计划人才2人。

（三）科研与学科建设

【概述】成功获批由北京大学牵头的"中国特色社会主义理论大众化与国际传播协同创新中心"；重新凝练了"中国传统文化与思想政治教育"、"执政党建设理论与实践"、"西方马克思主义"、"马克思主义中国化"等特色学科方向，正在为努力创造条件申请增列马克思主义理论学位授权点做准备。

一、出版学术专著和教材。本年度出版学术专著8部，发表论文25篇，其中核心期刊论文13篇，研究报告3部。

二、科研课题。在研国家社科基金项目3项，申请并获批教育部人文社科项目1项，在研3项；在研北京市哲学社会科学规划办项目4项，申请并获批北京市教育科研项目1项。

（四）教学工作

【概述】加强教学改革，改变了以往大学生进行思想政治教育仅靠思想政治理论教师的"单边模式"，与专业学院和学工部门等充分协作，形成了大学生思想政治教育的合力，较好地解决了当前思想政治教育孤立进行、与专业教育相脱节现象，提高了思想政治理论课教育教学的亲和力和针对性，学生获得感显著增强。本年度学生对思政课教师评教均为优秀。

1. 教学改革思路清晰，课堂教学成效凸显

（1）教学改革的总体思路和做法

学院全体教师积极响应学校"一人一教改"的号召，探索教学方式方法的改革。重点结合每学期高校学生思想动态调查，把学生关心的问题分门别类纳入相应课程，围绕青年学生的思想问题开展专题教学设计，进行专题式教理论阐释；以"互动议题、自主学习、课堂讨论、指点迷津"为内容开展"四重奏"教学模式；探索学生主讲、

同学主问、老师及时点评的"主讲主问制"的教学方法；利用新媒体教学手段，建设"微课堂"互动教学平台。设立思想政治理论课网站和微信公众号，把思想政治理论课教育教学空间延伸到课堂之外；持续开展教学展示活动，每两周举办一次"精彩一课"活动，促使教师精心备课，共同提高；实施思想政治理论课的"两渗透、两结合、两对接"的育人模式，尝试与专业学院通力协作，进行融入专业教育的思想政治理论课育人模式的探讨。

（2）促进教学改革措施

一是加强顶层设计，成立以课程负责人和班子成员在内的教学管理团队，在党政联席扩大会议上讨论决定教学改革的重大问题；二是以课程为单位建立教学团队，实施专题式集体备课，每位教师根据自己的专业特长和研究兴趣点选取课程若干章节，进行专题式备课。备课资料在本课程内部共享；三是强化激励。学院为了激励和促进教师积极参与教学改革研究与实践，将教学改革作为评聘的重要指标。特别是在分配思政教师的津贴上，教学类的成果和项目作为主要的考量指标；四是积极组织教师参加教务处举办的各种现代教育技术的培训，参加各级各类的教案、课件和教学的比赛，在更广阔的空间锻炼和提升自己。

（3）教学改革成效显著

①课程建设实现新的突破。继续加强校级精品课"思想道德修养与法律基础"和"毛泽东思想和中国特色社会主义理论体系概论"的建设；加强校级优秀课"中国近现代史纲要"和"马克思主义基本原理概论"的建设；加强研究生优质课程"自然辩证法概论"和"中国特色社会主义理论与实践"的建设。

②本年度成功获批校级教改项目1项，省部级教改项目3项，其中包括北京高校思想政治理论课教学改革创新重大项目1项，为下一步教学改革、提升思政课教学效果奠定了坚实基础。在研首都大学生思想政治教育课题3项。

③获得北京市教工委指导思想政治理论课学生社会实践优秀成果奖1项，荣获北京市教工委精品党课征集三等奖1项，荣获我校PPT大赛优秀奖1项。

2. 研究课程实际，完善实践教学体系

针对不同课程内容和要求，设计不同的实践主题和任务。"思想道德修养与法律基础"课程致力于城市文化教育，通过开展志愿服务、公益活动、法庭旁听等，引导大学生走出校门、走向城市、走进社区，提高大学生对现代城市风貌与精神气质的感受和理解。"中国近现代史纲要"课程聚焦爱国主义教育目标，采用学生全方位调研考察、教师全过程讲解指导北京市革命纪念建筑物及遗址遗迹的"点面"结合形式，达到体验式教育的目的。"马克思主义原理概论"课程围绕学生科学精神的培养，组织教师指导学生开展科技创新和创新创业教育，组织编写《大学生创新创业》教材等。"毛泽东思想和中国特色社会主义理论体系概论"课程着力培养学生的责任意识和担当精神，紧紧围绕建筑工程、城市污染治理、交通拥堵、绿色环保、建筑遗产保护、城市公平正义等具有专业特点的实际问题展开调研。

3. 开辟"第二课堂"，拓展"第一课堂"理论内涵

我院教师积极开设面向全校师生的通识课，举办讲座、报告。2016年下半年开设通识课程7门次，为学生开设讲座、聘请校外专家举行课中课2次，获得学生普遍认同。

马克思主义学院开设通识课程一览表

课程名称	开设人
中国历史文明概览	肖建杰
当代西方社会思潮	张溢木
中国社会热点问题透视	常宗耀
科学技术与社会进步	郭晓东
建筑与伦理	秦红岭
北京历史变迁	孙希磊
中国传统文化经典宣读	许亮

【举办学术会议】

1. 举办理论大讲堂。第一讲特邀中国社会科学院哲学研究所"哲学与文化研究室"主任、中国社会科学院文化研究中心高级研究员霍桂桓老师做"论哲学、人文社会科学的读书方法"讲座。第二讲特邀辽宁省社会科学院研究员、《社会科学辑刊》哲学编辑侯小丰作讲座，题目为"编辑眼中的'好文章'"。另外，还举办相关人文讲堂4场。

2. 与首都师范大学、东南大学马克思主义学院联合举办全国都市马克思主义学术研讨会。

3. 与文法学院联合举办"伦理视域下的城市发展"第六届全国学术研讨会暨北京建筑文化基地2016学术年会。北京市哲学社会科学规划办、中国伦理学会、北京伦理学会、中国人民大学、首都师范大学等单位的领导和专家学者共计150人参会。

4. 秦红岭教授负责的"建筑伦理学"学术创新团队组织以"建筑伦理与城市建筑遗产保护"为主题的第六次建筑伦理与城市文化学术研讨会成功举办。住房和城乡建设部、中国建筑设计研究院、清华大学、东南大学、《人民日报》《光明日报》《瞭望》等单位和有关高校的专家学者近40人出席了本次研讨会。

5. 高春花教授、张溢木博士出席"2016中国伦理学大会"。高春花教授受邀担任应用伦理学第一分论坛主席兼第一单元分组研讨主持人；张溢木博士的著作《古希腊经济伦理思想史纲》荣获"中国伦理学2015年度十本好书"，并被此次大会遴选参加中国伦理学青年学人的"墙报交流"活动。

6. 张溢木博士作为特邀专家之一出席中共北京市委宣传部、市委社会工委、市科协、市社科联等单位联合举办的主题为"在超大型城市治理中融入社会主义核心价值观之专家谈"的2016北京社会科学普及周主场活动，并做主要发言。

（五）党建工作

【概述】马克思主义学院直属党支部前身是文法学院思想政治理论课教研部支部。2016年10月马克思主义学院直属党支部正式成立。支部现有党员18人，支委会委员3人，分别是支部书记汪琼枝、宣传委员肖建杰和组织委员张守连。支委会委员在学校党委的统一领导下，分工协作，进行支部建设。支部在严格执行"两会一课"制度和党员教育管理监督制度，发扬党内民主，严格党费收缴管理和使用制度，认真填写党支部工作手册，积极参与党员信息管理与维护等基本制度和要求的基础上，紧密结合学院实际，开展"两学一做"学习教育实践活动。

1. 加强学习，完成规定动作

支部高度重视理论学习，通过学习提高党性，坚定理想信念。一方面，班子成员积极参加学校党委组织的处级干部学习贯彻十八届六中全会精神，全勤学习，院长肖建杰并代表第三组在总结会议上做总结报告。另一方面，开展对全体党员的教育培训工作。按照学校党委的统一部署，支部制定了详细的学习计划，以集中学习为主，自主学习为辅的方式保证每月至少学习1次。集中学习阶段采取主讲主问制的学习模式，取得良好的效果。4月份以来，我支部共集体学习7次，分别是：7月6日学习《中国共产党廉洁自律准则》和《中国共产党纪律处分条例》；8月20日学习习近平"七一"讲话精神；9月9日学习《中国共产党问责条例》；9月27日，习近平"七一"讲话集体学习，讨论共产党员标准；10.25观看纪录片《永远在路上》；11.1辽宁贿选案讨论；11.22深入学习研讨十八届六中全会精神。通过学习，全体党员深刻领会了全面从严治党的内涵、意义，强化了"四个意识"，坚定了理想信念。

为了强化理论学习效果，支部还组织了3次党性实践活动，分别是：6月22日参观考察海淀区司法局社区矫正中心，与工作人员进行交流座谈，对社区矫正人员进行思想政治教育；6月27日组织共产党员献爱心活动；校庆期间，号召党员教师为学校基金会捐款。

2. 突出服务，创新党建活动

马克思主义学院的中心工作就是进行思想政治理论课的教学和科研，为学校事业的发展提供理论支持和思想保证。然而，单纯局限于马克思在主义学院和课堂显然无法最大限度发挥服务作用。鉴于此，支部探索与专业相融合的育人模式，延伸教学服务空间，创造性地设计开展支部活动。利用理论优势，担任其他专业学院的理论导师，为其党建工作提供理论指导和支持；成立十八届六中全会精神宣讲团，为学校其他学院和职能部门做宣讲；与学工部和团委一起就青年学生如何学习十八届六中全会精神进行研讨，为学校整体思想政治工作出谋划策；积极参与学校通识教育，为校园文化建设和学生的人文素质的提升贡献智慧和力量；为入党积极分子讲授党课，等。

3. 党员发挥先锋模范作用情况

长期以来，由于各种主客观原因，如何提升思想政治理论课实效性困扰着全体思政教师。在"两学一做"全覆盖深度调研过程中，暴露出教师教学水平的参差不齐。为了从整体上改变这一现状，全体教师积极参与供给侧结构性的教学改革，努力提高自己的业务水平，在教学、科研、服务等各项工作中都表现出较强的党性。每两周一次的教学展示活动得到全体党员的大力支持，大家踊跃参加，积极备课，认真展示，并积极参与课程的研讨。特别是各位教研室主任，主动承担起所负责课程的教学改革任务。

党员的先锋模范作用不仅体现在对本职工作的尽职尽力，更主要体现在为学校、为社会的服务与奉献上。汪琼枝、张守连主动担任专业学院的理论导师并讲党课，张守连先后三次为其他学院做十八届六中全会精神的宣讲，汪琼枝为招就处、人事处做宣讲。郭晓东、肖建杰、许亮、张溢木等参与学校通识教育，肖建杰、张守连、许亮老师担任党校教师，汪琼枝、金焕玲为校青年教师实践报告评审工作担任初审评委，汪琼枝、常宗耀担任学校党建专家，陈南雁赴北京市委宣传部挂职锻炼，等等。

4. 工作机制建设及执行情况

马克思主义学院有比较完善的工作机制，并严格执行。

首先，支部在坚持主讲主问制的学习模式的同时，建立了在线学习平台。"两学一做"学习教育活动启动伊始，我支部即建立了一个"马院两学一做"学习微信群，用于发布学习通知、推送学习材料、交流学习体会等。

其次，坚持党政联席扩大会议制度和"两会一课"制度。不定期召开党员大会，就涉及党员利益和关系学院发展的重大问题进行讨论，比如关于思政课一线教师补贴的发放，学院十三五规划，以及直属党支部支部委员会成员的选举等。党支部书记坚持讲党课2次。

再次，坚持联系群众制度。马克思主义学院18人，只有1名是民主党派人士。支部高度重视与该民主党派人士的联系，涉及学院的重大问题都会和其进行充分的沟通，听取其意见。

最后，坚持请示汇报制度。对于学院的重大问题，以及工作中出现的非常规问题，及时向分管领导请示汇报。

5. 党风廉政建设

认真落实"三重一大"规定，落实"集体领导、民主集中、个别酝酿、会议决定"的办公会决策程序和会议制度；加强党风廉政建设的学习、宣传和教育工作，学院班子定期组织学习有关文件和政策，从思想上提高自己；严明党的纪律，特别是严守政治纪律和政治规矩。

思想政治理论课的政治性对每位思政课教师特别是党员教师的党性提出了极高的要求。讲政治是每位思政课教师必备的素质。学院领导班子坚持民主集中制原则，率先垂范，以上率下，严格遵守党的组织纪律，做到严以修身、严以用权、严于律己；坚持、巩固和深化中央八项规定精神和市委十五条实施意见，持之以恒纠正四风；加强对科研项目、科研经费、科研行为管理和规范；开展党务公开、院务公开工作。加强民主监督，发挥工会和二级教代会的监督作用，做好院务公开制度化和规范化的工作，保障广大教职工的知情权、参与权、决策权和监督权。

（六）工会工作

【概述】一年来，学院坚持马克思主义理论指导，努力完成教育工会提出的各项工作任务，按照我校"提质、转型、升级"的总体目标和要求，围绕立德树人的根本任务，努力加强学院文化建设，满足教职工健康向上的精神需求，开展丰富多彩的文体活动，使广大教职工在繁忙的工作中缓解疲劳，释放压力，放松心情，提高教职工的生活质量，使之以饱满的热情投入到工作中去，达到了健康生活、健康工作的目标。

1. 深入学习理论，提高政治素质

两年来，我院组织全体教职工继续深入学习党的十八大精神、十八届三中、四中、五中、特别是六中全会精神和习近平系列讲话精神，积极提高政治理论水平和政治思想工作的能力。认真学习新时期我党对工会工作的重大理论观点，不断提高依法治会、依法维权的自觉性。学习采取自主学习和集中学习相结合的方式进行，并聘请专家进行讲座。

2. 进行社会考察，体验国情民情

2016年6月22日，我院教师赴北京市海淀区司法局阳光中途之家进行学习考察，老师们先后观看了海淀区社区矫正教育管理工作专题片，参观了社区服刑人员接收报到室、矫正宣告室、中途学院等,观摩了海淀区分类教育的网络教育平台,对社区矫正工作有了进一步的认识。7月,组织部分教师赴革命老区遵义学习,参观了遵义纪念馆,进一步深化了对中国近现代史的认识,特别对红军长征精神有了更深刻的领会。

3. 开展多项文体活动,促进教师身心健康

为了进一步活跃学院文化氛围,丰富教职工的业余生活,工会积极开展形式多样的文体活动。

(1) 专家引领促提高。2016年10月11日,邀请社科院研究院霍桂桓做《哲学人文社会科学读书方法论》的讲座,10月21日邀请社会科学辑刊编辑侯小丰做《编辑眼中的好文章》的讲座。老师们觉得收益甚大。

(2) 体育活动促团结。2015年12月3日,与文法学院分工会一起,举行快乐踢毽子的活动。严寒之中大家兴致高昂地参加比赛;4月22日,我院教职员工与文法学院的昔日亲密战友组成一对,参加校运动会的拔河比赛。"角力拉锯战,心系团队情",比赛不仅激发了大家的竞争意识,加强团队合作精神,也增进了友谊;2016年5月19日,与文法学院一起,在清源公园联合举办教工定向越野活动;11月1日,全体教职工除了一名教师赴北京市委宣传部挂职锻炼,一位老师参加校外会议外,其他教师都参加了学校工会举办的工间操大赛,尽管我们人数最少,但是大家认真练习,在比赛中最终获得二等奖。

(3) 回归自然品美景。2016年4月20日,与文法学院一起,赴大兴庞各庄镇的梨花庄园春游,观看万亩梨园,品尝独具风味的土锅炒花生。

4. 关心职工生活,及时传送温暖。

工会是职工的娘家人,关心职工的生活,是工会的重要职责。本年度,给教职工送温暖活动共计6人次;特别是对某教师痛丧爱女,工会给予她无微不至的关怀和慰问,代课、捐款、陪伴、谈心,帮助她从哀痛中解脱出来。

(七) 其他工作

为庆祝我校80周年华诞,马克思主义学院精心准备了多场系列活动,其中既有对在校学生的理论引领,也有对返校校友的精神滋养,还有对退休老同志的人文关怀。

举办校庆嘉年华之赠书活动:10月15日上午,北京建筑大学80周年校庆当天,马克思主义学院在基础教学楼中庭广场举办"校庆嘉年华之赠书活动"。马克思主义学院围绕"迎校庆,赠图书,润精神"的主题,重点展出了马克思学院教师近五年来出版的著作,共计20种、300余册。这些图书包括《建筑伦理与城市文化》、《中国建筑文化年鉴》、《当代城市生态文化多样性解读》、《大学生国学经典读本——道德经》等,主题涉及马克思主义理论、中共党史、建筑伦理与建筑文化、国学与通识教育等。在嘉年华现场,秦红岭教授、肖建杰教授、张守连老师、许亮老师等还进行了现场签名赠书活动。秦红岭教授作为"北京建筑大学建校80周年功勋教师"、全国优秀教师,不仅把自己近年来的研究成果《城魅》、《城默》、《建筑伦理与城市文化》向校友进行了展示和赠阅,而且亲自为每一位领取赠书的校友签名留念。这些校友中既有20世纪60年代毕业的耄耋老者,也有刚刚毕业几年的青年才俊,大家都纷纷表示马克思主义学院举办的"迎校庆,赠图书,润精神"活动创意新颖,意义深远,仿佛一下子又把大家拉回了当年的思想政治理论课堂,使广大校友在毕业多年之后仍然能够享受到精神食粮的滋润,让爱阅读的习惯终身常伴。

邀请退休教师返校参观并座谈:10月10日,马克思主义学院协同文法学院组织退

休教师到大兴校区参观校史馆、梁思成奖建筑成果展、明清官方建筑彩画展和马克思主义学院。马克思主义学院直属党支部书记兼副院长汪琼枝老师和文法学院院长孙希磊老师全程陪同老教师进行参观并讲解。老教师们看到我校发展历程和新校区的变化，心情都非常激动，流连忘返。参观结束后，马克思主义学院和文法学院组织老教师进行了座谈，理清了马克思主义学院的发展史，增强了大家对马克思主义学院的自豪感和归属感。

（八）重大事件

【党委书记王建中专题调研思想政治理论课教学改革工作】 4月24日上午，党委书记王建中到马克思主义学院调研，就深入贯彻落实全国高校思想政治工作会议和习近平总书记重要讲话精神，进一步加强马克思主义学院建设、推进思想政治理论课教学改革与马克思主义学院领导班子和教师代表研讨交流。党委副书记张启鸿一同调研。党政办公室、宣传部、人事处、研究生院等相关部门负责人和马克思主义学院班子成员及思政课教师代表参加调研活动。

会上，马克思主义学院院长孙希磊作题为"坚持立德树人，推进课程改革，提升思想政治理论课的亲和力和针对性"汇报，马克思主义学院党委书记肖建杰就思想政治理论课水平和质量提升、师资队伍建设及学科建设等情况进行了补充汇报。与会人员围绕推动学校思想政治工作改革创新、发挥思政课主渠道作用、提升思想政治教育亲和力和针对性进行了交流研讨。

张启鸿在调研会上指出，马克思主义学院自2015年10月成立以来，按照中央、北京市委及学校党委的要求，坚持在改进中加强，在创新中提高，思政课改革取得了一定成效。面对新形势，马克思主义学院要在"大思政"工作格局下，做好思政课教学改革的顶层设计，加强与兄弟高校的学习交流，用好课堂教学主渠道。学院全体教师要进一步提高认识，加强学习，增强教学自信，转变思政课话语体系，不断提升思政课教学的实效性。在小班讨论、中班授课、大班举办"名师课中课"等教学模式改革中要加强阵地意识，确保意识形态阵地的安全稳固。

王建中对马克思主义学院建设和思想政治理论课改革取得的成绩表示肯定。他希望马克思主义学院抓住中央、市委高度重视思想政治理论课建设的机遇，借助深入贯彻落实全国高校思想政治工作会议的契机，顺势而为，乘势而上，推动教学改革、队伍建设、学科建设和学术研究等各项工作再上一个新台阶。

王建中就进一步贯彻落实好习近平总书记重要讲话精神和全国高校思想政治工作会议精神，做好学院工作强调了三点意见。一是深刻学习领会，以习近平总书记重要讲话精神和全国高校思想政治工作会议精神统一思想，指导行动。要提高政治站位，深刻认识加强思想政治理论课建设的重要性和紧迫性，通过各种方式将习近平总书记重要讲话精神和会议精神学深悟透，并将其转化成教师的自觉行动，使每一位教师在教育教学中切实做到真爱、深情和尽责，即爱学科、爱学生，用情于专业、用情于教学、用情于学生，担好学生健康成长指导者和引路人的责任。二是深入贯彻落实，以改革创新精神提升思政课建设水平和质量。要厚基础讲主业，提高理论水平，聚力聚焦马克思主义学科建设。要强内功活形式，加强理论研究，练好教学基本功，通过不同形式的教学改革，提升思政课亲和力和吸引力。要突特色求实效，满足学生成长发展的需求和期待，围绕普通工科高校如何建设好马克思主义学科以及如何提高思政课建设水平，抓课程教学改革、抓培养模式创新、抓社会资源整合、抓信息化平台建设，切实增强思政课实效性，提出北建大的特色模式。三是深化体制机制改革，以"全员全过程全方位育人"为要求，构建"大思政"格局。要通过体制机制的整合，形成教书育人、科研育人、实践育人、管理育人、服务育人、文化育人、组织育人的"大思政"工作格局。要发挥所有课堂的育人功能，深入挖掘专业课的思想政治教育功能，把社会主义核心价值观的要求融入各类课程教学之中。

【党委副书记张启鸿到马克思主义学院传达《刘延东副总理在教育系统学习贯彻习近平总书记哲学社会科学工作重要讲话精神座谈会上的讲话》】2016年7月8日，党委副书记张启鸿到马克思主义学院传达《刘延东副总理在教育系统学习贯彻习近平总书记哲学社会科学工作重要讲话精神座谈会上的讲话》以及习近平总书记"七一"讲话重要精神，并就马克思主义学院下一步工作进行指导。马克思主义学院全体教职工参会。

党委副书记张启鸿指出，习近平总书记在哲学社会科学工作座谈会的重要讲话，从坚持和发展中国特色社会主义事业全局的高度，深刻阐释了哲学社会科学的战略地位，深刻回答了事关我国哲学社会科学长远发展的一系列方向性、根本性问题，明确了加快构建中国特色哲学社会科学的指导思想、目标任务、重点举措和根本保证，对哲学社会科学工作者提出了新期待新要求，为哲学社会科学事业发展提供了强大精神动力。贯彻落实习近平总书记的重要讲话精神对于我们高校教师尤其是广大思想政治理论课教师来说具有非常重要的意义。我们学习习近平总书记重要讲话精神以及《刘延东副总理在教育系统学习贯彻习近平总书记哲学社会科学工作重要讲话精神座谈会上的讲话》，要做到以下三点：一是深刻领会习近平总书记重要讲话精神对繁荣发展高校哲学社会科学的重要指导意义；二是准确把握高校哲学社会科学工作面临的新形势新问题；三是坚持正确导向，突出工作重点，切实把总书记重要讲话精神落到实处，在"六个抓"上下功夫。第一，抓学习，把思想和行动统一到总书记重要讲话精神上来；第二，抓方向，坚持和巩固马克思主义在高校哲学社会科学领域的指导地位；第三，抓体系，构筑学生学术学科一体的综合发展体系；第四，抓改革，形成既能把握正确方向又能激发科研活力的体制机制；第五，抓队伍，构建种类齐全、梯队衔接的哲学社会科学人才体系；第六，抓管理，形成统筹推进高校哲学社会科学发展的新格局。

党委副书记张启鸿还就马克思主义学院学习贯彻习近平总书记哲学社会科学工作重要讲话精神、"七一"讲话重要精神，以及学院下一步工作提出了几点要求：一是加强学习，进行知识更新，把新的理论、新的提法融入思想政治理论课课堂；二是改革教学方法，不断提高授课质量；三是抓好课堂纪律，做好意识形态工作；四是进一步加强马克思主义学院的学科和科研建设，争取出更多的哲学社会科学成果。

马克思主义学院院长肖建杰作总结发言，希望大家会后深入学习和贯彻落实张启鸿副书记传达的习近平总书记两个重要讲话精神以及刘延东副总理的讲话，切实增强使命感、责任感，贯彻落实好党中央、市委、市教工委、校党委的部署，锐意进取、奋发有为，努力开创高校哲学社会科学新局面，为全面建成小康社会、实现"两个一百年"的奋斗目标和中华民族伟大复兴的中国梦做出新的更大贡献。

【党委书记王建中调研马克思主义学院建设工作】2016年11月29日上午，党委书记王建中到马克思主义学院调研，听取学院教师关于马克思主义理论学科和思想政治理论课建设的意见建议，进一步深入研讨如何加强马克思主义学院建设、提升思想政治理论课质量。教务处、人事处、研工部、学工部、党政办公室、党委宣传部等相关部门负责人陪同调研，马克思主义学院院长肖建杰、直属党支部书记兼副院长汪琼枝及学院全体教师参加调研座谈会。

调研会上，马克思主义学院院长肖建杰主要是从组织管理与队伍建设、教学与科研工作、学术交流、党建与其他工作四个方面对马克思主义学院成立一年以来的主要工作进行了汇报，并就"十三五"学院发展规划总体目标和主要任务做了说明。马克思主义学院直属党支部书记兼副院长汪琼枝对教学工作、党建和思想宣传工作的推进情况作了补充汇报。马克思主义学院秦红岭、常宗耀、于红、郭晓东、张守连、张溢木等教师就学科建设、教学改革、教学评价、课堂管理等方面存在的问题及相关建议进行了发言。

学校各职能部门负责人分别就马克思主义学院工作中存在的困难，以及如何与马克思主义学院建立机制性、长效性的沟通合作等事宜进行了交流。人事处处长陈红兵针对马克思主义学院行政编制人员紧缺的问题提出了相关建议，并建议学院加强对校外资源的利用。教务处处长邹积亭就小班授课和教学评价机制问题做了回应，并表示大力支持马院搞好思政课教学改革工作。研工部部长杨光就学科点建设提出了相关建议。学工部部长黄尚荣就进一步加强与马院的协同育人与深度合作进行了探讨。宣传部副部长高蕾就借助校园平台推广思政课教学改革经验与模式进行了交流。

党委书记王建中作总结讲话。他指出，思想政治理论课建设事关中国特色社会主义大学建设的根本，是培养社会主义建设者和接班人的关键，中央和市委越来越重视，要求也越来越高，马克思主义学院成立一年来，学校按照上级的要求，系统性体系性研究推进马克思主义学院建设和思想政治理论课建设，在人、财、物等方面给予大力支持，马克思主义学院班子团结，思路清晰，教师们干劲很足，各项工作取得了长足的进步。关于"十三五"时期如何谋划推进马克思主义学院发展，王建中指出，要树立四种认识，从大思政课格局上予以推进。一是新学院、新阶段。要站在对学校马克思主义教育和马克思主义理论学科重构和重塑的高度，构建学校马克思主义教育教学体系。二是新理念、新要求。要深入学习贯彻落实党的十八大、十八届三中、四中、五中、六中全会精神和习近平总书记系列重要讲话精神，特别是关于意识形态重要讲话精神，抓住中央和市委高度重视思政课建设的重要机遇，推进马克思主义学院发展。三是新思路、新举措。要进入教育部、北京市抓思政课建设的主流，狠抓师资队伍建设、课程建设，着重加强课程教学和实践教学，强化大思政格局，在协同育人上下功夫。要按照一级学科点建设的要求，苦练内功、做好积累。四是新特色、新成效。要突出特色、讲求实效、做出品牌，要有成果意识，把教师的辛勤劳动转化为成果，要按照北京市名师计划的要求提升教师能力，争取多出名师。王建中对建设好马克思主义学院提出三点要求，第一，充分认识办好马克思主义学院的重要性和艰巨性，进一步统一思想、提高认识。第二，深入学习党的十八大和十八届三中、四中、五中、六中全会精神，特别是六中全会精神，把习近平总书记系列重要讲话精神作为中国特色社会主义理论最新成果进教材、进课堂、进头脑，坚持意识形态的主导地位，帮助学生树立正确的世界观、人生观、价值观，提升学生的思维能力和分析认识事物的能力。第三，深入推进思政课教学改革，切实提高思政课教学质量。一是在教学改革上下功夫，创新教学模式和课堂组织模式，特别是实践教学，提高思政课的实效性和针对性。二是在构建全员育人、全过程育人、全方位育人"三全"育人体系构建上下功夫。要加强与学生工作队伍的协同。三是在师资队伍建设上下功夫，突出绩效导向，高标准加强教师基本功训练和团队建设，提升思政课教师人格魅力。四是在激发学生积极性上下功夫，突出问题导向，找准学生的兴趣点，结合现实问题强化对学生引导力。五是在理论研究上下功夫，加强学科建设，提升科研水平，积累学科实力和力量。六是在活跃学校的人文氛围上下功夫，积极参与学校通识教育，为学校的人才培养做贡献。

【我校教师张华入选北京市首批思想政治理论课特级教师】 依据《北京高校思想政治理论课特级教授、特级教师评聘管理办法（试行）》（京教工〔2016〕10号）、《关于评聘首批北京高校思想政治理论课特级教授、特级教师的通知》（京教工办〔2016〕12号）要求，市委教育工委开展了首批北京高校思想政治理论课特级教授、特级教师的评聘工作。经学院推荐、学校思想政治理论课工作领导小组审议、北京市专家评审和工委会审议通过，我校马克思主义学院副教授张华被评聘为特级教师。

张华老师是我校马克思主义学院副教授，北京大学马克思主义学院访问学者，中国社会科学院在站博士后。近年来主要研究方向为马克思主义哲学与西方哲学，合作完成国家社科基金1项，主持完成省部级项目5项，出版专著2部，发表论文40余篇。曾荣获北京高校思想政治理论课教学基本功比赛三等奖，北京高校思想政治理论课（研究生）教学基本功比赛一等奖，作为获奖教师代表，应邀在北京高教学会组织的研究生思想政治理论课暑期备课会上做现场观摩性教学展示。2015年入选北京市青年拔尖人才项目资助计划，2016年入选北京建筑大学双塔人才计划。

2015年7月，中央宣传部、教育部下发关于《普通高校思想政治理论课建设体系创新计划》（教社科〔2015〕2号）。为全面贯彻落实教育部文件精神，北京市委、市政府出台了《关于全面加强北京高校马克思主义理论学习研究宣传的实施意见》（京办字〔2015〕9号）。《意见》着力在学科建设、课堂教学、人才队伍等各方面创新工作机制，以发挥高校在学习、研究、宣传马克思主义理论中的引领作用。为了让思政课教师安心教学，潜心育人，北京市加大对一线专职思政课教师政府激励力度，增强思政课教师岗位吸引力，评聘100名思想政治理论课特级教授、200名特级教师，聘期3年，予以适当奖励。同时，还将遴选成绩突出、具有潜力的优秀青年教师重点培养。面向35岁以下的青年教师，实施"扬帆资助计划"，每年设立教学科研专项资助课题100项，每项资助5万元；实施"择优资助计划"，连续3年每年资助20名中青年骨干教师，每项资助10万元。加大对一线专职辅导员的科研支持力度，每年投入200万元用于重点难点问题攻关；建设30个辅导员工作室，总结推广优秀成果。

此项成果的取得，实现了马克思主义学院"十三五"规划的一项重要目标。这是学校党委高度重视马克思主义学院发展、支持思想政治理论课建设的结果。马克思主义学院全体教师将会以此为契机，鼓足干劲，再接再厉，争取在接下来的北京市一系列科研奖励、教学评比、人才评选等各项计划中取得更多更大的突破。

（许亮　肖建杰）

十一、创新创业教育学院

（一）概况

2016年，创新创业教育学院按照"站位高、起点高，机制实、举措实，面向立德树人、面向服务社会"的"两高、两实、两面向"工作思路，推动双创教育与专业学科特色相结合，取得标志成果。校院创新创业活动丰富，双创氛围浓厚，大学生在创新创业竞赛中屡获佳绩。

学校获批首批北京地区高校示范性创业中心；建成首个高校中国青年创业社区，是首个与共青团中央签订《中国青年创业社区战略合作协议》的单位，10月14日北京市副市长隋振江、住建部副部长易军等共同为"中国青年创业社区（北京建筑大学站）"揭牌；5月，学校作为两所高校代表之一在"北京市就业创业工作推进会"上作典型发言；撰写报送的《突出党建引领 激发双创活力 探索德育新路径——北京建筑大学党建引领创新创业教育的实践探索》获得2014-2015年北京高等学校党的建设和思想政治工作优秀成果二等奖、创新成果奖；大学生创新创业协会入选"全国大学生KAB创业俱乐部"。

（二）创新创业成果

【概述】 获批首批北京地区高校示范性创业中心；"中国青年创业社区（北京建筑大学站）"揭牌；学校作为两所高校代表之一在"北京市就业创业工作推进会"上作典型发言；《突出党建引领 激发双创活力 探索德育新路径——北京建筑大学党建引领创新创业教育的实践探索》获得2014-2015年北京高等学校党的建设和思想政治工作优秀成果二等奖、创新成果奖；大学生创新创业协会入选"全国大学生KAB创业俱乐部"。

【大学生创新创业协会入选"全国大学生KAB创业俱乐部"】 3月，大学生创新创业协会入选"全国大学生KAB创业俱乐部"。这标志着我校大学生创新创业教育取得新成果，大学生组织在创新创业教育体系中正发挥着越来越大的作用。2016年全国新增"大学生KAB创业俱乐部"学校共42所，其中北京高校3所。我校大学生创新创业协会与科技协会是校团委指导并重点扶持的校级学生组织，本着"让科技融入理想、用双创点缀人生"的宗旨，积极服务大学生创新创业，以锻炼创新创业能力为途径，培养创新创业精神为目的，积极为同学们搭建实践锻炼平台，协助举办大学生科技节、大学生创新创业成果展、大学生科技嘉年华等活动。协会现有人数104人，基本具备了完善的组织架构，形成了具有自身特色的管理机制。协会下设办公室、宣传部、立项部、竞赛部、创业活动部等部门负责日常运作，还有多位我校优秀教师和著名企业家组成的创新创业导师团。

【校长张爱林在北京市就业创业工作推进会上作交流】 5月30日，北京市贯彻落实国务院普通高等毕业生就业创业工作电视电话会议工作推进大会在清华大学召开。北京市副市长王宁、市人力社保局副局长桂生、市教委副主任叶茂林，北京市各高校领导、各区政府分管就业创业工作副区长出席会议，市政府副秘书长王晓明主持大会。校长张爱林在大会上做了题为《把准培养定位、构建双创体系、搭建实践平台、成就学生未来》的交流发言。

张爱林校长报告了我校把准办学定位和人才培养定位，创新"通识教育＋专业教育＋双创教育""三位一体"的人才培养机制、搭建开放实践平台，做好"两全"服务、成就学生未来等方面工作。他指出，我校以建设具有鲜明建筑特色的创新型北京建筑大学为办学目标，坚持两大服务定位：服务首都北京建设世界一流的和谐宜居之都，服务国家建筑业转型升级，人才培养定位就是培养与造就古都北京的保护者、宜居北京的营造者、现代北京的管理者、未来北京的设计者、创新北京的实践者。学校通过创新"通识教育＋专业教育＋双创教育""三位一体"的人才培养机制，将双创教育融入通识教育和专业教育，搭建开放共享平台，强化学校、企业、政府间协作联盟和实践平台建设。

张校长就我校推进就业创业工作谈了三点体会和经验：一是要全覆盖、全过程服务学生就业创业需求，实现就业创业指导和服务大学四年（五年）的不断线；二是就业创业工作必须把准国家、行业领域和地方区域未来发展需求，培养学生的"将来时"能力，成就学生未来；三是就业创业工作必须要发挥学校学科专业特色优势，科教融合培养人才，强化创新训练和工程实践。张校长表示我校将认真落实国务院高校毕业生就业创业工作电视电话工作会议精神，为北京建成世界一流的和谐宜居之都和国家建筑业向绿色化、工业化、信息化转型培养更多的创新人才，提供更多创新成果支撑。

会上，清华大学党委副书记史宗恺介绍了清华大学创新创业教育的先进经验，大兴区副区长陈晓君从区政府服务毕业生就业创业的角度介绍了创新举措。市教委、市人社局分别结合各自职责部署了2016届毕业生就业创业工作。最后，北京市副市长王宁做了重要讲话。他整体分析了北京高校毕业生就业创业工作面临的形势，向参会的高校、地方、各委办局传达了全国高校毕业生就业创业工作电视电话会议的精神。对进一步做好毕业生就业创业工作提出了五点要求：一是要加强各政府部门间的协同联动；二是各区要加强组织领导，抓好工作落实，健全高校毕业生就业创业工作机制体制；三是各高校既要提升人才培养质量，又要积极构建就业创业指导服务体系；四是各用人单位要积极吸纳毕业生；五是各有关单位要加强宣传引导和思想教育，传播正能量，挖掘优秀典型。

【"未来城市创空间"获批"大兴区众创空间"称号】10月18日，由北京市大兴区主办的2016全国双创活动周亦庄分会场大兴新区双创活动在DRC奥宇建筑工业设计产业基地举行。北京市科委高新处处长王金勇、北京创业孵育协会秘书长刘志广、北京创业孵育协会副秘书长闫芳等嘉宾莅临活动现场。大兴新区各职能部门的领导、相关部门、高新企业、科技孵化器、众创空间、金融机构以及创新创业大赛获奖者一同参加了此次活动。会上公布了大兴区11家区级众创空间名单。我校"未来城市创空间"被正式授牌为"大兴区众创空间"，这也是大兴区授牌的首个高校大学生众创空间。

【我校获评首批"北京地区高校示范性创业中心"】11月，在北京市教委开展的北京地区高校示范性创业中心建设评选工作中，我校获评首批"北京地区高校示范性创业中心"。为全面提升大学生创业工作水平，市教委于2014年开展北京地区高校示范性创业中心建设工作。2014年我校被确定为首批示范性创业中心建设校之一。2016年7月，市教委组织开展了第一批北京地区高校示范性创业中心的评选工作，通过对40余所申报高校的考察和现场答辩，最终评选出28个首批北京地区高校示范性创业中心。

我校自2014年被确定为示范中心建设校以来，不断加大创新创业工作投入力度，本着"以评促建、重在建设"的原则，根据北京市教委《关于开展北京地区高校示范性创业中心评选工作的通知》要求，创新创业教育学院召开迎评工作协调会，认真组织、精心准备，评审经过了北京市教委评审组的材料审阅、专家评议和公示等环节。在最终答辩环节，主管校领导带队进行答辩汇报，并顺利通过专家评审。

【创新创业教育工作成果荣获北京高校党建和思政工作优秀成果二等奖、创新成果奖】12月,由北京市委教育工委组织的 2014—2015 年北京高校党的建设和思想政治工作优秀成果、创新成果评选结果揭晓。我校申报的"突出党建引领 激发双创活力 探索德育新路径——北京建筑大学党建引领创新创业教育的实践探索"项目荣获"优秀成果二等奖"和"创新成果奖"。这是我校党建和思政工作取得的新的标志性成果,具有很高的理论价值和应用价值。

北京高等学校党的建设和思想政治工作优秀成果每两年评选一次,旨在深入贯彻落实中央和北京市关于加强和改进新形势下党的建设的精神,总结近年来北京高校党建和思想政治工作的成绩与经验,鼓励在高校党建和思想政治工作中做出突出贡献、取得优秀成果的集体,为推动高校党的建设和思想政治工作的创新与发展起到了促进作用。本次评选,各高校高度重视,48 所高校申报 121 项成果,经过评审委员会评审、市委教育工委审议和公示,共评出一等奖 4 项,二等奖 11 项,三等奖 21 项,创新成果奖 8 项。

(三)创新创业教育学院会议

【概述】为及时总结工作,部署新的任务,创新创业教育学院每年定期召开院务会,内容涵盖工作计划、工作总结、专题工作部署等内容。参加人为创新创业教育院长、副院长及相关工作人员。

【年终总结暨 2016 年重点工作部署会】1 月 18 日,创新创业教育学院召开会议,总结 2015 年创新创业教育学院主体工作,对 2016 年重点工作进行部署安排。党委副书记吕晨飞出席会议并讲话,教务处、经管学院、工程实践创新中心、资产公司、团委负责人参加会议。

会议首先由团委书记朱静总结 2015 年创新创业教育学院主体工作并汇报了近期工作进展。之后,教务处、经管学院、工程实践创新中心、资产公司负责人发言阐述 2016 年工作计划和设想,内容涵盖创新创业课程设置、教师激励机制、辅修专业建设、信息共享平台建设、校园双创空间布局等内容。之后,吕晨飞就 2016 年学院工作进行总结部署。一是继续整合挖掘两校区创新创业教育资源,用现代立体的形式全景展现双创校园概貌;二是搭建开放共享的线上平台,集成项目、团队、实验室等创新创业要素;三是完善并打造已有和新建的创新创业实体空间。他强调,各个中心要继续完善创新创业相关规章制度、推动创新创业教育体系研究、落实相关保障条件建设、启动创新创业空间及平台建设,着力推进创新创业教育工作。

【党委书记王建中深入创新创业教育学院、工程实践创新中心】3 月 15 日,党委书记王建中深入创新创业教育学院、工程实践创新中心调研,并对做好全年工作提出明确要求。党委副书记吕晨飞陪同调研,党政办、教务处、工程实践创新中心、资产与后勤管理处、规划与基建处、经管学院、资产经营管理有限公司、团委负责人参加调研。

王建中一行来到工程实践创新中心,了解创新创业教育学院及工程实践创新中心管理运行情况,听取负责同志工作情况汇报。王建中充分肯定了各单位在创新创业教育实践方面所做的努力。他指出,创新创业教育是推进高等教育综合改革、提升人才培养质量的突破口,全校上下要树立以创新创业教育统领人才培养工作的理念,以创新的理念、创新的标准、创新的要求重新审视、评价人才培养各个环节的工作,以创新引领学校人才培养综合改革。要抓住现有的机遇和政策窗口,大幅度、实质性提升学生创新创业能力和人才培养质量，在原有布局上进一步推进我校创新创业教育。王建中强调，全校的创新创业教育工作要从资源整合、过程融合、平台开放、特色项目、品牌意识五个方面着手，整合全校资源构建创新体系，在人才培养各环节中融合创新创业，打造面向师生开放共享的标志性平台，立足建筑特色，打造具有北建大品牌特色的学生创新创业教育体系。具体要在"七个结合"上着力：即工程实践训练与创新创业教育相结合、实物与虚拟相结合、校级平台与学院平台相结合、课程教学与创新创业项目相结合、京南开放实验平台基地建设与学校创新创业实训基地建设相结合、科研项目与创新创业项目相结合、校园文化特别是创新文化环境营造与创新创业教育相结合。

党委副书记吕晨飞对2016年创新创业工作进行部署：一是以两高发展布局引领双创校园布局，最终在西城校区和大兴校区形成各具特色的创新创业空间。大兴校区双创空间以工程实践创新中心为核心，"创空间"、"星空间"为特色，学院学科实验室为支撑；西城校区双创空间包含双创基地、大学科技园孵化平台、高精尖创新中心以及重点实验室等；二是以教学成果奖申报促进"特色化"教学体系建设，强化建筑特色和融入特色，从主力课程优化和专业课程融合两方面来实现；三是通过创新创业工作评比为契机，提升双创教育的竞争力。要进一步加强创新创业团队及项目的凝聚整合；进一步健全创新创业生态，补齐短板，加快创新创业资金体系、孵化体系建设；进一步提升我校创新创业工作的社会声誉和影响力。

【学校召开创新创业教育工作会议】11月8日，学校召开创新创业教育工作会议，贯彻落实国务院和北京市有关部署和会议精神，推出创新创业教育学院进一步发展的具体措施和意见，部署下一阶段创新创业工作。校党委副书记吕晨飞，教务处、经管学院、工程实践创新中心、资产公司、招就处、团委等部门负责人参加会议。

创新创业教育学院各中心负责人就两校区创空间建设与运营、创新创业课程体系建设、工商管理（创新创业方向）辅修专业建设、大学生创新创业竞赛、创新创业激励机制、产学研联动机制、创新创业教育研究等方面总结近期工作进展，并提出进一步完善工作的设想和思路。

在听取工作情况汇报后，吕晨飞充分肯定了创新创业教育学院各中心在过去一年里所做的努力，并就下一阶段工作进行具体部署：一是紧抓机遇，乘势而上，加强与住建部、北京市、团中央的深度对接，依托高端平台，挖掘双创资源；二是加强制度建设，尽快制定创空间运行管理制度与校院两级双创工作标准化体系，完善创新创业师生激励机制；三是加快创新创业项目孵化进度，探索工商注册，推动项目落地；四是做强做大"教授工作室"与"大师工作室"品牌，促进科研教学与双创教育高度融合；五是整合多方优势，打造具有学校特色的大学生创新创业优势项目；六是继续梳理创新创业课程，完善课程评估体系；七是强化创新创业成果追踪，挖掘典型事例与人物。

参会人员结合本部门工作，就创新创业教育各方面工作进行了深入交流和充分研讨。

（四）大学生众创空间

【概述】10月，中国青年创业社区（北京建筑大学站）暨金点创空间揭牌，这是团中央、中国青年创业就业基金会授权认证的首个在高校建设的青年创业社区；"未来城市创空间"被正式授牌"大兴区众创空间"，是大兴区授牌的首个高校大学生众创空间。

西城校区金点创空间占地 2200 平方米，大兴校区未来城市创空间占地 800 平方米。空间将创新创业教育和创新创业实践平台有机结合，为有志于创新创业的大学生提供良好的工作、网络、社交和资源共享空间，构建了一个大学生创新创业热土。目前众创空间内活跃着我校各个学院、研究方向的领军型创新创业团队 17 支，方向主要聚焦于建筑行业，包含城乡规划、建筑设计、电子机械等。

【我校隆重举行中国青年创业社区（北京建筑大学站）暨金点创空间揭牌仪式】 10 月 14 日，正值全国大众创业万众创新活动周和北京建筑大学八十华诞之际，中国青年创业社区（北京建筑大学站）暨北京建筑大学金点创空间揭牌仪式在我校隆重举行。住房和城乡建设部副部长易军、北京市副市长隋振江、中国青年创业就业基金会党组书记、秘书长陈宗、住房和城乡建设部人事司司长江小群、北京市委教育工委副书记郑登文、住房和城乡建设部中国建筑文化中心副主任李吉祥、北京建筑大学党委书记王建中、北京建筑大学校长张爱林等领导参加揭牌仪式。学校纪委书记何志洪、党委副书记张启鸿、党委副书记吕晨飞、学校相关部门负责人、西城校区金点创空间入驻团队代表、创新创业师生代表等一同见证了创空间的揭牌。

仪式上，各位嘉宾领导共同为中国青年创业社区（北京建筑大学站）揭牌。之后，一行人来到中国青年创业社区（北京建筑大学站）视察指导。视察过程中，各位领导详细了解了我校大学生创新创业教育体系、创新创业教育特色、创空间建设与运行模式等，并饶有兴致地参观了特色工作室、创新工位区、开放交流区、研讨区、路演区、活动区，并且与"安创空间"、"艺勇哲作"等入驻团队的老师和学生亲切交流，了解团队的项目成果、团队建设、经营理念、创新创业环境、政策支持等问题，肯定了创新创业对于大学生成长成才的重要意义。之后，一行人还参观了正在展出的"保护建筑遗产，传承优秀文化——北京建筑大学文化遗产保护与传承产学研成果展"，听取了我校在建筑遗产保护与传承领域的产学研成果的汇报，并充分肯定了我校在建筑遗产保护领域所取得的丰硕成果。

视察过程中，住房和城乡建设部副部长易军、北京市副市长隋振江、中国青年创业就业基金会党组书记、秘书长陈宗等领导高度肯定了北京建筑大学近几年事业发展，特别是对学科建设、人才培养、大学生创新创业教育的重视。各位领导高度评价了此次揭牌仪式的举办，对我校在发展建设、人才培养、学生科技创新工作等方面做出的有益探索给予了充分肯定，希望我校进一步探索中国青年创业社区（北京建筑大学站）在运营管理上的创新，积极发挥省部共建优势，力争成为高校大学生创新创业工作的高地。之后，中国青年创业就业基金会党组书记、秘书长陈宗、北京建筑大学党委书记王建中、北京建筑大学党委副书记吕晨飞等与我校创空间入驻团队的教师与学生代表、创新创业教育学院的负责人一起座谈，畅谈大学生创新创业。

【我校召开中国青年创业社区（北京建筑大学站）暨金点创空间师生座谈会】 10 月 14 日，我校举行了中国青年创业社区（北京建筑大学站）暨金点创空间揭牌仪式。仪式之后，中国青年创业就业基金会党组书记、秘书长陈宗、学校党委书记王建中、党委副书记吕晨飞与学校相关部门负责人、西城校区金点创空间入驻团队代表、创新创业师生代表等在金点咖啡内召开了座谈会，畅谈大学生创新创业。座谈会由党委副书记吕晨飞主持。

首先，校团委书记朱静向参会领导、师生系统总结了我校创新创业教育的理念、做法、特色与成效，介绍了我校与中国青年创业就业基金会的合作历程，同时也汇报了中国青年创业社区（北京建筑大学站）暨金点创空间的建设情况。

建筑学院陈静勇教授讲述了"艺勇哲作"的团队理念、创新特色、发展前景等；建筑学院杨琳教授汇报了我校与文化部就非物质文化遗产方面开展的合作。之后，创空间入驻团队代表黄骏图文并茂地展示了北京行者筑梦有限公司在建筑专业培训及校园文化方面的运营模式和阶段成果。此外，"道路提升技术"团队与"良物匠造"的团队代表也畅谈各自对于创新创业的理解，并向在场领导和师生汇报了团队的建设方向。校资产与后勤管理处处长刘蔚介绍了"金点创空间"的设计理念，该 logo 平面设计出自北京建筑大学建筑设计艺术研究中心主任王昀，简洁明快的设计体现了丰富的双创思想。黄骏代表空间入驻团队向学校赠送了《北京紫禁城手绘图》，作为献礼学校 80 华诞的礼物。

在听完北建大师生对于创新创业的汇报后，中国青年创业就业基金会党组书记、秘书长陈宗总结讲话。他首先表达了对北京建筑大学 80 年华诞的祝福，对今天中国青年创业社区（北京建筑大学站）暨金点创空间揭牌表示由衷的高兴和激动。陈宗书记强调，北京建筑大学是第一家与中国青年创业就业基金会签订"中国青年创业社区"战略合作协议的单位，也是中国青年创业社区第一家高校建设单位，同时北京建筑大学设计团队为中国青年创业社区设计了物理空间概念"微城"。两个单位有着深厚的渊源，今后将在青年创新创业领域共同合作，共同服务于创新创业。陈宗书记希望北京建筑大学充分发挥其在"建筑、设计、城市"等领域的特色和优势，进一步聚焦产业链，将中国青年创业社区（北京建筑大学站）建设成为中国乃至世界的建筑行业创业高地。

党委书记王建中作总结讲话。他首先对陈宗书记在双创活动周和我校八十华诞的关键时期拨冗前来参加揭牌仪式，大力支持北京建筑大学双创工作表示衷心感谢，对为推进学校双创教育工作和平台搭建的各个部门、各师生团队表示衷心的感谢。王建中指出，陈宗书记阐述的双创教育战略高，理念清，他高度认同"中国青年创业社区"的理念，并认为我校创空间高度契合中国青年创业社区的建设目标。王建中强调，中国青年创业社区（北京建筑大学站）暨金点创空间的揭牌，是我校双创工作的标志性成果，它标志着我校双创教育步入了新的层次，新的发展阶段。

王建中指出，近一段时间以来我校贯彻落实习总书记五大发展理念，有力落实"创新驱动发展"的国策，积极响应"大众创业万众创新"，在创新创业教育和平台搭建方面做出了一定成绩。一是将双创教育纳入了整个人才培养的规划之中，2016 版人才培养方案要求全过程、全员的融入双创元素；二是将双创教育作为提升育人质量与教育教学改革的突破口，实施"创新人才工程"，在课堂上、实践环节、毕业设计、课外活动等方面充分体现双创特点；三是整合了全校的创新创业教育资源，建立完善的工作体系、制度体系、阵地体系、孵化体系、竞赛体系和激励体系；四是开创性地提出了双创校园的建设。

座谈会中，王建中书记阐述了高校双创教育平台的六大特征，即"教育性、创新性、协同性、融合性、过渡性、市场性"。教育性体现在高校的双创工作要在师生中树立创新创业意识，掌握创新创业知识；创新性体现在高校双创工作是基于科技创新和科技成果转化的创新创业；协同性是指要和政府企业、兄弟院校、企业社会高度协同；融合性体现在科教融合和师生融合，体现在双创教育融入人才培养的各个环节；过渡性是指大学生创业历程长，孵化周期相较于企业更为复杂；市场性指的是高校的双创工作最终要为产业、行业和社会服务。

针对下一阶段我校双创教育如何开展，王书记做出了指示。他希望师生坚持"激情创新、理性创业、踏实创业"的心态，再接再厉，夯实基础，在良好的软硬平台基础上，进一步突出特色、打造亮点。具体要在以下几点着力：一是加强我校校院两级双创平台的标准化建设；二是加强项目创新建设，项目要直接面向市场，直接解决社会问题；三是加强团队建设，打造更符合双创要求的领军团队；四是加大企业孵化的力度，将双创项目推进至实质化操作阶段；五是加强全员、全过程的双创教育，进一步更新全校师生观念，将双创理念体现在人才培养全过程；六是加强社会服务，借助中国青年创业社区的高端平台，使北建大的双创教育融入全国的双创平台，为全国高校和北京市双创工作作出北建大应有的贡献。

【"未来城市创空间"获批"大兴区众创空间"称号】 10月18日，由北京市大兴区主办的2016全国双创活动周亦庄分会场大兴新区双创活动在DRC奥宇建筑工业设计产业基地举行。北京市科委高新处处长王金勇、北京创业孵育协会秘书长刘志广、北京创业孵育协会副秘书长闫芳等嘉宾莅临活动现场。大兴新区各职能部门的领导、相关部门、高新企业、科技孵化器、众创空间、金融机构以及创新创业大赛获奖者一同参加了此次活动。会上公布了大兴区11家区级众创空间名单。我校"未来城市创空间"被正式授牌为"大兴区众创空间"，这也是大兴区授牌的首个高校大学生众创空间。

（五）创新创业课程体系

【概述】 学校先后组织召开"创新创业教育大讨论"、"本科人才培养工作会"和"提升人才培养质量工作座谈会"等专题会议，逐步实现创新创业教育与专业教育由"两张皮"向有机融合的转变，由注重知识传授向注重创新精神、创业意识和创新创业能力培养的转变。学校召开创新创业教育课程建设推进会，对创新创业课程融入2016版人才培养方案进行部署。各学院、各部门精心规划创新创业教育体系，梳理101门创新创业类课程，提出UIPO课程建设导向，注重将双创教育融入人才培养的全过程。

【学校召开创新创业课程建设研讨会暨北京地区高校创业示范中心迎评协调会】 5月4日，学校召开创新创业课程建设研讨会暨北京地区高校创业示范中心评选工作协调会，对创新创业课程体系进行梳理及研讨，同时对即将开展的北京地区高校创业示范中心评选工作进行部署安排。副校长李爱群、党委副书记吕晨飞，招就处、教务处、经管学院、工程实践创新中心、资产公司、资后处、基建处、团委负责人及相关人员参加会议。

会议首先由团委书记朱静介绍了北京高校创业示范中心评选工作方案，各部门依据任务分解确定落实迎评具体工作，并就相关申报材料进行了讨论。随后，朱静从构建依据、现状梳理和方案设计三个方面，就"创新创业课程体系的构建"进行了重点汇报。各部门也就创新创业课程设置提出了相关意见和建议。

李爱群在讲话中指出，2016年人才培养方案的修订应在遵循先进性、创新性、科学性、规范性、国际性和个性化的原则下，在"三减、三增、三优、六联动"等方面着力。创新创业教育课程体系应在2016版人才培养方案中有充分的体现，通过课程体系的科学设计与建设，达到提高学生覆盖面和受益面的目标。

吕晨飞就北京地区高校创业示范中心评选迎评工作进行了部署，要求创新创业教育学院各中心以及学校相关部门对照标准、细化任务、认真梳理、凝练特色、以评促建，重点难点工作要施行倒排工期模式。应以迎评工作为契机，在现有工作基础上进一步深化，找风格、寻特色，促进我校创新创业教育的深入推进。会上，参会人员结合本部门工作，就创新创业教育的实施情况进行了系统交流和充分研讨。

【学校召开创新创业教育课程建设推进会】 5月25日，学校召开创新创业教育课程建设推进会，对创新创业课程融入2016版人才培养方案进行部署。校党委副书记吕晨飞，各学院教学副院长、党委副书记，创新创业教育学院副院长及相关人员参加会议。

校党委副书记吕晨飞在会议中指出，学校近期召开了提升人才培养质量工作会，明确施行"通识教育+专业教育+创新创业教育"三位一体的协同育人模式。各学院、各部门要通过精心规划的创新创业教育体系塑造学生个性化的复合型尖端；要落实国务院、北京市关于创新创业教育的方针，完善创新创业课程体系建设，将双创教育融入人才培养的全过程。吕晨飞强调，在新版人才培养方案中的双创课程要着重考虑三个方面：一是重新梳理优化现有的双创课程；二是注意吸收部分教师已有的创新创业教学成果；三是注意凝练创新创业学分体系之外的、具备创新创业要素的教育教学活动。吕晨飞表示，学校将不断完善创新创业课程体系，同时对各学院的创新创业教育与实践给予相应支持和保障，确保创新创业受益于广大学生。

会上，教务处处长、创新创业教育学院副院长邹积亭对本科人才培养方案整体工作进行了强调。他指出，学校对本科生人才培养模式进行了全方位的变革，要通过对培养方案的全方位结构优化梳理提升培养模式的系统绩效；通过对培养方案的各个环节的内涵革新提升培育模式内在品质。希望各学院高度重视此项工作，做好人才培养方案的制定与优化。校团委书记、创新创业教育学院副院长朱静针对将创新创业课程融入人才培养方案的相关事宜做了解析说明，重点梳理了我校现有的创新创业课程，并解释说明了具体的工作要点和时间进度。各学院负责人相继发言，畅谈创新创业课程建设及人才培养模式改革。

（六）大学生创新创业竞赛

【概述】 校院两级团组织多次承办国家级、市级竞赛，建立了面向不同专业不同年级的竞赛体系，实现全员化、全过程、全方位的科技创新育人环境。2016年，北建大学生在科技竞赛中屡屡获奖。一年来校院两级组织学生参加各级各类竞赛70余项，获得市级以上奖项298项，其中国际级奖项3项，国家级奖项184项，获市级以上奖项667人，取得专利21项，国内外核心期刊上发表论文15篇。竞赛涵盖建筑相关专业，捷报频传，形成了"领导高度关注、部门密切配合、教师大力支持、学生积极投入"的局面。学校获批首批"北京地区高校示范性创业中心"、"全国大学生KAB创业俱乐部"、建成首个高校中国青年创业社区，未来城市创空间获批大兴区众创空间。

【参加2016年"创青春"全国大学生创业大赛】 依据"挑战杯"、"创青春"三级赛事机制，2015年10月，我校启动"鲁班杯"大学生创新创业竞赛。历经初赛、复赛、决赛，从104支初赛团队选拔出24支决赛队伍。在"创青春"首都大学生创业大赛中，12项作品有7项进入金奖答辩，获得突破。有9项获奖（其中银奖7项、铜奖2项），整体成绩排名跃升至北京地区高校第11位。在2016年"创青春"全国大学生创业大赛终审决赛中，共有5项作品获奖，其中主体赛斩获两银两铜，1项作品入围MBA专项赛决赛并获得优秀奖，从入围数量到获奖数量都创造了我校学生自参加"创青春"全国大赛以来的历史最佳成绩。

2016创青春首都大学生创业大赛获奖名单

序号	作品名称	奖项	类别	指导教师
1	中国失踪儿童互助系统	银奖	公益创业赛	刘建华（测绘学院）
2	突发事件应对系统	银奖	公益创业赛	李之红（土木学院）
3	北京行者筑梦教育科技有限公司	银奖	创业实践赛	张大玉（建筑学院）
4	智能净化系统——儿童用品的"清洁"专家	银奖	创业计划赛——化工技术、环境科学组	王鹏、王崇臣（环能学院）
5	可降解的扬尘抑制剂	银奖	创业计划赛——化工技术、环境科学组	杨宏（理学院）、刘娜（经管学院）
6	生态宜居城市建设——道路功能性提升系列技术	银奖	创业计划赛——材料组	索智、金珊珊（土木学院）
7	基于超级雷达的疏堵减排系统	银奖	创业计划赛——服务咨询组	林建新（土木学院）、张丽（经管学院）
8	批量合成金属——有机骨架材料的新工艺	铜奖	创业计划赛——化工技术、环境科学组	王鹏、王崇臣（环能学院）
9	可供植物生长的多孔混凝土材料——建筑垃圾生态效益的再发掘	铜奖	创业计划赛——材料组	王琴、卞立波（土木学院）

2016创青春全国大学生创业大赛获奖名单

项目名称	项目类别	奖项	指导教师	学生
基于位置服务和人脸识别的失踪人员搜寻系统——中国失踪儿童互助系统计划	公益创业赛	银奖	刘建华	姚远、龚晓东、程昊、杨璐、侯继伟
生态宜居城市建设——道路功能性提升系列技术	创业计划赛	银奖	索智、金珊珊	谢聪聪、刘思杨、朱蒙清、周儒刚、刘佳伟、杨茗宇、邓诗依、白博文、张瑞畋
北京行者筑梦教育科技有限公司	创业实践挑战赛	铜奖	张大玉	王泓珺、黄骏、刘闯、郭锦龙
儿童用品污染物去除系统——臭氧氧化与MOFs吸附性能协同作用技术应用	创业计划赛	铜奖	王鹏、王崇臣	刘建国、钟军、邢碧枞、郭婕、崔京蕊、欧佳奇、李玉璇、徐洋
众建孵化器	MBA专项赛	优秀奖	秦颖、刘娜	安志红、王敏、张帆

【各类学科竞赛捷报】 2016年以来，学校、学院组织大学生参加了国际级、国家级、省部级、协会级各类竞赛70余项，竞赛内容涵盖建筑相关专业，包含建筑设计、建筑结构、测量技能、节能减排等大赛，大学生科技创新创业竞赛捷报频传，形成了"领导高度关注、部门密切配合、教师大力支持、学生积极投入"的局面。

其中首次参加2016美国大学生数学建模竞赛MCM/ICM）获得Meritorious Winner（一等奖）和Honorable Mention（二等奖），这是北京建筑大学学生首次参加MCM/ICM并获得奖项。全学年共获得了联合国环境规划署－同济大学环境与可持续发展学院颁发的"绿苗计划"奖学金项目1项、"2016中国机器人大赛"全国一等奖一项，全国二等奖一项，全国三等奖七项；第七届全国中、高等院校学生"斯维尔杯"建筑信息模型（BIM）应用技能决赛中获得全能综合二等奖2项，单项二等奖3项，单项三等奖7项；建筑学本科生在"天作奖"（建筑院校学生设计竞赛）中从荷兰代尔夫特、意大利米兰理工、东南大学、同济大学、南京大学等国内外名校高手的众多方案中脱颖而出，一举摘下唯一的"一等奖"奖项；第四届全国高校土木工程专业大学生论坛中荣获一等奖3项。

此外，校团委还积极组织参加中国互联网＋大学生创新创业大赛、ican创业大赛等创新创业竞赛。获得"互联网＋"创新创业竞赛（北京赛区）三等奖2项。

第二届"互联网＋"大学生创新创业大赛（北京赛区）获奖名单

项目名称	类别	奖项	指导教师	学生
扬尘抑制剂	创意组	三等奖	杨宏、刘娜	肖隽、杨天天、张祎昕、王丹彤、王丹丹、梁琼琳、王焱辉
可供植物生长的多孔混凝土材料（建筑垃圾生态效应的再发掘）	创意组	三等奖	王琴、卞立波	董贻晨、范雨生、詹达富、王超、郭紫薇
MUNIPAGE（门迹）设计师众包社区	初创组	三等奖	李小虎	王辰、刘恒宇、姚渊、董青青、郭世玉、曾亮、谢思洁、杨思佳、刘鹤、王滋兰、张晓意、张禹尧、常远、谭云依、张超、刘建欣、宫伯钊、石贞云、王歌、谢北
GUMDOO基于互联网发展的全新租衣体验	初创组	三等奖	刘娜、曹晓云	齐洋洋、郑亚兴、郝弼建、郭昊、郭紫薇、马博洋、王翔宇、郭佳、郑诗依、岳忠恒、杨铭宇、赵琪

【参加大型科技成果展示推介会】参加第五届首都大学生科技创新作品与专利成果展示推介会，7项作品入围创新奖，共获得创新金奖（一等奖）1项、二等奖5项、三等奖1项的佳绩。2组作品与企业签订了创新成果转化委托协议意向书，并荣获"最佳组织奖"。

【承办大赛科技成果发挥示范效应】2016年，学校主办了"苏博特"杯第四届全国大学生混凝土材料设计大赛，该赛事是由教育部无机非金属材料专业教学指导委员会、中国混凝土与水泥制品协会（简称：CCPA）、教育与人力资源委员会、全国高等学校建筑材料学科研究会共同主办，由北京建筑大学、高性能土木工程材料国家重点实验室以及江苏苏博特新材料股份有限公司联合承办。共有来自73所高校125支队伍（其中首次包含台湾高校队伍参与）的共计500余名师生参加，同时外界来宾以及科研单位代表和企业代表共计200余人也前来参加。

北京建筑大学于5月继续承办北京市教委重点学科竞赛——北京市大学生建筑结构大赛。共有来自北京建筑大学、北京科技大学、北京航空航天大学共15所北京高校以及沈阳建筑大学、山东建筑大学、山东科技大学、河北工业大学、河北建筑工程学院共5所京外高校，共计20所参赛高校的43件作品入围总决赛。本次大赛还邀请包括北京市八一学校、北京市一〇一中学、北京市海淀实验中学、北京市十一学校和北京市怀柔区第一中学等5所京内知名高中，共计6件作品应邀参加此次大赛。

2016年11-12月，学校组织征集学生作品30余件，参加第五届大学生创新作品展示推介会，入围创新奖的作品有7件，共获得创新金奖（一等奖）1项、二等奖5项、三等奖1项的佳绩，2组作品与企业签订了创新成果转化委托协议意向书，并荣获"最佳组织奖"。这是我校学生首次获得展示推介会的最高奖；组织师生参加第三届北京市大学生创新创业教育成果展示与经验交流会，共有9项大学生创新创业项目亮相双创区；1篇大学生论文被选中参加大学生学术论坛；参与了"校企合作"、"开放实验室"、"学科竞赛"

等板块的展示。

（七）大学生创新创业活动

【概述】团委联合各学院精心打造创新创业特色活动。"第三届科技嘉年华"吸引了1200人次前来参观科普展览、参与益智竞赛、体验高科技产品。一年来组织90余名学生参加大学生创新创业训练营，开展双创导航活动10余次，组织103人次参加创新创业活动周；开展7期创业沙龙。3月起实施《领军型大学生创新创业团队培育工程》，通过学院申报、学校审核的方式，重点资助25支领军型创新创业师生团队，提高了大学生创新创业教育的成效。全年共报道创业学生典型7人，向市教委报送双创典型5个，在"北京高校就业创业服务"公众号上推送信息21条，扩大了我校双创教育的影响力。积极培育双创学生组织，大学生创新创业协会入选"全国大学生KAB创业俱乐部"。

【2015年度大学生创新创业创优表彰座谈会】1月20日，学校举办2015年度大学生创新创业创优表彰座谈会，总结上一年度我校师生创新创业创优成果，宣传大学生优秀典型，并进行师生代表座谈。校长张爱林出席了座谈会并作重要讲话。党政办、教务处、学工部、团委负责人，竞赛指导教师代表、学生代表等参加了会议。座谈会由团委书记朱静主持。参会的竞赛指导教师、大学生创新领军团队代表、学科竞赛获奖代表、社会实践优秀团队、优秀基层组织、艺术比赛等获奖师生代表结合竞赛指导、竞赛参与过程，谈了感想体会并积极建言献策，提出了很多有价值的意见和建议。校长张爱林在总结讲话中首先对获奖集体和个人表示祝贺，高度赞扬了我校大学生在科技竞赛、社会实践、班团建设、艺术活动等各方面取得的可喜成绩，并对老师和同学们表现出的智慧、激情、勇气和担当表示赞赏。

【大学生骨干培训暨创新创业训练营】3月29日，由校团委主办的大学生骨干培训暨创新创业训练营正式启动。训练营计划开展集中培训与实地调研活动，提升基层团组织和团干部的综合素质和创新创业能力。作为校团委长期坚持和发展的一项重点工作，大学生骨干培训将继续探索创新，力争成为团学骨干学知识、练本领、长才干的有力平台。本期培训嘉宾丁浤伟以"建梦想·筑未来·创青春——从创新创业竞赛说开来"为题，介绍大学生创新创业竞赛的意义、历程及备赛情况等。

5月31日，校团委举办大学生骨干培训班暨创新创业训练营实地调研活动。本次调研来到大兴区国家新媒体产业基地，实地参观创业园区，近距离感受社区创业文化。全体校院两级团学骨干学员等30余人参加了此次实践活动。骨干们一行人在园区讲解员的介绍下，了解到国家新媒体产业基地"两区四园"的整体概况，体验到未来体验馆里的体感互动、虚拟演播室等多个模拟漫游体验场所。随后，同学们来到了产业基地的"创e工场"和"创e咖啡"馆，学习到很多青年创新创业的实例分享，极大地激发了同学们对于投身创新创业浪潮的热情和信心。

本次大学生骨干培训暨创新创业训练营采用"3+1模式"，共开展了三次集中理论培训和一次实地考察调研，旨在提升基层团组织和团干部的综合素质及创新创业能力意识。三次理论培训，学生骨干们更加详细地认识到"大众创新 万众创业"大趋势，了解挑战杯、创青春等大赛的具体概况，以及学习到许多优秀典型学生骨干代表的先进经验。实地调研活动，理论与实践相结合，让同学们深刻体会到创新创业的重要性意义。此次活动的圆满完成极大提升了我校大学生骨干队伍的综合能力，也为我校创新创业领域的进一步发展打下了坚实的基础。

【开心麻花董事长张晨校友回校与学生面对面畅谈创业梦想】 11月29日下午，北京开心麻花文化传媒股份有限公司创始人、现任董事长、我校暖通专业85级校友张晨回到母校，一起与同学面对面交流，回忆大学点滴，畅谈创业梦想。环能学院党委书记刘艳华、校团委书记朱静、校友办主任沈茜及团委相关老师和各学院学生骨干代表近300人参加了此次交流活动。活动伊始，环能学院党委书记刘艳华、校团委书记朱静、校友办主任沈茜向张晨颁发了我校创新创业教育学院创新创业导师聘书。他表示很高兴受聘担任母校大学生创新创业指导教师，将力所能及的给予学弟学妹们指导和帮助，配合母校做好创新创业教育工作。

交流活动中，张晨校友深情回忆了他在大学的难忘生活，感谢母校给予他的支持与帮助，回忆当年在学校的学习生活点滴，感叹母校的万千变化，一字一句深切体现出他对母校的无限怀念与感恩之情。"校友面对面"环节中，张晨围绕自己的创业故事与同学们分享。他在交流中谈到，这次重回学校感受到母校的巨大变化，作为一名建大人感到自豪和骄傲。谈到创业他说，从0到1的过程远比1到100难得多。显然，创业是一条与众不同的路，是更加肆意的青春，也是更加忐忑的生活。创业是没有终点的，创业者必须不断进步，在每一个阶段都会有收获、都必须有收获。

张晨校友的发言赢得了在场师生们的热烈掌声，张晨校友以一个学长的身份对现场师生们所提出的问题结合自身的真实工作、创业经历为大家答疑解惑。交流意见的同时，还不忘告诫所有创业青年：秉持梦想，追求自我价值与时代发展的紧密互动。他表示，自信面对挫折，脚踏实地、实事求是才是取得成功的唯一途径。

（八）创新创业师资培训

【概述】 我校第一期创新创业教育师资培训班是学校贯彻《国务院办公厅关于深化高等学校创新创业教育改革的实施意见》（国办发〔2015〕36号）、《北京市教育委员会关于印发深化高等学校创新创业教育改革实施方案的通知》（京教高〔2015〕15号）文件要求，结合《北京建筑大学关于深化大学生创新创业教育改革的实施方案》（北建大校发〔2015〕9号），立足我校"提质、转型、升级"的基本战略，将创新创业教育理念嵌入各个学科专业，促进创新创业教育与专业教育有机融合，构建面向全体学生的创新创业教育模式的重要举措。培训班于2015年12月25日上午在西城校区学宜宾馆报告厅开班。校党委副书记兼创新创业教育学院院长吕晨飞、人事处处长陈红兵、工程实践创新中心主任兼创新创业教育学院副院长吴海燕、经管学院院长兼创新创业教育学院副院长姜军、校团委书记兼创新创业教育学院副院长朱静、经管学院党委书记彭磊和经管学院班子成员，以及来自各学院的专业教师，学工系统部分教师参加了开班仪式。培训班分为理论课程和实践考察两个部分，学校邀请了中国青年政治学院副院长李家华教授、苏河汇北京合伙人、总经理赵炜、中国青年政治学院刘帆副教授在2015年12月25、26日两天进行集中授课。实践环节于2016年初开展，组织教师调研京内外创新创业示范性企业。

【第一期创新创业教育师资班京内考察学习】 1月7日，来自各二级学院的专业教师和共青团系统教师共计50人参加第一期创新创业教育师资班京内考察学习活动。先后来到清华大学科技园、清华大学X-LAB创新创业教育平台、清华大学创＋社区、"启迪之星"孵化器、北京服装学院等地。考察学习拓展了培训班教师们的思路，开阔了眼界，引起了思考和讨论，进一步提升了学员对创新创业教育的认识。

【第一期创新创业教育师资培训班学员赴深圳学习调研】 1月25-27日，创新创业教育师资培训班学员在经管学院、校团委的共同组织下赴深圳开展为期3天的学习调研。1月25日，学习调研团一行首先来到深圳华为技术有限公司。了解了华为总体业务布局、先进企业理念、企业创新战略等内容，并现场演示了多项国际领先的通信应用技术和通信行业的解决方案。1月26日，调研团一行来到赛格国际创客产品展示推广中心（赛格创品 SEG CPARK）进行考察。逐一参观了各类创新展品，并深入了解了赛格创品 SEG CPARK 作为全球创客产品展示平台的运作模式。调研团一行向创品汇团队就科技成果转化、人才孵化基地等内容进行了细致的咨询和学习。下午，调研团参观了深圳大学及学生创业园。在座谈会中，与会老师就创新创业政策支持力度、激励方案等比较关心的问题与深圳大学展开了详细的探讨和交流。1月27日，调研团一行调研了柴火创客空间。了解了柴火创客空间的运营理念、运作模式以及"创客"论坛、"创客"市集和工作坊的开展情况。通过此次考察调研，老师们进一步了解了改革前沿阵地创新创业的最新动态。

（卫巍　朱静）

第十三章 教学辅助工作

一、图书馆

（一）概况

北京建筑大学图书馆一直坚持"荟集建筑文献、研究建筑文化、培养建筑人才、传承建筑文明"的办馆理念，在资源建设、环境建设和文化建设方面形成了独具鲜明建筑特色和馆藏优势的、面向社会开放的高校大型图书馆，也是全国唯一的住建部与北京市合作共建的中国建筑图书馆（位于西城校区），全面实现数据合一、资源共享。

图书馆在西城校区、大兴校区均有布局。截至2016年底，馆舍总建筑面积3.8万平方米，馆藏中、外文图书150万册（包括各二级学院藏书），期刊728种，数据库52个（其中中文40个，外文7个，自建库3个，自建网络资源平台2个），电子图书185万种（连网络非本地共有120万种），主页访问量突破232万次。拥有阅览座位1700余个，年日均接待读者1300人次。

图书馆全部图书使用《中图法》进行分类。图书馆馆藏图书中75%为理工类图书，60%为广义建筑类图书，本馆成为建筑文化和老北京文化方面的文献丰富，全国建筑类图书最为齐全的高校图书馆之一。

本馆以开放的资源布局、现代化的管理手段和"以人为本"的服务理念为核心，实行"藏、借、阅、咨一体化"的开放服务管理模式，向读者提供借阅、咨询和文化素质教育等文献信息服务。

图书馆馆先后与北京地区高校图书馆文献资源保障体系（BALIS）、中国高等教育文献保障系统（CALIS）、国家科技图书文献中心（NSTL）签订了原文传递和馆际互借协议，实现了北京地区高校间的文献资源共享；积极参加了北京高教学会图书馆工作研究会、高等艺术院校专业委员会及CADAL项目；依托各种中外文数据库，积极开展参考咨询、科技查新、代查代引、定题服务、馆际互借和原文传递等服务，为教学、科研工作提供全面信息支持。

馆内分设资源建设部、信息咨询部、信息技术部、文化工作室、读者服务部和数字图书馆工作室、建筑文化研究室和办公室等部门。图书馆现有馆员35名，其中党员13名，专业技术人员31人。其中正高2人，副高10人，中级14人。

多年来，为配合学校开展人才素质教育，培养学生自学和独立钻研能力，积极吸纳学生志愿者，形成日益壮大的、自我管理和开展服务的学生馆员队伍；每年组织举办全校大型"开卷"系列读书活动，以"我读书、我知道、我应用、我创造"为导向，以学生社团为骨干，引导学生读好书、好读书。为此，我馆获得了由中国图书馆学会授予的"全国全民阅读示范基地"光荣称号，连续多年荣获BALIS馆际互借服务先进集体奖和先进个人奖，北京科技情报学会先进单位奖。图书馆分工会还被评为北京市教育系统先进职工小家。图书馆社会影响力显著提升，成为中国图书馆学会大学生阅读推广委员会委员单位、北京高校博物馆联盟成员馆、北京市图书馆协会理事单位、北京科技情报学会理事单位。

（二）馆舍建设

2016年是新图书馆开馆运行的第二年。标识和窗帘项目继续未完成部分的设计与安装。

1. 标识标牌调整

9月7日，配合校庆，完成七层办公区房间调整，六层改校史馆等的标牌变更23处，共88块重新制作方案。

10月31日，后补标牌共计729块全部安装到位。

2. 窗帘项目设计安装

1月，研究喷绘图案设计和纱窗滑板设计。

2月，纱窗第一次试做。

4月，纱窗第二次试做。

5月，第三轮纱窗设计定稿。

6月，所有遮阳帘及纱窗安装到位。

（三）文献资源建设

订购2016年度中文期刊511种，520份；报纸26份；外文期刊86种；采购中外文图书1.78万种，编目加工图书1.9万册。

2016年，纸本资料购置经费共110万元，其中，图书购置费100万元，报纸、期刊购置费10万元；数据库资源购置费160万元。

（四）信息化与数字图书馆建设

8月，开通图书借还系统校园网登录和信息接口功能，读者可以在校园网一次登录，查看所有信息。

9月，开通西城校区图书网上借书系统，读者可以在手机或电脑上远程预约大兴校区图书馆图书，预约系统全面网络化。

10月，配合学校80周年校庆活动，提供全方位技术支持，包括报告厅使用支持，校史馆、展览馆的信息技术支持等。

12月，开通图书目录预览功能，90%的图书可以在图书查询系统中浏览目录，对于网上预约系统做了很好的功能补充。

2016年全年，不定期为学校各部门提供报告厅、其他信息化设备技术支持。

（五）信息咨询与读者服务

1. 信息咨询

4月，郭燕平老师主责完成了2015年度校科研成果SCI/EI收录、核心期刊认证工作；咨询部向NSTL申请免费使用外文数据库资源。

5月，全体馆员圆满完成了2016年度BALIS原文传递宣传月活动，各项服务新增用户超过200人；接待首师大附中大兴校区附属小学近200名小学师生参观图书馆。

6月，郭燕平老师配合教务处完成本科生论文检测工作，共计检测本科生学位论文1437篇次。

7月，部门全体馆员共同完成了466册研究生论文的收缴、审核工作。

9月，郭燕平老师主责完成了学校职称评审工作中关于科研成果认定工作，共计核审了50名教师的800余篇文章的SCI/EI收录，及是否核心刊情况；郭燕平老师完成了嵌入式教学实践，在环能学院《环境化学》课程中讲授图书馆的资源与服务。

10月19—21日，咨询部主责承办了第28届全国建筑院校情报网年会，有全国15所建筑类高校的31名馆员参加了此次年会，交流了数字图书馆建设中经验。

12月，北京建筑大学图书馆在2016年虚拟参考项目工作中成绩优异，被评为先进单位。

2016年全年为教师提供论文查收查引、论文检测服务十余次；詹宏伟老师被评为2016年度BALIS原文传递服务先进个人。

2. 读者服务

全年流通量12.9617万册/次，在1.6万有效读者中，本科生、研究生借阅量占到了90%以上。其中本科生超3800人，研究生超800人，接近或超过同期在校生同类读者的50%。主要借阅类别为：建筑26.0%、文学16.3%、自动化与计算机8.3%、语言7.5%。此外，西城分馆还负责全校的北京高校图书馆联盟提供的馆际互借图书服务。2016年共完成馆际互借发送接收申请业务合计95笔。

（六）教学科研工作

1. 教学

2016年，图书馆共计完成信息素质教育方面的课程416学时：其中校级公选课《电子资源信息检索与利用——图书馆导航》64学时，院级选修课《科技文献检索》、《文献检索与写作》、《文献检索》304学时，共有1203名本科生接受了信息素养教育；研究生必修课《信息检索》48学时，共计400余名硕士研究生掌握了信息检索技巧及论文写作方法。

2. 科研

陈靖远副馆长申报北京市财政专项课题《首都圈典型新城开发与规划方法比较研究》，高振、马琳作为项目组成员参与文献检索工作。

由郭燕平老师主责，高振老师参与的图书馆机构知识库建设正在进行中。

由王锐英馆长主持，郭燕平老师主责，高振老师参与的知识生产系统项目正在进行中。

（七）文化教育活动

1. 文化讲座

2016年文化讲座一览表

时间	讲座主题	主讲	地点	主办单位
5月30日	走进大师	辛宪铭（山东东平县文广新局副局长、东平博物馆馆长）	西城校区教一楼101	图书馆
5月26日	安道一及佛教书法	毕宝魁（辽宁大学文学院教授）	图书馆知本报告厅	图书馆、山东东平文化馆
10月30日	北京城的起源与历史变迁	朱祖希（北京地理学会副理事长）	基A—207	图书馆

续表

时间	讲座主题	主讲	地点	主办单位
11月8日	北京地名漫谈文化	常华（北京史地民俗学会副会长）	西城校区教一楼326	图书馆
9月27日	儒道文化与建筑设计	付远（建筑设计师、校友）	图书馆凌云报告厅	图书馆
11月15日	水是生命之源	张文大（北京史地民俗学会学术委员）	图书馆凌云报告厅	图书馆
11月21日	北京北海古桥	梁欣立（北京史地民俗学会秘书长）	西城校区教一楼326	图书馆
11月29日	老北京的城门轶事	梁欣立（北京史地民俗学会秘书长）	图书馆凌云报告厅	图书馆

2. 读书活动

4月19日，在第21个世界读书日来临之际，由校图书馆联合团委、学工部、教务处、宣传部共同举办，我校第十届"开卷·筑梦"读书活动开幕式暨我校举办读书活动十周年纪念在大兴校区图书馆建本报告厅举行。校领导、二级学院学生工作负责人、图书馆和学生馆员及各学院学生代表参加了本次活动。

开幕式由图书馆副馆长陈靖远主持。图书馆馆长王锐英致开幕词，宣布"开卷·筑梦"读书活动正式启动。

开幕式上，组委会宣布了2015年度第九届读书活动的征文比赛获奖名单（20名）、阅读之星（19名）以及读书活动优秀组织奖和先进学生馆员的名单，并颁发了证书和奖品。征文一等奖获得者王莺洁代表学生做了发言，建筑学院赵希岗教授代表教师谈了自己的成长特别是从事剪纸艺术创作与书籍的密切关系，激励大家在阅读中提升艺术感悟力。

最后，副校长李爱群讲话，他提出倡议：在我校建校80周年之际，通过每位师生的用心阅读，增筑我们的大学精神、丰富我们的大学文化，希望每位老师、每位同学，共同筑造与国家、与学校、与师生共同成长的梦想！

第十届读书活动主题征文：青春的味道

3. 《北建大馆讯》

对我馆存档的2008年-2016年的《馆讯》进行整理，完成总计65期合订本分上下两册编印工作。

本年度共完成第66期至73期共8期《北建大馆讯》的组稿、编辑、审核、印刷、发放工作，馆讯电子版同期上传至北京建筑大学图书馆网站。

4. 举办展览

2016年举办展览一览表

时间	展览主题	地点	主办单位
1月24日	新馆开馆一周年摄影图片展	图书馆七层	图书馆
4月5日	第二届《摄影》选修课结业作品汇报展	图书馆一层	图书馆

续表

时间	展览主题	地点	主办单位
5月26日	安道—北朝摩崖经原拓书法展	图书馆一层大厅、建本报告厅	宣传部、图书馆、山东东平文化馆
6月7日	云冈石窟艺术展	图书馆一层	北京建筑大学、云冈石窟研究院
9月12日	老北京沙盘展	图书馆一层	图书馆
10月12日	北京城门展	图书馆一层	图书馆

5. 学生馆员管理工作

2016年组织学生馆员到中央民族大学博物馆参观交流；组织第三届图书馆学生馆员工作委员会换届选举。组织学生馆员培训，王锐英馆长主讲《新图书馆建设探讨——后图书馆时代》、《北京建筑大学校史沿革》、《老北京文化的保护与传承》等业务培训，学生馆员及文化工作室全体参加。

指导学生馆员设计图书馆业务派送单，详细介绍图书馆各业务部门的职责与业务范围，督促其与馆内各业务部门的联系方式，及时完成馆内各部门布置安排的各项工作。

6. 校史资料建设

搜集整理校史有关资料：校友捐赠图书整理、实物、照片等，建档及保存。协助校庆办做好校史馆建设及日常管理工作，做好校史馆实物展品的陈列设计及展品的日常维护等工作。

7. 校庆及校史馆工作

校庆期间配合校庆办完成校史馆参考资料提供，校史实物展品的筛选、展品的展位设计与布置，展品文字说明的设计与制作。

组建学生讲解员队伍，马琳老师负责对队伍的管理与业务培训，校庆前后无论是工作日还是节假日，都会完成参观团队的接待工作，持续至现在。

校庆当日组织学生馆员在各楼层负责接待引导工作，同时对返校校园进行现场采访，对活动全程进行网络直播。

王锐英、芦玉海、马琳被评选为"北京建筑大学八十周年校庆工作先进个人"。

8. 桥梁博物馆筹备工作

搜集资料，编制桥梁汇编，在两校区分别组建了桥梁展筹备小组，由教师、研究生、学生馆员共同参与桥梁博物馆资料搜集、整理、加工等备展工作，由文化工作室老师负责团队组织管理及专项工作指导。

9. 荣获北京高校图工委"2016年北京高校图书馆面向中小学开放日—优秀奖"。

（八）党建、工会工作

1. 党建工作

认真贯彻落实"两学一做"学习教育活动。紧密结合实际将"学习共产党党章党规，学习贯彻习近平总书记系列重要讲话精神，做合格党员"教育活动贯穿全年。结合图书馆的现状，制定了《图书馆直属党支部"两学一做"教育活动实施方案》，明确了"两学一做"教育活动的学习安排、时间节点、学习成效等；在主管校领导的指导下，认真完成基层组织全覆盖调研工作，摸清楚了图书馆基层组织的现状、人才队伍状况、服务学科情况及存在的不足和未来努力方向；认真完成"两学一做"教育活动的学习资料编撰、党组织负责人讲党课、合格党支部和合格党员大讨论、典型案例、亮明党员身份、撰写学习心得体会等规定动作，并将"做合格党员"的具体行动落实到学校80周年校庆等大型活动和图书馆日常运转等实际工作中来。

扎实做好党支部建设工作。结合学校80周年校庆、学习十八届六中全会精神、年底党员情况统计等，建立健全党员基本信息；定期召开民主生活会，落实支部工作计划，按时交纳党费。通过"三会一课"制度的实行，以及过党组织生活、参加党组织活动，提高党员的政治觉悟、理论水平，增强了广大党员的"四个意识"。做好退休党支部与机电学院学生党支部共建工作，开展了"老党员寄语毕业生党员"的主题活动；以实际行动关心退休党员的学习，为退休党员编撰了《图书馆直属党支部"两学一做"资料汇编》。

为做好党员的学习教育活动，图书馆直属党支部还举办了丰富多彩的活动：一是组织党员与获得"北京市先进基层党组织"的北京汽车博物馆党支部进行交流，认真学习了他们"一引领、一品牌、一特色"（以"党员示范岗"为引领、以"岗位练兵"为品牌、以"学习型党组织"为特色）和"亮身份、亮岗位、亮承诺"的做法；二是组织党员开展"助力学生成长"推荐馆藏书主题活动，13名党员都推荐了图书馆馆藏的励志、学习方法等有助于学生成长的书籍，达到了与学生共学习的目标。

落实党风廉政建设责任制，营造风清气正的环境。一年来，通过在馆务会、直属党支部全体大会、全体馆员会等会议上，传达上级和学校党委有关文件、会议的精神，帮助干部职工从巩固党的执政地位和党的兴亡的高度来认识反腐倡廉的重要性和必要性，坚定干部职工对反腐倡廉工作的信心和决心，筑牢干部职工反腐防变的思想防线。图书馆按照学校"一岗双责"的要求，明确了馆长和直属党支部书记为党风廉政建设的第一责任人、全体班子成员为责任人、馆务会成员即各部门负责人为执行责任人的制度，确保党风廉政建设责任到岗到人。

2. 工会工作

因原分工会主席沈茜岗位调整，2016年12月28日图书馆召开分工会会员大会，毛发虎当选为图书馆分工会主席。

年底，图书馆分工会顺利通过校工会组织的分工会建家验收工作的检查，获得了优秀教工之家称号。图书馆咨询与技术工会小组、文化工作室与资源建设部工会小组参被评为校优秀工会小组。

完成了新转岗到图书馆的馆员馆内轮岗学习培训，鼓励馆员积极参与中国图书馆学会、北京高校图书馆学会、北京科技情报网等行业组织举办的各类学习培训。

组织馆员参加北京高校图书馆工作委员会举办的"北京高校图书馆运动会"；参加学校教工运动会；举办具有图书馆特色的文体活动，年内先后举办了馆员学工间操比赛、乒乓球比赛、教职工健康教育知识竞赛等活动；组织教工到北京汽车博物馆参观学习，感受同行业中翘楚的好做法、好经验。

对年度考核聘任推优、职称申报、西城区人大代表选举等涉及馆员个人利益的事情，第一时间面向全馆公开。做到馆务公开工作规范、及时。

本学年度本馆共慰问在职职工9人次，向学校申请慰问1人次。看望慰问图书馆80

岁以上的退休人员3人次，并送去慰问品。

积极发挥教代会代表职责，参与学校管理。在学校教代会上提出"在大兴校区安装工行ATM机"等提案，并召开图书馆教代会代表讨论学校报告、财务预算等。同时，对年内涉及教职工个人利益的，如大兴校区硕博公寓申请办法、寒暑假期间图书馆开放值班人员待遇等，及时向学校相关职能部门反映，维护教职工的权益。

（王锐英　陈靖远　郭燕平　芦玉海　齐群　谭明　袁伟峰　张文成　朱晓娜）

二、学报编辑部

（一）概况

学报编辑部是《北京建筑大学学报》的编辑出版单位。现有专职编辑3人。其中副编审2人，工程师1人。

《北京建筑大学学报》是北京市教育委员会主管，北京建筑大学主办的工程技术类学术期刊。

《北京建筑大学学报》原名《北京建筑工程学院学报》，1985年创刊。2014年6月，经国家新闻出版广电总局和北京市新闻出版广电局批准，更名为《北京建筑大学学报》。

（二）编辑部建设与管理

【概述】《北京建筑大学学报》以马列主义、毛泽东思想、邓小平理论和"三个代表"重要思想为指导，坚持科学发展观，坚持实事求是和理论联系实际，发扬学术民主，促进学术研究，推动北京建筑大学的教学和科研工作，扩大国内外的学术交流，为社会主义现代化建设服务，尤其是为人文北京、科技北京、绿色北京服务。

《北京建筑大学学报》坚持以自然科学和工程技术为主的办刊方针，突出学校的专业特色和学科特色，在古建保护、建筑与城市规划、土木工程、道路与交通工程、环境科学技术、测绘与地理信息、机电与信息工程、数理科学、工程管理、建筑法律、人文科学等学科领域体现专业优势。稿件采用本着以校内为主，校外优秀稿件为辅的用稿原则，注重刊物的学术性和创新性，旨在展示国内外相关领域的最新研究成果和技术水平。

随着近年来学校办学规模的扩大和办学水平的提高，已经形成了相对稳定的作者队伍，对于提高学报的办刊质量和办刊水平有积极的影响，有利于推动建筑领域科技水平的提高。

【编辑工作】学报编辑部负责《北京建筑大学学报》的编辑工作。专职编辑拥有丰富的办刊经验，能够按时按质完成学报编辑工作。

编辑部有严格的稿件审查制度，实行背靠背的内外二审的审稿制度，可以保证稿件的学术质量和专业水平。编辑部严格执行科技期刊的编辑出版规范，按照科技期刊的编辑出版规范的要求编辑稿件。编辑部能够认真做好校对工作，所有稿件均经过三次校对后送主编终审。

2016年，学报编辑部的所有编辑均已参加国家新闻出版广电总局和北京市新闻出版广电局举办的业务培训和学习。

【出版工作】2016年，学报编辑部共出版《北京建筑大学学报》4期，刊发稿件71篇，其中，省部级以上课题的学术论文有70篇，提高了学报的整体学术质量。

【发行工作】 编辑部能有序按计划完成学报的发行工作，及时向有关出版管理单位、版权管理单位和国家图书馆、首都图书馆等部门寄送样刊，及时向订阅单位寄送期刊，定期扩大与兄弟院校、相关科研院所和工程技术类学术期刊的交流范围。

编辑部还通过中国知网、万方数据库、维普网等，扩大学报的影响和学术交流渠道。

【影响因子和转载情况】

《北京建筑大学学报》复合影响因子和转载情况

期刊名称	总载文量	综合影响因子	复合影响因子	总被引频次	总下载频次
北京建筑大学学报	2038	0.185	0.415	10037	317329

（数据截止时间：2017年6月5日）

（三）大事记

2016年9月，学报编辑部精选我校知名专家、教授和优秀校友撰写的学术论文25篇，编辑出版了《北京建筑大学学报（校庆专刊）》，向建校80周年献礼。

2016年9月，调整产生了新的学报编辑委员会，编委会由36名校内外专家组成，其中：校内编委26名，校外编委10名。编委会主任由校长张爱林担任。

（佟启巾　牛志霖）

第十四章 科 研 机 构

一、建筑遗产研究院

（一）概况

建筑遗产研究院是北京建筑大学直属的主要从事建筑遗产保护、工程设计、技术咨询与培训、研究生培养等为一体的综合性研究机构，于2013年6月经学校批准正式成立。

研究院的成立，是基于北京建筑大学在建筑遗产保护领域深厚的历史积淀和已经形成的学科专业优势。目前下设历史城市与村镇保护研究所、建筑遗产信息化研究所、建筑遗产结构安全与加固研究所、建筑遗产保护法律研究所等多个研究所。通过对历史城市与古村镇保护、建筑遗产保护修缮、建筑遗产遥感监测与数字化、建筑遗产环境影响评估、建筑遗产法律法规研究等多个学科方向的研究，建筑遗产研究院形成了社会科学、自然科学、工程技术科学各具特色又交叉融合的建筑遗产保护交叉学科体系。

建筑遗产研究院成立已近3年，在组织多学科和多单位合作的各级科研课题申报、主持并参与建筑遗产保护与利用的项目研究、推动多学科协同介入建筑遗产保护领域的技术攻关、开展建筑遗产保护领域的国际及国内交流活动，以及整合学校教学资源进行建筑遗产保护领域的人才培养工作等方面取得了丰硕的成果与工作经验。特别是2015年我校与国家文物局合作，实施"高层次文博行业人才提升计划"以及2016年我校成立"未来城市设计高精尖创新中心"以来，建筑遗产研究院作为合作平台，为进一步提高文物系统干部队伍整体素质，促进我校内涵发展，培养一批适应文博行业发展需要的高素质人才发挥了更为积极的重要作用。

目前建筑遗产研究院共有4名研究人员，其中教授2人，副研究员1人，讲师1人，拥有博士学位2人。

（二）学科工作

【概述】建筑遗产研究院2016年的学科建设工作，继续发展以建筑遗产保护与利用为核心的学科特色。通过主办展览、讲座，参加会议等方式，在社会上、学校层面协调各部门间的学科合作，通过与杂志、学校网站以及自身网站建设，积极将科学研究与学术成果在国内相关领域推广，扩大学科建设影响力。

【主办展览】2016年10月9日，由北京建筑大学党委宣传部主办，北京建筑大学建筑遗产研究院、北京建筑大学建筑与城市规划学院承办，北京建筑大学科技处、北京建工建筑设计研究院、北京建工建方科技公司协办的"保护建筑遗产，传承优秀文化——北京建筑大学文化遗产保护与传承产学研成果展"，在北京建筑大学西城校区创空间正式开幕。本次展览系统回顾了北京建筑大学在建筑遗产保护领域所取得的成果，选取了师生在文化遗产保护领域中的32个科研课题和46个实践项目进行展示。此次展览取得了广泛关注，开幕当天由国务院参事、住房和城乡建设部原副部长，北京建筑大学发展咨询委员会委员，北京"未来城市设计高精尖创新中心"学术委员会委员仇保兴；北京航空航天大学党委书记、院士张军；中国建筑设计研究院总建筑师、中心主任、院士，北京建筑大学发展咨询委员会委员、北京"未来城市设计高精尖创新中心"主任崔愷；北京市建筑设计研究院副董事长、副总经理张宇；北京建筑大学党委书记王建中共同剪彩，北京建筑大学校长张爱林致开幕辞，业界相关专家学者及北京建筑大学师生代表参加了开展仪式并参观展览。

【主办展览】2016年是《长城保护条例》颁布10周年。由国家文物局大力支持，中国文物学会传统建筑园林委员会与北京建筑大学建筑遗产研究院共同主办的"万里长城，薪火相传——《长城保护条例》颁布10周年纪念展"，2016年12月15日在北京建筑大学西城校区创空间开幕。本次展览特邀长期以来在长城保护工作中具有突出贡献的16家科学研究、工程设计、施工监理单位作为此次展览的协办单位，共涉及《长城保护条例》、历代长城发展简史、长城资源调查概述、长城总体保护规划专区、长城建筑研究专区、长城保护规划专区、长城修缮工程专区、长城照片选例8个主题展区，并配有多媒体数字影像沙盘演示。为了在更大范围内推广此次展览成果，建筑遗产研究院特联系国家文物局相关部门，在12月1日在金山岭长城进行了预展。

【主办讲座】受韩国建筑与城市政策研究院邀请，2016年建筑遗产研究院接收車株榮博士作为访问学者到我校交流一年，并以中国城市设计的政策和系统与韩国相关政策比较作为课题开展研究。車株榮博士（女，1970年出生）是韩国建筑与城市政策研究院的研究员，主要在韩国和德国学习建筑与城市规划专业。自1999至2007年间，在德国参与多项城市总体规划，景观规划，公共空间设计等城市设计项目。2007年之后，在韩国建筑与城市政策研究院，从事城市设计、景观、建筑和公共建筑领域的研究，目前是韩国国家公共建筑中心的负责人，主要工作领域是改善国内公共建筑的质量。来华后，建筑遗产研究院邀请車株榮博士进行主题讲座，参与领导有建筑遗产研究院副院长汤羽扬教授，并有多名师生参加讲座，同时与车博士展开讨论。

【参加会议】受天津大学邀请，建筑遗产研究院师生于2016年11月18日至11月22日参加由天津大学和中国长城学会主办的"历史空间信息与中国长城防御体系"国际研讨会。会议将围绕文化遗产的历史地理、空间人文和保护利用等方面内容，邀请国内外历史地理、遗产保护、数字人文、建筑历史和长城研究等领域的专家学者和青年学者展开学术研讨。

（三）教学工作

【概述】建筑遗产研究院的教学工作包括承担学校通识核心课《建筑文化遗产保护概论》，承担研究生设计课程，参与建筑与城市规划学院设计初步课程。

【学校通识核心课】《建筑文化遗产保护概论》，是一门面对我校各专业1－2年级学生的通识教育课程。主要讲述国内外建筑文化遗产保护的发展历程，建筑遗产保护的思想与主要理论，介绍国内外建筑遗产保护的相关法规，以及各国建筑文化遗产保护的实践案例、主要方法。课程以国内外各类案例为基础，较为全面的介绍国内外建筑遗产保护发展历程及相关理论、方法，注重学科交叉性，以及对学生文化素养的提高训练。课程共计24课时，

12章节内容。包括国内外建筑文化遗产保护的发展历程、建筑遗产保护的思想与主要理论、建筑遗产保护的法规体系、建筑遗产保护的对象与内容、建筑遗产保护的原则与目标、国内外历史城市保护方法与案例解析、国内外历史街区保护方法与案例解析、国内外乡村保护方法与案例解析、国内外历史文物建筑保护方法与案例解析、国内外工业遗产保护方法与案例解析、国家公园等保护方法与案例解析。课程考核方式为组织一次建筑文化遗产调研，并要求学生完成一份建筑遗产保护报告。

（四）科研工作

【概述】建筑遗产研究院主持的建筑遗产保护与利用的科研课题，包括历史城市与街区保护规划、文物保护规划、城市设计、建筑遗产保护工程设计、建筑遗产遥感监测、数字化、文物环境影响评估、文物环境保护与整治设计等类型。

【长城保护规划】建筑遗产研究院副院长汤羽扬教授主持参与北京市长城总体保护规划、宁夏长城总体保护规划、内蒙古长城总体保护规划及部分长城点段的修缮工程设计，如明长城宁夏回族自治区银川市三关口段（一期）修缮工程等。《北京市长城总体保护规划》的编制采取分类、分段、分期的方式，针对保护管理、重点点段的划定进行了详细规划；并着重考虑了北京市境内长城主体及其相关遗迹遗存的保护、保护与展示利用关系、长城周边的环境整治、保护和地方经济建设发展关系，与相关规划衔接等问题进行了深入的研讨和多次的探讨。《内蒙古自治区长城总体保护规划》作为超大型文化遗产——长城的省级保护规划，属文化遗产资源保护性质的专项规划。规划目标主要有3项：（1）长期有效保护内蒙古自治区长城遗产价值的真实性、完整性；（2）协调长城保护与区域社会经济发展之间的关系，科学、合理、适度地发挥长城遗产在内蒙古自治区文化建设中的积极作用；（3）指导内蒙古自治区各盟、市长城的保护管理及重点段规划的深化工作。《宁夏长城总体保护规划》遵照社会科学发展观，从宁夏回族自治区重大文化资源保护的角度，探讨建立和完善宁夏长城保护规划体系，真实、完整地保存并延续宁夏长城的整体价值和历史信息。以宁夏段长城遗址本体及其周边环境风貌保护为基础，以有效、合理利用为发展方向，发掘宁夏长城遗址的历史文化价值和科学艺术价值，发挥其精神象征的作用。提升区域文化品位，并协调遗址保护与地方社会经济发展的关系。

【北京城市副中心通州旧城地区城市设计】北京建筑大学未来城市设计高精尖创新中心自今年8月份承担北京城市副中心通州旧城保护更新城市设计工作以来，邀请哈佛大学、密歇根大学等国际知名专家教授与中心师生共同开展了"北京城市设计国际联合工作营"，就北京城市副中心规划定位、规划设计理念策略到实施、基础设施升级与对建成区的影响、如何应对新增人口的压力与公共服务的升级等问题展开研讨。建筑遗产研究院汤羽扬副院长作为主要负责人，先后多次组织前往通州旧城展开现场调研，与中心团队已完成通州旧城地区保护与更新城市设计的详细方案，以及南大街历史街区节点、九棵树步行街节点与玉带河水厂景观绿化节点设计及模型制作等工作。中心团队针对通州旧城地区基础设施薄弱、缺乏社会公共空间、潮汐交通压力大、文化遗产保护措施缺乏等问题，从"创新、协调、绿色、开放、共享"的理念出发，以打造古城为文化本底的现代居住功能为目标，将通州故城作为通州城市之根进行发展，提出多项城市设计策略，包括：振兴历史传统街区与运河区域，保护与合理利用文物建筑及其环境空间，最低程度拆除居住区与提供多种住房选择，改善居住环境与增加公共开放空间，完善公共服务与市政设施，优化道路系统营造慢行交通，丰富街道体验和功能性，基于工业遗址塑造复合功能的城市廊道，加强公众参与，旨在实现资源共享及优化整合，提升居民社区生活品质。

【关于历史文化带整体保护、利用的思考——以长城文化带为调研对象】受北京市文物局委托，北京建筑大学建筑遗产研究院承担《关于历史文化带整体保护、利用的思考——以长城文化带为调研对象》的课题。建设北京西北部山区长城文化展示带既是以长城这一中华民族代表性的带状文化遗产为纽带，对区域自然资源及人文资源进行整合，协调各类要素，形成西北部山区文化旅游的新格局。项目计划在保护长城及区域自然及人文环境的基础上，形成一条"有效保护、合理利用、资源整合、发展协调"的长城特色文化带。该文化带的形成，将对长城沿线的经济社会及文化建设协调发展起到重要作用，同时也为促进物质及非物质文化遗产保护工作切实惠及民众做出贡献，积极的推动北京向中国特色、世界城市的迈进。

【京津冀一体化文化遗产保护和利用（长城、大运河等）】受北京市文物局委托，北京建筑大学建筑遗产研究院承担《京津冀一体化文化遗产保护和利用（长城、大运河等）》的课题。本课题包括对长城文化带概念、运河文化带概念、京津冀一体化文化遗产保护和利用的必要性，可行性及重要价值，保护和利用的整体现状，线性遗产保护的政策和现实问题，国外线性遗产保护案例、经验、教训，提出整体保护建议（十三五、十四五），其他对一体化保护和利用有关的调查和研究的建议，关于建立长城保护与利用展示示范区的设想，实施计划建议等内容。建设京津冀一体化文化遗产保护和利用，利用文化遗产资源的整合，旨在为京津冀一体化协调发展做出示范作用。

【西城区道路调研与规划建议】受北京市规划委员会西城分局委托，北京建筑大学建筑遗产研究院承担《西城区道路调研与规划建议》的课题。2016年是"十三五"规划的开始年，本课题为实现北京2020年绿色出行计划，逐步解决城市核心区的交通问题，以及对北京历史文化名城修建性详规、相关专项规划提供一手数据支撑，拟对西城区辖区内规划未实施道路和保护区外未纳入交通管理但作为公共交通使用的现状道路、街巷、通道、胡同等，进行系统全面的调查。并通过与已有道路规划进行比较研究，提出下一步深化及细化道路规划设计的建议和改革措施，为优化北京核心地区的交通做出积极贡献。

2016年建筑遗产研究院承担的主要科研课题一览表

	项目名称	项目来源	负责人	参与人	起止时间	项目类别
1	关于历史文化带整体保护、利用的思考——以长城文化带为调研对象	北京市文物局委托	汤羽扬	汤羽扬、刘昭祎、张曼、王哲	2016.6-2016.12	横向
2	京津冀一体化文化遗产保护和利用（长城、大运河等）	北京市文物局委托	汤羽扬	汤羽扬、蔡超、张曼、刘昭祎	2016.6-2016.12	横向
3	西城区挂牌四合院落保护管理规划研究	北京市规划委员会西城分局委托	汤羽扬	汤羽扬、范霄鹏、李春青、张曼及研究生	2015.6-2016.8	横向

续表

	项目名称	项目来源	负责人	参与人	起止时间	项目类别
4	西城区道路调研与规划建议	北京市规划委员会西城分局委托	汤羽扬	汤羽扬、张笑楠、李春青及研究生	2016.1-2016.12	横向
5	西城区区级文物保护单位保护区划划定研究	北京市规划委员会西城分局委托	汤羽扬	汤羽扬、张笑楠、李春青、蔡超、张曼、袁琳溪	2016.7-2016.12	横向
6	近现代抗战遗址类文化遗产保护与展示利用研究	北京建筑大学	张曼	张曼、刘昭祎、袁琳溪	2016.1-2018.1	校基金

2016 年建筑遗产研究院发表论文一览表

	论文名称	期刊名称	作者	发表时间
1	区域协同发展下的"北京长城文化带"空间构架设想	北京建筑大学学报	汤羽扬、刘昭祎、张曼	2016.9
2	保护建筑遗产,传承优秀文化——纪北京建筑大学文化遗产保护与传承产学研成果展	中国科技财富	汤羽扬、张曼	2016.10

（五）国内外交流

【概述】建筑遗产研究院借助各方面资源，在学校层面组织建筑遗产保护领域的国际及国内交流活动。国际交流活动，2016 年，建筑遗产研究院接收韩国建筑与城市政策研究院研究员榮博士作为访问学者到我校交流一年。该访问学者是我校接收的第一位国际上的访问学者，具有重要意义。国内交流活动，2016 年，建筑遗产研究院与国家文物局文物、北京市文物局、北京市规划委员会西城分局等政府部门签署合作协议，就科研研究展开学术交流。

【访问学者】建筑遗产研究院向韩国建筑与城市政策研究院研究员車株榮博士发出邀请信。建筑遗产研究院副院长汤羽扬教授将作为車株榮博士的国内导师，建筑遗产研究院将提供車株榮博士的科研计划、素材及办公学习场所。

（六）重大事件

1.2016 年 10 月 9 日，"保护建筑遗产，传承优秀文化——北京建筑大学文化遗产保护与传承产学研成果展"，在北京建筑大学西城校区创空间正式开幕；

2.2016 年 12 月 15 日，"万里长城，薪火相传——《长城保护条例》颁布 10 周年纪念展"在金山岭长城开设预展；

3.2016 年 12 月 15 日，"万里长城，薪火相传——《长城保护条例》颁布 10 周年纪念展"在北京建筑大学（西城校区）创空间开幕。

（张曼）

二、建筑设计艺术（ADA）研究中心

（一）ADA中心简介

北京建筑大学建筑设计艺术（ADA）研究中心，成立于2013年9月，是一个拥有全球视野，对建筑、设计、艺术等先锋性理论与实践进行深入研究和创新性实践的综合性研究机构。

北京建筑大学建筑设计艺术（ADA）研究中心致力于打造国际水准、国内一流的学术平台，广泛汇聚国内外具有重要影响力的专家、学者、建筑家、设计家和艺术家，结合学术的前沿理论及实践需求。

北京建筑大学建筑设计艺术（ADA）研究中心秉承使命，致力于中国建筑设计艺术与文化的国际化、现代化，促进中国设计文化的思想飞跃，提升中国设计文化理论创新，为中国设计文化引领世界潮流做出贡献。

截至2015年12月31日，ADA研究中心共设立了策展与评论研究所；都市形态研究所；现代建筑研究所；当代建筑理论研究所；自然设计建筑研究所；光环境设计研究所；现代城市文化研究所；建筑与跨领域研究所；住宅研究所；中国现代建筑历史研究所；世界聚落文化研究所；现代艺术研究所；建筑与自然光研究所；建筑与地域研究所共14个专项研究机构，成立现代建筑研究会、勒·柯布西耶建筑研究会，共2个研究会，并与2014年9月设立了国内第一家建筑专业画廊——ADA画廊。

【概述】截至2016年12月31日ADA研究中心共有教师16名，汇聚了国内外顶尖的建筑师、设计师、艺术家等建筑、设计、艺术及相关领域的专家和学者。

（二）科研工作

【概述】2016年北京建筑大学建筑设计艺术研究中心对现代建筑研究、中国近现代建筑历史研究、传统聚落研究以及现代艺术研究等方向开展了全面和深入的研究工作。在现代建筑研究中，在对于建筑空间与音乐空间相互转化的实验研究后，相继对斗拱、园林、聚落与建筑空间之间关系的转化的研究，并举办学术展览。

（三）ADA系列讲座

【概述】ADA系列讲座是ADA研究中心主办的建筑、设计、艺术及相关内容研究思想讲座。讲座由ADA中心各个研究所主持人主讲，针对各自研究领域的最新的研究思想和研究成果在讲座中进行发布和阐述。2016年ADA系列讲座全面进行，2016年ADA系列讲座共进行29场。讲座引起了全国高校学生、众多建筑设计从业者的关注，讲座现场反响热烈。

【2016年ADA讲座一览】

2016.01.06－黄居正"建筑理论研究·4—阿尔瓦·阿尔托：平常的建筑"－教1－123

2016.01.07－王辉"在哥特天穹下重读经典4 多元的意大利｜兼读《威尼斯的石头》"－ADA五号车间

2016.04.08－刘东洋"米开朗琪罗的楼梯（中）——四年间的十三版"－ADA五号车间

2016.04.09－刘东洋"住宅片区类型学调查"－ADA五号车间

2016.04.26－董功"直向建筑实录1：海边图书馆"－ADA五号车间

2016.05.06－奥斯汀·威廉姆斯（Austin Williams）"危险中的可持续性设计——城市中的可持续发展与生态城市问题"－ADA五号车间

2016.05.10－王辉"匠人精神：现代设计的一个传统1—五龙庙的故事"－ADA五号车间

2016.05.16－方振宁"中国智慧4－1｜工具：从红山到半坡/BC4000－3000"－ADA五号车间

2016.05.17－王辉"匠人精神：现代设计的一个传统2—700bike的故事"－ADA五号车间

2016.05.24－王辉"匠人精神：现代设计的一个传统：3—胡同里的故事"－ADA五号车间

2016.05.28－方振宁"中国智慧4－2｜预制：满城汉墓与中山国"－ADA五号车间

2016.06.07－黄居正"建成与未建成：朱塞佩·特拉尼的两座房子"教1－123

2016.06.08－方振宁"旅行即是教科书18－威尼斯/建筑双年展前线报告"－ADA五号车间

2016.06.14－黄居正"勒·柯布西耶—建筑起源的追溯与原型的展开（上）"教1－123

2016.06.21－黄居正"勒·柯布西耶—建筑起源的追溯与原型的展开（中）"教1－123

2016.06.28－黄居正"勒·柯布西耶—建筑起源的追溯与原型的展开（下）－教1－123

2016.06.30－刘东洋"米开朗琪罗的楼梯（下）：创新与师承"－ADA五号车间

2016.07.01－刘东洋"20岁柯布眼中的佛罗伦萨"－ADA五号车间

2016.07.08－方振宁"旅行即是教科书19－库哈斯/普拉达基金会（米兰）"－ADA五号车间

2016.10.20－与中国建筑工业出版社协办"捷克立体主义建筑对现代主义运动的影响"－ADA五号车间

2016.11.10－刘东洋"多米诺笔记—追踪夏尔－爱德华·让纳雷1915年夏天的那次巴黎调研过程"－ADA五号车间

2016.11.11－刘东洋"作为事件的新精神馆—勒·柯布西耶与1925年巴黎世博会的装饰观念之争"－ADA五号车间

2016.12.06－黄居正"从拉斐尔前派到包豪斯"－教1－202

2016.12.08－王辉"批判性实践的批判1—未建成奏鸣曲"－ADA五号车间

2016.12.13－黄居正"密斯·凡·德罗 徘徊在古典与非古典之间"－教1－202

2016.12.14－王辉"批判性实践的批判2—类型回旋曲"－ADA五号车间

2016.12.20－黄居正"阿尔瓦·阿尔托：平常的建筑"－教1－202

2016.12.27－黄居正"建成与未建成：朱塞佩·特拉尼的两个房子"－教1－202

2016.12.29－王辉"批判性实践的批判3—主题变奏曲"－ADA五号车间

【ADA 读书会】

ADA 中心创立 ADA 读书会活动，由中心教师组织开展。ADA 读书会是一个面向全社会及所有建筑、设计、艺术及相关学科教师、学生及从业人员所开展的一个针对在建筑、设计、艺术领域具有重要地位和影响作用的书籍的研读和交流活动。读书会有黄居正主持，邀请国内著名专家、学者共同主讲。读书会每期阅读一本书，并在读书会上对书籍内容、思想、阅读方式方法进行分享和交流。在 2016 年，截至 2016 年 12 月 31 日，ADA 读书会共进行了 2 次。

【2016 年 ADA 读书会一览】

2016.12.26－黄居正/刘东洋－ADA 读书会－人文主义时代的建筑原理－ADA 中心红场
2016.12.27－刘东洋/黄居正－ADA 读书会－理想别墅与数学－ADA 中心红场

（四）ADA 画廊

2014 年 9 月 26 日，ADA 中心创办了中国第一家拥有广泛专业性和学术性的建筑画廊——北京建筑大学建筑设计艺术（ADA）画廊。ADA 画廊是北京建筑大学建筑设计艺术（ADA）研究中心设立的非营利性学术机构，作为中国第一个拥有广泛专业性和学术性的建筑画廊，将成为重要的艺术设计成果呈现场所、建筑文化普及、国内外建筑设计与艺术领域的学术交流平台。

【画廊展览】

2016.03.18－2016.04.28－ADA 画廊－建筑与音乐展

本次展览展出了现代建筑研究所主持人王昀的"建筑与音乐"相关研究的部分成果。在音乐的乐谱中，不单纯是记录音乐的一种符号性表达方式，乐谱的空间性内容同样地以视觉性方式呈现在作为音乐符号性记录的乐谱中。将音乐进行视觉空间化的尝试，不仅可以发现乐谱中所隐藏着的空间特征，同时也会引发能否将空间性片段转化为乐谱，继而转化为对音乐的思考。展览呈现给大家的是以音乐空间与建筑空间对应性关系为题进行的思考。希望通过展览所呈现的空间模型，引发大家产生对音乐与建筑之间相互关联的共鸣，同时也期待能有音乐家将建筑空间转化为音乐。

2016.05.16－2016.06.16－ADA 画廊－绘画与建筑展

展览展出了 ADA 中心王昀老师绘画与建筑相关的研究成果。从一个历史性的角度来看，绘画与建筑之间的关系也一直将绘画本身视作一种建筑装饰物，绘制或悬挂在建筑的内外墙面，协助建筑展示某种风景或作为诉诸某种宗教含义的视觉呈现。进入 20 世纪，采用几何学形态组成的绘画与描绘具象对象物形态的绘画在艺术领域开始获得了等同的价值。从这个意义上来看，与几何学密切相关的建筑能够与绘画本身产生关联性。为此，在展览中，将绘画和建筑的关系用模型的方式加以呈现。从而引发大家产生绘画与建筑之间拥有相互关联的共鸣。

2016.06.28－2016.07.28－ADA 画廊－建筑与园林展

展览展出了 ADA 中心王昀老师建筑与园林相关的研究成果。呈现了他关于"传统中国古典园林的视觉形态能否直接与现代视觉以及现代设计的语言相关联"这一课题的思考。面对"传统"与"现代"对垒的局面，采用针对传统空间的抽象性与纯粹性表述，使"传统"与"现代"的割裂与论争得到统合。基于这样的理解，在展览中对传统的园林平面图进行彻底的抽象，抛掉所有过往的建筑材料、建构做法，将传统的中国园林仅仅以空间图式化的方式加以抽取。使传统中国园林与现代的视觉与空间形态系统能够产生直接的关联。

2016.09.26—2016.10.26—ADA画廊—建筑与斗拱展

展览展出了ADA中心王昀老师建筑与斗拱相关的研究成果。中国传统建筑真正的精华部分不仅仅是一种建筑形式上的表达，而是在于一种建筑方式的思考与表述。斗栱，已经获得与古希腊神庙中所采用的爱奥尼克、柯林斯柱式同样的意义。如果抛开斗栱作为展示建造技艺和文化视觉符号的装饰性意义，将建筑视为一种空间性的对象物，同时将斗栱本身所拥有的空间性特性强调并抽取出来，或许一种极具现代性的空间表达方式和途径便脱颖呈现。而将"斗栱"这一拥有中国建筑文化之化身级别存在的对象物，进行空间性的建筑呈现，是展览的目所在。

2016.11.08—2016.12.16—ADA画廊—建筑与书法展

展览展出了ADA中心王昀老师书法与建筑相关的研究成果。展览试图从中国传统的书法中提取与空间相关联的要素，通过对书法的空间性问题进行解读，关注书法中字与字之间的余白所产生的空间关系，力图在建筑和书法之间建立一种空间上的一致性及由书法中所获得的视觉特征，并将书法中所拥有的空间含义和空间形态赋予建筑的指向性。由书法空间向建筑空间转化的可能性的尝试性提示是本展览的目的。

（五）国际交流

2016年ADA研究中心继续积极与国内国际建筑、设计、艺术及相关领域高校、专业机构、媒体等进行合作和交流，获得了卓著的成果。

2016年1月10日，自然设计建筑研究所主持人朱锫老师应邀参加深港城市建筑双城双年展建筑论坛并发表主题演讲。

2016年1月10日，现代城市文化研究所主持人王辉老师携装置作品"五迷三道"参与深圳特区成立三十五周年艺术大展暨第一届深圳当代艺术双年展，并出席开幕式。

2016年2月1日，自然设计建筑研究所主持人朱锫应邀在美国哥伦比亚大学发表学术演讲。

2016年4月2日，由跨领域研究所主持人梁井宇老师带领，侗寨禾仓工作营抵达了位于黔东南九层高更村抱寨开始工作营研究。

2016年4月，在大兴校区萨蒂的家与亚洲城市与建筑联盟、亚洲设计学年奖组委会共同举办"重返风景——城市与乡村变迁中的情感和记忆"学术论坛。

2016年4月14日，《纽约时报》刊登住宅研究所主持人马岩松独家专访。

2016年5月，建筑与自然光研究所主持人董功受邀参加苏黎世联邦理工学院（ETH Zürich）"China Making 中国建造 - Vision on Contemporary Architecture"的主题演讲研讨会，并发表演讲。

2016年5月26日，建筑与跨领域研究所主持人梁井宇担任策展人的"第15届威尼斯国际建筑双年展"中国馆，展览开幕。

（六）学校文化建设工作支持

2016年初，配合基建处及建筑设计院进行北京建筑大学大兴校区校园文化建设方案设计。

2016年初，进行北京建筑大学大兴校区"臻园"空间改造设计工作。

2016年初，北京建筑大学大兴校区"星空间"标识设计由ADA研究中心主任王昀教授完成。

"星空间"标识设计方案

2016年6月,北京建筑大学大兴校区中国建筑师作品展示馆标识设计由ADA研究中心主任王昀教授设计。

中国建筑师作品展示馆标识设计方案

2016年6月,北京建筑大学大兴校区艺术馆馆标识设计由ADA研究中心主任王昀教授设计。

北京建筑大学艺术馆标识设计方案

2016年初，北京建筑大学大兴校区中国建筑师作品展示馆以及艺术馆两馆建设方案，由 ADA 研究中心主任王昀教授设计。

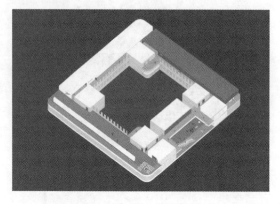

北京建筑大学图书馆六层两馆建设方案

（赵冠男　王昀）

第十五章 社会服务

一、概况

1. 概述

北京建大资产经营管理有限公司是北京建筑大学在整合学校科技产业基础上，出资设立的国有独资公司，代表学校经营和管理国有经营性资产，履行学校经营性资产管理职能；按照现代企业制度规范运行，加强科技成果孵化和产业化，以建立创新型科技企业为重点，支持学校科研和学科建设；以构建产学研为平台，以科技成果推广为核心，开展形式多样的技术服务，推广学校产业发展，充分发挥学校服务社会的职能。

资产公司实行董事会领导下的总经理负责制，依托学校在建筑行业深厚的技术优势以及地域优势，本着人文企业、知识创新、忠诚敬业的企业精神不断发展壮大。资产公司主要从事投资管理、成果转化、企业孵化、资产运营、企业整合等业务。资产公司所属企业经营范围形成含有建筑设计、建筑施工、工程监理、工程咨询、造价管理、招标代理、房地产开发以及材料检测和测量的建筑行业"一条龙"产业链。

资产公司在学校经营性资产管理委员会的领导下，积极建立和完善"产权明晰、责权分明、校企分开、管理科学"的现代企业制度；建立规范的公司法人治理结构；进一步深化内部改革，建立健全有效的内部监督约束和竞争激励机制。资产公司在制定科技产业发展规划，整合学校国有经营性资产、调整校办产业结构等方面发挥着积极作用，为将学校建设为高水平、有特色的建筑大学做出应有的贡献。

2. 大事记

【企业主要负责人述职述廉暨新一届企业负责人任命大会】2016年1月10日上午，资产公司在西城校区召开2016年度校办企业主要负责人述职述廉暨新一届企业负责人任命大会。副校长张大玉出席大会并讲话，资产公司领导班子成员、各校办企业职能部门副职及以上人员和职工代表等170多人参加了大会。大会由资产公司总经理丛小密主持。

【校办企业负责人述职述廉测评会】2016年1月12日上午，资产公司在第二阶梯教室召开了2015年度校办企业负责人述职述廉测评会。副校长李维平出席会议，资产公司领导班子成员、各校办企业职能部门副职以上人员及职工代表等170多人参加了会议。会议由资产公司党委书记祖维中主持。

【参观了国家"十二五"科技创新成就展】2016年6月7日上午，资产公司党委组织党员干部一行52人到北京展览馆参观了国家"十二五"科技创新成就展。

【"活学活用微党课"学习教育活动】2016年6月27日上午，资产公司召开党委扩大会，开展第二次"活学活用微党课"学习教育活动。学校党委常委、副校长李维平，公司党委委员、领导班子成员，各企业总经理、党支部书记等参加了党课学习活动，公司党委书记祖维中主讲了题为《习近平为"三不"干部治"病"》的微党课。

【校办企业经理书记工作会】 2016年9月27日下午，资产公司在学宜宾馆报告厅召开了2016年第2次校办企业经理书记工作会，副校长张大玉出席会议并讲话。

【资产公司分工会活动】 2016年10月28日，资产公司分工会组织校产教职工20余人赴八达岭国家森林公园进行秋游。为了更好地开展和丰富职工文化，倡导健康有益的低碳生活，走进绿色、亲近自然，进一步提高校产职工生活品味和情趣，增强向心力和凝聚力。

【党员大会】 2016年12月28日下午，资产公司党委在教1－126报告厅召开党员大会，进行党委换届选举工作。学校党委常委、副校长张大玉，资产公司所属全体党员参加了换届大会。大会由资产公司党委副书记王建宾主持。

二、经营型企业

（一）北京建工建筑设计研究院

1. 概况

北京建工建筑设计研究院隶属于北京建筑大学，成立于1960年，是拥有建筑工程设计、文物保护工程勘察设计、城乡规划编制三项甲级资质，风景园林设计和旅游规划设计两项乙级资质的综合类大型国有设计机构，同时，也是北京市高新技术企业、ISO系列认证企业及北京市纳税A级企业。

设计院由18个教授工作室、建筑方案室及4个专业设计室、BIM技术工作室、10个综合设计所、9个研究中心及4个外埠机构等部门组成，全院专职技术人员460余人，此外教授工作室技术人员约100余人，总数近600人。其中包括设计大师、注册建筑师、注册结构师、注册城市规划师、注册公用设备工程师、注册电气工程师、注册造价工程师等各类高级技术人员百余人，组成了经验丰富、技术过硬、专业齐全、具有较高设计与科研水平、具有鲜明特色及创新精神的设计团队。

北京建工建筑设计研究院依托北京建筑大学教学、科研资源，以及通过多年来的社会服务建立的与各政府部门良好的社会关系，并拥有强大的校友团队及国内外知名专家教授团队，包括国家领导人李瑞环、书法大师爱新觉罗·启骧、两院院士周干峙教授、李德仁教授、中国工程院院士李圭白教授、张在明教授、全国勘察设计大师胡越教授、沈小克教授、刘桂生教授、全国民居大师业祖润教授和一批国内外有影响的教授、专家等。

设计院作为建筑与城市规划学院、土木与交通工程学院、环境与能源工程学院、电气与信息工程学院、测绘与城市空间信息等学院的教学、科研与实践的基地，并通过与美国、德国、法国、日本、澳大利亚、加拿大等国外高校、科研机构和建筑事务所的长期合作，不断提升设计水平与综合实力，逐渐形成以建筑设计、城市规划为主体，以文物遗产保护和研究中心创新为特色、以设计和科研为两翼的城乡建设领域全覆盖。搭建了规划、设计、科研综合发展平台。

北京建工建筑设计研究院集合国内外优势资源为客户提供完善的项目创作与配套服务，重点服务包括：策划咨询、城市规划、产业规划、建筑设计、旅游规划、景观园林、室内设计、BIM技术应用、检测加固及绿色设计等。50余年来，设计院已承接完成各类工程项目数千余项，获得各类奖项百余项。北京建工建筑设计研究院一贯遵循"诚实守信,业广惟勤,博蓄出新,厚德共赢"的精神,热情的为国内外各界提供优质的设计与服务。

2. 大事记

(1) 市场经营部

【顺利完成经营任务】2016年共签署项目合同286份,合同额2.48亿元,完成年度计划的99.2%。

【泰国泰中友好访华团来设计院考察并听取北京—泰国文化苑项目方案设计汇报】2016年8月23日上午,泰王国前国务院事务部长、泰王国国民主党常务副党魁翁安·康派汶先生率泰国泰中友好访华团,在泰中关系协会常务副主席韩文华先生的陪同下,到访学校听取设计院所做的"北京—泰国文化苑概念规划方案"汇报。我校副校长张大玉代表学校接待了翁安·康派汶先生一行。学校资产公司总经理、设计院院长丛小密,科技处副处长孙立,设计院常务副院长边志杰以及该项目的主创人员参加了交流汇报会。

【长城保护工作取得系列成果】2016年,设计院积极参与《长城志》编写工作,由汤羽扬工作室完成一系列长城保护工程,已完成的项目有长城宁夏水洞沟段修缮设计、宁夏三关口明长城保护修缮工程设计、宁夏盐池明长城保护修缮工程设计、宁夏战国秦长城彭阳县"白岔村"段修缮工程设计、内蒙古明长城清水河段和石胡梁长城段保护维修工程设计、十二连城城址保护加固工程设计;北京八达岭长城景区文物保护规划等。正在编制的项目有:北京长城保护总体规划、宁夏回族自治区长城保护总体规划、内蒙古自治区长城保护总体规划、宁夏明长城银川市小龙头段保护修缮工程设计。

【故宫御花园日常保养维护工程】设计院于2015年11月至2016年1月,由第十三设计所组织专业技术人员赴现场对御花园包括万春亭、延晖阁在内的16座建筑及除钦安殿院以外的整体院落地面进行了较全面详细的勘查、测绘,针对遗存现状,在认真分析和研究的基础上,提出了御花园部分建筑及院落地面的维护保养方案。为服务国家重大活动做出了贡献。

【智慧丽泽总体研究、配套设施设计及方案优化】丽泽商务区为国家智慧城市的第一批试点,信息网络基础的建设目标是通过高层次定位、高起点规划、高标准建设,在丽泽金融商务区内,以最佳、高效的模式建设"智慧丽泽"的基础信息化设施和网络,以支撑国际金融商务高端业务需求,支撑商务区绿色环保的技术体系要求,支撑商务区政务和民生的发展需求。

设计院在北京建筑大学汪苏副校长的直接领导下,徐怡芳工作室作为项目协调组成员参与了《智慧丽泽总体规划方案》的编制和相关的协调工作。设计院从2015年5月至2016年12月,先后完成了北京市智慧丽泽商务区的总体文案研究、招商展示中心设计规划与设计、金融商务区B2B3地下地上互联方案优化、光环境设计等多项工程设计任务,为北京市丽泽商务区的建设贡献了力量。

(2) 综合管理部

【完成资质年审,积极申报新资质】2016年综合管理部对文物保护工程甲级勘察设计资质、设计资质(建筑工程、规划、风景园林)完成年检。积极申报风景园林资质升甲、文保资质增加古文化遗址古墓葬项的升级工作。

【已加入15家国家级行业协会】至2016年,设计院共加入国家级行业协会15家。

【顺利举办2016亚洲医院建设新格局高峰论坛】2016年7月8日－9日，由设计院、北京市医院建筑协会、中华女医师协会共同主办的"2016亚洲医院建设新格局高峰论坛中国站"在我校大兴校区顺利召开。

【庆祝北京建筑大学成立80周年校庆活动】2016年10月15日，设计院参加庆祝北京建筑大学成立80周年校庆活动，制作展板、纪念品、宣传资料，现场为校友服务。

【顺利完成企业管理体系3A认证】2016年6月，设计院完成质量管理体系、职业健康安全管理体系、环境管理体系3A认证的工作。

【2016年获奖情况】2016年共获得各类奖项11个，其中省部级奖项2个，市级奖项两个，民间奖项5个，个人荣获市级以上奖项3人，市级以下11人。

其中：2016年12月，"巴彦淖尔市新建医院"荣获由内蒙古自治区勘察设计协会评选的"2016年度内蒙古自治区优秀设计奖"。

2016年12月，王刚设计的"2015首旅集团诺金酒店大堂装置艺术－ROSE"荣获2016年度国际空间设计大赛艾特奖——最佳陈设设计奖。

2016年5月设计院连续第3年荣获得全国医院基建"十佳专业服务供应商"奖项。

2016年6月，"内蒙古科技大学逸夫楼、实验楼"、"内蒙古科技大学校园足球联盟基地综合楼"项目荣获包头市2015年度"优秀建设项目规划设计方案奖"，彭伟、闫美成荣获个人奖。

2016年10月，我院"北京建筑大学体育馆"、"明中都皇故城遗址公园"两个项目顺利评为2016年度科技部精瑞奖"可持续社区类"在建项目奖，另有11人获得个人奖项。

【积极申请高新技术企业专项资金】2016年6月设计院成功申请了中关村高新技术企业国际化发展专项基金；11月设计院成功申请了中关村高新技术企业西城园科技发展专项资金；12月设计院成功申请了中关村高新技术企业管理认证费用补贴。

【文体活动】

2016年8月，设计院组织了第一届篮球争霸赛，组建了四只队伍全院各部门均积极参加。

7－10月，设计院为配合学校建校80周年庆祝活动，通过积极宣传组建了一支25人的足球队，参与北京建筑大学首届"校友杯"足球赛。11月设计院组队参加校产工会组织的羽毛球赛、跳绳比赛。每季度坚持举办员工生日会。

（3）人力资源部

【2016年设计院人员整体情况】

全院各部门	在岗人数	全院各部门	在岗人数
院机关	30	教授工作室	77
院团队	64	储备人员	36
各所	249	合计	456

【制度建设】

2016年，设计院《岗位管理制度》和《薪酬管理制度》经过对院本部调研、起草、测算、反复修改、宣讲，历经一年的时间。它是在岗位梳理的基础上，根据设计院院本部的特点以及各个岗位的性质，整体分为管理职系、技术管理职系/技术职系、项目管理职系。将全部工作岗位划分为六大职等、21个职级，并将岗位梳理及岗位说明系统整合，明确关键胜任力及任职资格,建立了科学规范的制度且形成体系。

【薪酬改革】

2016年设计院探索实行薪酬改革,其目标定位是:

1)"岗位+绩效";
2)充分发挥薪酬的激励和导向作用,激励和人均效率提升结合起来;
3)绩效发放模式明确、有效、符合实际,解决实际问题;
4)遵循全院人员薪酬与全院产值挂钩;成本与收入挂钩的原则;
5)保证最基本的员工,拿到最基本收入的原则;
6)兼顾现状和未来发展,先行运行,逐步完善。

其中岗位工资采用薪点制,各岗位都有自己的薪点;绩效奖金按岗位分别考核发放。在此基础上经过对各板块人力成本反复测算,确定2016年度薪酬目标任务是维持原有人员规模的基础上完善制度建设,推动组织战略目标的落实,实现个人与组织的共同发展。引进各专业高端人才及优化一般设计人员、提高五险一金缴费基数、增加补充医疗保险。人力成本率控制在同行业标准以下,在保证上交学校利润的基础上,提高人均贡献产值。同时,为减少震荡,将工资及福利调整增幅控制在校产核定范围内。经过薪酬管理讨论会多次讨论一致通过,已开始试运行。

【大力开展培训工作】 截至2016年11月底,设计院共组织外部培训23次、继续教育25余人次、院内技术沙龙13期。涵盖了建筑、结构、设备等专业的相关知识,与年初制定的培训计划相比,完成率达到90%。

【职称评审工作】 2016年初,设计院2人通过北京市教授级高级职称,27人通过住建部职称评审,其中高级职称3人、中级职称14人、初级职称10人。2016年9月进行住建部职称评审的申报工作,设计院共申报27人,其中正高级职称1人、高级职称6人、中级职称12人、初级职称8人。评审结果将于2017年初公布。

【申请稳岗补贴】 设计院于2016年7月向劳动局申报稳岗补贴,并获批复一次申报成功。该补贴是政府对裁员率低1%的企业进行的奖励性补贴,为政府专项津贴,用于员工培训、生活补贴和缴纳社会保险。

【办理补充医疗保险】 2016年6月设计院为院部79人办理了补充医疗保险,在社保基础上进一步进行医疗报销,提高员工福利,有效带动员工积极性,提高企业竞争力。

(4)技术质量部

【严肃三审制度】 2016年7月12日,设计院面向全院发布《关于严肃三审制度的通知》,旨在进一步强调三审制度的重要性和严肃性,确实把好质量关。

【完成《疗养院建筑设计规范》(JGJ 40—87)修编工作】 设计院以院内总工为主的编制组人员对《疗养院建筑设计规范》各个章节进行了细致的论证,完成了征求意见稿。并于2016年11月22日正式网上公示。

【配合学校产学研工作,多名人员被聘为研究生导师】 2016年设计院以真实项目为依托,为学校研究生提供研究课题。多名总工受聘于北京建筑大学各学院,担任研究生导师。

11月2日,学校与北京市医管局基础运行管理合作协议签约,暨市属医院后勤管理高级研修班开班仪式在西城校区举行,设计院多名总工担任该班的技术顾问。

【科技创新】 科技创新是设计院持续发展的动力源,设计院作为北京建筑大学下属企业,更应该充分加强和学校的科研合作，从学校科研中汲取养分，为学校科研提供项目支持，真正起到建筑大学实训基地、人才培养基地的作用，与学校一同联合发展、联动发展。2016年，设计院科技创新取得了较大的突破，获得三项实用新型专利。另外，在海绵城市、TOD、智慧城市等领域的研究，已经给我们带来了实际项目。

（5）党支部

①为响应党中央全面从严治党的重要要求，设计院党支部今年贯彻落实上级党委对于党员组织关系的排查工作。截至2016年底，全院在编中共党员34人，流动党员70人，共计党员人数104人。

②全面落实基层组织全覆盖深度调研工作。

③通过党员民主生活会的形式，学习贯彻党中央"两学一做"的要求。

（二）北京建工京精大房工程建设监理公司

1. 概况

北京建工京精大房工程建设监理公司成立于1991年1月，隶属于北京建筑大学，伴随着我国监理事业的发展，是北京市成立最早的监理公司之一，是全国首批具有建设部监理综合资质及交通部监理甲级资质的大型工程咨询企业。公司主营工程建设监理、工程项目管理、工程技术咨询和工程技术服务。自成立至今，累计承担1000余项建设工程监理和项目管理任务，所涉及建设工程范围广泛，业务遍及全国及世界多个国家和地区。田成钢任公司总经理、法定代表人。

公司现有员工700余名，其中具有国家注册监理工程师、建筑师、结构工程师、房地产估价师、造价工程师及经济师、会计师、律师和英国皇家特许建造师、测量师等各类专业技术人员占全员的80%以上。

为满足业主在工程立项阶段、设计阶段、施工招投标阶段、施工阶段的全过程需求，公司建立了以现场项目部为技术基础、以公司整体实力为技术保证、以国内知名专家组成的专家顾问组为技术支持的三个层次的技术服务体系，在工程项目的执行过程中从不同深度给予充分的技术保证，以取得服务的最佳社会效益。

经过二十多年的锤炼，成功地缔造"京精大房"品牌，跻身于全国监理行业前50强，累计获国家"鲁班奖"、"国家土木工程詹天佑奖"、"国家优质工程奖"、全国"钢结构金奖"和北京市"长城杯"、"优质工程"奖、北京市科技进步一等奖、二等奖等400余项。公司一贯坚持为行业的发展做出贡献的主导思想，积极参与行业内的各种活动，多次参与了行业的有关法规、规范的研究与制定工作。公司技术业务实力与在行业中所做的突出贡献也得到了社会的充分认可，连续十多年被评为全国和北京建设监理行业先进单位。现公司为中国建设监理协会常务理事单位、北京市建设监理协会副会长单位。

公司坚持"精心服务，诚实守信，以人为本，业精于勤"管理理念；坚持以市场为导向，以为业主提供全过程、高水平、深层次的建设工程项目监理和管理服务为宗旨；坚持以品牌为主线，以文化为核心，以人才为根本，以科技为动力，不断优化管理，不断提升效益，不断提升企业的核心竞争力为成为综合型国际工程咨询企业而不懈努力。

2. 管理工作

【概述】2016年，我们积极适应经济发展新常态，调整经营策略，聚焦内部管理提升，大力推进创新驱动，保持了公司的平稳健康发展，基本完成了公司确立的年度各项工作目标，实现了经济效益和创新发展同步提高。

【第七个三年发展规划正式实施】 2016年1月1日，公司《宣传平台管理办法》正式实施。本办法是在原有管理办法基础上修订完成，是公司对外宣传企业文化、彰显企业实力的重要保证，也是公司员工获取信息、了解公司动态的窗口和桥梁。公司宣传平台包括：京精大房报、网站、微信公众号等。

【企业负责人述职述廉会议】 2016年1月12日，在学校第二阶梯教室召开了校办企业负责人述职述廉测评会议。京精大房监理公司总经理田成钢做述职述廉报告。

【管理层总监述职报告】 2016年1月7~28日，公司总监层就一年来所管辖的项目工作向公司领导层进行了述职报告，梳理了成绩和不足，分享了心得和体会，相互借鉴经验和方法，进一步提升了公司项目管理的整体水平。

【召开总结表彰大会】 2016年1月29日，北京建工京精大房工程建设监理公司"2015年度总结表彰大会"公司总经理田成钢做了题为"挑战里寻找机遇、创新中谋求发展"的工作报告。北京建筑大学副校长李维平、资产公司总经理丛小密、书记祖维中等到场参会。公司领导班子、机关管理人员、总监理工程师及骨干员工等200余人参加了会议。

【召开经营管理目标责任制总结会】 2016年1月，京精大房监理公司"事业部经营管理目标责任书"签订会在公司小会议室举行。事业部经营管理目标责任制经过近多年的探索、实践、研究，已然成了公司管理制度中不可或缺的重要组成部分，大家的重视程度也随之增加，事业部经营管理目标责任书也随着在实践中的不断总结而日趋完善。

【管理机构及人员调整】 2015年4月，将公司2011年成立的战略发展研究中心提升为一个常设部门，以加强企业持续发展战略及规划的研究工作。同时对48名机关管理人员进行了职务聘任和岗位调整，形成了层次清晰、职能明确的管理人员架构，补充完善了事业部技术负责人，建立健全了两级技术管理体系，提高了管理工作效能。

【上级主管部门变更】 2015年5月，学校校产管理体系进行重大调整，由北京建大资产经营管理有限公司全面负责校产企业的管理工作。

【产学研新进展】 2015年5月经北京市教委批准，公司与北京建筑大学共建北京高等学校"城乡建设与管理"产学研联合研究生培养基地于4月28日正式签约、挂牌。

3. 经营工作

【概述】 2016年公司在监项目共计92个，项目分布在全国15个省市，近几年由于监理市场的萎缩，未来经营工作变得困难重重，所以我们要未雨绸缪，为未来几年储备好监理投标业绩，也要有危机意识，时刻不能松懈。

【经营拓展】 2016年公司承揽了副中心A3、A4号楼项目，参与副中心建设不但给公司带来经济效益更带来了许多社会效益。通过不懈的努力，艰难的攻克了53万平方米的招商局昌平南部项目和37万平方米的华侨城北京丰台南苑项目，两个项目中均采用住宅产业化的装配式模式，对公司未来投标储备了很好的业绩，同时开拓了监理新领域。2015年公司与旺泰集团签订了战略伙伴合作协议，16年开花结果，顺利承揽了丰台区卢沟桥地区地标性建筑——欧泰大厦项目，下半年我们又成了"金茂集团战略伙伴"，战略合作这种经营模式将在未来为公司提供新的经济增长点。北京预拌混凝土质量状态评估项目的中标是今年经营部完成的一项创新工作，该项目是受北京市建委安全质量监督站委托，代表行政主管部门对北京市62家搅拌站进行政府监管和综合评估，前所未有的服务模式为公司拓展了新的业务领域。

【经营业绩】2016年公司全年新签订合同123项，合同额共计30859万元，超额完成了16500万元的合同额指标。

2016年京精大房承担的重点项目一览表

序号	工程名称	负责人	建设单位	合同经费（万元）	起止时间
1	合肥车辆段	刘沄洲	合肥城市轨道交通有限公司	880.7592	合同签订日至竣工验收
2	青岛1号线1标	段银茂	青岛地铁集团有限公司	1540.9355	施工期40个月，保修期24个月
3	地铁17号线	杜新飞	北京市轨道交通建设管理有限公司	1532.2963	2015.12.20-2020.12.20
4	呼市地铁1号线	杨焕松	呼和浩特市交通投资有限责任公司	1643.6416	2016.2月开始至工程竣工
5	青岛地铁4号线	于保疆	青岛地铁集团有限公司	1836.678341	2016.12.27-2021.1.27
6	北京市副中心项目	王振君	北京市行政副中心工程建设办公室	2349.66	2016.3.31-2017.12.24，另有2年保修
7	混凝土评估	韩俊华	北京市建设工程安全质量监督总站	501.692648	2016.11.18-2019.11.17
8	深圳地铁4号线	杨焕松	港铁技术咨询（深圳）有限公司	3834.214	2016.8.31-2020.6.30

4. 人力资源工作

【概述】2016年公司总编制人员控制在650人左右。其中拥有住建部和交通部各类注册证书474个，比去年同期增加了77个。持有国家注册监理工程师证书152人，其中具有高级工程师职称的97人，占64％，本科及以上学历88人，占58％。年龄在30－50岁间、具有大专以上学历且具有中级以上职称人员246人，占总人数的37％，同比2014年增幅3％。公司的骨干人员数量不断增加，人才梯队的中间力量不断壮大。

5. 文化建设工作

【概述】京精大房监理公司始终注重企业文化建设工作。在企业内部创造荣辱与共、同舟共济、彼此珍重、和谐向上、快乐健康的环境和氛围，注重增加员工的快乐感和满意度，增强员工对公司的认同感和归属感。

【企业文化建设】2016年2～3月，公司各职能部门根据公司第七个三年规划总体要求，按时完成了本部门2016年度工作计划。

【企业顺利通过三标体系认证】2016年4月6～8日，由中质协质量保证中心4名专家组成的审核组对京精大房监理公司质量、环境和职业健康安全管理体系进行了认证监督审核。通过认真准备，精心组织，公司顺利通过了2016年度的外审。外审专家组在肯定公司管理工作的同时，提出了10条增值审核建议，明确了公司下一步管理工作提升和改进的方向。

【企业两翼三平台建设】 2016年5月,公司"两翼三平台"建设进入后期调试阶段。人力资源部"定编管理系统"进入实际调试阶段并向公司领导作了阶段性进展汇报。总工办负责的"信息平台、培训平台"研发工作基本完成,试运行及调试工作进入后期实操阶段。

6. 行业贡献工作

【概述】 京精大房监理公司能够成为行业第一方阵中的一面旗帜,离不开各主管部门及学校各级领导的关爱,离不开行业内各位同仁们的鼎力支持,因此公司发挥优势积极为行业发展贡献力量。

【自身实力积淀】 2016年3月17日,北京市住房和城乡建设委员会组织召开了2016年度北京市预拌混凝土驻厂监理工作会议,公司领导及项目部代表参加。会议发放了公司参与编写的《北京市预拌混凝土生产质量驻厂监理工作手册(试行)》一书。

【参与行业建设】 公司参与了《建设工程监理规程》、《建筑工程施工组织设计管理规程》和《建筑工程资料管理规程》等三个北京市地方标准的修编工作;参与了《盾构直接切割围护结构始发与接收技术规程》和《城市轨道交通建设工程验收管理规程》两个北京市地方标准编制的组织和起草工作,为行业提供了技术资料参考。

公司参与编写完成了市监理协会培训教材《操作问答》,编写完成了《监理企业综合实力评价研究》和《BIM技术在工程管理中的应用》课题研究报告,参与了《北京市建设工程质量条例》、《北京市轨道交通建设工程安全质量管理办法》和北京市工程质量管理标准化、监理单位工程质量管理行为标准化等14个课题的研究工作。此举极大提高了京精大房品牌的知名度,提升了公司在行业的影响力。

7. 企业荣誉

【概述】 2016年公司在监项目中,未发生涉及监理责任的质量安全事故,实现了公司年度质量安全监理控制目标,在北京市建筑市场监管信息平台中的成绩长期保持在行业前列。我们的风险防范机制和应急处理机制发挥了重要作用并得到进一步完善,在全市监理企业诚信体系评价中名列前茅。公司荣获各类省部级奖项近500余项。京精大房的品牌形象得到极大充实。

【公司荣誉】 2016年3月31日,北京市建设监理协会2016年会员工作暨表彰大会召开。公司再获"优秀监理企业"荣誉称号。公司总经理田成钢被授予"2014-2015年度北京市优秀监理企业管理者"荣誉称号;总监张京晖、王振君、陈付义、韩文明、汪世芳被授予"2014-2015年度北京市优秀监理工程师"荣誉称号;研发中心主任王淑珍被授予"2014-2015年度北京市行业发展贡献先进个人"荣誉称号;行政部副经理李晓飞被授予"2014-2015年度北京市建设监理协会活动积极分子"荣誉称号。

(三) 北京建工建方科技公司

1. 概况

北京建工建方科技公司成立于1993年,隶属北京建筑大学,系国家高新技术企业。公司主营业务方向为三维激光扫描测绘、地理信息工程、精密工程测量、虚拟现实和增强现实等。近年来,公司借助北京建筑大学雄厚的教学及科研力量,依托"代表性建筑与古建筑数据库教育部工程研究中心"和"建筑遗产精细重构与健康监测实验室",实现了产、学、研、用的有效结合,尤其在3R(VR/AR/MR)技术方面,走在了国内的前列。

目前，公司拥有三维激光扫描、地理信息工程、精密工程测量、虚拟现实、文物保护勘察设计等领域专家和各专业技术人员百余人。下设三维数字营造中心、地理信息中心、测绘工程部三个主营业务部门。拥有多型号三维激光扫描仪、Gear VR 等虚拟现实设备，多台品牌测量机器人、无人机、GPS 接收机、全站仪、数字水准仪等。公司经过多年项目实践和应用，制定了企业作业流程和技术标准，形成了高新技术企业自有的技术运行管理体系，可提供多元数据采集、GIS＋行业、建（构）筑物健康监测等定制化服务。

北京建工建方科技公司立足高新科技，以人为本，精益求精，竭诚为社会服务！

2. 管理工作

【换届选举】2016 年底时至企业负责人三年期满换届，根据北京建筑大学 2016 年校办企业领导班子换届选拔工作方案和北建大人字【2016】36 号文指示精神顺利完成企业负责人换届工作，并保证换届工作交接期间公司整体经营管理平稳有序开展。

【三证合一】根据工商行政管理规定适时完成主管单位名称变更，企业营业执照、组织机构代码证、税务登记证三证合一，保证各项经营工作顺利开展。

【制度修编】2016 年初，公司重新修订《管理制度手册》（2014 版）和《薪酬管理制度》（2014 版），结合公司运行实际，对原有制度进行调整，3 月正式颁布《管理制度手册》（2016 版）和《薪酬管理制度》（2016 版），并宣贯实行。

【部门设置】2016 年初，调整部门设置，将原有"三维激光扫描部"、"三维 GIS 部"更名为"三位数字营造中心"和"地理信息中心"，完善岗位设置，分工明确，管理有序。

【三标体系】2016 年 10 月，顺利通过"三标体系"再认证，在质量、环境、安全体系运行符合国家标准。

3. 经营工作

【经营业绩】公司合同额 1285 万元，超额完成了公司年合同额 900 万元指标，完成率 142.78%。同比增加 61.8%。

2016 年建工建方承揽主要项目一览表

序号	项目名称	负责人	建设单位	合同经费（万元）	起止时间
1	白广路 18 号院办公楼安全监测项目	吴耐明	北京市校办产业管理中心	15	2016.01.01-2016.12.31
2	北京工业大学职工住房供暖面积测量	丁延辉	北京工业大学	0.15	2015.12.07-2015.12.14
3	通州京津塘高速 1：500 带状地形图测绘	吴耐明	北京市通州区住房和城乡建设委员会测绘所	4	2016.01.12-2016.01.31
4	高碑店再生水厂（二标）宣传动画技术服务合同	丁延辉	北京建工集团有限责任公司	20	2016.01.20-2016.06.09
5	河北香河安定门酒店室内结构平面、立面、剖面图测量	吴耐明	北京城建勘测设计研究院有限责任公司	5	2016.02.29-2016.04.01
6	北京建筑大学大兴校区行管楼基坑监测	吴耐明	北京建筑大学	14	2016.03.02-2016.12.31

续表

序号	项目名称	负责人	建设单位	合同经费（万元）	起止时间
7	北京工业大学武圣东里小区房屋面积测量	吴耐明	北京工业大学	0.34	2016.03.08-2016.03.25
8	北京信息科技大学A组团建筑物沉降观测	吴耐明	北京信息科技大学	4	2016.04.01-2016.12.01
9	北京信息科技大学新校区点位放样	吴耐明	北京信息科技大学	3.67	2016.03.07-2016.03.22
10	中关村中海市场三维激光扫描	吴志群	北京广安中海电子市场有限公司	4	2016.04.19-2016.05.19
11	16号线施工监测补充协议	吴耐明	北京建工集团有限责任公司	3	
12	北京大水峪村周边地形图测绘技术服务项目	吴耐明	环球经纬测绘（北京）有限公司	5.5	2016.04.25-2016.06.05
13	北京昌平钢筋加工厂室内扫描	吴志群	中铁六局集团建筑安装工程有限公司	0.5	2016.05.05-2016.05.31
14	北京轨道交通燕房线（主线）工程上跨南水北调PCCP管线工程第三方监测	吴耐明	北京城建勘测设计研究院有限责任公司	20	2016.05.30-2017.05.30
15	地铁8号线三期西洼地站及六营门站监测	吴耐明	北京城建勘测设计研究院有限责任公司	10	2016.06.01-2016.09.01
16	中国石油大学（北京）办公面积测绘	吴耐明	中国石油大学（北京）	12.5	2016.06.25-2016.10.15
17	北京文物保护建筑三维数据信息采集与存储	吴志群	北京建工建筑设计研究院	900	2016.07.01-2016.11.30
18	北京市轨道交通首都机场线西延工程监控量测	吴耐明	北京建工集团有限责任公司	220	按本工程设计图纸要求
19	荣乌高速附属三维模型制作	丁延辉	北京恒创超越科技有限公司	0.4725	2016.07.18-2016.10.30
20	北京建筑大学大兴校区行管楼建筑物变形监测	吴耐明	北京建筑大学	5	2016.07.15-2017.02.15
21	北京市平谷区生活垃圾综合处理厂体积测绘及变形监测	吴耐明	北京京环绿谷环境管理有限公司	5	2016.08.03-2017.08.03
22	房山城关3－2号地上水工程上穿南水北调中线总干渠（北京段）第三方监测	吴耐明	北京城建勘测设计研究院有限责任公司	12	
23	中关村中海市场三维激光扫描	吴志群	北京广安中海电子市场有限公司	4	2016.11.28-2016.12.28
24	数据压缩存储与传输	丁延辉	北京工业大学	27.706146	2016.08.01-2016.10.01
25	三维激光扫描仪性能测试与对比分析	丁延辉	北京建筑大学	1	

4. 财务工作

【主要数据】 公司完成营业收入 1269 万元，超过年预算 705 万元的营业收入指标，完成率 180.00%，同比年增加 80%。公司全年上缴 20 万指标达成。

5. 人力资源管理

2016 年公司在职人员总数 43 人，教高级职称 1 人，高级 2 人，中级 5 人，初级 13 人，新增注册测绘工程师 1 人。测绘专业技术人员持证上岗率达 56%。

6. 文化建设

【公司宣传】 2016 年公司公众微信账号平台实时更新，制作公司宣传 PPT，实行走出去战略，开辟多渠道的公司宣传，扩大公司的知名度。

【文体活动】 公司组织篮球赛、羽毛球赛，积极参加体育活动，让员工走出去。

【技能大赛】 2016 年 12 月，顺利完成"第三届建工建方实践技能大赛"，选拔技术先进，鼓励技术创新。

7. 对外交流

【协会活动】 2016 年 4 月参加北京测绘学会组织的定向越野比赛，并获优胜奖。

【项目参赛】 2016 年上半年公司四个重点项目分别斩获北京测绘学会优秀测绘地理信息工程奖及北京测绘学会地理信息科技进步奖。

1. "北京建筑工程学院地下管线探测"荣获北京测绘学会优秀测绘地理信息工程奖三等奖；
2. "大同云冈石窟博物馆虚拟展示"荣获北京测绘学会优秀测绘地理信息工程奖三等奖；
3. "北京地铁 16 号线土建施工 01 总监办监理控制测量、监测"荣获北京测绘学会地理信息科技进步奖二等奖；
4. "北京西十筒仓改造三维激光扫描测绘"荣获北京测绘学会地理信息科技进步奖三等奖。

8. 产学研工作

【概述】 2016 年公司根据年初重点工作安排，做出吸引扩大与校测绘学院等的合作范围和教授工作平台建设的建议，不断深化产学研用的战略部署后积极投入精力，将产学研用工作切实落到实处。

1. 配合李爱群校长组建石窟保护与发展关键技术研究团队。与团队各学院十余位老师一起，共同探讨石窟寺复制及数字化技术，组织并参加数字化建设研讨会；
2. 公司出资近百万委托学校测绘学院文化遗产数字化研究所，合作研发北京市文物移动执法系统，并初见成效，并推广应用于北京市文物局文物系统保护管理，下一步将联合申请专利和著作权；
3. 公司与测绘学院测绘工程系合作北京市文物古建项目三维信息采集与存储项目，充分发挥学校院系技术和装备力量的作用；
4. 公司与测绘学院罗德安教授合作永乐大钟钟架形变监测项目，与赵江红教授合作，并接收培养本科实习生 7 名，研究生 1 名；
5. 公司与建筑学院模型实验室共同研发故宫文化旅游家具产品，并向学院提供大量文化遗产应用成果，为学校文物重点实验室的申办积淀了业绩；

6. 公司与轨道交通地下工程实验室合作进行地方行业标准和管理办法的组织制定工作。

(四) 北京建工远大建设工程有限公司（原北京建筑远大市政建筑工程公司）

1. 概况

北京建工远大建设工程有限公司（2014年8月6日名称变更），系北京建筑大学直属企业。是1993年成立的国有独资建筑市政施工企业，具有房屋建筑工程施工总承包贰级，市政公用工程施工总承包叁级，装修装饰专业承包贰级，钢结构工程贰级，防水工程专业承包贰级，以及文物保护工程施工壹级。

本公司以建筑大学专家教授和高新技术为依托，拥有雄厚的专业人才，资金和技术实力，现有工程技术人员百余人，中高级职称42人，项目经理25人，其中一级注册建造师12人，二级注册建造师13人，机械设备近千万元。

自公司成立以来，先后承建各类住宅建筑、工业厂房、公共建筑、学校建筑、大型商贸市场100万平方米等民用民用建筑，以及市政道路、桥梁、给排水、热力燃气管道防水工程和绿化工程数万米。作为学校所属企业，我公司多年来一直作为学校学生生产和管理实习的主工基地，同时也一直作为学校教师和科研人员的科研成果推广、应用、开发的产学研基地。

公司成立至今，始终坚持诚信为本、信誉至上的经营理念，秉承质量第一、安全为重的工作标准，使公司业务规模不断地扩大。围绕"以人为本"的宗旨，不断的引进人才、培养人才，适时增强公司的人才队伍建设。

2. 管理工作

【概述】2016年远大公司在资产公司领导的正确指导下，在公司各部门的大力支持下，认真落实"两会"精神和公司年初制定的公司指标，对内夯实基础，规避风险，确保安全质量有序受控，对外开拓市场，狠抓经营，确保公司各项经济指标稳步提升。

【管理文件修订】2016年公司不断地完善更新企业的各类制度建设，在制度不断完善的基础上，增加《项目承包责任制》和《项目预结算管理办法及实施细则》，为项目管理水平的提升奠定坚实基础。

【召开管理工作会】根据学校2016年对校办产业的工作部署，按照资产公司的具体要求，结合公司的实际工作情况，公司年初对部门副经理及以上管理人员进行了重新聘任。此次管理人员重新聘任共涉及人员60余名，通过此次调整极大调动了骨干人员工作积极性。

【三标管理体系认证审核】按贯标换版工作计划，通过对公司各部门和主要在建工程项目部的贯标辅导和考核审查，12月份公司通过质量、环境和职业健康安全管理体系进行了认证监督审核，随着此后运作中的持续改进和调整，管理体系日渐完善和成熟。

【立足学校服务学校】2016年5月份远大公司为机电学院举办的机械创新设计大赛赞助3万元活动经费，同时为在校学生提供就业实习机会，上半年公司共计接收土木学院和经管学院实习生45人，并为土木工程学院、经管学院400多名学生提供施工现场参观基地，为学生讲解施工过程，以此提高学生的理解和实践能力，同年10月向北京建筑大学教育基金会捐赠30万元。

3. 经营工作

【概述】2016年远大公司中标的工程项目有大兴校区结构实验室设备基础工程、中国人民武装警察部队北京市总队第十一支队两项工程、医科院北区建设项目－药植所保留建筑水、暖基础设施改造工程、开阳县马头寨古建筑群抢修保护工程、神木大礼堂修复改造工程、公交集团颐和园公交场站工程。特别是公交场站工程的中标，是远大公司顺利走出去的一个良好开端。另外2016年远大公司与北京教育系统及兄弟院校进行紧密联系和沟通，入围朝阳教委和密云教委合格供应商名录，成功进入国防大学、清华大学、北京大学施工单位名录。并在河南周周、甘肃、宁夏地区文物古建取得备案，与北京北建欣源古代建筑科技有限公司签订战略合作协议，共同开拓贵州、山西和内蒙古地区文物古建市场。以上成绩的取得为日后承接工程，拓宽市场，奠定了坚实的基础。

4. 人力资源工作

【概述】2016年公司在人才、技术的培训方面取得较大进步。通过广泛的宣传和正确的引导，在公司内部形成浓厚的学习氛围。2016年远大公司职工参加建造师、八大员、古建专业人员、三体系管理培训，以及党风廉政建设等各类培训工作，所参加的外部培训均并考取相应的岗位证书，截至目前远大员工为75人。

5. 财务工作

【概述】合同总额累计达2.26亿元，公司全年实现总产值2.3亿元，完成567万元的上缴任务。

（五）北京致用恒力建筑材料检测有限公司

1. 概况

北京致用恒力建筑材料检测有限公司（简称致用恒力）于2006年9月注册成立，前身为北京建工学院中建新力材料检测所。公司隶属北京建筑大学，是学校的校办企业和对外服务的窗口，也是北京市高校中唯一具有建设工程检测资质的校办检测机构。北京建筑大学为公司提供了得天独厚的人才、资金、地域、设备和环境的优势，这个优势为公司科学、准确、公正、规范地进行检测工作提供了保障，十余年的公正检测使公司成为工程建设方首选的试验检测单位。自1996年至今公司承检单位工程项目3150余个，总建筑面积达1800万平方米，公司所承揽的主要项目类型有：地铁、古建及部分房建。

2. 管理工作

2016年公司制度进一步完善，期间在进一步执行公司《人力资源管理办法》、《市场经营管理办法》、《固定资产管理制度》、《印章使用审批制度》、《财务管理制度》并从2016年01月01日开始执行2015年12月修订的新《奖惩管理制度》，在奖惩制度中进一步在奖励方面对一线员工进行了倾斜。制度办法均得到了很好的落实实施，使公司管理逐渐走上了制度化、规范化。

3. 经营工作

公司保持"巩固扩大房建市场、稳固加强古建市场、开拓新兴市场"的经营战略指导下，房建检测市场得到了进一步提升和加强（古建收入占总收入的20％，地铁收入占总收入的20％，房建收入占总收入的60％）。

2016 年签订及延续的经营收入类项目合同 28 项，其中较大项目一览表

序号	项目名称	负责人	建设单位	合同经费（万元）	起止时间
1	北京地铁 16 号线工程土建施工 03 合同段	严新兵	北京城市快轨建设管理有限公司	214.77	2013.06-2016.12
2	大兴亦庄新城Ⅲ-Ⅰ街区 F 地块居住及配套项目	赵建勋	远洋国际建设有限公司	—	2013.11-2015.12
3	混凝土框架	赵建勋	清华大学基建规划处	35.26	2016.03—2018.03
4	房山区良乡 09-05-03 商业项目	赵建勋	北京房建建筑股份有限公司	—	2015.01-2016.05
5	远洋天著 R4 地块剪刀墙工程	赵建勋	远洋国际建设有限公司	67	2014.01-2016.12
6	武夷花园南区 TZ0505-32 地块地下室、住宅楼、配电室工程	严新兵	北京建工集团有限责任公司	172.11	2015.09—2018.12
7	信息科技大学宿舍 A 组钢混项目	严新兵	北京城建五建设集团有限公司	—	2015.04-2016.02
8	朝阳奥运村文化创意大厦配套设施	赵建勋	中国建筑第二工程局有限公司	—	2015.11-2017.10

4. 人力资源工作

2016 年公司在职员工 20 名，公司员工队伍较为稳定（不含 5 名长期需用劳务人员），从目前业务量来看，现有员工基本能满足公司业务需要。

5. 财务工作

2016 年公司实际收入 391.83 万元，营业税金及附加 1.41 万元，净利润 5.34 万元，上交管理费用 20 万元。2016 年度收入较 2015 年度收入略有减少。

（六）北京建达兴工程咨询有限公司

1. 概况

北京建达兴工程咨询有限公司（以下简称建达兴公司）成立于 2011 年 4 月，隶属于北京建筑大学，专业从事工程咨询、工程建设全过程项目管理、造价咨询和招标代理业务的企业。公司员工均具有中、高级职称及国家相关专业执业资格，是一家知识密集型咨询管理公司。

公司依托于北京建筑大学的专业化优势及深厚的行业人脉资源，可提供规划咨询、可行性研究、项目建议书、工程造价咨询、设计管理、全过程项目管理等一条龙服务的专业工程咨询。公司具有国家发改委颁发的工程咨询丙级资质，北京市建委颁发的造价咨询乙级资质和招标代理暂定级资质。并于 2013 年 7 月通过质量、环境和职业健康安全管理体系认证。

公司先后承接了北京建筑大学大兴新校区（一、二期）、北京信息科技大学新校区、北京理工大学国防科技园、中国石油大学行政办公楼、北京中医药大学良乡新校区、首都师范大学南校区行政教学楼、北京舞蹈学院学生宿舍综合楼、北京电影学院摄影棚、图书馆等项目的前期咨询、项目管理和造价咨询服务。

公司一贯秉承"开拓、创新、专业、诚信"的企业精神,遵循"以口碑获得信赖,以信赖创造价值"的经营方针,牢固树立"建达兴咨询"管理品牌。希望通过我们专业咨询、精心管理,为客户带来了良好的经济效益和社会效益。

2. 管理工作

【概述】建达兴公司一直以来都将管理放在突出位置,作为重要的工作来抓,2016年,公司围绕着完善内部管理,强化执行力这一中心思想开展各项工作,通过强化绩效考核、规范制度、完善管理、强化责任等方法进一步提高执行力和工作效率,促进了管理团队建设和各项工作的落实。

(1) 2016年质量、环境及职业健康管理体系运行正常;

(2) 项目建议书(可研报告)编制有所突破。完成北京理工大学校医院项目建议书及可研报告的编制、报审工作。此项工作的完成对公司开展同类型业务有着指导意义;

(3) 加强制度建设。完善并新增《经营奖励实施办法》、《新员工管理办法》等,调整后公司管理制度汇编达到57篇。

3. 经营工作

【概述】2016年公司发展进入瓶颈期。需进一步加强创新意识,不断拓宽思路和渠道,以创业精神做好经营工作。虽然面对困难,但公司实现了净利润的增长,完成了学校的上交任务,确保国有资产的保值增值。

(1) 回款情况。2016年度建达兴公司计划回款790.81万元,实际回款705.33万元,完成占比89.19%;建大兴业公司计划回款160万元,实际回款130.54万元,完成占比81.59%。

(2) 新签合同。2016年度建达兴公司计划新签合同1000万元,实签合同307.61万元,完成占比30.76%;建大兴业公司计划新签合同300万元,实签合同47.35万元,完成占比15.78%。

(3) 2016年度公司向学校上交40万元,确保国有资产保值增值。

4. 人力资源工作

【概述】健全和完善人力资源管理的相关机制,根据公司的经营战略及发展目标,按照专业化、理性化、系统化的人力资源管理理念和技术,完善公司人力资源管理平台。

2016年,进一步调整了薪酬体系,根据绩效考核执行效果,逐步细化和完善了绩效考核标准。

5. 财务工作

【概述】2016年较好地完成了财务核算、纳税申报、预、决算编制等管理工作,充分发挥了核算、监督职能。对公司财务状况、经营成果、现金流量进行了动态分析和预测,进一步加强了公司财务动态监测管理工作。

2016年主要数据如下:

(1) 建达兴公司收入666万元;利润总额-20万元;净利润-20万元;上缴税费43万元,其中:增值税13万,个人所得税23万元,企业所得税6万元,城建税1万元;上缴管理费40万元;

(2) 建大兴业公司收入127万元；利润总额-26万元；净利润-26万元；上缴税费9万元，其中：增值税2万，个人所得税5万，企业所得税1万元。

6. 文化建设工作

【概述】加强文化建设，关心员工身心健康，通过组织员工健身锻炼、体检及生日送祝福等活动，构筑共同的价值观念；进而增强企业的凝聚力、执行力和创造力，达到提升企业核心竞争力的目标。

三、服务型企业

（一）北京学宜宾馆有限公司

1. 概况

北京学宜宾馆有限公司，隶属于北京建大资产经营管理有限公司。1998年11月1日试营业，1999年9月21日正式取得接待国内外宾客的特级旅店资质，注册资金50万。拥有经营性房23间客房，报告厅一处。马小华任公司总经理、法定代表人。

宾馆虽小，五脏俱全，同于属于24小时营业的特种行业，服务和安全保障全覆盖，因此涉及的工种、班次较多、包括前台接待、客房、维修、夜班、安保、库管等。为了节省开支，我们最大限度地安排兼职兼岗。宾馆现有员工9人（不含委派的财务人员），其中高级服务师2人，中级服务师2人，中级工1人，大专及以上4人，党员2名。

2. 管理工作

【概述】随着动批市场陆续关闭的影响，客流明显减少。电子商务对实体店的冲击也不能小觑。随着国家陆续取消了几批行业资格证，致使培训市场萎缩。北建大主体南移，基础的客户群不存在了。在重重困难之下，我们要团结一心搞好经营，更要深刻认识并牢固树立"学校利益高于一切"的经营理念。

【常规管理工作】

（1）继续做好前台收款工作，严控现金风控，选择品德好的同志担任此项工作。制定严格的制度。宾馆长期以来，始终坚持前台《日报表》三方审核、四人签字的管理办法，即前台填写销售记录，客房部经理从工作量角度进行核对，（客房部的清扫间数，必须对应有一份前台的收入），再由第三人监督审核后签字，出纳收款签字。宾馆每天的收入情况、客房使用情况，均一目了然。互相监督。

（2）继续做好客房卫生清洁的管理工作；针对客房装修日趋陈旧的现状，继续加大清洁工作的管理力度，定期检查客房卫生。强调精细服务，努力为宾客提供一个清洁优雅的住宿环境。

（3）继续做好安保、设备的巡检工作；进一步强化全员安全生产意识，每日专人巡查变电箱、污水井、锅炉房、燃气表房、总机、烟感报警器等设备，若发现隐患，立即组织人员抢修。并坚持填写每日巡查记录，确保宾客人身及财产安全，确保宾馆财产安全且无事故。

（4）规范化会议服务工作，从全场布置到场中服务。每接一个会议订单，就是一个小的工程。强调"精细服务"。

（5）继续做好精打细算，严控各项开支的工作。

（6）继续深刻关注职工的思想建设和团队和谐。

3. 经营工作

【概述】当年实现经营性产值 206 万元，完成预算收入 190 万元的 109％，人均净产值 20.6 万元（按 10 人计算），完成上缴 30 万元，超额 50 万元，交纳税金 41.67 万元，净利润 94.56 万元。

4. 财务工作

【主要数据】2016 年全年共收入 206 万元，人均产值 20.6 万元，上缴国家税金 41.67 万元，上交学校 2.21 万元。

（二）北京北建大物业管理有限公司

1. 概况

北京北建大物业管理有限公司（以下简称物业公司）成立于 2015 年 6 月 28 日，是由北京建工远大建设工程有限公司出资设立的，注册资金 100 万元，法定代表人张宪亭。公司隶属于北京建筑大学，依托北京建筑大学的专业化优势，提供专业的物业服务。公司下设综合办公室、质量管理部、经营开发部、财务部四个职能部室及各物业项目管理部，物业项目管理部按照业务职能划分分为工程、环境、安保、客服四个中心。在提供常规物业服务的同时，积极拓展经营服务范围，先后开展了车辆运输服务、会务服务、康体健身服务等一系列项目。

2. 管理工作

【概述】公司立足学校，沿着学校大后勤大保障深化改革的道路不断进取，在完成学校后勤物业保障工作的基础上，在制度建设、队伍建设、经营拓展、文化建设和党组织建设等方面扎实工作、锐意进取，一系列制度、标准得到落地和实施，在规范管理、流程管理和细节服务等方面进一步提升，"以人为本、亲情服务，规范管理，树立品牌"的十六字质量方针得到很好体现。

【组织架构】公司结合物业管理特点，对公司刚成立时设计的组织架构进行了调整和重构。

2016 年 4 月 25 日，北京北建大物业管理有限公司大兴校区项目部正式挂牌，开启北京建筑大学大兴校区物业服务的新篇章。

2016 年 9 月，大兴校区气膜馆正式施工完毕进行接管验收，由此公司对体育场馆正式开始物业管理工作。

2016 年 9 月，西城校区会务服务部正式成立，隶属于公司经营开发部，标志着公司成功拓展会务服务新项目。

通过对公司架构的完善，实现了物业管理项目化的管理模式，为公司未来承接西城校区大科园物业服务、居民楼物业服务及其他物业项目奠定组织架构基础。

【制度建设】2016 年 3 月，公司颁布施行《管理制度手册》。该手册编制有完备的各项工作制度和岗位职责，成为公司高效运转的制度保障。

2016 年 10 月，公司《员工手册》也颁布实施，成为公司对人员管理的基本准则，与《管理制度手册》一起构架起了公司内部最基本的规章制度。

3. 经营工作

【概述】公司目前承接北京建筑大学西城校区物业管理、大兴校区部分楼宇及体育场馆物业管理和学校附属住宅物业管理。

【引进商贸】公司通过从社会引进高品质服务合作伙伴的方式，已经基本搭建起一个较为完整和高层次的校内经营服务体系。小麦公社、水果店、理发店、图文社等商贸点的升级，已为西城校区师生员工构建了一个方便舒适的校园经营服务圈。

2016年底，西城校区咖啡店正式入驻开业，成为西城校区文化建设、休闲服务的新核心。

4. 人力资源工作

【概述】公司以薪酬体系做保障、企业文化做引导，采取对外引进、对内培养的方式，逐步构建了公司的管理队伍。目前公司中层干部管理团队老、中、青梯队合理，专业突出。同时，公司管理层先后通过专业学习培训、员工代表座谈、专题问题讨论、一线岗位调研、参与一线工作等多种方式与一线员工做近距离沟通交流，实现全员共同发展。

【人才招聘】为打造一支专业化、规范化的物业工作队伍，公司先后与"前程无忧"、"58同城"签订网站招聘协议，加大力度引进专业化物业人员。

5. 财务工作

【主要数据】2016年全年实现营业收入1581.74万元，净利润83.58万元；上交税费111.52万元；资产总额458.73万元。

6. 文化建设工作

【概述】公司确定的"规范管理、树立品牌，以人为本、亲情服务"的十六字方针，作为管理与服务的理念，已成为公司企业文化建设的核心内容，深植企业管理与服务行为中。

公司的网站及公众微信号建设初具雏形；公司对外宣传公告栏及LED屏投入使用并定期更新；公司还每月组织当月过生日员工举办生日会，彼此沟通了感情，使每位在外务工者找到了家的感觉。今后公司也将在其他方面不断丰富和完善企业文化内涵建设，使其真正成为鼓舞士气、团结队伍、推崇正能量的有力武器，逐步形成物业公司自己的具有凝聚力、感召力和使命感的企业文化。

7. 支部党建工作

【概述】党支部秉承"守正笃实、无怠无荒"的宗旨，以"讲实际、重实效、办实事"为工作原则，以建设"学习型、服务型、实效型"的团队为奋斗目标，积极开展各项活动。

【党员实践活动】2016年基本实现每月开展一次专项技术实践学习活动，如春天苗木栽培、实用保洁技术、学生公寓学生心理健康监控等。这些活动的开展，拉近了党组织和群众的距离，受到员工的一致好评。

【党员教育活动】党支部陆续开展了十八大六中全会精神学习、习近平重要讲话学习、每月一次"主讲主问"学习、"建党95周年之际组织支部党员抄党章、写体会"等学习教育活动。党员在线学习100%完成。

第十六章 校 庆 工 作

一、机构设置

【校庆办概况】 为统筹、协调、推进80周年校庆各项工作，学校80周年校庆工作领导小组专门下设校庆工作办公室，校庆办公室设有秘书组和资料组两个具体工作部门，校庆办主任由党委常委张素芳同志兼任，资料组成员有图书馆馆长王锐英、经管学院原党委书记张庆春、离退办原主任赵京明、图书馆退休教师魏智芳。秘书组成员有党政办副主任吴建国、国交处副处长丁帅、教务处科长梁凯、国交处科员曹鑫浩。

二、历史贡献

【校史馆建设】 校史馆由校庆办牵头建设，总面积600平方米的校史馆，由六大展区组成，包括：办学历程、发展成就、北建大与城乡建设、校友风采、领导关怀和展望未来，共有展板160余块，实物300余件。10月8日，北京建筑大学校史馆建成并举行开馆仪式。开馆以来校史馆已经成为学校标志性文化基地，成为弘扬校园文化的重要阵地。

三、校庆表彰

【表彰结果】 在校党委领导下，在全校师生员工的共同努力以及广大校友和社会各界的关心、支持、帮助下，学校80周年校庆活动取得圆满成功，达到了回顾历史、展示业绩、凝聚人心、再创辉煌的预期目的，并将以其独有的特色载入北京建筑大学建设发展的史册。认真总结校庆工作的成功经验，表彰校庆活动中涌现出的先进典型，对于进一步激发师生员工的爱校热情，加快学校又好又快发展，具有重要的意义。学校党委决定，对在校庆工作中取得突出成绩的集体和个人进行表彰。名单如下：

1. 授予以下9位同志"北京建筑大学八十周年校庆工作突出贡献奖"：
张素芳、白莽、孙冬梅、刘蔚、王锐英、朱静、李雪华、田林、杜明义。
2. 授予以下8个单位"北京建筑大学八十周年校庆工作先进集体奖"：
校庆办公室、党政办公室、党委宣传部、资产与后勤管理处、团委、建筑与城市规划学院、测绘与城市空间信息学院、土木与交通工程学院
3. 授予以下70位同志"北京建筑大学八十周年校庆工作先进个人奖"：
校庆办公室：梁　凯、曹鑫浩
党政办公室：陈　娟、谷天硕、扈恒畅
网络信息管理服务中心：孙绪华、牟综磊

校友办公室：沈　茜、赵　亮
党委组织部：张　俊
党委宣传部：曹洪涛、李守玉、王　洋
学生工作部：黄尚荣、秦立富、曲　杰
研究生工作部：李云山
保卫部（处）：张永亮、吕　哲
离退休工作办公室：王德中
工会：张瑶宁
团委：卫　巍、李　阳、陈思源
大兴校区管委会：董新华
教务处：吴　菁、杜宏宇
招生就业处：杨益东、徐敬明
科技处：高　岩、周理安
财务处：陈　茹、宁　捷
审计处：刘海凌
资产与后勤管理处：高士杰、李　鹏、郝永军
规划与基建处：杨　倩
继续教育学院：孙　强
建筑与城市规划学院：李　沙、李小虎、陈玉龙
土木与交通工程学院：廖维张、阚　帅、刘　倩
环境与能源工程学院：王　刚、陈亚飞
电气与信息工程学院：田　芳、田　奔
经济与管理工程学院：李文超、郝　迈
测绘与城市空间信息学院：冯永龙、刘祥磊、李　晨
机电与车辆工程学院：张媛媛、周庆辉
文法学院：杨　举、李　伟
理学院：黄尚永、吴雨桐
马克思主义学院：许　亮
体育教研部：智颖新
图书馆：芦玉海、马　琳、张文成
资产公司：张宪亭、刘富利、王建宾
建筑遗产研究院：张　曼
ADA艺术研究中心：赵冠男

学校党委号召全体教职员工向受表彰的集体和个人学习，把在校庆工作中形成的团结协作、争创一流的校庆精神发扬光大，奋发图强，为实现北建大的发展目标做出新的贡献！

四、工作总结

【校庆办工作总结】 在各级领导和各界友人的关心支持下，在校党委领导下，在全校师生

员工的共同努力以及广大校友的关心、支持、帮助下，学校80周年校庆活动取得圆满成功，达到了回顾历史、展示业绩、凝聚人心、再创辉煌的预期目的。校庆办作为整个校庆活动组织者、策划者、实施者，工作中坚持周密部署、统筹安排、全面协调，圆满完成各项工作，现将工作总结如下：

(一) 制定校庆工作方案，组建各工作组，启动校庆筹备工作

意义重大、学校重视。北京建筑大学建校80周年，是学校发展历史上的重要里程碑，是学校更名后进入"十三五"规划开局之年的一次大庆。为办好校庆系列活动，为使校庆筹备工作高效有序地进行，确保校庆庆典活动圆满成功，2015年6月初，党委常委会专题研究校庆工作，提出了举办一次"学术校庆、情感校庆、文化校庆、发展校庆"的工作方针，调整相关工作机构，纪委书记何志洪、党委副书记张启鸿分管校庆工作，党委常委张素芳任校庆办主任，具体负责校庆工作。经过精心挑选，拟定了校庆办人员名单。2015年7月8日，校长办公会讨论校庆办公室组成人员，批准了以张素芳为主任、国际教育学院副院长丁帅、教务处科长梁凯、国际交流与合作处曹鑫浩等同志为成员的校庆办组成人员。学校党委高度重视校庆筹备工作，一方面提供了校庆办和校史组专门的办公地点，校庆办公室在教1楼315、校史组在教1楼313，为校庆筹备工作提供保障；另一方面对校庆办提出了明确要求。2015年7月13日，党委书记王建中到校庆办慰问各位老师、指导工作。至此，从2015年7月起，校庆办和校史组按照党委要求，开始了校庆筹备和校史整理工作。

校庆未始、方案先行。按照校党委要求，校庆办开展工作伊始，就把制定一个周密完善可行的校庆工作方案作为首要工作来抓。校庆办本着精益求精的精神，周密制定工作方案，数易其稿，于2015年7月初，形成了校庆工作方案初稿。7月15日，校党委常委会听取了校庆办关于校庆工作方案的汇报，对方案提出了修改意见。经过修改完善，7月20日学校印发《北京建筑大学八十周年校庆工作方案（修订版）》的通知（北建大党发〔2015〕37号），完成了校庆工作的顶层设计。校党委明确各工作组建制和牵头领导，明确各组工作职责，主要有：大型活动组、校史组、宣传组、学术活动组、文化活动组、外联组、保障组等7个组。校庆办加强统筹协调，各工作小组分工协作，密切配合，按照总体方案细化工作流程，明确任务和完成时间，力求高质量完成各项任务。各工作组在党委领导下和校庆办具体指导下，周密计划、精心安排、掌握进度、创造性地开展各项工作，确保了各项筹备工作顺利进行。

(二) 广泛调研，吸取各高校经验

他山之石、可以攻玉。2015年9月起，校庆办组织相关部门人员分两批次参观兄弟高校校史馆，就北建大的校史展相关问题向各位同行征求意见，吸取经验。9月18日，党委副书记张启鸿带领校庆办及校史馆筹备团队赴哈尔滨工业大学，调研该校博物馆建设等工作情况。10月9日，学校图书馆馆长王锐英带领学校校史馆筹备团队赴北京市教委史志编纂办公室查阅史料并调研该办主办的北京教育史料展建设等情况。11月11日至14日，纪委书记何志洪带领校庆办及相关部门人员赴上海交通大学、上海复旦大学、上海同济大学、东南大学、南京大学调研校史馆建设及校庆活动开展情况。各调研团队对各校史馆、博物馆的建筑结构、陈展内容、布展形式等进行了仔细研究和学习，收集了相关资料。参观考察对我校校史馆建设有很大借鉴意义。每次学习考察回来都专题研究，认真总

结经验，充分吸收兄弟高校博物馆先进理念和经验，梳理我校校史展筹备中的问题，研究解决办法。广泛调研与深入研讨为设计建设一个高水平校史馆起到了重要作用。

（三）按照党委要求，扎实推进校庆筹备工作

方案既定、重在落实。校庆方案确定后正值学校暑假开始，对于校庆办人员来说，是火火的假日，忙碌的开始。7月23日，召开校庆办、校史组、档案室、图书馆人员参加的专题会议，系统研究校史资料工作，初步形成了校史资料整理方案。7月24日，张启鸿副书记召集相关部门研究校庆宣传工作，形成校园景观、VI系统、校庆标志、建大人物、外宣、画册、宣传片、网站等工作方案。会后，专题研究了校庆倒计时一周年工作方案，并实地查看现场。7月26日，张启鸿副书记召集校庆办、宣传部、图书馆等部门负责人，研究图书馆6层展览布局，讨论王昀老师的设计方案，调整三大展览布局。8月一整月，校庆办公室网上调研兄弟高校校庆工作；校史组认真整理史料，80%的文字、图片资料形成了电子版。9月15日，在学校党群部门负责人、二级单位党组织负责人工作会上，党委对校庆工作进行了部署，校庆办主任张素芳重点布置校庆31个重点项目的主要工作内容、牵头单位、时间节点以及任务分解表，同时，部署了各学院迎校庆的具体任务。至此，全校各单位、部门行动起来，校庆筹备工作全面推进，营造了良好的迎校庆工作氛围。

启动仪式、凝聚人心。校庆办除了前期谋划，加紧部署、督查落实外，自身也要撸起袖子加油干。迎接的第一个挑战就是校庆倒计时一周年启动仪式。校庆办负责倒计时一周年仪式活动的筹备工作，从倒计时牌和校庆标识的设计与制作，以及校庆倒计时一周年启动仪式议程筹备、北京建筑大学80周年校庆公告（第一号）等，无不倾注了校庆办及相关部门同志们的心血和智慧。2015年10月15日，学校正式启动80周年校庆倒计时一周年系列活动，携手全校师生、全球校友和社会各界友好人士，一起迎接北京建筑大学八十华诞。纪委书记何志洪主持了倒计时一周年启动仪式，党委书记王建中、校长张爱林、教师代表欧阳文、校学生会主席燕兆分别发表讲话，发布了系统，校领导和师生代表共同为倒计时牌和校庆标志揭幕。学校举办倒计时一周年活动期间，各学院举办了丰富多彩的校友返校活动、并成立学院校友会、校庆办指导各学院开展各项活动，使我校历时一年的校庆系列活动由此全面展开。

专题网站、强化宣传。建立校庆网站的目的是加强学校与校友和社会各界的沟通，通过校庆网站，及时公布学校校庆信息，广大校友和师生员工可通过该网站，及时了解校庆动态，积极参与校庆活动。校庆办负责校庆网站建设与维护。2015年10月15日，在校庆倒计时一周年启动仪式上，随着党委副书记吕晨飞按下按键，80周年校庆专题网站即时开通。校庆办通过学校网站及校庆专题网站，加强校庆工作的宣传报道，多篇幅、多角度报道校庆筹备、部署落实、研究讨论、各项活动等方面内容，发挥了校园媒体的宣传作用。

深挖校史、文化传承。校庆筹备工作中，最艰苦的一项工作是整理、编辑校史资料，为建设校史馆提供基础资料。由于我校校史资料分散、过去缺乏系统整理和存档，使得整理校史面临非常大的困难。在校领导关心指导下，校庆办和校史组的同志以严谨、科学的精神投入到校史挖掘、整理、编辑工作中。一年多来，数不清讨论了多少次，争论了多少次，跑了多少路，去过多少次档案室，为解决一个难点熬过多少不眠之夜。图书馆馆长王

锐英为挖掘整理校史倾注了大量心血，查阅档案，收集、整理校史资料。学校领导一次次与我们讨论，提出修改意见，学校老领导、老教职工、在职职工和校友，积极参与校史挖掘，献计献策，为校史整理贡献力量。经过不懈努力，校庆前夕，共完成《北京建筑大学校史史料汇编》第六稿，汇编共764页80余万字，全面展示了学校办学109年和建校80周年来的发展进程，为传承学校悠久历史、弘扬北建大精神、增强广大校友、师生的爱校情怀做出了重要贡献。

校史场馆、从无到有。校史馆作为一所大学办学精神、办学理念和校园文化的物化凝练，是一所大学文化记忆、传承与创新的重要阵地，在留存历史、传承文脉等方面发挥着极其重要的作用，是大学校园重要的文化标志物。我校虽历史悠久，却没有一个校史馆。校党委高度重视校史馆建设，把建设校史馆作为校庆重点工程，加强领导，加强保障。为建好校史馆，校庆办和校史组同志前往京内外多所高校调研，认真吸取他人之所长并结合北建大自身特点，在校史展设计风格、展陈内容等方面做出整体规划部署。在校史馆设计建设过程中，校庆办双管齐下，一方面和校史组同志们讨论研究校史馆展览素材，从精心设计学校历史沿革图入手，构建校史馆展览框架，在充分研讨基础上，形成前言、各展区标题、文字说明、结束语，不断丰富展览内容，期间实行每周例会制度，集中讨论在过去一周中产生的问题并解决，每两周定期向主管校领导汇报工作进度；一方面参与校史馆建设招标、施工。校庆办在招标工作中严格按照国家、学校相关规定，与基建处、审计处积极配合，做到公正、公开、节俭。无数次与施工中标公司讨论、修改施工方案，确保在有限的展馆面积上，建设出高水平的校史馆。校史馆共有100多块展板，校庆办人员与设计公司共同进行展板设计，反复审阅展板内容，每张图片都经历挑了又挑、选了又选的过程，每张展板要多次看，多人看，反复看，不断打磨，精雕细琢，精益求精。在施工过程中严把质量关，制定安全预案，派专人负责监督，施工中没有发生一起安全事故。历经一年半时间的走访调研、整理校史、筹划设计、紧张施工，校史馆于10月8日落成开馆。一部风云沧桑百年史、弦歌奋进八十载的北建大校史展现在我们面前，进一步激发了广大校友的爱校情怀，凝聚了全体建大人的情感。校庆期间共接待各界人士2000余人，已成为展示学校办学成就的重要窗口，进行爱国荣校教育、激励全校师生的生动课堂，联结海内外师生校友的重要纽带。

联络校友、情感助力。校庆是全校师生员工和广大校友共同的节日，校友的联络和沟通工作尤为重要。本着"让校友成为学校发展的关注者、建设的参与者、成果的共享者"的宗旨和原则，学校成立了青年校友会，恢复调整和组建了10个学院的校友会分会和京外海外校友会分会、召开了第三届校友理事会第二次、第三次会议。学校为广大校友和在校师生员工助力学校发展搭建平台，在较短的时间多方努力注册成立了教育基金会。学校还举办了首届"校友杯"足球赛、师生校友书画展、校友访谈等多项迎校庆系列活动。校庆成为连接学校与校友情感的纽带，校友成为助力学校发展的重要力量。

学术为魂、育人为本。校庆筹备期间，学校和各学院举办了多场高端学术论坛、学术报告，其中包括：2016北京城市设计国际高峰论坛、第三届中国高等建筑教育高峰论坛、"开放建筑国际工作营"、国际华人岩土地震工程研讨会暨第二届中俄白地下工程研讨会、城市规划建设与管理高端论坛之周福霖院士学术报告会、"未来城市测绘技术"国际学术论坛、"建筑文化传承与创新背景下的人才培养"院长论坛、2016年中国机械工业教育协会车辆工程学科教学委员会年会等系列活动，邀请到易军副部长、隋振江副市长等上级领导，十余位两院院士、国务院参事等专家学者，以及多位来自美国、英国、法国、俄罗斯、亚美尼亚等多个国家的知名教授、专家和数十位建筑大师、勘察设计大师、知名学者，学术活动层次之高、影响之大，数量之多，都是我校历史之最。在各类学术报告交流中传承了治学精神，启迪了创新智慧。这些高水平、国际化的会议和学术活动，把握科技前沿动向、直击学术前沿、开拓国际化视野，引领学术潮流，彰显了学校深厚的学术底蕴和浓郁的国际化氛围。进一步吸引了优质办学资源，全面提升了学校的人才培养质量、学科建设水平、科研创新能力和社会影响力。

（四）统筹协调，精心组织，确保校庆各项活动圆满完成

庆祝大会、震撼人心。80周年校庆庆祝大会是全体师生员工和广大校友及社会各界最为关注的一项重要活动。在校党委领导下，校庆办和牵头部门——党政办公室通力协作，精心筹划组织，协调各方力量，于2016年10月15日上午九时，举行了庆祝大会，大会隆重热烈、震撼人心、圆满成功。

嘉年华会、精彩上演。校庆办多次听取嘉年华活动牵头部门——学工部关于校庆嘉年华方案介绍，并就方案多次提出合理化建议，集各学院和学生文化文艺社团力量、精心设计的"未来城市"校庆嘉年华活动，着力营造温暖的"家"的氛围，打造了一场视觉、听觉、触觉的全方位盛宴，时时显温情，处处是家园，嘉年华真正办成了学子团聚的节日，校友欢乐的海洋。

徜徉校园、追忆青春。校庆当日，近三千名海内外校友回到母校怀抱。按照党委要求，校庆办明确校、院两级的工作职责，组织机关干部和志愿者组成了全程"一对一、一站式"服务的接待队伍，从各个角度确保了衔接有序、服务到位。广大校友被母校的发展变化所震撼，更为母校的浓浓情意所感动，爱校情怀和参与校庆的热情被进一步激发，并把母校的发展变化成就和返校感受传递给广大校友，营造了海内外广大校友支持学校发展，共庆母校华诞的动人场面。

耄耋青春、建大华章。学生文艺晚会是校庆当日的重要活动之一。晚会牵头部门——校团委，精心组织，继校庆前夕举办"迎校庆·中秋湖畔音乐会"之后，校庆日当晚，筹备了近一年的"耄耋青春·建大华章"文艺晚会拉开了序幕，一台高品位、高质量、高水平的晚会呈现在一千余名来宾、师生和校友面前，大家被晚会中所展现的北建大人的精神风貌和文化素养所鼓舞，被晚会中所叙述的建大故事所感动。

安全保卫、默默守护。校庆办配合保卫部、市局文保处，研究制定了《校庆安全保卫工作方案》，在我校的100名保卫人员共同努力下，确保了庆祝大会的安全、有序、顺畅。

（五）总结表彰，积累丰富的精神和物质财富

北京建筑大学纪念建校80周年的系列活动，在师生、校友、社会各界产生了巨大反响，在学校发展史上留下了浓墨重彩的一笔。为弘扬校庆工作精神，总结经验、表彰先进、凝心聚力、推动发展，校庆办落实党委部署，认真总结校庆工作，精心组织评选表彰活动。学校于2016年11月2日召开80周年校庆工作总结表彰会，党委副书记张启鸿对校庆工作作了全面总结，7个部门（学院）负责人讲述了校庆工作的成果和经验，校庆工作中成绩突出的集体和个人受到表彰，党委书记王建中讲话，他高度评价80周年校庆工

作成果，总结了校庆工作精神，提出了学校未来的发展目标。

校庆办站好最后一班岗，及时对校庆期间的各类资料、实物、设备进行归档，并编印了校史馆画册以及 80 周年校庆资料汇编，为今后校庆工作留下翔实的第一手资料。

校庆办已完成它的历史使命，校庆工作锻炼了干部、带出了队伍。一年多来我们善思善谋、把工作做在前面；善做善成、凸显工作的亮点；善用善待、凝聚集体的力量；善始善终、巩固校庆的成果。校庆工作虽然结束了，在校庆筹备过程中的磨砺与锻炼将成为我们人生中最为宝贵的拥有和精神财富。在校庆期间迸发出的巨大热情、主人翁姿态、以校为家的爱校情怀必将促使我们在学校下一步发展中建功立业。

（梁凯）

第十七章 毕业生名单

一、2016年北京建筑大学硕士毕业名单

北京建筑大学2016年1月毕业硕士研究生名单

序号	学号	姓名	学院	年级	专业	毕（结）业结论
1	1108521312053	王静婷	环能与能源工程学院	2012	建筑与土木工程	毕业
2	1112010012002	纪博雅	经济与管理工程学院	2012	管理科学与工程	毕业
3	1112510012018	岳晓英	经济与管理工程学院	2012	工商管理硕士	毕业
4	1112510013009	银鑫	经济与管理工程学院	2013	工商管理硕士	毕业

北京建筑大学2016年6月毕业硕士研究生名单

序号	学号	姓名	专业	学院	年级	毕(结)业结论
1	1108130113001	方子琪	建筑学	建筑与城市规划学院	2013	毕业
2	1108130113002	兰石	建筑学	建筑与城市规划学院	2013	毕业
3	1108130113003	聂金品	建筑学	建筑与城市规划学院	2013	毕业
4	1108130113005	王谦	建筑学	建筑与城市规划学院	2013	毕业
5	1108130213001	杜京伦	建筑学	建筑与城市规划学院	2013	毕业
6	1108130213002	张晓征	建筑学	建筑与城市规划学院	2013	毕业
7	1108130213004	单超	建筑学	建筑与城市规划学院	2013	毕业
8	1108130213005	王晓诚	建筑学	建筑与城市规划学院	2013	毕业
9	1108130213007	刘庆宇	建筑学	建筑与城市规划学院	2013	毕业
10	1108130213008	李嘉文	建筑学	建筑与城市规划学院	2013	毕业
11	1108130213009	邢晓萌	建筑学	建筑与城市规划学院	2013	毕业
12	1108130213010	于英龙	建筑学	建筑与城市规划学院	2013	毕业
13	1108130213011	甘振坤	建筑学	建筑与城市规划学院	2013	毕业
14	1108130213013	丁艺	建筑学	建筑与城市规划学院	2013	毕业
15	1108130213014	宋尧	建筑学	建筑与城市规划学院	2013	毕业
16	1108130213015	张振伟	建筑学	建筑与城市规划学院	2013	毕业
17	1108130313001	陈佳超	建筑学	建筑与城市规划学院	2013	毕业
18	1108130313002	李茜	建筑学	建筑与城市规划学院	2013	毕业
19	1108130313003	张涛	建筑学	建筑与城市规划学院	2013	毕业

续表

序号	学号	姓名	专业	学院	年级	毕(结)业结论
20	1108130313004	杨婧一	建筑学	建筑与城市规划学院	2013	毕业
21	1108330013001	孙瑞	城乡规划学	建筑与城市规划学院	2013	毕业
22	1108330013002	高树勋	城乡规划学	建筑与城市规划学院	2013	毕业
23	1108330013003	钱佳	城乡规划学	建筑与城市规划学院	2013	毕业
24	1108330013004	叶恺妮	城乡规划学	建筑与城市规划学院	2013	毕业
25	1108330013005	潘广栋	城乡规划学	建筑与城市规划学院	2013	毕业
26	1108330013006	张兴辉	城乡规划学	建筑与城市规划学院	2013	毕业
27	1108330013007	宁英	城乡规划学	建筑与城市规划学院	2013	毕业
28	1108330013008	吴建民	城乡规划学	建筑与城市规划学院	2013	毕业
29	1108330013010	李迪希	城乡规划学	建筑与城市规划学院	2013	毕业
30	1108330013011	张菲斐	城乡规划学	建筑与城市规划学院	2013	毕业
31	1108330013012	王哲	城乡规划学	建筑与城市规划学院	2013	毕业
32	1108330013013	张瑶媛	城乡规划学	建筑与城市规划学院	2013	毕业
33	1108330013014	贾宁	城乡规划学	建筑与城市规划学院	2013	毕业
34	1108330013015	李清玉	城乡规划学	建筑与城市规划学院	2013	毕业
35	1108330013016	姚心淇	城乡规划学	建筑与城市规划学院	2013	毕业
36	1108330013017	刘冰玉	城乡规划学	建筑与城市规划学院	2013	毕业
37	1108330013018	许言	城乡规划学	建筑与城市规划学院	2013	毕业
38	1108340013001	邱凡	风景园林学	建筑与城市规划学院	2013	毕业
39	1108340013002	刘燕	风景园林学	建筑与城市规划学院	2013	毕业
40	1108340013003	沈冰茹	风景园林学	建筑与城市规划学院	2013	毕业
41	1108340013004	张力维	风景园林学	建筑与城市规划学院	2013	毕业
42	1108340013005	郝旭一	风景园林学	建筑与城市规划学院	2013	毕业
43	1108340013006	赵大颖	风景园林学	建筑与城市规划学院	2013	毕业
44	1108340013007	祖广伟	风景园林学	建筑与城市规划学院	2013	毕业
45	1108340013008	刘力源	风景园林学	建筑与城市规划学院	2013	毕业
46	1108340013009	王夫帅	风景园林学	建筑与城市规划学院	2013	毕业
47	1108510013001	方雪	建筑学	建筑与城市规划学院	2013	毕业
48	1108510013002	孙天轶	建筑学	建筑与城市规划学院	2013	毕业
49	1108510013003	王惟义	建筑学	建筑与城市规划学院	2013	毕业
50	1108510013004	岳屹岩	建筑学	建筑与城市规划学院	2013	毕业
51	1108510013005	袁颖	建筑学	建筑与城市规划学院	2013	毕业
52	1108510013006	亓琳	建筑学	建筑与城市规划学院	2013	毕业
53	1108510013007	王倩	建筑学	建筑与城市规划学院	2013	毕业
54	1108510013008	崔占杰	建筑学	建筑与城市规划学院	2013	毕业

续表

序号	学号	姓名	专业	学院	年级	毕(结)业结论
55	1108510013009	赵文阳	建筑学	建筑与城市规划学院	2013	毕业
56	1108510013010	付晢婷	建筑学	建筑与城市规划学院	2013	毕业
57	1108510013011	郑悦	建筑学	建筑与城市规划学院	2013	毕业
58	1108510013012	聂鑫	建筑学	建筑与城市规划学院	2013	毕业
59	1108510013013	罗浩	建筑学	建筑与城市规划学院	2013	毕业
60	1108510013014	张琨	建筑学	建筑与城市规划学院	2013	毕业
61	1108510013016	霍晓涛	建筑学	建筑与城市规划学院	2013	毕业
62	1108510013017	王超益	建筑学	建筑与城市规划学院	2013	毕业
63	1108510013018	王英春	建筑学	建筑与城市规划学院	2013	毕业
64	1108510013019	杨皞	建筑学	建筑与城市规划学院	2013	毕业
65	1108510013020	张静怡	建筑学	建筑与城市规划学院	2013	毕业
66	1108510013021	缑小涛	建筑学	建筑与城市规划学院	2013	毕业
67	1108510013022	谢凯旋	建筑学	建筑与城市规划学院	2013	毕业
68	1108510013023	卢植	建筑学	建筑与城市规划学院	2013	毕业
69	1108510013024	赵军帅	建筑学	建筑与城市规划学院	2013	毕业
70	1108510013025	张向洋	建筑学	建筑与城市规划学院	2013	毕业
71	1108510013026	黄凯	建筑学	建筑与城市规划学院	2013	毕业
72	1108510013027	商文	建筑学	建筑与城市规划学院	2013	毕业
73	1108510013028	李易	建筑学	建筑与城市规划学院	2013	毕业
74	1108510013029	陈敏华	建筑学	建筑与城市规划学院	2013	毕业
75	1108510013030	姜兰	建筑学	建筑与城市规划学院	2013	毕业
76	1108510013031	刘阳	建筑学	建筑与城市规划学院	2013	毕业
77	1108510013032	王一同	建筑学	建筑与城市规划学院	2013	毕业
78	1108510013033	李爽悦	建筑学	建筑与城市规划学院	2013	毕业
79	1108510013034	徐松月	建筑学	建筑与城市规划学院	2013	毕业
80	1108510013035	文茜茜	建筑学	建筑与城市规划学院	2013	毕业
81	1108510013036	郭祉坚	建筑学	建筑与城市规划学院	2013	毕业
82	1108510013037	张传信	建筑学	建筑与城市规划学院	2013	毕业
83	1108510013038	刘璟	建筑学	建筑与城市规划学院	2013	毕业
84	1108510013039	冯楷	建筑学	建筑与城市规划学院	2013	毕业
85	1108510013040	程睿潇	建筑学	建筑与城市规划学院	2013	毕业
86	1108510013041	李雯	建筑学	建筑与城市规划学院	2013	毕业
87	1108510013042	王泓珺	建筑学	建筑与城市规划学院	2013	毕业
88	1108510013043	鲁超峰	建筑学	建筑与城市规划学院	2013	毕业
89	1108510013044	孙海滨	建筑学	建筑与城市规划学院	2013	毕业

续表

序号	学号	姓名	专业	学院	年级	毕(结)业结论
90	1108510013045	徐同立	建筑学	建筑与城市规划学院	2013	毕业
91	1108510013046	肖涌锋	建筑学	建筑与城市规划学院	2013	毕业
92	1108510013047	臧奥奇	建筑学	建筑与城市规划学院	2013	毕业
93	1113050013001	潘颖	设计学	建筑与城市规划学院	2013	毕业
94	1113050013002	肖梦薇	设计学	建筑与城市规划学院	2013	毕业
95	1113050013003	常志宇	设计学	建筑与城市规划学院	2013	毕业
96	1113050013004	王石路	设计学	建筑与城市规划学院	2013	毕业
97	1113050013005	任军	设计学	建筑与城市规划学院	2013	毕业
98	1113050013006	宋文婷	设计学	建筑与城市规划学院	2013	毕业
99	1113050013007	王飞	设计学	建筑与城市规划学院	2013	毕业
100	1113050013008	成慧祯	设计学	建筑与城市规划学院	2013	毕业
101	1113050013009	曹青	设计学	建筑与城市规划学院	2013	毕业
102	1113050013010	田云	设计学	建筑与城市规划学院	2013	毕业
103	1113050013011	李静怡	设计学	建筑与城市规划学院	2013	毕业
104	1113050013012	赵巍	设计学	建筑与城市规划学院	2013	毕业
105	1113050013013	刘博芳	设计学	建筑与城市规划学院	2013	毕业
106	1113050013014	李鹜	设计学	建筑与城市规划学院	2013	毕业
107	1113050013015	王一淼	设计学	建筑与城市规划学院	2013	毕业
108	1113050013016	王宏侠	设计学	建筑与城市规划学院	2013	毕业
109	1113050013018	赵超	设计学	建筑与城市规划学院	2013	毕业
110	1108130012019	张迪	建筑学	建筑与城市规划学院	2012	毕业
111	1107760113001	冯雷雨	环境科学	环境与能源工程学院	2013	毕业
112	1107760113002	王海波	环境科学	环境与能源工程学院	2013	毕业
113	1107760113003	田欢	环境科学	环境与能源工程学院	2013	毕业
114	1107760113004	岳娇	环境科学	环境与能源工程学院	2013	毕业
115	1107760113005	孙志岩	环境科学	环境与能源工程学院	2013	毕业
116	1107760213001	赵晨	环境工程	环境与能源工程学院	2013	毕业
117	1107760213002	刘蕊	环境工程	环境与能源工程学院	2013	毕业
118	1107760213003	高参	环境工程	环境与能源工程学院	2013	毕业
119	1107760213004	于迪	环境工程	环境与能源工程学院	2013	毕业
120	1107760213005	李昆	环境工程	环境与能源工程学院	2013	毕业
121	1107760213006	崔宇	环境工程	环境与能源工程学院	2013	毕业
122	1107760213007	夏雪峰	环境工程	环境与能源工程学院	2013	毕业
123	1107760213008	李秉辉	环境工程	环境与能源工程学院	2013	毕业
124	1107760213009	张鹏	环境工程	环境与能源工程学院	2013	毕业

续表

序号	学号	姓名	专业	学院	年级	毕(结)业结论
125	1107760213010	桑斌	环境工程	环境与能源工程学院	2013	毕业
126	1107760213011	张艳秋	环境工程	环境与能源工程学院	2013	毕业
127	1107760213012	张萍萍	环境工程	环境与能源工程学院	2013	毕业
128	1107760213015	周晓	环境工程	环境与能源工程学院	2013	毕业
129	1107760213016	葛裕坤	环境工程	环境与能源工程学院	2013	毕业
130	1107760213017	张永欣	环境工程	环境与能源工程学院	2013	毕业
131	1107760213018	翟丹丹	环境工程	环境与能源工程学院	2013	毕业
132	1108140313001	何俊超	市政工程	环境与能源工程学院	2013	毕业
133	1108140313002	彭力	市政工程	环境与能源工程学院	2013	毕业
134	1108140313003	姚凌峰	市政工程	环境与能源工程学院	2013	毕业
135	1108140313004	金铭	市政工程	环境与能源工程学院	2013	毕业
136	1108140313005	赵振东	市政工程	环境与能源工程学院	2013	毕业
137	1108140313006	陈丽霞	市政工程	环境与能源工程学院	2013	毕业
138	1108140313007	魏静	市政工程	环境与能源工程学院	2013	毕业
139	1108140313008	吕小凡	市政工程	环境与能源工程学院	2013	毕业
140	1108140313010	司帅	市政工程	环境与能源工程学院	2013	毕业
141	1108140313011	盛迎雪	市政工程	环境与能源工程学院	2013	毕业
142	1108140313012	程慧芹	市政工程	环境与能源工程学院	2013	毕业
143	1108140413001	李敬	供热、供燃气、通风及空调工程	环境与能源工程学院	2013	毕业
144	1108140413002	石书强	供热、供燃气、通风及空调工程	环境与能源工程学院	2013	毕业
145	1108140413003	吴佳蕾	供热、供燃气、通风及空调工程	环境与能源工程学院	2013	毕业
146	1108140413004	张思健	供热、供燃气、通风及空调工程	环境与能源工程学院	2013	毕业
147	1108140413005	关银俊	供热、供燃气、通风及空调工程	环境与能源工程学院	2013	毕业
148	1108140413006	王玉欢	供热、供燃气、通风及空调工程	环境与能源工程学院	2013	毕业
149	1108140413007	张永清	供热、供燃气、通风及空调工程	环境与能源工程学院	2013	毕业
150	1108140413008	赵立春	供热、供燃气、通风及空调工程	环境与能源工程学院	2013	毕业
151	1108140413009	张一灏	供热、供燃气、通风及空调工程	环境与能源工程学院	2013	毕业
152	1108140413010	王君可	供热、供燃气、通风及空调工程	环境与能源工程学院	2013	毕业
153	1108140413011	陈文军	供热、供燃气、通风及空调工程	环境与能源工程学院	2013	毕业
154	1108140413012	马丽	供热、供燃气、通风及空调工程	环境与能源工程学院	2013	毕业
155	1108140413013	康凤立	供热、供燃气、通风及空调工程	环境与能源工程学院	2013	毕业
156	1108140413014	王立娟	供热、供燃气、通风及空调工程	环境与能源工程学院	2013	毕业
157	1108140413015	史建峰	供热、供燃气、通风及空调工程	环境与能源工程学院	2013	毕业
158	1108140413016	丁思源	供热、供燃气、通风及空调工程	环境与能源工程学院	2013	毕业
159	1108140413017	吴欣雨	供热、供燃气、通风及空调工程	环境与能源工程学院	2013	毕业

续表

序号	学号	姓名	专业	学院	年级	毕(结)业结论
160	1108140413018	姚旭辉	供热、供燃气、通风及空调工程	环境与能源工程学院	2013	毕业
161	1108140413019	刘晓睿	供热、供燃气、通风及空调工程	环境与能源工程学院	2013	毕业
162	1108521312048	林育贤	建筑与土木工程（供热、供燃气、通风及空调工程方向）	环境与能源工程学院	2012	毕业
163	1108521313060	李冉	建筑与土木工程（供热、供燃气、通风及空调工程方向）	环境与能源工程学院	2013	毕业
164	1108521313061	王卫国	建筑与土木工程（供热、供燃气、通风及空调工程方向）	环境与能源工程学院	2013	毕业
165	1108521313062	见爽	建筑与土木工程（供热、供燃气、通风及空调工程方向）	环境与能源工程学院	2013	毕业
166	1108521313063	蔡骥驰	建筑与土木工程（供热、供燃气、通风及空调工程方向）	环境与能源工程学院	2013	毕业
167	1108521313064	刘舒佳	建筑与土木工程（供热、供燃气、通风及空调工程方向）	环境与能源工程学院	2013	毕业
168	1108521313065	刘璇	建筑与土木工程（供热、供燃气、通风及空调工程方向）	环境与能源工程学院	2013	毕业
169	1108521313066	张秋月	建筑与土木工程（供热、供燃气、通风及空调工程方向）	环境与能源工程学院	2013	毕业
170	1108521313067	郭扬	建筑与土木工程（供热、供燃气、通风及空调工程方向）	环境与能源工程学院	2013	毕业
171	1108521313068	房凯	建筑与土木工程（供热、供燃气、通风及空调工程方向）	环境与能源工程学院	2013	毕业
172	1108521313069	李梦媛	建筑与土木工程（供热、供燃气、通风及空调工程方向）	环境与能源工程学院	2013	毕业
173	1108521313070	贺万玉	建筑与土木工程（供热、供燃气、通风及空调工程方向）	环境与能源工程学院	2013	毕业
174	1108521313071	张睿航	建筑与土木工程（供热、供燃气、通风及空调工程方向）	环境与能源工程学院	2013	毕业
175	1108521313072	王鹏飞	建筑与土木工程（供热、供燃气、通风及空调工程方向）	环境与能源工程学院	2013	毕业

续表

序号	学号	姓名	专业	学院	年级	毕(结)业结论
176	1108521313073	曹明凯	建筑与土木工程（供热、供燃气、通风及空调工程方向）	环境与能源工程学院	2013	毕业
177	1108521313074	魏晨晨	建筑与土木工程（供热、供燃气、通风及空调工程方向）	环境与能源工程学院	2013	毕业
178	1108521313075	曹凯琳	建筑与土木工程（市政工程方向）	环境与能源工程学院	2013	毕业
179	1108521313077	丁翰婉	建筑与土木工程（供热、供燃气、通风及空调工程方向）	环境与能源工程学院	2013	毕业
180	1108521313078	程博	建筑与土木工程（供热、供燃气、通风及空调工程方向）	环境与能源工程学院	2013	毕业
181	1108521313079	王紫叶	建筑与土木工程（供热、供燃气、通风及空调工程方向）	环境与能源工程学院	2013	毕业
182	1108521313080	陈希琳	建筑与土木工程（供热、供燃气、通风及空调工程方向）	环境与能源工程学院	2013	毕业
183	1108521313081	王东勋	建筑与土木工程（市政工程方向）	环境与能源工程学院	2013	毕业
184	1108521313082	田海龙	建筑与土木工程（市政工程方向）	环境与能源工程学院	2013	毕业
185	1108521313083	田康达	建筑与土木工程（市政工程方向）	环境与能源工程学院	2013	毕业
186	1108521313084	王晓彤	建筑与土木工程（市政工程方向）	环境与能源工程学院	2013	毕业
187	1108521313085	陈世杰	建筑与土木工程（市政工程方向）	环境与能源工程学院	2013	毕业
188	1108521313086	付龙	建筑与土木工程（市政工程方向）	环境与能源工程学院	2013	毕业
189	1108521313087	张行	建筑与土木工程（市政工程方向）	环境与能源工程学院	2013	毕业
190	1108521313088	孙瑶	建筑与土木工程（市政工程方向）	环境与能源工程学院	2013	毕业
191	1108521313089	蒋竹荷	建筑与土木工程（市政工程方向）	环境与能源工程学院	2013	毕业
192	1108521313090	贾九敏	建筑与土木工程（市政工程方向）	环境与能源工程学院	2013	毕业
193	1108521313091	王会芳	建筑与土木工程（市政工程方向）	环境与能源工程学院	2013	毕业
194	1108521313092	郭金鹏	建筑与土木工程（市政工程方向）	环境与能源工程学院	2013	毕业
195	1108521313093	段崇文	建筑与土木工程（供热、供燃气、通风及空调工程方向）	环境与能源工程学院	2013	毕业
196	1108521313094	朱继宏	建筑与土木工程（供热、供燃气、通风及空调工程方向）	环境与能源工程学院	2013	毕业
197	1108521313095	任臻	建筑与土木工程（供热、供燃气、通风及空调工程方向）	环境与能源工程学院	2013	毕业

续表

序号	学号	姓名	专业	学院	年级	毕(结)业结论
198	1108521313096	张欣蕊	建筑与土木工程（市政工程方向）	环境与能源工程学院	2013	毕业
199	1108521313097	王雪明	建筑与土木工程（市政工程方向）	环境与能源工程学院	2013	毕业
200	1108521313098	谢寒	建筑与土木工程（市政工程方向）	环境与能源工程学院	2013	毕业
201	1108521313099	乔晓峰	建筑与土木工程（市政工程方向）	环境与能源工程学院	2013	毕业
202	1108521313100	宋健	建筑与土木工程（市政工程方向）	环境与能源工程学院	2013	毕业
203	1108521313101	李恒松	建筑与土木工程（供热、供燃气、通风及空调工程方向）	环境与能源工程学院	2013	毕业
204	1108521313102	刘强	建筑与土木工程（供热、供燃气、通风及空调工程方向）	环境与能源工程学院	2013	毕业
205	1108522913001	张毅	环境工程	环境与能源工程学院	2013	毕业
206	1108522913002	梁晓莹	环境工程	环境与能源工程学院	2013	毕业
207	1108522913003	刘恋	环境工程	环境与能源工程学院	2013	毕业
208	1108522913004	王明宇	环境工程	环境与能源工程学院	2013	毕业
209	1108110213002	吴建洋	检测技术与自动化装置	机电与车辆工程学院	2013	毕业
210	1108230413001	张骞	载运工具运用工程	机电与车辆工程学院	2013	毕业
211	1108230413002	石焱	载运工具运用工程	机电与车辆工程学院	2013	毕业
212	1108230413003	马瑞	载运工具运用工程	机电与车辆工程学院	2013	毕业
213	1108230413004	赵春青	载运工具运用工程	机电与车辆工程学院	2013	毕业
214	1108523613002	刘博乐	工业工程	机电与车辆工程学院	2013	毕业
215	1108523613003	王辉	工业工程	机电与车辆工程学院	2013	毕业
216	1108523613004	崔荣臻	工业工程	机电与车辆工程学院	2013	毕业
217	1108523613005	邵舒羽	工业工程	机电与车辆工程学院	2013	毕业
218	1108523613006	武泽艳	工业工程	机电与车辆工程学院	2013	毕业
219	1108523613007	王建治	工业工程	机电与车辆工程学院	2013	毕业
220	1108524013004	张培东	物流工程	机电与车辆工程学院	2013	毕业
221	1108524013005	高令华	物流工程	机电与车辆工程学院	2013	毕业
222	1108524013006	王贺玺	物流工程	机电与车辆工程学院	2013	毕业
223	1108524013007	曹钟	物流工程	机电与车辆工程学院	2013	毕业
224	1108524013008	卢立斌	物流工程	机电与车辆工程学院	2013	毕业
225	1108524013010	任丽娜	物流工程	机电与车辆工程学院	2013	毕业

续表

序号	学号	姓名	专业	学院	年级	毕(结)业结论
226	1108110113001	史梦思	控制理论与控制工程	电气与信息工程学院	2013	毕业
227	1108110113002	杨超	控制理论与控制工程	电气与信息工程学院	2013	毕业
228	1108110113003	高雪	控制理论与控制工程	电气与信息工程学院	2013	毕业
229	1108110113004	王同旭	控制理论与控制工程	电气与信息工程学院	2013	毕业
230	1108110113005	邓强	控制理论与控制工程	电气与信息工程学院	2013	毕业
231	1108110113006	石艳彩	控制理论与控制工程	电气与信息工程学院	2013	毕业
232	1108110113007	林天扬	控制理论与控制工程	电气与信息工程学院	2013	毕业
233	1108110113008	赵雪	控制理论与控制工程	电气与信息工程学院	2013	毕业
234	1108110213001	王磊	检测技术与自动化装置	电气与信息工程学院	2013	毕业
235	1108110413001	崔成	模式识别与智能系统	电气与信息工程学院	2013	毕业
236	1108110413002	陈芳文	模式识别与智能系统	电气与信息工程学院	2013	毕业
237	1108521313103	赵帅兵	建筑与土木工程（建筑电气与智能化方向）	电气与信息工程学院	2013	毕业
238	1108521313104	彭月月	建筑与土木工程（建筑电气与智能化方向）	电气与信息工程学院	2013	毕业
239	1108521313105	陈帅	建筑与土木工程（建筑电气与智能化方向）	电气与信息工程学院	2013	毕业
240	1108521313106	胡亚伟	建筑与土木工程（建筑电气与智能化方向）	电气与信息工程学院	2013	毕业
241	1108521313107	张培	建筑与土木工程（建筑电气与智能化方向）	电气与信息工程学院	2013	毕业
242	1108521313108	李翠梅	建筑与土木工程（建筑电气与智能化方向）	电气与信息工程学院	2013	毕业
243	1108521313109	张晨曦	建筑与土木工程（建筑电气与智能化方向）	电气与信息工程学院	2013	毕业
244	1108521313110	梁潇月	建筑与土木工程（建筑电气与智能化方向）	电气与信息工程学院	2013	毕业
245	1108521313111	王冰杨	建筑与土木工程（建筑电气与智能化方向）	电气与信息工程学院	2013	毕业
246	1108521313112	王东	建筑与土木工程（建筑电气与智能化方向）	电气与信息工程学院	2013	毕业

续表

序号	学号	姓名	专业	学院	年级	毕(结)业结论
247	1108521313113	胡朝文	建筑与土木工程（建筑电气与智能化方向）	电气与信息工程学院	2013	毕业
248	1108521313114	韩浩学	建筑与土木工程（建筑电气与智能化方向）	电气与信息工程学院	2013	毕业
249	1108521313115	钟滨	建筑与土木工程（建筑电气与智能化方向）	电气与信息工程学院	2013	毕业
250	1108521313116	刘牛	建筑与土木工程（建筑电气与智能化方向）	电气与信息工程学院	2013	毕业
251	1108521313117	邓亚	建筑与土木工程（建筑电气与智能化方向）	电气与信息工程学院	2013	毕业
252	1108521313118	宋嫱嫱	建筑与土木工程（建筑电气与智能化方向）	电气与信息工程学院	2013	毕业
253	1107010413001	陈建杰	应用数学	理学院	2013	毕业
254	1107010413002	张克	应用数学	理学院	2013	毕业
255	1107010413003	张震	应用数学	理学院	2013	毕业
256	1107010413005	戚英	应用数学	理学院	2013	毕业
257	1107010513001	赵意	运筹学与控制论	理学院	2013	毕业
258	1107010513002	汤梦洁	运筹学与控制论	理学院	2013	毕业
259	1108140113001	魏小琨	岩土工程	土木与交通工程学院	2013	毕业
260	1108140113002	陈昊祥	岩土工程	土木与交通工程学院	2013	毕业
261	1108140113003	刘天添	岩土工程	土木与交通工程学院	2013	毕业
262	1108140213001	申双俊	结构工程	土木与交通工程学院	2013	毕业
263	1108140213002	赵文占	结构工程	土木与交通工程学院	2013	毕业
264	1108140213003	杨雪婷	结构工程	土木与交通工程学院	2013	毕业
265	1108140213004	陈帅	结构工程	土木与交通工程学院	2013	毕业
266	1108140213005	许允志	结构工程	土木与交通工程学院	2013	毕业
267	1108140213006	杨欣美	结构工程	土木与交通工程学院	2013	毕业
268	1108140213007	丁鲁波	结构工程	土木与交通工程学院	2013	毕业
269	1108140213008	刘建英	结构工程	土木与交通工程学院	2013	毕业
270	1108140213009	赵思儒	结构工程	土木与交通工程学院	2013	毕业
271	1108140213010	李森	结构工程	土木与交通工程学院	2013	毕业

续表

序号	学号	姓名	专业	学院	年级	毕(结)业结论
272	1108140213011	陈媛媛	结构工程	土木与交通工程学院	2013	毕业
273	1108140213012	刘畅	岩土工程	土木与交通工程学院	2013	毕业
274	1108140213013	张世骥	结构工程	土木与交通工程学院	2013	毕业
275	1108140213014	聂攀	结构工程	土木与交通工程学院	2013	毕业
276	1108140513001	孙一林	防灾减灾工程及防护工程	土木与交通工程学院	2013	毕业
277	1108140513002	唐博琛	防灾减灾工程及防护工程	土木与交通工程学院	2013	毕业
278	1108140613001	徐将	桥梁与隧道工程	土木与交通工程学院	2013	毕业
279	1108140613002	刘陆宇	桥梁与隧道工程	土木与交通工程学院	2013	毕业
280	1108140613003	武庆祥	桥梁与隧道工程	土木与交通工程学院	2013	毕业
281	1108140613004	张佳睿	桥梁与隧道工程	土木与交通工程学院	2013	毕业
282	1108230113001	靳明洋	道路与铁道工程	土木与交通工程学院	2013	毕业
283	1108230113002	文博	道路与铁道工程	土木与交通工程学院	2013	毕业
284	1108230113003	苑广友	道路与铁道工程	土木与交通工程学院	2013	毕业
285	1108230113004	汪京	道路与铁道工程	土木与交通工程学院	2013	毕业
286	1108230313001	刘美琪	交通运输规划与管理	土木与交通工程学院	2013	毕业
287	1108230313002	马皓	交通运输规划与管理	土木与交通工程学院	2013	毕业
288	1108230313003	李鑫	交通运输规划与管理	土木与交通工程学院	2013	毕业
289	1108230313004	高丽燃	交通运输规划与管理	土木与交通工程学院	2013	毕业
290	1108230313005	孙拓	交通运输规划与管理	土木与交通工程学院	2013	毕业
291	1108521312013	姚博强	建筑与土木工程	土木与交通工程学院	2012	毕业
292	1108521313001	王蓓	建筑与土木工程	土木与交通工程学院	2013	毕业
293	1108521313002	武慧敏	建筑与土木工程	土木与交通工程学院	2013	毕业
294	1108521313003	李思雨	建筑与土木工程	土木与交通工程学院	2013	毕业
295	1108521313004	肖伟	建筑与土木工程	土木与交通工程学院	2013	毕业
296	1108521313005	董汇标	建筑与土木工程	土木与交通工程学院	2013	毕业
297	1108521313006	翁伟	建筑与土木工程	土木与交通工程学院	2013	毕业
298	1108521313007	贾龙飞	建筑与土木工程	土木与交通工程学院	2013	毕业
299	1108521313008	吴玉勤	建筑与土木工程	土木与交通工程学院	2013	毕业
300	1108521313009	舒睿	建筑与土木工程	土木与交通工程学院	2013	毕业
301	1108521313011	李广辉	建筑与土木工程	土木与交通工程学院	2013	毕业

续表

序号	学号	姓名	专业	学院	年级	毕(结)业结论
302	1108521313012	李鹏飞	建筑与土木工程	土木与交通工程学院	2013	毕业
303	1108521313013	苗小燕	建筑与土木工程	土木与交通工程学院	2013	毕业
304	1108521313014	宋启明	建筑与土木工程	土木与交通工程学院	2013	毕业
305	1108521313015	徐晟宇	建筑与土木工程	土木与交通工程学院	2013	毕业
306	1108521313016	王翠颖	建筑与土木工程	土木与交通工程学院	2013	毕业
307	1108521313017	郭强	建筑与土木工程	土木与交通工程学院	2013	毕业
308	1108521313018	李进波	建筑与土木工程	土木与交通工程学院	2013	毕业
309	1108521313019	唐延伟	建筑与土木工程	土木与交通工程学院	2013	毕业
310	1108521313020	李佳睿	建筑与土木工程	土木与交通工程学院	2013	毕业
311	1108521313021	刘梅	建筑与土木工程	土木与交通工程学院	2013	毕业
312	1108521313022	罗晓东	建筑与土木工程	土木与交通工程学院	2013	毕业
313	1108521313023	丁俊强	建筑与土木工程	土木与交通工程学院	2013	毕业
314	1108521313024	杨谨瑞	建筑与土木工程	土木与交通工程学院	2013	毕业
315	1108521313025	杨松	建筑与土木工程	土木与交通工程学院	2013	毕业
316	1108521313026	张衡	建筑与土木工程	土木与交通工程学院	2013	毕业
317	1108521313028	尤田	建筑与土木工程	土木与交通工程学院	2013	毕业
318	1108521313029	王剑烨	建筑与土木工程	土木与交通工程学院	2013	毕业
319	1108521313030	邓素芬	建筑与土木工程	土木与交通工程学院	2013	毕业
320	1108521313031	刘云博	建筑与土木工程	土木与交通工程学院	2013	毕业
321	1108521313032	陈博珊	建筑与土木工程	土木与交通工程学院	2013	毕业
322	1108521313033	周丹	建筑与土木工程	土木与交通工程学院	2013	毕业
323	1108521313034	杜晨旭	建筑与土木工程	土木与交通工程学院	2013	毕业
324	1108521313035	常卫平	建筑与土木工程	土木与交通工程学院	2013	毕业
325	1108521313036	史聪	建筑与土木工程	土木与交通工程学院	2013	毕业
326	1108521313037	张荣强	建筑与土木工程	土木与交通工程学院	2013	毕业
327	1108521313038	董诗远	建筑与土木工程	土木与交通工程学院	2013	毕业
328	1108521313039	曹许	建筑与土木工程	土木与交通工程学院	2013	毕业
329	1108521313040	吴昆仑	建筑与土木工程	土木与交通工程学院	2013	毕业
330	1108521313041	杨陶源	建筑与土木工程	土木与交通工程学院	2013	毕业
331	1108521313042	张博	建筑与土木工程	土木与交通工程学院	2013	毕业

续表

序号	学号	姓名	专业	学院	年级	毕(结)业结论
332	1108521313043	罗楚雄	建筑与土木工程	土木与交通工程学院	2013	毕业
333	1108521313044	郑妙婷	建筑与土木工程	土木与交通工程学院	2013	毕业
334	1108521313045	田川	建筑与土木工程	土木与交通工程学院	2013	毕业
335	1108521313046	荀桂富	建筑与土木工程	土木与交通工程学院	2013	毕业
336	1108521313047	陈晨	建筑与土木工程	土木与交通工程学院	2013	毕业
337	1108521313048	黄振邦	建筑与土木工程	土木与交通工程学院	2013	毕业
338	1108521313049	满琦	建筑与土木工程	土木与交通工程学院	2013	毕业
339	1108521313050	翟翼翀	建筑与土木工程	土木与交通工程学院	2013	毕业
340	1108521313051	刘萌	建筑与土木工程	土木与交通工程学院	2013	毕业
341	1108521313052	刘伯伟	建筑与土木工程	土木与交通工程学院	2013	毕业
342	1108521313053	张方财	建筑与土木工程	土木与交通工程学院	2013	毕业
343	1108521313054	李雪	建筑与土木工程	土木与交通工程学院	2013	毕业
344	1108521313055	郭丹	建筑与土木工程	土木与交通工程学院	2013	毕业
345	1108521313056	刘亚申	建筑与土木工程	土木与交通工程学院	2013	毕业
346	1108521313058	贺建涛	建筑与土木工程	土木与交通工程学院	2013	毕业
347	1108160113001	于广涛	大地测量学与测量工程	测绘与城市空间信息学院	2013	毕业
348	1108160113002	邓南山	大地测量学与测量工程	测绘与城市空间信息学院	2013	毕业
349	1108160113003	刘淼	大地测量学与测量工程	测绘与城市空间信息学院	2013	毕业
350	1108160113004	高威	大地测量学与测量工程	测绘与城市空间信息学院	2013	毕业
351	1108160213001	冉俊勇	摄影测量与遥感	测绘与城市空间信息学院	2013	毕业
352	1108160213002	王昭娜	摄影测量与遥感	测绘与城市空间信息学院	2013	毕业
353	1108160213003	张岩岩	摄影测量与遥感	测绘与城市空间信息学院	2013	毕业
354	1108160313001	张睿卓	地图制图学与地理信息工程	测绘与城市空间信息学院	2013	毕业
355	1108160313002	张勇	地图制图学与地理信息工程	测绘与城市空间信息学院	2013	毕业
356	1108160313003	王帅帅	地图制图学与地理信息工程	测绘与城市空间信息学院	2013	毕业
357	1108160313004	艾丛	地图制图学与地理信息工程	测绘与城市空间信息学院	2013	毕业
358	1108160313005	孙永尚	地图制图学与地理信息工程	测绘与城市空间信息学院	2013	毕业
359	1108521513001	郑少开	测绘工程	测绘与城市空间信息学院	2013	毕业
360	1108521513002	高泽辉	测绘工程	测绘与城市空间信息学院	2013	毕业
361	1108521513003	朱谊林	测绘工程	测绘与城市空间信息学院	2013	毕业

续表

序号	学号	姓名	专业	学院	年级	毕(结)业结论
362	1108521513004	段颖超	测绘工程	测绘与城市空间信息学院	2013	毕业
363	1108521513005	孙晨龙	测绘工程	测绘与城市空间信息学院	2013	毕业
364	1108521513006	位再成	测绘工程	测绘与城市空间信息学院	2013	毕业
365	1108521513007	魏冠楠	测绘工程	测绘与城市空间信息学院	2013	毕业
366	1108521513008	张冬梅	测绘工程	测绘与城市空间信息学院	2013	毕业
367	1108521513009	秦强	测绘工程	测绘与城市空间信息学院	2013	毕业
368	1108521513010	邢晓达	测绘工程	测绘与城市空间信息学院	2013	毕业
369	1108521513011	杨芳	测绘工程	测绘与城市空间信息学院	2013	毕业
370	1108521513012	温源	测绘工程	测绘与城市空间信息学院	2013	毕业
371	1108521513013	侯莉莉	测绘工程	测绘与城市空间信息学院	2013	毕业
372	1108521513014	戴培培	测绘工程	测绘与城市空间信息学院	2013	毕业
373	1108521513015	王月琴	测绘工程	测绘与城市空间信息学院	2013	毕业
374	1108521513016	李晶	测绘工程	测绘与城市空间信息学院	2013	毕业
375	1108521513017	张春星	测绘工程	测绘与城市空间信息学院	2013	毕业
376	1108521513018	常坤	测绘工程	测绘与城市空间信息学院	2013	毕业
377	1108521513019	杜萌	测绘工程	测绘与城市空间信息学院	2013	毕业
378	1108521513020	胡海燕	测绘工程	测绘与城市空间信息学院	2013	毕业
379	1108524013001	崔楠	物流工程	经济与管理工程学院	2013	毕业
380	1108524013002	李伟勤	物流工程	经济与管理工程学院	2013	毕业
381	1108524013003	许鹏	物流工程	经济与管理工程学院	2013	毕业
382	1112010013001	郜朋辛	管理科学与工程	经济与管理工程学院	2013	毕业
383	1112010013002	李兴密	管理科学与工程	经济与管理工程学院	2013	毕业
384	1112010013003	张智芊	管理科学与工程	经济与管理工程学院	2013	毕业
385	1112010013004	毛林超	管理科学与工程	经济与管理工程学院	2013	毕业
386	1112020213001	刘婷	企业管理	经济与管理工程学院	2013	毕业
387	1112020213002	秦志伟	企业管理	经济与管理工程学院	2013	毕业
388	1112020413001	董娟	技术经济及管理	经济与管理工程学院	2013	毕业
389	1112510012005	刘卫星	工商管理	经济与管理工程学院	2012	毕业
390	1112510012012	张英贤	工商管理	经济与管理工程学院	2012	毕业
391	1112510013012	李颖	工商管理	经济与管理工程学院	2013	毕业

续表

序号	学号	姓名	专业	学院	年级	毕(结)业结论
392	1112510013019	杨爱华	工商管理	经济与管理工程学院	2013	毕业
393	1112510013020	牟雨	工商管理	经济与管理工程学院	2013	毕业
394	1113050013019	张昕	设计学	文法学院	2013	毕业
395	1113050013020	李璐	设计学	文法学院	2013	毕业
396	1113050013021	谭婧	设计学	文法学院	2013	毕业

北京建筑大学2016年6月结业硕士研究生名单

序号	学号	姓名	专业	学院	年级	毕(结)业结论
1	1108130213012	刘浩源	建筑学	建筑与城市规划学院	2013	结业

北京建筑大学2016年12月毕业硕士研究生名单

序号	学号	姓名	专业	学院	年级	毕(结)业结论
1	1108130113004	朱涵瑞	建筑学	建筑与城市规划学院	2013	毕业
2	1108523613001	王子琦	工业工程	机电与车辆工程学院	2013	毕业
3	1108524013009	张亮	物流工程	机电与车辆工程学院	2013	毕业

二、2016年北京建筑大学硕士学位获得者名单

北京建筑大学
2016届春季（2015/2016学年第1期）授予毕业研究生硕士学位名单

学科/领域：管理科学与工程

序号	学号	姓名	性别	学位类别	学位证书编号
1	1112010012002	纪博雅	女	管理学硕士学位	1001632016000001

学科/领域：建筑与土木工程

序号	学号	姓名	性别	学位类别	学位证书编号
1	1108521312053	王静婷	女	工程硕士专业学位	1001632016010001
2	1208521312021	丁擎	女	工程硕士专业学位	1001632016010004
3	1208521312027	杜明	女	工程硕士专业学位	1001632016010005
4	1208521312046	侯嘉	男	工程硕士专业学位	1001632016010006
5	1208521312069	刘昌武	女	工程硕士专业学位	1001632016010007
6	1208521312111	田永强	男	工程硕士专业学位	1001632016010008
7	1208521312155	张俊朝	男	工程硕士专业学位	1001632016010009

续表

序号	学号	姓名	性别	学位类别	学位证书编号
8	1208521312165	朱杰	男	工程硕士专业学位	1001632016010010
9	1208521312166	朱晓姣	女	工程硕士专业学位	1001632016010011
10	1243011411001	陈立英	女	工程硕士专业学位	1001632016010032
11	1243011411002	郑越	男	工程硕士专业学位	1001632016010033
12	1243011411008	于艳良	男	工程硕士专业学位	1001632016010034
13	1243011411020	董妍	女	工程硕士专业学位	1001632016010035
14	1243011411034	乐有奋	男	工程硕士专业学位	1001632016010036
15	1243011411041	李仲博	男	工程硕士专业学位	1001632016010037
16	1243011411090	高赵军	男	工程硕士专业学位	1001632016010038
17	1243011411093	马剑波	男	工程硕士专业学位	1001632016010039
18	1243011411101	王铭铭	女	工程硕士专业学位	1001632016010040
19	1243011411113	靳景旺	男	工程硕士专业学位	1001632016010041
20	1243011410004	张瑞琛	女	工程硕士专业学位	1001632016010014
21	1243011410007	温志宇	男	工程硕士专业学位	1001632016010015
22	1243011410008	刘兵阳	男	工程硕士专业学位	1001632016010016
23	1243011410009	靳红霞	女	工程硕士专业学位	1001632016010017
24	1243011410014	武铁军	男	工程硕士专业学位	1001632016010018
25	1243011410015	秦洪现	男	工程硕士专业学位	1001632016010019
26	1243011410016	石莹	女	工程硕士专业学位	1001632016010020
27	1243011410017	马楠	男	工程硕士专业学位	1001632016010021
28	1243011410021	张磊	男	工程硕士专业学位	1001632016010022
29	1243011410024	姜浩	男	工程硕士专业学位	1001632016010023
30	1243011410036	杜丽娟	女	工程硕士专业学位	1001632016010024
31	1243011410037	高雪	女	工程硕士专业学位	1001632016010025
32	1243011410043	王增辉	男	工程硕士专业学位	1001632016010026
33	1243011410044	张洁羽	女	工程硕士专业学位	1001632016010027
34	1243011410046	李墨丹	女	工程硕士专业学位	1001632016010028
35	1243011410047	杨晴	女	工程硕士专业学位	1001632016010029
36	1243011410051	戴景祥	男	工程硕士专业学位	1001632016010030
37	1243011410052	马悦	男	工程硕士专业学位	1001632016010031

学科/领域：项目管理

序号	学号	姓名	性别	学位类别	学位证书编号
1	1208523912095	郗向光	男	工程硕士专业学位	1001632016010013
2	1243014011008	付征	男	工程硕士专业学位	1001632016010044
3	1243014011028	任欢	男	工程硕士专业学位	1001632016010045
4	1243014010007	周琪琳	女	工程硕士专业学位	1001632016010042
5	1243014010009	李艳红	女	工程硕士专业学位	1001632016010043

学科/领域：环境工程

序号	学号	姓名	性别	学位类别	学位证书编号
1	1208522912122	王绕	男	工程硕士专业学位	1001632016010012

学科/领域：工商管理硕士

序号	学号	姓名	性别	学位类别	学位证书编号
1	1112510012018	岳晓英	女	工商管理硕士专业学位	1001632016010002
2	1112510013009	银鑫	女	工商管理硕士专业学位	1001632016010003

北 京 建 筑 大 学

2016届夏季（2015/2016学年第2学期）授予毕业研究生硕士学位名单

专业：设计学

序号	学号	姓名	性别	学位类别	学位证书编号
1	1113050013001	潘颖	女	艺术学硕士学位	1001632016000154
2	1113050013002	肖梦薇	女	艺术学硕士学位	1001632016000155
3	1113050013003	常志宇	男	艺术学硕士学位	1001632016000156
4	1113050013004	王石路	男	艺术学硕士学位	1001632016000157
5	1113050013005	任军	男	艺术学硕士学位	1001632016000158
6	1113050013006	宋文婷	女	艺术学硕士学位	1001632016000159
7	1113050013007	王飞	男	艺术学硕士学位	1001632016000160
8	1113050013008	成慧祯	女	艺术学硕士学位	1001632016000161
9	1113050013009	曹青	男	艺术学硕士学位	1001632016000162
10	1113050013010	田云	男	艺术学硕士学位	1001632016000163
11	1113050013011	李静怡	女	艺术学硕士学位	1001632016000164
12	1113050013012	赵巍	女	艺术学硕士学位	1001632016000165
13	1113050013013	刘博芳	女	艺术学硕士学位	1001632016000166
14	1113050013014	李骜	男	艺术学硕士学位	1001632016000167
15	1113050013015	王一森	女	艺术学硕士学位	1001632016000168
16	1113050013016	王宏侠	女	艺术学硕士学位	1001632016000169
17	1113050013018	赵超	男	艺术学硕士学位	1001632016000170
18	1113050013019	张昕	女	艺术学硕士学位	1001632016000171
19	1113050013020	李璐	女	艺术学硕士学位	1001632016000172
20	1113050013021	谭婧	女	艺术学硕士学位	1001632016000173

专业：应用数学

序号	学号	姓名	性别	学位类别	学位证书编号
1	1107010413001	陈建杰	男	理学硕士学位	1001632016000002
2	1107010413002	张克	男	理学硕士学位	1001632016000003
3	1107010413003	张震	男	理学硕士学位	1001632016000004
4	1107010413005	戚英	女	理学硕士学位	1001632016000005

专业：运筹学与控制论

序号	学号	姓名	性别	学位类别	学位证书编号
1	1107010513001	赵意	男	理学硕士学位	1001632016000006
2	1107010513002	汤梦洁	女	理学硕士学位	1001632016000007

专业：环境科学

序号	学号	姓名	性别	学位类别	学位证书编号
1	1107760113001	冯雷雨	男	理学硕士学位	1001632016000008
2	1107760113002	王海波	女	理学硕士学位	1001632016000009
3	1107760113003	田欢	男	理学硕士学位	1001632016000010
4	1107760113004	岳娇	女	理学硕士学位	1001632016000011
5	1107760113005	孙志岩	女	理学硕士学位	1001632016000012

专业：环境工程

序号	学号	姓名	性别	学位类别	学位证书编号
1	1107760213001	赵晨	男	理学硕士学位	1001632016000013
2	1107760213002	刘蕊	女	理学硕士学位	1001632016000014
3	1107760213003	高参	男	理学硕士学位	1001632016000015
4	1107760213004	于迪	女	理学硕士学位	1001632016000016
5	1107760213005	李昆	男	理学硕士学位	1001632016000017
6	1107760213006	崔宇	女	理学硕士学位	1001632016000018
7	1107760213007	夏雪峰	女	理学硕士学位	1001632016000019
8	1107760213008	李秉辉	男	理学硕士学位	1001632016000020
9	1107760213009	张鹛	男	理学硕士学位	1001632016000021
10	1107760213010	桑斌	男	理学硕士学位	1001632016000022
11	1107760213011	张艳秋	女	理学硕士学位	1001632016000023
12	1107760213012	张萍萍	女	理学硕士学位	1001632016000024
13	1107760213015	周晓	男	理学硕士学位	1001632016000026
14	1107760213016	葛裕坤	男	理学硕士学位	1001632016000027
15	1107760213017	张永欣	女	理学硕士学位	1001632016000028
16	1107760213018	翟丹丹	女	理学硕士学位	1001632016000029

专业：控制理论与控制工程

序号	学号	姓名	性别	学位类别	学位证书编号
1	1108110113001	史梦思	女	工学硕士学位	1001632016000030
2	1108110113002	杨超	男	工学硕士学位	1001632016000031
3	1108110113003	高雪	女	工学硕士学位	1001632016000032
4	1108110113004	王同旭	男	工学硕士学位	1001632016000033
5	1108110113005	邓强	男	工学硕士学位	1001632016000034
6	1108110113006	石艳彩	女	工学硕士学位	1001632016000035
7	1108110113007	林天扬	男	工学硕士学位	1001632016000036
8	1108110113008	赵雪	女	工学硕士学位	1001632016000037

专业：检测技术与自动化装置

序号	学号	姓名	性别	学位类别	学位证书编号
1	1108110213001	王磊	男	工学硕士学位	1001632016000038
2	1108110213002	吴建洋	女	工学硕士学位	1001632016000039

专业：模式识别与智能系统

序号	学号	姓名	性别	学位类别	学位证书编号
1	1108110413001	崔成	男	工学硕士学位	1001632016000040
2	1108110413002	陈芳文	男	工学硕士学位	1001632016000041

专业：岩土工程

序号	学号	姓名	性别	学位类别	学位证书编号
1	1108140113001	魏小琨	男	工学硕士学位	1001632016000042
2	1108140113002	陈昊祥	男	工学硕士学位	1001632016000043
3	1108140113003	刘天添	男	工学硕士学位	1001632016000044
4	1108140213012	刘畅	男	工学硕士学位	1001632016000056

专业：结构工程

序号	学号	姓名	性别	学位类别	学位证书编号
1	1108140213001	申双俊	男	工学硕士学位	1001632016000045
2	1108140213002	赵文占	男	工学硕士学位	1001632016000046
3	1108140213003	杨雪婷	女	工学硕士学位	1001632016000047
4	1108140213004	陈帅	男	工学硕士学位	1001632016000048
5	1108140213005	许允志	男	工学硕士学位	1001632016000049
6	1108140213006	杨欣美	女	工学硕士学位	1001632016000050
7	1108140213007	丁鲁波	男	工学硕士学位	1001632016000051
8	1108140213008	刘建英	女	工学硕士学位	1001632016000052
9	1108140213009	赵思儒	女	工学硕士学位	1001632016000053
10	1108140213010	李淼	女	工学硕士学位	1001632016000054
11	1108140213011	陈媛媛	女	工学硕士学位	1001632016000055
12	1108140213013	张世骥	男	工学硕士学位	1001632016000057
13	1108140213014	聂攀	男	工学硕士学位	1001632016000058

专业：市政工程

序号	学号	姓名	性别	学位类别	学位证书编号
1	1108140313001	何俊超	男	工学硕士学位	1001632016000059
2	1108140313002	彭力	男	工学硕士学位	1001632016000060
3	1108140313003	姚凌峰	男	工学硕士学位	1001632016000061
4	1108140313004	金铭	男	工学硕士学位	1001632016000062
5	1108140313005	赵振东	男	工学硕士学位	1001632016000063

续表

序号	学号	姓名	性别	学位类别	学位证书编号
6	1108140313006	陈丽霞	女	工学硕士学位	1001632016000064
7	1108140313007	魏静	女	工学硕士学位	1001632016000065
8	1108140313008	吕小凡	女	工学硕士学位	1001632016000066
9	1108140313010	司帅	男	工学硕士学位	1001632016000068
10	1108140313011	盛迎雪	女	工学硕士学位	1001632016000069
11	1108140313012	程慧芹	女	工学硕士学位	1001632016000070

专业：供热、供燃气、通风及空调工程

序号	学号	姓名	性别	学位类别	学位证书编号
1	1108140413001	李敬	女	工学硕士学位	1001632016000071
2	1108140413002	石书强	男	工学硕士学位	1001632016000072
3	1108140413003	吴佳蕾	女	工学硕士学位	1001632016000073
4	1108140413004	张思健	男	工学硕士学位	1001632016000074
5	1108140413005	关银俊	女	工学硕士学位	1001632016000075
6	1108140413006	王玉欢	女	工学硕士学位	1001632016000076
7	1108140413007	张永清	男	工学硕士学位	1001632016000077
8	1108140413008	赵立春	男	工学硕士学位	1001632016000078
9	1108140413009	张一灏	男	工学硕士学位	1001632016000079
10	1108140413010	王君可	男	工学硕士学位	1001632016000080
11	1108140413011	陈文军	男	工学硕士学位	1001632016000081
12	1108140413012	马丽	女	工学硕士学位	1001632016000082
13	1108140413013	康凤立	女	工学硕士学位	1001632016000083
14	1108140413014	王立娟	女	工学硕士学位	1001632016000084
15	1108140413015	史建峰	男	工学硕士学位	1001632016000085
16	1108140413016	丁思源	男	工学硕士学位	1001632016000086
17	1108140413017	吴欣雨	女	工学硕士学位	1001632016000087
18	1108140413018	姚旭辉	男	工学硕士学位	1001632016000088
19	1108140413019	刘晓睿	女	工学硕士学位	1001632016000089

专业：防灾减灾工程及防护工程

序号	学号	姓名	性别	学位类别	学位证书编号
1	1108140513001	孙一林	男	工学硕士学位	1001632016000090
2	1108140513002	唐博琛	男	工学硕士学位	1001632016000091

专业：桥梁与隧道工程

序号	学号	姓名	性别	学位类别	学位证书编号
1	1108140613001	徐将	男	工学硕士学位	1001632016000092
2	1108140613002	刘陆宇	男	工学硕士学位	1001632016000093
3	1108140613003	武庆祥	男	工学硕士学位	1001632016000094
4	1108140613004	张佳睿	女	工学硕士学位	1001632016000095

专业：大地测量学与测量工程

序号	学号	姓名	性别	学位类别	学位证书编号
1	1108160113001	于广涛	男	工学硕士学位	1001632016000096
2	1108160113002	邓南山	男	工学硕士学位	1001632016000097
3	1108160113003	刘淼	男	工学硕士学位	1001632016000098
4	1108160113004	高威	男	工学硕士学位	1001632016000099

专业：摄影测量与遥感

序号	学号	姓名	性别	学位类别	学位证书编号
1	1108160213001	冉俊勇	男	工学硕士学位	1001632016000100
2	1108160213002	王昭娜	女	工学硕士学位	1001632016000101
3	1108160213003	张岩岩	女	工学硕士学位	1001632016000102

专业：地图制图学与地理信息工程

序号	学号	姓名	性别	学位类别	学位证书编号
1	1108160313001	张睿卓	男	工学硕士学位	1001632016000103
2	1108160313002	张勇	男	工学硕士学位	1001632016000104
3	1108160313003	王帅帅	男	工学硕士学位	1001632016000105
4	1108160313004	艾丛	女	工学硕士学位	1001632016000106
5	1108160313005	孙永尚	男	工学硕士学位	1001632016000107

专业：道路与铁道工程

序号	学号	姓名	性别	学位类别	学位证书编号
1	1108230113001	靳明洋	男	工学硕士学位	1001632016000108
2	1108230113002	文博	男	工学硕士学位	1001632016000109
3	1108230113003	苑广友	男	工学硕士学位	1001632016000110
4	1108230113004	汪京	男	工学硕士学位	1001632016000111

专业：交通运输规划与管理

序号	学号	姓名	性别	学位类别	学位证书编号
1	1108230313001	刘美琪	女	工学硕士学位	1001632016000112
2	1108230313002	马皓	男	工学硕士学位	1001632016000113
3	1108230313003	李鑫	女	工学硕士学位	1001632016000114
4	1108230313004	高丽燃	女	工学硕士学位	1001632016000115
5	1108230313005	孙拓	男	工学硕士学位	1001632016000116

专业：载运工具运用工程

序号	学号	姓名	性别	学位类别	学位证书编号
1	1108230413001	张骞	男	工学硕士学位	1001632016000117
2	1108230413002	石焱	男	工学硕士学位	1001632016000118
3	1108230413003	马瑞	男	工学硕士学位	1001632016000119
4	1108230413004	赵春青	女	工学硕士学位	1001632016000120

专业：城乡规划学

序号	学号	姓名	性别	学位类别	学位证书编号
1	1108330013001	孙瑞	女	工学硕士学位	1001632016000121
2	1108330013002	高树勋	男	工学硕士学位	1001632016000122
3	1108330013003	钱佳	女	工学硕士学位	1001632016000123
4	1108330013004	叶恺妮	女	工学硕士学位	1001632016000124
5	1108330013005	潘广栋	男	工学硕士学位	1001632016000125
6	1108330013006	张兴辉	男	工学硕士学位	1001632016000126
7	1108330013007	宁英	女	工学硕士学位	1001632016000127
8	1108330013008	吴建民	男	工学硕士学位	1001632016000128
9	1108330013010	李迪希	男	工学硕士学位	1001632016000129
10	1108330013011	张菲斐	女	工学硕士学位	1001632016000130
11	1108330013012	王哲	男	工学硕士学位	1001632016000131
12	1108330013013	张瑶媛	女	工学硕士学位	1001632016000132
13	1108330013014	贾宁	男	工学硕士学位	1001632016000133
14	1108330013015	李清玉	女	工学硕士学位	1001632016000134
15	1108330013016	姚心淇	女	工学硕士学位	1001632016000135
16	1108330013017	刘冰玉	女	工学硕士学位	1001632016000136
17	1108330013018	许言	女	工学硕士学位	1001632016000137

专业：风景园林学

序号	学号	姓名	性别	学位类别	学位证书编号
1	1108340013001	邱凡	女	工学硕士学位	1001632016000138
2	1108340013002	刘燕	女	工学硕士学位	1001632016000139
3	1108340013003	沈冰茹	女	工学硕士学位	1001632016000140
4	1108340013004	张力维	女	工学硕士学位	1001632016000141
5	1108340013005	郝旭一	女	工学硕士学位	1001632016000142
6	1108340013006	赵大颖	女	工学硕士学位	1001632016000143
7	1108340013007	祖广伟	男	工学硕士学位	1001632016000144
8	1108340013008	刘力源	男	工学硕士学位	1001632016000145
9	1108340013009	王夫帅	男	工学硕士学位	1001632016000146

专业：管理科学与工程

序号	学号	姓名	性别	学位类别	学位证书编号
1	1112010013001	邰朋辛	女	管理学硕士学位	1001632016000147
2	1112010013002	李兴密	女	管理学硕士学位	1001632016000148
3	1112010013003	张智芊	男	管理学硕士学位	1001632016000149
4	1112010013004	毛林超	男	管理学硕士学位	1001632016000150

专业：企业管理

序号	学号	姓名	性别	学位类别	学位证书编号
1	1112020213001	刘婷	女	管理学硕士学位	1001632016000151
2	1112020213002	秦志伟	男	管理学硕士学位	1001632016000152

专业：技术经济及管理

序号	学号	姓名	性别	学位类别	学位证书编号
1	1112020413001	董娟	女	管理学硕士学位	1001632016000153

专业：建筑学

序号	学号	姓名	性别	学位类别	学位证书编号
1	1108130012019	张迪	男	建筑学硕士专业学位	1001632016010046
2	1108130113001	方子琪	女	建筑学硕士专业学位	1001632016010047
3	1108130113002	兰石	男	建筑学硕士专业学位	1001632016010048
4	1108130113003	聂金品	男	建筑学硕士专业学位	1001632016010049
5	1108130113005	王谦	女	建筑学硕士专业学位	1001632016010050
6	1108130213001	杜京伦	男	建筑学硕士专业学位	1001632016010051
7	1108130213002	张晓征	男	建筑学硕士专业学位	1001632016010052
8	1108130213004	单超	女	建筑学硕士专业学位	1001632016010053
9	1108130213005	王晓诚	男	建筑学硕士专业学位	1001632016010054
10	1108130213007	刘庆宇	男	建筑学硕士专业学位	1001632016010055
11	1108130213008	李嘉文	男	建筑学硕士专业学位	1001632016010056
12	1108130213009	邢晓萌	女	建筑学硕士专业学位	1001632016010057
13	1108130213010	于英龙	男	建筑学硕士专业学位	1001632016010058
14	1108130213011	甘振坤	男	建筑学硕士专业学位	1001632016010059
15	1108130213013	丁艺	女	建筑学硕士专业学位	1001632016010060
16	1108130213014	宋尧	男	建筑学硕士专业学位	1001632016010061
17	1108130213015	张振伟	男	建筑学硕士专业学位	1001632016010062
18	1108130313001	陈佳超	男	建筑学硕士专业学位	1001632016010063
19	1108130313002	李茜	女	建筑学硕士专业学位	1001632016010064
20	1108130313003	张涛	男	建筑学硕士专业学位	1001632016010065
21	1108130313004	杨婧一	女	建筑学硕士专业学位	1001632016010066

续表

序号	学号	姓名	性别	学位类别	学位证书编号
22	1108510013001	方雪	女	建筑学硕士专业学位	1001632016010067
23	1108510013002	孙天轶	女	建筑学硕士专业学位	1001632016010068
24	1108510013003	王惟义	男	建筑学硕士专业学位	1001632016010069
25	1108510013004	岳屹岩	女	建筑学硕士专业学位	1001632016010070
26	1108510013005	袁颖	女	建筑学硕士专业学位	1001632016010071
27	1108510013006	亓琳	女	建筑学硕士专业学位	1001632016010072
28	1108510013007	王倩	女	建筑学硕士专业学位	1001632016010073
29	1108510013008	崔占杰	男	建筑学硕士专业学位	1001632016010074
30	1108510013009	赵文阳	女	建筑学硕士专业学位	1001632016010075
31	1108510013010	付皙婷	女	建筑学硕士专业学位	1001632016010076
32	1108510013011	郑悦	女	建筑学硕士专业学位	1001632016010077
33	1108510013012	聂鑫	女	建筑学硕士专业学位	1001632016010078
34	1108510013013	罗浩	男	建筑学硕士专业学位	1001632016010079
35	1108510013014	张琨	男	建筑学硕士专业学位	1001632016010080
36	1108510013016	霍晓涛	男	建筑学硕士专业学位	1001632016010081
37	1108510013017	王超益	男	建筑学硕士专业学位	1001632016010082
38	1108510013018	王英春	女	建筑学硕士专业学位	1001632016010083
39	1108510013019	杨皞	男	建筑学硕士专业学位	1001632016010084
40	1108510013020	张静怡	女	建筑学硕士专业学位	1001632016010085
41	1108510013021	缑小涛	男	建筑学硕士专业学位	1001632016010086
42	1108510013022	谢凯旋	男	建筑学硕士专业学位	1001632016010087
43	1108510013023	卢植	男	建筑学硕士专业学位	1001632016010088
44	1108510013024	赵军帅	男	建筑学硕士专业学位	1001632016010089
45	1108510013025	张向洋	男	建筑学硕士专业学位	1001632016010090
46	1108510013026	黄凯	男	建筑学硕士专业学位	1001632016010091
47	1108510013027	商文	男	建筑学硕士专业学位	1001632016010092
48	1108510013028	李易	男	建筑学硕士专业学位	1001632016010093
49	1108510013029	陈敏华	男	建筑学硕士专业学位	1001632016010094
50	1108510013030	姜兰	女	建筑学硕士专业学位	1001632016010095
51	1108510013031	刘阳	男	建筑学硕士专业学位	1001632016010096
52	1108510013032	王一同	男	建筑学硕士专业学位	1001632016010097
53	1108510013033	李爽悦	女	建筑学硕士专业学位	1001632016010098
54	1108510013034	徐松月	男	建筑学硕士专业学位	1001632016010099
55	1108510013035	文茜茜	女	建筑学硕士专业学位	1001632016010100
56	1108510013036	郭祉坚	男	建筑学硕士专业学位	1001632016010101
57	1108510013037	张传信	男	建筑学硕士专业学位	1001632016010102

续表

序号	学号	姓名	性别	学位类别	学位证书编号
58	1108510013038	刘璟	男	建筑学硕士专业学位	1001632016010103
59	1108510013039	冯楷	男	建筑学硕士专业学位	1001632016010104
60	1108510013040	程睿潇	女	建筑学硕士专业学位	1001632016010105
61	1108510013041	李雯	女	建筑学硕士专业学位	1001632016010106
62	1108510013042	王泓珺	女	建筑学硕士专业学位	1001632016010107
63	1108510013043	鲁超峰	男	建筑学硕士专业学位	1001632016010108
64	1108510013044	孙海滨	男	建筑学硕士专业学位	1001632016010109
65	1108510013045	徐同立	男	建筑学硕士专业学位	1001632016010110
66	1108510013046	肖涌锋	男	建筑学硕士专业学位	1001632016010111
67	1108510013047	臧奥奇	女	建筑学硕士专业学位	1001632016010112

专业：建筑与土木工程

序号	学号	姓名	性别	学位类别	学位证书编号
1	1108521313001	王蓓	女	工程硕士专业学位	1001632016010115
2	1108521313002	武慧敏	女	工程硕士专业学位	1001632016010116
3	1108521313003	李思雨	女	工程硕士专业学位	1001632016010117
4	1108521313004	肖伟	男	工程硕士专业学位	1001632016010118
5	1108521313005	董汇标	男	工程硕士专业学位	1001632016010119
6	1108521313006	翁伟	男	工程硕士专业学位	1001632016010120
7	1108521313007	贾龙飞	男	工程硕士专业学位	1001632016010121
8	1108521313008	吴玉勤	女	工程硕士专业学位	1001632016010122
9	1108521313009	舒睿	男	工程硕士专业学位	1001632016010123
10	1108521313011	李广辉	男	工程硕士专业学位	1001632016010124
11	1108521313012	李鹏飞	男	工程硕士专业学位	1001632016010125
12	1108521313013	苗小燕	女	工程硕士专业学位	1001632016010126
13	1108521313014	宋启明	男	工程硕士专业学位	1001632016010127
14	1108521313015	徐晟宇	男	工程硕士专业学位	1001632016010128
15	1108521313016	王翠颖	女	工程硕士专业学位	1001632016010129
16	1108521313017	郭强	男	工程硕士专业学位	1001632016010130
17	1108521313018	李进波	男	工程硕士专业学位	1001632016010131
18	1108521313019	唐延伟	男	工程硕士专业学位	1001632016010132
19	1108521313020	李佳睿	女	工程硕士专业学位	1001632016010133
20	1108521313021	刘梅	女	工程硕士专业学位	1001632016010134
21	1108521313022	罗晓东	男	工程硕士专业学位	1001632016010135
22	1108521313023	丁俊强	男	工程硕士专业学位	1001632016010136
23	1108521313024	杨谨瑞	男	工程硕士专业学位	1001632016010137

续表

序号	学号	姓名	性别	学位类别	学位证书编号
24	1108521313025	杨松	男	工程硕士专业学位	1001632016010138
25	1108521313026	张衡	男	工程硕士专业学位	1001632016010139
26	1108521313028	尤田	男	工程硕士专业学位	1001632016010140
27	1108521313029	王剑烨	男	工程硕士专业学位	1001632016010141
28	1108521313030	邓素芬	女	工程硕士专业学位	1001632016010142
29	1108521313031	刘云博	男	工程硕士专业学位	1001632016010143
30	1108521313032	陈博珊	男	工程硕士专业学位	1001632016010144
31	1108521313033	周丹	女	工程硕士专业学位	1001632016010145
32	1108521313034	杜晨旭	男	工程硕士专业学位	1001632016010146
33	1108521313035	常卫平	男	工程硕士专业学位	1001632016010147
34	1108521313036	史聪	男	工程硕士专业学位	1001632016010148
35	1108521313037	张荣强	男	工程硕士专业学位	1001632016010149
36	1108521313038	董诗远	男	工程硕士专业学位	1001632016010150
37	1108521313039	曹许	男	工程硕士专业学位	1001632016010151
38	1108521313040	吴昆仑	男	工程硕士专业学位	1001632016010152
39	1108521313041	杨陶源	男	工程硕士专业学位	1001632016010153
40	1108521313042	张博	女	工程硕士专业学位	1001632016010154
41	1108521313043	罗楚雄	男	工程硕士专业学位	1001632016010155
42	1108521313044	郑妙婷	女	工程硕士专业学位	1001632016010156
43	1108521313045	田川	男	工程硕士专业学位	1001632016010157
44	1108521313046	荀桂富	男	工程硕士专业学位	1001632016010158
45	1108521313047	陈晨	女	工程硕士专业学位	1001632016010159
46	1108521313048	黄振邦	男	工程硕士专业学位	1001632016010160
47	1108521313049	满琦	男	工程硕士专业学位	1001632016010161
48	1108521313050	翟翼翀	男	工程硕士专业学位	1001632016010162
49	1108521313051	刘萌	女	工程硕士专业学位	1001632016010163
50	1108521313052	刘伯伟	男	工程硕士专业学位	1001632016010164
51	1108521313053	张方财	男	工程硕士专业学位	1001632016010165
52	1108521313054	李雪	女	工程硕士专业学位	1001632016010166
53	1108521313055	郭丹	女	工程硕士专业学位	1001632016010167
54	1108521313056	刘亚申	男	工程硕士专业学位	1001632016010168
55	1108521313058	贺建涛	男	工程硕士专业学位	1001632016010169
56	1108521313060	李冉	女	工程硕士专业学位	1001632016010171
57	1108521313061	王卫国	男	工程硕士专业学位	1001632016010172
58	1108521313062	见爽	女	工程硕士专业学位	1001632016010173
59	1108521313063	蔡骥驰	男	工程硕士专业学位	1001632016010174

续表

序号	学号	姓名	性别	学位类别	学位证书编号
60	1108521313064	刘舒佳	女	工程硕士专业学位	1001632016010175
61	1108521313065	刘璇	女	工程硕士专业学位	1001632016010176
62	1108521313066	张秋月	女	工程硕士专业学位	1001632016010177
63	1108521313067	郭扬	男	工程硕士专业学位	1001632016010178
64	1108521313068	房凯	男	工程硕士专业学位	1001632016010179
65	1108521313069	李梦媛	女	工程硕士专业学位	1001632016010180
66	1108521313070	贺万玉	女	工程硕士专业学位	1001632016010181
67	1108521313071	张睿航	女	工程硕士专业学位	1001632016010182
68	1108521313072	王鹏飞	男	工程硕士专业学位	1001632016010183
69	1108521313073	曹明凯	男	工程硕士专业学位	1001632016010184
70	1108521313074	魏晨晨	女	工程硕士专业学位	1001632016010185
71	1108521313075	曹凯琳	女	工程硕士专业学位	1001632016010186
72	1108521313077	丁翰婉	女	工程硕士专业学位	1001632016010187
73	1108521313078	程博	男	工程硕士专业学位	1001632016010188
74	1108521313079	王紫叶	女	工程硕士专业学位	1001632016010189
75	1108521313080	陈希琳	女	工程硕士专业学位	1001632016010190
76	1108521313081	王东勋	女	工程硕士专业学位	1001632016010191
77	1108521313082	田海龙	男	工程硕士专业学位	1001632016010192
78	1108521313083	田康达	女	工程硕士专业学位	1001632016010193
79	1108521313084	王晓彤	女	工程硕士专业学位	1001632016010194
80	1108521313085	陈世杰	男	工程硕士专业学位	1001632016010195
81	1108521313086	付龙	男	工程硕士专业学位	1001632016010196
82	1108521313087	张行	男	工程硕士专业学位	1001632016010197
83	1108521313088	孙瑶	女	工程硕士专业学位	1001632016010198
84	1108521313089	蒋竹荷	女	工程硕士专业学位	1001632016010199
85	1108521313090	贾九敏	女	工程硕士专业学位	1001632016010200
86	1108521313091	王会芳	女	工程硕士专业学位	1001632016010201
87	1108521313092	郭金鹏	男	工程硕士专业学位	1001632016010202
88	1108521313093	段崇文	男	工程硕士专业学位	1001632016010203
89	1108521313094	朱继宏	男	工程硕士专业学位	1001632016010204
90	1108521313095	任臻	女	工程硕士专业学位	1001632016010205
91	1108521313096	张欣蕊	女	工程硕士专业学位	1001632016010206
92	1108521313097	王雪明	女	工程硕士专业学位	1001632016010207
93	1108521313098	谢寒	女	工程硕士专业学位	1001632016010208
94	1108521313099	乔晓峰	男	工程硕士专业学位	1001632016010209
95	1108521313100	宋健	男	工程硕士专业学位	1001632016010210

续表

序号	学号	姓名	性别	学位类别	学位证书编号
96	1108521313101	李恒松	男	工程硕士专业学位	1001632016010211
97	1108521313102	刘强	男	工程硕士专业学位	1001632016010212
98	1108521313103	赵帅兵	男	工程硕士专业学位	1001632016010213
99	1108521313104	彭月月	女	工程硕士专业学位	1001632016010214
100	1108521313105	陈帅	男	工程硕士专业学位	1001632016010215
101	1108521313106	胡亚伟	男	工程硕士专业学位	1001632016010216
102	1108521313107	张培	女	工程硕士专业学位	1001632016010217
103	1108521313108	李翠梅	女	工程硕士专业学位	1001632016010218
104	1108521313109	张晨曦	男	工程硕士专业学位	1001632016010219
105	1108521313110	梁潇月	女	工程硕士专业学位	1001632016010220
106	1108521313111	王冰杨	男	工程硕士专业学位	1001632016010221
107	1108521313112	王东	男	工程硕士专业学位	1001632016010222
108	1108521313113	胡朝文	男	工程硕士专业学位	1001632016010223
109	1108521313114	韩浩学	男	工程硕士专业学位	1001632016010224
110	1108521313115	钟滨	男	工程硕士专业学位	1001632016010225
111	1108521313116	刘牛	男	工程硕士专业学位	1001632016010226
112	1108521313117	邓亚	男	工程硕士专业学位	1001632016010227
113	1108521313118	宋嫱嫱	女	工程硕士专业学位	1001632016010228
114	2208521313021	李秀珺	女	工程硕士专业学位	1001632016010315
115	2208521313023	王胜男	女	工程硕士专业学位	1001632016010316
116	2208521313031	高伟	男	工程硕士专业学位	1001632016010317
117	2208521313042	赵欣	女	工程硕士专业学位	1001632016010318
118	2208521313043	赵欣	男	工程硕士专业学位	1001632016010319
119	2208521313048	蔡硕果	男	工程硕士专业学位	1001632016010320
120	2208521313049	段文志	男	工程硕士专业学位	1001632016010321
121	2208521313100	吴力伟	男	工程硕士专业学位	1001632016010322
122	2208521313109	蒋观平	男	工程硕士专业学位	1001632016010323
123	1108521312013	姚博强	男	工程硕士专业学位	1001632016010113
124	1108521312048	林育贤	男	工程硕士专业学位	1001632016010114
125	1208521312020	戴云飞	男	工程硕士专业学位	1001632016010272
126	1208521312039	韩箫	女	工程硕士专业学位	1001632016010273
127	1208521312052	贾世泽	男	工程硕士专业学位	1001632016010274
128	1208521312076	刘鹏	女	工程硕士专业学位	1001632016010275
129	1208521312079	刘晓云	女	工程硕士专业学位	1001632016010276
130	1208521312083	刘尧	男	工程硕士专业学位	1001632016010277
131	1208521312099	任静	女	工程硕士专业学位	1001632016010278

续表

序号	学号	姓名	性别	学位类别	学位证书编号
132	1208521312129	隗地	男	工程硕士专业学位	1001632016010279
133	1208521312139	许威	男	工程硕士专业学位	1001632016010280
134	1208521312140	许威	男	工程硕士专业学位	1001632016010281
135	1243011411007	宋天宇	男	工程硕士专业学位	1001632016010296
136	1243011411033	蒋庆	男	工程硕士专业学位	1001632016010297
137	1243011411039	李爽	男	工程硕士专业学位	1001632016010298
138	1243011411042	刘静	女	工程硕士专业学位	1001632016010299
139	1243011411050	钱争晖	男	工程硕士专业学位	1001632016010300
140	1243011411054	田明明	男	工程硕士专业学位	1001632016010301
141	1243011411063	吴波	男	工程硕士专业学位	1001632016010303
142	1243011411091	匙亚	女	工程硕士专业学位	1001632016010304
143	1243011411097	丁磊	男	工程硕士专业学位	1001632016010305
144	1243011411104	张治国	男	工程硕士专业学位	1001632016010306

专业：测绘工程

序号	学号	姓名	性别	学位类别	学位证书编号
1	1108521513001	郑少开	男	工程硕士专业学位	1001632016010229
2	1108521513002	高泽辉	男	工程硕士专业学位	1001632016010230
3	1108521513003	朱谊林	男	工程硕士专业学位	1001632016010231
4	1108521513004	段颖超	女	工程硕士专业学位	1001632016010232
5	1108521513005	孙晨龙	男	工程硕士专业学位	1001632016010233
6	1108521513006	位再成	男	工程硕士专业学位	1001632016010234
7	1108521513007	魏冠楠	男	工程硕士专业学位	1001632016010235
8	1108521513008	张冬梅	女	工程硕士专业学位	1001632016010236
9	1108521513009	秦强	男	工程硕士专业学位	1001632016010237
10	1108521513010	邢晓达	男	工程硕士专业学位	1001632016010238
11	1108521513011	杨芳	男	工程硕士专业学位	1001632016010239
12	1108521513012	温源	女	工程硕士专业学位	1001632016010240
13	1108521513013	侯莉莉	女	工程硕士专业学位	1001632016010241
14	1108521513014	戴培培	女	工程硕士专业学位	1001632016010242
15	1108521513015	王月琴	女	工程硕士专业学位	1001632016010243
16	1108521513016	李晶	男	工程硕士专业学位	1001632016010244
17	1108521513017	张春星	男	工程硕士专业学位	1001632016010245
18	1108521513018	常坤	男	工程硕士专业学位	1001632016010246
19	1108521513019	杜萌	男	工程硕士专业学位	1001632016010247
20	1108521513020	胡海燕	女	工程硕士专业学位	1001632016010248

专业：环境工程

序号	学号	姓名	性别	学位类别	学位证书编号
1	1108522913001	张毅	男	工程硕士专业学位	1001632016010249
2	1108522913002	梁晓莹	女	工程硕士专业学位	1001632016010250
3	1108522913003	刘恋	女	工程硕士专业学位	1001632016010251
4	1108522913004	王明宇	男	工程硕士专业学位	1001632016010252

专业：工业工程

序号	学号	姓名	性别	学位类别	学位证书编号
1	1108523613002	刘博乐	男	工程硕士专业学位	1001632016010253
2	1108523613003	王辉	男	工程硕士专业学位	1001632016010254
3	1108523613004	崔荣臻	男	工程硕士专业学位	1001632016010255
4	1108523613005	邵舒羽	男	工程硕士专业学位	1001632016010256
5	1108523613006	武泽艳	男	工程硕士专业学位	1001632016010257
6	1108523613007	王建治	男	工程硕士专业学位	1001632016010258

专业：物流工程

序号	学号	姓名	性别	学位类别	学位证书编号
1	1108524013001	崔楠	女	工程硕士专业学位	1001632016010259
2	1108524013002	李伟勤	女	工程硕士专业学位	1001632016010260
3	1108524013003	许鹏	男	工程硕士专业学位	1001632016010261
4	1108524013004	张培东	男	工程硕士专业学位	1001632016010262
5	1108524013005	高令华	女	工程硕士专业学位	1001632016010263
6	1108524013006	王贺玺	男	工程硕士专业学位	1001632016010264
7	1108524013007	曹钟	男	工程硕士专业学位	1001632016010265
8	1108524013008	卢立斌	男	工程硕士专业学位	1001632016010266
9	1108524013010	任丽娜	女	工程硕士专业学位	1001632016010267

专业：项目管理

序号	学号	姓名	性别	学位类别	学位证书编号
1	2208523913026	吴国辉	男	工程硕士专业学位	1001632016010324
2	1208523912011	曹世宁	男	工程硕士专业学位	1001632016010282
3	1208523912016	陈颖	女	工程硕士专业学位	1001632016010283
4	1208523912034	高军	男	工程硕士专业学位	1001632016010284
5	1208523912050	蒋天飞	女	工程硕士专业学位	1001632016010285
6	1208523912054	郎晨子	女	工程硕士专业学位	1001632016010286
7	1208523912074	刘满平	男	工程硕士专业学位	1001632016010287
8	1208523912080	刘旭	男	工程硕士专业学位	1001632016010288
9	1208523912082	刘艳	女	工程硕士专业学位	1001632016010289

续表

序号	学号	姓名	性别	学位类别	学位证书编号
10	1208523912086	李晓飞	男	工程硕士专业学位	1001632016010290
11	1208523912123	王瑞	男	工程硕士专业学位	1001632016010291
12	1208523912131	吴跃升	男	工程硕士专业学位	1001632016010292
13	1208523912145	闫慧云	女	工程硕士专业学位	1001632016010293
14	1208523912162	郑艳鹏	男	工程硕士专业学位	1001632016010294
15	1243014011009	郭敏微	女	工程硕士专业学位	1001632016010309
16	1243014011024	罗川	男	工程硕士专业学位	1001632016010310
17	1243014011035	王涛	男	工程硕士专业学位	1001632016010311
18	1243014011037	王莹英	女	工程硕士专业学位	1001632016010312
19	1243014011044	杨柳	男	工程硕士专业学位	1001632016010313
20	1243014011048	张亮	男	工程硕士专业学位	1001632016010314
21	1243014010005	王佳琦	女	工程硕士专业学位	1001632016010308

专业：工商管理硕士

序号	学号	姓名	性别	学位类别	学位证书编号
1	1112510013012	李颖	女	工商管理硕士专业学位	1001632016010269
2	1112510013019	杨爱华	女	工商管理硕士专业学位	1001632016010270
3	1112510013020	牟雨	女	工商管理硕士专业学位	1001632016010271
4	1112510012005	刘卫星	男	工商管理硕士专业学位	1001632016010268

北 京 建 筑 大 学
2016/2017学年第一学期（2016年12月）授予毕业研究生硕士学位名单

专业：建筑学

序号	学号	姓名	性别	学位类别	学位证书编号
1	1108130113004	朱涵瑞	女	建筑学硕士专业学位	1001632016010325

专业：建筑与土木工程

序号	学号	姓名	性别	学位类别	学位证书编号
1	1208521312004	阿衣别克·那斯如拉	男	工程硕士专业学位	1001632016010328
2	1208521312005	边正东	男	工程硕士专业学位	1001632016010329
3	1208521312109	谭昕	女	工程硕士专业学位	1001632016010334
4	1243011411011	张晋	男	工程硕士专业学位	1001632016010342
5	1243011411017	程天才	男	工程硕士专业学位	1001632016010343
6	1243011411018	崔莹	女	工程硕士专业学位	1001632016010344
7	1243011411024	冯春	女	工程硕士专业学位	1001632016010345

续表

序号	学号	姓名	性别	学位类别	学位证书编号
8	1243011411025	冯琳	女	工程硕士专业学位	1001632016010346
9	1243011411026	付强	男	工程硕士专业学位	1001632016010347
10	1243011411027	付瑶	女	工程硕士专业学位	1001632016010348
11	1243011411028	高珊	女	工程硕士专业学位	1001632016010349
12	1243011411031	郝伟	男	工程硕士专业学位	1001632016010350
13	1243011411032	胡晓冬	男	工程硕士专业学位	1001632016010351
14	1243011411035	李博	男	工程硕士专业学位	1001632016010352
15	1243011411037	李程	女	工程硕士专业学位	1001632016010353
16	1243011411040	李秀军	男	工程硕士专业学位	1001632016010354
17	1243011411044	罗涛	男	工程硕士专业学位	1001632016010355
18	1243011411045	马骏	男	工程硕士专业学位	1001632016010356
19	1243011411046	马磊	男	工程硕士专业学位	1001632016010357
20	1243011411047	苗青	男	工程硕士专业学位	1001632016010358
21	1243011411048	彭剑锋	男	工程硕士专业学位	1001632016010359
22	1243011411051	宋长伟	男	工程硕士专业学位	1001632016010360
23	1243011411052	宋国祥	男	工程硕士专业学位	1001632016010361
24	1243011411055	王春秀	女	工程硕士专业学位	1001632016010362
25	1243011411056	王航航	男	工程硕士专业学位	1001632016010363
26	1243011411059	王婷	女	工程硕士专业学位	1001632016010364
27	1243011411060	王伟	男	工程硕士专业学位	1001632016010365
28	1243011411061	魏巍	男	工程硕士专业学位	1001632016010366
29	1243011411064	吴芳	女	工程硕士专业学位	1001632016010367
30	1243011411067	辛妍	女	工程硕士专业学位	1001632016010368
31	1243011411070	杨庆鹏	男	工程硕士专业学位	1001632016010369
32	1243011411071	杨思齐	男	工程硕士专业学位	1001632016010370
33	1243011411072	杨思涛	男	工程硕士专业学位	1001632016010371
34	1243011411073	张波	男	工程硕士专业学位	1001632016010372
35	1243011411074	张博	男	工程硕士专业学位	1001632016010373
36	1243011411075	张博	男	工程硕士专业学位	1001632016010374
37	1243011411077	张林	男	工程硕士专业学位	1001632016010375
38	1243011411080	张伟	男	工程硕士专业学位	1001632016010376
39	1243011411081	张晓爽	女	工程硕士专业学位	1001632016010377
40	1243011411082	张翊华	女	工程硕士专业学位	1001632016010378
41	1243011411085	赵琪锋	男	工程硕士专业学位	1001632016010379
42	1243011411086	赵新辉	男	工程硕士专业学位	1001632016010380
43	1243011411087	赵悦瑛	女	工程硕士专业学位	1001632016010381

续表

序号	学号	姓名	性别	学位类别	学位证书编号
44	1243011411088	祖凡星	男	工程硕士专业学位	1001632016010382
45	1243011411089	杨旭	男	工程硕士专业学位	1001632016010383
46	2208521313004	苑晓霞	女	工程硕士专业学位	1001632016010401
47	1208521312007	蔡贺铭	男	工程硕士专业学位	1001632016010330
48	1208521312078	刘肖波	男	工程硕士专业学位	1001632016010332
49	1208521312107	孙培洁	女	工程硕士专业学位	1001632016010333
50	1243011411095	张佳岩	女	工程硕士专业学位	1001632016010384
51	1243011411096	杨旭	男	工程硕士专业学位	1001632016010385
52	1243011411105	赵馨	女	工程硕士专业学位	1001632016010386
53	1208521312058	梁雪垠	男	工程硕士专业学位	1001632016010331
54	1208521312126	王曦	男	工程硕士专业学位	1001632016010335
55	1243011411115	黄超	男	工程硕士专业学位	1001632016010387
56	1243011411116	程京伟	男	工程硕士专业学位	1001632016010388
57	1243011411117	丁永利	男	工程硕士专业学位	1001632016010389
58	1243011411119	徐初沟	男	工程硕士专业学位	1001632016010390
59	1243011411120	郭宏蕾	女	工程硕士专业学位	1001632016010391
60	1243011411005	董砚亮	男	工程硕士专业学位	1001632016010341

专业：环境工程

序号	学号	姓名	性别	学位类别	学位证书编号
1	1243013011003	高芳	女	工程硕士专业学位	1001632016010392

专业：工业工程

序号	学号	姓名	性别	学位类别	学位证书编号
1	1108523613001	王子琦	男	工程硕士专业学位	1001632016010326

专业：物流工程

序号	学号	姓名	性别	学位类别	学位证书编号
1	1108524013009	张亮	男	工程硕士专业学位	1001632016010327

专业：项目管理

序号	学号	姓名	性别	学位类别	学位证书编号
1	1208523912013	陈超	男	工程硕士专业学位	1001632016010336
2	1208523912062	李海洋	男	工程硕士专业学位	1001632016010337
3	1208523912132	肖杰	男	工程硕士专业学位	1001632016010338
4	1208523912161	郑环环	女	工程硕士专业学位	1001632016010339
5	1208523912175	王佳鑫	女	工程硕士专业学位	1001632016010340

序号	学号	姓名	性别	学位类别	学位证书编号
6	1243014011003	曹寅	男	工程硕士专业学位	1001632016010393
7	1243014011010	郭晓蕊	女	工程硕士专业学位	1001632016010394
8	1243014011011	胡延红	女	工程硕士专业学位	1001632016010395
9	1243014011012	黄启贵	男	工程硕士专业学位	1001632016010396
10	1243014011016	李江波	男	工程硕士专业学位	1001632016010397
11	1243014011019	历光大	男	工程硕士专业学位	1001632016010398
12	1243014011022	刘向宁	男	工程硕士专业学位	1001632016010399
13	1243014011023	刘鑫	男	工程硕士专业学位	1001632016010400

三、2016年本科毕业生名单

序号	姓名	性别	民族	专业名称	所在班级	毕(结)业结论
1	杨崇远	男	汉族	测绘工程	测121	毕业
2	孙从晋	男	汉族	测绘工程	测121	毕业
3	王彤	男	汉族	测绘工程	测121	毕业
4	毕然	男	汉族	测绘工程	测121	毕业
5	韩震宇	男	汉族	测绘工程	测121	毕业
6	刘岸泽	男	回族	测绘工程	测121	毕业
7	李昊泽	男	汉族	测绘工程	测121	毕业
8	曹鹏辉	男	汉族	测绘工程	测121	毕业
9	何云天	男	汉族	测绘工程	测121	毕业
10	王柃力	女	汉族	测绘工程	测121	毕业
11	陈向阳	男	汉族	测绘工程	测121	毕业
12	沈宏旭	男	汉族	测绘工程	测121	毕业
13	曾瑶	女	汉族	测绘工程	测121	毕业
14	石天宇	男	汉族	测绘工程	测121	毕业
15	耿文硕	男	汉族	测绘工程	测121	毕业
16	宫景晨	男	汉族	测绘工程	测121	毕业
17	张琛	男	汉族	测绘工程	测121	毕业
18	杜祥宇	男	满族	测绘工程	测121	毕业
19	任晋怡	女	汉族	测绘工程	测121	毕业
20	韩雄	男	汉族	测绘工程	测121	毕业
21	于帅	男	汉族	测绘工程	测121	毕业
22	满昕	男	汉族	测绘工程	测121	毕业
23	靳婷婷	女	汉族	测绘工程	测121	毕业
24	周鑫	男	汉族	测绘工程	测121	毕业

续表

序号	姓名	性别	民族	专业名称	所在班级	毕(结)业结论
25	史晶晶	女	汉族	测绘工程	测121	毕业
26	杨毅	男	汉族	测绘工程	测121	毕业
27	刘彻	男	汉族	测绘工程	测121	毕业
28	赵琦	女	汉族	测绘工程	测121	毕业
29	陈志锋	男	汉族	测绘工程	测121	毕业
30	文人越	男	汉族	测绘工程	测121	毕业
31	沈奥杰	男	汉族	测绘工程	测121	毕业
32	赵炎龙	男	汉族	车辆工程	车121	毕业
33	李佳星	男	汉族	车辆工程	车121	毕业
34	韩鹏	男	汉族	车辆工程	车121	毕业
35	王狄	男	汉族	车辆工程	车121	毕业
36	桑田	男	汉族	车辆工程	车121	毕业
37	宋世丰	男	汉族	车辆工程	车121	毕业
38	赵鑫	男	汉族	车辆工程	车121	毕业
39	杜磊	男	汉族	车辆工程	车121	毕业
40	王文思	女	汉族	车辆工程	车121	毕业
41	祁建树	男	汉族	车辆工程	车121	毕业
42	吕宋	男	汉族	车辆工程	车121	毕业
43	王尊豪	男	汉族	车辆工程	车121	毕业
44	董怀远	男	汉族	车辆工程	车121	毕业
45	王金旭	女	汉族	车辆工程	车121	毕业
46	叶静浩	男	汉族	车辆工程	车121	毕业
47	郑刚	男	汉族	车辆工程	车121	毕业
48	刘文博	男	汉族	车辆工程	车121	毕业
49	杨健豪	男	汉族	车辆工程	车121	毕业
50	王瑞	男	汉族	车辆工程	车121	毕业
51	许熠柯	男	汉族	车辆工程	车122	毕业
52	杨艳	女	汉族	车辆工程	车122	毕业
53	胡昱	男	汉族	车辆工程	车122	毕业
54	雷晋鸿	男	汉族	车辆工程	车122	毕业
55	游思斌	男	汉族	车辆工程	车122	毕业
56	曹杰	男	汉族	车辆工程	车122	毕业
57	许江波	男	汉族	车辆工程	车122	毕业
58	张田田	男	汉族	车辆工程	车122	毕业

续表

序号	姓名	性别	民族	专业名称	所在班级	毕(结)业结论
59	张傲然	女	汉族	车辆工程	车121	毕业
60	马玉森	男	汉族	车辆工程	车121	毕业
61	靳涵	男	满族	车辆工程	车121	毕业
62	李思杰	男	汉族	车辆工程	车121	毕业
63	蔡翀	男	满族	车辆工程	车121	毕业
64	李长然	男	汉族	车辆工程	车121	毕业
65	王焜	男	汉族	车辆工程	车121	毕业
66	王庆益	男	汉族	车辆工程	车121	毕业
67	崔保庄	男	汉族	车辆工程	车121	毕业
68	王昌强	男	汉族	车辆工程	车121	毕业
69	刘李艳	女	汉族	车辆工程	车121	毕业
70	洪威	男	汉族	车辆工程	车122	毕业
71	张少鲲	男	汉族	车辆工程	车122	毕业
72	王瑜	女	汉族	车辆工程	车122	毕业
73	刘金岗	男	汉族	车辆工程	车122	毕业
74	刘佳琛	男	满族	车辆工程	车122	毕业
75	陈帅	男	汉族	车辆工程	车122	毕业
76	张帝	男	汉族	车辆工程	车122	毕业
77	丁志佳	男	汉族	车辆工程	车122	毕业
78	苏哲	男	汉族	车辆工程	车122	毕业
79	屈杰	男	汉族	车辆工程	车122	毕业
80	李竟	女	汉族	车辆工程	车122	毕业
81	陈梦然	女	汉族	车辆工程	车122	毕业
82	田若冰	女	汉族	车辆工程	车122	毕业
83	姜垚	男	汉族	车辆工程	车122	毕业
84	韩越	男	汉族	车辆工程	车122	毕业
85	罗浩	男	汉族	车辆工程	车122	毕业
86	冯东伟	男	汉族	车辆工程	车122	毕业
87	李尚	男	汉族	车辆工程	车122	毕业
88	刘雪丽	女	汉族	车辆工程	车122	毕业
89	肖安宁	女	汉族	车辆工程	车122	毕业
90	许博	男	满族	车辆工程	车122	毕业
91	刘昊	男	汉族	车辆工程	车122	毕业
92	权鑫	女	汉族	车辆工程	车122	毕业

续表

序号	姓名	性别	民族	专业名称	所在班级	毕(结)业结论
93	杜海啸	男	汉族	车辆工程	车122	毕业
94	孙源彤	男	汉族	车辆工程	车122	毕业
95	王淼	男	汉族	车辆工程	车122	毕业
96	张帅	男	汉族	车辆工程	车122	毕业
97	张利	男	汉族	车辆工程	车122	毕业
98	王喆	男	汉族	车辆工程	车122	毕业
99	于梦晨	男	汉族	车辆工程	车122	毕业
100	丁鑫	男	汉族	车辆工程	车122	毕业
101	付文征	男	汉族	车辆工程	车122	毕业
102	葛云飞	男	汉族	车辆工程	车122	毕业
103	呼玥	女	汉族	城市规划	规112	毕业
104	张冬越	男	汉族	城市规划	规112	毕业
105	曹可昕	女	汉族	城市规划	规112	毕业
106	牛琼	女	汉族	城市规划	规112	毕业
107	王聪	女	汉族	城市规划	规112	毕业
108	冯嘉玲	女	汉族	城市规划	规112	毕业
109	孔德雨	男	汉族	城市规划	规112	毕业
110	白颖	女	汉族	城市规划	规112	毕业
111	郭岩	女	汉族	城市规划	规112	毕业
112	王晓	女	满族	城市规划	规112	毕业
113	李超前	男	汉族	城市规划	规112	毕业
114	石潇	女	汉族	城市规划	规112	毕业
115	宁宇	男	汉族	城市规划	规112	毕业
116	王涛	男	汉族	城市规划	规112	毕业
117	陈超	男	汉族	城市规划	规112	毕业
118	赵睿	男	汉族	城市规划	规111	毕业
119	许鹏	男	满族	城市规划	规111	毕业
120	刘文彬	女	蒙古族	城市规划	规111	毕业
121	姜淼	男	满族	城市规划	规111	毕业
122	袁学森	男	汉族	城市规划	规111	毕业
123	邬越	男	汉族	城市规划	规111	毕业
124	邱彦祯	男	汉族	城市规划	规111	毕业
125	谢展	女	汉族	城市规划	规111	毕业
126	兰传耀	男	汉族	城市规划	规111	毕业

续表

序号	姓名	性别	民族	专业名称	所在班级	毕(结)业结论
127	康佳意	男	汉族	城市规划	规111	毕业
128	王晨	女	汉族	城市规划	规111	毕业
129	李婧婷	女	汉族	城市规划	规112	毕业
130	丁凯钧	男	白族	城市规划	规112	毕业
131	刘歆一	女	汉族	城市规划	规112	毕业
132	杨斯涵	女	汉族	城市规划	规112	毕业
133	张昱	女	回族	城市规划	规112	毕业
134	车馨玥	女	汉族	城市规划	规112	毕业
135	高嫄	女	汉族	城市规划	规112	毕业
136	张子瑜	男	回族	城市规划	规111	毕业
137	齐冰竹	男	汉族	城市规划	规111	毕业
138	邹洋	女	汉族	城市规划	规111	毕业
139	宋天元	女	汉族	城市规划	规111	毕业
140	刘喆	男	汉族	城市规划	规111	毕业
141	杨乔丹	男	汉族	城市规划	规111	毕业
142	张雪莹	女	汉族	城市规划	规111	毕业
143	余巧婧	女	汉族	城市规划	规111	毕业
144	高爽	女	汉族	城市规划	规111	毕业
145	范文铮	女	汉族	城市规划	规111	毕业
146	苏力杰	男	汉族	城市规划	规111	毕业
147	郭萧萧	女	满族	城市规划	规111	毕业
148	钱世屹	男	汉族	地理信息科学	地121	毕业
149	金贺凯	男	汉族	地理信息科学	地121	毕业
150	马琦雨	男	汉族	地理信息科学	地121	毕业
151	李晓晴	女	汉族	地理信息科学	地121	毕业
152	李东	男	汉族	地理信息科学	地121	毕业
153	马思宇	女	汉族	地理信息系统	地123	毕业
154	石力文	女	汉族	地理信息系统	地123	毕业
155	袁佩璋	男	侗族	地理信息系统	地123	毕业
156	谢卓君	女	汉族	地理信息系统	地123	毕业
157	马正雄	男	汉族	地理信息系统	地123	毕业
158	李若恒	女	壮族	地理信息系统	地123	毕业
159	甘夏莲	女	汉族	地理信息系统	地123	毕业
160	王菡	女	壮族	地理信息系统	地123	毕业

续表

序号	姓名	性别	民族	专业名称	所在班级	毕(结)业结论
161	吴奇螾	男	汉族	地理信息系统	地123	毕业
162	张然	女	汉族	地理信息系统	地123	毕业
163	张立平	男	汉族	地理信息系统	地123	毕业
164	黄浩雯	女	汉族	地理信息系统	地123	毕业
165	熊星	男	苗族	地理信息系统	地123	毕业
166	陈连刚	男	汉族	地理信息系统	地123	毕业
167	拉巴次来	男	藏族	地理信息系统	地123	毕业
168	崔苏越	男	汉族	地理信息系统	地123	毕业
169	伏家云	女	汉族	地理信息系统	地123	毕业
170	李学智	男	回族	地理信息系统	地123	毕业
171	王国力	男	汉族	地理信息系统	地123	毕业
172	郑远馨	女	汉族	地理信息系统	地123	毕业
173	胡天旭	男	汉族	地理信息系统	地123	毕业
174	庄凯	男	汉族	地理信息系统	地123	毕业
175	衣丰	女	汉族	地理信息系统	地121	毕业
176	钟思辰	男	汉族	地理信息系统	地121	毕业
177	和梦晴	女	汉族	地理信息系统	地121	毕业
178	孙扬	女	汉族	地理信息系统	地121	毕业
179	张依	女	汉族	地理信息系统	地121	毕业
180	严雪慧	女	汉族	地理信息系统	地121	毕业
181	郑宇风	男	汉族	地理信息系统	地121	毕业
182	刘思雨	男	汉族	地理信息系统	地121	毕业
183	郝若杰	男	汉族	地理信息系统	地121	毕业
184	冀然	男	汉族	地理信息系统	地121	毕业
185	刘冰	女	汉族	地理信息系统	地121	毕业
186	章伊文	女	汉族	地理信息系统	地121	毕业
187	刘杉	女	汉族	地理信息系统	地121	毕业
188	田申	男	汉族	地理信息系统	地121	毕业
189	王源	女	汉族	地理信息系统	地121	毕业
190	钱赛男	女	汉族	地理信息系统	地121	毕业
191	王溯硕	男	汉族	地理信息系统	地121	毕业
192	王伟	男	汉族	地理信息系统	地121	毕业
193	韦诗莹	女	汉族	地理信息系统	地121	毕业
194	罗青宝	男	汉族	地理信息系统	地121	毕业

续表

序号	姓名	性别	民族	专业名称	所在班级	毕(结)业结论
195	王凯	男	汉族	地理信息系统	地121	毕业
196	孔繁茂	男	汉族	地理信息系统	地121	毕业
197	贾云书	女	汉族	地理信息系统	地121	毕业
198	刘思君	女	汉族	地理信息系统	地121	毕业
199	陈洋	男	汉族	地理信息系统	地121	毕业
200	王欢瑞	男	汉族	地理信息系统	地121	毕业
201	魏巍	男	汉族	地理信息系统	地121	毕业
202	孟乐迪	男	汉族	地理信息系统	地121	毕业
203	李强	男	汉族	地理信息系统	地121	毕业
204	郭翠林	女	汉族	地理信息系统	地121	毕业
205	王文辉	男	蒙古族	地理信息系统	地121	毕业
206	黄竣	女	汉族	地理信息系统	地121	毕业
207	陶盟	男	汉族	地理信息系统	地121	毕业
208	黄阳春	男	壮族	地理信息系统	地121	毕业
209	杜顺利	男	汉族	地理信息系统	地121	毕业
210	李金伟	男	汉族	地理信息系统	地121	毕业
211	赫雲辉	男	满族	地理信息系统	地121	毕业
212	张佚茗	女	汉族	地理信息系统	地121	毕业
213	靳丰	男	汉族	地理信息系统	地122	毕业
214	谢泠涛	女	汉族	地理信息系统	地122	毕业
215	张宇	男	汉族	地理信息系统	地122	毕业
216	张宇涵	男	汉族	地理信息系统	地122	毕业
217	高飒	女	汉族	地理信息系统	地122	毕业
218	方肖琦	女	汉族	地理信息系统	地122	毕业
219	王鑫	男	汉族	地理信息系统	地122	毕业
220	郝勇智	男	汉族	地理信息系统	地122	毕业
221	徐小意	女	汉族	地理信息系统	地122	毕业
222	高崇翔	男	汉族	地理信息系统	地122	毕业
223	张浩	男	汉族	地理信息系统	地122	毕业
224	陆辰妮	女	汉族	地理信息系统	地122	毕业
225	张寿阳	男	汉族	地理信息系统	地122	毕业
226	杨彤	男	汉族	地理信息系统	地122	毕业
227	杜勇	男	蒙古族	地理信息系统	地122	毕业
228	姚廷宇	男	汉族	地理信息系统	地122	毕业

续表

序号	姓名	性别	民族	专业名称	所在班级	毕(结)业结论
229	苏荔丰	女	汉族	地理信息系统	地122	毕业
230	李艺洋	女	汉族	地理信息系统	地122	毕业
231	陈艳艳	女	汉族	地理信息系统	地122	毕业
232	崔富强	男	汉族	地理信息系统	地122	毕业
233	田颖	女	汉族	地理信息系统	地122	毕业
234	陈耀东	男	汉族	地理信息系统	地122	毕业
235	郭宛予	女	汉族	地理信息系统	地122	毕业
236	何雨怡	女	壮族	地理信息系统	地122	毕业
237	冯紫悦	女	汉族	地理信息系统	地122	毕业
238	吴思承	男	汉族	地理信息系统	地122	毕业
239	黄雅静	女	汉族	地理信息系统	地122	毕业
240	符季颖	男	汉族	地理信息系统	地122	毕业
241	陈秋荷	女	汉族	地理信息系统	地122	毕业
242	岳婉娣	女	回族	地理信息系统	地122	毕业
243	邹庚权	男	汉族	地理信息系统	地122	毕业
244	张腾	男	苗族	地理信息系统	地122	毕业
245	张中源	男	侗族	地理信息系统	地122	毕业
246	杨玉忠	男	汉族	地理信息系统	地122	毕业
247	韩生林	男	回族	地理信息系统	地122	毕业
248	朱石熠	男	汉族	地理信息系统	地122	毕业
249	李相龙	男	汉族	地理信息系统	地122	毕业
250	孙牧云	女	汉族	地理信息系统	地123	毕业
251	武震	男	汉族	地理信息系统	地123	毕业
252	李天任	男	汉族	地理信息系统	地123	毕业
253	张锦秋	女	汉族	地理信息系统	地123	毕业
254	简志鹏	男	汉族	地理信息系统	地123	毕业
255	刘承源	男	汉族	地理信息系统	地123	毕业
256	张竹欣	女	汉族	地理信息系统	地123	毕业
257	冯士宇	男	汉族	地理信息系统	地123	毕业
258	曹畅	男	汉族	地理信息系统	地123	毕业
259	高深	男	汉族	地理信息系统	地123	毕业
260	陈毅杰	男	汉族	地理信息系统	地123	毕业
261	吕延	女	汉族	地理信息系统	地123	毕业
262	张宇	男	汉族	地理信息系统	地123	毕业

续表

序号	姓名	性别	民族	专业名称	所在班级	毕(结)业结论
263	张复山	男	汉族	地理信息系统	地123	毕业
264	邰政	女	汉族	地理信息系统	地123	毕业
265	吴萍昊	女	汉族	地理信息系统	地123	毕业
266	张大凤	女	汉族	地理信息系统	地123	毕业
267	刘文可	男	汉族	地理信息系统	地123	毕业
268	樊龙飞	女	汉族	地理信息系统	地123	毕业
269	邬蓬宇	男	汉族	地理信息系统	地121	毕业
270	李维	男	汉族	地理信息系统	地121	毕业
271	帕拉萨提·乌鲁克班	男	哈萨克族	电气工程及其自动化	电气121	毕业
272	孟祥云	女	汉族	电气工程及其自动化	电气121	毕业
273	张鲲	男	汉族	电气工程及其自动化	电气121	毕业
274	徐滔滔	男	仡佬族	电气工程及其自动化	电气121	毕业
275	王啸	男	汉族	电气工程及其自动化	电气121	毕业
276	边旭	男	汉族	电气工程及其自动化	电气121	毕业
277	黄晓凡	女	汉族	电气工程及其自动化	电气121	毕业
278	徐雨辰	男	汉族	电气工程及其自动化	电气121	毕业
279	毕瑞	男	汉族	电气工程及其自动化	电气121	毕业
280	贾旭辉	男	汉族	电气工程及其自动化	电气121	毕业
281	屠强	男	汉族	电气工程及其自动化	电气121	毕业
282	张慧莳	女	汉族	电气工程及其自动化	电气121	毕业
283	吕珺	男	汉族	电气工程及其自动化	电气121	毕业
284	葛彦君	男	满族	电气工程及其自动化	电气121	毕业
285	宗世奇	男	汉族	电气工程及其自动化	电气121	毕业
286	李慧	女	汉族	电气工程及其自动化	电气121	毕业
287	张兆霖	男	汉族	电气工程及其自动化	电气121	毕业
288	潘羿舟	男	汉族	电气工程及其自动化	电气121	毕业
289	郑熠明	女	汉族	电气工程及其自动化	电气121	毕业
290	郑宇宁	男	回族	电气工程及其自动化	电气121	毕业
291	杨鑫	男	汉族	电气工程及其自动化	电气121	毕业
292	石超逸	男	汉族	电气工程及其自动化	电气121	毕业
293	马美妍	女	回族	电气工程及其自动化	电气121	毕业
294	庞卓	女	汉族	电气工程及其自动化	电气121	毕业
295	张征	男	汉族	电气工程及其自动化	电气121	毕业
296	杨泽林	男	汉族	电气工程及其自动化	电气121	毕业

续表

序号	姓名	性别	民族	专业名称	所在班级	毕(结)业结论
297	付豪	男	汉族	电气工程及其自动化	电气121	毕业
298	冯宇涛	男	汉族	电气工程及其自动化	电气121	毕业
299	任磊	女	汉族	电气工程及其自动化	电气121	毕业
300	蒋蒙巍	女	汉族	电气工程及其自动化	电气121	毕业
301	于航	男	汉族	电气工程及其自动化	电气121	毕业
302	刘腾超	男	汉族	电气工程及其自动化	电气121	毕业
303	姜鹏翔	男	汉族	电气工程及其自动化	电气121	毕业
304	覃剑戈	男	汉族	电气工程及其自动化	电气121	毕业
305	彭裕鸿	女	汉族	电气工程及其自动化	电气121	毕业
306	张晓枫	男	土家族	电气工程及其自动化	电气121	毕业
307	刘溪	男	汉族	电气工程及其自动化	电气121	毕业
308	李鹏天	男	汉族	电气工程及其自动化	电气121	毕业
309	崔明飞	男	汉族	电气工程及其自动化	电气121	毕业
310	许友舰	男	汉族	电气工程及其自动化	电气121	毕业
311	朱雪梅	女	藏族	电气工程及其自动化	电气122	毕业
312	周浩晨	男	汉族	电气工程及其自动化	电气122	毕业
313	任奕	男	汉族	电气工程及其自动化	电气122	毕业
314	卢浩	男	汉族	电气工程及其自动化	电气122	毕业
315	王蕊	女	汉族	电气工程及其自动化	电气122	毕业
316	李嘉琦	男	汉族	电气工程及其自动化	电气122	毕业
317	刘康宁	女	汉族	电气工程及其自动化	电气122	毕业
318	尚伯晗	男	汉族	电气工程及其自动化	电气122	毕业
319	李航	男	汉族	电气工程及其自动化	电气122	毕业
320	周游	男	汉族	电气工程及其自动化	电气122	毕业
321	张涵焜	男	汉族	电气工程及其自动化	电气122	毕业
322	李德茂	男	汉族	电气工程及其自动化	电气122	毕业
323	段铮	男	汉族	电气工程及其自动化	电气122	毕业
324	桂露	女	汉族	电气工程及其自动化	电气122	毕业
325	赵云佟	男	汉族	电气工程及其自动化	电气122	毕业
326	任思琪	男	汉族	电气工程及其自动化	电气122	毕业
327	李伟瀚	男	汉族	电气工程及其自动化	电气122	毕业
328	王涵	男	汉族	电气工程及其自动化	电气122	毕业
329	王宇飞	男	汉族	电气工程及其自动化	电气122	毕业
330	张钰莹	女	汉族	电气工程及其自动化	电气122	毕业
331	郭可心	女	汉族	电气工程及其自动化	电气122	毕业

续表

序号	姓名	性别	民族	专业名称	所在班级	毕(结)业结论
332	杨司晨	男	汉族	电气工程及其自动化	电气122	毕业
333	张殊	女	汉族	电气工程及其自动化	电气122	毕业
334	张兴越	男	汉族	电气工程及其自动化	电气122	毕业
335	范天祺	男	汉族	电气工程及其自动化	电气122	毕业
336	陈颢华	男	汉族	电气工程及其自动化	电气122	毕业
337	穆台力甫·麦麦提	男	维吾尔族	电气工程及其自动化	电气122	毕业
338	林炎华	女	汉族	电气工程及其自动化	电气122	毕业
339	王鑫	女	汉族	电气工程及其自动化	电气122	毕业
340	吴庆有	男	汉族	电气工程及其自动化	电气122	毕业
341	陈玥琳	女	汉族	电气工程及其自动化	电气122	毕业
342	谭梓聪	男	土家族	电气工程及其自动化	电气122	毕业
343	殷博	男	汉族	电气工程及其自动化	电气122	毕业
344	李哲	男	汉族	电气工程及其自动化	电气122	毕业
345	霍晓爽	女	汉族	电气工程及其自动化	电气122	毕业
346	陈一杰	男	汉族	电气工程及其自动化	电气122	毕业
347	杨思琦	女	汉族	电子信息科学与技术	电子121	毕业
348	胡雨歆	女	汉族	电子信息科学与技术	电子121	毕业
349	马静怡	女	汉族	电子信息科学与技术	电子121	毕业
350	曹雍	男	汉族	电子信息科学与技术	电子121	毕业
351	李润卿	男	汉族	电子信息科学与技术	电子121	毕业
352	李博然	男	汉族	电子信息科学与技术	电子121	毕业
353	胡冲	男	汉族	电子信息科学与技术	电子121	毕业
354	李增锴	男	汉族	电子信息科学与技术	电子121	毕业
355	杨裕民	男	汉族	电子信息科学与技术	电子121	毕业
356	高峰	男	汉族	电子信息科学与技术	电子121	毕业
357	孙斯文	男	汉族	电子信息科学与技术	电子121	毕业
358	柏晓蓉	女	汉族	电子信息科学与技术	电子121	毕业
359	邵云珂	男	汉族	电子信息科学与技术	电子121	毕业
360	姜晶博	男	汉族	电子信息科学与技术	电子121	毕业
361	张恩栋	男	汉族	电子信息科学与技术	电子121	毕业
362	秦蒙	男	汉族	电子信息科学与技术	电子121	毕业
363	袁世军	男	汉族	电子信息科学与技术	电子121	毕业
364	赵文凯	男	汉族	电子信息科学与技术	电子121	毕业
365	杨思俊	男	汉族	电子信息科学与技术	电子121	毕业
366	饶睿	男	汉族	电子信息科学与技术	电子121	毕业

续表

序号	姓名	性别	民族	专业名称	所在班级	毕(结)业结论
367	徐延钊	男	汉族	电子信息科学与技术	电子121	毕业
368	程斌	男	汉族	电子信息科学与技术	电子121	毕业
369	谭毛红	男	汉族	电子信息科学与技术	电子121	毕业
370	文伟	男	汉族	电子信息科学与技术	电子121	毕业
371	朱晓桐	男	瑶族	电子信息科学与技术	电子121	毕业
372	唐白易	男	汉族	电子信息科学与技术	电子121	毕业
373	郑伟	男	汉族	电子信息科学与技术	电子121	毕业
374	王志远	男	汉族	电子信息科学与技术	电子121	毕业
375	秦肯	男	汉族	电子信息科学与技术	电子121	毕业
376	张秋玥	男	汉族	电子信息科学与技术	电子121	毕业
377	姜兆亨	男	汉族	电子信息科学与技术	电子121	毕业
378	高歌	男	汉族	电子信息科学与技术	电子121	毕业
379	牛馨莹	女	汉族	电子信息科学与技术	电子121	毕业
380	徐鹏	男	汉族	电子信息科学与技术	电子121	毕业
381	刘畅	女	汉族	电子信息科学与技术	电子121	毕业
382	宋云鹏	男	汉族	电子信息科学与技术	电子121	毕业
383	申诗涵	男	满族	电子信息科学与技术	电子121	毕业
384	王阳	男	汉族	电子信息科学与技术	电子121	毕业
385	许凯芩	男	汉族	电子信息科学与技术	电子121	毕业
386	苏力德	男	蒙古族	法学	法121	毕业
387	李明翰	男	蒙古族	法学	法121	毕业
388	杨万琳	女	苗族	法学	法121	毕业
389	王浩	男	汉族	法学	法121	毕业
390	孙强	男	汉族	法学	法121	毕业
391	范雅琪	女	汉族	法学	法121	毕业
392	郑希智	男	汉族	法学	法121	毕业
393	俞晓锋	男	汉族	法学	法121	毕业
394	白思聪	男	满族	法学	法121	毕业
395	连子	女	汉族	法学	法121	毕业
396	任龙	男	汉族	法学	法121	毕业
397	席一然	女	汉族	法学	法121	毕业
398	董良策	男	汉族	法学	法121	毕业
399	隗立斌	男	汉族	法学	法121	毕业
400	祁宇	男	汉族	法学	法121	毕业
401	周宇桐	女	汉族	法学	法121	毕业

续表

序号	姓名	性别	民族	专业名称	所在班级	毕(结)业结论
402	杨梓岩	男	汉族	法学	法121	毕业
403	高天鸣	男	汉族	法学	法121	毕业
404	李赛	男	汉族	法学	法121	毕业
405	谭孟佳	女	满族	法学	法121	毕业
406	马心蕊	女	汉族	法学	法121	毕业
407	汪鹏	男	汉族	法学	法121	毕业
408	蒋东阳	男	汉族	法学	法121	毕业
409	格桑曲珍	女	藏族	法学	法121	毕业
410	熊娟	女	苗族	法学	法121	毕业
411	张杰	男	汉族	法学	法121	毕业
412	郑琼丽	女	彝族	法学	法121	毕业
413	李光宇	男	蒙古族	法学	法122	毕业
414	汤湄	女	汉族	法学	法122	毕业
415	王超尘	男	汉族	法学	法122	毕业
416	刘巍	男	汉族	法学	法122	毕业
417	李芳霏	女	汉族	法学	法122	毕业
418	朱丰	男	汉族	法学	法122	毕业
419	庞宇	男	汉族	法学	法122	毕业
420	刘天宇	男	汉族	法学	法122	毕业
421	常思思	女	满族	法学	法122	毕业
422	刘婉嫕	女	汉族	法学	法122	毕业
423	曲睿	男	汉族	法学	法122	毕业
424	郑一乔	男	汉族	法学	法122	毕业
425	高宇轩	男	汉族	法学	法122	毕业
426	程鹏远	男	汉族	法学	法122	毕业
427	董宇	男	汉族	法学	法122	毕业
428	侯森	男	汉族	法学	法122	毕业
429	王波	女	满族	法学	法122	毕业
430	赵梓尧	男	汉族	法学	法122	毕业
431	张歌	女	汉族	法学	法122	毕业
432	王琛	女	汉族	法学	法122	毕业
433	黄凌梅	女	汉族	法学	法122	毕业
434	张欣	女	汉族	法学	法122	毕业
435	米勒依·哈森别克	男	哈萨克族	法学	法122	毕业
436	王龄兰	女	汉族	法学	法122	毕业

续表

序号	姓名	性别	民族	专业名称	所在班级	毕(结)业结论
437	马晓欢	女	回族	法学	法122	毕业
438	康瑞兰	女	汉族	法学	法122	毕业
439	张静	女	汉族	法学	法122	毕业
440	王凤奇	男	汉族	给水排水工程	水121	毕业
441	张丙辰	男	汉族	给水排水工程	水121	毕业
442	李一凡	女	汉族	给水排水工程	水121	毕业
443	王丰	男	汉族	给水排水工程	水121	毕业
444	师林蕊	女	汉族	给水排水工程	水121	毕业
445	王硕	女	汉族	给水排水工程	水121	毕业
446	祁凯旋	男	汉族	给水排水工程	水121	毕业
447	任奕	男	汉族	给水排水工程	水121	毕业
448	王瑾	女	汉族	给水排水工程	水121	毕业
449	马源	女	汉族	给水排水工程	水121	毕业
450	胡健	女	汉族	给水排水工程	水121	毕业
451	王子豪	男	汉族	给水排水工程	水121	毕业
452	张丹	女	汉族	给水排水工程	水123	毕业
453	栗宇	女	汉族	给水排水工程	水123	毕业
454	何川	男	汉族	给水排水工程	水123	毕业
455	王汉卿	男	汉族	给水排水工程	水123	毕业
456	云晋	女	汉族	给水排水工程	水123	毕业
457	张雨嘉	男	汉族	给水排水工程	水123	毕业
458	郑正	男	汉族	给水排水工程	水123	毕业
459	宋璐雯	女	汉族	给水排水工程	水123	毕业
460	姚天魁	男	汉族	给水排水工程	水123	毕业
461	吴梓萌	女	汉族	给水排水工程	水123	毕业
462	王翠楚	女	汉族	给水排水工程	水123	毕业
463	张亚琦	女	汉族	给水排水工程	水123	毕业
464	于朔	男	汉族	给水排水工程	水123	毕业
465	高旭	男	汉族	给水排水工程	水123	毕业
466	刘玥婷	女	汉族	给水排水工程	水123	毕业
467	秦迦楠	男	黎族	给水排水工程	水123	毕业
468	陆远	男	汉族	给水排水工程	水123	毕业
469	王超帆	男	汉族	给水排水工程	水123	毕业
470	王雪妍	女	汉族	给水排水工程	水123	毕业
471	刘桐	男	汉族	给水排水工程	水123	毕业

续表

序号	姓名	性别	民族	专业名称	所在班级	毕(结)业结论
472	哈梦薇	女	回族	给水排水工程	水 123	毕业
473	金颖	女	朝鲜族	给水排水工程	水 123	毕业
474	颜懿柔	女	汉族	给水排水工程	水 123	毕业
475	裴崇盛	男	汉族	给水排水工程	水 121	毕业
476	王旭影	女	汉族	给水排水工程	水 121	毕业
477	郭跃洲	男	汉族	给水排水工程	水 121	毕业
478	温猛	男	汉族	给水排水工程	水 121	毕业
479	郭子玉	男	汉族	给水排水工程	水 121	毕业
480	陈俊元	男	汉族	给水排水工程	水 121	毕业
481	宋斯雯	女	汉族	给水排水工程	水 121	毕业
482	叶桂洪	男	汉族	给水排水工程	水 121	毕业
483	钟晓昀	女	汉族	给水排水工程	水 121	毕业
484	邓臻	男	壮族	给水排水工程	水 121	毕业
485	林炜毅	男	汉族	给水排水工程	水 123	毕业
486	吴宾	女	汉族	给水排水工程	水 123	毕业
487	黄欢欢	男	仡佬族	给水排水工程	水 121	毕业
488	杨德志	男	汉族	给水排水工程	水 121	毕业
489	白玛多吉	男	藏族	给水排水工程	水 121	毕业
490	李林彬	男	汉族	给水排水工程	水 121	毕业
491	孙小安	男	汉族	给水排水工程	水 121	毕业
492	李思敏	女	汉族	给水排水工程	水 121	毕业
493	齐婧怡	女	汉族	给水排水工程	水 122	毕业
494	张博	男	汉族	给水排水工程	水 122	毕业
495	霍京东	男	汉族	给水排水工程	水 122	毕业
496	臧子川	男	汉族	给水排水工程	水 122	毕业
497	刘澜	女	汉族	给水排水工程	水 122	毕业
498	石超	男	汉族	给水排水工程	水 122	毕业
499	宋文君	男	汉族	给水排水工程	水 122	毕业
500	杨兆禹	男	汉族	给水排水工程	水 123	毕业
501	王瑞婷	女	汉族	给水排水工程	水 123	毕业
502	晋成	男	汉族	给水排水工程	水 123	毕业
503	宁一鸣	男	汉族	给水排水工程	水 123	毕业
504	张宇	男	汉族	给水排水工程	水 123	毕业
505	安鑫悦	女	汉族	给水排水工程	水 123	毕业
506	刘青青	女	汉族	给水排水工程	水 123	毕业

续表

序号	姓名	性别	民族	专业名称	所在班级	毕(结)业结论
507	周亮	男	汉族	给水排水工程	水123	毕业
508	王洪	女	汉族	给水排水工程	水123	毕业
509	王欣	男	仡佬族	给水排水工程	水123	毕业
510	罗俊友	男	汉族	给水排水工程	水123	毕业
511	袁晓博	男	汉族	给水排水工程	水123	毕业
512	史俊	女	汉族	给水排水工程	水123	毕业
513	刘海乐	男	汉族	给水排水工程	水123	毕业
514	李赞	男	汉族	给水排水工程	水123	毕业
515	杨林凯	男	汉族	给水排水工程	水123	毕业
516	邵国帅	男	汉族	给水排水工程	水123	毕业
517	高沛武	男	汉族	给水排水工程	水123	毕业
518	梁彦扬	女	壮族	给水排水工程	水121	毕业
519	何垟枢	男	壮族	给水排水工程	水121	毕业
520	童俊雄	男	藏族	给水排水工程	水121	毕业
521	吴兆群	男	满族	给水排水工程	水121	毕业
522	宋歌	男	汉族	给水排水工程	水121	毕业
523	周泓延	男	汉族	给水排水工程	水121	毕业
524	李君博	男	汉族	给水排水工程	水121	毕业
525	郝泽明	男	满族	给水排水工程	水121	毕业
526	常祺	男	汉族	给水排水工程	水121	毕业
527	周舸	男	回族	给水排水工程	水121	毕业
528	王铎	男	汉族	给水排水工程	水121	毕业
529	张山	女	汉族	给水排水工程	水121	毕业
530	姜姗	女	汉族	给水排水工程	水121	毕业
531	师雨潇	男	汉族	给水排水工程	水121	毕业
532	李兆源	男	汉族	给水排水工程	水121	毕业
533	苏英楠	女	汉族	给水排水工程	水121	毕业
534	张诗睿	女	汉族	给水排水工程	水121	毕业
535	赵梦圆	男	汉族	给水排水工程	水121	毕业
536	赵韵文	女	汉族	给水排水工程	水121	毕业
537	王璐	男	汉族	工程管理	管123	毕业
538	戴正	女	汉族	工程管理	管123	毕业
539	王建鑫	男	汉族	工程管理	管123	毕业
540	李昕濛	女	汉族	工程管理	管123	毕业
541	赵伟仑	男	汉族	工程管理	管123	毕业

续表

序号	姓名	性别	民族	专业名称	所在班级	毕(结)业结论
542	王丹	女	汉族	工程管理	管123	毕业
543	武子锴	男	汉族	工程管理	管123	毕业
544	李佳卉	女	汉族	工程管理	管123	毕业
545	张宁	女	满族	工程管理	管123	毕业
546	高晔	男	汉族	工程管理	管123	毕业
547	康宁	女	汉族	工程管理	管123	毕业
548	王鹏	男	汉族	工程管理	管123	毕业
549	张晓慧	女	汉族	工程管理	管123	毕业
550	武倩倩	女	汉族	工程管理	管123	毕业
551	张泽鑫	女	汉族	工程管理	管123	毕业
552	李润实	男	汉族	工程管理	管123	毕业
553	孙思末	男	汉族	工程管理	管123	毕业
554	李晨玮	女	汉族	工程管理	管123	毕业
555	王垚霁	男	汉族	工程管理	管123	毕业
556	张恩浦	男	汉族	工程管理	管123	毕业
557	丁美乔	女	汉族	工程管理	管123	毕业
558	吴勇攀	男	汉族	工程管理	管123	毕业
559	孟可姗	女	汉族	工程管理	管123	毕业
560	王贵成	男	汉族	工程管理	管123	毕业
561	王星	男	汉族	工程管理	管123	毕业
562	左子健	男	汉族	工程管理	管123	毕业
563	刘新	女	汉族	工程管理	管123	毕业
564	吴谦睿	男	锡伯族	工程管理	管121	毕业
565	苏德	男	蒙古族	工程管理	管121	毕业
566	范飞翔	男	汉族	工程管理	管121	毕业
567	李明明	女	汉族	工程管理	管121	毕业
568	林宇涵	女	汉族	工程管理	管121	毕业
569	王玉	男	汉族	工程管理	管121	毕业
570	李亦凡	男	汉族	工程管理	管121	毕业
571	刘悦	女	壮族	工程管理	管121	毕业
572	田博洋	男	汉族	工程管理	管121	毕业
573	林子健	男	汉族	工程管理	管121	毕业
574	刘蕾	女	汉族	工程管理	管121	毕业
575	王喆	男	满族	工程管理	管121	毕业
576	尹贝奇	男	汉族	工程管理	管121	毕业

续表

序号	姓名	性别	民族	专业名称	所在班级	毕(结)业结论
577	叶文怡	女	汉族	工程管理	管121	毕业
578	李学琛	男	汉族	工程管理	管121	毕业
579	张琪	女	汉族	工程管理	管121	毕业
580	张思薇	女	汉族	工程管理	管121	毕业
581	张伊聪	女	汉族	工程管理	管121	毕业
582	卢松旭	女	汉族	工程管理	管121	毕业
583	刘啸辰	男	汉族	工程管理	管121	毕业
584	王磊	男	汉族	工程管理	管121	毕业
585	冯东雨	男	汉族	工程管理	管121	毕业
586	朱骥	男	汉族	工程管理	管121	毕业
587	贾一凡	男	汉族	工程管理	管121	毕业
588	欧坤	男	汉族	工程管理	管121	毕业
589	韩验鑫	男	汉族	工程管理	管123	毕业
590	孔维丰	男	汉族	工程管理	管123	毕业
591	江安栩	男	汉族	工程管理	管123	毕业
592	朱冬亮	男	汉族	工程管理	管123	毕业
593	邹壬迎	女	苗族	工程管理	管123	毕业
594	孙彬彬	男	汉族	工程管理	管123	毕业
595	潘珍炜	男	汉族	工程管理	管123	毕业
596	郑静	女	汉族	工程管理	管123	毕业
597	王哲宇	男	汉族	工程管理	管123	毕业
598	郭卫都	男	汉族	工程管理	管124	毕业
599	李洋	男	汉族	工程管理	管124	毕业
600	高安顺	男	汉族	工程管理	管124	毕业
601	游良爽	女	汉族	工程管理	管124	毕业
602	韩园园	女	汉族	工程管理	管124	毕业
603	黄小锋	男	汉族	工程管理	管124	毕业
604	赵晓梦	女	汉族	工程管理	管124	毕业
605	郭永举	男	汉族	工程管理	管124	毕业
606	相林林	男	汉族	工程管理	管124	毕业
607	薛娜蕊	女	汉族	工程管理	管124	毕业
608	王信	男	汉族	工程管理	管124	毕业
609	文盛	男	汉族	工程管理	管124	毕业
610	董星辰	男	满族	工程管理	管124	毕业
611	孙世平	男	汉族	工程管理	管124	毕业

续表

序号	姓名	性别	民族	专业名称	所在班级	毕(结)业结论
612	张翔翔	男	汉族	工程管理	管124	毕业
613	赵小雪	女	汉族	工程管理	管124	毕业
614	金彤	女	汉族	工程管理	管124	毕业
615	王晨雨	男	汉族	工程管理	管124	毕业
616	朱丽平	女	汉族	工程管理	管124	毕业
617	邢俊	男	汉族	工程管理	管124	毕业
618	冯浩伟	男	汉族	工程管理	管121	毕业
619	闫昕彤	女	汉族	工程管理	管121	毕业
620	贺美晨	女	汉族	工程管理	管121	毕业
621	尤新阳	男	满族	工程管理	管121	毕业
622	谢雨遥	男	汉族	工程管理	管121	毕业
623	汪毅	男	汉族	工程管理	管121	毕业
624	游佳莉	女	汉族	工程管理	管121	毕业
625	卫孟飞	女	汉族	工程管理	管121	毕业
626	刘永战	男	汉族	工程管理	管121	毕业
627	邓宏昌	男	汉族	工程管理	管121	毕业
628	崔佳柳	女	汉族	工程管理	管121	毕业
629	尚海	男	汉族	工程管理	管121	毕业
630	罗太顺	男	汉族	工程管理	管121	毕业
631	益西加措	男	藏族	工程管理	管121	毕业
632	刘依湄	女	汉族	工程管理	管121	毕业
633	张潇桐	女	汉族	工程管理	管121	毕业
634	张恺伦	女	蒙古族	工程管理	管122	毕业
635	马全	男	彝族	工程管理	管122	毕业
636	吴羽卿	男	汉族	工程管理	管122	毕业
637	阮硕	女	汉族	工程管理	管122	毕业
638	贾旭	男	汉族	工程管理	管122	毕业
639	李可	女	汉族	工程管理	管122	毕业
640	张心怡	女	汉族	工程管理	管122	毕业
641	段伊文	女	汉族	工程管理	管122	毕业
642	胡艺	女	汉族	工程管理	管122	毕业
643	史正阳	男	汉族	工程管理	管122	毕业
644	胡佳韵	女	汉族	工程管理	管124	毕业
645	杨安	男	汉族	工程管理	管124	毕业
646	肖竹	女	汉族	工程管理	管124	毕业

续表

序号	姓名	性别	民族	专业名称	所在班级	毕(结)业结论
647	陈艳茹	女	汉族	工程管理	管124	毕业
648	董焕焕	女	汉族	工程管理	管124	毕业
649	李倩	女	汉族	工程管理	管124	毕业
650	田洪友	男	汉族	工程管理	管124	毕业
651	王梦	女	汉族	工程管理	管124	毕业
652	肖淋月	女	汉族	工程管理	管124	毕业
653	刘超	女	蒙古族	工程管理	管124	毕业
654	杨森	男	汉族	工程管理	管124	毕业
655	黄丽	女	汉族	工程管理	管124	毕业
656	武博森	男	汉族	工程管理	管125	毕业
657	陈克	男	汉族	工程管理	管125	毕业
658	钟文泓	女	蒙古族	工程管理	管125	毕业
659	曾莉砚	女	汉族	工程管理	管125	毕业
660	代美慧	女	汉族	工程管理	管125	毕业
661	王松涛	男	汉族	工程管理	管125	毕业
662	张亚如	女	汉族	工程管理	管125	毕业
663	张亚敏	女	汉族	工程管理	管125	毕业
664	王莉平	女	汉族	工程管理	管125	毕业
665	穆思凯	男	汉族	工程管理	管125	毕业
666	冯苗	女	汉族	工程管理	管125	毕业
667	白玮	女	汉族	工程管理	管125	毕业
668	赵艳红	女	汉族	工程管理	管125	毕业
669	于晓娜	女	汉族	工程管理	管125	毕业
670	张敏	女	汉族	工程管理	管125	毕业
671	高永玲	女	汉族	工程管理	管125	毕业
672	韩艳	女	汉族	工程管理	管125	毕业
673	王翱博	男	汉族	工程管理	管122	毕业
674	房诚	男	汉族	工程管理	管122	毕业
675	陈小伦	男	汉族	工程管理	管122	毕业
676	闫予琦	女	汉族	工程管理	管122	毕业
677	李新	女	汉族	工程管理	管122	毕业
678	赵梦宇	男	汉族	工程管理	管122	毕业
679	邵泽琪	男	汉族	工程管理	管122	毕业
680	孙森	男	汉族	工程管理	管122	毕业
681	张馨予	女	汉族	工程管理	管122	毕业

续表

序号	姓名	性别	民族	专业名称	所在班级	毕(结)业结论
682	郭鑫	男	汉族	工程管理	管122	毕业
683	徐然	女	汉族	工程管理	管122	毕业
684	王豫京	男	汉族	工程管理	管122	毕业
685	王焱	男	汉族	工程管理	管122	毕业
686	张桐	男	汉族	工程管理	管122	毕业
687	李晶晶	女	汉族	工程管理	管122	毕业
688	郭斌	男	汉族	工程管理	管122	毕业
689	姜振东	男	汉族	工程管理	管122	毕业
690	邱雪	女	汉族	工程管理	管122	毕业
691	张华	男	汉族	工程管理	管122	毕业
692	侯永林	男	汉族	工程管理	管122	毕业
693	肖经国	男	汉族	工程管理	管122	毕业
694	罗芳圆	女	汉族	工程管理	管122	毕业
695	黄积良	男	汉族	工程管理	管122	毕业
696	冷茂坤	男	汉族	工程管理	管122	毕业
697	张腾荣	男	土家族	工程管理	管122	毕业
698	李智仙	女	汉族	工程管理	管122	毕业
699	冯文	男	汉族	工程管理	管122	毕业
700	秦婧	女	蒙古族	工程管理	管123	毕业
701	孙威	男	蒙古族	工程管理	管123	毕业
702	续文燕	女	汉族	工程管理	管125	毕业
703	吕目康	男	汉族	工程管理	管125	毕业
704	王巧红	女	汉族	工程管理	管125	毕业
705	申媛慧	女	汉族	工程管理	管125	毕业
706	曲颉	男	汉族	工程管理	管125	毕业
707	李秀伟	女	汉族	工程管理	管125	毕业
708	李颖	女	汉族	工程管理	管125	毕业
709	唐正倩	女	汉族	工程管理	管125	毕业
710	鹿雪慧	女	汉族	工程管理	管125	毕业
711	张丝丝	女	汉族	工程管理	管125	毕业
712	刘亚军	男	汉族	工程管理	管125	毕业
713	方鹏	男	汉族	工程管理	管125	毕业
714	郑鑫磊	女	汉族	工程管理	管125	毕业
715	刘旭	女	汉族	工程管理	管125	毕业
716	王佳凡	女	汉族	工程管理	管125	毕业

续表

序号	姓名	性别	民族	专业名称	所在班级	毕(结)业结论
717	侯思佳	女	汉族	工程管理	管125	毕业
718	何勋	男	汉族	工程管理	管125	毕业
719	刘欢	女	汉族	工商管理	商121	毕业
720	刘鑫辰	男	汉族	工商管理	商122	毕业
721	王琮	女	汉族	工商管理	商122	毕业
722	宋晚晴	女	汉族	工商管理	商122	毕业
723	周亚霆	男	汉族	工商管理	商122	毕业
724	熊梦	女	羌族	工商管理	商122	毕业
725	韩艺	女	汉族	工商管理	商122	毕业
726	姚鑫	男	彝族	工商管理	商122	毕业
727	孟航	男	汉族	工商管理	商122	毕业
728	孙雪孟	女	汉族	工商管理	商122	毕业
729	田园	女	汉族	工商管理	商122	毕业
730	高晴	女	汉族	工商管理	商122	毕业
731	康敏斯	男	汉族	工商管理	商122	毕业
732	张凯	男	汉族	工商管理	商122	毕业
733	申雨	女	汉族	工商管理	商122	毕业
734	王瀛龙	男	汉族	工商管理	商122	毕业
735	文峰	男	汉族	工商管理	商122	毕业
736	王思琪	女	汉族	工商管理	商122	毕业
737	朱玉	女	汉族	工商管理	商122	毕业
738	陈思晗	女	汉族	工商管理	商122	毕业
739	李昕明	女	汉族	工商管理	商122	毕业
740	冯娜	女	汉族	工商管理	商122	毕业
741	王子潮	男	汉族	工商管理	商122	毕业
742	董旭	男	汉族	工商管理	商122	毕业
743	刘子昕	女	汉族	工商管理	商122	毕业
744	王明健	男	汉族	工商管理	商122	毕业
745	张啸天	男	汉族	工商管理	商122	毕业
746	努日曼·阿卜杜热伊木	女	维吾尔族	工商管理	商122	毕业
747	张思泽	女	汉族	工商管理	商122	毕业
748	扈双新	男	汉族	工商管理	商122	毕业
749	刘跃	男	汉族	工商管理	商122	毕业
750	黄宁	女	汉族	工商管理	商122	毕业
751	路通	男	汉族	工商管理	商122	毕业

续表

序号	姓名	性别	民族	专业名称	所在班级	毕(结)业结论
752	彭玉超	男	满族	工商管理	商122	毕业
753	马凯旋	男	汉族	工商管理	商122	毕业
754	郝弼健	男	汉族	工商管理	商122	毕业
755	高晓媛	女	汉族	工商管理	商122	毕业
756	张婕	女	汉族	工商管理	商122	毕业
757	黄英美	女	朝鲜族	工商管理	商122	毕业
758	朱一墨	女	汉族	工商管理	商122	毕业
759	臧乐源	女	汉族	工商管理	商122	毕业
760	牟玉蓉	女	汉族	工商管理	商122	毕业
761	张丹丹	女	汉族	工商管理	商122	毕业
762	祝立	男	汉族	工商管理	商122	毕业
763	郝思伊	女	汉族	工商管理	商122	毕业
764	肖美云	女	瑶族	工商管理	商122	毕业
765	史艺鑫	女	汉族	工商管理	商122	毕业
766	廖佳洋	男	汉族	工商管理	商122	毕业
767	陈彤渊	男	汉族	工商管理	商122	毕业
768	赵宇翔	女	汉族	工商管理	商122	毕业
769	马睿思	女	汉族	工商管理	商122	毕业
770	丁英杰	男	汉族	工商管理	商122	毕业
771	米志红	女	回族	工商管理	商122	毕业
772	王迎	女	汉族	工商管理	商122	毕业
773	张聪倩	女	回族	工商管理	商122	毕业
774	高立松	男	汉族	工商管理	商122	毕业
775	孙鹏飞	男	汉族	工商管理	商122	毕业
776	毛琳	女	汉族	工商管理	商121	毕业
777	木开热木·吐尔迪	女	维吾尔族	工商管理	商121	毕业
778	沈法鑫	男	汉族	工商管理	商121	毕业
779	吴亚佳	女	汉族	工商管理	商121	毕业
780	迟峰锋	女	汉族	工商管理	商121	毕业
781	郭丰祯	女	汉族	工商管理	商121	毕业
782	刘丹丹	女	汉族	工商管理	商121	毕业
783	谢予婷	女	汉族	工商管理	商121	毕业
784	达伟拉措	女	藏族	工商管理	商121	毕业
785	多布旦	男	藏族	工商管理	商121	毕业
786	虎炜	男	回族	工商管理	商121	毕业

续表

序号	姓名	性别	民族	专业名称	所在班级	毕(结)业结论
787	武倩	女	汉族	工商管理	商121	毕业
788	卢怡	女	汉族	工商管理	商121	毕业
789	陈斯佳	女	汉族	工商管理	商121	毕业
790	卢星霖	男	汉族	工商管理	商121	毕业
791	邢硕	男	汉族	工商管理	商121	毕业
792	谭莹	女	满族	工商管理	商121	毕业
793	王瑞芳	女	汉族	工商管理	商121	毕业
794	惠菊	女	汉族	工商管理	商121	毕业
795	布尔克	男	蒙古族	工商管理	商121	毕业
796	王雨婷	女	蒙古族	工商管理	商121	毕业
797	钟沛珊	女	瑶族	工商管理	商121	毕业
798	刘鑫	男	羌族	工商管理	商121	毕业
799	刘思辰	女	汉族	工商管理	商121	毕业
800	郭铭	女	汉族	工商管理	商121	毕业
801	郑愚	男	汉族	工商管理	商121	毕业
802	姜姗	女	汉族	工商管理	商121	毕业
803	程婧	女	汉族	工商管理	商121	毕业
804	宋泽川	男	汉族	工商管理	商121	毕业
805	林雪峰	男	汉族	工商管理	商121	毕业
806	祁思琳	女	汉族	工商管理	商121	毕业
807	刘博文	女	汉族	工商管理	商121	毕业
808	高睿嵘	女	汉族	工商管理	商121	毕业
809	史心怡	女	汉族	工商管理	商121	毕业
810	朱家铭	男	汉族	工商管理	商121	毕业
811	张云鹏	男	汉族	工商管理	商121	毕业
812	李格	女	汉族	工商管理	商121	毕业
813	陈璐露	女	汉族	工商管理	商121	毕业
814	程冲	男	汉族	工商管理	商121	毕业
815	张颖	女	汉族	工商管理	商121	毕业
816	贾嘉伦	男	汉族	工商管理	商121	毕业
817	阿尔祖古丽·赛杜拉	女	维吾尔族	工商管理	商121	毕业
818	李阳	男	汉族	工商管理	商121	毕业
819	李宗玺	女	回族	工商管理	商121	毕业
820	刘相东	男	汉族	工商管理	商121	毕业
821	王圣岳	男	汉族	工商管理	商121	毕业

续表

序号	姓名	性别	民族	专业名称	所在班级	毕(结)业结论
822	李雨晖	女	汉族	工商管理	商121	毕业
823	黄龙基	男	朝鲜族	工商管理	商121	毕业
824	李嘉朦	女	满族	工商管理	商121	毕业
825	王京涛	男	汉族	工业工程	工业121	毕业
826	王晨	男	汉族	工业工程	工业121	毕业
827	廖源爽	女	汉族	工业工程	工业121	毕业
828	宋加兴	男	汉族	工业工程	工业121	毕业
829	张博	男	汉族	工业工程	工业121	毕业
830	潘垚	男	汉族	工业工程	工业121	毕业
831	田川	男	汉族	工业工程	工业121	毕业
832	白景宸	男	汉族	工业工程	工业121	毕业
833	杜晓雅	女	汉族	工业工程	工业121	毕业
834	佟英	男	汉族	工业工程	工业121	毕业
835	陈经纬	男	汉族	工业工程	工业121	毕业
836	王彤	男	汉族	工业工程	工业121	毕业
837	刘京鑫	男	汉族	工业工程	工业121	毕业
838	季旭武	男	汉族	工业工程	工业121	毕业
839	杨立国	男	汉族	工业工程	工业121	毕业
840	岳继玮	男	汉族	工业工程	工业121	毕业
841	刘佳兴	男	汉族	工业工程	工业121	毕业
842	魏祎聪	男	汉族	工业工程	工业121	毕业
843	陈志强	男	汉族	工业工程	工业121	毕业
844	刘佳明	男	汉族	工业工程	工业121	毕业
845	王文腾	男	汉族	工业工程	工业121	毕业
846	高晓畅	男	汉族	工业工程	工业121	毕业
847	代文鹏	男	汉族	工业工程	工业121	毕业
848	韩啸	男	汉族	工业工程	工业121	毕业
849	李佳鑫	男	汉族	工业工程	工业121	毕业
850	戎莹杰	男	汉族	工业工程	工业121	毕业
851	李滨	男	汉族	工业工程	工业121	毕业
852	和弋森	男	汉族	工业工程	工业121	毕业
853	刘艺文	男	汉族	工业工程	工业121	毕业
854	郭笑非	男	汉族	工业工程	工业121	毕业
855	谢春颖	女	汉族	工业工程	工业121	毕业
856	许育斌	男	汉族	工业工程	工业121	毕业

续表

序号	姓名	性别	民族	专业名称	所在班级	毕(结)业结论
857	文益生	男	汉族	工业工程	工业121	毕业
858	邵嘉琦	男	汉族	工业设计	工设121	毕业
859	刘一鸣	女	满族	工业设计	工设121	毕业
860	高朋辉	男	汉族	工业设计	工设121	毕业
861	吴边	男	汉族	工业设计	工设121	毕业
862	姚雨飞	女	汉族	工业设计	工设121	毕业
863	王海月	女	汉族	工业设计	工设121	毕业
864	李丽阳	女	壮族	工业设计	工设121	毕业
865	吴璠	女	汉族	工业设计	工设121	毕业
866	孙兴地	男	汉族	工业设计	工设121	毕业
867	张欣	男	汉族	工业设计	工设121	毕业
868	沈相宜	女	汉族	工业设计	工设121	毕业
869	刘锐	男	汉族	工业设计	工设121	毕业
870	刘栋	男	汉族	工业设计	工设121	毕业
871	韩雨	女	汉族	工业设计	工设121	毕业
872	赵安路	女	满族	工业设计	工设121	毕业
873	魏卿	男	汉族	工业设计	工设121	毕业
874	张博闻	男	朝鲜族	工业设计	工设121	毕业
875	王逸开	男	汉族	工业设计	工设121	毕业
876	朱蓝君	男	汉族	工业设计	工设121	毕业
877	陆昊	男	汉族	工业设计	工设121	毕业
878	王若旭	男	汉族	公共事业管理	公管121	毕业
879	张赵华	女	汉族	公共事业管理	公管121	毕业
880	韩莹	女	汉族	公共事业管理	公管121	毕业
881	白宇辰	女	汉族	公共事业管理	公管121	毕业
882	于蕾	女	汉族	公共事业管理	公管121	毕业
883	刘丹阳	女	汉族	公共事业管理	公管121	毕业
884	张元璐	女	汉族	公共事业管理	公管121	毕业
885	徐皓原	男	汉族	公共事业管理	公管121	毕业
886	胡晨昕	男	汉族	公共事业管理	公管121	毕业
887	武玥	女	满族	公共事业管理	公管121	毕业
888	蔡旻祺	女	汉族	公共事业管理	公管121	毕业
889	侯顺	男	汉族	公共事业管理	公管121	毕业
890	任家兴	男	汉族	公共事业管理	公管121	毕业
891	刘蒙	女	汉族	公共事业管理	公管121	毕业

续表

序号	姓名	性别	民族	专业名称	所在班级	毕(结)业结论
892	路曼	女	汉族	公共事业管理	公管121	毕业
893	肖斌	男	汉族	公共事业管理	公管121	毕业
894	郭君陶	女	汉族	公共事业管理	公管121	毕业
895	潘圣辰	男	汉族	公共事业管理	公管121	毕业
896	齐皓涛	男	汉族	公共事业管理	公管121	毕业
897	柴佳茹	女	汉族	公共事业管理	公管121	毕业
898	赵雪棋	女	满族	公共事业管理	公管121	毕业
899	唐清明	女	汉族	公共事业管理	公管121	毕业
900	罗璇	女	汉族	公共事业管理	公管121	毕业
901	林皓远	男	汉族	公共事业管理	公管121	毕业
902	郭焕琳	女	汉族	公共事业管理	公管121	毕业
903	李玥妤	女	汉族	公共事业管理	公管121	毕业
904	周汝钦	男	汉族	公共事业管理	公管121	毕业
905	陆儒瑗	女	布依族	公共事业管理	公管121	毕业
906	苟璇	女	汉族	公共事业管理	公管121	毕业
907	赵一萌	女	汉族	公共事业管理	公管121	毕业
908	杜婉杰	女	蒙古族	公共事业管理	公管121	毕业
909	邬婧	女	蒙古族	公共事业管理	公管121	毕业
910	李佳凌	男	仡佬族	公共事业管理	公管121	毕业
911	张珊	女	汉族	公共事业管理	公管121	毕业
912	高源	女	汉族	公共事业管理	公管121	毕业
913	刘可頔	男	汉族	公共事业管理	公管121	毕业
914	郭文星	男	汉族	公共事业管理	公管121	毕业
915	纪然	女	汉族	公共事业管理	公管121	毕业
916	刘思达	男	汉族	公共事业管理	公管121	毕业
917	何莹	女	汉族	公共事业管理	公管121	毕业
918	段炼	男	汉族	公共事业管理	公管121	毕业
919	张倩宇	女	蒙古族	公共事业管理	公管122	毕业
920	刘月怡	女	满族	公共事业管理	公管122	毕业
921	蒙桂佳	女	壮族	公共事业管理	公管122	毕业
922	孔子晴	女	满族	公共事业管理	公管122	毕业
923	隗功磊	男	汉族	公共事业管理	公管122	毕业
924	霍英姿	女	汉族	公共事业管理	公管122	毕业
925	杨天笑	男	汉族	公共事业管理	公管122	毕业
926	方晓	男	汉族	公共事业管理	公管122	毕业

续表

序号	姓名	性别	民族	专业名称	所在班级	毕(结)业结论
927	王先达	男	汉族	公共事业管理	公管122	毕业
928	孙帆	女	汉族	公共事业管理	公管122	毕业
929	孙怡	女	汉族	公共事业管理	公管122	毕业
930	阿依古丽·麦麦提	女	维吾尔族	公共事业管理	公管122	毕业
931	马文杰	女	汉族	公共事业管理	公管122	毕业
932	贾丽缇	女	汉族	公共事业管理	公管122	毕业
933	韩孟煜	女	汉族	公共事业管理	公管122	毕业
934	刘紫微	女	汉族	公共事业管理	公管122	毕业
935	赵润智	男	汉族	公共事业管理	公管122	毕业
936	肖正功	男	汉族	公共事业管理	公管122	毕业
937	吕冰悦	女	汉族	公共事业管理	公管122	毕业
938	赵一哲	男	汉族	公共事业管理	公管122	毕业
939	展爽	女	汉族	公共事业管理	公管122	毕业
940	于心远	男	汉族	公共事业管理	公管122	毕业
941	陈欢	男	汉族	公共事业管理	公管122	毕业
942	马壮壮	男	汉族	公共事业管理	公管122	毕业
943	伊芮文萱	女	满族	公共事业管理	公管122	毕业
944	刘亚赫	女	汉族	公共事业管理	公管122	毕业
945	常诗博	男	蒙古族	公共事业管理	公管122	毕业
946	冷旭	男	汉族	公共事业管理	公管122	毕业
947	高敏慧	女	蒙古族	公共事业管理	公管122	毕业
948	张沐琪	女	达斡尔族	公共事业管理	公管122	毕业
949	蓝唯元	女	汉族	公共事业管理	公管122	毕业
950	冯宇宸	男	汉族	公共事业管理	公管122	毕业
951	邓伊恩	女	汉族	公共事业管理	公管122	毕业
952	张莞仪	女	汉族	公共事业管理	公管122	毕业
953	迟浩	男	汉族	公共事业管理	公管122	毕业
954	赵梦菲	女	汉族	公共事业管理	公管122	毕业
955	路正祥	男	汉族	公共事业管理	公管122	毕业
956	田玥瑶	女	汉族	公共事业管理	公管122	毕业
957	李秋童	男	汉族	环境工程	环工121	毕业
958	张玺	女	汉族	环境工程	环工121	毕业
959	胡悦	女	回族	环境工程	环工121	毕业
960	张志睨	男	回族	环境工程	环工121	毕业
961	吴宗儒	男	汉族	环境工程	环工121	毕业

续表

序号	姓名	性别	民族	专业名称	所在班级	毕(结)业结论
962	张伟汉	男	汉族	环境工程	环工121	毕业
963	祝利	男	汉族	环境工程	环工121	毕业
964	祁圻	女	汉族	环境工程	环工121	毕业
965	胡蓓蓓	女	汉族	环境工程	环工121	毕业
966	印定坤	男	汉族	环境工程	环工121	毕业
967	刘爽	女	汉族	环境工程	环工121	毕业
968	张彤	女	满族	环境工程	环工121	毕业
969	冯帆	女	汉族	环境工程	环工121	毕业
970	刘彦斌	男	汉族	环境工程	环工121	毕业
971	高李阳	男	汉族	环境工程	环工121	毕业
972	杜世伟	男	汉族	环境工程	环工121	毕业
973	段利超	女	汉族	环境工程	环工121	毕业
974	徐享	男	汉族	环境工程	环工121	毕业
975	蒲冉	女	汉族	环境工程	环工121	毕业
976	陈晔	女	汉族	环境工程	环工121	毕业
977	荆琦	女	汉族	环境工程	环工121	毕业
978	王一玮	女	汉族	环境工程	环工121	毕业
979	朱英杰	男	汉族	环境工程	环工121	毕业
980	冯玉启	男	汉族	环境工程	环工121	毕业
981	梁叶锦	男	汉族	环境工程	环工121	毕业
982	黄秋红	女	壮族	环境工程	环工121	毕业
983	张锦源	男	汉族	环境工程	环工121	毕业
984	平祎	女	汉族	环境科学	环科121	毕业
985	王齐	男	汉族	环境科学	环科121	毕业
986	张雪	女	汉族	环境科学	环科121	毕业
987	梁琰	男	汉族	环境科学	环科121	毕业
988	徐若水	男	满族	环境科学	环科121	毕业
989	张悦	女	汉族	环境科学	环科121	毕业
990	张子健	男	汉族	环境科学	环科121	毕业
991	王可嘉	女	汉族	环境科学	环科121	毕业
992	于莉莉	女	汉族	环境科学	环科121	毕业
993	刘婉慧	女	汉族	环境科学	环科121	毕业
994	陈佑琳	女	汉族	环境科学	环科121	毕业
995	宋晓旭	女	汉族	环境科学	环科121	毕业
996	朱钿	女	汉族	环境科学	环科121	毕业

续表

序号	姓名	性别	民族	专业名称	所在班级	毕(结)业结论
997	王朝阳	男	汉族	环境科学	环科121	毕业
998	陈汉	男	汉族	环境科学	环科121	毕业
999	赵远玲	女	汉族	环境科学	环科121	毕业
1000	王欢	女	汉族	环境科学	环科121	毕业
1001	刘荣超	男	汉族	环境科学	环科121	毕业
1002	金言	女	汉族	环境科学	环科121	毕业
1003	段其昌	男	汉族	环境科学	环科121	毕业
1004	杨秋	女	汉族	环境科学	环科121	毕业
1005	赵冲	男	汉族	环境科学	环科121	毕业
1006	黄凌阳	男	满族	环境科学	环科121	毕业
1007	张楠	男	汉族	环境科学	环科121	毕业
1008	王晓敏	男	汉族	环境科学	环科121	毕业
1009	宁凡	女	汉族	环境科学	环科121	毕业
1010	陈环宇	男	汉族	机械工程及自动化	机121	毕业
1011	刘琦	男	仡佬族	机械工程及自动化	机121	毕业
1012	赵鑫宇	男	汉族	机械工程及自动化	机121	毕业
1013	臧雨涵	女	回族	机械工程及自动化	机121	毕业
1014	孙策	男	汉族	机械工程及自动化	机121	毕业
1015	谢峥	男	汉族	机械工程及自动化	机121	毕业
1016	赵琦	男	汉族	机械工程及自动化	机121	毕业
1017	刘云轩	男	汉族	机械工程及自动化	机121	毕业
1018	王鑫浩	男	汉族	机械工程及自动化	机121	毕业
1019	马飞虎	男	汉族	机械工程及自动化	机121	毕业
1020	姜亚楠	女	汉族	机械工程及自动化	机121	毕业
1021	刘建军	男	汉族	机械工程及自动化	机121	毕业
1022	侯雪迪	男	汉族	机械工程及自动化	机121	毕业
1023	赵岩	男	汉族	机械工程及自动化	机121	毕业
1024	靳永东	男	汉族	机械工程及自动化	机121	毕业
1025	陈思午	男	汉族	机械工程及自动化	机121	毕业
1026	张御领	男	汉族	机械工程及自动化	机121	毕业
1027	荆红雁	男	汉族	机械工程及自动化	机121	毕业
1028	穆鑫	男	满族	机械工程及自动化	机121	毕业
1029	丁大为	男	汉族	机械工程及自动化	机121	毕业
1030	艾孜热提艾力·图尔荪	男	维吾尔族	机械工程及自动化	机121	毕业
1031	石亮	男	汉族	机械工程及自动化	机121	毕业

续表

序号	姓名	性别	民族	专业名称	所在班级	毕(结)业结论
1032	王新宇	男	汉族	机械工程及自动化	机121	毕业
1033	石宏鑫	男	汉族	机械工程及自动化	机121	毕业
1034	汪灿灿	男	汉族	机械工程及自动化	机121	毕业
1035	向宏国	男	土家族	机械工程及自动化	机121	毕业
1036	杨攀	男	侗族	机械工程及自动化	机121	毕业
1037	何泽森	男	仡佬族	机械工程及自动化	机121	毕业
1038	陈宇豪	男	汉族	机械工程及自动化	机121	毕业
1039	李卓	男	满族	机械工程及自动化	机121	毕业
1040	李建	男	蒙古族	机械工程及自动化	机122	毕业
1041	张俊玲	女	汉族	机械工程及自动化	机122	毕业
1042	李靖宇	男	汉族	机械工程及自动化	机122	毕业
1043	王振	男	汉族	机械工程及自动化	机122	毕业
1044	芦爽	女	汉族	机械工程及自动化	机122	毕业
1045	杨思	男	汉族	机械工程及自动化	机122	毕业
1046	李旭	男	汉族	机械工程及自动化	机122	毕业
1047	徐思远	男	汉族	机械工程及自动化	机122	毕业
1048	范丞硕	男	汉族	机械工程及自动化	机122	毕业
1049	邱燕超	女	汉族	机械工程及自动化	机122	毕业
1050	马爽	男	汉族	机械工程及自动化	机122	毕业
1051	张宇辰	男	汉族	机械工程及自动化	机122	毕业
1052	吕行	男	汉族	机械工程及自动化	机122	毕业
1053	李焱	男	蒙古族	机械工程及自动化	机122	毕业
1054	任德才	男	汉族	机械工程及自动化	机122	毕业
1055	杨胤	男	汉族	机械工程及自动化	机122	毕业
1056	邱万纪	男	汉族	机械工程及自动化	机122	毕业
1057	杜小磊	男	汉族	机械工程及自动化	机122	毕业
1058	刘江	男	汉族	机械工程及自动化	机122	毕业
1059	郑晋鹏	男	汉族	机械工程及自动化	机122	毕业
1060	肖媛心	女	汉族	机械工程及自动化	机122	毕业
1061	孟冰辉	男	汉族	机械工程及自动化	机122	毕业
1062	肖阳	男	汉族	机械工程及自动化	机122	毕业
1063	杨续颖	男	汉族	机械工程及自动化	机122	毕业
1064	王松茂	男	汉族	机械工程及自动化	机122	毕业
1065	罗彦亮	男	汉族	机械工程及自动化	机122	毕业
1066	张宝红	男	汉族	机械工程及自动化	机122	毕业

续表

序号	姓名	性别	民族	专业名称	所在班级	毕(结)业结论
1067	张克昌	男	汉族	机械工程及自动化	机122	毕业
1068	周超	男	汉族	机械工程及自动化	机122	毕业
1069	范琰琰	女	汉族	计算机科学与技术	计121	毕业
1070	吴诗嘉	女	汉族	计算机科学与技术	计121	毕业
1071	依力亚尔·依玛木	男	维吾尔族	计算机科学与技术	计121	毕业
1072	李紫琨	男	汉族	计算机科学与技术	计121	毕业
1073	康志显	男	壮族	计算机科学与技术	计121	毕业
1074	杨龙	男	汉族	计算机科学与技术	计121	毕业
1075	黄河	男	汉族	计算机科学与技术	计121	毕业
1076	余帆	男	彝族	计算机科学与技术	计121	毕业
1077	格桑顿珠	男	藏族	计算机科学与技术	计121	毕业
1078	雍巧玲	女	汉族	计算机科学与技术	计121	毕业
1079	赵阳	男	藏族	计算机科学与技术	计121	毕业
1080	董超	男	汉族	计算机科学与技术	计121	毕业
1081	刘宏远	男	汉族	计算机科学与技术	计122	毕业
1082	唐辰	男	汉族	计算机科学与技术	计122	毕业
1083	王思蒙	女	蒙古族	计算机科学与技术	计122	毕业
1084	刘京晖	男	汉族	计算机科学与技术	计122	毕业
1085	李豪	男	汉族	计算机科学与技术	计122	毕业
1086	王德鹏	男	汉族	计算机科学与技术	计122	毕业
1087	韩姗姗	女	汉族	计算机科学与技术	计122	毕业
1088	高山	男	汉族	计算机科学与技术	计122	毕业
1089	段雷鸣	男	汉族	计算机科学与技术	计122	毕业
1090	杨前	男	汉族	计算机科学与技术	计122	毕业
1091	焦红伟	男	汉族	计算机科学与技术	计122	毕业
1092	高新	男	汉族	计算机科学与技术	计122	毕业
1093	赵靖琮	男	汉族	计算机科学与技术	计121	毕业
1094	高佳栋	男	汉族	计算机科学与技术	计121	毕业
1095	刘博	男	汉族	计算机科学与技术	计121	毕业
1096	于博仑	男	汉族	计算机科学与技术	计121	毕业
1097	李晨雨	男	汉族	计算机科学与技术	计121	毕业
1098	崔跃	男	汉族	计算机科学与技术	计122	毕业
1099	周皓	男	汉族	计算机科学与技术	计122	毕业
1100	克力比努尔·库尔班	女	维吾尔族	计算机科学与技术	计122	毕业
1101	李磊	男	汉族	计算机科学与技术	计121	毕业

续表

序号	姓名	性别	民族	专业名称	所在班级	毕(结)业结论
1102	隗公博	男	汉族	计算机科学与技术	计121	毕业
1103	华德轩	男	回族	计算机科学与技术	计121	毕业
1104	丁赛	男	汉族	计算机科学与技术	计121	毕业
1105	董路达	男	汉族	计算机科学与技术	计121	毕业
1106	于建鹏	男	汉族	计算机科学与技术	计121	毕业
1107	李萌	男	汉族	计算机科学与技术	计121	毕业
1108	朱劲羿	男	汉族	计算机科学与技术	计121	毕业
1109	张震	男	汉族	计算机科学与技术	计121	毕业
1110	王波	男	汉族	计算机科学与技术	计121	毕业
1111	张慧	女	汉族	计算机科学与技术	计121	毕业
1112	方妍	女	满族	计算机科学与技术	计121	毕业
1113	崔新宇	男	汉族	计算机科学与技术	计121	毕业
1114	卢琪	女	汉族	计算机科学与技术	计121	毕业
1115	冯湜	男	汉族	计算机科学与技术	计121	毕业
1116	白杨	女	汉族	计算机科学与技术	计121	毕业
1117	阿卜杜拉·艾散	男	维吾尔族	计算机科学与技术	计121	毕业
1118	石海烽	男	汉族	计算机科学与技术	计121	毕业
1119	刘际鹏	男	汉族	计算机科学与技术	计121	毕业
1120	王晟阳	男	汉族	计算机科学与技术	计121	毕业
1121	郭伟超	男	汉族	计算机科学与技术	计122	毕业
1122	渠娅静	女	汉族	计算机科学与技术	计122	毕业
1123	殷晓雨	男	回族	计算机科学与技术	计122	毕业
1124	毛腾	女	汉族	计算机科学与技术	计122	毕业
1125	张静秋	女	汉族	计算机科学与技术	计122	毕业
1126	骆日建	男	汉族	计算机科学与技术	计122	毕业
1127	赵孟	男	汉族	计算机科学与技术	计122	毕业
1128	朱诗宇	男	汉族	计算机科学与技术	计122	毕业
1129	索朗旦塔	男	藏族	计算机科学与技术	计122	毕业
1130	文生生	女	汉族	计算机科学与技术	计122	毕业
1131	马天源	男	回族	计算机科学与技术	计122	毕业
1132	杨天畅	男	汉族	建筑电气与智能化	建电121	毕业
1133	常钰萌	女	汉族	建筑电气与智能化	建电121	毕业
1134	李凯峰	男	汉族	建筑电气与智能化	建电121	毕业
1135	高洋	男	汉族	建筑电气与智能化	建电121	毕业
1136	吴乔恩	男	汉族	建筑电气与智能化	建电121	毕业

续表

序号	姓名	性别	民族	专业名称	所在班级	毕(结)业结论
1137	平措朗杰	男	藏族	建筑电气与智能化	建电121	毕业
1138	杨乐	男	汉族	建筑电气与智能化	建电121	毕业
1139	徐傲	男	汉族	建筑电气与智能化	建电121	毕业
1140	王明爽	女	汉族	建筑电气与智能化	建电121	毕业
1141	周博	男	汉族	建筑电气与智能化	建电121	毕业
1142	赵辉	男	蒙古族	建筑电气与智能化	建电121	毕业
1143	李蕊竹	女	汉族	建筑电气与智能化	建电121	毕业
1144	李沫涵	男	汉族	建筑电气与智能化	建电121	毕业
1145	翟泽宇	男	汉族	建筑电气与智能化	建电121	毕业
1146	杨志邦	男	满族	建筑电气与智能化	建电121	毕业
1147	隗策	男	汉族	建筑电气与智能化	建电121	毕业
1148	贾墨	男	汉族	建筑电气与智能化	建电121	毕业
1149	刘帅	男	汉族	建筑电气与智能化	建电121	毕业
1150	王硕	男	汉族	建筑电气与智能化	建电121	毕业
1151	杨朔	男	汉族	建筑电气与智能化	建电121	毕业
1152	李金	男	汉族	建筑电气与智能化	建电121	毕业
1153	王永顺	男	汉族	建筑电气与智能化	建电121	毕业
1154	王君瑞	男	汉族	建筑电气与智能化	建电121	毕业
1155	顾亚龙	男	回族	建筑电气与智能化	建电121	毕业
1156	黄楠鑫	男	汉族	建筑电气与智能化	建电121	毕业
1157	王俊祥	男	汉族	建筑电气与智能化	建电121	毕业
1158	刘子华	男	汉族	建筑电气与智能化	建电121	毕业
1159	郑涵川	女	汉族	建筑电气与智能化	建电121	毕业
1160	张恩浦	男	汉族	建筑电气与智能化	建电121	毕业
1161	崔淑睿	女	汉族	建筑电气与智能化	建电121	毕业
1162	袁爻	男	汉族	建筑环境与设备工程	暖121	毕业
1163	聂茜	男	汉族	建筑环境与设备工程	暖121	毕业
1164	曹羿	男	汉族	建筑环境与设备工程	暖121	毕业
1165	付德彪	男	汉族	建筑环境与设备工程	暖121	毕业
1166	王增威	男	汉族	建筑环境与设备工程	暖121	毕业
1167	李鸣儒	男	满族	建筑环境与设备工程	暖121	毕业
1168	张煜婕	女	汉族	建筑环境与设备工程	暖121	毕业
1169	牛浩宇	男	汉族	建筑环境与设备工程	暖121	毕业
1170	刘力宁	女	汉族	建筑环境与设备工程	暖121	毕业
1171	刘鹏飞	男	汉族	建筑环境与设备工程	暖121	毕业

续表

序号	姓名	性别	民族	专业名称	所在班级	毕(结)业结论
1172	李昊	男	汉族	建筑环境与设备工程	暖121	毕业
1173	张威宁	女	汉族	建筑环境与设备工程	暖121	毕业
1174	何佳泽	男	汉族	建筑环境与设备工程	暖121	毕业
1175	卢青	男	汉族	建筑环境与设备工程	暖121	毕业
1176	董冰艳	女	汉族	建筑环境与设备工程	暖121	毕业
1177	李冠群	女	汉族	建筑环境与设备工程	暖121	毕业
1178	卓思华	男	土家族	建筑环境与设备工程	暖121	毕业
1179	熊玉倪	男	汉族	建筑环境与设备工程	暖121	毕业
1180	王子烨	男	汉族	建筑环境与设备工程	暖121	毕业
1181	宋超	男	汉族	建筑环境与设备工程	暖121	毕业
1182	申晓燕	女	汉族	建筑环境与设备工程	暖121	毕业
1183	周大林	男	汉族	建筑环境与设备工程	暖121	毕业
1184	侯京婧	女	汉族	建筑环境与设备工程	暖122	毕业
1185	杨璐萍	女	苗族	建筑环境与设备工程	暖122	毕业
1186	赵冬	男	汉族	建筑环境与设备工程	暖122	毕业
1187	吕航	男	汉族	建筑环境与设备工程	暖122	毕业
1188	刘晓艺	女	汉族	建筑环境与设备工程	暖122	毕业
1189	吕桐	女	汉族	建筑环境与设备工程	暖122	毕业
1190	白冬雨	男	汉族	建筑环境与设备工程	暖122	毕业
1191	孙菲雅	女	汉族	建筑环境与设备工程	暖122	毕业
1192	付梦晓	男	回族	建筑环境与设备工程	暖122	毕业
1193	范兴泉	男	汉族	建筑环境与设备工程	暖122	毕业
1194	姬朕宇	男	汉族	建筑环境与设备工程	暖122	毕业
1195	杨天予	男	汉族	建筑环境与设备工程	暖122	毕业
1196	刘泽宇	男	汉族	建筑环境与设备工程	暖122	毕业
1197	刘慕宸	男	汉族	建筑环境与设备工程	暖122	毕业
1198	陈健	女	汉族	建筑环境与设备工程	暖122	毕业
1199	徐聪	女	汉族	建筑环境与设备工程	暖122	毕业
1200	赵凌飞	男	汉族	建筑环境与设备工程	暖122	毕业
1201	张秋飏	男	汉族	建筑环境与设备工程	暖122	毕业
1202	潘安东	男	汉族	建筑环境与设备工程	暖122	毕业
1203	白天宇	男	汉族	建筑环境与设备工程	暖122	毕业
1204	张政	男	汉族	建筑环境与设备工程	暖122	毕业
1205	李海川	男	汉族	建筑环境与设备工程	暖122	毕业
1206	伊嘉亮	男	汉族	建筑环境与设备工程	暖122	毕业

续表

序号	姓名	性别	民族	专业名称	所在班级	毕(结)业结论
1207	程然	女	汉族	建筑环境与设备工程	暖122	毕业
1208	孙琦媚	女	汉族	建筑环境与设备工程	暖122	毕业
1209	白博文	男	汉族	建筑环境与设备工程	暖122	毕业
1210	王智	男	汉族	建筑环境与设备工程	暖122	毕业
1211	王新彤	女	满族	建筑环境与设备工程	暖122	毕业
1212	徐鸿昌	男	汉族	建筑环境与设备工程	暖122	毕业
1213	王颢然	男	汉族	建筑环境与设备工程	暖122	毕业
1214	林惠阳	女	汉族	建筑环境与设备工程	暖122	毕业
1215	王泓钧	男	汉族	建筑环境与设备工程	暖122	毕业
1216	赵万方	女	汉族	建筑环境与设备工程	暖122	毕业
1217	束佳松	男	汉族	建筑环境与设备工程	暖122	毕业
1218	范一鸣	男	汉族	建筑环境与设备工程	暖122	毕业
1219	金雪菡	女	汉族	建筑环境与设备工程	暖122	毕业
1220	施畅	男	汉族	建筑环境与设备工程	暖122	毕业
1221	宋晓倩	女	汉族	建筑环境与设备工程	暖122	毕业
1222	苏钰普	男	汉族	建筑环境与设备工程	暖122	毕业
1223	贾志翔	女	汉族	建筑环境与设备工程	暖122	毕业
1224	王晓晨	男	汉族	建筑环境与设备工程	暖122	毕业
1225	孙萌	女	汉族	建筑环境与设备工程	暖121	毕业
1226	孙东晗	男	蒙古族	建筑环境与设备工程	暖121	毕业
1227	刘菁	女	汉族	建筑环境与设备工程	暖121	毕业
1228	伍艳征	女	壮族	建筑环境与设备工程	暖121	毕业
1229	松柏	男	满族	建筑环境与设备工程	暖121	毕业
1230	梁雪怡	女	汉族	建筑环境与设备工程	暖121	毕业
1231	陈美含	女	汉族	建筑环境与设备工程	暖121	毕业
1232	郑鹏	男	汉族	建筑环境与设备工程	暖121	毕业
1233	赵亮	男	汉族	建筑环境与设备工程	暖121	毕业
1234	马瑞辰	男	回族	建筑环境与设备工程	暖121	毕业
1235	王云鹏	男	汉族	建筑环境与设备工程	暖121	毕业
1236	李喆	女	汉族	建筑环境与设备工程	暖121	毕业
1237	张雅琪	女	汉族	建筑环境与设备工程	暖121	毕业
1238	杨戈	男	汉族	建筑环境与设备工程	暖121	毕业
1239	顾谕	男	汉族	建筑环境与设备工程	暖121	毕业
1240	任亮	男	汉族	建筑环境与设备工程	暖121	毕业
1241	罗开琦	女	汉族	建筑环境与设备工程	暖121	毕业

续表

序号	姓名	性别	民族	专业名称	所在班级	毕(结)业结论
1242	黄冠英	女	汉族	建筑环境与设备工程	暖121	毕业
1243	王琛	男	汉族	建筑学	建111	毕业
1244	尉文晋	男	汉族	建筑学	建111	毕业
1245	李海燕	女	朝鲜族	建筑学	建111	毕业
1246	姚二将	男	汉族	建筑学	建111	毕业
1247	杨新宇	男	汉族	建筑学	建111	毕业
1248	金雪健	男	汉族	建筑学	建111	毕业
1249	黄雪凯	男	汉族	建筑学	建112	毕业
1250	白涛	男	满族	建筑学	建112	毕业
1251	韩晓琬	女	汉族	建筑学	建112	毕业
1252	杨宣	女	汉族	建筑学	建112	毕业
1253	张涵	男	汉族	建筑学	建112	毕业
1254	屠雨萱	女	汉族	建筑学	建112	毕业
1255	蔡明杰	男	汉族	建筑学	建112	毕业
1256	徐诗怡	女	满族	建筑学	建112	毕业
1257	齐璞真	女	汉族	建筑学	建112	毕业
1258	胡馨蕊	女	汉族	建筑学	建112	毕业
1259	程兴义	男	汉族	建筑学	建112	毕业
1260	康智挺	男	汉族	建筑学	建112	毕业
1261	陶然	女	汉族	建筑学	建112	毕业
1262	胡帅	男	汉族	建筑学	建112	毕业
1263	王家淇	男	汉族	建筑学	建112	毕业
1264	李达	男	汉族	建筑学	建112	毕业
1265	岳帅	男	汉族	建筑学	建112	毕业
1266	李诗婕	女	汉族	建筑学	建112	毕业
1267	杨昆	男	汉族	建筑学	建112	毕业
1268	魏江涛	男	汉族	建筑学	建112	毕业
1269	张妙	女	汉族	建筑学	建112	毕业
1270	杨桓	男	汉族	建筑学	建122	毕业
1271	刘天舒	女	汉族	建筑学	建111	毕业
1272	葛洁麒	男	汉族	建筑学	建111	毕业
1273	王征妮	女	汉族	建筑学	建111	毕业
1274	郭静怡	女	汉族	建筑学	建111	毕业
1275	张展眉	女	汉族	建筑学	建111	毕业
1276	汪滢	女	汉族	建筑学	建111	毕业

续表

序号	姓名	性别	民族	专业名称	所在班级	毕(结)业结论
1277	孙冲岭	男	汉族	建筑学	建111	毕业
1278	陈茜如	女	汉族	建筑学	建111	毕业
1279	罗佩华	女	满族	建筑学	建111	毕业
1280	臧彤光	男	汉族	建筑学	建111	毕业
1281	姚芮	女	汉族	建筑学	建111	毕业
1282	赵思媛	女	汉族	建筑学	建111	毕业
1283	王行	男	汉族	建筑学	建111	毕业
1284	丁阳	男	汉族	建筑学	建111	毕业
1285	任未乙	男	汉族	建筑学	建111	毕业
1286	马超	男	汉族	建筑学	建111	毕业
1287	李昂	女	汉族	建筑学	建111	毕业
1288	宫象鑫	男	汉族	交通工程	交通121	毕业
1289	梁朕	男	汉族	交通工程	交通121	毕业
1290	段竞泽	男	汉族	交通工程	交通121	毕业
1291	吴晨	男	汉族	交通工程	交通121	毕业
1292	郭梦怡	女	汉族	交通工程	交通121	毕业
1293	石朔	男	汉族	交通工程	交通121	毕业
1294	魏尧堃	男	回族	交通工程	交通121	毕业
1295	胡杨	女	汉族	交通工程	交通121	毕业
1296	高禄	男	汉族	交通工程	交通121	毕业
1297	胡钰阳	男	汉族	交通工程	交通121	毕业
1298	刘一洲	男	汉族	交通工程	交通121	毕业
1299	葛宇晗	女	汉族	交通工程	交通121	毕业
1300	张旭	男	满族	交通工程	交通121	毕业
1301	修则明	男	汉族	交通工程	交通121	毕业
1302	李新月	女	汉族	交通工程	交通121	毕业
1303	赵帅	男	汉族	交通工程	交通121	毕业
1304	朱经纬	男	汉族	交通工程	交通121	毕业
1305	邵文博	男	汉族	交通工程	交通121	毕业
1306	史一智	男	汉族	交通工程	交通121	毕业
1307	张博涵	男	汉族	交通工程	交通121	毕业
1308	刘博睿	男	汉族	交通工程	交通121	毕业
1309	齐泽阳	男	汉族	交通工程	交通121	毕业
1310	孟维宇	女	汉族	交通工程	交通121	毕业
1311	杨猛男	男	汉族	交通工程	交通121	毕业

续表

序号	姓名	性别	民族	专业名称	所在班级	毕(结)业结论
1312	张琛	女	汉族	交通工程	交通121	毕业
1313	杨倩	女	汉族	交通工程	交通121	毕业
1314	王荣	女	汉族	交通工程	交通121	毕业
1315	袁广	男	汉族	交通工程	交通121	毕业
1316	张慧	女	汉族	交通工程	交通121	毕业
1317	李菡超	女	汉族	交通工程	交通121	毕业
1318	陈磊	男	汉族	交通工程	交通121	毕业
1319	符玉鹏	男	汉族	交通工程	交通121	毕业
1320	肖建忠	男	汉族	交通工程	交通121	毕业
1321	吕妍	女	汉族	历史建筑保护工程	古建121	毕业
1322	张超	男	汉族	历史建筑保护工程	古建121	毕业
1323	牛铜	男	汉族	历史建筑保护工程	古建121	毕业
1324	王昂	男	汉族	历史建筑保护工程	古建121	毕业
1325	迟骋	女	汉族	历史建筑保护工程	古建121	毕业
1326	买琳琳	女	回族	历史建筑保护工程	古建121	毕业
1327	曾幻	女	彝族	历史建筑保护工程	古建121	毕业
1328	张玉晟	男	汉族	历史建筑保护工程	古建121	毕业
1329	解博知	男	汉族	历史建筑保护工程	古建121	毕业
1330	赵燕鹏	男	汉族	历史建筑保护工程	古建121	毕业
1331	王昕旸	女	汉族	历史建筑保护工程	古建121	毕业
1332	郑高亮	男	汉族	历史建筑保护工程	古建121	毕业
1333	倪尕沐浦	男	汉族	历史建筑保护工程	古建121	毕业
1334	王敏行	男	汉族	历史建筑保护工程	古建121	毕业
1335	张逸芳	女	满族	历史建筑保护工程	古建121	毕业
1336	范逸禩	男	汉族	历史建筑保护工程	古建121	毕业
1337	蔡京珠	女	汉族	历史建筑保护工程	古建121	毕业
1338	杨涵	男	汉族	热能与动力工程	动力121	毕业
1339	鲁浩	男	汉族	热能与动力工程	动力121	毕业
1340	郝卿儒	男	汉族	热能与动力工程	动力121	毕业
1341	赵加	男	汉族	热能与动力工程	动力121	毕业
1342	常皓	男	汉族	热能与动力工程	动力121	毕业
1343	王曼	女	汉族	热能与动力工程	动力121	毕业
1344	李佑	男	汉族	热能与动力工程	动力121	毕业
1345	王康	男	汉族	热能与动力工程	动力121	毕业
1346	郑天添	男	汉族	热能与动力工程	动力121	毕业

续表

序号	姓名	性别	民族	专业名称	所在班级	毕(结)业结论
1347	王子涵	男	汉族	热能与动力工程	动力121	毕业
1348	林星佑	男	满族	热能与动力工程	动力121	毕业
1349	康建东	男	汉族	热能与动力工程	动力121	毕业
1350	贺源	男	汉族	热能与动力工程	动力121	毕业
1351	王哲	男	汉族	热能与动力工程	动力121	毕业
1352	姜思雨	女	汉族	热能与动力工程	动力121	毕业
1353	沃龙	男	汉族	热能与动力工程	动力121	毕业
1354	杨竟远	男	汉族	热能与动力工程	动力121	毕业
1355	陈昊	男	汉族	热能与动力工程	动力121	毕业
1356	吴东俊	男	满族	热能与动力工程	动力121	毕业
1357	赵昕宇	男	汉族	热能与动力工程	动力121	毕业
1358	刘畅	男	汉族	热能与动力工程	动力121	毕业
1359	李海	男	汉族	热能与动力工程	动力121	毕业
1360	张炜杰	男	汉族	热能与动力工程	动力121	毕业
1361	田鑫磊	男	汉族	热能与动力工程	动力121	毕业
1362	高启童	女	汉族	热能与动力工程	动力121	毕业
1363	刘明宣	男	汉族	热能与动力工程	动力121	毕业
1364	韩沛	男	汉族	热能与动力工程	动力121	毕业
1365	吴琼	女	汉族	热能与动力工程	动力121	毕业
1366	刘荣	男	汉族	热能与动力工程	动力121	毕业
1367	李跃	女	汉族	社会工作	社122	毕业
1368	孙佳星	男	汉族	社会工作	社122	毕业
1369	张雯	女	汉族	社会工作	社122	毕业
1370	杨森	女	汉族	社会工作	社122	毕业
1371	段姝宏	女	汉族	社会工作	社122	毕业
1372	谌健辉	男	汉族	社会工作	社122	毕业
1373	张菁	女	汉族	社会工作	社122	毕业
1374	欧阳立	男	汉族	社会工作	社122	毕业
1375	董天放	男	汉族	社会工作	社122	毕业
1376	赵艺文	女	汉族	社会工作	社122	毕业
1377	姚景苏	男	汉族	社会工作	社112	毕业
1378	李麟	男	汉族	社会工作	社121	毕业
1379	姜梦圆	女	汉族	社会工作	社121	毕业
1380	王佑宇	男	汉族	社会工作	社121	毕业
1381	徐智瀚	男	满族	社会工作	社121	毕业

续表

序号	姓名	性别	民族	专业名称	所在班级	毕(结)业结论
1382	张祺琪	女	汉族	社会工作	社121	毕业
1383	裴忱	女	汉族	社会工作	社121	毕业
1384	张楚悦	女	汉族	社会工作	社121	毕业
1385	焦孟琳	女	汉族	社会工作	社121	毕业
1386	梁生炎	男	汉族	社会工作	社121	毕业
1387	吴瑛楠	女	汉族	社会工作	社121	毕业
1388	王婕	女	汉族	社会工作	社121	毕业
1389	张雪晨	女	汉族	社会工作	社121	毕业
1390	郭建怡	女	汉族	社会工作	社121	毕业
1391	刘伟	男	汉族	社会工作	社121	毕业
1392	梁潇	女	汉族	社会工作	社121	毕业
1393	孙梦迎	女	汉族	社会工作	社121	毕业
1394	李颖	女	汉族	社会工作	社121	毕业
1395	李明阳	男	汉族	社会工作	社121	毕业
1396	李赛	女	满族	社会工作	社121	毕业
1397	马杰	男	满族	社会工作	社121	毕业
1398	闫静怡	女	汉族	社会工作	社121	毕业
1399	李祚霖	男	汉族	社会工作	社121	毕业
1400	努尔艾合麦提·图热克	男	维吾尔族	社会工作	社121	毕业
1401	李天予	女	汉族	社会工作	社121	毕业
1402	杨觊瑞	男	汉族	社会工作	社121	毕业
1403	肖翔睿	男	汉族	社会工作	社121	毕业
1404	刘宇然	女	汉族	社会工作	社122	毕业
1405	陶宇昕	女	汉族	社会工作	社122	毕业
1406	张昕月	女	汉族	社会工作	社122	毕业
1407	谢嘉成	男	汉族	社会工作	社122	毕业
1408	高爽	女	汉族	社会工作	社122	毕业
1409	陈琳	女	汉族	社会工作	社122	毕业
1410	杨利	男	回族	社会工作	社122	毕业
1411	贡天媛	女	汉族	社会工作	社122	毕业
1412	林佳莹	女	汉族	社会工作	社122	毕业
1413	崔艺	男	汉族	社会工作	社122	毕业
1414	李杨	女	汉族	社会工作	社122	毕业
1415	李莹	女	满族	社会工作	社122	毕业
1416	赵磊	男	汉族	社会工作	社122	毕业

续表

序号	姓名	性别	民族	专业名称	所在班级	毕(结)业结论
1417	陈梦佳	女	汉族	社会工作	社122	毕业
1418	陈思樾	女	汉族	社会工作	社122	毕业
1419	李明瑶	男	汉族	社会工作	社122	毕业
1420	张梦	女	汉族	社会工作	社122	毕业
1421	杜卓宸	女	满族	社会工作	社122	毕业
1422	郭超	男	汉族	社会工作	社122	毕业
1423	乔冠英	男	汉族	市场营销	营121	毕业
1424	徐博琳	女	蒙古族	市场营销	营121	毕业
1425	罗龙恒	男	羌族	市场营销	营121	毕业
1426	雷鹏	男	仡佬族	市场营销	营121	毕业
1427	白洋	男	满族	市场营销	营121	毕业
1428	杨笑楠	女	汉族	市场营销	营121	毕业
1429	侯少聪	男	汉族	市场营销	营121	毕业
1430	周然	女	汉族	市场营销	营121	毕业
1431	赵佳怡	女	回族	市场营销	营121	毕业
1432	孙婧	女	汉族	市场营销	营121	毕业
1433	孙恺	男	汉族	市场营销	营121	毕业
1434	刘晓欣	男	回族	市场营销	营121	毕业
1435	李珊	女	汉族	市场营销	营121	毕业
1436	王赫	女	汉族	市场营销	营121	毕业
1437	赵思博	男	汉族	市场营销	营121	毕业
1438	余博言	男	汉族	市场营销	营121	毕业
1439	吕继伟	男	汉族	市场营销	营121	毕业
1440	高宏瑶	女	汉族	市场营销	营121	毕业
1441	周佳昕	女	汉族	市场营销	营121	毕业
1442	郑硕	男	汉族	市场营销	营121	毕业
1443	殷畅达	男	汉族	市场营销	营121	毕业
1444	袁正	男	汉族	市场营销	营121	毕业
1445	杨安娜	女	汉族	市场营销	营121	毕业
1446	王文杰	男	汉族	市场营销	营121	毕业
1447	钟诚	男	汉族	市场营销	营121	毕业
1448	郤亚宁	女	汉族	市场营销	营121	毕业
1449	郎一华	女	汉族	市场营销	营121	毕业
1450	何瑶	女	汉族	市场营销	营121	毕业
1451	程程	女	汉族	市场营销	营121	毕业

续表

序号	姓名	性别	民族	专业名称	所在班级	毕(结)业结论
1452	何梦婷	女	汉族	市场营销	营121	毕业
1453	米力坎木·吐孙	女	维吾尔族	市场营销	营121	毕业
1454	王伟	女	汉族	市场营销	营121	毕业
1455	房宇	女	汉族	市场营销	营121	毕业
1456	许琼	女	汉族	市场营销	营121	毕业
1457	曾燚	男	汉族	市场营销	营121	毕业
1458	张薇	女	汉族	市场营销	营121	毕业
1459	王轶婕	女	汉族	市场营销	营121	毕业
1460	苏雨迪	女	汉族	市场营销	营121	毕业
1461	田亚飞	女	汉族	市场营销	营121	毕业
1462	牛海东	男	藏族	市场营销	营121	毕业
1463	高宇嵩	男	汉族	市场营销	营121	毕业
1464	李阳	男	汉族	土木工程	土127	毕业
1465	孙瑶	女	汉族	土木工程	土127	毕业
1466	李昊	男	汉族	土木工程	土127	毕业
1467	赵菲	女	汉族	土木工程	土127	毕业
1468	李尧	男	汉族	土木工程	土127	毕业
1469	韩松	男	汉族	土木工程	土127	毕业
1470	桂晓珊	女	汉族	土木工程	土127	毕业
1471	蓝志滨	男	畲族	土木工程	土127	毕业
1472	刘伯承	男	汉族	土木工程	土127	毕业
1473	章艺伶	女	汉族	土木工程	土127	毕业
1474	李超超	男	仡佬族	土木工程	土127	毕业
1475	杨罗	男	黎族	土木工程	土127	毕业
1476	杨刚强	男	汉族	土木工程	土127	毕业
1477	王刚	男	汉族	土木工程	土127	毕业
1478	田学谦	男	回族	土木工程	土127	毕业
1479	徐乾朔	男	汉族	土木工程	土127	毕业
1480	马晨	男	回族	土木工程	土127	毕业
1481	李志海	男	汉族	土木工程	土127	毕业
1482	布赫	男	蒙古族	土木工程	土127	毕业
1483	吕海龙	男	汉族	土木工程	土128	毕业
1484	张墨杨	男	汉族	土木工程	土128	毕业
1485	王天昊	男	满族	土木工程	土128	毕业
1486	陈帅达	女	汉族	土木工程	土128	毕业

续表

序号	姓名	性别	民族	专业名称	所在班级	毕(结)业结论
1487	许晨涛	男	汉族	土木工程	土128	毕业
1488	郭雪鸾	女	汉族	土木工程	土128	毕业
1489	王斌	男	汉族	土木工程	土128	毕业
1490	解佳霁	女	汉族	土木工程	土128	毕业
1491	李阔	男	汉族	土木工程	土128	毕业
1492	李正一	男	回族	土木工程	土128	毕业
1493	柴新月	男	汉族	土木工程	土128	毕业
1494	林曜岚	男	汉族	土木工程	土128	毕业
1495	仝威	男	汉族	土木工程	土128	毕业
1496	胡瀚	男	汉族	土木工程	土128	毕业
1497	白杰	男	满族	土木工程	土128	毕业
1498	李胜馗	男	满族	土木工程	土128	毕业
1499	马烁	男	汉族	土木工程	土128	毕业
1500	王笑	男	汉族	土木工程	土128	毕业
1501	高怀志	男	汉族	土木工程	土128	毕业
1502	穆思杰	女	汉族	土木工程	土128	毕业
1503	王涧峰	男	汉族	土木工程	土128	毕业
1504	张晨晨	男	汉族	土木工程	土128	毕业
1505	李子杰	男	汉族	土木工程	土128	毕业
1506	孙淼	女	汉族	土木工程	土128	毕业
1507	李凌枫	男	汉族	土木工程	土128	毕业
1508	朱悦	女	汉族	土木工程	土128	毕业
1509	巩旭特	男	满族	土木工程	土128	毕业
1510	尹立鹤	男	汉族	土木工程	土128	毕业
1511	曹勋	男	汉族	土木工程	土128	毕业
1512	徐征宇	男	汉族	土木工程	土128	毕业
1513	郭胜	男	汉族	土木工程	土128	毕业
1514	万嘉成	男	汉族	土木工程	土128	毕业
1515	南志领	男	汉族	土木工程	土128	毕业
1516	栗现斌	男	汉族	土木工程	土128	毕业
1517	胡茂飞	男	汉族	土木工程	土128	毕业
1518	罗杰	女	汉族	土木工程	土128	毕业
1519	王平安	男	汉族	土木工程	土127	毕业
1520	郭琪	男	汉族	土木工程	土127	毕业
1521	田佳星	男	满族	土木工程	土127	毕业

续表

序号	姓名	性别	民族	专业名称	所在班级	毕(结)业结论
1522	王元书	女	汉族	土木工程	土122	毕业
1523	刘天意	男	汉族	土木工程	土122	毕业
1524	孙文童	男	汉族	土木工程	土122	毕业
1525	易伟同	男	汉族	土木工程	土122	毕业
1526	杨明尉	男	汉族	土木工程	土122	毕业
1527	毕砚	女	汉族	土木工程	土122	毕业
1528	王珏	女	汉族	土木工程	土124	毕业
1529	秦昊	男	汉族	土木工程	土124	毕业
1530	王时宇	男	汉族	土木工程	土124	毕业
1531	杨晓熠	女	汉族	土木工程	土124	毕业
1532	王英杰	男	汉族	土木工程	土124	毕业
1533	李一铎	男	汉族	土木工程	土124	毕业
1534	张锟	男	汉族	土木工程	土124	毕业
1535	朱玉鹭	女	汉族	土木工程	土124	毕业
1536	郝邺	男	汉族	土木工程	土124	毕业
1537	池瑞文	男	汉族	土木工程	土124	毕业
1538	韩秋爽	女	汉族	土木工程	土124	毕业
1539	田宇	男	汉族	土木工程	土124	毕业
1540	李乐	男	满族	土木工程	土124	毕业
1541	邓青青	女	汉族	土木工程	土124	毕业
1542	王云鹏	男	蒙古族	土木工程	土124	毕业
1543	陈海生	男	汉族	土木工程	土124	毕业
1544	刘广栋	男	汉族	土木工程	土124	毕业
1545	李海鹏	男	汉族	土木工程	土124	毕业
1546	谢庭	女	汉族	土木工程	土124	毕业
1547	邱艺	男	汉族	土木工程	土124	毕业
1548	李贻	男	汉族	土木工程	土124	毕业
1549	和毅	男	白族	土木工程	土124	毕业
1550	迟焕华	男	汉族	土木工程	土126	毕业
1551	黄翔	男	汉族	土木工程	土126	毕业
1552	杨佳新	男	汉族	土木工程	土126	毕业
1553	梁姗妮	女	汉族	土木工程	土124	毕业
1554	张锦鑫	男	蒙古族	土木工程	土126	毕业
1555	俞轩	男	汉族	土木工程	土126	毕业
1556	王小龙	男	回族	土木工程	土126	毕业

续表

序号	姓名	性别	民族	专业名称	所在班级	毕(结)业结论
1557	赵桐	男	汉族	土木工程	土126	毕业
1558	黄轩	男	汉族	土木工程	土126	毕业
1559	广学治	男	汉族	土木工程	土126	毕业
1560	陈陆	女	汉族	土木工程	土127	毕业
1561	关鼎宸	男	满族	土木工程	土127	毕业
1562	陈鸿睿	男	汉族	土木工程	土127	毕业
1563	刘宣佑	男	汉族	土木工程	土127	毕业
1564	高壮壮	男	汉族	土木工程	土127	毕业
1565	吴思桐	男	汉族	土木工程	土127	毕业
1566	李旭阳	男	汉族	土木工程	土127	毕业
1567	胡雨晨	男	汉族	土木工程	土127	毕业
1568	武昊	男	汉族	土木工程	土127	毕业
1569	聂然	女	汉族	土木工程	土127	毕业
1570	吴鹏志	男	汉族	土木工程	土127	毕业
1571	王帅	男	汉族	土木工程	土127	毕业
1572	赵文杰	男	汉族	土木工程	土127	毕业
1573	张紫晗	女	汉族	土木工程	土127	毕业
1574	张至	男	汉族	土木工程	土122	毕业
1575	庞聪	男	壮族	土木工程	土122	毕业
1576	安然	女	汉族	土木工程	土122	毕业
1577	李建平	男	汉族	土木工程	土122	毕业
1578	侯佳奇	男	汉族	土木工程	土122	毕业
1579	金达	男	汉族	土木工程	土122	毕业
1580	郝歆跃	男	汉族	土木工程	土122	毕业
1581	房扬	男	满族	土木工程	土122	毕业
1582	李士贤	男	汉族	土木工程	土122	毕业
1583	丁伊宁	女	汉族	土木工程	土122	毕业
1584	赵政	男	汉族	土木工程	土122	毕业
1585	闫天宇	男	汉族	土木工程	土122	毕业
1586	徐超	男	汉族	土木工程	土122	毕业
1587	宁鑫	男	汉族	土木工程	土122	毕业
1588	钱晨阳	男	汉族	土木工程	土122	毕业
1589	陈孔璋	男	汉族	土木工程	土122	毕业
1590	辛蕊	女	汉族	土木工程	土122	毕业
1591	李万钧	男	汉族	土木工程	土122	毕业

续表

序号	姓名	性别	民族	专业名称	所在班级	毕(结)业结论
1592	覃薛瑜	男	汉族	土木工程	土122	毕业
1593	田峻瑜	男	汉族	土木工程	土122	毕业
1594	梁祖宾	男	汉族	土木工程	土122	毕业
1595	张小培	男	汉族	土木工程	土124	毕业
1596	李军峰	男	汉族	土木工程	土124	毕业
1597	李超	男	汉族	土木工程	土124	毕业
1598	刘顿	男	汉族	土木工程	土124	毕业
1599	王超	男	汉族	土木工程	土124	毕业
1600	寇成城	男	汉族	土木工程	土124	毕业
1601	苗晶	女	汉族	土木工程	土124	毕业
1602	王申禹	男	汉族	土木工程	土125	毕业
1603	刘慧璇	女	汉族	土木工程	土125	毕业
1604	文聘	男	侗族	土木工程	土125	毕业
1605	高超	男	汉族	土木工程	土125	毕业
1606	陈皓欣	女	汉族	土木工程	土125	毕业
1607	闫焜	男	汉族	土木工程	土125	毕业
1608	蒋楚童	男	满族	土木工程	土125	毕业
1609	许伊芳	女	汉族	土木工程	土125	毕业
1610	冯可意	男	汉族	土木工程	土125	毕业
1611	刘传	男	汉族	土木工程	土125	毕业
1612	陈欣	男	汉族	土木工程	土125	毕业
1613	贺婉昕	女	汉族	土木工程	土125	毕业
1614	李天傲	男	汉族	土木工程	土125	毕业
1615	李胜奇	男	汉族	土木工程	土125	毕业
1616	李铫	女	汉族	土木工程	土125	毕业
1617	张达	男	汉族	土木工程	土125	毕业
1618	陈晨	男	汉族	土木工程	土125	毕业
1619	张永喆	男	汉族	土木工程	土125	毕业
1620	王奇	男	汉族	土木工程	土125	毕业
1621	杨宏福	男	汉族	土木工程	土125	毕业
1622	傅天佑	男	汉族	土木工程	土125	毕业
1623	唐玉	男	汉族	土木工程	土122	毕业
1624	朱怡	女	汉族	土木工程	土122	毕业
1625	王海鹏	男	回族	土木工程	土122	毕业
1626	李安琪	女	汉族	土木工程	土122	毕业

续表

序号	姓名	性别	民族	专业名称	所在班级	毕(结)业结论
1627	夏春秋	女	汉族	土木工程	土122	毕业
1628	李健	男	汉族	土木工程	土122	毕业
1629	赵义超	男	汉族	土木工程	土122	毕业
1630	郑旭阳	男	汉族	土木工程	土122	毕业
1631	郭磊磊	女	满族	土木工程	土122	毕业
1632	王时佳	男	汉族	土木工程	土123	毕业
1633	李酉禄	男	汉族	土木工程	土123	毕业
1634	袁全	男	汉族	土木工程	土123	毕业
1635	韩雪松	男	汉族	土木工程	土123	毕业
1636	郑明召	男	汉族	土木工程	土123	毕业
1637	何才邦	男	壮族	土木工程	土123	毕业
1638	宋国汉	男	汉族	土木工程	土123	毕业
1639	孙凯	男	汉族	土木工程	土123	毕业
1640	张天樾	男	汉族	土木工程	土123	毕业
1641	闫旭	男	汉族	土木工程	土123	毕业
1642	任德民	男	汉族	土木工程	土123	毕业
1643	张硕	男	黎族	土木工程	土123	毕业
1644	李湘君	女	汉族	土木工程	土123	毕业
1645	丁宇楠	女	汉族	土木工程	土123	毕业
1646	赵鑫	男	汉族	土木工程	土123	毕业
1647	赵阔	男	汉族	土木工程	土123	毕业
1648	王未	男	汉族	土木工程	土125	毕业
1649	赵博洋	男	汉族	土木工程	土125	毕业
1650	王磊	男	汉族	土木工程	土125	毕业
1651	任晨鑫	男	汉族	土木工程	土125	毕业
1652	李权	男	汉族	土木工程	土121	毕业
1653	郑腾龙	男	汉族	土木工程	土121	毕业
1654	刘志洋	男	汉族	土木工程	土121	毕业
1655	徐嘉琪	男	汉族	土木工程	土121	毕业
1656	周博威	男	汉族	土木工程	土121	毕业
1657	李华卿	男	汉族	土木工程	土121	毕业
1658	宋宜濛	女	汉族	土木工程	土121	毕业
1659	秦思怡	女	汉族	土木工程	土125	毕业
1660	郭唯	男	汉族	土木工程	土125	毕业
1661	邓博文	男	汉族	土木工程	土125	毕业

续表

序号	姓名	性别	民族	专业名称	所在班级	毕(结)业结论
1662	诸熠楚	男	汉族	土木工程	土125	毕业
1663	何书杰	男	汉族	土木工程	土125	毕业
1664	刘婷	女	汉族	土木工程	土125	毕业
1665	杨亚平	男	汉族	土木工程	土125	毕业
1666	杨瑞麟	男	汉族	土木工程	土125	毕业
1667	张羽	男	汉族	土木工程	土125	毕业
1668	姜启航	男	苗族	土木工程	土125	毕业
1669	孙晓洁	男	汉族	土木工程	土125	毕业
1670	夏文辉	男	汉族	土木工程	土125	毕业
1671	周瑶	女	汉族	土木工程	土125	毕业
1672	任宇晴	男	汉族	土木工程	土125	毕业
1673	陈燕雯	女	汉族	土木工程	土125	毕业
1674	王震	男	汉族	土木工程	土125	毕业
1675	张立兴	男	汉族	土木工程	土125	毕业
1676	王鑫	女	汉族	土木工程	土121	毕业
1677	李思远	男	汉族	土木工程	土121	毕业
1678	贾博	男	汉族	土木工程	土121	毕业
1679	刘畅	女	汉族	土木工程	土121	毕业
1680	王绅	男	汉族	土木工程	土121	毕业
1681	赵鸿	男	汉族	土木工程	土121	毕业
1682	郁蒙	男	汉族	土木工程	土121	毕业
1683	秦翰星	男	汉族	土木工程	土121	毕业
1684	满海天	男	汉族	土木工程	土121	毕业
1685	张耐	男	汉族	土木工程	土121	毕业
1686	陈志超	男	汉族	土木工程	土125	毕业
1687	徐小明	男	汉族	土木工程	土125	毕业
1688	张孝轩	男	汉族	土木工程	土123	毕业
1689	宁硕	男	汉族	土木工程	土123	毕业
1690	崔长坡	男	汉族	土木工程	土123	毕业
1691	马星	男	汉族	土木工程	土123	毕业
1692	孙世权	男	汉族	土木工程	土123	毕业
1693	孙海宁	男	汉族	土木工程	土123	毕业
1694	刘宏超	男	汉族	土木工程	土123	毕业
1695	燕兆	男	汉族	土木工程	土123	毕业
1696	李禹桥	女	汉族	土木工程	土123	毕业

续表

序号	姓名	性别	民族	专业名称	所在班级	毕(结)业结论
1697	贡成	男	汉族	土木工程	土123	毕业
1698	刘福生	男	汉族	土木工程	土123	毕业
1699	熊薇	女	汉族	土木工程	土123	毕业
1700	陈小奔	男	汉族	土木工程	土123	毕业
1701	黄国泽	男	汉族	土木工程	土123	毕业
1702	贺鹏飞	男	汉族	土木工程	土123	毕业
1703	熊云帆	男	汉族	土木工程	土123	毕业
1704	王亚勇	男	汉族	土木工程	土123	毕业
1705	黄伟杰	男	汉族	土木工程	土123	毕业
1706	晏彬杰	男	白族	土木工程	土123	毕业
1707	张彦杰	男	汉族	土木工程	土123	毕业
1708	刘志伟	男	汉族	土木工程	土123	毕业
1709	苏海龙	男	汉族	土木工程	土123	毕业
1710	蔡智刚	男	汉族	土木工程	土123	毕业
1711	王伟娇	女	汉族	土木工程	土123	毕业
1712	裴育	女	汉族	土木工程	土123	毕业
1713	刘英冬	男	汉族	土木工程	土123	毕业
1714	温剑	男	汉族	土木工程	土123	毕业
1715	万钧晖	男	汉族	土木工程	土126	毕业
1716	刘海涛	男	汉族	土木工程	土126	毕业
1717	王子祺	男	汉族	土木工程	土126	毕业
1718	刘晓彤	女	汉族	土木工程	土126	毕业
1719	司耐	男	汉族	土木工程	土126	毕业
1720	付顺义	男	汉族	土木工程	土126	毕业
1721	付晓梦	女	汉族	土木工程	土126	毕业
1722	于桐桐	女	汉族	土木工程	土126	毕业
1723	王云琨	男	侗族	土木工程	土126	毕业
1724	方睿	男	汉族	土木工程	土126	毕业
1725	闫帅	男	汉族	土木工程	土126	毕业
1726	李桐	男	汉族	土木工程	土126	毕业
1727	张威	男	满族	土木工程	土126	毕业
1728	马顺昌	男	汉族	土木工程	土126	毕业
1729	张博文	女	汉族	土木工程	土126	毕业
1730	蔡立强	男	汉族	土木工程	土126	毕业
1731	陈鑫超	男	汉族	土木工程	土126	毕业

续表

序号	姓名	性别	民族	专业名称	所在班级	毕(结)业结论
1732	张金臣	男	汉族	土木工程	土126	毕业
1733	邢浩	男	汉族	土木工程	土126	毕业
1734	王迪	男	汉族	土木工程	土126	毕业
1735	李思童	女	汉族	土木工程	土126	毕业
1736	吴松	男	汉族	土木工程	土126	毕业
1737	尹苏旭	男	汉族	土木工程	土126	毕业
1738	李博	男	汉族	土木工程	土126	毕业
1739	杨小龙	男	汉族	土木工程	土126	毕业
1740	李金明	男	汉族	土木工程	土121	毕业
1741	戢广禹	女	汉族	土木工程	土121	毕业
1742	韩雨婷	女	汉族	土木工程	土121	毕业
1743	郭明	男	汉族	土木工程	土121	毕业
1744	于越	男	满族	土木工程	土121	毕业
1745	张强	男	汉族	土木工程	土121	毕业
1746	高垚	男	汉族	土木工程	土121	毕业
1747	丁永	男	汉族	土木工程	土121	毕业
1748	祝曼格	男	汉族	土木工程	土121	毕业
1749	吴俊宏	男	汉族	土木工程	土126	毕业
1750	田琪婴	女	土家族	土木工程	土126	毕业
1751	李劲松	男	汉族	土木工程	土126	毕业
1752	彭泗雄	男	汉族	土木工程	土126	毕业
1753	陈迪圣	男	汉族	土木工程	土124	毕业
1754	马福临	男	回族	土木工程	土124	毕业
1755	王唯	男	汉族	土木工程	土124	毕业
1756	李心智	男	汉族	土木工程	土124	毕业
1757	侯旭	男	汉族	土木工程	土124	毕业
1758	李雨航	男	汉族	土木工程	土124	毕业
1759	李文彬	男	汉族	土木工程	土121	毕业
1760	黄威振	男	汉族	土木工程	土121	毕业
1761	霍永敏	男	汉族	土木工程	土121	毕业
1762	王钟锐	男	汉族	土木工程	土121	毕业
1763	旦增曲宗	女	藏族	土木工程	土121	毕业
1764	徐嘉轩	男	汉族	土木工程	土121	毕业
1765	吴俊锋	男	汉族	土木工程	土121	毕业
1766	董兰圣	男	汉族	土木工程	土121	毕业

续表

序号	姓名	性别	民族	专业名称	所在班级	毕(结)业结论
1767	何初超	男	蒙古族	土木工程	土121	毕业
1768	刘洋	女	汉族	土木工程	土121	毕业
1769	李茂林	男	汉族	土木工程	土121	毕业
1770	许晓煌	女	汉族	土木工程	土121	毕业
1771	李根	男	汉族	土木工程	土121	毕业
1772	赵媛媛	女	汉族	土木工程	土121	毕业
1773	邸鹏	男	汉族	土木工程	土122	毕业
1774	李昊	男	汉族	土木工程	土122	毕业
1775	王亦然	女	汉族	土木工程	土122	毕业
1776	季云鹏	男	汉族	土木工程	土122	毕业
1777	刘锦涛	男	汉族	无机非金属材料工程	材121	毕业
1778	贾子存	男	汉族	无机非金属材料工程	材121	毕业
1779	张禹洋	男	汉族	无机非金属材料工程	材121	毕业
1780	黄振	女	壮族	无机非金属材料工程	材121	毕业
1781	李赫	男	汉族	无机非金属材料工程	材121	毕业
1782	寇俊雄	男	汉族	无机非金属材料工程	材121	毕业
1783	侯佳明	男	土家族	无机非金属材料工程	材121	毕业
1784	张鹏飞	男	汉族	无机非金属材料工程	材121	毕业
1785	黄玉颖	女	汉族	无机非金属材料工程	材121	毕业
1786	李四达	男	汉族	无机非金属材料工程	材121	毕业
1787	高陆	男	汉族	无机非金属材料工程	材121	毕业
1788	刘明炀	男	汉族	无机非金属材料工程	材121	毕业
1789	张昆	男	汉族	无机非金属材料工程	材121	毕业
1790	李时雨	男	汉族	无机非金属材料工程	材121	毕业
1791	王卓然	女	汉族	无机非金属材料工程	材121	毕业
1792	蔡东明	男	汉族	无机非金属材料工程	材121	毕业
1793	朱晨阳	男	汉族	无机非金属材料工程	材121	毕业
1794	张宏月	男	汉族	无机非金属材料工程	材121	毕业
1795	付蕾	女	汉族	无机非金属材料工程	材121	毕业
1796	王攀	男	汉族	无机非金属材料工程	材121	毕业
1797	宗义	男	汉族	无机非金属材料工程	材121	毕业
1798	焦亮程	男	汉族	无机非金属材料工程	材121	毕业
1799	王杉	男	汉族	无机非金属材料工程	材121	毕业
1800	熊婕	女	汉族	无机非金属材料工程	材121	毕业
1801	吴林学	男	汉族	无机非金属材料工程	材121	毕业

续表

序号	姓名	性别	民族	专业名称	所在班级	毕(结)业结论
1802	李赞业	男	汉族	无机非金属材料工程	材121	毕业
1803	刘小端	男	汉族	无机非金属材料工程	材121	毕业
1804	张乐义	男	汉族	无机非金属材料工程	材121	毕业
1805	陈天骄	男	汉族	信息与计算科学	信121	毕业
1806	李建昊	男	汉族	信息与计算科学	信121	毕业
1807	蔡嘉跃	男	汉族	信息与计算科学	信121	毕业
1808	何静	女	汉族	信息与计算科学	信121	毕业
1809	郑航	男	汉族	信息与计算科学	信121	毕业
1810	樊嵩	男	汉族	信息与计算科学	信121	毕业
1811	刘鸣晓	男	汉族	信息与计算科学	信121	毕业
1812	程晨	女	汉族	信息与计算科学	信121	毕业
1813	顾安琦	男	汉族	信息与计算科学	信121	毕业
1814	王元	男	汉族	信息与计算科学	信121	毕业
1815	郭盛	男	汉族	信息与计算科学	信121	毕业
1816	李浩	男	汉族	信息与计算科学	信121	毕业
1817	张嘉雯	女	汉族	信息与计算科学	信121	毕业
1818	成功	男	朝鲜族	信息与计算科学	信121	毕业
1819	袁睿	女	满族	信息与计算科学	信121	毕业
1820	李强	男	汉族	信息与计算科学	信121	毕业
1821	高凌翰	男	汉族	信息与计算科学	信121	毕业
1822	代威然	男	汉族	信息与计算科学	信121	毕业
1823	李雪	女	汉族	信息与计算科学	信121	毕业
1824	纪翰哲	男	汉族	信息与计算科学	信121	毕业
1825	佘灵伟	男	壮族	信息与计算科学	信121	毕业
1826	孙亚洲	男	汉族	信息与计算科学	信121	毕业
1827	张嘉欣	男	汉族	信息与计算科学	信121	毕业
1828	崔晨旭	男	汉族	信息与计算科学	信121	毕业
1829	王郭鑫	女	汉族	信息与计算科学	信121	毕业
1830	桂爱瑶	女	汉族	无机非金属材料工程	信121	毕业
1831	元凯	男	汉族	信息与计算科学	信121	毕业
1832	布继安	男	汉族	信息与计算科学	信121	毕业
1833	李佳贝	男	汉族	信息与计算科学	信121	毕业
1834	李德众	男	汉族	信息与计算科学	信121	毕业
1835	王家任	男	汉族	信息与计算科学	信121	毕业
1836	蔡家俊	男	汉族	信息与计算科学	信121	毕业

续表

序号	姓名	性别	民族	专业名称	所在班级	毕(结)业结论
1837	陈新	男	汉族	信息与计算科学	信121	毕业
1838	宋坤	男	汉族	信息与计算科学	信121	毕业
1839	金锋	男	苗族	信息与计算科学	信121	毕业
1840	黄成运	女	仡佬族	信息与计算科学	信121	毕业
1841	毛传富	男	彝族	信息与计算科学	信121	毕业
1842	周全	男	汉族	信息与计算科学	信121	毕业
1843	杨明	男	汉族	自动化	自121	毕业
1844	于天	男	汉族	自动化	自121	毕业
1845	吕晨阳	男	汉族	自动化	自121	毕业
1846	寇中奇	男	汉族	自动化	自121	毕业
1847	水天一	男	汉族	自动化	自121	毕业
1848	霍悦	男	汉族	自动化	自121	毕业
1849	李雪松	男	汉族	自动化	自121	毕业
1850	赵远东	男	汉族	自动化	自121	毕业
1851	李傲	男	汉族	自动化	自121	毕业
1852	王家祺	女	汉族	自动化	自121	毕业
1853	代俊伟	男	汉族	自动化	自121	毕业
1854	刘立栋	男	汉族	自动化	自121	毕业
1855	赵旭	男	汉族	自动化	自121	毕业
1856	谢维扬	男	汉族	自动化	自121	毕业
1857	袁鑫	男	满族	自动化	自121	毕业
1858	安允	女	汉族	自动化	自121	毕业
1859	张文杰	男	汉族	自动化	自121	毕业
1860	武建江	男	汉族	自动化	自121	毕业
1861	苗源	男	汉族	自动化	自121	毕业
1862	宋剑	男	汉族	自动化	自121	毕业
1863	吴鹏举	男	汉族	自动化	自121	毕业
1864	周雨祺	男	汉族	自动化	自121	毕业
1865	李飞	男	汉族	自动化	自121	毕业
1866	李郅哲	男	汉族	自动化	自121	毕业
1867	黄和	男	彝族	自动化	自121	毕业
1868	张旭	女	汉族	自动化	自121	毕业
1869	杨小梅	女	汉族	自动化	自121	毕业
1870	扎西向秋	男	藏族	自动化	自121	毕业
1871	王亮	男	汉族	自动化	自122	毕业

续表

序号	姓名	性别	民族	专业名称	所在班级	毕(结)业结论
1872	李云桥	男	汉族	自动化	自121	毕业
1873	李其泰	男	汉族	自动化	自121	毕业
1874	赵磊	男	汉族	自动化	自121	毕业
1875	李宝华	男	汉族	自动化	自121	毕业
1876	杨博云	男	满族	自动化	自121	毕业
1877	倪硕	男	汉族	自动化	自121	毕业
1878	邢杰	男	汉族	自动化	自122	毕业
1879	王楠	男	汉族	自动化	自122	毕业
1880	徐超	男	汉族	自动化	自122	毕业
1881	刘裕盈	女	汉族	自动化	自122	毕业
1882	卢志鹏	男	汉族	自动化	自122	毕业
1883	李佳恒	男	汉族	自动化	自122	毕业
1884	崔佑铭	男	朝鲜族	自动化	自122	毕业
1885	李浩翔	男	汉族	自动化	自122	毕业
1886	管纬	男	汉族	自动化	自122	毕业
1887	薄云飞	男	汉族	自动化	自122	毕业
1888	刘思捷	男	汉族	自动化	自122	毕业
1889	孟圣杰	男	汉族	自动化	自122	毕业
1890	齐天圣	男	汉族	自动化	自122	毕业
1891	许正阳	男	汉族	自动化	自122	毕业
1892	申常见	男	汉族	自动化	自122	毕业
1893	相远行	男	汉族	自动化	自122	毕业
1894	杨硕	男	汉族	自动化	自122	毕业
1895	李玲	女	汉族	自动化	自122	毕业
1896	李靖	男	汉族	自动化	自122	毕业
1897	马宏潇	男	满族	自动化	自122	毕业
1898	丁少波	男	汉族	自动化	自122	毕业
1899	焦佳阳	男	汉族	自动化	自122	毕业
1900	李明坤	男	汉族	自动化	自122	毕业
1901	贾广政	男	汉族	自动化	自122	毕业
1902	赵一夫	男	汉族	自动化	自122	毕业
1903	张维奇	男	汉族	自动化	自122	毕业
1904	林书德	男	汉族	自动化	自122	毕业
1905	潘贝	女	汉族	自动化	自122	毕业
1906	沈翔	男	汉族	自动化	自122	毕业
1907	景艳芳	女	汉族	自动化	自122	毕业

四、2016年本科结业生名单

序号	姓名	性别	民族	专业名称	所在班级	毕(结)业结论
1	卫鸿铭	男	汉族	测绘工程	测121	结业
2	宁子铭	男	汉族	地理信息系统	地121	结业
3	李洁	女	汉族	电气工程及其自动化	电气121	结业
4	齐磊	男	汉族	电气工程及其自动化	电气121	结业
5	刘羽丰	男	汉族	电气工程及其自动化	电气122	结业
6	张天宇	男	汉族	给水排水工程	水123	结业
7	于沛	男	汉族	给水排水工程	水123	结业
8	秦浩平	男	满族	给水排水工程	水123	结业
9	王恩彤	男	汉族	工程管理	管123	结业
10	蒋鹏	男	汉族	工程管理	管123	结业
11	张越	男	汉族	工程管理	管121	结业
12	贾思阳	男	汉族	工程管理	管122	结业
13	章晨曦	男	汉族	工程管理	管122	结业
14	李升	男	汉族	工程管理	管122	结业
15	吴佳晟	男	汉族	工商管理	商122	结业
16	则克如拉·艾合麦提	男	维吾尔族	工商管理	商121	结业
17	吾尔肯·沙布尔江	男	哈萨克族	工商管理	商121	结业
18	曾宁	男	汉族	工业设计	工设121	结业
19	陈卓	男	汉族	公共事业管理	公管121	结业
20	张中仁	男	汉族	公共事业管理	公管122	结业
21	杨永全	男	汉族	计算机科学与技术	计122	结业
22	刘欣悦	男	汉族	计算机科学与技术	计121	结业
23	汪思齐	男	汉族	计算机科学与技术	计122	结业
24	尚文嘉	男	汉族	建筑电气与智能化	建电121	结业
25	宋超	男	汉族	建筑电气与智能化	建电121	结业
26	桑珂	男	汉族	建筑环境与设备工程	暖121	结业
27	刘伟	男	汉族	交通工程	交通121	结业
28	赵金跃	男	汉族	交通工程	交通121	结业
29	张岳	男	汉族	交通工程	交通121	结业
30	喻龙波	男	汉族	历史建筑保护工程	古建121	结业
31	刘恺懿	男	汉族	热能与动力工程	动力121	结业
32	肖征	男	满族	土木工程	土127	结业
33	崔硕	男	朝鲜族	土木工程	土128	结业
34	董杰	男	汉族	土木工程	土128	结业

续表

序号	姓名	性别	民族	专业名称	所在班级	毕(结)业结论
35	王佳琪	男	汉族	土木工程	土127	结业
36	王威	男	回族	土木工程	土122	结业
37	张昊	男	汉族	土木工程	土122	结业
38	化振	男	汉族	土木工程	土127	结业
39	杜新凯	男	汉族	土木工程	土127	结业
40	黄峥	男	汉族	土木工程	土124	结业
41	张泽辉	男	汉族	土木工程	土122	结业
42	李琪	男	汉族	土木工程	土122	结业
43	何学远	男	汉族	土木工程	土123	结业
44	何方	男	汉族	土木工程	土123	结业
45	朱佳兴	男	汉族	土木工程	土125	结业
46	游洋	男	汉族	土木工程	土125	结业
47	陈博	男	满族	土木工程	土125	结业
48	衣鹏	男	汉族	土木工程	土125	结业
49	纪璇	女	汉族	土木工程	土125	结业
50	蔡灿	男	汉族	土木工程	土121	结业
51	张家豪	男	汉族	土木工程	土126	结业
52	王新宇	男	汉族	土木工程	土123	结业
53	王林申	男	汉族	土木工程	土124	结业
54	张超	男	汉族	土木工程	土121	结业
55	李琳钰	女	蒙古族	土木工程	土122	结业
56	陈小朝	男	汉族	无机非金属材料工程	材121	结业
57	王自强	男	汉族	信息与计算科学	信121	结业
58	孟繁凯	男	汉族	自动化	自121	结业

五、2016年北京建筑大学继续教育学院毕业生名单

北京建筑大学成人高等教育2016届春季毕业生名册

序号	姓名	性别	专业	班级	学制	学历	毕业证书号	备注
1	吴永振	男	土木工程	土木本09	5	本科	1001652016050000001	毕业
2	张建忠	男	土木工程	土木本10	5	本科	1001652016050000002	毕业
3	孙芹芹	女	土木工程	土木本11	5	本科	1001652016050000003	毕业
4	周中林	男	土木工程	土木本11	5	本科	1001652016050000004	毕业
5	金培培	女	土木工程	土木本11	5	本科	1001652016050000005	毕业

续表

序号	姓名	性别	专业	班级	学制	学历	毕业证书号	备注
6	桓立峰	男	土木工程	土木本11	5	本科	100165201605000006	毕业
7	赵金西	男	土木工程	土木本11	5	本科	100165201605000007	毕业
8	冯娟娟	女	土木工程	土木本11	5	本科	100165201605000008	毕业
9	姜山	男	土木工程	土木本11	5	本科	100165201605000009	毕业
10	齐济	男	土木工程	土木本11	5	本科	100165201605000010	毕业
11	徐东方	男	土木工程	土木本11	5	本科	100165201605000011	毕业
12	孙明亮	女	土木工程	土木本11	5	本科	100165201605000012	毕业
13	邢艳	女	土木工程	土木本11	5	本科	100165201605000013	毕业
14	张杰	男	土木工程	土木本11	5	本科	100165201605000014	毕业
15	许利娇	女	土木工程	土木本11	5	本科	100165201605000015	毕业
16	张作超	男	土木工程	土木本11	5	本科	100165201605000016	毕业
17	周昆	男	土木工程	土木本11	5	本科	100165201605000017	毕业
18	李硕朋	男	土木工程	土木本11	5	本科	100165201605000649	毕业
19	黄贞语	女	土木工程	土木本11	5	本科	100165201605000018	毕业
20	程雪	女	土木工程	土木本11	5	本科	100165201605000019	毕业
21	闫蕊秀	女	土木工程	土木本11	5	本科	100165201605000020	毕业
22	孟硕	男	土木工程	土木本11	5	本科	100165201605000021	毕业
23	张召亮	男	土木工程	土木本11	5	本科	100165201605000022	毕业
24	史明琪	女	土木工程	土木本11	5	本科	100165201605000023	毕业
25	薛海涛	男	土木工程	土木本11	5	本科	100165201605000024	毕业
26	孙永锋	男	土木工程	土木本11	5	本科	100165201605000025	毕业
27	司维	男	土木工程	土木本11	5	本科	100165201605000026	毕业
28	张松	男	土木工程	土木本11	5	本科	100165201605000027	毕业
29	卢振宁	男	土木工程	土木本11	5	本科	100165201605000028	毕业
30	银夏云	女	土木工程	土木本11	5	本科	100165201605000029	毕业
31	宋晓云	女	土木工程	土木本11	5	本科	100165201605000030	毕业
32	陈斌	女	土木工程	土木本11	5	本科	100165201605000031	毕业
33	安培培	女	土木工程	土木本11	5	本科	100165201605000032	毕业
34	白洪娜	女	土木工程	土木本11	5	本科	100165201605000033	毕业
35	金程	女	土木工程	土木本11	5	本科	100165201605000034	毕业
36	李鹏飞	男	土木工程	土木本11	5	本科	100165201605000035	毕业
37	叶凡	女	土木工程	土木本11	5	本科	100165201605000036	毕业
38	苏佃庆	男	土木工程	土木本11	5	本科	100165201605000037	毕业
39	柴进	男	土木工程	土木本11	5	本科	100165201605000038	毕业
40	李王军	男	土木工程	土木本11	5	本科	100165201605000039	毕业

续表

序号	姓名	性别	专业	班级	学制	学历	毕业证书号	备注
41	卢学丽	女	土木工程	土木本11	5	本科	100165201605000040	毕业
42	程希峰	男	土木工程	土木本11	5	本科	100165201605000041	毕业
43	王建文	男	土木工程	土木本11	5	本科	100165201605000042	毕业
44	赵天爽	女	土木工程	土木本11	5	本科	100165201605000043	毕业
45	王祥	男	土木工程	土木本11	5	本科	100165201605000044	毕业
46	高爽	女	土木工程	土木本11	5	本科	100165201605000045	毕业
47	沈丽丽	女	土木工程	土木本11	5	本科	100165201605000046	毕业
48	熊远兴	男	土木工程	土木本11	5	本科	100165201605000047	毕业
49	郝博慧	女	土木工程	土木本11	5	本科	100165201605000048	毕业
50	王敏	女	土木工程	土木本11	5	本科	100165201605000049	毕业
51	赵寅晨	男	土木工程	土木本11	5	本科	100165201605000050	毕业
52	秦伯远	男	土木工程	土木本11	5	本科	100165201605000051	毕业
53	韦仲	男	土木工程	土木本11	5	本科	100165201605000052	毕业
54	武娅娜	女	土木工程	土木本11	5	本科	100165201605000053	毕业
55	耿朝	男	土木工程	土木本11	5	本科	100165201605000054	毕业
56	陈小明	男	土木工程	土木本11	5	本科	100165201605000055	毕业
57	张静	女	土木工程	土木本11	5	本科	100165201605000056	毕业
58	孙艺宸	女	土木工程	土木本11	5	本科	100165201605000057	毕业
59	张晶华	女	土木工程	土木本11	5	本科	100165201605000058	毕业
60	胡雅龙	男	土木工程	土木本11	5	本科	100165201605000059	毕业
61	贾洪玉	男	土木工程	土木本11	5	本科	100165201605000650	毕业
62	李春霞	女	土木工程	土木本11	5	本科	100165201605000060	毕业
63	刘娟娟	女	土木工程	土木本11	5	本科	100165201605000061	结业
64	吕伟	男	土木工程	土木本11	5	本科	100165201605000062	毕业
65	卿莉娟	女	土木工程	土木本11	5	本科	100165201605000063	毕业
66	石秋山	男	土木工程	土木本11	5	本科	100165201605000064	毕业
67	张艳花	女	土木工程	土木本11	5	本科	100165201605000065	毕业
68	刘琪	男	土木工程	土木本11	5	本科	100165201605000066	毕业
69	李亚州	男	土木工程	土木本11	5	本科	100165201605000067	毕业
70	王娜	女	土木工程	土木本11	5	本科	100165201605000068	毕业
71	刘晓甜	女	土木工程	土木本11	5	本科	100165201605000069	毕业
72	王显超	男	土木工程	土木本11	5	本科	100165201605000070	毕业
73	王聪	女	城市规划	城规升本11	3	本科	100165201605000071	毕业
74	姚兰	女	城市规划	城规升本13	3	本科	100165201605000072	毕业
75	陈玉玲	女	城市规划	城规升本13	3	本科	100165201605000073	毕业

续表

序号	姓名	性别	专业	班级	学制	学历	毕业证书号	备注
76	见康	男	城市规划	城规升本13	3	本科	100165201605000074	毕业
77	高筱珊	女	城市规划	城规升本13	3	本科	100165201605000075	毕业
78	袁承志	男	城市规划	城规升本13	3	本科	100165201605000076	毕业
79	白云磊	女	城市规划	城规升本13	3	本科	100165201605000077	毕业
80	曲楠	女	城市规划	城规升本13	3	本科	100165201605000078	毕业
81	刘明	男	城市规划	城规升本13	3	本科	100165201605000079	毕业
82	崔红侠	女	城市规划	城规升本13	3	本科	100165201605000080	毕业
83	王家腾	男	城市规划	城规升本13	3	本科	100165201605000081	毕业
84	谭怡	女	城市规划	城规升本13	3	本科	100165201605000082	毕业
85	王国良	男	城市规划	城规升本13	3	本科	100165201605000083	毕业
86	樊则平	男	城市规划	城规升本13	3	本科	100165201605000084	毕业
87	李志娟	女	城市规划	城规升本13	3	本科	100165201605000085	毕业
88	张宇	男	城市规划	城规升本13	3	本科	100165201605000086	毕业
89	王学志	男	城市规划	城规升本13	3	本科	100165201605000087	毕业
90	杨博	男	城市规划	城规升本13	3	本科	100165201605000088	毕业
91	李克平	男	城市规划	城规升本13	3	本科	100165201605000089	毕业
92	刘涛	男	城市规划	城规升本13	3	本科	100165201605000090	毕业
93	贾刚	男	城市规划	城规升本13	3	本科	100165201605000091	毕业
94	黄嫒鑫	女	城市规划	城规升本13	3	本科	100165201605000092	毕业
95	孔星宇	男	城市规划	城规升本13	3	本科	100165201605000093	毕业
96	毛涛	男	城市规划	城规升本13	3	本科	100165201605000094	毕业
97	刘忠波	女	城市规划	城规升本13	3	本科	100165201605000095	毕业
98	张旭	女	城市规划	城规升本13	3	本科	100165201605000096	毕业
99	王蒙思	女	城市规划	城规升本13	3	本科	100165201605000097	毕业
100	任淑云	女	城市规划	城规升本13	3	本科	100165201605000098	毕业
101	郝晋娇	女	城市规划	城规升本13	3	本科	100165201605000099	毕业
102	李智	男	城市规划	城规升本13	3	本科	100165201605000100	毕业
103	吕丹丹	女	城市规划	城规升本13	3	本科	100165201605000101	毕业
104	朱泽改	女	城市规划	城规升本13	3	本科	100165201605000102	毕业
105	韩添	男	城市规划	城规升本13	3	本科	100165201605000103	毕业
106	张艳梅	女	城市规划	城规升本13	3	本科	100165201605000104	毕业
107	刘桥	男	城市规划	城规升本13	3	本科	100165201605000105	毕业
108	黄俊武	男	城市规划	城规升本13	3	本科	100165201605000106	毕业
109	刘丽	女	城市规划	城规升本13	3	本科	100165201605000107	毕业
110	郭志平	女	城市规划	城规升本13	3	本科	100165201605000108	毕业

续表

序号	姓名	性别	专业	班级	学制	学历	毕业证书号	备注
111	赵鑫	男	城市规划	城规升本13	3	本科	100165201605000109	毕业
112	姜雪鹏	男	城市规划	城规升本13	3	本科	100165201605000110	毕业
113	孟亚珅	女	城市规划	城规升本13	3	本科	100165201605000111	毕业
114	于龙	男	城市规划	城规升本13	3	本科	100165201605000112	毕业
115	吴琼	女	城市规划	城规升本13	3	本科	100165201605000113	毕业
116	路红军	男	城市规划	城规升本13	3	本科	100165201605000114	毕业
117	张家贺	男	城市规划	城规升本13	3	本科	100165201605000115	毕业
118	袁文涛	男	城市规划	城规升本13	3	本科	100165201605000116	毕业
119	付书芳	女	城市规划	城规升本13	3	本科	100165201605000117	毕业
120	程玉丽	女	城市规划	城规升本13	3	本科	100165201605000118	毕业
121	谭伟	男	城市规划	城规升本13	3	本科	100165201605000119	毕业
122	李秋蕊	女	城市规划	城规升本13	3	本科	100165201605000120	毕业
123	李璨	女	城市规划	城规升本13	3	本科	100165201605000121	毕业
124	吴跃帅	男	城市规划	城规升本13	3	本科	100165201605000122	毕业
125	张怀萍	女	城市规划	城规升本13	3	本科	100165201605000123	毕业
126	梁振武	男	城市规划	城规升本13	3	本科	100165201605000124	毕业
127	周攀	男	城市规划	城规升本13	3	本科	100165201605000125	毕业
128	吴海弟	男	城市规划	城规升本13	3	本科	100165201605000126	毕业
129	王义兴	男	城市规划	城规升本13	3	本科	100165201605000127	毕业
130	于丽丽	女	城市规划	城规升本13	3	本科	100165201605000128	毕业
131	姚林秀	男	城市规划	城规升本13	3	本科	100165201605000129	毕业
132	余紫云	女	城市规划	城规升本13	3	本科	100165201605000130	毕业
133	王雪梅	女	城市规划	城规升本13	3	本科	100165201605000131	毕业
134	杨鑫浩	男	城市规划	城规升本13	3	本科	100165201605000132	毕业
135	敬丽君	女	城市规划	城规升本13	3	本科	100165201605000133	毕业
136	焦莹	女	城市规划	城规升本13	3	本科	100165201605000134	毕业
137	单亚田	男	城市规划	城规升本13	3	本科	100165201605000135	毕业
138	郑子壮	男	城市规划	城规升本13	3	本科	100165201605000136	毕业
139	孙全振	男	城市规划	城规升本13	3	本科	100165201605000137	毕业
140	陈桂生	男	城市规划	城规升本13	3	本科	100165201605000138	毕业
141	刘研	男	城市规划	城规升本13	3	本科	100165201605000139	毕业
142	刘春雨	男	城市规划	城规升本13	3	本科	100165201605000140	毕业
143	张炬贵	男	城市规划	城规升本13	3	本科	100165201605000141	毕业
144	古世洪	男	城市规划	城规升本13	3	本科	100165201605000142	毕业
145	杨冉	女	城市规划	城规升本13	3	本科	100165201605000143	毕业

续表

序号	姓名	性别	专业	班级	学制	学历	毕业证书号	备注
146	杨宇晨	女	城市规划	城规升本13	3	本科	100165201605000144	毕业
147	郭亮红	女	城市规划	城规升本13	3	本科	100165201605000145	毕业
148	宋雪	女	城市规划	城规升本13	3	本科	100165201605000146	毕业
149	张悦	男	城市规划	城规升本13	3	本科	100165201605000147	毕业
150	张铭瑾	女	城市规划	城规升本13	3	本科	100165201605000148	毕业
151	李金城	男	城市规划	城规升本13	3	本科	100165201605000149	毕业
152	于天旭	男	城市规划	城规升本13	3	本科	100165201605000150	毕业
153	张永涛	男	城市规划	城规升本13	3	本科	100165201605000151	毕业
154	李向阳	女	城市规划	城规升本13	3	本科	100165201605000152	毕业
155	孙东超	男	城市规划	城规升本13	3	本科	100165201605000153	毕业
156	李星	男	城市规划	城规升本13	3	本科	100165201605000154	毕业
157	黄利利	女	城市规划	城规升本13	3	本科	100165201605000155	毕业
158	徐建峰	男	工程管理	工管升本11-1	3	本科	100165201605000156	毕业
159	虞媛媛	女	工程管理	工管升本11-2	3	本科	100165201605000157	毕业
160	口文华	男	工程管理	工管升本12-1	3	本科	100165201605000158	毕业
161	刘会存	男	工程管理	工管升本12-1	3	本科	100165201605000159	毕业
162	孙天龙	男	工程管理	工管升本12-1	3	本科	100165201605000160	毕业
163	俞鹏	男	工程管理	工管升本12-1	3	本科	100165201605000161	毕业
164	王志明	男	工程管理	工管升本12-1	3	本科	100165201605000162	毕业
165	王晶颖	女	工程管理	工管升本12-1	3	本科	100165201605000163	毕业
166	张玲	女	工程管理	工管升本12-1	3	本科	100165201605000164	毕业
167	李盈莹	女	工程管理	工管升本12-2	3	本科	100165201605000165	毕业
168	王子延	男	工程管理	工管升本12-2	3	本科	100165201605000166	毕业
169	史鹏飞	男	工程管理	工管升本12-2	3	本科	100165201605000167	毕业
170	黎晶晶	女	工程管理	工管升本12-2	3	本科	100165201605000168	毕业
171	马浩	男	工程管理	工管升本12-2	3	本科	100165201605000169	毕业
172	周淼	男	工程管理	工管升本13-1	3	本科	100165201605000170	毕业
173	王振方	男	工程管理	工管升本13-1	3	本科	100165201605000171	毕业
174	郝新岗	男	工程管理	工管升本13-1	3	本科	100165201605000172	毕业
175	安然	女	工程管理	工管升本13-1	3	本科	100165201605000173	毕业
176	胡东燕	女	工程管理	工管升本13-1	3	本科	100165201605000174	毕业
177	张云	女	工程管理	工管升本13-1	3	本科	100165201605000175	毕业
178	李玖云	女	工程管理	工管升本13-1	3	本科	100165201605000176	毕业
179	杨晓蒙	女	工程管理	工管升本13-1	3	本科	100165201605000177	毕业
180	李丽	女	工程管理	工管升本13-1	3	本科	100165201605000178	毕业

续表

序号	姓名	性别	专业	班级	学制	学历	毕业证书号	备注
181	张珊珊	女	工程管理	工管升本 13-1	3	本科	100165201605000179	毕业
182	董红利	女	工程管理	工管升本 13-1	3	本科	100165201605000180	毕业
183	刘京精	男	工程管理	工管升本 13-1	3	本科	100165201605000181	毕业
184	苏亮	男	工程管理	工管升本 13-1	3	本科	100165201605000182	毕业
185	葛丽娜	女	工程管理	工管升本 13-1	3	本科	100165201605000183	毕业
186	王国庆	男	工程管理	工管升本 13-1	3	本科	100165201605000184	毕业
187	田竑禳	男	工程管理	工管升本 13-1	3	本科	100165201605000185	毕业
188	孙垂杰	男	工程管理	工管升本 13-1	3	本科	100165201605000186	毕业
189	高杰	女	工程管理	工管升本 13-1	3	本科	100165201605000187	毕业
190	沈洁	女	工程管理	工管升本 13-1	3	本科	100165201605000188	毕业
191	刘学	男	工程管理	工管升本 13-1	3	本科	100165201605000189	毕业
192	周赛楠	女	工程管理	工管升本 13-1	3	本科	100165201605000190	毕业
193	赵娟	女	工程管理	工管升本 13-1	3	本科	100165201605000191	毕业
194	景学华	女	工程管理	工管升本 13-1	3	本科	100165201605000192	毕业
195	赵旭	女	工程管理	工管升本 13-1	3	本科	100165201605000193	毕业
196	孙继龙	男	工程管理	工管升本 13-1	3	本科	100165201605000194	毕业
197	贾宝雨	女	工程管理	工管升本 13-1	3	本科	100165201605000195	毕业
198	陈冬梅	女	工程管理	工管升本 13-1	3	本科	100165201605000196	毕业
199	马志帅	男	工程管理	工管升本 13-1	3	本科	100165201605000197	毕业
200	赵攀	男	工程管理	工管升本 13-1	3	本科	100165201605000198	毕业
201	颜利利	女	工程管理	工管升本 13-1	3	本科	100165201605000199	毕业
202	秦坦	女	工程管理	工管升本 13-1	3	本科	100165201605000200	毕业
203	孟醒	女	工程管理	工管升本 13-1	3	本科	100165201605000201	毕业
204	赖超	男	工程管理	工管升本 13-1	3	本科	100165201605000202	毕业
205	何凯	男	工程管理	工管升本 13-1	3	本科	100165201605000203	毕业
206	高群	女	工程管理	工管升本 13-1	3	本科	100165201605000204	毕业
207	赵鑫	男	工程管理	工管升本 13-1	3	本科	100165201605000205	毕业
208	叶秀平	女	工程管理	工管升本 13-1	3	本科	100165201605000206	毕业
209	杨作林	男	工程管理	工管升本 13-1	3	本科	100165201605000207	毕业
210	卢柬放	女	工程管理	工管升本 13-1	3	本科	100165201605000208	毕业
211	李振中	男	工程管理	工管升本 13-1	3	本科	100165201605000209	毕业
212	石慧姣	女	工程管理	工管升本 13-1	3	本科	100165201605000210	毕业
213	卢昌盛	男	工程管理	工管升本 13-1	3	本科	100165201605000211	毕业
214	孙爱国	男	工程管理	工管升本 13-1	3	本科	100165201605000212	毕业
215	缑雨青	女	工程管理	工管升本 13-1	3	本科	100165201605000213	毕业

续表

序号	姓名	性别	专业	班级	学制	学历	毕业证书号	备注
216	付娟	女	工程管理	工管升本13-1	3	本科	100165201605000214	毕业
217	姚祎楠	男	工程管理	工管升本13-1	3	本科	100165201605000215	毕业
218	曹文华	女	工程管理	工管升本13-1	3	本科	100165201605000216	毕业
219	唐正飞	男	工程管理	工管升本13-1	3	本科	100165201605000217	毕业
220	杨小俊	女	工程管理	工管升本13-1	3	本科	100165201605000218	毕业
221	穆花	女	工程管理	工管升本13-1	3	本科	100165201605000219	毕业
222	赫贝贝	男	工程管理	工管升本13-1	3	本科	100165201605000220	毕业
223	王健	男	工程管理	工管升本13-1	3	本科	100165201605000221	毕业
224	李斌	男	工程管理	工管升本13-1	3	本科	100165201605000222	毕业
225	房延磊	男	工程管理	工管升本13-1	3	本科	100165201605000223	毕业
226	齐月阳	女	工程管理	工管升本13-1	3	本科	100165201605000224	毕业
227	魏征	男	工程管理	工管升本13-1	3	本科	100165201605000225	毕业
228	吴强	男	工程管理	工管升本13-1	3	本科	100165201605000226	毕业
229	谢兰	女	工程管理	工管升本13-1	3	本科	100165201605000227	毕业
230	蔡春伟	男	工程管理	工管升本13-1	3	本科	100165201605000228	毕业
231	苗海英	女	工程管理	工管升本13-1	3	本科	100165201605000229	毕业
232	刘铭	男	工程管理	工管升本13-1	3	本科	100165201605000230	毕业
233	孟凡亮	男	工程管理	工管升本13-1	3	本科	100165201605000231	毕业
234	王贝贝	女	工程管理	工管升本13-1	3	本科	100165201605000232	毕业
235	石建影	女	工程管理	工管升本13-1	3	本科	100165201605000233	毕业
236	冯伟洪	男	工程管理	工管升本13-1	3	本科	100165201605000234	毕业
237	娄天宇	女	工程管理	工管升本13-1	3	本科	100165201605000235	毕业
238	曲艺	女	工程管理	工管升本13-1	3	本科	100165201605000236	毕业
239	潘树伟	男	工程管理	工管升本13-1	3	本科	100165201605000237	毕业
240	刘晨	男	工程管理	工管升本13-1	3	本科	100165201605000238	毕业
241	张莹	女	工程管理	工管升本13-1	3	本科	100165201605000239	毕业
242	蔺东东	男	工程管理	工管升本13-1	3	本科	100165201605000240	毕业
243	杨盼	男	工程管理	工管升本13-1	3	本科	100165201605000241	毕业
244	刘云霞	女	工程管理	工管升本13-1	3	本科	100165201605000242	毕业
245	杨海峰	男	工程管理	工管升本13-1	3	本科	100165201605000243	毕业
246	付云阳	男	工程管理	工管升本13-1	3	本科	100165201605000244	毕业
247	王晓娜	女	工程管理	工管升本13-1	3	本科	100165201605000245	毕业
248	晏媛媛	女	工程管理	工管升本13-1	3	本科	100165201605000246	毕业
249	李秉生	男	工程管理	工管升本13-1	3	本科	100165201605000247	毕业
250	王佳	女	工程管理	工管升本13-1	3	本科	100165201605000248	毕业

续表

序号	姓名	性别	专业	班级	学制	学历	毕业证书号	备注
251	董静	女	工程管理	工管升本 13-1	3	本科	100165201605000249	毕业
252	曹燕	女	工程管理	工管升本 13-1	3	本科	100165201605000250	毕业
253	李国侠	女	工程管理	工管升本 13-2	3	本科	100165201605000251	毕业
254	张宁	女	工程管理	工管升本 13-2	3	本科	100165201605000252	毕业
255	田然	男	工程管理	工管升本 13-2	3	本科	100165201605000253	毕业
256	刘永莉	女	工程管理	工管升本 13-2	3	本科	100165201605000254	毕业
257	张婧	女	工程管理	工管升本 13-2	3	本科	100165201605000255	毕业
258	马秀玫	女	工程管理	工管升本 13-2	3	本科	100165201605000256	毕业
259	柴晓鑫	男	工程管理	工管升本 13-2	3	本科	100165201605000257	毕业
260	吴志友	男	工程管理	工管升本 13-2	3	本科	100165201605000258	毕业
261	黄文慧	女	工程管理	工管升本 13-2	3	本科	100165201605000259	毕业
262	关健	男	工程管理	工管升本 13-2	3	本科	100165201605000260	毕业
263	张美静	女	工程管理	工管升本 13-2	3	本科	100165201605000261	毕业
264	段婧	女	工程管理	工管升本 13-2	3	本科	100165201605000262	毕业
265	陈飞	男	工程管理	工管升本 13-2	3	本科	100165201605000263	毕业
266	赵志慧	男	工程管理	工管升本 13-2	3	本科	100165201605000264	毕业
267	赵靖	女	工程管理	工管升本 13-2	3	本科	100165201605000265	毕业
268	冯朝勋	男	工程管理	工管升本 13-2	3	本科	100165201605000266	毕业
269	姜坤	女	工程管理	工管升本 13-2	3	本科	100165201605000267	毕业
270	张皎	女	工程管理	工管升本 13-2	3	本科	100165201605000268	毕业
271	王录军	男	工程管理	工管升本 13-2	3	本科	100165201605000269	毕业
272	古宁	男	工程管理	工管升本 13-2	3	本科	100165201605000270	毕业
273	鲍景莹	女	工程管理	工管升本 13-2	3	本科	100165201605000271	毕业
274	薛鸿霖	女	工程管理	工管升本 13-2	3	本科	100165201605000272	毕业
275	韩伟	女	工程管理	工管升本 13-2	3	本科	100165201605000273	毕业
276	成倩	女	工程管理	工管升本 13-2	3	本科	100165201605000274	毕业
277	吕杨	女	工程管理	工管升本 13-2	3	本科	100165201605000275	毕业
278	陈雷	男	工程管理	工管升本 13-2	3	本科	100165201605000276	毕业
279	戴文鹿	女	工程管理	工管升本 13-2	3	本科	100165201605000277	毕业
280	杨娇	女	工程管理	工管升本 13-2	3	本科	100165201605000278	毕业
281	吉鹏宇	男	工程管理	工管升本 13-2	3	本科	100165201605000279	毕业
282	刘洪志	男	工程管理	工管升本 13-2	3	本科	100165201605000280	毕业
283	苏韦	女	工程管理	工管升本 13-2	3	本科	100165201605000281	毕业
284	焦扬	女	工程管理	工管升本 13-2	3	本科	100165201605000282	毕业
285	卢冰	男	工程管理	工管升本 13-2	3	本科	100165201605000283	毕业

序号	姓名	性别	专业	班级	学制	学历	毕业证书号	备注
286	范宏伟	男	工程管理	工管升本 13-2	3	本科	100165201605000284	毕业
287	周蕾	女	工程管理	工管升本 13-2	3	本科	100165201605000285	毕业
288	王立龙	男	工程管理	工管升本 13-2	3	本科	100165201605000286	毕业
289	贾小霞	女	工程管理	工管升本 13-2	3	本科	100165201605000287	毕业
290	吕洋	女	工程管理	工管升本 13-2	3	本科	100165201605000288	毕业
291	白天明	男	工程管理	工管升本 13-2	3	本科	100165201605000289	毕业
292	李凤淑	女	工程管理	工管升本 13-2	3	本科	100165201605000290	毕业
293	张黎明	女	工程管理	工管升本 13-2	3	本科	100165201605000291	毕业
294	张楠思	女	工程管理	工管升本 13-2	3	本科	100165201605000292	毕业
295	刘慧敏	女	工程管理	工管升本 13-2	3	本科	100165201605000293	毕业
296	孙璎丽	女	工程管理	工管升本 13-2	3	本科	100165201605000294	毕业
297	于青广	男	工程管理	工管升本 13-2	3	本科	100165201605000295	毕业
298	张丽梅	女	工程管理	工管升本 13-2	3	本科	100165201605000296	毕业
299	杨扬	女	工程管理	工管升本 13-2	3	本科	100165201605000297	毕业
300	刘银香	女	工程管理	工管升本 13-2	3	本科	100165201605000298	毕业
301	高京倩	女	工程管理	工管升本 13-2	3	本科	100165201605000299	毕业
302	余顺全	女	工程管理	工管升本 13-2	3	本科	100165201605000300	毕业
303	孙南茜	女	工程管理	工管升本 13-2	3	本科	100165201605000301	毕业
304	刘亚秋	女	工程管理	工管升本 13-2	3	本科	100165201605000302	毕业
305	薛红岩	女	工程管理	工管升本 13-2	3	本科	100165201605000303	毕业
306	魏培	女	工程管理	工管升本 13-2	3	本科	100165201605000304	毕业
307	赵宇圆	女	工程管理	工管升本 13-2	3	本科	100165201605000305	毕业
308	苏龙娟	女	工程管理	工管升本 13-2	3	本科	100165201605000306	毕业
309	徐晓娟	女	工程管理	工管升本 13-2	3	本科	100165201605000307	毕业
310	吴会娟	女	工程管理	工管升本 13-2	3	本科	100165201605000308	毕业
311	闵瑜	男	工程管理	工管升本 13-2	3	本科	100165201605000309	毕业
312	何豆豆	女	工程管理	工管升本 13-2	3	本科	100165201605000310	毕业
313	张元	女	工程管理	工管升本 13-2	3	本科	100165201605000311	毕业
314	刘荣洁	女	工程管理	工管升本 13-2	3	本科	100165201605000312	毕业
315	高重阳	男	工程管理	工管升本 13-2	3	本科	100165201605000313	毕业
316	黄伟茂	男	工程管理	工管升本 13-2	3	本科	100165201605000314	毕业
317	张玥	男	工程管理	工管升本 13-2	3	本科	100165201605000315	毕业
318	詹华俊	男	工程管理	工管升本 13-2	3	本科	100165201605000316	毕业
319	王军红	男	工程管理	工管升本 13-2	3	本科	100165201605000317	毕业
320	孙宏彬	男	工程管理	工管升本 13-2	3	本科	100165201605000318	毕业

续表

序号	姓名	性别	专业	班级	学制	学历	毕业证书号	备注
321	刘伟	男	工程管理	工管升本13-2	3	本科	100165201605000319	毕业
322	王飞	男	工程管理	工管升本13-2	3	本科	100165201605000320	毕业
323	杨光	女	工程管理	工管升本13-2	3	本科	100165201605000321	毕业
324	徐鹏	男	工程管理	工管升本13-2	3	本科	100165201605000322	毕业
325	孙静	女	工程管理	工管升本13-2	3	本科	100165201605000323	毕业
326	曾祥	男	工程管理	工管升本13-2	3	本科	100165201605000324	毕业
327	康焰军	男	工程管理	工管升本13-2	3	本科	100165201605000325	毕业
328	宋丽楠	男	工程管理	工管升本13-2	3	本科	100165201605000326	毕业
329	王怡	女	工程管理	工管升本13-2	3	本科	100165201605000327	毕业
330	牛澄志	男	工程管理	工管升本13-2	3	本科	100165201605000328	毕业
331	郑浩然	男	工程管理	工管升本13-2	3	本科	100165201605000329	毕业
332	安阳	男	工程管理	工管升本13-2	3	本科	100165201605000330	毕业
333	马昭	男	工程管理	工管升本13-2	3	本科	100165201605000331	毕业
334	王焯	男	工程管理	工管升本13-2	3	本科	100165201605000332	毕业
335	毕茹	女	工程管理	工管升本13-2	3	本科	100165201605000333	毕业
336	何丽	女	工程管理	工管升本13-2	3	本科	100165201605000334	毕业
337	马良	男	工程管理	工管升本13-2	3	本科	100165201605000335	毕业
338	宇文超琪	女	建筑环境与设备工程	环设升本12	3	本科	100165201605000336	毕业
339	池蕊	女	建筑环境与设备工程	环设升本12	3	本科	100165201605000337	毕业
340	薛跃通	男	建筑环境与设备工程	环设升本13	3	本科	100165201605000338	毕业
341	董志军	男	建筑环境与设备工程	环设升本13	3	本科	100165201605000339	毕业
342	张凯思	男	建筑环境与设备工程	环设升本13	3	本科	100165201605000340	毕业
343	鄢海霞	女	建筑环境与设备工程	环设升本13	3	本科	100165201605000341	毕业
344	王雪	女	建筑环境与设备工程	环设升本13	3	本科	100165201605000342	毕业
345	周大鹏	男	建筑环境与设备工程	环设升本13	3	本科	100165201605000343	毕业
346	张江锋	男	建筑环境与设备工程	环设升本13	3	本科	100165201605000344	毕业
347	陈世明	男	建筑环境与设备工程	环设升本13	3	本科	100165201605000345	毕业
348	徐祯	男	建筑环境与设备工程	环设升本13	3	本科	100165201605000346	毕业
349	武晓霞	女	建筑环境与设备工程	环设升本13	3	本科	100165201605000347	毕业
350	杨义	男	建筑环境与设备工程	环设升本13	3	本科	100165201605000348	毕业
351	刘战原	男	建筑环境与设备工程	环设升本13	3	本科	100165201605000349	毕业
352	李振	男	建筑环境与设备工程	环设升本13	3	本科	100165201605000350	毕业
353	马丽丽	女	建筑环境与设备工程	环设升本13	3	本科	100165201605000351	毕业
354	李杰	女	建筑环境与设备工程	环设升本13	3	本科	100165201605000352	毕业
355	彭志勇	男	建筑环境与设备工程	环设升本13	3	本科	100165201605000353	毕业

续表

序号	姓名	性别	专业	班级	学制	学历	毕业证书号	备注
356	曹士彦	女	建筑环境与设备工程	环设升本13	3	本科	100165201605000354	毕业
357	李美华	女	建筑环境与设备工程	环设升本13	3	本科	100165201605000355	毕业
358	李明光	男	建筑环境与设备工程	环设升本13	3	本科	100165201605000356	毕业
359	彭修香	女	建筑环境与设备工程	环设升本13	3	本科	100165201605000357	毕业
360	陈晓燕	女	建筑环境与设备工程	环设升本13	3	本科	100165201605000358	毕业
361	张松	男	建筑环境与设备工程	环设升本13	3	本科	100165201605000359	毕业
362	张腾	男	建筑环境与设备工程	环设升本13	3	本科	100165201605000360	毕业
363	曹静	女	建筑环境与设备工程	环设升本13	3	本科	100165201605000361	毕业
364	武卫红	男	建筑环境与设备工程	环设升本13	3	本科	100165201605000362	毕业
365	万存超	男	建筑环境与设备工程	环设升本13	3	本科	100165201605000363	毕业
366	高嵩	男	建筑环境与设备工程	环设升本13	3	本科	100165201605000364	毕业
367	刘莉	女	建筑环境与设备工程	环设升本13	3	本科	100165201605000365	毕业
368	乔少武	男	建筑环境与设备工程	环设升本13	3	本科	100165201605000366	毕业
369	陈捷达	男	建筑环境与设备工程	环设升本13	3	本科	100165201605000367	毕业
370	李蕊	女	建筑环境与设备工程	环设升本13	3	本科	100165201605000368	毕业
371	刘志涛	男	建筑环境与设备工程	环设升本13	3	本科	100165201605000369	毕业
372	金少伟	男	建筑环境与设备工程	环设升本13	3	本科	100165201605000370	毕业
373	李晶	女	建筑环境与设备工程	环设升本13	3	本科	100165201605000371	毕业
374	曾麟然	女	建筑环境与设备工程	环设升本13	3	本科	100165201605000372	毕业
375	吴毅中	男	建筑环境与设备工程	环设升本13	3	本科	100165201605000373	毕业
376	刘玉凤	女	建筑环境与设备工程	环设升本13	3	本科	100165201605000374	毕业
377	邵亚凤	女	建筑环境与设备工程	环设升本13	3	本科	100165201605000375	毕业
378	李天舒	男	建筑环境与设备工程	环设升本13	3	本科	100165201605000376	毕业
379	马嘉	男	建筑环境与设备工程	环设升本13	3	本科	100165201605000377	毕业
380	赵玉蒙	女	建筑环境与设备工程	环设升本13	3	本科	100165201605000378	毕业
381	杜蕊	女	建筑环境与设备工程	环设升本13	3	本科	100165201605000379	毕业
382	周海滨	男	建筑环境与设备工程	环设升本13	3	本科	100165201605000380	毕业
383	甄华超	男	建筑环境与设备工程	环设升本13	3	本科	100165201605000381	毕业
384	邢同飞	男	建筑环境与设备工程	环设升本13	3	本科	100165201605000382	毕业
385	郭建中	男	建筑环境与设备工程	环设升本13	3	本科	100165201605000383	毕业
386	司瑞莉	女	建筑环境与设备工程	环设升本13	3	本科	100165201605000384	毕业
387	刘禹涵	女	建筑环境与设备工程	环设升本13	3	本科	100165201605000385	毕业
388	郝志军	男	建筑环境与设备工程	环设升本13	3	本科	100165201605000386	毕业
389	王彦玲	女	建筑环境与设备工程	环设升本13	3	本科	100165201605000387	毕业
390	禹庆春	男	建筑环境与设备工程	环设升本13	3	本科	100165201605000388	毕业

续表

序号	姓名	性别	专业	班级	学制	学历	毕业证书号	备注
391	王艳	女	建筑环境与设备工程	环设升本13	3	本科	100165201605000389	毕业
392	王璇	女	建筑环境与设备工程	环设升本13	3	本科	100165201605000390	毕业
393	张磊	男	建筑环境与设备工程	环设升本13	3	本科	100165201605000391	毕业
394	王之洪	男	建筑环境与设备工程	环设升本13	3	本科	100165201605000392	毕业
395	李金华	男	建筑环境与设备工程	环设升本13	3	本科	100165201605000393	毕业
396	李超	男	建筑环境与设备工程	环设升本13	3	本科	100165201605000394	毕业
397	赵来福	男	建筑环境与设备工程	环设升本13	3	本科	100165201605000395	毕业
398	柴红艳	女	建筑环境与设备工程	环设升本13	3	本科	100165201605000396	毕业
399	侯磊	男	建筑环境与设备工程	环设升本13	3	本科	100165201605000397	毕业
400	钱琨	男	建筑环境与设备工程	环设升本13	3	本科	100165201605000398	毕业
401	刘雨	女	建筑环境与设备工程	环设升本13	3	本科	100165201605000399	毕业
402	季贺磊	男	建筑环境与设备工程	环设升本13	3	本科	100165201605000400	毕业
403	苏维军	男	建筑环境与设备工程	环设升本13	3	本科	100165201605000401	毕业
404	张雪玲	女	建筑环境与设备工程	环设升本13	3	本科	100165201605000402	毕业
405	高云峰	男	建筑环境与设备工程	环设升本13	3	本科	100165201605000403	毕业
406	刘杨	男	建筑环境与设备工程	环设升本13	3	本科	100165201605000404	毕业
407	秦尧	男	土木工程	土木升本10-2	3	本科	100165201605000405	毕业
408	郝海龙	男	土木工程	土木升本11-2	3	本科	100165201605000406	毕业
409	贾纯贺	男	土木工程	土木升本11-2	3	本科	100165201605000407	毕业
410	刘文侠	女	土木工程	土木升本12-1	3	本科	100165201605000408	毕业
411	霍战强	男	土木工程	土木升本12-1	3	本科	100165201605000409	毕业
412	张永祥	男	土木工程	土木升本12-1	3	本科	100165201605000410	毕业
413	莘建	男	土木工程	土木升本12-1	3	本科	100165201605000411	毕业
414	杨欢	女	土木工程	土木升本12-1	3	本科	100165201605000412	毕业
415	罗成	男	土木工程	土木升本12-1	3	本科	100165201605000413	毕业
416	胡林涛	男	土木工程	土木升本12-1	3	本科	100165201605000414	毕业
417	刘迪	男	土木工程	土木升本12-1	3	本科	100165201605000415	毕业
418	陈鑫	男	土木工程	土木升本12-1	3	本科	100165201605000416	毕业
419	马栋	男	土木工程	土木升本12-1	3	本科	100165201605000417	毕业
420	郑伟	女	土木工程	土木升本12-2	3	本科	100165201605000418	毕业
421	张雪楠	女	土木工程	土木升本12-2	3	本科	100165201605000419	毕业
422	郑俊娜	女	土木工程	土木升本12-2	3	本科	100165201605000420	毕业
423	范艳丽	女	土木工程	土木升本12-2	3	本科	100165201605000421	毕业
424	陆雪	男	土木工程	土木升本12-2	3	本科	100165201605000422	毕业
425	尹贻明	男	土木工程	土木升本12-2	3	本科	100165201605000423	毕业

续表

序号	姓名	性别	专业	班级	学制	学历	毕业证书号	备注
426	李云龙	男	土木工程	土木升本 12-2	3	本科	100165201605000424	毕业
427	王蒙	男	土木工程	土木升本 12-2	3	本科	100165201605000425	毕业
428	陈宇	男	土木工程	土木升本 12-2	3	本科	100165201605000426	毕业
429	杜建川	男	土木工程	土木升本 13-1	3	本科	100165201605000427	毕业
430	袁全祥	男	土木工程	土木升本 13-1	3	本科	100165201605000428	毕业
431	徐乐	男	土木工程	土木升本 13-1	3	本科	100165201605000429	毕业
432	潘娜	女	土木工程	土木升本 13-1	3	本科	100165201605000430	毕业
433	何亮	男	土木工程	土木升本 13-1	3	本科	100165201605000431	毕业
434	陈高建	男	土木工程	土木升本 13-1	3	本科	100165201605000432	毕业
435	袁承功	男	土木工程	土木升本 13-1	3	本科	100165201605000433	毕业
436	朱冬月	女	土木工程	土木升本 13-1	3	本科	100165201605000434	毕业
437	陈云	女	土木工程	土木升本 13-1	3	本科	100165201605000435	毕业
438	李海波	男	土木工程	土木升本 13-1	3	本科	100165201605000436	毕业
439	张立欣	女	土木工程	土木升本 13-1	3	本科	100165201605000437	毕业
440	黄滢	女	土木工程	土木升本 13-1	3	本科	100165201605000438	毕业
441	尹健宇	男	土木工程	土木升本 13-1	3	本科	100165201605000439	毕业
442	虞虔	男	土木工程	土木升本 13-1	3	本科	100165201605000440	毕业
443	赵书东	男	土木工程	土木升本 13-1	3	本科	100165201605000441	毕业
444	岑鹏	男	土木工程	土木升本 13-1	3	本科	100165201605000442	毕业
445	袁鹏钧	男	土木工程	土木升本 13-1	3	本科	100165201605000443	毕业
446	张松	男	土木工程	土木升本 13-1	3	本科	100165201605000444	毕业
447	代媛	女	土木工程	土木升本 13-1	3	本科	100165201605000445	毕业
448	李勇	男	土木工程	土木升本 13-1	3	本科	100165201605000446	毕业
449	王捷利	女	土木工程	土木升本 13-1	3	本科	100165201605000447	毕业
450	焦双亮	男	土木工程	土木升本 13-1	3	本科	100165201605000448	毕业
451	刘海晶	女	土木工程	土木升本 13-1	3	本科	100165201605000449	毕业
452	方高锋	男	土木工程	土木升本 13-1	3	本科	100165201605000450	毕业
453	张召军	男	土木工程	土木升本 13-1	3	本科	100165201605000451	毕业
454	乔青波	男	土木工程	土木升本 13-1	3	本科	100165201605000452	毕业
455	李想	男	土木工程	土木升本 13-1	3	本科	100165201605000453	毕业
456	朱红敏	女	土木工程	土木升本 13-1	3	本科	100165201605000454	毕业
457	王芸	女	土木工程	土木升本 13-1	3	本科	100165201605000455	毕业
458	董博	女	土木工程	土木升本 13-1	3	本科	100165201605000456	毕业
459	王红强	男	土木工程	土木升本 13-1	3	本科	100165201605000457	毕业
460	袁悦	男	土木工程	土木升本 13-1	3	本科	100165201605000458	毕业

续表

序号	姓名	性别	专业	班级	学制	学历	毕业证书号	备注
461	郝子健	男	土木工程	土木升本13-1	3	本科	100165201605000459	毕业
462	孙东	男	土木工程	土木升本13-1	3	本科	100165201605000460	毕业
463	尚海波	男	土木工程	土木升本13-1	3	本科	100165201605000461	毕业
464	李晶华	女	土木工程	土木升本13-1	3	本科	100165201605000462	毕业
465	刘海锋	男	土木工程	土木升本13-1	3	本科	100165201605000463	毕业
466	杨情情	女	土木工程	土木升本13-1	3	本科	100165201605000464	毕业
467	王楠	女	土木工程	土木升本13-1	3	本科	100165201605000465	毕业
468	张晓丽	女	土木工程	土木升本13-1	3	本科	100165201605000466	毕业
469	符海娜	女	土木工程	土木升本13-1	3	本科	100165201605000467	毕业
470	桑秋燕	女	土木工程	土木升本13-1	3	本科	100165201605000468	毕业
471	孙得新	男	土木工程	土木升本13-1	3	本科	100165201605000469	毕业
472	付振静	男	土木工程	土木升本13-1	3	本科	100165201605000470	毕业
473	唐士晔	男	土木工程	土木升本13-1	3	本科	100165201605000471	毕业
474	张继兴	男	土木工程	土木升本13-1	3	本科	100165201605000472	毕业
475	刘静	女	土木工程	土木升本13-1	3	本科	100165201605000473	毕业
476	易涛	男	土木工程	土木升本13-1	3	本科	100165201605000474	毕业
477	杨睿	男	土木工程	土木升本13-1	3	本科	100165201605000475	毕业
478	周江华	男	土木工程	土木升本13-1	3	本科	100165201605000476	毕业
479	赵如意	男	土木工程	土木升本13-1	3	本科	100165201605000477	毕业
480	丁然	男	土木工程	土木升本13-1	3	本科	100165201605000478	毕业
481	张天晟	男	土木工程	土木升本13-1	3	本科	100165201605000479	毕业
482	田锋	男	土木工程	土木升本13-1	3	本科	100165201605000480	毕业
483	杜美佳	女	土木工程	土木升本13-1	3	本科	100165201605000481	毕业
484	刘建飞	男	土木工程	土木升本13-1	3	本科	100165201605000482	毕业
485	潘策	男	土木工程	土木升本13-1	3	本科	100165201605000483	毕业
486	申雪峰	男	土木工程	土木升本13-1	3	本科	100165201605000484	毕业
487	张彬	男	土木工程	土木升本13-1	3	本科	100165201605000485	毕业
488	邵援	男	土木工程	土木升本13-1	3	本科	100165201605000486	毕业
489	赵文翔	男	土木工程	土木升本13-1	3	本科	100165201605000487	毕业
490	刘大伟	男	土木工程	土木升本13-1	3	本科	100165201605000488	毕业
491	孟晨	女	土木工程	土木升本13-1	3	本科	100165201605000489	毕业
492	刘恒	男	土木工程	土木升本13-1	3	本科	100165201605000490	毕业
493	刘俊伟	男	土木工程	土木升本13-1	3	本科	100165201605000491	毕业
494	靳得磊	女	土木工程	土木升本13-1	3	本科	100165201605000492	毕业
495	孙井龙	男	土木工程	土木升本13-1	3	本科	100165201605000493	毕业

续表

序号	姓名	性别	专业	班级	学制	学历	毕业证书号	备注
496	赵普	男	土木工程	土木升本13-1	3	本科	100165201605000494	毕业
497	彭淑敏	女	土木工程	土木升本13-1	3	本科	100165201605000495	毕业
498	王庆棠	女	土木工程	土木升本13-1	3	本科	100165201605000496	毕业
499	于海金	男	土木工程	土木升本13-1	3	本科	100165201605000497	毕业
500	王岩	女	土木工程	土木升本13-1	3	本科	100165201605000498	毕业
501	王宇	男	土木工程	土木升本13-1	3	本科	100165201605000499	毕业
502	李倩	女	土木工程	土木升本13-1	3	本科	100165201605000500	毕业
503	武强	男	土木工程	土木升本13-1	3	本科	100165201605000501	毕业
504	刘鹏	男	土木工程	土木升本13-1	3	本科	100165201605000502	毕业
505	张露幻	女	土木工程	土木升本13-1	3	本科	100165201605000503	毕业
506	李阳	男	土木工程	土木升本13-2	3	本科	100165201605000504	毕业
507	赵英杰	女	土木工程	土木升本13-2	3	本科	100165201605000505	毕业
508	贾旖旎	女	土木工程	土木升本13-2	3	本科	100165201605000506	毕业
509	杨同想	女	土木工程	土木升本13-2	3	本科	100165201605000507	毕业
510	王晓华	女	土木工程	土木升本13-2	3	本科	100165201605000508	毕业
511	关德成	男	土木工程	土木升本13-2	3	本科	100165201605000509	毕业
512	李子昂	男	土木工程	土木升本13-2	3	本科	100165201605000510	毕业
513	胡炳辉	男	土木工程	土木升本13-2	3	本科	100165201605000511	毕业
514	陈永志	男	土木工程	土木升本13-2	3	本科	100165201605000512	毕业
515	丁彬	男	土木工程	土木升本13-2	3	本科	100165201605000513	毕业
516	沙东升	男	土木工程	土木升本13-2	3	本科	100165201605000514	毕业
517	刘伟	男	土木工程	土木升本13-2	3	本科	100165201605000515	毕业
518	刘婷婷	女	土木工程	土木升本13-2	3	本科	100165201605000516	毕业
519	王恒	男	土木工程	土木升本13-2	3	本科	100165201605000517	毕业
520	吴巧娜	女	土木工程	土木升本13-2	3	本科	100165201605000518	毕业
521	李伯璇	男	土木工程	土木升本13-2	3	本科	100165201605000519	毕业
522	董兆坤	男	土木工程	土木升本13-2	3	本科	100165201605000520	毕业
523	王浩	男	土木工程	土木升本13-2	3	本科	100165201605000521	毕业
524	董焕领	女	土木工程	土木升本13-2	3	本科	100165201605000522	毕业
525	王诗阳	男	土木工程	土木升本13-2	3	本科	100165201605000523	毕业
526	郝晓娜	女	土木工程	土木升本13-2	3	本科	100165201605000524	毕业
527	刘文艳	女	土木工程	土木升本13-2	3	本科	100165201605000525	毕业
528	白帆	男	土木工程	土木升本13-2	3	本科	100165201605000526	毕业
529	张帆	男	土木工程	土木升本13-2	3	本科	100165201605000527	毕业
530	王璐璐	女	土木工程	土木升本13-2	3	本科	100165201605000528	毕业

续表

序号	姓名	性别	专业	班级	学制	学历	毕业证书号	备注
531	杨腾昆	男	土木工程	土木升本13-2	3	本科	100165201605000529	毕业
532	于振	男	土木工程	土木升本13-2	3	本科	100165201605000530	毕业
533	张理	男	土木工程	土木升本13-2	3	本科	100165201605000531	毕业
534	魏薇	女	土木工程	土木升本13-2	3	本科	100165201605000532	毕业
535	张丽敏	女	土木工程	土木升本13-2	3	本科	100165201605000533	毕业
536	王娟	女	土木工程	土木升本13-2	3	本科	100165201605000534	毕业
537	高艳	女	土木工程	土木升本13-2	3	本科	100165201605000535	毕业
538	谢珊珊	女	土木工程	土木升本13-2	3	本科	100165201605000536	毕业
539	康志丽	女	土木工程	土木升本13-2	3	本科	100165201605000537	毕业
540	李晓鹏	男	土木工程	土木升本13-2	3	本科	100165201605000538	毕业
541	马晓栋	男	土木工程	土木升本13-2	3	本科	100165201605000539	毕业
542	苗笑娟	女	土木工程	土木升本13-2	3	本科	100165201605000540	毕业
543	李帅	男	土木工程	土木升本13-2	3	本科	100165201605000541	毕业
544	王龙飞	男	土木工程	土木升本13-2	3	本科	100165201605000542	毕业
545	高逸伦	男	土木工程	土木升本13-2	3	本科	100165201605000543	毕业
546	赵雪松	男	土木工程	土木升本13-2	3	本科	100165201605000544	毕业
547	刘征	男	土木工程	土木升本13-2	3	本科	100165201605000545	毕业
548	贾彩霞	女	土木工程	土木升本13-2	3	本科	100165201605000546	毕业
549	白亚平	女	土木工程	土木升本13-2	3	本科	100165201605000547	毕业
550	殷亚龙	男	土木工程	土木升本13-2	3	本科	100165201605000548	毕业
551	刘元	女	土木工程	土木升本13-2	3	本科	100165201605000549	毕业
552	范昊然	男	土木工程	土木升本13-2	3	本科	100165201605000550	毕业
553	陈博林	男	土木工程	土木升本13-2	3	本科	100165201605000551	毕业
554	吴冬	男	土木工程	土木升本13-2	3	本科	100165201605000552	毕业
555	魏雪	女	土木工程	土木升本13-2	3	本科	100165201605000553	毕业
556	韩忠林	男	土木工程	土木升本13-2	3	本科	100165201605000554	毕业
557	郑健	男	土木工程	土木升本13-2	3	本科	100165201605000555	毕业
558	陈俊波	男	土木工程	土木升本13-2	3	本科	100165201605000556	毕业
559	董小龙	男	土木工程	土木升本13-2	3	本科	100165201605000557	毕业
560	贾玉娇	女	土木工程	土木升本13-2	3	本科	100165201605000558	毕业
561	田俊山	男	土木工程	土木升本13-2	3	本科	100165201605000559	毕业
562	宋光毅	男	土木工程	土木升本13-2	3	本科	100165201605000560	毕业
563	牛斌	男	土木工程	土木升本13-2	3	本科	100165201605000561	毕业
564	韩冰	男	土木工程	土木升本13-2	3	本科	100165201605000562	毕业
565	胡本同	男	土木工程	土木升本13-2	3	本科	100165201605000563	毕业

续表

序号	姓名	性别	专业	班级	学制	学历	毕业证书号	备注
566	李远	男	土木工程	土木升本13-2	3	本科	100165201605000564	毕业
567	董月	女	土木工程	土木升本13-2	3	本科	100165201605000565	毕业
568	董慧莹	女	土木工程	土木升本13-2	3	本科	100165201605000566	毕业
569	郭爽	男	土木工程	土木升本13-2	3	本科	100165201605000567	毕业
570	闫康	男	土木工程	土木升本13-2	3	本科	100165201605000568	毕业
571	汪顺	男	土木工程	土木升本13-2	3	本科	100165201605000569	毕业
572	康志会	女	土木工程	土木升本13-2	3	本科	100165201605000570	毕业
573	李卉	女	土木工程	土木升本13-2	3	本科	100165201605000571	毕业
574	曹燚	男	土木工程	土木升本13-2	3	本科	100165201605000572	毕业
575	滕跃	男	土木工程	土木升本13-2	3	本科	100165201605000573	毕业
576	吴明娅	女	土木工程	土木升本13-2	3	本科	100165201605000574	毕业
577	谌志强	男	土木工程	土木升本13-2	3	本科	100165201605000575	毕业
578	刘嵩	男	土木工程	土木升本13-2	3	本科	100165201605000576	毕业
579	刘文亚	男	土木工程	土木升本13-2	3	本科	100165201605000577	毕业
580	湛丰	男	土木工程	土木升本13-2	3	本科	100165201605000578	毕业
581	王华北	男	土木工程	土木升本13-2	3	本科	100165201605000579	毕业
582	靳得明	男	土木工程	土木升本13-2	3	本科	100165201605000580	毕业
583	陈琳	女	土木工程	土木升本13-2	3	本科	100165201605000581	毕业
584	吴明	女	土木工程	土木升本13-2	3	本科	100165201605000582	毕业
585	王颖	女	土木工程	土木升本13-2	3	本科	100165201605000583	毕业
586	张霄鹏	男	土木工程	土木升本13-2	3	本科	100165201605000584	毕业
587	李东旭	男	土木工程	土木升本13-2	3	本科	100165201605000585	毕业
588	随泽坤	男	土木工程	土木升本13-2	3	本科	100165201605000586	毕业
589	陈红霖	男	土木工程	土木升本13-2	3	本科	100165201605000587	毕业
590	王源	男	土木工程	土木升本13-3	3	本科	100165201605000588	毕业
591	刘学民	男	土木工程	土木升本13-3	3	本科	100165201605000589	毕业
592	叶冬凯	男	土木工程	土木升本13-3	3	本科	100165201605000590	毕业
593	刘智强	男	土木工程	土木升本13-3	3	本科	100165201605000591	毕业
594	郑月	女	土木工程	土木升本13-3	3	本科	100165201605000592	毕业
595	刘跃	女	土木工程	土木升本13-3	3	本科	100165201605000593	毕业
596	池雪	女	土木工程	土木升本13-3	3	本科	100165201605000594	毕业
597	姜烁	男	土木工程	土木升本13-3	3	本科	100165201605000595	毕业
598	王晶超	女	土木工程	土木升本13-3	3	本科	100165201605000596	毕业
599	陈宁	男	土木工程	土木升本13-3	3	本科	100165201605000597	毕业
600	张蕊	女	土木工程	土木升本13-3	3	本科	100165201605000598	毕业

续表

序号	姓名	性别	专业	班级	学制	学历	毕业证书号	备注
601	万佳俊	男	土木工程	土木升本13-3	3	本科	100165201605000599	毕业
602	贾斌	男	土木工程	土木升本13-3	3	本科	100165201605000600	毕业
603	杜薇薇	女	土木工程	土木升本13-3	3	本科	100165201605000601	毕业
604	马强	男	土木工程	土木升本13-3	3	本科	100165201605000602	毕业
605	高冰	男	土木工程	土木升本13-3	3	本科	100165201605000603	毕业
606	刘金	男	土木工程	土木升本13-3	3	本科	100165201605000604	毕业
607	董文秀	女	土木工程	土木升本13-3	3	本科	100165201605000605	毕业
608	蔡爽	女	土木工程	土木升本13-3	3	本科	100165201605000606	毕业
609	曹翠平	女	土木工程	土木升本13-3	3	本科	100165201605000607	毕业
610	邬伟	男	土木工程	土木升本13-3	3	本科	100165201605000608	毕业
611	闫济林	男	土木工程	土木升本13-3	3	本科	100165201605000609	毕业
612	李倩	女	土木工程	土木升本13-3	3	本科	100165201605000610	毕业
613	董龙祺	男	土木工程	土木升本13-3	3	本科	100165201605000611	毕业
614	李静	女	土木工程	土木升本13-3	3	本科	100165201605000612	毕业
615	刘闯	男	土木工程	土木升本13-3	3	本科	100165201605000613	毕业
616	王秀江	男	土木工程	土木升本13-3	3	本科	100165201605000614	毕业
617	杨巍	女	土木工程	土木升本13-3	3	本科	100165201605000615	毕业
618	张雪媛	女	土木工程	土木升本13-3	3	本科	100165201605000616	毕业
619	秦洲洋	男	土木工程	土木升本13-3	3	本科	100165201605000617	毕业
620	马辉	男	土木工程	土木升本13-3	3	本科	100165201605000618	毕业
621	张意	男	土木工程	土木升本13-3	3	本科	100165201605000619	毕业
622	刘小民	男	土木工程	土木升本13-3	3	本科	100165201605000620	毕业
623	冯超	女	土木工程	土木升本13-3	3	本科	100165201605000621	毕业
624	安宝全	男	土木工程	土木升本13-3	3	本科	100165201605000622	毕业
625	王刚	男	土木工程	土木升本13-3	3	本科	100165201605000623	毕业
626	许进	男	土木工程	土木升本13-3	3	本科	100165201605000624	毕业
627	胡开荣	男	土木工程	土木升本13-3	3	本科	100165201605000625	毕业
628	李晓刚	男	土木工程	土木升本13-3	3	本科	100165201605000626	毕业
629	刘媛媛	女	土木工程	土木升本13-3	3	本科	100165201605000627	毕业
630	杨金超	男	土木工程	土木升本13-3	3	本科	100165201605000628	毕业
631	岳素红	女	土木工程	土木升本13-3	3	本科	100165201605000629	毕业
632	王楠	男	土木工程	土木升本13-3	3	本科	100165201605000630	毕业
633	鹿腾飞	男	土木工程	土木升本13-3	3	本科	100165201605000631	毕业
634	岳铁奇	男	土木工程	土木升本13-3	3	本科	100165201605000632	毕业
635	许蕊	女	土木工程	土木升本13-3	3	本科	100165201605000633	毕业

续表

序号	姓名	性别	专业	班级	学制	学历	毕业证书号	备注
636	郑立成	男	土木工程	土木升本13-3	3	本科	100165201605000634	毕业
637	王喜月	男	土木工程	土木升本13-3	3	本科	100165201605000635	毕业
638	李强	男	土木工程	土木升本13-3	3	本科	100165201605000636	毕业
639	王国知	男	土木工程	土木升本13-3	3	本科	100165201605000637	毕业
640	贾靖	女	土木工程	土木升本13-3	3	本科	100165201605000638	毕业
641	何佳奇	男	土木工程	土木升本13-3	3	本科	100165201605000639	毕业
642	闫大力	男	土木工程	土木升本13-3	3	本科	100165201605000640	毕业
643	耿凯	男	土木工程	土木升本13-3	3	本科	100165201605000641	毕业
644	张鹏	男	土木工程	土木升本13-3	3	本科	100165201605000642	毕业
645	何帅	男	土木工程	土木升本13-3	3	本科	100165201605000643	毕业
646	邢金	女	土木工程	土木升本13-3	3	本科	100165201605000644	毕业
647	于淼	男	土木工程	土木升本13-3	3	本科	100165201605000645	毕业
648	张皓	男	土木工程	土木升本13-3	3	本科	100165201605000646	毕业
649	刘磊	男	土木工程	土木升本13-3	3	本科	100165201605000647	毕业
650	梁冰垒	男	土木工程	土木升本13-3	3	本科	100165201605000648	毕业
651	高荷花	女	建筑工程技术	建工11	4	专科	100165201606000001	毕业
652	蔡海祥	男	建筑工程技术	建工11	4	专科	100165201606000002	毕业
653	张明	男	建筑工程技术	建工12-1	4	专科	100165201606000003	毕业
654	王哲	男	建筑工程技术	建工12-1	4	专科	100165201606000004	毕业
655	姜艳霞	女	建筑工程技术	建工12-1	4	专科	100165201606000005	毕业
656	刘志永	男	建筑工程技术	建工12-1	4	专科	100165201606000006	毕业
657	墨来福	男	建筑工程技术	建工12-1	4	专科	100165201606000007	毕业
658	姜岩	男	建筑工程技术	建工12-1	4	专科	100165201606000008	毕业
659	李红宝	男	建筑工程技术	建工12-2	4	专科	100165201606000009	毕业
660	田永国	男	建筑工程技术	建工12-2	4	专科	100165201606000010	毕业
661	贺志坚	男	建筑工程技术	建工12-2	4	专科	100165201606000011	毕业
662	茹宝明	男	建筑工程技术	建工12-2	4	专科	100165201606000012	毕业
663	李洋洋	男	建筑工程技术	建工12-2	4	专科	100165201606000013	毕业
664	刘建军	男	建筑工程技术	建工12-2	4	专科	100165201606000014	毕业
665	赵云鹤	男	建筑工程技术	建工12-2	4	专科	100165201606000015	毕业
666	卢晓磊	女	建筑工程技术	建工12-2	4	专科	100165201606000016	毕业
667	赵宝华	男	建筑工程技术	建工12-2	4	专科	100165201606000017	毕业
668	李磊	男	建筑工程技术	建工12-2	4	专科	100165201606000018	毕业
669	张海珍	女	建筑工程技术	建工12-2	4	专科	100165201606000019	毕业
670	耿续	男	建筑工程技术	建工12-2	4	专科	100165201606000020	毕业

续表

序号	姓名	性别	专业	班级	学制	学历	毕业证书号	备注
671	崔兵	男	建筑工程技术	建工 12-2	4	专科	100165201606000021	毕业
672	李富才	男	建筑工程技术	建工 12-2	4	专科	100165201606000022	毕业
673	彭明利	男	建筑工程技术	建工 12-2	4	专科	100165201606000023	毕业
674	张巍	男	建筑工程技术	建工 12-2	4	专科	100165201606000024	毕业
675	耿玉明	男	建筑工程技术	建工 12-2	4	专科	100165201606000025	毕业
676	曾德付	男	建筑工程技术	建工 12-2	4	专科	100165201606000026	毕业
677	聂怀生	男	建筑工程技术	建工 12-2	4	专科	100165201606000027	毕业
678	张强	男	建筑工程技术	建工 12-2	4	专科	100165201606000028	毕业
679	李一楠	男	建筑工程技术	建工 12-2	4	专科	100165201606000029	毕业
680	刘春洁	女	建筑工程技术	建工 12-2	4	专科	100165201606000030	毕业
681	高海龙	男	建筑工程技术	建工 12-2	4	专科	100165201606000031	毕业
682	梁洪亮	男	建筑工程技术	建工 12-2	4	专科	100165201606000032	毕业
683	丰雪冬	男	建筑工程技术	建工 12-2	4	专科	100165201606000033	毕业
684	刘帅	男	建筑工程技术	建工 12-2	4	专科	100165201606000034	毕业
685	苏利伟	男	建筑工程技术	建工 12-2	4	专科	100165201606000035	毕业
686	王京利	男	建筑工程技术	建工 12-2	4	专科	100165201606000036	毕业
687	寇新	男	供热通风与空调工程技术	暖通 11	4	专科	100165201606000037	毕业
688	赵晨妍	女	供热通风与空调工程技术	暖通 11	4	专科	100165201606000038	毕业
689	陶涛	女	供热通风与空调工程技术	暖通 12	4	专科	100165201606000039	毕业
690	程秀峰	男	供热通风与空调工程技术	暖通 12	4	专科	100165201606000040	毕业
691	朱小龙	男	供热通风与空调工程技术	暖通 12	4	专科	100165201606000041	毕业
692	杜鑫	男	供热通风与空调工程技术	暖通 12	4	专科	100165201606000042	毕业
693	王洪旗	男	供热通风与空调工程技术	暖通 12	4	专科	100165201606000043	毕业
694	彭彬	男	供热通风与空调工程技术	暖通 12	4	专科	100165201606000044	毕业
695	刘杨	男	供热通风与空调工程技术	暖通 12	4	专科	100165201606000045	毕业
696	蒋海宝	男	供热通风与空调工程技术	暖通 12	4	专科	100165201606000046	毕业
697	赵延军	男	供热通风与空调工程技术	暖通 12	4	专科	100165201606000047	毕业
698	王浩	男	供热通风与空调工程技术	暖通 12	4	专科	100165201606000048	毕业
699	李来安	男	供热通风与空调工程技术	暖通 12	4	专科	100165201606000049	毕业
700	靳晓东	男	供热通风与空调工程技术	暖通 12	4	专科	100165201606000050	毕业
701	秘喜爱	女	供热通风与空调工程技术	暖通 12	4	专科	100165201606000051	毕业
702	蔡桂冬	男	供热通风与空调工程技术	暖通 12	4	专科	100165201606000052	毕业
703	郭洋	男	供热通风与空调工程技术	暖通 12	4	专科	100165201606000053	毕业
704	贺鹏飞	男	供热通风与空调工程技术	暖通 12	4	专科	100165201606000054	毕业
705	孙如义	男	供热通风与空调工程技术	暖通 12	4	专科	100165201606000055	毕业

续表

序号	姓名	性别	专业	班级	学制	学历	毕业证书号	备注
706	张芮溪	女	工程造价	造价10	4	专科	1001652016060000056	毕业
707	聂琳萍	女	工程造价	造价11	4	专科	1001652016060000057	毕业
708	王艳春	女	工程造价	造价12	4	专科	1001652016060000058	毕业
709	刘娜	女	工程造价	造价12	4	专科	1001652016060000059	毕业
710	李响	男	工程造价	造价12	4	专科	1001652016060000060	毕业
711	侯连娟	女	工程造价	造价12	4	专科	1001652016060000061	毕业
712	张晓霞	女	工程造价	造价12	4	专科	1001652016060000062	毕业
713	张建明	男	工程造价	造价12	4	专科	1001652016060000063	毕业
714	黄文华	女	工程造价	造价12	4	专科	1001652016060000064	毕业
715	张久红	女	工程造价	造价12	4	专科	1001652016060000065	毕业
716	赵玲玲	女	工程造价	造价12	4	专科	1001652016060000066	毕业
717	张平	女	工程造价	造价12	4	专科	1001652016060000067	毕业
718	范晓飞	女	工程造价	造价12	4	专科	1001652016060000068	毕业
719	李翠	女	工程造价	造价12	4	专科	1001652016060000069	毕业
720	刘海燕	女	工程造价	造价12	4	专科	1001652016060000070	毕业
721	赵刘彩	女	工程造价	造价12	4	专科	1001652016060000071	毕业
722	赵金伟	男	工程造价	造价12	4	专科	1001652016060000072	毕业
723	刘婧	女	工程造价	造价12	4	专科	1001652016060000073	毕业
724	何婷婷	女	工程造价	造价12	4	专科	1001652016060000074	毕业
725	张卫生	男	工程造价	造价12	4	专科	1001652016060000075	毕业
726	范子宁	女	工程造价	造价12	4	专科	1001652016060000076	毕业
727	马中雅	女	工程造价	造价12	4	专科	1001652016060000077	毕业
728	邓雁君	女	工程造价	造价12	4	专科	1001652016060000078	毕业
729	林蕾	女	工程造价	造价12	4	专科	1001652016060000079	毕业
730	卢小娟	女	工程造价	造价12	4	专科	1001652016060000080	毕业
731	赵玉雪	女	工程造价	造价12	4	专科	1001652016060000081	毕业
732	刘娇	女	工程造价	造价12	4	专科	1001652016060000082	毕业
733	李松波	女	工程造价	造价12	4	专科	1001652016060000083	毕业
734	王会玲	女	工程造价	造价12	4	专科	1001652016060000084	毕业
735	王策	男	工程造价	造价12	4	专科	1001652016060000085	毕业
736	孙雪艳	女	工程造价	造价12	4	专科	1001652016060000086	毕业
737	侯亚静	女	工程造价	造价12	4	专科	1001652016060000087	毕业
738	陶雅倩	女	工程造价	造价12	4	专科	1001652016060000088	毕业
739	贾莉	女	工程造价	造价12	4	专科	1001652016060000089	毕业
740	张奇	男	工程造价	造价12	4	专科	1001652016060000090	毕业

北京建筑大学成人高等教育 2016 届夏季毕业生名册

序号	姓名	性别	专业	班级	学制	学历	毕业证书号	备注
1	张晶鑫	男	土木工程	土木本 10	5	本科	100165201605000661	毕业
2	李树德	男	土木工程	土木升本 13-2	3	本科	100165201605000662	毕业
3	刘泽	女	土木工程	土木升本 13-2	3	本科	100165201605000663	毕业
4	来卫芝	女	工程管理	工管升本 12-2	3	本科	100165201605000664	毕业
5	杜伟	男	工程管理	工管升本 12-2	3	本科	100165201605000665	毕业
6	穆超	男	工程管理	工管升本 13-2	3	本科	100165201605000666	毕业
7	闫美娇	女	工程管理	工管升本 13-2	3	本科	100165201605000667	毕业
8	马志凯	男	建筑环境与设备工程	环设升本 12	3	本科	100165201605000668	毕业
9	宋彬	男	建筑工程技术	建工 12-1	4	专科	100165201606000101	毕业

六、2016 年北京建筑大学继续教育学院本科毕业生获得学士学位名单

北京建筑大学
2015/2016 学年第 1 学期授予成人教育本科毕业生学士学位名单

专业：城市规划

序号	学号	姓名	性别	学位类别	学位证书号
1	20121621004	杜 明	男	工学学士学位	1001642016020001
2	20121621025	史 爽	女	工学学士学位	1001642016020002
3	20121621036	李 城	男	工学学士学位	1001642016020003
4	20121621070	赵建博	男	工学学士学位	1001642016020004
5	20121621098	王欢欢	女	工学学士学位	1001642016020005
6	20121621045	姚 兰	女	工学学士学位	1001642016020006
7	20130322019	袁承志	男	工学学士学位	1001642016020007
8	20131621001	白云磊	女	工学学士学位	1001642016020008
9	20131621002	曲 楠	女	工学学士学位	1001642016020009
10	20131621004	崔红侠	女	工学学士学位	1001642016020010
11	20131621005	王家腾	男	工学学士学位	1001642016020011
12	20131621006	谭 怡	女	工学学士学位	1001642016020012
13	20131621009	李志娟	女	工学学士学位	1001642016020013
14	20131621014	刘 涛	男	工学学士学位	1001642016020014
15	20131621016	贾 刚	男	工学学士学位	1001642016020015
16	20131621017	黄嫒鑫	女	工学学士学位	1001642016020016
17	20131621018	孔星宇	男	工学学士学位	1001642016020017

续表

序号	学号	姓名	性别	学位类别	学位证书号
18	20131621019	毛涛	男	工学学士学位	1001642016020018
19	20131621021	张旭	女	工学学士学位	1001642016020019
20	20131621022	王蒙思	女	工学学士学位	1001642016020020
21	20131621023	任淑云	女	工学学士学位	1001642016020021
22	20131621026	李智	男	工学学士学位	1001642016020022
23	20131621031	张艳梅	女	工学学士学位	1001642016020023
24	20131621034	黄俊武	男	工学学士学位	1001642016020024
25	20131621035	刘丽	女	工学学士学位	1001642016020025
26	20131621037	郭志平	女	工学学士学位	1001642016020026
27	20131621039	姜雪鹏	男	工学学士学位	1001642016020027
28	20131621046	于龙	男	工学学士学位	1001642016020028
29	20131621050	袁文涛	男	工学学士学位	1001642016020029
30	20131621051	付书芳	女	工学学士学位	1001642016020030
31	20131621053	程玉丽	女	工学学士学位	1001642016020031
32	20131621055	李秋蕊	女	工学学士学位	1001642016020032
33	20131621061	张怀萍	女	工学学士学位	1001642016020033
34	20131621065	王义兴	男	工学学士学位	1001642016020034
35	20131621074	杨鑫浩	男	工学学士学位	1001642016020035
36	20131621080	郑子壮	男	工学学士学位	1001642016020036
37	20131621092	张炬贵	男	工学学士学位	1001642016020037
38	20131621102	张铭瑾	女	工学学士学位	1001642016020038

专业：土木工程

序号	学号	姓名	性别	学位类别	学位证书号
1	20100311001	杜姚	男	工学学士学位	1001642016020039
2	20100311048	程中彦	男	工学学士学位	1001642016020040
3	20090311014	孙芹芹	女	工学学士学位	1001642016020041
4	20110311001	金培培	女	工学学士学位	1001642016020042
5	20110311004	赵金西	男	工学学士学位	1001642016020043
6	20110311006	冯娟娟	女	工学学士学位	1001642016020044
7	20110311007	姜山	男	工学学士学位	1001642016020045
8	20110311009	徐东方	男	工学学士学位	1001642016020046
9	20110311011	邢艳	女	工学学士学位	1001642016020047
10	20110311017	张作超	男	工学学士学位	1001642016020048
11	20110311022	黄贞语	女	工学学士学位	1001642016020049
12	20110311024	程雪	女	工学学士学位	1001642016020050
13	20110311031	史明琪	女	工学学士学位	1001642016020051

续表

序号	学号	姓名	性别	学位类别	学位证书号
14	20110311032	薛海涛	男	工学学士学位	1001642016020052
15	20110311033	孙永锋	男	工学学士学位	1001642016020053
16	20110311036	卢振宁	男	工学学士学位	1001642016020054
17	20110311038	银夏云	女	工学学士学位	1001642016020055
18	20110311044	安培培	女	工学学士学位	1001642016020056
19	20110311045	白洪娜	女	工学学士学位	1001642016020057
20	20110311048	李鹏飞	男	工学学士学位	1001642016020058
21	20110311059	李王军	男	工学学士学位	1001642016020059
22	20110311067	王建文	男	工学学士学位	1001642016020060
23	20110311089	张 静	女	工学学士学位	1001642016020061
24	20110311098	李春霞	女	工学学士学位	1001642016020062
25	20110311102	吕 伟	男	工学学士学位	1001642016020063
26	20120321016	邱绍文	女	工学学士学位	1001642016020064
27	20120321021	刘文侠	女	工学学士学位	1001642016020065
28	20120321042	刘 博	男	工学学士学位	1001642016020066
29	20120321058	张永祥	男	工学学士学位	1001642016020067
30	20120321068	蔡文娟	女	工学学士学位	1001642016020068
31	20120321125	马 栋	男	工学学士学位	1001642016020069
32	20120322005	周一平	女	工学学士学位	1001642016020070
33	20120322029	张育霜	女	工学学士学位	1001642016020071
34	20120322037	张 晨	男	工学学士学位	1001642016020072
35	20120322048	刘 晓	女	工学学士学位	1001642016020073
36	20120322107	刘 博	男	工学学士学位	1001642016020074
37	20120322125	曹 威	男	工学学士学位	1001642016020075
38	20120323005	黄 悦	女	工学学士学位	1001642016020076
39	20120323030	史 欣	女	工学学士学位	1001642016020077
40	20130321001	杜建川	男	工学学士学位	1001642016020078
41	20130321003	袁全祥	男	工学学士学位	1001642016020079
42	20130321004	徐 乐	男	工学学士学位	1001642016020080
43	20130321005	潘 娜	女	工学学士学位	1001642016020081
44	20130321006	何 亮	男	工学学士学位	1001642016020082
45	20130321007	陈高建	男	工学学士学位	1001642016020083
46	20130321014	张立欣	女	工学学士学位	1001642016020084
47	20130321015	黄 滢	女	工学学士学位	1001642016020085
48	20130321025	王捷利	女	工学学士学位	1001642016020086
49	20130321029	张召军	男	工学学士学位	1001642016020087

续表

序号	学号	姓名	性别	学位类别	学位证书号
50	20130321036	王 芸	女	工学学士学位	1001642016020088
51	20130321040	袁 悦	男	工学学士学位	1001642016020089
52	20130321043	尚海波	男	工学学士学位	1001642016020090
53	20130321055	符海娜	女	工学学士学位	1001642016020091
54	20130321056	桑秋燕	女	工学学士学位	1001642016020092
55	20130321131	李 倩	女	工学学士学位	1001642016020093
56	20130322001	贾旖旎	女	工学学士学位	1001642016020094
57	20130322004	杨同想	女	工学学士学位	1001642016020095
58	20130322006	关德成	男	工学学士学位	1001642016020096
59	20130322010	陈永志	男	工学学士学位	1001642016020097
60	20130322031	郝晓娜	女	工学学士学位	1001642016020098
61	20130322036	张 帆	男	工学学士学位	1001642016020099
62	20130322045	张丽敏	女	工学学士学位	1001642016020100
63	20130322054	苗笑娟	女	工学学士学位	1001642016020101
64	20130322097	董慧莹	女	工学学士学位	1001642016020102
65	20130323004	叶冬凯	男	工学学士学位	1001642016020103
66	20130323064	于 淼	男	工学学士学位	1001642016020104

专业：建筑环境与设备工程

序号	学号	姓名	性别	学位类别	学位证书号
1	20121321023	苑晓慧	女	工学学士学位	1001642016020105
2	20131321001	王 雪	女	工学学士学位	1001642016020106
3	20131321005	张江锋	男	工学学士学位	1001642016020107
4	20131321006	陈世明	男	工学学士学位	1001642016020108
5	20131321007	徐 祯	男	工学学士学位	1001642016020109
6	20131321008	武晓霞	女	工学学士学位	1001642016020110
7	20131321009	杨 义	男	工学学士学位	1001642016020111
8	20131321012	刘战原	男	工学学士学位	1001642016020112
9	20131321014	李 振	男	工学学士学位	1001642016020113
10	20131321015	马丽丽	女	工学学士学位	1001642016020114
11	20131321016	李 杰	女	工学学士学位	1001642016020115
12	20131321019	曹士彦	女	工学学士学位	1001642016020116
13	20131321023	彭修香	女	工学学士学位	1001642016020117
14	20131321024	陈晓燕	女	工学学士学位	1001642016020118
15	20131321036	李 蕊	女	工学学士学位	1001642016020119
16	20131321042	刘玉凤	女	工学学士学位	1001642016020120
17	20131321055	司瑞莉	女	工学学士学位	1001642016020121

续表

序号	学号	姓名	性别	学位类别	学位证书号
18	20131321057	刘禹涵	女	工学学士学位	1001642016020122
19	20131321060	王彦玲	女	工学学士学位	1001642016020123
20	20131321066	王艳	女	工学学士学位	1001642016020124
21	20131321091	高云峰	男	工学学士学位	1001642016020125

专业：工程管理

序号	学号	姓名	性别	学位类别	学位证书号
1	20121121099	王志明	男	管理学学士学位	1001642016020126
2	20121121135	张玲	女	管理学学士学位	1001642016020127
3	20121122028	薛曼	女	管理学学士学位	1001642016020128
4	20121122097	孔翠云	女	管理学学士学位	1001642016020129
5	20121122109	马连晶	女	管理学学士学位	1001642016020130
6	20131121002	王振方	男	管理学学士学位	1001642016020131
7	20131121004	安然	女	管理学学士学位	1001642016020132
8	20131121006	胡东燕	女	管理学学士学位	1001642016020133
9	20131121008	张云	女	管理学学士学位	1001642016020134
10	20131121009	李玖云	女	管理学学士学位	1001642016020135
11	20131121015	张珊珊	女	管理学学士学位	1001642016020136
12	20131121016	董红利	女	管理学学士学位	1001642016020137
13	20131121025	孙垂杰	男	管理学学士学位	1001642016020138
14	20131121028	沈洁	女	管理学学士学位	1001642016020139
15	20131121050	高群	女	管理学学士学位	1001642016020140
16	20131121062	石慧姣	女	管理学学士学位	1001642016020141
17	20131121067	缑雨青	女	管理学学士学位	1001642016020142
18	20131121070	曹文华	女	管理学学士学位	1001642016020143
19	20131121076	赫贝贝	男	管理学学士学位	1001642016020144
20	20131121092	王贝贝	女	管理学学士学位	1001642016020145
21	20131121096	娄天宇	女	管理学学士学位	1001642016020146
22	20131121098	曲艺	女	管理学学士学位	1001642016020147
23	20131121118	王佳	女	管理学学士学位	1001642016020148
24	20131121123	董静	女	管理学学士学位	1001642016020149
25	20121122001	刘永莉	女	管理学学士学位	1001642016020150
26	20121122131	马秀玫	女	管理学学士学位	1001642016020151
27	20131122001	吴志友	男	管理学学士学位	1001642016020152
28	20131122002	黄文慧	女	管理学学士学位	1001642016020153
29	20131122003	关健	男	管理学学士学位	1001642016020154
30	20131122004	张美静	女	管理学学士学位	1001642016020155

续表

序号	学号	姓名	性别	学位类别	学位证书号
31	20131122006	陈 飞	男	管理学学士学位	1001642016020156
32	20131122007	赵志慧	男	管理学学士学位	1001642016020157
33	20131122009	冯朝勋	男	管理学学士学位	1001642016020158
34	20131122012	张 皎	女	管理学学士学位	1001642016020159
35	20131122014	王录军	男	管理学学士学位	1001642016020160
36	20131122018	薛鸿霖	女	管理学学士学位	1001642016020161
37	20131122019	韩 伟	女	管理学学士学位	1001642016020162
38	20131122020	成 倩	女	管理学学士学位	1001642016020163
39	20131122022	吕 杨	女	管理学学士学位	1001642016020164
40	20131122024	戴文鹿	女	管理学学士学位	1001642016020165
41	20131122026	杨 娇	女	管理学学士学位	1001642016020166
42	20131122031	苏 韦	女	管理学学士学位	1001642016020167
43	20131122036	周 蕾	女	管理学学士学位	1001642016020168
44	20131122040	贾小霞	女	管理学学士学位	1001642016020169
45	20131122052	杨 扬	女	管理学学士学位	1001642016020170
46	20131122057	孙南茜	女	管理学学士学位	1001642016020171
47	20131122058	刘亚秋	女	管理学学士学位	1001642016020172
48	20131122060	薛红岩	女	管理学学士学位	1001642016020173
49	20131122065	苏龙娟	女	管理学学士学位	1001642016020174
50	20131122067	吴会娟	女	管理学学士学位	1001642016020175
51	20131122080	高重阳	男	管理学学士学位	1001642016020176
52	20131122085	张 玥	男	管理学学士学位	1001642016020177
53	20131122087	詹华俊	男	管理学学士学位	1001642016020178
54	20131122091	王 飞	男	管理学学士学位	1001642016020179
55	20131122113	毕 茹	女	管理学学士学位	1001642016020180
56	20131122114	何 丽	女	管理学学士学位	1001642016020181
57	20131122116	马 良	男	管理学学士学位	1001642016020182

北京建筑大学
2015/2016学年第1学期授予高等教育自学考试本科毕业生成人教育学士学位名单

专业：建筑工程　　　学位类别：工学学士学位

序号	考生号	姓名	性别	学位类别	学位证书号
1	190111100182	王冬冬	男	工学学士学位	1001642016030001
2	190110101108	李 坤	男	工学学士学位	1001642016030002
3	190107105889	李全明	男	工学学士学位	1001642016030003

续表

序号	考生号	姓名	性别	学位类别	学位证书号
4	060109103269	韩少东	男	工学学士学位	1001642016030004
5	050107400725	宋黎明	男	工学学士学位	1001642016030005
6	060110101109	王攀	男	工学学士学位	1001642016030006

北京建筑大学
2015/2016 学年第 2 学期授予成人教育本科毕业生学士学位名单

专业：城市规划

序号	学号	姓名	性别	学位类别	学位证书号
1	20131621071	余紫云	女	工学学士学位	1001642016020201
2	20131621078	焦莹	女	工学学士学位	1001642016020202

专业：土木工程

序号	学号	姓名	性别	学位类别	学位证书号
1	20130321022	张松	男	工学学士学位	1001642016020203
2	20130321037	董博	女	工学学士学位	1001642016020204
3	20130322005	王晓华	女	工学学士学位	1001642016020205

专业：工程管理

序号	学号	姓名	性别	学位类别	学位证书号
1	20131121038	贾宝雨	女	管理学学士学位	1001642016020206
2	20131121063	卢昌盛	男	管理学学士学位	1001642016020207
3	20131121071	唐正飞	男	管理学学士学位	1001642016020208
4	20131121078	李斌	男	管理学学士学位	1001642016020209
5	20131121117	李秉生	男	管理学学士学位	1001642016020210
6	20121121023	李国侠	女	管理学学士学位	1001642016020211
7	20131121061	柴晓鑫	男	管理学学士学位	1001642016020212
8	20131122023	陈雷	男	管理学学士学位	1001642016020213
9	20131122046	张黎明	女	管理学学士学位	1001642016020214
10	20131122055	余顺全	女	管理学学士学位	1001642016020215
11	20131122062	魏培	女	管理学学士学位	1001642016020216
12	20131122075	张元	女	管理学学士学位	1001642016020217
13	20131122092	杨光	女	管理学学士学位	1001642016020218
14	20131122093	徐鹏	男	管理学学士学位	1001642016020219

北京建筑大学

2015/2016学年第2学期授予高等教育自学考试本科毕业生成人教育学士学位名单

专业：建筑工程　　　　学位类别：工学学士学位

序号	考生号	姓名	性别	学位类别	学位证书号
1	020107111107	武婷婷	女	工学学士学位	1001642016030007
2	050109400578	杨国强	男	工学学士学位	1001642016030008
3	060110400871	田翼飞	男	工学学士学位	1001642016030009
4	090109400452	孙文涛	男	工学学士学位	1001642016030010
5	100106202687	陈刚	男	工学学士学位	1001642016030011
6	190111100241	杨双全	男	工学学士学位	1001642016030012

第十八章 表彰与奖励

一、北京建筑大学2016年所获集体奖励

【荣获第四届首都大学生思想政治教育工作实效奖二等奖】1月21日，1月21日，由北京市委教育工委主办的第四届首都大学生思想政治教育工作实效奖评选中，北京建筑大学申报的题为《聚焦"四点"构建立体化培养体系 促进学生党建工作"建善筑实"》的工作成果首获二等奖。2015年12月，市委教育工委组织开展申报和评审工作，共有来自首都50所高校的100余项工作成果参与申报，经过专家组初评，23项工作成果进入终评环节。由来自教育部思政司、市委宣传部、市教工委、市教委、团市委的领导和人民日报、中国教育报等媒体单位相关领导，以及各高校主管校领导分别组成专家评审组和群众评审组现场打分。

【工会系统获奖情况】校工会在北京市总工会进行的考评中获得优秀等级；工会荣获市教育工会2016年度特色工作奖；理学院分工会获北京教育工会"2015年先进教职工小家"。

【荣获2016年北京高校"我的班级我的家"优秀示范班集体】12月20日下午，由中共北京市教育工作委员会主办的2016年北京高校"我的班级我的家"优秀班集体创建评选活动在北京工业大学举行，来自26所高校的优秀班集体代表参加了活动，最终评选出10个"十佳示范班集体"和16个"优秀示范班集体"。经过激烈角逐，代表北京建筑大学参赛的环境与能源工程学院给排水科学与工程131班最终荣获2016年北京高校"我的班级我的家"优秀示范班集体，向与会人员展示了北京建筑大学学子的良好精神风貌。

【荣获北京市高校红色"1＋1"示范活动一等奖】12月21日下午，2016年北京高校红色"1＋1"示范活动展示评选会在北京化工大学举行。北京市委宣传部、市委教育工委、市委农村工委、市委社会工委、首都文明办等领导出席并担任评委，各高校主管部门负责人、学生党支部代表、媒体代表共200多人参加。本次评选会共有从参加评选的北京高校1100多个学生党支部中脱颖而出的25支队伍参赛，分别来自北京大学、清华大学、中国人民大学、北京师范大学等。经过激烈的视频展示和答辩环节，代表北京建筑大学参加的经管学院本科生第三党支部积极准备，卓越表现，以总决赛总分第一名的成绩荣获2016年北京高校红色"1＋1"示范活动一等奖。这是北京建筑大学连续第二年在该项评比活动中取得第一名的好成绩，赢得了与会领导和同仁的肯定，为北京建筑大学赢得了荣誉。

【创新创业教育工作成果荣获北京高校党建和思政工作优秀成果二等奖、创新成果奖】12月，由北京市委教育工委组织的2014—2015年北京高校党的建设和思想政治工作优秀成

果、创新成果评选结果揭晓。我校申报的"突出党建引领，激发双创活力，探索德育新路径——北京建筑大学党建引领创新创业教育的实践探索"项目荣获"优秀成果二等奖"和"创新成果奖"。这是我校党建和思政工作取得的新的标志性成果，具有很高的理论价值和应用价值。

二、北京建筑大学2016年各级各类科技成果奖

【2016年学校所获省部级科研奖励一览表】

序号	奖励名称	成果名称	获奖完成人	所在学院	获奖级别	获奖等级
1	北京市科学技术奖	基于低影响开发的绿色村镇雨污水生态处理与资源化利用技术及应用	袁冬海、李俊奇、车伍、卞立波、李海燕	环能学院 土木学院	省部级	二等奖
2	北京市科学技术奖	特大型平头塔式起重机研制及运行安全保障关键技术	杨建伟	机电学院	省部级	三等奖
3	中国测绘科技进步奖	大型复杂文物信息留取与虚拟修复关键技术研究与应用	侯妙乐、胡云岗、赵江洪、黄明、胡春梅、张瑞菊、王国利	测绘学院	省部级	一等奖
4	中国地理信息科技进步奖	城市运行精细化管理物联网技术与应用	杜明义、霍亮、靖常峰、刘扬、刘建华	测绘学院	省部级	一等奖
5	中国地理信息科技进步奖	基于多元空间环境探测的危化品事故全过程遥测预警与应急处置平台	吕京国、周命端、刘祥磊	测绘学院	省部级	二等奖
6	中国地理信息科技进步奖	山西省地理国情普查生产技术体系研究	霍亮	测绘学院	省部级	三等奖
7	精瑞科学技术奖行业发展创新奖	城市更新可持续发展评估体系	刘剑锋	建筑学院	省部级	创新奖
8	宁夏回族自治区科学技术进步奖	高海拔寒冷地区软岩长大隧道安全环保施工关键技术	戚承志	土木学院	省部级	一等奖
9	中国岩石力学与工程学会科学技术奖	高海拔寒冷地区软岩长大隧道安全环保施工关键技术	戚承志	土木学院	省部级	二等奖

续表

序号	奖励名称	成果名称	获奖完成人	所在学院	获奖级别	获奖等级
10	新疆维吾尔自治区科技进步奖	高品质混凝土骨料及其对混凝土性能影响的研究及应用	宋少民	土木学院	省部级	三等奖
11	中国机械工业科学技术奖	提升钢丝绳运行安全保障技术及装备研究	杨建伟	机电学院	省部级	二等奖
12	河南省科学技术进步	基于长期性能的水泥路面加铺沥青层及拓宽关键技术	徐世法、季节、金珊珊	土木学院	省部级	二等奖
13	中国公路学会科学技术	钢桁腹PC组合桥梁设计与建造关键技术及应用	龙佩恒	土木学院	省部级	一等奖
14	北京市科学技术奖	城市轨道交通工程监测技术规范	刘军	土木学院	省部级	三等奖
15	2016年度中国煤炭工业协会科学技术奖	1600米超深立井新型凿井装备与关键技术	侯敬峰	土木学院	省部级	一等奖

【北京建工建筑设计研究院2016年获奖情况】

2016年共获得各类奖项11个，其中省部级奖项2个，市级奖项两个，民间奖项5个，个人荣获市级以上奖项3人，市级以下11人。

其中：2016年12月，"巴彦淖尔市新建医院"荣获由内蒙古自治区勘察设计协会评选的"2016年度内蒙古自治区优秀设计奖"。

2016年12月，王刚设计的"2015首旅集团诺金酒店大堂装置艺术－ROSE"荣获2016年度国际空间设计大赛艾特奖——最佳陈设设计奖；

2016年5月设计院连续第3年荣获得全国医院基建"十佳专业服务供应商"奖项。

2016年6月，"内蒙古科技大学逸夫楼、实验楼"、"内蒙古科技大学校园足球联盟基地综合楼"项目荣获包头市2015年度"优秀建设项目规划设计方案奖"，彭伟、闫美成荣获个人奖。

2016年10月，我院"北京建筑大学体育馆""明中都皇故城遗址公园"两个项目顺利评为2016年度科技部精瑞奖"可持续社区类"在建项目奖。另有11人获得个人奖项。

三、北京建筑大学2016年教师所获奖励与表彰

【2016年统战系统获奖名单】

序号	奖励时间	获奖个人或集体	奖励名称	发证机关
1	2016年4月	李红	优秀社员	九三学社北京市委员会
2	2016年4月	吴彤军	优秀社员	九三学社北京市委员会
3	2016年11月	陆翔	在纪念北京市民盟组织成立70周年活动中，被授予盟务工作先进个人称号	民盟北京市委

续表

序号	奖励时间	获奖个人或集体	奖励名称	发证机关
4	2016年11月	秦红岭	在纪念北京市民盟组织成立70周年活动中，被授予盟务工作先进个人称号	民盟北京市委
5	2016年11月	张复兵	在纪念北京市民盟组织成立70周年活动中，被授予盟务工作先进个人称号	民盟北京市委
6	2016年11月	常宏达	在纪念北京市民盟组织成立70周年活动中，被授予盟务工作先进个人称号	民盟北京市委
7	2016年11月	武才娃	在纪念北京市民盟组织成立70周年活动中，被授予盟务工作先进个人称号	民盟北京市委
8	2016年11月	民盟北京建筑大学支部	纪念北京市民盟组织成立70周年活动中，被授予先进基层组织	民盟北京市委

【2016年北京高校青年教师社会调研工作获奖名单】

序号	奖励时间	获奖完成人	获奖项目名称	奖励名称	获奖等级	发证机关
1	2016年12月	陈新华	新常态下我国实体经济的创新发展之路	北京高校青年教师社会调研工作	一等奖	市委教育工委
2	2016年12月	周晨静	北京市城市道路公共服务设施满意度调查分析	北京高校青年教师社会调研工作	一等奖	市委教育工委
3	2016年12月	刘娜	我国建筑房、地产业中高级管理人才加班状况调查研究	北京高校青年教师社会调研工作	二等奖	市委教育工委
4	2016年12月	韩志鹏	关于北京周边地区农村水环境治理难点及对策的调查研究	北京高校青年教师社会调研工作	二等奖	市委教育工委
5	2016年12月	戚振强	北京市属医院基本建设项目管理调研报告	北京高校青年教师社会调研工作	二等奖	市委教育工委
6	2016年12月	杨兴坤	北京市城市公共安全事故调查	北京高校青年教师社会调研工作	二等奖	市委教育工委
7	2016年12月	俞天琦	北京市典型交叉路口建筑调查研究	北京高校青年教师社会调研工作	二等奖	市委教育工委
8	2016年12月	刘猛	地面公共交通无障碍情况调查	北京高校青年教师社会调研工作	二等奖	市委教育工委
9	2016年12月	冯永龙	北京高校创业教育与大学科技园区联动性调查	北京高校青年教师社会调研工作	二等奖	市委教育工委

【2015年度中国高校校报好新闻奖获奖名单】

序号	奖励时间	获奖完成人	获奖项目名称	奖励名称	获奖等级	发证机关
1	2016年9月	高蕾	《三元桥 让北京震撼世界——培养具有整体观念的工程师》原载于《北京建筑大学校报》第425期	2015年度中国高校校报好新闻奖	通讯录一等奖	中国高校校报协会
2	2016年9月	曹洪涛	《仲夏毕业季 梦想致青春》原载于《北京建筑大学校报》第419期	2015年度中国高校校报好新闻奖	新闻摄影类一等奖	中国高校校报协会
3	2016年9月	李守玉 高蕾	《为师为友 育人育心——环能学院王崇臣教授用爱铺就学生成长之路》原载于《北京建筑大学校报》第417期	2015年度中国高校校报好新闻奖	通讯类二等奖	
4	2016年9月	高蕾	校报第417期3版	2015年度中国高校校报好新闻奖	版面类三等奖	
5	2016年9月	佟启巾	校报418期4版	2015年度中国高校校报好新闻奖	版面类二等奖	

【吴雨桐荣获第四届北京高校辅导员职业能力大赛二等奖第一名】 4月6日，由中共北京市委教育工委主办的第四届北京高校辅导员职业能力大赛决赛在北京师范大学举行，北京建筑大学理学院辅导员吴雨桐荣获第四届北京高校辅导员职业能力大赛二等奖第一名，以0.03分之差憾失一等奖。北京建筑大学已连续参加四届北京高校辅导员大赛，共获得一等奖1项，二等奖1项，三等奖2项。

【土木学院季节教授喜获"首都劳动奖章"】 北京建筑大学土木学院季节教授被北京市总工会、北京市人力资源和社会保障局授予"首都劳动奖章"称号，并于4月28日参加了在人民大会堂举行的庆祝"五一"国际劳动节暨全国五一劳动奖表彰大会。

【何立新同志荣获"北京市优秀党务工作者"】 6月29日上午，北京市庆祝中国共产党成立95周年大会在国家会议中心举行，中共中央政治局委员、北京市委书记郭金龙同志出席会议并作重要讲话，市委副书记、市长王安顺、市委副书记苟仲文等领导出席会议并为受表彰同志颁奖。会议共表彰了53个"北京市先进基层党组织"、103名"北京市优秀共产党员"和103名"北京市优秀党务工作者"。我校土木学院党委书记何立新同志荣获"北京市优秀党务工作者"，这是我校首次获得市级党内评优荣誉称号。

【王文海、韩淼获评"北京市师德先锋"】 9月8日，2016年北京市师德榜样（先锋）推荐结果出炉，全市教育系统共推荐产生彭永臻等20名"北京市师德榜样"和274名"北京市师德先锋"。北京建筑大学土木学院韩淼、环能学院王文海两位教师获得2016年"北京市师德先锋"称号。

四、北京建筑大学2016年学生所获奖励与表彰

【2016年北京市普通高等学校优秀毕业生名单】

序号	姓名	性别	民族	学历	专业	证书编号
1	李玲	女	汉	本科	自动化	201610016b001
2	杨小梅	女	汉	本科	自动化	201610016b002
3	张旭	女	汉	本科	自动化	201610016b003
4	王鑫	女	汉	本科	电气工程及其自动化	201610016b004
5	庞卓	女	汉	本科	电气工程及其自动化	201610016b005
6	林炎华	女	汉	本科	电气工程及其自动化	201610016b006
7	张慧	女	汉	本科	计算机科学与技术	201610016b007
8	李金	男	汉	本科	建筑电气与智能化	201610016b008
9	毛腾	女	汉	本科	计算机科学与技术	201610016b009
10	王明爽	女	汉	本科	建筑电气与智能化	201610016b010
11	刘荣	男	汉	本科	热能与动力工程	201610016b011
12	林惠阳	女	汉	本科	建筑环境与设备工程	201610016b012
13	杜小磊	男	汉	本科	机械工程及自动化	201610016b013
14	崔保庄	男	汉	本科	车辆工程（汽车工程方向）	201610016b014
15	雷晋鸿	男	汉	本科	车辆工程（城市轨道交通车辆方向）	201610016b015
16	朱家铭	男	汉	本科	工商管理	201610016b016
17	何梦婷	女	汉	本科	市场营销	201610016b017
18	张华	男	汉	本科	工程管理	201610016b018
19	张伊聪	女	汉	本科	工程管理	201610016b019
20	邓宏昌	男	汉	本科	工程管理	201610016b020
21	李智仙	女	汉	本科	工程管理	201610016b021
22	张昆	男	汉	本科	无机非金属材料工程（建筑材料方向）	201610016b022
23	李菡超	女	汉	本科	交通工程	201610016b023
24	张慧	女	汉	本科	交通工程	201610016b024
25	俞轩	男	汉	本科	土木工程（城市道路与桥梁工程方向）	201610016b025
26	邸鹏	男	汉	本科	土木工程（建筑工程方向）	201610016b026
27	邓博文	男	汉	本科	土木工程（建筑工程方向）	201610016b027
28	桂晓珊	女	汉	本科	土木工程（城市道路与桥梁工程方向）	201610016b028
29	钱晨阳	男	汉	本科	土木工程（建筑工程方向）	201610016b029

续表

序号	姓名	性别	民族	学历	专业	证书编号
30	李雨航	男	汉	本科	土木工程（建筑工程方向）	201610016b030
31	李昊	男	汉	本科	土木工程（城市道路与桥梁工程方向）	201610016b031
32	池瑞文	男	汉	本科	土木工程（建筑工程方向）	201610016b032
33	丁伊宁	女	汉	本科	土木工程（建筑工程方向）	201610016b033
34	杨淼	女	汉	本科	社会工作	201610016b034
35	李天予	女	汉	本科	社会工作	201610016b035
36	刘婉嬑	女	汉	本科	法学	201610016b036
37	贡天媛	女	汉	本科	社会工作	201610016b037
38	谢泠涛	女	汉	本科	地理信息系统（城市规划GIS方向）	201610016b038
39	张大凤	女	汉	本科	地理信息系统（城市规划GIS方向）	201610016b039
40	程晨	女	汉	本科	信息与计算科学	201610016b040
41	金锋	男	苗	本科	信息与计算科学	201610016b041
42	谭毛红	男	汉	本科	电子信息科学与技术	201610016b042
43	赵文凯	男	汉	本科	电子信息科学与技术	201610016b043

【2016届夏季毕业硕士研究生优秀学位论文】

序号	学院	姓名	专业	论文题目	指导教师
1	建筑学院	王哲	城乡规划学	北京长城文化展示带构建研究	汤羽扬
2	建筑学院	赵文阳	建筑学	墓葬遗址保护展示厅设计研究	田林 李亦农
3	建筑学院	李迪希	城乡规划学	基于城市时空优化的轨道交通沿线土地利用规划策略研究——以贵阳市轨道交通为例	荣玥芳
4	建筑学院	李爽悦	建筑学	战争惨案纪念建筑的情感表达设计研究	王兵 汤羽扬 李亦农
5	建筑学院	贾宁	城乡规划学	唐河县中心城区人居环境评价及优化策略研究	荣玥芳
6	建筑学院	任军	设计学	实体坛城建筑空间与装饰研究	李沙
7	建筑学院	王一森	设计学	故宫古建筑外檐门窗样式与构造研究	陈静勇
8	土木学院	孙拓	交通运输规划与管理	基于动态O-D反推与多目标优化的实时信号控制组合模型及算法	焦朋朋
9	土木学院	陈昊祥	岩土工程	深部巷道围岩分区破裂非线性连续相变模型的数值研究	戚承志
10	土木学院	陈博珊	建筑与土木工程	蒸压加气混凝土板力学试验及数值模拟研究	吴徽 卢清刚

续表

序号	学院	姓名	专业	论文题目	指导教师
11	土木学院	杨松	建筑与土木工程	水性高分子改性乳化沥青及其混合料性能研究	季节 侯芸
12	土木学院	宋启明	建筑与土木工程	采用外加劲肋加固圆钢管节点的研究	祝磊 刘航
13	土木学院	陈媛媛	结构工程	可恢复功能中间柱预应力钢框架抗震性能分析及性能化设计	张艳霞
14	土木学院	刘梅	建筑与土木工程	高强混凝土温度历程与微观结构演化机理关系研究	赵东拂 赵尚传
15	土木学院	杨陶源	建筑与土木工程	城市轨道交通车站客流集散仿真研究	吴海燕 杨静 马林
16	土木学院	赵文占	结构工程	装配式自复位钢框架空间结构试验研究	张艳霞
17	土木学院	刘云博	建筑与土木工程	剪力墙连梁抗震性能研究	吴徽 范重
18	土木学院	肖伟	建筑与土木工程	加气混凝土围护墙体抗震性能试验研究	张国伟 李文峰
19	环能学院	何俊超	市政工程	基于SWMM的深圳市光明新区雨水系统优化研究	许萍
20	环能学院	周晓	环境工程	基于AnMBR的城市污水处理工艺及能源回收研究	刘建伟
21	环能学院	高参	环境工程	内部生境调控强化驳岸湿地对径流雨水中磷的去除	杜晓丽
22	环能学院	蔡骥驰	建筑与土木工程	阴离子表面活性剂对脉动热管性能影响的实验研究	王瑞祥 杨华
23	环能学院	王会芳	建筑与土木工程	全程自养脱氮（CANON）工艺中N_2O释放研究	付昆明 马福利
24	环能学院	郭金鹏	建筑与土木工程	人工湿地对多环芳烃去除效果的研究	杨海燕 马福利
25	环能学院	崔宇	环境工程	雨水管道系统除砂装置研究	王文海
26	环能学院	王东勋	建筑与土木工程	基于火灾荷载的地下车库自动喷水灭火系统模拟研究	张雅君 黄晓家
27	环能学院	魏静	市政工程	废铁屑强化剩余污泥厌氧消化产甲烷机理研究	郝晓地
28	环能学院	丁思源	供热、供燃气、通风及空调工程	表面张力对液滴形成和运动形变规律影响的可视化研究	王瑞祥
29	环能学院	张欣蕊	建筑与土木工程	蛋白质引起的超滤膜污染机制研究	冯萃敏 张炯

续表

序号	学院	姓名	专业	论文题目	指导教师
30	环能学院	赵晨	环境工程	北京城区径流雨水中DOM的表征及其与铜离子相互作用研究	李俊奇 王崇臣
31	环能学院	张鹂	环境工程	贵阳南明河流域径流污染控制策略研究	车伍
32	测绘学院	王昭娜	摄影测量与遥感	全局立体影像匹配算法研究与实现	赵西安
33	测绘学院	戴培培	测绘工程	城管案件热点空间探测方法研究	杜明义 王丹
34	测绘学院	于广涛	大地测量学与测量工程	地磁室内定位基准图数据采集系统研究	罗德安
35	测绘学院	高泽辉	测绘工程	林地小班数据质量检查方法研究	霍亮 贾光军
36	电信学院	李翠梅	建筑与土木工程	燃气管网应急抢修现场移动监控及辅助决策系统开发	王亚慧 高顺利
37	电信学院	赵雪	控制理论与控制工程	基于模糊决策的建筑内人员疏散行为建模与仿真	胡玉玲
38	电信学院	张培	建筑与土木工程	基于L-A模型理论的社区应急避难场所承载能力研究	王佳 张靖岩
39	机电学院	吴建洋	检测技术与自动化装置	电火花加工自适应控制系统的稳定性研究	周明
40	机电学院	赵春青	载运工具运用工程	高速动车组制动系统可靠性建模与评估研究	杨建伟
41	理学院	张震	应用数学	运动平板引发的粘弹性流体流动传热研究	张艳

【北京建筑大学2016年研究生国家奖学金名单】

序号	研究生姓名	专业	年级	学院
1	邓啸騘	城乡规划学	14级	建筑学院
2	徐丹	建筑学	14级	建筑学院
3	董硕	城乡规划学	14级	建筑学院
4	锡望	建筑学	14级	建筑学院
5	郭亚男	建筑学	14级	建筑学院
6	李鹏飞	道路与铁道工程	14级	土木学院
7	石越峰	道路与铁道工程	14级	土木学院
8	马丽盟	结构工程	14级	土木学院
9	王宗洋	结构工程	14级	土木学院
10	王洪森	结构工程	14级	土木学院
11	柴林林	建筑与土木工程	14级	土木学院
12	宁广	建筑与土木工程	14级	土木学院

续表

序号	研究生姓名	专业	年级	学院
13	肖翔	建筑与土木工程	14级	土木学院
14	王明秀	环境工程	14级	环能学院
15	李季	市政工程	15级	环能学院
16	李芸	建筑遗产保护	14级	环能学院
17	蔡志文	市政工程	14级	环能学院
18	杨茜	暖通	14级	环能学院
19	邱丽佳	环境科学	14级	环能学院
20	张帅	暖通	14级	环能学院
21	李天宇	市政工程	15级	环能学院
22	周坤朋	建筑遗产保护	14级	环能学院
23	李白玉	控制理论与控制工程	14级	电信学院
24	黄宜平	建筑与土木工程	14级	电信学院
25	丛娇娇	企业管理	14级	经管学院
26	张建广	大地测量学与测量工程	14级	测绘学院
27	张冲	地图制图学与地理信息工程	14级	测绘学院
28	武慧杰	载运工具运用工程	14级	机电学院
29	白永亮	检测技术与自动化装置	14级	机电学院
30	张敏	应用数学	14级	理学院

【2016年研究生学业奖学金名单（一等奖48人）】

序号	学号	姓名	等级
1	2108510014036	李取奇	学业一等
2	2108510014007	苏毅	学业一等
3	2108510014038	魏立志	学业一等
4	2108530014001	仲金玲	学业一等
5	2108340014004	杨莹	学业一等
6	2113050014002	闫卓远	学业一等
7	2108510015037	侯凌超	学业一等
8	2108510015030	王菲	学业一等
9	2108510015050	翟玉琨	学业一等
10	2108530015003	赵璞真	学业一等
11	2108340015003	聂紫阳	学业一等
12	2108523715001	康雪楠	学业一等
13	2108140114001	章良兵	学业一等
14	2108140214009	王健	学业一等
15	2108140214015	陈鹏	学业一等
16	2108521314048	费晨超	学业一等

续表

序号	学号	姓名	等级
17	2108521314046	王煦	学业一等
18	2108521314001	金鑫	学业一等
19	2108230315001	朱晨冉	学业一等
20	2108521315065	吴佳莹	学业一等
21	2108140214004	李莉	学业一等
22	2108140614002	张广达	学业一等
23	2108521314096	栗博	学业一等
24	2108521314100	尹朝辉	学业一等
25	2108521314105	郭嘉羽	学业一等
26	2108521314114	李琛	学业一等
27	2108521314089	杨童童	学业一等
28	2107760114002	张佳	学业一等
29	2107760214002	王杰	学业一等
30	2107760215001	杜雪冬	学业一等
31	2107760215011	栾昕荣	学业一等
32	2108140415003	张琳	学业一等
33	2108140415012	刘莎	学业一等
34	2108521315087	宋鑫	学业一等
35	2108521314128	李升一	学业一等
36	2108110114005	郭晓冉	学业一等
37	2108521314138	赵云凤	学业一等
38	2112020414001	李蕊	学业一等
39	2108524015002	刘帅	学业一等
40	2112010014002	刘辰星	学业一等
41	2108160114005	马朝帅	学业一等
42	2108160114002	姜浩	学业一等
43	2108160315002	付艳丽	学业一等
44	2108160315003	方敏	学业一等
45	2108523614001	蔡晓菲	学业一等
46	2108524014006	侯妍君	学业一等
47	2113050015016	姚媛	学业一等
48	2107010414001	王丹	学业一等

【北京建筑大学 2016 年优秀研究生干部奖学金名单】

序号	研究生姓名	专业	年级	学院
1	王惠婷	城乡规划学	14 级	建筑学院
2	锡望	建筑学	14 级	建筑学院
3	王奇	建筑遗产保护	14 级	建筑学院
4	魏立志	建筑学	14 级	建筑学院
5	孟庆玮	建筑学	14 级	建筑学院
6	邓美然	城乡规划学	14 级	建筑学院
7	卢春双	建筑学	14 级	建筑学院
8	师航祺	建筑与土木工程	14 级	土木与交通工程学院
9	崔周勋	建筑与土木工程	14 级	土木与交通工程学院
10	邹明	结构工程	14 级	土木与交通工程学院
11	赵阳	建筑与土木工程	14 级	土木与交通工程学院
12	王煦	建筑与土木工程	14 级	土木与交通工程学院
13	石越峰	道路与铁道工程	14 级	土木与交通工程学院
14	陈启超	建筑技术科学	14 级	环能学院
15	杨东升	建筑与土木工程	14 级	环能学院
16	矫育青	建筑与土木工程	15 级	环能学院
17	唐兴	市政工程	14 级	环能学院
18	李剑沣	建筑与土木工程	15 级	环能学院
19	李志霏	环境工程	15 级	环能学院
20	李畅	环境工程	15 级	环能学院
21	李白玉	控制理论与及控制工程	14 级	电信学院
22	鲍飞	控制理论与及控制工程	14 级	电信学院
23	何北	工商管理	14 级	经管学院
24	万俊伟	管理科学与工程	15 级	经管学院
25	姜浩	大地测量学与测量工程	14 级	测绘学院
26	高东阳	摄影测量与摇感	15 级	测绘学院
27	薛惠敏	建筑遗产保护	15 级	测绘学院
28	张华	载运工具运用工程	15 级	机电学院
29	钟康弘	设计学	14 级	文法学院
30	张敏	应用数学	14 级	理学院

【2016 级考研成绩优异学生奖学金名单】

序号	学号	姓名	学院
1	2108510016033	李超	建筑与城市规划学院
2	2108330016007	任昕彤	建筑与城市规划学院
3	2108340016002	张蔹	建筑与城市规划学院
4	2113050016013	张博闻	建筑与城市规划学院

续表

序号	学号	姓名	学院
5	210813J116003	葛义洲	建筑与城市规划学院
6	2108140216015	李雨航	土木与交通工程学院
7	2108230316002	齐泽阳	土木与交通工程学院
8	2108521316039	陈小奔	土木与交通工程学院
9	2107760216011	赵远玲	环境与能源工程学院
10	2108140316011	关鹏祥	环境与能源工程学院
11	2108140416001	冯硕	环境与能源工程学院
12	2108521316120	颜懿柔	环境与能源工程学院
13	2108110016005	王永顺	电气与信息工程学院
14	2112010016001	冯之倩	经济与管理工程学院
15	2108521516005	王来阳	测绘与城市空间信息学院
16	210813J116012	卢钊	测绘与城市空间信息学院
17	2108520116001	荆红雁	机电与车辆工程学院
18	2103520016002	李琳	文法学院

【2016年产学研联合研究生培养基地优秀项目奖学金名单】

序号	学号	姓名	学院	专业
1	1108130113005	王谦	建筑与城市规划学院	建筑学
2	1108130213004	单超	建筑与城市规划学院	建筑学
3	1107760213007	夏雪峰	环境与能源工程学院	环境科学与工程
4	1108230413004	赵春青	机电与车辆工程学院	交通运输工程
5	1108521313113	胡朝文	电气与信息工程学院	工程硕士
6	1108521313038	董诗远	土木与交通工程学院	工程硕士
7	1108521313041	杨陶源	土木与交通工程学院	工程硕士
8	1108521513012	温源	测绘与城市空间信息学院	工程硕士

【2016年优秀毕业研究生奖学金名单】

序号	学生姓名	学院	获奖级别	学号	专业
1	王谦	建筑学院	市、校级	1108130113005	建筑学
2	甘振坤	建筑学院	市、校级	1108130213011	建筑学
3	邢晓萌	建筑学院	校级	1108130213009	建筑学
4	鲁超峰	建筑学院	市、校级	1108510013043	建筑学硕士
5	方子琪	建筑学院	校级	1108130113001	建筑学
6	郭祉坚	建筑学院	校级	1108510013036	建筑学硕士
7	李茜	建筑学院	校级	1108130313002	建筑学
8	邱凡	建筑学院	市、校级	1108340013001	风景园林学
9	孙瑞	建筑学院	市、校级	1108330013001	城乡规划学

续表

序号	学生姓名	学院	获奖级别	学号	专业
10	姚心淇	建筑学院	校级	1108330013016	城乡规划学
11	王一淼	建筑学院	市、校级	1113050013015	设计学
12	任军	建筑学院	校级	1113050013005	设计学
13	孙拓	土木学院	市、校级	1108230313005	交通运输工程
14	陈昊祥	土木学院	市、校级	1108140113002	土木工程
15	陈博珊	土木学院	市、校级	1108521313032	工程硕士
16	杨松	土木学院	市、校级	1108521313025	工程硕士
17	宋启明	土木学院	市、校级	1108521313014	工程硕士
18	李淼	土木学院	校级	1108140213010	土木工程
19	陈媛媛	土木学院	校级	1108140213011	土木工程
20	刘梅	土木学院	校级	1108521313021	工程硕士
21	杨谨瑞	土木学院	校级	1108521313024	工程硕士
22	刘晓睿	环能学院	市、校级	1108140413019	土木工程
23	魏静	环能学院	市、校级	1108140313007	土木工程
24	蔡骥驰	环能学院	市、校级	1108521313063	工程硕士
25	赵晨	环能学院	市、校级	1107760213001	环境科学与工程
26	张鹏	环能学院	市、校级	1107760213009	环境科学与工程
27	李冉	环能学院	校级	1108521313060	工程硕士
28	王晓彤	环能学院	校级	1108521313084	工程硕士
29	刘蕊	环能学院	校级	1107760213002	环境科学与工程
30	丁翰婉	环能学院	校级	1108521313077	工程硕士
31	王君可	环能学院	校级	1108140413010	土木工程
32	王磊	电信学院	市、校级	1108110213001	控制科学与工程
33	彭月月	电信学院	校级	1108521313104	工程硕士
34	石艳彩	电信学院	校级	1108110113006	控制科学与工程
35	刘婷	经管学院	市、校级	1112020213001	工商管理
36	许鹏	经管学院	校级	1108524013003	工程硕士
37	杨芳	测绘学院	市、校级	1108521513011	工程硕士
38	邢晓达	测绘学院	市、校级	1108521513010	工程硕士
39	张冬梅	测绘学院	校级	1108521513008	工程硕士
40	王建治	机电学院	市、校级	1108523613007	工程硕士
41	吴建洋	机电学院	校级	1108110213002	控制科学与工程
42	李璐	文法学院	校级	1113050013020	设计学
43	陈建杰	理学院	市、校级	1107010413001	数学

【2016年测绘学院学生课外科技创新获奖情况一览表（省级及以上）】

序号	竞赛名称	赛事级别	奖励等级	获奖学生	时间
1	全国大学生创青春公益创业赛	国家级	银奖	姚远等9人	2016
2	第五届全国大学生GIS应用技能大赛	国家级	一等奖	郭小刚等4人	2016
3	第五届全国大学生GIS应用技能大赛	国家级	二等奖	王斯佳等4人	2016
4	第四届全国高校大学生测绘技能大赛	国家级	特等奖	衣鹏军等6人	2016
5	第四届全国高校大学生测绘技能大赛	国家级	特等奖	衣鹏军等4人	2016
6	第四届全国高校大学生测绘技能大赛	国家级	特等奖	衣鹏军等4人	2016
7	第四届全国高校大学生测绘技能大赛	国家级	一等奖	黄莉等2人	2016
8	第四届全国高校大学生测绘技能大赛	国家级	二等奖	衣鹏军等4人	2016
9	第八届北京市大学生测绘技能大赛	省部级	第一名	衣鹏军等4人	2016
10	第八届北京市大学生测绘技能大赛	省部级	第一名	衣鹏军等4人	2016
11	第八届北京市大学生测绘技能大赛	省部级	特等奖	衣鹏军等4人	2016
12	第八届北京市大学生测绘技能大赛	省部级	一等奖	皇甫海风等4人	2016
13	第八届北京市大学生测绘技能大赛	省部级	一等奖	郭聪楠等4人	2016
14	第八届北京市大学生测绘技能大赛	省部级	二等奖	赵天宇等4人	2016
15	第八届北京市大学生测绘技能大赛	省部级	第一名	武丙龙等4人	2016
16	第八届北京市大学生测绘技能大赛	省部级	特等奖	武丙龙等4人	2016
17	第八届北京市大学生测绘技能大赛	省部级	一等奖	郭小刚等4人	2016

【2016创青春首都大学生创业大赛获奖名单】

序号	作品名称	奖项	类别	指导教师
1	中国失踪儿童互助系统	银奖	公益创业赛	刘建华（测绘学院）
2	突发事件应对系统	银奖	公益创业赛	李之红（土木学院）
3	北京行者筑梦教育科技有限公司	银奖	创业实践赛	张大玉（建筑学院）
4	智能净化系统——儿童用品的"清洁"专家	银奖	创业计划赛——化工技术、环境科学组	王鹏、王崇臣（环能学院）
5	可降解的扬尘抑制剂	银奖	创业计划赛——化工技术、环境科学组	杨宏（理学院）、刘娜（经管学院）
6	生态宜居城市建设—道路功能性提升系列技术	银奖	创业计划赛——材料组	索智、金珊珊（土木学院）
7	基于超级雷达的疏堵减排系统	银奖	创业计划赛——服务咨询组	林建新（土木学院）、张丽（经管学院）
8	批量合成金属—有机骨架材料的新工艺	铜奖	创业计划赛——化工技术、环境科学组	王鹏、王崇臣（环能学院）
9	可供植物生长的多孔混凝土材料——建筑垃圾生态效益的再发掘	铜奖	创业计划赛——材料组	王琴、卞立波（土木学院）

【2016创青春全国大学生创业大赛获奖名单】

项目名称	项目类别	奖项	指导教师	学生
基于位置服务和人脸识别的失踪人员搜寻系统——中国失踪儿童互助系统计划	公益创业赛	银奖	刘建华	姚远、龚晓东、程昊、杨璐、侯继伟
生态宜居城市建设—道路功能性提升系列技术	创业计划赛	银奖	索智、金珊珊	谢聪聪、刘思杨、朱蒙清、周儒刚、刘佳伟、杨茗宇、邓诗依、白博文、张瑞畋
北京行者筑梦教育科技有限公司	创业实践挑战赛	铜奖	张大玉	王泓珺、黄骏、刘闯、郭锦龙
儿童用品污染物去除系统——臭氧氧化与MOFs吸附性能协同作用技术应用	创业计划赛	铜奖	王鹏、王崇臣	刘建国、钟军、邢碧枞、郭婕、崔京蕊、欧佳奇、李玉璇、徐洋
众建孵化器	MBA专项赛	优秀奖	秦颖、刘娜	安志红、王敏、张帆

【第二届"互联网十"大学生创新创业大赛（北京赛区）获奖名单】

项目名称	类别	奖项	指导教师	学生
扬尘抑制剂	创意组	三等奖	杨宏、刘娜	肖隽、杨天天、张祎昕、王丹彤、王丹丹、梁琼琳、王焱辉
可供植物生长的多孔混凝土材料（建筑垃圾生态效应的再发掘）	创意组	三等奖	王琴、卞立波	董贻晨、范雨生、詹达富、王超、郭紫薇
MUNIPAGE（门迹）设计师众包社区	初创组	三等奖	李小虎	王辰、刘恒宇、姚渊、董青青、郭世玉、曾亮、谢玉洁、杨思佳、刘鹤、王滋兰、张晓意、张禹尧、常远、谭云依、张超、刘建欣、宫伯钊、石贞云、王歌、谢北
GUMDOO基于互联网发展的全新租衣体验	初创组	三等奖	刘娜、曹晓云	齐洋洋、郑亚兴、郝弼建、郭昊、郭紫薇、马博洋、王翔宇、郭佳、郑诗依、岳忠恒、杨铭宇、赵琪

第十九章 大 事 记

【韩淼教授、张爱林教授分别获得2015年国家科技进步一等奖、二等奖】2015年国家科学技术奖励大会于2016年1月8日上午在人民大会堂举行。我校韩淼教授、张爱林教授的两项科研成果分别获得2015年国家科技进步一等奖、二等奖。

韩淼教授参与完成的《建筑结构基于性态的抗震设计理论、方法及应用》获国家科学技术进步一等奖。韩淼教授研究了设防烈度对钢筋混凝土框架、框架-剪力墙、剪力墙结构建筑的土建成本与工程造价的影响规律，给出了设防水准提高一个等级，土建成本与工程造价的提高比例；建立了三类结构在不同设防水准下的易损性矩阵，为科学确定基于性态的建筑结构抗震设防水准提供了评价基础。另外，还对橡胶支座基础隔震的减震性能和应用进行研究，提出了橡胶支座隔震结构隔震层位移限位方案、结构体系的优化设计方法，既保护隔震层安全，又保证上部结构的隔震减震效果。为橡胶支座隔震技术的推广应用，提供了技术保障，把建筑结构抗震设防水准提高到新的水平。

张爱林教授完成的《预应力整体张拉结构关键技术创新与应用》获得国家科学技术进步二等奖。张爱林教授在现代大跨度预应力钢结构体系创新及重大工程应用方面取得突出成果，建立预应力钢结构优化设计理论和方法，创新研发多种大跨度预应力钢结构新体系，包括新型大跨度弦支穹顶结构体系、索穹顶结构体系以及新型索撑节点连接装置，获得多项发明专利，通过大比例结构模型整体稳定试验和振动台抗震试验验证，成果成功应用于北京奥运会羽毛球比赛馆、鄂尔多斯依旗体育中心、盘锦体育中心等重大工程，建成了世界上第一个新型大跨度预应力弦支穹顶和国内第一个新型大跨度索穹顶，以自主创新、刚柔并济的突出特色引领了国内十余项同类工程建设。

【热议习近平总书记在党的新闻舆论工作座谈会上的重要讲话】2月19日，习近平总书记在北京主持召开党的新闻舆论工作座谈会并发表重要讲话，为做好新时期党的新闻舆论工作提供了总纲领。虽正值寒假，学校党政部门和教职员工通过报纸、电视、网络以及转发微博、推送微信等形式第一时间学习总书记重要讲话精神，并结合学校实际及部门工作畅谈体会和感想，为新学期做好舆论宣传工作奠定了基础。

宣传部兼统战部部长孙冬梅：作为高校新闻宣传工作者，要把习近平总书记的讲话精神作为指导实践的行动指南，牢固树立政治意识、大局意识、核心意识、看齐意识，准确把握新闻舆论工作的"48字职责使命"，遵循新闻传播规律，紧紧围绕学校中心工作，着眼师生需求，推进校园传统媒体与新媒体的融合发展，把握好宣传的"时"、"度"、"效"，加强校园全媒体传播力和舆论引导力建设；将中国梦、中国精神、社会主义核心价值观、古都风貌保护与文化传承、廉政文化等主题教育活动有机融入校园文化，讲好建大故事，传播建大好声音，营造和谐健康的舆论氛围，凝聚学校发展正能量。

学工部长黄尚荣：学习贯彻习总书记重要讲话精神做好新闻舆论工作，要联系实际，推动讲话精神落实落地。首先要从全局出发坚持"阵地意识"，用马克思主义新闻观占领主阵地，弘扬主旋律，传播正能量。其次要从全局出发坚持"引领意识"，用正确的舆论引领广大师生为实现中国梦、建大梦而努力奋斗。第三要从全局出发坚持"创新意识"，遵循科学规律，创新方法手段，不断提高工作能力和水平，巩固壮大主流舆论，画出最大的同心圆，为学校建设发展做出更大的贡献。

土木学院党委书记何立新：总书记在新年伊始通过调研和座谈会的形式强调新闻舆论工作的重要性，显示了新闻宣传工作重要的导向作用和引领作用。首先，总书记的指示非常及时、非常实际，明确了新闻舆论宣传应该怎么做？做什么？新闻舆论宣传要真实接地气，实在，不作秀，才能使读者感同身受、乐于接受；第二要发挥正面引导和教育，实事求是，以点带面，解剖麻雀，不空洞说教。第三，讲话中特别强调"创新"，这里讲的创新是有标准的，有"框框"的，要在坚持党的领导，坚持正确的政治方向的基础上，采用不同的方法达到目标。

马克思主义学院院长肖建杰：习近平总书记在视察人民日报等新闻媒体后发表的重要讲话是继中央59号文件之后对全面做好新形势下党的宣传思想工作的又一重大举措。高等院校肩负着学习研究宣传马克思主义、把握意识形态领导权，培养中国特色社会主义事业建设者和接班人的重大任务。思想政治理论课是高校党建思想政治工作的重要组成部分，担负着传播马克思主义理论、毛泽东思想和中国特色社会主义理论、党的路线、方针、政策的重要任务，把习总书记的讲话精神贯彻落实到思政课教学中，势必对坚持正确的政治方向，为中国特色社会主义事业培养栋梁之材起到极大的促进作用。

校团委书记朱静：2016年，团委将按照座谈会精神，按照学校党委及上级团组织的部署，组织团干部与青年学生学习重要讲话；做好各类主题教育活动的宣传，充分发挥"大学生新闻中心"等团属媒体在大是大非和政治原则问题上的作用，进一步主动发声、积极发声，在青年群体中大力宣讲马克思主义，大力宣讲党的主张，大力宣讲青年典型和感人故事，为广大青年学生提供奋发向上的精神动力；强化"青年之声"网络宣传工作，运用好新媒体，通过经典影视、微电影、微宣讲、社会实践等青年学生喜闻乐见的方式来做宣传工作，让青年主动参与、喜欢参与，实现春风化雨、润物无声。

研究生工作部副部长李云山：新闻舆论处在意识形态工作的最前沿，好的舆论可以引领社会、凝聚人心、推动发展，不好的舆论则会撕裂社会、搞乱人心、破坏发展。研究生工作部要成为校园研究生群体中引领正确舆论、抵制错误思潮的战斗堡垒，要创新理念、内容、体裁、形式、方法、手段、业态、体制、机制，增强针对性和实效性。通过 istudent 社区、QQ群、微信平台、网站、展板、广播台等多种形式，有效应对"互联网+"时代带来的挑战，把握正确舆论导向，深入挖掘宣传研究生中的先进典型，发出北建大研究生的声音，为广大研究生提供奋发向上的强大精神动力。

青年教师张溢木：在新的时代条件下，新闻舆论工作不仅是净化社会风气一种重要手段，而且是推进国家治理能力现代化的一种重要工具。高校思想政治理论课其实质上也是舆论宣传教育的一种特殊形式和特定载体。这就要求思政课教师在课堂内外要高度重视学生群体的舆论导向，在具体的教育教学实践中，自觉增强看齐意识，在思想上、政治上、行动上同党中央保持高度一致，坚持党性原则。同时，积极主动地在课堂内外深入开展社会主义核心价值观与中华民族伟大复兴中国梦的教育，引导广大青年学子成为党的政策主张的传播者、时代风云的记录者、社会进步的推动者、公平正义的守望者。

学生辅导员刘猛：通过对习近平总书记在党的新闻舆论工作座谈会重要讲话精神的学习，使我更深刻地理解了高校新闻宣传工作的重要性以及作为高校基层新闻的发现者和传播者所需要的基本素质，即要在日常工作中广泛学习经济、政治、文化、社会、教育、新闻传播、多媒体与网络等各方面知识，要了解不同时代学生的心理特点，使高校新闻宣传工作真正成为无形的"课堂"和育人渠道，成为传播正能量的主阵地。

学生辅导员韩志鹏：环能学院在新闻宣传工作中，充分发挥"学院官网""微信平台""平面宣传栏"的作用，推出"环能榜样""集智""新生引航"等专题版块，宣传正能量，取得了实效。通过学习习近平总书记的重要讲话，我认为作为一名高校学生工作者，应该努力提升道德修养、提高业务水平、加强创新意识，肩负好新闻舆论工作赋予的使命，在学习和实践中践行习近平总书记讲话精神、传递正能量。

【多项工作和成果在2016年北京高校宣传教育工作会议上受表彰】3月2日，市委教育工委召开2016年北京高校宣传教育工作会议。会议对2015年北京高校宣传教育工作进行了总结，对2016年高校宣教工作进行了要点解读和具体部署。会议表彰了高校宣传教育工作先进单位和工作成果。2015年，北京建筑大学切实推进党建和思想政治教育工作，在大学生思想政治教育、思政理论课建设、学生党支部建设、学生基层组织创建、青年教师社会调研等方面取得了显著成绩，多项成果受到表彰。

【举办五大发展理念专题报告会】3月29日下午，学校在西城校区第二阶梯教室举办党委中心组理论学习扩大会，邀请国家行政学院许正中教授做了题为"五大发展理念引领未来城市发展"的专题报告。报告会由党委副书记张启鸿主持。

许正中教授首先从实现中华民族伟大复兴的中国梦谈起，提出五大发展理念是城市化的基石，即在"创新"发展方面，要培育发展新动力、拓展发展新空间、构筑产业新体系、培养社会新能力；在"协调"发展方面，要推动区域协调发展、精神物质协调发展、创新城乡协调发展；在"绿色"发展方面，要推动低碳循环经济发展、实现高科技支撑发展、建设主体功能区和生态安全屏障；在"开放"发展方面，要全面争夺国际运行规则制定的话语权，布局"一带一路"开放新格局，创新对外开放新体制，全面提升全球布局的能力建设；在"共享"发展方面，要构筑社会普遍服务体系，建立和完善社会征信体系，注重教育公平，从而推进健康中国全面建设。之后他从未来城市的功能及其进化指数的角度提出了中国健康城市发展的六大法宝。许教授的讲座紧贴北京建筑大学学科专业实际，视野开阔、信息量大，带给与会人员诸多思考和启迪。校领导、处级干部、学科负责人、系部主任、党支部书记、科级干部、师生代表近300人参加了报告会。

【赴北方工业大学学习调研】4月8日，党委副书记张启鸿带领相关人员赴北方工业大学学习调研。北方工业大学党委副书记郭玉良对我校学习调研组一行表示欢迎，并介绍了学校发展基本情况。双方围绕校史馆及艺术馆等校园文化阵地建设、宣传思想教育、机构设置及人员配备情况、大学生素质教育等方面工作进行了深入交流和探讨，并观看了北方工业大学校园文化成果宣传片。双方表示，希望进一步密切合作、加强交流、相互学习、共同发展。张启鸿一行还参观了北方工业大学"城市道路智能交通控制实验室"、艺术馆、教学服务大厅以及校园人文景观。

【教学改革得到《中国教育报》关注】4月8日，党委宣传部、教务处与《中国教育报》高教周刊共同策划北京建筑大学教学改革探索成果专题报道。此次专题报道是在学校全面推进人才培养综合改革，提出"一融二制四化"改革重点的基础上，为挖掘北京建筑大学人才培养特点和亮点而进行的对外宣传报道。党委宣传部和中国教育报记者就建筑学院和土木学院的专业特色、课程体系、实践教学、多校联合、校企合作、国际工程人才培养、主题教育活动等内容采访了多位师生，并深入专业课堂与师生交流。相关报道将于近期刊登。

土木学院深入开展校企合作，在本科生教育教学中培养学生工程实践能力和创新能力、在研究生教育中培养学生综合管理能力，让学生们去国内外重大工程中参加实践锻炼的做法引起了《中国教育报》记者的兴趣。他说，"北建大教师对学生培养工作的深入思索、倾心付出让我印象深刻。"

在建筑学院，他们分别对学院负责人以及设计基础部、城乡规划系、历史建筑保护系、设计学系、院团委的师生进行了访谈，对学科专业的发展、设计基础创新课程"景框里的城市"、注重中国优秀文化传承的建筑学专业人才培养体系、联合毕业设计活动以及建筑学院师生积极参与学校开展的"做古都风貌保护的践行者"主题教育等内容进行了深入了解，并参观了专业教室和历史建筑保护工程专业的毕业设计课堂。

《中国教育报》高教周刊旨在反映高等教育领域的发展与改革的现状，反映社会对高等教育的关注和要求，探讨高等教育在改革中出现的种种热点、难点问题，为相关的教育决策部门提供有价值的参考，为高等教育工作者提供有用信息。作为对外宣传工作的重要合作单位，北京建筑大学长期与该报保持着良好的合作关系，近几年，挖掘北京建筑大学人才培养、科学研究、社会服务、文化传承等方面的优秀成果和经验，发表新闻报道多篇。

【教代会代表寄语学校"十三五"规划】第七届教代会（工代会）第四次会议前，教代会各代表团充分讨论了《北京建筑大学教育事业发展"十三五"规划（征求意见稿）》。这一凝聚建大人集体智慧，展现建大人对于学校发展热切期盼的战略部署，从顶层设计的角度对北京建筑大学未来发展规划提出了清晰明确的目标。与会代表普遍表示，学校教育事业发展"十三五"规划重点突出、任务明确、措施得力，相信在这一规划指导下，建大能够在未来五年中取得优异的发展成果。

人事处长陈红兵寄语：人事综合改革将对学校"提质、转型、升级"起到支撑作用。

师资队伍作为主体是实现学科发展建设的核心力量。近年来，学校深入落实人才强校战略，人才队伍建设取得了较大成效，但人才队伍整体水平仍不能够支撑学校当前"提质、转型、升级"的总体目标，学科领军人才不充足、师资队伍结构不合理等问题仍比较突出。

面向"十三五"发展新时期，师资队伍建设仍要围绕高层次人才引进和人才梯队建设两大核心工作展开。在高层次人才引进方面，一方面需认真梳理北京建筑大学现有人才队伍现状，重拳出击，定点爆破，实现人才引进工作的精准化、精细化和高效化。另一方面，要与二级学院需求和发展相对接，探索建立"分解计划，权责明晰"的校院两级人才引进制度。同时，为增强北京建筑大学对于高层次人才的吸引力，不仅要提供科研条件、工资待遇、住房条件保障、配偶工作、子女入学等一系列保障措施，更要为高层次人才的引进搭建平台，组建团队，做好服务。

处理好人才引进与培养的关系，一方面要提高服务工作水平，避免"水土不服"的现象发生,保证人才引进"落地生根"。另一方面,在现有师资队伍建设上,推动实施"双塔"计划;同时强化绩效导向,对各类人才实行分层次管理,形成具有北京建筑大学特色的人才培养体系。

"十三五"期间北京建筑大学人事工作还会实施一些创新举措。例如:进一步修改完善专业技术职务评审办法,充分发挥职称评审工作风向标、指挥棒的作用,鼓励优秀青年教师脱颖而出。另外,现行编制核定方式已不能满足北京建筑大学从教学型向教学研究型大学转变的需求,新的编制核定办法将积极探索综合考虑教学、科研、学科建设等多个因素。

图书馆馆长王锐英寄语:开展文化素养教育,提升校园文化建设水平。学校教育事业发展"十三五"规划提出开展"大学文化提升"计划,彰显学校品格和精神风貌,进一步提升学校文化软实力。我建议要系统地进行校园文化建设,首先要抓"纲",纲举才能目张,也就是要结合学校的办学历程、抓住学科专业特色,沉淀、培育、凝练、传承和传播大学精神。其次,要通过文化素养教育提升学生的文化素质和校园文化品位。北京建筑大学的文化素养教育还处于自发状态,学生活动多,但是基本素养教育少,不成系统。建议学校制定大学生文化素养教育实施方案,对于开设的课程内容、培养的形式和程度进行具体规定。围绕建筑文化、北京文化、历史、音乐、雕塑、美术、摄影、书法、篆刻等内容,对课程体系进行统筹规划,对培养方案进行系统设计,保证北京建筑大学大学生文化素养的稳步提升。第三,加强文化艺术教育师资队伍建设,充实提高艺术教育室的力量,建议成立北京建筑大学艺术教育研究院,全面提升北京建筑大学校园文化建设水平。

建筑学院刘临安教授寄语:构建大学思维,搭建以教学体、科研体、产业体为主体的完整的大学架构。

北京建筑大学由学院发展成为大学,不仅是在办学规模上实现了突破,而且也预示着北京建筑大学将迎来良好的发展机遇期。"十三五"期间,北京建筑大学要注重从校内管理和校外贡献两方面进行科学布局。

第一,校内建设方面,建大在未来的发展中应走出学院模式,构建大学思维。与学院化二级管理层级不同,大学有明确的三级管理模式。大学需要在日常运转中将推动发展的主动权交给学院,校级管理负责宏观决策和监督,改变学院在以往工作中仅扮演执行者的状况,改革体制机制,提高学院发展的自主性。

第二,校外社会贡献方面,建大需利用优势学科,打造独立科研体,推动科技服务社会。大学有明确的组织架构,教学体是人才培养的基础,产业体是社会影响力的体现,而科研体则是大学实力的标志。北京建筑大学已形成比较完备的教学培养体系,产业化进程也在稳步推进,未来还需要统筹多方资源,构建有利于科研发展的结构体系,以提升北京建筑大学整体科研能力和水平,向社会显示建大应有的实力。

文法学院秦红岭教授寄语:结合学校优势专业,发展应用文科。

作为以建筑为特色的理工科院校,人文社科的学科发展需要有适合学校特色和自身条件的合理定位。北京建筑大学人文社科的发展方向更应倾向于应用文科领域和交叉学科领域,结合建筑、土木、环能等学校优势专业,找准交叉学科生长点,凸显北京建筑大学人文社科的对比优势。

对此,北京建筑大学近年来在人文社科发展中逐步落实特色办学理念,获批北京市级建筑文化研究基地，为打通人文社科与建筑学科的交叉融合提供了良好的平台。希望学校"十三五"规划能充分体现了上述理念，找准定位，使人文社科在学校学科布局中占有合理的位置。

在教学建设方面应改善和提升北京建筑大学通识教育水平。在通识教育的课程设置方面不应再以浅层的兴趣爱好为导向，而应借助学校专业特色挖掘更深层次的人文与科技相结合的优秀课程。鼓励名师和教授多开设通识课程，提升学生的人文素养。

理学院宫瑞婷副教授寄语：延揽名师，引入校外优质教师资源夯实学生理论基础。

人才培养质量是学校发展的生命线，是衡量学校办学水平的最重要的标准。未来人才培养应更加注重"厚基础、重实践、求创新"的理念，以明确的目标培育高端人才。理学院主要开设自然科学类、工程基础类相关课程，在"十二五"期间已经出台了一系列有效地提高人才培养质量的举措，如高等数学课程改革等。

"十三五"期间将稳步推进"延揽名师"计划，引入校外优质教师资源，进一步夯实学生基础知识，提高人才培养质量。理学院已聘请到清华大学国家级教学名师陈信义教授为大一学生开设"普通物理"课程，同时邀请到深受学生欢迎的资深考研数学辅导名师陈文灯教授开设考研数学强化班。理学院对学生的培养将更注重过程化管理和个性化辅导，改革已经初见成效，近年来北京建筑大学考研率稳步上升。2016年北京建筑大学首次参加美国大学生数学建模竞赛获得了Meritorious Winner（一等奖）和Honorable Mention（二等奖）的优异成绩。

经管学院张有峰副教授寄语：成为学生成长的引领者，学生潜能的唤醒者，学校制度建设的参与者。

他山之石，可以攻玉；他山之玉，可以剖金。恰逢学校提质、转型、升级的战略发展阶段，作为一名普通教师，应该在反思中扬长；在审视中甄别；在前瞻中创新。随着素质教育的推进，教师的思想、能力、素质都面临着一场新的革命和挑战。必须在认真学习党的各项理论、学校的各项政策的基础上，加强自己的开拓精神，努力成为学生成长的引领者，学生潜能的唤醒者，学校制度建设的参与者。在长期的教育实践中不断寻求知与智的最佳结合，构建美而慧的人格修养，努力使自己具备一个优秀教师的素质。

【召开大学精神文化体系建设研讨会】 6月17日上午，北京建筑大学召开校园文化建设工作领导小组扩大会，专题研讨学校大学精神文化体系建设工作，系统总结学校精神文化体系，并就学校精神文化体系凝练情况征求大家意见。党委书记王建中、校长张爱林、纪委书记何志洪、副校长李维平、党委副书记张启鸿、吕晨飞，学校发展咨询委员会校内委员、校园文化建设工作领导小组成员、学校相关职能部门负责人、民主党派代表、师生代表30余人参加研讨会。研讨会由党委副书记张启鸿主持。

党委宣传部长孙冬梅作了关于学校精神文化体系构建方案的汇报，分别从背景、办学理念、校训、校风、学风、教风、北建大精神和校歌等方面作了详细解读。与会人员积极建言献策，紧密围绕学校的大学精神文化体系发表了真知灼见。大家一致认为，大学精神是一所大学在长期的历史发展过程中逐步形成和培育起来的一种群体意识，是一所大学共同的思想品格、价值取向和道德规范的综合体现，是大学存在和发展的精神支柱。此次以学校80周年校庆为契机，总结建校80年来的成就和经验，挖掘和凝练具有北京建筑大学特色的大学精神，对学校未来的改革发展具有十分重要的意义。

张爱林在讲话中指出，大学的精神文化是在一所大学漫长的办学历史中积淀、升华而成的，因此要站在学校历史发展的角度，面向未来认真思考、总结和凝练。作为1907年开始办学的京师初等工业学堂、1936年建校的北建大，特别要查证和研究在国家和民族重大历史阶段性发展特征节点和事件中我校参与的证据史料，比如参与"五四"运动、抗日救国、地下党活动、民族解放、新中国十大建筑建设、首都北京建设等，把准学校发展的价值取向和目标追求，不断提炼和完善，只有继承才能发扬，只有经得起历史检验的才是精华，进而丰富学校精神文化体系的内涵。他强调，校园精神文化就是"春雨"，对于陶冶师生员工的品德和情操，起到润物细无声的巨大作用。我校的精神文化体系构建，要注重务虚与务实、历史传承和现代精神相结合等原则，一是要在引经据典的同时，更要接北建大的地气，从我校历史发展的文献、名人讲话和题词中探求渊源，找到根据，从学校100多年办学、80年建校的办学历史和土壤中挖掘具有我校发展特色的精神文化；二是要咬文嚼字，一语中的，对办学理念、校训、校风、学风、教风和北建大精神的呈现，要精炼文字、短小精悍、简明扼要、抓住本质，用最少的字表达深刻内涵。

王建中在总结讲话中指出，大学精神文化体系是一所大学的灵魂，北建大109年的办学史和80年的建校史积淀了极其深厚的文化底蕴，在学校"十三五"发展"提质、转型、升级"的关键时期，学校进一步凝练办学精神体系，意义重大。王建中就我校大学精神文化体系建设强调三点意见。一是充分认识大学精神文化体系建设的重要意义，高度重视大学精神文化体系建设。他指出，文化传承创新是大学的重要使命，大学精神文化体系建设是一所大学办学的重要内容，是大学落实立德树人根本任务的重要基础，是大学文化建设的核心，是学校办学实力与核心竞争力的重要体现，是学校文化历史沉淀和优良传统的结晶，是学校办学定位、办学特色和价值追求的集中体现，也反映了大学独特的气质和品格，要高度重视、谨慎对待、认真研究。二是要全面认识北京建筑大学的办学背景、文化基因和办学追求，深入挖掘北建大精神文化体系的核心要素。一要全面认识我校的办学背景。学校诞生于科技救国、实业强国的历史背景下，19世纪末和20世纪初，甲午战争失败，洋务运动破产，国力趋于衰落，国家面临内忧外患、千疮百孔的境遇，救亡强国成为中华民族的时代主题，既需要拥有一批具有雄厚理论的专门人才，又急需一批掌握实用技术的人才。1907年，我校前身——京师初等工业学堂应运而生，承担着救亡图存的重要使命，开创了中等职业教育的先河。二要全面认识北建大的文化基因。从办学之初，就始终与国家和民族同呼吸共命运，注重实业、立志报国，形成了爱国、救国、强国以及科技、实业、实践为特点的优良文化基因。特别是在人才培养中，注重与企业密切结合，培养"通理论、精技术、强实践、懂管理、善创新"具有扎实理论基础的高级技术人才。我们要把这些独具特色的文化基因和文化特征融入学校的精神文化体系之中，引领北建大发展。三要全面认识我校的办学追求。不同的时期有不同的办学追求。在漫长的办学历史中，我校数易校名、几经波折，办学目标和追求也在随之更迭和变化。在总结前期办学经验基础之上，"十三五"期间，我们确定的建设国内一流、国际知名，具有鲜明建筑特色的高水平、开放式、创新型大学的远景发展目标，就是我们当前的办学追求，是全校上下的共同理想和为之奋斗的目标。三是进一步凝练北建大的精神文化体系，塑造北建大办学之魂，引领北建大凝心聚力、科学发展。要按照"继承文化传统，突出办学特色，培养卓越人才，服务北京发展，投身民族复兴"的根本遵循，继续深入挖掘北建大历史，特别是在国家和民族重大历史发展阶段，北建大投身国家建设发展的重要历史资料，要把这些内容融入校史展，提升北建大人的使命感、责任感、荣誉感，构建起支撑北建大发展的强大的精神文化体系。

北京建筑大学精神文化体系建设工作，自启动以来历经近10年的总结凝练，尤其是近年来，学校大力推进大学精神凝练、学校形象识别系统设计开发等校园文化建设工作，充分发动师生员工、专家学者和广大校友积极参与，创新工作方法和形式，不断对我校大学精神方案进一步整合、凝练。校园文化建设工作领导小组在深刻把握大学精神实质和校园文化建设内涵、深入挖掘学校历史、把握时代特征的基础上，立足学校的办学定位、办学特色、办学理念等，于近期初步构建起了我校精神文化体系建设方案。期间，学校领导班子多次专题研讨，校园文化建设工作领导小组反复征求意见，党委宣传部组织开展数轮研讨、论证、修改、完善，校庆办、校友办广泛调研，校史编写组夜以继日地搜集查证资料。下一步学校校园文化建设工作领导小组将正式征求教代会、学术委员会、学代会的意见，并通过召开专家学者座谈会、专题研讨会、学生座谈会等形式对学校精神文化体系进一步凝练，最终提交学校审议通过，并通过此次活动进一步激发广大师生校友的爱校热情。

【举办宣传工作业务培训】 6月20日，党委宣传部（新闻中心）在西城校区教1－104教室举办宣传工作业务培训。培训会根据中央、北京市和学校关于宣传思想、意识形态工作的文件精神，结合新闻宣传工作中的实际问题，围绕"宣传工作制度与流程"、"新闻稿件采写要素"、"专题报道策划与采编"、"新闻摄影技巧"、"新闻网后台管理技术"等专题进行了具体讲解和演示。党委副书记张启鸿出席了培训会。各部门（单位）新闻宣传员、部分专职团干部、辅导员参加了培训会。

【党委中心组学习习近平总书记在庆祝建党95周年大会上的重要讲话精神】 7月5日，我校党委中心组召开理论学习会，专题学习习近平总书记在庆祝建党95周年大会上的重要讲话精神，就贯彻落实讲话精神做出安排部署。校领导王建中、张爱林、何志洪、李维平、张启鸿、李爱群、吕晨飞以及相关职能部门负责人参加了专题学习。专题学习会由校党委书记王建中主持。

在专题学习会上，王建中领学了习近平总书记"七一"重要讲话精神，还通报了北京市委教育工委召开的学习习近平总书记"七一"重要讲话座谈会精神。他要求，学校各级党组织要通过"三会一课""主讲主问"等丰富形式持续开展系列学习活动，深入阐释和解读讲话精神。通过新闻网、校报、微博微信、电子屏等平台加强宣传教育，开展形象化、通俗化的宣传报道，在全校范围形成良好的宣传舆论氛围。要进一步增强攻坚克难的勇气和开拓进取的锐气，动员和引领全体教职员工齐心协力、求真务实，为建设国内一流、国际知名，具有鲜明建筑特色的高水平、开放式、创新型大学，为实现"两个一百年"奋斗目标和中华民族伟大复兴的中国梦做出新的更大的贡献。

校长张爱林在发言中说，最近世界主流媒体解读的中国共产党成功秘诀，远远没有我们自己理解和体会的深刻。我们党95年取得的举世瞩目的辉煌成就，根本在于无论多么曲折艰难，永远不动摇理想信念，就是不忘初心，就是革命理想高于天。另一个根本在于坚持人民的主体地位，我们党的胜利是全心全意为人民服务的胜利，是一切依靠人民的胜利，离开人民，我们将一事无成。说到大学，"人民"是学生，是教师，也包括员工，我们一切工作的价值取向必须坚持学生第一、教师优先。培养和造就创新人才，在服务国家建筑业转型升级、服务首都北京新定位中，加快建设具有鲜明建筑特色的高水平创新型大学。

与会人员深入交流学习心得。大家一致表示，习近平总书记的重要讲话鼓舞人心、催人奋进，要深刻理解不忘初心、继续前进的重大意义。要以总书记讲话为指导，在党的领导下，坚定社会主义办学方向，坚持改革创新，全面加强学校党的建设，坚持立德树人，把培养中国特色社会主义合格接班人作为学校人才培养的根本任务。

【《对歌》雕塑落成大兴校区】9月1日，《对歌》雕塑落成大兴校区，党委书记王建中、校长张爱林、纪委书记何志洪、副校长李维平、党委副书记张启鸿和吕晨飞出席现场并揭幕。《对歌》雕塑坐落于大兴校区明湖西畔，是校园又一个标志性景观。《对歌》雕塑是北京建筑大学建筑学院刘骥林教授在1980年创作完成的，作品运用中国古代汉俑简洁、夸张的传统艺术表现手法，展现了青年人对唱的浪漫情景，开创了中国非写实艺术的先河。作品于1990年荣获日本第三届罗丹大奖。张启鸿希望能够在80周年校庆来临之际，开启全体师生教学科研、文化交流等多领域的对歌；开启学校两高布局下西城校区与大兴校区的对歌；开启学校发展过程中过去、现在与未来的对歌。刘骥林分享了自己在创作《对歌》过程中勇于创新、追求至善的收获，希望《对歌》所表现的青春活力能够感染校园里的每一位师生，同时也预祝学校80周年校庆顺利举办。学生代表建研15级杨林佼在发言中表示，《对歌》雕塑的落成为校园环境增添了一个亮丽的景观，也让同学们感受到了学校的爱与希望，同学们将以刘老师为代表的前辈们为榜样，把北建大精神发扬光大。党委书记王建中、校长张爱林，《对歌》雕塑作者、北京建筑大学退休老师刘骥林教授，学生代表杨林佼、教师代表蒋方共同为雕塑揭幕。师生代表共计30余人参加活动。

【召开学院文化建设工作现场交流会】9月8日，北京建筑大学在测绘学院召开学院文化建设工作现场交流会，现场观摩测绘学院文化建设成果，听取各学院文化建设进展情况汇报，交流研讨学院文化建设工作，并对下一步各学院文化建设作出部署和要求。全体校领导、校园文化建设工作领导小组成员、各学院党政负责人以及其他相关部门负责人参加了会议。会议由党委副书记张启鸿主持。

党委书记王建中、校长张爱林对测绘学院在学院文化建设工作中取得的经验和成绩表示充分肯定和高度赞誉，并就进一步加强校园文化建设、提升校园文化建设水平提出了意见。其他与会校领导围绕文化传承、史料挖掘、文化设计、文化特色、文化建设等方面发表了看法，并针对如何进一步加强和改进学院文化建设提出了建议。校园文化建设工作领导小组成员以及相关部门负责人就学校文化建设工作进行了深入交流和探讨。各学院党政负责人对本学院文化建设工作推进情况做了汇报。

会前，全体与会人员一同观摩了测绘学院文化建设成果。测绘学院楼宇文化建设充分考虑学校"两高"布局与"十三五"发展规划的要求，加强整体设计，注重分步实施。学院搜集了大量古老仪器设备、珍贵历史资料，建成了展示长廊。通过橱窗、展板的形式反映学院的科研实力、学术水平以及人才培养成果。

文化建设工作是一项战略性、长期性、复杂性的工作。学校文化建设工作一直伴随着学校发展而不断前进。2015年学校加大学院文化建设力度。按照学校"两高"布局和"十三五"发展规划以及文化建设"十三五"规划，大力实施"文化塑院"计划，以特色文化引领学院发展。2016年4月学校举办了学院文化建设评审交流会，根据评审结果对各学院文化建设工作给予一定经费支持。各学院高度重视文化建设，积极谋划、整合资源、精心组织安排，在广泛征求意见和调研的基础上，深入挖掘历史资料，征集资料和文物，稳步、有序推进学院文化建设工作。

【"明清官式建筑彩画艺术展"在艺术馆开幕】 9月23日，"明清官式建筑彩画艺术展"在新落成的北京建筑大学艺术馆开幕。开幕式由校长张爱林主持。北京国际设计周组委会副主任曾辉、古建保护领域专家及学者、上级有关领导、媒体朋友与北京建筑大学师生代表近200人参观了"明清官式建筑彩画艺术展"。该展览是2016北京国际设计周"设计之旅"的学术活动之一，由中国美术家协会环境设计艺委会、故宫博物院、北京建筑大学主办，北京国际设计周组委会及北京安海之弋园林古建工程有限公司承办。

开幕式上，故宫博物院高工、古建彩画专家王仲杰说，这次展览规模宏大，受邀参展人数众多，对于整个古建彩画领域来说，是一次面向社会进行广泛传播的良好机会。他强调，在大学校园，特别是在北京建筑大学这样一所专业优势突出的大学里举办彩画展览，可以更好地实现教研与实践的紧密结合。这就像建筑檐梁的两端，只有既具备理论知识，又掌握实操技术，才能实现研究和保护并举，传承建筑文化遗产。

国务院法制办教科文卫司原司长史敏在致辞中称赞了北京建筑大学李沙教授的科研团队，在古建彩画遗产合理利用和保护方面所做的不懈努力。她说，文物法经过多次修改，总则第一条中进行了较大修改，增加修改为，继承中华民族优秀的历史文化遗产，促进科学研究工作，进行爱国主义革命传统教育。明确文物保护方针是保护为主，抢救第一，合理利用，加强管理。通过艺术展的形式，将科研成果展示出来，把文物的历史信息留存下来，同时结合现代技术挖掘更深层次的文化内涵，对于继承和发扬中华民族宝贵的历史文化财富具有重要的意义。

故宫博物院研究馆员、国家文物局专家组成员，非物质文化遗产官式古建筑营造技艺（北京故宫）项目代表性传承人李永革在致辞中说，故宫作为世界保存最完整的木结构宫殿建筑群，建造和保持其原貌的重要技术——官式古建筑营造技艺（北京故宫）于2008年列入国家第二批非物质文化遗产名录，作为此项非遗传承项目的单位，故宫博物院修缮技艺部肩负着传统建筑工艺技术传承的使命，彩画技法就是包含于其中的重要行当之一。他说，明清建筑彩画集合了当时全国各地彩画的精华，在以匠人主导的中国建筑行当中得以传承数百年，希望青年学生们能够掌握中国传统工艺技术，为日后学习当代建筑理论、建筑艺术打下坚实的基础。

北京建筑大学党委书记王建中在致辞中首先向出席开幕式的嘉宾、朋友表示热烈欢迎，并对北京建筑大学艺术馆首展开幕表示热烈祝贺。他说，作为2016北京国际设计周"设计之旅"的重要组成部分，在向全社会展示中国明清时期建筑设计辉煌成就的同时，本次展览将进一步唤起社会各界对古代建筑遗产保护以及古代建筑彩画复原的高度重视，为传承和发扬中华民族优秀建筑文化发挥重要的推动作用。

王仲杰、王建中、张爱林，北京市哲学社会科学规划办成果处长尹岩，北京安海之弋园林古建工程有限公司副总经理于海影共同为"明清官式建筑彩画艺术展"剪彩。

本次展览共展出了由古建专家及教授指导年轻作者绘制的80余幅明清两代官式建筑彩画复原作品，是故宫博物院主持的中国非物质文化遗产传承研究计划《官式古建筑营造技艺》和北京市社会科学基金项目《明清官式建筑彩画比较研究》的研究成果。展览面向社会开放，将一直持续至10月16日。

开幕式结束之后，举办了"明清建筑彩画保护与传承"学术沙龙，彩画老专家、青年学者和师生代表围绕中国传统文化遗产保护与传承中的热点问题进行了深入研讨。

【艺术馆落成并举行首展】9月23日，大兴校区图书馆中高朋满座、专家云集、气氛热烈，在即将迎来80周年校庆之际，来自古建保护领域的专家、学者和相关领导、媒体朋友与北京建筑大学师生共同见证北京建筑大学艺术馆落成和首展"明清官式建筑彩画艺术展"开幕。

党委书记王建中、校长张爱林共同为北京建筑大学艺术馆落成揭幕。北京建筑大学艺术馆馆名由全国政协常委、中国美术家协会理事、著名艺术家、清华大学美术学院教授韩美林先生题写。

王建中在致辞中说，文化传承创新是大学的重要使命，艺术素养是高水平创新人才培养的重要内容，艺术馆是大学文化建设的重要阵地，高水平艺术展是大学校园最为亮丽的风景线。艺术馆落成是学校文化建设的标志性成果，是学校办学史上的一件大事，具有十分重要的意义。学校将本着服务文化传承创新的办馆宗旨，秉持高品质、专业化、公益性、开放化的原则，大力推动学校文化资源与行业社会文化资源交融共享，持续举办一系列高水平、高品位的文化艺术展览活动，努力将北建大艺术馆打造成为师生文化艺术教育和优秀作品展示的高地以及国内外文化艺术交流和服务社会的重要窗口。

北京国际设计周组委会副主任曾辉参观艺术馆首展并对艺术馆落成表示祝贺北京建筑大学艺术馆将建立展馆运行与管理机制，实行策展人制度，定期举办文化展示活动，发挥文化的育人作用，通过服务社会，提升学校的知名度和影响力。

【中国建筑师作品展示馆落成并举行首展】9月30日，中国建筑师作品展示馆落成及首展"全球化进程中的当代中国建筑——梁思成建筑奖作品展和第二十五届世界建筑师大会中国展"开幕仪式在大兴校区图书馆举行。来自建筑学界及建筑行业的专家学者、上级有关领导、媒体记者与北京建筑大学师生代表等100余人参加了开幕式。开幕式由北京建筑大学党委副书记张启鸿主持。

由北京建筑大学与中国建筑学会共同创建的"中国建筑师作品展示馆"，是大学与专业学会共同打造的国内第一个专门用于征集、典藏、展示和研究优秀建筑作品的场馆，是集中展示中国优秀建筑师风采和优秀建筑作品的重要阵地，也是培养未来建筑师的实践教学基地。

"全球化进程中的当代中国建筑"——"梁思成建筑奖作品展和第二十五届世界建筑师大会中国展"由中国建筑学会和北京建筑大学联合主办，中国建筑学会建筑师分会承办，北京凯欣城市发展咨询有限公司协办。本次展览得到了梁思成奖获奖者的大力支持，有5位获奖者提供了设计作品模型。

中国建筑学会理事长修龙代表中国建筑学会，在北京建筑大学80周年校庆和中国建筑师作品展示馆开馆及首展开幕之际，向北京建筑大学全体师生和广大校友表示衷心的祝贺。修龙表示，中国建筑师作品展示馆由北京建筑大学与中国建筑学会共同创建，兼具中国建筑文化的展示和教育传承的双重意义，将在中国建筑文化发展史上开创一种新的模式，竖起一座新的里程碑。修龙希望，双方一道，深入贯彻新发展理念，以全面提升城市设计水平，推进城市绿色发展，提高建筑品质和质量，创建生态宜居环境为总体工作目标，树立"大建筑学"理念，促进相关专业、交叉学科的交融与渗透，推进建筑理论和建筑实践的创新发展，促进培养更多优秀的专业人才。

北京建筑大学党委书记王建中向出席今天开幕式的各位嘉宾表示热烈的欢迎，并对中国建筑师作品展示馆的开馆和首展开幕表示热烈祝贺。王建中说，由北京建筑大学与中国建筑学会共同创建的中国建筑师作品展示馆，及首展——"梁思成建筑奖作品展和第二十五届世界建筑师大会中国展"，是两家单位精诚合作的结晶，也是推动中国建筑事业发展所建立的全国第一个建筑师作品展示馆，同时也是北京建筑大学校园文化建设领域的又一标志性成果。王建中表示，北京建筑大学将本着服务文化传承创新的办馆宗旨，秉持高品质、专业化、公益性、开放化的原则，与中国建筑学会一起，大力推进国内外优秀建筑文化交流，持续举办一系列高品位的建筑作品和建筑艺术展览活动，努力将中国建筑师作品展示馆打造成展示优秀建筑作品和传播优秀建筑文化的高端平台，使之成为中国建筑师对外交流的靓丽文化名片。

本次展览总策展人、中国建筑学会建筑师分会理事长、北京建筑设计研究院有限公司执行总建筑师邵韦平在开幕式上对整个展览做了简要介绍。建筑界老专家、2008年第五届梁思成建筑奖获奖者、中国电子工程设计院顾问总建筑师黄星元发表致辞。

中国建筑学会理事长修龙，大兴区委常委、宣传部部长沈洁，北京建筑大学党委书记王建中，校长张爱林共同为中国建筑师作品展示馆揭幕。中国建筑学会理事长修龙，大兴区委常委、宣传部部长沈洁，北京建筑大学党委书记王建中、校长张爱林，中国建筑设计院副院长李存东共同为"梁思成建筑奖作品展和第二十五届世界建筑师大会中国展"开展剪彩。

本次展览作为"文化校庆"主题活动的第二场展览，旨在以高层次、高水平的建筑艺术展品，进一步凸显北京建筑大学建筑特色，丰富80周年系列校庆活动的文化内涵。展览面向社会开放，将一直持续至10月29日。

【文化遗产保护与传承产学研成果展开幕】 10月9日，"保护建筑遗产，传承优秀文化——北京建筑大学文化遗产保护与传承产学研成果展"在北京建筑大学西城校区创空间正式开幕。

展览系统回顾了北京建筑大学在建筑遗产保护领域所取得的成果，选取了师生在文化遗产保护领域中的32个课题和42个实践项目进行展示。内容涉及内蒙古、北京、宁夏长城保护规划，长江三峡工程淹没及迁建区文物古迹保护规划，历史名城、名镇、名村保护，历史街区保护，全国重点文物保护单位的修缮工程及保护规划、国家考古遗址公园的展示利用等，展览全方位介绍了北京建筑大学在建筑遗产保护与传承领域的产学研成果。

北京建筑大学校长张爱林致开幕词。他希望师生们通过展览总结过去、面向未来，更好地承担起保护历史遗产、传播优秀建筑文化的使命与责任，加强建筑遗产保护的教学、研究及实践，为研究人类历史文明积累宝贵的记忆财富，为中国建筑遗产保护事业做出更大的贡献。

国务院参事、住房和城乡建设部原副部长、北京建筑大学发展咨询委员会委员、北京"未来城市设计高精尖创新中心"学术委员会委员仇保兴，北京航空航天大学党委书记、院士张军，中国建筑设计研究院总建筑师、中心主任、院士、北京建筑大学发展咨询委员会委员、北京"未来城市设计高精尖创新中心"主任崔愷，北京市建筑设计研究院副董事长、副总经理张宇，北京建筑大学党委书记王建中共同为展览剪彩，开幕式由北京建筑大学副校长张大玉主持。本次展览策展人北京建筑大学建筑遗产研究院常务副院长、学校发展咨询委员会委员汤羽扬教授对本次展览作了简要说明。业界相关专家学者及北京建筑大学师生代表参加了开展仪式并参观展览。

【庆祝建校八十周年】 10月15日，庆祝北京建筑大学建校八十周年大会在大兴校区西操场隆重举行，数千名海内外校友和师生员工欢聚一堂，追忆往昔峥嵘岁月、共商未来发展大计、共襄美好盛世愿景。住房和城乡建设部发来贺信。北京市教委主任刘宇辉出席大会并讲话。北京市科协副主席刘晓勘、西城区人民政府副区长司马红、大兴区人民政府副区长陈晓君、海淀区政协副主席胡淑彦，9位各级政府部门校友领导，37所国内外高校领导和代表，29家专业学会、企业、设计院所领导应邀出席，校友3000余人、在校师生5000余人参加了庆祝大会。党委书记王建中主持大会，校长张爱林作了讲话。

百余年，教泽绵长桃李芬芳；八十载，弦歌不辍誉满五洲。

上午9：00，庆祝大会在庄严的国歌声中拉开帷幕。

党委书记王建中主持庆祝大会。他指出，伴随着时代的步伐，承载着民族的希望，北京建筑大学走过了80年光辉历程，正处在承前启后、继往开来的重要历史节点。回顾北建大发展历程，我们倍感自豪；展望北建大美好未来，我们充满信心。今天的大会，既是北建大建校80周年的庆祝大会，更是北京建筑大学推进高水平大学建设的动员大会、誓师大会。让我们紧密团结在以习近平同志为总书记的党中央周围，认真学习贯彻党的十八大和十八届三中、四中、五中全会精神，按照"五位一体"总体布局和"四个全面"战略布局的要求，落实"创新、协调、绿色、开放、共享"五大发展理念，在市委、市政府的坚强领导下，坚持"立德树人，开放创新"的办学理念，秉承"实事求是，精益求精"的校训精神，弘扬"团结、勤奋、求实、创新"的校风，勇于担当，奋发图强，为实现建设国内一流、国际知名、具有鲜明建筑特色的高水平、开放式、创新型大学的"建大梦"，为北京建设国际一流的和谐宜居之都，为实现中华民族伟大复兴的"中国梦"做出新的更大的贡献！

大会宣读了住房和城乡建设部、清华大学和北京大学发来的贺信。

住房和城乡建设部在贺信对80年来，北京建筑大学在住房城乡建设领域人才培养、科学研究、行业服务、文化传承与创新方面取得的显著成绩、为中国建设类高等教育的发展做出的重要贡献、为建设事业培养输送了大批高层次专门人才、对地区经济社会发展发挥的积极促进作用给予了充分肯定，并希望学校努力创建建设类"一流大学、一流学科"，为中国住房城乡建设事业、为京津冀协同发展和国家新型城镇化战略实施做出新的更大贡献。

清华大学和北京大学在贺信中对北京建筑大学在人才培养、学科建设、科学研究、文化传承创新等方面取得的显著成绩、为国家和首都经济与社会发展做出的重要贡献表示赞扬，并表示愿与北京建筑大学进一步加强联系、共担使命、共谋发展，为推动中国科技、教育事业改革发展、实现中华民族伟大复兴的中国梦做出新的更大的贡献！

英国女王钦点皇家雕塑家、西苏格兰大学荣誉教授亚历山大．斯托达特宣读了西苏格兰大学校长贺信。西苏格兰大学校长在贺信中说，北京建筑大学是西苏格兰大学的重要合作伙伴，他代表苏格兰大学全体成员对北京建筑大学八十周年校庆致以诚挚的祝贺；并祝愿过去的光荣岁月，未来的繁荣发展，带领北京建筑大学走上新的征程，向着特色鲜明的高水平大学之路迈进！

校长张爱林做了题为《服务首都北京新定位，服务建筑业转型升级，建设有鲜明建筑特色的创新型北京建筑大学》的讲话。"以史为鉴，读史明志"，张爱林回顾了学校109年办学和80年建校的奋斗历程，北京建筑大学是一所具有悠久办学历史、深厚文化底蕴、鲜明建筑特色的高水平大学，是培养国家工程勘察设计大师的摇篮，是培养城市管理精英和城市建设栋梁的摇篮。

八十年坚毅笃行，八十年沧桑巨变。张校长重点总结了自建校70周年以来十年间北京建筑大学在学科建设、人才培养、科技创新和服务社会、师资队伍建设、国际交流与合作、办学空间和条件等方面取得的辉煌成就，北建大人秉承"实事求是，精益求精"的校训，弘扬"爱国奉献、坚毅笃行、诚信朴实、敢为人先"的北建大精神，迎难而上、奋力拼搏、抢抓机遇、快速发展。

他指出，面向未来，学校要紧紧抓住首都北京新定位、京津冀协同发展战略、国家建筑业转型升级以及国家实施"一带一路"战略、"双一流建设"这五大发展机遇，全面贯彻落实五大发展理念，全面推进学校"提质、转型、升级"，坚定不移，砥砺前行。

他讲到，北京建筑大学的科学定位之道，就是规划确定建校100年时建成国内一流、国际知名、具有鲜明建筑特色的高水平、开放式、创新型大学的奋斗目标，走特色发展之路，走创新发展之路；北京建筑大学的创新发展之道，就是深刻认识创新是中国和世界未来发展的主题，新形势倒逼我们创新教育观、大学观、人才观。我们的优势在推进科技创新成果在北京落地，在建筑行业落地；北京建筑大学的一流学科之道，就是把准"双一流"建设导向，建设一流师资队伍，建设世界一流的北京"未来城市设计高精尖创新中心"，建立中国学派的城市设计概念、理论和方法；北京建筑大学的人才培养之道，就是改革创新人才培养模式，培养学生解决复杂工程问题的能力，引领学生提升创新创业能力，培养和造就"古都北京的保护者、宜居北京的营造者、现代北京的管理者、未来北京的设计者、创新北京的实践者"。

张爱林最后充满激情地说，让我们全体北建大人继续唱响"将来世界工学，还以中国为大宗"的校歌，胸怀祖国，放眼世界，点燃激情，大胆创新，为北京建成国际一流和谐宜居之都，为国家建筑业转型升级发展，为实现伟大的中国梦，谱写北京建筑大学更加辉煌的华彩乐章！

长江学者特聘教授、国家级百千万人才工程获得者戚承志和中国成语大赛亚军、校学生会主席邢正作为师生代表发言，表达了作为建大一员的骄傲与自豪，为母校八十周年华诞献上真挚的祝福。

在学校发展的进程中，千百名教师用心育人、潜心科研，培养了大批卓越人才，为社会和国家做出了重要贡献。为表彰做出突出贡献的教师，学校决定设立教师的最高荣誉奖项——功勋教师奖，每逢5、逢10校庆期间予以表彰。大会为首届功勋教师奖获得者：国家教学成果一等奖获得者汤羽扬教授、国家技术发明奖二等奖获得者王随林教授、长江学者特聘教授戚承志、全国优秀教师秦红岭教授颁发证书。

学校在长期的办学过程中，培养出了6万余名优秀毕业生，涌现出10余位全国工程勘察设计大师，在首都北京乃至全国建功立业。大会上，师生代表向高士国、罗玲、沈小克、胡越、张宇等5位到会的大师献花，感谢他们为母校争得了荣誉。

北京建筑大学校友、著名书法家爱新觉罗·启骧先生向学校捐赠他题写的办学理念书法作品"立德树人　开放创新"，张爱林代表学校接受捐赠，并颁发捐赠证书。

北京建筑大学校友、香港七星国际控股集团董事局主席李金松所设立的金松基金会专门设立北京建筑大学科技创新基金1000万港元，用于奖励在科技创新中取得优异成绩的师生。张爱林代表学校向李金松颁发感谢状。

河南校友分会向母校捐款50万元人民币用于建设校训石，校长张爱林代表学校向河南校友分会颁发捐赠证书，河南校友分会会长、北京建筑大学1988级道桥专业校友付建红代表河南校友分会接受证书。

北京市交通委员会主任周正宇作为校友代表对母校的培养表达了感激之情、对母校的辉煌历史和办学成就表达了骄傲和自豪之情。他说，北京市交通委将继续推动与母校的全面合作，积极搭建平台，探索协同创新之路，力争在推进京津冀协同发展，交通一体化先行、"轨道上的京津冀"等一系列战略举措中实现共同发展。

中国工程院院士、东南大学教授、北京建筑大学发展咨询委员会委员、北京未来城市设计高精尖创新中心学术委员会主任王建国在致辞中说，北京建筑大学在创新的道路上，坚定前行，矢志不渝。特别是2016年学校"未来城市设计高精尖创新中心"被认定为"北京高等学校高精尖创新中心"，成为创新服务首都北京新定位、服务国家建筑业转型升级的重大平台。他将和其他同仁一道，与学校携手，共同搭建一个国际高水平、国内领先的国内外城市设计专家共享平台，为未来城市发展提供新技术、新工具、新理念，为学校发展建设添砖加瓦。

北京工业大学校长柳贡慧代表北京工业大学对北京建筑大学八十周年校庆表示祝贺，他说，北京建筑大学与北京工业大学在共同发展的历程中，具有很深的历史渊源，两校部分建筑类学科同根同源、一脉相传。80年来，北京建筑大学所取得的发展成就，作为兄弟高校的我们由衷地为之感到高兴和骄傲。让我们互相支持、携手共进，共同为国家、北京经济社会发展和高等教育事业做出新的更大的贡献。

亚美尼亚国立建筑大学校长加吉克·加斯蒂安代表海外大学在致辞中对北京建筑大学在科学研究、人才培养以及在国际合作等方面取得了的成就给予了充分的肯定和赞扬，并对北京建筑大学八十周年校庆表示祝贺，祝愿北京建筑大学在未来的发展中实现庄严的使命、取得更大的成就。

最后，北京市教委主任刘宇辉在讲话中指出，北京建筑大学在80年的办学历程中，为国家、建筑行业和北京市培养了大批优秀人才，是北京城市规划、建设、管理的人才培养基地和科技服务基地，在北京城市建设中发挥了举足轻重的作用。他希望学校强化办学特色，在建筑土木等领域持续做优做强，不断扩大影响力和话语权，努力创建一流学科，提升北京高等教育总体实力；希望学校充分发挥自身优势，更加主动服务北京城市新定位和城市副中心建设，有效对接建筑业转型升级，积极融入京津冀协同发展，为首都经济社会发展和国家建筑事业发展做出新的更大贡献。

140个有关部委、兄弟高校和企事业单位发来贺信、贺电。学校在西城校区设立分会场，并通过网络直播平台进行全程现场直播。

风云沧桑百年史,弦歌奋进八十载。肩负历史的重任和未来的使命,北京建筑大学正在建设"国内一流、国际知名、具有鲜明建筑特色的高水平、开放式、创新型大学"的大路上阔步前行!

【举办八十周年校庆师生校友艺术作品展】 10月14日,北京建筑大学八十周年校庆师生校友艺术作品展开幕式在大兴校区图书馆举行。党委书记王建中出席仪式并作讲话,相关部门负责人以及师生代表共同参加了开幕式。开幕式由党委副书记张启鸿主持。

王建中在讲话中指出,近期以来,全体师生沉浸在喜迎八十周年校庆的欢乐气氛中。北京"未来城市设计高精尖创新中心"、北京建筑大学科技园、中国青年创业社区(北京建筑大学站)暨金点创空间相继揭牌成立,为北京建筑大学八十周年校庆献上了厚礼,同时标志着北京建筑大学步入了一个崭新的发展时期。他说,本次师生校友艺术作品展,是学校精神文化建设的重要内容和成果展现,是在校师生、离退休人员和广大校友抒发爱校荣校之情的重要平台,意义十分重要。他向本次展览的成功举办表示祝贺,向全体参与作者和为筹办展览付出辛勤劳动的人员表示感谢。最后,王建中为本次展览宣布开幕。

本次展览的策展人张庆春向大家简要介绍了艺术展的基本情况。自2015年6月作品征集工作启动以来,共收到了近200件(组)作品。在专家组评审的基础上,遴选出92件(组)作品展出。提交作品的作者既有退休多年、已近垂暮的老教授老干部,也有刚刚入职的年轻教师;既有奋战在城乡建设一线的广大校友,也有朝气蓬勃的在校学子;既有书画摄影名家,又有业余爱好人士。他们怀着对母校的赤城之心、眷恋情意,或挥毫泼墨、妙手丹青,或镌石剪纸、聚焦光影,或撰文填词、赋诗咏怀,用书法、绘画、摄影、诗歌等多元的艺术展现形式倾诉对母校精心培育的感恩之情,对母校辉煌成就的自豪之情,对母校未来发展的期望之情。

陆翔代表民盟北京建筑大学支部将其填词、建筑历史与理论专业2012级校友郝杰书写的作品《沁园春·建大梦》捐给了学校,王建中代表学校接受捐赠。党委宣传部部长孙冬梅为其颁发了捐赠证书。

刘临安与陆翔合作编著的《北京王府建筑》捐赠给学校图书馆,王锐英馆长代表图书馆接受了捐赠,并为其颁发了捐赠证书。

李沙创作的硬笔书法《唐诗六首》以及其指导、北京建筑大学设计学2013级校友宋文婷创作的《上海绒绣:彩画贯套》捐赠给学校艺术馆,孙冬梅接受了捐赠,并为其颁发了捐赠证书。

仪式结束后,王建中与全体参会人员一同参观"北京建筑大学八十周年校庆师生校友艺术作品展"。

【举办"聚落"展】 10月20日,由党委宣传部和建筑设计艺术研究中心共同主办的《聚落》展在北京建筑大学大兴校区"萨蒂的家"东侧的"森林画廊"开展。展览在幽静的"森林画廊"中,以图片的方式陈列展出了世界范围内,不同地区、民族的聚落所呈现出的丰富样态。慢慢游走其中,引发着我们对于建筑、空间与人的关系的思考。聚落是由人类聚合而形成的最基本的生活环境,聚落的内部呈现着人类最基本的生活状态,聚落的建造和完成过程展示着人类生存的本能和源于这种本能的建造过程。其中抒发着人类的本能愿望,采用着本能的建造方式并解决着与生活相关的基本问题。聚落从来没有在正统的建筑史上出现过,因为聚落本身不辉煌,也没有"尊贵"的主人。聚落从来不存在随时代而变迁的所谓的为适合和表现"统治者"趣味的"风格"。有些聚落的"风格"存在并延续千年，而至今却依然适应着人的生活。聚落不是"视觉性"的，聚落是"身体性"的。聚落是在"得体"与"合适"的判断基础上而获取的平衡体。聚落不存在有"东方"与"西方"的文化差别和在"风格"上的不同，聚落存在的只有在世界范围内人类解决生存问题时所表现出的智慧，而这种解决问题的方式对我们今天仍然富有启发和教意。当如今的视觉世界和思维世界的整体被卷入"巴洛克"状态的时刻，在聚落中慢慢散步，体验空间并思考建筑的基本问题。

【党委中心组学习党的十八届六中全会精神】11月2日，党委中心组专题学习党的十八届六中全会精神，并就贯彻落实全会精神作出部署。校领导王建中、张爱林、何志洪、汪苏、张启鸿、张大玉、李爱群、吕晨飞，党委中心组成员以及相关职能部门负责人参加了专题学习。会议由党委书记王建中主持。

王建中领学了党的十八届六中全会公报。王建中指出，在中国全面深化改革、决胜全面小康的关键时刻召开党的十八届六中全会，具有里程碑意义。习近平总书记在全会上的重要讲话，通篇贯穿了马克思主义立场观点方法，进一步深化了对党的建设规律的认识，是推进全面从严治党、加强党的建设的行动指南。全会确立习近平总书记在党中央、在全党的领导核心地位，是党和国家根本利益所在，是坚持和加强党的领导的根本保证，是进行具有许多新的历史特点的伟大斗争、坚持和发展中国特色社会主义伟大事业的迫切需要。我们要切实增强政治意识、大局意识、核心意识、看齐意识，特别是增强核心意识、看齐意识，更加坚定地维护以习近平同志为核心的党中央权威和党中央集中统一领导，更加自觉地在思想上政治上行动上同以习近平同志为核心的党中央保持高度一致。要用六中全会精神武装头脑、指导实践、推进工作，真正做到贯彻不变通，执行不走样，落实不含糊。

王建中强调，学习贯彻全会精神是当前和今后一个时期全校上下的一项重要政治任务，必须要以高度的政治责任感和使命感，认真抓好全会精神的学习、宣传、贯彻、落实，力求全面领会和把握文件的精神实质。要坚持学以致用、知行合一，对照全会公报的要求认真查找差距和不足，不断增强从严治党的自觉，不断提高各项工作的水平。要把学习讲话精神同学校中心工作结合起来，同破解学校改革发展实践难题结合起来，贯穿学校"两学一做"学习教育全过程。要积极开展宣传教育，围绕全会提出的新思想新观点新论断，组织好二级单位党组织和广大党员干部的学习，切实把学习成效转化为推进学校"提质、转型、升级"和创建国内一流、国际知名、具有鲜明建筑特色的高水平、开放式、创新大学目标的强大动力和工作实践。

校长张爱林在发言中强调，党的十八届六中全会最重要的成果，就是确立了习近平总书记在党中央、在全党的领导核心地位，这在党的发展历史上是一件具有里程碑意义的大事。我们一定要坚决拥护、自觉维护习近平总书记的核心地位，进一步增强"四个意识"，特别是核心意识、看齐意识，更加紧密地团结在以习近平同志为核心的党中央周围，更加坚定地维护以习近平同志为核心的党中央的权威。要以严的要求、严的标准、严的措施贯彻落实好《关于新形势下党内政治生活的若干准则》和《中国共产党党内监督条例》。要以全会精神指导学校工作，要进一步完善学校政治生活和组织生活制度，健全监督工作规则和程序，不断提升班子凝聚力和战斗力。要以全会精神统领当前各项工作，以传承长征精神为重点,保持良好的精神状态和工作作风,齐心协力,确保完成学校各项目标任务。

领导班子成员逐一发言,大家一致认为,这次全会明确习近平总书记的核心地位、正式提出"以习近平同志为核心的党中央",反映了全党全军全国各族人民的共同心愿,是党和国家根本利益所在,是坚持和加强党的领导的根本保证,是进行具有许多新的历史特点的伟大斗争、坚持和发展中国特色社会主义伟大事业的迫切需要。全面从严治党,核心是加强党的领导。作为党员领导干部,必须带头维护以习近平同志为核心的党中央的权威,经常、主动向党中央看齐,做到党中央提倡的坚决响应、党中央决定的坚决执行、党中央禁止的坚决不做,共同营造风清气正的政治生态。

【获中国高校校报好新闻奖】2015年度中国高校校报好新闻奖评选结果揭晓,北京建筑大学党委宣传部报送的五篇作品脱颖而出,收获一等奖两个、二等奖两个、三等奖一个,创造北京建筑大学参评以来历史最佳成绩。其中,《三元桥 让北京震撼世界——培养具有整体观念的工程师》(作者:高蕾、曾万欣,原载于《北京建筑大学校报》第425期)获通讯类一等奖,《仲夏毕业季 梦想致青春》(作者:曹洪涛,原载于《北京建筑大学校报》第419期)获新闻摄影类一等奖,《为师为友 育人育心——环能学院王崇臣教授用爱铺就学生成长之路》(作者:李守玉、高蕾,原载于《北京建筑大学校报》第417期)获通讯类二等奖。此外,校报418期4版(责编:佟启巾)、第417期3版(责编:高蕾)分别荣获版面类的二等奖和三等奖。

中国高校校报好新闻评选活动由中国高校校报协会负责开展,评选每年举行一次,旨在展示全国高校校报年度工作成果,发挥优秀新闻作品的示范作用,推动高校新闻媒体事业发展,其所评选出的"中国高校校报好新闻奖"是全国高校校报领域的最高奖项。本次评选共有来自28个省市自治区的600余所高校参评,报送作品2877篇。参评作品分为消息类、通讯类、言论类、版面类和新闻摄影类共五个类别。获奖作品按类别由专家评委匿名评选而出。

【理论学习平台上线试运行】为深入推进北京建筑大学网络宣传思想文化工作,进一步加强师生员工思想政治理论学习,北京建筑大学联合北京市委讲师团,依托宣讲家网站,共建"北京建筑大学理论学习平台",并于近期上线试运行。北京市委讲师团宣讲家网创办于2006年10月,秉承"中国视频智库,传播创新理论"的办网理念,积极探索网络理论宣传规律,创新理论宣传形式,是北京市委讲师团探索马克思主义网络传播的重要平台,是全国第一家政治性、理论性、思想性为主导的公益性质的视频网站。网站现有"首都大讲堂""文库""专题""新媒体""文化博览"等一级栏目16个,"高端论述"、"专家专栏"、H5理论秀、图解理论、理论漫话等二级栏目80个,总计拥有近16000部视频报告,文字资料300亿字。

北京建筑大学和北京市委讲师团宣讲家网共建理论学习平台,是借助网络平台资源、加强网络宣传思想文化建设的重要举措,是创新理论宣传模式、推进"互联网＋理论教育"的重要举措。该平台具有覆盖面广、内容更新快、形式多样、学习时间灵活等特点。试运行期间,该学习平台将为校院两级中心组成员、各二级单位党组织书记和副书记、有关职能部门负责人、教工党支部和学生党支部开放,用户可使用自己的上网账号登录平台(进入学校官网主页,点击"新闻网"－"理论学习"－"北京建筑大学理论学习平台")进行在线学习(账号和密码另发),学习内容、学习进度等情况可随时保存在用户信息中。

试运行期间，欢迎大家反馈使用情况、提出建议、交流体会，宣传部将汇总各方意见和建议，不断完善平台功能。根据需求，进一步扩大覆盖面，努力为师生员工理论学习创造良好条件。

【召开师德建设工作会】 11月23日，学校召开师德建设工作会，听取各有关部门师德建设工作情况汇报。校党委副书记张启鸿、师德建设（"三育人"）工作领导小组成员单位有关负责人参加了会议。相关部门结合学校师德建设实施细则，围绕师德教育与宣传、考核与奖惩、组织保障等方面做了汇报，总结成绩、分析不足、提出进一步推进师德建设长效机制的工作思路和举措。张启鸿指出，加强和改进学校师德建设，是坚持立德树人根本任务、培育和践行社会主义核心价值观的内在要求，对于提高教育质量、实现学校既定发展目标具有重要意义。各部门（单位）在已取得成效的基础上，要按照上级有关要求，对照学校师德建设长效机制实施细则，进一步系统梳理近年来的师德建设工作，凝练经验成果，查摆问题并及时整改，进一步推动师德师风师能建设，构建师德长效机制。

【各级党组织全面深入学习贯彻十八届六中全会精神】 11月—12月，学校对深入学习贯彻党的十八届六中全会精神进行部署之后，学校各级党组织迅速反应，通过研读原文、"主讲主问"、研讨交流、知识问答、微党课、专题座谈研讨会等多种形式，进行集中学习和个人自学，掀起了学习宣传贯彻全会精神的热潮。各学院党委理论中心组进行了"学习党的十八届六中全会精神"专题学习，并就贯彻落实六中全会精神和"两学一做"学习教育下一步有关工作进行了部署。

建筑学院党委分层分类组织专题学习，率先在学院班子成员、党委委员、党支部书记层面开始了广泛学习。学院党委研究制定了《关于开展建筑学院"两学一做"学习教育相关工作的通知》，要求各党支部进一步细化工作计划，把十八届六中全会精神和《习近平总书记讲话选编》作为"两学一做"学习教育下一步学习的重点内容，通过研读原文、交流互动等方式，静心学习、深入思考，切实做到学深学透。要坚持联系实际，结合自身实际，坚持问题导向，切实开展好合格党员建设规范和合格党员行为规范大讨论，形成具有支部特点又务实管用的建设规范和行为规范，为今后开展工作提供对照标准。

土木学院党委理论中心组成员在学习中联系实际畅谈学习体会，针对公报中部分内容进行了深入的讨论和细致地分析，并提出从严治院的工作要求，即从严治干——党员干部严于律己、率先垂范；从严治教——规范教风、提升教师教学技术；从严治学——加强学风建设，引导学生树立远大理想；从严规矩——凡事遵规守矩，提升执行力、打造优良作风。接下来学院将继续推进开展系列理论学习活动，以党支部为单位，通过多样的理论学习模式及活动实践形式，保证学习渗透到广大党员干部和师生员工当中。

电信学院面向党支部书记、学生党员、发展对象培训班成员、入党积极分子以及团学骨干举行了专题辅导报告会。邀请校纪委副书记高春花教授全面系统地解读了党的十八届六中全会的背景和意义和《准则》、《条例》的新思想新要求新特点，重点强调了从严治党要从党内政治生活严起，要从党内监督特别是对"关键少数"的监督做起。《准则》及《条例》体现了目标导向和问题导向，是推进全面从严治党的制度利器，她勉励学生党员和入党积极分子要不断加强思想理论武装，把学习十八届六中全会精神变为推动学风建设的强大动力，争做合格党员，争当优秀学生。

测绘学院党委召开支部书记联席会，深入学习十八届六中全会精神，要求各支部要制订具体的学习计划，结合"两学一做"学习教育开展活动；采取微党课、主讲主问、专题座谈研讨会等多种形式，开展好集中学习和个人自学；密切围绕学院中心工作，联系各支部实际及特点，解决支部在基层组织全覆盖深度调研以及"两学一做"学习教育活动中发现的问题，推动学院各项事业发展。在各支部的专题学习交流活动中，与会党员结合自身工作实际进行了深入的交流。教师党员刘祥磊说："作为人民教师队伍的一员，要认真贯彻落实六中全会精神，做到爱岗、敬业、爱生、律己，充分发挥党员教师的模范性，课堂上树正气，将认真为学生做好引导和服务的精神贯穿到教学的每个环节。"

文法学院党委理论中心组召开理论学习会，并就全院贯彻落实六中全会精神及近期中央重要文件精神，对"两学一做"学习教育下一步有关工作提出具体要求。一是要与推进"两学一做"学习教育紧密结合，结合实际跟进学习；二是要与推进基层党组织建设相结合，通过逐个走访教工、学生党支部，增强党员干部"四个意识"，加强合格党支部建设，让每位党员牢记党的宗旨，加强党性修养，保持清正廉洁政治本色；三是要与学院的发展建设相结合，维护学院良好发展局面，通过讨论专业发展，精心谋划重点工作，推动学院各项工作再上新台阶。

马克思主义学院直属党支部结合教学工作，召开党的十八届六中全会精神进思想政治理论课堂研讨会。研讨会上，肖建杰院长就十八届六中全会精神融入思想政治理论课课堂及下一步的宣讲工作进行了部署。第一，马克思主义学院全体教师在思政课堂、党课课堂及理论宣讲时要注意从宏观上讲清党的十八届六中全会召开的大背景及意义所在。第二，在内容上要"有机融入"，而不是生硬地融入。常宗耀结合《马克思主义基本原理概论》课，从唯物主义辩证法、唯物主义认识论、历史唯物主义的角度重点谈了"全面从严治党"与"四个全面"战略布局的逻辑关系及其现实意义，及融入马原课堂的途径。关玲永认为要从内容上梳理历史进程，培养学生的制度意识、逻辑意识；在形式上进行创新，通过播放《新闻联播》、革命纪录片、红色题材影视剧等多种途径讲好思政课。

机电学院各个党支部通过"主讲主问"、研讨交流、知识问答等方式开展学习研讨活动。学院围绕"建强支部，严管党员，切实发挥战斗堡垒和先锋模范作用"的主题，要求各党支部细化学习计划，重点学习十八届六中全会精神、《准则》、《条例》等，并组织开展了合格党支部建设规范和合格党员行为规范大讨论。党员们围绕服务学校和学院"十三五"发展规划、服务学校综合改革、服务"两高"布局、服务教风学风建设等内容各抒己见、畅所欲言。

环能学院党委分层分类组织会议精神专题学习，在学院领导班子成员、党委委员、党支部书记层面掀起学习热潮。通过学习和深入探讨，大家表示要加强学习实效，切实发挥党委作用，建强支部、严管党员，围绕中心抓党建。党委委员作为从严治党的责任承担者，必须坚持并规范执行民主集中制，学习掌握科学的工作方法和工作艺术，深刻理解其中蕴含的政治纪律和政治规矩。要在一言一行中模范遵守党章党规，以上率下，着力打造学院全体师生党员"一心向党、专心学习、用心实践"的全员学习氛围。

党委宣传部工会党支部结合实际工作学习了《十八届六中全会公报》原文，他们认为，对于十八届六中全会精神的宣传要坚持正确的舆论导向，创新舆论宣传形式和内容，利用各种校园媒体，全方位、多角度宣传解读全会精神，努力营造良好舆论氛围。宣传思想文化战线处于思想解放的前沿，担负着解放思想，改革创新，奠定思想文化基础，营造良好舆论氛围的重任，只有充分发挥思想文化工作的先行、先导作用，率先学习，率先行动，率先宣传，才能把解放思想凝聚到推动改革创新，促进学校科学发展上来。

纪委办、审计处、机关党委联合党支部通过学习原文，畅谈学习心得体会，表示要始终与以习近平同志为核心的党中央保持高度一致，始终坚持党的领导，强化党性观念，牢固树立"四个意识"，按照全面从严治党的要求，把纪律挺在前面，作遵守党纪党规的楷模。要把十八届六中全会精神转变为干事创业的动力，严于律己、自省自励，勇于开展批评和自我批评，积极开展监督，主动接受监督，以良好的精神状态推动卓越管理、卓越服务，为顺利完成学校各项改革发展任务贡献力量。

招生就业处党支部与人事处党支部联合开展支部学习，邀请学校马克思主义学院直属党支部书记汪琼枝着重讲了全会聚焦全面从严治党的三大亮点。在交流讨论中，何立新同志谈到，要在实际工作中避免宽松软的问题。支部全体党员特别是党员干部，应该以"两学一做"学习教育活动为契机，深入学习全会精神，把准则和条例理解到位，讲党性，守党纪，保持党员的先进性和纯洁性，在工作中要密切与师生的联系，敢于担当，积极作为。支部党员都表示要继续学习全会精神，为学校未来发展添砖加瓦。

【处级干部"学习贯彻党的十八届六中全会精神"专题研讨班开班】 11月29日，处级领导干部"学习贯彻党的十八届六中全会精神"专题研讨班在西城校区开班。开办本次培训班的主要任务是：贯彻落实中央和市委的部署要求，对全校当前及今后一段时期学习宣传贯彻十八届六中全会精神进行再动员、再部署、再落实，引导广大干部师生更加紧密地团结在以习近平同志为核心的党中央周围，进一步增强"四个意识"，特别是核心意识和看齐意识，坚定不移推进全面从严治党，切实加强和规范党内政治生活，全面落实党内监督责任，共同营造风清气正的政治生态，为学校改革发展稳定提供强有力的政治保障、思想保障和组织保障。党委书记王建中、副校长李维平、张大玉、李爱群出席开班仪式，全体处级干部、全体党支部书记参加开班仪式。开班式由校长张爱林主持。

王建中对本次培训班提出三点意见。第一，统一思想，充分认识党的十八届六中全会的重大意义。第二，把握重点，深刻领会党的十八届六中全会的精神实质和精髓要义。认真学习习近平总书记在全会上的重要讲话精神，认真学习《准则》和《条例》的基本精神和要求，坚定不移把全面从严治党引向深入。第三，以知促行，用六中全会精神指导推动学校改革发展。要认真贯彻落实中央的大政方针和决策部署，按照"四个全面"战略布局的要求，紧密联系学校实际，统一思想、凝聚力量，把全会精神转化为推动学校快速发展的动力，在全校形成贯彻落实全会精神的生动实践，推动学校各项工作不断取得新的进展、新的成效。一是切实增强"四个意识"特别是核心意识和看齐意识，扎实推进"两高"校园建设。二是围绕中心工作，推动学校各项事业快速发展。三是要精心组织部署，迅速掀起深入学习宣传贯彻党的十八届六中全会精神的热潮。

开班仪式结束后，北京市委学习贯彻党的十八届六中全会精神宣讲团成员、北京市哲学社会科学规划办公室主任崔新建为全体学员作了专题辅导报告。崔新建分别从六中全会的意义、全面从严治党、党内政治生活、党内监督、领导干部的表率和带头作用5个方面，对六中全会进行了完整的解读。整场讲座立意高远、内容丰富，既有思想高度又有理论深度，具有很强的针对性和感染力。

张爱林在总结讲话时就接下来开展的学习研讨活动提出希望。首先要仔细阅读原文，深刻领会六中全会精神实质，要带着问题学，面向未来学，将专题研讨融入"两学一做"的学习教育过程中去。要把落实六中全会精神同破解学校改革创新难题、同各部门各单位突破发展瓶颈，进而推动学校事业快速发展紧密结合起来，特别是要紧扣"十三五"乃至更长一个时期的学校中心工作，把准京津冀协同发展、北京城市副中心建设、2022年冬奥会建设等重大发展机遇，依托北京未来城市设计高精尖创新中心这个重大平台，发挥学科建设龙头引领作用。要切实把学习成效转化为推进学校"提质、转型、升级"和创建国内一流、国际知名、具有鲜明建筑特色的高水平、开放式、创新大学目标的强大动力和工作实践，培养出更多的创新人才和创新成果，服务首都新定位、新发展。

此次培训班为期6天，全体处级干部将分为5组，围绕六中全会精神解读、《准则》解读、《条例》解读等内容，采取集中学习、分组讨论、撰写学习体会、交流总结等方式开展学习研讨。校领导将参加分组研讨交流。开班仪式上，学校党委书记王建中、校长张爱林还为新提任交流的处级干部颁发任命书，新提任交流的处级干部签署承诺书。开班式及专题讲座在大兴校区分会场进行全程实况转播。

【处级干部"学习贯彻党的十八届六中全会精神"专题研讨班圆满结业】 12月6日，处级干部"学习贯彻党的十八届六中全会精神"专题研讨班结业式在西城校区举行，校领导王建中、张爱林、李维平、张大玉、李爱群、吕晨飞出席结业式，会议由纪委书记何志洪主持。

处级干部专题研讨班自11月29日开班，在为期5天的专题学习中，全体处级干部将分为5组，通过读原文、听报告、看视频、网络学习、写心得、分组研讨、答问卷等形式，深入开展学习，对党的十八届六中全会精神进行了一次全面而深入的学习与研讨。结业式上，各小组代表汇报了本组的学习和研讨成果。纪委副书记兼监察处处长高春花、经管学院党委副书记郝迈、马克思主义学院院长肖建杰、科技处副处长焦驰宇、机电学院副院长张军分别做了交流发言。

党委副书记吕晨飞肯定了此次处级干部专题研讨班的成效。他指出，全体学员通过学习讨论凝练出三点共识：一是党员干部应该与时俱进，积极主动、深入持久地学习，永葆党员先进性。二是通过"明职责"、"立规矩"、"守制度"将全面从严治党落到实处。三是学习贯彻六中全会精神既要突出重点，又要兼顾全局，抓住工作中的关键节点和主要矛盾，找准增长点，通过对发展瓶颈问题的"定点爆破"，推动学校发展进入崭新的层面。对于进一步巩固专题培训效果、促进学习成果转化，推动下一阶段工作，吕晨飞提出三点要求：一是继续深化学习成果，将学习贯彻党的十八届六中全会精神引入基层，引向每个党员；二是学以致用，牢牢把握重大发展契机，积极推动学习成果转化，扎实推进"两高"校园建设；三是围绕学校中心工作，将学习贯彻全会精神与学校落实全面从严治党结合起来，与加强班子和干部队伍建设结合起来，与加强基层党组织和党员队伍建设结合起来，与落实学校"十三五"发展规划、全面深化综合改革、实施教风学风联动、提升学科建设水平和人才培养质量等重点工作结合起来，推动学校各项事业快速发展。

纪委书记何志洪要求全体处级干部以本次专题研讨班为契机，认真学习，深刻领会，坚定不移推进全面从严治党，切实加强和规范党内政治生活，全面落实党内监督责任，把学习党的十八届六中全会精神持续引向深入，切实把思想和行动统一到全会精神上来，把学习实效转化为推动学校改革发展的新动力，以党委领导核心作用、基层党组织战斗堡垒作用和党员先锋模范作用的更好发挥，推动建设"国内一流、国际知名、具有鲜明建筑特色的高水平、开放式、创新型大学"的奋斗目标早日实现！

【市教委市政府教育督导室一行到校督导调研师德建设工作】12月8日，市教育工委委员、市教委副主任李奕任组长的督导调研组一行到北京建筑大学督导调研师德建设工作。校党委书记王建中、党委副书记张启鸿、副校长李爱群及师德建设（"三育人"）工作领导小组成员单位有关负责人参加调研会。

李奕表示，为深入贯彻落实教育部、北京市关于高等学校师德建设以及意识形态相关文件精神，进一步加强北京市高等学校师德建设工作，积极推进高校教师队伍建设，市教委、市政府教育督导室组织开展了北京市高等学校师德建设督导调研工作。希望通过师德建设督导调研，了解学校师德建设基本情况、典型经验、有效做法以及存在问题，进一步完善市属高等学校教育、宣传、落实、考核、监督与奖惩相结合的师德建设工作机制，为做好新形势下高校师德建设工作奠定基础。

王建中对市教委、市政府教育督导室一行到北京建筑大学督导调研和指导工作表示热烈欢迎，对市教委、市政府教育督导室一直以来对学校事业发展的关心支持表示感谢。他指出，师德建设是习近平总书记提出"四有"好老师的核心内容，是高水平师资队伍建设的灵魂。学校党委高度重视师德建设，近年来，按照教育部、市委的要求，从制度建设、机制建设、具体举措等各个方面大力推进师德工作，学校涌现出了全国优秀教师、北京市优秀教师、首都劳动奖章、北京市师德标兵、北京市优秀党务工作者等一批杰出代表。面对新形势和新要求，围绕学校"十三五"发展目标和提升人才培养质量的任务，学校将进一步加大师德建设力度，加强高端人才的引育，努力打造一支高水平人才队伍，为实现学校既定发展目标和全面提升人才培养质量奠定基础，为推动北京市师德建设工作做出应有的贡献。他表示，学校将积极配合督导调研组开展相关工作，希望督导调研组借助这次调研为学校师德建设工作把关把脉，提出宝贵的意见建议，加强指导和交流，促进学校师德建设工作再上新台阶。

张启鸿以《完善制度建设 提升师德师能 助推学校发展》为题做了工作汇报。汇报会后，督导调研组召开了教师代表座谈会，与北京建筑大学师德建设工作相关部门人员、辅导员、中青年骨干教师、思政课教师、专业教师等教师代表进行了座谈。督导调研组还查阅了学校师德建设工作档案材料，组织学生就学校师德建设工作情况进行了问卷调查。

【党委中心组专题学习习近平总书记在全国高校思想政治工作会议上的重要讲话精神】12月14日，党委书记王建中主持召开党委中心组学习会，专题学习习近平总书记在全国高校思想政治工作会议上的重要讲话精神，研究部署贯彻落实工作。校领导班子全体成员以及党政办公室、党委组织部、党委宣传部等相关职能部门负责人参加专题学习。

党委书记王建中首先领学了全国高校思想政治工作会议精神和习近平总书记在会上发表的重要讲话精神。他指出，习近平总书记的重要讲话从全局和战略高度，深刻阐述了高校培养什么样的人、如何培养人以及为谁培养人这个根本问题，深刻回答了关乎高等教育事业发展和思想政治工作的一系列重大问题，进一步明确了立场问题、方向问题和核心问题，是新形势下做好思想政治工作的纲领性文献，对指导学校办学、推动学校发展具有十分重要的意义。要深入学习领会全国高校思想政治工作会议精神特别是习近平总书记的重要讲话精神，结合学校实际，切实把思想和行动统一到会议精神和要求上来，全面提高学校的思想政治工作水平。要始终坚持社会主义办学方向，坚持不懈地传播马克思主义理论，坚持不懈地培育和弘扬社会主义核心价值观，坚持不懈地促进高校和谐稳定，坚持不懈地培育优良校风学风。要坚定不移地推进全面从严治党，严格落实管党治党和意识形态主体责任，抓好教师和学生两大群体，在全面抓好大学生思想政治教育和教师思想政治工作基础上，全面加强基层党支部建设，切实把会议精神落实到学校各项工作之中。

校长张爱林表示，习近平总书记在全国高校思想政治工作会议上的重要讲话，既高屋建瓴，系统全面，又"接地气"，指导性强，指明了中国高等教育的发展方向和目标任务。他结合学校工作实际谈了四点学习体会。一是高校是培养高层次人才的学府，要按照习近平总书记的重要讲话精神，切实把握好培养什么样的人、如何培养人以及为谁培养人这个根本问题。二是要用党的十八大以来党中央治国理政的新理念新思想新战略指导学校办学和人才培养。三是把会议精神落实到学校"两高"办学布局之中，一手抓高质量本科人才培养，做好本科审核式评估等工作，培育优良校风学风，关心学生成长成才需求；一手抓高水平研究生培养和高精尖创新中心建设，抓好高水平学科建设和高水平教师队伍建设，把握机遇、乘势而上，全面提升人才培养质量。四是做好传承和创新工作，努力推进教育教学和管理服务工作模式创新。

与会领导围绕学习习近平总书记在全国高校思想政治工作会议上的重要讲话精神体会做了交流发言，就如何进一步加强学校思想政治工作畅谈了学习体会和今后工作方向。

会议要求，全校上下要深入持续做好会议精神和习近平总书记重要讲话精神的传达学习和贯彻落实，校、院两级党委中心组要开展专题研讨，领导干部要带头学习，力求全面领会、融会贯通、深入贯彻。要制定具体学习贯彻会议精神方案，多渠道、多途径、全覆盖地加强学习宣传和贯彻落实。要结合"两学一做"学习教育，各二级单位党组织、各党支部提出加强思想政治工作的具体举措，凝练形成学校的具体工作举措。要把学习贯彻会议精神纳入学校2017年党政工作要点，加强调查研究，精心谋划设计，创新思路举措，务实推进落实，切实加强学校的思想政治工作，进一步推动学校事业全面发展。